Über dieses Buch

Als dieses Buch erstmals 1979 in der Bundesrepublik erschien, schrieb G. Péus in der ZEIT: »Da ist sie nun endlich, ... die große populärwissenschaftliche Gesamtgeschichte Afrikas in deutscher Sprache, zum erstenmal und auf nahezu 800 Seiten von einem Afrikaner niedergeschrieben...«

Das Besondere an diesem Buch ist der Glücksfall, daß hier ein afrikanischer Gelehrter, mit den wissenschaftlichen Methoden europäischer Forschung vertraut, aus der Perspektive seines Kontinents die Geschichte des Schwarzen Erdteils erforscht und in einer großen Darstellung vorgelegt hat.

Joseph Ki-Zerbos großes Verdienst besteht darin, daß er mit seinem Werk die Mauer der Mythen über Afrika durchbrochen hat: Er zeigt, daß sein Kontinent – im Gegensatz zu einem beliebten Vorurteil – durchaus schon lange vor David Livingstone eine eigene Geschichte und richtungweisende Kultur gehabt hat: Nach den sensationellen Knochenfunden in Ostafrika liegt der Schluß sogar nahe, Afrika als Wiege der Menschheit sehen zu müssen. Die Felszeichnungen der frühen Afrikaner stellen die bei weitem reichste vorgeschichtliche Kunst dar, die jemals überliefert wurde. Afrika hat eine »führende Rolle gespielt im Lauf der paläolithischen und neolithischen Perioden«, lange, bevor in Ägypten die erste historische Zivilisation – das Reich der Pharaonen – entstanden ist.

Mit Recht schreibt Fernand Braudel über Ki-Zerbos große Darstellung: »Ein Geschichtswerk, das ein Buch der Hoffnungen ist..., weil es den Schlüssel zur Identität des afrikanischen Menschen enthält. Es wird unschätzbare Dienste leisten, weil Ki-Zerbo es gewagt hat, die vielgestaltige, ungeordnete und trügerische Vergangenheit Schwarz-Afrikas in ihrer Unübersehbarkeit und Unbekanntheit zu fassen.«

Der Autor

Joseph Ki-Zerbo wurde als Sohn bäuerlicher Eltern in Toma / Obervolta geboren, besuchte verschiedene Missionsschulen und arbeitete als Hilfslehrer, Journalist und Eisenbahnangestellter, bevor er 1949 die Reifeprüfung bestand. Anschließend Studium der Geschichte und Politik an der Sorbonne und am Institut d'Etudes Politiques in Paris.

Während seiner Studienzeit engagierte er sich in zahlreichen Verbänden, die die Verbesserung der Möglichkeiten in Frankreich studierender Afrikaner zum Ziele hatten. Nach Abschluß seiner Studien wurde er Geschichtslehrer an Gymnasien in Paris, Orléans, Dakar, Conakry und Wagadugu; daneben war er in zahlreichen verbandspolitischen und offiziellen staatlichen Missionen tätig. Heute ist er u. a. Präsident des Verbandes afrikanischer Historiker, Generalsekretär des Afrikanischen und Madagassischen Rates für das Hochschulwesen (CAMES), Generalsekretär des UPV (Progressive Union von Volta) und Professor für die Geschichte Afrikas im Hochschulzentrum von Wagadugu.

Er veröffentlichte 1964 die Monographie ›Le Monde Africain Noir‹ und ist Herausgeber des ersten Bandes der Allgemeinen Geschichte Afrikas der UNESCO.

Joseph Ki-Zerbo

Die Geschichte Schwarz-Afrikas

Aus dem Französischen von
Elke Hammer

Geleitwort von Jochen R. Klicker

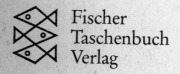
Fischer
Taschenbuch
Verlag

Fischer Taschenbuch Verlag
August 1981
Ungekürzte Ausgabe
Umschlagentwurf: Jan Buchholz / Reni Hinsch
Grafik: Iris vom Hof
Fischer Taschenbuch Verlag GmbH, Frankfurt am Main
Die französische Originalausgabe erschien unter dem Titel
›Histoire de l'Afrique Noire‹
© Librairie Hatier, Paris 1978
Lizenzausgabe mit freundlicher Genehmigung des
Peter Hammer Verlages GmbH, Wuppertal
© für die deutsche Ausgabe: Peter Hammer Verlag GmbH, Wuppertal 1979
Druck und Bindung: Clausen & Bosse, Leck
Printed in Germany
1980-ISBN-3-596-26417-0

Inhalt

Geleitwort von Jochen R. Klicker 15

Vorwort 19

Einführung
Die Aufgaben der Geschichtswissenschaft in Afrika 23
    Die Mauer der Mythen 24
    Bibliographie 27

1. Die Vorgeschichte
Afrika, Wiege des Menschen

  I. Einleitung 34
 II. Die chronologischen und klimatischen Zusammenhänge . . . 35
III. Die Menschheitsentwicklung 38
IV. Die drei Steinzeitalter der afrikanischen Vorgeschichte . . . 40
    A. Das erste Steinzeitalter und seine Schöpfer 40
        1. Die Kultur der Australanthropinen 40
        2. Die Kultur der Archanthropinen (vor 750 000 Jahren) . . . 42
    B. Das zweite Steinzeitalter und seine Schöpfer 43
        Die Kultur des Paläanthropinen oder Neandertalers
        und des Homo sapiens (faber) 43
    C. Das dritte Steinzeitalter 46
        1. Die Kultur der Neanthropinen (Homo sapiens) . . . 46
        2. Die neolithische Sahara 49
  V. Die afrikanische prähistorische Kunst 51
    Die Fulbe 56
    Bibliographie 57

2. Das antike Schwarzafrika

  I. Das alte Ägypten 59
    A. Die Anfänge 59
    B. Die Entwicklung 61
        1. Das Alte Reich: von der 1. bis zur 12. Dynastie (3500–2000) . 61
        2. Das Mittlere Reich: von der 12. bis zur 18. Dynastie (2000–1580) 62
        3. Das Neue Reich (1580–1100) 62
 II. Kusch und Meroe 63
    A. Nubien, Ausbeutungsland 64
    B. Kusch und die Eroberung Ägyptens 66

C. Kusch nach Ägypten 67
III. Die ägyptische Kultur 68
   A. Der sozio-politische Standpunkt 69
   B. Die Schrift 71
   C. Die Wissenschaften 71
   D. Die Kunst 72
   E. Die Religion und der Sinn des Lebens 72
IV. Die Schwarzen im Niltal 73
   A. Geographische Beweise 73
   B. Anthropologische Beweise 77
   C. Kulturelle Verwandtschaften 79

   Bibliographie 81

3. Dunkle Jahrhunderte

I. Im afrikanischen Westen 83
II. Im Nordosten 89
   A. Meroe 89
   B. Axum 90
III. An der Ostküste 94
IV. Im Zentrum und im Süden 95

   Bibliographie 99

4. Schwarzafrika vom 7. bis zum 12. Jahrhundert: Von den Königreichen zu den Kaiserreichen

I. Die Expansion der Araber 102
II. In Westafrika 104
   A. Am Unterlauf des Senegal 104
   B. Gana 106
      1. Die Anfänge 106
      2. Audoghast 107
      3. Politische Organisation 109
      4. Die Hauptstadt 110
      5. Das wirtschaftliche Leben 111
   C. Das Heldenlied der Almoraviden 113
      1. Der Aufschwung 113
      2. Triumph und Aufbau 114
      3. Der Niedergang Ganas und das Ende der Almoraviden . . . 117
III. Im Nordosten: Nubien und Axum 119
   A. Nubien 119
   B. Axum 121
IV. An der Ostküste 125

   Bibliographie 126

5. Große Jahrhunderte

I. Im westlichen Sudan 130
  A. Das Reich Mali 131
    1. Die Ursprünge 131
    2. Der Heldenkampf um die Vorherrschaft Sundjatas . 132
    3. Der Höhepunkt 136
    4. Der Niedergang 138
    5. Der Aufbau des Reiches Mali 140
    6. Die Größe Malis 144
  B. Das Reich Gao 145
    1. Die Ursprünge 145
    2. Die Dia 145
    3. Die Sonni erobern den Sudan 146
    4. Die Askia und die Blütezeit Gaos 148
    5. Der Aufbau des Reiches Songhai 149
    6. Die Metropolen des Sudan 152
II. Die Staaten des Zentralsudan 154
  A. Die Haussastaaten 154
    1. Die historische Entwicklung 154
    2. Die Gliederung der Haussastaaten 157
  B. Kanem-Bornu 158
    1. Ursprünge und Entwicklung 158
    2. Die Verfassung von Kanem-Bornu 162
III. Die Königreiche Joruba und Benin 163
  A. Die Ursprünge 163
  B. Ojo und Joruba 163
  C. Benin 165
    1. Anfänge und Entwicklung 165
    2. Die Verfassung Benins 166
  D. Künste und Handwerk 168
IV. Wirtschaftssysteme und Gesellschaften in Westafrika . . 170
  A. Wirtschaftssysteme 170
    1. Die Straßen 170
    2. Die Märkte 175
    3. Haussa und Mande 179
  B. Die Gesellschaften 181
V. In Äthiopien bis zu Lebna Dengel 184
  A. Amda Seyon (1314–1344) 184
  B. Zara Jakob (1434–1486) 186
VI. In Zentralafrika 188
  A. Die Zerstreuung des Bantus 188
  B. Der Kongo 189
    1. Anfänge und Entwicklung 189
    2. Der Aufbau des Kongo 191
VII. In Süd- und Ostafrika 193
  A. Im Süden: Simbabwe und Monomotapa 195

B. Die Ostküste bis zum 16. Jahrhundert 198
VIII. Zwischen Tschad und Nil 200
Bibliographie 201

6. Die Wende

I. Die Erschütterung der Reiche 205
  A. Songhai und die marokkanische Eroberung 205
    1. Die Eroberung 205
    2. Der Widerstand 207
    3. Die Folgen 209
  B. Die Erschütterung Äthiopiens 210
  C. Der Zerfall des Kongo 212
II. Die ersten Kontakte zu den Europäern
und der Sklavenhandel vom 15. bis zum 19. Jahrhundert . . 214
  A. Erste Kontakte 214
  B. Der Sklavenhandel 217
    1. Ursprung und Entwicklung 217
    2. Mittel und Methoden 220
    3. Das Ebenholz 223
    4. Der Abolitionismus 227
    5. Zahlen 228
  C. Die Folgen des Sklavenhandels 229
    1. In Afrika 229
    2. In Europa 232
    3. Die Neger in Amerika: Tod und Auferstehung 232
    4. Die Brasilien-Afrikaner 236

Bibliographie 237

7. Jahrhunderte der Neuordnung: 16.–19. Jahrhundert

I. Der westliche Sudan 241
  A. Im Senegal und in Mauretanien 241
  B. Senegambien, Sierra Leone und Liberia 244
    1. Senegambien 244
    2. In Sierra Leone 245
    3. Liberia 248
  C. In Guinea 249
    1. Die historische Entwicklung 249
    2. Der sozio-politische Aufbau des Futa Dschalon . . . 251
  D. Die Bambara-Königreiche von Segu und aus Kaarta . . . 253
  E. Die Länder am oberen Volta 257
    1. Die Völker 257
    2. Die Anfänge der Mossi, Dagomba, Mampursi usw. . . . 257
    3. Das Königreich Wagadugu 261
    4. Das Königreich Jatenga 264

5. Andere Königreiche	. . . .	267
6. Aufbau der Mossi-Königreiche	. . . . . .	268
F. Das Fulbe-Königreich Massina	. . . .	271
1. Die politische Entwicklung	. . . .	271
2. Der Aufbau des Königreichs Massina	. . . .	272

II. Küstenkönigreiche, Urwaldkönigreiche und dazwischen-
liegende Reiche 274
   A. An der Elfenbeinküste 274
      1. Im Süden 274
      2. Im Norden 276
   B. Mandekönigreich zwischen Küste und Urwald 279
      1. Gwiriko 279
      2. Kenedugu 280

III. Die Länder der Goldküste 281
   A. Dagomba und Gondscha 281
   B. Aschanti 283
      1. Die Ursprünge 283
      2. Die Blütezeit 284
      3. Der Untergang 287
      4. Der Aufbau Aschantis 289

IV. An der Küste von Benin 291
   A. Die Ewe-Häuptlingschaften 291
   B. Königreiche von Dahome 292
      1. Die Anfänge 292
      2. Porto Novo 292
      3. Das Königreich Abomey 293
   C. Die Joruba- und verwandte Königreiche 299
      1. Die politische Entwicklung 299
      2. Missions- und Erziehungsarbeit 301

V. Der Zentralsudan 303
   A. Bornu 303
      1. Idris Alaoma 303
      2. Das umstrittene Bornu 304
      3. El Kanemi und Bornus Erwachen 305
   B. Bagirmi 307
   C. Wadai 308
   D. Darfur und Kordofan 308
   E. Mandara 309
   F. Europäische Zeugnisse 309

VI. Die Länder Kameruns 311
   A. Die Bamileke 311
   B. Die Bamum 312

VII. Äthiopien und Somalia 313
   A. Jahrhunderte voller Wirren 313
   B. Niedergang und Einmischungen von außen 316
   C. Somalia 318

VIII. Ostafrika 319
  A. Die Ostküste von 1490 bis 1840 319
    1. Die Entwicklung bis zur Mitte des 17. Jahrhunderts 319
    2. Die Ära der Sultane von Oman 322
    3. Die Kultur 323
  B. Die Länder Moçambiques vom 15. bis ins 20. Jahrhundert . 324
  C. Die Länder im Norden des Sambesi 328
    1. Die Zersplitterung der Jaluo 328
    2. Buganda 332
    3. Ruanda und Urundi 333
    4. Wirren im Gebiet der Großen Seen 335
    5. Ostafrikanische Völker 338
    6. Der Sklavenhandel im Osten 341
IX. Die Länder des Kongo-Beckens 344
  A. Im heutigen Gabun: die Pangwe oder Fang 344
  B. Die Mangbetu 346
  C. Die Zande 347
  D. Im Herzen des Urwalds: Die Lele 348
  E. Die Königreiche am oberen Kongo 350
    1. Die Ursprünge 350
    2. Das Königreich Kuba 351
    3. Das Königreich Luba 354
    4. Die Lunda 354
  F. Küstenkönigreiche 356
    1. Kongo 356
    2. Angola 358
    3. Im Innern 360
X. Südafrika: Bantu, Buren und Briten 362

  Bibliographie 371

8. Integrationsversuche im 19. Jahrhundert

I. Tschaka 382
  A. Die Anfänge und die Erringung der Macht 382
  B. Das Zulu-Reich 384
    1. Die Armee und der Krieg 384
    2. Die Gesellschaft 385
    3. Niedergang und Auflösung 388
II. Osman dan Fodio 389
  A. Die Anfänge 389
  B. Das Schwert Allahs 391
  C. Adamaua 392
  D. Das Ideal gerechter und aufgeklärter Macht 395
III. El Hadj Omar Tall 397
  A. Die Anfänge 397
  B. Der Heilige Krieg 399

C. Die Folgen 400
IV. Samori Ture: Ein Schicksal 401
   A. Wo und warum 401
   B. Der schwierige Weg zur Macht (1853–1875) 406
   C. Die Großen Jahre (1857–1881) 408
   D. Zwischen Diplomatie und Krieg 411
   E. Die Wende: Sikasso-Kele oder der Bruderkrieg 413
   F. Die Galgenfrist (1890–1893) 416
   G. Aufbau des Reiches 418
     1. Der Mensch 418
     2. Der Hof 419
     3. Die Regierung 419
     4. Die Armee 420
     5. Die territoriale Gliederung 423
     6. Die Verwaltung 424
     7. Das zweite Reich 425
V. Der Mahdi 427
   A. Die Erringung der Macht 427
   B. Auf der Höhe des Ruhms 429
   C. Verfall und Unterdrückung 431
VI. Menelik II. von Äthiopien 433
   Schlußbemerkung 434

   Bibliographie 436

9. Die Invasion des Kontinents: Afrika wird den Afrikanern entrissen

I. Die Entdeckung 437
II. Invasion und Aufteilung 444
III. Der afrikanische Widerstand 451
   A. Das anfängliche Verhalten der Afrikaner 451
   B. Der Widerstand im Senegal 454
     1. Lat Dyor Diop 454
     2. Mamadu Lamine Drame 457
     3. Ali Buri Ndiaye 458
   C. Der Widerstand im Sudan 459
   D. Der Widerstand und die Unterdrückung in allen anderen
     afrikanischen Ländern 461

   Bibliographie 466

10. Das goldene Zeitalter der Fremden

I. In den französischen Besitzungen 470
   A. Das Wirtschaftssystem 470
   B. Politische Strukturen 476

C. Die christlichen Missionen 480
D. Der Islam 481
E. Schulwesen 483
II. In den britischen Territorien 484
A. Die politischen Methoden 484
B. Die Wirtschaft und die Entwicklung in den
verschiedenen Territorien 488
III. In den deutschen Territorien 494
A. Kamerun 494
B. Tanganjika 497
IV. In den portugiesischen Kolonien 497
V. In den belgischen Territorien 501
A. Im Kongo 501
1. Die Entwicklung 501
2. Die Herrschaft Leopolds 502
3. Reformen 505
B. Ruanda-Urundi 508
VI. In Äthiopien 508
VII. Liberia 509

Bibliographie 511

11. Das Erwachen Schwarzafrikas oder Neubeginn der Geschichte

I. Aufleben des Nationalismus: Die Ursachen, die treibenden
Kräfte und ihre Aktivitäten 516
A. Die Ursachen 516
1. Der Zweite Weltkrieg und seine Folgen 516
2. Die Politik der Vereinigten Staaten 518
3. Die Politik der UdSSR 519
4. Das Verhalten der UNO 520
5. Das Beispiel Asiens 521
6. Das Beispiel Nordafrikas 522
7. Die inneren Widersprüche des Kolonialismus . . . 522
B. Die treibenden Kräfte 523
1. Die afrikanischen Gewerkschaften 523
2. Die Intellektuellen 526
3. Die Studentenbewegungen 527
4. Die Kirchen 528
5. Die politischen Parteien 530
II. Auf dem Weg zur Unabhängigkeit 538
A. Britisch-Westafrika 539
1. Ghana 539
2. In Nigeria 544
3. In Sierra Leone 548
4. In Gambia 550

B. In den französischen Territorien 550
    1. Die Anfänge: Die »Französische Afrikakonferenz«
       von Brazzaville 550
    2. Die Union Française 552
    3. Senegal 555
    4. Die Elfenbeinküste und das RDA 556
    5. In Obervolta 560
    6. Die Wende: Das Rahmengesetz von 1956 561
    7. Die Französisch-afrikanische Gemeinschaft (Communauté)
       oder Unabhängigkeit 565
    8. In den Mandatsgebieten 573
    9. In Zentralafrika 576
   10. Kongo 577
   11. Gabun 578
   12. Tschad 579
   13. Dschibuti 580
   14. Komoren 581
C. In den belgischen Kolonien 582
    1. Die Entwicklung Belgisch-Kongo – Zaïre 582
    2. Ruanda und Urundi 589
D. Die Länder Britisch-Ostafrikas 591
    1. Der Weg Tanganjikas zur Republik Tansania 591
    2. In Kenia 595
    3. Uganda 600
E. Britisch-Zentralafrika
  Föderation und Nationalismus 604
    1. Die Unmöglichkeit der Integration 604
    2. Auf dem Weg zur Unabhängigkeit 607
    3. Die Entwicklung in Simbabwe (Rhodesien) 613
    4. Die Insel Mauritius 616
    5. Die Seychellen 616
F. Die portugiesischen Besitzungen:
  Angola, Moçambique, Guinea usw. 617
    1. Der Widerstand gegen den Vormarsch 617
    2. Kolonialkrieg und Befreiungskampf 619
    3. Der Sieg der afrikanischen Frontkämpfer
       Guinea-Bissau, Kapverdische Inseln, in Moçambique,
       in Angola, die Inseln São Tomé und Principe 622
G. Die Südafrikanische Union seit 1946 627
    1. Das Kräfteverhältnis 627
    2. Der politische Kampf 631
    3. Der Rückzug und der Kampf ums Leben 636
H. Namibia und die Enklaveländer in Südafrika
  Lesotho (ehem. Basutoland), Swasiland (ehem. Ngwane),
  Botswana (ehem. Betschuanaland) 640
I. Äthiopien 642
J. Somalia 646

K. Der Sudan als anglo-ägyptisches Kondominium 648
L. Äquatorial-Guinea 652

Bibliographie 653

12. Die heutigen Probleme Afrikas

I. Die wirtschaftliche Bedeutung Afrikas 657
  A. Kurze Übersicht über die afrikanische Wirtschaft . . . 658
    1. Die Landwirtschaft 658
    2. Das Energieproblem 660
    3. Der Bergbau 662
    4. Auf dem Weg zur Industrialisierung 664
    5. Handel und Finanzen 664
    6. »Das kostbarste Gut« 667
  B. Was ist zu tun? 669
    1. Die Leistungsfähigkeit 669
    2. Arbeitsanreiz und neue Strukturen 670
    3. Die Einheit 671

II. Die afrikanische Kultur gestern und morgen 673
  A. Der Ausgangspunkt oder Das Afrika von gestern . . . 673
  B. Die gegenwärtige Krise 678
  C. Die Perspektiven: Die erneuerte Kultur von morgen . . 680
  D. Frage nach dem »Wie« der Renaissance 682

III. Einigung Afrikas 686
  A. Anfänge der OAE 686
  B. Gründung der OAE 697
  C. Probleme 701
  D. Die Rolle der Massenorganisationen 706
    1. Die Gewerkschaften 706
    2. Jugend- und Studentenbewegungen 712
    3. Weitere Massenbewegungen und Organisationen . . . 713
  E. Hindernisse 714
  F. Grund zur Hoffnung? 718

Bibliographie 722

Schwarzafrika in Zahlen: Oberfläche und Bevölkerung 725

Zeittafeln 727

Register 765

Kartenverzeichnis 775

Geleitwort
Ein Afrika oder viele
Geschichtsschreibung aus einem zerrissenen Kontinent

Deutschland hat beim historisch Interessierten in Schwarzafrika einen guten Namen – und der heißt Leo Frobenius. Auch jüngere Afrikaner sprechen ohne rassistische und koloniale Ressentiments von der Bedeutung, die der deutsche Gelehrte nach der Jahrhundertwende für die Erhellung der Vor- und Frühgeschichte Afrikas hatte. Und gelegentlich fällt sein Name sogar, wenn es um die Entwicklung eines neuen Geschichtsbewußtseins im gegenwärtigen Afrika geht.

Sonst ist Deutschland auf der historisch-politischen Landkarte eines afrikanischen Schülers, Studenten oder Gebildeten weithin ein weißer Fleck. Vielleicht erinnert man sich in Kamerun noch an Nachtigal, der mit seinen sogenannten Schutzvertragsverhandlungen den anreisenden Briten 1884 um fünf Tage voraus war und ihnen erfolgreich ein Schnippchen schlug. In Tansania kennt man zahlreiche Berichte von der zynischen Brutalität eines Karl Peters und der vergeblichen Versuche der Gogo- oder Hehe-Stämme, sich dagegen zu wehren. Und in Namibia leben sogar Deutsche, die sich immer noch Schwarzen gegenüber des Völkermordes an mehr als 60 000 Hereros durch General von Trotha rühmen. Der Rest an Kenntnissen ist mit den Namen Goethe, Marx, Kaiser Wilhelm und Hitler erschöpft; aus der jüngsten Vergangenheit gerade noch ergänzt durch vage Vorstellungen von Konrad Adenauer und Willy Brandt.

Umgekehrt sieht es nicht viel anders aus. Wer kennt die Taten, nennt die Namen der Luba-Königin Luedschi, der königlichen Widerstandskämpferin Jinga aus Angola, der kongolesischen Jeanne d'Arc Dona Beatrice. Im 10. Jahrhundert gründeten sich die einflußreichen Stadt-Staaten Kano und Zaria im heutigen Nordnigeria. Im 15. Jahrhundert unterhielt das Sultanat von Malindi eine Botschaft am chinesischen Kaiserhof. Und im 19. Jahrhundert schuf der Zulu-Heerführer Tschaka seinen expansiven Soldatenstaat. Kaum etwas davon ist bei uns bekannt. Und sieht man einmal von ein paar lückenhaften Informationen über den ersten Staatschef Ghanas, Kwame Nkrumah, und sein politisches Konzept des Panafrikanismus oder den kongolesischen Ministerpräsidenten Patrice Lumumba und seinen Märtyrertod ab, dann ist historisch gesehen Afrika für uns nach wie vor ein dunkler Kontinent.

In den englisch- und französischsprachigen Teilen der Welt gab es seit Jahrzehnten eine zwar schmale, aber regelmäßige Geschichtsschreibung des schwarzen Afrika; bis weit in die nachkoloniale Epoche jedoch weiterhin verfaßt von Historikern aus Europa und den Vereinigten Staaten. Noch 1971 kommentierte der ostafrikanische Wirtschaftswissenschaftler und Schriftsteller Sam Tulya-Muhika diesen Tatbestand bitter: »Wie könnten wir's zulassen, mein Sohn / Daß seelenlose Leute / Unsere Geschichte schreiben? / Hörte ich dich Fragen stellen / Hörte ich dich fragen, mein Sohn.« Mit Recht bemängelte Schwarzafrika, daß die bisherige afrikanische Geschichtsschreibung, die mehr als manches andere wissenschaftliche Tun vom Gesetz der Abhängigkeit der Erkenntnis vom Interesse betroffen ist, bisher kein Buch aus der Perspektive der Betroffenen vorzuzeigen hatte.

Dies hat sich mit Nachdruck erst seit der Mitte der 70er Jahre geändert: Die

UNESCO hat sich an die Spitze von Bemühungen gestellt, endlich eine umfassende Geschichte Afrikas vorzulegen. Und seit wenigen Wochen erst meldet ein franko-arabischer Verlag in Paris den Abschluß einer sogenannten historischen Enzyklopädie, die afro-arabische Geschichte in Gestalten – also personalisiert und biografisch – erzählt. Hier ist nicht der Ort, diese Arbeiten zu rezensieren; festzuhalten ist lediglich, daß in beiden Projekten erstmals auch Afrikas Geschichtsschreiber selbst gewichtig mit zu Worte kommen. Die wissenschaftliche und redaktionelle Leitung des ersten Bandes der UNESCO-Geschichte zur Vor- und Frühgeschichte Afrikas liegt übrigens in den Händen von Joseph Ki-Zerbo, dem 57jährigen Gelehrten und Staatssekretär im Ministerium für Erziehung, Jugend und Sport der Republik Obervolta.

Parallel zu den Arbeiten an einem Geschichtsbuch für die afrikanische Sekundarschule begann Joseph Ki-Zerbo 1962 in Wagadugu mit den Studien und der Niederschrift einer populärwissenschaftlichen Geschichte des schwarzen Afrika. Das Schulbuch erschien erstmals 1964 und wurde seither unter dem Titel »Le monde africain noir« mehrfach (überarbeitet) neu aufgelegt. Erst zwölf Jahre später war das historische Sachbuch reif zur Veröffentlichung, und noch einmal brauchte es weitere drei Jahre, bis der Peter Hammer Verlag die auf den jüngsten Stand der Zeitgeschichte gebrachte zweite Auflage der »Histoire de l'Afrique noire« in Deutsch vorlegen konnte.

In diesen siebzehn Jahren zwischen der Redaktion der ersten Manuskriptseite der »Geschichte des schwarzen Afrika« und der Auslieferung der deutschsprachigen Ausgabe hat sich das Antlitz Afrikas südlich der Sahara mehrfach entscheidend verändert. Vor allem die Hoffnung der ersten Jahre afrikanischer staatlicher Unabhängigkeit, daß es gelingen könnte, Schwarzafrika im Konzert der Völker und Kontinente mit *einer* Stimme zu Worte kommen zu lassen, hat sich nicht erfüllt. Im Gegenteil: Afrika ist zerrissener denn je und die Organisation Afrikanischer Einheit immer weiter davon weg, politischen Einfluß nach innen oder gar im Namen ihrer Mitglieder Aufgaben nach außen wahrnehmen zu können. Denn noch immer und schon wieder steht die politische Landkarte Afrikas zur Revision an.

Noch kämpfen in Asania, Namibia und Simbabwe jene Menschen, die einmal europäische Arroganz »Eingeborene« nannte, um eigenes Recht im eigenen Land. Weiterhin zerschneiden jene Grenzen, die imperialer Größenwahn und wirtschaftliche Profitgier auf der Berliner Kolonialkonferenz 1884 festschrieben, Afrikas Völker und Kulturen. Und schon rühren sich allenthalben vom Horn von Afrika bis zu den Quellflüssen des Zaïre Völker und Stämme, Politiker und Militärs mit ihren Forderungen nach territorialer und nationaler Neuordnung. Es scheint, als sei die Entscheidung der afrikanischen Staatsmänner an der Schwelle zur politischen Unabhängigkeit, die unnatürlichen und unhistorischen ererbten Grenzen als verbindlich zu akzeptieren, verfrüht gewesen. Trotzdem ist es sicherlich zu spät, unter Berufung auf ethnisch und geschichtlich Zusammengehöriges den mühevollen allafrikanischen Prozeß des *nation building* der letzten zwanzig Jahre aufs Spiel zu setzen.

Joseph Ki-Zerbos Geschichtsschreibung ist dennoch keineswegs von den sogenannten Realitäten überholt. Seine »Geschichte des schwarzen Afrika« ist ein Buch der Hoffnung, dem nicht zufällig jenes Zitat aus Patrice Lumumbas Abschiedsbrief an seine Frau voransteht, das ein ganzes Programm umgreift: »Eines Tages wird die Geschichte ihren Spruch fällen ... Dann wird Afrika

Geleitwort

seine eigene Geschichte schreiben.« Die Gestalt Patrice Lumumbas markierte die ersten Zeilen der neuen Geschichte des schwarzen Kontinents. Wenngleich er noch unter den Schlägen und Schüssen der alten Herren über Afrika starb. Denn seine Mörder waren zwar Afrikaner, aber Afrikaner des Typs, den ein kritisches geschichtliches Bewußtsein in Afrika selbst heute »Schwarze Europäer« nennt. Entsprechend steht Joseph Ki-Zerbos Buch unter dem selbstgesetzten Anspruch, Geschichtsschreibung für das ganze neue Afrika zu sein. Auch wenn der Autor selbst vermerkt, daß die Aufgabe, die Völker Afrikas nach langer Zerrissenheit endlich zu einigen, immer noch zur Lösung ansteht.

Dabei gibt der Historiker den Politikern ein Programm: Indem Joseph Ki-Zerbo die Geschichte Afrikas von ihrem vorgeschichtlichen Beginn bis zur Zeitgeschichte unserer Tage als ein *continuum historicum* begreift, bestreitet er revisionistische und revanchistische Konzeptionen einer schwarzafrikanischen Geschichtsschau wie Weltanschauungsprogrammatik, die sich bisher weigern, Europas Eindringen und Wirken in Afrika als ihre eigene afrikanische Geschichte zu verstehen und zu verarbeiten. Von daher ist das vorliegende Buch für viele in Afrika, die dort das Sagen haben, ein ärgerliches Buch. Und nicht umsonst verglich ein afrikanischer Rezensent der ersten Auflage die »Geschichte des schwarzen Afrika« mit einer Flaschenpost, die der Absender in ein Meer des Unverständnisses geworfen habe in der Hoffnung, daß eines Tages »seine Botschaft vor allem von den Jüngeren« gelesen werde. Geschichtsschreibung als Versuch, an einem kommenden Gesicht Afrikas mitzuwirken, das bisher kaum in Umrissen erkenntlich ist!

Das bisher Gesagte mag den Einwand provozieren, als sei möglicherweise die »Geschichte des schwarzen Afrika« ein wichtiges Buch für die Afrikaner selbst, aber für uns Europäer und Deutsche kaum von Nutzen. Dem ist zu entgegnen:

– Zum erstenmal hat ein afrikanischer Historiker ein Werk vorgelegt, in dem die Geschichte des schwarzen Kontinents als ganze beschrieben und interpretiert wird. Wer also authentische Geschichtsschreibung lesen will, kann an diesem Buch nicht mehr vorüber, ganz gleich, wo er wohnt.

– Konsequent hat ein Historiker Geschichte erzählt unter dem Leitgedanken »Geschichte – das ist der Mensch und immer wieder der Mensch mit all seinem bewundernswerten Tun« (Fernand Braudel). Wer etwas mehr vom Menschen, seinem Gestaltungswillen, seiner (weltweiten) Identitätskrise verstehen will, der ist bei der brüderlichen Menschlichkeit des Joseph Ki-Zerbo gut aufgehoben.

– Einem Historiker ist es gelungen, ohne Abstriche an wissenschaftlicher Genauigkeit seine »Geschichten aus der Geschichte« in einfacher Sprache zu erzählen. Wer also bisher kaum Zugang zur Welt Schwarzafrikas fand, hat hier einen gut gangbaren Weg eröffnet bekommen.

– Ein Afrikaner hat beschrieben, wie neben Portugiesen, Spaniern, Holländern, Franzosen und Briten auch Deutsche das Leben des afrikanischen Menschen verunstaltet haben. Wem etwas liegt an der Solidarität der Scham und Verantwortung für das, was Generationen vor uns taten, wird sich diesem Buch stellen müssen.

– Ein Gelehrter hat sich den politischen Implikationen seiner wissenschaftlichen Arbeit gestellt und einen geschichtlichen Beitrag zur afrikanischen Zukunft geschrieben. Einer Zukunft, die immer mehr auch mit einem vor uns liegenden menschenwürdigen Leben bei uns zu tun hat. Wer nicht länger blind oder

Geleitwort

bestenfalls europäisch orientiert in unsere Zukunft hineintappen will, muß dieser afrikanischen Stimme zuhören.

Mein Dank gehört dem Verleger Hatier in Paris für seine vertrauensvolle Zusammenarbeit bei der deutschsprachigen Ausgabe ebenso wie dem Peter Hammer Verlag in Wuppertal für seinen verlegerischen Einsatz in Sachen Afrika. Meine Hochachtung aber gilt der Übersetzerin, der es gelang, den Gedanken und Intentionen von Joseph Ki-Zerbo kongenialen sprachlichen Ausdruck zu verleihen.

Berlin, im Januar 1979   Jochen R. Klicker

Vorwort

Dieses Buch, begonnen im Jahre 1962 in Wagadugu (Obervolta) und vollendet während des panafrikanischen Festivals von Algier im Jahre 1969, entsprang einem Studententraum. Neuling im »Historikermetier« an der Sorbonne und beflissen, die fernen und nahen Grundlagen der Welt von heute zu erforschen, war ich betroffen vom fast völligen Fehlen des afrikanischen Kontinents und besonders der schwarzen Welt in der Botschaft unserer geistigen Führer und in unseren mühevollen und spitzfindigen Universitätsstudien. Manchmal, mitten in einer Vorlesung über die Merowinger, sah ich undeutlich wie eine Fata Morgana die sudanesische Savanne vor mir, verbrannt von der Sonne, mit der sanften Silhouette eines runden, struppigen Baobabbaumes ... Und der stille, ungestüme Plan entstand, zu den Wurzeln Afrikas zurückzugehen. Aber, sagt das Sprichwort: »Nicht mit den Augen tötet man den Büffel.«

Die Lehrtätigkeiten, die vielfältigen sozialen und kulturellen Beschäftigungen, das Wagnis, mich mit der aktuellen Geschichte zu befassen, haben mir nicht viel Muße gelassen, ruhig die kalte Asche der Vergangenheit zu erforschen. Desungeachtet bat ich schon 1962 um unbezahlte Freistellung, damit ich mich dem widmen konnte. Die Regierung von Obervolta zog es vor, mich für zwei Jahre von Lehraufgaben zu befreien. Dafür danke ich ihr sehr. Aber, zwei Jahre für ein Unterfangen, das darauf abzielte, in einem einzigen Buch eine vorläufige Zusammenschau der Geschichte Afrikas von den Anfängen bis zur Gegenwart darzustellen, das mußte sich als zu wenig erweisen. Zumindest wurden nun zahlreiche Reisen zu den historischen afrikanischen Stätten und zu den großen Bibliotheken und Museen unternommen, auch mit Hilfe der UNESCO, der ich hier meine ganze Dankbarkeit ausdrücke.

Auf einer Rundreise, die eine aufregende und leidenschaftliche Wallfahrt war, sammelte der Verfasser die Geschichte in Tananarivo, Simbabwe, Daressalam, Sansibar, Nairobi, Kampala, Khartum, Addis Abeba, Kinschasa, Brazzaville, Jaunde, Abomey, Lomé, Lagos, Ibadan, Kigali, Ife, Ojo, Accra, Kumasi, Niamey, Bamako, Segu, Dakar, Conakry, Abidschan, Kairo, Paris, Brüssel, Kopenhagen, London usw. Mehr als tausend Bücher sind gelesen worden, ohne die Artikel in Zeitungen und Zeitschriften mitzuzählen. Aber je mehr sich der Verfasser in dieses riesige, schillernde Magma der Quellen der afrikanischen Geschichte vertiefte, um so mehr behauptete sich der wechselnde und widerstreitende Wunsch, entweder aufzugeben und sich zurückzuziehen, oder noch mehr zu sammeln, um ein vollwertigeres Buch vorzulegen. Jedes gelesene Buch verstärkte das Bewußtsein eines Abgrundes von Unwissenheit. Nur die Schulferien erlaubten es, sich wieder ernsthaft in die Recherchen zu vertiefen. Deshalb hat sich der Autor schweren Herzens entschlossen, für den Augenblick das systematische Studium des Nordteils von Afrika, dessen Vergangenheit ihm noch weniger bekannt war, wegzulassen, um das Erscheinen des Buches innerhalb einer vernünftigen Frist zu ermöglichen. Aber das ist nur aufgeschoben, und in einer späteren Ausgabe wird dieses Werk eine Allgemeine Geschichte Afrikas sein. Es wird den Mittelmeerraum mit einschließen als eine Einheit, die durch so viele tausendjährige Bande –

manchmal blutige, das ist wahr, meist aber sich gegenseitig bereichernde – verankert ist. Sie werden in dem vorliegenden Werk betont und zeigen Afrika beiderseits der Sahara als zwei Flügel eines Tors, als zwei Seiten ein und derselben Medaille. Der »vergessene« Kontinent, heute zur Organisation der Afrikanischen Einheit (Organisation de l'Unité Africaine: OUA) geworden, wird dann in seiner Gesamtheit vorgestellt werden.

Dieses Buch ist unter schwierigen Bedingungen geschrieben worden, in der Äquatorhitze wie in der Strenge des nordischen Winters, auf dem Meer, auf der Erde, unter der Erde sogar (in den prähistorischen Höhlen), in Flugzeugen jeder Größe, in dunklen Bibliothekswinkeln, aber auch unter den vom südlichen Licht und vom gewürzduftenden Seewind gefächelten Palmen von Sansibar. Wie auch immer es sich darbietet, es ist nur die Karikatur des Studententraumes. Mit mehr Zeit wäre es möglich gewesen, daraus ein würdigeres Denkmal der gewaltigen Vergangenheit dieses gigantischen Kontinents zu machen. Durch die lange Dauer der Niederschrift sind gewisse Dinge vielleicht durch ähnliche Nachforschungen überholt, trotz der ständigen Aktualisierung seitens des Autors. Mancher Fachgelehrte dieser oder jener Epoche oder Region wird ohne Zweifel vom Schematismus manchen Kapitels enttäuscht sein. Die Bibliographie wird manchmal zu ausführlich, manchmal zu knapp erscheinen.

Wie dem auch immer sei, dieses Werk wird, so hoffe ich, dennoch all denen Dienste erweisen, die denken, daß die Ursprünge Afrikas vieles in den wunderbaren oder welken Blüten, in den köstlichen oder bitteren Früchten des zeitgenössischen Afrika erklären. All denen auch, die glauben, daß die Afrikaner am ehesten geeignet sind, ihre eigene Vergangenheit zu interpretieren.

Es ist unmöglich, die Namen all der Personen aufzuführen, die mir mit ihren Ratschlägen, mit ihren Ermutigungen, mit ihrer vielfältigen Hilfe im Laufe dieser schweren Arbeit, dieser schlaflosen Nächte, dieser Reisen durch so viele Länder beigestanden haben. Ob es sich um bedeutende Professoren, insbesondere um meinen bedauernswerten Lehrer A. Aymard handelt oder um Köche, die mich in einem Universitätsbungalow in Legon (Accra) oder Ibadan so aufmerksam betreut haben. Ich denke auch an die Taxifahrer, an die Museumsführer, an die Bibliotheksdirektoren, deren Liebenswürdigkeit, im Gegensatz zur Strenge des Ortes, oft die Flamme in Herz und Geist des Suchenden wieder entfachte.

Es sei zumindest erlaubt, hier außer meiner Frau, die mich ermutigt und mir geholfen hat, die Professoren Thomas Hodgkin, Devisse, Clérici, Person, R. Olivier, M. Colin Legum, M. Poussi, Bakary Coulibaly und andere Historikerkollegen und afrikanische Traditionalisten, deren Anzahl groß ist, lobend zu erwähnen.

Mein Dank gilt auch der Familie Postel-Vinay für ihre warmherzige Gastfreundschaft, den Familien Schliemann von Kopenhagen und Rodriguez, sowie auch Mlle. Imbs, außerordentliche Professorin für Geographie, für die so ergebene Hilfe, die sie mir in ihrer Kartensammlung gewährt hat, ohne Frau Willhem zu vergessen, die tapfere Sekretärin, die als erste diesen Text aus seiner handschriftlichen Form befreit hat.

Ich danke auch im voraus den Leserinnen und Lesern für ihre liebenswürdige Aufmerksamkeit und für ihre Kritiken, die es erlauben werden, den Inhalt dieses Werkes zu verbessern.

Es wird, unvollkommen und manchmal ungenau, wie eine Flasche ins Meer geworfen mit der Hoffnung, daß seine Botschaft vor allem von den Jungen auf-

Vorwort

genommen wird. Es möge dazu beitragen, das so wenig bekannte, so verkannte Gesicht des Afrika von gestern in glaubwürdigen Zügen zu zeigen. Und es möge die Grundlagen liefern für einen natürlichen Umgang und für eine leidenschaftlichere Entschlossenheit, das Afrika von morgen zu bauen.

Einführung
Die Aufgaben der Geschichtswissenschaft
in Afrika

> *»Erinnere dich! Die Erinnerung ist voll von nützlichen Lehren; in ihren*
> *verborgenen Winkeln gibt es genug, daß die, die trinken wollen, ihren*
> *Durst löschen können.«*
> Sidi Yaya zitiert von Es Sadi im Tarik es Sudan

> *»Die Geschichte wird es eines Tages beweisen ... Afrika wird seine eigene*
> *Geschichte schreiben.«*
> Patrice Lumumba (im letzten Brief an seine Frau)

Man braucht nicht Historiker zu sein, um zu bemerken, daß kaum ein Monat
mehr in der Welt vergeht, ohne daß mehrere Bücher über die Geschichte Afrikas
veröffentlicht werden. Die Aufwertung der Vergangenheit dieses Kontinents ist
ein Zeichen der Zeit. Der subjektive Beweggrund ist dabei offensichtlich. Für die
Afrikaner handelt es sich um die Suche nach einer Identität durch das Sammeln
verstreuter Elemente einer kollektiven Erinnerung. Dieser subjektive Elan findet
seine objektive Begründung im Erreichen der Unabhängigkeit zahlreicher afrikanischer Länder. Während der Kolonisierung war ihre Geschichte nur ein einfaches Anhängsel, ein Bruchstück der Geschichte des kolonisierenden Landes.
»Der Senegal im 19. Jahrhundert«, das war wesentlich »das Werk von Faidherbe«. Nachdem sie die kolonialen Fesseln gesprengt haben, gleichen diese Länder ein wenig dem befreiten Sklaven, der beginnt, seine Eltern und die Herkunft
seiner Vorfahren zu suchen. Er möchte auch seine Nachfahren darüber informieren. Daher der Wille, die afrikanische Geschichte in die Schulprogramme einzubeziehen.
Außerdem ist Afrika, hervorgetreten aus dem Schatten, um in die erste Reihe
auf der internationalen Bühne zu gelangen, ein Gegenstand des Interesses geworden. Auf allen Kontinenten stellen sich sehr viele Menschen unter den Fachleuten
der internationalen Politik, in der großen Öffentlichkeit, ja sogar in den hohen
Ämtern der Finanzwelt folgende Fragen: »Wer sind eigentlich diese Afrikaner,
die in die Zeitgeschichte treten? Was haben sie bislang gemacht? Woher kommen
sie?« Denn man kann ein Volk nur dann wirklich kennenlernen, wenn dieses
Kennenlernen einen zuverlässigen historischen Hintergrund hat. Die Kenntnis
der aktuellen Situation reicht nicht hin, um zu urteilen oder um Schlüsse zu ziehen. Es zählt die ganze Breite des Wissens.
Ein anderes objektives Element dieser Aufwertung sind die vielen neueren Entdeckungen der Geschichte und der Archäologie. Sie entschleierten ganze Kulturen
(Ife, Nok, Rift Valley usw.) und die führende Rolle, die Afrika zu wiederholten
Malen in der Weltgeschichte gespielt hat.
Kurz, junge Leute auf der Suche nach ihrem Erbe, achtbare Leute, die das, was
geschieht durch das, was geschehen ist, besser verstehen wollen, Studenten und
nichtafrikanische Forscher sind ein unerschöpfliches Reservoir an Fragern, das
nur noch wachsen kann. Selten konnte ein Wissenschaftszweig von einer besseren
Situation profitieren. Aber im Hinblick auf die Schwierigkeiten, die man über-

winden muß, um eine gültige Antwort auf diese Erwartung zu geben, stellt diese
Gelegenheit auch eine Herausforderung an den Historiker Afrikas und an den
Historiker allgemein dar. Wie läßt sich dieser Herausforderung auf die zufrie-
denstellendste Art begegnen, im Einklang mit den Regeln und Idealen der Geschichtswissenschaft: das ist das Problem.
Aber bevor man sich den Schwierigkeiten und Bedingungen der Geschichtsforschung in Afrika zuwendet, muß man möglichst bald die gegen diese Geschichte
errichtete Mauer der Mythen einreißen.

Die Mauer der Mythen

Die radikalste Einstellung in dieser Hinsicht ist diejenige, zu sagen, die Geschichte
(Schwarz-)Afrikas gebe es nicht. In seinen *Vorlesungen über die Philosophie der
Geschichte* von 1830 erklärte Hegel:
»Denn es (Afrika) ist kein geschichtlicher Weltteil, es hat keine Bewegung und
keine Entwicklung aufzuweisen, und was etwa in ihm, das heißt, in seinem Norden geschehen ist, gehört der asiatischen und europäischen Welt zu ... Was wir
eigentlich unter Afrika verstehen, das ist das Geschichtslose und Unaufgeschlos-
sene, das noch ganz im natürlichen Geiste befangen ist, und das hier bloß an der
Schwelle der Weltgeschichte vorgeführt werden mußte.«
Coupland schrieb (im Jahre 1928, es ist tatsächlich wahr) in seinem Handbuch
über die *Geschichte Ostafrikas:* »Man kann sagen, daß das eigentliche Afrika bis
zu D. Livingstone keine Geschichte gehabt hat. Die Mehrheit seiner Bewohner
lebte seit undenklichen Zeiten in tiefer Barbarei. Das war, so scheint es, ein Na-
turgesetz. Sie bewegten sich weder vor- noch rückwärts.«
Ein anderes charakteristisches Zitat: »Die eigentlichen afrikanischen Rassen – abgesehen von Ägypten und einem Teil Vorderafrikas – haben nach Auffassung
der Historiker kaum an der Geschichte mitgewirkt. Ich weigere mich nicht, anzuerkennen, daß in unseren Adern einige Tropfen afrikanischen Blutes (höchstwahrscheinlich von Afrikanern mit gelber Haut) fließen, aber wir müssen zu-
geben, daß das, was davon noch übrig ist, sehr schwierig zu entdecken ist. Folglich haben nur zwei afrikanische Rassen eine einflußreiche Rolle in der Weltgeschichte gespielt: an erster und hervorragender Stelle die Ägypter, des weiteren die Völker Nordafrikas.«[1]
Ohne zu zögern schreibt P. Gaxotte 1957 in der *Revue de Paris:* »Diese Völker
(Sie wissen, um wen es geht ...) haben der Menschheit nichts gegeben; und es
muß wohl so sein, daß etwas in ihnen sie daran gehindert hat. Sie haben nichts
hervorgebracht, keinen Euklid, keinen Aristoteles, keinen Galilei, keinen Lavoi-
sier, keinen Pasteur. Ihre Epen sind von keinem Homer gesungen worden.«[2]
Gewiß, Bala Faseke, der Malinke-Negersänger von Sundjata, hieß nicht Homer.
Aber daß gebildete Menschen, obendrein Historiker, ohne mit der Wimper zu
zucken derartige Dummheiten schreiben konnten, könnte an dem Wert der Geschichte als bildender Disziplin des Geistes zweifeln lassen. Manche unserer be-

1 Eugène Pittard, *Les Races et l'Histoire*, Paris 1953, S. 505.
2 *La revue de Paris*, Oktober 1957, S. 12.

Einführung 25

sten Freunde, ja sogar unsere Lehrer verfallen dieser Lieblingssünde des europäischen Historikers. Ein großer Historiker wie Charles-André Julien geht sogar soweit, einen Abschnitt seines Werkes über die Geschichte Afrikas »Afrika, Land ohne Geschichte« zu betiteln. Er schreibt darin: »Das schwarze Afrika, das wirkliche Afrika verbirgt sich in der Geschichte.«

Man könnte sehr viele andere Historiker zitieren. Tatsächlich sind die Autoren mit einem rassischen Vorurteil denen sehr nahe, die sich nur kümmerliche Gedanken zu den Grundlagen der Geschichte machen. Sie befinden sich übrigens ziemlich eigenartigerweise in der Nachbarschaft gewisser marxistischer Historiker, die auch ihn »Halseisen« tragen. Der große ungarische Historiker und Staatsmann E. Sik, der ansonsten manche ausgezeichnete Lehrmeinungen aufstellte, schreibt: »Die große Mehrheit der klassenlosen afrikanischen Völker errichtete keine Staaten im eigentlichen Sinn des Wortes. Noch genauer, der Staat und die sozialen Stände existierten nur im Embryozustand. Deshalb kann man bei diesen Völkern vor dem Erscheinen der europäischen Usurpatoren nicht von Geschichte im wissenschaftlichen Sinn des Wortes sprechen.«

Er stellt jedoch fest, daß »die Geschichte Schwarzafrikas eine besondere Bedeutung hat, weil sie in deutlicher Weise mehrere Thesen von Marx, Lenin und Stalin im Bereich der historischen Wissenschaften aufs glänzendste bestätigt«[3].

Kurz, die Geschichte Afrikas ist wie jene spanische Herberge, wo jeder das findet, was er selbst dorthin mitbringt ... Vielleicht findet man deshalb dort so viele verschiedenartige Gäste.

Diejenigen, die nicht so radikale Thesen gegen unsere Geschichte vortragen, erfinden je differenziertere desto gehässigere Legenden. Das Hauptthema dieser Legenden ist die historische Passivität insbesondere der afrikanischen Völker und der schwarzen Völker.

Diese Ansicht findet sich in dieser oder jener Form in beinahe allen Werken der europäischen Lehrer der Geschichte Afrikas: keine oder fast keine progressive Dynamik bei diesen benachteiligten Gesellschaften oder Rassen. Oft ist man auch freundlich oder bösartig genug, die Verantwortung für diese Rückständigkeit auf die Sonne und die Mücken zurückzuführen. Die kaukasischen Hamiten haben ihnen, während sie in den Süden Afrikas eindrangen, das Wissen um die Unterwerfung der Natur durch die Technik gebracht. Die Goldgewinnung, das Wachsausschmelzverfahren, der naturalistische Stil von Ife, die Steine von Aigris, die Idee der staatlichen Organisierung usw., alles das kommt von Weißen, möglicherweise von Farbigen, die aber nur »schlecht identifizierte« Weiße sind. »Wahrscheinlich hat das seit der Bronzezeit in ganz Eurasien angewandte Wachsausschmelzverfahren die Sahara mit den Arabern durchquert. Die geläufigste Arbeitshypothese läßt arabische Handwerker an den Hof schwarzer Herrscher kommen und die erstaunlich begabten südnigerianischen Rassen in ihren Techniken unterweisen.«[4]

»In der Tat ist die Geschichte Afrikas im Süden der Sahara zum großen Teil die Geschichte des langsamen Eindringens der khamitischen Zivilisation« (D. Paulme).

»In der Sahel im Süden der Sahara gründen hellhäutige Eroberergruppen aus

---

3 Endre Sik, *Histoire de l'Afrique Noire*, Budapest 1965, Bd. 1, S. 19.
4 Cornevin, *Histoire des peuples de l'Afrique Noire*, Paris 1960, S. 231.

Nordafrika (Berber, Juden) oder Neger, die von ihnen das Kriegshandwerk erlernt hatten, Staaten und Reiche.«[5]

»Im allgemeinen hat sich Westafrika als riesige Sackgasse erwiesen. Es nimmt alles von außen auf, verwässert es, gleicht es letztlich an und läßt es unfruchtbar werden.«[6]

»Nigeria ist, was es ist, weil es sozusagen eine mittelmeerische Kolonie war.« (Gauthier)[7].

Der ursprüngliche Schwarze wurde durch äußere Einflüsse umgeformt, die von den Phöniziern, Griechen, Römern, Juden, Arabern, Persern, Hindus, Chinesen, Indonesiern und *(last but not least!)* Europäern kamen. Dieses bildet den Hintergrund der Nachforschungen gewisser afrikanischer und der Mehrheit der nichtafrikanischen Historiker. Ging nicht der bekannte Historiker Doktor Fage von dem in der Abstammungsüberlieferung der Mossi-Dagomba enthaltenen Ausdruck »Roter Mann« aus, um dann zu vermuten, daß die Vorfahren dieser Völker zu den nichtschwarzen Eindringlingen gehören, die die Königreiche Kanembu, Haussa und Songhai geschaffen haben. Heute noch wird ein hellhäutiger Schwarzer »Roter Mann« benannt (*Guintan* auf *Samo* – *Kyéblé* auf *Bambara* – *Raziengha* auf *More*). Ebenso behauptet ein anderer, daß die edlen Mossi eindeutig semitische, keineswegs negroide Züge tragen. Dem widerspricht Eliot Skinner treffend: wenn man es bei den letzten drei Mogho-Naba bewenden ließe, käme man durch die Verallgemeinerung zu dem ebenfalls falschen Schluß, daß die Mossiprinzen negroider als die breite Masse waren. »Wenn man also«, schreibt R. Cornevin, »üblicherweise unter diesen afrikanischen Kaukasiern die Ostkhamiten, die Nordkhamiten und die Semiten unterscheidet, die als Keimzellen Schwarzafrikas gedient hätten, erkennt man zugleich an, daß der Ausdruck Khamite nur kulturellen und linguistischen Wert hat.« Man spricht jedoch immer noch von »braunen Rassen«, und ein angelsächsischer Archäologe zögert nicht, von »Bevölkerung khamitischen Blutes« zu sprechen. Derselbe behauptet wahrhaftig, daß die Schwarzen ein Übermaß an Pigment in der Haut und Nasenlöcher von anormaler *(unusual)* Größe hätten. Das unterschiede sie vom Weißen, vom Braunen, vom Fulbe usw. Aber niemand ist dem vollkommenen Braun je begegnet. Die rassischen Demarkationslinien existieren nur in der Phantasie ihrer Urheber. Um Gottes willen, hören wir auf mit dieser Hintertreppen-Geschichte.

Andere ziehen aus dem Fehlen von Revolutionen in den Negergesellschaften rassistische Schlußfolgerungen. Dabei hätte sie ein Minimum an Kenntnis der Entwicklung der menschlichen Gesellschaften und besonders der technisch-ökonomischen Vorbedingungen jeder Revolution vor solchen Verirrungen bewahrt. Außerdem ist die Vermutung *a silentio*, Afrika sei seit Jahrtausenden unbeweglich, nur ein Trugschluß, der unsere gegenwärtige Unwissenheit über Veränderungen in der afrikanischen Geschichte beweist. Trotzdem läßt uns das wenige, was wir davon wissen, deutlich autonome afrikanische Wandlungen erkennen, wahre Umwälzungen, sei es unter dem Einfluß von Veränderungen der agrarischen oder metallverarbeitenden Techniken oder sei es durch die schöpferische

---

5 Kingsworth, *Africa South of the Sahara*, Cambridge 1963, S. 14.
6 Trimingham, S., *History of Islam in West Africa*, 1962, S. 19.
7 Gauthier, E. F., *L'Afrique Noire occidentale*, Paris 1963, S. 127; derselbe Verfasser schrieb: »Mit Recht fragt man sich, was Afrika vor Christoph Kolumbus anbaute und aß.«

Einführung 27

Kraft herausragender Persönlichkeiten wie Mamari, Kulubari, Anokye, Osai Tutu, Osman dan Fodio, Tschaka, Harris, Samori usw. Was den Beitrag der Schwarzen zur Weltgeschichte anbetrifft, mag es uns genügen, die afrikanischen technischen Erfindungen des Paläolithikums zu nennen, den Stellenwert des Goldes und der sudanesischen Händler im euroasiatischen Handel des Mittelalters, den Anteil der Negerarbeit am Aufschwung der industriellen Revolution und die weltweite Rolle, die Afro-Amerikaner seit einem halben Jahrhundert in der Kunst spielen. Wenn wir dieses sagen, unterliegen wir weder einem Unterlegenheits- noch einem Überlegenheitskomplex, sondern einem Gleichheits»komplex«. Wir leugnen übrigens nicht die Einflüsse, die Afrika aufnahm, wenn sie wissenschaftlich erwiesen sind, wie zum Beispiel in dem Fall der Einführung des Kamels, des Manioks und des amerikanischen Tabaks usw. Aber wir sagen, daß wir genug eigene rassische Geschichte, in welcher Gestalt auch immer, haben. Wir erkennen die einseitigen, zum System erhobenen Einflüsse nicht an. Wir lassen weder zu, daß wir fortwährend als passives Werkzeug betrachtet werden, noch, daß man fortfährt, wie es seit dem Beginn des triumphierenden Kapitalismus des europäischen 19. Jahrhunderts geschieht, aus der gesamten afrikanischen Geschichte ein schlechtes Abbild der Welt zu machen, eine Sackgasse, in der die zivilisierenden Einflüsse aller Kontinente erlöschen.

Die meisten dieser Irrtümer ergeben sich offensichtlich aus den Vorurteilen ihrer Urheber. Sie resultieren auch aus den neo-kolonialistischen Verhältnissen, worin sich jene Staaten, in denen zu viele Forscher arbeiten, noch befinden. Vor allem aber verraten diese Verirrungen die Unklarheiten und Schwierigkeiten der Geschichtsforschung in Afrika.

Bibliographie

BLOCH, M., *Apologie pour l'Histoire ou le Métier d'Historien*. Paris, A. Colin, 1949.
EL-KETTANI, M. I., *Les manuscrits de l'Occident Africain dans les bibliothèques du Maroc.* Hesp. Tam., 9 (1), 1968, S. 57–63.
– *L'Histoire et ses méthodes*. Paris, Encyclopédie de la Pléiade, M.R.F., 1961.
FLUTRE, L. F., *Pour une étude de la toponymie de l'A.O.F.* Dakar, Faculté des Lettres, Publication de la Section langue et littérature, 1957.
GAUTIER, E. F., »Deux centres d'influence méditerranéenne qui rendent intelligible l'Afrique Occidentale«, *Bull. Asi S. Géogr. Fr.*, 71/72, 1933.
– *Guide bibliographique du Monde Noir*. Yaoundé, Direction des Affaires Culturelles.
HALKIN, I. E., *Initiation à la Critique historique.* Paris, A. Colin, 1963.
HOUDAS, O., *Documents arabes relatifs à l'Histoire du Soudan.* Paris, Leroux, Ecole des Langues Or. J.-Hist. du Sokoto von Hadji Said.
KI-ZERBO, J., »Histoire et conscience nègre«. *Présence Africaine* (II).
– »La tradition orale en tant que source pour l'histoire africaine«, *Doigène* (67), Jul.–Okt. 1969, S. 127–142.
KASSORT, A., *L'écriture guerzée*. Dakar, IFAN, C.R. 1. conférence africaniste de l'Ouest, Band 2.
MAC CALL, F. D., *Africa, in time perspective*. Ghana Univ.Press, 1964.
MAC GREGOR, J. A., »Some notes on Nsibidi«, *J.roy.Anthrop.Inst.* 39, 1909.
MALCOLM, X., *On Afro American history*. New York, Merit. Publishers, 1967.

MARROU, *De la connaissance historique*. Paris, Seuil, 1954.

MASSAQUI, M., »The Vai people and their syllabic writing«, *J.Afr.Soc.* 1911, S. 10–40.

MERCIER, P., *Histoire de l'anthropologie*. Paris, 1966.

MIGEOD, F., »The syllabic writing of the Vai people«, *J.Afr.Soc.* 1909, S. 9–32.

MORE, B., *Contribution du Liberia à la Science de la Coummunication par écrit*. Symposium du Festival d'Alger, Jul. 1969.

MONIOT, H., »Les sources orales dans le problème des sources de l'histoire de l'Afrique Noire jusqu' à la colonisation européenne«. *Rapports 12. Congrès intern. Sces. Hist.* Wien, 1965, II, S. 198–208.

MONTEIL, V., »Les manuscrits historiques arabo-africains«.

BIFAN, B, XXVII, Jul.–Okt. 1965, S. 531 ff.

NORRIS, ED., »Notes on the Vai language and alphabet«, *J.roy.geogr. soc.*, 20, 1950.

OBENGA, TH., *Méthodologie en Histoire Africaine:* sources locales – *Africa,* Anno XXV, N.Y. A.B.E.T.E., Rom, 1970.

PITTARD, E., *Les races et l'histoire*. Albin Michel, 1953.

RANGER, T. O., *Emerging themes of African History*. Internat. Congress of African Historians, Dar es-Salam, Okt. 1962.

SANDERS, E. R., »The hamitic hypothesis«, *J.Afr.Hist.* X, 0/0, 1969, S. 521–532.

SEGY, L., »Towards a new historical concept on Negro history«, *Journal of Negro History.* 38, 1953.

SAUVAGET, J., *Historiens Arabes*. Paris, A. Maisonneuve, 1946.

UNESCO, *L'art de l'écriture*. Paris, 1965.

VANSINA, J., *De la Tradition orale*. Essai de méthode historique. Tervuren, Musée Royal d'Afrique centrale, 1961 (Mémoires du M.R.A.C. – 36).

VANSINA, W. J., MAUNY, R. AND THOMAS, L. V., *The Historian in Tropical Africa*. London, I.A.I., O.U.P. Hrsg., 1964.

WILKS, I., »Tribal History and Myth«, *in Universitas* (2–3), 1956.

Allgemeine Werke

AJAYI, J.F.A. and ESPIE, I., *A thousand years of West African History*. Ibadan, Univ. Press and Nelson, 1970.

ALEXANDRE, P., *Langues et langages en Afrique Noire*. Paris, Payot, 1972.

ALIMEN, H., *Préhistoire de l'Afrique*. Paris, N. Boubée, 1955.

– *L'art de l'Afrique Noire*. Office du Livre, Fribourg.

L'ART NEGRE. Présence Africaine.

ARTS DE L'AFRIQUE NOIRE.

ANDRÉ, CAP., *L'Islam noir*. Paris, Geuthner, 1924.

ASSIRELLI, O., *L'Afrique polyglotte*. Paris, Payot, 1950.

ASSOI ADIKO, CLERICI, A., *Histoire des Peuples Noirs*. CEDA, 1963.

ATTERBURY, A. P., *Islam in Africa. Its effects, religious, ethical and social*. New York, G.-H. Pulman sons, 1899.

BALANDIER, G., *Sociologie actuelle de l'Afrique Noire*. Paris, P.U.F.

BALANDIER, G. et MAQUET, J., *Dictionnaire des civilations africaines*. Paris, Hazan, 1968.

BATTEN, T. R., *Tropical Africa in world history*. London, O.U.P. Hrsg., 1962.

BAULIN, J., *The Arab role in Africa*. London, Penguin Books, 1962.

BAUMANN, H., THURNWALD, R., und WESTERMANN, D., *Völkerkunde von Afrika*. Essen, 1940.

BLANCHOD, F., *Les moeurs étranges de l'Afrique Noire*. Lausanne, Payot, 1948.

BLYDEN, Dr. E. W., *Christianity, Islam and the Negro race*. London, W. B. Whittingham, 1887.

Einführung

- West Africa before Europe. 1905.
BOAHEN, A. A., ANA WEBSTER, J. B., *The Growth of African Civilization. West Africa since 1800.* Longmans, 1970.
BOURJOL, M., *Théorie générale des coutumes africaines.* Toulouse, 1953, thèse de droit (ronéo)
CARDAIRE, Contribution à l'étude de l'Islam noir. Douala, IFAN, 1949.
- *L'Islam et le terroir africain.* Dakar, IFAN, 1954.
CONSEIL INTERNATIONAL DES ARCHIVES. Guide des sources de l'Histoire de l'Afrique. Bd. 8 Inter Documentation Company AG. ZUG-Schweiz.
CONTON, W. F., *West Africa in History.* London, George Allen and Unwin.
COON, C. S., *The origin of Races.* N.Y., Knopf, 1963.
- *The living Races of Man.* N.Y., Knopf, 1965.
CORNEVIN, R., *Histoire des peuples de l'Afrique Noire.* Paris, Berger Levrault, 1960.
- *Histoire de l'Afrique.* Paris, Payot, 1964.
- *Histoire de l'Afrique.* Paris, Payot, 1966 (Bd. I); 1967 (Bd. II).
CISSOKO, S. M., *Histoire de l'Afrique Occidentale.* Paris, Prés.Afric., 1967.
DAVIDSON, B., *The lost cities of Africa.* Boston, Atlantic monthly Press, 1959.
- *Old Africa rediscovered.* Paris, P.U.F., 1962.
- *Mère Afrique.* Paris, P.U.F., 1965.
- *The African past.* Longmans, 1964.
- *The growth of African Civilisation: West Africa (1000-8000).* Longmans, 1966.
DE GRAFT-JOHNSON, J. C., *African Glory.* Walker and Co. N.Y., 1954.
- *African Empires of the Past.* Paris, Prés.Afric., 1957.
DESCHAMPS, H., *L'Afrique Tropicale tux XVII.-XVIII. siècles.* Paris, C.D.U., 1964.
- *L'Afrique Noire Précoloniale.* P.U.F., 1962.
- *Histoire générale de l'Afrique Noire.* P.U.F., 1970, 2 Bde.
- »Regards sur l'Afrique«, *Diogène* (35), 1962.
DIOP, C. A., *L'Unité culturelle de l'Afrique Noire.* Prés.Afric., 1959.
DELAFOSSE, M., *Haut Sénégal-Niger.* Paris, Larose, 1912.
- *Les Noirs de l'Afrique.* Paris, Payot, 1927.
- *Les Civilisations négro-africaines.* Paris, Stock, 1925.
DE PEDRALS, D. P., *Manuel scientifique de l'Afrique Noire.* Paris, Payot, 1949.
DOUGALL, J., *Characteristics of African Thought.* London, O.U.P. Hrsg. 1932.
DU BOIS, W. E. B., *The souls of Black Folk.* Mac Clurg, 1903.
- *Black Folk then and now.* N.Y., H. Holt, 1944.
ELGEE, C.-M., Ensigns of royalty in West Africa. *J.Af.Soc.4.* 16. Jul. 1905.
ELIAS, T. O., *La nature du droit coutumier africain.* Manchester Univ. Press, 30, 1956.
ELISOFON, E., *The sculpture of Africa.* Thames and Hudson, 1958.
FAGE, G. J., *An intruduction to the History of West Africa.* Cambridge (3. Aufl.) 1962.
- *An Atlas of African History.* London, Edw. Arnold, 1965.
FAGG, W., *Sculptures africaines.* Paris, F. Hazan, 1966 (2 Bde.).
FORDE, D., *African Worlds.* O.U.P. Hrsg., 1954.
FORTES, M. and EVANS-PRITCHARD, *African Political Systems.* London, O.U.P. Hrsg. 1962.
FROBENIUS, L., *Histoire de la Civilisation Africaine.* Paris, Gallimard, 1952.
- *The voice of Africa.* London, Benjamin Bloon, 1913.
- *Mythologie de l'Atlantide.* Paris, Payot, 1949.
FROELICH, J. C., *Animismes.* Paris. Hrsg. de l'Orante, 1964.
- *Les musulmans d'Afrique Noire.* Paris, Hrsg. de l'Orante.
GOUILLY, A., *L'Islam dans l'A.O.F.* Paris, Larose, 1952.
GREENBERG, J. H., *The Languages of Africa.* Indiana Univ., 1966.
- »Etude sur la classification des langues africaines«, *BIFAN,* B. XVI, 1954.
GUERNIER, F., *L'apport de l'Afrique à la pensée humaine.* Paris, Payot, 1952.
HAIR, P. E. H., *A History of West Africa.* London, Edward Arnold, 1959.

HARDY, G., *Vue générale de l'Histoire de l'Afrique*. Paris, A. Colin, 1923.

HERSKOVITS, M., »The culture areas of Africa«, *Africa 3* (1) 1930.

– *The Human factor in changing Africa*. N.Y., 1963.

– *The economic life of primitive peoples*. N.Y. u. London, Aknopf, 1940.

HOMBURGER, J. P., *Les langues négro-africaines*. Paris, Payot, 1941.

– »Le verbe en Peul et en Masai«, *Anthropol.* 46, 1936.

– »Eléments dravidiens en Peul«, *J.Soc.Afr.* 18 (2), 1948–1950.

– »Le Bantou et le Mandé«, *Bull.Soc.Ling.* 135, 43.

– »Les Dialects copte et mandé«, *Bull.Soc.Ling.* 3 (1), 1930.

HRBEK, J., *Déjiny Afriky*. Prag, 1966, 2 Bde.

– *Histoire de l'Afrique au XIX. siécle et au début du XX. siècle*. Moskau, Institut d'Afrique de l'URSS, 1967.

I.A.I., International African Institute, *Handbook of African Languages*. 1948–1967.

JAHN, J., *Muntu, an outline of neo-African culture*. London, Faber and Faber, 1961.

JOOS, L. C. D., *Brève Histoire de l'Afrique Noire*. Paris, Hrsg. du Chêne, 1963.

– *Brève Histoire contemporaine de l'Afrique Noire*. Hrsg. Saint-Paul, 1964.

JULIEN, CH. A., *Histoire de l'Afrique*. Paris, P.U.F., 1941.

– *Histoire de l'Afrique du Nord*. Payot, 1964, 2 Bde.

JULIEN, CH. A., BOURGIN, CROUZET, RENOUVIN. *Les politiques d'expansion impérialiste*. Paris, P.U.F., 1949.

KAMAL, Y., *Monumenti cartographica Africae et Aegypti*. Kairo, 1926–1951, 5 Bde., 16 Bücher.

KINGSWORTH, G. W., *Africa South of the Sahara*. Cambridge Univ.Press, 1967.

KI-ZERBO, J., *Le Monde Africain Noir*. Paris, Hatier, 1964.

HYMES, D. A., »Lexico statistics so far« in *Current Anthropology*. Bd. 1, 1. Jan. 1960, S. 3–44.

LABOURET, H., *Histoire des Noirs d'Afrique*. Paris, P.U.F., 1950.

LAUDE, J., *Les Arts de l'Afrique Noire*. Paris, Le Livre de poche, 1966.

LAVACHERY, H., *Statuaire de l'Afrique Noire*. Neuchâtel, Hrsg. de la Baconnière, 1954.

LEFROU, Dr. G., *Le Noir d'Afrique. Raciologie*. Paris, Payot, 1943.

LEIRIS, M., *Les nègres d'Afrique et les arts sculpturaux*. Paris, UNESCO, 1953.

LEIRIS, M. et DELANGE, J., *Afrique Noire. La création plastique*. Paris, Gallimard, 1967.

LENINE, V. I. O., *L'impérialisme, stade suprême du capitalisme*. Paris, Edit. Sociales, 1945.

LENZINGER, E., *Afrique. L'art des peuples noirs*. Paris, Alb.Michel, 1962.

LLOYD, P. C., *Africa in Social Change*. Penguin books, 1967.

MALINOVSKI, B., *Methods of study of culture contact in Africa*. London, O.U.P. Hrsg., 1938.

MAQUET, J., *Les civilisations noires*. Paris, Marabout, 1962.

– *Africanité traditionelle et moderne*. Prés. Afric., 1967.

MARMOL, L. DE, *L'Afrique*. Paris, 1967.

MAUNIER, R., *Sociologie coloniale*. Domat-Montchrétien, 1932.

MAUNY, R., *Tableau géographique de l'Ouest Africain au Moyen Age*. Dakar, IFAN, 1961.

– *Les siècles obscurs de l'Afrique Noire*. Paris, Fayard, 1971.

MEINHOF, F. C., An Introduction to the phonology of the Bantu Languages.

MEYNIER, O. CAP., *L'Afrique Noire*. Paris, E. Flammarion, 1914.

MONTEIL, V., *L'Islam noir*. Paris, Seuil, 1964 und 1970.

MOULIN, A., *L'Afrique à travers les âges*. Paris, Ollendorf, 1919.

MONOD, TH., *Histoire de l'Afrique Occidentale française*. Paris, Delagrave, 1924.

MOSMANS, G., *L'Eglise à l'heure de l'Afrique*. Paris, Casterman, 1961.

MUKAROVSKY, H., *L'Afrique d'hier et d'aujourd'hui*. Paris, Casterman, 1964.

Einführung 31

MURDOCK, P., *Africa, its peoples and their culture history.* Mc Graw-Hill Book, 1959.

NIANE, D. T. et SURET-CANALE, J., *Histoire de l'Afrique Occidentale.* Paris, Prés.Afric., 1961.

NKETIA, H. J., *History and Organisation of Music in West Africa.* Institute of African Studies Ghana. Legon.

OGILBY, J., *Africa. Description of Egypt, Barbary, Libya land of negroes.* Ethiopia. London, 1970.

OLIVER, R., *The Middle-Ages of African History.* London.

OLIVER, R. and FAGE, M. D., A Short History of Africa. Penguin books, 1962.

OLIVER, R. and ATMORT, *Africa since 1800.* Cambridge Univ.Press, 1967.

OSEI, G. K., *The African. His Antecedents, his genius and his destiny.* The African Publication Society, 1967.

– *The forgotten great Africans 3000 B.C. to A.D. 1959.* 1965.

PADMORE, G., »*Panafricanisme ou communisme?*« Prés.Africaine, 14.

PARRINDER, G., *La Religion en Afrique Occidentale.* U.C. Ibadan.

PAULME, D., *Les sculptures de l'Afrique Noire.* Paris, P.U.F., 1956.

– *Les civilisations africaines.* Paris, P.U.F., 1960.

– *Parures africaines.* Hachette, 1956.

PETY DE THOZEE, CH., *Théories de la colonisation au XIX. siècle et rôle de l'Etat dans le développement.* Bruxelles, Imp. de Hayez, 1902.

PEYROUTON, M., *Histoire générale du Maghreb.* Paris, Albin Michel, 1966.

PHEROTEE DE LA CROIX, *Relation universelle de l'Afrique ancienne et moderne.* Lyon, T. Amaulry, 1688, 4 Bde.

PIM, SIR A., *The financial and economic History of the African Tropical territories.* O.U.P., 1940.

Présence Africaine. »Le Monde Noir«.

– »L'Art Nègre«.

– »Hommage à Richard Molard«, (15), 1953.

– »Le travail en Afrique«.

– »1. et 2. congrès des Ecrivains et Artistes Nègres, Paris–Rome«.

RADCLIFFE-BRWON et D. FORDE, *Systèmes familiaux et matrimoniaux en Afrique.* Paris, P.U.F.

RAINERO, R., *Storia dell' Africa dell epoca coloniale ad oggi.* Turin, 1966.

RAMBAUD, J. B., »Des rapports de la langue yorouba avec la langue de la famille mandé«, *Bull.Soc.Ling.* (44), 1897.

RICHARD-MOLARD, *L'A.O.F.* Paris, Berger-Levrault, 1949.

ROTBERG, I. R., *Political history of Tropical Africa.* O.U.P. Hrsg. 1963.

ROUSSEAU, M., Introduction à la connaissance de l'Art présent. O.U.P. Hrsg. 1963.

Royaumes africains (Les). Coll. »Les grandes époques de l'homme«.

RUSSEL WARREN, H., *Black Africa.* New African Library, 1967.

SELIGMAN, C. G., *Les Races de l'Afrique.* Paris, Payot, 1935.

SCHNELL, R., *Plantes alimentaires et agricoles de l'Afrique Noire.* Paris, Larose, 1957.

SHAW, A. T., *The study of Africa's Past.* London, 1946.

SHINNIE, M., *Ancient African Kingdoms.* Edward Arnold, 1965.

STAMMBERGER, W., Déjiny Kolonialismu. Prag. Orbis, 1963.

SURET-CANALE, J., *Afrique Noire Occidentale et Centrale. L'ère coloniale 1900–1945.* Edit. Sociales, 1964.

– *L'Afrique Noire.* Paris, 1958 (Coll. »La Culture et les Hommes«).

TCHIDIMBO, R. M. (Mgr.), *L'homme noir dans l'Eglise.* Paris, Prés.Afr., 1963.

TEMPELS, R. P. P., *La philosophie bantoue.* Paris, Prés.Afr., 1965.

TERISSE, A., *L'Afrique de l'Ouest, berceau de l'art nègre.*

THEILE, A., *Les Arts de l'Afrique.* Arthaud.

TRIMINGHAN, S. J., A history of Islam in West Africa. O.U.P. Hrsg., 1962.

VALLOIS, H. V., *Les Races humaines*. Paris, P.U.F., 1948.
– »Race et Racisme«. Conf. UNESCO Moscou-Paris. *L'Anthropologie*. Bd. 69, 1965, Nr. 162.
VAN OVERBERGH, C., *Les nègres d'Afrique*. Geogr. Humaine. Bruxelles, 1913.
WARD, W. E. F., *A history of Africa*. London, Ruskin House, 1960, Bd. 1.
WAUTHIER, CL., *L'Afrique des Africains. Inventaire de la Négritude*. Paris, Seuil, 1964.
WESTERMANN, D., *Noirs et Blancs en Afrique*. Paris, Payot, 1937.
WIEDNER, D. L., *L'Afrique Noire avant la colonisation*. Nouveaux Horizons, 1962.
ZEUNER, F. E., *A history of domesticated animals*. London, Hutchinson, 1963.
– *Dating the past. An introduction to Geochronology*. London, Methuen, '46.
ZIEGLER, J., *Sociologie de la Nouvelle Afrique*. Paris, Gallimard, 1964.
The Study of Africa. London, Univ.paperback Methuen, 1967.
Tradition et modernisme en Afrique Noire. Paris, Seuil, 1965.

Zeitschriften

– Afrika (München).
– Africa Annual Survey and Documents, Nr. 1, 1969 (C. Legum et J. Drysdale).
– Africa. Organe de l'Institut International Africain (I.A.I.) (Lond.).
– Afrika und Übersee (Hamburg).
– African Abstracts.
– African Affairs.
– African Studies Bulletin (Boston University).
– African Studies Bulletin (New York).
– Afrique contemporaine (Paris).
– Bulletin de l'Institut Fondamental d'Afrique Noire (BIFAN) (Dakar).
– Ghana Notes and Queries (Accra).
– Journal de la Société des Africanistes (Paris).
– Journal of the Historical Society of Nigeria (Ibadan).
– Journal of the Royal Anthropological Institute.
– Journal oft he School of Oriental and African Studies.
– Journal of Negro History (U.S.A.).
– Les Cahiers d'Outre-Mer (Bordeaux).
– Man.
– Notes Africaines (N.A.) (Dakar).
– Odu (Ibadan).
– Présence Africaine (Paris).
– Publikationen der »Institutes of African Studies« von Legon, Accra und Ibadan.
– Sierra Leone Studies (Freetown).
– Tanganyika Notes and Records (Dar es-Salam).
– The Journal of African History (London).
– The Uganda Journal (U.J. Kampala).
– Transactions of the Historical Society of Ghana (Accra).
– Transactions of the Kenya Historical Society (Nairobi).
– Universitas (Accra).
– West Africa (London).
– Journal of African History (Cambridge).

Einführung

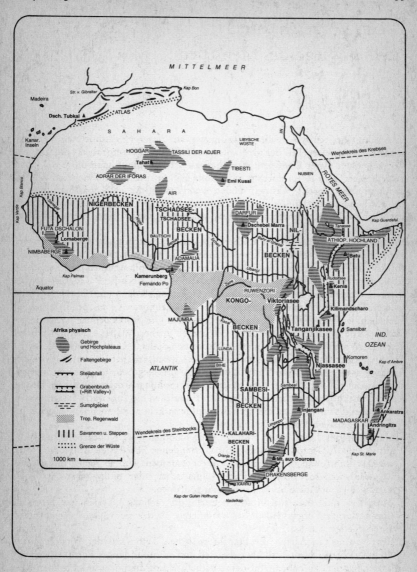

1. Die Vorgeschichte
Afrika, Wiege des Menschen

I. Einleitung

In Afrika schreiten wir, mehr als anderswo, auf unserer verschütteten Vergangenheit. Der größere Teil der afrikanischen Geschichte ist vergraben und, um die Vergangenheit dieses Kontinents ernsthaft zu befragen, muß man unter die Erde steigen. Aber man sollte dorthin nicht ohne Führer und nicht ohne Plan gehen, da »man nicht begreift, was man findet, wenn man nicht weiß, was man sucht«. Die afrikanische Archäologie und Paläontologie haben ihren Adelsbrief bereits erworben und Beachtliches zum allgemeinen Erfolg dieser beiden Wissenschaften beigetragen.

Die menschliche Paläontologie studiert die von der Anthropologie klassifizierten menschlichen Knochenreste. Diese fossilen ausgegrabenen Reste sind Schädel, vollständige Skelette oder Teile davon, zuweilen von pflanzlichen und tierischen Überresten oder Abdrücken begleitet. Deshalb ist die tierische Paläontologie die normale Ergänzung der menschlichen Paläontologie, denn die Überreste verzehrter Tiere dienen zur Enträtselung der Ernährungsweise des prähistorischen Menschen, ja sogar zur Datierung seiner Existenz. Die prähistorische Archäologie studiert alle Spuren menschlicher Aktivität: Asche, Waffen, Siedlungsreste, Werkzeuge aus Stein, Knochen oder Meerestierschalen, Kunstgegenstände usw. Trotz der bereits erreichten eindrucksvollen Resultate hat das prähistorische Afrika erst einen winzigen Teil seiner Schätze preisgegeben. Es gibt nur wenige afrikanische Länder, die ein systematisches Ausgrabungsprogramm haben. Unter diesen Umständen darf man die folgenden Prinzipien nie außer acht lassen:

– Ausgehend von vereinzelten Spuren kann man kein zusammenhängendes Bild der afrikanischen Vorgeschichte entwerfen.
– Man muß sich davor hüten, von ein paar Knochen oder Knochenstücken endgültig auf die Gesamtheit eines nicht vorhandenen Skeletts zu schließen. Noch weniger kann man daraus die »Rasse« bestimmen. Um so mehr, als andere Gegebenheiten sozio-ökonomischer, klimatischer oder biologischer Art notwendig sind, um diese Spuren richtig einzuordnen.
– Außerdem muß man sich in acht nehmen, die rassischen Typen von heute in eine entfernte Vergangenheit zu projizieren, in der sie vielleicht noch nicht unterschieden wurden.

Zudem scheinen in Afrika die charakteristischen Techniken der verschiedenen Phasen der Vorgeschichte sich überschnitten und während langer Perioden nebeneinander existiert zu haben. Auf dem gleichen Erdschichtenniveau kann man Relikte der primitiven Steinzeit finden, höher entwickelte Werkzeuge und sogar metallische Gegenstände. Die Geschichte dieser Schichtenverbände, die Ausgrabungen erhellen sollen, dient selbst dazu, das Durcheinander gewisser archäologischer Ausgrabungsstellen besser zu entwirren. Daraus ergibt sich die Notwendigkeit interdisziplinärer Forschung. Die klassischen Autoren glaubten, daß man ohne schriftliches Dokument nicht von Geschichte sprechen kann. Sie lehnten jede,

Die chronologischen und klimatischen Zusammenhänge 35

nicht durch schriftliche Zeugnisse belegte Entwicklung des differenzierten Primaten, sprich Mensch, in der Vorgeschichte ab. So verstanden beginnt die Geschichte erst mit Ägypten und Sumer vor 4 000 oder 5 000 Jahren, und für gewisse abgelegene Stämme Lateinamerikas oder Afrikas hätte sie noch nicht einmal begonnen! Andererseits ist das historische Sein des Menschen seit den Ägyptern (5 000 Jahre) gering im Vergleich zu seiner prähistorischen Entwicklung (2 500 000 Jahre). Wenn man also die Dauer der Vorgeschichte auf drei Stunden festsetzt, dann hat die Geschichte nur eine Minute gedauert.

Die Schrift nun, ist sie nicht nur ein Zeichen, ein Symbol des Menschseins unter anderen? Haben nicht gewisse Gesellschaften eine bestechende Verfeinerung auf diesem oder jenem Gebiet der Kultur erreicht, ohne die Schrift verwendet zu haben? Ife in Nigeria ist der Beweis dafür. Deshalb hat die Kenntnis der Vorgeschichte obsiegt. Diese begänne daher, wenn ein Volk ständig Metalle verwendet, Beweis eines hinlänglich entwickelten technischen und kulturellen Lebens.

In der Vorgeschichte selbst kann man drei große Phasen unterscheiden:

– Das erste Steinzeitalter (Paläolithikum und erste Zwischenperiode), in dem der Stein einfach behauen oder zerschlagen wird, um als Werkzeug zu dienen.
– Das zweite Steinzeitalter (Epipaläolithikum, früher auch Mesolithikum genannt), eine Phase technischer Umwälzungen, in der das Werkzeug aus Stein (oder aus Knochen, aus Horn usw.) durch seine kleineren Abmessungen (Mikrolithen) und durch die Verfeinerung der Bearbeitung eine bemerkenswerte Spezialisierung erreicht.
– Das dritte Steinzeitalter ist dasjenige, in welchem der Stein immer mehr geglättet wird und seinen Platz in einer neuen Zivilisation einnimmt, die sich neue Techniken, Gebräuche und Anschauungen erschließt.

Diese Einteilung, die versucht, Ordnung in die ungeheure und verwirrende Materie zu bringen, läßt sich nicht immer in der Praxis anwenden. In der afrikanischen Vorgeschichte gibt es zwei Hauptphasen: das Paläolithikum, in dem Afrika Brennpunkt erster Ordnung für die Bearbeitungstechnik des Steins und ihre weltweite Verbreitung ist; das Neolithikum, in dem Afrika nach der Differenzierung der Rassen noch eine beachtliche Rolle spielt, die ihren Höhepunkt in dem erreicht, was man das ägyptische Wunder genannt hat.

II. Die chronologischen und klimatischen Zusammenhänge

Die archäologische Karte Afrikas gleicht den Seekarten des 15. Jahrhunderts: es gibt mehr weiße Flecken als bekannte, mehr vergrabene Reichtümer als ausgegrabene Spuren.

In den nordischen Breiten des Erdballs und in den Hochgebirgen ist das Paläolithikum in einem Wechsel von Eiszeiten und zwischeneiszeitlichen Ruhepausen verlaufen. Entsprechend kühlte sich das Klima ab oder erwärmte sich wieder. In Europa folgten so vier große Eiszeiten aufeinander, die nach Nebenflüssen der Donau benannt sind (Günz – Mindel – Riss – Würm). Darüber hinaus gab es zwei weitere Vereisungen während der zehn Jahrtausende, die dem christlichen Zeitalter vorausgingen. Diese Kältevorstöße, die Eisberge bis zum Mittelmeer auftürmten, senkten den Meeresspiegel ab, trieben die gesamte Fauna in Richtung der tropischen Zonen, kurz, machten die nordischen Gebiete sehr ungeeignet für die menschliche Entwicklung. Selbst während der zwischeneiszeitlichen Perioden verhinderte das Schmelzwasser des Eises die Entfaltung des Menschen. So zeigt das von Eiskappen bedeckte Europa während der etwa 200 000 Jahre des Kagerien keinerlei Spuren von paläolithischen Werkzeugen. Das damalige Afrika weist dagegen drei aufeinanderfolgende Arten von behauenen Steinen gemäß den fortschreitenden Beearbeitungstechniken auf. In der Tat profitierten die tropischen Breiten von einem gemäßigten Klima; das erklärt ihre hervorragende Stellung in der Entwicklung. Dennoch kannte auch dieser Teil der Welt gewaltige und zyklische Klimaumwälzungen, Pluvialzeiten, die im großen und ganzen den Eiszeiten entsprechen. Andererseits ging Afrika während jeder Zwischeneiszeit durch eine interpluviale[1] Phase der Trockenheit oder geringerer Feuchtigkeit. Diese Epochen sind nach Gegenden Ostafrikas benannt:

Das Kagerien[2] entspricht der Günzeiszeit,
das Kamasien[3] der Mindeleiszeit,
das Kanjerien[4] der Risseiszeit,
das Gamblien[5] der Würmeiszeit.

Man muß noch zwei Feuchtzeiten des Postgamblien, das Makalien und das Nakurien, hinzufügen, die den zwei letzten Vereisungen des Nordens entsprechen. Nach jeder Regen- oder Eiszeit schoben sich die Moränen längs den Abhängen vor. Die aquatischen Sedimente dehnten sich über die Uferböschungen hinweg aus und wichen während der Zwischenphase wieder zurück. So ist diese lange zyklische Entwicklung in die geologischen Schichten eingeschrieben, überall dort, wo diese nicht zuviel gestört werden von nachträglichen Einflüssen, von Ablagerungen, Reliefveränderungen usw. So hat man in der Olduwaischlucht, die hundert Meter tief in die Serengeti eingeschnitten ist, zehn horizontale geologische Schichten nachgewiesen, aquatischen Ursprungs die meisten. Mit ihren aufeinanderfolgenden Resten von Werkzeugen und Schmuck sind diese Schichten so gut wie Blätter eines gigantischen Geschichtsbuches vor der Schrift. Man sieht dort den Film über die paläolithische Industrie von ihrem ersten Gestammel (Pebble-Kultur) bis zu den Kulturen vom Chelléen- oder Acheuléentypus. Welch großartiger Kalender, dessen Einteilung das Jahrtausend ist[6]!

Das Studium der fossilen oder archäologischen Überreste des Paläolithikums in der Welt gestattet es, die Homogenität der Werkzeugformen und daher auch der Bearbeitungstechniken festzustellen. Der einzige Unterschied liegt im verwendeten Material: der Obsidian in Afrika, der Silex in Eurasien. Diese Feststellung steht für die Idee, daß die menschliche Art mit einer einzigen Gruppe[7] angetreten ist.

---

1 Diese Übereinstimmung scheint nicht sehr genau gewesen zu sein. Manche Gelehrte meinen sogar, daß sie nur für die mittleren Breiten gültig ist und nicht für die unteren. Manche meinen auch, daß die Pluvialzeiten eher den zwischenzeitlichen Perioden entsprechen.

2 Vom Kagera-Fluß zum Viktoria See.

3 Vom Kamasia-See im Rift-Valley.

4 Von Kanjera, nahe beim Viktoria-See. Das Kanjerien wird von manchen als eine Phase des Kamasiens betrachtet, definiert von L. S. B. Leakey.

5 Vom Gamble-See in Kenia.

6 Die fossiltragenden Schichten am Omo, Fluß in Äthiopien, zeigen ebenso in einer Dicke von 500 Metern eine fortlaufende, chronologische Folge von −3,7 Millionen bis −1,8 Millionen Jahren.

7 Der Ursprung des heutigen Menschen wird von den Wissenschaftlern noch nicht eindeutig als

Die chronologischen und klimatischen Zusammenhänge

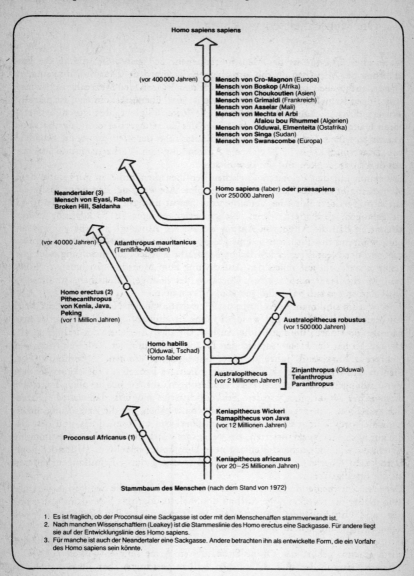

Stammbaum des Menschen (nach dem Stand von 1972)

1. Es ist fraglich, ob der Proconsul eine Sackgasse ist oder mit den Menschenaffen stammverwandt ist.
2. Nach manchen Wissenschaftlern (Leakey) ist die Stammeslinie des Homo erectus eine Sackgasse. Für andere liegt sie auf der Entwicklungslinie des Homo sapiens.
3. Für manche ist auch der Neandertaler eine Sackgasse. Andere betrachten ihn als entwickelte Form, die ein Vorfahr des Homo sapiens sein könnte.

gelöst betrachtet. Manche erkennen den Ursprung aus nur einer Quelle nicht an (Monozentrismus). Die Polyzentristen denken, daß die Vor-Hominiden, die über verschiedene Territorien verstreut waren, sich getrennt entwickelt haben und so zu den Prototypen der vier heutigen Rassen des Menschen wurden. Doch diese riskante und vielleicht von »rassischen« Typen der heutigen Zeit beeinflußten Thesen verschieben das Problem nur. Denn enden diese »parallelen« Stammeslinien nicht weiter oben in einer gemeinsamen Quelle?

III. Die Menschheitsentwicklung

Wann aber und wie ist der Mensch erschienen? Seit selbst die, die an die Erschaffung des Menschen durch Gott glauben (Teilhard de Chardin), ihre starren Thesen aufgegeben haben, stellt man sich den Prozeß der Menschheitsentwicklung folgendermaßen vor. Der Mensch, so ist man übereingekommen, ist charakterisiert durch die aufrechte Haltung, die Zweifüßigkeit, den gegenüberstellbaren Daumen, der etwa 65 % der Länge des Zeigefingers erreicht, das parabolisch angeordnete Gebiß, dessen dritter Backenzahn der kleinste ist, die Schädelkapazität von 900 bis 1 700 cm³, die Anwendung von Werkzeugen und schließlich durch das Denken und das Bewußtsein.

Es beginnt mit den Primaten. Zwischen den menschenähnlichen Affen und dem Menschen gibt es keine ganz gerade Linie ohne Abzweigung. Es scheint so, als ob seit dem Tertiär zahlreiche Versuche zum Statut und zur Statur des Menschen zu gelangen, gescheitert wären. Nebenzweige endeten in Sackgassen. Daher kommt es, daß die Affen von Anfang an auf ein Abstellgleis verbannt worden sind, während der Pithecanthropus *(homo erectus)*, der *Australopithecus robustus* und der Neandertaler auf Bahnen gebracht wurden, die nicht lang oder gut genug waren, um auf ihnen den Aufschwung zum Menschsein nehmen zu können. Einzig der *Homo sapiens*, Vorfahre des heutigen Menschen, schafft den Start und trennt sich ganz und gar vom Affenstamm.

Aber warum sind manche Anfänge des Menschen, wie der Neandertaler, in ihrer Ausbreitung als Art gestoppt worden? Ohne Zweifel auf Grund des Überlebenskampfes und durch die natürliche Auslese, die das Überleben des Fähigsten erzwingt. So hat der Homo sapiens den Neandertaler in einer Art Weltkrieg, der mehrere zehntausend Jahre dauerte, hinwegfegen können. Abrechnung von Mensch zu Mensch, aber auch ein weniger heftiger Prozeß als die tiefgreifenden Vermischungen oder die Umweltveränderungen, die zu machtvollen Faktoren biologischer Mutationen wurden. Schließlich ist es möglich, daß manche Arten sich zu sehr an eine gegebene Umwelt angepaßt haben, um die Zerstörung dieser Umwelt durch klimatische Katastrophen überleben zu können. Es sind deshalb die am wenigsten spezialisierten, am wenigsten durch die Umgebung bestimmten Arten, die sich am geschicktesten auf neue Umstände einstellten. Sie fanden neue Mittel zum Überleben. Was also ist die Anpassung durch Erfindungen anderes als die Intelligenz?

Der erste entscheidende Faktor in dieser Entwicklung ist die Seßhaftigkeit. Deshalb mußte der zweckmäßige Aufbau des Skeletts oder das Verhältnis von Vorder- und Hintergliedern so sein, daß der Schwerpunkt das Gleichgewicht bei aufrechtem Gang erlaubte. Man teilt in dieser Hinsicht die Primaten in drei Gruppen: die niedere Gruppe, die bezüglich der Arme menschenähnlich genannt wird. Hierzu gehört der Orang-Utan, dessen Arme sehr entwickelt sind. Die mittlere Gruppe der menschähnlichen halbaufgerichteten hat bereits weniger lange Arme und eine schräge Körperachse: die Schimpansen und die Gorillas. Endlich die Gruppe der Menschen, Zweifüßer, bei denen die Länge der Vorderglieder ein spezifisches Merkmal ist. Das Aufrichten auf den hinteren Gliedmaßen, die Fähigkeit, sich aufrecht zu halten, kann als der Beginn des menschlichen Abenteuers angesehen werden. Daraus ergibt sich sogleich eine Vervielfältigung der Perspektiven. Der Horizont weitet sich. Es wächst die Zahl der

Die Menschheitsentwicklung 39

Lösungsmöglichkeiten. Und vor allem ist die Hand befreit, sie ist keine Pfote mehr. Hat man nicht gesagt, daß der Mensch intelligent ist, weil er eine Hand hat? Man kann es an der intensiven Aktivität des Kleinkindes mit seinen Händen beim Erwachen der Intelligenz beobachten. Die Hand vermehrt die Kontakte zur Außenwelt. Von da nimmt die Entwicklung der sensomotorischen Zentren und folglich des Gehirnvolumens, vor allem in der vorderen Partie des Kortex ihren Anfang. Damit einher geht eine Atrophie der Muskeln und Knochen des Kiefers, der beim Vierfüßer und dem niederen Affen das wichtigste Greifwerkzeug ist. Das Verschwinden dieser Muskeln trägt auch dazu bei, die Schädelkapsel zu befreien. Die Idee der gegebenen Mittel für ein gegebenes Ziel drängt sich auf (Prinzip von Identität und Kausalität). Die Werkzeuge, die die Intelligenz formen, zur gleichen Zeit, wie diese sie gestaltet, werden erfunden, unter ihnen das hervorragendste: das Feuer. Das Feuer, nach der Legende den Göttern geraubt, war vielleicht vielmehr eine Gabe des Himmels, ein Blitzschlag. Auf jeden Fall erhellte es die Höhle, mehr noch, es erwärmte das embryonale nachdenkende Bewußtsein und das erwachende menschliche Gefühl. Unter den Händen des Menschen strahlte das Feuer wie das Zepter seiner neuen Königswürde über die Welt. Mit seinem tanzenden Widerschein auf den Wänden der Grotte vertrieb es die tierische, rohe Angst. Es regte das soziale Leben und auch das Aufblühen der Intelligenz und der Sprache an. Es entwickelte gleichzeitig auch den Machtwillen. Alles war nun bereit, damit das Samenkorn Mensch sein unendliches Abenteuer beginnen konnte[8].

Wo hat sich dieser großartige erste Akt eines Dramas, das noch nicht beendet ist, abgespielt? Mit größter Wahrscheinlichkeit in Afrika, denn dort waren die Bedingungen am günstigsten. Dort hat man auch die zahlreichste, vollständigste und kontinuierlichste Serie von prähistorischen Überresten entdeckt, obwohl sich die archäologische Erschließung erst am Anfang befindet und die Konservierung der fossilen Überreste wegen des Säuregehalts des Bodens sehr schwierig ist. In Afrika, und nur in Afrika findet man, vor allem auf den östlichen und südlichen Hochebenen, alle Glieder der Kette, die uns mit den entferntesten Vorfahren des Menschen verbinden. Hier in Afrika findet man im übrigen auch noch die »Vorfahren« oder vielmehr die vermuteten Eltern des Menschen. Wie W. W. Howells anmerkt, »die großen Affen Afrikas, der Gorilla und der Schimpanse sind dem Menschen sogar näher, als einer der drei dem Orang-Utan Indonesiens«[9].

Schon Darwin erklärte: »Es ist wahrscheinlicher, daß unsere ersten Verwandten in Afrika gelebt haben als irgendwo sonst.« Diese Vermutung wird jeden Tag von neuen Entdeckungen bestätigt. Pater Teilhard de Chardin schreibt: »Der Mensch muß zum ersten Mal im Herzen Afrikas aufgetaucht sein.«[10]

---

8 Die Rolle der Gesellschaft ist eine wesentliche in der Entwicklung der Intelligenz und der Sprache. Letztere ist gleichzeitig aber an die somatischen Veränderungen des Knochen- und Muskelsystems des Schädels, des Gesichts und der Kehle gebunden. Die Verkümmerung der affenartigen Kinnlade drängt den Ansatzpunkt der Sprache und der Organe des Rachens weiter zurück. Statt daß die Luft kräftig zwischen den Lippen ausgestoßen wird, durchläuft sie eine Reihe von Stationen, die unter Kontrolle von Nerven stehen. Dagegen erleichtert das verminderte Gewicht des Kiefers die raschen Aussprachebewegungen.

9 W. W. Howells, *20 millions d'années pour faire un homme*, Le Courier Unesco, August–September 1972.

10 P. Teilhard de Chardin, *L'apparition de l'homme*, Seuil 1956, S. 279.

IV. Die drei Steinzeitalter der afrikanischen Vorgeschichte

A. Das erste Steinzeitalter und seine Schöpfer

Es handelt sich hier um eine der brillantesten Epochen der Geschichte Afrikas und der Menschheit, um eine der längsten auch, denn sie dauerte mehr als eine Million Jahre. Sie hat überall in Afrika behauene Steine von mehr und mehr vervollkommneter Technik hinterlassen, geschaffen von Wesen, die mehr und mehr Menschen waren: die *Australanthropinen* und die *Archanthropinen*.

1. Die Kultur des Australanthropinen

Noch bevor diese auf die Szene treten, und seit sich der Vorhang im Miozän (Tertiär) gehoben hat, sehen wir in Afrika sonderbare Wesen. Nach dem gegenwärtigen Stand der Forschung gibt es an der Wurzel des menschlichen »genealogischen« Stammbaums Wesen wie den afrikanischen Kenyapithecinen, einen deutlich verbesserten Affen, der aber vor allem vom *Proconsul Africanus* aus Ostafrika (25 Millionen Jahre) zurückgedrängt wurde. Ein wenig spezialisierter Primat, der keine Werkzeuge hat (Das Leben war vielleicht zu einfach!). Aber der spitze Winkel der Zahnreihen unterscheidet sich vom Affengebiß und ist eher dem des Menschen vergleichbar. Außerdem zeigt er einen Unterkiefervorsprung und ein Kniegelenk menschlichen Typs. Das Studium des Beckens schließlich und der Fügung des Oberschenkelknochens zeigt, daß sich der Proconsul beinahe aufrecht halten konnte. Kurz, der Proconsul ist die älteste und eine der typischsten Zwischenstufen zwischen den vorhominiden Primaten und dem Menschen.

Das folgende Stadium scheint dasjenige des *Kenyapithecus (Kenyapithecus Wickeri)* von der Art der Ramapithecinen (Indien) zu sein, aber er ist viel älter als dieser letztgenannte. Er wurde in Kenia entdeckt und stammt aus dem Ober-Miozän (12 Millionen Jahre). Er hat ein menschenähnliches Gebiß und benutzte Steine, um Knochen zu zerschlagen. Diese Ernährungsweise mit tierischem Eiweiß erklärt vielleicht das Überleben dieser Art und ihre Herrschaft über die anderen, zum Beispiel über den Typ Proconsul. Auf einer höheren Stufe (Altpaläolithikum) findet man die Australanthropinen, menschenähnliche, die uns noch näher sind, und an denen der afrikanische Kontinent, vor allem in seinem östlichen und südlichen Teil bei weitem der reichste ist (*Australopithecus Prometheus*)[11]. Die Schädelformen zeigen bei ihnen eine Entwicklung der Stirn- und Seitenlappen des Gehirns, die eine gehobene Stufe ihrer intellektuellen Fähigkeiten bezeugt. Sie suchten die Savannen Afrikas zu Beginn des Regen-Kageriens heim, als Europa nur ein Eisberg war. Der berühmteste und älteste unter ihnen, derjenige auch, dessen humanoide Merkmale seltsamerweise am stärksten ausgeprägt sind, ist der *Zinjanthropus (Zinjanthropus Boisei)*[12], entdeckt im Jahre 1959 in Olduwai (Tansania) von Doktor L. S. B. Leakey. Der

---

11 Prometheus, weil er das Feuer angewendet zu haben scheint.
12 Nach Zinj (alter Name Ostafrikas), anthropos (Mensch) und Boise (Name des Mäzens, der die Ausgrabungen unterstützt hat).

Die drei Steinzeitalter der afrikanischen Vorgeschichte 41

Zinjanthropus hat einen Kopf mit stark abgeflachter Stirn. Aber die Kiefer stehen weniger vor als beim Schimpansen. Er hat ein größeres Schädelvolumen. Der Zahnbogen zeigt, wenn auch von allgemein affenartigem Aussehen, sehr ausgeprägte menschliche Merkmale, mit Ausnahme der krankhaft vergrößerten Backenzähne, die dem Zinjanthropus den Beinamen *nutcracker man* (Nußknackermann) eingetragen haben. Er hielt sich aufrecht und konnte sogar in aufgerichteter Stellung laufen. Man hat bei ihm Steinwerkzeuge und Haufen von Knochen kleiner Tiere entdeckt, die er zweifellos zerbrochen hat, um das Mark daraus zu verzehren: Essensreste von Mahlzeiten im Grunde. Seine Werkzeuge sind zerschlagene Kiesel mit einfacher Schneide. Diese Kultur des nutzbar gemachten Kiesels, die auch in Melka Konture (Äthiopien) erkennbar ist, wo sie Siedlungsreste begleitet, ist bekannt unter dem Namen »Pebble-Kultur«. Die verblüffende Verwandtschaft im Körperbau des Zinjanthropen mit dem *Homo sapiens* läßt fragen, ob er nicht in die weniger alte Familie der Archanthropinen eingeordnet werden muß. Aber die Analyse durch die Radio-Karbon-Methode hat bei den in Olduwai entnommenen Proben das phantastische Alter von 1 750 000 Jahren ergeben. Der Funke der menschlichen Intelligenz, bewiesen durch das Vorhandensein von Werkzeugen, würde also in Afrika schon vor dem Quartär gesprüht haben.[13]

Nun grub aber Dr. Leakey im Jahre 1963 an derselben Stelle und in derselben Schicht von Olduwai die Reste einer Gruppe von sechs Individuen aus, die von der Schädelkapazität, vom Bau des Gebisses und des Kiefers (Kinnlade), sowie vom Bau des Skeletts her, sich mehr dem *Homo sapiens* näherten. Sie könnten seine erste skizzierte Fassung sein. Und da diese Reste zusammen mit Werkzeugen (zerspaltenen Kieseln) gefunden wurden, erhielt die Art den Namen *Homo habilis*. Dies ist der ernsthafteste Anwärter auf den ersten Platz in der Galerie unserer »Vorfahren«.

Die Kleinheit dieser Kiesel scheint auch der Größe ihrer Hersteller zu entsprechen. Letztere, aus der Reihe des Homo faber stammend, wären daher ungefähr 1 500 000 Jahre alt.

Nun haben aber verschiedene Ausgräber an den Ufern des Omo in Äthiopien, nahe den Grenzen des Sudan und Kenias, fossile Reste von Hominiden entdeckt. Sie sind durch eine verbesserte Radio-Karbon-Methode auf 3 700 000 Jahre datiert worden. Das reicht in die Zeit des Erscheinens der ersten Hominiden auf dem Planet und in Afrika zurück. Diese Entdeckung bekräftigt auch, »was bereits die Lager von Olduwai (Tansania) und von Swartkrans (Südafrika) offenbart hatten: ein großer Australopithecus, eher Vegetarier, und ein kleiner Hominide mit der Neigung alles zu verzehren, haben von Anbeginn an nebeneinander gelebt. In Olduwai war der große Zinjanthropus Zeitgenosse des kleinen *Homo habilis*; in Swartkrans befand sich der große *Pithecanthropus erectus* in der Nähe des Telanthropus (*Telanthropus capensis*). Im Tal des Omo hat das gleichzeitige Vorhandensein der beiden Geschöpfe zumindest zwei Millionen Jahre gedauert. In Afrika müssen die letzten *Homo erectus*, die ersten Neandertaler und die ersten *Homo sapiens* während langer Perioden miteinander gelebt haben.«[14]

13 Manche Gelehrte geben dem Quartär eine Dauer von 2 Millionen Jahren. Andere haben dieses Alter des Zinjanthropen angefochten und lassen es bei einer Million Jahren bewenden, das sind allerdings immer noch Zehntausend Jahrhunderte!
14 Siehe *Le Monde*, 29.–30. Dezember 1968, S. 15.

Der Zinjanthropus hat also zahlreiche Entsprechungen in Afrika. Im Jahre 1961 ist der Tschadanthropus Uxoris von Y. Coppens und seiner Frau[15] am Fuß der Felswand von Angamma im Norden des Tschad entdeckt worden. Der ausgegrabene Schädel und der Oberschenkelknochen scheinen anzuzeigen, daß es sich um ein fehlendes Kettenglied zwischen dem Australopithecus und dem Pithecanthropus handelt. Auf ungefähr 1 000 000 Jahre datiert, scheint er, wenn auch nicht im gleichen stratigraphischen Verband liegend, einer Steinindustrie zuzuordnen zu sein. In diesem Fall wäre er eine Art *Homo habilis*.
Es ist aber ratsam, vorsichtig zu bleiben. Das Erhaltungsstadium von so alten Resten läßt offensichtlich zu wünschen übrig, und die Zersetzungstätigkeiten oder Umbildungen der Schichten haben zum Beispiel im Becken des Viktoriasees Veränderungen hervorgerufen. Manche behaupten, daß der Zweig *(pylum)* des Australanthropinen ausgestorben ist und nur eine Seitenlinie des Menschen ausmachte. Viele andere setzen ihn in gerader Linie ein. Wie dem auch sei, sie sind die ersten Wesen, deren Werkzeuge vom Kafuan-[16] oder Olduwai-Stil zeigen, daß sie die Schwelle der Tiernatur überschritten hatten. Sie bilden die erste menschliche »Rasse«.

2. Die Kultur der Archanthropinen (vor 750 000 Jahren)

Die Archanthropinen sind in Afrika gut repräsentiert (*Pithecanthropus* von Olduwai, *Atlanthropus mauritanicus* Ternifine in Algerien, *Africanthropus* von Zentralafrika usw.). Aber man findet sie auch in Asien (*Pithecanthropus* von Java, *Sinanthropus* von Peking) und in Europa (*Mensch von Mauer* in Deutschland)[17]. Diese Menschenähnlichen zeichnen sich durch einen massiven und vorgeschobenen Unterkiefer aus, dessen Gewicht durch eine sehr starke Entwicklung der Muskelwülste über Augenhöhlen und Hinterkopf gestützt wurde. Das Studium der Schädelformen läßt vermuten, daß sie eine gegliederte Sprache hatten. Sie haben entwickelte Industrien hinterlassen. Wir finden Bifaces, Faustkeile (*hand axes*), schwere Kernsteine, Werkzeuge mit einer zunächst gekrümmten Schneide (Typ abbevillien), dann auch mit gerader Schneide (Typ acheuléen).
Zu Beginn schon ist der Biface ein fürchterliches Werkzeug, mit dem man alles machen kann: es dient zum Totschlagen, Bohren, Zerstückeln, Schaben, Schneiden, Aushöhlen, Zertrümmern usw. Es wird immer flacher, und seine Schneide wird durch Überarbeitungen mit einem harten Holzstück oder Knochen immer vollendeter. Das Werkzeug wird so leichter, und gestattet es, sich weiter von den Steinbrüchen oder den Herstellungswerkstätten zu entfernen. An diesen ersten Werkzeugen (Bifaces, kleine Äxte usw.) ist Afrika überaus reich. Zahlreiche Überreste zeugen überall davon, nicht nur in Ost- oder Südafrika, sondern auch in der Sahara, vom Atlantik bis Tibesti und bis ans Rote Meer, um alte von Landseen stammende Mulden herum, in Mali (Yelimané), in Guinea (Pita), in Ghana, in Togo, im Tal von Kor abu Anga bei Omdurman (Sudan), in Adrar Bous am Niger.
Im übrigen beobachtet man in Afrika das differenzierteste und beständigste

15 Daher die Bezeichnung »uxoris«, vom Lateinischen »uxor« = Ehefrau.
16 Von Kafu, Fluß in Uganda.
17 Zu bemerken ist, daß die Archanthropinen Afrikas doppelt so alt wie die anderer Kontinente sind.

Die drei Steinzeitalter der afrikanischen Vorgeschichte

Fortschreiten in der Entwicklung dieser Werkzeuge. Für zahlreiche Gelehrte haben die afrikanischen Hominiden die ersten Werkzeuge erfunden und haben sie in den anderen Kontinenten verbreitet. Nach Professor Van Riet Low hat der Mensch von Afrika aus, nach vielen Jahrtausenden und schweren Schicksalsschlägen, das Europa im Norden und Asien im Osten erreicht. Die struppige, haarige Horde der Africanthropen oder Atlanthropen, die infolge einer Verschlechterung des afrikanischen Klimas oder einer Verbesserung der europäischen oder asiatischen Verhältnisse, mit Waffen und Gepäck in die benachbarten Kontinente zog, war die Wegbereiterin einer Art Herrschaft des Biface, ihre Heimat war Afrika.

Aber seit dem Ende dieses ersten Steinzeitalters (Kanjerien – Mittleres Paläolithikum) erschienen noch weiter entwickelte Werkzeuge. Man ging Schritt für Schritt auf Abschlagindustrien über (Ägypten, Libyen, Sahara) dann auf noch spezialisiertere Facies des Aterien, des Fauresmithien und des Sangoan.

Das Aterien[18] (von Bir el-Ater in Algerien) ähnelt dem Moustérien und hat lange fortbestanden, bis zum Neolithikum mit den Neandertalern. Es kennzeichnet vor allem den Maghreb, zum Beispiel in Marokko in Dar es Soltan, aber man trifft es auch in Mauretanien, in Adrar Bous (Aïr – Niger), im Tibesti, im Tschad. Es ist vor allem in dreieckigen Spitzen, Klingen, Kratz-, Schabeisen und Stielwerkzeugen erhalten. C. Gabel vermutet, daß wir die Industrien des Aterien den negroiden Völkern verdanken. Sie hinterließen ihre Zeichen wahrscheinlich im Oranien und im Spät-Capsien[19].

Das Fauresmithien (von Fauresmith in Südafrika) ist dem Boden der Hochebenen von Oranje, des Betschuanalandes und von Kenia verbunden. Es hat folglich leichtere Werkzeuge als das Sangoan und stellt eine Facies levalloisomoustérien mit einseitig retuschierten Spitzen dar, mit Bifaces und kleinen Äxten. Man findet es in der Sahara, in Mali (Nioro), im Sudan, in Äthiopien, in Ostafrika und im südlichen Afrika.

Seit dieser Periode entwickelt sich das Sangoan[20] (von Sango Bay: Westufer des Viktoriasees) in Tansania. Es schafft den Übergang zwischen dem Fauresmithien und dem Stillbayen und dauert in bestimmten Gebieten noch lange an. Es ist an die Jagd und an die Ernte von Wurzeln und Pflanzen in feuchter Umgebung angepaßt. Man trifft es in Zentralafrika, in Ost- und Südafrika. Sein Ursprung befindet sich zweifelsohne in den Wäldern von Zaïre.

B. Das zweite Steinzeitalter und seine Schöpfer

Die Kultur des Paläanthropinen oder Neandertalers und des Homo sapiens (faber)

Die Paläanthropinen, deren frühester Typ der Neandertaler ist, haben in Afrika zusammen mit den Archanthropinen gelebt und haben im mittleren Paläolithikum und im Epipaläolithikum ihre Stelle eingenommen. Man trifft sie in Tansania

---

18 Siehe L. Balout, *Préhistoire de l'Afrique du Nord*, Paris 1955.
19 C. Gabel, University Papers of Africa, Bd. 2, Boston 1966, S. 19.
20 Oder Bambesien (von Bambesi in Rhodesien).

Die Vorgeschichte · Afrika, Wiege des Menschen

(Mensch von Eyasi und von Njarassa), in Kidish in Äthiopien, in Sambia (*Homo rhodesiensis* von Broken Hill), in Marokko (Mensch von Rabat) usw. und in der ganzen Welt, ausgenommen auf dem amerikanischen Kontinent. Sie hatten eine fliehende Stirn mit riesigen Augenbrauenbogen, die ein knochiges Visier oberhalb der Augen bildeten, massige Kinnladen ohne Kinn. Sie liefen ein wenig gebeugt. In Europa bewohnten diese Lebenwesen Höhlen und folgten dem Mammut und dem Rentier entsprechend dem Rückzug der Gletscher. In Afrika drangen während der trockenen Periode, die das Kanjerien und das Gamblien trennte, die Paläanthropinen, ohne Zweifel vor der Trockenheit fliehend, in den zaïrischen und guineischen Urwald vor.

In Nordafrika scheinen das Sébilien von Oberägypten und von Nubien, die Kultur von Heluan sowie das Capsien vom Maghreb[21] mit dem Natoufien von Palästina und dem Iberomaurusien (Afalou Bou Rhummel in Algerien und Taforalt in Marokko) verwandt zu sein. Man findet große Klingen, Blättchen mit steil retuschiertem Rücken, Kratzer, Mikrolithen, Bruchstücke von Straußeneierschalen als Halsbandelemente, als Behälter dienende, verzierte Straußeneier und Steine, die stark erhitzt worden zu sein scheinen, um als Wärmespeicher zu dienen.

H. J. Hugot[22] warnt mit Recht vor der »Fata Morgana Capsien«, die zu dieser Zeit einen Einfluß von Nordafrika bis Kenia vermutet. Das Capsien beschränkt sich nämlich auf die tunesische Hochebene und auf das Hochland von Constantine. Es berührt weder die Mittelmeerküsten noch Marokko; das scheint anzuzeigen, daß die Herkunft der Urmediterranen mit negroidem Charakter im Südosten liegt. Hugot hält diese letzteren für die einzigen Urheber des Iberomaurusien. Im restlichen Afrika setzt sich dieselbe Entwicklung in Richtung Miniaturisierung fort mit den Stilen des Lupembien, Stillbayen, Magosien und Elmenteitien. Das Lupembien, das man in Westafrika (ausgenommen in Senegal), in Zentralafrika und in Südafrika findet, ist (charakteristisch für die Beständigkeit der Stile) eine Verbindung von schweren Werkzeugen aus behauenem Stein wie im Sangoan (Spitzaxt, Hohlmeißel[23], Meißel, Querbeil) und aus blattartigen Stücken, auf beiden Seiten fein retuschiert, Dolchklingen, »Sägen«. Das Stillbayen (von Stillbay, Kapprovinz in Südafrika) findet sich auch in Rhodesien und in Ostafrika. In Brokenhill (Sambia) zum Beispiel, zeigt es sich in einer primitiven Form (Protostillbayen) mit einseitig geschärften Spitzen, Kratzern und Bifaces ohne feine Retusche, während das klassische Stillbayen feine Überarbeitungen durch Druck, blattartige Stücke mit zweiseitigen Retuschen und Grabstichel aufweist. Es entfaltet sich im Magosien (von Magosi in Uganda), einem Vorläufer des neolithischen Wiltonien. Verwandt mit dem »Capsien« von Kenia, liegt das Magosien zwischen dem Gamblien und Makalien während der trokkenen Nach-Gamblien-Periode (8000–5500). Es zeigt scheibenförmige Nuklei, kurze Kratzer, Blättchen usw. zusammen mit Keramik.

Die Schöpfer all dieser Techniken sind ohne Zweifel aus der früheren afrikanischen Bevölkerung hervorgegangen. Gewisse Autoren behaupten, daß in dieser Epoche von allen Seiten, und hauptsächlich vom Mittleren Orient, äußere Einflüsse Schwarzafrika überschwemmen. So R. Mauny[24]. Ebenso denkt L. S. Lea-

---

21 Vom lateinischen Capsa (Gafsa) in Tunesien.
22 H. J. Hugot, *L'Afrique Préhistorique*, Paris 1970, S. 28 ff.
23 Der Hohlmeißel dient zum Aushöhlen des Holzes.
24 Siehe R. Mauny, *La Préhistoire*, in: *Histoire Générale de l'Afrique Noire*, Bd. I, S. 39–50.

Die drei Steinzeitalter der afrikanischen Vorgeschichte

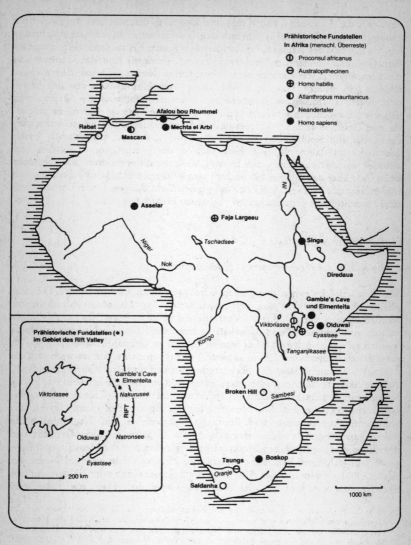

46 · *Die Vorgeschichte · Afrika, Wiege des Menschen*

key, daß das »Capsien« von Kenia und dasjenige des Maghreb von Palästina gekommen sind. C. Gabel spricht sich dagegen für einen autochthonen Ursprung aus, da der Stil der Klingen, Grabstichel und Kratzer dem Werkstoff, wie etwa dem Obsidian, so hervorragend angepaßt ist. Übrigens sind das Capsien und das Elmenteitien, das aus ihm hervorgegangen ist, weit östlich lokalisiert. Es ist deshalb sehr riskant, von den kaukasischen Proto-Hamiten als von den Erfindern dieser Techniken zu sprechen, nur allein deshalb, weil die Skelette von Gamble's Cave-Elmenteita und von Naivashe (Kenia) lange und schmale Schädel und Gesichter haben.[25] Warum nach äußeren Erklärungen suchen, wenn man sie an Ort und Stelle findet? In der Tat scheint es, daß die menschlichen Werkzeuge, die bis dahin praktisch gleich waren, deren Anregung, Tradition und »Mode« aus Afrika kamen, sich in dem Maße zu differenzieren, wie die Menschen quer über den Globus auf immer mannigfaltigere ökologische Bedingungen stoßen, insbesondere seit dem Ende der großen Eisbildungen. Diese Tendenz verstärkt sich noch mit dem Erscheinen von neuen Menschentypen.

C. Das dritte Steinzeitalter

1. Die Kultur der Neanthropinen (Homo sapiens)

Mit dem Zurückweichen der großen Gletscher scheint Europa in der Tat, von Afrika und dem Orient aus, von einem neuen Typ Menschen überschwemmt worden zu sein, der der direkte Vorfahre des heutigen Menschen ist. Afrikaner müssen von dem neuen und dauerhaft verbesserten Klima im Norden angelockt worden sein. Auf jeden Fall hat man in Europa in Grimaldi, nahe bei Monaco, die ältesten Skelette des *Homo sapiens (sapiens)* entdeckt. Sie erwiesen sich als negroid[26]. Zusammen mit den Skelettresten wurden übrigens Kauris gefunden[27]. Andere Skelette mit negroiden Merkmalen sind in Illyrien, in Piemont, in der Schweiz, in den Balkanländern, in Indochina, im Yuman (China) und in Malaysia entdeckt worden. Sie kennzeichnen die Epoche des *Homo sapiens* als weltweites Ausdehnungs- und Besitzergreifungsstreben der Negroiden[28]. Sie waren ganz bestimmt nicht die einzigen: das Capsien zeigt ein Gemisch von negroiden und mediterranen Merkmalen; desgleichen hat der Mensch von Mechta el Arbi (Algerien) zahlreiche gemeinsame Züge mit dem heutigen Neger des Sudan, ohne im Moment das Ausreißen der Schneidezähne mitzuzählen. Andere Skelette, wie die fünf aus der Gamble's Cave, diejenigen von Elmenteita

25 Siehe V.-P. Alexejew. Er erinnert an die Rekonstruktion von M. M. Grassimow auf der Grundlage der Skelettreste und meint, daß die »Profillinie nur ihm zeigt, daß die Menschen, deren Gebeine man in Elmenteita und Nakuru gefunden hat, sich bereits durch besondere Merkmale des Negroiden unterschieden«; in: *Les Etudes Africaines en URSS*, Moskau 1969, S. 120. Dieses Werk legt Rechenschaft ab über den Beitrag sowjetischer Gelehrter zu den Wissenschaften, die sich mit Afrika beschäftigen.

26 Siehe M. Brezillon, *Dictionnaire de la Préhistoire*, Paris 1970, S. 115 f. Doch dieser negroide Charakter ist angefochten worden.

27 Diese Menschen sind die Schöpfer der Aurignacien-Kultur; insbesondere der kleinen Frauenstatuetten mit Steatopygie. Sie dienten fraglos einem Fruchtbarkeitskult.

28 »Vor 30 000 Jahren bedeckte die schwarze Rasse die Welt« (*Science et Avenir*, Oktober 1954, Nr. 92). – »Im Aurignacien waren die Mittelmeerzone und Europa von Negroiden überflutet« (A. Moret, *Histoire de l'Orient*, S. 19). Diese Ansicht wird offensichtlich nicht von allen Spezialisten anerkannt.

Die drei Steinzeitalter der afrikanischen Vorgeschichte

(Kenia), von Singa (Sudan) vom äthiopiden und nilotischen Typ, von Boskop (Südafrika), der an den Menschen von Combe Capelle in Frankreich erinnert, all sie sind eher vom Buschmann-Typ. In Asselar dagegen, im ehemaligen Tal des Tilemsi (Mali), hat, unterhalb einer angeschwemmten Alluvialfläche, Professor Monod den Typ des *Homo sapiens* entdeckt, der dem heutigen Neger am nächsten kommt. Er ähnelt übrigens dem Menschen von Grimaldi (oder von Cro-Magnon). Boule und Vallois sagen, daß er »vom allgemeinen Typ des Negers« sei, aber abweicht vom heutigen Schwarzen ... Wie aber könnte der Neger von vor 10 000 Jahren identisch sein mit demjenigen von heute? Wir wollen nur festhalten, daß in Tamaya Mellet (Niger) etwa 15 ausgegrabene Skelette als negroid erkannt worden sind, ebenso wie die etwa 5 500 Jahre alte sterbliche Hülle eines Kindes in Fezzan, sowie die Skelette des Mesolithikums von Khartum.

In Europa findet man, zusätzlich zum Typ Grimaldi, in einer späteren Epoche den Typ von Cro-Magnon (Solutréen), der der direkte Vorfahre der heutigen Europäer zu sein scheint, sowie den Typ von Chancelade (Magdalénien) mit mongoliden Zügen, kurz, das menschliche Leben ist nicht mehr nur auf Afrika und die südlichen Breiten zentriert. Mit der Bevölkerungsausdehnung, der Veränderung der klimatischen Bedingungen und der Lebensweisen vermischen sich die Rassen, entstehen neue. Sie sind an Skeletten oder Bruchstücken von Skeletten schwierig zu unterscheiden. So konnte ein längerer Aufenthalt in den kälteren Zonen, unter verhüllter Sonne, dazu beitragen, die Farbe der Haut zu erhellen, die Nase zu verschmälern, den Haarwuchs und den Fettansatz zu steigern, um dem Klima besser zu widerstehen; während die Anpassung an die tropische Hitze und die Feuchtigkeit die dunkle Pigmentierung, die Verbreiterung der Nasenlöcher, die vielen schweißbildenden Drüsen und die unbehaarte Haut förderte. Die dunkle Haut und die krausen Haare schützen vor der Hitze. Aber es handelt sich da nicht um eine allgemeine Regel. Die Unterscheidung zeigt sich verstärkt auch in dem von den Menschen des Typs *sapiens* gebrauchten Handwerkszeug. Nach dem Levalloisien und dem Moustérien oder Sangoan findet man in Afrika weder das Aurignacien, noch das Solutréen, noch das Magdalénien. Andererseits findet man das Aterien im Norden vom Nil bis zum Atlantik, und das Stillbayen im südlichen Afrika. Außerdem ist eine der größten Entdeckungen des *Homo sapiens* der Griff oder Stiel, an den Steinstücke jeder Art (Messer, Axt, Sichel, usw.) angepaßt werden.

Der Mensch von Asselar, der diese ganze Werkzeugkiste benutzte (Mikrolithen, Bohrnadeln vom Wadi Tilemsi), ist er wohl das Ergebnis dieser Differenzierung der negroiden Rassen, die seit Jahrtausenden in Gang ist? Entwickelt sich der Neger triumphierend von der Sahara an in Afrika, seiner heimatlichen Erde, während er anderswo zurückgedrängt wird, wie in Asien in die drawidische Zuflucht des Dekkan, oder wie in Europa, wo er entweder durch die ungünstigen klimatischen Verhältnisse oder durch besser angepaßte Rassen unterdrückt wird? Wie dem auch sei, durch diese riesigen Zeiträume hindurch (Die Kultur des Biface hat ungefähr 500 000 Jahre gedauert!), in denen der Mensch sich langsam vom Tierhaften löst, muß man die Antriebsrolle Afrikas unterstreichen. Unbestritten ist es nicht nur »die Wiege des Menschen und seines Bewußtseins«, sondern auch die Quelle der Techniken gewesen, die dem Menschen erlaubten, sich gegen die Natur durchzusetzen, noch einfacher, sich von ihr unabhängig zu machen.

48   *Die Vorgeschichte · Afrika, Wiege des Menschen*

So haben also vor ungefähr 15 000 Jahren die prähistorischen Menschen in Afrika und anderswo eine beachtliche Entwicklung erfahren, die einen der Wendepunkte der Geschichte darstellt. Aber für die Leute, die diese Veränderungen erlebt oder hervorgerufen haben, gab es weniger einen Bruch mit der Vergangenheit als eine Beschleunigung der bereits im Epipaläolithikum eingeleiteten Entdeckungen. Diese Veränderungen werden eine noch größere Differenzierung der Lebensweisen und der Rassen bewirken. So daß, je nach den Regionen, mehr oder weniger fortgeschrittene Kulturen in Afrika nebeneinander bestehen werden. Die allgemeine Tendenz geht währenddessen in Richtung Mikrolithismus der Werkzeuge, Schleifen des Steins, Entdeckung von Viehzucht und Ackerbau, Befestigung der Siedlungen. Die Capsien- und Wilton-Kulturen[29] von Ostafrika, die aus dem Oberpaläolithikum stammen, hatten einen Überfluß an Werkzeugen entwickelt, die sich mit dem Neolithikum mischten. Es sind lange und dünne Blättchen mit zwei Schneiden, die nacheinander vom Kern eines Obsidians abgeschlagen wurden. Daher rühren beträchtliche Fortschritte in der Reihe der Grabstichel, Schaber, Meißel und anderer für die Arbeit am Knochen und am Holz notwendiger Werkzeuge. Zu vermerken ist auch die Erfindung feiner, sichelförmiger Blättchen, mit denen Pfeilspitzen und Harpunen aus Knochen versehen wurden. Sie erlaubten dem Menschen des Capsien, sich praktisch als seßhafter Fischer an den Ufern der Seen des Rift Valley niederzulassen. Diese vorneolithischen Capsien-Menschen im afrikanischen Osten, ebenso wie die des Sudan, schliffen bereits den Stein. Ihnen verdankt man zweifellos auch die Entdeckung der Keramik, dieser für den menschlichen Fortschritt so glücklichen und revolutionären Erfindung. Sie ermöglichte den Transport, die Einlagerung und das Kochen der Nahrungsmittel. A. Moret versichert, daß die »ersten Ansiedler der östlichen Täler Negroide sind«[30].

Das palästinische Neolithikum, das früher mit der Errichtung von Gebäuden aus Erde begann, kannte andererseits die Keramik noch nicht. Die erste Keramik scheint formal direkt von Behältern aus Blättern oder Fasern (Körben) beeinflußt zu sein. Die Menschen des mesolithischen Khartum gebrauchten die gleiche Skala von Geräten, Werkzeugen und Ausrüstungsgegenständen für den Fischfang die Jagd, die Küche, den Transport und die Lagerung von Eßwaren. Die mit welligen Linien verzierte Keramik findet sich von Kassala an der Grenze Äthiopien/Sudan bis zum Tibesti.

In Äquatorialafrika und im Osten des Kongo-Beckens, in den waldreichen Zonen also, bleibt die Sangoan-Tradition der schweren behauenen Steinwerkzeuge über längere Zeit erhalten. Im Gegensatz dazu zeigen von Uganda bis zum Kap die Werkzeuge die gleiche Entwicklung zum Mikrolithen und zur Differenzierung: Blättchen vom Typ Magosien lassen vermuten, daß die Bogen und Lanzen, die eigentlich das neolithische Wiltonien charakterisieren, bereits vorher

---

29 Nach der Wilton-Farm (Kapprovinz). Neben Kratzeisen und Mikrolithen sieht man hier durchbohrte Steinkugeln zum Aufschieben auf Grabstöcke. Die menschlichen Überreste, die diesen Kulturen in Ost- und Südafrika zugeordnet werden, erhielten alle die entsprechenden Namen, ausgenommen die von Schwarzen oder Negroiden. Man spricht von der Rasse der Wilton-Stufe, der Australoiden, Boskopoiden, Kaukasoiden, Protohamiten usw. Wie C. Gabel (op. cit.) zeigt, beweist eine objektive Prüfung dieser Skelette, insbesondere von Oakhurst und Lochinvar im Becken des Kafue (Sambia), daß es sich um Individuen handelt, die eng mit den aktuellen Hottentotten und den Buschmännern verwandt sind, wenn der Typ der letzteren auch selten ist, mit Ausnahme der weiblichen Exemplare.

30 A. Moret, *Histoire de l'Orient*, S. 21.

Die drei Steinzeitalter der afrikanischen Vorgeschichte

existierten. Das Magosien übrigens (12000 bis 8000) scheint die Kultur einer trockenen Periode gewesen zu sein. Die Werkzeuge sind nicht in den Höhlen gesammelt, sondern über riesige Entfernungen verstreut und lassen schließen, daß Wanderungen oder Jagdausflüge in weitem Bereich unternommen wurden auf der Suche nach Wild, das sich um die selten gewordenen Wasserstellen versammelte. Anderswo werden die Fundstellen als mesolithisch oder neolithisch eingeordnet (so die Fundstelle von Kap Verde), je nach der Ausführung der gefundenen Gegenstände. Übrigens scheinen in manchen Gebieten Afrikas die Menschen direkt vom Aterien zum Neolithikum übergegangen zu sein. Ein riesiger Sprung vorwärts auf dem Wege des Fortschritts, lange vor Europa[31].

So hat man auch in Ishango im Norden des Eduard-Sees neolithische Überreste (– 6 500 Jahren) gefunden: Mahlsteine aus geglättetem Stein und Harpunen aus Knochen. Die Keramik von Elmenteita (Kenia), zweifellos 5 000 Jahre alt, ist ein weiterer Beweis. Daraus kann man schließen, daß die Kenntnis der Töpferkunst und der Werkzeuge oder Waffen aus Knochen die Sahara und Ägypten von den Hochländern Ostafrikas aus erreicht hat.

2. Die neolithische Sahara

Ebenso, wie das Afrika der östlichen Plateaus während des Paläolithikums sichere Vorteile genoß, scheint die Sahara eine gleichfalls äußerst attraktive Zone während des Neolithikums gewesen zu sein. Man findet dort in prähistorischen Siedlungsstellen vielgestaltige Zeugen des menschlichen Lebens zu Zehntausenden, manchmal Hunderte von Kilometern von den derzeitigen Wasserstellen entfernt.

Es sind Reste von Angelgeräten (Harpunen aus Knochen, Angelhaken) und Tierknochen, nach denen zu schließen es riesige Wasserflächen und bedeutende Seen gab (Fische, Krokodile, Flußpferde, usw.).

Diese Wadis, wie die Nebenflüsse des Azauak, mündeten ohne Zweifel in Binnenseen. Die Untersuchung der Paläo-Erdschichten und der Guano-Fossilien einer Höhle des Hoggar weist nach der Pollenanalyse auf eine mediterrane Pflanzenwelt hin. Diese ging im Süden wieder in die Vegetation einer sehr dichten Savanne über[32]. Die gebirgigen Zonen waren besonders wegen der natürlichen, zur Verteidigung dienenden Abris und wegen der mächtigen Flüsse, die sie durchflossen, beliebt. Adrar, Tagant, Eglab, Hoggar, Tassili, Aïr, Tibesti, Ennedi, Dschebel Uweinat wimmelten von Menschen, die geschäftig der Jagd, der Aufzucht von Tieren und dem Ackerbau nachgingen. Das Handwerkszeug, höchst differenziert (Wir sind fern vom Generalwerkzeug Biface!), weist noch Pfeilspitzen aus behauenem Stein auf, aber auch Beile und Querbeile aus geschliffenem Stein, Harpunen und Angelhaken aus Knochen.

Der Anbau von Weizen, Gerste und Faserpflanzen, wie zum Beispiel der Flachs des Faijum, verbreitete sich ebenso wie die Züchtung von Haustieren. Das Seßhaftwerden behauptete sich auch, wie die an günstigen Stellen gelegenen Dörfer

---

31 Das echte Neolithikum, d. h. die Landwirtschaft und Viehzucht, schrieb R. Cornevin, breitete sich in Westeuropa erst zwischen 3000 und 2000 v. Chr. aus. In Afrika begann es dreitausend Jahre eher als in Ägypten.

32 Siehe Dr. Quezel, *Flore et palynologie saharienne*, IFAN XXII, 1960.

beweisen. Sie boten Schutz vor Überschwemmungen oder Angriffen, lagen aber in der Nähe einer Wasserstelle, zum Beispiel auf dem Steilabhang von Tichitt-Walata. Die damalige Sahara, obwohl ziemlich abgeschnitten von nichtafrikanischen Ländern, bildete doch eine ausgedehnte, zusammenhängende Welt, wo der Austausch der Menschen, der Techniken und der Kulturen sehr stark gewesen zu sein scheint.

Was die »horizontalen« Einflüsse vom Osten auf den Westen und umgekehrt betrifft, muß man die beachtliche Verwandschaft zwischen den Stilen und Techniken des Ténéré zum Beispiel und denjenigen von Khartum unterstreichen. Die von Norden kommenden Einflüsse, wenn sie bestanden haben, waren offensichtlich sehr schwach. Vielleicht gab es sie in bezug auf die geometrischen Mikrolithen. Die nordafrikanischen Stile des Zeitabschnitts sind ziemlich einfach: »Stil von Wilden«, sagt sogar ein Autor, »abgeschnitten von den südlichen Quellen ihrer Kultur.« In der neolithischen Sahara verarmt die Qualität des Materials und der Techniken, je mehr man nach Norden und nach Westen geht. Das bedeutet, daß der Ausstrahlungsmittelpunkt im Süden und im Osten gelegen hat. Auf diese Weise brachte der südliche Einfluß, der von den Ufern des Niger ausging, der Sahara Handwerkszeug, das für die landwirtschaftliche Arbeit gedacht war (Hacken, Mahlsteine, Flachsbrecher, Pistille usw.). Von der Ernte wilder Samenkörner bis zur Aussaat ebendieser Körner ist es nur ein Schritt, den der Mensch von Asselar oder seine Nachkommen sehr schnell wagen konnten. Die große Menge von Mahlsteinen zeugt davon.

In der Tat erscheint es vielen Autoren so, insbesondere Murdock und dem Botaniker A. Chevalier, daß die Neger der Savanne die Landwirtschaft auf selbständige Weise erfanden, aber gleichzeitig mit den Bewohnern Mesopotamiens, Ostasiens und den Bewohnern der Hochländer von Mexiko und Peru. Die Bewohner des Oberlaufs des Niger nutzten seit dem sechsten oder fünften Jahrtausend Pflanzen wie das Sorghum (Mohrenhirse, sorghum vulgare), die Kleinhirse (pennisetum), gewisse Reissorten, Sesam und, mehr im Süden, die Jamswurzel (dioscorea), das Okra (ibiscus esculentes) wegen seiner Blätter und seiner Fasern, die Ölpalme (elaeis guineensis), den Kolabaum und vielleicht eine Art von Baumwolle. Und während sich diese Entdeckungen nach Norden und Nordosten in Richtung des Niltals ausbreiteten, nahm das Niltal alles auf. Es fügte die in Mesopotamien gemachten Entdeckungen hinzu, den Emmer (Getreide), die Gerste, die Zwiebel, die Linse, die Erbse, die Melone und die Feige, während aus Asien Zuckerrohr, andere Reissorten und die Banane, letztere zweifellos durch Äthiopien, dazukamen. Äthiopien, von den Bewohnern des Niltals im Ackerbau unterwiesen, entwickelte auch den Kaffeeanbau. Auch die Gegend von Nakuru und um den Fluß Njoro in Kenia regen den Beginn des Getreideanbaus an. So hatte also Afrika, lange vor dem durch die Portugiesen vermittelten amerikanischen Beitrag, eine solche Vermehrung von landwirtschaftlichen Entdeckungen erfahren, daß man wirklich von Revolution sprechen kann. Einige dieser Getreidearten oder Knollen ernähren, in mehr oder weniger verbesserter Form, die Afrikaner von heute noch. Sie haben eine Stärkung des Menschen ermöglicht, ohne die es keine fortschreitende Zivilisation gibt.

Andererseits sind die Entwicklungen bei der Zähmung der Tiere weniger bedeutsam. Die Menschen haben in der Tat schnell gelernt, daß es besser war, die Tiere bei sich zu haben, als seine Zeit damit zu verbringen, ihnen bei ihrem Umherschweifen zu folgen.

Die afrikanische prähistorische Kunst　　　　　　　　　　　　　　　**51**

Außerdem zwangen die Trockenzeiten Menschen und Tiere zu einer dauernden Nachbarschaft rund um die Wasserstellen. Die Völker, die bis dahin von der Jagd gelebt hatten, nahmen die Gewohnheit an, sich den Tieren zu nähern und vergrößerten ihre Kontrolle über die weniger wilden, darunter die Katze, die im Niltal gezähmt wurde. Ein sehr wichtiger Fortschritt, der dem Menschen Vorräte ohne die Risiken der Jagd verfügbar machte, ganz zu schweigen von den Nebenprodukten wie Milch, Häute und Felle.

Der wichtigste Beitrag des afrikanischen Neolithikums aber ist die Erfindung der Töpferei, die eine der Grundlagen der festen Haushaltung darstellt.

Eine der Folgen der Produktionssteigerung (die teilweise aber auch der Grund dafür ist) ist das Bevölkerungswachstum, welches bald Wanderungen und Austausch nach sich zog. Außerdem löst die Organisation, die die Landwirtschaft notwendigerweise verlangt, einen Entwicklungsprozeß sozialer Unterscheidung aus, dessen Auswirkungen wir vor allem im Niltal sehen. Diese Unterscheidung erweiterte die Spanne der Beschäftigungen und Möglichkeiten. Der junge Mann des Paläolithikums hatte keine Wahl. Seine berufliche Orientierung war automatisch: Jagd oder Fischfang. Der Mensch des Neolithikums aber verfügt über mehr Möglichkeiten. Und endlich sind diese technischen und sozialen Umwälzungen notwendigerweise auch mit Wandlungen im Bewußtsein und Denken verbunden. Ist der Eigentumsgedanke nicht an die ständige Arbeit auf einem Stückchen Erde gebunden? Von dieser geistigen Revolution zeugen die gepflegten Grabstätten der Neger des neolithischen Khartum, die unter den Kopf des Verstorbenen als Kopfkissen ein großes Stück irdene Ware legten, oder die ein Baby und seine junge Mutter einander zugewandt in das Grab legten.

V. Die afrikanische prähistorische Kunst

Das Kunstempfinden ist eines der elementarsten und charakteristischsten Gefühle des Menschen. So sehr, daß man sagen kann, daß es dort, wo es Kunst gibt, Menschsein gibt und umgekehrt. Die Kunst drückte zuerst das Erstaunen vor dem tierischen Leben aus, das um den prähistorischen Abri herumwimmelte. Der junge Mann, der, bedeckt vom Fell einer Hindin, zum ersten Mal an der Zerteilung eines von der Familienhorde getöteten Elefanten teilnahm, erlebte natürlich während der Mußestunden noch einmal diese mitreißenden Stunden der Jagd und projizierte sie auf die Wände der Höhle. Es ist auch der Wunsch, durch Zauberei (d. h. durch Riten, die ipso facto wirken) Gefahren zu bannen, die von der umgebenden Welt ausgehen, oder eine günstige Entwicklung durch rituelle Gesten zu bewirken: die Zeichnungen oder Statuetten von fruchtbaren Frauen sollten die Fruchtbarkeit aller weiblichen Mitglieder der Horde zur Folge haben. All die maskierten Jäger, von denen es auf den Wänden der prähistorischen afrikanischen Abris wimmelt, sind die Bahnbrecher einer Tradition, die noch nicht vollständig verschwunden ist. H. Lhote zum Beispiel findet, daß die Masken auf den vor-boviden Gemälden der Sahara »ähnlich den bei den Senufo der Elfenbeinküste noch gebräuchlichen« sind. Die Hörner des Tieres zu tragen heißt bereits, es zu besitzen. Es auf einem Bild nachzuahmen, daß man in Beschwörungsformeln einhüllt, heißt bereits, seine lebendigen Kräfte zu knebeln

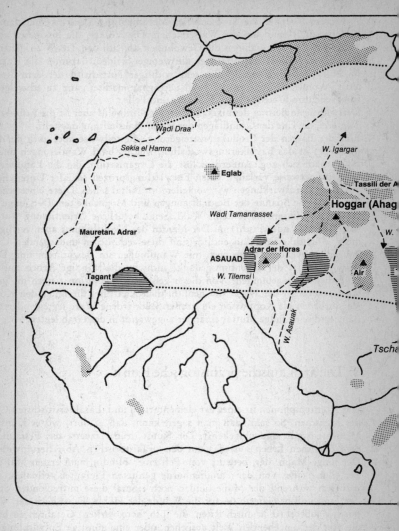

und seine Niederlage vorzubereiten. Man muß auch die einfache Freude an der Schöpfung und an der ästhetischen Betrachtung beachten. Venus-Statuetten, die man bis in das europäische Aurignacien entdeckte, mit ihren großzügigen Formen, ihren riesigen Brüsten und ihrem überfetten Hinterteil, sind vielleicht magische Werkzeuge, ohne Zweifel aber auch die Übertragung der Bewunderung für die Frau, so wie man sie sah, und so wie man sie damals liebte: starke Gefährtin aller Augenblicke, in den Ängsten und Ruhepausen in der Höhle, unermüdliche Gebärerin von Kindern, das heißt von Nachschub, Verstärkung. Solcher Art sind die Beweggründe dieser anonymen Künstler gewesen, deren Mei-

Die afrikanische prähistorische Kunst

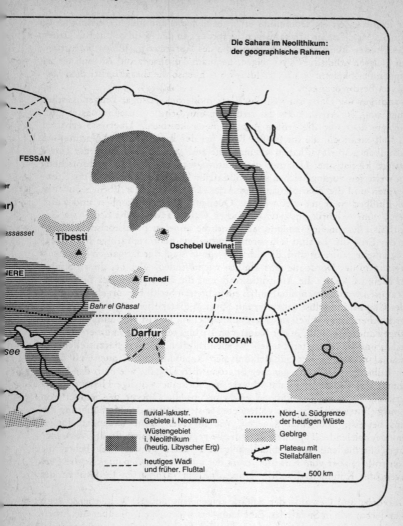

sterschaft in manchen ihrer Werke niemals überschritten worden ist. Unsere afrikanischen Vorfahren erfanden künstlerische Ausdrucksformen von solch großer Originalität, daß sie unsere heutige Kunst noch beeinflussen. Die Forscher entdeckten in den Höhlen und Abris der Sahara oder Südafrikas Jahrtausende alte Malereien von gleicher afrikanisch-künstlerischer Anlage. Afrika ist in der Tat der wichtigste Kontinent in der prähistorischen Entwicklung gewesen, derjenige, auf dem die Bevölkerung von Hominiden und Homininen die älteste, zahlreichste, geschäftigste und erfindungsreichste war. Daher ist es nicht erstaunlich, daß die afrikanische prähistorische Kunst die bei weitem reichste der Welt ist, und daß sie in ihrer Zeit ein Dominium errichtet hat, das zumindest ebenso wichtig war wie die Musik neger-afrikanischen Ursprungs in der Welt von heute. Daher sind die ältesten künstlerischen Formen, die des Aurignacien, kleine Statuetten, die den gleichen ethnischen Typ zeigen, der nach Furon negroid ist und der zu demjenigen der Skelette von Grimaldi gehört. Ebenso die charakteristischen Malereien von Beschwörungen.

Wenn auch gewisse Darstellungen das Werk moderner, ja sogar zeitgenössischer Epigonen sind, ist Afrika doch das reichste prähistorische Museum, das es gibt. Die Gebiete aber, die die größte Anzahl dieser kostbaren Überreste erhalten haben, sind dieselben, die die größte Rolle bei der Erfindung und Verbreitung der Techniken gespielt zu haben scheinen; die auch, wo die Erhaltung der Überreste wegen klimatischer Ursachen die leichteste war, und wo die Nachforschungen am weitesten vorangetrieben sind: Südafrika und Ostafrika sowie die Sahara, Ägypten und die Hochplateaus des Atlas. Das Afrika der Ebenen und der großen Flußbecken bietet viel weniger Quellen. Das vom Sambesi und Zaïre einerseits, vom Atlantik und vom Indischen Ozean andererseits begrenzte Gebiet enthält allein mehr Gemälde, als sämtliche anderen prähistorischen Fundstellen des Erdballs. Es sind Gravuren, Flachreliefs oder vielfarbige Malereien, deren Stile sehr zahlreich sind, die sich aber von le Vaal durch Spanien kommend bis Lascaux in der Dordogne sehr ähnlich wiederfinden. Was bei diesen Schöpfungen beeindruckt, ist die Ausdruckskraft und die Darstellung der Bewegung. Die Gravuren werden manchmal durch einen breiten Strich hervorgehoben, während der Gegenstand selbst entweder mit Sorgfalt glattpoliert ist oder von Punkten durchlöchert, um das Fell des Tieres darzustellen. Das ist eine auch viel später noch angewandte Technik, in der Kunst von Ife und sogar noch in unseren Tagen in Afrika, um die behaarten Stellen des menschlichen Körpers darzustellen. Im Betschuanaland wie in der Südafrikanischen Republik sind Rinder und Elentiere in Ruhe dargestellt mit genauen anatomischen Details, wie nach der Natur gezeichnet; das Ganze ist in die schwere und beinahe würdige Heiterkeit der Wiederkäuer in Ruhe getaucht. So erscheint uns die Gravur der Rinder von Augsbourg (Botswana), die eine vollendete Meisterschaft in der Modellierung des Gesteins beweist. Manchmal dagegen, wie in einer Szene badender, junger Frauen oder spielender Tümmler, ist es die Bewegung, die mitreißt, überschwenglich und überfließend vor Lebhaftigkeit und lauter Freude; wie beherrscht und kontrolliert aber vom Künstler, dank der unfehlbaren Genauigkeit der Perspektiven, der Kühnheit der Stilisierung und der raffinierten Einfachheit des Strichs.

Die Gravuren und Gemälde der Sahara zeigen eine andere Welt, ebenso reich und wunderbar wie in Südafrika. Eine kaum erforschte Welt, die aber die Arbeiten von Monod, H. Breuil, Chasseloup-Laubat, H. Lhote und von vielen anderen begonnen haben, ins rechte Licht zu rücken. In der gesamten West- und Zentralsahara, besonders in den gebirgigen Zufluchtsgebieten (Hoggar, Tassili, Tibesti, Fezzan), kommen Zehntausende von Gemälden und Gravuren zum Vorschein, unter denen man wenigstens sechzehn verschiedene Stile rühmt, die eine fortschreitende und sehr lange Entwicklung beweisen. Im großen und ganzen unterscheidet man folgende Perioden: Jäger, Rinderhirten (vor 3 500 Jahren), Pferdezüchter (vor 1 200 Jahren) und Kamelzüchter (Beginn der christlichen Ära). Manche Bilder sind vielleicht 8 000 Jahre alt, während andere Wagen und Kamele zeigen, die viel neueren Datums sein müssen. Aber, was bemerkenswert

Die afrikanische prähistorische Kunst 55

ist, es gibt sehr wenige Kriegsszenen[33]. Man unterscheidet auch einen häufiger im Norden vorkommenden Stil, der Jägervölker, später Viehzüchter ins Bild setzt, während im Süden die Szenen vor allem Bauern wiedergeben. Die ältesten Gemälde haben einen deutlich negroiden Aspekt, während die späteren Szenen rassisch unterschiedliche Einflüsse andeuten. Zahlreiche Jagdszenen sind in einem immer sehr lebendigen Stil dargestellt, wo Elefanten, Giraffen, Antilopen und Strauße erscheinen, alles charakteristische Tiere der afrikanischen Savanne.

So wie diese ersten Darstellungen vom wechselvollen und aktiven Leben derjenigen zeugen, die um ihren Platz an der Sonne gegen die wilde Tierwelt kämpften, manchmal auch mit Beschwörung in ekstatischen Maskentänzen, so drücken die Bilder der Rinderhirtenphase eine tiefe pastorale Ruhe aus. Die damaligen Völker waren ohne Zweifel schon mehr von Religion durchdrungen als von der Magie. Während sich die ersten Darstellungen durch ihre Stilgebung unterscheiden, fügen die späteren zahlreiche Einzelheiten hinzu, in denen sich ein Naturalismus dokumentiert, der von geduldiger Beobachtung zeugt; so zum Beispiel die Frauen von Tassili, die von Milch gut genährt, mit vollen Formen, aber zarten Gliedern eine friedliche Sinnlichkeit ausstrahlen. Die Felsenbilder vom Tschad, wo man mehr als 1 500 prähistorische Stätten entdeckt hat, vergegenwärtigen praktisch die gleiche Entwicklung.

Hier und anderswo hat man außerafrikanische Einflüsse sehen wollen. Diese gewagten Hypothesen erweisen zumindest der glänzenden Einbildungskraft ihrer Urheber Ehre. Eines der berühmtesten Fresken der südafrikanischen Kunst stellt eine »weiße Dame« dar, deren Gesicht allein weiß ist, und die leichte Kleidung und eine Art Stiefel trägt. Sie wird von Personen begleitet, die gelb, braun oder schwarz gemalt sind. Hat man in diesem Fresko nicht eine Verbindung zum alten Griechenland und zu Knossos gesehen? Und hat man nicht als Schöpfer dieses Bildes »Goldsucher, die zur Zeit Ninives und Babylons vom Persischen Golf gekommen sind« suggeriert!

Sicher spricht eine gewisse Legende Südafrikas von einer weißen Königin. Aber die »weiße Dame« ist ohne Zweifel nur eine anständige schwarze Priesterin mit einem von einer weißen Maske oder Porzellanerde bedeckten Gesicht, wie das in Afrika für Ritual- oder Begräbnisfeiern üblich ist. Das geht deutlich aus der Tatsache hervor, daß vor dieser Dame ein Mann geht, der eine Tiermaske trägt. Die »weiße Dame« von Tassili trägt übrigens selbst eine Maske mit Hörnern. Diese »Damen« hätten niemals gedacht, daß ein solcher Aufputz eines Tages die erfahrensten modernen Forscher täuschen würde.

Die Farben all dieser Bilder haben eine beachtliche Frische bewahrt, die sie sehr haltbaren Pigmenten verdanken. Die Palette ist ziemlich beschränkt. Sie kennt im allgemeinen nur Rot, Kastanienbraun, Gelb (Ocker aus Eisenoxiden) Weiß (aus Vogelexkrementen oder Porzellanerde) und Schwarz (aus Holzkohle, verkohlten und zerriebenen Knochen, Ruß und verbranntem Fett). Genau die gleichen Töne wie in der Malerei der pharaonischen Ägypten oder zahlreicher heutiger schwarzer Völker, wie der Bobo von Obervolta. Diese Bestandteile wurden mit dem Stein- oder Holzstößel in Mörsern fein zerrieben, von denen einer in situ mit unzweifelhaften Spuren gefunden worden ist. Sie wurden durch Kneten mit geschmolzenem tierischem Fett oder mit gekochtem Knochen-

---

33 In *Journal of Historical Society of Nigeria*, Heft 11, Nr. 1, Dezember 1960; siehe R. G. Armstrong, *The developments of kingdoms in Negro Africa*.

mark geschmeidig gemacht. Das war bereits Ölmalerei. Daher der Glanz und der lebhafte Schimmer der Töne. Die Farbe wurde mit Vogelfedern, mit den Fingern, mit Holz- oder Strohspachteln oder mit der Mund-»Spritzpistole« aufgetragen. So einfaches Material und so primitive Mittel brachten diese glühenden Bilder und friedlichen Fresken hervor. Auf den Wänden der Abris und Höhlen erscheinen sie im Schattenspiel der Landschaften wie die Projektion der Aktivitäten und Emotionen unserer prähistorischen Vorfahren.

Die Fulbe

Die Rinderhirtenperiode signalisiert vielleicht den kurzen Durchzug der Fulbe, was die Helmschmuckfrisuren der Frauen beweisen könnten, die den Tierdarstellungen auf den Gravuren des Haut Mertoutek (Hoggar) folgen. Dennoch fehlt die Bildkunst bei den heutigen Fulbe total. Von woher kamen sie? Diese Frage hat viel Tinte fließen lassen. Es genügt, daran zu erinnern, daß man ihnen als Vorfahren so verschiedene Menschen wie die Zigeuner, die Pelasger, die Gallier, die Römer, die Juden, die Berber, die Hindus, die Malayen, die Polynesier, die Iraner (wegen »ihrer hellen Augen und wegen ihres sonnengebräunten weißen Teints«), die Ägypter, die Nubier und die Äthiopier gab. Diese letzte Hypothese scheint die Aufmerksamkeit der Autoren zu fesseln, obgleich sie sich noch über die Frage, ob die Fulbe Niederhamiten (Kuschiten) sind oder Oberhamiten (Ägypter oder Berber), streiten! Anstatt mit Leidenschaft den Typ des »reinen« Fulbe mit dem Typ des reinen Negers zu vergleichen, ihn solchermaßen abzusondern, hätte diese zügellose Phantasie besser dazu gedient, die Fulbe im Bereich der anderen schwarzen Völker dieser Sahelzone anzusiedeln. Von Nordost im Futa Toro angekommen, haben sie dieses Gebiet von West nach Ost bis nach Adamaua durchquert. Es scheint sicher, daß die Fulbe von Nordost gekommen sind, wie die Mehrzahl der Völker der Sahel. Wenn sie weniger negroide Züge haben als die Schwarzen der Savanne und vor allem des Waldes, so ist das nichts Erstaunliches. Man denke nur an die Tukulor (Mischlinge aus Fulbe und Serer), an viele Wolof, an die Songhai, die Tubu, die Bedscha, die Galla, die Somali, die Danakil, die Massai usw., die den nördlichen Teil der schwarzen Welt bevölkern. Diese Völker verdanken ihre Züge einer längeranhaltenden Rassenkreuzung mit nicht-negroiden Beständen wie den Berbern und den Semiten. Ihr Hirtenleben ist eine Anpassung an die Bedingungen der öden Steppe. Die Hochländer Äthiopiens und des Horns von Afrika scheinen ihr eigentlicher Ursprung zu sein. Aber wie die anderen Schwarzen sind die Fulbe deutlich langschädlig, gewisse Fulbe von Adamaua haben sogar stark negroide Züge. Die »Fulanité« ist vielmehr ein kulturelles Charakteristikum, wie für die anderen negerafrikanischen Völker ihr Stammeswesen (entité tribale). Kurz, die ganze Vielfalt von Gesichtsfarben und -formen, die es innerhalb der Fulbegruppe gibt, kann uns eine gute Vorstellung vom Aussehen der alten Bevölkerung des Niltales geben.

Bibliographie

Préhistoire et Anthropologie. Tervuren, Arts et métiers graphiques, Hrsg. 1959.

Sciences et Avenir (92), Okt. 1954.

ALIMEN, M. H., *Les origines de l'homme. Bilan de la science*. Paris, Fayard, 1962.

ARAMBOURG, C., *Récente découverte de paléontologie humaine en Afrique du Nord française*. London, Chatto and Windus, 1957.

BALOUT, L., »Les hommes préhistoriques du Maghreb et du Sahara«. *Libyca*. 2 (2), 1956.

– »Pluviaux, interglaciaires et préhistoire saharienne«. *Alger, Trav. Inst. de Rech. Sahar.* 1952.

BISHOP, W. W. et DESMOND CLARK, J., *Background to evolution in Africa*. London, 1968.

BONAFO, S. V., »Vestiges humains dans le Sahara occidental«. *Rev. milit. AOF*. 5. Juli 1933.

BREUIL, H., *Les roches peintes du Tassili n'Ajjer*. Paris, Arts et Métiers Graphiques Hrsg., 1954.

BREZILLON, M., *Dictionnaire de la Préhistoire*. Paris, Larousse, 1970.

BRIGGS, L. C., *Living tribes of the Sahara and the problem of their prehistoric origin*. Livingstone 1955, London 1957.

– »A review of the physical Anthropology of the Sahara and its Prehistoric Implications«, *Man* 57 (19), 1957.

BUTLER, J., *Boston University Papers on Africa. Prehistoric populations in Africa. Vol. II, African History*. Boston, Univ.Press, 1966.

CHAMLA, M. C., »Les populations anciennes du Sahara et des régions limitrophes. Etude des restes osseux humains néolithiques et protohistoriques«. *Alger, Mém. C.R.A.P.E.* 1968.

CLARK, J. D., *The Prehistory of Southern Africa*. 1959.

COLE, S., *The Prehistory of East Africa*. Penguin Books, 1954.

COPPENS, Y., »Découverte d'un Australopithéciné dans le Villafranchien du Tchad«. Paris, *C.R. Acad. Sci.* Bd. 252, Nr. 24, 12. Juni 1961.

– »Homo habilis et les nouvelles découvertes d'Oldoway«. Paris, *B.S.P.F.* 1964, S. CLXXI–CLXXVI.

DAVIES, O., »African pleistocene pulvials and European glaciations«, *Nature*, 178, London.

– »Earliest man and how he reached Ghana«, *Universitas*. Achimota, III–8–1958.

– »Notes sur la Préhistoire du Dahomey«, 1956, *Etudes Dahoméennes*. 17.

DE PEDRALS, D. P., *Archéologie de l'Afrique Noire*. Paris, Payot, 1950.

DINGEMANS, G., *Origine des négroides*. Paris, Colin, 1956.

FAGAN, B. M., *Southern Africa during the Iron Age*. Thames and Hudson, 1966.

– Iron Age cultures in Zambia. Chatto and Windus, 1966.

FAGE, J. D. et OLIVER, R. A., *Papers in African Prehistory*. Cambridge, 1970.

FORDE-JOHNSTON, J. L., *Neolitihic Cultures of North Africa*. Liverpool, Univ. Press, 1959.

FURON, R., *Manuel de préhistoire générale*. Paris, Payot, 1958.

GRAHAM CLARK, *La Préhistoire de l'humanité*. Paris, Petite Bibliothèque Payot.

GUICHARD, J. and G., *The early and middle Paleolithic of Nubia*. Dallas, 1965.

HUGOT, H. J., *Misisons Berliet Ténéré-Tchad*. *Doc.Scientifiques*. Paris, Arts et Métiers Graphiques, Hrsg. 1962.

– *Recherches préhistoriques dans l'Ahaggar Nord-occidental (1950–57)*. Paris, Arts et Métiers Graphiques, Hrsg. 1963.

– *L'Afrique préhistorique*. Paris, Hatier, 1971.

LAKIMOV, V. P., »Deux grandes théories sur l'apparition des races«. *Le Courrier UNESCO*. Aug.–Sept. 1972.

JONES, D. H., »Report on the second conference of London on History and Archeology in Africa«. *Africa*. 28 (1), 1958.

- *The Prehistory of Southern Rhodesia*. Cambridge, Univ.Press, 1949.

KENNEDY, R. A., »West Africa in Prehistory«, *History today*. 1958.

LEAKEY, L. S. B., *Olduwai Gorge*. Cambridge, 1951. New finds at Olduwai Gorge Nature, 1961, CLXXXIX.

- The stone Age in Africa. O.U.P. Hrsg., 1936.

LHOTE, H., »Les peintures rupestres du Tassili n'Ajjer. Lueurs sur le mystérieux passé du Sahara«, *Algeria* (50), 1957.

- »Le cheval et le chameau dans les peintures et les gravures rupestres du Sahara«, *BIFAN*, Juli 1953.

- *A la découverte des fresques du Tassili*. Arthaud, 1958.

LEROI-GOURHAN, A., *Milieu et Technique*. Paris, A. Michel.

- *L'Homme et la Matière*. Paris, A. Michel, 1943.

MASON, R., *Prehistory of the Transvaal*. Johannesburg, 1962. Witwatersrand University Press.

MODAT, COL., »Les populations primitives de l'Adrar mauritanien«, *Bull. Com. Et. hist. et sci. A.O.F.* (4), Okt.–Dez. 1921.

MONOD, TH., *Contribution à l'étude du Sahara occidental*. Paris, Larose, 1939.

- *Majabat al-Koubra*. Dakar 1958. Mém. IFAN.

MOORSEL (VAN), H., *Esquisse préhistorique de Léopoldville. Musée de la vie indigène*. Léopoldville, 1959.

MORTELMANS, G., »La Préhistoire du Congo Belge«. *Revue de l'Université de Bruxelles*. 9 (2–3), 1957.

MENQUIN, J., Inventaria archeologica africana. Tervuren.

PEDRALS, D. P. (DE), *Archéologie de l'Afrique Noire*. Paris, Payot, 1950.

POSNANSKY, M., *Prelude to East African history*. London, O.U.P. Hrsg., '66.

SUMMERS, R., *Inyanga, Prehistoric Settlements in South Rhodesia*. Cambridge Univ.Press.

TEILHARD DE CHARDIN, P., »Les recherches pour la découverte des origines humaines en Afrique au Sud du Sahara«. *Anthropologie*. Paris (58), 1954.

- »Afrique et les origines humaines«. *Revue des Questions scientifiques*. (16), 1955.

UNESCO, »Les origines de l'Homme«. *Le Courrier*. Aug.–Sept. 1972.

VAUFREY, R., *Le néolithique para-tumbien. Une civilisation agricole primitive du Soudan*.

- »L'âge de la pierre en Afrique«, *Journal de la Société des Africanistes*.

VERNEAU, R., »Nouveaux documents sur l'ethnographie ancienne de la Mauritanie«. *Anthropology*. (30), 1920.

WILLCOX, A., *The rock Art of South Africa*. Johannesburg, Nelson, 1963.

WILSON, G. E. H., »The ancient civilization of the Rift Valley«. *Man*. (298), 1932.

ZÖHRER, L. G., »La population du Sahara, antérieure à l'apparition du chameau«. *Bull. Sté Neuchâteloise Géo*. 51 (4, 9), 1952, S. 3–133.

Documents scientifiques des Missions Berliet – Ténéré – Tchad. Paris, Arts et Métiers Graphiques Hrsg., 1962.

Zeitschriften

- Kush (Khartum).
- Libya antica (Tripolis).
- Libyca (Algier).
- Notes Africaines (Dakar).

2. Das antike Schwarzafrika

I. Das alte Ägypten

A. Die Anfänge

Im Laufe des 4. Jahrtausends v. Chr. war das Niltal Zeuge der vielfältigen und gewaltigen Entwicklung einer Bevölkerung, die die erste historische Zivilisation geschaffen hat: das Ägypten der Pharaonen. Weshalb in Afrika? Das erklärt sich ziemlich leicht, wenn man an die führende Rolle denkt, die dieser Kontinent im Laufe der paläolithischen und neolithischen Perioden gespielt hat. Die ägyptische Kultur, weit davon entfernt, ein »Wunder« zu sein, ist ohne Zweifel nur die Krönung der leadership, die Afrika, beinahe ohne Unterbrechung, während der etwa 3 000 ersten Jahrhunderte der menschlichen Geschichte aufrechterhalten hat. Aber warum Ägypten? Da wieder genügt es, eine Karte Afrikas zu betrachten und gewisse soziologische Gesetze zu berücksichtigen, um die Anfänge des ägyptischen Aufschwungs sich erhellen zu sehen. Die Menschen des Neolithikums hatten als gute Ackerbauern eine Vorliebe für feste Wasserstellen. Nun, von etwa 3 500 v. Chr. an begann sich das Klima des tropischen Afrika aus meteorologischen und anderen Gründen zu verschlechtern. Die Sahara, bis dahin ein riesiger, von Leben wimmelnder Park, begann, die *Sahara* zu werden. Mit der Trockenheit, die sich immer mehr ausbreitete, vor allem seit dem Beginn des 3. Jahrtausends, senkte sich der Grundwasserspiegel fortdauernd. Das Land versteppte mehr und mehr, und Menschen wie Tiere fanden Zuflucht an den Überbleibseln der riesigen Seen und gewaltigen Flüsse. In dieser Epoche sammelt sich die Bevölkerung in den neolithischen Dörfern an den Steilabhängen von Tischitt Walata rund um die seltenen Wasserstellen, im Gegensatz zu der verstreuten Siedlung, die die neolithische Sahara charakterisiert. Jetzt erst bekam der Nil, der neben der grünenden Sahara wenig Interesse geweckt hatte, einen immensen wirtschaftlichen Wert, den er seitdem bewahrt hat. Bis dahin füllte der Nil sein Bett tatsächlich randvoll. Man fand Reste von Jägerlagern auf den Hochplateaus, die die ungesunden Ufer und Sümpfe des Flusses und seines Deltas überragten. Aber mit der Ausbreitung der Trockenheit tauchten Terrassen auf, bedeckt von wunderbarem, fruchtbarem Schlamm. Die Menschen des Neolithikums strömten bald herbei. Aber jedes Jahrhundert, dann bald jedes Jahrzehnt, jedes Jahr brachte eine neue Welle von Einwanderern, verdrängt durch die Härte des Lebenskampfes in der umgebenden Wüste und angezogen vom Ruf des wohltätigen Flusses. Levy ruft, in *The Gate of Horn,* die Vorstellung hervor, daß Hator, die ägyptische Kuh-Göttin, von den Leuten aus der Sahara eingeführt wurde, die eine identische Göttin verehrten. Man findet außerdem im Fezzan prähistorische Darstellungen von Widdern, die Scheibe des Amun tragend. In manchen Jahrhunderten zeigten die Ufer des Nils folglich eine außerordentliche Bevölkerungsdichte. Diese zusammengepferchten Menschen konnten nicht mehr wie die verstreuten Familien von früher leben. Man mußte sich organisieren. Die

60 Das antike Schwarzafrika

Sippen errangen Gebiete im Tal. Die überreichen Ernten vermehrten den Bevölkerungsaufschwung noch, erlaubten hingegen auch, Überschüsse zu erwirtschaften, die dazu dienten, die Dienstleistungen derjenigen zu bezahlen, die sich um die Interessen der Sippe kümmerten; Häuptlinge, Priester und ihre Diener, von denen sich einige auf das schwierige Problem der Grenzsteinsetzung spezialisierten. Es war nötig, diese kostbare »schwarze Erde« Daumen für Daumen auszumessen: Beginn des Vermessungswesens und des Schreiberberufs, ebenso wie der Anfangsgründe des Rechnens und der Schrift. Siedlungen entstanden nun mit einem manchmal starken Anteil von Nichtbauern. Eine ganz neue Gesellschaft, abwechslungsreich und vielseitig, wuchs so aus dem fruchtbaren Schlamm des Flusses hervor. Es mag genügen, als Beispiel den Aufschwung Mesopotamiens in Erinnerung zu rufen, um die ganze Tiefe dieses einfachen Satzes des alten Herodot zu verstehen: »Ägypten ist ein Geschenk des Nils.« Verwachsen mit dem grünen Band des Flusses, im brennenden Schraubstock der nahen Wüste, waren diese Völker dazu verdammt, sehr schnell Fortschritte zu machen, um nicht unter ihrer eigenen Zahl, ihrer eigenen Anarchie oder unter fremden Invasionen zusammenzubrechen. Das taten sie denn auch, nicht ohne Anstrengungen. Die frühen geschichtlichen Texte weisen auf sehr harte Kämpfe hin, die damit endeten, daß sich zwei mächtige Gebiete (Nomes) gegenüberstanden: der Norden und der Süden, gegründet auf Heliopolis und auf Theben, dem Falken und dem Geier geweiht. Das Tal war aber ein geographisches Gebilde, das sich nur unter einer Hegemonie zufriedenstellend entwickeln konnte. Diese Kämpfe, die auf die vielfachen kulturellen und biologischen Veränderungen folgten, welche während Jahrhunderten das Vermischen der Völker entlang des Nils begleitet hatten, endeten schließlich damit, daß das ägyptische Volk in Gestalt einer großen Kultur erstand. Seit der Badari-Kultur (5 000 v. Chr.) kennt man die Verwendung des Leders, das im Amratien durch Klopfen bearbeitet wurde, dann auch, im Gerzéen (4000–3500), durch Formen. Zu diesem Zeitpunkt beginnt, zusätzlich zu Gold und Silber, endlich auch die Anwendung von Eisen und Blei. Diese Strukturen mußten noch militärisch und diplomatisch veredelt werden, um den endgültigen Sieg davonzutragen. Die Macht der Führungspersönlichkeiten mußte noch betont werden. Und als es dem König des Südens, Narmer, nach einem gescheiterten Versuch des Nordens, gelingt, das ganze Tal bis zum ersten Nil-Katarakt zu vereinigen, ersteht ein reifes und eigenständiges Volk. Es löst sich aus dem Dunkel der Vorgeschichte, mit einem Gottkönig an seiner Spitze, Träger der doppelten roten (des Südens) und weißen (des Nordens) Krone[1].

Die Geschichte Ägyptens zeigt sehr oft die Folgen der Mittellage des Landes zwischen Asien, dem Mittelmeer und dem südlichen Afrika. Gegenseitige Überfälle begleiten die Regierungszeiten der Dynastien, von denen wir hier nur die großen Etappen beschreiben. Man unterscheidet im allgemeinen drei große Phasen.

---

1 Dieser König wird mit einer doppelten Krone dargestellt. Er scheint sich mit Nithotep, einer Prinzessin aus dem Norden, verheiratet zu haben, um seine Eroberung zu legitimieren. Doch sein Nachfolger Hor-Aha scheint den symbolischen Namen Manna oder Men angenommen zu haben und wurde so der Menes der klassischen Geschichte (J. A. Walter B. Emery, Archaïc Egypt, London 1967, S. 43 ff.).

Das alte Ägypten

B. Die Entwicklung

1. Das Alte Reich: von der 1. bis zur 12. Dynastie (3500–2000)

Die beiden ersten, in Memphis errichteten Dynastien festigten die bereits bestehenden sozio-politischen und künstlerischen Fundamente, indem sie alle wirtschaftlichen und geistigen Kräfte des Tals sammelten. Das erlaubte das Aufblühen der 3. und 4. Dynastie, die sich durch die großen Pyramiden des Cheops, Chephren und Mykerinos auszeichneten.

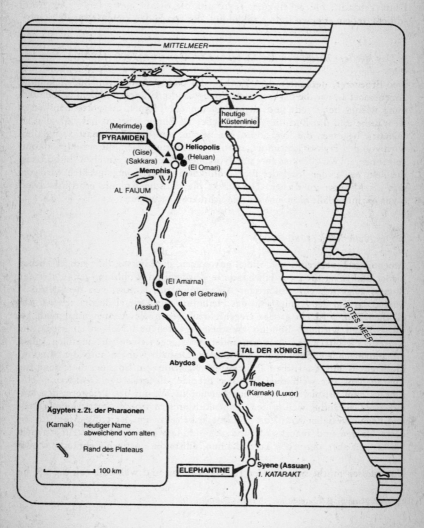

62 Das antike Schwarzafrika

Von der 5. Dynastie an flackern Unruhen auf, von Norden kommende Invasionen, ohne Zweifel aber auch Volksaufstände, um das Sonderrecht des richterlichen Spruches von Osiris zu erlangen, das bis dahin den Pharaonen vorbehalten war. Diese Leute forderten alles in allem die demokratische Gleichheit im Jenseits. Die Papyrushandschrift von Leyden gibt das sehr deutlich zu verstehen. Nachdem sie gesagt hat: »Die Leute der Wüste ersetzen die Ägypter an allen Orten. Die Fremden kommen an. Die Herzen der Menschen sind ungestüm. Die Pest durchläuft das Land, es gibt überall Blut, der Tod ruht nicht ...«, fügt sie hinzu: »Die Adligen tragen Trauer, die einfachen Männer aus dem Volk frohlocken. Man pflügt nicht mehr. Die Geheimnisse der Tempel werden unter die Leute gebracht, die geheiligten Texte auf die Straße geworfen.« Der Autor schließt, indem er einen Retter ankündigt, der von Süden kommen wird.

2. Das Mittlere Reich: von der 12. bis zur 18. Dynastie (2000–1580)

Der Erneuerer, der unter dem Zeichen des Gottes Amun von Süden kommt, Amenemhet I., der die Hyksos nach Asien zurückgedrängt, nachdem er die Ordnung wieder hergestellt und im besonderen die Tempel, die gottesdienstlichen Gebräuche und das Buch der Toten wieder zu Ehren gebracht hat. Mit der 13. Dynastie beginnen die Invasionen von neuem, und die 17. Dynastie schließlich wird von den Hyksos gegründet, asiatischen Eindringlingen, die sich Hirtenkönige nennen, in Wirklichkeit aber nur Nomaden ohne großes Ansehen sind. Das ist die Zeit, in der der Josef der Bibel von einem dieser Könige gerufen wird, um ihm als Minister zu dienen. Das stärkt die jüdische Kolonie erheblich. Diese Dynastie hinterläßt nicht eine einzige sichtbare Kulturspur.

3. Das Neue Reich (1580–1100)

Amenophis I. vertreibt, von Süden gekommen, die Hyksos, läßt sich in Theben nieder und führt für zwei Jahrhunderte Frieden und Wohlstand ein. Unter den Ramses zeigt sich ein großartiger Aufschwung der Kultur, von dem Karnak, Luxor, das Tal der Könige und das Heiligtum von Deir el Bahari zeugen. Zur gleichen Zeit wird ein großer Gegenfeldzug gegen die Asiaten erfolgreich geführt. Dann wird ein Bündnis zwischen Ägypten und Nubien einerseits und Kretern, Hethitern und Assyrern andererseits gegen einen gemeinsamen Feind, die andringenden »Seevölker«, geschlossen. Deshalb wurden auch die Mitanni-Hochzeiten[2] mit asiatischen Prinzessinnen geschlossen. So sind die Söhne des Pharao dank der weiblichen Erbfolge Fremde, die neuartige Denkweisen einführen. Zum Beispiel überwarf sich Amenophis IV. mit den Priestern, den Hütern der Gebräuche, weil er den Sonnenkult ändern wollte. Statt Amun, Quelle und der universalen Kraft, die Sonnenscheibe selbst im Zenit: Re-Aton. Er änderte Namen und Hauptstadt und zog sich fast bis El Amarna zurück. Sein Nachfolger aber, der große Tutanchamun, führte die einstigen Gebräuche wieder ein.

Unterdessen mischt sich von der 18. Dynastie an und während von der 19. bis

2 Nach Mitanni, Königreich im Gebiet des Euphrat.

zur 24. Dynastie Invasion auf Invasion aus dem Norden folgten, das nubische Königreich von Kusch immer mehr in die Angelegenheiten Ägyptens ein, bis die Assyrer die saitische Dynastie einsetzten.

II. Kusch und Meroe

Südlich des ersten Nilkatarakts erstreckte sich ein Land, das die Griechen Kusch nannten; abgeleitet vom Namen eines der Nachkommen des Cham, wie auch der antike Name Ägyptens, Misr, der eines anderen Sohnes des Cham war. Man symbolisierte so die tiefe Verwandtschaft der Bevölkerungen dieser beiden Län-

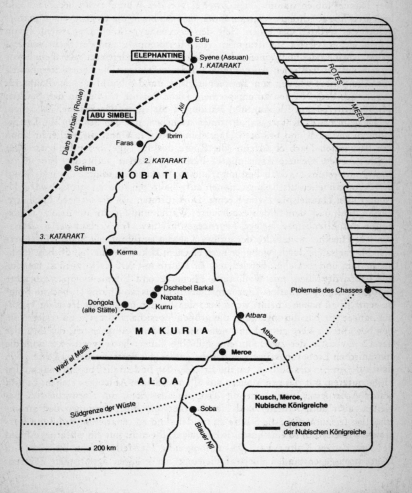

der. In der Tat ist Kusch beinahe auf die gleiche Weise bevölkert worden wie Ägypten: durch den Zustrom von Völkern, die aus den von Versteppung bedrohten Gebieten zurückgewichen waren. Aber dieses Land war sehr viel weniger von der Natur begünstigt: größere Trockenheit, zahlreiche Katarakte wegen des unebenen und felsigen Bodenprofils. Nubien wird daher zuerst Ausbeutungsland für Ägypten. Später aber zieht es aus dem ägyptischen Niedergang Nutzen und weitet seinen Herrschaftsbereich über das ganze Tal aus, bevor es seinerseits unter den Schlägen der Asiaten zusammenbricht.

A. Nubien, Ausbeutungsland

Der Name Nubien stammt ohne Zweifel von der Wurzel *noub* her, was Gold bedeutet. Die Reichtümer dieses Landes, das sich bis in die Gegend des Äquators ausdehnte, weckten Begierden. Seit den ersten ägyptischen Dynastien, davon zeugen ein graviertes Steinfragment von Hierakonpolis und der Stein von Palermo, scheinen die Pharaonen sich mit den Waffen durchgesetzt zu haben, bevor sie sich der geschäftlichen Ausnutzung Kuschs widmeten. Die Diorit-Steinbrüche von Abu Simbel wurden zum Beispiel eröffnet, um der Nachfrage der Bauhandwerker aus dem Norden zu entsprechen. Hohe Beamte wurden in den Städten des Südens (Assuan, Elephantine) stationiert. Sie riefen den Handel ins Leben, ließen beim ersten Katarakt Fahrrinnen ausheben, um den Schiffen die Durchfahrt zu gestatten und brachten Handelsmissionen in Gang, die vielleicht schon den berühmten Darb el Arbain (die Route der 40 Tage) benutzten, der quer durch verödete Gebiete Assiu mit El Fasher im Darfur verbindet. Eine Kette von Grenzfestungen, dazu bestimmt, diesen Verkehr zu schützen, wurde längs den Stromschnellen als Relaisstationen aufgebaut. Sie führten stromabwärts bis zum großen Handelsplatz von Kerma. Dort türmten sich die fertigen Produkte, die Ägypten nach dem Süden exportierte: Waffen und Geräte aus Bronze, Halsketten mit Elfenbein eingelegt, Fayencegeschirr usw. Im Verlauf der 5. Dynastie war Harkhuf zweifellos der größte Karawanenführer gen Süden. Er führte vier Handelszüge durch, wobei er nach eigenem Bekunden die feindlichen Stämme in Jam und Temehu »befriedete«. Er kehrte mit 300 Eseln zurück, beladen mit Leopardenfellen, mit Weihrauch, Ebenholz und Elfenbein. Später brachte er sogar einen zwerghaften Tänzer mit, der dem Pharao Phiops II. höchste Freude gemacht zu haben scheint, wenn man den Briefen glaubt, die letzterer Harkhuf sandte. Er bat ihn inständig, die größten Vorsichtsmaßregeln zu treffen, um den bewußten Zwerg gesund und sicher zu befördern. Amenemhet, der Gründer der 12. Dynastie, der zweifellos eine nubische Mutter hatte, verstärkte noch die sporadischen Eroberungszüge von Kusch. Zahlreiche Forts wurden errichtet, von denen diejenigen des Südens, wo die Erbauer das Bodenrelief bis zur maximalen Höhe nutzten, mit riesigen Mauern auf allzu niedrigen Abhängen stehen. Es sind wahre Adlernester, von denen die Truppen ausrücken, um Karawanen zu begleiten, aber auch Arbeiter und Handwerker, um die Fahrrinnen der Stromschnellen freizumachen, die Schiffe zu treideln und zu reparieren. Rund um Kerma entwickelte sich so eine kuschitische Kultur, die nicht nur ein einfaches Abbild der ägyptischen Kultur war. Die umfangreiche Herstellung von Schmuck und Dekorationsgegenständen übertraf diejenige der größten ägyptischen Zentren:

Kusch und Meroe 65

blauglasierte Fayence, kleine Tierfiguren als Glücksbringer, wie der Skarabäus, Ohrringe und zierliche Armreifen, Möbel mit Einlegearbeiten und sogar Betten aus poliertem Quarz, kleine Schminktöpfe für die damaligen koketten Frauen ... Die Statthalter sind eingebürgerte Ägypter oder vielleicht ganz einfach in diese Funktionen delegierte Nubier. Sie lassen sich nämlich nach den nubischen Riten begraben: auf die Seite hingelegt, mit einer oder zwei Frauen, einem Widder, ohne die große Zahl von offensichtlich lebendig Begrabenen zu rechnen, die ihren Herrn begleiten mußten.

Seit der Harkhuf-Epoche waren zahlreiche nubische Soldaten den ägyptischen Armeen beigetreten. Aber anläßlich der Invasion der Hyksos ist es ein wirkliches Bündnis, das die ägyptischen Widerstandskämpfer in Oberägypten und die nubischen Herrscher zusammenbringt. Sie stellen zahlreiche und furchterregende Truppen, insbesondere die Medjar-Bogenschützen, auf. Von diesem Zeitraum an kann man sagen, daß es ein Königreich von Kusch gibt. Sagt man uns nicht, daß der letzte Pharao der 17. Dynastie eine Botschaft der Hyksos an den Prinzen von Kusch abgefangen hat, in der sie ihn um Hilfe angehen und bitten, daß er die Ägypter hinterrücks angreife? Vielleicht beeilten sich die Pharaonen des Neuen Reichs wegen der Bedeutung, die Kusch gewonnen hatte, nach der Vertreibung der Hyksos um 1580, Beamte und Soldatenkorps noch zahlreicher als früher wiedereinzusetzen. Das war nicht leicht. Revolten, wie diejenige, die Thutmosis I. unterwerfen mußte, brachten die Herren des Südens wieder zusammen gegen Ägypten. Die Prahlerei der Pharaonen, sich »Friedensstifter« zu nennen, sollte nicht täuschen. Sicherlich tragen die Säulen von Karnak vollständige Listen von Königen des Südens, die angeblich von Thutmosis III. vernichtet wurden. Ramses II. gibt sich den Titel »Mächtiger Stier und brüllender Löwe gegen Nubien«. Selbst die Königin Hatschepsut brüstet sich in den Inschriften ihres wunderbaren Tempels von Deir el Bahari mit Heldentaten ihrer Schiffe im fernen Süden. Ohne nun aber zu rechnen, daß es sich da um amtliche und quasi-rituelle Inschriften handelt, beweisen die Prahlereien der Pharaonen nicht, daß Ägypten sich Kusch gegenüber nicht mehr sehr sicher fühlt? Außerdem ist die Schrift von Meroe noch nicht entziffert worden[3]. Und es ist offensichtlich, daß ihre Kenntnis zweifellos eine abweichende oder zumindest ergänzende Auffassung von diesen Ereignissen ergeben würde.

Tatsächlich haben die Pharaonen des Neuen Reichs aus Nubien einen riesigen Handelsvorposten gegen die noch mehr im Süden gelegenen Länder wie Punt (Somalia, Kenia) oder Zentralsudan gemacht. Der Vizekönig von Kusch war persönlich für den jährlichen Tribut verantwortlich. Er brachte ihn dem Wesir selbst in großem, feierlichem Aufzug. Auf den Gräbern der hohen Beamten sieht man gewaltige Gemälde in Farbe. Sie zeigen feierliche Umzüge von Trägern und Tieren, die Beispiele des üppigen Lebens am Äquator bis in den Hof von Theben trugen: Paviane, Sklaven, Straußenfedern, Vieh, Raubtiere, Harze und Felle, erlesene Parfums und Öle, eine Giraffe mit einem an ihrem Hals kletternden Babouin (Pavian) und vor allem Gold in Ringen, Barren oder als Staub. Gewisse kulturelle nubische Züge folgten übrigens der Route der Karawanen stromab-

---

3 Es gibt zwei meroitische Schriften: eine, die sich von den ägyptischen Hieroglyphen ableitet, und eine lateinische Kursivschrift. Man entziffert sie Buchstabe für Buchstabe, da aber die Sprache unbekannt bleibt, ist auch der Text unverständlich.

wärts, und zahlreiche Götter oder Göttinnen des Südens, wie der Widdergott Khnun, der dem Menschen die Töpferscheibe schenkte, fügten sich in das ägyptische Pantheon ein.

B. Kusch und die Eroberung Ägyptens

Die lange Periode mehr oder weniger friedlicher Wechsel hat die Macht Kuschs noch verstärken können. Seit dem Jahr 1100 v. Chr. beginnt in Ägypten eine neue Phase voller Unruhen und Bürgerkriege. Die Libyer mischen sich ein. Das Chaos bedroht Ägypten, und die Vizekönige von Kusch, gestützt auf ihre Reichtümer und das Hinterland voller erbitterter Krieger, konnten bei dieser Entwicklung nicht gleichgültig bleiben. Sie zogen hierbei aus dem Bündnis zweier wertvoller politischer Kräfte Vorteil: des Chefs der nubischen Bogenschützen, einem Elitekontingent der Pharaonen, und der Priester von Theben und von Abu Simbel, die dort den sagenhaften Schatz des Amun-Re-Tempels verwalteten. Seit 1085 v. Chr. beherrscht der Vizekönig von Kusch als Wesir von Theben tatsächlich den größten Teil Ägyptens. Mit dem Regierungsantritt der von den Priestern Thebens verabscheuten libyschen Dynastie im Jahre 950 v. Chr wird Kusch, bereits unabhängig[4], gleichsam der Zufluchtsort der ägyptischer Rechtmäßigkeit, mit dem Blick auf die Fremden des Nordens.

In Kurru sieht man noch die Grabstätten der vier ersten Könige von Kusch, und der Fortschritt in der Beschaffenheit und Größe dieser Momumente läßt vielleicht die gewachsene Macht dieses Königreiches erkennen. Es entwickelte sich zweifellos rund um den geheiligten Hügel von Dschebel Barkal, der dem Gott Amun in Napata geweiht war. Zahlreiche Könige folgten aufeinander vor Kaschta, der im Jahre 750 v. Chr. den derzeitigen Pharao in das enge Gebiet des Deltas zurückdrängte. Sein Nachfolger und Sohn Usermaatrê Pianchi (750 bis 716) war ein begeisterter Pferdeliebhaber. Für zehn von ihnen ließ er pompöse Grabstätten gegenüber der Nekropole der Königinnen von Kurru errichten. Die kleine Granitsäule, die er in Dschebel Barkal errichtete, meldet uns, daß er durch Siege über den Pharao Osorkon III. und über den Duodezfürsten von Saïs die Eroberung Ägyptens erreichte. Er gründete in Ägypten die 25. sogenannte äthiopische Dynastie. Doch machte er einen Fehler, als er das inständige Flehen der Besiegten erhörte und sie begnadigte. Denn kaum war er mit dem Tribut der Prinzen des Nordens und dem bescheidenen Titel König von Kusch und Oberägypten nach Napata zurückgekehrt, faßte der Prinz von Saïs wieder Mut, und sein Sohn Bocchoris gab sich den Titel »König von Unterägypten« (ungefähr 720 v. Chr.). Der König Schabaka (716–701), Bruder und Nachfolger von Pianchi, brachte diese schwachen Versuche des Nordens ohne Schwierigkeiten unter Kontrolle. Er verlegte die Hauptstadt von Napata nach Theben und führte eine strenge Verwaltung für ganz Ägypten ein. Er war einer der zwei oder

---

4 J. Vercoutter: »Man fragt sich jetzt, ob Kerma nicht seit 2000 v. Chr., wenn nicht früher, die Hauptstadt eines eingeborenen sudanesischen Königreichs war« (*La Nubie Antique et Médiévale*, Paris 1970). Das Reich Kerma, das zuerst südlich des 3. Kataraktes errichtet wurde, soll sich schon 1700 v. Chr. das Gebiet des 2. Kataraktes einverleibt haben.

Kusch und Meroe

drei ganz großen Herrscher der Epoche und trug den Titel »König von Kusch und von Misr« (Ägypten). Dies war die Zeit, in der die Assyrer als Sieger aus dem Kampf um die Vorherrschaft hervorgingen, der alle Völker des Nahen und Mittleren Orients gegeneinandergestellt hatte. Kusch und Assur: zwei Riesen, die sogleich darangingen, ihre Kräfte zu messen. Nach einer wohlwollenden Neutralitätsphase ersann Assyrien alsbald Eroberungs- und Umsturzpläne, die auch der Prophet Jesaja verbreitete: »Und ich werde die Ägypter gegen die Ägypter aufhetzen ...« Als Sennacherib Jerusalem belagerte, beeilte sich Ägypten, eine Verstärkungsarmee zu entsenden, die allerdings vor dem Rückzug der Assyrer nicht mehr eingreifen konnte. Auf Schabaka, den größten König der 25. Dynastie, folgte Taharka (690–664), dessen Regierungsantritt mit einer Rekordernte zusammenfiel. Er ließ sich in Memphis zum König salben und ließ seine Mutter kommen, damit sie ihn auf dem Thron des Horus betrachte. Taharka, von dem sich eine Kolossalstatue aus schwarzem Granit nahe dem großen Tempel von Dschebel Barka erhebt, hielt sich vor allem im Delta auf, um die Asiaten zu überwachen. Er versuchte, den Aufstand der Seestädte (Tyros und Sidon) gegen Assyrien anzustiften. Aber seit 671 v. Chr. nahm Assarhaddon die assyrische Offensive wieder auf und überfiel Ägypten, zu dessen König er sich sogleich ausrief. Taharka, der sich gen Süden zurückgezogen hatte, unternahm nach dem Abzug der Assyrer einen neuen Vorstoß, konnte aber nicht verhindern, daß Assurbanipal seinen ägyptischen Vasallen zum Pharao ausrief: Psammetich (666). Nach Taharka setzt sein Neffe, Sohn seiner Schwester, Tanutamun, den Widerstand fort und belagert die kleinen Fürstentümer des Deltas, die jedesmal die Assyrer zu Hilfe rufen. Theben wird von diesen eingenommen. Dieses denkwürdige Ereignis wird von dem Propheten Nahum ins Gedächtnis gerufen, wenn er sich an Ninive wendet: »Glaubst du, größer als Theben zu sein, das inmitten der Kanäle gelegen war, mit dem Nil als Mauer und Bollwerk? Und dennoch ist es im Sturm genommen worden und in die Gefangenschaft geschleppt worden.« Die Assyrer verdankten ihre Vorherrschaft zweifellos dem massiveren Einsatz von Eisenwaffen und ihrer sehr strengen Disziplin. So also war Kusch, das lange Zeit der Schild Ägyptens gewesen war, seine Lanzenspitze geworden, eine Weltmacht erster Größe. Aber das geschah zu spät, um eine jüngere, besser ausgerüstete und außerordentlich dynamische Macht aufzuhalten.

C. Kusch nach Ägypten

Die Nachkommen von Tanutamun fuhren fort, sich Könige von Unter- und Oberägypten zu nennen. Das Schicksal Nubiens aber trennt sich in der Tat von demjenigen Ägyptens unter der Dynastie der Saïten. Von ungefähr 660 v. Chr. bis ungefähr 350 v. Chr. erfährt das Königreich von Napata eine ziemlich isolierte Entwicklung, vor allem von dem Augenblick an, als Psammetich fremde Soldatenkontingente auf der Höhe des zweiten Katarakts aufstellte. Dies geschah vielleicht unter dem Druck des Nordens, wegen der Verschlechterung des Klimas oder auch wegen der Tatsache, daß die Königinnen, die aus dem Süden stammten, vorzogen, im Geburtsland zu leben und sich begraben zu lassen. Gegen 500 v. Chr. wurde die Hauptstadt, die nur vorübergehend war, von Napata nach Meroe weiter im Süden verlegt. Aber die Tage des Ruhms waren noch nicht zu Ende. Die Größe der gebauten Pyramiden[5], der Wert der Gegenstände, die der Begierde der vielen Grabräuber entkommen sind, die Überreste der begonnenen Bauwerke, vor allem in der »Insel« von Meroe (zwischen dem Nil und Atbara), alles das beweist, daß die Könige von Napata und von Meroe noch mehrere Jahrhunderte der Größe und des Wohlstands kannten. Die Granitsarkophage der Könige Anlamun und Aspelta wiegen jeder 25 t und der Deckel allein 4 t. Man muß auch den großen Amuntempel von Meroe erwähnen, zu dem eine großartige, von Widdern aus Stein gesäumte Prachtstraße führte. Einige von ihnen wachen noch heute auf den Ruinen. An der Peripherie der Stadt wurde der Tempel der Sonne als eines der Wunder der Welt betrachtet, mit der goldenen Scheibe der Sonne an der Giebelseite, seinem Säulengang, der das Allerheiligste einrahmte und seiner Verkleidung aus vielfarbigen Ziegeln. Bemerkenswert ist auch der kleine Tempel von Naga mit dem Bildnis des meroitischen Löwengottes Apedimak als Relief. Diese ganze Kultur trägt die Merkmale der ägyptischen, unterscheidet sich aber trotzdem von ihr durch einen sehr ursprünglichen Stil. Nach und nach verschwand die Kenntnis der ägyptischen Hieroglyphen. Zahlreiche Königinnen (die berühmten Kandaken) besetzten den Thron zu Beginn der christlichen Ära. Eine von ihnen, ein einäugiges Mannweib mit kriegerischem Benehmen trieb Handel mit den Römern. In der Tat drängte um das Jahr 25 v. Chr der römische General Gaius Petronius die kuschitischen Truppen bis nach Napata zurück, das sogar geplündert wurde. Seine Gesprächspartnerin war ohne Zweifel die Kandake Amanirenas. Aber die wachsende Isoliertheit und Versteppung, von denen die großen künstlichen Wasserbehälter zeugen, die gegraben wurden, um das Regenwasser zu sammeln, erschwerten die Überfälle der Nomadenstämme. Die Gräber der letzten Herrscher von Meroe sind von einer mittelmäßigen Ausstattung, die den langsamen völligen Verfall erkennen läßt. Zumindest war Meroe aber unabhängig, während Ägypten nacheinander unter der Herrschaft der Assyrer, dann der Perser des Kambyses, der Griechen Alexanders und der Römer des Augustus lebte, die die Schätze der Bibliothek von Alexandria verbrannten, bevor sie von den Byzantinern und den Arabern besetzt wurde. Vor allem aber hatten Kusch und Meroe sich um die ägyptische Kultur verdient gemacht.

III. Die ägyptische Kultur

Es handelt sich um eine der glänzendsten Schöpfungen des Geistes und des Willens des Menschen. Einige Beispiele werden genügen, um die Größe und vielleicht auch die Schwächen vor Augen zu führen.

---

5 Obwohl die ersten Pyramiden der Kuschiten bescheidenere Ausmaße hatten als in Ägypten, mit steileren Seitenneigungen, enthielten sie doch schöne Grabkammern. Ein Beispiel dafür liefert die Grabkammer des Königs Tanutamun mit seiner nachtblauen, sternenübersäten Decke.

Die ägyptische Zivilisation   69

A. Der sozio-politische Standpunkt

Ägypten zeichnet sich durch einen sehr strengen hierarchischen Charakter seiner
Gesellschaft aus. An der Basis steht das namenlose Volk der Bauern. Sein Leben
ist hart, trotz der außerordentlichen Fruchtbarkeit des Flußschlammes: »Er
schwitzt Blut und Wasser, vielleicht wegen der Heuschrecken oder der Diebe.
Und wenn er glaubt, es wäre endlich der Augenblick gekommen, Atem zu schöpfen und die Ernte einzubringen, landet der Schreiber an der Uferböschung: es
ist die Stunde der Steuer für die Ernte. Und wann immer er auch nur aufmuckt,
erhält er Schläge von den nubischen Wächtern, die mit Palmzweigen bewaffnet
sind. Er wird manchmal geknebelt und in einen Brunnen geworfen; er versinkt,
den Kopf nach unten.« So sprechen die satirischen Texte. Aber die Pharaonen
praktizierten mit Rücksicht auf die Bauern einen Bevormundungspatriarcha-
lismus, indem sie im Falle von Mißernten königliche Lagerbestände verteilten.
In der Gemeinschaft des Volkes arbeiteten viele verschiedene Handwerker:
Schuhmacher, Schmiede, Juweliere und Goldschmiede, Bäcker usw. ... Die
Wandgemälde und die Darstellungen der Bildhauerkunst zeigen sie uns mit allen
Einzelheiten ihrer täglichen Aktivität. In dieser Gesellschaft ist die Rolle der
Frau bemerkenswert im Vergleich zu derjenigen, die sie in den anderen antiken
Ländern spielt. Zweifellos deshalb, weil es sich dort seit je um ein Bauernvolk
handelt, in dem der Frau natürlicherweise mehr Bedeutung eingeräumt wird.
Die Geschenke des Freiers an die Schwiegereltern, der verdienstvolle Platz der
ägyptischen oder nubischen »Mutter des Königs« und der Kandaken des Südens,
das häufige Erben von Bodenbesitz durch die Frau, das Vorhandensein einer
weiblichen Geistlichkeit, die eheliche Zuneigung, die in der Haltung zahlreicher Statuen monogamer Paare offenbar wird, die Identifizierung der Leute
durch Bezugnahme auf ihre Mutter, alles das beweist, daß die Frau zur Zeit der
Pharaonen viel freier war als in vielen modernen Ländern.
Die ägyptische Geistlichkeit weiht sich praktisch einzig und allein dem Dienst
des Gottes oder der Götter. Sie beschäftigt sich nicht damit zu predigen, sondern
ist eifersüchtiger Überwacher der Riten und Glaubensgrundsätze. Weder zur
Zeit Echnatons noch unter den Königen von Kusch hat es an Konflikten zwischen
der politischen (und göttlichen) Macht und der Geistlichkeit gefehlt, die durch
großartige fromme Schenkungen materiell stark geworden war.
Die ägyptische Armee ist aus Einheiten von Lanzenträgern und Bogenschützen,
vor allem nubischen, zusammengesetzt. Im Alten Reich hat das friedliche Ägypten keine ständigen Truppen. Nur Kontingente mit technischen Aufgaben wie:
Schutz der Karawanen mit kostbarem Erz, Polizei der Wüstenränder, Palastgarde. Im Notfall wird eine Massenaushebung eingeleitet. Aber nach und nach
führt die Notwendigkeit, Eroberungsfeldzüge zu führen, zu immer größeren
ständigen Truppen. Gut ausgerüstete und disziplinierte Armeen unter regiona-
lem Kommando werden organisiert und neue Truppen unter den Zeichen der
vier großen Götter Amun, Re, Ptah und Seth aufgestellt. Gewiß, es gab Leiden
genug. Der Soldat wurde oft gehörig von seinem Vorgesetzten durchgeprügelt:
» ... ein Schlag, um Bauchschmerzen zu machen, ein Schlag, um die Augenbraue
zu spalten ...« Aber die Vergütungen an Kriegsbeute, aus Steuererlässen und
aus Bodenschenkungen waren nicht zu verachten.
Die Verwaltung Ägyptens ist geradenwegs aus der Notwendigkeit hervorgegangen, ein sehr gedrängt lebendes Bauernvolk zu beaufsichtigen. Sie ist sehr

spezialisiert und hierarchisiert, und die Beamten sind nur mit jeweils einer Aufgabe betraut: mit Ländereien, Herden, Schiffen, Soldaten, Beziehungen mit dem Ausland, mit der Rechtsprechung, Gefängnissen, Handel usw. Diese ziemlich schwerfällige Maschinerie funktionierte dadurch, daß sie sich ständig »modernisierte«.

Im Alten Reich beschäftigen sich die Beamten des Hofes mit Staatsangelegenheiten und mit öffentlichem Grund und Boden, die mit den Gütern der Krone vermischt waren. Im Mittleren Reich findet eine gewisse Dezentralisierung statt. Sie wird fortgesetzt im Neuen Reich. Um durch Krieg eingenommene Gebiete besser kontrollieren zu können, deuten zusätzliche Verfeinerungen hier schon die Komplexität der Verwaltung der Lagiden (Ptolemäer) an.

Die Hauptperson dieses ganzen Apparates ist der Schreiber, allgegenwärtig, unsterblich gemacht durch eine Statue, deren Augen in einer Klarheit funkeln, die für den Beruf Ehre einlegt, die aber für den Bürger nichts Gutes ankündigt: der Schreiber war vor allem Steuereinnehmer und Buchhalter. Eine angesehene Person, ebenso beneidet wie sehr gefürchtet: »Sei Schreiber, sagen die Texte, damit deine Glieder glatt sind und damit deine Hände sanft werden, damit du, in Weiß gekleidet, ausgehen kannst, gerühmt, und damit die Höflinge dich grüßen. Du rufst einen Menschen, und tausend antworten dir; du gehst ungezwungen deines Weges.« Welche Aktualität in dieser 5 000 Jahre alten Skizze! Die großen Würdenträger und Fürsten zögerten nicht, sich ein Standbild als Schreiber errichten zu lassen. Und im Pantheon war der Gott Thot der Schutzherr der Schreiber, der das Gute und das Schlechte verbuchte beim Wiegen der Seelen. Der Eckpfeiler des Schreiber- und Beamtenkörpers ist der Wesir (tjaty) eine Art Premierminister, Ohr und Mund des Pharao. Sehr beschäftigt mit den Audienzen Seiner Majestät, mit der Korrespondenz für das gesamte Reich, mit den Kontrollgängen, trug der Wesir hochtrabende Titel. Aber er trug auch ein Kollier am Hals mit einem Bildnis, das eine kleine liebliche Person darstellte: Ma'at, Göttin der Gerechtigkeit, Tochter von Re dem Sonnengott. Ma'at, das war die Beständigkeit, die zyklische, harmonische und untrügliche Rückkehr der kosmischen Erscheinungen, deren Regelmäßigkeit sich auf die Führung der Menschen auswirken sollte. Und das Vorhandensein dieser allerliebsten und zerbrechlichen kleinen Figur auf der Brust des starken Mannes von Ägypten wurde zum Symbol.

Auf dem Gipfel der gesellschaftlichen Pyramide steht der Pharao, der sich von der breiten Masse der Menschen durch seine Teilhabe an der Göttlichkeit unterscheidet. Fleischwerdung von Horus, Sohn von Osiris und Sohn der Werke Amuns, ist er Bürge für den regelmäßigen Gang der Gestirne und folglich für das Hochwasser des Nils. In seiner Gegenwart werfen sich die Untertanen anbetend nieder und »riechen die Erde«. Er hat das Recht über Leben und Tod, er waltet seines Amtes als großer Oberpriester des Sonnenkultes, und bei seinem Tod trifft er wieder auf den flammenden Lauf des Gestirns und wird Gefährte der Sonne. Auf der Erde aber hat der Pharao nichts von einem orientalischen Despoten. Seine Faust ist hart, aber die Texte zeigen ihn uns bedacht auf das Urteil des Volkes.

B. Die Schrift

Die entscheidende Erfindung, die die lebendigen Kräfte der Gesellschaft befreit und sie zu einem hervorragenden Organisationsstadium geführt hat, ist die Schrift. Sie fördert die Sammlung und Verbreitung der Ideen, den Zusammenhalt und Dynamismus des Volkskörpers. Die Ägypter haben die Schrift erfunden. Ihre Hieroglyphen waren zunächst einfache Zeichnungen, die die dargestellte Sache oder ihren Inhalt bedeuteten: die Zeichnung eines Topfes zum Beispiel bedeutete Bier. Aber wie die Liebe, die Freude ausdrücken? Vom Bild ging man über zum Laut, von den Begriffszeichen zu den Lautzeichen. So machte die Zeichnung einer Hacke zunächst eine Hacke kenntlich. Aber das Wort Hacke auf ägyptisch spricht man Meer aus, was auch lieben bedeutet (Homonym). Die Zeichnung der Hacke bedeutet deshalb auch lieben. Um aber Verwechslungen zwischen den beiden Begriffen zu vermeiden, machte man jedesmal einen Strich unter die Zeichnung, wenn sie Hacke bedeuten sollte. Der Übergang zum Alphabet ist durch die geringe Anzahl von Vokalen erleichtert worden. Wenn also ein Oval Mund bedeutet, was man er ausspricht, dann wird diese Zeichnung auch alle Homonyme bezeichnen. Aber er ist auch der Klang des Konsonanten r. So wurde aus dem Zeichen Mund ein Buchstabe des Alphabets. Ein komplexes System von Bestimmungsworten war notwendig, um Verwechslungen auszuschalten und die Texte zu klären. Man versteht jetzt, daß der Schreiber wie ein Mandarin Respekt einflößte. Man schrieb auf Papyri (das Wort Papier stammt daher), die aus einem Schilf des Nils hergestellt wurden. Dieses diente aber auch dazu, Boote zu bauen, Segel, Matten, Körbe, Sandalen und Lendenschurze zu flechten. Darüber hinaus war das untere Ende seines Stiels ein Leckerbissen; kurz, noch ein Geschenk des Nils.

C. Die Wissenschaften

Die ägyptische Wissenschaft zeichnet sich durch ihren empirischen, aber gründlichen Charakter aus[6]. Ihre Verfahren, die Oberfläche eines Rechtecks, eines Dreiecks oder eines Kreises zu berechnen, gleichen Rezepten, ebenso wie ihre Medizin, die den Blutkreislauf lange vor dem europäischen 16. Jahrhundert entdeckt hat. Sie entwickelte viele Verfahren, um eine Menge von Krankheiten zu behandeln, bis zu Brüchen der Wirbel; und das mit einer strengen klinischen Diagnose-Methode. Vollständige Schriften wurden sorgfältig in den ägyptischen Tempeln gehütet, wo griechische Mediziner wie Hippokrates sie besichtigten und sich eine Bekanntheit sicherten, die ihren unbekannten Lehrmeistern aus dem Niltal versagt blieb. Der ägyptische Kalender ist, nach einem Autor, »der einzige intelligente Kalender, den die Menschen erfunden haben«[7]. Er unterscheidet zwölf Monate von 30 Tagen. Sie wurden in Dekaden gezählt, mit fünf zusätzlichen Tagen am Ende eines jeden Jahres. Folglich gab es weder Monate mit

---

6 Beim Studium der mathematischen Papyri des Museums für Bildende Künste in Moskau stellte V. V. Strouve fest, daß die Ägypter im Bereich der Geometrie die Lehrmeister der Griechen waren.

7 Siehe G. Posener, *Dictionnaire de la Civilisation Egyptienne*.

ungleicher Länge noch eine Woche, die Monate oder Jahre übergriff. Vor allem aber waren die Ägypter Techniker mit genialer Veranlagung. Die Pyramiden existieren noch heute, um Zeugnis davon abzulegen. »Die praktische Konstruktionswissenschaft, die diese Monumente offenbaren, ist großartig und ist niemals übertroffen worden.« Die Grabkammern und inneren Gänge tragen seit Jahrtausenden Millionen von Kilos, ohne zu wanken. Diese letzten Aufenthaltsorte der Pharaonen sind wirklich »Häuser für die Ewigkeit«. Sie wunden von Sklaven erbaut, vor allem aber von Bauern, die von einem wahren Glauben bewegt waren. Mit Werkzeugen aus Stein oder aus Holz, mit mechanischen Techniken, deren Geheimnisse mitunter verschwanden, vergangen vielleicht in der von den Römern gelegten Feuersbrunst in der Bibliothek von Alexandria.

D. Die Kunst

Die ägyptische Kunst erreichte unübertroffene Höhepunkte. Architektur, Bildhauerei, Gravierkunst, Malerei usw. durchliefen zahlreiche Stile. Sie gelangen mit Leichtigkeit zum Kolossalen, verstehen aber auch die Banalität alltäglicher Begebenheiten darzustellen und die vergängliche Anmut eines Lächelns; wie bei diesem Mädchen auf einem Relief, das mit der einen Hand eine Ente und mit der anderen eine blühende Papyrusstaude hält.

E. Die Religion und der Sinn des Lebens

Vor allem aber ist diese Kunst, wie in Schwarzafrika, eine wesentlich von der Religion inspirierte Kunst. Die Tempelbauten sind dafür vornehmster Ausdruck. Diese großartigen Gebäude sind wie Bauwerke, die sich ineinanderfügen, verengen und verdunkeln, vom Vorplatz mit Säulen bis zur verborgenen Kapelle, die das Bild des Gottes enthält; und die tragbare Barke, um das Bild bei Prozessionen herauszutragen. Die Mauern des Tempels sind bedeckt mit rituellen Darstellungen und Bildern; die Statuen tragen hieroglyphische Formeln. Alles das hat zum Ziel, die vom Gott verkörperten günstigen Kräfte zu stärken. Die ägyptische Religion ist im Grunde genommen ein Vitalismus. Der Kosmos ist Arbeitsstätte und Schlachtfeld zwischen den Mächten des Chaos oder der Entartung einerseits und den Mächten, nicht so sehr des Fortschritts als des Gleichgewichts, der Ordnung und des Friedens andererseits. Man kann wirklich sagen, daß Ägypten, das die Geschichte feierlich eröffnete, doch sehr mit der Vorgeschichte verknüpft war. Auf ihr baut es großartige Fortentwicklungen auf und steigert alle inneren Kräfte bis zum Wunderbaren.

Der Pharao ist ein Herrscher, der über eine hochgebildete Verwaltung verfügt. Er läßt sich in Sarkophagen aus Gold oder aus massivem Silber bestatten, aber er bewohnt ein Haus aus Lehm, er ist polygam und praktiziert Inzest. Er kommt daher, mit Amuletten und mit Abwehrzaubern behängt, auf dem Kopf einen Falken und am Gürtel einen Tierschwanz. Im Grunde genommen ist er ein hervorragender Stammeschef. Die ägyptischen Geodäten und Ingenieure sind in der

Die Schwarzen im Niltal

Lage, die Gänge der Grabkammern in Richtung des Polarstern zu bauen, aber sie fürchteten den bösen Blick und praktizierten den Kult der Totem-Tiere. Nefertari zeigt sich, reichlich mit Juwelen behängt, geschminkt, glänzend von Kosmetika, nach Terebinthen duftend, aber sie trug Glücksbringerskarabäen und trank ohne Zweifel Wasser, in das man zuvor einen Papyrus mit magischen Formeln gelegt hatte. In mancher Hinsicht ist Ägypten eine primitive und statische Gesellschaft geblieben. Jahrhunderte hindurch blieb es ohne revolutionären Prozeß. Vielleicht, weil es keine wirtschaftliche Ausbeuterkaste hatte, keine Blutsaugerklasse.

Vielleicht auch, weil es nach wenigen juristischen Richtlinien und einfacher Moral lebte, kostbaren Schutzmitteln aber gegen die menschliche Perversität. Die gerichtlichen Verfahren sahen vielfache Berufungsmöglichkeiten vor, ausgenommen bei kriminellem Tatbestand. Das Herz wurde in jedem Individuum als ein unabhängiges Wesen betrachtet, das am Tage des Abwägens der Seelen Zeugnis abzulegen hat. Und dann: »Wendet keine Gewalt an gegen die Menschen auf dem Lande wie in der Stadt, da sie aus den Augen der Sonne geboren sind; sie sind die Herde Gottes. Erhebt nicht die Stimme wegen Äußerungen anderer! Übertreibt die Lüge gegen Ma'at nicht!« Und schließlich, angesichts der Härte des Lebens, angesichts des Todes, dieser Reise ins Nichts, wie die Sonne hinter dem Horizont versinkt, welch erhabene Heiterkeit. »Zu wem kann ich heute sprechen? Zu wem sprechen, wenn ich beladen bin mit Kümmernissen und ohne Freund? Gibt es keinen Ausweg? Heute zeigt sich mir der Tod. Wie die Heilung für den Kranken, wie ein Spaziergang nach einem Unfall. Heute erscheint mir der Tod. Wie der Duft von Weihrauch.«

IV. Die Schwarzen im Niltal

Aber, wird man sagen, was sucht das antike Ägypten in der Geschichte Schwarzafrikas? Eine heikle und ärgerliche Frage für manche. Laßt uns an dieser Stelle daran erinnern, daß wir keine rassische Geschichte machen. Aber wenn wir Geschichte treiben, müssen wir uns bemühen, über alle Ereignisse Bericht zu erstatten, und demnach versuchen, alle Probleme zu erhellen. Die Beteiligung der schwarzen Völker an der Entwicklung der ägyptischen Stadt ist trotz aufmerksamer Betrachtung durch zahlreiche Historiker und Gelehrte seit Jahrhunderten derartig ignoriert worden, daß, würde sie hier nicht hervorgehoben, dies eine Lüge durch Unterlassung wäre. Geographische, anthropologische und kulturelle Argumente, bald absolut zuverlässige, bald ungewisse, können in dieser Beziehung zur Sprache gebracht werden.

A. Geographische Beweise

Die ägyptische Vorgeschichte, wie die des übrigen Afrika, ist wenig bekannt. Aber es gibt einige schwer zu widerlegende Behauptungen. Die älteste Besiedlung der Sahara bis zur historischen Zeit geschah in der Hauptsache durch

74   *Das antike Schwarzafrika*

Schwarze. Im Paläolithikum breitete sich, wie wir gesehen haben, die schwarze
Bevölkerung bis nach Europa und jenseits davon aus. Um das Jahr 10000 v. Chr.
besetzten die schwarzen Drawiden einen großen Teil Indiens. Am Ende des
Paläolithikums, sagt Furon, entdeckte man in der Provinz von Constantine fünf
fossile Menschengruppen, die Ähnlichkeiten mit den Nubiern von Oberägypten
aufwiesen. In der Capsien-Schicht des Maghreb, sagt Alimen, findet man Skelette mit negroiden Merkmalen. Die alte negroide Bevölkerung Nordafrikas
scheint stufenweise durch Negro-Mediterrane, dann durch Mediterrane ersetzt
worden zu sein. In der Tat war der mesolithische Saharabewohner von Asselar
ein Neger vom Bantu-Typ mit herausgezogenen mittleren Schneidezähnen. Nun
ist aber der Mensch von Asselar mit den Skeletten von Mechta el Arbi und
Afalou Bou Rhummel verwandt. Diese haben negroide Tendenz, sind aber auch
mit dem Menschen von Cro-Magnon verwandt. Der Mensch von Asselar ist auch
noch mit den Ur-Berbern von Yao (Nordosten des Tschadsees) verwandt, mit
den Menschen des Neolithikums von Khartum, die von Arkell als stark gebau-
te Negroide mit gezogenen Schneidezähnen beschrieben werden; ebenso mit den
Überresten von Taferjet und Tamaya Mellet, von Lhote entdeckten Negroiden,
die einen Werkstoff ähnlich dem der Menschen von Khartum verwendeten.
Desgleichen sind auch die Gerätkulturen verwandt (dies nur als Anhaltspunkt).
Mauny notiert die unleugbare Verwandtschaft zwischen der neolithischen Zi-
vilisation des Faijum im 5. Jahrtausend vor unserer Zeit und derjenigen von
Südmauretanien und der nigerianischen Sahel, trotz der beträchtlichen Ent-
fernungen[8]. Arkell äußert den Gedanken, daß das Gebiet im Norden und im
Südwesten vom Tibesti bis nach Bilma, eine an Amazonit reiche Gegend, zwei-
fellos der Mittelpunkt war, von dem aus die gemeinsame Kultur von Faijum,
Khartum und Teñere ausgestrahlt hat. Andererseits stellt man in Afalou Bou
Rhummel wie in Dar-ês-Soltane einen anthropologischen Übergang von der
tiefsten und ältesten Stufe über einen gemischten Typ bis zum mediterranen
Typ fest. Die Sara, die heute den Tschad bewohnen, kamen von Ennedi, das sie
seit dem alten Neolithikum besetzten. H. J. Hugot entdeckte nahe bei Assi
Meniet eine neolithische Anlage von Seßhaften, »wahrscheinlich Negroiden«.
Ebenso ähnelt, sagen H. Laforgue und Vaneleshe, kein Gefäß im prähistorischen
Auker (Mauretanien), weder in der Form noch im Dekor, denjenigen, die heute
von den weißen Nomaden verwendet werden, alle aber sind vom Typ derjenigen, die die Neger des Südens gebrauchen. Dies läßt an eine prähistorische Besiedlung durch Schwarze oder strenggenommen durch Schwarze und Weiße
denken. Die menschlichen Unterkünfte im Tschad zeigen, daß die ältesten im
Norden (Tibesti-Ennedi) gelegen sind, während sich die neueren auf den Ufern
des Logone und des Schari befinden. Schließlich sagen die Kaggidi von Nord-
Kordofan, daß sie von Osten gekommen sind, und die meisten Völker des afrikanischen Westens zeigen nach Norden und Osten, wenn man sie nach ihrer
Herkunft fragt. Wenn man dem die anthropometrischen und soziologischen
Aussagen der Gravuren und Gemälde der neolithischen Sahara hinzufügt, wird
man für richtig befinden, daß dieses Gebiet damals in der Hauptsache negroid
war. In der Tat blieben dort bis zur arabischen Eroberung und trotz der schwierigen Bedingungen zahlreiche schwarze Gruppen hängen. Sie hinterließen Nachkommen, die, wie im Fezzan, »archaische körperliche Züge« tragen (Dr. Le-

8 Siehe P. E. L. Smith, *African Historical Studies*, Heft 1, Nr. 1, Boston 1968.

blanc), wofern sie nicht, wie die Tubu des Tibesti, bei deren Frauen Le Rumeur das Benehmen der Ägypterinnen der Pharaonen findet, von einer sehr alten Rassenkreuzung gestreift worden sind.

Wenn man annimmt, daß in dem Augenblick, als die Sahara verssteppte, die Schwarzen hier in der Überzahl waren und daß sie, schon zu Bauern geworden, als erste von dort fortzogen, um feuchteres Gelände zu suchen, wird man gern zugestehen, daß sie die Länder rund um die Wasserflächen der Seen und die Wasserläufe des Südens ebenso fanden wie das Niltal[9]. Tatsächlich hat das Studium der vordynastischen ägyptischen Schädel die Bedeutung des negroiden Elements gezeigt, insbesondere im Süden in Abydos und Hu. Nach Massoulard, der die Arbeiten von Mass Stressiger anführt, sind die Badarien-Schädel prognathisch. Diese Schädel unterscheiden sich sehr wenig von den anderen, weniger alten vordynastischen Schädeln, außer daß sie ein bißchen weniger prognathisch sind. Nach den o. a. Autoren ähneln sie am meisten den primitiven indischen Schädeln (Drawiden und Wedas). Für Falkenburger sind die negroiden Schädel im Vergleich zu den anderen Typen in der Überzahl. Folglich kann man unmöglich bestreiten, daß es unter den Völkern, die das »ägyptische Wunder« vorbereiteten, eine Mehrheit von Negroiden gab.

Manche bringen nun vor, daß der ägyptische Aufschwung dem Eindringen von Eroberern oder von Händlern verdankt wird, die von Osten mit neuen Ideen und Techniken kamen. Dieser Standpunkt wird von gewissen archäologischen Argumenten erhärtet. Die Beweise wiegen allerdings wenig im Vergleich zu den vielfachen Gründen, die eine Entwicklung bodenständigen Ursprungs nahelegen. Ich will nicht in den Streit der Lehrmeinungen über Skelette oder Hieroglyphenfetzen eingreifen. Zweifellos aber hat der Süden Ägyptens die Initiative bei der politischen Einigung des Landes gehabt und ihm die Grundlagen seiner Kultur gebracht. Sehr zahlreich sind die Ägyptologen, die sagen, daß vom negroiden Badarien an, das Spuren nur im Süden hinterlassen hat, sich die Königswürde entwickelt hat. Sie sind der Ansicht, wie Maspero, daß die Shemsu Hor, Menschen des Amratien (von El Amrati nahe Abydos), die nach Norden wanderten, schwarze Schmiede waren. Sie errichteten Dämme, bauten Kanäle und Ahnentempel bis zum Delta hin. Der Süden war für die Ägypter der Wohnsitz der Götter. Deshalb wurden die Körper der toten Pharaonen meist in dieses Mutterland gebracht, um in den heiligen Städten Thebais (Theben, Abydos, Karnak) bestattet zu werden. Genau wie die sterblichen Hüllen der Könige von Benin im Anfang zu der heiligen Stadt der Ursprünge Ile Ife überführt wurden. Die religiösen und kosmogonischen Mythen sind immer die ältesten Überlieferungen eines Volkes, und sie schwinden nur langsam aus dem Gedächtnis. Sagte Diodor von Sizilien nicht von den Äthiopiern (Nubiern): »Sie fügen hinzu, daß die Ägypter den größten Teil ihrer Gesetze von ihren Urhebern und ihren Vorfahren erhielten. Von ihnen lernten sie, die Könige als Götter zu verehren und ihre Toten mit soviel Prunk zu begraben. Die Äthiopier riefen die

---

9 Viele von neolithischen Funden begleitete Täler in südlicher Richtung lassen denken, daß sie die Wanderungen der prähistorischen Menschengruppen Richtung Süden bestimmt haben. Solche sind: das Ballol Bosso, das das Tal von Mekru im Süden Niameys mit Assakaraï und Tassili-n-Ahaggar verbindet; das Dallol Mauri, das in Gaya mündet; das Wadi Tilemsi, das ein Bindeglied zwischen dem Niger in Gao und dem Westabhang des Adrar der Iforas bildet; die Rinnen, die aus dem Gebiet von Timbuktu die Senke von Asauad erreichen.

Bildhauerkunst und die Schrift ins Leben.«[10] Diese letzte Bemerkung spielt auf die Tatsache an, daß bestimmte hieroglyphische Zeichen eine vorwiegend südliche Flora und Fauna wiedergeben. Manche gehen sogar noch weiter und sagen, daß es unmöglich sei, daß der Aufschwung Ägyptens vom Delta gekommen sei. In der Tat baute Menes, nach Herodot, als er von Süden kommend Unterägypten erorberte, Memphis, indem er den Fluß umleitete, so daß er über sicheres Land verfügte. Demzufolge wäre die Kultur von Faijum-Merimde nur eine zurückgebliebene Form des letzten Stadiums der vordynastischen Zeit[11]. Madame E. J. Baumgartel[12] verwirft die Theorie vom Delta als der Quelle der ägyptischen Entwicklung. Denn, so sagt sie, schon im Süden, der gleichwohl trockener ist, werden die vordynastischen Bewohner nur auf den Gebirgsvorsprüngen der Wüste angetroffen und nicht im eigentlichen Tal, das zuviel Wasser hat und ungesund ist. Um so eher konnte das Delta in dieser Zeit besiedelt worden sein. Nach Arkell hinterließen die Ansiedlungen des neolithischen Faijum keinerlei Skelette, wenn man in ihrer Nähe ein Negergrab unbekannten Datums fand ... Derselbe Autor gibt zu, daß die Schwarzen des Neolithikums von Khartum – bestimmte kulturelle Züge rücken sie in die Nähe derer aus der Gamble's Cave in Kenia – die Töpferkunst erfanden, weiterhin zweifellos die für die erste vordynastische Kultur von Ägypten charakteristische Keule, die »disk mace head«, die auch das Amratien benutzt. Er erkennt eine leichte Priorität des Neolithikums von Khartum vor dem des Faijum an, das ungefähr in die Zeit um 3900 v. Chr. fällt. Weiter fügt er hinzu, daß die vordynastische Zivilisation von Ägypten, wenngleich sie vom Neolithikum von Khartum herstammen könnte, nicht sehr weit in das Innere Nubiens zurückkehrte[13]. Die Idee eines südlichen Ursprungs der vordynastischen ägyptischen Zivilisation wird also beinahe von niemandem abgelehnt, nicht einmal von denen, die wie Arkell das Badarien einreihen in die »braune Rasse«, aber »with just a hint of negroid about them«[14]. Nichtsdestoweniger wäre die Töpferware dieser »Braunen« nach ihm von den Schwarzen des neolitischen Khartum entlehnt. Kurz, am Anfang steigen die Kulturerfindungen von Süden in Richtung Norden auf.

10 Bis zur Zeit der Ptolemäer ist der Priester, der den Weihrauch vor dem Philopator verbrennt, ein Neger, der mit einem Löwenfell bekleidet ist (Reliefs am Tempel von Edfu).
Solche Vorstellung machte sich auch Homer von den Schwarzen, der der Iris folgende Antwort in den Mund legt: »Dies ist nicht der Augenblick, da ich mich niederlasse. Ich breche erneut auf und begebe mich an die Gestade des Ozeans in das Land der Neger. Sie sind im Begriff, den Unsterblichen Hekatomben darzubringen, und ich möchte auch an diesem weihevollen Festessen teilnehmen.«
Diodor von Sizilien schrieb: »Die Neger sollen alle die Kulte erfunden haben, mit denen die Menschen gewöhnlich die Gottheiten verehren: das ist der Grund, warum die Gebete und dargebrachten Opfer von den Negern als die wohlgefälligsten für die Unsterblichen gelten.« Herodot seinerseits versuchte, die wunderbare »Sonnentafel« zu beschreiben, auf der das Festessen stattfand, das den Unsterblichen von den Negern dargebracht wurde.
Derselbe Verfasser sagte über die langlebigen Neger, gegen die Kambyses eine unglückliche Expedition unternahm, daß diese Neger von allen Menschen die größten und schönsten seien.
11 Siehe *Neolithic Cultures of North Africa*, Liverpool 1956.
12 Siehe Baumgartel.
13 Die seit 1961 nahe bei Wadi Halfa unternommenen Ausgrabungen lassen folgenden Schluß zu: »Die Cambile-Gruppe scheint um 2270 v. Chr. am Nil aufgetaucht zu sein, entweder von Westen kommend, von wo sie die Trockenheit vertrieb, oder vom Süden, denn ihre Anthropometrie enthüllte wie bei den Teda gewisse negroide Züge« (P. Huard, Bibl. Orient., Sept./ Nov. 1964).
14 Arkell, A. J., *History of the Sudan*, London 1961, S. 35.

Die Schwarzen im Niltal

Es scheint in der Tat normal, daß sich die Zivilisation am schnellsten dort entwickelt hat, wo die Bedingungen die besten waren, nämlich im Süden, um erst nach und nach das untere Tal zu besetzen, in dem Maße, wie dieses Möglichkeiten zur Bewirtschaftung anbot. Diese Bewegung hielt an, bis der Pharao von Hierakonpolis aus dem Süden das westliche Delta eroberte (Königreich von Buto) und die erste thebanische Dynastie errichtete. Wenn folglich die Mehrheit der Bauern, die, aus der Wüste kommend, sich am Ufer des Nils einrichteten, Schwarze waren und wenn der Aufschwung der ägyptischen Zivilisation autochthonen und auch südlichen Ursprungs war (das heißt aus der Gegend, wo es sicher noch mehr Schwarze gab), dann braucht die Rolle der Schwarzen bei der Errichtung dieser Zivilisation nicht noch mehr betont zu werden.

B. Anthropologische Beweise

Wir wollen uns erinnern, daß nach Scheich Anta Diop »es richtig ist, daß man die Haut der Mumien ›reinigen‹ kann, sogar die der ältesten, und daß man die ursprüngliche Pigmentierung der Haut wiedererkennen kann, wenn diese wirklich vorhanden ist. Das ist es, was ich tatsächlich mit allen Probestücken, über die ich verfügen konnte, verwirklicht habe. Alle offenbaren ohne Ausnahme eine schwarze Haut von der Art aller Neger, die wir bis heute kennen.«[15] Aber, entgegnen manche, diese schwarze Farbe der Mumien rühre von dem »kostbaren göttlichen Stoff«, einer Art Asphalt, her, den man verwendete, um die Toten einzubalsamieren. Scheich Anta Diop antwortet, daß die Anwendung ultravioletter Strahlen gestattet, den Melaningehalt einer Pigmentierung zu bestimmen. Er erinnert auch daran, daß der Kanon von Lepsius, der die Proportionen des Körpers des vollkommenen Ägypters gibt, negroid ist.

Außerdem stellt man in den Bildnissen des historischen Ägypten die Häufigkeit des negroiden Typus in allen Ständen der Gesellschaft fest. Die Eigentümlichkeit des kleinen Bronzestandbildes des Königs Taharka (Eremitage in Leningrad) muß uns nicht erstaunen, da er nubisch war. Die gleiche Anmerkung gilt für die nubischen Bogenschützen von Siout (Museum von Kairo), die sich munter im Gleichschritt vorwärtsbewegen. Sie sind nachweislich Neger. Aber man muß auch den Pharao Chephren anführen, ebenso den Bierbrauer (Altes Reich) vom Museum Hildesheim, den Pharao Djoser von der 3. Dynastie, dessen breite Nasenlöcher und starke Lippen in eine Versammlung von Bambara passen würden. Er war übrigens erblich belastet, da nach Pétrie die dritte Dynastie sudanesischen Ursprungs war. Ein König der ersten Dynastie zeigt auch stark negroide Züge. Auch Thutmosis III. (British Museum) mit seinen wulstigen Lippen ist beinahe von der gleichen Art. Typische wulstige Lippen auch bei dem jungen Mädchen auf dem Grab von Ipouy in Theben, das eine Ente und eine Papyrusstaude hält. In allen Epochen, in allen sozialen Schichten findet man negroide Typen. Mauny notiert, daß gewisse Pharaonen wie Ramses III. dem abessinischen Typ verwandt zu sein scheinen. Das müßte auch bei Amenemhet I. der Fall sein, dem Gründer der 12. Dynastie, dessen Mutter zweifellos Nubierin war. Man wird folglich nicht staunen, auf ein und derselben Darstellung

15 Ch. A. Diop, Présence Africaine 1967, S. 32.

einen Pharao mit der gleichen Farbe wie seine nubischen Gefangenen zu entdecken. Endlich gibt es das berühmte Zeugnis von Herodot, der Ägypten besuchte: »Man sagt, daß die Kolchiden Ägypter sind. Ich glaube es gern aus zwei Gründen. Der erste ist, daß sie Schwarze sind und krause Haare haben. Der zweite und wesentliche ist, daß die Kolchiden, die Ägypter und die Äthiopier die einzigen Menschen sind, die sich seit Menschengedenken beschneiden lassen, die Juden und Syrer haben es von ihnen gelernt.«[16] Ein anderer Text von Herodot erklärt: »Und wenn sie hinzufügen, daß diese Taube schwarz sei, geben sie uns zu verstehen, daß diese Frau ägyptisch ist.«[17]

Diese eindeutigen Texte werden dennoch diskutiert. Der Ausdruck *mélanokroes* wird zum Beispiel von Legrand übersetzt: »eine braune Haut habend«. Das löst nichts, da viele Schwarze eine braune Haut haben. Andere maßen sich an zu sagen, daß das Wort schwarz hier im Grunde nur eine Art ist, aus der Sicht der weißen Griechen von den Weißen des Südens, den Ägyptern, zu sprechen; ebenso wie man von einem wohlgebräunten Badenden am Strand sagen könnte, er sei »schwarz«! Meinetwegen, aber man darf die anderen anthropologischen Argumente nicht vergessen. Dann macht man auch noch eine »braune Rasse« geltend, von der man uns außerdem sagt, daß sie ein Zweig der weißen Rasse sei. Alles das macht ein wenig nachdenklich.

Soll das nun bedeuten, daß alle Ägypter vom Beginn bis zum Ende des Altertums Schwarze gewesen seien? Offensichtlich nicht. Obwohl der griechische Typ praktisch nicht vorhanden ist, zeigen zahlreiche Bildnisse auch Pharaonen oder einfache Sterbliche, die nichts Negroides haben. Coon gibt an, daß die Tochter des Pharao Cheops, nach ihrem Porträt zu urteilen, nachweislich eine Blonde war, *definite blonde*. Daran ist nichts Erstaunliches. Je mehr Jahrhunderte vergingen und je mehr man gen Norden zog, desto mehr trat der nichtnegroide Typ auf, um endlich im Delta vorzuherrschen. In der Tat kamen fortdauernd Invasionen von Osten und auch Libyer; diese Libyer, von denen einige zu behaupten wagen, sie glichen den Ägyptern, die aber nachweislich Weiße waren. Nacheinander wandern so die Skythen, die Assyrer, die Juden, die Perser, die Griechen, die Römer und andere Völker ein, angezogen vom Wohlstand Ägyptens. Sie wanderten durch den Handel, durch Invasionen, eheliche Bündnisse und anderes ein. Seit dem Neolithikum gab es übrigens, vor allem in Unterägypten, eine Rassenvermischung. Kulturelle Beziehungen müssen auch zwischen den vorthinitischen Königreichen und den Stadtgemeinschaften von Sumer und Elam vorhanden gewesen sein. Die negroiden Züge in der Bevölkerung verringern sich entsprechend den langdauernden Rassenkreuzungen mit den Völkern des Nordens. Man kann sogar sagen, daß dank des Beitrags mancher dieser Völker dieser oder jene ägyptische Fortschritt verwirklicht worden ist, wenn auch der Beitrag der Libyer besonders negativ gewesen ist.

Und die Nubier? Wir wollen anmerken, daß das Wort nubisch kein rassischer Ausdruck ist, im Gegensatz zu ägyptisch. Die Ägypter nannten sich selbst Khem (Schwarze), und sie nannten die Nubier Nehesi (diejenigen vom Süden). Und doch werden die Nubier mit besonders negroiden Zügen dargestellt, da sie fern der nördlichen Rassenkreuzungen waren. Andererseits scheinen manche Pharaonen eine kaum verborgene Verachtung ihnen gegenüber geäußert zu haben,

16 Herodot, *Geschichten*, Buch II.
17 Ders., s. o.

Die Schwarzen im Niltal 79

entweder weil diese Pharaonen nicht negroid waren oder weil sie, mächtiger als die nubischen Völker, dazu neigten, sie als »Wilde« zu betrachten. Aber Nubiens technischer Rückstand darf nicht vergessen lassen, welch wichtige Rolle es bei der Errichtung und bei der Verteidigung der ägyptischen Zivilisation gespielt hat. Jedesmal wenn Ägypten in Gefahr war, zog es sich nach Oberägypten, ja bis nach Nubien zurück, um wieder zu Kräften zu kommen, wie um in den Quellen des Heimatlandes neue Kraft zu schöpfen. Die nubischen Söldner waren zahlreich bei der ägyptischen Armee und Polizei; und ob die Nubier von Ägypten gegen die Libyer aufgestellt worden sind, das Gegenteil konnte niemals bewiesen werden. Die Nubier haben die ägyptische Sache bis nach Asien hin verteidigt. Und jedesmal, wenn vom Süden eine Gegenoffensive gegen den Norden einsetzte, dann geschah dies immer, um Sitten und Gebräuche wiedereinzusetzen, die Tempel wiederaufzurichten, die alten Texte wieder abzuschreiben, alles in allem, um das »Ägyptische« wieder einzuführen. Die Nubier waren eine Zeit Herren des Tals von den großen afrikanischen Seen bis zum Meer. Aber sie eroberten nur auf Drängen und mit Hilfe der Priester, die sie antrieben, einmal mehr die Kräfte und die Zivilisationen des Nordens und des Ostens aufzuhalten. Nubien seinerseits wird überwältigt, aber es tritt zu Beginn und zu Ende des alten Ägypten strahlend auf. Zusammenfassend scheint uns, daß die Schwarzen die Mehrheit der Bevölkerung im antiken Niltal bilden konnten, zumindest in den ersten protohistorischen und historischen Zeiten und in den südlichen Gebieten. Sie haben eine entscheidende Rolle bei der Errichtung der ägyptischen Zivilisation gespielt, und viele große Menschen der ägyptischen Geschichte waren Schwarze.

C. Kulturelle Verwandtschaften

Ich möchte hinzufügen, daß die gegenwärtige negro-afrikanische Zivilisation der ägyptischen Zivilisation näher ist als jeder anderen bekannten Zivilisation. Sicherlich darf man nicht Kultur und Rasse verwechseln. Nicht deshalb, weil die Sprachen des afrikanischen Westens Verwandte des alten Ägyptischen waren, sondern weil die beiden Bevölkerungen, die sie sprachen, von der gleichen Rasse waren. Die Schwarzen der Antillen sprechen gut französisch, englisch oder spanisch, ohne Weiße zu sein. Aber es ist erstaunlich, die Frage zu hören: »Wenn die Ägypter Schwarze waren, wie kommt es dann, daß die anderen Schwarzen rückständig geblieben sind, während Ägypten den Pflug verwendete und die Schrift, Pyramiden konstruierte usw.?« Auch das ist eine beklagenswerte Verwechslung zwischen Rasse und Kultur. In der Tat war der Grund für den Aufschwung der Ägypter, wie wir gesehen haben, nicht die Farbe ihrer Haut, sondern die ökonomischen, bevölkerungspolitischen und soziologischen Bedingungen, unter denen sich eine buntscheckige Bevölkerung längs des schmalen, reichen Niltals zusammengefunden hat. Das Niltal wurde auf diese Weise das Laboratorium einer neuen Menschheit. Was ist Erstaunliches daran, daß die Nehesi, die nicht die gleichen Vorteile genossen, den nördlichen Völkern gegenüber zurückblieben? Sieht man nicht heute noch unterentwickelte Gebiete in mächtigen Staaten, sogar dort, wo die Verbindungen und die Integrationsmöglichkeiten verhundertfacht worden sind? Was ist erstaunlich daran, daß die Schwarzen,

80   *Das antike Schwarzafrika*

anstatt sich nach Osten zu wenden, wo sie die Chance gehabt hätten, durch das
Niltal in das Kielwasser der Geschichte zu gleiten, sich gen Süden gewandt haben, wo sie schnell ein anderes historisches Schicksal erlitten? Die Bedingungen
waren einfach nicht die gleichen: weite Streuung der Bevölkerung, die zu einer
»wandernden« Kultur auffordert, weniger reiche Landstriche, die unter den Bedingungen der Zeit keine intensive Bewirtschaftung mit dem Pflug zulassen,
seltener Austausch mit anderen Völkern und selbst mit Gleichgestellten des Niltals, Vermischung mit weniger entwickelten Völkern, die die Spannung und ursprüngliche Energie noch weiter sinken ließen, leichte Fruchternte für diejenigen,
die die Waldzone erreichen, Härten des Klimas und die tropischen Endemien . . .
Alles das genügt reichlich, um den relativen technischen Rückstand zu erklären,
der immer weiter in den Süden der Sahara übergreift.
Nichtsdestoweniger bestanden zwischen den beiden Streuungszonen der Völker
von der Sahara an starke kulturelle Verwandtschaften, und das nicht, wie man
sagte, weil die gegenwärtigen Schwarzen der inneren Sahara von Ägypten gekommen sind (eine allzu einfache Hypothese), sondern weil ihre entfernten
Vorfahren, nachdem sie die gleiche historische Erfahrung wie die Ägypter in
den grünen Prärien der neolithischen Sahara gemacht haben, damals vor der
Diaspora des 4. und 3. Jahrtausends zum gleichen kulturellen Areal gehörten.
Außerdem erreichte sie noch ein gedämpftes Echo der Zivilisation vom Nil durch
die Auswandererwogen aus Nubien, vor allem nach dem Verfall dieses Königreichs unter den Schlägen der Assyrer, der saïtischen Dynastien und zuletzt der
Araber. Wie dem auch sei, die Verwandtschaft ist bemerkenswert, ebensogut in
den Sachkulturen wie in der Gesellschaft und in der Gesamtauffassung der Welt.
So waren die Heerzeichen der ägyptischen Armee und derjenigen von Mani-
Kongo auf Lanzen aufgerichtete Idole. Die Grabgewölbe der Agni erinnern sehr
an die des Niltals. Die Nackenstützen des ägyptischen Grabmobiliars sind die
gleichen wie die, die von den Dogon unter den Kopf ihrer Toten gelegt wurden.
Die goldene Umhängemaske der Baule trägt einen geflochtenen Bart wie die
Goldmaske des Tutanchamun[18]. Der Aufgang des Sirius wurde im ägyptischen
Kalender wie in dem der Dogon verwendet. Der Ausdruck »die Menschen sind
die Herde Gottes« und die sinnbildliche Darstellung des Lebens durch die Nase
(Deine Nase möge leben. Daß deine Nase lang sei.) sind auf beiden Seiten vor-
handen. Das ägyptische Zeichen kâ (Stilisierung eines Mannes mit erhobenen
Händen) ist ganz genau das gleiche wie das der Menschen-Vorfahren der Dogon.
Hat man von kâ, diesem Teilchen der kosmischen Energie, die jedem menschlichen Wesen innewohnt, nicht gesagt, daß es »in seiner Natur der Lebenskraft
vergleichbar ist, die eine so große Rolle in den vielfältigen Zivilisationen
Schwarzafrikas spielt, im *muntu* der Bantu und im *menehe* der Oule«[19]? Ich
möchte auch an die Sitte der Aussteuer an die Schwiegereltern des Verlobten,
an den Glauben an die Schöpferkraft des Wortes und des Namens, die Existenz
von Totems wie Delphin oder weibliche Seekuh erinnern, die noch heute von
den Mende von Sierra Leone und von den Bozo von Mali verehrt werden. Ich
erwähne auch die Rolle der Schlange in der ägyptischen Kosmologie wie in der
des gegenwärtigen Schwarzafrika (Dogon, Benin usw.), auf den Gebrauch von
Totenschiffen wie im Niltal, die Beschneidung, den königlichen Inzest vor allem

18 Der Name *Amon* existiert übrigens an der Elfenbeinküste.
19 S. Sauneron, *Diction de la Civilisation Egyptienne*, 1959.

Bibliographie 81

zu Beginn gewisser Dynastien von Schwarzafrika (Königreich Luba, Simbabwe), die in Zöpfe geflochtenen Haare, den Gebrauch von Zeptern usw[20]. Man könnte unaufhörlich weitere Übereinstimmungen aufzählen.

Aber, wird man sagen, manche dieser kulturellen Züge finden sich auch anderswo in der Welt. Hier jedoch sind es die Mannigfaltigkeit und die Menge der Übereinstimmungen, die den Gedanken aufzwingen, daß es zwischen Schwarzafrika und Ägypten mehr als nur verschwommenen Austausch gegeben habe: das Substratum einer angeborenen Verwandtschaft. Ich will ein genaues Beispiel aufzeigen: Der Mogho-Naba, König der Mossi, macht nach seiner Wahl bei Sonnenaufgang die Runde durchs Dorf, wo er gewählt wurde, genau wie der gewählte Pharao die Runde der »weißen Mauer« seines Palastes machte, um auf diese Weise die Besitzergreifung des Königreiches zu symbolisieren. Der Mogho, wie der Pharao, wird der Sonne gleichgestellt. Sein Tod bedeutet auch den Umsturz der kosmischen Ordnung, und seine Untertanen werfen sich vor ihm nieder wie in Ägypten, indem sie »die Erde riechen«. Endlich, ebenso wie der Pharao nach dreißigjähriger Regierungszeit ein Jubiläumsfest feierte, *heb sed*, so vollzog der Mogho-Naba die neu belebenden Riten von *bik togho*, wobei nach der Tradition ein Stellvertreter des Herrschers geweiht wurde. Sind das alles einfache Zufälle? Ich glaube kaum, da es sich um ein allgemeines Phänomen handelt, überall da, wo die afrikanische Gesellschaft das Stadium der Häuptlingsschaft und des Königtums erreicht hat. Das soll nicht heißen, daß alle kulturellen Züge von Ägypten entlehnt worden sind, sondern daß es einen gemeinsamen paleo-afrikanischen Grundstoff gibt, der in der Sahara konzentriert war, und außerdem, daß der wechselseitige Austausch zwischen Schwarzafrika und Ägypten über Jahrtausende hinweg durchgeführt worden ist. Kurz, aus der Sicht Schwarzafrikas scheint die Zivilisation des antiken Ägypten, so befremdlich das für das moderne und westliche Denken klingen mag, fast familiär. Es trägt den verwischten, aber auffallenden Stempel einer entfernten Brüderlichkeit bei Tagesanbruch der menschlichen Zeiten.

Bibliographie

BUDGE, A. WALLIS, *Egypt*. Williams, 1925.

COTTRELL, L., *Life under the pharaos*. London, Pan-Book Ltd.

D'ANVILLE, J. B. B., Mémoires sur l'Egypte ancienne et moderne. Paris. Imp. Roy., 1766.

DELAFOSSE, M., »Traces probables de civilisation égyptienne et d'hommes de race blanche à la Côte d'Ivoire«. Paris, *L'Anthrop.* 1900.

DESANGES, J., *Catalogue des tribus africaines de l'Antiquité à l'Ouest du Nil*. Dakar, Fav.Lettres, 1962.

DESIRE-VUILLEMIN, G., *Le monde libyco-berbère dans l'Antiquité*. S.E.V.P.E.N., 1964.

DIOP CHEIK, A., *Nations nègres et culture*. Paris, Prés.Afric., 1954 et 1968.

– *Antériorité des civilisations nègres: mythe ou vérité historique*. Paris, Prés.Afric., 1967.

20 Récade, eine Art Zepter.

EMERY, B. W., *Egypt in Nubia*. London, 1965.
– *Archaic Egypt*. Penguin Books, 1965.
HERODOT, *Geschichten*.
LAW, R. C. C., »The Garamantes and transsaharian enterprise in classical times«. *J.Afr.Hist*. VIII, 2, 1967.
MASPERO, G., *Egypte*. Paris, Geuthner, 1934.
MEYEROWITZ, L. R. EVA, *The divine Kingship in Ghana and Ancient Egypt*. Faber and Faber, 1960.
PAGEARD, R., »La civilisation Mossi et l'Egypte ancienne«. *Genève-Afrique*. II, 183–206.
PARRINDER, G., *The possibility of Egyptian influence on West African Religion*.
– »Divine Kingship in West Africa«. *Numen*. II 2. 1956.
POSENER, G., *Dictionnaire de la civilisation égyptienne*. Paris, Hazan, 1959.
RIFFAUD, J. J., Tableau de l'Egypte et de la Nubie.
SELIGMAN, C. G., *Egypt and Negro Africa. A study in divine kingship*. London.
VERCOUTTER, J., *L'Egypte ancienne*. Paris, P.U.F., 1963.
WAINWRIGHT, G. A., »Egyptian origin of a ram-headed breast plate from Lagos«. *Man*. (231), 1951.
YOYOTTE, J., *L'Egypte*. Hist. Univ., 1956.

3. Dunkle Jahrhunderte

Die Jahrhunderte, die der Geburt Christi vorangehen oder ihr unmittelbar folgen, können für Schwarzafrika die dunklen Jahrhunderte genannt werden. Ägypten und Nubien sind damals in einen Zerfallsprozeß verwickelt, der, wenn er auch dazu beitrug, Wanderer ins innere Afrika zu entsenden, keinen regelmäßigen und wirklich zivilisierenden Austausch mehr gestattet.

Die Schrift der frühen meroitischen Epoche ist noch nicht entziffert worden. Phönizien, Griechenland, Rom und die vorislamischen Araber, die der Reihe nach das Mittelmeer oder das Rote Meer kontrollierten, betrachten Ägypten als Kornkammer und die afrikanische Küste als ein Ausbeutungsgebiet. Sie führen kaum Unternehmungen in das Innere des Kontinents aus.

Aber das Dunkel dieser Jahrhunderte darf uns nicht dazu bringen, ihre wesentliche Bedeutung für den Aufschwung Schwarzafrikas, so wie wir es heute kennen, herabzumindern. In der Tat finden während dieser Periode Wanderungen und entscheidende Rassenvermischungen im Süden der Sahara statt. Nicht unbestritten[1] ordnet J. Greenberg beinahe alle Sprachen des westlichen, mittleren, östlichen und südlichen Afrika in die gleiche große Niger-Kongo-Familie ein. Er bringt andererseits das Songhai mit dem Kanuri (Nordosten von Nigeria), mit dem Teda (Tschad) und mit dem Massai (Kenia) in Zusammenhang, während das Haussa sich der afro-asiatischen Gruppe angliedert, wo man auch das Somali und das alte Ägyptisch findet. Diese verwirrende geographische Einordnung bezeugt die Umwälzungen und Wanderungen, die in einem großen Maßstab von Zeit und Raum quer durch Afrika stattgefunden haben und von denen manche aus diesen dunklen Jahrhunderten stammen müssen. Während dieser Zeit tauschen sich gewisse Techniken und Kulturen gegenseitig aus und verbreiten sich. Sie helfen, mächtigere, besser organisierte, gebildetere Gesellschaften aufzubauen, kurz, »von Stämmen zu Reichen überzugehen«.

I. Im afrikanischen Westen

Die Zeugnisse, die dieses Gebiet peripherisch beleuchten, sind unbedeutend und nicht immer die gediegensten. Versuche, das westliche Afrika auf dem Seeweg zu erreichen, sind von Karthago ausgegangen. Mehr als ein Jahrhundert nach der Reise der Männer des Pharao Necho II. war der Perser Sataspes (ca. 470 v. Chr.) von seinem Onkel Xerxes gezwungen worden, eine Reise nach Libyen (Afrika) zu machen. Nachdem er die Säulen des Herkules (Meerenge von Gibraltar) überschritten hatte, war er gen Süden die Küste entlanggesegelt bis zu dem Land, in dem kleine Menschen lebten, die mit Palmblättern bekleidet waren und Dörfer bewohnten, vielleicht Pygmäen. Aber ist Sataspes ihnen wirklich begegnet? Oder

---

1 Manche sehr gewissenhafte Autoren billigen das nicht in dieser Weise.

84   *Dunkle Jahrhunderte*

hat er einen Roman erschwindelt über einen Gegenstand, der zu dieser Zeit kaum
bekannt war? Wie dem auch sei, er hat nicht viel Konkretes mitbringen können,
denn Xerxes ließ ihn aufspießen.
Während der gleichen Zeit (5. Jahrhundert v. Chr.) fand eine bedeutendere Umsegelung statt. Es ist die Umsegelung des Hanno. Nach diesem Bericht, einem in
einem Tempel von Karthago aus dem Punischen übertragenen Text in griechischer Sprache, ging Hanno mit sechzig Schiffen zu fünfzig Ruderern und 30 000
Kolonisten auf die Reise. Er wollte jenseits der Säulen des Herkules Städte an
der Küste des heutigen Marokko gründen. Er ließ eine Kolonie auf der Insel
Cerné (frz.) zurück, überschritt den Fluß mit Krokodilen und Flußpferden, um-
schiffte Berge und erreichte den »Golf des Horns des Westens«. Dann war er an
einem glühenden Gebirge, Wagen der Götter genannt, vorbeigesegelt und gelangte endlich an einen Ort, wo er behaarten Menschen begegnete, die seine Dolmetscher »Gorillas« nannten. Die Frauen waren sehr viel zahlreicher als die
Männchen, welche überdies sehr gewandt waren. Es gelang ihnen deshalb nur,
drei Weibchen zu fangen. Diese waren so wild, daß man sie töten mußte. Sie zer-
legten sie, und bei der Rückkehr nach Karthago hängten sie die abgezogenen
Felle als Weihgabe in den Tempel. Es muß sich um Pygmäen, eher noch um
Schimpansen gehandelt haben[2]. Manche, die diesen in leuchtenden Farben ge-
schriebenen Bericht wörtlich nehmen, haben eine eingehende Auslegung davon
gemacht und erkannten zum Beispiel den heutigen Senegal in dem Fluß Bambotum wieder. Und den Kakoulima von Guinea oder den Vulkan von Kamerun in
den Bergen, auf die im Text hingewiesen wird. Wenn die Karthager etwaigen
Konkurrenten die Quelle der exotischen Waren und des Goldes, die sie von Afrika mitbrachten, verheimlichen wollten, so ist ihnen das vollkommen gelungen.
Der Bericht von der Umsegelung des Hanno läßt uns nun viel Genaues über
Schwarzafrika erfahren. Es scheint einfach, daß die Karthager Handelskolonien
längs der Atlantikküste Afrikas hatten. Herodot erzählt, wie sie dort den stummen Handel mit den Eingeborenen praktizierten. In Lixus, in Chella, auf der
Insel von Mogador, die vielleicht das Cerné (frz.) der antiken Schriftsteller war[3],
entdeckte man punisches Geld und punische Töpferwaren, die einen bemerkenswerten Handel mit den Berbern oder mit den rückständigen Negern der Küste
beweisen. Das Fehlen eines Achterstevensteuers, das durch ein großes Ruder am
Heck ersetzt wurde, und die viereckige Besegelung der Schiffe bringen viele
Autoren zu der Annahme, daß diese ersten Seefahrer die ziemlich heftigen See-
strömungen nicht bezwingen konnten – ebenso wie die Winde, die vom Kap
Blanco zum Kap Verde das ganze Jahr über von Nordost nach Südwest blasen –,
und daß sie folglich das Kap Juby nicht überwinden konnten. Mauny meint, daß
die Expedition des Hanno, selbst wenn sie den Golf von Guinea erreicht hätte,
nicht mehr ins Mittelmeer zurückgekommen wäre. Der Teil des Berichtes über die
Kolonisierung der marokkanischen Küste wäre deshalb also eine kühne Tar-
tarinade? Geheimnis[4].
Mit der Forschungsreise des Historikers Polybios, von der Plinius der Ältere berichtet, sind wir auf einem ernster zu nehmenden Gebiet. Beauftragt von den
Römern, nach dem Fall Karthagos (146 v. Chr.) die punischen Kolonien der At-

2 Den Gorilla gibt es in Westafrika nicht.
3 Siehe Polybius.
4 Kapitän H. Tauxier sammelte in einem unveröffentlichten Text Argumente, die beweisen
   sollen, daß der Bericht von der Umsegelung nur eine Fälschung ist.

Im afrikanischen Westen 85

lantikküste Afrikas zu erkunden, segelte Polybios entlang dieser Küste, deren Flüsse einer nach dem anderen mit einer Genauigkeit aufgeführt werden, die ausreicht, um sie mit den modernen Benennungen zu identifizieren. Er überschritt so unter anderen den Subur (Sebu), den Darat (Wadi Draa) und den Fluß Bambotum (Wadi Nun?) ebenso wie den »Wagen der Götter«, der zweifellos der Antiatlas ist. Seine Umsegelung endet am Kap Juby. In diesen Küstenstrich enden auch die transsaharischen Straßen. Der Archipel der Kanarischen Inseln wurde von den Seefahrern von Gades (Cadiz) um 80 v. Chr. entdeckt. Um 25 v. Chr. besuchte ihn auch der König Juba II. von Mauretanien.

Im 2. Jahrhundert n. Chr., zum Zeitpunkt der römischen Besetzung von Marokko, entwarf der Alexandriner Ptolemäus, Gelehrter und bedeutender Geograph, eine Karte, die während des restlichen Altertums und eines guten Teils des Mittelalters für das Abendland als Nachschlagedokument diente. Er beeinflußte die Kartographie Afrikas sogar bis zum 18. Jahrhundert: so übernahm der Herr von Anville von ihm den Niger, die Mondberge und den nigritischen Sumpf. Ptolemäus vergrößert die östliche Küste von Afrika nach Osten hin maßlos und macht aus dem Indischen Ozean ein geschlossenes Meer. Im Westen verteilt er da und dort über ein sehr großes Gebiet die damals bekannten geographischen Tatsachen und wiederholt manchmal zwei- oder dreimal denselben Namen auf unterschiedlichen Breitengraden.

Die Landwege, deren Benutzung sich in der Nacht der Zeiten verliert und die durch Felsbilder von Wagen gekennzeichnet sind, haben eine südliche Richtung. Lhote hebt drei wesentliche davon hervor: Die Straße des Nils zum Tschad und den Großen Seen, die Straße vom Fezzan zum Tschad, zum mittleren Niger (Gao) und zum Bruch des Benue und die Straße von Süd-Marokko (Sidjilmasa) in Richtung Ober-Senegal und zum Niger durch den mauretanischen Adrar. Die libyschen Berber, die diese Pisten zu den kostbaren Waren des Landes der Schwarzen (Rio de Oro oder Ober-Senegal) benutzten, haben das Geheimnis streng bewahrt. Trotzdem erzählt uns Herodot von einer Reise, die einer dieser Pisten gefolgt sein muß. In der ersten Hälfte des fünften Jahrhunderts v. Chr. sagt er, stürmten fünf junge Nasamonen von der Großen Syrte (Libyen) aus gen Süden mit der Idee, soweit wie möglich zu kommen. Nachdem sie gen Westen abgebogen waren und zahlreiche Tage im Sand gereist waren, erreichten sie ein sumpfiges Gebiet, welches von kleinen schwarzen Menschen, alles Zauberer, bewohnt wurde. Diese nahmen sie gefangen und führten sie in ihre Stadt, die von West nach Ost von einem großen Fluß durchflossen wurde, in dem Krokodile lebten. Handelt es sich um den Niger? Nichts beweist dies, aber der Bericht verursacht einen der dauerhaftesten Irrtümer der afrikanischen Kartographie. Von jetzt ab stellt man sich vor, daß ein Arm des Nils seine Quelle sehr entfernt im Westen habe und den ganzen Kontinent überquere, um sich dann wieder mit dem Hauptarm zu vereinigen, der sich ins Mittelmeer ergießt. Diese Ansicht überlebte bis ins 19. Jahrhundert.

Die Römer, die schließlich ganz Nordafrika besetzten (das tunesische Gebiet nannten sie die *»provincia africa«*), streiften die größte der Wüsten nur leicht. Gewisse Texte messen ihren Streitigkeiten mit den Garamanten Bedeutung zu. Jenseits ihrer Grenzen *(limes)* wimmelten Nomadenstämme, die, obgleich sie noch nicht über das Kamel verfügten, während des Sommers auf die Weidegebiete der hohen Plateaus und des Tells drängten. Diese Nomaden boten übrigens den Rebellen gegen die Römer zuverlässige Zuflucht. Solche Rebellen waren der Numide Jugurtha und mehr im Süden im Fezzan die Garamanten[5]. Letztere werden von gewissen Autoren (Duveyrier, Bovill, Trimingham) als Negroide angesehen[6]. Sie nahmen eine interessante kaufmännische Stellung zwischen Karthago und dem weiten afrikanischen Hinterland ein. Plinius berichtet, daß sie im allgemeinen Konkubinat mit ihren Frauen lebten, und Herodot zeigt sie uns in ihren vierspännigen Wagen, unerbittlich die »höhlenbewohnenden Äthiopier« verfolgend, welche im Laufschritt entflohen. Das sind zweifellos die Vorfahren der Tubu des Tibesti. Sie überrennen den Tibesti in Richtung Libyen bis nach Murzuk und Kufra gen Osten bis nach Ennedi und gen Süden bis zum Tschad. Es sind »Restschwarze« der Vorgeschichte, mehr oder weniger abgesondert und durch Rassenvermischung beim Vorstoß der Berber und Araber entstanden[7]. Der Sattel der Tubu unterscheidet sich von dem der Mauren und der Tuareg. Er ähnelt einem Packsattel und erinnert an den ägyptischen Sattel. Die Tubu haben übrigens viele vorislamische Praktiken bewahrt, in denen sich unverhüllt Magie ausdrückt. Sie graben geglättete Steine am Fuß eines Dattelbaumes ein, damit er mehr Frucht trägt, oder binden Totengebeine am Stamm fest, um Diebe abzuhalten. Die Frau spielt hier eine bedeutende Rolle. Sie trägt keinen Schleier, verabscheut die Polygamie und familiären Autoritätsanspruch. Aber sie zögert nicht, ihr großes Messer oder ein langes Horn aus Onyx zu gebrauchen, um die Ehre ihrer Familie zu verteidigen. Die Tubu sind im übrigen von unerschütterlichem Stoizismus. Unverzagt fürchten sie weder die Unbilden des Wetters noch die Erschöpfung, noch den Schmerz und bieten dem Tod die Stirn, ohne mit der Wimper zu zucken[8].

Um 19 v. Chr. schlug der römische General Cornelius Balbus die Garamanten und erhielt bei seiner Rückkehr einen Triumphzug zugesprochen. Aber zur Zeit des Rebellen Tacfarinas erholten sich die Garamanten wieder und gewährten ihm Unterstützung gegen Rom. Sie erhielten dann noch einen Schlag vom Legat von Numidien, Valerius Festus. In der Folge wurde aber eine Annäherung zwischen Garamanten und Römern in die Wege geleitet. Im Jahre 70 oder 85 n. Chr. wanderte der General Septimus Flaccus vom Fezzan aus drei Monate in die Wüste. Später (um 86) nahm Julius Maternus an einer Expedition der Garamanten gegen die Äthiopier teil, und nach vier Monaten in Richtung Süden erreichte er das »Land von Agisymba«, welches den Äthiopiern gehörte und wo man »Rhinozerosse« antraf. So berichtet Ptolemäus, Marin de Tyr zitierend. Kann man sagen, daß die Römer den Niger erreichten? Nichts beweist es. Sie patrouillierten drei oder vier Monate in der Wüste. Aber sie erreichten nur Tibesti und konnten ihr Lager von Garama zurückgewinnen, wo man ein römisches Mausoleum mit spärlichen Beigaben an Keramik, Lampen und Stoffstücken aus Wolle sowie Purpur entdeckt hat. Aber die vorhergehende Episode gibt zu bedenken, daß vielleicht schon zu diesem Zeitpunkt ein neues Fortbewegungsmittel

---

5 Sie hinterließen im Süden Libyens und im Norden des Tschad riesige Nekropolen.

6 E. F. Gauthier: »Das Vorherrschen der schwarzen Haut hatte Duveyrier verblüfft. Er hatte eine Theorie über die Garamanten ausgearbeitet, die seiner Meinung nach einwandfrei reine Schwarze waren, die in der Sahara eine reine Neger-Kultur verbreiteten. Diese Theorie ist nicht absurd, wenn man die Konsequenzen nicht allzusehr ins Detail ausdehnt. Nachtigal scheint sich diesem jedoch mit Vorsicht anzuschließen« (Le Sahara, Paris 1928, S. 185).

7 Siehe Gauthier: »In jedem Fall scheinen die Tubu den letzten Rest dieser äthiopischen Sahara zu repräsentieren, die die alten Autoren bis zum Fuß des Atlasgebirges ausdehnten« (op. cit., S. 172).

8 Le Rumeur, Le Sahara avant le pétrole.

Im afrikanischen Westen 87

in Erscheinung getreten war, welches transsaharische Fahrten ermöglichte: das Kamel. Es wird seit dem 6. Jahrhundert v. Chr. von den Persern nach Ägypten eingeführt, ohne daß es zur Zeit der Pharaonen bekannt gewesen ist. Das Kamel wird nur sehr langsam angenommen. Es erreicht den Sudan kurz vor Beginn der christlichen Ära. Zu Beginn der christlichen Zeit machte sich die Legion Augusta zweifellos den Transport auf Kamelsrücken zu eigen. Zwei oder drei Jahrhunderte später wurde es allgemein gebraucht und verwandelte das bis dahin herrschende Gleichgewicht in der Wüste vollkommen. Die Nomadenstämme, deren Angriffskraft beträchtlich anwächst, nehmen von neuem ihre Vorstöße gegen den Süden auf, um so mehr, als im 6. Jahrhundert die Trockenheit schlimmer geworden zu sein scheint.

Unter diesen Völkern sind die Tuareg und die Berber die bemerkenswertesten. Die ersteren, die jetzt Mohammedaner sind, scheinen die Spuren einer früheren jüdischen oder christlichen Religion bewahrt zu haben. Sind sie von den Missionaren erreicht worden, die, in Axum wirkend, auch zu den animistischen Volksstämmen jenseits der Grenzländer des Reiches kamen? Auf jeden Fall wurden Ruinen im Westen des Hoggar, nahe der Oase von Abalessa gefunden. Sie stammen aus der Zeit der Römer, wurden aber nach dem Stil der negroiden Tubu des Tibesti gebaut. Die Tuaregtradition überliefert sie als Wohnsitz ihres geheimnisvollen Vorfahren Tin Hinan, der von Tafilalet (Marokko) stammte. Die Ausgrabungen dort haben neben Objekten und Schmuck aus Eisen ein Frauenskelett aufgedeckt, das nicht vom marokkanischen Typus, sondern vom ägyptischen ist[9]. Die Sprache der Tuareg, das Tamschek, wird mit einem besonderen Alphabet geschrieben, dem *Tafinagh*. Während die Römer sich also damit zufriedengaben, das westliche Ufer des Mittelmeeres zu kontrollieren, sind die Berber im Begriff, ausgerüstet mit dem Wüstenschiff, das ihnen eine unübertreffliche Beweglichkeit gibt, zwischen der römischen, später byzantinischen Welt und dem afrikanischen Westen zu vermitteln. Sie kontrollieren die Karawanenstraßen, erpressen bei Bedarf die festen Dörfer und machen sich so zu nützlichen, oft aber auch gefährlichen Vermittlern.

Einige Kolonien von Juden, die nach grausamer Verfolgung im Norden Afrikas Zuflucht suchten, drangen in die Sahara ein; zum Beispiel nach dem Aufstand der Cyrenaika gegen die Römer. Über Aïr oder den mauritanischen Adrar erreichten sie den Senegal und den Futa. Einige von ihnen ließen sich in den Oasen als Handwerker oder Kaufleute nieder, während diejenigen, die weiter vorstießen, sehr schnell von der negroiden Masse aufgesogen wurden. Was aber geschah im Süden dieses Spielraums saharischer Kontakte während der dunklen Jahrhunderte?

Die Archäologie liefert uns auch hier einige Lichtblicke. Quer durch den ganzen afrikanischen Westen haben sporadische Ausgrabungen Spuren alter Ansiedlungen aufgedeckt. Was bedeutet die im Westen von Timbuktu gelegene ausgedehnte Anlage phallischer Megalithen, die manchmal mit geheimnisvollen Figuren geschmückt sind[10]? Muß man sie mit den phallischen Steinen vergleichen, die in Südäthiopien aufgerichtet wurden? Und die Grabstätten vom Dogon-Plateau,

---

9 Man muß die Beziehungen zwischen Abalessa und Es Suk anmerken, wohin sich ein gewisser Jolouta zurückgezogen hatte, ehe er bei feindlichen Zusammenstößen im Hoggargebiet ums Leben kam und die Oase von Abalessa Tin Hinan (4. Jahrhundert n. Chr.) überließ.

10 Die 1903 entdeckte Anlage von Tondidaru wurde von Nicht-Spezialisten verwüstet, den Aufseher inbegriffen.

in denen man Pfeile aus Eisen gefunden hat und Schmuck aus Leder sowie kleine Tierfiguren aus Ton? Soll man sie mit den alten Stätten von Nok und Sao vergleichen? In der Tat kamen vom 7. Jahrhundert an schwarze Einwanderergruppen von den Oasen des Nordens unter dem Druck der Berber in ununterbrochenen Wellen, um sich am Unterlauf des Logone und im Delta des Schari niederzulassen: Lanzenjäger, Bauern, Fischer und Jäger mit Bogen. Sie waren, erzählt die Legende, außerordentliche Riesen. Mit einer Hand sperrten sie Wasserläufe ab. Sie forderten eine Stadt nach der anderen heraus, und selbst die Erde ertrug ihr Gewicht nur schwer. Sie fanden, sagt man, an Ort und Stelle kleine Menschen vor, von denen aber keine Spur entdeckt worden ist. Vielleicht muß man darin die »kleinen Menschen mit dickem Kopf« erkennen, von denen alle Legenden Schwarzafrikas sprechen und deren Beschwörung noch heute dazu dient, die Kinder am Abend zu erschrecken. Von Norden kommend, vom Kawar, vom Tibesti, vom Mandara, vom Fitrisee, schufen diese schwarzen Völker eine starke und beachtliche Zivilisation für diese Zeit: eine große Zahl von Statuetten und von Masken aus Terrakotta[11] sowie nach der Technik der verlorenen Form gegossener Bronzeschmuck sind unter der Leitung von J. P. und A. Lebeuf wieder ans Licht gebracht worden. Diese Stücke lassen auf eine Meisterschaft der Verhüttungstechnik schließen, die von einer langen Tradition zeugt. Sie zeigen auch in der Modellierung des Tons eine plastische Kunstfertigkeit und einen Erfindungsreichtum, die außergewöhnliche Köpfe hervorgebracht haben. Sie sehen so lebendig aus, daß man sich oft fragt, ob Humor oder Geheimnis aus ihnen lächle. Ihre klar erwiesene Morphologie läßt keinen Zweifel zu: Diese Künstler waren Schwarze, sie bewegten sich in einer schwarzen Welt. Ihre Genossen hinterließen auch eine Reihe von hochgelegenen, befestigten Orten[12], die beredt von den Völkerkämpfen zeugen, in denen man sich das feuchte und günstige Land in der Umgebung des großen Sees streitig machte. Sie lassen bei diesen Völkern auch auf eine fortgeschrittene soziale Organisation schließen, in der der Patriarch dem politischen Führer schon Platz gemacht hat. Vielleicht haben Krieger auf Wache im Schatten der Mauern dieser Festungen des negro-afrikanischen »hohen Mittelalters« sich die Wartezeit mit einem gemütlichen Pfeifchen vertrieben. Man entdeckte nämlich auf den Erdhügeln von Sao Pfeifen, die mit Blättern von *datura metel* oder indischem Hanf *(cannabis indica)* gestopft waren. Ihre heutigen Nachfahren, die manchmal noch auf den Plätzen der alten befestigten Städte leben, sind die Kotoko des Tschad und der Republik Kamerun.

In der Umgebung von Nok nahe bei Jos in der Provinz Zaria (Nigeria), nördlich von der Gabelung des Niger und des Benue, sind von B. Fagg auf einer Strecke von mehr als 500 km Tausende von Tonscherben gefunden worden sowie Köpfe von einem Naturalismus, der schon die Wunder von Ife ahnen läßt. In Nok deuten aufeinanderfolgende Schichten von Überresten eine lange Besetzung der Orte an und eine alte Meisterschaft in der Behandlung des Eisens (300 bis 100 v. Chr. in Taruga). Die Entdeckung von Hacken bezeugt die bedeutende ackerbautreibende Tätigkeit. Andere Überreste weisen hin auf Tierzucht, wieder andere beweisen einen ausgesprochenen Geschmack für Geschmeide, der übrigens der Mode der Volksgruppen, die heute das Gebiet bewohnen (Numana), ähnelt.

---

11 Sie entsprechen wahrscheinlich dem archäologischen Niveau Sao 1.
12 Archäologisches Niveau Sao 2.

II. Im Nordosten

A. Meroe

Im Königreich Meroe haben wir die Kandaken im Kampf mit den Römern verlassen, die unter dem General Petronius kamen, um die Stadt Napata zu plündern. Aber unter Diokletian ließ der Einfluß Roms immer mehr nach. Die politisch-religiösen Kämpfe, die jetzt herrschen, nehmen ihm jede Initiative am oberen Nil. Das Christentum begann sich dort in seiner monophysitischen Form um 250 n. Chr. auszubreiten. Es wurde vielleicht durch Saint Pacôme nachahmende Einsiedler verbreitet, die in die Wüste vordrangen. Dennoch wurden sie von den schrecklichen Blemmyern (heute Bedscha-Nomaden) heimgesucht. Als Schutz gegen diese bat Diokletian die Nobater (Napata?), nach Niedernubien vorzurücken. So kam Rom unversehens dazu, den Frieden eines gründlich ausgebeuteten Ägypten durch Unterstützung der Nubier und sogar der Nomaden zu zahlen.

Meroe war zu dieser Zeit der Schauplatz einer fieberhaften technologischen Aktivität. Man hat wirklich zwischen Khartum und Wadi-Halfa Berge von Eisenschlacke gefunden, die offensichtlich im Verlauf einer Jahrhunderte dauernden Verhüttungsaktivität angehäuft wurde. Es war nach B. Davidson »das Birmingham des Altertums«[13]. Dies geschah nach Herodot zu einer Zeit 7.–6. Jahrhundert v. Chr.), als die Bronze so selten war, daß die Gefangenen von Äthiopien mit Ketten aus Gold gefesselt wurden. Meroe war bei einer beinahe industriellen Produktionsphase angelangt[14]. Sitze aus Eisen sind am ganzen mittleren

---

13 Der Löwentempel in Naga erhebt sich auf einem Schlackenhügel.

14 Merken wir an dieser Stelle an, daß die Frage der Ausbreitung des Eisens über den afrikanischen Kontinent immer noch nicht gelöst ist. Die Entdeckungen von Clark in Kalambo (südlich des Tanganjikasees), von Prof. Hiernaux im Gebiet der großen Seen und die Entdeckung der Anlage von Nachifuku in Obersambia enthüllen ein sehr frühes Eisenzeitalter, wenn es auch schwierig präzise zu bestimmen ist. Das Wort für Eisen in Suaheli ist ursprünglich ein Wort aus der Bantusprache, während die Wörter für die anderen Metalle aus dem Arabischen stammen. Das wirft ein wenig Licht auf die Verbreitung des Königs der Metalle in Zentral- und Ostafrika. In Taruga (Nigeria) stammen die in die Jahre 300 bis 100 v. Chr. datierten Schlacken dennoch nicht aus der ältesten Schicht der Nok-Kultur-Stufe. In Daïma (im Nordosten Nigerias) werden andere Überreste der Eisenbearbeitung auf 450 bis 95 v. Chr. geschätzt. Tatsächlich vermischen sich die Überreste mit Überbleibseln der Steinindustrie.

Doch erlauben weder die Sprachwissenschaft noch die Vergleiche von Schmiedebälgen, von denen ein bestimmter Typ ausschließlich afrikanisch ist, auf eine Anleihe Afrikas im Ausland zu schließen. Mauny legte dar, daß die Eisenbearbeitung in Schwarzafrika von den Berbern herrührt. H. Lhote widerlegte das.

Die Ägypter kannten das Eisen schon sehr lange, da in dem Sarkophag Tutanchamun – 1339 v. Chr. gestorben – eine Zierwaffe mit eiserner Klinge gefunden wurde. Ein Eisenfragment fand man auch zwischen zwei Steinen der Cheopspyramide (1200 v. Chr.).

Doch diente dieses Metall, das gleichzeitig als seltenes, seltsames und kostbares Objekt angesehen wurde, weder der gewöhnlichen Nutzung noch für die militärische Ausrüstung. Fraglich ist, ob Ägypten hier nicht diese Techniken zuerst von Nubien (Meroe) entlehnt hat. Mit Beginn des 7. Jahrhunderts v. Chr., d. h. mit den Kämpfen um Nieder-Ägypten, in denen die Assyrer mit Waffen aus Eisen kämpften, verbreitete sich die Anwendung dieses Metalls schnell im Niltal und darüber hinaus.

Der Handel mit dem Edelmetall entlang des südlichen Wüstenrandes würde auch das Vorhandensein von Relaisstationen in der gesamten Zone erklären: in Darfur, den Sao-Zentren, im Timbesti und in Borku.

Doch zeigt das Plateau von Bautschi, wo Überresten von Eisen noch ältere Datierungen zugeschrieben werden können – man fand sie bei kleinen Terrakotta-Statuen (Nok-Kultur) –, sehr

Lauf des Nils gefunden worden. Unglücklicherweise blieb uns kein entzifferbares Zeugnis dieser Jahrhunderte der Größe. Wir können vermuten, daß die große Produktion handwerklich angefertigter Waren von Meroe einerseits gen Südwesten, in Richtung der alten Häuptlingsschaften des Darfur und des Tschad, aber auch gen Osten durch das Tal des Atbara bis zum Roten Meer, quer durch das Königreich Axum Absatz fand.

B. Axum

Axum, das später das Kaiserreich von Äthiopien werden wird, begann im Schatten zu wachsen. Seine Ursprünge verlieren sich im Altertum. Manche haben das Land Punt, von dem die ägyptischen Texte sprechen, mit der Küste von Somali identifiziert. Die Ägypter konnten dorthin dem Tal des Atbara folgend auf dem Landweg gelangen, aber eher durch Küstenschiffahrt längs den Küsten des Roten Meeres. Das war das »Land der Götter« und der duftenden Bäume wie Weihrauch und Myrrhe, deren Harz sich in den Laderäumen der Schiffe mit Ebenholz, Elfenbein und Sklaven häufte.

Im Tempel von Deir el Bahari wird eine dieser Expeditionen zur Zeit der Königin Hatschepsut auf Wandbildern erzählt. Man sieht dort einen Häuptling von Punt die Expedition ägyptischer Seemänner empfangen. Seine Frau, die eine vollbusige und stattliche Negerin zu sein scheint, macht es sich auf einem Esel bequem.

Seit den ersten Jahrtausenden v. Chr. überquerten Volksstämme des Jemen das Rote Meer durch die Meerenge von Bab el Mandeb und siedelten sich auf den Abhängen des Tigre-Gebirges an. Einer ihrer Stämme, die Habashat, gab mit einer leichten Änderung dem Land seinen Namen, das lange Zeit Abessinien genannt wurde. Ein anderer, die Ag'az, überließ den seinen der klassischen und liturgischen Schriftsprache des Landes: das Ge'ez[15]. Diese vormohammedanischen Araber fanden in Äthiopien ebenso wie an der Küste des Horns von Afrika Negroide mit hamitischer Sprache, mit denen sie sich innig vermischten. So brachten sie ursprünglich negro-semitische Gruppen hervor, als da sind: die Äthiopier, die Galla und die modernen Somali. Im Südwesten des Landes hingegen zeigen Völker, die im Schutz dieser alten Vermischungen gelebt haben, einen typischen Negercharakter. Allerdings fordert ein Dokument des 14. Jahrhunderts, das Kebra Nagast (Ruhm der Könige), eine noch entferntere Herkunft. Es wurde,

wohl, daß es sich dabei fast sicher um ein autonomes Zentrum handelt. Um so mehr, da es mit der vermuteten Lage des Bantu-Zentrums zusammenfällt, das seinen Ursprung am Mittellauf des Benue hatte.

Wenig wahrscheinlich ist dagegen, daß das Eisen von den Berbern eingeführt wurde, die die Wüste in Wagen durchquerten und an Zwischenstationen haltmachten, wo man gemalte und gravierte Darstellungen ihrer Fahrzeuge findet. Der Verlauf und die Benutzungszeit dieser »Routen« sind sehr unsicher. Noch mehr das Vorhandensein metallischer Überreste. Indessen ist es möglich, daß die Länder am Südwestrand der Sahara die Eisentechniken zugleich von Meroe oder den Tschadzentren und auch von Marokko und von Spanien auf dem Weg durch die Wüste erhalten haben, die in dieser Gegend leichter von Kamel-Nomaden durchquert wurde (s. P. Huard, *Contribution à l'étude du fer au Sahara occidental*).

15 Das Sabäische, eine andere semitische Sprache, wurde in Konkurrenz mit dem Ge'ez und dem Griechischen bis ins 4. Jahrhundert unserer Zeitrechnung angewandt.

Im Nordosten 91

wie der Name aufzeigt, geschrieben, um eine Dynastie zu verherrlichen, die nach einer Periode von Unruhen die Macht beansprucht. Makeda war Königin von Äthiopien, sagt die Legende. Einer ihrer Händler, der eben rotes Gold, Ebenholz und Saphire an Salomon für den Tempel von Jerusalem verkauft hatte, beeindruckte sie sehr mit der Erzählung von seiner Reise. Sie beschloß deshalb, Salomon selbst zu besuchen, und reiste an der Spitze einer Karawane von 797 Kamelen, Mauleseln und Eseln, beladen mit Schätzen, ab. Salomon behandelte sie so gut, daß sie schließlich den Kult der Sterne zugunsten des Gottes von Israel aufgab. Aber Salomon, beeindruckt von der Schönheit der Fürstin, sagte zu sich selbst: »Könnte mir Gott durch sie doch Nachkommenschaft schenken.« So ließ er für das Abschiedsfestessen Gerichte sehr pikant mit Essig und Gewürzen zubereiten, »damit die Königin Durst hätte«. Dann lud er sie in seinen Palast ein. Nach einigem Zögern nahm die Königin an, unter der Bedingung, daß er ihr keine Gewalt antue. Der König verlangte dafür, daß sie ohne seine Erlaubnis nichts aus dem Palast mitnähme. Zwei Betten wurden in den gegenüberliegenden Ecken des königlichen Schlafgemachs aufgestellt, und die beiden Herrscher trennten sich. Aber Makeda erwachte bald von Durst gepeinigt. Die Gewürze des Festessens taten ihre Wirkung. Nun hatte aber Salomon in der Mitte des Schlafgemachs einen Wasserbehälter aufstellen lassen, der sehr schnell die Aufmerksamkeit der Fürstin auf sich zog. Sie glitt vorsichtig aus dem Bett. Aber in dem Augenblick, in dem sie den großen irdenen Krug nahm, ergriff eine starke Hand (die von Salomon, der nicht schlief) ihren Arm: »Sie haben ihr Versprechen nicht gehalten«, sprach Salomon zu der Königin. »Aber«, antwortete sie, »ich dachte nicht, daß das Versprechen, nichts zu nehmen, sich sogar auf das Wasser beziehen könnte.« »Auf dieser Erde«, erwiderte der König, »ist doch nichts kostbarer als das Wasser.« Überzeugt von der Weisheit Salomons, gab sich Makeda ganz seiner Liebe hin. Nach der Rückkehr in ihr Land gebar sie einen Sohn, den sie Menelik nannte. Er wird später von Salomon zum König gesalbt und kommt mit einer Gruppe junger Leute von Stand nach Äthiopien zurück, nicht ohne vorher die Bundeslade zu entwenden, um sie in Afrika zu verehren.

So erhielt die salomonische Dynastie von Axum durch die Königin von Saba ein kostbares Kunstwerk. Sie entzog sich so gleichzeitig dem Fluch, der in der Bibel gegen Cham und seine Nachkommenschaft, zu der auch Kusch (Ethiops der Griechen) gehörte, ausgesprochen wird. Schließlich versah diese Legende die salomonischen Könige mit einer göttlichen Rechtmäßigkeit, die jeden Verstoß gegen ihre Macht als Frevel ahndete. Nichtsdestoweniger muß man feststellen, daß eine bemerkenswerte jüdische Bevölkerung im Norden eingesickert ist. Diese Juden, die seltsamerweise schwarz sind, lassen sich im Norden des Tanasees nieder. Es sind die Falascha. Sie nennen sich Nachkommen der Kameraden des Menelik. Sind sie dorthin als Flüchtlinge aus Israel nach der Zerstörung Jerusalems durch Nebukadnezar gekommen? Es scheint vielmehr, daß sie eine Randgruppe der jüdischen Ausdehnung im Hedscha und im Jemen sind, die den Jahrhunderten vor dem Aufschwung des Islam vorausging. Wie dem auch sei, zahlreiche jüdische Vokabeln, vor allem religiösen Ursprungs, sind in die äthiopische Sprache eingegangen.

Die ersten Herrscher von Axum waren Heiden. Wir kennen sie nur wenig durch griechische Texte. Im dritten Jahrtausend v. Chr. entwickelten die Ptolemäer von Ägypten den Handel längs der afrikanischen Küste des Roten Meeres und des Indischen Ozeans. Sie errichteten Handelsplätze, von denen die meisten aber nur kurzlebig sind. Die »Beschreibung des Erythräischen Meeres«, geschrieben von einem Griechen aus Alexandria, ist eine Art Seehandbuch dieser Küste. Es datiert ungefähr von 110 n. Chr. Es erwähnt den Hafen Adulis und gibt genau an, daß sich die Hauptstadt Axum acht Tagereisen weit im Inneren des Landes befindet. Sie dient als Zwischenstation für die Ausfuhr von Elfenbein, das von jenseits des Nils herstammt und über Adulis in das Römische Reich befördert wird. Später, im 6. Jahrhundert, schrieb Kosmas Indicopleustes, ein griechischer Kaufmann, der viel in der Welt herumgekommen war, ein Buch mit dem Titel »Christliche Topographie gegen die frevelhaften und heidnischen Theorien über die Rundheit der Erde«. Beiläufig erzählt Kosmas, wie ihm bei einem seiner Aufenthalte in Adulis der König von Axum bat, zwei alte griechische Inschriften zu entziffern, von denen eine die Heldentaten eines axumitischen Königs erzählte. Dieser rühmte sich ungeheurer Eroberungen: gegen die Bedscha und, jenseits des Golfs von Aden, im Hedscha, deren Oberhäupter ihm Tribut zahlen mußten. Abgesehen von phantasievollen Prahlereien erkennen wir dort die Pranke des ersten »Löwen von Juda«. Er nannte sich Afilas und ist zweifellos derselbe, von dem der Koran hinsichtlich der axumitischen Expedition gegen die Kaaba spricht, dem sogenannten »Elefantenkrieg«[16]. Dieser Krieg fand übrigens erst viel später statt. Er war Heide, denn er spricht von Opfern für Jupiter und Neptun. Zu seiner Zeit (ungefähr 3. Jahrhundert n. Chr.) war das Königreich Axum demnach schon stark genug, um herrscherliche Ziele anzustreben.

Der nachfolgende, besser bekannte König Ezanas, der um die Mitte des 4. Jahrhunderts lebte, preist auch seine Eroberungszüge, insbesondere gegen die Nubier, die er bis ins Nildelta verfolgte wegen ihrer Anmaßung: »Und ich erreichte Kasu (Kusch?), und ich lieferte eine Schlacht. Ich tötete einige von ihnen und machte andere zu Gefangenen.« Nachdem Meroe von Axum besiegt war, entkam seine königliche Familie wahrscheinlich gen Westen, in Richtung Nord-Kordofan oder sogar zum Darfur[17]. Aber während Ezanas in seinen ersten Inschriften noch heidnischen Göttern Dank erweist, dankt er plötzlich »dem Herrn des Himmels, der der allumfassende Gebieter im Himmel und auf Erden ist«. Ist dieses Glaubensbekenntnis christlich oder einfach vom jüdischen Monotheismus bestimmt? Die Münzen Ezanas erlauben, im ersten Sinne zu antworten.

Derjenige, der das Christentum nach Äthiopien einführte, war ein syrischer Mönch, Fromentius, der später St. Anthanasius besuchen wird, den Patriarchen von Alexandria, und als geweihter Bischof und geistliches Oberhaupt von Äthiopien zurückkommt. Diese Tatsache hat zwei schwerwiegende Konsequenzen. Auf dem Konzil von Nicaea fällt die Entscheidung zugunsten der Lehre des Athanasius gegen die des Arius. Ungeachtet des politischen Sieges der Lehre des Arius mit dem Kaiser Konstantin stehen Ägypten und Äthiopien standhaft zur Strenggläubigkeit gegen die irrigen Meinungen der Lehre des Arius (später des Nestorianismus). Arius lehrte, daß das Menschsein von Christus nur wie von einem Mantel von seiner Gottgleichheit bekleidet wird (Gottähnlichkeit). Dagegen versicherte der Patriarch von Alexandria, daß das Menschsein Christi in seiner Göttlichkeit aufgehe. Diese Lehre von der einen gottmenschlichen Natur Christi wird vom Konzil von Chalkedon verurteilt (Monophysitismus). Das Konzil

---

16 Al fil: auf arabisch *Elefant*.
17 P. L. Shinnie ist der Ansicht, daß das Königreich von Meroe zur Zeit der axumitischen Expedition bedeutungslos war. Siehe *Meroe, a Civilization of the Sudan*, London 1967, S. 52.

Im Nordosten

wird aber von den Äthiopiern und Ägyptern nicht anerkannt. Die äthiopische Kirche ist daher eine getrennte Kirche (schismatisch), die dem koptischen liturgischen Ritus und dem koptischen Kalender folgt, der nichts anderes ist, als der ein wenig überarbeitete alte ägyptische Kalender. Andererseits scheinen gewisse Gebräuche wie die rasenden Tänze, die Trommeln und die Ziegenopfer animistisch-religiöse Relikte zu sein, während die Unterscheidung zwischen reinem und unreinem Tier (geschlachtetes oder erwürgtes Tier), das Verbot, am Tag nach sexuellem Verkehr die Kirche zu betreten, und die Beachtung des Sabbats als Feiertag sich von der jüdischen Praxis herleiten. Die zweite, bis heute wirksame Konsequenz der Angliederung an die koptische Kirche von Alexandria ist, daß das gesamte religiöse Leben von Äthiopien von der Ernennung des religiösen Oberhauptes *(abuna)* durch eine ferne Stadt abhängt, deren Herrscher obendrein noch häufig wechseln.

Der äthiopische König Kaleb (um 530 n. Chr.) schickte dem jüdischen König von Himyar eine Armee zu Hilfe, die die Christen grausam verfolgte. Aber das äthiopische Expeditionskorps erhob sich unter einem gewissen Abraham. Dieser erkannte die Souveränität von Axum nur an, als er zum König von Himyar ernannt wurde. Er ließ in Saxan eine prächtige Kirche bauen, die mit der Kaaba um die Zahl der Pilger wetteiferte. Aber, so erzählt der Koran, vom Himmel gesandte Vögel bombardierten seine Armee mit Kieselsteinen, und jeder Einschlag rief einen tödlichen Ausschlag hervor.

Ein gewisser Julian wurde im 6. Jahrhundert von Kaiser Justinian (von Byzanz) an den Hof von Axum geschickt. Im Krieg gegen Persien wollte Justinian von Axum erreichen, daß es einen direkten Handelsverkehr mit Indien einrichtete, um Persien auszuschalten und ihm damit das einträgliche Vermittlermonopol zwischen dem Abendland und dem Fernen Osten gewaltsam wegzunehmen. Dieser Plan konnte nicht gelingen. Gewiß, die Äthiopier unterhielten einen bedeutenden Handel zwischen Zentralafrika und dem Roten Meer. Cosmas berichtet von bis an die Zähne bewaffneten Karawanen, die alle zwei Jahre Hunderte von Kaufleuten mit Vieh, Salz, Eisenbarren usw. zu den Sasu von Süd-Äthiopien begleiteten. An Ort und Stelle stellten die Kaufleute ihre Waren aus und tauschten im stummen Handel Produkte des Südens, vor allem Goldklumpen, ein. Aber Äthiopien war nicht imstande, durch seinen Handel den direkten Zugang zur arabischen Halbinsel zu erreichen. Der Botschafter Justinians hinterließ uns eine malerische Beschreibung des Hofs von Axum. Der König war in Baumwollschals mit Perlen vorn und hinten gekleidet. Aufrecht in einem von vier Elefanten gezogenen Wagen stehend, trug er Armreifen und Halsketten aus Gold, ebenso wie einen Schild und zwei kleine vergoldete Lanzen. Seine Ratgeber hatten beinahe die gleiche übertriebene Aufmachung. Ein Flötenchor gehörte zur Eskorte.

Andere Zeugnisse dieser fernen Größe sind die Obeliske von Axum oder von Matara, die zweifellos Grabdenkmäler sind. Einer dieser Gedenksteine ist ein Monolith von 35 Meter Länge. Sie sind künstlerisch und technisch bemerkenswerte Kunstwerke.

Vom 4. Jahrhundert n. Chr. an ist das Ge'ez im Begriff, das Griechische als offizielle Sprache zu verdrängen. Im 5. Jahrhundert n. Chr. werden die Liturgie und die Heilige Schrift von alt-syrischen Mönchen ins Ge'ez übersetzt. Ihr Andenken ist in der äthiopischen Legende von den neun Heiligen bewahrt worden.

III. An der Ostküste

Die Ostküste ist im Altertum wahrscheinlich von den Ägyptern besucht worden, wenn man Herodot Glauben schenkt, der uns berichtet, daß der Pharao Necho (um 600 v. Chr.) Phönizier mit einer Flotte durch das Rote Meer schickte mit dem Auftrag, durch die Säulen des Herkules (Gibraltar) zurückzukommen. Nach mehr als zwei Jahren (sie gingen manchmal an Land, um zu säen und zu ernten) kamen die Forschungsreisenden zurück. Sie erzählten, daß sie, als sie Libyen (Afrika?) umfuhren, die Sonne sich zu ihrer Rechten hätten erheben sehen, nachdem sie sich zuvor zu ihrer Linken erhoben hatte. Sie wären demnach die ersten Seefahrer, die das Kap der Guten Hoffnung in Ost-West-Richtung umfahren haben.

Die vorislamischen Araberkönigreiche des Jemen und von Hadramaut, von deren Wohlstand uns die Prachtentfaltung der Königin Belkis von Saba eine Vorstellung gibt, waren seit dem Beginn des ersten Jahrtausends v. Chr. in ständiger Verbindung mit der Ostküste Afrikas. Durch die Überlegenheit der Ptolemäer, der Römer und der axumitischen Herrscher durcheinandergebracht, machten sie einander den Vorrang in diesem so einträglichen Handel streitig. Ohne ins Innere vorzudringen, tauschten sie Stoffe und Metallwaren gegen Elfenbein, Rhinozeroshörner, Edelhölzer, Gewürze und Sklaven. Sie führten auch die Kokospalme und das Zuckerrohr ein. Die Griechen wie die Perser segelten mit den Monsunwinden quer über den Indischen Ozean bis an die indische Küste von Malabar. Sie beschreiben die Ostküste Afrikas genauer. Ihre Kenntnis dieser Küste erscheint in der »Beschreibung des Erythräischen Meeres«[18] ebenso wie auf der Karte des Ptolemäus[19].

Die Fremden brachten Glasschmuck, Geschirr aus Gold und Silber für die Häuptlinge, Kupfer- und Messingplatte, Eisenbarren, Weine z. B. aus Italien und pharmazeutische Produkte mit. Die Schiffe, die z. B. aus Südarabien kamen, wurden in Socotra, Aden und Muza mit den Produkten des Fernen Ostens beladen, wie Weizen, Reis, Sesamöl, Zucker, feine Baumwollstoffe, Lederkleidung, indisches Eisen und indischer Stahl und Lack, um Hände, Füße und Kleidungsstücke zu färben. Was exportiert nun die Ostküste Afrikas? Im Norden, von den Häfen des Roten Meeres geht das beste Elfenbein der Welt (aus Senna) ab. Der Hafen von Ptolemais wurde im 3. Jahrhundert von Ptolemäus Philadelphus als Zentrum der Elefantenjagd befestigt. Von dort kamen auch Schildkrötenpanzer und Rhinozeroshörner, die von den Römern und den Asiaten als Vase, aber auch als geschätztes Aphrodisiakum und als Gegengift gebraucht wurden.

Genau wie das benachbarte Südarabien (Hadramaut) beförderte das »Horn von Afrika« wohlriechende pflanzliche Substanzen und Parfums: Harze, Knospen und Rinde von Sträuchern, Myrrhe, Weihrauch, Zimt, die zu den religiösen Opfern gehörten und in den Besitzungen der Reichen als Zierpflanzen dienten.

Mehr im Süden lieferte Azania zusätzlich zu den vorgenannten Produkten Sklaven und Kokosöl.

18 Aus dem Griechischen: erythros = rot.
19 Die von Claudius Ptolemäus verfaßte Geographie – er lebte im 2. Jahrhundert n. Chr. – ist zweifellos im 4. Jahrhundert verbreitet worden. Es ist eine Summe des »geographischen Wissens der Zeit«.

Im Zentrum und im Süden

Der Bericht spricht nicht von Goldausfuhr, was vermuten läßt, daß die Minen von Rhodesien noch nicht im Abbau waren. Nun, die Ausgrabungen von Igombe Ilede lassen vermuten, daß es in dieser Epoche eine Straße des Goldes von Rhapta bis Sena am Sambesi gab.

Mit Sicherheit wurde auch das Eisen von Meroe nach Ägypten und vor allem nach Schwarzafrika befördert, wo man es gegen Gold tauschte. Von der Öffnung des Roten Meeres an dem Land Azania entlangsegelnd, brauchte man 25 Tage, um Rhapta zu erreichen, letztes *Emporium* im Süden. Wenn man von Rhapta in das Innere des Landes reist, sieht man einen großen Berg, gekrönt von Schnee, der kein anderer als der Kilimandscharo ist. Hinter ihm Seen, die die Quellen des Nils bilden, und Gebirge, die sogenannten Mondberge (Ruanda?). Manche haben Rhapta mit Pangani an der Küste von Tansania identifiziert; andere mit einer verschwundenen Stätte im Delta des Flusses Rufidschi. Während der Bericht nur den Ausdruck *Emporium* anwendet, um Rhapta zu bezeichnen, spricht Ptolemäus einige Jahrhunderte später von »Metropole«, was bedeuten könnte, daß der Handelswohlstand Rhapta zur Hauptstadt eines Staates machte. Weil es sich um afrikanische Bevölkerung handelt, nennt Ptolemäus einen wenig besuchten Teil der Küste »höhlenbewohnend«. Die Spuren deuten darauf hin, daß es sich um Pygmoide oder Buschmänner handelt. Aber er spricht auch von Völkern südlich von Rhapta, die Kannibalismus ausüben (rituell). Vielleicht handelt es sich dort um die ersten Wogen von Bantu, die bereits das Gebiet des heutigen Moçambique erreicht haben.

IV. Im Zentrum und im Süden

Das Zentrum und der Süden Afrikas, großenteils von Wald bedeckt und abgelegen von äußeren Kontakten, sind während dieser Zeit noch weniger bekannt. Die Forschungsreisen axumitischer Kaufleute, von denen uns Kosmas berichtet, haben den Äquator bis zu den Goldminen des heutigen Tansania überschritten. Ebenso konnte ein undeutlicher Einfluß von der Ostküste durchsickern. Das beweisen unzählige Perlen und Kauris. Aber im ganzen gesehen setzt der Block Mitte-Süd des Kontinents das neolithische Leben der Sammler und Jäger fort. Allerdings finden wir Anfänge von Landwirtschaft. Die verkohlten Samenkörner der Stätten von Khami und Inyanga (Rhodesien) stammen von Hirse und Sorghum. Die inneren Kontakte, für die wir kaum direkte Beweise haben, bestanden jedoch. Die doppelten Gongs aus Eisen von Simbabwe und eine kleine Elfenbeinfigur von Khami beweisen Verbindungen mit dem Kongo und dem afrikanischen Westen. In der Tat scheint es im Inneren Afrikas zu dieser Zeit große Völkerverschiebungen gegeben zu haben. Die ersten Vorboten der bantusprechenden Gruppen, deren Sprache mit der niger-kongolesischen Gruppe verwandt ist, müssen während dieser Periode angekommen sein. Die Schlußfolgerungen aus der Überlieferung, der Archäologie und der Sprachforschung stimmen im großen und ganzen in dieser Beziehung überein. Tatsächlich sind die Bantu-Sprachen trotz ihrer großen räumlichen Streuung noch so eng verwandt, daß die Völker, die sie sprechen, sich noch nicht lange getrennt haben können. Andererseits sprechen die Bantu-Überlieferungen von nördlicher Herkunft der Schmiedegruppen, die das Geheimnis der Eisenbearbeitung herbeibrachten. Nun, es gibt Spuren der Eisenbearbeitung und der Töpferei in diesen Gebieten, ebenso wie in Kavirondo, Ruanda, Kasai und in Tansania.

Diese Stätten beweisen eine sehr schnelle und manchmal direkte Aufeinanderfolge der Steinkulturen und derjenigen des Eisens ohne die langsamen Übergänge des Bronze- und Kupferzeitalters, die man in Europa und in Asien findet. Sie zeigen auch eine Zunahme der Technik der Eisenbearbeitung vom Norden zum Süden[20]. Die erste Phase (A1) z. B. breitete sich nur im Norden des Limpopo aus. Die Spuren von Eisen, die J. D. Clark in einem Graben in Kalambo Falls (am äußersten Südende des Tanganjikasees) fand, datieren aus dem ersten Jahrhundert, während die ersten Spuren von Eisen in Simbabwe mindestens 150 Jahre später datieren. Außerdem weisen diese Überreste, Zeugen der ersten Verhüttung, nicht auf sehr zahlreiche und gefestigte Völker hin, da sie da und dort als kleine Inseln inmitten sehr viel reicherer Überbleibsel neolithischer Kulturen verteilt bleiben. Es sieht so aus, als ob kleine Gruppen, Inhaber der neuen Technik, sich für kurze Zeit bei den weniger fortgeschrittenen Völkern durchgesetzt haben, ehe sie ihren Weg nach Süden fortsetzten. Nichtsdestoweniger scheinen diese Schmiedevölker gerade vor dem Jahr 400 (Phase A2) in größeren Gruppen angekommen zu sein. Sie fanden an Ort und Stelle kleine Buschmänner vor.

Diese neuen Einwanderer benutzten eine geprägte Töpferware mit kleinen phallischen Figuren aus Ton oder Darstellungen von gehörnten Frauen. Diese Töpferware gehört zu den beschwerlichen Arbeitsplätzen in den Goldgruben, wo weibliche Arbeitskräfte mit Werkzeugen aus weichem Eisen schufteten. Zahlreiche Skelette junger Frauen sind aus den verlassenen Stollen geborgen worden. Die Prospektoren müssen sehr gut gewesen sein, denn die heutigen Minen von Rhodesien liegen auf den gleichen alten Stellen. Man findet Öfen mit Resten von geschmolzenem Kupfer, Zinn und einer Bronzelegierung. Wer waren diese Bergleute? Es waren Sotho, die den Vaal nicht vor dem 15. Jahrhundert erreichten. Sie hätten demnach diese Gebiete während mehr als 1 000 Jahren ausgebeutet, bevor sie einen neuen Sprung in Richtung Süden machten. Diese Bantus waren Bauern und Schmiede zugleich.

Alles deutet darauf hin, daß sie aus Westafrika kamen, aus dem Gebiet zwischen dem Zusammenfluß Benue-Niger und dem Tschadsee, nicht weit von Nok und den Sao (Vor-Bantu). Sie müssen dann eine ziemlich lange Rast zwischen dem oberen Kongo und der Quelle des Sambesi gemacht haben (Proto-Bantu), ehe sie sich in alle Himmelsrichtungen zerstreuten[21]. Trotzdem erlauben gewisse Anzeichen anzunehmen, daß der Ursprung der Eisenbearbeitung am Horn von Afrika oder an der Ostküste liegen könnte, die die Geheimnisse wiederum von Meroe erhielten[22]. Andere Autoren wie Mauny erwecken die Vorstellung einer Wanderung durch Nordafrika von den Karthagern über die Libyco-Berber zu den Schwarzen der Süd-Sahara. 30 Jahrhunderte soll es gebraucht haben, um die »Straße des Eisens« von den Hethitern (1500 v. Chr.) bis zu den Hottentotten

---

20 Die Überreste von Eisenbearbeitung findet man entweder in der Töpferei der *Grübchenkeramik* oder der *Bandkeramik*.

21 Durch ein systematisches Studium von Schlüsselwörtern wie Fischfang, schmieden, Eisen, Wald, Piroge (Einbaum) innerhalb der verschiedenen Bantusprachen und durch die Aufstellung von entsprechenden Diagrammen versucht M. Guthrie, die Entwicklung dieser Wanderbewegung zu präzisieren. *Language and History*, London 1970, S. 20 ff.

22 R. R. Inskeep, *Le Courrier UNESCO*, Oktober 1959.

Im Zentrum und im Süden

des Kaps zu durchlaufen. Nun, alle diese »Straßen des Eisens« sind fraglich. Die Daten und die wesentlichen Fakten sind nicht sicher. Dart und Del Grande hatten geglaubt, während ihrer Ausgrabungen in der Höhle von Mumbwa in Sambia einen Ablauf zu entdecken, der sich vom Neolithikum bis zu den Eisenpfeilen der Bantu erstreckte. Sie fanden einen Ofen, den sie in das Jahr 2000 v. Chr. datierten. Dieses Datum ist nachdrücklich bezweifelt worden. Aber nichts verbietet zu denken, daß die Technik der Eisenbearbeitung autochthonen Ursprungs ist, da die ältesten Spuren von Eisen in Afrika zerstört worden sind, buchstäblich vom Säuregehalt des Bodens zerfressen. Außerdem waren die Menschen zu arm, um wie üblich Werkzeuge und Waffen aus Eisen in die Gräber zu legen. Die alten Klingen und Hacken wurden überarbeitet, wie es heute noch beim Dorfschmied üblich ist, und eventuell eingeschmolzen. Als beinahe überall in Schwarzafrika ein Überfluß an Eisen und Holz entstand, war es nicht erstaunlich, daß die Technik der Eisenbearbeitung sich mit großer Geschwindigkeit ausbreitete. Das schlammige Ägypten war in dieser Hinsicht offensichtlich benachteiligt. Arkell hält es für wahrscheinlich, daß es die Eisenbearbeitung in Meroe und in Nubien gab, bevor sie in Ägypten bekannt wurde[23].

Was man vor allem auch unterstreichen muß, ist, daß die Thronbesteigung des Eisens, dessen typische Eigenschaften es zum König der industriellen Metalle machen, für Afrika eine ebenso wichtige Revolution war wie die neolithische Revolution. Die Werkzeuge aus Eisen haben die Möglichkeiten der Jagd und der Kultur verdreifacht und manchmal verzehnfacht. Sie ermöglichten es, neue Gebiete wirksamer nutzbar zu machen. Die schweren und von Wäldern bewachsenen Böden können von jetzt ab leichter kolonisiert werden, da man mit einer Axt aus Eisen einen Baum dreimal schneller fällt als mit der Axt aus Stein. Folglich beschleunigt sich die Besitzergreifung Afrikas durch die Völker, die es heute bewohnen, sehr. Um so mehr, als der Besitz des Eisens auch militärische Macht bedeutet und damit die Möglichkeit, neue Räume von weniger fortgeschrittenen Völkern zu gewinnen. Gewiß, die archäologischen Zeugnisse Mittel- und Südafrikas lassen erkennen, daß die Schmiedevölker sich friedlich unter den Eingeborenen eingerichtet haben. Nichtsdestoweniger müssen die großen Schwarzen vom Norden beim langsamen Zurückdrängen der Pygmäen in die Waldgebiete nicht unbeteiligt gewesen sein.

Außerdem bedeutet die Erhöhung der Ertragsfähigkeit des Ackerbodens ein Bevölkerungswachstum und damit einen Antrieb für neue Wanderbewegungen. Es bedeutet auch Überschußherstellung, den Bau von Speichern für Getreide und die Vergrößerung der menschlichen Ansiedlungen. Für die vergrößerten Gemeinschaften wird man bald auch eine Führung brauchen ...

Eine neue Organisierung des Tauschhandels installiert sich: die Schmiede-Kasten und andere Handwerker kaufen gerade die Überschüsse der Bauern mit eben den Hacken und Äxten, die dazu dienen, diesen Überfluß zu erzeugen. Eine vielseitige und nach Rangordnungen eingeteilte Gesellschaft bildet sich, deren Nerv und Motor die Waffe und das Werkzeug aus Eisen sind. Man versteht jetzt, warum zahlreiche negro-afrikanische Überlieferungen auf Ahnen hinweisen, die Schmiede-Könige waren. Der Häuptling hatte zumindest am Anfang Interesse daran, die kostbare Technik zu monopolisieren und sie geheimzuhal-

23 Siehe Fußnote 14.

ten wie in Meroe[24]. Schließlich ist es möglich, daß sich in der Zeit, in der sich das Eisen in Afrika ausbreitete, auch neue Arten von Bananen und Yamswurzeln aus Südostasien[25] von der Ostküste her im umgekehrten Sinn der Wanderbewegungen ausbreiteten. Das Zusammentreffen dieser beiden Elemente (Nahrungsmittel und Techniken), beide der Ausbeutung des Waldes angepaßt, mußte dazu beitragen, der Besitzergreifung des Kontinents einen noch stärkeren Impuls zu geben.

Bei der Konstituierung der ersten Königreiche ist Grund vorhanden, auf die Rolle hinzuweisen, die das Pferd gespielt hat. Es (equus caballus) scheint in Afrika nicht als wildlebendes Tier aufgetreten zu sein. Vielleicht wurde es irgendwo in Zentralasien domestiziert. Sein Auftreten in Afrika fällt mit dem Erscheinen der Hyksos in Ägypten zusammen. Jedoch grub der Archäologe W. B. Emery im Jahre 1955 in der Festung von Bohen in Nubien ein Pferdeskelett aus dem Jahr 1670 v. Chr. aus, also aus der Zeit vor den Hyksos.

Die Garamanten, von denen Herodot berichtet, benutzten Wagen, die von einem Viergespann gezogen wurden. Die Darstellungen dieser Wagen begleiten die Sahara wie Seezeichen auf den ersten Wüstenpisten. Was jedoch bemerkenswert ist, das ist der Stil dieser Felsenmalereien. Sie stellen die Pferde im sogenannten »fliegenden Galopp« dar, mit gleichzeitig nach vorn und hinten bis zur Horizontalen ausgestreckten Beinen. Dies steht im Gegensatz zur objektiven Wahrnehmung. Abgesehen von Japan, China und Sibirien findet man diese Art der Darstellung in der minoischen Kunst von Kreta. Es gibt also mehrere Interpretationsmöglichkeiten.

Möglich, daß es sich um eine gleichzeitige, unabhängige Erfindung handelt. Möglich aber auch, daß es einen Einfluß von Kreta auf die afrikanischen Maler gab. Wenn dieser Einfluß unmittelbar war, stammt er folglich aus der Zeit vor dem Untergang der kretischen Kultur (1100 v. Chr.).

Man weiß aber auch, daß die Ägypter einen Pferdetyp vom Westen aufgenommen hatten, der sich von dem der Hyksos sehr unterschied. Und die Nomadenkavallerie aus der Zeit der Punischen Kriege ist heute noch berühmt.

Erinnern wir uns auch daran, daß der Pharao Pianchi aus der nubischen Dynastie ein begeisterter Pferdeliebhaber war.

Von woher kamen nun die Pferde, die sich in Westafrika ausbreiteten? Am Nigerbogen endeten zwei »Straßen der Wagen«, die von Marokko bzw. Libyen ausgingen.

Der Stil der Darstellung des fliegenden Galopps wirkt auf der westlichen Piste naturalistisch, während in den Darstellungen der östlichen Piste ein deutlicher Schematismus zu erkennen ist. So stellt man eine Verwandtschaft zwischen dem östlichen Stil und der proto-ägäischen (kretischen) Kunst fest. Der Stil der westlichen Route indessen erinnert an den der Länder des westlichen Mittelmeeres.

---

24 Davidson, *Old Africa Rediscovered*.
25 In diesem Zusammenhang muß der afro-malaiische Austausch bis ins 8. Jahrhundert erwähnt werden. Die Polynesier, die Waffen und Glasperlen herbeibrachten, bekamen Metalle, Elfenbein und Palmöl. Die Malaien führten den Reisanbau, die Kokospalme, das Blasrohr und den Schmiedeblasebalg mit hölzernem Schalengebläse ein. Die Afrikaner lehrten sie dagegen den Hirseanbau, die Rinderzucht und die Holzschnitzkunst. Das Xylophon existiert in beiden Gebieten. Nachdem die Asiaten zweifellos mit ihren Auslegereinbäumen den Indischen Ozean überquert hatten, vereinten sie sich mit den Schwarzen, um vom 5. Jahrhundert an die große Insel, die Schwester Afrikas, das spätere Madagaskar, zu bevölkern.

Bibliographie 99

Kurz, die Pferde des nilotischen Gebietes gehören zu einer Rasse, die von der des westlichen und mittleren Sudans (Berber- und Araberrasse) verschieden ist. Andererseits existieren kleine Randgruppen einer dritten Rasse auf begrenzten Gebieten im Cayor, an der Elfenbeinküste und im Norden von Dahome. Diese peripheren Gruppen scheinen die Zeugen für einen ursprünglichen Pferdebestand zu sein, von dem El Bekri sagt: Die Pferde von Gana sind von kleinem Wuchs.

Die anderen Rassen kamen folglich später durch Libyen und Marokko und zusätzlich über die schwierigen Routen, die im Osten wieder auf den oberen Nil treffen. Aber was ist zwischen der Zeit der »Straßen der Wagen« und dem massiven Einsatz der Pferde für militärische Zwecke aus dem Pferdebestand geworden? Manche, sagten wir, überlebten. Aber welchen Gebrauch machte man von ihnen?

Angesichts ihrer durch die Schwierigkeiten der Überführung verminderten Anzahl ist es möglich, daß sie vor allem für die Opfer und die religiösen Gebräuche zurückgehalten wurden. Man findet einige von ihnen in den Katakomben der Dynasten und Kandaken von Nubien begraben. Außerdem sind die Wagen, die eine beträchtliche Menge Eisen erforderten, ziemlich schnell aufgegeben worden zugunsten der Pferde, die direkt für militärische und politische Zwecke eingesetzt wurden. Insbesondere in der Sahel, die für die Aufzucht günstig war, und immer weniger, je mehr man in den Urwald vordrang, wo ihnen die Tsetsefliege zu schaffen machte.

Gana, das wir am besten kennen, war zweifellos nicht der einzige westafrikanische Staat vor dem 8. Jahrhundert. Es ist möglich, daß Staaten zu Beginn der christlichen Zeitrechnung und vielleicht sogar während des ersten Jahrtausends v. Chr. am südlichen Rand der Wüste gewachsen sind, die das Pferd als politisches Verbindungsglied und als Kampftier einsetzten.

Im besonderen in den Gebieten, die später unter dem Namen Kanem im Osten und Tekrur im Westen bekannt werden.

Die Reiterei nimmt immer mehr Platz in den Armeen der afrikanischen Königreiche bis nach Ojo und sogar im Benin ein.

Nicht umsonst trug der Ehemann der ersten legendären Fürstin von Mossi und Japka, König von Kondscha, den bezeichnenden Namen »Zuchthengst«.

Wenn man bedenkt, daß um diese Zeit (5. Jahrhundert) die Sahara immer unwirtlicher geworden ist, versteht man die ganze Bedeutung dieser dunklen Jahrhunderte, die einerseits die territoriale Erschließung des Kontinents vorbereitet haben und andererseits, vom soziologischen Standpunkt her, den langsamen Übergang von den Stämmen zu den Reichen eingeleitet haben. Die ersten Beispiele hierfür sind Axum im Osten und Gana im Westen.

Bibliographie

BOVILL, E. W., »The camel and the Garamantes«, *Antiquity*. (117), 1956.
DENONGEOT, E., »Le chameau et l'Afrique du Nord Romaine«, *Annales*. 15, 1960.
DIOP, L. M., »Métallurgie et âge du fer en Afrique«, *BIFAN*. B, XXX, 1968.
GERMAIN, G., »Qu'est-ce que le périple d'Hannon? Document, amplification littéraire ou faux intégral?« dans *Hespéris*. 44, Rabat, 1957.

HEEREN, A.-IDRIS, *Les relations politiques et commerciales des anciens peuples en Afrique.* Paris, 1800.

GUTHRIE, M., »Bantu origins. A new tentative hypothesis«, *J.Afr.Ling.* I, 14, 1962.
– *Comparative Bantu.* London, I, 1967.

LARCHER, *Histoire générale de la navigation des anciens.*

LECLANT, J., »Le fer dans l'Egypte Ancienne, le Soudan et l'Afrique«, *Annales de l'Est.* Nancy, 1956.
– *Recherches sur les monuments thébains de la 25. dynastie.* Kairo, 1965.

SHINNIE, P. C., *The African Iron age.* Clarendon Press. Oxford, 1971.

THOMPSON, F. C., »Early metallurgy of Copper and Bronze«, *Man.* (I), 1958.

I. Im afrikanischen Westen

BOU HAQQ, »Noirs et Blancs aux confins du désert«, *Bull.Com.Et. Hist. et Sci. A.O.F.* 21, Okt.–Dez. 1938.

BOULNOIS, J., »La migration des Sao au Tchad«, *BIFAN.* (1–4), 1943.

CHAPELLE, F. DE LA, »Esquisse d'une histoire du Sahara occidental«. Rabat, *Hespéris.* XI, 1930.

CHEVALIER, A., *Sur l'existence d'une agriculture ancienne en Afrique Occidentale.* Dakar, C.I.A.O., 1945.

FAGE, B. E. B., »The Nok culture in Nigerian Prehistory«, *West Afr. Re.* 27 (351), Dez. 1956.

GRIAULE, M., *Les Sao légendaires.* Paris, Gallimard.

HIERNAUX, J. et MAQUET, »Cultures préhistoriques de lâge des métaux au Ruanda Urundi et au Kivou«, *Bull.Acad.Royale.* (62), 1956.

LEBEUF, J. P., *La civilisation du Tchad.* Lagos, Nigerian Museum, 1956.

LEBEUF, J. P. et A. MASSON, *La civilisation du Tchad.* Paris, Bull.Sc., 1950.

LHOTE, H., *La connaissance du fer en Afrique Occidentale.* Paris, Sept. 1952.

LOYD CABOT BRIGGS, *Tribes of the Sahara.* Cambridge, Harvard Univ. Press, 1960.

MONTEIL, V., *Essai sur le chameau au Sahara Occidental.* E.M. Nr. 2.

PALMER, H. R., *The Carthaginian voyage to W. Africa in 500 B.C. together with sultan Mohamed Bello's account of the origin of the Fulbe.* Bathurst Lawani, 1931.

PORTERES, R., *A propos de l'industrie du fer en Afrique Occidentale dans la zone forestière.* B.C.E.H.S., 1938.
– »Vieilles agricultures de l'Afrique intertropicale«, *L'Agronomie tropicale.* 1950, S. 489–507.

SCHNELL, R., »A propos de l'hypothèse d'un peuplement négrille dans l'Afrique occidentale«, *L'Anthropol.* Bd. 52, 1948.

II. Im Nordosten

ARKELL, A. J., *A History of the Sudan from the earliest times to AD 1812.* London, Athlone Press, 1955.

BALFOUR, H. G. P., *History and antiquities of Darfour.* Khartum, 1955.

BUDGES, E. W., *The Egyptian Sudan – History and Monuments.* London, 1907, 2 Bde.

CHERUBINI, M. S., *Nubie. L'Univers pittoresque.* Paris, F. Didot Frères.

HINTZE, F. ET V., *Les Civilisations du Soudan Antique.* Leipzig, 1967.

KOBISCANOV, Y. M., *Aksum.* Moskau, 1966.

MICHALOWSKI, K., *Faras, fouilles polonaises 1961–62.* Warschau, 1965.

MOOS, R., »Iron mines near Aswan«, *J. of Egypt Archeol.* Bd. 36, Dez. 1950, S. 112 bis 113.

SHINNIE, P. L., *Medieval Nubia (Sudan Antiquities Service) Museum Pamphlet.* Khartum, 1954.

Bibliographie 101

– *Meroe. A civilization of the Sudan.* London, Thames and Hudson, 1967.
WAINWRIGHT, G. A., *Iron in the Napatan and Meroitic Ages.* Sudan N.R. 1945.
Current Anthropology: »The iron age in Subsaharian Africa«, VIII, Okt. 1966.

III. An der Ostküste

BAXTER, H. C., *Pangani. The trade center of Ancient History.* T.N.R., 1944.
BLEEK, P. F., »Traces of former Bushman occupation in Tanganyika«, T.S., *Ap.J.Sci.* 28, 1931.
LEVEQUE, P., »Une chronologie nouvelle des royaumes sud-arabiques et du Périple de la Mer Erythrée«, *Rev.Et.Grecq.* Bd. LXXV, 1962.

IV. Im Zentrum und im Süden

GOODWIN, A. J. H., »Metal working amog the early Hottentot«, S.Afr.Arch.Bull. Juni 1956.
MACIVER, R., *Medieval Rhodesia.* London, Macmillan, 1906.
MOELLER, A., *Les grandes lignes de migration des Bantou.* Bruxelles, G. Van Campenhout, 1936.
SUMMERS, R. F. H., »Possible influence of the iron age in Southern Rhodesia«, *J.Afr.In.Sci.* Sept. 1955.

4. Schwarzafrika vom 7. bis zum 12. Jahrhundert: Von den Königreichen zu den Kaiserreichen

I. Die Expansion der Araber

Im Jahre 642 stürmen die Araber von Ägypten nach Westen (Maghreb)[1]. Im Jahre 647 vernichten sie die Streitkräfte des byzantinischen Präfekten und machen so der byzantinischen Herrschaft über den Maghreb ein Ende. Sie gründen die Stadt Kairuan. Nach einer Pause zur Zeit der Schismen, die die mohammedanische Welt damals teilten, starteten sie einen weiteren Angriff unter dem Kommando von Ogka Ibn Nafi. Wie ein Orkan fegte er über den Maghreb bis zum Atlantik. In dessen schäumende Fluten zwang er sein zitterndes Streitroß und bat Allah um weitere Gegenden und Länder, die er erobern könnte. Nach Süden gingen die Araber nicht sehr weit hinab. Sie drangen jedoch in den Kauar und in den Fezzan ein. Übrigens warf eine berberische Gegenattacke unter dem Befehl von Koceila Ogba nieder (683), plünderte Kairuan und hetzte die Reste der arabischen Armee bis nach Ägypten. Hasan, der arabische Gouverneur von Ägypten machte einen Gegenfeldzug, baute Kairuan wieder auf und warf die Überreste der Byzantiner, die sich mit den Berbern verbündet hatten, zurück ans

---

1 Maghreb bedeutet Westen.

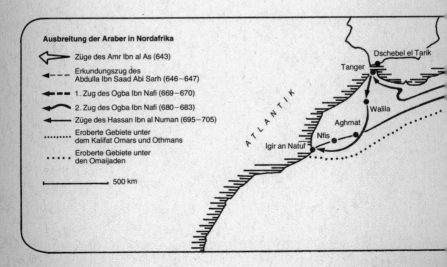

Die Expansion der Araber

Meer. Aber letztere stießen unter Führung der Priesterin Zenata, der Kahena, den arabischen Angriff nochmals zurück und boten ihm die Stirn bis zum Jahr 703, als er von neuem den Atlantik erreichte. Im Jahr 711 brachen bekehrte Araber und Berber unter dem Befehl Tariks[2] nach Spanien auf, wo sie in Andalusien eine strahlende Kultur entfalteten (Emirat, dann Kalifat von Cordoba).

Jedoch wurde der Maghreb immer wieder beunruhigt. Gewissen Berbern gelang es ein drittes Mal, die Araber bis nach Ägypten zurückzuwerfen. Aber der Fatimiden-Kalif von Kairo sandte die Beduinenstämme der Beni-Hillal und der Beni-Soleim, die aus Arabien kommend den Süden Ägyptens völlig ausgeplündert hatten, weiter in den Maghreb.

Die Raubzüge der Beni-Hillal des 11. Jahrhunderts dürfen trotz der Beschreibung des Ibn Khaldun nicht als ein Wüsten hinterlassender Ansturm angesehen werden. Er vergleicht sie mit Heuschrecken, die selbst die Wälder nicht verschonen. »Sie ließen dort, wo vorher von den Ländern der Schwarzen bis zur Küste des Mittelmeeres alles kultiviert war, nur Trümmer zurück«, sagt er.

Man muß vermeiden, dieses Ereignis über die Maßen zu dramatisieren. Zunächst, weil der Vormarsch der Beni-Hillal dazu beitragen sollte, den Islam im Volk zu verbreiten. Dann, weil es falsch ist, Nomaden und Seßhafte einfach mit Arabern und Berbern gleichzusetzen[3]. Endlich, weil auch andere arabische Volksstämme sich ihrerseits einmischten.

Die Maqil, die im 13. Jahrhundert von Libyen kommend dem Rand der Wüste folgten und im Jahre 1270 durch Abu Yussuf zurückgeworfen wurden, wanderten in Richtung Mauretanien hinunter und wurden die Vorfahren der Hasan-Stämme.

2 Dschebel el Tarik wurde verballhornt zu Gibraltar und bedeutet »Der Berg des Tarik«.
3 Y. Lacoste, Ibn Khaldun, *Naissance de l'Histoire. Passé du Tiers Monde*, Paris 1969.

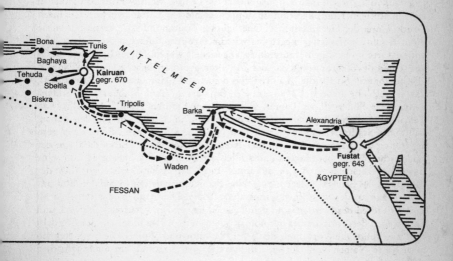

104   7. bis 12. Jahrhundert: Von den Königreichen zu den Kaiserreichen

Die arabo-islamischen Eroberungen bilden in jeder Hinsicht ein historisch wichtiges Phänomen für die drei Kontinente Asien, Afrika und Europa, zu deren Verbindungsglied sie sich entwickelt haben. Gewiß, an der Ostküste und quer durch die Sahara treiben die Arabo-Berber Handel mit schwarzen Sklaven, der bis zum 19. Jahrhundert zunimmt. Sie haben nichtsdestoweniger Schwarzafrika eine seiner Hauptreligionen gegeben und haben große Gebiete seiner kulturellen Landschaft umgestaltet. Die arabischen Intellektuellen, Geographen und Historiker, erwiesen Schwarzafrika einen unschätzbaren Dienst mit der schriftlichen Fixierung der sozio-politischen Verhältnisse im Bled es Sudan. Erdkunde war eine Notwendigkeit für die Araber. In der Tat brauchte man in ihrem kosmopolitischen Reich, das sich von den Pyrenäen bis nach Indien ausdehnte, schriftliche Aufzeichnungen, die als Führer dienen konnten. Um so mehr, als sich jedes Jahr viele Menschen aus allen Himmelsrichtungen auf weiten und beschwerlichen Wegen dem heiligen Ort Mekka näherten. Dort konnten aufmerksame Gelehrte einzigartige anschauliche und genaue Auskunft über die damals bekannte Welt erhalten. Ptolemäus wurde ins Arabische übersetzt, und die arabischen Geographen leisteten einen hervorragenden Beitrag zu dieser Wissenschaft, lange vor den europäischen Seekarten.

II. In Westafrika

A. Am Unterlauf des Senegal

Vom 10. Jhdt. an nahmen die Vorstöße der Berber nach Süden zu. Der Grund dafür waren klimatische Veränderungen und wirtschaftliche Gründe (Kontrolle über die sudanesischen Goldgruben oder zumindest über seine Handelswege). Die Sanhadja, die seit dem 9. Jahrhundert die Lemtu, Mesufa und Dschoddala in einer mächtigen Konföderation zusammengeschlossen hatten, verstärkten ihren Druck. Unter der Herrschaft ihres Oberhauptes Tilutan (836/37) vergrößerten sie ihren Einfluß auf riesige negro-berberische Gruppen, die um Audoghast und andere Orte im heutigen Mauretanien angesiedelt waren. Dieses Land war schon von einer Bevölkerung besetzt, der die alten Autoren unterschiedliche Namen gegeben haben. So spricht El Edrisi von dem Land Qamnouriya (Mauretanien), das er auch die Erde des Maqzara der Schwarzen (Ard Maqzarati es-Sudan) nennt. Der Süden dieses Landes soll von den Städten Awlil und Silla, von Tekrur, Daw und Barissa besetzt worden sein, aber auch im Norden gab es zahlreiche Städte wie Qamnouriya und Nighira. Diese Lage blieb so bis zum Eintreffen der Zagawa und Lemtuna-Nomaden, welche die Dschoddala von der atlantischen Küste bedrängten und schließlich Qamnouriya überfielen und seine Bewohner zerstreuten. Awlil, auf einer Insel der Atlantikküste nördlich der Mündung des Senegal gelegen, zog seine Bedeutung aus seinen Salinen und aus seiner Lage an der westlichen Transsaharastraße. Die Straßen, die zwischen all diesen Städten des Nordens und dem Senegal bestanden, verschwanden nach und nach wegen des Vormarsches der nomadischen Berber. Die Maqzara des El Edrisi sind zweifellos die Vorfahren der Serer, Tukulor und Wolof. Die Serer kennen noch heute Namen von Dörfern, die ihre Ahnen einstmals im mauretanischen

In Westafrika

Adrar besetzt hatten, und die Typologie der archäologischen Reste wird diese Behauptung bestätigen. Trotzdem muß man diese These differenzieren. Wenn diese Dörfer aus der Nordhälfte des Sine ihren Ursprung im Futa Toro erkennen, müßten sie an Ort und Stelle den So oder Sosso begegnet sein, deren Tradition sagt, daß sie aus Gabu (portug. Guinea) gekommen sind. Diese Sosso hinterließen pyramidenförmige Grabhügel, in denen ihre großen Männer bestattet sind. Die Begegnung zwischen den Serer und den Sosso fand nahe bei dem heiligen Ort Nyakkar in Sagne Folo statt.

So gab es auch die Maqzara im Westen und die Bafur im Osten. Das waren negroide Völker, mehr oder weniger von Berbern und Juden durchsetzt.

Das bedeutendste angrenzende Königreich am Ende dieser alten transsaharischen Route von Marokko durch Sidjilmasa, Walata und Awlil ist Tekrur. Es datiert etwa vom Beginn der christlichen Zeitrechnung, und sein Name dient am Anfang dazu, das Land der Schwarzen in Bausch und Bogen zu bezeichnen. Es breitete sich am Unterlauf des Senegal aus. Um das 9. Jahrhundert herum wurde es von einer Fulbe-Dynastie, den Dia Ogo, befehligt.

Nach El Edrisi ist Tekrur ein Königreich, dessen unabhängiger Souverän Sklaven und Truppen besitzt und berühmt ist für seine Energie und seinen Gerechtigkeitssinn. Sein Land ist sicher, friedliebend und ruhig. Sein Handel ist sehr rege. Es führt Wolle, Kupfer und Perlen aus Marokko ein und Gold und Sklaven aus. Die Leute ernähren sich von Hirse, Milch und Fisch und kleiden sich in Wolle oder (die Armen) in Baumwolle. Der erste König von Tekrur, der sich zum Islam bekehren ließ, war War Jabi Ndiaye. Er verpflichtete seine Untergebenen, den gleichen Glauben anzunehmen, und starb im Jahre 1040. Aber schon um 980 waren die Dia Ogo durch die Dynastie der Manna, Zweig des Nyakate-Stammes der Diarra, verdrängt worden. Diese Dynastie litt ebenso wie die der Diarra unter der Oberherrschaft des Reiches Gana. Sie brachten die religiös-politische Bewegung der Sanhadja-Almoraviden wieder zusammen; aber gemeinsam mußten sie die Niederlage von Tebferilla (1056) erleiden, die dem heiligen Marabut das Leben kostete.

In der Mitte des 13. Jahrhunderts kamen verdrängte Sarakole, die Sosso, von Osten und bemächtigten sich der Herrschaft. Ihre heidnische Dynastie hielt die Unabhängigkeit des Landes bis zu der Eroberung durch den Häuptling Sakura aus Mali am Ende des 13. Jahrhunderts aufrecht.

Mehr im Osten gab es unter einigen weniger bedeutenden Fürstentümern das Königreich von Silla nahe dem Zusammenfluß von Senegal und Faleme. El Bekri berichtet uns von seiner sehr zahlreichen Bevölkerung und von seiner Macht, die beinahe der von Gana gleichkomme. Von War Ndiaye zum Islam bekehrt, führte es Krieg gegen seine heidnischen Nachbarn, wie die Soninke. Dazu trieb es Handel mit Salz, Messingringen und breiten Baumwollbändern.

Zwischen Silla und Gana werden nur noch drei Fürstentümer angegeben, von denen eines den Kult der Heiligen Schlange praktiziert. Alles das beweist uns die Besiedlungsdichte der Sahel, die nach dem Austrocknen der Sahara ein landwirtschaftliches Zufluchtgebiet und eine strategische Zone für den Handel geworden ist. Dort lag das Geheimnis des Aufschwungs von Gana.

B. Gana

1. Die Anfänge

Gana ist das erste schwarze Reich, das uns genauer bekannt ist. Wir stellen dafür zunächst arabische Berichterstatter vor, deren wichtigste Ibn Haukal und El Bekri sind. Der erste, der im Jahre 970 wahrscheinlich von Bagdad bis zum Ufer des Niger reiste, in jedem Fall bis Audoghast, zögert nicht, von dem Herrscher Ganas zu behaupten: »Er ist der reichste der Welt wegen seines Goldes.« Ein Jahrhundert später teilt El Bekri, ein arabischer Autor aus Cordoba, in seiner berühmten *Beschreibung Nordafrikas* (1087) genaue Einzelheiten über das Reich mit. Viel später endlich (16. u. 17. Jahrhundert) geben uns die Tariks von Mahmud Kôti (Tarik el Fettach), Abderrahman Es Sadi (Tarik es Sudan) zusätzliche Informationen. Man muß auch die mündliche Überlieferung hinzufügen. Im Jahre 1914, als Bonnel de Mézières die Leute von Walata befragte, wo sich die Stelle der einstigen Hauptstadt von Gana befinde, zeigten diese, die nur mündliche Überlieferung kannten, einen Ort, der im großen und ganzen mit den arabischen Dokumenten übereinstimmte. Die bei den archäologischen Ausgrabungen ans Licht gebrachten Überreste scheinen eine treffende Illustration der Beschreibung des El Bekri zu sein: »Gana wird so genannt nach dem Titel seiner Herrscher.« Es bedeutete foglich etwas wie König, Sultan. Und allmählich bezeichnet dann der Titel das Land selbst. Aber auch der umgekehrte Vorgang ist nicht auszuschließen.

Gana lag im Norden der zwei auseinanderlaufenden Bögen des Senegal und des Niger. Es bestand im wesentlichen aus Auker im Norden und Hodh im Süden. Dieses Land wurde oft Wagadu (Land der Herden) genannt. In der Tat herrschte in der sudanesischen Sahel damals ein feuchteres Klima, das die Viehzucht und sogar die Landwirtschaft begünstigte. Außerdem bestimmte ihre Lage im Berührungspunkt der saharischen (also maghrebinischen) und der sudanesischen Zone mit Waren verschiedenster Art dieses Gebiet zu einer einträglichen Handelstätigkeit. Um das 9. Jahrhundert n. Chr. lebten im Hodh und im Auker gemeinschaftlich Hirten berberischer Herkunft (insbesondere Sanhadja) und seßhafte schwarze Landwirte, ohne die vielen durch Rassenkreuzung entstandenen Gruppen zu berücksichtigen. Das dominierende Element wurde von den Bafur (Bambara oder Mande, Tukulor, Wolof und Serer) gebildet, nicht zu vergessen die Songhai im Osten[4]. Alle diese ethnischen Gruppen lebten also damals viel nördlicher als heute. Ihre eigenen Abstammungsüberlieferungen und die auffallenden Ähnlichkeiten zwischen ihren Geräten und Töpferwaren, die im Auker und im Tagant gefunden wurden, beweisen es. Als die wahren Gründer des Reiches Gana[5] müssen besonders die Soninke und deren Nachfahren, die Sarakole, Marka, Diula, Dafing usw. betrachtet werden. Gewiß, der Tarik es Sudan weist auf eine weiße Dynastie von 44 Fürsten hin, die ungefähr um 750 über Wagadu herrschte. Diese Weißen müssen sich immer mehr vermischt haben, bis sie

---

4 Die Bafur werden von manchen Autoren als Juden betrachtet, die durch die Invasion der Hillal aus Maghreb vertrieben wurden.

5 Al Zuhuri schrieb, daß Gana Nachbarvölker angriff, die das Eisen nicht kannten und mit Elfenbeinkeulen kämpften, während die Leute aus Gana über Schwerter und Lanzen verfügten.

In Westafrika 107

zu einer reinen Neger-Dynastie wurden. Gewiß, Mahmud Kôti meint im Tarik el Fettach, daß schwarze Würdenträger des Hofes in einer Palastrevolution die Macht ergriffen. Sie hätten hierauf den schwarzen König Kaya Maghan »Gebieter des Goldes« auf den Thron berufen, der die Dynastie der Sisse[6] begründete. Diese vagen Vermutungen, zehn bis zwölf Jahrhunderte nach den Ereignissen angestellt, wurden von Delafosse noch weiter getrieben. Er weist den Gründern des Reiches eine libysche Herkunft zu. Ist es nicht wahrscheinlich, daß die Bedeutung des Wortes Sarakole (weißer Mensch) mehr als einen Berichterstatter von gestern und heute in Verwirrung brachte? Der Ursprung des Reiches ist folglich sehr wahrscheinlich autochthon, auch wenn der Austausch des Blutes und der Waren mit den saharischen Berbern und den Semiten eine Rolle gespielt haben kann. Auf jeden Fall erscheint das Reich Gana mit einer schwarzen Dynastie und setzt sich in der Geschichte durch, indem es vom 10. Jahrhundert an die Dimensionen eines wirklichen Kaiserreiches annimmt. Es erstreckt sich vom Tagant bis zum oberen Niger und vom Senegal bis Timbuktu. Yakoubi (872) schreibt: »Der König von Gana ist ein großer König. In seinem Gebiet sind Goldgruben, und er hat unter seiner Herrschaft eine große Anzahl von Königreichen.« Schwarze Königreiche des Südens wie Tekrur, Sosso und im Osten die Länder des Niger-Deltas. Berberische Fürstentümer, wie die von Walata und Audoghast[7].

2. Audoghast

Audoghast war eine Oase, die ungefähr im 6. Jahrhundert gegründet wurde. Man glaubt, daß man es mit dem heutigen Tegdaust im östlichen Tagant identifizieren kann. Es war ein bedeutendes Emporium mit berberischer Mehrheit. Es wurde, so scheint es, ununterbrochen vernichtet und wieder aufgebaut. Manche der ausgegrabenen Häuser haben Räume, die als Lager gedient haben können. Nach Ibn Khaldun machten diese Berber im 9. und 10. Jahrhundert unter dem Fürsten Tiklan und seinem Nachfolger, dem großen Eroberer Tin Yerutan Tilutan, gewisse Völker mit Ausnahme Ganas tributpflichtig. El Bekri erzählt mit einiger Übertreibung, daß sie bis zu hunderttausend Kamelreiter aufbieten konnten.

Die Wohlhabenheit dieses kleinen Marktfleckens, seine betriebsamen Geschäfte, die Gemüsegärten, wo die Gurken im Überfluß wuchsen, die Obstgärten, wo Dattelpalmen und Feigenbäume einen Schirm gegen die Gluthitze der Wüste bildeten, seine Bedeutung als islamisches Zentrum mit einer großen Moschee (*djame*) und vielen kleinen, all das rühmt El Bekri[8]: »Die Hammel- und Rinder-

---

6 Der königliche Klan der Cisse darf nicht mit den Tunkara oder Dukure, dem Klan der Kusa (gefangene Häuptlinge) verwechselt werden.

7 Über die bedeutenden Ausgrabungen in Tegdaust von der Mannschaft J. Devisse und S. Robert siehe *Tegdaoust I*, 1970. »Die Anlage von Tegdaust bildet durch den Umfang der mittelalterlichen Entdeckungen auf jeden Fall einen privilegierten Ort des transsaharischen Handels für eine frühere Epoche im 12.–13. Jahrhundert. Bis jetzt ist von uns kein Hinweis für einen Widerspruch gegen die Identifikation Tegdaust – Audoghast gefunden worden. Im Gegenteil: die Anhaltspunkte zur Identifikation der Geschichtskurve des Ortes Tegdaust, wie sie die Archäologie enthüllt, mit derjenigen von Audoghast, wie sie die Texte beschreiben, sind zahlreich und bedeutend.« Die freigelegten aufeinanderfolgenden Besiedlungsstufen scheinen mit der bekannten Geschichte der Region zusammenzutreffen.

8 Übersetzung von V. Monteil, *Congrès International des Africanistes*, Dakar, Dezember 1967.

zucht ist dort besonders erfolgreich. Für ein Mitkal kann man wenigstens zehn Widder kaufen. Man findet hier viel Honig, der aus dem Land der Schwarzen kommt. Die Leute leben hier leicht und besitzen große Güter. Sein Markt ist immer lebendig. Die Menschenmenge ist so dicht, der Lärm ist so stark, daß man kaum hört, was der Nachbar sagt. Die Einkäufe werden mit Goldpulver bezahlt, da man hier kein Silbermetall findet. Man trifft hier auf schöne Bauwerke und sehr elegante Häuser. Die Bevölkerung ist in der Mehrzahl berberisch.«

El Bekri vergißt nicht, die ausgezeichnete Küche zu erwähnen, die von den Negerinnen zubereitet wird, und die sprichwörtliche Grazie der Töchter des Landes, deren Eigenschaften er mit lyrischer Genauigkeit preist: »Man begegnet hier auch jungen Mädchen mit schönen Gesichtern und hellem Teint; sie haben geschmeidige Körper mit festen Brüsten, schlanker Taille, breiten Schultern, einem ausladenden Hinterteil und engem Geschlecht ...«

Diese Frauen hatten so entwickelte Hüften, erzählt er uns, daß eine von ihnen,

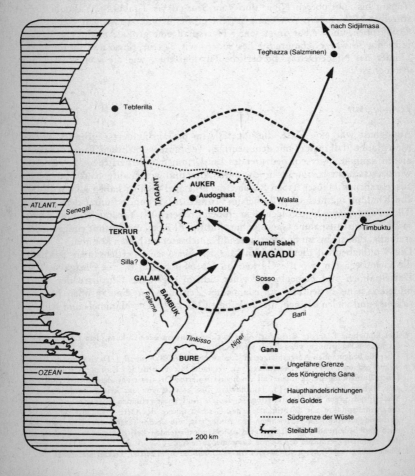

In Westafrika 109

auf der Seite liegend, nicht gestört wurde, wenn ihr Baby unter ihren Lenden
hin- und herkrabbelte ... »so geschwungene Lenden und pralle Hinterbacken
hatte sie«.

Diese Damen schliefen übrigens mit Vorliebe auf der Seite und vermieden, sich
zu setzen, um das harmonische Gleichgewicht ihres Gesäßes nicht zu beeinträch-
tigen ...

3. Politische Organisation

Der Wohlstand und die Sicherheit Ganas überraschten die arabischen Reisenden,
von denen die meisten schon die großen Städte des Maghreb und sogar Spaniens
besucht hatten. Der große Rat des Königs umfaßte hohe Würdenträger, von
denen manche freigelassene Sklaven, andere Mohammedaner waren. Auch die
Söhne besiegter Könige, die am Hof als Geiseln gehalten wurden, zog man zur
Regierung heran. Jeden Morgen ritt der Herrscher (Tunka), begleitet von all
seinen Offizieren, in einer Art Runde der Gerechtigkeit durch die Hauptstadt.
Er hielt an, um eventuelle Beschwerden seiner ergebensten Untertanen anzuhören und ihnen auf der Stelle Gerechtigkeit widerfahren zu lassen. Die Runde
des Abends dagegen durfte nicht unterbrochen werden. Die Thronfolge war
matrilinear, das heißt, der Sohn einer Schwester des Königs folgte diesem nach.
Das geschah, sagt El Bekri, um sicher zu sein, daß der Nachfolger immer von
königlichem Blut war. Denn man könne immer sicher sein, der Bruder seiner
Schwester, nicht immer aber der Vater seines Sohnes zu sein. Die Matrilinearität scheint zu Beginn die übliche Praxis der negro-afrikanischen Völker gewesen
zu sein, die wohl auch von ihrem bäuerlichen und seßhaften Charakter herrührte[9].

Wir kennen nur wenige Namen von Herrschern, darunter den des Tunka Menin, der im Jahr 1062 auf den Thron stieg und der Neffe seines Vorgängers
Bassi war. Der Herrscher war Animist, ebenso wie die Mehrzahl seiner Untertanen. Der Hauptkult war der des Schlangengottes von Wagadu (Wagadu-
Bida), Vorfahrentotem der Sisse. Nach der Legende kam er am Tag der feierlichen Einsetzung der Könige aus einer Höhle heraus und empfing als Opfer
jährlich das schönste Mädchen des Landes[10].

Der König legte eine wohlwollende Toleranz gegenüber den Mohammedanern
an den Tag, da die Mehrzahl der Dolmetscher und Minister und der Schatzmeister unter ihnen ausgewählt wurde. Der Hof des Tunka glänzte in herr-
lichem Überfluß von Gold.

»Der König«, sagt El Bekri, »legt sich um Hals und Arme Frauenschmuck. Er
setzt sich hohe, spitze Hauben auf, die mit Gold eingefaßt sind und um die er
einen Turban aus sehr feinem Baumwollstoff wickelt. Er hält Audienz und hört
die Beschwerden unter einem Kuppeldach. Rings um ihn warten zehn Pferde
mit Decken aus Goldstoff. Hinter ihm halten sich zehn Edelknaben auf, Träger
von Schwertern und von Schilden aus Leder; sie sind prachtvoll gekleidet und
tragen mit Goldfäden durchflochtene Zöpfe.

9 Diop Cheik Anta, *L'Unité culturelle du monde noir*, Prés. Afr. 1959.
10 Als Maghan eines Tages, so sagt man, seine Braut, die Jungfrau Sia, sah, die dem Tier
 geopfert werden sollte, tötete er dieses. Doch der Python war der Gott der Fruchtbarkeit.
 Sein Verschwinden soll zur Versteppung des Landes geführt haben.

110   7. bis 12. Jahrhundert: Von den Königreichen zu den Kaiserreichen

Der Gouverneur der Stadt sitzt auf der Erde zu Füßen des Königs, umgeben von den Ministern, die auf gleiche Art und Weise auf der Erde sitzen. Vor dem Tor des königlichen Kuppeldaches wachen Hunde, die den König fast niemals verlassen. Sie tragen goldene und silberne Halsbänder, geschmückt mit Glöckchen aus den gleichen Materialien.
Die Ankunft des Königs zu seiner Audienz wird durch Schläge auf eine Art Trommel, genannt dûba (tam-tam), angekündigt. Dieses Instrument besteht aus einem ausgehöhlten Baumstamm. Sobald die Leute es hören, versammeln sie sich. Die Leute vom Glauben des Königs werfen sich bei seinem Herannahen auf die Knie und streuen sich Erde auf den Kopf. Das ist ihre Art, den König zu begrüßen. Die Mohammedaner begnügen sich damit, in die Hände zu klatschen.«
Jedesmal wenn ein Monarch starb, baute man ein Kuppeldach aus Holz, unter dem man den Körper auf ein erhöhtes Podium legte, das mit Teppichen und Kissen ausgestattet war. Neben dem Körper ordnete man den Priesterornat und die Waffen des Verstorbenen an, ebenso wie Schüsseln und Kalebassen, aus denen er gegessen und getrunken hatte, versehen mit Lebensmitteln. Einige Köche und Mundschenke wurden auch neben ihren toten Gebieter gesetzt[11]. Dann bedeckte man das Bauwerk mit Matten und Stoffen, und die versammelte Menge warf Erde darüber, bis ein großer Hügel entstand, den man mit einem Graben umgab. Man ließ nur einen schmalen Zugang frei. Diese Praxis wird als barbarisch betrachtet, erklärt sich aber durch die animistischen Auffassungen. Es ist auch möglich, daß sie eine politische Gewähr gegen Vergiftungen aus der Umgebung des Königs war, die ihr Los an das des Herrschers gebunden wußte.

4. Die Hauptstadt

Die Identifizierung der Lage der Hauptstadt von Gana war Gegenstand zahlreicher Streitigkeiten. Eine Abschrift des Tarik el Fettach berichtet folgende Version: ». . . und der Name seiner (des Königs) Stadt war Kumbi, angesehene Stadt.« Als nun Bonnel de Mézières im Jahre 1914 die Ureinwohner bat, ihn zur einstigen Stätte von Gana zu führen, wurde er geradenwegs nach Kumbi Saleh geführt (Kumbi, die Heilige, wofern nicht Saleh der Name eines Herrschers ist), vgl. El Edrisi. Nur diese Stelle scheint durch die Gliederung der Örtlichkeiten und durch die Größe der Ruinen der Beschreibung zu entsprechen, die von El Bekri mit soviel Genauigkeit gegeben wurde: »Gana ist eine große Stadt, die aus zwei Stadtbezirken besteht. Der eine, in der Ebene gelegen, ist mohammedanisch und wird von arabisch-berberischen Kaufleuten, von Rechtsgelehrten und von hervorragenden Wissenschaftlern bewohnt. Man zählt dort zwölf Moscheen, deren Personal bezahlt wird.« Die königliche und animistische Stadt war sechs Meilen von der ersten Ortschaft entfernt und von heiligen Wäldern umgeben. Daher der Name El Ghaba (der Wald), den die Mohammedaner ihr gegeben hatten. Eine bedeutende Kaste von Priestern wirkte in diesen Wäldern, wo sich auch heilige Schlangen und königliche Grabstätten befanden. Es war bei Todesstrafe untersagt, dort einzudringen. El Ghaba enthielt auch Gefängnisse, aus denen man niemals lebend herauskam. Die heidnische Stadt besaß eine Moschee für die mohammedanischen Würdenträger, die dort arbeiteten.

11 Wie in Nubien (Kerma-Kultur).

In Westafrika 111

Die Residenz des Königs bestand aus einem Schloß und mehreren Hütten mit runden Dächern; das Ganze war von einer mauerähnlichen Einfriedung umgeben. Die beiden Städte waren durch eine große Prachtstraße miteinander verbunden, die von Häusern aus Stein und aus Akazienholz gesäumt war. Der königliche Palast war mit Skulpturen und Gemälden verziert und besaß Glasfenster. Der Tarik el Fettach geht noch weiter bei der Beschreibung der königlichen Pferdeställe des Tunka Kanissa: »Jedes der tausend Pferde schlief auf einer eigenen Matte. Jedes trug am Hals und am Bein eine seidene Schnur. Jedes Pferd verfügte über einen Kupfertopf zum urinieren ... Jedem Pferd standen drei Personen zu Diensten, die eine für das Futter, die zweite für Getränke, die dritte für die Urin- und Exkrementebeseitigung. Jeden Abend betrachtete der Herrscher von seinem Thron aus rotem Golde herab, von fackeltragenden Dienern umgeben, zehntausend seiner Untertanen, die zum Abendessen in den Palast geladen waren.«[12]

Und heute, was findet man? Eine Ebene aus Schiefergestein mit sanft gewellten Dünen, übersät mit Grasbüscheln und dornigem Gebüsch. So sieht Kumbi heute aus. Die Stätte ist seit 1914 unter anderem von Bonnel de Mézières, von Thomassey und Mauny ausgegraben worden. Man hat eine ausgedehnte Siedlung auf einem Hügel entdeckt, der vielleicht durch mehrere Ruinenschichten entstand. Die freigelegten Mauern sind aus Schieferblöcken gebaut und mit großer Genauigkeit errichtet. Sie sind an der Außenseite durch Stützpfeiler verstärkt. Die Straßen haben im allgemeinen einen sehr klaren Verlauf. Ein großer Platz nimmt das Zentrum ein, und die Nebenstraßen führen auf eine große Allee in Süd-West-Richtung. Die Böden aller Räume sind sorgfältig mit Schieferplatten von fast zwei Metern Länge ausgelegt. Eine Treppe führte zur ersten oder zweiten Etage und auf die Terrasse, wo sich das private Leben abspielte, während die Zimmer des Erdgeschosses Geschäften und Empfängen dienten. Dreieckige Nischen waren in den Mauern ausgespart, um Geräte, Lampen usw. abzustellen. Der Friedhof, der entdeckt wurde, weist eine Totenkapelle mit Säulen und Grabsteine mit arabischen Inschriften auf. Das ausgegrabene Material (Nägel, Gongs, Scheren, Hämmer, Ketten, Becher) und die Lage der Schädel mit dem Blick nach Osten lassen darauf schließen, daß es sich um eine arabo-berberische Siedlung handelt. Nun bleibt nur noch, die Stadt des Herrschers zu entdecken, die Residenz und die königlichen Gräber von El Ghaba, die unsere Kenntnis vom alten Gana erheblich erweitern könnten. Aber manche Autoren, wie V. Monteil, vermuten, daß es mehrere Gana gab oder zumindest mehrere nacheinanderfolgende Hauptstädte.

5. Das wirtschaftliche Leben

Das wirtschaftliche Leben des Reiches war ziemlich ausgebildet. Das Vorhandensein von Brunnen und zahlreichen Gärten offenbart eine gewisse bäuerliche Wohlhabenheit. Die Mehrzahl der Bevölkerung widmet sich dem Ackerbau und der Viehzucht. Einige Passagen bei El Bekri erlauben uns, die Gestalten dieser ganaischen Bürger zu ahnen, die Männer mit rasiertem Kinn, die Frauen mit rasiertem Kopf, bekleidet mit Lendenschürzen aus Baumwolle, Seide oder

12 *Tarik el Fettach.*

112   7. bis 12. Jahrhundert: Von den Königreichen zu den Kaiserreichen

Brokat, je nach den wirtschaftlichen Möglichkeiten. Der Reichtum des Landes rührte hauptsächlich vom Handel her, vor allem aber vom Gold. Man entdeckte in Kumbi so leichte Gewichte, daß sie nur dazu dienen konnten, ein kostbares Metall zu wiegen. Das Gold kam aus den im Süden gelegenen Gebieten um das legendäre Bambuk, durch die Vermittlung von Kaufleuten, die Wangara genannt wurden. Der Herrscher übte eine Art Monopol aus, das darin bestand, sich alles entdeckte Gold anzueignen, um, wie man sagt, die im Umlauf befindliche Goldmasse einzuschränken und damit die Abwertung zu verhindern ... Ein schwerer Goldblock von 15 Kilo (manche sprechen von einer Tonne!) war am Thron des Königs befestigt. Nur der Goldstaub hatte einen freien Kurs.

Oft setzten die maghrebinischen Kaufleute, um die kostspieligen Dienste der Wangara zu umgehen, ihren Weg selbst bis zum Land der Goldlager fort und betrieben dort mit den Eingeborenen stummen Handel. Dessen Technik geht auf die Karthager und, vor ihnen, auf die ägyptischen Händler im Lande Punt zurück. Bei der Ankunft machten sie viel Lärm mit Gong- und Trommelschlägen, um die möglichen Kunden aufmerksam zu machen. Danach stellten sie ihre Waren zum Verkauf aus: Woll-, Baumwoll-, Seiden- und Purpurstoffe, Kupferringe, blaue Perlen, Salz, Datteln und Feigen. Sie legten die Waren in kleinen Haufen hin und zogen sich zurück. Dann näherten sich die Eingeborenen, trafen in dieser Auslage ihre Wahl und legten an die Seite eines jeden Warenhaufens das in Goldstaub, was ihrer Ansicht nach der Gegenwert war. Danach zogen sie sich auch zurück. Die Händler kamen hierauf wieder und beurteilten, ob das Geschäft ihnen zusagte. Wenn nicht, kehrten sie wieder um, ohne etwas zu berühren oder nachdem sie etwas von den Waren weggenommen hatten. Von neuem traten die Eingeborenen näher usw. Die endgültige und allgemeine Übereinstimmung wurde durch ein großes Trommelkonzert gefeiert. Blindes Vertrauen der Geschäftspartner, von dem man uns nicht sagen kann, ob es oft enttäuscht wurde ... Aber das wohlverstandene beiderseitige Interesse wird wohl Enttäuschungen weitgehend verhindert haben.

Abgesehen vom Goldstaub nahmen die Kaufleute Elfenbein, Gummi und Sklaven in den Norden mit.

Der Tunka behielt für jeden mit Salz beladenen Esel, der in sein Gebiet kam, einen Dinar (von den Kalifen geschaffene Goldmünze[13]) ein und zwei Dinar für jeden Esel, der das Land verließ. Diese durchtriebene unterschiedliche Behandlung förderte sicher die Einfuhr von Waren, vor allem von Salz, dem kostbarsten der Gewürze. Die Karawanen nahmen wieder die großen Pisten, die Schwarzafrika mit dem Maghreb verbanden: über Audoghast oder Walata und Sidjilmasa, Hauptstadt der Zenata-Berber im Tafilalet (Süd-Marokko). In Sidjilmasa will Ibn Haukal einen Schuldschein über 42 000 Dinar gesehen haben (Gegenwert von beinahe 200 Kilo Gold). Diese Summe wurde einem Kaufmann der Stadt von einem gewissen Mohammed Ben Ali Sadun geschuldet. Das 9. und 10. Jahrhundert erlebte zweifellos den Höhepunkt des Reiches Gana. Das 11. Jahrhundert wird zum Schauplatz beträchtlicher Umwälzungen, die dem Islam und dem schnell auflodernden Feuer der Almoraviden zu verdanken waren.

13 Das entsprechende Gewicht des Dinars ist das Mitkal (4,722 g).

In Westafrika

C. Das Heldenlied der Almoraviden

1. Der Aufschwung

Um das große almoravidische Epos zu verstehen, muß man sich in Erinnerung rufen, daß die Berber dem Islam lange zurückhaltend gegenüberstanden. Das gilt ebenso für die verborgenen Stämme der Wüste wie für die seßhaften Völker der Ebenen des Maghreb. Aber sobald sie sich hatten bekehren lassen, verwandelten sie sich oft in leidenschaftliche und begeisterte Anhänger ihres neuen Glaubens. So pflegten die Sanhadja-Berber von der atlantischen Küste Mauretaniens[14] im 10. Jahrhundert einen sehr laschen Kult. Sie führten die Wallfahrt nach Mekka vor allem als eine politische Formalität durch, die ihre Bündnisse stärkte. So machte der oberste Häuptling der Dschoddala, Yahia Ibn Ibrahim, Nachfolger des berühmten Tarsina, auf der Rückreise von Mekka in Kairuan halt. Der Gelehrte Abu Amiru von Fes, den er um Rat fragen wollte, war sprachlos über die Unwissenheit des Yahia in religiösen Fragen des Islam. »Aber«, erwiderte der Emir, »ich bin der am besten Unterrichtete in meinem Land!« Äußerst bestürzt sah es der Gelehrte als seine Pflicht an, einen Theologen zu finden, der diesem Volk als geistiger Führer dienen könnte.
Er fand ihn in der Person von Abdallah Ibn Yasin, einem Gelehrten aus Sidjilmasa. Er kam also, um im ganzen Lande die malikitische Strenggläubigkeit zu predigen. Er wurde übrigens von den Dschoddala sehr schlecht empfangen. Sie wurden durch seine asketischen Verordnungen in Schrecken versetzt, besonders was die Zahl der erlaubten Ehefrauen betraf. Man legte ihm Feuer ans Haus, und er wurde vertrieben. Ibn Yasin beschloß daraufhin, nur noch durch sein gutes Beispiel voranzugehen. Um 1030 zog er sich wie in einer Art Hedschra mit zwei eifrigen Lemtuma-Schülern, Yahia Ibn Omar und sein Bruder Abu Bekr, an einen Zufluchtsort zurück, der wahrscheinlich auf einer Halbinsel an der atlantischen Küste lag[15]. Von nun an begannen die Anhänger zu strömen. Als sie

---

14 Das Wort Maure kommt aus dem Lateinischen: *Mauri* und mehr noch vielleicht aus dem Phönizischen: *Mahurim*.

15 Vielleicht in Tidra, nördlich von Nuakschott. Ibn Khaldun (Kitab al Ibar) und Rawd sprechen von einer Insel oder Halbinsel, auf die die Almoraviden sich zurückgezogen haben sollen. Schließt man den Niger aus, so kann der Ausdruck »bahr an Nili« von Ibn Khaldun auch ebenso »die Wasser des Nil« wie »das Meer des Nil« und »die nahen Gewässer des Nil« bedeuten; der Nil bedeutet hier der Senegal. Es scheint, daß die Inseln des unteren Senegal ausgeschlossen sind, da man sie wegen aufsteigender Meeresströmungen nicht zu Fuß erreichen kann. Im Text von Rawd wird diese Insel als im Dschoddala-Land gelegen beschrieben, nicht im Fluß, sondern an der atlantischen Küste zwischen dem Kap Blanc und dem Kap Timiris. Der erste der beiden Archipel dort wird ausgeschlossen, er ist durch tiefe Rinnen vom Festland getrennt.
Die südliche Gruppe scheint für die Lage der Insel Tidra die besten Beweise zu liefern. Die Expedition der IFAN (Januar 1966) erbrachte einige bestätigende Ergebnisse für diese Hypothese. Die lokale Überlieferung der Ahl Budda stellt sicher, daß es früher auf der Insel viel Trinkwasser gegeben hat und auch daß sich die Almoraviden hier vorübergehend aufgehalten haben. Doch schweigt sie sich über die Existenz einer Festung aus; nicht verwunderlich, da man auch keinen einzigen Baustein entdecken konnte. Die Almoraviden müßten hier Zelte in einer provisorischen Umfriedung aufgestellt haben, was ihrem Nomadenleben und der Hitze auch entsprochen hätte.
Dagegen gibt es zwischen Tidra und dem Kontinent über die Insel Serini eine Furt: die von den Stämmen bis zum Beginn des 20. Jahrhunderts geheimgehaltene »Magta«. Dank einer

das erste Tausend erreichten, taufte Ibn Yasin sie »al-morabetîn« (die vom Ribat[16]), woraus Almoraviden wurde. Er gab ihnen den Auftrag, den wahren Glauben gewaltsam durchzusetzen. Nachdem sie eine militärische Bruderschaft geworden waren, wagten die Almoraviden schon 1042 einen wütenden heiligen Krieg quer durch Adrar und Tagant, gegen die Dschoddala und Lemtuna, die sie ihrer Herden beraubten. Aufgebrochen von ihrer kümmerlichen Insel mit 1000 Leuten, waren sie bald 30 000 mit Ibn Yasin als geistigem Führer und Yahia als Feldherr. Zu ihnen stießen auch zahlreiche Kontingente aus Tekrur (Schwarze), getrieben von religiösen Motiven, aber auch von ihrer Opposition gegen die Vorherrschaft Ganas. Die übertriebene Strenge von Yahia brachte seine Pläne aber bald erneut zum Scheitern. Der heilige Mann verbot seinen Kriegern Raub und Notzucht, und so jagten sie ihn schließlich davon. Er zog sich nach Sidjilmasa zurück, nahe bei seinen geistigen Lehrern. Diese versahen ihn mit einer Eskorte von absolut ergebenen Schülern und schickten ihn aufs neue in die Wüste. Erneut hatte das frenetische und leidenschaftliche Predigen von Ibn Yasin leichtes Spiel. 30 000 Männer, bewaffnet mit Spießen, Lanzen, Äxten und Keulen, zu Fuß, zu Pferd und auf Kamelen, in dichten Reihen, die niemand sprengen konnte, überrannten den gesamten westlichen Sudan.

2. Triumph und Aufbau

Die Almoraviden scheinen revolutionäre Neuerungen in die Gesellschaft der Berber-Nomaden und in die Randgebiete der Schwarzen Welt eingebracht zu haben. Und das trotz der Anmerkung von El Bekri, der ein wenig an der Zuverlässigkeit der Kenntnisse von Ibn Yasin zweifelt.

Nun schreibt El Bekri: »Sie töteten alle Hunde und verschonten keinen.« Bei den Mzabiten wurde also die Kynophagie ausgeübt. Sie bilden den Ibaditenzweig des Charidschismus, der historisch dem Imamat von Tahat verbunden war. Die Kynophagie war auch in Sidjilmasa unter der Dynastie der Sufiten

Kamelstute, deren Fell mit weißen und rosenroten Flecken übersät war, soll diese Furt vor langer Zeit entdeckt worden sein. Flora und Fauna Tidras entsprechen sehr den Beschreibungen Rawds der Insel der Almoraviden.

Oder muß Tidra mit Iyuni von El Bekri und Awlil von El Edrisi identifiziert werden? El Bekri unterscheidet Iyuni sehr wohl von Awlil. Auf jeden Fall scheint auch die Beschreibung von Iyuni mit der Lage und der Fauna von Tidra übereinzustimmen, doch existiert der Name *Iyuni* heute nicht mehr in diesem Archipel. Vielleicht ein verschwundener Name? Überlebt er vielleicht im Namen der Nachbarinsel Tidras, Iwili? Aber damit ist die Frage nach der Identifikation von Awlil, dem Salzabbauzentrum, noch nicht gelöst. (Siehe Mauny, *Tableau géographique de l'Afrique occidentale au Moyen Age*.)

16 Das Wort »ribat«, von dem der Name der Almoraviden abzuleiten ist, hat die Wurzel r-b-t. Sie ruft im Arabischen wie im Wort »rabata« die Vorstellung von Ort oder Art einer Zusammenkunft hervor. »Ribat« bezeichnete folglich zunächst
– die Vereinigung der Glaubenskämpfer,
– den Ort, an dem man sich versammelte und die Reitpferde für den heiligen Ritt festband,
– den Ort, an dem sich sammelte, um die Grenzgebiete gegen Ungläubige zu verteidigen,
– den Platz, wo man die Arme der Glaubensfeinde fesselte.
Kurz, »ribat« erweckt die Vorstellung vom Heiligen Krieg und von dem Ort, an dem man sich versammelt, um ihn zu beginnen.
Das Wort »Almoraviden« kann zwei Ursprünge haben: entweder bedeutet es »diejenigen, die sich strenggläubig dem Heiligen Krieg widmen«, oder es bedeutet »diejenigen von Rabata, von Dar al Murabitîn«, einem von Wâjâj gegründeten Kloster.

In Westafrika 115

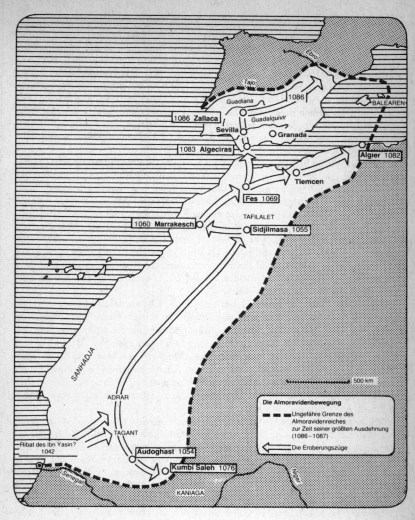

(ein anderer Zweig der Charidschiten) üblich, die den Rustemiden von Tahat durch Heirat verbunden waren. Diese religiösen Bande wurden durch die Straße Tahat-Sidjilmasa-Audoghast und Tahat-Tozeur-Gafsa (Südtunesien) über Wargla realisiert.

So ist also die Kynophagie, die zweifellos eine vorislamische kulinarische Gewohnheit war, mit der Idee des Charidschismus verbunden worden. Sie wurde verabscheut von den Malikiten, zu denen sich die Almoraviden rechneten. Sie riefen sich den Hadith des Propheten ins Gedächtnis: »Die Engel betreten kein Haus, in dem es einen Hund gibt.«

Aber auch die militärischen Techniken änderten sich. Die Kampfverbände der Nomaden, die nur von geringer Stärke waren und keine umfangreichen Verluste riskieren konnten, übten einen schnellen Wechsel von Vorstoß und Rückzug. Bei einer Niederlage blieb ihnen nur Flucht oder Unterwerfung. Dafür ordnete man die Kamele oder Pferde oder andere Tiere in Reihen an, um Wälle zu bilden, hinter denen man Zuflucht nahm, um sich neu zu ordnen und mit neuem Mut zum Angriff zu eilen.

Der almoravidische heilige Krieg änderte diese Taktik gründlich. Die Armee umfaßte Kavalleristen, Kamelreiter und Infanteristen. Für die Schlacht wurden die Infanteristen in Reihen aufgestellt; die erste, Säbel und Lanzen tragend, hielt den Feind auf. Die folgenden Reihen überwältigten ihn mit geschickt geschleuderten kleinen Wurfspießen, von denen jeder Soldat einen Vorrat mit sich trug. An der Spitze der Truppe zog ein Bannerträger alle Blicke auf sich. Wenn er fiel, und das Banner sich senkte, war es absolut verboten zu fliehen; man mußte sich zusammendrängen und »standhafter als die Berge« den Endkampf abwarten. Man folgte darin dem Beispiel des Propheten und der Kalifen, ebenso wie dem Korangebot: »Wirklich liebt Gott die, die auf seine Weise kämpfen: in Reih und Glied, als ob sie ein festes Haus wären.«

Inzwischen fiel Yahia in einem Gefecht gegen die Dschoddala nahe bei Atar im Jahre 1056. Auf die Aufforderung von Wâjâj hin, seinem alten Lehrer von Sidjilmasa, war Ibn Yasin nach Süd-Marokko hochgekommen und hatte von der Stadt Besitz ergriffen. Im Bewußtsein seiner Stärke entschied er dann, einer etwaigen Attacke der Araber von Marokko (Maghreb El-Asca, das heißt »far West« von Maghreb) zuvorzukommen. Er überschritt den Atlas mit seinen durch Härte gestählten Truppen. Leider wurde er schon 1057 in einer der ersten Schlachten getötet. Bald danach überließen die Almoraviden die ganze Macht den Händen ihres Emirs Abu Bekr.

Die Wüste blieb in einem Zustand der Unruhe, weil eine beständige Macht fehlte. In leidenschaftlichem Glauben stürzte sich Abu Bekr über den Paß des Glaoui. Und als er sich den reichen Ebenen des Maghreb näherte, sah er eine langwährende Herrschaftskarriere vor sich. Aus Furcht, die Almoravidenmacht könne durch die Zerstörung ihrer Kraftquellen gefährdet werden, kehrte Abu Bekr 1070 in den Sudan zurück. Die Interimsführung überließ er seinem Vetter Yussuf Ibn Tachfin. Um seine Etappen zu sichern und die Berberstämme von ihren Bruderkämpfen abzuhalten, beschloß er, mit ihnen gemeinsam gegen das große Negerreich Gana zu ziehen. Indessen eroberte er zuerst Marokko wieder. Hier hatte sich sein Stellvertreter Yussuf auf die Weise ein Reich errungen, das er sich als Befreier der einfachen Leute und Erneuerer des reinen Glaubens gegen die Korruption der lokalen Tyrannen vorstellte. Die Reihen seiner Truppen wurden unaufhörlich größer. 1062 gründete er Marrakesch, nimmt Fes ein, stößt im Norden mit den Vorposten der andalusischen Truppen zusammen und wendet seine Streitkräfte gen Osten. Nachdem er hier die Hauptstadt Zenata von Tlemcen erstürmt hat, dehnt er seine Macht bis Algier aus. Unter diesen Verhältnissen fand Abu Bekr, als er sich im Jahre 1070 nach Norden bewegte, nicht mehr einen Leutnant als Stellvertreter vor, sondern einen ruhmbeladenen Generalissimus.

In Westafrika 117

Er beugte sich vor dem Ansehen Yussufs und nahm, mit Geschenken beladen, seinen Weg durch die Wüste wieder auf und ließ sich im Tagant nieder. Darauf sammelte er seine Streitkräfte von neuem, um Gana endgültig zu vernichten. Ein berühmter Marabut, Imam el-Hadrami, unterstützte ihn bei diesem Unternehmen.

3. Der Niedergang Ganas und das Ende der Almoraviden

Gana hatte bis hierher nicht allzusehr unter den ausgedehnten Kriegszügen der Almoraviden gelitten; wohl dank seiner 200 000 Mann starken Armee, darunter 40 000 Bogenschützen und eine imposante Kavallerie, die allerdings durch den kleinen Wuchs ihrer Pferde gehandikapt war. Aber diese Armee war wahrscheinlich kein stehendes Heer. Darüber hinaus waren die südlichen Provinzen nicht mehr sehr loyal. Und bildeten schließlich nicht gewisse vom Tunka angestellte Mohammedaner eine Intelligenz vor Ort? Trotz hartnäckigen Widerstandes wurde Kumbi eingenommen und geplündert[17]. Daraus ergaben sich zwangsläufige Veränderungen. Der Tunka Menin, Nachfolger von Bassi, kann seinen schwer erschütterten Thron nur um den Preis eines drückenden Tributs bewahren.

Mittlerweile setzte Yussuf seine Eroberungen fort. In der Tat fühlten die arabischen Völker von Spanien den Schraubstock der *reconquista* unter Alfons VI. immer enger werden. Von ihren eigenen Emiren, die bei den inneren Kämpfen so weit gingen, den Beistand christlicher Fürsten zu erkaufen, übers Ohr gehauen, wandten sich diese Unglücklichen an Yussuf wie an einen Retter. Sie wurden darin von den Theologen unterstützt, die von dem einfachen und musterhaften Leben des almoravidischen Oberhauptes gehört hatten. In dem Augenblick, als die Emire sich Gedanken über die Garantien machten, die sie von ihm fordern wollten, ehe sie seine Intervention in Spanien guthießen, erfuhren sie, daß er bereits die Meerenge von Gibraltar überschritten hatte. Er hatte sogar schon Algeciras eingenommen. Der Emir von Sevilla, Mutamid, vereinigte seine Streitkräfte sogleich mit Yussufs Heer. Im Oktober 1086 zeigte Yussuf erneut sein Strategietalent und schlug eine ihm zahlenmäßig überlegene christliche Armee in Zallaca nahe bei Badajoz. Alfons VI. entkam, von einem schwarzen Gardisten verwundet, nur knapp dem Tod. Nach diesem Glanzstück kam Yussuf nach Marokko zurück mit dem Titel »*Amir al Muslimin wa nasir ad din*«: »Emir der Gläubigen und Verteidiger des Glaubens«. Einige Zeit später wurde er trotz der Einwände der Emire noch einmal zu Hilfe gerufen. Er setzte erneut über, eroberte Granada und Sevilla und brach den christlichen Widerstand bis hinauf zu den Pyrenäen.

17 Die Fragmente von Bayan ermöglichen eine genaue Chronologie der letzten Phase der Almoraviden-Bewegung im Sudan: Abu Bekr soll bei der Nachricht von einem Berberaufstand im Jahr 1070 in den Süden der Wüste zurückgekehrt sein. 1072 begibt er sich zum letzten Mal in den Norden, und 1076 setzt er sich gegen Gana durch. Dieses letzte Datum, das auch oft als Datum der »Einnahme von Kumbi Saleh« angegeben wird, beruht auf keiner eindeutigen Quelle. Man folgert es aufgrund zweier Gegebenheiten. Al Zuhuri erklärte: »Unter dem Einfluß der Lemtuna wurden die Leute von Gana 1076 Mohammedaner.« Hulal sagte: »1077 verlassen viele Lemtuna, Messufa und Dschoddala die Wüste, um sich Yussuf Ibn Tachfin anzuschließen.« Aus diesen beiden Texten schließt man, daß sie Gana im Jahr vorher (1076) erobert und bekehrt hatten und daß diese Berber sich bereitmachten, um Yussuf zu folgen.

118　　　　　7. bis 12. Jahrhundert: Von den Königreichen zu den Kaiserreichen

Nur Valencia, sagt El Cid, leistet mit Rodriguez Widerstand. Zu Beginn des 12. Jahrhunderts schuf die almoravidische Macht auf diese Weise ein euro-afrikanisches Reich, das sich vom Ebro bis in die Nähe des Senegal ausdehnte, daher der Name: Reich der beiden Ufer[18].

Im Jahre 1106 verstummte der Lemtuna Yussuf Ibn Tachfin, einer der größten Eroberer der Geschichte. Selbst auf der Höhe seines Ruhms wich er nie von seinen Idealen der Strenge ab, die die Quelle der almoravidischen Heldenlieder gewesen sind.

Dagegen verlor sein Sohn, Ali Ibn Yussuf, aufgewachsen in den andalusischen Genüssen, fromm, aber weichlich, das Vertrauen der rücksichtslosen, von der Sahara gestählten Generäle bald. Nach und nach wurde die almoravidische Herrschaft ebenso bedrückend wie die der Emire von einst. Zur *Zakat*, der gesetzlichen Armensteuer, kam die *Quabalat*, Marktsteuer, hinzu. Dazu traten noch die übermäßigen Forderungen der christlichen Miliz, die eine Söldnerpolizei bildete. Die Mohammedaner Spaniens empörten sich deshalb und metzelten sie nieder.

Im Maghreb wurde von Ibn Tumert, einem Berber aus dem Hohen Atlas, eine religiöse Bewegung eingeführt, die sich für die Rückkehr zu den ursprünglichen Lehren des Islam aussprach, gegen die malikitische und gegen die Gotteslehre, zu der sich die Almoraviden bekannten. Er gründete die almohadische Dynastie. Sein Nachfolger wurde Abd el Mumin. Letzterer und sein Enkelsohn Abu Yussuf bemächtigten sich des almoravidischen Besitzes im Norden des Atlas und im Süden Spaniens. Sie dehnten ihre Herrschaft bis nach Ifrikija (Tunesien) aus. Während eines halben Jahrhunderts etwa fand eine bemerkenswerte Entwicklung statt; aber im Jahre 1212 wurde die almohadische Armee von den Christen in Navas de Tolosa vernichtet, und 1272 richteten die Meriniden von Fes den letzten Fürsten der berberischen Dynastie der Almohaden hin. Sie hatten dem Maghreb eine seiner glänzendsten Epochen geschenkt. Sie hinterließen in Marokko wundervolle Kunstwerke mit andalusischer Inspiration und eine gediegene Verwaltung *(makhzen)*, zu deren Einrichtung die besiegten Araber sehr viel beigetragen hatten. Der Sturz der Almohaden hatte die Aufteilung des Maghreb in drei Teile zur Folge: die Meriniden von Fes, die Abd el Waditen von Tlemcen (Algerien) und die Hafsiden von Tunis.

Ein Jahr nach dem Sieg Yussufs in Zallaca starb Abu Bekr an einem vergifteten Pfeil, der ihn im Verlauf eines Gefechts 1087 traf[19]. Er hatte das Unmögliche versucht, die berberischen Wüstenstämme zusammenzubringen und gleichzeitig seine Angriffe gegen die Schwarzen fortzusetzen. Gana erreichte hierauf seine Unabhängigkeit wieder, nicht aber seine alte Stärke. Die Dukuru von Wagadu, die Nyakate von Diarara (die im 13. Jahrhundert von den Diawara vernichtet werden), das Galam der Bathily (zukünftig von Tekrur einverleibt) und vor allem das Königreich der Sosso von Kaniaga schüttelten die letzten Bande ab,

---

18 Allein das Gold des Sudan ermöglichte dem nördlichen Zweig der Almoraviden, eine reiche Vielfalt von Münzen im Maghreb und in Al Andalus in Umlauf zu bringen.

19 Der Rawd und Ibn Khaldun geben als Todesjahr Abu Bekrs 1087 an. Eine Tatsache aus der Numismatik läßt diesen Schluß zu: bis zum Jahr 1087 sind die in Sidjilmasa in Umlauf gebrachten Dinare mit dem Namen Abu Bekrs geprägt, danach mit dem Namen Yussufs. Abu Bekr soll ein Pfeil ins Knie getroffen haben. Ein alter Bogenschütze, der an einer Augenkrankheit litt – wollte er auf den Feind zielen, so mußte man ihm die hängenden Augenlider heben und an der Stirn befestigen –, soll auf ihn gezielt haben. Tödlich verletzt begab sich Abu Bekr nach Tagant, um zu sterben. Dabei ließ er seine schwangere Frau Fatimata vom Stamm der Tukulor zurück. Sie gebar N'Djadia Ndiaye, den ersten König von Walo und der Wolof.

die sie noch an Kumbi fesselten. Außerdem beschleunigten die almoravidischen Siege und der Zerfall des letzten animistischen Bollwerkes, das Gana bildete, die Islamisierung des Bled es Sudan. Es ist möglich, daß viele Völker, die sich gegen den Islam auflehnten, überstürzt nach Süden aufbrachen. Serer, Wolof, Sarakole, Bambara, Songhai, Akan und andere wanderten gen Süden, während einige Fulbe sich zu den Höhen des Futa Dschalon wandten und besonders zu den Steppen von Massina und zum Norden des Haussa-Landes. Die Königreiche der Wolof entstehen. Dieser Rückstrom erklärt sich teilweise durch die Verarmung, die wegen der Verunsicherung der Karawanenwege und durch das Austrocknen der Sahel eintritt. Die Aufgabe des Ackerbaus und das Versiegen der Brunnen sind die Folgen.

Das Königreich Gana, jetzt reduziert auf Auker und auf Basikunu, fiel in Bedeutungslosigkeit zurück. Die Karawanen wandten sich nun in Richtung Timbuktu, Gao und Dschenne. Bald nahmen die reichen Mohammedaner Zuflucht in Walata, besonders nach der Plünderung von Kumbi durch den König von Sosso, Sumanguru Kante, im Jahre 1203. Gana, das nur noch ein Schatten seiner selbst ist, wird nacheinander zum Lehen der Sosso, dann der Mali.

III. Im Nordosten: Nubien und Axum

A. Nubien

Dem Sturz des Reiches Meroe (ungefähr um 350) folgt eine ruhmlose Periode, die sich bis in die Mitte des 6. Jahrhunderts hinzieht. Eine neue Zivilisation mit dem Namen einer Nekropole nahe Abu Simbel setzt sich fest: Ballana. Die Spuren weisen auf das Eindringen nomadischer Stämme hin (Blemmyer, Nobaten). Vormeroitische Begräbnissitten tauchen wieder auf (Beerdigung in Embryolage, Menschen- oder Tieropfer). Schwierige Zeiten feindlicher Zusammenstöße und kultureller Veränderung.

Um 543 n. Chr. schickte die Kaiserin Theodora von Byzanz eine christliche Mission nach Nubien. Der Missionar mit Namen Julian blieb zwei Jahre in Nobatia und bekehrte viele. Er scheint dort unter der Hitze gelitten zu haben, denn man schildert ihn uns als jemanden, der von neun Uhr morgens bis vier Uhr nachmittags in schattigen, feuchten Höhlen Zuflucht suchte, wo er sich entblößt aufhielt, nur mit einem Stück Leinen um die Hüfte geschlungen. Auf den Ruinen des Reiches Meroe entstanden drei große Fürstentümer: von Norden nach Süden Nobatia, Makuria und Aloa. Makuria hatte seine Hauptstadt in Old Dongola (Provinz im Norden des heutigen Sudan), Aloa hatte seine Metropole nahe bei Khartum in Soba. Die Reiche von Nobatia und Makuria werden übrigens zwischen den Jahren 650 und 710 zu einem großen Königreich vereinigt, vielleicht nach der Eroberung Nobatias durch Makuria. Schon im 6. Jahrhundert hatten sich die Bewohner zum orthodoxen Glauben bekehren lassen, aber die arabische Eroberung konnte schnell den endgültigen Sieg des Monophysismus sichern, der der koptischen Kirche von Ägypten angegliedert war; denn die Araber verdächtigten die Orthodoxen nämlich, politisch Byzanz gewogen zu sein, dem Oberhaupt ihrer Kirche. Schon 641 fielen die Araber, Herrscher über Ägypten, in

120   *7. bis 12. Jahrhundert: Von den Königreichen zu den Kaiserreichen*

Nubien ein, aber sie fanden sich Kriegern gegenüber, die noch nicht die alte Tradition der nubischen Bogenschützen vergessen hatten: unfehlbar trafen sie mit ihren schrecklichen Pfeilen das Auge des Feindes und bekamen deshalb von den Arabern den Beinamen: *rumat al-hadaq* (Pupillenbohrer). Ein erster Vertrag wurde geschlossen *(der Baqt)*, durch den sich die Nubier verpflichteten, jährlich 400 Sklaven im Austausch gegen Getreide und Stoffe zu liefern.

Aber im Jahre 652 begannen die arabischen Attacken wieder, und in Old Dongola wurde die Hauptkirche durch von einem Katapult abgeschossene Steinkugeln zerstört. Das war eine rauhe Schlacht, in der die arabischen Kavalleristen, mit Panzerhemden bewehrt, sich nur schwer durchsetzten. Wahrscheinlich vereinigten sich die beiden nubischen Königreiche des Nordens wegen dieser Niederlage. Der Herrscher dieses vereinigten Königreichs, auf Griechisch *»Eparch«* genannt und auf Arabisch »Herr der Berge« *(Sahib el-djebel)*, wurde mächtig genug, um die militärische Offensive zu wagen. Im Jahr 745 stürmte der König mit seiner Armee bis nach Kairo, um gegen die Gefangennahme des Patriarchen von Alexandria zu protestieren, und er zog sich erst nach dessen Befreiung zurück. Aber als 831 nach dem letzten christlichen Aufstand der Kalif Mamum Tausende von koptischen Christen umbrachte, rührten sich die Nubier aus Sorge um ihre Unabhängigkeit nicht mehr. In der Mitte des 10. Jahrhunderts lebten die Feindseligkeiten wieder auf, und die Nubier, die Nutzen aus dem Aufruhr in der arabischen Welt zogen, besetzten Oberägypten bis in den Norden von Edfu und machten das Kloster von Sankt Mercurios, nubische Dokumente beweisen es, zu einem Mittelpunkt nubischer Kultur.

Die Fatimiden (969) achteten diesen Status, dank dessen Nubien der ständige Beschützer des Patriarchen von Alexandria geworden war. Dies war der Höhepunkt der christlichen Königreiche von Nubien. In dieser Zeit stand Nubien wahrscheinlich auch mit anderen Wüstenstämmen in Verbindung (Garamanten, Tuareg?), die zwar seit dem 6. Jahrhundert bekehrt waren, die sich aber noch vor dem Jahr 1000 dem Islam zuwenden.

Das 11. Jahrhundert leitet schon den Niedergang ein. Von jetzt ab in der Defensive, weichen die nubischen Königreiche langsam vor der arabisch-mohammedanischen Macht zurück. Diese nahm die Offensive nach dem Fall der Fatimiden (1171) wieder auf. Die Nubier bemächtigten sich Assuans, aber Salah Ad-Din (Saladin) schickte an der Spitze eines großen Heeres seinen Bruder, schlug die Nubier und nahm die Stadt Ibrim ein. Deren Hauptkirche wurde in eine Moschee umgewandelt, und eine arabische Garnison wurde dort eingerichtet. Die Nubier machten noch einmal von sich reden bei einer Attacke im Jahre 1272, die sie unter der Führung des Königs David gegen den arabischen Hafen Adal am Roten Meer starteten. Dieser letzte Versuch Nubiens ist symptomatisch. Abgeschnitten vom Rest der Welt in religiöser und wirtschaftlicher Hinsicht, suchte es vielleicht mit einer letzten pathetischen Geste in Richtung auf das Rote Meer einen Ausweg aus dem langsamen Ersticken.

Von da an gab es nurmehr Palastquerelen, deren Fäden die Araber von Ägypten in Händen hielten. Die traditionelle Erbfolge durch den Sohn der Schwester des Königs zog allerdings sehr viele Schwierigkeiten nach sich. Der letzte König von Dongola, Kudanles, wurde 1323 von Kanz ed Daula bezwungen und nach Kairo deportiert. Das war das Ende des christlichen Königreichs von Nubien, und der Islam konnte sich weiter nach Süden ausbreiten. Dennoch hielt das Königreich Aloa, das über eine mächtige Kavallerie verfügte, diese Woge viel-

Im Nordosten: Nubien und Axum 121

leicht noch einige Zeit auf. Ein arabischer Autor des 10. Jahrhunderts, von Makrisi zitiert, beschrieb die Pracht seiner Hauptstadt Soba: herrliche Gebäude, ausgedehnte Klöster, Kirchen mit Gold überladen, prächtige Gärten und von Mohammedanern bewohnte Vororte.

Im 13. Jahrhundert nehmen wir nur noch einen schwachen Abglanz seiner Wohlhabenheit wahr, aber der Verfall des Königreichs von Dongola brachte ihm die fast völlige Isolierung. Sein christlicher Glaube kann nicht lange überleben. Vielleicht versuchte es damals, sich nach Süden und Westen über Wadi el Melik[20] nach Darfur auszubreiten; Etappen auf dieser Wanderung waren Abu Sofyan und Zankor. Man hat christlich-nubische Töpferware in Ain Farah im Norden Darfurs[21] entdeckt. Und die eindrucksvollen Ruinen des Dschebel Uri wahren noch ihr Geheimnis. Im Ennedi finden sich Spuren eines frühen Christentums. Es scheint daher, daß Tibesti (christliche Ruinen von Selima), Ennedi und der Norden des Darfur in der Folge des christlichen Makuria gestanden haben.

In Hinsicht auf Zivilisation und Kultur verfügten diese nubischen Königreiche seit dem 10. Jahrhundert über eine Schrift im koptischen Alphabet (das alte Nubisch). Man fügte ihm drei Buchstaben hinzu, die ohne Zweifel von meroitischen Zeichen abstammen. Die Texte, die zu uns gelangt sind, sind fast alle religiösen Inhalts. Die Kirchen mit rechteckigem Grundriß, nach koptischen Vorschriften angelegt, waren wie in Faras[22] und Ghazab aus gebrannten Ziegelsteinen, andere aus luftgetrockneten Ziegelsteinen. Der Schmuck besteht aus Wandgemälden, die in Stil und Ornamentik einen sehr starken byzantinischen Einfluß verraten; indes verbunden mit lokalen Merkmalen, was die Kleidung des Eparchen von Nubien auf einem Gemälde in der Kirche von Abd el Kadu beweist. Die zweiköpfigen Adler auf seinem Mantel sind byzantinischer Herkunft, während seine Kopfbedeckung mit zwei seitlichen Hörnern an ein Emblem nubischer Könige erinnert.

B. Axum

Auch hier wohnen wir einem erbitterten Widerstand gegen den Islam bei, dem allerdings durch innere Unruhen Fesseln angelegt waren. Äthiopien bekannte sich zu dem gleichen monophysitischen Glauben wie Nubien, aber es nahm politisch, seit Ezanas, ihm gegenüber eine latent feindliche Haltung ein. Es verbündete sich freiwillig mit den Blemmyern bis zu dem Augenblick, als diese in der Mitte des 6. Jahrhunderts von dem nubischen König Silco ausgerottet wurden, und die Wüste, die bis dahin von ihnen eingenommen wurde, von den Bedschas eingenommen wird. Deren Plünderungen bis zu den Hochplateaus von

20 Old Dongola lag am Ausgang des Trockentales Melik oder el Milk, das nach Darfur führt.
21 Für A. J. Arkell sind die Ruinen von Ain Farah die einer Festungskirche. Für R. L. de Neufrill und A. A. Houghton handelt es sich eher um eine Moschee (s. Kush 1965, XIII).
22 Die riesige Basilika von Faras, die man 1961 nur entdeckte, da sie unter einer arabischen Zitadelle des 17. Jahrhunderts verborgen war, enthüllte Fresken von einer verblüffenden Frische. Die Personen der Heiligen Geschichte sind in weißer Farbe gemalt, während die Herrscher wie die Königin Martha und Bischöfe wie Kyros und Petros (9.–11. Jahrhundert) sehr dunkel gehalten sind.

7. bis 12. Jahrhundert: Von den Königreichen zu den Kaiserreichen

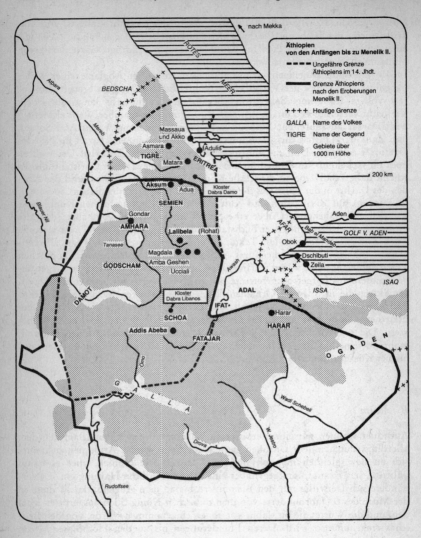

Im Nordosten: Nubien und Axum   123

Eritrea beginnen, Äthiopien vollständig von den Ländern des Nordens abzuschneiden.

Im Osten sind die ersten Beziehungen mit dem mohammedanischen Arabien ausgesprochen herzlich. Tatsächlich nahmen manche Gefährten des Propheten schon 615 in Axum Zuflucht vor der grausamen Verfolgung durch die koraichitische Aristokratie. Sie wurden dort willkommen geheißen. Sie waren auf Betreiben Mohammeds selbst aufgebrochen: »Wenn ihr nach Abessinien geht, werdet ihr einen König finden, unter dem niemand verfolgt wird. Das ist ein Land der Gerechtigkeit, wo Gott euren Leiden ein Ende bereiten wird.« Eine Überlieferung berichtet sogar, daß von allen Königen, denen Mohammed seine Botschaft verkündet hat, nur der von Äthiopien mit einem Brief der neuen Lehre zugestimmt haben soll. Weiter heißt es, daß der Prophet nach der Nachricht von seinem Tod über ihn den göttlichen Segen ausgesprochen habe. Tatsächlich stellte sich der König von Äthiopien aber sehr rasch entschieden gegen die islamische Expansion. Dennoch hatte seine anfängliche Ritterlichkeit die Anhänger Mohammeds angerührt, und man war im 10. Jahrhundert übereingekommen, daß man den Äthiopiern, obwohl sie Christen waren, nicht den Heiligen Krieg erklären könne.

Andererseits betrieben die Äthiopier gleichsam als vorbeugende Aktion lebhafte Seeräuberei quer durch das Rote Meer. Einer ihrer Überfälle auf die arabische Küste brachte sie im Jahr 702 sogar bis nach Djidda, dem Hafen von Mekka, der geplündert wurde. Der Prophet soll eines Tages gesagt haben: »Vermeidet jeden Streit mit den Äthiopiern, denn sie erhielten als Erbteil neun Zehntel der Kühnheit des Menschengeschlechts.« Aber würden diese es nicht eines Tages wagen, sogar Mekka selbst anzugreifen? Die Kalifen gingen deshalb zum Gegenangriff großen Stils über, der die Inseln und Häfen, Schlupfwinkel der Piraten, aushob. Nach Massaua wurde Adulis, der Schlüssel des äthiopischen Außenhandels, zerstört. Der Kalif Walid (705–715) ließ auf die Mauern seines Palastes von Kuseri Amarah die Bildnisse des Kaisers von Byzanz, von Chosroes dem Perser, Roderic dem Wisigoth von Spanien und des Negus malen: diese vier Großen der damaligen Welt hatte er niedergeworfen.

Die Sperrung des Roten Meeres war ein Wendepunkt in der äthiopischen Geschichte. Von nun an wird es, abgeschnitten von seinen wirtschaftlichen und geistigen Quellen, unter dem Druck der Bedscha gezwungen sein, sich ungefähr zwei Jahrhunderte lang auf die südlichen Hochplateaus von Amhara und Shoa zurückziehen zu müssen. Man wird verstehen, daß sich Äthiopien nicht so leicht in diese »Haft« gefügt hat. Am Ende des 9. Jahrhunderts stürzt sich Äthiopien wie Nubien in einem letzten Aufbegehren auf die gefährlichen, aber befreienden Ufer des Roten Meeres. Zu Beginn des 10. Jahrhunderts erobert es Massaua, Dahlak und Zeila, deren mohammedanische Einwohner ihnen Tribut zahlen. Erneut wird es eine See- und Handelsmacht. Am Ende des 10. Jahrhunderts aber erfahren wir plötzlich, daß das Königreich von einer Königin aus dem Süden mit Feuer und Schwert verwüstet wird. Es handelt sich um eine gewisse Guedit oder Esato, Herrscherin des Königreiches Agao vom Damot. Diese rasende Eroberin begann, nachdem sie alles verbrannt und dem Erdboden gleichgemacht hatte, in Axum sogar den König von Äthiopien unerbittlich zu verfolgen. Dieser sah in seinen Leiden einen Wink Gottes (er hatte den legitimen Abuna fortgejagt und ihn durch einen Schwindler ersetzt) und entschloß sich, König Georg von Nubien zu schreiben. Er bat ihn inständig, ein gutes Wort bei dem Patriarchen von

Alexandria einzulegen, um zu bewirken, daß man ihm einen neuen Abuna sende. Und die Geschichte erzählt, daß mit seiner Ankunft die schreckliche Königin zurückgetrieben wurde. Dieses Eindringen verrät das Wiederaufflackern der Flamme der animistischen und autochthonen Agao.

Unter anderem wurde dadurch der äthiopische Einfluß an den Ufern des Roten Meeres vernichtet. In Dahlak faßte ein mohammedanischer Staat Fuß, und von Zeila ab rückten die Mohammedaner langsam in das an Nordsomalia angrenzende Land vor. Sie gründeten dort kleine Königreiche. 1150 erfolgt ein weiterer Appell des Königs von Äthiopien an den Patriarchen; unter dem Vorwand, daß der alte Abuna kindisch werde, forderte er einen anderen. Der Patriarch, der die Wahrheit kannte, daß nämlich der König ein vom Abuna nicht geschätzter Usurpastor war, hütete sich, ihm recht zu geben. Auf diese Weise begann die nichtsalomonische, thronräuberische Dynastie der Zagwe, obwohl manche versichern, daß sie dennoch von Salomon abstamme, nämlich durch Balkis, ein Dienstmädchen der Königin von Saba. Sie herrscht bis etwa 1270 und stellt zweifelsohne eine Reaktion der Zagwe gegen die Aristokratie der semitischen Einwanderer dar. Der berühmteste ihrer Könige ist Lalibela, in hervorragender Erinnerung wegen seiner Frömmigkeit; ihretwegen hat man ihn heiliggesprochen. Eine Menge Kirchen und Klöster wurden unter seiner Herrschaft gegründet, vor allem im Süden des Landes. Er unterstützte in besonderem Maße das große Kloster von Libanos mit großzügigen Schenkungen, die es zeitweilig zum Rivalen von Dabra Damo, dem anderen großen äthiopischen Kloster, machten. Lalibela schreibt man die berühmten Felsenkirchen Äthiopiens zu. Diese Kirchen findet man hauptsächlich in der Hauptstadt Rohat, später Lalibela genannt. Sie sind monolithische Kuben, die durch einen Graben aus dem Felsen herausgearbeitet und dann ausgehöhlt wurden. Diese großartigen Gebäude der Gottesverehrung ragten mit ihren Spitzen nicht über das Niveau des umgebenden Bodens hervor. Das Äußere zeigt erhabene Säulen, Kranzleisten, Scheinbedachungen. Im Inneren finden wir formenreiche Gewölbe und Reliefs an den Wänden. Der Gesamteindruck ist von starker, nüchterner Schönheit, beinahe streng, trotz des sehr verschiedenartigen Zuschnitts der Fenster. Diese Gebäude sind in ihrer Art, trotz eines Hauchs von byzantinischem und arabischem Einfluß, einzig in der Architekturkunst. Das größte dieser Bauwerke ist die Erlöserkirche. Sehr viele äthiopische und andere Pilger lassen sich immer wieder von diesen Prachtbauten anziehen und scheuen auch die schwierige Anreise nicht. Es sind wahre Kleinode, die die Künstler voll glühenden Glaubens und mit Phantasie den umgebenden Felsen entrissen haben.

Lalibela schickte in den Jahren 1200 und 1209 zwei Gesandtschaften nach Kairo mit herrlichen Geschenken, die eine Vorstellung von seiner Pracht vermittelten. Diese Missionen zielten unter anderem auch darauf ab, die Nachfolge des Abuna zu sichern. Es scheint übrigens, daß Äthiopien damals hoffte, seine religiöse Autonomie durch die Ordinierung von mehr als sieben Bischöfen in Äthiopien durchzusetzen, um einen eigenen Patriarchen am Ort wählen zu können. Aber dieser Plan einer eigenständigen Kirche scheiterte am Widerstreben des Patriarchen von Alexandria, der zu Recht um seine Autorität fürchtete. Er schlug zum anderen fehl wegen des Widerstandes des mohammedanischen Kairo, das in dieser Institution eine Quelle finanzieller Einkünfte sah, ein Druckmittel und indirektes Aufsichtsrecht über die Angelegenheiten Äthiopiens. Während dieser Zeit scheint die Kirche Äthiopiens auch eine innere Reform vorgenommen zu haben, vor allem mit dem Kampf gegen die Polygamie und die zu mühelose Scheidung. Aber der Bannstrahl kann keine großen Resultate erzielt haben, denn wir wissen, daß die gleiche Kampagne oft wiederholt wurde.

IV. An der Ostküste

Vom 7. bis in die Mitte des 12. Jahrhunderts erlebte die Ostküste einen beständigen Aufschwung ihrer Städte. Hier trafen die Araber wegen des Handels immer in großer Zahl ein. Diejenigen aus Mogadischu fuhren die Küste bis Sofala hinab, um das in den Gebieten des Sambesi und des Limpopo geförderte Gold sowie Sklaven wieder mitzunehmen. Um 950, so erzählt die Legende der Chronik von Kilwa, verließ eine Gruppe von Auswanderern Schiras in Persien, zweifellos um der Verfolgung zu entkommen, die sie als Schiiten[23] seitens ihrer Glaubensgenossen erlitten. Mit ihren sieben Schiffen machten diese Leute aus Schiras meist in kleinen Häfen wie Mombasa und Sansibar halt. Aber einer von ihnen, Hussein Ben Ali, setzte seinen Weg bis nach Kilwa fort und ließ sich dort nieder. Man erzählt, daß, als er den Wunsch äußerte, die kleine Kilwa Kisiwani genannte Nachbarinsel zu kaufen, ihm der dortige Häuptling antwortete, er wäre bereit, sie für ein Stück Stoff zu verkaufen, das lang genug wäre, die ganze Insel zu umschließen. Hussein akzeptierte und nahm diesen Handelsstützpunkt in Besitz, der einige Jahrhunderte später einen außerordentlichen Aufschwung nahm. Während dieser Zeit beginnen die Araber, sich auf Dauer niederzulassen. Da sie sich aus Angst vor Überfällen durch die Eingeborenen im allgemeinen vor dem Festland hüteten, zogen sie die Inseln vor, die leichter zu verteidigen waren. Und da Kilwa Kisiwani zu nahe an der Küste lag, beeilte sich Hussein, den schmalen Kanal, der sie vom Festland trennte, auszubaggern und zu vertiefen.

Der Sohn Husseins ging, nachdem er seine Macht gefestigt sah, mit aggressiven Methoden gegen die Eingeborenen vor. Er besetzte und annektierte ohne Umschweife die Insel Mafia. Empört über seine Herrschaft erhoben sich die Afrikaner im Jahr 1020 und zwangen ihn, sich nach Sansibar zu flüchten. Aber dort hob er ein Heer aus und faßte wieder erfolgreich Fuß in Kilwa. Seine Herrschaft wurde milder, und die Insel erlebte eine bemerkenswerte Blüte. Der Handel beruhte vorwiegend auf Elfenbein im Norden und Gold im Süden. Die Sklaverei war bereits ziemlich entwickelt, so daß es schon im Jahr 750 400 schwarze Soldaten in der Armee des Sultans von Bagdad gab. Im Jahre 869 unternahmen sie einen schrecklichen Aufstand, der das Sultanat bis in seine Grundfesten erschütterte.

Was das Innere Afrikas anbetrifft, so sieht man weiter neue Völker aus dem Norden eintreffen. Die Proto-Wakaranga verließen unter Führung des Stammes der Rosswi die nähere Umgebung des Tanganyikasees, um sich im Süden des Sambesi anzusiedeln. Die Tonga-Ronga nahmen, gefolgt von den Nguni, um das 10. Jahrhundert herum die gleiche Richtung. Alle diese Völker wurden durch die Araber unter der Bezeichnung Zanji (Schwarze) bekannt. El Masudi, ein Autor des 10. Jahrhunderts, beschreibt sie uns mit dicken Lippen, vorgewölbten Augenbrauenbogen und krausen Haaren. Sie übten zahlreiche Totem- und von

---

23 Die Schiiten sind die Anhänger Alis, eines der Kalifen, die Nachfolger des Propheten waren.

126　　　　7. bis 12. Jahrhundert: Von den Königreichen zu den Kaiserreichen

den Vorfahren herstammende Kulte aus, und im Süden nannte sich einer ihrer Häuptlinge »Sohn des großen Gottes«: ein erwählter König, der manchmal vom Volk rituell hingerichtet wurde. Das erinnert an die Riten der göttlichen Könige.

Zusätzlich zu den Beziehungen mit Arabien und Persien verbanden die arabischen, hinduistischen und anderen Kaufleute Ostafrika mit dem Fernen Osten. Schon im 10. Jahrhundert hatten die chinesischen Geographen eine ziemlich hochentwickelte Kenntnis von den Ufern des »westlichen Meeres«. Sie sprechen z. B. über die schwarzen Bewohner eines gewissen Landes, daß sie Po Pa Li nennen und das vielleicht Somalia ist; und von einem gewissen Mo Lin, der vielleicht Malindi ist. Bei Beginn des 12. Jahrhunderts gab es kaum reiche Gegenden, die keine schwarzen Sklaven hatten. Die Schildkrötenpanzer, das Elfenbein, die Hörner von Nashörnern, die graue Ambra, das Gold, alles das reiste noch weiter mit den Schiffen, die von Oman oder vom Persischen Golf aufbrachen und bis zu den Lagerhäusern Sumatras und Malaysias segelten. Indien war auf diesen Seewegen ein natürlicher Zwischenlandeplatz. Vom 9. bis 12. Jahrhundert war das Königreich Kola im Südosten Indiens eine Macht, die zahlreiche Abhängigkeitsgebiete kontrollierte, darunter auch die Malediven. Von dort kamen jene Kauris, die südlich der Sahara zu einer Art Währungseinheit Schwarzafrikas wurden.

Diese fieberhafte Schiffahrt voller Risiken (aber mit phantastischen Gewinnen) wurde von den wechselnden Monsunwinden begünstigt, die quer über den Indischen Ozean zwischen der afrikanischen Ostküste und der Malabarküste wehen.

Hier wie am südlichen Rand der Sahara haben die Araber vor allem eine Vermittlerrolle zwischen Schwarzafrika und der übrigen Welt gespielt; und das mit beachtlichen Gewinnen. Von keiner Seite wird die eigentliche Mitte der schwarzen Welt angegriffen. Es handelt sich einfach um Handelsniederlassungen, die manchmal, wie auf den Inseln der Ostküste, wirkliche Kolonien bilden und eine Bereicherung an Techniken, Ideen und neuen Erzeugnissen mit sich bringen. Die peripherische Rassenvermischung war an der Ostküste tiefgreifender. Die Araber nahmen Frauen des Landes. Eine neue Mischbevölkerung entwickelte sich auf diese Weise, die sich selbst Schirasi nennt. Sie spricht eine Sprache, die fundamental und strukturell Bantu ist, aber zahlreiche arabische Vokabeln enthält: das Suaheli. Dieser arabische Einfluß vergrößert sich noch, als Saladin, der Herrscher Ägyptens, seinen Sohn Turan Shah aussendet, um Südwest-Arabien zu erobern und so den Machteinfluß des mohammedanischen Ägypten über die gesamte Küste des Roten Meeres und des Indischen Ozeans auszudehnen.

Bibliographie

ABOULFEDA (gest. 1331), *Géographie.* Übers. M. Reinaud (Bd. 1, 1848).
AL-BAKRI (11 Jhdt.), *Description de l'Afrique.* Übers. de Slane, 1965.
– *Al-Bakri, routier de l'Afrique Blanche et Noire.* Übers. V. Monteil, '68.
AL-MASOUDI (gest. 956), *Les prairies d'or.* Paris, Imp.Impér. et Nat., 1861–74, Übers. Barbier de Meynard und Pavet de Courtelle.
BLOCH, M., »Le problème de l'or au Moyen Age«, *Ann.Hist.Eco. et Soc.* '33.
BONNEL DE MEZIERES, A., »Recherches sur l'emplacement de Ghana et de Tekrour«, Paris, *Mém. Acad. Inscript. Belles Let.* XIII, 1, 1920.

Bibliographie 127

IBN HAWKAL (gest. 977), *Configuration de la terre.* Übers. J. H. Kramers et G. Wiet. Maisonneuve et Larose, 1965.

IBN KHALDOUN, *Histoire des Berbères.* Übers. Mc G. de Slane, Alger, 1913.

KATI MAHMOUD, *Tarikh el-Fettach.* Übers. Houdas et Delafosse, Paris, 1913.

KIMBLE, G. H. T., *Geography in the Middle Ages.* London, Methuen, 1938.

LACOSTE, Y., *Ibn Khaldoun, naissance de l'Histoire.* Paris Maspero, 1966.

MEILLASSOUX, CL., *Légende de la dispersion des Kusa (épopée Soninké).* Dakar, 1967.

NEWTON, A. P., *Travel and Travellers of the Middle Ages.* K. Paul, 1926.

SAADI, A. F., *Tarikh es-Soudan.* Übers. O. Houdas, 1913.

I. Die Expansion der Araber

CHERBONEAU, A., »Les Géographes arabes au Moyen Age«, *Revue de Géographie.* 1881.

COOLEY, W. D., *The Negroland of the Arabs.* 1841.

JULIEN, CH.-A., *Histoire de l'Afrique blanche des origines à 1945.* Paris, P.U.F., 1966.

II. Westafrika

ADAM, G., *Légendes historiques du pays de Nioro.* 1904, Paris.

BERENGER-FERAUD, »Etude sur les Soninké«, *Revue d'Anthr.* 1878.

BLANCE, »Contribution à l'étude des populations et de l'histoire du Sahel Soudanais«, B.C.E.H.S., 7 (2), 1907.

BOUBOU HAMA, *Enquête sur les fondements et la genèse de l'Unité Africaine. Histoire des Songhai.* Prés. Afr., 1968.

BOVILL, E. W., *Caravans of the old Sahara. An Introduction to the History of the Western Sudan.*

– *The golden trade of the Moors.* O. U. P., 1958.

BRAUDEL, F., »Monnaies et civilisation. De l'or du Soudan à l'argent d'Amérique. Un drame méditerranéen«, *Annales E.S.C.* 1946.

CHAPELLE, CL., *Nomades Noirs du Sahara.* 1957.

CROZALS, J. DE, »Le commerce du sel du Sahara au Soudan«, *Revue de Géographie.* Jun.–Aug. 1881.

CROWDER M, and J. F. A. JAHI, *History of West Africa.* Bd. 1. Longmans, London 1971.

DELAFOSSE, M., »Le Ghana et le Mali et l'emplacement de leurs capitales«, *B.C.H.S.* 1924.

– *Histoire de l'Afrique Occidentale.* Paris, 1926.

– »Traditions hist. et légendaires du Soudan occidental«, *Afrique française, Renseign. colon.*

– »Monographie historique du cercle de Bamako«, *Afrique française, Renseign. colon.* (20), 1910.

DESIRE-VUILLEMIN, G. M., *Histoire de la Mauritanie des origines au milieu du 17. siècle.* Hatier, 1965.

– *Les capitales de l'Ouest Africain. Villes mortes et capitales de jadis.* (Documentation Pédagogique Africaine Nr. 3.)

FAGE, J. D., »Ancient Ghana, a revue of the evidence«, *Trans. Hist. Soc. Ghana.* 3 (2), 1957.

GAUTIER, E. F., »L'or du Soudan«, *Annales d'Hist. éco. et soc. 7*, 1935.

IDRISI, AL (gest. 1166), *Description de l'Afrique et de l'Espagne.* Übers. R. Dozy et J. de Golge, Leyden, E. J. Brill, 1866.

128   7. bis 12. Jahrhundert: Von den Königreichen zu den Kaiserreichen

KAKE, B. A., »Glossaire critique des expressions géographiques concernant les pays
des Noirs«. Présence Africaine.

LEVI-PROVENÇAL, E., »La fondation de Marrakech, 462/1070«, Mélanges d'Histoire
et d'Archéologie de l'Occident Musulman. Alger, Imp.Off. du Gouvernement, 1957
(2 Bde.).

LOMBARD, M., »L'or musulman du 7. au 11. siècles«, Annales, E.S.C. 1947.

MEUNIE, J. et ALLAIN, C., »La forteresse almoravide de Zagora«, Hesperis. 43
(3–4), 1956.

MORAES FARIAS, P. F., »The Almoravides«. BIFAN. B, 1967.

PERES, H., Relations entre le Tafilalet et le Soudan à travers le Sahara du 12. au 14.
siècles. Université, Alger.

ROBERT, D., ROBERT, S. et DEVISSE, J., Tegdaoust I. Recherches sur Aoudaghost.
Paris, A.M.G., 1970, Bd. 1, S. 159.

THOMASSEY, K. et MAUNY, R., »Campagne de fouilles de 1950 à Koumbi Saleh«.
BIFAN. B. 18 (1–2), 1956.

THOMASSEY, P., »Notes sur la géographie et l'habitat de la région de Koumbi Saleh«.
BIFAN. 13, April 1951.

VIDAL, J., »Le mystère de Ghana«. B.C.E.H.S.A.O.F. 1925.

III. Im Nordosten: Nubien und Axum

AL ADAWI, I. A., »Description of the Sudan by Muslim Geographers and Travellers«,
Sudan Notes and Records. 35 (2), 1954.

ARKELL, A. J., »The Hist. of Darfur 1206–1700«, Sudan Notes and Records. XXXII,
S. 37–70, 207–38; XXXIII, S. 129–55, 244–75, 1951–52.

– A history of the Sudan. London, The Athlone Press, 1955.

COULBEAUX, Histoire politique et religieuse d'Abyssinie. Paris, Geuthner, 1930.

DORESSE, J., Au pays de la Reine de Saba. L'Ethiopie antique et moderne. Guillot.

– L'Empire du Prêtre Jean. Paris, Plon.

JONES, A. H. M. and MONROE ELIZABETH, A history of Ethiopia. London, Clarendon Press.

KAMMEREN, Essai sur l'histoire antique d'Abyssinie. Paris, Geuthner, 1926.

KIRWAN, L. P., A survey of the Nubian origins. S.N.R., Bd. 20, S. 47.

PANKHURST, R,. An Introduction to the Economic History of Ethiopia. Lalibela Hse.,
1961.

REISNER, G. A., Outline of the Ancient History of the Sudan. S.N.R., 1918.

SHINNIE, P. C. MERCO, A civilization of the Sudan. London, Thames and Hudson,
1967.

TRIMINGHAM, S., »Islam in Ethiopia«, Tanganyika Notes and Records. London,
1952.

KOBISKANOV, M., Aksoum. Moskau, URSS Acad. Sc., 1966.

IV. An der Ostküste

AUBERT, J., Histoire de l'Océan Indien. Tananarive, Soc. Lilloise d'imp.

BOUVAT, C., »L'Islam dans l'Afrique nègre. La civilisation swahili«. Rev. du Monde
musulman. 2 (5–7–10–27), 1907.

DORMAN, M. H., »Kilwa civilization and the Kilwa ruins«. T.N.R. (61) 1938.

DUYVENDAK, X. J. L., China's discovery of Africa. Probsthain, 1949.

FREEMAN-GRENVILLE, G. S. P., The East African Coast. Oxford, Clarendon Press,
1962.

GRAY, J., »A History of Kilwa«, Tang, notes. Juli 1951, Jan. 1952.

Bibliographie

GRAY, J., »Early Portuguese missions in East Africa. A History of Kilwa«. *Tanganyika Notes and Records*. (31), 1949, 1–24.

HAMILTON, G., *Princes of Zinj. The rulers of Zanzibar. 1796–1856*. London, 1912.

HILLINGSNORTH, L. W. M., *A short history of the East Coast of Africa*. London, 1945.

INGRAMS, W., *Zanzibar, its history and its people*. London, Witherby.

INGHAM, U., *A history of East Africa*. London, Longmans, 1962.

MACOUDI, *Prairies d'or et mines de pierres précieuses*. Paris, 1861–74.

MATHEW, G., »Islamic Merchants-Cities of East Africa«, *The Times*. Juni 1951.

– »Recent discoveries of East African Archeology«. *Antiquity*. 1953.

– »The culture of East Africa in 17th and 18 th centuries«, *Man*. 1956.

OLIVIER, R., »The problem of the Bantu expansion«. *J.Afr.Hist.* VII, 1966.

OLIVIER, R. and MATHEW, G., *History of East Africa*. O.U.P., 1963.

POSNANSKY, M., »Bantu genesis«. *The Uganda Journal*. 1961.

– *Prelude to East African History*. O.U.P., 1966.

PELLIOT, P., »Les grands voyages maritimes chinois au début du 15. siècle«. *T'oung Pao*. 30, 1933.

STAMBOUL, »A early history of Mombassa and Tanga«, *Tanganyika Notes and Records*. (37). Nairobi, 1951.

STIGAND, C. H., *The Land of Zing being an account of British East Africa, its ancient history and present inhabitants*. London, Constable, 1913.

VAN DER VORST, G., »Kiswahili, langue classique«. *Kongo Oversee*. 24, 4/5, 1958.

VINCENT, W., *Commerce and navigation of the Ancients in the Indian Ocean*. 2 Bde., 1807.

5. Große Jahrhunderte

Vom Ende des 12. bis zum Ende des 16. Jahrhunderts erfährt Schwarzafrika einen gleichzeitigen Aufschwung aller seiner Gebiete in ökonomischer, politischer und kultureller Hinsicht. Diese vier Jahrhunderte verdienen es wirklich, die große Epoche Schwarzafrikas genannt zu werden. Man muß indes differenzieren und sagen, daß es sich nicht um einen abrupten Start handelt. Die vorhergehende Periode war eine intensive Vorbereitung; sie erlebte die Gründung der meisten großen afrikanischen Königreiche. Vielleicht bewerten wir diese Jahrhunderte im Vergleich zu anderen auch über, teils weil wir sie wegen der in Fülle zu uns gekommenen Informationen besser kennen. Dennoch scheint es, daß die schwarzafrikanischen Länder nach einer Phase von Wanderbewegungen, von mehr oder weniger nützlichem Kontakt und Austausch mit der Außenwelt durch die Araber, von einer bevölkerungspolitischen Aufschwungphase ein gewisses Gleichgewicht erlangt haben. Dies äußerte sich in hochstehenden sozialen Organisationen, welche diese Länder tatsächlich der übrigen Welt nahebrachten. Aber diese starke und anhaltende Entwicklung wird plötzlich vom 16. Jahrhundert an unterbrochen.

I. Im westlichen Sudan

Hier ist der Aufschwung Afrikas besonders bestechend. Gana hatte den Weg freigegeben, und sein langsamer Verfall war der Beginn einer ökonomischen und folglich politischen Nachfolge. Es handelt sich darum, wer nun die Kontrolle über die Handelswege zu den wertvollen Goldlagern des Zweistromlandes an Senegal und Niger übernehmen würde. Nachdem die Almoraviden gescheitert waren, schien der bestgelegene Staat das Königreich Sosso der Kante im Süden von Gana zu sein. Es war weiter entfernt von den Zugriffen der Nomaden, aber näher an den Minen von Bure. Es war normal, daß das Königreich Sosso von Kaniaga die Nachfolge Ganas übernahm, da es von dem gleichen für den Handel so begabten Volk der Soninke gebildet wurde. Gegen Ende des 13. Jahrhunderts gegründet, entwickelte es sich von 1076 bis 1180 unter der Führung von animistischen Soninkes: den Diarisso. Diese heirateten gern Frauen vom Fulbestamm der Sow. 1180 übernahm ein entschlossener Krieger, Diarra Kante, die Macht. Die Kante, aus einem Stamm der Schmiede hervorgegangen, die den animistischen Kultübungen besonders verbunden waren, sind entschlossene Gegner des Islam. Der berühmteste Dynast dieses Geschlechts war Sumanguru Kante (1200–1235). Er blieb als ein außergewöhnlicher Krieger und zugleich als ein großer Zauberer in Erinnerung. Er war ein harter Mann, der nach der Legende in einem großen Turm mit mehreren Stockwerken lebte. Angesichts des geschwächten Gana meldete Sumanguru seine Kandidatur für die Hegemonie im Sudan an und bestieg wenig später den Thron. Er bemächtigte sich Kumbi Salehs.

Im westlichen Sudan 131

Nach diesem Meisterstück schien Sumanguru eine unumstrittene Herrschaft ausüben zu wollen. Aber im Süden stieg der Stern Malis. In der Tat war der schwache Punkt Sumangurus, daß er wie Gana die Goldlagerstätten selbst nicht in Besitz hatte. Dort wohnten die Malinke, ein rauhes Bauernvolk. Sumanguru, der wußte, daß er seiner Macht niemals sicher sein konnte, wenn er nicht die Goldfelder beherrschte, eroberte Diarra, Bakunu und Gumbu. Dann bemächtigte er sich des Gebietes von Bure.

A. Das Reich Mali

1. Die Ursprünge

In diesem Gebiet war ein bescheidenes Königreich groß geworden: Mande oder Mali (Malinke = Mensch von Mali). Seine Ursprünge sind wenig bekannt. Wahrscheinlich ist, daß zahlreiche kleine Mande-Häuptlingschaften den oberen Senegal und den oberen Niger beherrschten. Die Traore in Dakadyala im Lande Kri nahe bei Nyagassola auf dem Hoch-Bakoy, die Konaten in Tabu im Dedugu[1], die Kamara in Sibi im Siendugu und die Keite in Narena, im Dedugu und in den Mande-Bergen zwischen Siguiri und Kita. Letzteres wird die Keimzelle Malis.

Im Dedugu besiedeln Bambara-Bauern das Gebiet in Richtung Osten bis nach Segu am Niger. In den Bergen von Mande richteten die Malinke zwei Hauptstädte ein: Kiri und Dakadyala. Die Häuptlinge dieser Gemeinschaftswesen waren mit der Zauberei vertraute Jäger. Die Jäger-Bruderschaften, die durch Feiern und gemeinsame Riten, besonders die Initiationsriten, verbunden waren, wurden bewundert und gefürchtet. Die ersten Jäger trugen deshalb den Titel »Simbu«, das heißt: Meisterjäger. Dieser »König« war in der Tat nur der Wortführer und technische Leiter der Stammesgemeinschaft. Alle waren im großen Rat *(Ghara)* vertreten, der über Kriege und Steuern beriet und entschied[2]. Letztere bestanden aus Arbeitstagen auf den Ländereien der Häuptlinge und aus landwirtschaftlichen Erzeugnissen für die Ackerfeste der Gemeinschaft. Die vom König auferlegten Strafen wurden auf die gleiche Weise beglichen.

Außerdem hatte der Häuptling das Goldmonopol. Den Hauptrahmen des Lebens bildete die Großfamilie. Sie verfügte über ein Gemeinschaftsfeld (foroba) nicht weit von den Dörfern, die sich von weitem durch riesige, am Tag der Gründung gepflanzte Wollbäume ankündigten. Die Zersplitterung dieser Häuptlingschaften mußte die Vorherrschaft von Sosso begünstigen. Als Erbe des Imperiums von Gana übernahm sein junger König bald den Titel Maghan oder Mansa. Das bedeutet Dynast (Herrscher). Seit dem 11. Jahrhundert spricht El Bekri von der Bekehrung des Königs von »Mallel« zum Islam. Vielleicht handelt es sich um den Baramendana, der, wie wir von Ibn Khaldun erfahren, der erste war, der sich dank des Vaters von Abu Bekr (1050) bekehren ließ. Dieser König wandte sich

---

1 Dedugu = Dodugu bedeutet: Land von Dô.
2 Die »Verwandtschaft zum Spaß« (Sanankouya), die das Recht und die Pflicht impliziert, sich über den anderen lustig zu machen, verband die Klans untereinander. Indirekte Bündnisse schufen schrittweise ein Solidaritätsnetz, was auch die politische Integration erleichterte.

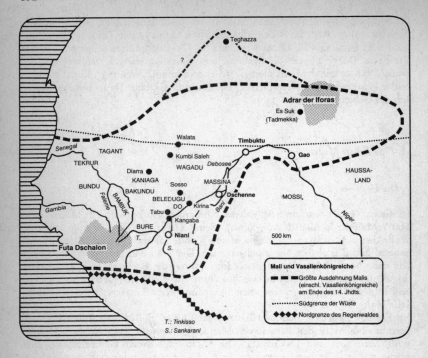

verzweifelt über eine lange Trockenheit und über die Mißerfolge der Rinderopfer, was den Viehbestand in seinem Gebiet in Gefahr brachte, an einen sehr gottesfürchtigen Lemtuna-Marabut. Dieser nahm ihn, nachdem er seine Bekehrung durchgesetzt hatte, mit zu einem Hügel, wo sie die Nacht mit Gebeten verbrachten, »damit der Wille Gottes geschehen möge«. Der König begnügte sich damit, nach jeder Anrufung des heiligen Mannes »Amin, Amin« zu rufen. Das war am Freitag. Am nächsten Morgen bei Tagesanbruch hüllte ein strömender Regen das Gebiet ein, und der König ließ die animistischen Idole zerstören.
Diese Bekehrung mußte die arabo-berberischen Kaufleute und die Gebildeten in den Süden ziehen.

2. Der Heldenkampf um die Vorherrschaft Sundjatas

Bis zur Mitte des 12. Jahrhunderts kennen wir die Entwicklung des Königreichs nicht. Von 1150 an kennt man die Namen Hamana, Djigui, Bilali (1175–1200) und von Mussa Keita, genannt Allakoi[3]. Dieser soll mehrere Male die Wallfahrt

[3] Allakoi bedeutet: »Er möge Gott gefallen«.

Im westlichen Sudan 133

nach Mekka gemacht haben, was eine Beständigkeit des mohammedanischen Glaubens zumindest in der Königsfamilie andeuten könnte, ohne daß man darin jedoch sehr tiefe Überzeugung sehen müßte. Der Sohn und Nachfolger von Mussa, Nare Famaghan (1218–1230), ist vor allem wegen seiner Eroberungen im Süden, Südwesten und am rechten Ufer des oberen Niger bekannt. Er erreicht insbesondere die Unterwerfung der Somono. Nare Famaghan hatte mehrere Frauen. Eine hieß Sogolon Konte, mit dem Beinamen Kediugu (die Häßliche) oder Kuduma (die, die Geschwülste am Körper hat). Diese kranke Frau schenkte einem kranken Sohn das Leben, der sich bis zum Alter von vier Jahren auf allen Vieren mühsam kriechend fortbewegte. Er hieß Sundjata[4] oder Mari Djata, was »der Löwe von Mali« bedeutet. Zweifach verachtet von ihrer Mitgemahlin, war Sogolon, die Häßliche, in tiefer Verzweiflung.

Indes konnte ihr Sohn dank dieses Gebrechens dem Blutbad entkommen, bei dem Sumanguru die anderen elf Prinzen erbarmungslos umbrachte, nachdem er Mande erobert hatte. Eines Tages nämlich beschloß Sundjata, empört über die Herausforderung des Herrschers von Sosso und angestachelt durch das Elend seines mit Füßen getretenen Vaterlandes, sich zu erheben und ihm Hilfe zu bringen[5]. Er bat um eine Eisenstange, sagt die Legende, um sich auf seinen Beinen aufzurichten. Diese Stange bog sich unter seinem Gewicht so, daß sie zerbrach. Eine weitere und eine dritte, stärkere Stange traf das gleiche Los. Schließlich schrie jemand: »Gebt ihm also das Zepter seines Vaters, damit er sich gerade richte, indem er sich darauf stützt.« Und so geschah es, Sundjata stützte sich auf die königliche Insignie und stand endlich aufrecht da. Das war der Beginn einer erhabenen Geschichte. Die Zeugen dieses wunderbaren Ereignisses täuschten sich nicht, und die Mutter Sundjatas sowie der Griot (Negersänger) Diakuma Dua stimmten sogleich das Lied des Bogens an. Seine Melodie und seine Worte, von Generation zu Generation überliefert, finden sich noch heute in der Hymne von Mali: »Löwe, nimm den Köcher! Löwe, nimm den Bogen von Mande!« Sundjata si borida! Togo Sâ Kaousa malo ye, togo ba! (»Mein Sprößling Sundjata konnte laufen. Ehre! Lieber den Tod als die Schande. Welche Ehre!«) Sie hatten verstanden, daß dieser Prinz schon das Schicksal seines ganzen Volkes verkörperte. Er würde, wie es der Griot schon sagt, »das Dach von Mande« sein.

Aber innere Mißgunst trat auf, vor allem in Gestalt seines Bruders Dankaran Toumą. Er soll vor ihm geherrscht haben, bevor Sumanguru ihn verjagte. Er zog sich hierauf nach Kissidugu (die Stadt des Heils) zurück. Diese Spannungen zwingen Sundjata, während einer gewissen Zeit im Ausland Zuflucht zu suchen, nach einer Überlieferung im Gebiet von Mema (Umgebung von Segu), nach einer anderen am oberen Volta.

Aber der Machtmißbrauch Sumangurus hielt an. Der Rat der Alten schickte schließlich eine Delegation zu Sundjata, um ihn zu Hilfe zu rufen. Sehr schnell sammelte Sundjata ein Heer, das er in den Gebieten von Sankaran, Tinkisso und Futa Dschalon ausbildete. 1234 befand er sich an der Spitze einer riesigen Vereinigung von Völkern, verbunden durch einen Schwur, der einen leidenschaftlichen Willen zur Freiheit ausdrückte. Die Kraftprobe mit dem Monarchen von Sosso konnte nun nicht mehr hinausgezögert werden. Sie endete zunächst mit schmerzlichen Mißerfolgen.

4 Siehe Tamsir Niane, *Soundjata ou l'épopée mandingue*, Prés. Afr.
5 Andere meinen, daß es aus Rache wegen einer Beleidigung seiner Mutter durch eine Nebenfrau geschah.

Hierauf trat eine Phase diplomatischer und magischer Vorbereitung ein. Die Magie der Liebe zuerst. Die Schwester Sundjatas, Meniamba Suko, genannt Sogolon Kolonkan, bot sich an, einen »Sonderauftrag« bei dem schrecklichen Kante zu erfüllen. Sie sollte ihm das Geheimnis seiner Unverwundbarkeit gegenüber den feindlichen Pfeilen entreißen. Im Namen Sundjatas wurde sie Seiner Majestät Kante von Bala Faseke zur Frau angeboten, als Zeichen höflicher Huldigung. Sogleich erregte sie im König eine feurige Leidenschaft. In der Hochzeitsnacht »legte er die Hand auf sie«, aber sie verweigerte sich ihm und forderte, erst in alle Geheimnisse ihres Geliebten eingeweiht zu werden. Nach einigen Tagen des Zögerns (das Met half, denn der Sosso ist Animist) und trotz der inständigen Bitten seiner Mutter gab Sumanguru schließlich das Geheimnis preis: Er konnte nur durch den Sporn eines weißen Hahnes getötet werden. Befriedigt erfüllte Sogolon die Wünsche des Königs und verließ danach den tief Schlummernden, um Bala Faseke zu treffen, der sie mit einem feurigen Pferd am Tor erwartete. In gestrecktem Galopp führte das Streitroß Sogolon im Schutze der Nacht zurück, und ihr Geheimnis eilte nach Mande. Diese Episode bezieht sich vielleicht nur auf die Zusammensetzung gewisser Gifte, die dazu dienten, die Kriegspfeile zu präparieren. Gifte, deren Geheimnis bis heute von den Sosso, erfahrenen Schmieden auf diesem Spezialgebiet, zurückgehalten werden. Wie dem auch sei, der König von Sosso verschlechterte seine Lage noch dadurch, daß er die Frau seines besten Generals mit Namen Fakoli Koroma verführte. Um sich zu rächen, verließ dieser ihn mit zahlreichen Kämpfern und vereinigte sich mit den Truppen Sundjatas.

Unter diesen Umständen begann die Schlacht von Kirina, zwischen Bamako und Kangaba am linken Ufer des Niger. Der Einsatz war nichts Geringeres als die Vorherrschaft im Sudan. Der König von Bobo (Obervolta) schickte 1 500 Bogenschützen als Verstärkung zu Sundjata.

Die Truppen bestanden hauptsächlich aus Infanteristen: leichte Bogenschützenkontingente mit fürchterlich vergifteten Pfeilen und schweren Divisionen, mit großen Lanzen bewaffnete Krieger (tamba). Die Ansammlung von Streitkräften mußte auf beiden Seiten erheblich sein, denn beim Herannahen der feindlichen Armee fragte Sundjata: »Was für eine Wolke nähert sich von Osten?« Man sagte ihm: »Das ist die Armee Sumangurus.« Letzterer, auch sehr neugierig, fragte: »Was sind das für Felsenberge im Westen?« Man sagte ihm: »Das ist die Armee Sundjatas.« In dem gewaltigen Schlachtgetümmel, das wenig später einsetzte, wurde der verhängnisvolle Sporn gegen Sumanguru abgeschossen, und seine Truppen flüchteten Hals über Kopf. Die Leiche des Kante wurde jedoch nicht auf dem Schlachtfeld entdeckt, vielleicht, weil er von seinen Leuten weggeschafft worden war; vielleicht aber war er ganz einfach beim Anblick des drohenden Unheils geflohen; so entstand die Legende vom geheimnisvollen Verschwinden des Königs, er habe sich in einen Wirbelsturm verwandelt.

Von nun an war die Bühne frei für Mali. Sundjata eroberte Sosso ohne Schwierigkeiten, dazu dessen abhängige Gebiete: Baghana, den Norden von Beledugu, Wagadu, Bakunu und die Stadt Kumbi.

Nahe bei Kangaba, in Kurou-Kan-Fugha, einigten sich die versammelten Häuptlinge darauf, ihm den Titel Mansa (König) anzutragen. Das Nationalgefühl der Mande, das den Sieg von Kirina herbeigeführt hatte, rief einen Staat ins Leben. Als Sundjata 1240 seine Hauptstadt am oberen Niger zurückgewann, stand er an der Spitze eines Reiches, durch dessen Größe die frühen

Im westlichen Sudan 135

Stätten immer weiter vom königlichen Hof abrückten: Djeliba, Kangaba. Er verlegte seine Hauptstadt nach Niani[6], nicht weit von den Orten entfernt, wo der Sieg den Grund für sein Glück gelegt hatte. Weitere Feldzüge Richtung Westen gliederten bald das zweite große Goldgebiet des Sudan ein: Bambuk. Dann wurden Unternehmen bis nach Bondu, zum unteren Senegal[7] und Gambia durchgeführt, und die Herrschaft Malis breitete sich über die östlichen Provinzen des ehemaligen Reiches Gana (Diarra-Tekrur) aus.

Mali war in dieser Zeit vor allem ein ackerbautreibendes Land. Die Überlieferung berichtet, daß Sundjata sich intensiv mit den Dingen der Erde befaßte. Er war es, der den Anbau von Baumwolle in diesem Gebiet eingeführt haben soll, die Kultivierung der Erdnuß und der Papaye (Melonenbaum) ebenso wie die Viehzucht. Zwanzig Jahre nach Kirina sollte der Gründer dieses Reiches durch einen banalen Unfall verstummen. 1255 veranstaltete der Fulbe Bira Boli ein Reiterturnier, um ihm für eine Gnade zu danken. Im Verlauf desselben ließ ausgerechnet der Sohn Biras einen Pfeil entwischen, der Sundjata tödlich verwundete. Eine andere Überlieferung spricht von seinem Tod im Zusammenhang mit einem Krieg gegen einen Fulbe-Häuptling von Wasulu. Er soll im Sankarani ertrunken sein und sich in ein Flußpferd verwandelt haben *(mali)*, das Totem der Keita. In der Heiligen Hütte *(kama blo)* von Kangaba, in der noch immer die Genealogien der Könige von Mali vorgetragen werden, wird der Name Sundjatas in ganz besonderem Maße gepriesen.

Er hatte ein Königreich errichtet, das durchdrungen war vom Schwung des Kampfes gegen den Imperialismus Sossos und das bereit war zur Integration. Die aus Kontingenten zusammengesetze Armee, von denen jedes von einem Kommandeur *(kele-koun)* befehligt wurde, war Sundjata völlig ergeben. Dieser führte selbst als kommandierender General *(kele-tigui)* die mit Säbeln bewaffnete Kavallerie, während die Infanteristentruppen zusätzlich zu Pfeil und Bogen lange fürchterliche Lanzen *(tamba)* mit sich führten.

Diese Art der Spezialisierung machte die Entfaltung einer militärischen Strategie möglich.

Sundjata hatte die Rechte und Pflichten jeder der angeschlossenen Volksgruppen festgesetzt. Dreißig Klans wurden gebildet, fünf davon bestanden aus Handwerkern, vier aus Kriegern, fünf aus Marabut und sechzehn aus freien Menschen, die indes die »Sklaven der Gemeinschaft« genannt wurden: Ton Dyon. Es waren Soldaten-Bauern, die im Kriegsfall den Menschenzehnt an Infanteristen lieferten. Die Eroberungen ließen die Klasse der Sklaven schnell anwachsen. Die meisten arbeiteten als Leibeigene, Handwerker oder Bauern für den Herrscher und waren zur Endogamie gezwungen. Nur der Souverän konnte ihnen die Genehmigung geben, außerhalb der Kaste zu heiraten. Dennoch aber beschenkte er die

---

6 Niani liegt am Sankarani im Süden Mandes. Die Ausgrabungen eines guineisch-polnischen Archäologenteams entdeckten in Niani Ansammlungen von Hütten mit gestampftem Boden und gleichzeitig weitere Steinfundamente, die von den Palästen des Mansa herrühren können. Töpferware von seltener plastischer Schönheit kam ans Tageslicht. Wird man noch weitere spektakuläre Entdeckungen machen? Vergessen wir nicht, daß die Hauptstadt Malis, wie die Ganas und Sossos, Ziel von Plünderungen durch die Songhai-Armee war.

7 Der Feldzug gegen Djolofing, den König der Djolof, stieß auf erbitterten Widerstand seitens dieses animistischen Fürsten, der für seine magischen Kräfte bekannt war. Nach seiner Niederlage wurden seine Amulette als Trophäen nach Mande gebracht, und Senegambien erhielt eine größere Anzahl von Kolonisten und Händlern aus dem Mandeland.

Eltern der nicht zur Kaste gehörenden Seite mit einer Aussteuer, damit die aus der Verbindung hervorgehenden Kinder Leibeigene seines Gebietes blieben.

Sundjata war im wahrsten Sinne des Wortes ein großer Mann, Träger eines Kollektivschicksals mit Zeichen vortrefflicher Reaktionen und manchmal auch Schwächen. Als eines Tages während seiner Abwesenheit seine Lieblingsfrau Diurundi von einem seiner Brüder belästigt wurde, hielt Sundjata wie von einer inneren Stimme gerufen die gesamte Armee an: »Laßt uns zurückkehren«, sagte er, »denn ich höre die Schmerzensschreie von Diurundi.« Diese Begebenheit wurde Gegenstand eines halb satirischen, halb romantischen Gesanges der Griots. Diese Größe, verbunden mit solcher Menschlichkeit, ist vielleicht das Geheimnis der unauslöschlichen Erinnerung an Sundjata in den Seelen der Malier.

3. Der Höhepunkt

Seit der Regierungszeit seines Nachfolgers und Sohnes Mansa Wule (1255–1270), eines sehr frommen Königs, der auch die Wallfahrt nach Mekka machte, scheint die Einführung großer Generäle als Lehnsträger auf das Bestreben hinzudeuten, das Reich zu dezentralisieren. So Fran Kamara, Siriman Keita. In den eroberten Provinzen wurden Lebensmittel und Waffen als Steuer erhoben.

1285, nach dem Tod des Königs Abubakaris I., riß ein Freigelassener der königlichen Familie mit Namen Sakura oder Sabkura die Macht an sich und bestieg den Thron. Er war ein großer Krieger und zugleich ein Staatsmann. Er erweiterte die Grenzen des Reiches nach Osten auf das Territorium des entstehenden Königreichs von Gao wie nach Westen bis nach Tekrur. Auf diese Weise annektierte er Massina auf Kosten des Königs von Gao und Tekrur auf Kosten Diarras, das ein Vasall wurde. Diese Machtkonzentration zog wieder Karawanen vom Maghreb und von Tripolis zu den Zentren Malis. Auf der Rückkehr von einer Wallfahrt wurde Sakura von Räubern ermordet, als er an der Küste von Tripolitanien landete. Seine Gefährten ließen seinen Leichnam trocknen und nähten ihn in eine Rinderhaut ein, wie es bei Königen der Brauch war. Er wurde nach Kuka, einer Stadt in Bornu, gebracht, und der Sultan dieses Landes rief Boten aus Mali, die die sterbliche Hülle des Herrschers in sein Heimatland überführen sollten.

Um 1303 bestieg Abubakaris II., ein Neffe Sundjatas, den Thron und machte sich durch den Versuch, den Atlantischen Ozean zu erforschen, bekannt. Da er nicht daran glauben mochte, daß das Meer ohne Grenzen sei, hatte er 200 Schiffe mit Proviant ausrüsten lassen und sie auf Forschungsreise geschickt. Ein einziger Überlebender kehrte zurück und erzählte, wie sie nach langer Fahrt auf eine heftige Strömung in der Mitte des Meeres gestoßen seien, die alle Schiffe verschlungen habe. Immer noch ungläubig, ließ der König 2 000 Schiffe ausrüsten, die Hälfte davon mit Lebensmitteln und Wasser. An der Spitze dieser Armada, der ersten, die den Versuch unternahm, nach Amerika zu segeln, steuerte er nach Westen, aber man sah ihn nie wieder. Die Unvollkommenheit der Ruderkonstruktion, das Fehlen des Kompasses hinderte ihn daran, den hohen Wogen des Atlantik zu trotzen.

Sein Nachfolger, der in der malischen Überlieferung viel weniger bekannt ist als Sundjata, ist für die damalige Welt unbestritten der größte Herrscher von

Im westlichen Sudan 137

Mali: Mansa Mussa oder Kankan Mussa (seine Mutter hieß Kankan)[8] (1312 bis 1332). Im Jahre 1324 unternahm er die Wallfahrt nach Mekka in der eindeutigen Absicht, den arabischen Herrschern zu imponieren.

Von Tausenden von Bedienten (60 000 sagt der Tarik es Sudan) begleitet, durchquerte er die Wüste über Walata und erschien in Kairo vor den geblendeten Augen der Welt wie ein Herrscher aus Eldorado. Seine Leute transportierten fast zwei Tonnen Gold in Form von Stangen oder Staub. El Omari präzisiert: »Bei meiner ersten Reise nach Kairo hörte ich von der Ankunft des Sultans Mussa sprechen ... Und die Einwohner Kairos waren eifrig dabei, von dem großen Aufwand zu erzählen, den er mit seinen Leuten betrieb. Dieser Mann goß eine Woge von Großzügigkeit über Kairo. Es gab niemanden, ob Offizier des Hofes oder Inhaber eines sultanischen Amtes, der nicht von ihm eine Summe Goldes erhielt. Welch edelmütiges Verhalten eignete diesem Sultan, welche Würde und welche Redlichkeit!« Die würdige Haltung des Mansa Mussa beeindruckte sehr. Obgleich er fließend arabisch sprach, machte er sich nur über seinen Dolmetscher verständlich. Aber seine Würde wurde auf eine harte Probe gestellt, als man ihn bat, sich vor dem Sultan von Kairo anbetend niederzuwerfen. Er weigerte sich energisch: »Wie könnte ich das tun!« rief er. Aber als er vor dem Sultan erschien und eindrücklich gebeten wurde, dem Protokoll Genüge zu tun, fand er eine List und erklärte: »Nun gut, ich werde mich niederwerfen zu Füßen Allahs, der mich erschaffen und in die Welt gesetzt hat.« Andererseits mißbrauchten die Kairoer Kaufleute den guten Glauben der Sudanesen sehr. Sie erpreßten ansehnliche Summen von ihnen, indem sie die Preise der Waren, die sie ihnen verkauften, fünf- und zehnfach überhöhten. Solches Vorgehen verletzte die Opfer dieser Gaunereien tief, zweifellos auch den Herrscher von Mali, der ein gebildeter Mann war. Hatte er nicht dem Sultan von Kairo eine von ihm selbst auf Anstand verfaßte Abhandlung über den Anstand geschenkt? Die wunderbaren Geschenke Mussas ließen das Gold an Wert verlieren, und der Kurs des gelben Metalls fiel für mehrere Jahre. Aber diese Kosten zwangen ihn auch, die notwendige Summe für seine standesgemäße Rückreise von einem steinreichen alexandrinischen Kaufmann zu leihen. Diese Summe sollte bei seiner Rückkehr nach Mali wieder zurückgezahlt werden.

Die Rückreise über Ghadames geschah auf dem Rücken von Kamelen, um den Trägern die Fußschmerzen zu ersparen. Der König brachte auch einen aus Granada stammenden Dichter-Architekten mit zurück, Abu Issak, genannt Es Saheli. Dieser entwarf für ihn zumindest einen Audienzsaal, dessen Stil von Bauten der Sahel beeinflußt war. Kankan Mussa, der bereits auf der Hinreise durch Timbuktu gekommen war, machte hier auch bei seiner Rückkehr halt, um den Einfluß Malis am Nigerbogen zu festigen. In Gao empfing er die Huldigungen des Königs Dia Assiboi, der ihm als Geiseln zwei seiner Söhne übergab. Als eifriger Mohammedaner setzte er sich für die Verbreitung des Islam ein. Eines Islam übrigens, der animistische Praktiken und Zaubermittel, die der König und sein Hofstaat aus den arabischen Ländern mitgebracht hatten, in Kauf nahm. Zudem blieb die Masse der Bauern Animisten, was der Mansa vorbehaltlich des Gehorsams und der Tributzahlung tolerierte.

Er ließ in Timbuktu die große Moschee von Djinger-ber errichten, ebenso eine Residenz oder *Madugu*. Das ist ein großer viereckiger Saal mit einer Terrasse,

---

8 Sein Name bedeutet daher »Der Mussa von Kankan«.

138   Große Jahrhunderte

der von einer Kuppel gekrönt ist. Seine Mauern waren mit Gips verputzt und
mit auffallenden Ornamenten geschmückt. Kankan Mussas Regierungszeit setzte
Zeichen für den Höhepunkt Malis.
Seine Botschafter verkehrten bei den Sultanen des Maghreb und Kairos, und er
selbst empfing von ihnen Abgesandte und Geschenke. Der Almohadenherrscher
El Mamer aus dem Gebiet von Biskra bat ihn sogar um eine Armee, um sich
Warglas zu bemächtigen, was er ihm aber verweigerte. Im Jahre 1333, gerade
ein Jahr nach dem Tod Mansa Mussas, überfiel der König von Mossi Timbuktu;
aber das war nur ein Zwischenfall von kurzer Dauer.
Mansa Mussa hatte den Namen Malis in der ganzen arabischen Welt bekannt-
gemacht, von Andalusien bis Khorassan. Die europäischen Karten, wie die Weltkarte von Angelo Dulcert (1339), zeigen eine Route, die über den Atlas und
durch die Wüste führt und bei dem König der Goldminen – »rex Melli« – endet.
Ebenso trägt der katalanische Atlas von Abraham Cresques, der für den König
von Frankreich, Karl V. den Weisen, angefertigt wurde, sehr deutlich den Namen der Hauptstadt: »Ciutat de Melli«. Der Verfasser des Tarik el Fettach erklärte: »Wir haben von einer Menge unserer Zeitgenossen sagen hören, daß es
auf der Welt vier Sultane gibt, ausgenommen den Obersultan (Kaiser von Konstantinopel), nämlich den Sultan von Bagdad, den Sultan von Kairo, den Sultan
von Bornu und den Sultan von Mali.« Das Reich dehnte sich zu dieser Zeit über
ein Jahr Fußmarsch aus. Wenn das Adrar der Iforas und das Tagant auch nicht
vollständig einverleibt waren, die Berber der Südsahara standen unter seinem
Einfluß, der sich im Süden bis zu den Wäldern Guineas ausbreitete und von
Westen nach Osten vom Atlantik bis zu den Haussastaaten.
Die Nachfolger von Kankan Mussa hatten Mühe, ein so riesiges Gebilde lange
zusammenzuhalten. Nach Maghan (1332–1336), der die Plünderung Timbuktus
durch die Mossi miterleben mußte und die beiden Geiselprinzen aus Gao entkommen ließ, sanierte Mansa Suleiman (1341–1360) die Finanzen des Landes
und schickte prächtige Geschenke nach Fes, um die Thronbesteigung Abu Salems
zu feiern (merinidischer Sultan). Er errichtete die Herrschaft Malis über den östlichen peripheren Provinzen von neuem, und der Herrscher der Tuareg von Takedda (Aïr) erkannte die Oberherrschaft Malis wieder an. Suleiman zog Gelehrte und Rechtskundige vom malikitischen Ritus an. Er selbst war Student der islamischen Jurisprudenz[9]. Einer seiner Nachfolger, Mari Djata, erlag der Schlafkrankheit (1360–1374). Nach ihm ließ König Mussa II. (1374–1387), ein energie-
loser Nichtstuer, seinen Premierminister die Staatsgeschäfte führen. Dieser hielt
ihn eingesperrt und führte entschlossene Feldzüge gegen die Tuareg und sogar bis
nach Bornu.

4. Der Niedergang

Nach Mussa II. wurden Palastrivalitäten zuweilen durch Morde entschieden. Sie
schwächten das Reich. Der malische Gouverneur von Kaniaga wurde 1400 getötet, der König Bonga von Jatenga verwüstete Massina bis zum Debosee. Die
Vorherrschaft ging immer mehr auf das Reich Gao über, das eine Vasallenpro-
vinz nach der anderen im Osten annektierte und die Handelsmetropole von

9 Islamische Jurisprudenz (fiqh).

Im westlichen Sudan 139

Dschenne einnahm. In der Tat, erfahren wir vom Venezianer Ca Da Mosto, betrachten sich die Mande von Gambia in der Mitte des 15. Jahrhunderts als Untertanen Malis[10]. Aber 1480 überfällt der Naba Nasere Walata. Das Land Tekrur geht zu den Wolofstaaten über. Unter den Fulbe von Bondu bricht eine Widerstandsbewegung aus, die von Tenguella I. angeführt wird. Er wird Diadje genannt, Befreier. Er wollte aus der Verwirrung, die wegen der Hegemonie-kämpfe zwischen Mali und Gao herrschte, Nutzen ziehen. Er nahm einige Stäm-me von Futa und von Senegambien für sich ein (Tenda, Dialonke, Landuma, Malinke, Coniagu, Baga). Die Chronik Tarik es Sudan weist auf einen Feldzug des Askia gegen einen als »falscher Prophet« Bezeichneten hin.

Aber der Feldzug des Songhai-Gouverneurs Oumar Kanfari war gerechtfertigt, weil Tenguella einen Kaufmann namens Diogorame aus Gao ausgeraubt haben soll. Das läßt vermuten, daß Tenguellas Festsetzung im Kingui die Handels-straße von der Küste bis zum Nigerbogen behinderte. Ab 1490 etwa eroberte er Futa, Bondu, Toro und, sich zum Niger wendend, Diarra. Vergeblich appel-liert der König von Mali in seiner Not an das Bündnis mit König Johann II. von Portugal. Keine der damals ausgesandten portugiesischen Missionen scheint an ihren Bestimmungsort gelangt zu sein. Auf diese Bedrohung reagierte Kanfari mit einer Blitzkampagne und setzte der Laufbahn und dem Leben Tenguellas I. ein Ende. Aber die schnellen Erfolge des letzteren waren zweifellos auch dem Machtmißbrauch der dekadenten Gouverneure Malis zu verdanken. Das erklärt, warum sein Sohn Koli Tenguella, der sich zur Zeit der schweren Niederlage Diarras auf einer Forschungsreise in den Süden befand, sich im Futa niederließ. Vorher hatte er im Timbi einen großartigen *tata* aus getrockneten Ziegeln bauen lassen, der an die Festung von Simbabwe erinnert.

Er gründete die Dynastie der Siratigi (die »Siratik« der ersten europäischen Rei-senden). Er herrscht von 1512 bis 1530. Von Futa Dschalon dringt er bis Futa Toro vor. Er nutzt eine Krise im Djolof und Unstimmigkeiten zwischen den Tukulor und Serer und dem Bur Da Djolof aus und nimmt einen Teil von dessen Königreich in Besitz.

Die Siratigi, zu Beginn Animisten, haben sich ziemlich früh zum Islam bekehren lassen, denn Kalaya Tabara, Nachfolger (Enkel?) von Koli Tenguella, wird vom Autor des Tarik es Sudan mit Lobreden überhäuft und mit Kankan Mussa selbst verglichen. Der Enkel Tabaras trägt einen sehr mohammedanischen Namen: Abu Bekr.

Mali ging vor den Askia von der Defensive zum Rückzug über. 1545 besetzte der Askia Daud zwei Wochen lang die malische Hauptstadt. Bald zerfiel das König-reich in drei Teile. Dennoch versuchte Mansa Mahmud 1599 in einem letzten Anflug von Größe, mehrere Häuptlinge vom Nigerbogen gegen die Marokkaner zu vereinigen, die soeben das Reich Gao zerstört hatten. Die Kriegsschiffe der Verbündeten drangen für kurze Zeit in Dschenne ein, wurden aber durch Feuer-waffen zurückgeworfen.

---

10 Selbst am Ende des 16. Jahrhunderts dauerte nach Alvares d'Almeda diese Situation an, die auch von Diego Gomez in der Mitte des 15. Jahrhunderts beschrieben wurde. »Obgleich dieser König (von Gambia) mächtig ist, gehorcht er einem Farim (Gouverneur), der unter ihnen einem Kaiser gleicht. Dieser wiederum gehorcht einem anderen, der über ihm steht. So ge-horchen alle einer dem anderen, bis zum Farim von Mandemanca, der der Kaiser der Schwar-zen ist und von dem die Mande ihren Namen haben« (Alvares d'Almeda, *Tradado breve dos Rios de Guine par Luis Silveira*, Lissabon 1946).

140 *Große Jahrhunderte*

5. Der Aufbau des Reiches Mali

a) Die Religion

Wenn auch islamisch, so ist das Reich Mali doch der Typ dieser großen negro-afrikanischen Königreiche, die von Westafrika bis zu Monomotapa fast alle nach denselben Gesetzen funktionieren. Der Glaube der Herrscher konnte nicht sehr tief verwurzelt sein, denn nach El Omari ignorierte sogar Kankan Mussa das koranische Gebot, mehr als vier Frauen zu haben. Derselbe Autor erzählt, wie er, nachdem er den Kadi von Walata in galanter Gesellschaft überrascht hatte und gerade verschwinden wollte, die Dame über seine Verlegenheit zu lachen begann und der Kadi ihm zurief: »Geh nicht fort, sie ist nur eine gute Freundin!« – »Und dennoch«, fügt der Autor hinzu, »war er ein Rechtskundiger, ein Gelehrter, ein Mann, der die Wallfahrt nach Mekka gemacht hatte.«

Wir finden gleichwohl bei anderen Autoren Beweise großen religiösen Eifers in Mali. Der Ramadan z. B. wurde mit unerhörtem Prunk begangen. Ein Dolmetscher übersetzte die Rede des Predigers, der die Pflichten des Herrschers hervorhob, ins Malinke. Das Haus des Imam war unantastbarer Zufluchtsort, sogar wenn Verbrecher dort Schutz suchten. Außerdem ». . . wer sich nicht zu früher Stunde zur Moschee begibt, findet keinen Platz mehr zum Beten, so groß ist die Menschenmenge. Jeden Freitag legen die Schwarzen schöne weiße Kleider an.« Um die Kinder zum Lernen des Korans zu zwingen, legt man sie sogar in Ketten. Dennoch aßen die Malier gern das vom Islam als unrein angesehene Fleisch. Griots (Dyeli) mit Vogelmasken übten animistische Riten am Hof aus, und man sah dort auch zwei Widder, die den »bösen Blick« abwenden sollten.

Tatsächlich waren die am tiefsten vom Koran-Glauben durchdrungenen Gruppen die Sarakole- und Diula-Kaufleute. Sie hatten schon sehr lange Berührung mit dem Islam. Ihre Gleichgültigkeit gegenüber einer festen Heimat und ihren Göttern, ihre Ruhelosigkeit, ihre Offenheit, kurz, ihr Gewerbe selbst machte sie zu Missionaren, geboren aus dem neuen Glauben. Auf den Pisten von Gambia, am Rand der Urwälder sowie im Haussaland, in Kano und Katsena, überall verbreiteten diese Wangara-Händler den Islam und gleichzeitig die Waren des Nordens. Ihr feines, aber widerstandsfähiges Netz war zweifellos eines der besten Integrationselemente des Reiches Mali.

Die Diula jonglierten ungezwungen mit den wechselnden Kursen aller ihrer Lebensmittel. Sie taten das um so mehr, als sie in Familienverbänden organisiert waren. Deren Mitglieder waren von Timbuktu und Dschenne bis nach Casamance und bis übers Land Lobi verteilt. So konnten sie den Informations- und Warenaustausch im Hinblick auf Kursschwankungen und Rückgänge des Lagerbestandes in ihrem eigenen Interesse am besten kontrollieren. Aber noch weitere Klassen nahmen an den Geschäften teil. Die Marabut z. B., die neben dem Adel der freien Menschen (Träger von Köchern, Kalatigi) einen Adel des Turbans bildeten, der von Almosen und frommen Schenkungen lebte.

Außerdem bekleideten oft Sklaven des Palastes, vor allem Freigelassene, sehr hohe Vertrauensposten.

b) Der Herrscher und sein Hof

Der König, der dieses Gemeinwesen lenkte, war ein großartiger Herrscher, verehrt wie ein Gott. »In der Haltung des Menschen, der sich niederwirft zum Gebet«, so schlugen die Untertanen mit beiden Ellenbogen kräftig auf den Boden

Im westlichen Sudan 141

und warfen sich Staub über Kopf und Rücken. Bei seiner feierlichen Einsetzung wurde der König auf eine Plattform gehoben und mit der frischen Haut eines Stieres umhüllt. Lassen wir Ibn Battuta sprechen, der uns den Pomp eines Mali zur Zeit des Suleiman – nicht einmal mehr auf dem Höhepunkt – vor Augen führt: »Der Sultan sitzt häufig unter einem Kuppelbau, dessen Eingang im Inneren des Palastes zu finden ist. An seiner Seite befindet sich die Stätte der Audienzen mit drei Bogenfenstern aus Holz, überzogen mit Silberplatten, und darunter drei andere, mit Goldplättchen oder vergoldetem Silber versehen. Diese Fenster haben wollene Vorhänge, die man an dem Tag, an dem der Sultan im Kuppelbau sitzt, zurückzieht ... Aus dem Tor des Schlosses treten 300 Sklaven heraus, einige haben Bogen, andere kleine Lanzen und Schilde in der Hand, einige sitzen, andere stehen. Sobald der König eingetroffen ist, stürzen drei Sklaven hervor, um seinen Stellvertreter zu rufen. Die Kommandanten erscheinen, ebenso der Prediger und die gelehrten Juristen. Sie setzen sich links und rechts vor die Waffenträger. Am Tor steht der Dogon-Dolmetscher, Dugha. Er trägt prachtvolle Kleider aus feiner Seide. Sein Turban ist mit Fransen geschmückt, den diese Leute meisterhaft zu richten verstehen. Er trägt um seinen Hals einen Säbel mit einer Scheide aus Gold, er trägt Stiefel mit Sporen ... Zwei kurze Lanzen, eine aus Silber, die andere aus Gold, hält er in der Hand, die Spitzen sind aus Eisen. Das Militär, der Gouverneur, die Pagen oder Eunuchen und die Mesufiten (Berber- und Sarakole-Kaufleute) sitzen außerhalb der Audienzstätte auf einer langen, breiten, von Bäumen gesäumten Straße. Jeder Kommandant hat vor sich seine Männer mit ihren Lanzen, Bögen, Trommeln, Hörnern (sie sind aus Elfenbein, den Stoßzähnen von Elefanten, gemacht) und schließlich mit ihren Musikinstrumenten. Sie sind aus Schilfrohr und Kürbissen hergestellt, man schlägt sie mit dünnen Stäben und bringt einen angenehmen Ton hervor (das Xylophon zweifellos). Jeder Kommandant trägt seinen Köcher freihängend zwischen den Schultern; er hält den Bogen in der Hand und besteigt sein Pferd ... Im Inneren des Audienzsaales und auf den Kreuzwegen sieht man einen Mann stehen. Wer auch immer den König zu sprechen wünscht, muß sich zunächst an den Dugha wenden, dieser spricht mit der eben genannten Person und diese wieder mit dem Souverän.« Aber es gibt noch feierlichere Sitzungen: »Man errichtet unter einem Baum eine große Bühne mit drei stufenweise erhöhten Bänken. Das ist der pempi. Man überzieht sie mit Seide und stattet sie mit Kissen aus; darüber breitet sich der Sonnenschirm aus gleich einer seidenen Kuppel mit einem Vogel auf der Spitze, groß wie ein Sperber[11]. Der König tritt aus einer in einem Winkel des Schlosses angebrachten Tür mit dem Bogen in der Hand und dem Köcher auf dem Rücken. Auf seinem Kopf trägt er ein von goldenen Bändern gehaltenes goldenes Käppchen, dessen Rand mit spannenlangen Fransen besetzt ist. Er ist meist mit einer roten zottigen Tunika bekleidet aus Stoffen europäischer Fabrikation, sogenannte mothanfas. Vor ihm kommen die Sänger heraus und halten Kanabir[12] aus Gold und Silber in den Händen, hinter ihm gehen ungefähr dreihundert bewaffnete Sklaven. Der Herrscher schreitet behutsam, er bewegt sich sehr langsam vorwärts und bleibt hin und wieder sogar stehen. Am pempi hält er an und betrachtet die Anwesenden. Daraufhin ersteigt

---

11 El Omari präzisiert, daß es ein goldener Falke war, der den herrschaftlichen Sonnenschirm überragte.
12 Singular: *Konobara* = Lerche (Kono = Vogel).

er langsam das Podium, so wie ein Kanzelredner seine Kanzel betritt. Sobald er sitzt, schlägt man die Trommeln, bläst ins Horn und in die Trompeten.« Dieses pempi war nach El Omari ein großer Sessel aus Ebenholz, ähnlich einem Thron, der zu einer großen und stark beleibten Person gehören könnte. An beiden Seiten befanden sich Stoßzähne von Elefanten.

Einige der königlichen Edelknaben waren türkischer Herkunft, man hatte sie in Kairo für ihn gekauft. In seiner Gegenwart besteht absolutes Verbot zu niesen. Wenn einer glaubt, niesen zu müssen, dann wirft er sich zu Boden und niest möglichst leise und unbemerkt. Aber wenn der König niest, schlagen die Anwesenden mit den Händen auf ihre Brust. Diese Hofleute trugen »weiße Kleidung aus Baumwolle, die bei ihnen angepflanzt wird und aus der sie sehr gute und feine Stoffe weben«.

Dagegen liefen die jungen Mädchen und Sklavinnen ganz nackt umher, zur großen Entrüstung des Ibn Battuta. Der Schmuck der Offiziere der Armee bestand aus Goldarmbändern und goldenen Reifen für die Füße.

Zudem gewährte der König seinen Kriegern das Recht, mehr oder weniger lange Hosen zu tragen, je nach der Bedeutung ihrer Taten. Der König selbst trug Hosen, die aus zwanzig Teilen zusammengesetzt waren. Die Offiziere erhielten zusätzlich zu ihren Grundeinkünften großzügige Sondervergütungen, manche kamen im Jahr auf 250 Kilo Gold. Der König war vor allem ein Freund der Gerechtigkeit. Er selbst prüfte die Beschwerden seiner Untertanen. Er schrieb nichts, sondern erteilte seine Befehle mit tönender Stimme. Indes verfügte er über Kadis, Sekretäre und Büros. Die Hofkapelle hielt einen großen Platz rund um den Herrscher belegt. Tam-tam, Kora, Bala, verschiedene Gitarren und Hifthörner erfreuten die Anwesenden. Und manchmal hielten es der König und einer seiner hohen Würdenträger nicht für unter ihrer Würde, öffentlich den feierlichen Tanzschritt auszuführen, der ihnen vorbehalten war: den Duga.

c) Die politische Gliederung

Um dieses schier unübersehbare Reich, das zur Zeit Mahmud Kôtis ungefähr 400 Städte zählte, regieren zu können, machten sich die Könige ein dezentralisiertes System zu eigen. Ihr Reich glich einer Mangofrucht: im Mittelpunkt ein harter Kern, der direkten Verwaltung des Königs unterstellt, der sich von Zeit zu Zeit und an wechselnden Orten plötzlich zeigte. Das Königreich war in Provinzen unterteilt, die an Ort und Stelle von einem *dyamani tigui* oder *farba* verwaltet wurden. Die Provinzen wiederum waren in Bezirke *(kafo)* und in Dörfer *(dougou)* unterteilt. Die dörfliche Gewalt war manchmal »doppelköpfig«. Sie bestand aus einem Oberhaupt der kirchlichen Ländereien und einem politischen Oberhaupt. Manchmal wurde sogar ein ganzes weit entferntes Gebiet nach diesem Statut organisiert. Walata[13] hatte z. B. wegen seiner Bedeutung als Zollstützpunkt einen *farba*, der allerdings 1352 wegen seiner Unterschlagungen abgesetzt wurde. Rund um diesen Kern lag ein »Fruchtfleisch« von Königreichen, die in strenger Abhängigkeit gehalten wurden. Sie wurden aber von ihren früheren Herrschern regiert. Der *farba* des Königs diente dann als Geschäftsträger und setzte manchmal nach den Sitten des Landes den örtlichen Häuptling ein. Dieser Statthalter überwachte das Tun und Treiben des örtlichen Gebieters.

13 Das als Berberfürstentum bekannte Walata war anfänglich nach El Bekri ein Dorf animistischer Schwarzer. Es gab hier übrigens die matrilineare Nachfolge, und die Bevölkerung sprach das Azer (Soninke-Dialekt) bis zur Durchreise Barths im Jahr 1855.

Im westlichen Sudan 143

Er nahm den von ihm gezahlten Tribut entgegen und konnte im Kriegsfall unter seinen Leuten Dienstverpflichtungen vornehmen. Solche Provinzen waren also noch immer organisch dem großen Reich angegliedert. Schließlich bildete ein dritter Bereich, gewöhnlich in den Randgebieten, die »Schale« dieser Mangofrucht. Es waren untergeordnete Königreiche, die die Vorherrschaft des Königs von Mali anerkannten und das durch regelmäßig übersandte Geschenke zu verstehen gaben. Aber sie waren weder organisch noch beständig mit dem Zentrum verbunden. Sie waren im Grunde Protektorate, deren Zusammenhalt mit der zentralen Regierung von deren Macht abhängig war.

d) Das wirtschaftliche Leben

Die Einkünfte des Reiches setzten sich aus Steuern (dem Zehnten auf die Ernten und das Vieh), aus Tributzahlungen, aus beschlagnahmten Goldklumpen, aus Zollabgaben und Kriegsbeute zusammen.

Das Statut einiger Städte oder Provinzen im Inneren dieses Gebildes ist schwierig zu bestimmen. Da ist z. B. Dschenne, das die Bozo- und Somono-Fischer und die Sarakole-Landwirte und -Kaufleute umfaßte. Es wurde in der Mitte des 13. Jahrhunderts durch den König Mana gefestigt und bekam am Ende des Jahrhunderts von dem König Koy Komboro eine imposante Moschee geschenkt, die eine der Perlen sudanesischer Architektur ist.

Der transsaharische Handel konnte aus der Macht und Sicherheit des Reiches nur Nutzen ziehen. Neue östliche Handelswege nach Libyen (durch den Fezzan) und Ägypten entlasteten die westliche Route vom Tafilalet nach Tekrur. In der Tat traten vom 12. bis 14. Jahrhundert infolge des Verfalls des almohadischen Reiches Privatinitiativen an die Stelle der stark erschütterten offiziellen Gewalt. Die Brüder Al Maqqari gründeten eine dieser internationalen Gesellschaften als afrikanische Antwort auf die Hanse der nördlichen Meere: »Sie legten die Sahararoute an, indem sie Brunnen gruben und den Kaufleuten jede Sicherheit gaben. Mit einem Trommelwirbel kündigten sie die Abreise an, und eine Standarte wurde der Karawane vorangetragen.«[14]

Während sich Abd el Wâhid und Ali in Walata niedergelassen hatten, wo sie über Häuser, Grundstücke, Frauen und eigene Sklaven verfügten, waren ihre älteren Brüder Abu Bekr und Mohammed im Tlemcen ansässig geworden, und Abd er Rahman hatte sich in Sidjilmasa eingerichtet. »Die Leute aus Tlemcen schickten den Saharabewohnern Waren, die diese bestellt hatten, und die Saharabewohner schickten ihnen Häute und Felle, Elfenbein, Kokosnüsse und Goldstaub. Der Mann aus Sidjilmasa informierte sie wie das Zünglein an der Waage über die Preisbewegungen und hielt sie nachrichtlich auf dem laufenden über die Machenschaften der Kaufleute und über Neuigkeiten des Landes. Auf diese Art und Weise vermehrten sich ihre gemeinsamen Güter, und ihre Geschäfte blühten ... denn sie führten billige Waren ein und brachten Gold zurück, das Metall, dem alles in dieser Welt unterworfen ist.«

Diese Händler standen in Verbindung mit dem Herrscher von Mali, der sie in seinen Briefen »sehr teure Gefährten« und »sehr enge Freunde« nennt.

---

14 Siehe *Relations entre le Tafilalet et le Soudan à travers le Sahara, du 12. au 14. siècle*, von H. Peres, Algier.

6. Die Größe Malis

Wahrscheinlich war die Einrichtung eines so anpassungsfähigen Systems, das einzig folgerichtige in einem so großen Land ohne allgemeine Bürokratie, eines der Geheimnisse des Erfolges von Mali.

Es handelte sich um eine Art *indirect rule* über die umliegenden Provinzen. Dazu kommen die religiöse Toleranz und der Bekehrungseifer, der sich einzig und allein im friedlichen Eindringen der Mande-Kaufleute entfaltete. Kein malischer König hat einen heiligen Krieg geführt. Über mehr als ein Jahrhundert lang verwirklichte Mali in seiner *belle époque* ein Modell politischer Integration, in dem so unterschiedliche Völker wie die Tuareg, die Wolof, die Malinke und die Bambara, die Songhai, die Fulbe und die Tukulor, die Dialonke usw. einen einzigen Herrscher anerkannten. In diesem Gebiet bewegten sich Waren, Menschen, Güter und Ideen in freiem Verkehr. Es war nicht nötig, mit einer Karawane zu ziehen. »Die Sicherheit ist vollkommen und allgemein im ganzen Land«, erklärt Ibn Battuta, der sich lange hier aufhielt. »Der Sultan verzeiht niemandem, der sich einer Ungerechtigkeit schuldig gemacht hat . . . Weder der Reisende noch der seßhafte Mensch hat Räuber, Diebe oder Entführer zu fürchten. Die Schwarzen nehmen den Weißen, die zufällig in ihrer Gegend sterben, ihre Güter nicht weg, wenn es sich auch um unermeßliche Schätze handeln mag. Im Gegenteil, sie geben sie einem Vertrauensmann unter den Weißen in Verwahrung, bis sich die rechtmäßigen Erben einfinden und davon Besitz ergreifen.« Diese Lobrede des größten Reisenden der Epoche ist ohne Zweifel die schönste Zeugenaussage über die Größe Malis.

Der Herrscher behandelte übrigens die Souveräne des Maghreb im Rahmen der Umma (Gemeinschaft der Gläubigen) wie seinesgleichen. 1330 schickte er einen Botschafter zum marokkanischen Sultan Abu el Hassan, um ihn zu seinem Sieg über Tlemcen zu beglückwünschen.

Er knüpfte auch Verbindungen mit König Johann II. von Portugal an.

Manche Völker wie die Bambara, die Dialonke und zahlreiche Malinke blieben dem neuen Glauben unzugänglich. Aber dank der Toleranz des Fürsten hemmte das die einträglichen Handelsbeziehungen zum Süden überhaupt nicht, z. B. mit dem Worodugu (Land des Kolabaums), das auch Palmöl und Gold ausführte. Diese Gebiete, von unermüdlichen Diula-Kaufleuten kreuz und quer durchzogen, sahen oft auch Kolonnen mit großer Ausrüstung vorüberziehen; das waren Sendboten des Herrschers oder der Fürsten aus den Wäldern, die durch ihre Reisen das wesentliche historische Ereignis der Zersplitterung der Mande förderten.

Wenn auch der Herrscher selbst, die Hofleute und hohen Beamten Golddinare aus Nordafrika als Zahlungsmittel hatten, so kannte der größere Teil der Bevölkerung nur Kauris, Goldstaub, Salz und, nicht zu vergessen, das Tauschgeschäft.

Mali hatte ein Zivilisationsstadium erreicht, in dem die Größe kraftvoll genug ist, Gewalttätigkeit und Ungerechtigkeit zu beherrschen. Die schalkhaften Griots traten vor den Herrscher hin und warnten ihn vor dem Mißbrauch der Macht. Sie riefen ihm die Wohltaten seiner Vorfahren ins Gedächtnis und schlossen: »Tu auch Du Gutes, von dem man auch nach Dir noch erzählen wird!« Aber die persönliche Ruhmsucht und vielleicht auch die langsame Verschiebung der Handelsrouten von West nach Ost (die transkontinentale Route nach Ägypten über Agades, das Ghat und den Fezzan wurde immer mehr benutzt), dazu die

Im westlichen Sudan 145

Ungewißheit in der Nachfolgeregelung (diese war bald weiblich, bald männlich), alles das ließ die Chancen Gaos wachsen.

B. Das Reich Gao

1. Die Ursprünge

Die Geschichte der Songhai beginnt mit mehreren Legenden. Die erste erzählt von einem Vorfahren (Eponym), der Faran Makan Bote hieß. Er war der Sohn eines Sorko-Vaters und einer »Dämonenmutter« aus dem Reich der Wassergeister. Das verschaffte ihm die Gunst der Do, den Wächtern am Tor zur Unterwelt. Als nun Faran Makan Bote dem Fluß entstieg, verband er sich mit den Gow-Jägern und den Sorko-Fischern, deren einer das Amt des Kanta (Oberpriester) ausübte; er dehnte seine Macht auch auf ein Bauernvolk in der Gegend von Tillabery aus.

2. Die Dia

Eine andere Legende erzählt, im Jahre 500 seien Berberfürsten oder Araber aus dem Jemen an den Ufern des Nigerbogens angekommen. Dort hätten sie die Anwohner (Sorko-Fischer und Gabibi-Bauern) vom Terror eines Zauberfisches befreit, mit dessen Hilfe die Sorko-Fischer reiche Opfergaben von ihren bäuerlichen Mitbewohnern, den Gabibi, erpreßten. Diese Stämme scheinen aus Dendi den Niger herabgekommen zu sein. Sie gaben den beiden Ufern die Namen Gurma und Haussa. Ursprünglich kamen sie aus der Tschad- und Benuegegend. Die Dankbarkeit der Gabibi hob den Held dieser Tat, Dia Aliamen auf den Thron, und die Dia regierten bis 1335 in Kukia oder Kugha auf einer Nigerinsel nahe den Stromschnellen von Ansongo. Die geringe Zahl von Einwanderern (drei Personen nach der Legende vom Jemen, einige Händlergruppen nach El Bekri) mußte sehr schnell in den Songhai aufgehen. Etwa 1009 verlegte der 15. König, Dia Kossoi, seine Hauptstadt nach Gao auf dem linken Flußufer, dort, wo das Wadi Tilemsi aus dem Herzen der Sahara herabkommt. Er war der erste Herrscher[15], der sich zum Islam bekehrte. Seit der Zeit beeinflußte der Islam durch den transsaharischen Handel, später durch den Sturmflut der Almoraviden das Königreich. Jedenfalls rivalisierte Gaos Wohlstand im 11. Jahrhundert mit Kumbi. Aber eben dieser Reichtum war eine Versuchung für das junge Reich Mali. 1325 eroberte ein Stellvertreter des Kankan Mussa Gao. Dennoch gelang es den beiden Songhaiprinzen Ali Kolen und seinem Bruder Suleiman Nar, die als Geiseln in Mali lebten, zu entfliehen und wenigstens zeitweise die Macht Malis zu erschüttern (1337).

---

15 Diese Frage könnte vielleicht durch die Entzifferung der Inschriften auf den Grabdenkmälern aus dem 12. und 13. Jahrhundert geklärt werden, die 1939 bei Gao entdeckt wurden. Sie waren bedeckt mit arabischen Inschriften in andalusischer Schreibweise der Almoravidenperiode. Tatsächlich stimmen die arabischen Namen der Dynastien nicht mit der von den Tariks aufgestellten Liste überein.

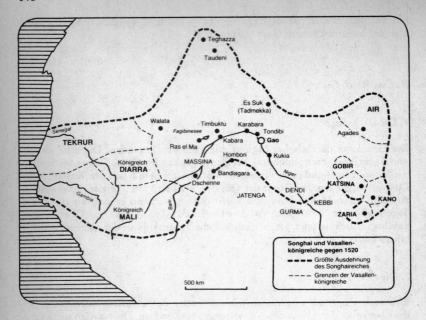

3. Die Sonni erobern den Sudan

Ali Kolen gründete die Dynastie der Si oder Sonni[16].
Der 18. König der Dynastie mit Namen Suleiman Daman oder Dandi soll Mema erobert haben. Er scheint mit dem Semanangu gleichgesetzt werden zu müssen, der in einem Brief aus Tuat von dem Italiener Malfante erwähnt wird. Nach ihm erleben wir die Vernichtung der Hegemonie am Nigerbogen mit Sonni Ali (1464–1493). Sonni Ali, auch Ali Ber (der Große) genannt, ist ein Eroberer, den man mit Sundjata vergleichen kann. Er hatte den Beinamen Dâli, das heißt der »Sehr-Erhabene«. Tatsächlich war er vor allem in der Hohen Magie erfahren. Er macht sich endgültig von der Bevormundung Malis frei und vergrößert sein Gebiet auf Malis Kosten. Angelpunkt war hier Timbuktu. Es wurde von den Akil-Tuareg kontrolliert, nachdem sie vorher die Mande vertrieben hatten. Aber ihr Machtmißbrauch (erdrückende Steuern, Vergewaltigung von Frauen usw.) brachte den Gouverneur Omar dazu, sich an Sonni Ali zu wenden, der bereits auf der Lauer lag. Die Armee der Songhai nähert sich Timbuktu, einer kultivierten Stadt mit einer buntgewürfelten Gesellschaft, und alle ergreift ein Schrek-

---

16 Boubou Hama setzt Si, Tschi und Ki gleich (s. Prés. Afr., 1966, S. 324). Er erkennt auch Si, San und Sow (daher Sonni) (S. 290).

Im westlichen Sudan 147

ken vor diesem Aufmarsch von Negerstreitkräften. Alles flieht aus der Stadt
nach Walata, nicht nur die Tuareg, sondern auch die intellektuelle Elite und ...
der Gouverneur, der nach Hilfe gerufen hatte. Zornig darüber gab Sonni seinem
derben Temperament nach und ließ mehrere angesehene Personen über die
Klinge springen (1468).

Das war der Ursprung eines schrecklichen Rufs bei den mohammedanischen Gebildeten. Darunter auch Es Sadi, der Autor des Tarik es Sudan, der ihn als
Unterdrücker, als blutrünstigen Tyrannen schildert und vor allem als Gottes-
verächter. Er verfolgte die gelehrten und frommen Persönlichkeiten ... Er hatte
es sich zur Gewohnheit gemacht, seine fünf vorgeschriebenen Gebete auf den
Abend oder den folgenden Tag zu verschieben. Wenn er sich zum Beten entschloß, genügte es ihm, sich zu setzen, Gesten zu machen und die Gebete zu nennen. Darauf wandte er sich seinen Gebeten wie Menschen zu und sprach: »Jetzt
kehrt zu euch zurück, weil ihr euch doch gut untereinander kennt ...« Ein Skep-
tiker zweifellos, vor allem aber ein vom alten animistischen Glauben durch-
drungener Mann.

Aber waren die Opfer seiner Politik in seinen Augen nicht des Hochverrats
schuldig, weil sie mit den Tuareg Kontakt hatten?

Um 1473 fällt Dschenne, gut geschützt durch seine Sumpflage und von seinen pa-
triotischen Bewohnern verteidigt, doch nach mehreren Jahren der Belagerung.
Es bleibt songhaisch trotz mehrfacher Versuche (99 scheint es) der Malier, dort
wieder Fuß zu fassen. Ja, Sonni Ali wollte die Mutter des jungen Prinzen von
Dschenne sogar heiraten. Dann wurde Massina integriert. Die Fulbe wurden besonders hart durch seine Feldzüge betroffen. Sie waren weder in der Verwaltung
noch in der Justiz zugelassen. Die Sangare wurden derart dezimiert, daß, so sagt
man, die Überlebenden dieses Fulbe-Stammes schließlich im Schatten eines einzigen Baumes Platz fanden.

Tatsächlich war Sonni der eigentliche Schöpfer des Reiches. Er überhäufte viele
Marabut mit Gütern und zögerte nicht, ihnen zu sagen: »Ohne die Gelehrten
gäbe es auf dieser Welt weder Anmut noch Freude.« Er führte die Abfassung
offizieller Akten des Königreichs ein und häufte einen unermeßlichen Reichtum
an. Dieser wurde in oftmals den Marabut anvertrauten Lagern gehortet. Außerdem kamen die in den Kriegen gegen die Mossi erbeuteten Sklaven auf den
Ländereien des Königs zum Einsatz.

Um die Tuareg zu bändigen, zog Sonni einen Kanal von Ras el Ma (im Westen
des Faguibinesees) nach Walata. Dabei nutzte er zweifellos die heute ausgetrock-
neten Flußbetten und Nebentäler der Seen aus, die damals noch einen höheren
Wasserstand hatten[17]. Es ging ihm dabei darum, das Gebiet durch einen Land-
und Weidewirtschaftsplan in seinem Wert zu steigern und Dschenne direkt mit
Walata zu verbinden. Dadurch wollte er das mehr oder weniger unsichere Timbuktu aufgeben und die schnelle Beförderung der Truppen zu den Grenzländern
des Nordens sichern.

Aber die Mossi von Nasere, deren Gebiet er einige Zeit vorher verwüstet hatte,
machten nun 1477 ihrerseits einen Blitzangriff, der sie dank ihrer kleinen flinken
Pferde schnell nach Walata führte, das sie plünderten. Sonni Ali fing sie auf dem
Rückweg ab, zerstreute einige ihrer Kontingente und verfolgte sie unerbittlich.
Er führte auch Operationen großen Stils gegen das Bergmassiv von Bandiagara

17 Siehe G. Palensi, Notes Africaines, 1958.

und quer durch Dendi bis ins Land Bariba oder Gurma an. 1942 kam er bei der Rückkehr aus dieser Gegend ums Leben.

Sonni Ali der Große hinterließ ein gut gefestigtes Reich im Süden und Westen. Gleichzeitig hinterließ er den Ruf eines unbesiegbaren Generals von großer Härte. Sein Sohn, Sonni Bakary, sollte nicht länger als ein Jahr herrschen.

4. Die Askia und die Blütezeit Gaos

1493 riß ein General aus dem Tekrur-Stamm der Sylla, Gouverneur von Hombori (Hombori Koi), mit Hilfe der Ulema unter dem Namen Askia Mohammed die Macht an sich[18].

Er ging planmäßiger vor, wirkte ordnender als sein berühmter Vorgänger. Ganz seiner Frömmigkeit ergeben, führte er eine puritansche Überwachung der Sitten ein und erhöhte die Zahl der Marabut beträchtlich: »Zuverlässige Männer waren damit beauftragt, bei Tag und Nacht geheime Aufsicht zu führen. Man hielt jeden Mann an, der in der Nacht mit einer fremden Frau plauderte, und führte ihn ins Gefängnis.« Außerdem machte er eine prunkvolle Wallfahrt nach Mekka (1496), deren Glanz die große Reise von Kankan Mussa ins Gedächtnis rief. Der Askia nahm 300 000 Goldstücke mit sich und wurde von 500 Reitern und 1 000 Infanteristen begleitet. Ein Drittel der Summe wurde als Almosen verteilt. Aber er stellte sich der arabischen Welt mit weniger königlichem Stolz dar als Kankan von Mali. Er gab nicht eher Ruhe, vielleicht komplexbeladen wegen seiner Legitimierung, bis er vom Kalifen, den er in Hedjas getroffen hatte, die Bestätigung des Kalifentitels für den Sudan erhalten hatte: *Khalifatu biladi el-Tekrur.*

Er erwarb in Mekka für die Pilger des Sudans Liegenschaften. Von seiner Rückkehr an führte er mit islamischem Bekehrungseifer Kriege. Er forderte die Bekehrung der Mossi. Der König dieses Landes erwiderte ihm, daß er zunächst seinen Ahnen opfern müßte, um ihren Rat zu erbitten. Diese verzögernde und herausfordernde Antwort erzürnte den Askia. Die Invasion der Songhai, die sich daraus ergab, beschränkte sich allerdings auf die Plünderung des Grenzlandes. Der Askia verzichtete demnach auf den Heiligen Krieg, trotz der Weisungen des fanatischen Reformers, des Berbers El-Meghili, den er von Tuat hatte rufen lassen. Aber im Westen erlaubte ihm der Verfall des Reiches Mali, die Nordprovinzen dieses Reiches bis Tekrur zu erobern. Im Osten erstürmte der Songhai die großen befestigten Städte des Haussalandes, eine nach der anderen. Damit begab er sich auf ein Gebiet, das sporadisch von den Tuareg ausgeplündert wurde, die aus dem Aïr kamen. Der Konflikt, der daraus resultierte, endete mit dem Anschluß und der Kolonisierung des Aïr durch die Songhai. Agades wurde nach der Vertreibung der Tuareg zu einem Vorposten des Reiches in der Wüste. Ein einziger Fürst widerstand siegreich der Songhai-Invasion nach Osten: der Kanta von Kebbi. Nachdem er zunächst mit Gao gegen Aïr verbunden war, später aber von seinem Beuteanteil enttäuscht war, hatte er die Trennung von Kebbi ver-

---

18 Mohammed Sylla wird bisweilen Ture genannt, aufgrund einer falschen Interpretation der Tariks durch Delafosse. Das Wort Askia stammt aus dem Songhai *a si kyi ya:* »Er ist es nicht! Er wird es nicht sein!« Ein Schrei der Herausforderung und des Unwillens, den die Töchter des Sonni Ali bei der Ankündigung des Staatsstreichs General Syllas ausstießen. Der übernahm diesen Ausruf als dynastischen Titel.

Im westlichen Sudan 149

kündet. Die Sümpfe, die es von Songhai trennten, sowie die leidenschaftliche Entschlossenheit seiner Leute in der Riesenfestung Surame, von der noch Reste erhalten sind, erlaubten diesem kleinen Land, dem imperialistischen Ehrgeiz Songhais zu widerstehen.

Allerdings untergruben Familienzwistigkeiten das ruhmvolle Königreich bereits von innen heraus. Mussa, der älteste Sohn Askia Mohammeds, hatte sich an die Spitze einer Verschwörung gesetzt. Er zögerte nicht, seinen Onkel Yahia niederzumetzeln, der von seinem Vater zu Hilfe gerufen worden war. So wurde dieser gezwungen, abzudanken (1528). Der blutrünstige Askia Mussa wurde bald ermordet und vom Askia Mohammed II. (Bunkan Korei) ersetzt.

Askia Mohammed Bunkan (1531–1537) war ein Herkules, der auch vom Pferd stieg und sich an der Seite seiner Soldaten zu Fuß schlug. Aber er liebte auch den Prunk und die Freuden des Hoflebens. Die Damen erschienen, aus dem Harem befreit, ohne Schleier bei den öffentlichen Audienzen. Die Hofleute erhielten Tuchkleidung und Armreifen. Ein Orchester, das im persönlichen Dienst des Königs stand, begleitete ihn überallhin. Neue Instrumente (Trompete und Trommel) wurden durch seine Bemühung eingeführt.

Zu seiner persönlichen Bewachung standen 1 700 Mann bereit. Aber Mohammed Bunkan beging den Fehler, den alten Askia weiter grausam zu verfolgen. Er wurde lahm und blind auf eine Insel im Niger verbannt, wo ihn die wilden Tiere heimsuchten. Seine verbitterten Brüder und Neffen plagten ihn bis zu seiner Flucht nach Mali.

Er wurde vom Askia Ismael (1537–1539) ersetzt. Als Haupt der Verschwörer ließ dieser den alten Askia wieder in den Palast von Gao einsetzen. Als Gegenleistung gab ihm sein Vater seinen Segen und die Insignien, die er von Mekka mitgebracht hatte. Doch seine Regierungszeit wurde von einer großen Hungersnot heimgesucht.

Sein Nachfolger Ishak I. (1539–1549) nahm entschlossen und anfänglich mit Geschick, später aber mehr und mehr mit Härte, die Macht gegen die Eingriffe der Marabut und seiner Brüder in die Hände. Aber bereits unter seiner Herrschaft bahnt sich die Bedrohung durch die Expansionspolitik des Sultans von Marokko an. Das Reich war damals auf seinem Höhepunkt, es breitete sich von Tekrur bis Agades über mehr als 2 000 km und von Teghazza bis ins Land der Mossi aus.

5. Der Aufbau des Reiches Songhai

a) Die politische Organisation

Die Verfassung Songhais war noch besser durchgebildet als die Malis. An der Spitze steht der Herrscher, der am Tag seiner feierlichen Einsetzung als Insignien ein Siegel, ein Schwert und einen Koran empfängt. Er hütet aber auch die überkommenen Attribute aus der Zeit der Tchi (Si, Ki): die Trommel und das heilige Feuer (dinturi). Der Hof war prunkvoll. Für jede Freitagsaudienz bestimmte das Protokoll für jeden Beamten eine genaue Ordnung für die Kleidung, die Frisur, den Schmuck und die Anzahl der Trommeln. Alle, die ankamen, mußten sich bedecken, niederwerfen und ihr Haupt mit Staub bestreuen. Nur der oberste General, *dyna koy,* hatte das Recht, dies mit Mehl zu tun.

Askia Mohammed schuf ein Berufsheer, das bessere Krieger hervorbrachte und das Volk für die Landwirtschaft, das Handwerk und den Handel freistellte. Die

Armee stand unter dem Befehl des *dyna koy*. Sie war in mehrere Korps aufgeteilt, wovon eines als königliche Garde diente, die anderen waren auf die Regierungen der Provinzen verteilt. Die Krieger trugen Lanzen, Wurfspieße mit vergifteten Spitzen und Säbel. Manche Korps waren mit Panzerhemden gewappnet und mit Helmen aus Messing.

Das Reich wurde von einem Stab von hohen Beamten gelenkt. Manche waren für territoriale Belange zuständig, andere hatten rein funktionelle Aufgaben. Die einen wie die anderen trugen den Titel Koy oder Fari: so die Gouverneure von Gurma, von Dschenne, von Dendi und von Hombori (Hombori-Koy, auch Tondi-Fari genannt, Herr der Berge).

Der Dendi-Fari nahm dem Herrscher gegenüber kein Blatt vor den Mund. Die Griots am Hof konnten es sich sogar erlauben, den Fürsten mit seinem Namen anzurufen. Alle diese Vorrechte sind vielleicht Relikte aus den Anfangszeiten. Sie erlegten in jedem Fall der Macht des Königs gewisse Grenzen auf. Der Bara-Koy besaß gar ein Vetorecht, was aber nicht bedeutet, daß er davon Gebrauch machte.

Der Gurma-Fari war der bedeutendste. Er trug den Titel eines Oberhäuptlings (Kanfari) und kontrollierte die Provinz, die als Kornkammer des Reiches galt. Es gab dann noch den Hi koy, eine Art Minister der Flußschiffahrt. Er wurde immer aus dem Sorko-Stamm ausgewählt. Dann gab es den Fari mondyo, Oberinspektor der Steuereintreiber, den Hore farima, Oberpriester des Ahnen- und Geisterkultes, den Sao farima, Inspektor und Verwalter der Wälder (er wachte über den Holzeinschlag und über die Beitreibung des Zehnten auf die Jagderträge), weiter den Ho koy, Herr der Fischer, den Korey farima, Minister der Weißen, usw. In Timbuktu scheint der Kadi kraft seines Amtes Timbuktu koy gewesen zu sein.

b) Das Wirtschaftssystem

Diese Art umsichtiger Dezentralisierung darf uns aber nicht über die Starrheit der songhaischen Verwaltung hinwegtäuschen. Tatsächlich waren die Gouverneure oder Minister keine erblichen Lehnsleute. Sie wurden nach Belieben vom Askia ernannt und abgesetzt. Sicher konnte ihre Eigenschaft als Fürst und die Tatsache, daß sie bewaffnete Kontingente unter sich hatten, sie veranlassen, sich bei einer Vakanz des Throns einzumischen. Aber in normalen Zeiten hatte der Askia Gewalt über jeden Vorstoß, da er ja über Elitetruppen und über das gesamte Gaogebiet verfügte. Dieses war von Leibeigenen bevölkert, die einer direkten Verwaltung untergeordnet waren und in der Viehzucht und beim Reisanbau beschäftigt waren.

Zur Zeit des Askia Daud wurden den Häuptlingen der Dörfer (Fanfa) königliche Domänen übereignet. Eine Domäne mit 200 Sklaven mußte 1 000 Sunus gleich 250 Tonnen Reis produzieren. Der Askia beschaffte die Sämereien und die Sunus (große Säcke, die etwa 250 Kilo faßten). Sie wurden auf den Schiffen des Kabara-koy zur Reichskornkammer transportiert. Der Aufbau der Produktion beruhte zu dieser Zeit folglich auf sklavischer Arbeit. Aber zu normalen Zeiten wurde das bäuerliche und sklavische Volk nicht so sehr geschunden.

Es ist schwierig zu sagen, ob das Leben der Sklaven des Adels und der Marabut erträglicher war als das der Reichs-Sklaven, denn die Geistlichen waren oft abwesend. Manche hielten sich auch in Nordafrika auf.

Im westlichen Sudan 151

Aber man hätte unrecht, überstürzte Vergleiche zwischen diesen sozio-ökonomischen Strukturen und jenen, die in Europa oder anderswo gültig sind, vorzunehmen. Der Lehensbegriff befindet sich hier in einem anderen Kontext.

Der Begriff von Gabe und Gegengabe, den die Soziologen Schwarzafrikas betonen, würde hier der Wirklichkeit zweifellos näherkommen; denn der Aufbau und die sozio-ökonomischen Grundzüge blieben die überlieferten.

Was den Nutznießer vor allem interessiert, ist die Anzahl der Leibeigenen, der Familien und der Dörfer von Leibeigenen. Das Motiv für die Gabe ist oft religiöser Art und die Gegengabe sehr oft eine symbolische.

Diesen wechselseitigen Tribut sehen wir z. B. bei der Freilassung einer Sklavin durch den Askia Daud. Nach ihrer Freilassung hängt sie sich an ihn und erklärt: »Ich werde dir einen Tribut darbringen, der dich an mich erinnern soll; es werden zwei Stücke Seife sein zu Beginn eines jeden Jahres.« – »Und auch ich«, erwiderte der Herrscher, »werde dir, um die Gnade des allerhöchsten Gottes zu erwirken, am Anfang jeden Jahres einen Tribut überbringen lassen. Er wird aus einem Block Salz und einem schwarzen Schurz bestehen. Nimm ihn an, um Gottes willen.«[19]

Folglich ist durch diese großzügige Organisation der Leibeigenschaft das Reich Gao das Reich in Schwarzafrika, das sich am meisten den Produktionsmustern angenähert hat, die sich anderswo entfaltet haben. Vielleicht deshalb, weil das schriftlich fixierte Verwaltungswesen dort entwickelter war und demnach auch einen stammesübergreifenden Integrationsprozeß nach sich ziehen mußte.

Fulbe-Imam, Tekrur- oder Songhai-Generäle, berberische oder malische Professoren, Sarakole-Kadis, hohe Beamte aus Djerma oder Haussa, alle diese wirkten in einer nationalen Gemeinschaft mit, die auf die Treue zum Fürsten und auf Anerkennung seiner Tugenden und Fähigkeiten gestützt war.

Die Historiker der Epoche berichteten, daß die Steuereintreiber des Reichs niemals mehr als 30 Maß Korn forderten, auch wenn der Steuerpflichtige 1 000 davon liefern konnte. Der Überschuß wurde dann Sklaven oder freien Männern überlassen. Aber von der Regierungszeit des Askia Daud an lösen die übermäßigen Forderungen, die manche Mitglieder seiner Familie stellen, einen sozialen Streik und Aufstände aus, insbesondere unter den Fulbehirten und den Bambarabauern. Außerdem wirkte sich in den Domänen, die den Marabutfamilien übereignet worden waren – riesigen Gebieten, die an die kirchlichen Ländereien des europäischen Mittelalters erinnern – die Aufsicht durch den Fürsten nicht mehr auf den ökonomischen Plan aus.

Jeder Bezirk oder jede Stadt hatte einen Steuereinnehmer. Wurden alle diese Steuern den Tributzahlungen der Vasallenstaaten hinzugerechnet, so machte das das übliche sehr reichliche Einkommen des Askia aus. Gold, Salz und Kauris dienten als gängige Zahlungsmittel. Um Betrügereien zu verhindern, nahmen sich die Askia die Vereinheitlichung der Maße und Gewichte vor. Sie brachten auch die Kanalisierungsarbeiten am Niger in Schwung und ließen jüdische Gärtner von Tuat kommen, um die einheimischen Erträge zu verbessern. Von Leo Africanus erfahren wir übrigens von einem vorübergehenden Antisemitismus, der von dem maghrebinischen Reformer El Meghili geschürt wurde.

19 *Tarik el Fettach.*

6. Die Metropolen des Sudan

Die blühenden Handelszentren des Reiches waren stark bevölkerte Städte.

»Ein Streit war zwischen den Leuten von Gao und denen von Kano über die Frage entstanden, welche der beiden Städte die größte sei. Vor Ungeduld zitternd machten sich junge Leute von Timbuktu und einige Bewohner Gaos auf, nahmen Papier, Tinte und Federn, betraten die Stadt Gao und begannen die Häuser zu zählen. Mit der ersten Wohnung im Westen der Stadt fingen sie an, eine nach der anderen einzutragen – ›Haus des Sowieso, Haus des Sowieso‹ –, bis sie zum letzten Gebäude der Stadt im Osten gekommen waren. Das Unternehmen dauerte drei Tage, und man zählte 7 626 Häuser, ohne die aus Stroh gebauten Hütten mitzuzählen.«[20] Diese demographische Erhebung erlaubt, die Einwohnerzahl auf etwa 100 000 zu schätzen. Sie hatten ihren Marktvorsteher, ihren Polizeichef (Timbuktu mundio), ihren Kommissar für die Fremden usw. Diese Städte wurden ganz natürlicherweise zu bedeutenden Orten religiöser Studien. Dschenne, Timbuktu, Walata und Gao zeichneten sich in dieser Hinsicht aus: »Es gibt in Timbuktu«, sagt Leo Africanus, «zahlreiche Richter, Doktoren und Priester, die alle vom König sehr gut besoldet werden. Er hält die Literatur sehr in Ehren. Man verkauft auch viele handgeschriebene Bücher, die aus dem Land der Berber kommen. Man zieht mehr Gewinn aus diesem Verkauf als aus dem aller anderen Waren.«[21] Wirkliche Universitäten gab es in den Städten, die vom Mäzenatentum der Fürsten und der Gemeinschaft des Volkes lebten.

Ein Zeuge führt als Beispiel den Gelehrten Ali Takaria an, der jeden Mittwoch einen bescheidenen Beitrag von seinen Schülern erhielt: einer zahlte fünf Kauris, ein anderer zehn usw. Dieser Gelehrte erhielt so 1 725 Kaurischnecken von seinen Schülern.

Die Zahl der Koranschulen in Timbuktu belief sich auf 180. Die Gelehrten lehrten in den Moscheen. Doktoren und berühmte Schriftsteller des Maghreb durchquerten die Wüste, um Vorlesungen zu halten oder um denen ihrer berberischen Kollegen und ihrer schwarzen Kollegen von Sankore (Stadtviertel von Timbuktu) oder Dschenne zu folgen.

Die Universität Al Ahzar wandte sich gar an Ibn Abd er Rahim mit der Bitte, bei ihnen zu lehren. Dagegen ließ sich Abderahman El Temini von Hedjas, der zur Zeit Kankan Mussas nach Mali geholt wurde, in Timbuktu nieder. Die Stadt war voll von sudanesischen Rechtsgelehrten. Sobald er feststellte, daß diese auf dem Gebiet der Rechte mehr wußten als er, reiste er nach Fes ab, um sich hier dem Studium zu widmen. Dann kam er nach Timbuktu zurück, um von neuem tätig zu sein.

In der Tat wurden die Universitäten sorgsam gehätschelt. Mit Urkunden, vergleichbar den marhams der Herrscher von Kanem-Bornu und hier Iqta genannt, gewährte der Askia den Marabut und Würdenträgern Vorrechte und beträchtliche Güter: 1 700 Sklaven dem einen, 70 Bauerndörfer dem Mohammed Tule. Tatsächlich hatte er ihm die Rechte über das Gebiet zugestanden, das er von Sonnenaufgang bis Sonnenuntergang durchschreiten konnte.

Mahmud, der Kadi von Timbuktu, flößte, so wird berichtet, den Askia und ihren Ministern eine Art kindliche Ehrfurcht ein. Diese besuchten ihn oft, aber er

---

20 *Tarik el Fettach.*
21 Leo Africanus, *Beschreibung Afrikas.*

Im westlichen Sudan 153

erhob sich nicht für sie, wandte ihnen nicht einmal das Gesicht zu. Die Kadis im Rat des Fürsten hatten ihren Sitz an der Seite der Generäle. Sie zögerten nicht, Seine Majestät mit heftigen Vorwürfen zu überhäufen: »Hast du es vergessen«, so wandte sich Mahmud etwa an Askia Mohammed, »oder tust du nur so, als ob du den Tag vergessen hast, an dem du zu mir kamst, mich an Fuß und Kleidern packtest und zu mir sagtest: ›Ich komme, um mich unter deinen Schutz zu begeben und mich dir anzuvertrauen, damit du mir das Fegefeuer ersparst? Deshalb ließ ich deine Abgesandten fortjagen.‹«[22] Die Unabhängigkeit und der Stolz der Universitäten gingen hier unter im Klerikalismus.

Einer der berühmtesten mohammedanischen Gelehrten dieser Zeit war unbestritten Ahmed Baba. Ein Dutzend seiner Werke ist wieder aufgefunden worden, darunter sein bekanntes Wörterbuch der Gelehrten vom malikitischen Ritus und seine Abhandlung über die Bevölkerung des westlichen Sudan. Er stammte aus der berühmten Familie des Mohammed Aqit, geboren zu Beginn des 14. Jahrhunderts in Massina. Zahlreiche Kadis, die aus dieser Linie hervorgegangen sind, übten einen ungeheuren Einfluß auf die Staatsmänner Songhais aus.

Ahmed Baba wurde am 26. Oktober 1556 in Arauane geboren, zehn Tagesmärsche nördlich von Timbuktu an der Straße von Tuat. Seine wichtigsten Lehrmeister waren sein Bruder und sein Onkel, vornehmlich aber ein Mande, Mohammed Baghyou, den er selbst seinen Scheich nannte. Mit ihm studierte er zehn Jahre lang eine Reihe von Büchern, die das gesamte Feld der islamischen Wissenschaft der Zeit abdeckten: arabische Sprache, Rhetorik, Gesetzesquellen, Rechtsprechung (fîqh), Exegese des Koran (tafsir) usw. Die wichtigsten dieser Bücher nahmen sie bis zu achtmal durch. So errang er die Lehrerlaubnis (Ijaza) und begann sogleich mit Nachforschungen und Versuchen, die sein Lehrmeister für würdig genug erachtete, in seine eigenen Vorlesungen aufzunehmen[23]. Ahmed Baba soll siebenhundert Werke geschrieben haben, und seine Bibliothek, die seiner Aussage nach nicht die größte Timbuktus war, enthielt 1 600 Titel.

Die Vorlesungen fanden während des ganzen Tages statt, manchmal auch des Nachts, nur unterbrochen von den Gebetspausen.

Man versteht jetzt die begeisterte Erklärung Mahmud Kôtis: »Zu jener Zeit hatte Timbuktu unter den Städten der Schwarzen nicht ihresgleichen im Hinblick auf die Beständigkeit ihrer Institutionen, die politischen Freiheiten, die Reinheit der Sitten, die Sicherheit von Menschen und Gütern, die Milde und das Mitleid gegen Arme und Fremde, die Liebenswürdigkeit zu Studenten und Wissenschaftlern und den Beistand, der diesen gewährt wird.«[24]

Das wimmelnde Geschäftsleben stand dem Eifer der Geister in nichts nach.

Es gab in dieser Stadt 26 Häuser, in denen sich Schneider (Tendi genannt) eingerichtet hatten. Jedes dieser Häuser hatte einen Meister als Ausbilder, der ungefähr 50 Lehrlinge zu betreuen hatte, manche sogar 70 bis 100 Lehrlinge.

Als politische Hauptstädte und mächtige ökonomische Brennpunkte waren diese sudanesischen Städte unanfechtbar jahrhundertelang Metropolen islamischer Gelehrsamkeit und Wissenschaft, die in alle Richtungen ausstrahlten.

---

22 *Tarik el Fettach.*
23 J. D. Hunwick, »Ahmed Baba and the Maroccan Invasion of the Sudan«, *Journal of African History.*
24 *Tarik el Fettach.*

154   *Große Jahrhunderte*

II. Die Staaten des Zentralsudan

A. Die Haussastaaten

1. Die Historische Entwicklung

Die Haussa-Stadtstaaten, zwischen dem Niger und dem Tschad gelegen, befinden
sich an einer großen Völkerscheide. Sie gründeten sich im 12. Jahrhundert rund
um die Handelsstraßen, die auf der einen Seite Tripolis und Ägypten mit dem
Urwald verbanden und auf der anderen den Niger über das Darfur mit dem
oberen Niltal. Eine Legende, die sehr stark die fromme Neugestaltung nach der
Bekehrung zum Islam nachempfindet, erzählt nun folgendes: Die Königin
Daurama, Nachfolgerin von neun anderen Königinnen von der Art der Kandaken in Nubien, sah ihre Untertanen vom Hungertod bedroht durch eine
furchtbare Schlange. Diese wurde schließlich von einem Reisenden, einem Weißen,
getötet. Man wird Ähnlichkeiten mit dem Wagadu bida von Gana und vor
allem mit dem Ungeheuer von Kukia (Gao) bemerken. Der Retter hieß Abu
Yazid oder Bayajidda; Bawa oder Bagoda war ein Sohn dieses Fremdlings und
der Königin. Er und seine sechs Söhne sollten die Gründer der sieben Haussastaaten (Haussa Bokoi) werden: Kano, Daura, Gobir, Katsena, Zaria, Biram und
Rano. Daura wurde als Mutterstadt betrachtet. Später wurden weitere Städte in
die Haussa-Gruppe integriert. Sie galten als weniger authentisch und wurden
wahrscheinlich von Flüchtlingen gegründet, die nach Süden und Westen gezogen
waren. Es sind Kororofa (Dschukun), Ilorin, Nupe, Zamfara und Kebbi.
De facto sind die Haussa oder ihr führender Stand Schwarze, die viel weiter im
Norden und im Osten lebten als heute. Sie hielten den Aïr, den Kauar und vielleicht den Tibesti besetzt, ehe diese Gebiete allmählich austrockneten und die
Tuareg eindrangen.
Das Anwachsen der arabischen Bevölkerung selbst im Niltal mußte die schwarzen Wanderer, unter ihnen vielleicht auch Christen, nach Südwesten zurück-
werfen. Das Erscheinen dieser verschiedenen Gruppen und ihre Vermischung mit
den Sao-Ureinwohnern und anderen entwickelte Volksgruppen von bemerkenswerter Originalität. Sie ergab sich aus der Vereinigung mehrerer ethnischer und
kultureller Strömungen[25].
Die Haussastädte waren zunächst Festungen in den riesigen Weiten des mittleren
Sudan. Sie waren jedem feindlichen Überfall ausgesetzt. Wie in den Burgen des
hohen europäischen Mittelalters, so fanden die Bauern hier Zuflucht im Alarm-
fall. Dafür entrichteten sie den Soldaten des Forts Abgaben in Naturalien; ihr
Oberhaupt wurde nach und nach ihr König.
Zusätzlich zu dieser ersten Arbeitsteilung folgte ziemlich schnell eine weitere. Die
gesicherte Stadt wurde ganz selbstverständlich zum Handelsplatz, wo die Bauern
untereinander aber vor allem auch mit den Handwerkern, die sich in der Festung
niedergelassen hatten, ihre Güter tauschen konnten.
Die Kanochronik, die allein dem Sturm der Fulbe-Eroberung des 19. Jahrhun-

---

25 Bestimmte auf die Schrift, das Pferd und das Militärwesen bezogene Wörter, deren Ursprung
im Kanuri liegt, lassen auf frühe orientalische Einflüsse schließen.

Die Staaten des Zentralsudan   155

derts entkam, lenkt unsere Aufmerksamkeit auf Kano, die Königin der Haussastädte. Die Vorfahren der Leute von Kano sollen Schmiede gewesen sein. Sie
kamen aus dem Aïr: die Maguzawa, deren Erbfolge weiblich war. Das Königreich konnte, wie seine Nachbarn, aus der Entfernung zu Mali und zu Kanem,
das im Osten des Tschad lag, Nutzen ziehen. Der erste König oder Sarki wurde
Bagoda (999–1063). Vom 12. Jahrhundert an zeigen sich Bedrohungen von
außen, die eine Verteidigung nötig machen. Der König Yusa Tsarki (1136 bis
1194) vollendet die erste Stadtmauer von Kano. Einer dieser Könige, dem seine
Ratgeber Gewalt gegen die Eingeborenen empfohlen hatten, hörte diese dennoch
an. Sie erklärten: »Wenn ein Königreich groß ist, muß sein Herrscher geduldig
sein; mit Ungeduld wird der Gebieter sein Ziel nicht erreichen.« Der König, auf
diese Weise belehrt, ließ sie ihren Gebräuchen und ihrer Religion nachgehen.
Im 14. Jahrhundert wird der Islam unter dem König Yadji (1349–1385) in
Kano von den Mande eingeführt, sie bringen auch die Schrift. Die neuerworbene
Religion war vielleicht der Grund für die Angriffe dieses Fürsten gegen Kororofa (Dschunkun) im Tal des Benue. Während der friedliebende Bugaya (1385 bis
1390) seinen ersten Minister regieren läßt, betätigt sich der König Kanadjedji
(1390–1410) als großer Krieger und besetzt die Stadt Zaria. Die Helme, Panzerhemden und Pferdedecken aus Drahtgewebe, die zu dieser Zeit eingeführt wurden, sind an diesen Erfolgen vielleicht nicht ganz unbeteiligt. Aber Zaria ist
deshalb nicht gebrochen, und unter der »leadership« der berühmten Fürstin
Amina geht es einer großen Blüte entgegen. Amina, die in der Chronik von Zaria nicht als Königin aufgeführt wird, durcheilte das ganze Haussaland, wo noch
mehrere befestigte Städte ihren Namen tragen. Ihr ist es zu verdanken, daß sich
das Herrschaftsgebiet von Zaria bis zum Niger und dem Benue ausdehnte und
eine Zeitlang auch Katsena und selbst Kano mit einbezog. Die Kanochronik gibt
allerdings zu, daß alle Städte von ihr erobert worden sind und daß Kororofa
und Nupe[26] ihr einen Eunuchen- und Kolanußtribut schuldeten. Zaria nahm
allen Gewinn des Handels für sich in Anspruch und blühte während der 34 »Re-
gierungs«-Jahre Aminas wunderbar auf. Unter Daud von Kano (1421–1438)
aber, mit der »Protektion« Bornus, fiel der Kampf gegen Zaria für Kano günsti-
ger aus. Unter Abdulahi Bardjia zog Kano beträchtlichen Nutzen aus dem zu-
nehmenden Handel mit der Kolanuß aus dem Königreich Gondscha und aus
Sklavenraubzügen bei den Völkern des Südens. Es ist deshalb nicht erstaunlich,
daß Kano unter dem König Mohammed Rimfa, der 36 Jahre lang regierte (1463
bis 1499), seinen Höhepunkt erreichte.
Missionare reinigten den dubiosen Islam der Haussa: die Tukulor kamen vom
Westen wie die Mande, der berühmte Reformer El Meghili[27] aus Tuat kam vom
Norden und besuchte Katsena im 15. Jahrhundert. Die geheiligten Wälder der
Animisten wurden abgeholzt, und an ihrer Stelle erhoben sich schöne Moscheen.
Der Ramadan wurde mit Glanz begangen. Selbst die Lebensweise des Nahen
Orients setzte sich in der mohammedanischen Gesellschaft durch: Harem und
Schleier für die Frauen, Eunuchen usw. Rimfa errichtete einen Palast, den Gi-

---

26 Nupe, das sich entlang des Nigerbogens unterhalb des Benue hinzog, hatte den Beinamen
»Schwarzes Byzanz«. Es war bekannt für seine Handwerker- und Künstlerinnungen. Tswede
soll dieses Königreich, dessen Hauptstadt Nupeko, dem Gbaro war, am Ende des 16. Jahrhunderts gegründet haben. Bida war das Wirtschaftszentrum.

27 Er ist der Autor des berühmten Buches »Von den Verpflichtungen des Fürsten«, das später
Osman dan Fodio beeinflussen sollte.

dam-Rimfa. Der große Befestigungswall von Kano, der heute noch vorhanden ist, wurde errichtet. Er hat eine Höhe von zwölf Metern, umfaßt die Stadt in einer Länge von achtzehn Kilometern und hat sieben große Tore. Rimfa rationalisierte zudem die Verwaltung dadurch, daß er das Land in Bezirke aufteilte. Aber die unversöhnlichen Kämpfe gegen Katsena und Zaria nehmen überhand. Diese Kriege erinnern an die Machenschaften der antiken griechischen Städte oder an die italienischen Handelsstädte der Renaissance. Sie erlauben den mächtigen Nachbarn, ihre Kontrolle über diese reichen Metropolen auszudehnen. Sie werden zuerst von Bornu, später von Songhai zu Satelliten degradiert. Der Askia reißt Katsena, Zaria und Kano an sich. Der König von Kano, Kisoki (1509–1565), hatte die Ehre, die Tochter des Herrschers von Gao zu heiraten. Die Ehre und die Bürde ... denn die Heirat schloß die Zahlung eines drückenden Tributs mit ein.

Aber bald erhob sich im Westen ein näher liegender Herrscher: Kebbi. Sein großer Häuptling Kanta, der einer Dynastie seinen Namen geben wird, hatte sich gegen den Askia erhoben; entweder aus Unzufriedenheit über seinen Kriegsbeuteanteil als Verbündeter gegen Bornu oder einfach als kühner und ehrgeiziger Häuptling. Nachdem er eine Reihe von Repressalien des Askia zurückgewiesen hatte, ließ er die Waagschale der Macht im Haussaland sich zu seinen Gunsten senken. Das war im Jahr 1515.

1554 widerstand die Kavallerie des Askia heldenmütig dem Ungestüm Kebbis im Kampf um Karifatta. Kanta indes erstürmte nacheinander Katsena, Kano, Gobir, Zaria, einen Teil von Nupe und sogar Asben. Das hatte einen scharfen Gegenzug Bornus zur Folge: der Maï Mohammed begann, nachdem er Kanta geschlagen hatte, die Stadtmauern von Surame zu belagern, aber vergeblich. Der Maï mußte wieder nach Osten ziehen, verfolgt von Kanta, der ihm noch an den Grenzen Bornus ernste Verluste zufügte. Kaum mit seiner Beute zurückgekommen, führte Kanta schon wieder Strafexpeditionen gegen einige rebellische Städte. Im Verlauf einer dieser Aktionen wurde er von einem Pfeil getroffen. Man legte ihn in eine Hängematte, und seine Männer, Grimm im Herzen, brachten ihn zur Hauptstadt zurück. Er starb auf dem Weg. Fassungslos balsamierten seine Soldaten den Leichnam ein und trugen ihn nach Surame. Dort errichteten sie, um möglichen Entweihungen zuvorzukommen, zwölf Gräber in allen vier Himmelsrichtungen. So endete Kanta, der die Größe und eiserne Energie eines Reichsgründers hatte. Man erzählt, daß er, als ihm Surame für seine Truppen zu klein erschien, eine andere Festung, Gungu genannt, zu bauen begann. Er verpflichtete alle Volksgruppen und die Völker aus den unterworfenen Gebieten, sich eines Abschnitts der Stadtmauer anzunehmen. Das Wasserreservoir befand sich drei Kilometer von der Stadt entfernt. Kanta ließ eine doppelte Kette von 10 000 Mann bilden, die sich die Behälter zwischen Teich und Zitadelle zureichten. Den Leuten von Nupe, die sich verspätet hatten, untersagte er, Wasser zum Mörtelbereiten zu verwenden, und zwang sie, sich der Butter der Karitéfrüchte[28] zu bedienen. Das war das gleiche Fieber, von dem Peter der Große erfaßt war, als er Sankt Petersburg schuf.

---

28 Fett, das aus den Früchten des Schibutterbaumes (Butyrospermum Parkii) gewonnen wird.

Die Staaten des Zentralsudan 157

2. Die Gliederung der Haussastaaten

Die Bürgerkriege zwischen den Haussastädten hindern sie daran, eine politisch beherrschende Rolle zu spielen. Im Grunde genommen war so etwas auch nicht ihre Absicht. Sie waren überdies nicht dazu geeignet. Sie waren vorwiegend ländliche Gemeinschaften. Im 19. Jahrhundert identifiziert Barth die freien Flächen innerhalb des Mauerrings von Kano als mögliche Anbauflächen. Vor allem aber widmeten sie diese Städte dem Handel und dem Handwerk. Sie spielten eine erfolgreiche Vermittlerrolle zwischen Schwarzafrika und seinen Nachbarn im Norden und im Osten. Gobir, das als Schild gegen die Gelüste der Tuareg diente, zog reichlich Nutzen aus dieser Lage, indem es im Tausch gegen Reis Kupfer aus Takedda kaufte und auf diese Weise die Schmiedewerkstätten versorgte.

Das sehr gut ausgearbeitete, oft vom Koran angeregte Steuersystem umfaßte Steuern auf das Einkommen (Zakat), auf das Vieh, die Ländereien, auf Luxuserzeugnisse, auf gewisse Berufe (Fleischer, Färber, Prostituierte usw.). Die Haussastaaten haben, unter den Gemeinschaften Schwarzafrikas ziemlich ungewöhnlich, ein komplexes Wirtschaftssystem verwirklicht. Die Landwirtschaft und der Handel waren klugerweise mit Tätigkeiten vorindustrieller Art in richtigen Handwerksbetrieben kombiniert: Weberei, Schuhmacherwerkstatt, Metallverarbeitung usw. Daraus entstand eine Art handeltreibendes Bürgertum, unternehmungslustig und offen für Neuerungen, mit einem Wort: schöpferisch; des weiteren eine aristokratische Bürokratie, denn mit der ein wenig angepaßten arabischen Schrift wurden geschriebene Dokumente gebräuchlich: *girgam, marham*[29] usw. Der König wurde von Notabeln[30] gewählt und war ihnen verantwortlich, ein von den politischen Systemen Schwarzafrikas abweichender Zug. Er ist im Zusammenhang mit der ökonomischen und sozialen Entwicklung zu sehen. Der König überließ die Machtausübung oft dem ersten Minister, dem Galadima. Dieser arbeitete mit den Kommandeuren der Armee, den Verwaltern, den Imams und Kadis, dem Spezialastronomen für den Mondzyklus, mit dem Protokollchef, den Wachposten an den Toren (ein besonders wichtiges Amt) usw. zusammen.

Die mohammedanische Religion blieb allerdings hartnäckig voller animistischer Elemente. Sie drückte so den spezifischen Charakter der Haussakultur aus, eine Synthese aller geistigen Bereiche.

Diese so schwachen Städte in einem ungeschützten Gebiet, an einem Kreuzweg ohne natürlichen Schutz gewachsen, diese Städte in ihrer Hülle aus Lehm oder Stein haben eine bedeutende Rolle als Relais im afrikanischen Westen und als Antennen nach außen hin gespielt. Sie verbreiteten die schwer erarbeiteten Früchte von den Feldern Jorubas im westlichen und mittleren Sudan und sogar jenseits der Sahara. Am Ende des 19. Jahrhunderts schrieb P. L. Monteil noch: »Kano kleidet zwei Drittel des Sudans ein und beinahe die gesamte mittlere und östliche Sahara.« Es war das »Manchester des Sudans« (Ajayi). Der Ausdruck Haussa bezeichnete nicht nur die Angehörigen einer hypothetischen Rasse, die, wenn sie zu Beginn existierte, schnell in einem vielschichtigen Genbestand verschmolzen ist. Er bezeichnete alle diejenigen, die durch Sprache und Sitten an dieser spezifizierten Zivilisation teilhatten. Dank dieser Sprache, die vom ge-

---

29 Dynastenliste (*girgam*) und Privilegienbrief (*marham*).
30 Einer der wichtigsten war der Konnetabel »Meister der Pferde« (*madawaki*).

samten östlichen Teil des afrikanischen Westens angenommen wurde, bildeten die Haussa-Handelsmetropolen, so neidisch und zerstritten sie oft auch waren, eine Vor-Nation.

B. Kanem-Bornu

1. Ursprünge und Entwicklung

In den Anfängen finden wir, wie auch sonst überall am Südrand der Wüste, die Verbindung und Heirat von Nomaden und Seßhaften. Hier sind die Nomaden die Zagawa, die manche für Tuareg oder Berber halten. Sie sollen im 9. Jahrhundert aufgetaucht sein und die Führung des Landes übernommen haben, wie die ersten Könige Ganas, wie Dia Aliamen, wie Abu Yazid usw.

Zur Unterstützung dieser These behaupteten manche, daß die ersten Maï (Könige) nach der Legende rothäutige Männer waren. Aber zeigen uns die Skizzen von Binger nicht Mossi-Reiter, die verhüllt sind wie die Tuareg im 19. Jahrhundert? Zu Beginn mußten die Könige Frauen der Tubu heiraten. Aber vom 13. Jahrhundert an heiraten sie auch Frauen aus dem Kreis der Kanuri. Diese erschienen vom Jahre 800 an als gesondertes Volk im Osten des Tschad. In Wirklichkeit waren die Zagawa schwarze Nomaden, deren Nachfolger noch heute existieren. Es waren die Teda (Tibu) des Tibesti[31]. Denham, der als erster im 19. Jahrhundert in diese Gebiete reiste, erklärt, daß die Bewohner reine Neger sind, *complete negroes*. Er bestätigte so, mehrere Jahrhunderte später, die Meinung des arabischen Schreibers El Yakubi: »Die Schwarzen, die zum Westen abwanderten, gründeten viele Königreiche. Das erste ist das Reich Zagawa in einem Gebiet, das sich Kanem nennt.«[32]

Einer der ersten bekannten Könige ist Dugu Bremi, Nachkomme eines gewissen Saif, der sich um das Jahr 800 in Njimi am Ostufer des Tschadsees niederläßt. Er soll zu Anfang des 9. Jahrhunderts gelebt haben und soll im Verlauf einer kühnen Expedition nach Süden und nach Gründung der Stadt Yeri Arbasan von der Mbum-Bevölkerung von Adamaua niedergemetzelt worden sein. Während der Regierungszeit von Hume (1085–1097) wird der Islam in Kanem eingeführt. Der Sohn Humes, Dunama I., wallfahrtet während seiner langen Regierungszeit (1097–1150) zweimal nach Mekka. Auf einer dritten Reise zu den heiligen Stätten wird er von ägyptischen Piraten im Roten Meer ertränkt. Zur gleichen Zeit entsteht in Kairo eine Herberge der Medersa-Malikiten für die Pilger oder Studenten von Kanem.

Die nachfolgenden Könige sind hauptsächlich Eroberer, Salma (1194–1221) erneuerte die alten Bündnisse der Dynastie mit den Tubu des Tibesti. Er nutzte die Ausdauer und den sprichwörtlichen Mut dieser Nomaden, um die Handelsrouten des Nordens bis zum Fezzan einschließlich zu gewinnen und zu überwachen. Die Hauptstadt war Njimi.

Unter Dunama II. (1221–1259), »Dabalemi Ibn Salma« genannt, wird diese

31 Chapelle: Schwarze Nomaden der Sahara.
32 J. S. Trimingham, *History of Islam in West Africa*, Oxford 1968.

Die Staaten des Zentralsudan 159

nördliche Ausdehnung durch ein Bündnis mit den Hafsiden von Tunis (1128 bis 1347) besiegelt. Dunama schickte ihnen eine Giraffe als Geschenk. Ibn Khaldun berichtet uns ausführlich über den Erfolg dieses Stars aus den afrikanischen Savannen: »Im Jahre 635 der Hedschra (1257) erhielt der Sultan El Mostansir ein kostbares Geschenk von einem schwarzen König, Herrscher von Kanem und Bornu, einer Stadt, die auf dem Meridian von Tripolis gelegen ist. Unter den Gaben, die ihm diese Negerabordnung überbrachte, befand sich eine Giraffe, ein Tier, dessen äußerliche Merkmale sehr fremdartig sind. Die Einwohner von Tunis liefen in Mengen herbei, um sie zu sehen, so daß die Ebene voll von Menschen war. Sie empfanden ein tiefes Erstaunen beim Anblick eines Vierfüßlers, dessen seltsame Gestalt die Merkmale mehrerer Tiere gleichsam ins Gedächtnis rief.«[33]

Im Westen schreitet die Expansion durch Unterwerfung der Haussa bis zum Niger vor, im Osten kämpft Kanem gegen die Bulala: »Im Kauar der Schwarzen«, sagt Yakut, »leben Menschen mit heller Haut. Ihre Hauptstadt ist Bilma. Sie sind Vasallen des Königs von Zagawa.«[34]

Im Süden hielten die schrecklichen Sao die Eroberung auf, außerdem die Sumpfgebiete des Logone und die Bergketten von Adamaua. Die Bulala, die sich auf dieselben Vorfahren wie die Häuptlinge Kanems beriefen, herrschten in der Umgebung des Fitrisees über die Eingeborenen. Sie fühlten sich, ganz im Gegensatz zu den Fürsten von Kanem, stark zu den animistischen Bräuchen hingezogen.

Die Herrscher von Kanem hüteten einen hochverehrten »Fetisch«, Mune oder Moni genannt. Manche glaubten, daß in diesem Bildnis eines Widders der Geist der Vorfahren verkörpert sei. Dies zeigt eine bemerkenswerte kulturelle Übereinstimmung mit der gleichartigen Übung von Meroe, dem Akangebiet (Gana) und Kuba (Kongo). Für andere war es eine Art Reliquiar, das Reliquien wie den *tibo mossi* enthielt und das niemand enthüllen durfte. Das Mune war eines der wesentlichsten Elemente des Kults, den die Kanembu ihrem König selber weihten, der, zumindest in der vorislamischen Periode, wie ein Gott verehrt wurde. Dieser König war für Regen und Sonnenschein und für die Gesundheit seiner Untertanen verantwortlich. Er trank reichlich Met, aber er war gehalten, nicht zu essen. Weh dem, der ein Kamel heimlich Lebensmittel in den königlichen Palast bringen sah: er wurde auf der Stelle getötet.

Nun wagte aber Dunama II. (mohammedanischer Bekehrungseifer oder einfach Neugier?), das Mune zu enthüllen. Diese Freveltat verletzte den animistischen Glauben, der fest in der Volksseele der Teda und Kanuri verwurzelt war, tief. Empörung stellte sich ein, die vom Rivalen Bulala geschickt geschürt wurde. Massenverbannungen und -wanderungen folgten. Zahlreiche Kanembu zogen zum Westufer des Tschadsees, wo die Sao sie gewöhnlich angriffen und manchmal auch niedermetzelten. Dazu war in Kanem der Bürgerkrieg zwischen dem Klan der Idris und dem der Daud ausgebrochen und machte den Kampf gegen die Bulala im Osten noch interessanter. Schließlich trugen die Idris den Sieg davon, aber ihre Macht blieb unbeständig. Da der Druck der Bulala sich verstärkt, gibt Omar Ibn Idris (1384–1388) Kanem auf und läßt sich in Gaga in Bornu nieder. Dort gehen die Kämpfe weiter.

---

33 Ibn Khaldun, *Geschichte der Berber.*
34 Siehe Fußnote 32.

160 *Große Jahrhunderte*

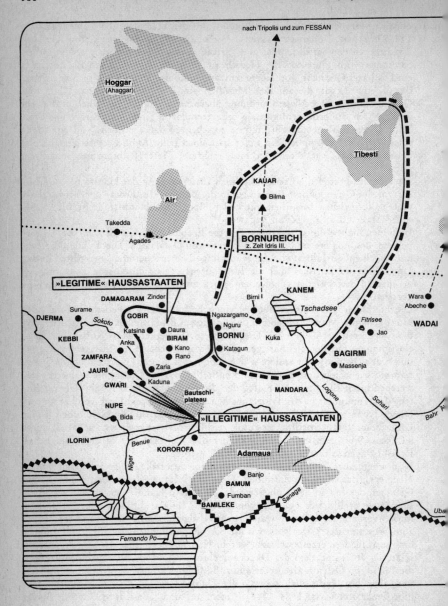

Die Staaten des Zentralsudan

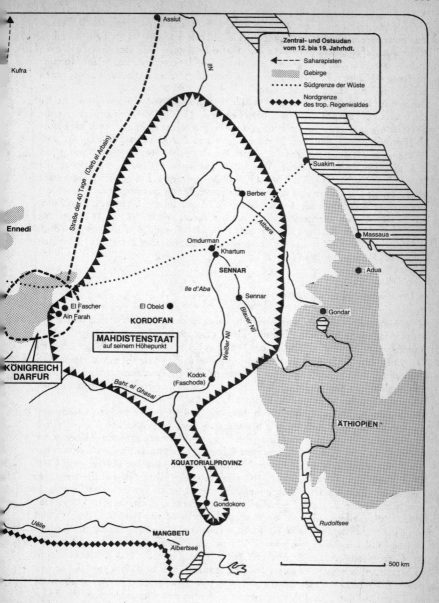

Im Norden gegen die Häuptlinge arabischer Banden, Verteidiger der Sklaverei. Das beweist ein Brief, den König Biri Ben Idris von Bornu an den Sultan al Malik Az Zahir Barquq geschickt hat. Darin beklagt er sich über einen gewissen Jodam, der seinen Bruder getötet und zahlreiche Untertanen, vor allem Mohammedaner – Männer, Frauen und Kinder – entführt habe. Auch der Kampf gegen die Sao und die Haussa geht weiter.

Der größte Fürst in dieser neuen Phase der Geschichte von Kanem-Bornu ist Ali Ibn Dunama, genannt Al Ghazi (der Eroberer) (1472–1504). Er organisiert die Verwaltung und gründet am Fluß Yo die Stadt Ngazargamu, auch Birnin Bornu (Festung Bornu) genannt. Er macht die Haussastädte tributpflichtig. Auf diese Weise wurden die aus Zamfara über Bornu herbeigebrachten Sklaven gegen arabische Pferde ausgetauscht. Die Imams versuchten damals, die Moral der Notabeln nach den Vorschriften des Korans zu gestalten. Ein gewisser Masbarma wagte es, eine Vorschrift zu erlassen, die jedem Mann nur noch vier Frauen erlaubte. Der Sultan Ali fügte sich, aber viele Notabeln weigerten sich, dem Folge zu leisten. Unter seinem Nachfolger Idris Katakarmabi (1504–1526) wurde Kanem von den Bulala zurückerobert, die Hauptstadt wurde Gaw nördlich des Fitrisees. Aber die nichtintegrierten Bulala blieben selbständig und gründeten später das Königreich Wadai.

2. Die Verfassung von Kanem-Bornu

Kanem-Bornu war neben Mali und Songhai eines der ausgedehntesten Reiche der großen Jahrhunderte. Sein Einfluß reichte in den besten Zeiten von Tripolitanien und Ägypten bis in den Norden des heutigen Kamerun und vom Niger bis zum Nil. Politische Verfassung und Verwaltung sind von der gleichen Art wie in Mali und Songhai. Es handelt sich um eine dezentralisierte Feudalmonarchie. An ihrer Spitze steht der Sultan (Maï), wie ein Gott verehrt und bei »öffentlichen« Sitzungen immer hinter einem Vorhang verborgen.

Der Staatsrat (Notiena) setzte sich aus zwölf Fürsten oder Emiren zusammen, die territoriale oder funktionelle Kompetenzen hatten: sie hießen Yerima (Provinz Yeri im Norden), Galadima (Provinz des Westens), Fofuma (Gouverneur der Hauptstadt), Kaigamma (oberster General, Kriegsminister und Gouverneur der Provinz des Südens), Mestrema (großer Eunuchenchef des Harems und Chef der Provinz des Ostens), Yiroma (Attaché unter der Kontrolle des Mestrema im Dienst der Königin). Die Königinmutter (magira) wurde besonders geehrt.

Ein persönlicher Rat erledigte die laufenden Geschäfte. Steuern in klingender Münze, die Tributzahlungen der Vasallen, oft in Naturalien, und der Handel mit Sklaven unterhielten die königlichen Finanzen. Die Rechtsprechung der mohammedanischen Kadis blieb vor allem auf die Zentren beschränkt und konnte das Gewohnheitsrecht nicht ersetzen. Die Armee, die bis zu 100 000 Reiter (einige waren sogar gepanzert) und 180 000 Infanteristen umfaßte, gehörte zu den größten Streitkräften der Epoche. Sie war zusammengesetzt aus Kanembutruppen, Berufssoldaten und der Palastgarde, der sogenannten »Division des Hauses«; zu ihnen gesellten sich Korps, die die Provinzgouverneure angeworben hatten, sie hießen »Buschtruppen«. Die Armee besaß große Festungen als Stützpunkte. Die heute verlassenen Landstriche sind noch immer von ihren Überresten übersät; Mauerwerk aus gebrannten Ziegeln – vielleicht den technischen Ideen der Schmiede und Architekten Saos entsprungen –, das noch heute in Njimi, Wadi, Ngazargamu und in Nguru von der einstigen Größe Kanems zeugt.

III. Die Königreiche Joruba und Benin

A. Die Ursprünge

Im Südosten des heuten Nigeria hatte sich die mächtige und dynamische Ibogruppe entwickelt. Sie lebte in einem »ultra-demokratischen« Gefüge, das die Einzelinitiative begrüßte. Die sozialpolitische Einheit bildete das Dorf. Mehrere Dörfer finden sich manchmal unter dem Schutz der gleichen Gottheit und des gleichen Sippenhäuptlings, dem Okpara, zusammen. Gewisse Integrationskräfte haben indes die Wesensart der Ibo besonders geprägt: die Exogamie, die großen Handelsplätze, deren Zufahrtswege jedes Jahr gemeinsam instandgesetzt werden, die gemeinsamen Kulte, wie der des großen Orakels *Chuku* in Aro-Chuku und der des Orakels von Agballa in Awka, dessen Anhänger, Wanderschmiede, eine sehr lebhafte Propaganda betrieben.

Im Südwesten entwickelten sich die Joruba und mit ihnen verwandte Fürstentümer. Ihre Anfänge, die in der Mythologie der Götter und Halbgötter versunken sind, können nicht genau terminiert werden. Der große Ahnherr all dieser Fürsten ist Oduduwa. Er selbst soll der Sohn des Olodumare sein oder, nach der frommen islamischen Überlieferung, des Lamurudu, König von Mekka. Sein Sohn Okanbi soll sieben Söhne gehabt haben, die alle »gekrönte Häupter« wurden und die in Owu, Sabe, Popo, Benin, Ile, Ketu und Ojo regierten.

De facto kamen die Joruba wie viele andere Völker zweifellos aus dem Nordosten, vielleicht vom oberen Nil mit den Wanderbewegungen, die vom 6. bis 11. Jahrhundert immer wieder auflebten und bevorzugt im Gebiet von Kanem einen Zwischenhalt einlegten.

Ile Ife, das das Zentrum der folgenden Zerstreuung wurde, erkannten alle Joruba als mystische Quelle der Macht und der Legitimierung an: das war der Ort, von dem die geistliche Weihe ausging (der Oni, Häuptling von Ife, war der große Oberpriester) und wohin die sterblichen Hüllen und die Insignien aller Könige zurückkehrten. Alles wie bei den heiligen Städten von Theben für die Pharaonen und Gambaga für die Mossi.

B. Ojo und Joruba

Oranjan, der Gründer Ojos, soll als Nachfolger einen seiner Söhne mit Namen Schango gehabt haben. Dieser war so aufbrausend, daß ihm beim Sprechen Flammen aus dem Mund schlugen und aus den Nasenlöchern Rauch. Er versuchte mit magischen Handlungen, den Blitz anzuziehen und zu beherrschen. Dies gelang ihm endlich zum Unheil seines Hauses, denn er hängte sich schließlich auf. Schango wurde der Gott des Blitzes und wird noch heute an der ganzen Küste von Benin verehrt.

Die Forschungen der Sprachwissenschaftler lassen es möglich erscheinen, daß um das Jahr 1000 herum Auswanderer auf zwei Wegen das Land erreicht haben. Der eine führte in Richtung Ekiti, Ife und Ijebu in den Urwald, der andere nach Ojo an den Rand desselben. Das bezeichnende der Jorubaländer ist ihre Organisierung in Städten, die in der vorkolonialen Zeit Einwohnerzahlen von mehreren Hunderttausend erreichten. Ein Jorubakönigreich ist demnach eine Art Städteföderation. An der Spitze des Königreichs von Ojo stand z. B. ein Alafing (König). Er wurde »Gefährte der Götter« genannt, doch die Dauer seiner Regierungszeit scheint ursprünglich auf vierzehn Jahre begrenzt gewesen zu sein. Jede Stadt, die seiner Autorität untergeordnet war, hatte eine politisch autonome Verfassung mit halb demokratischem, halb aristokratischem Charakter. Die Städte, die am weitesten von Ojo entfernt lagen, wie Ijebu, Egba, Ilescha, erfreuten sich einer noch stärker ausgeprägten Autonomie. Der Alafing wurde von einem siebenköpfigen Staatsrat, den Ojomesi, unterstützt. Sie wählten auch den Nachfolger des Königs. Wie in Mossi waren sie Nicht-Adlige. Ursprünglich pflegten sie automatisch den ältesten Sohn, den Aremo, zu wählen. Aber sie bemerkten bald, daß diese Regelung die ungeduldigen Erben manchmal zum Mord trieb. Sie beschlossen daher, daß künftig der älteste Sohn an der königlichen Macht teilhaben sollte, aber zur gleichen Zeit wie der König sterben mußte ... Die Leute von Ojo besaßen durch ihre Stadtviertel- und Familienchefs eine ungeheure Kontrollmöglichkeit über den König. Wenn dieser sich etwas zuschulden kommen ließ, wie Machtmißbrauch oder anstößige Verbrechen, ließen sie ihm eine Kalebasse mit Papageieneiern bringen. Der erste unter den Ojomesi, der *Bahorun*, überbrachte dieses »Mißtrauensvotum« mit Worten schwarzen Humors: »Unsere Weissagungssitzung hat aufgedeckt, daß Euer Schicksal übel ist und daß Euer *Orun* (der doppelt Göttliche) Euren Aufenthalt hier nicht länger duldet. Wir bitten Euch deshalb, schlafen zu gehen.« Der Herrscher mußte sich alsbald vergiften.

Das Oberhaupt einer Jorubastadt war der Bale. Seiner Wahl mußten der Alafing von Ojo und sogar der Oni von Ife zustimmen. Aber die praktische Machtausübung besaß eine Versammlung von Notabeln, die durch Ergänzungswahl bestallt wurden und einen leader namens Oluo Oba hatten. Diese Art von Senat diente als Wächter der Sitten, als Oberster Gerichtshof oder als Hüter der Staatssicherheit. Bei seiner Wahl mußte der Bale schwören, jederzeit seinem Volke zur Verfügung zu stehen, besonders aber den Ärmsten und Kranken. Er mußte geloben, die Gerechtigkeit mit einer Unparteilichkeit auszuüben, die keine Rücksicht auf gesellschaftliche Stellung nimmt. Er wurde in der Verwaltung der Stadt von einem Rat unterstützt, in dem jeder Posten doppelt besetzt war: ein Berater »von der linken Hand« und einer »von der rechten Hand«. Einer der wichtigsten Posten war der des Steuereinnehmers. Diese Aufgabe wurde dadurch erleichtert, daß die Jorubastädte von einer Wehrmauer umschlossen waren, die zugleich Befestigung und Stadtzollgrenze war. Der Torwächter, oft ein Zauberer (*Babalawo*), diente als Steuereinnehmer.

Das Königreich von Ojo legte im Lauf seiner Geschichte einen beachtlichen Eroberungsdrang an den Tag. Wahrscheinlich ist die Verpflichtung des Generalissimus, des Katanfo, eher Selbstmord zu begehen, als nach einer Niederlage in die Stadt zurückzukehren, nicht unbeteiligt an seinen militärischen Erfolgen gewesen ... Manchmal allerdings unterlag ein General auch. Da er aber am Leben hing, zog er es vor, sich an einem anderen Ort niederzulassen. Dadurch schuf er

Die Königreiche Joruba und Benin

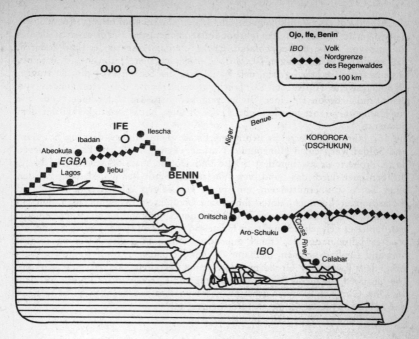

gleichzeitig einen Vorposten der Macht Ojos. In diesen zahlreichen Kriegen scheint Ojo viel Hilfe von den Bariba erhalten zu haben, denn im 16. Jahrhundert fand Alafing Onigboji, von Nupe geschlagen, Zuflucht im Borgu, wo er auch starb. Sein Sohn Ofiran verließ Borgu und versuchte, das Königreich wieder zu errichten.

C. Benin

1. Anfänge und Entwicklung

Das Königreich Benin ist durch seinen legendären Gründer Oranjan, den Sohn des Oduduwa, der auch der erste König Ojos war, mit Ife verbunden. Inmitten eines Volkes mit abweichenden Sitten und Gebräuchen lebend, den Edo, bekam dieser Fürst Heimweh nach den Jorubaländern und beschloß, Ife zurückzugewinnen. Nun hatte er aber die schöne Erimwinde schwanger zurückgelassen. Ihr Sohn Eweka I., der Vielgeliebte, wurde der erste Herrscher Benins. Das geschah um die Mitte des 12. Jahrhunderts. Die Überlieferung spricht indes auch noch von einer anderen Dynastie von zwölf Königen, der Ogiso-Dynastie. Ihre Regierungszeit soll durch einen Aufruhr und die nachfolgende Errichtung einer republikanischen Regierungsform unterbrochen worden sein. Eweka setzt ein siebenköpfiges Wahlkollegium ein. Unter seinen Nachfolgern können wir Ewedo (erste Hälfte des 13. Jahrhunderts) nennen, der die heutige Stelle des Palastes von Benin in Besitz nahm. Er stärkte das Ansehen des Oba dadurch, daß er dem Rat untersagte, Beamte zu ernennen, den Häuptlingen, in seiner Gegenwart aufrecht zu gehen, den Ratgebern, das Schwert vor ihm zu tragen. Ognola (zweite Hälfte des 13. Jahrhunderts) erbaute die Befestigungen von Benin und ließ von Ife einen Gießmeister kommen, der nach seinem Tode wie ein Halbgott verehrt wurde. Egbeka, der 9. Oba, hatte Streitigkeiten mit dem Staatsrat.

Im 15. Jahrhundert erreicht Benin mit Eware dem Großen, der zugleich Arzt und Soldat war, seinen Höhepunkt. Nachdem er um 1440 den Thron bestiegen hatte, eroberte er zweihundert Städte und Dörfer, erschloß schöne und breite Straßen quer durch das Land, verschönerte die Stadt Benin und setzte an den neun Toren Zaubermittel ein, um sie zu verteidigen. Er ließ Elfenbein- und Holzschnitzer kommen, unter ihnen den berühmten Eghoghomagan. Diesem großen König, der anscheinend Reisen bis zum Kongo und nach Guinea gemacht hat, fehlte es gelegentlich nicht an Härte. So beim Tod seiner beiden Söhne, als er drei Jahre nationale Trauer anordnete. Niemand sollte Kleidung tragen, niemand ein Bad nehmen, niemand ... Kinder haben. Darauf folgte ein Aufruhr, dem Eware der Große nur dank eines befreiten Sklaven, Edo, entkam. Die Unruhen, die dieser Regierungszeit folgten, legten sich wirklich erst mit dem 16. Oba, Okpame, Ozobwa genannt. Dieser machte Eroberungen im Land Egba und nahm 1684 Kontakt mit den Portugiesen auf.

2. Die Verfassung Benins

Der Souverän (Oba) war ein absoluter Monarch, der jedoch scharf überwacht wurde. Ein gottähnlicher König, unzähligen Riten verpflichtet. Selbst seine Mahlzeiten und sein Schlaf waren durch Bräuche bestimmt. Wenn er bei ganz seltenen Gelegenheiten mit großem Pomp auftrat, so als höchster Träger magischer Geheimnisse, die als Ursache des Wohlstandes des Landes angesehen wurden, sagte man: »Unter einem guten Oba verändert sich die Stadt zum Besseren; unter einem schlechten verdirbt sie und geht zugrunde.« Der Oba ist Oberpriester bei den Riten, die manchmal auch Menschenopfer verlangten. Als obersten Gerichtsherrn und politischen Gebieter unterstützen ihn drei Beratergruppen. Die erste war eine Art Kronrat mit sieben Mitgliedern, deren Ämter erblich waren. Sie nannten sich die Nachfahren der ersten Joruba-Dynastie: die Orizama. Die beiden anderen Gruppen, Kommandeure des Palastes und der Stadt, besoldete der König als Führer mehr oder weniger großer territorialer Einheiten (Dorf, Gruppe von Dörfern, Stadt). In dieser Hinsicht war der Oba wohl unumschränkter als der Alafing von Ojo. Dieser stand nur durch die Ojomesi in Verbindung mit den Häuptlingen mächtiger Stämme, die Träger erblicher politischer Macht und Grundbesitzer waren. Er mußte auch mit einem möglichen Schiedsspruch der Ogbonipriester zwischen ihm und den Ojo-mesi rechnen. In Benin indessen hing die Beförderung zu Ämtern des Hofes oder der »Stadt« von der Willkür des Herrschers ab, oder sie vererbte sich durch Erstgeburt wie bei den Orizama. Außerdem spielten die Ojo-mesi häufig die Schiedsrichterrolle beim Nachfolgestreit unter den königlichen Geschlechtern. Die

Die Königreiche Joruba und Benin 167

Orizama von Benin hatten indes nur die Wahl zwischen den beiden ältesten Söhnen des verstorbenen Königs. (In Wirklichkeit führten sie den König lediglich ein!) Der für die Edo-Kultur sehr bezeichnende Erstgeburtsgedanke hat die politische Struktur, die von Joruba nach Benin gebracht wurde, stark geprägt. Und das im autokratischen Sinn, während sogar im Jorubaland die Autorität des Alafing von den »vornehmen Familien«[35] streng überwacht wurde. Gleichfalls besaß der Dynast von Benin ein Monopol für den Handel zur Küste, während der Alafing von Ojo eine liberalere Regierung praktizierte und sich mit der Erhebung des Stadtzolls zufriedengab.

Benin war eine Stadt, die die meisten der europäischen Städte der Zeit in der Stadtplanung und -anlage übertraf. Sie hatte einen rechteckigen Grundriß und war von einer hohen Lehmmauer und einem tiefen Graben umschlossen. Vier Prachtstraßen von 120 Fuß Breite und einer Meile Länge, die die Tore miteinander verbanden, kreuzten sich im rechten Winkel. Gut ausgerichtet wurden sie von Bäumen und Häusern in einem originellen Stil umsäumt: »Je eine rechteckige Außen- und Innenmauer bildeten die Wohnräume. Sie waren mit Stroh oder Blättern gedeckt und umschlossen einen Innenhof, über den das Regenwasser abfloß. Die Verlängerung des Daches über den Hof ließ eine Freiluftveranda entstehen. Auf dem Giebel des Portals erhob sich eine große Schlange aus Messing. Am Eingang befanden sich Altäre, die den Vorfahren geweiht waren und den Göttern eines gewaltigen Pantheons: oberster Gott, Götter des Meeres, des Eisens, der Fruchtbarkeit usw. Die Geräumigkeit der Höfe und die Höhe der Gebäude richteten sich nach der sozialen Stellung. Der Hof des Königs bildete eine Stadt in der Stadt mit einem ganzen Heer von Beamten und Dienern, die alle peinlich genau nach einer Rangordnung eingeteilt waren; dabei ist das unzugängliche Viertel des Harems noch nicht einmal mitgerechnet.«[36]

Hier ist nun zu lesen, wie einer der ersten, der an die Küste Afrikas reiste, die Stadt Benin beschreibt: »Es gibt mehrere Tore von 8 und 9 Fuß Höhe und 5 Fuß Breite. Sie sind alle aus einem Stück Holz und drehen sich auf einem Pfahl. Der Palast des Königs besteht aus einer Ansammlung von Bauten, die ebensoviel Raum einnehmen wie die Stadt Grenoble, und ist von Mauern umschlossen. Es gibt mehrere Wohnungen für die Minister des Herrschers und schöne Galerien, von denen die meisten ebenso groß sind wie die der Börse von Amsterdam. Sie ruhen auf kupferumhüllten Holzpfeilern, auf denen ihre Siege eingraviert sind und die man sehr sauberhält. Die meisten dieser königlichen Häuser sind mit Palmzweigen wie mit Brettern bedeckt; jede Ecke krönt ein pyramidenförmiger Turm mit einem Vogel aus Kupfer, der seine Schwingen ausbreitet. Dreißig große, schnurgerade Straßen gibt es in der Stadt und darüber hinaus eine Unmenge von kleinen Querstraßen. Die Häuser stehen geordnet nah beieinander mit Dächern, Vordächern und Säulen. Sie werden von den Blättern der Palme und der Bananenstaude überschattet, weil sie nur ein Stockwerk hoch sind. In den Häusern der Edelleute gibt es mitten im Haus große Galerien und mehrere Zimmer, deren Wände und Böden mit rotem Lehm verputzt sind. Diese Völker stehen den Holländern in bezug auf Sauberkeit kaum nach. Sie waschen und schrubben ihre Häuser so ausgiebig, daß sie glänzen und blitzblank sind

---

35 R. E. Bradbury, *The historical uses of comparative ethnography with special reference to Benin and Yorouba.*
36 Onwuka Dike, in *Le Courrier de l'UNESCO*, Oktober 1959.

168   *Große Jahrhunderte*

wie ein Spiegel. Einen Tagesmarsch von Benin in Richtung Sonnenaufgang liegt
der Marktflecken Gofo ... In anderen Gebieten wie an der Straße von Goton
besteht Wassermangel. Der König bezahlt Leute, die die Reisenden mit Wasser
versorgen. Und seine Offiziere tragen dafür Sorge, daß in Abständen große Gefäße mit frischem, kristallklarem Wasser bereitstehen mit einer Muschelschale
zum Trinken. Aber niemand würde wagen, einen Tropfen zu entnehmen, ohne
zu bezahlen, und wenn der Diener nicht anwesend ist, legt man das Geld hin
und setzt seinen Weg fort. Was diese Sache angeht, so sind die Neger zivilisier-
ter als andere Menschen. Sie haben gute Gesetze und eine gut organisierte Polizei. Sie leben in Eintracht und erweisen den Fremden, die bei ihnen verkehren,
tausenderlei Gefälligkeiten ... Niemand am Hof wagt, ein Kleidungsstück anzulegen, bis der König ihm eins gibt, niemand läßt seine Haare wachsen, bevor
der König es ihm erlaubt. Manchmal gibt der König den jungen Leuten eine Frau
anstelle eines Kleidungsstücks, und sie erhalten dadurch die Erlaubnis, sich zu
kleiden und ihre Haare zu pflegen ... Einmal im Jahr erscheint der König, hoch
zu Pferd, im königlichen Ornat, gefolgt von drei- oder vierhundert Edelleuten
zu Fuß und zu Pferde und von einer Gruppe von Instrumentenspielern. Der
prächtige Aufzug umrundet den Palast, ohne sich weit von ihm zu entfernen.
Man führt zur Unterhaltung des Königs einige angekettete, gezähmte Leoparden, viele Zwerge und Taube mit. Um die Festlichkeit abzurunden, erwürgt
oder enthauptet man zwölf oder fünfzehn Sklaven, in dem Glauben, diese unglücklichen Opfer gingen fort in ein anderes, besseres Land. Dort würden sie
wieder auferstehen, und ihre Stellung würde eine bessere sein. Jeder wird seine
Sklaven wiederfinden, ist er erst einmal dort angelangt. Der Fürst ehrt seine
Mutter über alles und unternimmt nichts Bedeutendes, ohne ihren Rat einzu-
holen. Jedoch ist es ihnen aufgrund ich weiß nicht welchen Gesetzes nicht gestattet, einander zu sehen. Deshalb wohnt die Königinmutter in einem schönen
Haus außerhalb der Stadt, wo sie von vielen Frauen und Mädchen bedient
wird.
Wenn der König stirbt, gräbt man in seinem Palast ein Grab, das so tief ist,
daß die Arbeiter letztendlich ins Wasser fallen und ertrinken. Alle Günstlinge
und Diener des verstorbenen Fürsten finden sich ein, wenn man so weit ist, den
Leichnam in diese Grube zu werfen. Sie bieten sich an, ihren Gebieter zu begleiten, um ihm in der anderen Welt zu dienen. Sie unterhalten sich lange miteinander, wem dieses Vorrecht zukommen soll, und diejenigen, die er während
seines Lebens am meisten geliebt hat, setzen sich durch. Wenn diese treuen Höflinge in das Grab gestiegen sind, rollt man einen Stein über die Öffnung.«[37]
Der Oba von Benin konnte an einem Tag 20 000 Mann mobilmachen und
100 000 Mann in kaum mehr Zeit.

D. *Künste und Handwerk*

Ife und Benin sind durch die Entdeckung von künstlerischen Meisterwerken aus
Bronze (Messing) oder Terrakotta in der ganzen Welt berühmt geworden. Es
handelt sich hierbei um eine höfische Kunst in naturalistischem Stil. Sie soll die

---

37 Sieur de la Croix, *Relation universelle de l'Afrique ancienne et moderne*, Lyon 1688.

Die Königreiche Yoruba und Benin

Pracht des Königreiches rühmen. Die Kunst von Ife ist die älteste. Sie hat Meisterwerke hervorgebracht, von denen die meisten von der britischen Militärexpedition 1897 mitgenommen worden sind. Von Frobenius wurden sie 1910 entdeckt, 1938 bei Ausschachtungsarbeiten zufällig ans Licht gebracht. Es sind Gegenstände aus Terrakotta oder aus Messing, in der Technik der verlorenen Wachsform gegossen.

Dieses Verfahren besteht darin, daß man zunächst eine Skulptur aus Wachs um einen Kern aus Lehm anfertigt. Danach überzieht man das Wachs mit einer dicken Lehmschicht, in der eine Öffnung bleibt. Schließlich wird der Lehm erhitzt, und das Wachs fließt heraus. Der auf diese Weise im Inneren der Lehmform entstandene Hohlraum hat die genaue Form der Statue oder Figur, die geschaffen werden sollte. Nun füllt man geschmolzenes Messing oder geschmolzene Bronze hinein, wartet, bis das Metall erstarrt ist, und zerbricht die Lehmform. Die fertige Skulptur liegt vor einem. Die Arbeiten aus Messing, die Schnitzarbeiten aus Elfenbein und Holz, die Bearbeitung von Eisen und Kupfer, das Weben oder die Herstellung von Trommeln, alle diese für die höfischen Riten und Gebräuche erforderlichen Dinge waren die Angelegenheit von spezialisierten Handwerkerständen. Sie waren mit einer Stufenleiter von Titeln vom Lehrling bis zur Meisterwürde eingeteilt. Sie wohnten in eigenen Straßen und hatten bestimmte eigene, geweihte Stätten.

Die Meisterwerke von Ife stehen den besten Stücken der griechischen Bildhauer in ihrer plastischen Vollkommenheit in nichts nach. Aber sie sind weniger kühl, ergreifender, da sie nicht einer idealisierten menschlichen Schönheit nachstreben. Sie stellen Männer und Frauen dar, jede Figur ein Zeuge individueller menschlicher Erfahrung. Sie wurden unsterblich durch die Hand dieser anonymen Künstler. Da gibt es z. B. einen Oni in seinem ganzen Schmuck, der königliche Heiterkeit und Würde ausstrahlt; da ist ein bedeutender Mann des Hofes, dessen Fulbeprofil Stolz und Intelligenz ausdrückt; oder eine Königinmutter mit einem Gesicht, das zeigt, daß das Leben ihr nicht mehr viel bringen wird. Ihr Mund deutet ein unfaßliches Schaudern an. Man erkennt nicht, ob es ein nostalgisches Lächeln in Erinnerung an die vergänglichen Freuden dieser Erde ist.

Die Kunst von Benin, in der man mehrere Perioden (archaisch, früh, klassisch, von 1500 bis 1691) unterscheidet, ist weniger heiter, dafür dynamischer. Man spürt hier einen Hauch von den Palaststreitigkeiten, von den Tumulten des Krieges, aber auch den Widerhall der Jagden und der prunkvollen Erscheinungen der Obas. Es ist symbolistische Kunst, stark und gesammelt. Auf großen Messingplatten, auf denen der Oba als Majestät erscheint, erdrückt seine Größe Gehilfen, Wachen und Musiker. Auf dem Kopf den Kriegshelm, Halsketten bis zu den Lippen, Armbänder, mit Prunksäbel und der Miene eines gereizten Büffels erinnert er an die Stimmung der Reliefs von Assur.

IV. Wirtschaftssysteme und Gesellschaften in Westafrika

A. Wirtschaftssysteme

1. Die Straßen

Das ökonomische Leben des vorkolonialen afrikanischen Westens kann man schwer erfassen, da es keine statistischen Anhaltspunkte gibt. Intensive und gründliche archäologische Untersuchungen würden sicherlich in dieser Hinsicht sehr wichtige Tatsachen offenbaren. Andererseits ist es von Vorteil für den Historiker, daß die ökonomischen Strukturen des afrikanischen Westens manchmal in Jahrhunderten keine wesentlichen Veränderungen erfahren haben. Auch die Techniken änderten sich kaum. Die wichtigeren Tatsachen sind hier die örtliche Züchtung neuer landwirtschaftlicher Produkte oder deren Entlehnung von außen, die Erarbeitung neuer Techniken und ihre Verbreitung auf dem Gebiet des Handwerks und der Manufaktur und schließlich die stufenweise fortschreitende Umkehrung des Handelsaustausches vom 16. Jahrhundert an zum Nachteil der Wüstenstraßen und zum Nutzen der Küstenzentren am Golf von Guinea.

Eine der Bedingungen des Handels war die Sicherheit der Wege. Gana und Mali, die indes über keine ständigen Armeen verfügten, scheinen sie vollkommen gewährleistet zu haben. Ständige Armeen setzten sich erst später bei den Herrschern des Sudans durch bei der Entwicklung der Zentralgewalt. Sie mußte schnelle und unverzügliche Interventionen an jedem Punkt des Reiches zu jeder Zeit ausführen können. Andererseits wurden die Waffen immer kostspieliger, ebenso die Kavallerie. Die Feuerwaffen z. B. kosteten sehr viel und bedurften einer subtilen Wartung. Es handelte sich hierbei um beträchtliche Investitionen, die, um rentabel zu sein, Berufssoldaten mit entsprechender Ausbildung anvertraut werden sollten und der direkten Kontrolle des Souveräns unterstanden.

Ein Elitekontingent bildete den Kern des Hauptheeres, das durch Massenaufgebot mobilisiert wurde.

Tatsächlich erlaubten die Geldmittel dieser Staaten nicht, größere ständige Armeen zu halten. Die Folgen dieser Entwicklung waren ambivalent. Einerseits wurden die Kriege vernichtender, andererseits kürzer. Wie zur Zeit von Ludwig VI. dem Dicken in Frankreich konnte der Herrscher, der imstande war, sich eine derart ausgerüstete Armee zu leisten, vor allem viel leichter Ordnung und Frieden aufrechterhalten, die Hauptfaktoren für einen geordneten Handel.

Die transsaharischen Verkehrsadern bildeten die ersten Verbindungen des afrikanischen Westens mit der Außenwelt. Es handelte sich vorwiegend um Nord-Süd-Wege. Ihr Aufschwung ist verbunden mit dem Aufkommen der Kamele und Karawanen und mit der regelmäßigen Instandhaltung der Oasen. Diese mußten Hunderte von Tonnen Wasser bereitstellen, um eine mittlere Karawane zu tränken. Ein Kamel kann 100 Liter Wasser auf einmal saufen, und die Karawanen bestanden aus Hunderten, ja Tausenden von ihnen. Die folgenden Routen sind uns durch arabische Reisende und Geographen bekannt, die ihre Informationen teils von anderen erhalten haben, teils selbst, wie z. B. Ibn Battuta und Leo Africanus, lange vor den europäischen Forschungsreisenden an Karawanenreisen teilgenommen haben.

Wirtschaftssysteme und Gesellschaften in Westafrika 171

Vom 11. bis zum 19. Jahrhundert stellt man eine Verlagerung der Nord-Süd-Wege in der Wüste fest.

Die Route von Marokko in den Sudan erfreute sich vom 8. bis ungefähr zum 12. Jahrhundert großer Betriebsamkeit. Die Straße der 90 Tage (man berechnete die Entfernungen nach Tagen) verband nach Ibn Khaldun die beiden »Häfen« Tamedelt im Norden und Audoghast im Süden. Mit Beginn des Niedergangs von Gana sah sie ihren Umsatz zugunsten einer sichereren Straße im Westen schwinden: von dieser Straße spricht Al Yakubi in seinem »Kitab al Bouldan« (Buch der Länder). Sie verband Sidjilmasa in Südmarokko mit Walata und Timbuktu über Teghazza. Die Bedeutung dieser Straße rührt von der Tatsache her, daß sie das Steinsalz von Teghazza zum Sudan hin beförderte, wo es mit Gold aufgewogen wurde. Die sudanesischen Bevölkerungsgruppen verfügten nämlich nicht über Salzlagerstätten und verwendeten als Ersatz für Salz Erzeugnisse, die aus der Asche bestimmter Pflanzenstiele gewonnen wurden. Das Meersalz, das man in Awlil an der mauretanischen Küste gewann, wurde nicht weit genug ins Innere des Landes vertrieben. Die Straße von Teghazza wurde so die große Verkehrsader zwischen Mali und der Außenwelt. Die Pilger folgten ihr auf dem Weg nach Mekka über Tuat, aber auch die Karawanen von Marokko, wie die, mit der Ibn Battuta im Jahre 1350 reiste. Für Timbuktu, Dschenne und Gao war diese Straße von großem Vorteil. Leider versperrten vom 14. Jahrhundert an Raubüberfälle berberischer Stämme den Reisenden oft den Weg. Hierauf nutzte man weiter östlich liegende Routen. Ihr Verlauf war noch nicht genau bestimmt. Es gab vielfache Verzweigungen und Nebenstrecken, die die Führer dieser ambulanten Städte, der Karawanen, je nach den Erfordernissen und Gegebenheiten benutzten. Wargla verdrängte bald darauf Sidjilmasa. Eine der ältesten dieser Routen des mittleren Sudans ist die sogenannte Route der Garamanten zwischen dem Fezzan und Gao. Sehr alt scheint aber auch die Strecke von Ghadames zum Aïr und zum Niger zu sein. Man erkennt das an der Abnutzung der Steine, wo die Piste über die felsigen Ausläufer der Berge führt. Die Route von Ghadames über Ghat ins Fezzan verläuft auch über das Aïrmassiv, das so, mit Agades als Zentrum, die Rolle einer Drehscheibe für den Karawanenhandel spielte. Die alte römische Route, die die Generäle Septimus Flaccus und Julius Maternus im 1. Jahrhundert auf ihrem langen Marsch nach Süden benutzten, war die Route von Fezzan über Bilma und das Kauar ins Tschadgebiet. Diese Route, die zwischen den Abhängen des Hoggar und Tibesti hindurchgeht, scheint den Talwegen zu folgen, wo sich das Grundwasser weniger tief findet. Sie weist eine Reihe blühender Oasen auf, die einen solchen Weg relativ sicher machen. Besonders Bilma, mitten in den Salzminen des Kauars gelegen, blieb der Ausgangspunkt der Kamelkarawanen, die jedes Jahr Salzbarren zu Tausenden vom Aïr nach Gao brachten. Im 15. Jahrhundert zählten, nach Ibn Khaldun, die das Hoggar durchquerenden Karawanen manchmal bis zu 12 000 Kamele. Diese Karawanen verschafften sich in Bornu das von Wadai und vom Darfur kommende Kupfer und brachten zahlreiche Sklaven mit zurück. Die östlichste der berühmten transsaharischen Routen war die Darb el Arbein oder Straße der vierzig Tage, die Ägypten mit Kobe im Darfur verband. Diese Piste der Sklaven wurde allerdings sehr von Sandstürmen und Raubüberfällen heimgesucht.

An den Endpunkten dieser Nord-Süd-Pisten schufen sehr belebte Querstraßen Verbindungen zwischen den Karawanenorten, wie z. B. von Walata über Tim-

172 Große Jahrhunderte

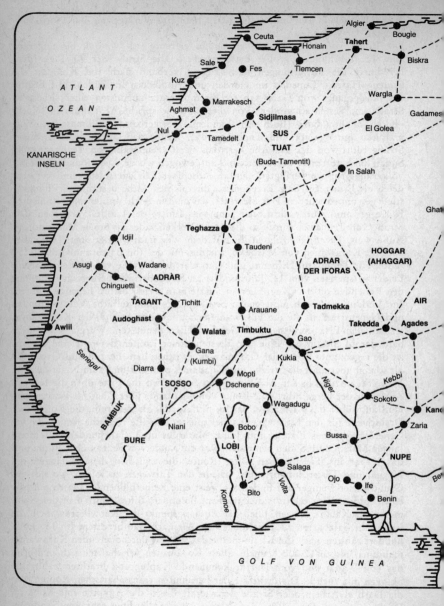

Wirtschaftssysteme und Gesellschaften in Westafrika

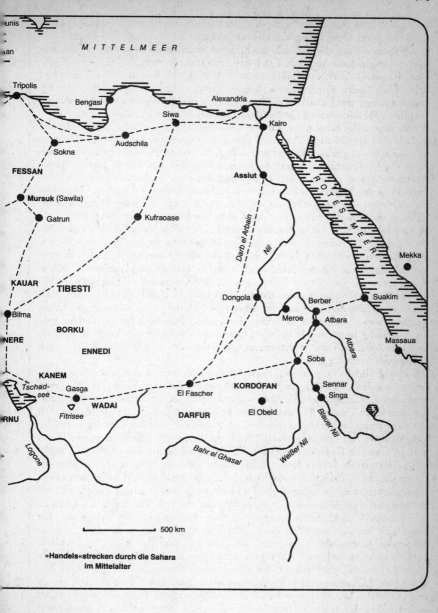

»Handels«strecken durch die Sahara im Mittelalter

buktu, Gao, den Darfur und dann über Sennar und den Blauen Nil zu den Häfen am Roten Meer (Suakin, Zeila) und nach Mekka oder zum Indischen Ozean.

Die Waren, die auf den Straßen des Nordens transportiert wurden, blieben fast immer die gleichen. Aus dem Land der Schwarzen kamen also Sklaven, Kolanüsse, Gummi, Elfenbein, Häute usw. Der Maghreb und der Osten lieferten Salz, Eisen- oder Kupferbarren, Stoffe, Perlen, Handschriften usw. Die Bedeutung dieser transsaharischen Wege hat man eingehend gewürdigt. Sie waren wirklich jahrhundertelang für den Außenhandel Westafrikas die Lungen.

Würde man indes behaupten, daß die verschiedenen Königreiche und Reiche des Sudans nur der politische Ausdruck dieser ökonomischen Transaktionen waren, so wäre dies ein grober Schematismus. De facto hat eine Wechselbeziehung zwischen diesen ökonomischen und politischen Faktoren bestanden. Der politische Aufschwung war in dem Maße an den ökonomischen Wohlstand gebunden, wie die Könige den Handel zu ihrem Vorteil ausbauen ließen, wie z. B. in Gana. Der Handel selbst aber hing erheblich vom Frieden und von der politischen Stabilität ab, da ja der königliche Hof einer der wichtigsten Kunden des Außenhandels war. Es kam oft vor, daß die Waren der Öffentlichkeit nicht ausgeliefert wurden, bis die Beamten des Königs dessen Anteil zurückbehalten hatten. Andererseits war die Sicherheit der Straßen direkt von der politischen Autorität abhängig. Immerhin versuchten die Könige doch, wenn nicht die beiden Angelpunkte des Karawanenverkehrs, nämlich die Salzgruben im Norden und die Goldminen im Süden, so doch wenigstens einen davon zu beherrschen. Die Tatsache, daß Mali dieses zweifache Ziel erreichte, ist sicher eine Ursache seiner außergewöhnlichen Pracht gewesen. Andererseits fördert die Erschöpfung der alten Goldminen und die Eröffnung neuer immer mehr im Osten und im Süden der Savanne bis zum Urwald wohl auch die Verlagerung der politischen Macht von Westen nach Osten quer durch die Sahel.

Die ökonomischen Folgen des Transsaharahandels dürfen aber auch nicht überschätzt werden. Sicherlich, er brachte gewisse Produkte wie das Salz, das zum normalen Konsumgut wurde. Aber wahrscheinlich ist, betrachtet man den ziemlich schwachen Umsatz und den langsamen Vertrieb, daß die meisten Schwarzen aus dem Busch weiterhin zu einem Ersatz dieses kostbaren Gewürzes griffen, z. B. zu einer Art Pottasche (Kali). Noch mitten im 19. Jahrhundert wurde das Salz in manchen Gegenden Schwarzafrikas als ein Schatz angesehen. Die wirklichen Herren des Transwüstenhandels waren nicht die schwarzen Kaufleute. Es waren die Geschäftsleute des Maghreb und die Berberfürsten, die die Karawanen organisierten, die Waren sammelten und sie durch ihre Agenten, Zwischenhändler und örtlichen Einzelhändler in den Sudan auslieferten. Sie allein kannten die Einkaufs- und Selbstkostenpreise der Erzeugnisse des Maghreb. Sie allein auch kannten den Wert des Goldes und der Sklaven im Maghreb, die annähernden Kosten des Transports, der ganz offensichtlich nicht ohne Risiken verlief; nicht zu rechnen, daß sie manchmal bis zu den Quellen des afrikanischen Reichtums selbst gingen. Sie allein waren imstande, eine gute Gewinnspanne zu kalkulieren. Die Verhältnisse beim Tauschhandel spielten meist zu ihren Gunsten. Leo Africanus berichtet von übermäßiger Preistreiberei. Er führt auch ein Beispiel von schwarzen Kunden an, die ihren Goldstaub wieder mit nach Hause nehmen mußten aus Mangel an Verkaufswaren. Es ist deshalb nicht erstaunlich, daß Ibn Haukal in Audoghast einen Schuldschein über eine Summe von 42 000 Dinar gesehen hat, der auf einen Kaufmann aus Sidjilmasa ausge-

Wirtschaftssysteme und Gesellschaften in Westafrika 175

stellt war. Kann man sagen, daß der Sudan davon nicht profitiert hätte? Ganz gewiß hat er das! Denn zusätzlich zu den Waren des Großverbrauchs, die die Bedürfnisse der meisten Kunden befriedigten, erhielten die privilegierten sozialen Schichten, vor allem der Hof und die hohen Beamten des Königreichs, Luxuswaren wie Seidenstoffe, Purpurstoffe, mit Gold und Silber eingelegte Waffen, Datteln usw. Auch andere hatten teil am Gewinn. Es sind die Händler. Sie schufen die Verbindung zwischen dem Handelsraum des Mittelmeers und den vielen Herstellern und Verbrauchern, von denen es in den Savannen und Wäldern Westafrikas wimmelte. Tatsächlich ist es unmöglich, den transsaharischen Verkehr zu begreifen, wenn man seine sudanesische Gegenleistung nicht kennt. Diese bestand darin, eine Vielzahl von Pisten für den Transport der Tauschwaren von den Wäldern bis zu den südlichen »Häfen« der Wüste zu gewährleisten. Der Binnenhandel Westafrikas war zum Teil autonom, zum anderen an die maghrebinischen Handelsbeziehungen angeschlossen. Diese Pisten sind schwieriger zu verfolgen als die der Wüste. Denn zusätzlich zum Fehlen schriftlicher Hinweise überdeckt die Üppigkeit der tropischen Natur die Routen sicherlich noch schneller als der Sand des Erg. Läßt man die entlegenen Weiler, die Sumpfgebiete entlang der Küste oder auch die gebirgigen Gegenden wie das Atakora, wo man nur für den eigenen Lebensunterhalt arbeitete, außer acht, so kann man drei Verteilungsstufen unterscheiden: die lokale, die regionale und die »internationale« Stufe.

2. Die Märkte

Im lokalen Bereich wird alle drei oder fünf Tage im Turnus Markt in den Dörfern abgehalten. Das erlaubt den Bauern, sich in unterschiedlichen Bereichen zu versorgen, ja, auch Besuche bei Schuldnern oder Verwandten zu machen. Der Markt ist in der Tat auf diesem Niveau ein ebenso soziales wie ökonomisches Phänomen. Für viele ist er fast ein Vorwand, um sich zu treffen, Neuigkeiten zu erfragen, Liebesbeziehungen anzuknüpfen, bei den Griots durch kleine Geschenke aufzufallen und, zumindest in den nicht so stark islamisierten Gegenden, sich Lagen jenes unvermeidlichen Hirsebiers oder Palmweins zu gönnen, die es an einer Ecke des Marktes gibt. Deren warme Dämpfe steigen zu Kopf und verjagen den Kummer und die Sorgen der täglichen Arbeit. Die Waren liegen in kleinen Häufchen wohlgeordnet auf einer Matte, auf Stoff oder Fell, und jedem Kauf fügt der Verkäufer regelmäßig eine Beilage hinzu, deren Wert von der gekauften Menge abhängt. Diese lokalen Märkte werden sporadisch auch von bedeutenderen Händlern besucht.

Der regionale Bereich ist viel organisierter. Handelszentren sind hier die Häuptlingschaften, königliche Hauptstädte oder natürliche Treffpunkte (Wegkreuzungen z. B.) wie manche Städte des Senegal und Malis, wie Bobo-Diulasso, Wagadugu, Kumasi, Ojo, Benin, die Haussastädte usw. ... Diese Märkte finden täglich statt. Regelmäßig gibt es den Tag des »Großen Marktes«. Man begegnet hier dem Bauern, der etwas Silber oder einige Eßwaren holt, und dem Handwerker, der Verkäufer, aber auch Bauer ist. Abgesehen von diesen trifft man bereits auf Leute, die vom Handel und vom Handwerk leben und oft auch in besonderen Vierteln wohnen. Diese Leute betreiben nicht mehr, wie die Menschen auf den lokalen Märkten, vorwiegend Tauschhandel, der sie mit mehr oder weniger verderblicher Ware überschütten würde. Sie verlangen Geld. Als Zahlungsmittel galten Eisen- oder Kupferstäbchen, manchmal hübsch ziseliert (aus Guerze), Goldstaub, vor allem aber Kauris, Schnecken aus dem Indischen Ozean, die Westafrika, vorwiegend über das Rote Meer und die östliche Route von Kairo, überschwemmten. Die Kauri hatte, zumindest weil sie schwer war, den Vorteil, jeder betrügerischen Nachahmung standzuhalten. Auf diesen regionalen Märkten machte sich der Einfluß der Häuptlinge und Könige deutlich bemerkbar. Die Handwerker von Djolof hatten einen Chef, der ihr Wortführer und Fürsprecher beim Bur (König) war. Zwei Hauptsteuereinnehmer zogen z. B. in Wagadugu über den Markt. Der eine kassierte die Steuer auf geschlachtete Tiere (koss-Naba), der andere die Abgaben für die anderen Produkte. Die Steuer wurde in Naturalien eingezogen (bei Getreide, Öl, Gewürzen) oder in klingender Münze (bei lebendigen oder toten Tieren). Für einen Sklaven zahlte man tausend Kauris. Bobo-Diulasso war auch ein sehr besuchter Markt, auf dem man überwiegend mit Gold, Kolanüssen und Baumwollstoffen handelte. In Benin und Ojo gab es Zünfte der Eisen- und Messingschmiede, der Juweliere, der Schlosser, der Trommelbauer, der Weber, der Sticker usw. Die Joruba kannten einen horizontalen Trittwebstuhl, der von den Männern betrieben wurde, um Stoffbänder herzustellen, und einen vertikalen Handwebstuhl, den die Frauen für größere Stücke benutzten. Manche dieser Zünfte, z. B. die Gruppen der Messing- und Elfenbeinkünstler, standen trotz dieses Zusammenschlusses unter dem Monopol des Königs. Die Handelsgeschäfte wurden oft bis in die Nacht auf dem abendlichen Markt fortgesetzt, wo die tanzenden Flammen tausender kleiner Öllampen die immer freundlichen Gesichter der Verkäufer aus der Nacht hervortreten ließen. Die Joruba-Märkte unterschieden sich und unterscheiden sich immer noch durch die große Zahl weiblicher Händler, denen der Verkauf ganz bestimmter Produkte vorbehalten war.

Über diesen zahlreichen regionalen Zentren plazierte sich eine kleine Zahl von Handelsstädten. Sie lebten buchstäblich nur vom Handel, dessen Wirtschaftsfunktion darin bestand, die verschiedenen Gebiete zu vereinigen, unter ihnen besonders die Savanne und den Wald und das gesamte Westafrika mit den mittelmeerischen und östlichen Märkten. Es waren Metropolen internationalen Handels, z. B. Bida, Kano, Dschenne, Mopti. Vom 13. Jahrhundert an war Bida die wirtschaftliche Hauptstadt des Landes Nupe. Dieses war nie ein herausragender politischer Mittelpunkt. Aber seine Bewohner hatten sich in der Manufaktur und im Handel so hochgradig spezialisiert, daß ihr Land ein Beinamen »Schwarzes Byzanz«[38] verdient hat. Bergleute, Schmiede, Messing- und Silberjuweliere, Maurer, Kunsttischler, Holzschnitzer, Weber, Glasbläser, Perlenhersteller, Töpfer usw. . . . vermehrten sich im Land, manchmal unter einem Monopol, dessen Einhaltung von den Häuptlingen im Namen des Königs überwacht wurde. Meist war die Berufswahl frei. Vorausgesetzt, daß Kandidaten von außen den Prüfungen genügten, verhinderte der Sippenrat ihre Zulassung nicht. Sie hatten nur die Kulte und die religiösen Interdikte zu beachten. Ebenso die Bestimmungen der Innung, was die Qualität der Ware und ihren Preis anging. Die Organisation war manchmal noch mehr ausgearbeitet. Sie glich einem Unternehmen mit Arbeiterschaft: Der Meister der Perlenhersteller z. B. stellte Leute zur Produktionsüberwachung ein und zahlte ihnen Lohn von den Einnahmen,

38 Nadel, S. E., *A Black Byzantium*, Oxford 1951.

Wirtschaftssysteme und Gesellschaften in Westafrika

die er kassierte. In Bida, der Hauptstadt, gab es sechs Märkte, drei große Märkte in der Nähe der drei königlichen Residenzen, zwei kleine Märkte nahe dem Westtor der Stadt und im Viertel der Ausländer und schließlich den Nachtmarkt, wo es erstaunlich viele Waren gab und der sehr belebt war. Hier findet nahezu kein Tauschhandel statt. Die Kauris sind überall im Umlauf. Auch das Feilschen gibt es kaum noch, denn die Preise waren meist festgesetzt, außer wenn die Schwankungen der saisonbedingt ankommenden Waren und das Verhältnis zwischen Angebot und Nachfrage Korrekturen erforderten. Man führte auch über den Transport Buch. Die Kaufleute von Bida waren in Vereinigungen organisiert. Ihre Mitglieder wählten den Präsidenten, und der König bestätigte ihn. Jede Karawane mußte sich nach ihrer Ankunft von ihm genau prüfen lassen, damit er eventuell den vom Fürsten gekauften Teil der Waren zurückbehalten konnte. Danach erst erlaubte der Chef der Kaufleute mit dem königlichen Plazet freien Verkauf aller eingeführten Artikel und wachte darüber, daß alle Kaufleute sich ohne Unterschied versorgen konnten.

Manche Kaufleute erhielten als Vermittler geregelte Provisionen. Diese Kaufmannsvereinigungen waren, mehr noch als die der Handwerker, frei von Bedingungen in bezug auf Herkunft und Verwandtschaft ihrer Mitglieder. Sie erfüllten unbestritten schon die Vorstellungen moderner beruflicher Verbände. Es ist nicht erstaunlich, daß mit einer solchen Fülle produzierender Aktivitäten Nupe, welches eine erfolgreiche Vermittlerrolle zwischen Joruba und den Haussastädten spielte, dauernd Angriffsobjekt der letzteren war, besonders von Zaria.

Kano ist seit dem Mittelalter bis in unsere Tage die bedeutende Stadt des Haussahandels. Sie beherbergte zahlreiche Manufakturen und Vereinigungen von Schmieden, Korbflechtern, Bergleuten, Bierbrauern, Herstellern von Arzneimitteln. Von ihnen berichtet uns die Kanochronik, daß sie bereits im Land zu finden waren, ehe die Haussawanderer[39] erschienen, und daß die Forschungsreisenden des 19. Jahrhunderts sie in voller Blüte erlebten. Kano zeichnete sich vor allem in den Gewerben der Lederverarbeitung sowie im Weben, Färben und Appretieren von Stoffen verschiedener Qualität aus. Doch fand man hier auch Innungen von Holzschnitzern, Gold- und Messingjuwelieren, Perlenherstellern usw. Diese Gruppen bewohnten eigene Stadtviertel. Auf den täglichen Märkten von Kano und Katsena gab es Waren aus arabischen Ländern, aus Europa und Asien. Die Händler hier wurden geschätzt wegen ihrer Redlichkeit. Wenn ihre Waren Gebrauchsmängel aufwiesen, verpflichtete sie die Marktverordnung zur Rückvergütung. Diese Händler ignorierten aber keinesfalls das Gesetz von Angebot und Nachfrage, denn sie zögerten nicht, einen Teil der Ware vom Markt zurückzuziehen und in Erwartung einer Hausse zu lagern. Sehr unterschiedliche Zahlungsmittel wurden anerkannt, die Stadt hatte ihre Wechsler. Das Bemerkenswerteste ist, daß sich das Haussaland mit seinen großen Städten wie ein industrielles Zentrum verhielt. Es kaufte Rohstoffe in den umliegenden Ländern, Kupfer aus Takedda oder von Bornu, Baumwolle von Djerma oder von Borgu. Seine Stoffe verkaufte es in den Oasen der Sahara bis nach Tripolis, im afrikanischen Westen bis an die Küste des Senegal.

Timbuktu und Dschenne waren seit dem 13. Jahrhundert wirtschaftliche Partnerstädte. Timbuktu war der Hafen der Wüste, fast ohne eigene Bodenschätze. Aber es stand in direktem Kontakt mit der Sahara und manchmal mit Europa.

---

39 H. R. Palmer, *The Kano Chronicle*, London 1908.

Aus der Sahara erhielt es bis zu 50 000 Ladungen Salz pro Jahr. Der Florentiner Benedetto Dei soll, unterstützt von den Portaniri, den Niger im Jahr 1470 erreicht haben. »Ich war in Timbuktu«, schrieb er, »ein Ort, versteckt im Königreich der Barbarei gelegen, einem sehr dürren Land. Man macht dort viele Geschäfte mit dem Verkauf von Stoffen, Serge und gerippten Stoffen, wie sie in der Lombardei hergestellt werden.« Dschenne am Bani, einem Nebenfluß des Niger, spielte die Rolle des Herstellers und Sammlers von Waren, die gegen transsaharische Erzeugnisse getauscht oder über ganz Westafrika vertrieben werden mußten. Es handelte sich dabei um Stäbchen aus gediegenem Gold, um gegerbte Häute, Blei und Armreifen aus geädertem Marmor aus den Bergen von Hombori, um Antimon für Augenschminke, Hennafarbstoff für die Hände und Füße koketter Frauen, Indigoblöcke, Körbe voller Kolanüsse, Eisenbarren, getrocknete Fische (Spezialität seines Nachbarn Mopti), Datteln aus Tuat, Tausende von Salzbarren – schön weiß und ohne eine Spur von Silikat –, um Sklaven usw. Die Händler Dschennes waren bedeutende Geschäftsleute mit Vertretern in zahlreichen Zentren des Einkaufs und des Verkaufs. Die Handlungsreisenden informierten ihre Arbeitgeber über Kursschwankungen und gaben die Aufträge über beschlossene Geschäfte weiter. Für spezielle Produkte zugelassene Vertreter gingen in die Häuser und boten Musterstücke an. Das Eintreffen der Karawanen löste ein wahres Spekulationsfieber aus. Betrügereien blieben auch nicht aus, und die Askia mußten Vorkehrungen treffen, um die Gewichte und Maße zu normen. Die Transporte wurden in großem Maßstab organisiert. Die Dschenne benutzten dazu auch Boote aus Holzplatten, die mit soliden Hanfseilen zusammengebunden waren. Es gab solche Boote bis zu einer Tragfähigkeit von dreißig Tonnen, was ungefähr den Lasten einer Karawane von zweihundert Kamelen oder tausend Trägern entsprach. Die Waren wurden in ihnen nach ihrer Zerbrechlichkeit aufeinander gestapelt, ein Raum war den Passagieren vorbehalten und etwas Platz, um, falls nötig, Wasser ausschöpfen zu können. Das Stadtleben in Dschenne in den geräumigen Bürgerhäusern mit ihren Terrassen war munter und strahlend. Die Händler luden oft ihre Freunde oder Verwandten ein sowie Gelehrte auf der Durchreise, nach dem Gebot der Gastfreundschaft: »Der Gast ist ein Geschenk Gottes.« Auch die Damen wurden vorgestellt, und vielleicht verbrannte man für sie so viel Weihrauch, versprengte so viel Rosenessenz in den Häusern, daß einem der Duft schon an der Türschwelle zu Kopf stieg. Man knabberte Kolanüsse, man aß Kuskus mit fettem Hammelfleisch oder Tauben, man genoß köstliche Datteln, Weizen- und Honigkuchen, während man dem Klatsch der Stadt lauschte, den Überlegungen der Gebildeten oder ganz einfach den Neuigkeiten aus Kano und vom Tschad, aus Marokko und Tripolis. Diese erreichten Dschenne im gleichförmigen und phlegmatischen Rhythmus der Schritte des Dromedars. Es Sadi schrieb: »Dschenne ist einer der größten Märkte der mohammedanischen Welt.«[40]

Diese großen Zentren mit internationalem Ruf waren mit den regionalen Zentren verbunden. Sie zogen die Produkte an sich, deren Haupthandelsrichtung Nord–Süd war, und sicherten so den Austausch. Von Norden kamen jährlich, zusätzlich zu den maghrebinischen Produkten, Stoffe, Metallbarren, Metallarmbänder, Kauris und Lederwaren. Der Süden führte das Gold, die Kolanuß, Elfenbein und Sklaven herbei. Deshalb waren die strategischen Bereiche dieses

40 Es Sadi, *Tarik es Sudan.*

Wirtschaftssysteme und Gesellschaften in Westafrika 179

westafrikanischen Handels rund um die Goldlagerstätten und Menschenreservoire konzentriert. Manche Schwerpunkte, die heute ziemlich heruntergekommen sind, waren während der vorkolonialen Epoche sehr bedeutende Handelsknotenpunkte.

Salaga und Begho waren solche. In Salaga (Nord-Ghana) trafen sich Händler aus Timbuktu und Kano. Es war ein reiner Handelsplatz. In jeder Saison kamen zahlreiche fünfhundertköpfige Karawanen an oder starteten nach Kano, Sansanne Mango, Wagadugu, Hombori und Timbuktu. Begho liegt im Süden in der Schleife des Schwarzen Volta (Ghana) beim Durchbruch des Nyimpene durch die Berge von Banda. Die Datierung seiner Gründung ist sehr umstritten, scheint aber am Beginn des 15. Jahrhunderts zu liegen, zu der Zeit, als Europa vom Goldhunger erfaßt war. Die Gründer sind Volksgruppen der »Proto-Diula« (Wela und Numu), gefolgt von anderen Mandingophonen. Es war eine befestigte Stadt, deren Bewohner ihre Häuser mißtrauisch vor den Twi- oder Guanphone-Hausierern verschlossen. Begho war eine wichtige Etappe auf der Goldstraße der Aschanti- und Bauleländer. Es war auch eine Zwischenstation auf der Straße, die über Salaga und den Dendi oder Kandi (Nord-Togo) die Kolanuß in die Haussaländer transportierte. Es war eine Art geometrischer Punkt, an dem die Karawanen zweier großer Handelsvölker Westafrikas – die Juden und Griechen dieses Gebietes – aufeinandertrafen: die Hausa und die Mande.

3. Haussa und Mande

Nach der Kanochronik wird die Kolanuß zu Beginn des 15. Jahrhunderts zum ersten Mal erwähnt. Die Wege waren offen von Bornu nach Gondscha (Gebiet von Begho). Die Gondschahändler begannen, das Haussaland zu besuchen, wo die rote Kolanuß *(kola nitida)* entweder mit ihrem richtigen westafrikanischen Namen »Woro« oder mit dem Wort »Gondscha« bezeichnet wird. Die mohammedanischen Haussa waren in diesem Gebiet sehr zahlreich, ebenso in Kintampo wie in Bonduku, Wa oder Kong, wo sie sich als Färber *(Maraba)* spezialisiert hatten. Auch in Wagadugu scheint die Anwesenheit der Haussa auf eine sehr frühe Zeit zurückzugehen. Sie bewohnen hier ein Viertel, das sich Haussankore nennt. Der Haussahandel mit Schwerpunkt in Kano, Katsena, Zaria usw. soll Spuren im gesamten mittleren Sudan, im Norden, Osten und Süden hinterlassen haben. Gehemmt wurde er in diesen Richtungen nur durch die Unsicherheit der Wüstenpisten, durch die Bornuhegemonie, die Bergkette von Adamaua und durch den politisch-ökonomischen Dynamismus der Joruba. Im Westen dagegen hat er sich frei entwickeln können. Er stieß auf keinerlei Widerstand, außer vielleicht bei dem vor langer Zeit von den Mande (Diula) errichteten Handelsreich. Diese aber, gute Kaufleute, scheinen ihren Rivalen keine anderen Waffen als die des Merkur entgegengesetzt zu haben. Ernährt der Handel nicht den Händler? Die Mande kommen ursprünglich aus der Sahel, wo ihre Bafur-Vorfahren zum Aufschwung Ganas beigetragen haben. Der Handel mit Gold hat in diesem Entwicklungsprozeß eine wichtige Rolle gespielt. Die Ursprungsländer des Goldes waren unter dem Namen »Wangara« bekannt. Sie waren, schreibt El Edrisi, berühmt für die Menge und Güte ihres Goldes. Dieses geheimnisvolle Land des Goldes reizte während Jahrhunderten die Phantasie von Geographen ... und Abenteurern. Ibn Battuta und Leo Africanus berichten davon, und die Karte von Abraham Cresques erwähnt im 16. Jahrhundert die Reise eines gewissen Jaime Ferrer auf der Suche nach dem Rio de Oro (Fluß des Goldes) und dem sagenhaften Königreich der Mandingo. Tatsächlich wurde Wangara schnell dem Mandeland angeschlossen, und alles deutet darauf hin, daß es die Goldlagerstätten von Bure und Bambuk bezeichnete, die viel reicher waren als heute[41]. Es scheint sich in der Tat nicht um das Land der Aschanti zu handeln, das Land, in dem man bis zu unseren Tagen alle die Wangara nennt, die der Herkunft nach Mande sind (nicht z. B. die Mossi). Indessen ist es möglich, daß die Goldminen von Lobi von Mandekaufleuten nutzbar gemacht worden sind, zu dem Zeitpunkt, als die Minen von Bure sich zu erschöpfen begannen. Die mehr als hundert Ruinen im Land Lobi (z. B. in Loropeni), die aus Lateritblöcken mit Mörtel errichtet waren, sind vor den heutigen Bewohnern des Landes, Kulango und Gan, dagewesen. Sie sind demnach vor dem 16. Jahrhundert entstanden. Dies korreliert mit dem Zeitpunkt, zu dem die Mande auf der Suche nach neuen Goldquellen tief in den Wald vordrangen. Vielleicht sind es die Lagerstätten an den Treffpunkten der Wangarahändler mit den östlichen Goldwäschern. Es könnte sich folglich um das Bitu der Tarik handeln[42]. Die aus diesem Gebiet kommenden Straßen verbinden die Handelsstädte des Nigerbogens. Da ist zunächst die Straße Begho–Bonduku–Kong–Bobo–Dschenne. Aber die Abkürzung Begho–Buna–Bobo war auch gebräulich, ebenso wie der Weg über Bole, Wa und Mossi. Dieses gesamte Gebiet hatte bereits eine friedliche Invasion von Mandegruppen erlebt. Die ersten waren die Diula, was der Name Bobo-Diulasso beweist. Die Straße von Begho beförderte Gold, aber auch Kolanüsse, die andere Diulahändler von der heutigen Elfenbeinküste, insbesondere aus dem Gebiet von Daloa, mitbrachten. Die Frage nach der Rolle, die die Mande im Handel gespielt haben, muß mit dem allgemeineren Problem der Zerstreuung dieses Volkes über den afrikanischen Westen verbunden werden.

Es ist heute sehr schwierig, wenn nicht unmöglich, verbindliche Daten für diesen vielgestaltigen und vielfältigen Besiedlungsprozeß festzusetzen. Er betrifft so unterschiedliche Völker wie die Malinke, die Bambara, die Diula, die Soninke, die Marka, die Proto-Diula[43] und die buntgewürfelten Völker, die man mit dem Namen südliche Mande (Mande Fu) bezeichnet. Die wirtschaftlichen Bedürfnisse Malis, die Flucht vor den Almoraviden und der Sossovorherrschaft, die politische und missionarische Ausstrahlung Malis, dessen Zurückweichen vor der Songhai-Hegemonie, alle diese Ereignisse können und müssen die Gründe für die strahlenförmige Ausbreitung der Mande vom oberen Senegal und vom Nigerbogen aus sein. Es handelt sich hier um eines der entscheidensten historischen Phänomene von Westafrika, dessen Ablauf aber schwierig zu rekonstruieren ist. Die ersten Phasen dieser Ausdehnung scheinen indessen friedlich verlaufen zu sein. Es waren Händler, die mit den schwarzen Ureinwohnern den stummen Handel ausübten. Alle diese Bewegungen fanden zwischen dem 13. und 16. Jahrhundert statt. Man sieht aber, fortschreitend (und vorwiegend vom 14. bis zum 18., ja bis ins 19. Jahrhundert hinein) Mandeminderheiten in die Gebiete am Rand und sogar in die Tiefe des Waldes vordringen. So ist das Königreich

41 E. W. Bovill, *The Golden Trade of the Moors*, London 1961.
42 Siehe H. Laburet, *Les tribus du Rameau Lobi*, Paris 1931; M. Guilhem und J. Hebert, *Histoire de la Haute-Volta*, Paris.
43 Die Kono und die Vai sollen das Mandeland zu Beginn des 15. Jahrhunderts verlassen haben. Die Samo und die Bisa kamen möglicherweise im 15. Jahrhundert vom Nigerbogen.

Gondscha vielleicht der Kern des Reichs Akwamu, Kong, Bobo usw. Gewisse Gruppen blieben bei den Bevölkerungsumwälzungen vollkommen isoliert. So z. B. die Bewohner des Gebietes von Bussa jenseits des Nigerbogens und die Bisa. Sie sind von ihren Verwandten, den Samo, getrennt worden, vielleicht durch den Mossivorstoß nach Norden, der außerdem den Wiederaufstieg der Dagari-Lobi und die Nord-Ost/Süd-West-Wanderung der Gurunsi zum Schwarzen Volta nach sich gezogen zu haben scheint. Manche sehen in dem Gebiet von Bussa den Ursprung der ersten Joruba-Dynastie. Die Herkunft der Bariba-Königreiche ist noch unmittelbarer an die Mande geknüpft, während Urvoy darauf besteht, daß das Königreich von Gaoga, von dem Leo Africanus spricht, dasjenige ist, das die Mandeauswanderer im 13. Jahrhundert im Haussaland gegründet haben. Kurz, die Frage nach der Ausbreitung der Mande kann nur dadurch erhellt werden, daß man die Herkunftsüberlieferungen, die »Völkerwanderungen«, von beinahe allen Völkern Westafrikas genau prüft.

Die Mande und die Haussa zogen gewisse Vorteile aus dem westafrikanischen Handel. Sie bildeten die Bourgeoisie der Hauptstädte. Aber sie brachten auch mit Erzeugnissen jeglicher Art Ideen und neue Techniken in Umlauf. Außerdem waren sie die Träger des islamischen Glaubens. Sie setzten hauptsächlich Esel und Rinder für den Warentransport ein, aber auch Menschen, die die Waren auf dem Kopf trugen.

Dies ließ die Transportkosten enorm ansteigen und zwang die Händler, nur Waren mit hohem Preis und geringem Gewicht auf weiten Wegen zu transportieren. Sie trieben den ganzen Weg über Handel, waren aber einer Reihe von Steuern und Gebühren durch die örtlichen Häuptlinge unterworfen, besonders beim Überschreiten wichtiger Flüsse. Die Ureinwohner ließen es sich übrigens nicht entgehen, die Preise der Lebensmittel beim Herannahen einer Karawane in die Höhe zu treiben. Das Geschäft zwischen den umherziehenden und den ansässigen Händlern war daher hart. Man sollte allerdings den religiösen Aspekt, der diese Geschäfte begleitete, nicht überbewerten. Die Jorubakaufleute und -handwerker hatten ihre Kulte und animistischen Interdikte. Der Diulahändler wurde oft von einem Marabut begleitet, sofern er nicht selbst einer war. Die Mossikarawane, die Vieh und Stoffbänder gegen die Kolanuß aus Salaga tauschte, wurde von einem animistischen Häuptling befehligt, der in der Lage sein sollte, jeden möglichen Gegner ausschalten zu können. Während andere Mitglieder der Karawane stets bis zu den Zähnen bewaffnet waren, war er stets halb betrunken. Das machten die Zaubermittel, die *tim-soba*. Allerdings fehlten außerhalb der Einflußsphäre der großen Märkte der Sahel und der Könige der Savanne und später des Waldes auch die Straßenräuber nicht.

B. Die Gesellschaften

Die vorkolonialen Gesellschaften[44] Afrikas waren also sehr mannigfaltig. Sie reichten von der patrilinearen oder matrilinearen, manchmal sehr isolierten »Horde« bis zu den Gesellschaften, die bis an die Grenze des Waldes verbreitet waren und höchst differenziert waren. Sie lebten zufrieden in ihrer Welt, trotz

44 Siehe J. Ki-Zerbo, *Le Monde Africain Noir*, Paris 1964.

ihrer wegen vielfacher geographischer und ökonomischer Sperren beschränkten technischen Mittel.

An der Basis gab es demnach unterteilte Gesellschaften, deren wesentlicher und manchmal einziger sozio-ökonomischer Motor die große patriarchalische Familie war. Sie besaß einen gemeinsamen Familiennamen und lebte im allgemeinen an einem Hof zusammen (*dou* in Bambara, *yri* bei den Nankana von Ober-Volta). Verschiedene Klans, die gewöhnlich durch die gemeinsame Sprache miteinander verbunden sind, bilden eine Volksgruppe. Dies ist bereits die Anfangsstufe einer Kultur- und Schicksalsgemeinschaft. In solchen Gesellschaften ruhte die Macht im allgemeinen in den Händen der Ältesten. Die Ermittlung der Senioren war leicht. Es gab den Brauch, die Jungen nach einer gesellschaftlichen und sexuellen Erziehungsperiode zu weihen. Oft wurden sie bei diesen Initiationsriten gleichzeitig mit Körperzeichen versehen. Die Angehörigen einer Altersklasse erlangten, nachdem sie eine Reihe von Proben und »Taufen« über sich hatten ergehen lassen, Zutritt zum Leben der Erwachsenen (der Männer und Frauen), die Sitz und Stimme im Rat der Stadt hatten. Diese Greisenherrschaft wurde aber durch demokratische Versammlungen gemildert. Sie unterstützten das Familienoberhaupt, den Häuptling des Dorfes und des Bezirks mit ihrem Rat. Im Kern waren diese Gesellschaften Bauerngesellschaften. Das Land war dort gewöhnlich Gegenstand gemeinschaftlicher Nutzung. Man bearbeitete das Land nach manchmal sehr gut durchdachten Anbaumethoden und wählte das Saatgut sorgfältig aus. Aber obgleich das technische Handwerkszeug den ökologischen Verhältnissen vernünftig angepaßt war, war es nicht imstande, die tropische Natur zu meistern. Die gemeinsame Arbeit mit ihren vielfachen lokalen Verfahren war eine der Methoden, um gegen die individuelle Ohnmacht vor den negativen Kräften der Natur anzukämpfen. Die Geburtenziffer hatte, außer in den begünstigten Bezirken, kein gefährliches Anwachsen der Bevölkerung zur Folge. Epidemien und Endemien traten hier als Regulativ auf.

Neben diesen wenig differenzierten Gesellschaften mit schwachen Mutationskoeffizienten gab es auch komplexere Gesellschaften. Günstige geo-ökonomische Bedingungen erlaubten es diesen, Vorräte zu sammeln. Diese wiederum rechtfertigten den Erhalt sozialer Klassen, die sich bestimmten Aufgaben widmeten; nur die ökonomische Verteilung und die sozio-politische Organisation waren Dinge, die ein König, sein Hof und seine Beamten hätten übernehmen können. Die staatlichen Gesellschaften haben sich solchermaßen dank einer Dialektik von innerstaatlicher Entwicklung und manchmal auch durch das entschlossene Einschreiten von exogenen Minderheiten konstituiert. Das löste durch überlegene Techniken einen territorialen Integrationsprozeß zu ihren Gunsten aus. In diesen Gesellschaften gewannen die Kasten, die auf vorstaatlicher Stufe vor allem eine technische Bedeutung hatten und im wesentlichen die funktionelle Teilung der sozialen Arbeit erkennen ließen, immer mehr an Bedeutung. Das verblüffendste Beispiel hierzu ist die Kaste der Griots. Die Magie ihrer Worte sollte die Berechtigung der jeweiligen Dynastie mit ihrer Abstammung von realen oder mythischen Vorfahren erklären. Sie waren dazu berufen, die Lebenden von heute durch rituelle Gedichte mit den Lebenden von gestern zu verknüpfen. Beim feierlichen Leichenbegräbnis des Mogho-Naba zählt der Chef der Griots, *ben naba*, die Augen halb geschlossen, mit einer ungeheuren Gedächtnisanstrengung, die ihm den Schweiß auf die Stirn treibt, mit lauter Stimme die Namen aller Herrscher der Dynastie auf. Er nennt ihre Wahlsprüche, ihre »Ruhmesnamen« und ihre

Wirtschaftssysteme und Gesellschaften in Westafrika 183

Heldentaten. Die staatlichen Gesellschaften waren demnach in ungleiche soziale Schichten geteilt. Die Fürsten des Mossigeschlechts *(Nakomse)* nutzten die geringste Unsicherheit der Zentralregierung, um die Bürgerlichen auszuplündern. Sie erfreuten sich darüber hinaus eines bevorzugten Rechtsstandes. Rund um Gao, Timbuktu und Dschenne bearbeiteten Gruppen von Leibeigenen des Askia oder Gefangene großer Händler das Land für ihren Besitzer.

Die Frauen bildeten eine besonders unterdrückte Klasse. Gewiß, die afrikanische Frau war mitunter Arbeiterin und Quelle zusätzlicher Arbeitskräfte auf dem Feld eines Polygamen. Sie diente hin und wieder als Tauschware und als Hochzeitsgabe, um die sozialen Bindungen zu festigen.

Aber die schwarze Frau besaß auch trotz der körperlichen Verstümmelungen, die man ihr manchmal zufügte, Vorrechte. Sie standen im Widerspruch zu der Unterdrückung und gaben ihr einen beneidenswerten Stand im Vergleich zu Frauen in anderen Ländern zu derselben Zeit. Solche Sonderrechte waren z. B.: große sexuelle Freiheit, in manchen animistischen Ländern sogar vor der Heirat; die Freiheit, bei Mutterschaften oder Familienbesuchen ihrer Wege zu gehen; eine besonders starke Bindung an ihre Kinder, weil sie in den ersten Lebensjahren nur für sie dasein konnte; Matrilinearität, die ihrem Bruder Autorität über ihre Kinder zubilligte; wirtschaftliche Freiheit durch Gewinne aus ihren vielfältigen landwirtschaftlichen und kaufmännischen Tätigkeiten, vorwiegend in den Küstenregionen, aber auch im Haussaland; politische und geistige Rechte, die ihr mitunter gar den Weg zum Thron und zur Regentschaft öffnen oder sie zur angesehenen Priesterin machen, besonders bei Fruchtbarkeitsriten. Hexen allerdings wurden besonders schlecht behandelt. Offengestanden war die afrikanische Frau, trotz der Nachteile, unter denen sie mitunter litt, trotz der *diminutio capitis,* die sie manchmal lebenslänglich zu einer Minderjährigen machte, eine immer lebendige, nie versiegende Quelle der Hoffnung. Nichts Fröhlicheres gab es als eine Gruppe von Frauen, die sich versammelt, um Holz zu sammeln, die Ernte einzubringen oder Hirse zu stampfen, zu sortieren und zuzubereiten. Als Erzeugerin von Gütern und Kindern, als Priesterin und als Geliebte in leidenschaftlichem Rausch sang die afrikanische Frau immer das Wiegenlied der Völker bei ihren täglichen Plackereien, ihren Mißgeschicken, ihren Träumen und Ängsten, ihren Wonnen und Freuden.

Die Religion und die Kunst, aufs innigste verbunden, wirkten ebenso in diesem Sinne. In der Tat hat der schwarze Mann, bedrängt von den ihn umgebenden Naturmächten, eine Vision der Welt erarbeitet, die er als einen gigantischen Kampf von Kräften begriff, die es zu beschwören oder zu nutzen galt. Er wurde zum Fisch, um in diesem Ozean von dynamischen, im Kampf liegenden Kräften schwimmen zu können. Mit dieser Haltung erreichte er einen erstaunlichen emotionalen und existentiellen und auch einen geistigen Reichtum. Aber in der Praxis geriet er auf Abwege. Er glaubte, daß der Mensch statt mit Werkzeug mit Ritus und Wort über die Welt herrschen könne. Die Negerkunst z. B., insbesondere die Bildhauerei und die Musik, ist zu religiösen Zwecken eingesetzt worden. Das Tam-tam war mit zahlreichen anderen Saiten- und Blasinstrumenten weltlich genug, um den Rhythmus des Krieges oder der Liebe zu schlagen. Es war niemals bezaubernder, als wenn es die ekstatischen Tänze der Anhänger von Ogun oder Schango skandierte. Es wäre dennoch oberflächlich und falsch, das religiöse Element zum einzigen Motor für die Aktivität dieser Völker und Länder zu machen. In Wirklichkeit hat sich das vorkoloniale Schwarzafrika in dem

Maße, wie es mit der übrigen Welt in Verbindung trat, bereitgestellt, um eine wichtige ökonomische Funktion zu erfüllen. Und nicht nur die städtischen Zentren der Sahel spielten diese Rolle.

Der demütige Goldwäscher, der den goldhaltigen Sand an den Ufern des Bure wusch, der bescheidene Lobi- oder Konkombabauer, der die fahrenden Händler versorgte, der einfache Bozofischer am Niger oder die Guerzehausfrau, die die Nüsse des Kolabaums pflückte, der Haussa- oder Diulahändler, der seine Marschroute und die Etappen berechnete, sie alle arbeiteten real und trugen dazu bei, das große Rad der Weltwirtschaft dieser Epoche in den arabischen Ländern, in Europa und in Asien in Schwung zu halten. Und die Tatsache, daß der schwarzafrikanische Bereich dieses vielseitigen ökonomischen Feldes ganz und gar von den Ureinwohnern an Ort und Stelle organisiert wurde, zeigt, daß Schwarzafrika sehr wohl reif war, als vollwertiger Gesprächspartner für wen auch immer im internationalen Rahmen zu gelten. Aber leider ...

V. In Äthiopien bis zu Lebna Dengel

Vom 14. bis zum 15. Jahrhundert durchläuft Äthiopien eine Periode der Blüte, besonders mit Amda Seyon (1314–1344) und Zara Jakob (1434–1468), die zuweilen durch Bedrohungen arabischer Fürsten gestört wird.

A. Amda Seyon (1314–1344)

Nach der bedeutenden Regierungszeit Lalibelas (Zagwedynastie) kehrte die salomonische Dynastie mit Yekuno Amlak (1270) auf den Thron zurück. Der achte Fürst dieses neuen Geschlechts war ein derber Mann mit launenhaftem Charakter. Aber seine lange Regierungszeit erweckt Äthiopien politisch und kulturell von neuem. Dieser Mann war Amda Seyon. Er begann allerdings ziemlich schlecht. Sein moralisches Ansehen war sehr erschüttert, weil er gewagt hatte, zu den von seinem Vater ererbten Frauen zwei weitere zu heiraten, und zwar eigene Schwestern. Das kirchliche Oberhaupt Onoriote hatte ihn in aller Öffentlichkeit getadelt. Der Fürst tat so, als ob er sich fügte, nutzte aber ein weiteres Urteil seines Sittenrichters, er sei ein Ketzer, um ihn auf dem Marktplatz auspeitschen zu lassen. Die Mönche von Debra Libanos, die sich mit ihm solidarisiert hatten, sollen in die Grenzgebiete des Königreichs verbannt worden sein. Von dort aus entfalteten sie eine für das ganze Land nützliche missionarische Tätigkeit. Andererseits werden die Gegner des in Ungnade gefallenen Ordens, die Mönche von Debra Damo, zum Gegenstand der königlichen Fürsorge. Die fürstlichen Schenkungen machten aus diesem Kloster bis ins 16. Jahrhundert hinein ein bedeutendes Zentrum religiöser Studien.

Nach außen hin legte Amda Seyon eine entschlossene Tatkraft in den Beziehungen zu den mohammedanischen Ländern an den Tag. Tatsächlich hatten viele mohammedanische Fürsten an der Küste des Roten Meeres Fuß gefaßt. Und der Fürst von Ifat, Ak Ed Dinn, übte von Zeila bis nach Schoa eine Art Oberherr-

In Äthiopien bis zu Lebna Dengel   185

schaft über sie aus. Nun waren aber die Somali und Danakil, die diese wüsten-
artigen Küstenräume oft besuchten, mehr und mehr fasziniert vom Reichtum der
arabischen Händler, vom Prunk ihrer Fürsten und von der Einfachheit und Größe ihrer Religion. Die Bekehrungen mehren sich vom 14. bis zum 16. Jahrhundert. Sogar die Äthiopier nehmen den neuen Glauben an. Allerdings hatte der
Sultan von Kairo, Mohammed Ibn Kalaun, seine Haltung gegenüber den Christen von Ägypten, den Glaubensgenossen der Äthiopier, verhärtet. Grausame
Verfolgungen begannen wieder, und koptische Kirchen wurden zerstört. Deshalb
versteht man den sehr heftigen Angriff Amda Seyons. Er schickt einen Botschafter zum Sultan und droht ihm, den Lauf des Nils abzulenken und die Karawanen der Mohammedaner zu erpressen, wenn die zerstörten Kirchen nicht auf der
Stelle wieder aufgebaut würden. Auf der Rückkehr von Kairo wird der äthiopische Gesandte vom Fürsten von Ifat ermordet. Das hatte einen schnellen Feldzug
und die Eroberung von Ifat zur Folge. Der Fürst wird ab-, sein Bruder an seiner
Statt eingesetzt. Doch auch dieser regiert nicht im Sinne Amda Seyons, sondern
verbündet sich mit anderen Küstenfürstentümern. Daraufhin verwüstet ein
zweiter Feldzug seine Gebiete, und ein anderer Bruder erhält die Macht. Aber
nach dem Fortzug des äthiopischen Königs fangen die arabischen Aufstände
wieder an. Zwei weitere Invasionen waren nötig, um mit ihnen fertig zu werden.
Man zerstörte die Hauptstadt Ifat und ihre Moscheen und weitete die An-
nexionen bis nach Adal am Golf von Aden aus. Außerdem setzte Amda Seyon
seine Eroberungen im Norden auch weiter fort. Er verleibte sich Godscham ein
und Damot in Richtung Tigre, aus dem seine Frau Bilen Sabat, eine mohammedanische Prinzessin, stammte. Unter diesem so auf die Unversehrtheit seines
Landes bedachten König von Äthiopien findet auch eine innere Neugestaltung
statt. Die ersten Bestimmungen des Serata Manguest, Verfügungen des Königreichs, beginnen die Befugnisse der Persönlichkeiten am Hof zu regeln. Eine Periode großen religiösen Eifers beginnt, mit Mystikern wie dem Mönch Eustateos.
Dieser gründet das Kloster Debra Mariam und fesselt sich mit glühenden Ketten,
bis seine Haut aufspringt und aussieht »wie gerösteter Fisch«. Der Sohn Amda
Seyons, Said Ared (1344–1372), verfolgt die beharrliche Politik seines Vaters
weiter. Als Repressalien gegen die Belästigungen Kairos läßt er die ägyptischen
Staatsangehörigen verhaften. Sie werden bei Todesstrafe gezwungen, sich zu bekehren. Der äthiopische Druck wurde unter David I. (1382–1411) so stark, daß
Ägypten eine Delegation des guten Willens aussandte, die mit Geschenken beladen zurückkehrte. Äthiopien nutzte das, um seine Bande mit den heiligen Orten
von Jerusalem enger zu knüpfen. Es erhielt Reliquien und Gemälde wie das des
dornengekrönten Christus, mit großem Pomp empfing man sie. Ansonsten kam
Äthiopien während der Herrschaft Isahacs (1414–1429) die Anwesenheit sehr
geschätzter Ratgeber zugute: florentinische Architekten, die Pläne für Klöster
zeichneten, kaukasische Waffenschmiede, die in Ägypten gedient hatten, ein Ex-
Gouverneur aus der ägyptischen Provinz, der die äthiopische Armee reorgani-
sierte, und ein Kopte, der die Steuerverwaltung wieder in Ordnung brachte. Die
verworrenen Jahre nach der Herrschaft Isahacs werden durch die Thronbesteigung eines der ruhmvollsten Könige Äthiopiens unterbrochen.

B. Zara Jakob (1434–1468)

Mehr noch als Amda Seyon war er ein Draufgänger. Um jede Spur von Heidentum im Königreich zu beseitigen, zwang er jeden, als Tätowierung Inschriften mit folgender Bedeutung zu tragen: »Ich glaube an die Heilige Dreieinigkeit. Im Namen Christus, des Gottes, sage ich mich los vom Satan« usw. Manche Fürsten, sogar Söhne des Königs, wurden hingerichtet mit der Anklage, den Teufel angebetet zu haben. Jeder Widerspenstige wurde getötet und sein Vermögen konfisziert. Einer der bedeutenden Würdenträger des Hofes, der »Hüter der Stunde«, wurde der große Inquisitor. Ihm stand eine Gruppe von Richtern zur Seite. Diese mußten, um auch nicht den Anschein von Korruption zu erwecken, jede Einladung zum Essen ablehnen. Jeder Intimität mit Frauen sollten sie sich enthalten, ebenso die Dienste des Friseurs meiden, aus Furcht, ihr Haar könnte gesammelt und als magischer Trumpf verwendet werden. Auch ließ der Herrscher viele Kirchen errichten und verpflichtete die Priester, die Gläubigen jeden Sonntag außerhalb der Kirchen zu unterrichten. Er ließ zu diesem Zweck sieben Bücher veröffentlichen, in denen Glaubenssätze und Gebräuche der äthiopischen Kirche zusammengetragen waren. Er selbst verfaßte das berühmte Buch des Lichts *(Mat safa beram)*. Zara Jakob bot auch im zivilen Bereich den gleichen Eifer als Organisator auf. Nach außen hin drängte er den immer drohenden Vorstoß der mohammedanischen Küstenemirate zurück. Er sandte auf Einladung des Papstes eine äthiopische Delegation nach Rom. Sie nahm am Konzil von Florenz (1441) teil und unterzeichnete mit der Einbeziehung der koptischen Kirche in den Schoß des römischen päpstlichen Stuhls deren Unterordnung. Dieser Text wird allerdings von Äthiopien schnell widerrufen. Äthiopien sank tiefer und tiefer in eine verhängnisvolle Isolierung. 1453 greifen die Türken nach der letzten christlichen Bastion des Orients: Konstantinopel. Mit der Kontrolle über die Mittelmeerküsten über Ägypten bis nach Algerien errichteten die Türken eine unüberwindliche Trennmauer zwischen Äthiopien und seinen Glaubensbrüdern anderer Länder. Die Folgen ließen nicht auf sich warten. Schon unter Baida Mariam (1468–1478) zogen sich die äthiopischen Armeen in die salzigen und unfruchtbaren Steppen von Dankalie zurück. Die Flut der mohammedanischen Kräfte begann den Wehrdamm Äthiopiens anzufressen. Zu Beginn des 16. Jahrhunderts hinterließ uns Alvarez, der Militärgeistliche einer der ersten portugiesischen Truppen, die den äthiopischen Hof erreichten, eine Beschreibung. Sie kann als Führer dienen in das intime Leben eines Reiches, das tief vom Glauben geprägt ist.

Der offizielle Titel des Herrschers ist König der Könige *(Negusa nagast)*. Ein Titel, der mit der großen Anzahl der Fürsten zu erklären ist, die, an der Peripherie des Reiches herrschend, sich als seine Vasallen bekannten. Diese Bande wurden oft durch die Heirat des Herrschers mit arabischen Prinzessinnen abgesegnet, allerdings zum Nachteil der christlichen Monogamie. Sicherlich, diese Prinzessinnen waren verpflichtet, sich zu bekehren, aber man findet so doch die Tochter eines mohammedanischen Fürsten als Regentin auf dem Thron, wie z. B. eine Helene, die die portugiesische Delegation empfing. Der zentrale Teil des Reichs stand unter der absoluten Autorität des Negus; die Gouverneure, die sich Ras nannten, waren Beamte von Kaisers Gnaden. Wenn sie zusammengerufen wurden, erschienen sie halbnackt, um die Weisungen des Hofes entgegenzunehmen. Die Gouverneure von Godscham und Tigre ließen, nachdem sie zunächst

In Äthiopien bis zu Lebna Dengel 187

demütig um Erlaubnis gebeten hatten, bis zu dreitausend Pferde und dreitausend Mann vorbeimarschieren, die mit Gold und Baumwollbändern beladen waren. Die königlichen Ausgaben waren verhältnismäßig beschränkt. Sicher, die Armee zählte bis zu 300 000 Mann: die Bürgerlichen waren mit Schwert und einem runden Schild aus Büffel- oder Flußpferdleder bewaffnet, die Adligen trugen mitunter Panzerhemden. Aber diese Männer wurden von den Gouverneuren herbeigeschafft und versorgt. Übrigens begleiteten die Frauen die Männer und spornten sie im Kampf mit Liedern und gellenden Schreien an. Die Gouverneure selbst und die Klöster residierten in den Dörfern, für deren Unterhalt sie besonders verantwortlich waren. So konnte der Kaiser seinen Fürstenfreunden prachtvolle Geschenke übersenden und den großen Klöstern großzügige Schenkungen machen. Alle übrigen Schätze wurden in geheimen unterirdischen Gewölben vergraben oder auf unzugänglichen Höhen versteckt *(amba)*. War der Kaiser erst einmal in der heiligen Stadt Axum gekrönt, hatte er keine feste Residenz mehr. Er änderte seinen Aufenthalt entsprechend den Erfordernissen. Das königliche Lager war eine richtige von Palisaden mit bewachten Toren umschlossene, reisende Stadt. Im Mittelpunkt befanden sich die vier großen Zelte, die den Kaiser, die Kaiserin, die Pagen, zwei Kirchen, den Gerichtshof und die gezähmten Löwen beherbergten, die zur ständigen Gefolgschaft gehörten. Außerdem gab es einen von Handwerkern und Kaufleuten wimmelnden Markt in der riesigen Residenz. Der Kaiser zeigte sich seinem Volk nur anläßlich der Feste Weihnachten, Ostern und zum Fest des Heiligen Kreuzes, und zwar auf einer eigens dafür errichteten Tribüne. Die bedeutenden Ämter des Hofes hatten Familien erblich inne. Die zwei wichtigsten waren die der beiden Kommandanten der Armee (eine »rechte Hand« und eine »linke Hand«, vgl. Benin und Dahome). Ebenso verhielt es sich bei den obersten Richtern. Sie waren im übrigen nur die Sprecher des Kaisers und vermittelten zwischen dem kaiserlichen Hof und den streitenden Parteien. Der Sekretär und der Geistliche (Wächter der Stunde) waren ebenso bedeutende Würdenträger. Angeklagte wurden in Ketten gelegt und mußten für ihren eigenen und für den Unterhalt ihrer Wächter aufkommen. Der Ankläger hatte die Prozeßkosten zu bezahlen. Häufige Strafen waren Verstümmelungen und Geißelungen. Abgewiesene Thronbewerber wurden lebenslänglich mit ihren Familien in Burgen auf unzugänglichen Höhen (amba) eingesperrt. Sie wurden aber reichlich versorgt und mit Geschenken bedacht. Die äthiopische Kirche praktizierte immer noch Tieropfer, und im Verlauf von Prozessionen führten die Geistlichen Tänze auf, die von schrillen Schreien begleitet wurden. Alvarez war schockiert über die Bäder am Dreikönigsfest (Epiphanie), die die Gläubigen gemeinsam in paradiesischer Nacktheit nahmen. Er war gleichermaßen verblüfft, wie leicht jemand zum Priester geweiht werden konnte. Einzige Bedingung: nur eine Frau zu haben und lesen zu können. Die Bewerber empfingen in Dreierreihen und zu Tausenden das Händeauflegen des Abunas. Die Diakone konnten gar Analphabeten sein, da ja schon Säuglinge das Diakonat erhielten! Auf diese erstaunlichen Praktiken hin befragt, antwortete der Abuna, daß er alt werde, und da er nicht wisse, ob ein Nachfolger aus Ägypten geschickt werde, baue er vor ... Die Folge einer solchen Großzügigkeit war, daß die Priester sich allen möglichen Beschäftigungen widmeten, insbesondere dem Handel. Einzig die Mönche ab einem bestimmten Alter gaben sich mit Eifer der Religionsausübung hin. Sie erlegten sich schreckliche Kasteiungen auf, sie saßen z. B. die ganze Nacht über in einem Bottich mit eiskaltem Wasser, das ihnen bis zum Hals stand. Die

Kirche Äthiopiens, uralter Rahmen des Volkes, schwebte zwischen Unwissenheit und Begeisterung eines erhabenen Glaubens in seiner Natürlichkeit.

VI. In Zentralafrika

A. Die Zerstreuung der Bantus

Die Länder des Äquatorgebietes hatten eine beschwerliche Entwicklung. Bestimmt wurde sie durch die natürlichen Umstände, die die Beziehungen zwischen den Menschen und damit auch die Verbreitung von Techniken sehr hemmten. Dennoch hat die Ausbreitung der Bantus in diesen Gebieten Völker dazu gebracht, Metalle anzuwenden. Wohlorganisierte menschliche Gemeinschaften entfalteten sich, insbesondere am Rande der großen Wälder. Das Problem der Wanderungen und der Festsetzungen der bantuphonen Völker ist noch nicht gelöst. Es sind bedeutende historische Phänomene, die sich in einem sehr großen Zeit- und Raummaßstab abspielten. Sie treten wahrscheinlich zu Beginn der christlichen Zeitrechnung auf und sind am Ende des 19. Jahrhunderts noch nicht abgeschlossen. Die Arbeiten von M. Guthrie wiesen einen wesentlichen Bantusammelpunkt im Lubagebiet nach, einer Hochebene in der Savanne, das im Süden an den Urwald Zaïres grenzt.
J. H. Greenbergs Arbeiten rückten (obgleich manche Autoren diese These für voreilig halten) eine nigero-kongolesische Sprachgruppe ins Licht. Ihre Stammrolle könnte im Gebiet des Tschadsees oder am Mittellauf des Benue gelegen haben. Das stimmt genau mit der Lage der Nokkultur überein. Also ist es möglich, die folgende Hypothese vom Vorrücken der Prä-Bantuvölker (Nigeria) und der Proto-Bantuvölker (Kongo) ins Auge zu fassen. Die negroiden Völker der Sahara müßten dort, als sie längs der Flüsse und Seen der Savanne nach günstigen Regionen für ihr Bauern- und Hirtenleben gesucht haben, durch autochthone Erfindung oder durch Anleihe vom Westen, Osten oder sogar vom Norden die Techniken der Eisenbearbeitung beherrscht haben. Die Verwendung des Eisens förderte den Ertrag des Bodens und entfaltete die Bevölkerung in solchem Maße, daß ein Bevölkerungsdruck entstand, der die Wanderung nach Süden nach sich zog. Mit der Überlegenheit, die ihnen der Besitz von Eisenwerkzeugen und -waffen gewährte, beherrschten sie auf leichte Weise die autochthonen Bevölkerungsgruppen, die sich aus Khoisaniden zusammensetzten (Hottentotten und Buschmänner). Aber der Urwald am Äquator bildete eine Sperre, die viel schwieriger zu überwinden war. Es wurde ein Jahrhunderte währender, langer Marsch, der den Weg des geringsten Widerstandes durch den undurchdringlichen Urwald suchen mußte. Er folgte entweder den Wasserläufen des Sangha oder des Ubangi bis nach Zaïre und bis zum Savannengürtel, der den Atlantik von Zaïre bis zum Königreich Angola säumt, oder noch eher dem östlichen Weg, der, den Bergrücken folgend, die die Kette der großen Seen im Westen berühren, auf der Katanga-Hochebene (Schaba) im Lubaland mündet. Dort befindet sich der von den Sprachwissenschaftlern lokalisierte bantuphone Brennpunkt.
Dort auch entdeckte die Archäologie vielfache Spuren einer alten Eisenkultur,

In Zentralafrika 189

insbesondere in Schanga am Kisalesee und in Katoto in den Gebieten am Oberlauf des Lualaba.

Die beiden Wege im Osten und im Westen der Urwaldzone konnten übrigens gleichzeitig verfolgt werden. Auffallend ist auch, daß die Kupferkreuzchen, die man in der weiträumigen Nekropole von Schanga entdeckte, und die typischen Halsketten und Armbänder aus der Anlage von Katoto einen Handel mit Kupfer in Richtung Ostküste beweisen. Dieser könnte, wenn man den Datierungen glaubt, die man von den oben erwähnten Plätzen annimmt, auf das 8. oder 9. Jahrhundert zurückgehen. Seit dem 7. Jahrhundert scheinen am linken Ufer des Sambesi – die Ausgrabungen von Igombe-Ilede bezeugen es – auch Hersteller einer charakteristischen Art Töpferware eingetroffen zu sein. Es ist eine Töpferware, die K. R. Robinson der »Leopard's Kopje Culture« zuordnet. Man findet sie bis zum Norden von Transvaal.

Wir verdanken sie den den ersten Schona-Klans, die zusammen mit den Venda, Sotho und den Nguni aus einem gemeinsamen Volksstamm hervorgingen. Die Sprachwissenschaft kann nachweisen, daß er seit mehr als einem Jahrtausend auseinandergebrochen ist.

Das wegen seines frühen Kontakts mit den Portugiesen am besten bekannte politische Gebilde in Zentralafrika ist das Königreich Kongo. Im Inneren aber wuchsen andere Fürstentümer langsam heran, besonders in den Ländern Luba, Kuba und Lunda.

B. Der Kongo

1. Anfänge und Entwicklung

Als die Portugiesen 1482 eintrafen, bestand bereits seit anderthalb Jahrhunderten am Unterlauf des Kongo (des Nzaïdi der Autochthonen, heute Zaïre) ein großes Königreich. Die Ureinwohner gehörten dem Stamm der Ambo an. Ihr Gründervorfahr war, so meinen manche, ein gewisser Nimi a Lukeni aus dem Osten. Aber viel wahrscheinlicher war es Mutinu, der an der Spitze erobernder Gruppen von Norden, von Majombe zum unteren Kongo (Provinz von Nsundi) herunterkam. Dieses Gebiet diente als Stützpunkt für strahlenförmige Eroberungszüge vorwiegend in südliche Richtungen. Ein Bündnis ergab sich zwischen dem neuen Herrscher und dem lokalen Oberpriester Nsaku. Er war ein großer Medizinmann und befreite ihn von einer nervösen Krankheit, indem er ihn mittels eines Büffelschwanzes mit Reinigungswasser bespritzte. Diese Verbindung besiegelte eine Heirat, und die Provinz des Medizinmanns, Mbata, wurde dem Königreich einverleibt. Die Hauptstadt hatte den Namen Kongo. Der König nahm deshalb den Titel Mani-Kongo, Herr von Kongo, an. Im 15. und 16. Jahrhundert erstreckte sich das Königreich in seinem größten Ausmaß vom unteren Kongo im Norden bis zum Kwanza-Strom im Süden und vom Kwango-Fluß im Osten bis zur atlantischen Küste. Mbemba, Mbata, Mbamba, Sonio, Nsundi und Mpangu waren die sechs traditionellen Provinzen. Die zwei bedeutendsten waren die peripheren Bezirke Nsundi im Norden und Mbamba im Süden. Nsundi galt als Hochburg des ersten Königs der Dynastie. Traditions-

190   *Große Jahrhunderte*

gemäß war der älteste Sohn, als mutmaßlicher Erbe, der Gouverneur dieser Provinz. Mbamba, im heutigen Angola, besaß strategische Bedeutung als Grenzland. Es hatte den Auftrag, die eroberten Gebiete vor den Gegenstößen der Feinde im Süden zu schützen. Die königliche Gewalt über diese sechs Provinzen war direkt und effektiv. Die im Norden des Zaïre gelegenen Küstenprovinzen Ngojo, Kakongo und Loango waren indessen eher Vasallenkönigreiche. Weit im Osten stellte das große Königreich Mukoko der Bateke (Anzique) ein Gewebe her, das von den Portugiesen sehr geschätzt wurde. Es verkaufte Eisen, Elfenbein und Kupfer gegen das Salz und die Kauris der Kongolesen[45].

Im Jahre 1482 bemerkte der portugiesische Seefahrer Diego Cao, der an der afrikanischen Küste entlang segelte, eines Morgens, daß das Meerwasser trübe geworden war und Gräser und Pflanzenteile mit sich führte. Er begriff bald, daß er sich an der Mündung eines mächtigen Süßwasserstromes befand. Er unternahm hier sehr wenig und ließ nur eine Säule *(padrao)* am Südufer des Flusses, den er Rio de Padrao taufte, errichten. Im Verlauf einer zweiten Reise nahm Diego Cao Missionare und Schwarze aus Guinea mit, die als Dolmetscher mit den Eingeborenen sprechen sollten. Durch viele Gesten verstand man schließlich, daß es nicht weit im Inneren einen mächtigen König gab. Man schickte eine Abordnung in diese Richtung ohne irgendwelche Befürchtungen, da die Eingeborenen weder verschreckt noch feindselig wirkten; sie ließen ganz natürlich »Zeichen großer Sanftmut und Freundschaft« erkennen. Als die Abgesandten nicht zurückkamen, machte sich Diego Cao den Umstand zunutze, daß angesehene Kongolesen sein Schiff bestiegen hatten, lichtete die Anker und nahm sie als Geiseln mit. Im darauffolgenden Jahr kam er mit den inzwischen getauften und wie Edelleute aus Lissabon gekleideten Kongolesen zurück. Das am Ufer in Massen versammelte Volk erkannte sie zunächst nicht und rief mit Erstaunen: »*Mimdele Miandombe!* – »Weiße Schwarze!«) Aber als man sie erkannte, gab es große Begeisterung. Die Neuigkeit erreichte schnell die Hauptstadt Mbanza Kongo. Hier präsentierte ihnen der König Nzinga Nkuwu die Delegierten und Missionare, die er seinerseits als Geiseln zurückbehalten hatte. Er hörte mit lebhafter Neugier den Kongolesen zu, die von ihrer Zwangsmission erzählten. Die Portugiesen fuhren diesmal mit einem Botschafter ab, der mit gebührenden Vollmachten versehen war. In Lissabon wurde dieser von Johann II. zu einem Bankett eingeladen »wie die, die den Botschaften anderer Nationen angeboten werden«. Aus dem Chef der Delegation mit Namen Nsuka wurde bald Joao de Silva, mit dem König persönlich als Taufpaten . . .

Im Jahre 1491 wurden dann die portugiesischen Karavellen mit ihrer reichen Last im Kongo empfangen »mit Gesang, Hörnerblasen, Zimbeln und anderen Instrumenten des Landes. Eine bewunderungswürdige Sache muß erwähnt werden. Auf dieser Strecke von 150 Meilen von der Küste bis zur Stadt des Retters (Mbanza Kongo war Salvador getauft worden) waren die Straßen sauber gefegt und im Überfluß mit Lebensmitteln und nützlichen Dingen für die Portugiesen versehen.« Eine neue Art des Austausches von Geschenken. Die »Flitterwochen« zwischen Portugal und den Ländern des Kongos waren aber nur von kurzer Dauer.

Der getaufte König gab seine religiösen Übungen bald wieder auf und kehrte zu seinen Fetischen zurück, ohne jedoch abzuschwören, noch grausame Verfolgungen

---

45 Siehe D. Birmingham, Speculations on the Kingdom of Kongo, 1965.

In Zentralafrika 191

zu unternehmen. Seine Nachfolge bringt die von Mpanzu geführte traditions-
gebundene Partei mit der seines Ältesten Alfonso, dem christlichen Kandidaten,
in Konflikt. Letzterer setzte sich im Verlauf eines grimmigen Kampfes 1506
durch und begann eine lange Regierungszeit, die von seinen stürmischen Beziehungen zu den Portugiesen bestimmt war.

2. Der Aufbau des Kongo

Der Mani-Kongo besaß kein erbliches Königreich. Alle nahen Verwandten des
Königs, Söhne oder Neffen, konnten nach dem Thron trachten. Der Vorzug galt
der matrilinearen Erbfolge. Im allgemeinen zeigte der König vor seinem Sterben seine Wahl an. Jedoch blieb die von den drei großen Kurfürsten geführte
Wahlversammlung bestimmend (Mani, Vunda, Mani Mbatu und Mani Sojo[46]);
nicht ohne Risiken übrigens. De facto war diese Form der Nachfolgerwahl
einer der Gründe, die zur Schwächung des Landes führten. Die absolute
Macht des Königs zeigte sich in der Tatsache, daß die Gouverneursposten nicht
erblich waren. Der König bestimmte den Nachfolger aus der Familie des Verstorbenen. Ausgenommen waren die Provinzen von Sojo und Mbata. Hier
wählten die lokalen Notabeln einen Kandidaten, den der König bestätigte. Die
Hauptstadt Mbanza Kongo schloß im Norden einen heiligen Wald ein, in dem
jeder Holzschlag untersagt war: al Gaba de Kumbi, die Nekropole der Köni-
ge. Im Süden der Hauptstadt befand sich ein großer Platz, der sogenannte
Mbazi: das war der Gerichtshof, wo der König unter einem riesigen Feigenbaum
Recht sprach.
Im allgemeinen fielen die Strafen leicht aus, viel leichter als in Portugal. Erklärte
König Alfonso nicht beim Anblick eines fündbändigen Gesetzeswerkes aus Por-
tugal, daß er, wenn er sich danach richten müßte, mehr Zeit mit Richten als mit
Regieren verbringen würde? Lachend fragte er den Portugiesen Castro: »Welche
Strafe sieht man in Portugal für denjenigen vor, der seinen Fuß auf die Erde
setzt?« Mbazi war vor allem der Platz, auf dem die Menchenmengen den Segen
des Königs empfingen, sich der Fröhlichkeit hingaben und den triumphalen
Truppenparaden zuschauten. Die Häuser waren rechteckige oder runde Holz-
konstruktionen, mit Palmblättern und Stroh gedeckt und umschlossen von le-
benden Hecken aus Kakteen mit giftigem Saft. Dieser wurde zum Vergiften der
Pfeil- und Speerspitzen verwendet. Nahe beim Mbazi befand sich das königliche
Areal, mit Palisaden aus Pfählen und Lianen umfriedet. Es hatte einen Umfang
von mehr als einem Kilometer, an den Toren standen Wächter und Hornbläser.
Im Inneren dehnte sich vor einer zweiten Palisade ein weiterer Platz aus. Diese
Palisade umgab die Wohnsitze des Königs und der Königin, zu denen man durch
ein Labyrinth gelangte[47]. Wenn der König sich zeigte, dann auf einer Tribüne.
Er sitzt in einem Sessel aus Elfenbein, er trägt Armreifen aus Gold und Eisen.
Das Oberteil seines Gewandes ist schwarz und glänzend; er trägt auch kunstvoll
gewirkte Stoffe oder bestimmte Tierfelle, die ihm vorbehalten sind. Auf seinem

---

46 Als Herr der Erde von San Salvador las er die Ritualien der königlichen Krönungsfeierlich-
keiten.
47 Die Königin wurde angebetet. Wenn sie auf Reisen ging, folgten ihr die Domestiken und
schnipsten unaufhörlich mit den Fingern »wie mit Kastagnetten«.

Kopf sieht man eine bestickte Kappe und auf der Schulter einen Zebraschwanz. Man kniet oder wirft sich vor ihm nieder und streut sich Staub aufs Haupt, bevor man seinen Segen erfleht. Er erteilt ihn, indem er die Hand ausbreitet und die Finger bewegt. Manchmal erhebt sich der König bei einer großen Veranstaltung nach den Ehrenbezeigungen der Adligen. Mit den Großen des Landes gibt er sich dann einem zurückhaltenden Tanz hin, dessen Rhythmus, so sagen die Zeugen, voller Pomp, Schwere und Anmut war. Sie skandierten ihre Schritte mit verschiedenen Kastagnetten.

Die dringenden Befehle des Königs überbrachten Läufer, die in Relaisstationen ihren Platz hatten und sich zu diesem Zweck bereithielten. Die Entfernungen gab man in Tagesmärschen eines beladenen und nichtbeladenen Mannes an. Die Armee des Mani-Kongo setzte sich hauptsächlich aus Infanteristen mit kleinen Bogen und passenden Giftpfeilen zusammen. Sie konnten, sagte man, nacheinander 28 Pfeile abschießen, bevor der erste den Boden berührte. Sie waren oft mit Elefantenhaut gepanzert. Im Süden gab es riesige Bogen. Taktik und Kriegslist waren ihnen nicht unbekannt. Zum Beispiel griffen sie die Portugiesen während des Regens an, wenn die Feuerbüchsen und Bombarden nicht gezündet werden konnten. Der General stand inmitten der Armee mit den verschiedenen Korps durch unterschiedliche Instrumente in Verbindung: elfenbeinerne Hifthörner »für die lebhafte, kriegerische Musik, die die Seelen anrührt und aufreizt, ohne Rücksicht auf Gefahr zu kämpfen«, Tamtam, »große Kesselpauke, deren Klangkörper aus einem ausgehöhlten Baumstamm bestand und mit Leder bespannt war. Man schlug sie mit kleinen, elfenbeinernen Schlegeln.« Der General gibt auf diese Weise seinen verschiedenen Korps – sie sind an ihren Schilden oder Standarten zu erkennen – die Anweisung. Er veranlaßt sie, sich im Kampf einzusetzen, vorzurücken, zurückzuweichen, sich nach rechts oder links zu wenden. Manchmal antworteten die betroffenen Kontingente auch mit verabredeten Klängen. Dagegen löste sich die Armee planlos auf, sobald der General getötet war.

Die königliche Schatzkammer füllte sich durch das königliche Monopol zur Ausbeutung der Muschelgruben, den Nzimbus von der Insel Luanda. Diese Arbeit wurde von Frauen ausgeführt. Die Muscheln dienten als Geld. Die Menschen des Volkes waren sehr geschickt: sie gewannen z. B. aus bestimmten Fischen ein Öl, das, mit Pech vermischt, zum Kalfatern kleiner Boote diente. Sie nutzten mit viel Phantasie die Häute erlegter Elefanten, um vielbegehrte Halsbänder anzufertigen. Sie verstanden es, aus vielerlei Arten von Palmen Wein, Essig, Öl und Früchte zu gewinnen. Die Medizinmänner praktizierten den Aderlaß, um bestimmte Krankheiten zu behandeln. Sie bedienten sich gewisser Salben, Säfte und Pulver, besonders jener vom Sandelholz gewonnenen, als Aphrodisiakum. Die kongolesischen Weber waren Meister in dieser Kunst geworden, angefangen bei einfachen Dingen aus Raphia- oder Palmblättern bis zu bestickten Stoffen mit erstaunlichem Farbenreichtum, die Samt glichen oder samtartigem Satin. Die Könige und die Großen trugen Schuhwerk »à l'antique«. Während die Armen, Männer und Frauen, barfuß und barbusig gingen, bedeckten sich die Adligen mit feinen Stoffen und kostbaren Fellen. Die Frauen von Stand bedeckten den unteren Teil des Körpers mit drei Stoffbahnen: die eine fiel herab bis zu den Fersen, die zweite war kürzer und die dritte noch kürzer, aber mit Fransen gesäumt. Jede war in der Breite in Falten gelegt und öffnete sich vorn. Ihre Brust schmückten sie mit einer Schärpe, die bis zum Gürtel hinunterfiel. Seit dem

15. Jahrhundert beurteilten die ersten Europäer die kongolesische Musik als verfeinert und sehr lieblich. »Sie zupfen die Laute meisterhaft«, schrieb Pigafetta. Die anderen Königreiche von Zentralafrika: Kuba, Lunda und Luba, sind, soweit wir das beurteilen können, erst zu Beginn des 17. Jahrhunderts wirklich aufgeblüht. Aber die Wurzeln ihrer langsamen Entwicklung müssen in viel größere Tiefen der Geschichte reichen. Rund um den Kisale- und den Upemba-See – dieses Gebiet betrachten die Luba als ihr Ursprungsland – zeigen eindrucksvolle Überreste einer Kupferkultur, daß die Gruben von Schaba (Katanga) bereits seit dem 8. und 9. Jahrhundert in großem Maßstab ausgebeutet wurden.

VII. In Süd- und Ostafrika

Die Rekonstruktion des Lebens der afrikanischen Völker, welche zu dieser Zeit im Süden des Kongo und Äthiopiens existieren, ist sehr schwierig. Die Archäologie ist im Begriff, erstaunliche Dinge ans Licht zu bringen. Die Ruinen, die sie aufdeckt, zeigen trotz der zahlreichen Plünderungen die Entwicklung mächtiger menschlicher Gruppen, die ihr gemeinsames Leben organisiert hatten und die versucht hatten, ihre Umgebung zu beherrschen.

Im Innern, in Engaruka (Tansania), gruben L. S. B. Leakey, später J. F. G. Sutton Reste einer großen Siedlung aus dem 10. oder 16. Jahrhundert aus. Die Häuser waren auf künstlichen Terrassen an den Hügeln errichtet. In diesem ganzen Gebiet, das sich über die heutigen Länder Uganda, Kenia, Tansania und Malawi ausbreitet, sind zahlreiche und bedeutende Reste verstreut. Man entdeckte Spuren großer alter Verbindungsstraßen, die auf einer Länge von ungefähr 1 000 km das Gebiet des Njassa-Sees mit dem Gebiet von Nairobi zu verbinden scheinen. Es sind Straßen von drei bis fünf Metern Breite, planiert, mit Durchbrüchen von Hügeln, mit Dämmen über Niederungen und manchmal sogar mit Kieselsteinreihen an den Rändern. Im Land Nandi scheinen Feldterrassen und Kanäle, offensichtlich zur Bewässerung angelegt, aus dem 13. Jahrhundert zu stammen und um das 15. Jahrhundert herum vollendet worden zu sein. Dies veranlaßt manche Autoren, wie Huntingford, daraus ein Zufluchtsgebiet der Völker des Horns von Afrika zu machen, die unter dem Druck der Araber geflohen wären, nicht ohne von ihnen bestimmte Techniken entlehnt zu haben. So auch den Terrassenfeldbau, der in Äthiopien und Arabien ein geläufiges Verfahren war. Aber die Technik der Terrassenkultur ist nicht eigentlich arabisch. Man findet sie sogar bei den Kabre von Nord-Togo ... De facto scheinen drei Elemente diesen Gebieten zu einem solchen Aufblühen verholfen zu haben: zunächst die Verwendung des Eisens, dann die Bevölkerungsansammlung in Gesellschaften mit starkem Gemeinschaftssinn und dem Bemühen um Verteidigung des Erreichten. Eine letzte Triebfeder kann in dem Handelsanreiz gefunden werden, der durch die Notwendigkeit eines Küstenschiffahrtshandels entlang der afrikanischen Küste des Roten Meeres und des Indischen Ozeans bewirkt wurde. Wie dem auch sei, diese Völker waren Bauernvölker. Deshalb ist es praktisch sicher, daß es Bantu waren, die von den Hirtenvölkern Wagnika (woraus Tanganjika entstand) genannt wurden. Die Hirtenvölker, die Bahima (Luo, Massai usw.), die später eingetroffen sind, konstituieren sich als Aristo-

Große Jahrhunderte

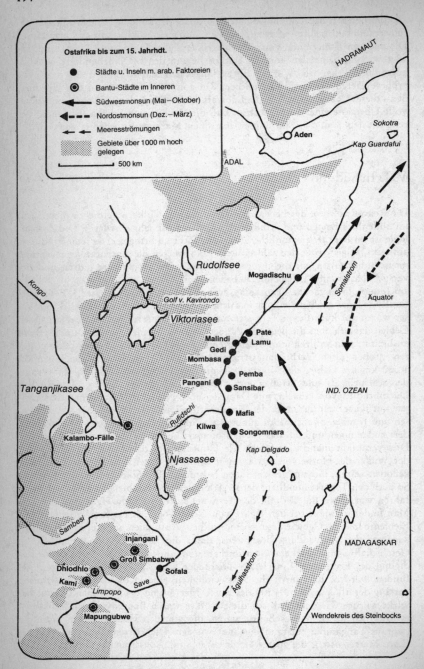

In Süd- und Ostafrika

kratie. Diese Adelsherrschaft bewahrt die Schmiede- und Bergmannskasten und betrachtet sie als Untergebene. Genau wie die Somali, die die Tumal (Schmiede) als verweichlichte Menschen ansahen, obwohl diese Bauern-Handwerker die Waffen herstellten, die von den Hirten-Kriegern getragen wurden.

A. Im Süden: Simbabwe und Monomotapa

Im Innern des heutigen Rhodesien erhebt sich in der kahlen Savanne des Maschonalandes auf Granithügeln nahe beim Fort Viktoria ein Ensemble monumentaler Ruinen: das große Simbabwe. Das Wort Simbabwe bedeutet: das große Steinhaus (im allgemeinen Residenz eines Häuptlings). Das Gebiet ist übersät von Ruinen dieser Art. Aber diejenigen von Fort Viktoria bilden in ihrer Weitläufigkeit das Simbabwe par excellence. Man unterscheidet bei den Überresten drei Bezirke. Zunächst ein großes, umschlossenes Gebiet ovaler Form, dessen Umfang zweieinhalb und dessen größte Achse fast einen Kilometer mißt. Es sind bewunderungswürdig zusammengefügte Trockenmauern. Ihre Dicke ist beträchtlich (bis zu sieben Metern) und erlaubte es, Mauern bis zu einer Höhe von zehn Metern zu errichten. Im Innern dieses umschlossenen Platzes mit Toren gibt es eine Reihe von Zickzack-Durchgängen, parallel verlaufenden Mauern und Terrassen. Schließlich befinden sich in einem besonders versteckten Winkel zwei massive Kegeltürme, von denen der größere zehn Meter aufragt wie ein gigantischer, rätselhafter Zuckerhut. Dieses Ensemble trägt den Namen elliptischer Tempel. Siebenhundert Meter weiter im Süden erheben sich auf einem Hügel die Überreste eines kolossalen Festungswerkes, das alle natürlichen Möglichkeiten dieser gigantischen Lage genial ausgenutzt hat. Das ist die Akropolis. Zwischen ihr und dem elliptischen Tempel liegen verstreut im Tal die Reste bescheidener Wohnhäuser. Diese gestatten uns, die Unterbauten von Simbabwe ins 4. Jahrhundert v. Chr. zu datieren. Nach Norden zu und weiter im Innern gibt es weitere charakteristische Ruinen, z. B. in Inyanga, Dhlodhlo und Khami. Im allgemeinen sind es Reste von Befestigungen, für die man tonnenschwere Steinblöcke bearbeitet und aufeinandergeschichtet hat. Die Steine befinden sich noch so weitgehend in situ, daß man den Grundriß der Gesamtanlage zeichnen konnte. Zuweilen, wie in Khami, entdeckte man wunderschöne Elfenbeinstatuetten. Hier findet sich auch die Terrassenkultur. So ist z. B. ein Fluß so umgeleitet worden, daß er parallel zu den Höhenlinien floß. Das Gefälle war offensichtlich so genau berechnet, daß Erosion fast ganz vermieden wurde. Die Häuser waren auf Steinfundamenten errichtet. Sie hatten Keller als Kornlager oder Viehstall. Mehr im Süden, in Mapungubwe in Nord-Transvaal, entdeckte ein bäuerlicher Goldsucher am rechten Ufer des Limpopo bei der Einmündung des Schaschi im Jahre 1932 zufällig auf einer Anhöhe, die von den Ureinwohnern als heiliger Hügel betrachtet wird, zahlreiche Bruchstücke von Gegenständen. Sie waren mit Blattgold von bemerkenswerter Reinheit überzogen, unter anderem kleine Rhinozerosfiguren wie in Simbabwe. Man fand außerdem 12 000 Goldperlen, Gegenstände aus Kupfer und Scherben von chinesischem Porzellan. Alles dies war Skeletten beigefügt, die mit Schmuck geradezu überladen waren. Ihr anthropologischer Typus gehört zur Gattung der Hottentotten-Buschmänner, obwohl diese heute weiter südlich zu finden sind.

Große Jahrhunderte

Welch kostbare Quellen hätten alle diese Stätten mit ihren Überresten und Spuren für die Archäologen und Historiker sein können, wenn Diebe und die ersten Goldsucher (Buren und Engländer) sie nicht hemmungslos geplündert hätten! Man hat behauptet, diese grandiosen Relikte seien technisch zu schön, um dem Erfindungsgeist der schwarzen Bantu entsprungen zu sein. Man sprach von phönizischen, arabischen Bergleuten und sogar von den Gruben des Königs Salomon. Diese Phantastereien, die einen Anflug von unausgesprochenem Rassismus in sich bergen, sind durch die ersten C14-Tests hinweggefegt worden. Es entstanden Bauten vom 7. bis zum 17. Jahrhundert. Wir wissen von El Masudi, 10. Jahrhundert, daß es im Hinterland von Sofala ein gewisses Königreich gab, das ein bedeutender Goldproduzent war. Die Waklimi, sagt er, jagen auch den Elefanten, um seine Stoßzähne zu verkaufen. Sie sind kohlrabenschwarz und haben aufgeworfene Lippen. Sie ernähren sich vorwiegend von Sorghum (Hirse) und von Knollen. Sie lieben schöne, fromme Reden, die ihre Pflichten den Ahnen gegenüber beschreiben. Sie beten zahlreiche Götter an, die Tiere oder Pflanzen sind, verehren aber auch einen höchsten Gott des Himmels und der Erde. Ihren König betrachten sie als einen Gott, zögern aber nicht, ihn zu töten, sobald er sich von Sitte und Recht entfernt. Das alles läßt keinen Zweifel zu. Dieses Königreich, das gut genug organisiert war, um so imposante Bauten zu errichten, daß man sagt, sie hätten soviel Arbeit erfordert wie die Pyramiden Ägyptens, war das schwarze Königreich Monomotapa. Es war dank den Portugiesen sehr früh in Europa bekannt. »Zwei wirkliche Freunde lebten in Monomotapa«, schrieb La Fontaine. Dieses Königreich war nach dem üblichen Muster der neger-afrikanischen Monarchien aufgebaut. Z. B. sah die Audienzgemeinschaft den König nicht, sondern vernahm nur seine Stimme; die winzigste seiner Äußerungen, wenn er z. B. hustete, wurde vom gesamten Hof nachgeahmt. Seine körperliche Unversehrtheit war die Vorbedingung für den Wohlstand des Landes. Deshalb gab es auch rituelle Giftmorde.

Die Seele des verstorbenen Königs, so glaubte man, werde als Inkarnation des Löwen, eines heiligen Tieres, zurückkehren. Die zahlreichen Ämter des Hofes beschäftigten eine Menge Höflinge, die in strenger Rangordnung standen.

Die Königinmutter und die neun offiziellen Frauen des Königs hatten jede für sich ihren Hofstaat. Dreitausend Frauen wurden für ihre Bedienung eingesetzt. Ein königliches Feuer im Palast symbolisierte das Leben des Königs. Jedes Jahr entzündeten Boten am Schluß der Mai-Zeremonien Fackeln an dieser Feuerstätte und trugen sie zu den Häuptlingen. Dadurch, daß sie sie annahmen, zeigten sie ihre Unterwerfung an. Beim Tod des Königs löschte man das Feuer, und anläßlich der feierlichen Einsetzung des Nachfolgers wurde es wieder entzündet und verteilt. Auch der heilige Königsmord wurde hier geübt. Welch erstaunliche Übereinstimmung der Riten im gesamten Schwarzen Kontinent.

Auch das Symbol des Vogels fehlt hier nicht, der in feierlicher und rätselhafter Pose auf den Zinnen von Simbabwe wie über dem Thron von Mali Wache hielt. Man deckte übrigens in diesen Ruinen Elemente auf, die auf einen westafrikanischen Einfluß schließen lassen (vgl. Summers). Dieser meint, es bleibt das Problem herauszufinden, um welches schwarze Volk es sich handelte und welche Entwicklung diese Gebiete nahmen. Eine sehr umstrittene Frage. Die Skelette von Mapungubwe, die ortsnamenkundlichen Einzelheiten und die mündliche Überlieferung ermöglichen es erst nach und nach, dieses Durcheinander zu entwirren. Hier folgt nun, wie man sich die Entwicklung vorstellen kann. Die Batonga-

In Süd- und Ostafrika　　　　　　　　　　　　　　　　　　197

Völker, die von den Experten ins Eisenzeitalter A. 1. eingeordnet werden, wurden um das 13. Jahrhundert herum im Gebiet des Sambesi und des Limpopo von den Rosswi (Eisenzeitalter B. 1.) abgelöst, die wiederum bis zum 15. Jahrhundert allmählich von den Moire unterworfen werden. Diese entwickeln die noch mehr verfeinerte Zivilisation, die während des 15. Jahrhunderts (Eisenzeitalter B. 2.) in Simbabwe sichtbar wird. Zu Beginn des 15. Jahrhunderts allerdings untersteht dieses gesamte Gebiet am Sambesi der Kontrolle eines mächtigen Herrschers Nzatsimba, der sich den Übernamen Muntoba Shuru Chamutapa oder einfacher Mutapa, zulegte. Man nennt ihn auch den Mambo. Sein Titel Mwene Mutapa (König Mutapa) ist der Ursprung des Wortes Monomotapa. Sein Sohn und Nachfolger Matope, dem Sundjata wesensverwandt, muß als der wirkliche Gründer des Reiches betrachtet werden. Durch eine Reihe brillianter Feldzüge eroberte er alle Länder zwischen der Kalahari und dem Gebiet von Sofala am Indischen Ozean. Die Verwaltung der Provinzen war den Söhnen und Neffen des Herrschers anvertraut. Matope starb um 1480. Sein Sohn Niaima war unfähig, das Reich zusammenzuhalten. Im Süden trennte sich eine Rosswi-Dynastie, die sogenannten Tlokwa, von diesem wankenden Staatskörper. Und es kam noch schlimmer. Schanga, ein alter königlicher Hirtenführer, der von Matope in Anerkennung treuer Dienste zum Gouverneur von Sezuru ernannt worden war, fiel ab und annektierte eine weitere Provinz hinzu. Er gründete die Dynastie der Schangamire (Zusammenziehung von Schanga und *amir,* ein von arabischen Händlern verliehener, anerkennender Titel). Den Schangamiren gelingt es im Jahre 1506, die Dynastie der Tlokwa im Süden zu stürzen und ein Konkurrenzreich zu dem des Mutapa zu bilden. Während des ganzen 17. Jahrhunderts bedrängen die Rosswi das Monomotapareich. Es sinkt zu einer mittelmäßigen, von den Portugiesen kontrollierten Häuptlingschaft herab. Nichtsdestoweniger sind die Karanga, ein Volk von Monomotapa, und die Rosswi, ein Volk von Mambo, zwei Zweige desselben bantusprechenden Volkes, der Schona. Was die Skelette vom Buschmann-Typ betrifft, die man in Mapungubwe fand, so gehören sie vielleicht zu Ureinwohnern, die die Bantu entdeckten und von denen sie wie göttliche Wesen verehrt wurden: die Herren der Erde haben in Afrika manchmal das Recht auf königliche Ehren. Vielleicht ist es aber auch nur eine Aristokratie, die aus der Vermischung der Bantu-Eindringlinge mit den Ureinwohnern hervorging. Hier wie auch weiter im Norden, in Engaruka, ist einer der Entwicklungsfaktoren im 15. und 16. Jahrhundert der Handel mit der Küste. Die Töpfer- und Porzellanwaren und die Perlen sind einwandfreie Beweise dafür und bestätigen die Behauptungen El Masudis. Gewiß, in Simbabwe selbst gibt es keine Gruben. Aber betrachtet man die Karte von den heutigen Abbaustätten der Bodenschätze des Landes, so sieht man an der Verteilung der Ruinenstätten, daß die reichsten Vorkommen bereits damals entdeckt waren. Man erkennt auch, daß Simbabwe am Rand des Waldes liegt und als Vorhut des Grubenbereichs gelten kann. Diese Kupferminen, von denen uns aus den großen afrikanischen Jahrhunderten die als Kreuzchen gegossenen Barren bekannt sind, diese Gold-, Eisen- und Zinngruben wurden seit dieser Epoche in großem Maßstab ausgebeutet. Die ersten portugiesischen Berichte sprechen von Gängen und riesigen Tunnels, in denen die Archäologen zahlreiche Skelette entdeckten, die zeigen, daß die Arbeitskräfte sehr jung waren. Der portugiesische Schriftsteller Barbosa notierte im Jahre 1517: »Hinter diesem Land im Innern dehnt sich das große Königreich Monomotapa aus, dessen

198   *Große Jahrhunderte*

schwarzhäutiges Volk nach Sofala kommt, um Gold und Elfenbein zu tauschen.« Wenn wir dann zum Schauplatz der Ruinen von Simbabwe zurückkehren, kann man sich fragen, ob die Überreste der bescheidenen Gebäude im Tal nicht die Ruinen eines großen Handelsplatzes sind, ob die gigantische Festung der Akropolis nicht das Lager der Militäreinheiten ist, die das Eindringen fremder Elemente ins Innere verhindern sollten und die den Tempel, in dem man den geheimnisvollen Kult eines Gott-Königs oder auch den Kult eines Gold-Königs zelebrierte, zu schützen hatten.

B. Die Ostküste bis zum 16. Jahrhundert

Die arabischen Schriftsteller, von El Masudi (10. Jahrhundert)[48] über El Edrisi bis zu Ibn Battuta (14. Jahrhundert) schrieben viel über die Küstenstädte. Alle diese Autoren sprechen von der Küste als dem Land der Zinj, das heißt der Schwarzen, und das sogar hinsichtlich Mogadischu. Ibn Battuta gibt uns genau an, daß 1331 in Kilwa die Mehrheit der Bewohner kohlrabenschwarz ist und tätowierte Gesichter hat. Die Ostküste Afrikas entwickelte indessen in dieser Zeit, vor allem auf der Inselkette, die sie säumt, eine hervorragende Zivilisation mit arabischer Prägung. In der Tat besaßen die Araber an der Küste des Roten Meeres Fürstentümer. Sie wurden ihnen mitunter von Äthiopien streitig gemacht, aber zu normalen Zeiten kontrollierten sie sie wirklich, wie Adal. Jenseits der arabischen Halbinsel galt der islamische Glaube auch am Persischen Golf, in Persien und bis nach Indien. Auf diese Weise wurden die Araber ganz natürlich die Vermittler zwischen Ostafrika und Asien, so wie sie es auch jenseits der Sahara zwischen Westafrika und Europa waren. Der Küstenhandel wurde durch die europäische und asiatische Nachfrage kräftig in Schwung gebracht, vor allem im 15. Jahrhundert. Zwischen dem Zeitpunkt, als am Ende des 14. Jahrhunderts die Landwege durch Turkestan – durch das große Mongolenreich im 13. Jahrhundert wiederbelebt – mit diesem Reich zugleich verfallen, und dem Zeitpunkt, als die Portugiesen gerade die neuen Seewege um das Kap eröffnen, werden die Araber Herren des Verkehrs. Die Nachfrage wird in dieser Epoche noch gesteigert durch die Tatsache, daß dank der Kreuzzüge und des italienischen Einflusses die Vorliebe für afro-asiatische Produkte stark zunimmt. Gold und Elfenbein aus Tanganjika und Monomotapa, die Gewürze Asiens werden in die ägyptischen und syrischen Häfen gebracht. Von dort gelangen sie in den Kreislauf des venezianischen und genuesischen Handels. So zeigte eine wissenschaftliche Untersuchung, daß das erste Goldstück, das König Heinrich III. von England prägen ließ, aus afrikanischem Gold ist. Im Osten, in Indien, waren das so angenehm zu verarbeitende Elfenbein, Eisen und Kupfer sehr gefragt. Das Elfenbein verarbeitete man zu Waffenknäufen, Schmuck, Schachfiguren und Prunkstühlen. Aus dem Eisen von Malindi fertigte man die schönsten Säbelklingen der Epoche. Nach El Masudi schickte man in robusten Schiffen Gold und Elfenbein sowie Schildkrötenpanzer und Rhinozeroshörner über Oman nach Asien, dazu viele Sklaven.

---

48 Der Titel des Buches von Masudi: *»Les Prairies d'or et les mines de pierres précieuses«* konnte die Phantasie der Leser sehr wohl entflammen.

In Süd- und Ostafrika 199

Die Hindu-Partner Afrikas waren die Fürsten von Gugerat, von Kandesch (Mohammedaner) und die Bahamaniden von Dekkan. Aber die Araber drangen noch weiter vor, über Ceylon und den Bengalischen Golf bis nach Indonesien und nach China. Dieses brauchte Gold, Sklaven und vor allem Elfenbein für Prunkstühle und für kleine Standbilder. Die chinesische Technologie war auf dem Gebiet des Schiffbaus im 14. und 15. Jahrhundert zu einer Höhe gelangt, die die europäischen Produkte dieser Epoche weit hinter sich zurückließ. Mit ganzen Flotten begaben sich die Chinesen sodann auf den Indischen Ozean, mit Schiffen, deren Segel Wolken am Himmel glichen, wie der Dichter Chin-Chou-Faï (12. Jahrhundert) es schilderte.

Seit der Sung-Dynastie (960-1279) erzielte man in China bei der Konstruktion der Schiffe und auf dem Gebiet der Seefahrt beachtliche Fortschritte. Tausende von Schiffen verließen die riesigen Werften. Sie wurden vorwiegend für den Transport der Naturaliensteuern eingesetzt.

Die sogenannten »göttlichen Schiffe« für Passagiere maßen 100 bis 150 Meter in der Länge und setzten bei günstigem Wind bis zu 50 Segel. Die Seeleute ließen sich von den Sternen leiten, richteten sich aber auch nach dem Kompaß und erreichten auf diese Weise Maskat, die Hauptstadt Omans.

Mit der Mongolendynastie der Yüan und der folgenden Ming-Dynastie (1280-1644) sollte die chinesische Schiffahrt ihren Höhepunkt erreichen. Marco Polo und Ibn Battuta bekräftigten als Augenzeugen, daß China damals das fortschrittlichste Land in der Schiffsbauindustrie war. Der Franziskanermönch Odoric, der zu dieser Zeit Kanton besuchte, bezeugte, daß diese Stadt mehr Schiffe besaß als die gesamte damalige italienische Flotte.

1414 überbrachte eine afrikanische Gesandtschaft aus Malindi (Kenia) dem Kaiser von China Geschenke, unter denen sich eine von einem chinesischen Maler auf Seide glänzend skizzierte Giraffe befand. Diese Delegation soll von einem der hervorragendsten Seefahrer der Zeit, dem Eunuchen Tscheng Ho, nach Afrika zurückgeführt worden sein. Dieser hat den Indischen Ozean auf sieben großen Reisen kreuz und quer durchfahren. China schickte Stoffe nach Afrika, handwerkliche Produkte und besonders Porzellan, das man in großen Mengen auf der Insel Songo Marna und sogar in den Ruinen des Inlandes fand. Das braune, graue und grüne Porzellan stammt aus der Zeit der Sung-Dynastie, das so berühmte blaue und weiße vom Beginn der Ming-Dynastie. Im 16. Jahrhundert setzt China dieser außerordentlichen maritimen Aktivität allerdings plötzlich ein Ende.

Obwohl seine Konstrukteure inzwischen Schiffe entwarfen, die zweimal so groß waren wie die europäischen, zog es sich in eine Art »splendid isolation« zurück. Manche schreiben dies dem Einfluß der Mandarine zu, die auf den wachsenden Einfluß der Eunuchen-Seefahrer neidisch waren – und beunruhigt über die ungewöhnlichen Gebräuche, die China durch seine Kontakte mit den »Barbaren« annahm.

Im 13. Jahrhundert und während der ersten Hälfte des 14. Jahrhunderts sind Mogadischu und Kilwa die beiden Zentren, die diesen Handel beherrschen, vor allem nachdem Kilwa die Kontrolle über das Gold von Sofala übernommen hatte. Der Sultan Alassan Ibn Taluth (1277-1294) aus der zweiten Dynastie von Kilwa prägte Kupfergeld. 100 000 Stücke fand man. Er errichtete eine schöne Moschee, deren Ruinen noch vorhanden sind. Eine Straße drang ins Inland und, den Sambesi wahrscheinlich bei Tete überquerend, zu den Goldlagern vor. Eine andere verband Kilwa wohl bereits mit dem Njassa-See und außerdem mit den Kupferminen von Schaba (Katanga). Und darüber hinaus vielleicht sogar mit dem afrikanischen Westen[49].

Ibn Battuta, der Kilwa 1331 besuchte, berichtete uns, daß manche Häuser aus Stein, die meisten aber aus Holz waren. Dem Sultan stand eine Ratsversammlung zur Seite. Nach dem Gebet am Freitag verteilte er Stoffe an die Armen. Die Leute ernährten sich von Reis in Brühe. Sie trugen lange Kleider aus Baumwolle eigener Fabrikation. Man tötete ungefähr 700 Elefanten im Jahr wegen des Elfenbeins. Nach Lin Cho Ten (1538) trugen die Frauen Armreifen aus Gold und Halsketten aus Edelsteinen. Die Häuser waren von blühenden Gärten umgeben. Zu Beginn des 14. Jahrhunderts eroberte Kilwa die Mafia-Inseln. Aber bald ließ Kilwa, die Königin der Küste, Patta, auf der Höhe Kenias gelegen, den Vorrang. Patta, ein bis dahin sehr bescheidener Ort, wird unter dem Sultan Omar (gestorben 1392) ein kleines Seereich, indem es die Inseln Lamu, Manda, Malindi und vielleicht Sokotora, das als Stützpunkt für die Kontrolle des Hafens von Kilwa diente, annektierte. Die Kauris, die von Leakey in Nakuru in Kenia entdeckt wurden, stammen mit Sicherheit aus Malindi. Sokotora zeigt zusätzlich zu den Ruinen der Moschee auch das Bemühen um Hygiene. Das manifestiert sich in einem gemauerten Kanalnetz. Mit der Beherrschung all der o. g. Orte ist es nicht verwunderlich, daß Patta ein so großes Machtzentrum geworden ist. Das Gerücht ging um, daß seine Adligen über silberne Leitern in Betten aus Gold kletterten. Seit dem 15. Jahrhundert scheint Kilwa indessen seine ursprüngliche Bedeutung wiederzugewinnen. Doch nach der Stadtchronik entglitt die Macht den Händen des Sultans. Sie wurde von erblichen Emiren übernommen. Diese setzten die Sultane nach Belieben ab. Daher rührte eine gewisse Unbeständigkeit, die vielleicht den Aufschwung von Mombasa erklärt. Es wurde in der Zeit zwischen der Reise Ibn Battutas und der Ankunft der Portugiesen ein bedeutendes Zentrum.

Alles in allem haben diese Küstenstädte von Kilwa bis Mogadischu, es waren schließlich 37, auf das Hinterland keinen großen Einfluß ausgeübt. Sie schafften es auch nicht, ein Reich unter einer Führung zu bilden. Ganz im Gegenteil, sie befandem sich in einem andauernden Zustand wechselseitiger Feindseligkeiten. Diese Städte haben einen sehr typischen afrikanischen Charakter bewahrt. Die Suahelisprache[50], die sich hier entwickelte, ist im wesentlichen eine Bantusprache, die sich aber durch den Einfluß arabischer Sprachen bereicherte und veränderte. Die Religion war mohammedanisch, blieb aber stark durchsetzt von animistischen Riten, und das große Tamtam blieb eines der Symbole des Staates.

VIII. Zwischen Tschad und Nil

Im Norden des Landes Schilluk hatten die Länder, die den Aufschwung des alten Nubien und der christlichen Königreiche mit angesehen hatten, vom stra-

---

49 Siehe Summers, Inyanga, *Prehistoric settlements of southern Rhodesia*, Cambridge 1958.
50 Von einem arabischen Wort, das »die Küste« bedeutet.

Bibliographie

tegischen Standpunkt aus eine große Bedeutung. Denn sie bildeten die Drehscheibe zwischen Ägypten im Norden, Äthiopien im Osten und den Königreichen des mittleren Sudans im Westen. Dort wuchsen vom 16. Jahrhundert an die Königreiche Fung von Sennar und Kordofan.

Kordofan, zwischen Nil und Darfur, ist ein Zipfel der großen Libyschen Wüste, die sich im Süden bis zum Berg Nuba und zu den Grassümpfen von Bahr el Ghasal hinzieht. Diese dürre Zone, die von den schwarzen Bauern verlassen wurde, wird schnell von den Arabern besetzt, die so einen Abschnitt der Straße der 40 Tage, Darb el Arbain, kontrollierten. Im Verlauf einer politischen Säuberungsaktion hatte Suleiman Solon, König von Darfur (1596–1637), Tunsan des Landes verwiesen. Dieser ging nach Kordofan und baute den Stamm der Mossabaat auf. Durch die furchtbare Rauheit der Gegend gestählt, organisierten sich die Mossabaat, um ihre Freiheit gegenüber Sennar und Darfur zu wahren. So wehren sie sich gegen zahlreiche Versuche der Unterwerfung und gegen den König Fung Bahadi Abu Schilluk (1747), den Bezwinger der Armee des Negus. Sehr bald aber wirft Amadi von Sennar Kordofan nieder und wird Gouverneur dieses Landes. Die Fur-Statthalter befreien sich bald von der Bevormundung durch ihre Herren und schreiten sogar bei Nominationen und Absetzungen ein. So kontrollieren sie bald ihre Metropole, bis Akim, ein Mossabaat, versucht, die ursprüngliche Abhängigkeit des Landes wiederherzustellen. Darfur schreitet ein, und nach dem Prinzip Sieg oder Niederlage macht der Eunuch Mohammed Kura als Oberhaupt von Darfur aus Kordofan eine Provinz Darfurs (1795). Nach dieser Annexion durch den Osten (Sennar), danach durch den Westen (Darfur) wird der Norden vorstellig. Die ägyptisch-türkischen Truppen des Mehemet Ali bemächtigen sich mit Hilfe von Feuerwaffen des Landes.

Die Geschichte Sennars ist bemerkenswert durch die Beständigkeit des schwarzen Einflusses. In diesen Ländern unzähliger Rassenvermischungen (Araber, Schwarze aller Schattierungen) werden die Bewohner, die Fung, von einem Flüchtling aus Bornu, Amara Dunkas (1504–1534), zusammengeführt und organisiert. Der Reisende David Reben berichtet von ihm, das war ein »Schwarzer, dessen Autorität sich über Schwarze und Weiße erstreckte«. Die Sultane waren übrigens unter dem Namen Sultana Zerga, d. h. schwarzer Sultan, bekannt. Ihre arabischen Untertanen wurden von einem arabischen Klan verwaltet, der vom Blauen Nil kam. Der Geist der verstorbenen Könige blieb angeblich auf ihrem Thron zurück, wie in Aschanti. Die Fung kämpften erfolgreich gegen Äthiopien und Kordofan und schlagen sie für eine Zeit ihrem Reich zu. Die Wesire, die sie dort einsetzten, trugen allerdings dazu bei, die Dynastie zu erschüttern, bis sie im Jahre 1820 von den Ägyptern in der Schlacht von Abu Choka entthront wurde.

Bibliographie

IBN BATTOUTA (gest. 1377), *Voyages*. Übers. A. Djenidi, Dakar, Fac. Lettres, 1966.
IBN KHALDOUN (gest. 1406), *Histoire des Berbères*. Paris, Übers. Mc G. de Slane, Casanova, Geuthner, 1925–1956 (4 Bde.).
– *Discours sur l'Histoire Universelle (al Muqaddima)*. Slg. UNESCO.

LEON L'AFRICAIN, *Description de l'Afrique.* Übers. Epaulard, Paris, Maisonneuve, 1956.

(AL-) OMARI (gest. 1349), »Masalik el-Absar fi Mamalik el-Amsar«, *L'Afrique moins l'Egypte.* Übers. G. Demombynes, Paris, Geuthner, 1927.

AJAYI, J. F. and IAN ESPIE, *A thousand years of West-African History.* Nelson, 1966.

AKINYELE, I. B., *The outline of Ibadan history.* Lagos & Allbrosu Press, 1946.

ARMATTOE, Dr. R. E. G., *The Golden Age of West-African Civilization.* 1946.

KAKE, B. I., »Glossaire critique des expressions géographiques concernant les pays des Noirs«, *Prés.afric.* 1965.

BEAUMIER, A., *Premier établissement des Israélites à Tombouctou.* Paris, Imp. E. Martinet, 1870.

BEKINGHAM, C. F., »The pilgrimage and death of Sakura a king of mali«, *J.Lon. School Orient and afr. Stud.* 15 (2), 1953.

BERAUD-VILLARS, J.. *L'empire de Gao.* Paris, Plon, 1942.

BOULNOIS & BOUBOU HAMA, *L'empire de Gao.* Paris, A. Maisonneuve, 1954.

BRASSEUR, G., *Djenné, centre urbain traditionnel.* Dakar, IFAN, 1951.

BOAHEN, A. A., *Topics in West-African History.* London, Longmans-Green, 1966.

BOVILL, E. W., »The Niger and the Songhai empire«, *J.Afr.Soc.* 25 (98), Jan. 1926.
– *The golden trade of the Moors.*

CROWDER, M., *The Story of Nigeria.* London, Faber and Faber, 1962.

DAUMAS, E., et DE CHANCEL, A., *Le grand désert ou itinéraire d'une caravane du Sahara au pays des nègres (Royaume de Haussa).* Paris, N. Chaix, 1848.

DELAFOSSE, M., »Ghana et Mali et l'emplacement de leurs capitales«, *B.C.E.H.S.* 1924, S. 379–452.

DESIRE-VUILLEMIN, *Les capitales de l'Ouest Africain. Villes mortes et capitales de jadis.* 1963. (Doc. péd. afric., Nr. 3).

DUPUIS-YACOUBA, *Industries et principales professions des habitants de la région de Tombouctou.* Paris, Larose, 1921.

DUTEL, R., »Comparaison entre la généalogie sonraï de tradition orale et la généalogie des Askias de Gao donnée par les sources historiques«. *Notes Af. IFAN.* (25), 1945.

FAGG, B. E. B., *Some archeological problems at Ife.* Alger, (1953–54).

HACQUARD, A., *Monographie de Tombouktou.* Paris, Soc.Etud.colo., 1900.

HELFRITZ, H., *Schwarze Ritter zwischen Niger und Tschad.* Berlin, Safari, '58.

HERVE, H., »Niani ex-capitale de l'empire manding«, *Notes Afric.* 1959.

HISKETT, M., »City of History: The story of Kano«, *West Afr.Rev.* 1957.

HODKIN, TH., *Nigerian Perspectives.* London.

KHAMIAN, B., *Connaissance de la République du Mali.* Inform. Mali, 1964.

LABOURET, H., »Les Manding et leur langue«, *B.C.E.H.S.A.O.F.* 17, 1934.

LEBEUF, J. P., *La civilisation du Tchad.* Nigerian Museum Lagos, 1956.

LHOTE, H., »Contribution à l'histoire des Touareg soudanais. Les limites de l'empire du Mali. La route de Gao l'Air et au Caire. Les Songhai dans l'Adrar des Iforas.« *BIFAN.* 1956.
– *Léon l'Africain et le Sahara.* Paris, 1955.

FILIPOWIAK, W., »Expédition archéologique polono-guinéenne à Niani (Guinée)«. Warschau, 1966.
– »Contribution aux recherches sur la capitale du royaume de Mali à l'époque du haut Moyen Age«. Breslau. *Archaelogia Polona.* 1968.

MINER HORACE, *The Primitive City of Timbuctoo.* Anchor Books, 1965.

MONTEIL, CH., *Djenné, métropole du Delta Central du Niger.* Paris, 1972.
– *Monographie de Djenné.* Tulle. 1903.
– »Les empires du Mali«, *B.C.E.H.S.A.O.F.* 1929.
– »L'œuvre des étrangers dans l'empire soudanais du Mali«. *Révue d'études islamiques.* 1929.

Bibliographie 203

NADEL, S. F., *A Black Byzantium.* The kingdom of Nupe in Nigeria. London, O.U.P.
NIANE, D. T., »Soundiata ou l'épopée mandingue«, *Prés.Afr.* 1966 und 69.
– »Le problème de Soundiata«, *Notes Afr.* 1960.
NIVEN, C. R., *A short history of Nigeria.* Longmans, 1961.
– »L'empire du Mali«, *Notes afr.* April und Juli 1959.
OLDEROGGE, D. A., (russisch) Herkunft der Völker des Zentralsudan.
PALAUSI, G., »Un projet d'hydraulique fluviale soudanaise au XV. siècle. Le canal de Sonni Ali«. *Notes Afr.* 1958.
PALMER, H. R., »History of Katsena«. *Journ.Afr.Soc.* Apr. 1927.
PERSON, Y., »Le Moyen Niger au XV., d'après les documents européens«. *Notes Afr.* 1958.
PROST, A., »Notes sur les Songhay«. *BIFAN.* 16, 1954.
ROUCH, J., *Les Songhay.* Paris, P.U.F., 1954.
SHAW, C. T., *Igbo Ukwu. An account of archeological discoveries in eastern Nigeria.* London, Faber and Faber, 1972.
SIDIBE, M., »Soundiata Keita, héros historique et légendaire, empereur du Mali«. *Notes Afr.* 1959.
VIDAL, J., »Au sujet de l'emplacement du Mali«. *B.C.E.H.S.A.O.F.* 1923.
VIDAL, M., »La légende officielle de Soundiata«, *B.C.E.H.S.A.O.F.* 1924.
VIRE, M., »Notes sur trois épitaphes royales de Gao«, *BIFAN.* 1958.
VUILLET, J., »Essai d'interprétation de traditions légendaires sur les origines des vieux empires soudanais«, *C.R.Acad.Sci.Colon.* 1950.
– »Recherche sur l'origine des populations mandingues«, *C.R.Acad.Sci.Colon.* 1951.
WITTLESEY, D., »Kano: a Sudanese metropolis«, *Geogr.Rew.* 1937.
WOISARD, A., »Monuments antéislamiques dans le Sahara occidental«, *Bull. Liaison Saharienne.* 1955.
Tedzkiret en Nisian fi Akbar Molouk es-Soudan. Paris, A. Maisonneuve. 1966.

Wirtschaft und Gesellschaft in Westafrika

MAUNY, R., »Anciens ateliers monétaires Ouest-africains«. *Notes Afr.* 1958.
– *Tableau géographique de l'Afrique occidentale au Moyen Age.* Dakar, IFAN, 1961.
MENIAUD, J., *Haut-Sénégal et Niger. Géographie économique.* Paris, Larose, 1912.
OKIGBO, P., »Factors in West African Economic History«, *Journal of World History.* 1959.
PAULME, D., *La communauté taisible chez les Dogon.* Domat Montchrétien, 1937.

Äthiopien

BENT, J. T., *The sacred city of the Ethiopians.* London, Longmans, 1893.
HUNTINGFORD, G. W. B., *The Glorious Victories of Amda Seyon King of Ethiopia.* Oxford, Clarendon Press, 1965.

In Zentralafrika

BAL, W., *Le Royaume du Congo aux 15. et 16. siècles.* I.N.E.P. Leopoldville, 1963.
BERTAUT, M., »Contribution à l'étude des Négrilles«. *Bull. de la Sté d'Etudes Cammerounaises.* 1943.
CUVELIER, J. et JADIN, L., *L'ancien Congo d'après les archives romaines (1518 bis 1640).* Brüssel, Desclée de Brouwer, 1946.
HIERNAUX, J., »Bantu expansion: the evidence of physical anthropology confronted with linguistic and archeological evidence«, *J.Afr.Hist.* 1968.

- *History of Mankind cultural and scientific development*. London, Allen & Unwin, 1963.
PROYART, *Histoire de Loango*. Paris, Berton et Crapart, 1876.
LANNING, E. G., »Ancient Earthworks in West-Uganda«, *U.J.* 1953.
LOWE, C. J. WANRIET, *Mapungubwe* – Antiquity, Sept. 1936.
MACIVER, P. RANDALL, *Medieval Rhodesia*. London, Macmillan, 1906.
ROBINSON, K. R., *Khami ruins. Southern Rhodesia*. London, Cambridge Univ. Press, 1959.
SUMMERS, R. F. H., »Zimbabwe, capital of an Ancient Rhodesian Kingdom«, *Africa South*. 1958.
WILMOT, A., *Monomotapa – its Monuments and History*. 1896.

Süd- und Ostafrika

AXELSON, E., *South East Africa (1488–1530)*. London, Longmans, 1940.
BENT, J. T., *Ruined cities of Mashonaland*. London, Longmans, 1892.
CATON THOMPSON, G., *The Zimbabwe culture*. Oxford, Clarendon Press, 1931.
DUYVENDAK, J. J. L., *China's discovery of Africa*. London, Probsthain, 1949.
FOUCHE, J., *Mapungubwe – ancient bantu civilization on the Limpopo*. 1933.
INGHAM, *A history of East Africa*. London, Longmans.
FREEMAN-GRENVILLE, G. S. P., »Ibn Batuta visit to East Africa A.D. 1332, a translation«, *Uganda J.* Mai 1955.
SUMMERS, R. and ROBINSON, K. R., »Zimbabwe Excavations 1958«. *Nat.Mus. of Rhodesia*. 1961.

Zwischen Tschad und Nil

BIVAR, A. D. and SHINNIE, P. L., »Old Kanuri capitals«. *J.Afr.Hist.* 1962.
GRAWFORD, O. G. S., *The Fung kingdom of Sennar*. Gloucester, Bellows, 1951.
HUARD, P., »Nouvelles gravures rupestres du Djado, de l'Afafi et du Tibesti«. *BIFAN*. B, 1957.
– »Introduction et diffusion du fer au Tchad«. London, *J.Afr.Hist.* 1966.
MICHALOWSKI, K., *Faras, fouilles polonaises 1961–62*. 1965.
PAPADOPOULOS, T. G., *Africanobysantina*. 1966.

6. Die Wende

I. Die Erschütterung der Reiche

Schwarzafrika hat also vom 13. bis zum 16. Jahrhundert Gebiete mit bedeutenden Entwicklungen gekannt, vom Niger bis zu den duftenden Gestaden des Indischen Ozeans. Aber es lag bereits etwas Neues in der Luft. Die mohammedanischen Staaten, die bis dahin trotz Kriegsperioden eine erfolgreiche Vermittlerrolle für sich und für Schwarzafrika gespielt hatten, werden von einem rücksichtslosen Ausdehnungsdrang gepackt. Noch folgenreicher ist, daß Europa, welches sich bis dahin mit arabischen Beziehungen und Dienstleistungen zufrieden gegeben hatte, auf dem Weg ist, Afrika kennenzulernen und nutzbar zu machen. Das ist der Beginn eines düsteren Abenteuers. Die Vorzeichen für diese Wende finden wir an drei Punkten in Afrika: in Songhai, in Äthiopien und im Kongo.

A. Songhai und die marokkanische Eroberung

1. Die Eroberung

Ismail, der Sohn des Askia Mohammed und sein Nachfolger Ishak I. hielten das Ansehen des Reiches mit starker Hand aufrecht. Der zweite ging sogar so weit, Niani, die Hauptstadt Malis, zu plündern. Schon während seiner Regierungszeit blickte der Sultan von Marokko begehrlich zu den Salzbergwerken von Teghazza, die ihm den Schlüssel zum westafrikanischen Handel in die Hand gegeben hätten. Er bittet Ishak im Jahre 1546, ihm diese Minen zu überlassen. Als Antwort schickte Ishak, zutiefst beleidigt, folgende Botschaft: »Der Mahmud, der dieses fordert, ist ganz gewiß nicht der jetzige Sultan von Marokko. Was den Ishak angeht, der dieses annehmen wird, das bin ganz gewiß nicht ich! Dieser Ishak muß noch geboren werden.« Außerdem sandte er ein Kontingent von 2 000 Tuareg aus, um das Gebiet vom Wadi Draa in Südmarokko plündern zu lassen.
Im Jahre 1549 stirbt Ishak, Daud tritt seine Nachfolge an. Dieser ist von einem feurigen, kriegerischen Geist, der ihn zu Feldzügen gegen die Mossi und Masina treibt. Als Herausforderung schickte er, so sagt man, nur 24 Kavalleristen aus, um die Haussastadt Katsena anzugreifen. 400 Katsena-Kavalleristen kamen aus der Stadt heraus und töteten 15 Songhai. Neun wurden verletzt und gefangengenommen. Voller Bewunderung schickte der König von Katsena sie zu Askia Daud zurück mit folgender Botschaft: »Diese so unerschrockenen Männer verdienen es nicht zu sterben.« Im Jahre 1555 schlägt Askia Daud die Maliarmee ein weiteres Mal in die Flucht.

Aber Marokko ergriff bereits wieder die Initiative. Bei einem Überfall auf Teghazza konnte es den Songhai-Gouverneur und viele Tuareg, die zum Salztransport verpflichtet waren, töten. Die Überlebenden dieses Massakers baten den Askia, sich bei anderen Salzminen niederlassen zu dürfen, die sie im Süden von Teghazza erkundet hatten. Im Jahre 1557 war die Angelegenheit geregelt, und die neuen Minen erhielten den Namen Teghazza el Ghislan (Teghazza der Gazellen). Darauf folgte nur eine kurze Stille. Im Jahre 1578 aber bricht in Marokko eine politische Krise aus. Sultan Mohammed XI. wandte sich an Sebastian von Portugal mit der Bitte, ihm zu helfen, seinen Thron wiederzuerlangen. Den hatte sich sein Onkel Abdul Malik, so sagte er, widerrechtlich angeeignet. Er versprach, ihm als Gegenleistung ein Stück der marokkanischen Küste zu überlassen. Sebastian ließ sich verführen und setzte mit einer Armee von 17 000 Europäern über. Ein Kontingent stammte aus dem päpstlichen Heer, das Ganze unterstand dem Befehl des Engländers Stukeley. Der sterbenskranke Abdul Malik stellte sich dennoch an die Spitze seiner Truppen, sobald er von der Landung der Christen erfuhr, und stürmte in Ksar el Kebir auf seine Feinde los. Während Mohammed XI. und Sebastian im Schlachtgetümmel getötet wurden, entschlief Abdul Malik sanft in seinem Krankenbett gerade im Moment seines Sieges. Diese »Schlacht der drei Könige« bewirkte die Vereinigung Spaniens mit Portugal bis zum Jahre 1640. Mohammed XI. wurde zerstückelt und seine ausgestopfte Haut in den großen Städten des Landes herumgezeigt.

Der neue Sultan Mulai Ahmed el Mansur (der Siegreiche) war gerade erst dreißig Jahre alt. Er wurde geblendet durch die Zeichen der Ehrerbietung, die ihm die Europäer zuteil werden ließen. Sie waren überwältigt von dem marokkanischen Sieg. Portugal machte ihm mit Gold bestickte Stoffe zum Geschenk, einen mit Rubinen besetzten Degen und Stücke chinesischer Kunst, Spanien offerierte ihm Edelsteine. Königin Elisabeth von England sandte ihm 1577 eine Schiffsladung Holz für den Bau von Schiffen. El Mansur faßte dann den schwerwiegenden Entschluß, das Songhai-Reich zum Vasallen zu machen. Er eröffnete dieses Vorhaben seinen Ratgebern, aber die sagten ihm eine Katastrophe voraus. El Mansur erinnerte an das Almoravidenreich und fügte ironisch hinzu: »Durchqueren eure Kaufleute nicht jeden Tag die Wüste ohne Schutz? Wo ist euer so berühmter Mut, ihr Sieger von el Kebir?« Der Rat gab nach, und die folgenden Jahre waren den Vorbereitungen für dieses Unternehmen gewidmet.

Songhai steckte zu dieser Zeit in einer ernsten Krise. 1588 hatte ein Bürgerkrieg, der auf Betreiben Balama Sidikis ausgelöst wurde, das Land bedroht. 1589 wurde ein gewisser Ould Krinfil, ein Songhaibeamter, nach Taudenni verbannt. Es gelang ihm zu entkommen, und er stellte sich el Mansur vor. Er gab sich als Bruder Ishak II. aus, entwarf ein düsteres Bild von den Ungerechtigkeiten der Regierung in Gao und betonte deren Schwäche. Im Juni 1590 entschuldigt sich der Sultan bei Königin Elisabeth für seine Verspätungen bei der Korrespondenz. Die Gründe dafür lägen in den Vorbereitungen für den Feldzug. Europäische Söldnertruppen, die beglückt sehen, wie Marokko seine Offensivkraft dem Süden zuwendet und nicht dem Norden, kommen, um sich dem Expeditionskorps anzuschließen. Von den 4 000 Männern der Truppe sind beim Aufbruch nur 1 500 Marokkaner. Die Artilleristen waren Engländer, der kommandierende General ein spanischer Eunuche mit Namen Pascha Djudar[1]. Die Armee zählte

---

1 Siehe Y. de Boisboissel, La colonne Djouder, 1956.

Die Erschütterung der Reiche   207

endlich 5 600 Mann, unter ihnen 600 Kundschafter, 1 000 Kamelreiter, 2 000 Infanteristen, 500 Kavalleristen und 1 500 Lanzenreiter. Für den Transport führten sie 8 000 Kamele und 1 000 Pferde mit, als Proviant Gerste, Weizen und Datteln. Am 16. Oktober 1590 verließ Djudar, umgeben von einer Leibgarde von 70 europäischen Soldaten, Marrakesch, überschritt den Atlas und zog kühn in die Wüste. Die Hälfte der Männer kam bei der Durchquerung um.

Askia Ishak II., schlecht informiert über die Invasion, stellt seine Truppen in Kaba im Westen auf. Kundschafter bringen ihm jedoch die Nachricht, die Bedrohung komme aus dem Norden. Er kehrt Hals über Kopf nach Gao zurück, hält Kriegsrat und erteilt Anweisung, die Brunnen an der Straße des Nordens zu verstopfen. Zu spät. Am 28. Februar 1591 machte Djudar in Kabara am linken Ufer des Nigers halt. Danach setzten sich seine Truppen nach Gao in Bewegung. Das Zusammentreffen fand in Tondibi statt. Die hastig zusammengestellte Songhai-Armee besaß 12 500 Kavalleristen und 30 000 Infanteristen ohne Feuerwaffen. Djudar verfügte über Feuerwaffen, sogar über Kanonen. Er forderte den Askia auf, sich kampflos zu ergeben. Dieses Angebot wurde voller Verachtung zurückgewiesen, allerdings nach längerem Zögern, denn der Reichsrat war uneins. Dadurch verlor man kostbare Zeit. Die Songhai wandten eine Kriegslist an. Sie ließen Rinderherden los, um die feindlichen Reihen zu verwirren. Djudar, so sagt man, erteilte den Befehl, beiseite zu treten, um die Tiere passieren zu lassen. Andere behaupten, daß die Tiere, als in diesem Moment einige Schüsse losgingen, sich erschreckt gegen die Songhai-Armee zurückwandten. Diese setzte sich aus eher mutigen als disziplinierten Leuten zusammen. Aber einige Tapfere warfen sich mit Todesverachtung den Reihen der Feinde entgegen. Sie entrissen ihnen drei Banner. Die meisten Männer weigerten sich, im Rückzug zu fliehen. Die Sonnas, ein Elitekorps, warfen ihre Schilde zu Boden – einer an den anderen mit einem Seil oberhalb der Knie gebunden – und kauerten sich darauf. In dieser Haltung wurden sie getötet, und die Soldaten des Djudar nahmen ihnen ihre goldenen Armreifen weg. Feuerwaffen, deren Donnerschlag zum ersten Mal den Himmel über dem Sudan zerriß, rafften diese Ehrengarde hinweg.

2. Der Widerstand

Ishak II., der sich mit Truppen nach Gurma zurückgezogen hatte, bot 100 000 Goldstücke und 1 000 Sklaven; ein Angebot, das der in Timbuktu residierende Djudar an El Mansur weiterzugeben wagte, weil Epidemien seine Truppen dezimierten. Wütend über dieses so magere Angebot entließ ihn der Sultan und besetzte seinen Platz mit Mahmud Pascha, einem anderen Eunuchen. Dieser traf im August 1591 ein, entschlossen, den Kampf zu intensivieren und zu Ende zu bringen. Zwei Schlachten führten die marokkanische Armee mit den Songhais zusammen, die sich nach Dendi zurückzogen. Der verfolgte, verlassene und sogar von manchen seiner Leute angegriffene Askia ging zunächst nach Kebbi, wo er aber unerwünscht war. In Gurma wurde er dann zwar anerkannt, endete hier in Bilenga aber dennoch durch Mörderhand.

Einer der Großen des Hofes, Mohammed Gao, wird gegen den Willen einiger Fürsten, die ihre Dienste dem Feind anbieten wollen, gewählt. Mohammed selbst bietet nun dem Sultan den Vasalleneid an und geht damit viel weiter als Askia Ishak. Mahmud Pascha forderte als Lohn, daß der Askia die Marokkaner versorgte, das geschah. Bald darauf lud er den Askia ein, den Eid zu leisten. Als er im Lager eintraf, ergriff man ihn und seine Gefolgsleute und richtete alle hin. Zwei weitere Askia gab es damals noch: einen den Eindringlingen voll ergebenen Strohmann im Norden, im Süden den jungen Bruder Mohammed Gaos, eine starke und energische Persönlichkeit, leidenschaftlich in seinem Patriotismus für Songhai: der Askia Nuh. Durch einen Geniestreich gelang es ihm, den Kriegsschauplatz von der Steppe in die bewachsene Savanne zu verlegen. Dort würde der Guerillakrieg für die Eindringlinge tödlicher sein. Diese zahlten dem Fieber und der Ruhr schweren Tribut. Indessen brach in Timbuktu im Oktober 1591 ein Aufstand aus, der 76 Marokkaner das Leben kostete. Der Abgesandte Mahmud Paschas besaß nach diesen Zwischenfällen die Intelligenz, nicht mit einem Massaker zu reagieren, forderte aber einen Huldigungseid der Notabeln der Stadt. Das war nur ein Aufschub. Denn nach der geringen Ausbeute des Krieges hatte Mahmud Pascha entschieden, das Vermögen der Leute von Timbuktu zu konfiszieren. Man versuchte ein Attentat, aber dem folgte barbarische Unterdrückung, und die Vermögen wurden doch beschlagnahmt. Mahmud Pascha sandte dem Sultan 100 000 Mitkal (470 kg) Gold. Bürger Timbuktus und eine Anzahl Gebildeter wurden in Ketten gelegt und nach Marrakesch gebracht.

Unter ihnen befand sich der bekannte Gelehrte Ahmed Baba. In einer berühmten Unterredung mit dem Sultan zeigte er den gleichen Stolz und die gleiche Freiheit der Sprache, wie seine Vorfahren gegenüber den Askia. Er war erst bereit, sich mit dem Sultan zu unterhalten, als dieser den Vorhang zurückgezogen hatte, der ihn verbarg. Er widerlegte seine Argumente, indem er sich auf die Schriften und auf die Überlieferungen berief. Seine Gelehrsamkeit wurde so anerkannt, daß sich die Gelehrten Marrakeschs nach seiner Befreiung, ihn zu hören. Am Tag seiner Abreise begleiteten sie ihn bis zum Tor der Stadt und wünschten, Gott möge ihn in ihr Land zurückführen. Als Ahmed Baba dies hörte, ließ er ihre Hände frei und bat den Allmächtigen, ihn niemals wieder nach Marrakesch zurückzubringen. Dabei wendete er sein Gesicht nach Süden, in Richtung Timbuktu. Dort herrschte jetzt ein beklagenswerter Zustand der Anarchie.

Songhai war zweigeteilt: Dendi im Osten, das Königreich von Timbuktu (von Masina bis Gao) im Westen. Askia Nuh war schließlich doch trotz seiner wilden Energie im Jahre 1595 geschlagen worden.

Der Sultan von Marokko hatte den Beinamen El Dehabi (der Vergoldete) angenommen. Alles auffindbare Gold wurde den Städten des Reiches mit Feuerwaffen gewaltsam abgepreßt. Wenig kontrolliert durch ihr fernes Heimatland wählten die marokkanischen Soldaten schließlich selbst einen Pascha und verrichteten ihr Gebet in seinem Namen. In neunzig Jahren folgten allerdings in dieser Unbeständigkeit 128 Paschas aufeinander! Mittlerweile ging eine kleine Anzahl der Eindringlinge durch Heirat mit einheimischen Frauen langsam in der schwarzen Bevölkerung auf. Ihre Nachkommen tragen den Namen *arma*, abgeleitet von den Namen der Geräte, mit denen sie ihr Glück gemacht hatten. Mit Beginn des 18. Jahrhunderts werden sie von dem Häuptling Targi Oghmor vernichtet und nach Timbuktu verbannt. Hier haben sie nur noch das Recht, einen Wortführer zu wählen.

3. Die Folgen

Besteht eine Wechselbeziehung zwischen dieser allgemeinen Erschütterung und den Hungersnöten und Epidemien, die diese Länder am Nigerbogen während des 17. und 18. Jahrhunderts zugrunderichten? Gewiß, die Autoren weisen bereits im 16. Jahrhundert darauf hin. Aber wegen ihrer Häufigkeit – alle sieben bis zehn Jahre – und durch ihre Bösartigkeit sind diese Epidemien während der folgenden zwei Jahrhunderte nicht mit gewöhnlichem Maß zu messen. Die Hungersnot von 1616 bis 1619, von einer großen Überschwemmung verursacht, und die 1639 bis 1643, die im Gegensatz dazu von einer Folge dürrer Jahre hervorgerufen wurde, hinterließen eine schreckliche Erinnerung. Manche aßen, nach Es Sadi, die Kadaver der Lasttiere und sogar die Leichen von Menschen, während die anderen die Menschen dort vergruben, wo sie starben, im Haus oder auf der Straße »ohne den Körper zu waschen, ohne irgendein Gebet zu sprechen«.

Die schlechten hygienischen Verhältnisse brachten die Pest. Die Bevölkerung war so bedürftig, daß der Pascha Haddu sie 1618 vom Zehnt befreien mußte. 1643 setzten die aller Nahrung beraubten Soldaten von Dschenne den Pascha Messaud ab und plünderten sein Vermögen.

Aber die Hungersnot von 1738 bis 1756 war die grauenvollste von allen. Besonders von 1741 bis 1743 folgte ein Schrecken dem anderen. Zusammen mit der Pest verwüstete die Hungersnot die Sahel beiderseits des Flußbogens bis zu den Ländern Wolof und Haussa hinauf und reduzierte die Bevölkerung der Dörfer und Städte um 30 bis 50 %.

Arauane, dessen Existenz von der Feuchtigkeit der Wadis abhing, entvölkerte sich und wurde zu einer kümmerlichen Karawanenetappe. Man war des Vergrabens der Leute müde, deshalb warf man die Leichen »auf das Feld wie Tierkadaver«. Man trank Blut (welches Blut?), man aß Samenkörner und wilde Wurzeln. Ein Becher mit Hirse war im Jahr 1738 bereits übermäßig teuer – bis zu 6 000 Kauris – und kostete bald 10 000.

Nur die Reichen konnten sich noch Baumwollstreifen und Stoffe aus grober Wolle (kassa), die bis dahin den Armen vorbehalten war, beschaffen. Die große Masse der Leute griff zurück auf Tierfelle und geflochtene Blätter.

Der Tedzkiret an Nisian, der ausführlich von diesen düsteren Jahren erzählt, nimmt uns jeden Zweifel: in der Sahel, die zur Zeit von Mali so zivilisiert war, kehrten die Menschen zu einem wilden Urzustand zurück. Der Tarik es Sudan berichtet in diesem Zusammenhang: »Alles veränderte sich in dieser Zeit. Die Sicherheit machte der Gefahr Platz, der Überfluß dem Elend. Unruhe, schweres Unglück und Gewalttätigkeit folgten auf den Frieden, überall zerfleischten sich die Menschen gegenseitig; an allen Orten und kreuz und quer verübte man Diebstähle. Der Krieg verschonte weder das Leben noch das Vermögen der Bewohner. Die Verwirrung war allgemein, sie breitete sich überall aus und steigerte sich bis zur höchsten Stufe.« Der Verfasser fährt fort, indem er davon spricht, daß der Verfall so schrecklich war, daß die Söhne des Sultans mit ihren Schwestern Inzest trieben[2].

---

2 Ausschweifungen dieser Art, präzisiert er, traten unter dem Askia Mohammed öfter zutage. Doch Yussef Koi, sein Sohn, der sich solch einer Schandtat schuldig machte, sagt er, wurde sogleich verflucht: »Gott erhörte diesen Wunsch, und eine Krankheit ließ den jungen Mann das Organ seiner Männlichkeit verlieren. (Gott möge uns vor einem ähnlichen Schicksal bewahren!)«

Der Sudan schien seine spanisch-marokkanischen Eindringlinge absorbiert zu haben. Es blieb keine Spur von ihnen. Von jetzt an würde gar nichts mehr wie vorher sein. Für Westafrika war im Buch der Geschichte ein Blatt umgeschlagen worden. Die Pisten der Sahara würden für lange Zeit nicht mehr Träger eines erfolgreichen Handelsdialogs sein. Der Verfall des letzten großen sudanesischen Reiches stärkte die zentrifugalen Kräfte und führte zu einer soziopolitischen Zerstreuung. Die Begierde hatte ein mohammedanisches Reich dazu verleitet, ein anderes mohammedanisches Reich zu zerstören, während an der Küste von Guinea bereits die portugiesischen Schiffe umherstreiften und begannen, die alten mit Gold und Hoffnungen beladenen Routen des Bled es Sudan zu ihrem Vorteil umzuleiten.

B. Die Erschütterung Äthiopiens

Francisco Alvarez, Mitglied der Gesandtschaft, die zum Negus geschickt worden war (1520), hat uns die hervorragende Epoche der vorangegangenen Zivilisation in Äthiopien beschrieben. In der Tat war die Bedrohung durch die islamischen Mächte von der Küste immer gegenwärtig. Bereits unter dem König Nahu (1494 bis 1508) wurden die Überfälle des Emirs von Harar niedergeschlagen. Unter Lebna Dengel (1508–1540) hatte die Regentin Helene, eine konvertierte mohammedanische Fürstin, einen Botschafter nach Portugal geschickt, der im Jahre 1520 die Gesandtschaft mit dem Geistlichen Francisco Alvarez herbeiführte. Aber die Portugiesen wurden ohne Enthusiasmus empfangen. Lebna Dengel hatte bei einer neuerlichen Attacke des Emirs von Harar den mohammedanischen Fürsten getötet und, einmal in Schwung, Adal überfallen und den Palast des Sultans zerstört. Stolz über diesen Sieg war Lebna Dengel enttäuscht über die mageren Geschenke, die ihm aus Europa gebracht wurden. Als er auf einer Landkarte die kleine Fläche sah, die Portugal im Vergleich mit seinem eigenen Königreich einnahm, ergriff ihn ein Gefühl von Hochmut. Als er erfuhr, daß es in Europa Kriege gab, war er äußerst bestürzt, daß christliche Königreiche zu den Waffen griffen. Willig akzeptierte er Massaua als Flottenstützpunkt für Portugal und versprach ein Bündnis gegen die Mohammedaner. Als Gegenleistung bat er um Handwerker und Ärzte.

Dies alles wurde in einem feierlichen Brief verzeichnet. Er adressierte ihn an den König von Portugal und brüstete sich darin besonders mit seinen Siegen über die »schmutzigen Söhne Mohammeds«.

1516 hatte der türkische Sultan Ottoman Selim Ägypten erobert und die Unterwerfung Arabiens erreicht. Die Türken traten mit einem noch nie dagewesenen Eifer für den Heiligen Krieg ein. Im Dienst dieser Leidenschaft brachten sie mit Feuerwaffen ausgerüstete Soldaten herbei. Rund um das Rote Meer beginnen die Kräfteverhältnisse sich zu verändern.

Sobald die portugiesische Gesandtschaft Massaua verlassen hatte, begann erneut der Sturm auf den christlichen Wehrdamm Äthiopien. Der Anführer war Ahmed el Ghazi mit dem Beinamen Granye, d. h. der Linkshänder. Er war ein großer Heerführer, der es verstanden hatte, die Hoffnungen der Mohammedaner von Adal auf folgende Weise zu erwecken. Er stellte sich als der Imam der wahren Gläubigen dar mit dem Auftrag, Adal von seinen Lastern zu säubern, die der

Die Erschütterung der Reiche

Sultan geduldet hatte. Vor allem aber sei er damit beauftragt, die Mohammedaner von der äthiopischen Bedrohung zu befreien. Er tötet den Sultan und verweigert den Tribut an den Negus. Der äthiopische Gouverneur greift ihn 1527 an. Er kämpft, wirbt fanatisierte Truppen aus Somali an, erhält von den Türken ein kleines Kontingent von Musketieren und tritt zum Angriff auf das Hochland an. Er plündert die Klöster und Paläste, in denen die äthiopischen Könige über Jahrhunderte Schätze angehäuft hatten, gnadenlos aus: Brokatgewänder, Kleidungsstücke aus Samt und Atlas, Weihrauchfässer, Kelche und Altäre aus massivem Gold werden mitgenommen. Die Festungen von Äthiopien wie Amba Geshen fallen eine nach der anderen. Bei den Zwangsbekehrungen heuchelten neun von zehn Christen. Lebna Dengel, in Begleitung einer kleinen Gruppe von Partisanen von Versteck zu Versteck gehetzt, entkommt mit knapper Not. Am Rande der Verzweiflung gelingt es ihm noch um 1535, das einzige Mitglied der portugiesischen Gesandtschaft, das als Geisel zurückgehalten wurde, im Austausch gegen seinen eigenen Abgesandten aus Äthiopien herauszubringen. Diesem Manne, Bermudez, glückte es, Portugal zu erreichen. In der Zwischenzeit aber hatten die Türken den Jemen und die mohammedanischen Städte der Küste besetzt, und ihre Flotten durchzogen und kontrollierten das Rote Meer. 1541 gelang es den Portugiesen endlich, 400 Männer in Massaua an Land zu setzen. Sie marschierten unter dem Befehl von Don Christoph da Gama. Lebna Dengel war völlig erschöpft im Kloster Debra Damo gestorben. Sein Sohn Claude (1540 bis 1559) unterstützt die Truppen der Portugiesen. Diese trugen zwei Siege über den Emir Granye davon, und Gama eignete sich dabei dessen Frau an, die unter den Gefangenen war (1542). Vom folgenden Jahr an nimmt Granye, der von den Türken mit einem Korps von 900 Musketieren und mit 10 Kanonen beschenkt wurde, die Feindseligkeiten wieder auf. Er vernichtet die Truppe der Christen, die alle getötet oder verwundet werden. Don Christoph, der am Tag nach der Schlacht gefangengenommen wird, stirbt unter der Folter, und sein Leichnam wird zerstückelt. Danach kehrte Granye in sein Hauptquartier am Tanasee zurück. Die Überreste der portugiesischen Truppen und die Königs-Mutter vereinigen sich mit Claude und einer Handvoll Getreuer in einem uneinnehmbaren Fort. Dorthin kehren die Äthiopier zu Tausenden wieder zum Negus zurück. Die Portugiesen versorgten sich neu bei einem Munitionsdepot, das sie geschaffen hatten; ihr Büchsenmacher, der der schweren Niederlage entkommen war, konnte ihnen aus Salpeter und heimischem Schwefel Schießpulver herstellen. Als sie bereit waren, besaßen sie eine Armee, die nach Revanche dürstete. Sie stürzte wütend in Richtung Tanasee und überraschte Granye. An der Spitze seiner Truppen kämpfend wurde Granye von einem Musketenschuß des Dieners Don Christophs getroffen. Nach dem Fall ihres Anführers türmten die Somali Hals über Kopf. Die Türken ertrugen den Schock besser, wurden aber dennoch vernichtet.

Claude befaßte sich nun damit, sein Königreich wieder in die Hand zu bekommen, um die klaffenden Wunden zu verbinden. Wenig später indessen befestigt der Emir von Harar, Nur Ibn Al Oizir, von Granyes Witwe Bati aufgewiegelt, die Stadt und überfällt im Jahr 1559 Fatayar. An der Spitze einer seltsamen Armee, in der Mönche die hitzigsten waren, traf Claude am Karfreitag auf ihn; an dem Tag, der von den Äthiopiern als Unglückstag betrachtet wurde. Claude warf sich wütend in das Schlachtgetümmel, sein Gewissen wurde von dem Gedanken gequält, die Frau eines Priesters entführt zu haben. Er wurde getötet. Sein

212   *Die Wende*

Haupt wurde, nachdem es der Witwe des Imam präsentiert worden war, drei
Monate lang in Harar auf einen Pfahl gespießt ausgestellt.
Aber schon begannen Scharen der animistischen Galla von Südwesten her einzu-
strömen und Christen und Mohammedaner bei ihrer Wanderung zu überrollen.
Um 1570 besetzen die Galla ungefähr ein Drittel des alten äthiopischen Reiches.
Außerdem isolierten die Türken die Äthiopier durch die Aufstellung einer Gar-
nison in Massaua von jeder Hoffnung auf Hilfe von außen. Hier wie an den
Ufern des Nils eröffneten die Feuerwaffen ein neues, grausames Kapitel der
afrikanischen Geschichte.

C. Der Zerfall des Kongo

Im Kongo verläuft die Entwicklung noch grausamer. Als die Portugiesen hier
eintrafen, bewahrten sie zunächst eine respektvolle Haltung. Sie nahmen die
Kongolesen ernst, die, nach einem Autor dieser Epoche, »eine hohe Meinung von
sich selbst hatten. Die Portugiesen sagten, sie wären Menschen wie sie und Christen.«[3] Als Ruy de Souza dem Manikongo gegenüberstand, küßte er ihm die
Hand nach der Etikette des Hofes von Lissabon.
In den Weisungen, die König Emanuel von Portugal seinem Botschafter Simon
da Silva gab, ist im einzelnen angegeben, daß seine Haltung gegenüber König
Alfonso voller Respekt sein sollte, so wie es einem rechtmäßigen König gebührt,
der unabhängig vom portugiesischen König ist. Seinen Brief an Alfonso begann
der König von Portugal folgendermaßen: »Mächtiger und exzellenter König
vom Kongo.« Leider regiert Alfonso lange genug (1506–1543), um die tragische
Wendung, die sich in Afrika vollzieht, mitzuerleben. Die Enttäuschungen häufen
sich auf religiösem, politischem und besonders auf wirtschaftlichem Gebiet.
Wenn Portugal das Königreich Jesu erweitern wollte, so hatte es in dem kongolesischen König Alfonso einen Neubekehrten von beachtlichem Format gefunden.
Sein glühender Eifer ging so weit, daß er sogar den sehr christlichen König von
Portugal verwirrte. In allen 22 Briefen von ihm, die in den Archiven Portugals
ruhen, taucht vorwiegend die Frage nach der religiösen Situation des Kongo auf.
Nach seiner Bekehrung hatte Alfonso die animistischen Kulte lebhaft bekämpft,
hatte »Fetische« einsammeln und verbrennen lassen und hatte bei Todesstrafe
verboten, dergleichen bei sich zu Hause oder an sich selbst zu verwahren. Ein
Verwandter des Königs, der diese Weisung nicht befolgte, wurde lebendig begraben. Manche der jungen Kongolesen, die nach Europa geschickt wurden, und
die man uns mit Kapuzenmantel, enganliegenden Hosen und Barchentwams, mit
Leinenhemd und Lederschuhen beschrieb, traten gar Orden bei. Der Sohn
von Alfonso, Henrique, hielt nach seinen siebenjährigen Studien in Lissabon im
Jahre 1513 in Rom vor dem Renaissancepapst Leo X. eine Rede in Latein. Mit
der Ernennung zum päpstlichen Stellvertreter mit Ehedispens kehrt er 1521 in
sein Land zurück. Seine schwache Gesundheit und der Neid der europäischen
Geistlichkeit machen ihn aber faktisch bedeutungslos, und er stirbt um 1530.
Die Zahl der Priester indessen, die Alfonso unaufhörlich befragte, ist gering, und
viele unter ihnen hatten ein sehr dürftiges geistiges und moralisches Niveau.

---

3 Pigafetta, *Description du royaume de Congo*, Paris 1963.

Die Erschütterung der Reiche

Der Animismus, der für eine Zeit entwurzelt schien, trieb mit der Üppigkeit des tropischen Waldes wieder aus. Der König selbst sah nach dem Bekunden von Ruy de Souzas nicht einem Menschen ähnlich, sondern »einem vom Herrn in dieses Königreich geschickten Engel. Er selbst belehrte uns. Besser als wir kennt er das Evangelium und die Propheten.« Die Politik Portugals arbeitete auf eine echte Gleichstellung des Kongos zum Hof von Lissabon und zur Christenheit hin. Mbanzakongo wurde in San Salvador umgetauft, und das *Regimento* des Hofes von Lissabon richtete an den Ufern des Kongos die gleiche Hierarchie auf wie an den Ufern des Tejo. Es setzt Prinzen, Infanten, Herzöge (von *Mbata*, von *Nsundi*, von *Sonyo*), Marquis, Grafen, Vicomte und Barone ein, und das in einem absolutistischen, kaum afrikanischen Sinn. Alfonso hatte zumindest das Verdienst zu verhindern, daß das portugiesische Recht wie ein Lack auf die kongolesischen Sitten »gestrichen« wurde.

Nach und nach entglitt ihm aber die Macht über die am Kongo lebenden Portugiesen. Schon bei einfacher Straffälligkeit mußten sie nach Lissabon überführt werden. In wirtschaftlicher Hinsicht hatte Alfonso gehofft, sein Land durch das Bündnis mit Portugal umgestalten zu können. Er ließ Schulen errichten, wo Tausende von Schülern, Söhne der Notabeln, zusammengezogen wurden, um das Lesen und die Grammatik zu lernen. Die Umgrenzungsmauern der Schulen waren sehr hoch und mit Dornen besetzt, um jeden Versuch zu fliehen zu vereiteln. Es wurde auch eine Handwerkerschule eingerichtet. Die portugiesischen Handwerker aber schlugen ihre armen kongolesischen Lehrlinge so windelweich, daß diese die erste Gelegenheit zur Flucht ergriffen. Alfonso beklagte sich auch über seine Vorarbeiter, die jeden Tag nur einen Stein auf die Fundamente setzten, danach wieder nach Hause gingen, sich während der Fastenzeit mit Fleisch vollfraßen und dennoch ihren Lohn mit Arroganz forderten. Dies waren Leute aus São Tomé, der 1470 von Portugal besetzten Insel. Aus ihr war ein Schuttabladeplatz für Gauner geworden, für Vorbestrafte und Juden, die aus Furcht vor schwerer Arbeit aus Portugal flohen. Zu diesen Abenteurern und armen Teufeln gesellten sich durch ein königlich-portugiesisches Dekret junge afrikanische Sklavinnen, die man entlang der Küste aufgelesen hatte. Die Bewohner der Insel vermehrten sich in einem Klima von Raub und Ausschweifung. Als ihr Gouverneur Fernando de Mello den Handel von der Küste von Guinea bis zum Süden des Kongo erfolgreich monopolisiert hatte, maßte er sich das Recht an, den Handel des Königs Alfonso zu kontrollieren. Er untersagte ihm jeden Kontakt mit anderen Europäern. Schlimmer noch, Fernando behandelte die Abgesandten Alfonsos als »heidnische Hunde«. Er hielt in São Tomé kongolesische Schüler fest, die nach Portugal geschickt werden sollten, und machte sie zu Sklaven. Ebenso behielt er kostbare Geschenke, die dem König von Portugal zugedacht waren. Auch die Abgesandten von Lissabon wurden von den Piraten verhöhnt. Um all dem ein Ende zu bereiten, forderte Alfonso, daß São Tomé seiner Autorität unterstellt werde. Vergebens.

Schon durchquerten die Sklavenhändler sein eigenes Reich und wiegelten die Vasallen zur Revolte auf. Sie entführten in ihren Schiffen Fürsten und sogar Verwandte des Königs. In einem seiner Briefe schrieb er verzweifelt: »Priester sollen aus eurem Königreich kommen und Lehrer für die Schulen, und an Waren nichts als Wein und Mehl für die Heiligen Sakramente!« Aber es kam noch schlimmer. São Tomé wurde zum Diözesanmittelpunkt erhoben, der die gesamte Küste, folglich auch den Kongo, in religiöser Hinsicht kontrollierte. Den

214   Die Wende

Gipfel erreichte das Ganze im Jahr 1539, als am Ostertag ein halbes Dutzend
Weiße in die Kirche stürmte, in welcher der König der Messe beiwohnte, in seine
Richtung feuerten und dabei eine Person töteten und zwei verletzten. »Man
wollte mich im Angesicht des wahren Retters der Welt töten. Dank sei ihm gesagt!« rief Alfonso aus. Einige Jahre später starb er, wie er gelebt hatte, als heiliger Mann. Und als König, der nicht begriffen hatte, was um ihn herum geschah.
Warum dieses Scheitern? Sicher ist es eine Tatsache, daß Portugal ein kleines,
weit entferntes und gering bevölkertes Land war, das nicht wirklich überall in
seinem weltweiten Reich zugegen sein konnte. Vor allem aber hatten die Organisation und die Ausnutzung dieses Reiches allmählich ihren Sinn verändert. Die
Europäer wollten Afrika über die Zwischenstation der islamischen Welt die
neuen Techniken bringen, diesem Kontinent, der seit Jahrtausenden nur eine ver-
schwommene und mittelbare Kenntnis von diesen Dingen besaß. Aber die historische Chance wurde vertan. Unerbittlich führte die eiserne Verpflichtung seines
wirtschaftlichen Aufschwungs Europa dazu, einen jungfräulichen Kontinent zu
mißbrauchen, der nur empfangen wollte . . . und geben.

II. Die ersten Kontakte mit den Europäern und der Sklavenhandel vom 15. bis zum 19. Jahrhundert

A. Erste Kontakte

»Prinz Heinrich ordnete an, daß seine Karavellen, bewaffnet für den Frieden
und für den Krieg nach dem Land Guinea fahren sollten, in dem die Menschen
vollkommen schwarz sind.«[4] »Wir suchen Christen und Gewürze.«[5]
Man muß zunächst unterstreichen, daß der Sklavenhandel kein geplantes Unternehmen war. Diejenigen, die zu »dem heiligen Unternehmen auf der Straße
des Ozeans nach Indien und zu den Gewürzen« aufbrachen, wußten, was sie
suchten, wußten aber nicht, was sie finden würden und wie sie es finden würden.
Die Beweggründe für dieses ausdauernde Streben nach den entferntesten Welt-
gegenden waren verschiedenartig. Von Vasco da Gama werden sie gut zusammengefaßt: »Christen und Gewürze.« Wenn sich die Europäer für kostbare Metalle interessierten, suchten sie in der Tat auch andere Minen, die geistigen Minen: *minas de animas*[6]. Der Infant von Portugal, Heinrich der Seefahrer, dem
sein Vater im Jahr 1415 den Gouverneursposten der Festung Ceuta in Nordafrika anvertraut hatte, war ein Christ voller Tatendrang. Er faßte den Plan,
den Islam von der Flanke und im Rücken anzugreifen, indem er die Kräfte der
Christenheit mit denen des »Priesters Johannes« vereinigte. Letzterer war kein
anderer als der Negus von Äthiopien. Die Legende vom Priester Johannes ist
vermutlich durch einen Brief entstanden, den der Priester selbst um 1165 angeblich an den Kaiser Manuel Comnene schickte und in dem er ihm sein herrliches

---

4 Diego Gomez, *Chronik* (15. Jahrhundert).
5 Vasco da Gama.
6 Alvaro Velho, *Diario da Viagel de Vasco da Gama*, Porto, 1945.

Erste Kontakte mit Europäern und Sklavenhandel 215

Königreich schilderte: »Er herrschte über 72 Könige, er kleidete sich in die Haut eines Reptils, das im Feuer lebt; wenn er in den Krieg zog, wurden dreizehn goldene Kreuze vorangetragen; er wünschte sich sehr, nach Jerusalem zu eilen, um die Ungläubigen auszurotten. »Seitdem suchten die Europäer überall diesen berühmten christlichen Monarchen. Nachdem sie ihn nicht in Asien fanden, stürzten sie sich auf die Gerüchte, die Reisende nach ihrer Rückkehr aus Palästina verbreiteten. Hiernach beherrschte ein christlicher König das Land jenseits von Ägypten, und man folgerte daraus, daß das nur der Priester Johannes sein könne.
Im Jahre 1402 schickte der Negus Leoparden und Spezereien als Geschenke nach Venedig. Man ist deshalb nicht erstaunt, daß Alfons V. von Aragon eine Botschaft zum König der Könige schickt, um eine Heirat zu vermitteln zwischen der Infantin Dona Juana und »Isaak, durch Gottes Gnade Priester Johannes, Gebieter Indiens und Inhaber von Davids Thron«. Die Botschaft mußte Jerusalem und Arabien passieren, denn, wie ein Autor der Epoche betont: »Der Sultan von Ägypten ließ keinen Christen über das Rote Meer nach Indien und auch nicht über den Nil zum Priester Johannes reisen, aus Furcht, die Christen könnten ihm diesen Fluß streitig machen.« La Broquière, der Abgesandte des Herzogs von Burgund, erklärt: »Wenn es dem Priester Johannes gefiele, könnte er den Fluß wohl anderswo fließen lassen.« Dieser Plan, in dem die Idee des Kreuzzugs wieder auflebte, ist durch die bemerkenswerte Entwicklung der Kartographie in dieser Epoche gefördert worden, und zwar besonders auf Anregung berühmter Schulen, wie der bedeutenden Schule der jüdischen Kartographen auf Mallorca oder die Nürnberger Bilderbogen. In der Marciana in Venedig gegenüber dem Dogenpalast wurde eine wunderbare Weltkarte gemalt, die Fra Maora 1490 vollendete. Die Karte von Äthiopien ist darauf das Meisterstück.
In Sagres hatte Heinrich von Portugal eine Geographenmannschaft von Mathematikern und Seefahrern versammelt, unter denen sich auch der Venezianer Alvise de Ca da Mosto befand. Dank seiner Mitarbeit wurden eindrucksvolle Resultate erzielt. Heinrich war nicht nur ein eifriger Christ und neugierig auf wissenschaftliche Entdeckungen, er war auch ein Geschäftsmann, der die Gewinne aus dem »heiligen Unternehmen« nicht unterschätzte.
Europa hatte während dieser Zeit einen großen Goldhunger, um seine Gewürzeinkäufe in Asien bezahlen zu können. Die Haupteinfuhrgüter der Europäer aus Asien waren Pfeffer, Piment, Zimt, Ingwer und kostbare Stoffe wie Seide und Indigo. Die fatalen Kriege zwischen den Europäern (Hundertjähriger Krieg) hatten die Deflation der kostbaren Metalle noch verschlimmert. Das Gold wurde vorwiegend von Afrika aufgebracht (Afrika war die wichtigste Goldquelle). Und die Mohammedaner von Maghreb waren dabei sehr interessierte Vermittler. Die Wirtschaftsform, die in dieser Epoche vorherrschte, war die des Handels mit ungeprägtem Gold: »Nur Gold ist wahrer Reichtum.« Die Gewürze stammten aus dem Fernen Osten, aber sie durchliefen auf dem Weg von Malaysia bis nach Italien die Hände unzähliger chinesischer, persischer, armenischer, arabischer, ägyptischer, syrischer und genuesischer Händler, die alle sehr gewinnsüchtig waren. Mit anderen Worten, die Gewürze trafen in den europäischen Küchen und bei den Apotheken zu sehr überhöhten Preisen ein. So entwickelte sich die Idee, den arabischen Kaufleuten den Gewinn zu vereiteln, und zwar dadurch, daß man einen direkten Seeweg zu dem wohlriechenden Indien suchte, d. h. dadurch, daß man Afrika umfuhr. Auf diese Weise vermählte sich die große christliche Absicht vortrefflich mit der Begehrlichkeit des Handels. Aber dem

Plan mangelte es nicht an Gefahren. Die makabersten Geschichten liefen um über die Gefahren des »undurchdringlichen Meeres«, in welchem gigantische magnetische Riffe danach trachteten, die Schiffe zu verschlingen.

Glücklicherweise hatten die europäischen Seefahrer einen robusten Segelschiffstyp mit hohen Decksaufbauten entwickelt, der der hohen See gewachsen war: die Karavelle. Wenn man dem das von den Chinesen erfundene Schießpulver und seine Anwendung in Feuerwaffen hinzufügt, weiter die Verwendung des Kompasses und die Erfindung des Heckruders, so sieht man, daß die notwendigen technischen Voraussetzungen für die europäischen Vorhaben vereint waren. Bestimmte Meeresströmungen begünstigten die Reise zu den Tropen: von den Azoren verläuft eine Strömung längs der afrikanischen Küste bis zum Golf von Guinea. Danach quert die äquatoriale Strömung zwischen der Insel São Tomé und dem Kap Lopez den Atlantik bis auf die Höhe von Venezuela. Diese guten Bedingungen waren vielleicht notwendig. Sie waren nicht ausreichend. Es mußten sich Menschen bereitfinden, die Risiken des Unbekannten auf sich zu nehmen, von denen die Portugiesen sagten: *»Quem passa a cabo de Nao on tornara on nao.«* (Derjenige, der das Kap Nao umschifft, wird zurückkehren oder nicht zurückkehren.) Man brauchte Männer wie Heinrich den Seefahrer, um das Startzeichen zu geben. Denn trotz der Ratschläge von Juden und Mauren, die das Innere Afrikas kannten, zeigen die ersten zwanzig Jahre des Bemühens nur sehr magere Ergebnisse. 1420 wird Madeira entdeckt. 1434 umschifft Gil Eanes, ein Knappe Heinrichs, das Kap Bojador. Aber der Anfang ist unwiderruflich gemacht. 1437 entdeckt man die Azoren wieder.

In den Jahren 1441 bis 1445 brechen ...zig Schiffe auf, immer auf der Suche nach irgend etwas Neuem. Eine der Kanarischen Inseln wird im Jahr 1447 zum Erbe des Jean de Bétencourt, eines normannischen Edelmannes hinzuerworben. 1448 baut man auf der Halbinsel von Arguin eine Festung. 1450 erreicht Ca da Mosto die Mündung des Senegal, des Gambia und des Casamance. Hier wird er vom König von Cayor empfangen. Bartholomeo Diaz stößt 1487 auf ein Kap, das er das Kap der Stürme nennt, Heinrich wird es später das Kap der Guten Hoffnung nennen. Beim Tod Heinrich des Seefahrers hatten die Entdeckungsreisen Sierra Leone erreicht. 1481 errichteten die Portugiesen das Fort Saint Georges de la Mine (Elmina), und Johann II. gab sich mit dem Einverständnis des Papstes den Titel »Herr von Guinea«. Dieser Name, den wir bereits 1320 auf der Karte des Genuesen Giovanni di Carignano *(Gunuïa)* und auf dem Katalanischen Atlas von 1375 als *Guinuia* finden, war nach Leo Africanus eine Verfälschung von Dschenne. Vielleicht ist es auch einfach nur die Verfälschung des Wortes Gana. Kurz, der dicke Buckel des afrikanischen Kontinents, der in den Atlantik hineinragt, war bereits eingekreist.

Schon ergriff das Fieber auch den spanischen Hof, und ihm ist es zu verdanken, daß Christoph Kolumbus, ein Genueser, schließlich, ohne es zu wissen, Amerika entdeckte (1492). Sechs Jahre später erschien der Portugiese Vasco da Gama, nachdem er das Kap der Guten Hoffnung umsegelt hatte, zum großen Mißfallen der arabischen Händler auf den Inseln der Ostküste Afrikas. Er setzte seinen Weg mit dem Monsun fort und steuerte Kurs auf Indien. 1500 stieß der Portugiese Pedro Alvarez Cabral durch einen Navigationsfehler auf ein Land, wo er sich beim Anblick einer Holzart mit der Farbe glühender Kohlen für den Namen Brasilien entschied. Magellans Schiffe schlossen den Kreis der Kontinente. Diese ganze Reihe spektakulärer Ereignisse schuf gleichsam die erste große Bewußtseinsbildung von der Einheit des Planeten. Hier könnte auch der Grund für das Eintreten der Menschen für den Fortschritt liegen. War es für Afrika nicht nur die ersehnte Gelegenheit, sich der großen menschlichen Karawane anzuschließen? Ganz im Gegenteil, es war der Beginn nicht endenwollender Wirren. Die fieberhafte und rücksichtslose Ausbeutung seiner Reichtümer, seiner Menschen inbegriffen, sollte vier Jahrhunderte dauern.

Zu Beginn suchten die Europäer vorwiegend nach Edelmetallen. Der Name Saint Georges de la Mine ist in dieser Hinsicht Bestätigung und Programm. Ebenso rührt das Wort *Guinea* für ein englisches Geldstück daher, daß es zum ersten Mal im Jahre 1662 aus Gold von Guinea geprägt wurde[7]. Außerdem wissen wir, daß der Goldstrom, der seit dem 17. Jahrhundert über Begho nach Norden floß, seine Richtung verändert hatte und nun zur Küste führte.

B. Der Sklavenhandel

1. Ursprung und Entwicklung

Wie hat man dazu kommen können, mit Negern Handel en gros zu treiben? Manche behaupten, die Europäer hätten lediglich die zu dieser Zeit in Afrika üblichen Praktiken übernommen. Eine solche Praxis war nicht allein die Tat Afrikas. Überall war im Mittelalter die Sklaverei das Zeichen für ein gewisses sozial-ökonomisches Entwicklungsstadium. Das Wort Sklave stammt, wie man weiß, von der Tatsache her, daß besonders die Slawen Mitteleuropas im Mittelalter verkauft wurden. Wir haben außerdem gesehen, daß weiße Sklaven im Dienst des Kaisers von Mali standen. Die Sklaverei war in Afrika gang und gäbe, und man unterschied hier im großen und ganzen zwischen Haus- und Kriegssklaven. Die Kriegssklaven wurden nach einer bestimmten Zeit auch Haussklaven. In den Gebieten Afrikas, in denen die wirtschaftliche Entwicklung fortgeschritten war, wie rund um die Stadtzentren von Dschenne und Timbuktu, hatte die Sklaverei wirklich einen ausgesprochenen Ausbeutungscharakter angenommen. Ein einziger Großgrundbesitzer oder -händler besaß manchmal hundert bis zweihundert Sklaven. Ebenso sah es wohl auf den afro-arabischen Inseln vor der afrikanischen Ostküste, etwa auf Sansibar aus. Aber einerseits lebten diese Sklaven mit ihrer Familie zusammen – sie waren wie Leibeigene, die an eine Besitzung gebunden waren – andererseits war dieser Fall eine zeitlich und räumlich sehr begrenzte Ausnahme. Im allgemeinen integrierte man in Afrika den Sklaven sehr schnell in die Familie. Monseigneur Cuvelier beschreibt es: »Die Einrichtung der Sklaverei, wie sie im Kongo existiert, schien erträglich zu sein.« Er unterstreicht, daß ein redlicher und sehr angesehener Sklave sogar die Vertretung des Häuptlings übernehmen konnte. Es war untersagt, irgendeine Anspielung auf die frühere Situation eines Freigelassenen zu machen. Folglich besaß der Sklave Bürgerrechte und zusätzlich auch Eigentumsrechte, denn es gab vielfache Befreiungsverfahren und unter ihnen viele, die auf die Initiative der

7 Bovill, *The Golden Trade of the Moors*, London 1961.

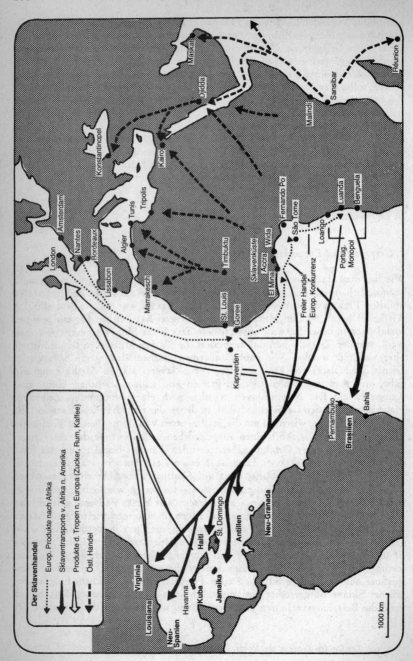

Erste Kontakte mit Europäern und Sklavenhandel 219

Sklaven selbst zurückzuführen sind. Im Kongo kannte man sogar Sklaven, die selbst Sklaven besaßen. Der Vater einer Familie ruft den Sklaven mit dem Wort *nvana* (Kind, Sohn). Die Zweideutigkeit ist so groß, daß man, um einen wirklichen Sohn zu kennzeichnen, den Ausdruck »Kind des Leibes« anwendet. Und der Schwarze »faßt«, um diesen Ausdruck zu veranschaulichen und um jedes Mißverständnis auszuräumen, »unter seinem Lendenschurz mit beiden Händen seine Genitalien an«. Deshalb konnte Dr. A. Cureau schreiben: »Die Wahrheit sieht so aus, daß der kongolesische Sklave ein zusätzliches Element in der Familie ist. Er ist ein hinzugefügtes Mitglied der Familie. Ein künstliches Kind, wenn ich das so ausdrücken kann.« Anderswo war die Situation nicht immer ebenso günstig, aber das patriarchalische und gemeinschaftliche Denken verhinderte, daß der schwarze Sklave im Besitz im römischen Sinn wurde. Es gab sogar Volksstämme, denen die Sklaverei unbekannt war, z. B. die Fang von Äquatorialafrika. Es ist deshalb lächerlich zu behaupten, daß die Europäer nur eine schon existierende Praxis fortgesetzt hätten.

Selbst wenn sie es getan hätten, handelte es sich nicht mehr um dasselbe Phänomen. Als im Jahre 1442 Anton Gonzalvez, der Kammerherr Heinrich des Seefahrers, an der Küste an Land ging, nahm er einen Mann und eine Frau gefangen, dann, im Verlauf einer anderen Exkursion, als sich die Schwarzen wehrten, tötete er drei von ihnen und nahm wieder zehn mit. Im Jahre 1444 bringt Lanzarote von Lagos von einer Reise 263 Sklaven mit und verkauft sie mühelos. Zahlreiche Mauren, die gewaltsam von der Küste Afrikas weggeschafft wurden, hat man nach Portugal gebracht. Der Beweggrund war damals zweifellos der zu beweisen, daß man wirklich im Land der Schwarzen gewesen war und ein anderer, die brennende Neugier der Landsleute zu befriedigen: Wie sieht ein Neger aus? Sehr schnell wurden die Portugiesen auch gewahr, daß man einen beträchtlichen Gewinn erzielte, wenn man mit den Stoßzähnen der Elefanten, dem Goldstaub, dem Gummi arabikum und dem Pfeffer gleichzeitig schwarze Sklaven mitbrachte, die ihnen an der Küste angeboten wurden. Es gehörte bald zum guten Ton, wie später auch in Frankreich und England, in seiner Equipage, in seiner Karosse, in seinem Salon und in seinem Pferdestall solch eine exotische Figur zu haben. Um 1550 bildeten die schwarzen Sklaven eine Zehntel der Bevölkerung Lissabons.

Im Grunde genommen war das bis hierher beinahe die Fortsetzung des afrikanischen Systems unter anderen Himmeln.

Amerika aber war eine spanische Domäne geworden. Die glanzvollen Inka- und Aztekenreiche auf den Hochebenen waren brutal vernichtet worden, die weniger entwickelten Bevölkerungen in den Küstenebenen wurden zur Arbeit in den Pflanzungen gezwungen. Unter ihnen war die Sterblichkeit entsetzlich. Zu diesem Zeitpunkt trat der Missionar Las Casas auf, um ihre Sache in Europa zu vertreten. Er schlug zunächst vor, die Zahl der spanischen Kolonisten zu erhöhen. Dann, als man ihm den Vorschlag unterbreitete, die Indianer durch die robusteren, folgsamen und an die tropischen Regionen gewöhnten Schwarzen zu ersetzen, akzeptierte er das als das geringere Übel. Es wäre dennoch falsch, in Las Casas den Mann zu sehen, der die Höllenmaschine der Sklaverei in Gang gebracht habe. Die ökonomischen Verhältnisse waren so, daß die menschliche Raffgier sehr schnell den Ausgleich zwischen dem ungeheuren Arbeitskräftebedarf im Westen des Ozeans und dem nicht weniger unermeßlichen Reservoir der afrikanischen Völker vollzog. Diese standen ohnmächtig vor den Feuerwaffen der europäischen Sklavenhändler. Und so begann die große Überfahrt zum Faß ohne Boden, dem amerikanischen Sklavenmarkt.

Die Spanier wandten sich nun an Portugal, denn seit 1454 hatte Papst Nikolaus V. das portugiesische Monopol auf die afrikanische Küste abgesegnet. Es hatten sich bereits Reibungspunkte wegen der Kanarischen Inseln ergeben. Papst Alexander VI. räumte den Konflikt aus dem Weg, indem er auf der Weltkarte eine Trennungslinie zog, die hundert Spanische Meilen westlich der äußersten Azoreninsel vorbeilief. Alles was westlich dieser Linie lag, fiel an Spanien, östlich davon war die Domäne Portugals. Der Vertrag von Tordesillas 1494 bestätigte fast genau den päpstlichen Urteilsspruch, der Afrika in die Tasche Portugals steckte. Man kennt die launige Bemerkung, die Franz I., König von Frankreich, angesichts dieser Entscheidung machte: »Ich wäre sehr neugierig, die Testamentsklausel von Adam zu sehen, mit der er mich von der Teilung der Welt ausschloß.« Die anderen Staaten Europas schenkten dieser willkürlichen Teilung keinerlei Beachtung, ganz zu schweigen davon, daß die Protestanten sich von ihr gar nicht betroffen fühlten. Wütende Rivalitäten entwickelten sich nur an der Küste, wo die beherrschende portugiesische Präsenz in der zweiten Hälfte des 15. und in der ersten Hälfte des 16. Jahrhunderts den übrigen Europäern ein Dorn im Auge war. Die Holländer mit ihrer beachtlichen Flotte setzten sich dann in der zweiten Hälfte des 16. Jahrhunderts und zu Beginn des 17. Jahrhunderts durch. Das blieb so bis zu dem Moment, in dem Colbert den unerbittlichen Kampf gegen sie begann, der Frankreich während der zweiten Hälfte des 17. Jahrhunderts das Übergewicht gab. Hierauf beherrschten die Engländer, die sich erst später in das Rennen eingeschaltet hatten, mit John Hawkins' erster Schiffsladung im Jahre 1562 die Meere und übernahmen die Führung im Sklavenhandel.

2. Mittel und Methoden

Die Methoden waren ziemlich einfach. Die psychologische Propaganda ließ die Schwarzen durch Kraftdemonstrationen oder Entfaltung von großem Prunk glauben, man sei das erste Land Europas. Oder sie lenkte die anderen Sklavenhändler von den besonders interessanten Küstenstrichen ab, indem Greuelgeschichten erzählt wurden. Es gab auch bezahlte Reisen nach Europa. So organisierte ein Herr Delbée, nachdem er dem König von Ardres einen Satinunterrock und scharlachrote Pantoffeln hatte zukommen lassen, die Reise seines Botschafters Mateo Lopez nach Paris. Er wurde in den Tuilerien empfangen, und Delbée verlas in seinem Namen ein Grußwort an Ludwig XVI., in welchem er Frankreich das Handelsmonopol an den Küsten und Häfen überließ. Nach einer guten Bewirtung in Rambouillet brachte man ihn in einem Konvoi von sieben Kutschen zu einem Oboenkonzert, und im Anschluß daran (zweifellos, um ihm etwas Heimatgefühl zu geben) bot man ihm zur Belustigung Affen. Später führte man ihn zum Kerzenschein der Leuchter zurück ... Wenn die Diplomatie vergeblich war, entschieden die Waffen. Auf diese Weise machten die Holländer den Portugiesen die Häfen vom Kongo und von Angola streitig und beschossen die Dörfer an den Ufern des Senegals, die es wagten, mit den Franzosen Handel zu treiben.

Der Engländer John Hawkins erreichte im Jahr 1562 die Küste von Guinea auf

Erste Kontakte mit Europäern und Sklavenhandel 221

einem Schiff, das merkwürdigerweise »Jesus« getauft war. Er raffte die Ladung anderer Sklavenhändlerschiffe an sich und tauschte sie gegen eine Zuckerladung in Amerika. Es ereignete sich auch folgendes: nachdem Hawkins mit einem Negerkönig verhandelt und ihm Gefangene abgekauft hatte, ließ er den König selbst, seine Frauen und seinen Hof greifen und in Ketten legen . . .[8] Er wurde schnell einer der reichsten Kaufleute Englands. Zunächst von Elisabeth I. getadelt, wurde er schließlich zum Schatzmeister der Flotte und zum Ritter ernannt. In sein Wappen ließ er einen gefesselten Neger setzen: »A demi-more in its proper colour bound with a cord.« Strategisch wichtige Punkte wie Arguin, Gorée, Elmina, São Tomé, Luanda gingen oft je nach der gerade herrschenden Überlegenheit von einem zum anderen.

Woraus bestanden die Werkzeuge des Sklavenhandels? Da waren zunächst einmal die Gesellschaften. Europäische Kaufleute schlossen sich zusammen, um den erheblichen Risiken eines Handels zu begegnen, der die Schiffe im besten Fall acht bis zehn Monate auf dem Meer hielt. Die so gebildeten Gesellschaften versuchten durch öffentlichen Einfluß Privilegien zu erlangen, die bis zum Monopol reichten. 1626 bat die *Kompanie von Rouen* Richelieu, an der Küste Afrikas Handel treiben zu dürfen, und zwar »alle anderen ausschließend«. Nach den Mißgeschicken der *Kompanie des Kap Verde und des Senegal* schaffte Colbert Privilegien und bedachte damit im Jahr 1664 die *Westindische Kompanie*. So monopolisierte er für 40 Jahre den Handel vom Kap Verde bis zum Kap der Guten Hoffnung und zu den Antillen. Daraus entwickelte sich dann die *Senegal Kompanie* (1672–1681). Männer wie Voltaire hielten es nicht für unter ihrer Würde, sich an den Kompanien des 18. Jahrhunderts zu beteiligen. In England erwarb im Jahr 1661 die *Königliche Abenteurer-Kompanie von Afrika* ein Monopol für den Sklavenhandel vom Kap Blanco bis zum Kap der Guten Hoffnung. Ihre Aktionäre sind Herzöge und Peers. Im Jahr 1697 erreichte das Parlament Handelsfreiheit für alle Untertanen der Krone. Dies löste einen außergewöhnlichen Boom aus, dieweil die *Königliche Kompanie* in den neun Jahren von 1680–1689 nur 259 Schiffe mit 46 396 Negern auf den Weg gebracht hatte, während die privaten Kaufleute in zwei Jahren von 1698–1700 42 000 Neger nach Jamaika führten. Eine sehr spezielle Art von Monopol war das von den Spaniern an einen Privatmann oder ein Land verkaufte Recht, eine bestimmte Anzahl, ja sogar eine vorgegebene Tonnage von Negern in seine amerikanischen Kolonien transportieren zu dürfen. Das sogenannte *Asiento* wurde zum ersten Mal den Flamen im Jahr 1518 von Charles Quint bewilligt, es ging dann nacheinander an die Genuesen, Portugiesen und Engländer über. Die *Portugiesische Guinea-Kompanie*, die das Asiento im Jahr 1696 unterzeichnete, verpflichtete sich, »10 000 Tonnen Neger« zu liefern[9].

Man konstatiert, daß die Länder, die Afrika und Amerika entdeckten, auf dem Gebiet des Handels wegen ihrer unzureichenden Flotten langsam verdrängt werden. Die unbesiegbare Armada Phillip II. wird vor den Britischen Inseln zerschlagen. Es sieht so aus, als ob diese Länder, die überdies große Manufakturen verlieren, die Kastanien für die anderen aus dem Feuer geholt haben.

In der Tat ist auch die Flotte ein unbedingt notwendiges Werkzeug bei diesen Unternehmungen. Die Schiffe mit ihren programmatischen Namen *(Eintracht,*

---

8 Siehe J. Merrien, *Histoire Mondiale des Pirates, des Flibustiers et Négriers*, Paris 1959, S. 334.
9 Ders., S. 393.

Gerechtigkeit, Afrikaner, König-Dahome, Senegal) besitzen eine spezielle Ausrüstung an Fesseln, Nieten und Ketten, Decks und Zwischendecks, um die menschliche Ladung mit dem geringsten Platzverlust unterbringen zu können. Die Anweisungen der Reeder für ihre Kapitäne wirken auf uns wie Literatur voll schwarzen Humors. Alles ist dort peinlich genau geregelt: die Gebete am Morgen und am Abend, der Preis für die Neger, die Koliken der Matrosen und die Sauberkeit der Kochkessel. »Man muß auch daran denken, daß die Neger mit Zitronensaft oder Essig gurgeln, um den Skorbut zu verhindern. Nötig ist es auch, die kleinen Geschwüre mit dem Vitriolstein zu bestreichen ...« Die Schiffe, die so den Atlantik zwischen den drei Kontinenten überquerten, machten bei jeder Etappe dieses Dreieckhandels einen Gewinn. Häfen wie Nantes, Bordeaux, Saint Malo und Liverpool spezialisierten sich auf den Sklavenhandel und bauten ihren Reichtum auf dem »Ebenholz« auf.

An der Küste Afrikas hatten die Anlegepunkte nichts von der stolzen Pracht der europäischen Häfen: die Handelsniederlassung enthielt nur eine Faktorei, die manchmal von einem kleinen Fort beschützt wurde: ein wahrer Schröpfkopf am Leib Afrikas. Die Faktoreien garantierten den Flotten einen schnellen Umschlag, da die Negerbestände hier bereits auf die Schiffe warteten. Aber rings um diese Punkte gab es auch einheimische Fürsten, die Forderungen stellten. Eine ganze Gaunerwelt von Unterhändlern, Vermittlern, Griots und Zwischenhändlern jeder Hautfarbe marinierte in einer Kulturbrühe, in der Habsucht und Verschlagenheit mit Ausschweifung und Mordlust wetteiferten. Die weißen und schwarzen Tagediebe verstanden sich ziemlich gut. Der Schwarze Cupidon z. B. leistete sich einen Ferienaufenthalt in Saint Malo. Die Sklavenhändler bestätigten, daß ein solcher schwarzer Unterhändler sehr zuverlässig sei, »als ob er ein französischer Weißer sei«; ein anderer ist ein »sehr würdiger und in allem sehr redlicher Mann, obwohl er Neger ist«. Ein bretonischer Kapitän findet »die Frauen von Petit Marabut sehr besorgt um die kranken Seeleute«. Ein anderer Schwarzer »liebte Gott sehr und läßt eine Messe für die Bewahrung meiner Gesundheit lesen«. Der König Pitre von Mesurade wird ein echter Verbündeter. Eine Art Etikette bildet sich schließlich bei der Feier dieses makabren Ritus heraus, eine Hofsitte, die mit jeder Handlung einen Komplizen mästet. Willkommensgeschenk, Recht auf Sklavenhandel, königliche Steuer pro Kopf eines verkauften Negers, Vorkaufsrecht an der Sklavenware für die Fürsten, Vergütung für den Vermittler ... Der Sklavenhändler war ein Raubtier, das von einem Hyänenrudel bedrängt wurde.

Ohnehin zogen manche Sklavenhändler es vor, sich dem improvisierten Menschenhandel an der Küste entlang zu widmen, vor allem dann, wenn sie, wie die Franzosen, nicht über genügend Faktoreien verfügten. Aber diese Arbeitsweise war sehr langwierig und risikoreich. Und ein Sklavenhändler, der alle seine Ware verlor, konnte seine Haut oft noch retten, indem er mit dem Prestige des mächtigen Fremden die Kosten eines rituellen Festessens auf sich nahm. Der Kannibalismus existierte in der Tat, wie im antiken Ägypten, in einigen Waldgebieten unter dem Deckmantel eines magischen Ritus, der die Kräfte des verspeisten Feindes garantierte.

Der Handel wickelte sich folglich im wesentlichen über die Stationen, Anlegeplätze und Faktoreien ab, die wie ein eiserner Gürtel die ganze Küstenlinie Schwarzafrikas umfingen. Sie waren vorwiegend auf den leicht zu verteidigenden Inseln eingerichtet worden oder auf Anhöhen nahe der Küste; z. B. Arguin,

Gorée, die Losinseln, Elmina, Fernando Po, São Tomé, Luanda usw. Die Belegschaft einer Faktorei war im allgemeinen von geringer Quantität und von noch mittelmäßigerer Qualität. Im Fort Saint Louis von Wida (Ouidah) gab es maximal dreißig Angestellte, darunter einen Direktor, einen Aufseher, einen Lagerverwalter, einen Geistlichen, einen Chirurgen, einen Offizier, Angestellte und Soldaten. Als de la Courbe im Jahr 1685 in Saint Louis die Einrichtungen seiner Kompanie überprüfte, fand er die Angestellten in Unterhose und Hemd vor. Jeder hatte seine Negerin. Zudem war das Hauptgebäude allen Winden geöffnet, das Gebälk war verfault. »Wenn die Neger gewollt hätten, wäre nichts einfacher gewesen, als den Weißen die Kehlen durchzuschneiden.« De la Courbe versuchte, die Räumlichkeiten ein wenig zu reinigen, indem er die leichten Mädchen vertrieb, die die Angestellten als ihre Köchinnen bezeichneten. Er ließ eine Umzäunung setzen, eine Regelung des Zapfenstreichs und des Appells einführen, desgleichen eine Küchen- und allgemeine Waschordnung. Das gab ein großes Zetergeschrei. Diese Anordnungen mußten gegeben werden, obwohl sie die Zeit des Aufenthaltes von de la Courbe nicht überlebten, denn es gab keine Buchführung, keine Personalakten, keine Bestandsaufnahmen von den Schiffsladungen. Die Engländer und Holländer waren im allgemeinen strenger. Sie stellten weniger Weiße ein, richteten aber ein Minimum an Infrastruktur ein. So eröffneten sie auf den Losinseln Ausbesserungs- und Bauwerften für Schiffe mit einer Tragfähigkeit von mehreren hundert Tonnen.

3. Das Ebenholz

Welches waren nun die Waren dieses Handels? Eine Ladung der Senegal-Kompanie, die beim Start von Afrika von irischen Gläubigern der Kompanie beschlagnahmt wurde, gibt uns darüber Aufschluß: 17 000 Felle, 38 Fässer Gummi, mehr als eine Tonne Elfenbein. Der Abt Demanet schreibt dazu: »Das Eisen und der Branntwein waren die wesentlichsten Gegenstände für den Handel in Afrika. Sofern man über Eisen und Branntwein verfügte, war man gewiß, überall Gold, Gefangene und Elfenbein zu bekommen. Bei allen Stationen des Menschenhandels brauchte man auch Glasschmuck jeder Art. Das war die billigste Ware für die Verhandlungen und auch diejenige, mit der man die höchsten Gewinne erzielte. Ohne den Glasschmuck würde die Kolonie nicht bestehen können. Die Neger und Negerinnen, die Mulatten und Mulattinnen trugen wunderbare Gürtel aus drei oder vier Glasperlenreihen. Einen beachtlichen Gewinn machte man auch mit rotgrundigen Taschentüchern, sowohl im Handel mit Gefangenen als auch beim Tauschhandel mit dem Gold des Landes.« An die afrikanische Küste gelangten also einerseits Eisenbarren, Ohrringe, Stoffe und Kleidung, die oft nur aus Lumpen und Theaterfräcken vom Speicher bestand. Mancher afrikanische König der Küste wird auf den zeitgenössischen Stichen als lächerlich herausgeputzter Grenadier oder Gendarm gezeigt, was allerdings auch seinen wirklichen Funktionen entsprach. Der Alkohol, der in Strömen floß, war sehr oft gepanscht, mit Wasser verdünnt oder auf den Rat eines holländischen Sklavenhändlers mit spanischer Seife versetzt, »damit ein wenig Schaum entsteht, der für die Neger ein untrüglicher Beweis für Qualität ist«. Man machte die Neger ganz einfach betrunken und legte sie dann in Fesseln für den Abtransport. Gefährlicher als der Glasschmuck wurden die Musketen, später

224   *Die Wende*

die Gewehre, die unaufhaltsam im Handel ihren Platz einnahmen. Diese ausgemusterten Knarren waren überdies gefährlicher für ihre Benutzer als für deren Gegner.

Für diese europäischen Produkte meist minderer Qualität forderten die Sklavenhändler Felle, Gummi, Elfenbein, Gold und vor allem Neger. Auf der Karte des Herrn von Anville (1729) ist die Küste von Arguin bis nach Angola folgendermaßen in sieben Abschnitte aufgeteilt: Senegal, Sierra Leone, Land von Galam und Maniguette[10] (Guinea), Elfenbeinküste und Land der Kwa-Kwa, Goldküste, Königreiche von Ardres, von Wida und von Benin, Loangoküste und Küste von Angola. Der Kongo erscheint auf dieser Liste nicht. Angola, das ihn abgelöst hatte, blieb während mehrerer Jahrhunderte vor der Goldküste und vor Benin (Sklavenküste) das Paradies der Sklavenhändler. Jeder Sektor hatte überdies den Ruf, eine sehr bestimmte Art von Sklaven zu liefern, die in den Häfen der Sklavenhändler Europas und Amerikas gekennzeichnet wurden: »Schwarze von Cayor: Kriegssklaven, die Revolten ersinnen. Bambara: Dummköpfe, sanft und robust. Goldküste und Wida: gute Bauern, zum Selbstmord neigend. Kongolesen: fröhliche und gute Arbeiter.« Die besten Gefangenen wurden »pièces d'Inde« genannt. Das waren Schwarze von 15 bis 25 Jahren, ohne irgendeinen Mangel, mit allen Fingern und allen Zähnen, ohne Häutchen auf den Augen und von ausgezeichneter Gesundheit. Es gab bestimmte Äquivalente: drei Kinder von acht bis fünfzehn Jahren wogen zwei »pièces d'Inde« auf, zwei Kinder von drei bis zu sieben Jahren: ein »pièce«. Eine Mutter mit Kind: ein »pièce« usw. Der Warenverkehr vollzog sich auf der Grundlage des Tauschhandels. Aber schließlich wurden auch konventionelle Rechnungseinheiten in den Faktoreien übernommen. Jeder Warenwert wurde in Unzen ausgedrückt. Andere allgemein übliche Zahlungsmittel waren die Kaurimuscheln, Goldstaub oder -körnchen. Es war übrigens manchmal Talmigold, denn spezialisierte Juweliere arbeiteten für die weißen und schwarzen Gauner.

Sobald die lokale Obrigkeit die Genehmigung erteilt hatte, lief der Sklavenhandel nach üblichem Schema ab. Die aus dem Inneren herbeigeführten oder längs der Küste eingesammelten Sklaven wurden in speicherähnlichen, stinkenden Bauten, barracon genannt, untergebracht. Rund um diese grauenerfüllten Gebäude spielten sich Szenen der Hölle ab, besonders bei der Trennung von Müttern und Kindern: »Ich ging eines Tages zu einem Händler«, erzählt Pruneau de Pommegorge, der 22 Jahre als Angestellter der *Indien-Kompanie* in den Faktoreien Afrikas war. »Man stellte mir mehrere Gefangene vor. Darunter eine Frau zwischen 20 und 24 Jahren, sehr traurig, versunken in Schmerz, die Brust ein wenig hängend, aber voll, was mich vermuten ließ, sie hätte ihr Kind verloren. Ich ließ den Händler danach fragen. Er antwortete mir, daß sie überhaupt keine Milch hätte. Da es dieser Unglücklichen bei Todesstrafe verboten war, zu sprechen, verfiel ich darauf, ihre Brust zu drücken. Es kam Milch heraus, genug, um mir zu beweisen daß die Frau stillte. Ich bestand darauf, daß sie ein Kind hätte. Ungeduldig ob meines Drängens ließ mir der Händler sagen, daß mich das nicht davon abhalten sollte, die Frau zu kaufen, denn ihr Kind werde am Abend doch den Hyänen vorgeworfen. Ich war bestürzt. Ich wollte mich gerade zurückziehen, um mich dem Nachdenken über diese schreckliche

10 Das Maniguette oder Maliguette ist ein Gewürz; ein sehr duftendes Samenkorn, außen rot und innen weiß.

Erste Kontakte mit Europäern und Sklavenhandel

Handlungsweise zu überlassen, als mir der Gedanke kam, dieses Kind zu retten. So sagte ich dem Händler, ich würde die Mutter nur unter der Bedingung kaufen, daß er mir auch das Kind ausliefere. Er ließ es mir auf der Stelle bringen, und ich gab es augenblicklich der Mutter zurück, die, nicht wissend, wie sie mir ihre Dankbarkeit bezeigen könnte, Erde aufnahm und sich vor die Stirn warf. Was auch immer ich bei dieser Gelegenheit tat, ich tat, was jede aufrechte Seele an meiner Stelle getan hätte. Ich zog mich mit einem angenehmen, jedoch mit Schrecken gemischten Gefühl zurück ... Da dieses Verbrechen beinahe jeden Tag wiederholt wurde, zwang ich mich, den Händlern fernzubleiben, weil mein Vermögen diesen guten Taten nicht gewachsen gewesen wäre.«[11] Derselbe Autor fügt hinsichtlich der Schwarzen hinzu: »Sie führen nur Krieg untereinander und vernichten sich gegenseitig, um ihre Landsleute an barbarische Herren zu verkaufen ... Und es sind Menschen, Franzosen, die sich Christen nennen, die solche Schandtaten begehen!«

Der Anblick der Konzentrationslager löste bei den Schwarzen, die gestern noch frei in ihrem heimatlichen Buschwald umherstreiften, Aufstände aus, die brutal unterdrückt wurden. Pruneau de Pommegorge hat uns einen solchen Aufstand auf der Insel Gorée beschrieben: »500 Sklaven haben ein Komplott gemacht, um die Weißen niederzumetzeln. Sie wurden von einem elf- oder zwölfjährigen Kind verraten, das eines kleinen Diebstahls wegen in Ketten gelegt wurde und mitten unter ihnen auf einem Rinderfell schlief. Dieses Kind deckte alles auf. Als die Sklaven von ihrer Arbeit zurückkehrten, wurden sie mit Spießen umzingelt und wieder gefangengesetzt. Am folgenden Tag finden sich alle vor dem Gericht ein. Aber der Prozeß wird vor allem gegen die zwei oder drei Rädelsführer geführt, die in ihrem Land Häuptlinge waren. Die beiden Häuptlinge, weit davon entfernt die Tat zu leugnen noch Ausflüchte zu suchen, antworteten dreist und mutig, daß alle Weißen der Insel getötet werden sollten; nicht aus Haß gegen diese, sondern damit sie die Möglichkeit zur Flucht und zur Wiedervereinigung mit ihrem jungen König hätten. Sie wären alle voller Scham, daß sie nicht auf dem Schlachtfeld mit den Waffen in der Hand für ihn gestorben seien. Deshalb zögen sie nun, da ihre Sache fehlgeschlagen sei, der Gefangenschaft den Tod vor. Bei dieser wahrhaft römischen Antwort riefen alle anderen Gefangenen einstimmig: ›Denguela, denguela! – Das ist wahr, das ist wahr!‹ Der Vorsitz der Versammlung zog sich zur Beratung zurück. Um für das ganze Land ein Exempel zu statuieren, wurde entschieden, daß beide Anführer des Aufstandes am kommenden Tag vor allen Gefangenen und den versammelten Menschen der Insel getötet werden sollten ... Am nächsten Tag waren alle in der Savanne versammelt. Man ließ sie ein Oval bilden, das an einer Seite offenblieb. Gegenüber dieser Öffnung ließ man zwei kleine Kanonen aufstellen, die nicht mit Kugeln, sondern nur mit Werg beschickt wurden. Schließlich wurden die beiden Anführer der Revolte vor die Kanonen geführt, und der Kanonier zündete die Lunte an. Die Unglücklichen wurden in die Höhe geschleudert und starben 15 Schritte von den Kanonen entfernt. Alle anderen Gefangenen kehrten erschüttert von diesem schrecklichen Schauspiel in größter Betroffenheit in die Gefangenschaft zurück. Wenn diese Hinrichtung nun schrecklich und unmenschlich erscheint, sie ist eine zwangsläufige Folge des schändlichen Handels, den beinahe alle Europäer in diesen Gegenden betreiben.«[12]

11 Pruneau de Pommegorge, *Description de la Nigritie* (1789), S. 210–212.
12 Ders., S. 108.

Die Sklaven wurden nur nach einer genauen, vollständigen und gründlichen körperlichen Prüfung, die kein einziges Organ ausließ, und nur nach heftigem Feilschen an den Meistbietenden vergeben. Alsbald bekommen die Schwarzen auf der Brust, der Hinterbacke oder dem Busen ein Zeichen mit glühenden Eisen eingebrannt, die Initialen ihres Besitzers. Dieses Brandmal ist unauslöschlich. Wenn das Schiff beladen war, hieß das wiederum Trennung für viele, deren Eltern oder Ehegatten in den Lagergebäuden zurückblieben, weil sie noch nicht verkauft waren. Verzweiflung breitete sich unter denen aus, die den heimatlichen Boden verlassen mußten, wenn sie über die Gangway des Schiffes schritten. Manche Sklaven nutzten einen Moment der Unaufmerksamkeit, um sich ins Wasser zu stürzen und zu ertrinken. Andere erstickten sich mit ihren eigenen Händen. Die anderen, geschoren und nackt, unternahmen dicht aneinandergedrängt, manchmal »wie die Heringe«, die große Überfahrt. Sie sind so eingekeilt, daß sie buchstäblich in einem Sumpf von Blut, Erbrochenem und Auswurf jeder Art schwimmen. Ein Autor schreibt: »Eines Tages, als es sehr warm war, fand ich mich eine Viertelstunde nachdem ich in ihre Räume getreten war, so überwältigt von der Hitze und der stickigen Luft, daß ich nahe daran war, ohnmächtig zu werden. Es kostete mich viel Mühe, das Oberdeck zu erreichen. Bald befiel mich die gleiche Krankheit, und ich schleppte mich Monate mit ihr herum, ehe ich Gesundheit und Kraft wiedererlangte.« Da die Überfahrt zwei Monate dauerte, kann man sich die Sterblichkeit vorstellen, die durch Epidemien verursacht wurde. Sie war erschreckend. Und um ihr zu begegnen, ließ man die Schwarzen trotz der Gefahren am Tag auf Deck gehen, damit sie sich auslüfteten und schon ein wenig arbeiteten. Man ging sogar so weit, Tänze zu organisieren, wenn nötig mit Peitschenhieben. Das sollte helfen, die Moral der Deprimiertesten zu heben. Trotz allem gab es sehr häufig Revolten. Mitglieder der Besatzung wurden gelyncht. Alle diese Revolten endeten blutig, manchmal auch mit dem Einsatz von Feuerwaffen. Die Anführer wurden in Gegenwart aller hingerichtet, ertränkt oder bis aufs Blut gepeitscht. Manchmal schnitt man ihnen mit einem Messer die Hinterbacken auf und strich in die Wunden eine Mischung aus Piment und Essig. Der Anführer eines Hungerstreiks wurde getötet, zerstückelt und den anderen Sklaven mit Gewalt als Mahlzeit vorgesetzt. Die Verurteilten starben oft mit Freude. »Sie hörten ihr Todesurteil mit Äußerungen lebhaftester Freude. Sie hielten die Hinrichtung nur auf, um ihre Angehörigen und Freunde zu umarmen. Heiterkeit stand in ihren Gesichtern und mit kurzem, verächtlichem Blick auf ihre Peiniger stürzten sie sich, niemand durfte Hand an sie legen, ins Meer, das ihnen Heilung von all ihren Leiden brachte.«[13] Vor der Ankunft warf man die Kranken, die man vielleicht nicht verkaufen konnte, für die man aber eine Steuer bezahlen zu müssen fürchtete, einfach ins Meer. Das geschah vorwiegend mit den Kindern, die viel zu empfindlich für die Leiden dieser Überfahrt waren. Vor dem Verkauf in Amerika wurden die Sklaven gemästet und manchmal auch mit Arzneien vollgestopft, damit sie sich in bester Form zeigten, wenn auch der Umfang der Muskeln und der Glanz der Haut von kurzer Dauer waren. Von neuem die gleichen Szenen wie bei der Abfahrt von Afrika: Prüfung der Zähne, der Augen, des Geschlechts, der Hände und Füße, Rippenstöße, um die wirkliche Widerstandskraft der Person, oder vielmehr des Objekts zu beurteilen. Man ging so weit, den Schweiß der Gefan-

13 Frossard, *La cause des esclaves nègres . . .*, Lyon 1789.

Erste Kontakte mit Europäern und Sklavenhandel 227

genen zu kosten, um zu untersuchen, ob der Glanz der Haut nicht einem künstlichen Einwachsen zu verdanken sei. Wenn der Sklave dann endlich von einem Herrn aus Brasilien, Kuba oder Nordamerika gekauft war, so war sein Leidensweg keineswegs beendet. Es begann nur das zweite Kapitel. Ihm wurde jegliches Recht entzogen. Selbst ein so liberales Gesetzwerk wie der Code Noir von Colbert betrachtete den Sklaven als ein bewegliches Gut und deshalb als übertragbar und verkäuflich. Daraus ergaben sich dann Annoncen wie diese: »Zu verkaufen: eine Wohnung im Katzenloch mit 16 Feldern, Küche, Vorratskammer, Kaninchenstall, möblierten Zimmern, einem Pferd, vier Negern usw.«[14] Manchmal wurden die Unglücklichen auch verlost.

»Wir schrieben Zettel aus, die mit den Etiketten an den Armen der Neger übereinstimmten . . . Diese sogenannten, von uns mit Namenszug versehenen Lose wurden in vier verschiedene Hüte gelegt. Der erste enthielt die Lose für die erwachsenen Männer, teils ›pièces d'Inde‹. Im zweiten Hut befanden sich die Lose für die erwachsenen Frauen; im dritten die der jungen Neger; im vierten die der Negerkinder. Darauf schritt man zur Verteilung durch das Los, nicht ohne vorher den Preis jeden Negers, der mit seinen Qualitäten und seiner Bewertung jedem Los beigefügt war, zu verkünden.«

Der Neger ist ein allgemeines Zahlungsmittel, ein Wechsel, der diskontiert werden kann, ein Wechsel, der eine Schuld in »Naturalien« abzahlt. Mit einem Wort, der menschliche Körper wird zur Währung. Raynal: »Die Negerköpfe sind das Münzgeld der Staaten von Guinea.«[15] Wie man sieht, wurde das »Ebenholz« geschlagen, zurechtgesägt, verkauft, verladen und ausgeliefert wie wirkliches Holz. Wie viele Schwarze sind auf diese Weise verkauft worden? Das Ausmaß des Sklavenhandels ist schwierig zu schätzen, denn der Handel setzte sich noch über Jahrhunderte fort, mit beschleunigtem Tempo. Die Sterblichkeit auf den Plantagen Amerikas lag erschreckend hoch, und ein Pflanzer kaufte eher einen neuen Sklaven, als einen Kranken zu pflegen.

4. Der Abolitionismus

Seit dem 18. Jahrhundert jedoch beginnen manche Europäer langsam, sich über diesen kaltblütigen, kontinentalen Völkermord aufzuregen. Französische Philosophen des 18. Jahrhunderts, Voltaire[16] z. B., nahmen Stellung gegen den Skla-

---

14 *Gazette de la Martinique du jeudi 18 Mai 1780*, zit. v. G. Martin.
15 Siehe Ch. de la Roncière, Ed. Portiques, Paris 1933, S. 92–95.
16 Die beiden folgenden Zitate veranschaulichen deutlich die wankelmütige Haltung der besten Geister der Epoche:
»Wir sagen ihnen, daß sie Menschen sind wie wir, daß sie erlöst werden vom Blut eines Gottes, der für sie gestorben ist, und schließlich lassen wir sie wie Lasttiere arbeiten; man ernährt sie mehr schlecht als recht; wenn sie fliehen wollen, schlägt man ihnen ein Bein ab. Dann gibt man ihnen ein Holzbein und läßt sie die Zuckermühlen mit der Hand drehen. Und danach wagen wir noch vom Recht der Leute zu sprechen!« (Voltaire, *Essai sur les mœrs*, 1756). Aber wenig später: »Was sie (die Afrikaner) anbetrifft, so ist es eine bedeutende Frage, ob sie von den Affen oder die Affen von ihnen abstammen. Unsere Weisen haben gesagt, daß der Mensch das Ebenbild Gottes sei: das ist wohl ein lächerliches Bild von einem ewigen Wesen mit schwarzer Plattnase, mit wenig oder gar keiner Intelligenz! Zweifellos wird eine Zeit kommen, da diese Tiere die Erde kultivieren, sie mit Häusern und Gärten verschönern können und den Lauf der Gestirne kennen: alles braucht seine Zeit« (Voltaire, *Lettre d'Amabed*). Tatsächlich schrieb damals David Boullier, ein protestantischer Theologe: »Die Affen scheinen mehr Geist zu besitzen als die Neger, ihre Landsleute.«

venhandel. Die Äbte Raynal und Grégoire betrieben in der *Gesellschaft der Freunde der Schwarzen* eine starke Propaganda für die Befreiung der Schwarzen. Wir wissen, daß die in diesem Sinne vom Nationalkonvent (1794) getroffene Entscheidung durch den Ersten Konsul Napoleon Bonaparte für nichtig erklärt wurde. Dieser hatte seit seiner Expedition nach Ägypten zahlreiche Neger kaufen lassen, die in der großen Armee beim Marsch auf Moskau und dem kläglichen Rückzug dienen mußten. Die Päpste, die zu Beginn des Sklavenhandels ihren Segen dazu gaben unter der Bedingung, daß diese getauft würden, benötigten viel Zeit um zu bemerken, daß die Geistlichen nur gezwungenermaßen in die Mannschaften aufgenommen wurden. Von Zeit zu Zeit wetterten sie wie Alexander III. oder Paul II. (Breve vom 20. Juni 1537) gegen die Mißstände des Systems, obwohl diese ihm zwangsläufig immanent waren. Erst im 19. Jahrhundert unternahm Rom einen großen Feldzug gegen den Sklavenhandel, der im übrigen vorwiegend gegen den östlichen Handel gerichtet war.

In England förderte das Erwachen religiöser Strömungen wie Quäker und Methodismus die Anti-Sklavereibewegung. Männer wie Clarkson und Wilberforce wurden von dieser Bewegung und von philanthropischen Gefühlen beeinflußt, übrigens ohne großen Erfolg. England, die erste europäische Macht, die ihre industrielle Revolution verwirklicht hatte, floß über von Fabrikwaren, es suchte nach regelmäßigen und sicheren Abnehmern dafür. Die nun interessanten Schwarzen waren nicht länger nur Hersteller, sondern auch Verbraucher von Stoffen aus Manchester, von Handwerkszeug und Geräten aus Birmingham oder Sheffield. England, das seine Landwirtschaft der Industrie zum Opfer gebracht hatte, brauchte den Welthandel einschließlich des afrikanischen zwingend. Andererseits hatte es zwar seine Kolonien in Nordamerika verloren, aber Indien erobert. Die idealistischen Strömungen mündeten daher in einer sehr energischen Tätigkeit Englands gegen die Verteidiger der Sklaverei in seinen eigenen Gebieten und am Atlantischen Ozean. Dieser wurde zu dieser Zeit von Patrouillen unter englischer Flagge durchkreuzt, die nicht zögerten, die Sklavenschiffe anderer Länder anzuhalten, zu überprüfen oder zu versenken. Seit 1772 verbot England auf seinem Staatsgebiet die Sklaverei, 1807 dann untersagte es den Sklavenhandel in seinen Kolonien, und im Jahr 1834 ließ es alle Sklaven des Reiches frei.

5. Zahlen

Wie viele Schwarze mögen wohl in den mehr als vier Jahrhunderten vom 15. bis zum 19. Jahrhundert verkauft worden sein? Die statistischen Unterlagen, die man den Bordbüchern der Sklavenschiffe entnehmen kann, und die man in den Sklavenhandelshäfen findet, erlauben nur annähernde Berechnungen. W. E. B. Dubois gibt die Zahl von 15 Millionen verkauften Sklaven an. Er schätzt, daß für einen Sklaven, der Amerika erreichte, vier unterwegs umkamen. Das macht 60 Millionen. Dazu muß man noch den östlichen Sklavenhandel rechnen, so daß man auf eine Gesamtzahl von ungefähr 90 bis 100 Millionen kommt. La Roncière nimmt 20 Millionen an, läßt aber das 16. Jahrhundert aus und zählt nur bis 1848. Er fügt hinzu: »Prof. Rinchon aber schätzt allein die Zahl der verschleppten Kongolesen auf 13¼ Millionen.«
Pruneau de Pommegorge schätzt, daß Afrikas Küsten jährlich 45 000 Sklaven

Erste Kontakte mit Europäern und Sklavenhandel 229

lieferte, und für diese 45 000, sagt er, ist eine unschätzbare Zahl weiterer getötet worden. Frossart schrieb im 18. Jahrhundert: »Wenn man die Durchschnittszahl der jährlich von Guinea verschleppten Neger nur mit 36 000 veranschlagt (man exportiert jetzt mehr als 100 000 Neger im Jahr) und sie mit den seit dem Beginn des Sklavenhandels vergangenen Jahren multipliziert, erhält man die Gesamtsumme von mehr als zehn Millionen Bewohnern, die ihrem Land verloren gingen. Man sieht dies mit Entsetzen. Aber wenn man nun noch in Betracht zieht, daß für jeden gefangenen Neger fünf andere sterben mußten (in den Kämpfen, auf den langen Märschen oder durch Selbstmord aus Verzweiflung), so sieht man mit berechtigter Empörung, daß Europas Habgier dem afrikanischen Kontinent mindestens 60 Millionen Einwohner raubte.« Der Jesuitenpater Monens kommt etwa zu der gleichen Schätzung: »Vorsichtig geschätzt wurden 10 Millionen Neger in die Sklaverei geführt, und man kann ohne Übertreibung für jeden dieser Schwarzen fünf andere rechnen, die in Afrika getötet wurden oder auf dem Transport starben.« Zusammen mit dem östlichen Handel nimmt er 100 Millionen Opfer an[17]. Am 20. November 1890 schrieb Papst Leo XIII.: »Die Sklaverei steht im Gegensatz zur Religion und der Menschenwürde. Wir sind schmerzlich betroffen von dem Bericht über die Leiden, die die gesamte Bevölkerung mancher Gebiete Innerafrikas erdulden mußte. Es ist schmerzvoll und entsetzlich, feststellen zu müssen – zuverlässige Berichterstatter haben es uns übermittelt – daß jedes Jahr 400 000 Afrikaner ohne Unterschied des Alters oder Geschlechts ihren Dörfern gewaltsam entrissen werden. Man schleppt sie mit gefesselten Händen und unter den Peitschenhieben ihrer Begleiter unbarmherzig zu den Märkten, wo man sie wie Vieh auf der Versteigerung ausstellt und verkauft.« Queneuil gelangt in seiner Abhandlung über den Sklavenhandel zu einer Gesamtsumme von 80 Millionen, Ducasse sogar auf 100 Millionen. Man darf demnach annehmen, daß Afrika seit dem 15. Jahrhundert mindestens 50, wahrscheinlich aber um 100 Millionen Menschen verloren hat. Wenn man diese Zahlen auf die Bevölkerung des 18. und 19. Jahrhunderts bezieht, und nicht auf die heutige Bevölkerung Schwarzafrikas, so erkennt man die Bedeutung des Aderlasses, den Schwarzafrika erlitten hat.

C. Die Folgen des Sklavenhandels

1. In Afrika

Manche europäischen Historiker, die den Sklavenhandel bagatellisieren möchten, streiten sich um Zahlen. Als ob 10 Millionen mehr oder weniger bei einem Phänomen dieser Größenordnung die historische Dimension und die moralischen Aspekte verändern könnten. Andere[18] bringen vor, daß gerade die Küstengebiete, in denen der Sklavenhandel vorherrschte, heute die am meisten bevölkerten sind. Wollen sie damit andeuten, daß der Sklavenhandel ganz im Gegenteil dazu beigetragen hat, Afrika wiederzubevölkern? Sie scheinen zu ignorieren,

---

17 Zit. von B. E. Worth, *History of West Indies.*
18 Brunchvig zum Beispiel.

daß es hinter den Küstenstrichen, wo bedeutende Königreiche den Menschenhandel überwachten, richtiges *no man's land* gab, wie im Norden des Landes der Aschanti. Die zerstreuten Völker, die hier wohnten, sind dezimiert worden. Sie veränderten ihren Aufenthaltsort und gerieten manchmal wieder in den Bannkreis einer Macht, die sich am Sklavenhandel beteiligte. Wenn die Küstenvölker gut organisiert waren, trugen nicht sie so sehr die Folgen des Sklavenhandels. Merken wir außerdem an, daß die ersten europäischen Reisenden schon eine sehr starke Bevölkerungsdichte in den klimatisch am meisten begünstigten Landstrichen feststellten (Senegal, Küste von Benin, Kongo). Außerdem hatten diese Küstenregionen den meisten Vorteil von den neuen aus Amerika importierten Anbaupflanzen Mais[19], Maniok und Tabak. Manche behaupten, die Einführung dieser neuen Lebensmittel habe die durch den Sklavenhandel erlittenen Verluste ausgeglichen. Es fällt leicht, auf so gewagte Spekulationen zu antworten. Man muß wohl starke Bedenken hinsichtlich der anregenden Kräfte des Tabaks im Blick auf ein Bevölkerungswachstum äußern. Auch beobachtet man, daß der Maniok bis in unsere Zeit von vielen Gemeinschaften nicht angenommen wurde, die aber unter dem Sklavenhandel gelitten haben. Dazu kommt, daß man Menschen und Muße brauchte, um Maniok und Mais anzubauen. Aber der Sklavenhandel trieb gerade die stärksten Völker in den Krieg und zu Plünderungen und jagte die schwächsten Volksstämme oft gerade zur Erntezeit in die Flucht. Er hemmte also die Produktion von autochthonen wie exotischen Lebensmitteln.

Ein portugiesischer Autor erklärt, daß die Menschen an der Küste die Kriegskunst bis zu dem Zeitpunkt nicht kannten, als sie von Abomey, d. h. durch eine Macht, die auf dem Negersklavenhandel gründete, ergriffen wurden. Der Kapitän John Hall berichtet uns, daß um 1775 der bloße Anblick eines Sklavenhandelsschiffes in Old Calabar den Aufbruch der Boote der Eingeborenen zur Menschenjagd ins Innere des Landes auslöste. Außerdem vermehrte die Küste seit dem 19. Jahrhundert ihre Bevölkerungsdichte, indem sie Arbeitskräfte für die neue Anpflanzungswirtschaft anzog. Was hier aber mehr zählt als die Quantität, ist das qualitative Gefälle, das die afrikanische Bevölkerung beim Handel hinnehmen mußte. Diese Anmerkung gilt für den Tauschhandel, wobei die Schwarzen kostbare Produkte wie Gold, Elfenbein und Menschen gegen oft lächerliche oder schädliche Erzeugnisse lieferte: »Für ein altes Boot gibt man den Stoßzahn eines Elefanten.«[20] Zudem bedingte der Sklavenhandel ein Ausleseverfahren unter der Bevölkerung, er nahm nur die Kräftigsten, Jüngsten und

19 Die Frage nach der Einführung des Maises von Amerika nach Afrika bleibt zum großen Teil umstritten. Wann, durch wen und auf welchen Wegen wurde er gebracht? Gab es die Pflanze nicht schon auf dem Kontinent, von Spanien her über Ägypten hereingebracht, eine andere Art Mais als der, den man an der Küste von Guinea auslud? In der Tat hat man Ziegelpflastersteine mit Abdrücken von Maiskolben in Ife entdeckt. Man konnte sie nicht genau datieren (gegen 1100?). Kompliziert wird die Frage noch durch die Tatsache, daß das portugiesische Wort »zaburro« für Mais und Sorghum angewandt wird, das gleiche findet sich in der Mande-Sprache: *nyon* oder *manyon*. Welchen Weg nahm nun der um 1515 von Spanien nach Ägypten eingeführte Perlmais, und welchen der nach F. Willet viel eher an die Küste Guineas gelangte Pferdezahnmais? Für Marvin P. Miracle ist es müßig, zu beweisen zu versuchen, daß der Perlmais von den Portugiesen eingeführt wurde, daß er vor dem Pferdezahnmais vorhanden war und daß nichts Maisähnliches vor seiner Einführung in Westafrika existierte.

20 Siehe Fußnote 3.

Erste Kontakte mit Europäern und Sklavenhandel 231

Gesündesten mit. Bereits beim Sammeln im Inneren begann die Auswahl. Die Kindersterblichkeit mußte sich verschlimmern: Babys und Kleinkinder wurden von ihren Müttern getrennt oder einfach niedergemetzelt. In den Faktoreien wurden die Gefangenen von den Sklavenhändlern noch einmal sorgfältig sortiert: »Überhaupt keine Alten mit runzliger Haut und geschrumpften Hoden«, sagt eine Anweisung von 1769. »Keine großen, dürren Neger mit schmaler Brust, verstörten Augen und dummem Gesichtsausdruck.« Für die Frauen galt folgendes: »Weder hochaufgerichtete noch welke Brüste.« Was der Sklavenhändler will, sind »junge Männer ohne Bart und junge Mädchen mit stehenden Brüsten«. Wilberforce erwähnt eine Schiffsladung, bei der von 130 Sklaven 25 arabisch schreiben konnten. Mit anderen Worten, die Entnahme fand in den Bevölkerungsschichten statt, die für die Tatkraft und den Fortschritt einer Gesellschaft am notwendigsten sind, es waren die fortpflanzungsfähigsten Menschen und kräftigsten Arbeiter.

Hinzu kommen noch die gewaltigen Bevölkerungsumwälzungen, die durch den Menschenhandel ausgelöst wurden. Sehr viele Völker Afrikas leben an ihrem heutigen Platz, weil sie vor dem Sklavenhandel hierher flohen. Manche wurden auch dazu getrieben, in Höhlen oder Pfahlbauten Zuflucht zu nehmen, wie am Njassasee. So erging es den Kabre, Dogon, Konianke und Bassari. Welche Erschütterungen mußten die schwarzen Zivilisationen erleben, die im wesentlichen ackerbautreibende waren und daher auf Seßhaftigkeit und Beständigkeit bauten. Der Gedanke, etwas herzustellen oder Vorräte anzuhäufen, verschwand in diesem allgemeinen Chaos.

Schließlich ließ der Sklavenhandel den Krieg und die Gewalttätigkeit zwischen den Volksstämmen und in ihnen zum chronischen Zustand werden. Und dieser Krieg vollzog sich von nun an mit vernichtenden Mitteln. Mehr verkaufte Sklaven erlaubten, mehr Gewehre zu kaufen, und mehr Gewehre erlaubten, mehr Sklaven zu fangen. Die Fürsten der Küstenreiche waren auf diese Weise in ein höllisches Räderwerk geraten, wie Pruneau de Pommegorge als Zeuge aussagt: »Diese Völker sind durch unsere kriminelle Gefräßigkeit in wilde Tiere verwandelt worden; sie führen nur noch Krieg miteinander, um ihre Landsleute an barbarische Herren zu verkaufen. Die Könige selbst sehen in ihren Untertanen nur noch eine Ware, die dazu dient, das zu erkaufen, was ihre Launen wünschen.« Der Sklavenhandel zog bei vielen Afrikanern moralische und ideologische Traumata nach sich. Die Entführer hatten keine Achtung mehr vor den Menschen. Und selbst die Kongolesen, von denen die ersten Europäer sagten, sie hätten ein hohes Idealbild von der Menschlichkeit, hatten diese Idee vergessen. Der Ehebrecher an der Goldküste wurde ehedem mit dem Verlust der Freiheit bestraft. Mit dem Sklavenhandel gingen manche Könige dazu über, »eine große Anzahl von Frauen« zu unterhalten, »die keine andere Beschäftigung hatten, als jede Nacht junge, unerfahrene Männer zu verführen«. Ist das Verbrechen begangen, oft noch während seiner Ausführung, denunzierten sie den Unglücklichen, den sie umgarnt hatten. Der Prozeß findet alsbald statt, und der Schuldige wird auf den Markt gebracht. Manchmal gar, so sagte man, spielten Frauen diese »kluge Rolle auch bei ihren Ehemännern«.

Manche Autoren behaupten, daß der Negersklavenhandel der Araber viel länger dauerte und deshalb auch mehr Menschen aus Afrika herausgeholt habe. Hier muß man zwischen den Ausführenden, die oft skrupellose Räuber waren, und den Nutznießern unterscheiden, denen die Schwarzen meist im Haus dienten.

232   *Die Wende*

Die schwarzen Frauen wurden wegen der Frische ihrer Haut in den Harems sehr
geschätzt. Die Männer waren entweder als Söldner oder als Palastwache angestellt. Sie wurden damals im allgemeinen kastriert, damit sie keine Kaste zeugen
konnten, die der Macht gefährlich werden könnte. Manche Mossi- und Haussa-
zentren hatten sich deshalb auf das »Präparieren« von Eunuchen spezialisiert,
die für den Nahen und Mittleren Osten bestimmt waren. Aber trotz dieser
physischen Trübseligkeit, und obwohl die Pflanzungen, wie in Sansibar, manchmal noch lange die unterwürfige schwarze Arbeitskraft ausnutzten, scheint es mir
objektiv unmöglich, den östlichen Sklavenhandel und den des Atlantiks gleich-
zustellen, der mit mächtigeren und schrecklicheren Mitteln arbeitete.

2. In Europa

Die Paschas und Wesire von Lissabon, Nantes und Liverpool besaßen ein Fünftel
der Reedereien der Sklavenhandelshäfen. Sie strebten auch nach Ostafrika, um
einer größeren Nachfrage als der der Kalifen und Sultane genügen zu können,
dem Menschenhandel mit den Dienersklaven für Europa und mit den Arbeits-
sklaven für Amerika. Auf jeden Fall häufte Europa durch die arbeitsamen
Neger großen Reichtum an. »Dank der beachtlichen Gewinne aus dem Negersklavenhandel – 300 bis 800 %/o – finanziert der starke europäische Handel seine
Unternehmungen selbst. Er schafft verschiedene Verarbeitungsindustrien, deren
Aufschwung den Beginn einer bedeutenden Industrie anzeigt.«[21] Als Arbeits-
kräfte-, Kapital- und Rohstofflieferant wirkte Afrika so zu seinem eigenen
Nachteil am Höhenflug der europäischen Wirtschaft mit. Es spielt diese Rolle
auch während der Kolonialzeit und Neokolonialzeit weiter. Kurz, der Sklaven-
handel brachte Afrika eine schaurige Wende, die die schwarze Rasse völlig hätte
auslöschen können, so wie es den Indianern in Nord- und Südamerika erging.
Aber der negro-afrikanische Dynamismus, in Jahrhunderten mit glühendem
Eisen sterilisiert, wird überleben und selbst inmitten von Todeskräften noch
Meisterwerke hervorbringen.

3. Die Neger in Amerika: Tod und Auferstehung

Es war die Arbeitskraft der Schwarzen, die die Wirtschaft der Länder jenseits des
Atlantiks antrieb. Es handelt sich im wesentlichen um lateinamerikanische Küstenstaaten, vor allem Brasilien, um die Inseln des sogenannten »Westindien«
und um Nordamerika[22]. Im 18. Jahrhundert waren die schwarzen Sklaven auf

---

21 Gaston Martin zitiert auch den folgenden Satz aus einer Handelskostenaufstellung: »Welcher
   Handel könnte mit dem verglichen werden, dessen Ziel es ist, Menschen im Austausch gegen
   Waren zu erwerben?« (*L'ère des négriers*, Paris 1931).
22 Zweifellos war das nicht das erste Mal, daß Schwarze den amerikanischen Kontinent erreichten. Manche Anhaltspunkte scheinen darauf hinzuweisen, daß sie bereits vor Christoph
   Kolumbus die Neue Welt betreten haben. Im Tagebuch der dritten Reise spricht dieser von
   schwarzen Händlern, die den Eingeborenen von Hispaniola eine Mischung aus Gold, Kupfer
   und Silber verkauften, das von den Leuten auf Haiti guanin genannt wurde. Außerdem
   zeigen die kleinen Statuen aus gebranntem Ton, die Prof. Wuthenau (Universität Mexico)
   beim ersten Festival der Negerkunst in Dakar ausstellte und die aus dem Jahr 2000 v. Chr.
   stammen, in ihren nach der Natur gestalteten Bewegungen des täglichen Lebens alle negroiden
   Typen Afrikas.

Erste Kontakte mit Europäern und Sklavenhandel   233

den Karibischen Inseln vielfach zahlreicher als die Weißen (250 000 gegen
20 000). In Brasilien waren die Schwarzen bis ins 19. Jahrhundert hinein stärker vertreten als die Weißen. Am Ende des 18. Jahrhunderts waren sie doppelt
so viele. In Nordamerika herrschte in den Südstaaten ein für die schwarzen
Sklaven erträgliches Klima. Die südstaatlichen Plantagenbesitzer stellten sie im
großen Maßstab ein, und zur Zeit der Unabhängigkeitskriege gehörten diese
Gebiete zu den blühendsten in Nordamerika. Die Schwarzen stellten hier beinahe die Hälfte der Bevölkerung[23]. Über die wirtschaftliche Leistung der Schwarzen in Nordamerika spricht man heute nicht mehr viel, da die Mechanisierung
sich auch auf den Feldern durchgesetzt hat. Dennoch soll betont werden, daß
im 17. und 18. Jahrhundert der »Ebenholzmotor« die einzige Maschine war.
100, 200, 500, ja bis zu 1 000 Schwarze gehörten mitunter einem einzigen Herrn.
Sie arbeiteten in Kolonnen auf den Zuckerrohr-, Reis-, Baumwoll, Indigo- und
Kaffeefeldern. Brasilien, so kann man sagen, ist von den Schwarzen zivilisiert
worden. Als begabte Ackerbauern und Schmiede verwandelten sie den reichen
Boden Brasiliens, der bis dahin nur primitiv bearbeitet worden war.
Bei seiner Ankunft bereits Sklave, lebte der Neger ohne Namen, getrennt von
seiner Familie und von den Genossen seines Stammes, in der Anonymität der
Knechtschaft. Es gab keine sozialen Beziehungen mehr. Die Frauen, die wie in
Afrika auf den Plantagen und im Haus arbeiteten, erfüllten zusätzlich zu ihrer
wirtschaftlichen Rolle eine biologische, soziale und kulturelle Aufgabe erster
Ordnung. Obwohl sie im Vergleich zu den Männern weniger zahlreich waren,
eine Frau auf zwei, fünf, manchmal sogar fünfzehn Männer, wurden sie als
Frau und Mutter die wahren Träger der Gemeinschaft. Sie fühlten sich dem
Heimatkontinent stärker verbunden als die Männer. Jahrhundertelang blieben
ihre Wiegenlieder, Märchen und Tänze der einzige schwache Faden, der eine
Brücke nach Afrika schlug. Der geographische und chronologische Wechsel der
Sklaven war so stark, daß viele Elemente des negro-afrikanischen Erbes ohne
die Frauen verlorengegangen wären.
Die durchschnittliche Überlebensdauer eines Sklaven betrug fünf bis sieben
Jahre. Trotz Fehlgeburten und Kindermord spielte die afrikanische Frau eine
historische Rolle im biologischen und kulturellen Überleben. Wegen der Knappheit an weißen Frauen und trotz der Endogamieverordnungen, die, wie auf den
französischen Antillen 1778 eine Mischehe verboten, wurde die schwarze Frau
oft die Frau oder zumindest die Mutter oder Amme der Kinder des Herrn der
»casa grande«. Die weiße Milch aus dem Ebenholzkörper tränkte diese vielgestaltige Welt, ohne daß es ihr gelang, ihr den Gedanken der Gleichheit einzu-
flößen. Die »Pigmentokratie« ersetzte das politische, sozio-ökonomische System.
Wie im Register eines unübersehbaren menschlichen Gestüts achtete eine Art
Tierarzt auf die Schichtenbildung sozialen Ansehens; von den Halbinselweißen
und Kreolen an der Spitze bis zu den Indianern und Schwarzen an der Basis,
vorüber an den unwahrscheinlichsten, oft herrlichen Mischungen: Mestizen, Mulatten, Zambos, Cabalos, Cabaros, Pardos usw.
Menschlichkeit und brutale Greuel wohnten in manchen Menschen nahe beiein-

---

Was die arabischen Autoren uns über den Versuch des Mali-Königs Abubakar mitteilen, ist
ein Zeichen dafür, daß die Schwarzen schon lange von dem Wunsch besessen waren, den unermeßlichen Horizont des »Großen Wassers« zu erforschen. Waren die Schwarzen des Amerika
vor Kolumbus Afrikaner oder Melanesier?
23 Siehe *Le Sud au temps de Scarlett,* Paris 1966.

ander. Ein Plantagenbesitzer auf Haiti ging so weit, die Zungen seiner Bediensteten abzuschneiden, damit er »stumm« bedient wurde.

Manchen Schwarzen und Mulatten gelang es dank ihrer Geduld und Fähigkeit, Handwerker zu werden: Schuster, Maurer, Wasserträger usw. Andere Freigelassene werden Vorarbeiter und lösen ihren Herrn im Gebrauch der Peitsche ab, die zusammen mit den Liedern den Rhythmus der Arbeit auf den Plantagen skandierte.

Trotzdem ist es nicht erstaunlich, daß sich der Widerstand, der sich bereits in Afrika zeigte, hier noch verstärkte. Er drückte sich in Selbstmord, Selbstverstümmelung, Sabotage oder Tötung des Herrn aus. Wenn Rebellionen blutig niedergeworfen worden waren, kam es oft zur Flucht. Die entlaufenen Negersklaven nahmen in den unwirtlichsten Zonen (Wälder, Berge, Wüsten und Sümpfe) Zuflucht und bauten heimliche Zentren auf: das *quilombo*. Von dieser Art war das *quilombo* der »Bush-Negroes« von Holländisch-Guayana, dessen mühsam erkämpfte Selbständigkeit bis in unsere Zeit anerkannt ist. Weitere Beispiele waren die *quilombos* von Kolumbien, Peru und Guatemala. Herausragend war die Republik von Palmarès im brasilianischen Nordosten. Sie war nach afrikanischem Vorbild gegründet worden; die Macht ihres ersten Häuptlings Ganga Zumba ging auf seinen Neffen Zumbi über. Sie vereinigte bis zu 25 000 entlaufene Negersklaven. Die Häuptlingsschaften, die Rechtsprechung und die Märkte waren nach afrikanischem Muster organisiert. Palmarès führte einen Guerillakrieg gegen die Wiedereroberungsversuche der Portugiesen. Erst 1697, nach beinahe einem Jahrhundert Widerstand, wird Palmarès schließlich erobert. Wenn Unabhängigkeitskriege bestimmte Gebiete dieser riesigen Domäne der Sklaverei befreiten, stießen die Vorstellungen befreiter Sklaven von der Freiheit – nämlich eine qualitative Veränderung der Strukturen – mit der Auffassung der Kreolen zusammen. Diese wünschten eine Erhaltung der früheren Zustände, nur juristisch sollte die Sklaverei abgeschafft werden. Diese Vorstellung setzte sich auch, ausgenommen auf Kuba, durch. Ein General afrikanischen Ursprungs, Antonio Macéo, führte 1868 den Freiheitskampf in Kuba gegen die spanische Herrschaft. Als ein Kubaner spanischer Herkunft ihm riet, Regimenter getrennt nach Weißen und Nichtweißen aufzustellen, erwiderte ihm Macéo: »Wenn Sie nicht weiß wären, würde ich Sie auf dem Feld standrechtlich erschießen lassen. Aber ich lege keinen Wert darauf, wie Sie als Rassenpolitiker beschuldigt zu werden. Gehen Sie! Aber ich warne Sie, das nächste Mal werde ich nicht so geduldig sein. Die Revolution hat keine Farbe.«

Das Fehlen einer gemeinsamen Sprache hinderte die Schwarzen sehr beim gemeinsamen Bemühen um politisches Profil. Im Jahr 1804 indessen wurde nach dem gewaltigen Aufruhr des Toussaint-Louverture die erste Negerrepublik in Haiti gegründet. Außerdem entwickelte sich in Brasilien eine multi-rassische Gesellschaft, die sich nach der Abschaffung der Sklaverei im Jahr 1836 von der Rassentrennung lossagt. Nur die Inseln mit den Kreolen und Nordamerika tragen bis heute die Bürde von Vorurteilen eines vergangenen Zeitalters. Unter diesen Umständen können sich die Schwarzen beinahe einzig und allein auf kulturellem Gebiet wirklich ausdrücken. Die Arbeit auf den Baumwollfeldern bekam einen bestimmten Rhythmus durch die Melodien, die wie glühende Lava aus den Herzen der unterdrückten Männer und Frauen hervorbrachen. Diese Wehklagen, die man in religiöse Kulte transponierte, werden zum *Negro Spiritual*, später zum *Jazz*. In Brasilien und auf den Antillen sind die Neger-Merk-

Erste Kontakte mit Europäern und Sklavenhandel 235

male in der Musik noch deutlicher erhalten. Die Neger haben Afrikas schlagenden Puls nach Amerika verpflanzt, im Tamtam hallt er wider. Die Samba und andere Tänze, die bei den wöchentlichen Festen im Kreis getanzt wurden, bringen verschiedene Volksgruppen dazu, ihre kulturellen Eigenheiten aufzugeben. Sie erfinden eine Kunst, die ganz einfach afrikanisch ist, wenn auch nicht frei von europäischen Elementen. Selbst die afrikanischen Götter haben im Dunst und der Pestilenz der Zwischendecks den Atlantik überquert. Sie wollten ihre Aufgabe, die jetzt dringlicher war als je zuvor, den Schwarzen hilfreich zur Seite zu stehen, weiter erfüllen. Allah wurde seit Generationen von den Tukulor, den Fulbe und den Haussa angerufen. Ihnen gelang es, den Koran als fromme Lektüre einzuführen. Die Beherrschung einer Schrift, die der Herr nicht kannte, konnte zum furchtbaren Druckmittel werden.

Unter dem Anschein des Christentums, das sich oft auf die hastige Formalität der Taufe beschränkte, verbargen sich vor allem animistische Götter von der Küste Benins. Die von Adandozan verschleppte Tante des Königs Ghezo soll den *Voodoo*-Kult der fürstlichen Familie von Dahome in São Luis de Maranhão in Brasilien eingeführt haben. Der afrikanische *Voodoo*-Kult mit seinen Riten der Besessenheit und der Ekstase wurde in Haiti wie als Letzte Ölung nach dem Weg der Leiden bewahrt. Dennoch versinnbildlichten die Götter, die hier am meisten angerufen wurden, nicht mehr die Fruchtbarkeit oder den wirtschaftlichen Wohlstand, noch rief man die köstliche Yemandja, die Personifizierung des wirbelnden und glänzenden Schaums der Fluten an[24]. Man rief die Götter des Kampfes, der Gewalttätigkeit, der Auflösung und der Verweigerung: Schango, den Gott des Donners, Ogun, den Gott der Schmiede, Echu, den unumgänglichen Vermittler zwischen den Göttern, aber auch das dynamische Prinzip des Wechsels und der unerfüllbare Wunsch. Der Kult der Verstorbenen, der so kennzeichnend war für die Religion der Afrikaner, in der die Toten zwar nicht leben, aber stärker vorhanden sind, als hier auf Erden, erfuhr in diesem Zusammenhang eine ergreifende, beinahe überragende Bedeutung: die Toten, so glaubte man, nunmehr befreit von der Geißel des Tyrannen, machten die höllische Überfahrt über den Atlantik noch einmal, aber in umgekehrter Richtung. Ohne Fesseln konnten sie dem geliebten Kontinent entgegensegeln, um sich der verehrten Versammlung der Vorfahren anzuschließen, da drüben jenseits des »großen Wassers«, »da drüben im Land von Guinea«! Von dieser pathetischen Nostalgie zeugt folgender Gesang:

»Gott von Anglo, Gott von Anglo, du lehrst drei Worte des Gebets, drei Vaterunser, drei Ave Maria, sie erlauben dem Afrikaner, nach Guinea zurückzukehren.«

Insgesamt hat der Sklavenhandel zu viele lebendige Kräfte, zu viel schöpferische Energie verschlungen, als daß man ihn nicht als die große Wende in der Geschichte Afrikas betrachten müßte. Ebenso kann man wohl keine Bilanz des Sklavenhandels ziehen, denn es ist schwierig, das Elend der Menschen zu registrieren.

---

24 Yemandja wird heute noch in Brasilien verehrt, vielleicht in Erinnerung an den verlorenen Kontinent.

4. Die Brasilien-Afrikaner

Die Schwarzen und Mulatten, die von der Brandung des Sklavenhandels an die Küsten des schwarzen Kontinents zurückgespült werden, spielen eine soziale Rolle, die in keinem Verhältnis zu ihrem prozentualen Anteil an der Bevölkerung steht. Im Verlauf seiner berühmten Reise durch den mittleren Sudan sah Barth nahe bei Sokoto eine kleine Zuckerrohrplantage. Daneben befand sich eine einfache Zuckerraffinerie. Alles unterstand einem Fulbe, der 25 Jahre lang Sklave in Brasilien gewesen war.

Der Rückstrom war vor allem in Angola, an der Küste von Benin, in Dahome, in Togo und in Nigeria bedeutend. Dort traten die Brasilien-Afrikaner in einen politischen und sozio-ökonomischen Integrationsprozeß mit großer kultureller Originalität ein. Die Brasilien-Afrikaner konnten in Gebieten siedeln, die Adandozan und Ghezo in Dahome und Kosoko in Lagos abgetreten hatten.

Viele traten in den Sklavenhandel ein, dem sie gerade erst selbst entkommen waren. Später widmeten sie sich dem Handel mit Palmöl. Sie erhielten von den Königen von Abomey das Monopol hierfür. Die Könige versorgten sie auch mit Frauen, sogar mit Prinzessinnen. Sie gestanden ihnen auch gewisse politische Privilegien zu, das Recht auf einen großen Sonnenschirm, auf einen Ehrensessel und auf das Tamtam der Amazonen.

Die Brasilien-Afrikaner, von denen manche als Handwerker und Händler erfolgreich tätig waren, wagten sich auch an den atlantischen Handel. João da Rocha von Lagos schaffte Statuetten und Kultgegenstände für die Rituale der Jorubagötter von Lagos nach Bahia in Brasilien übers Meer. Er brachte amerikanische Lebensmittel und Gewürze von dort für die Küche der Brasilien-Afrikaner mit. Er hatte so viel Glück, daß der Name da Rocha in Lagos zum Synonym für ›steinreich‹ wurde. Andere spezialisierten sich auf die Steigerung des Anbaus landwirtschaftlicher Produkte, so z. B. Domingo José Martino, der sämtliche Arten amerikanischer Pflanzen (Maniok, Zuckerrohr, Apfelsinenbäume, Ananas, Papaye) nach Afrika einführte. Sein Obstgarten wurde eine Berühmtheit an der afrikanischen Küste. All diese Überlegenheit verhinderte aber nicht, daß die Brasilien-Afrikaner fest in die Strukturen der Küstenländer integriert wurden. Aber ihre Lebensweise charakterisierte sie. Sie verriet eine starke kulturelle Originalität, die sich zuerst in der Sprache ausdrückte. Wenn der iberische »patio« die eine Version des afrikanischen Hofes darstellte, so zeigten die Häuser mit Säulenbalkonen, mit Toren und Zäunen aus Schmiedeeisen, mit großartigen Wappenreliefs, die Löwen und Elefanten zeigen, die Gewohnheit, Rum zu trinken, Zigarren zu rauchen, in Hängematten zu schlafen und Morgenröcke zu tragen den Brasilien-Afrikaner. Der kulturelle Nachahmungstrieb ihrer Verwandtschaft und ihrer Kundschaft verwandelte ganze Viertel von Lagos in ein afrikanisches »Bahia«. Dennoch handelte es sich nicht um eine Autonomie im Vergleich zur lokalen Macht. Wenn die Brasilien-Afrikaner von Dahome vom Fürsten von Abomey sprachen ,nannten sie ihn »unseren König«. F. F. von Souza, der arm in Afrika eintraf und den Titel *Chacha* annahm, war Gläubiger des Königs Adandozan geworden. Eines Tages verhaftete dieser ihn und ließ ihn in einen Bottich mit Indigo tauchen, wohl um ihn der lokalen Farbe etwas näher zu bringen. Mit Ghezo, dem Nachfolger von Adandozan, durch Blutsbrüderschaft verbunden, besaß er in Wida ein größeres Ansehen als der Geschäftsträger des Königs, der Yevogan.

Bibliographie 237

Beunruhigt über diese Macht, entzog Ghezo ihm das Handelsmonopol wieder
und erlegte ihm schwere Geldstrafen auf. J. F. von Souza, der fünfte *Chacha,*
versuchte später, Dahome unter das Protektorat Portugals zu stellen. Aber sein
Hab und Gut wurde konfisziert, das Dach seines Hauses zerstört und er selbst
inhaftiert.

In Lagos verlangte der König Kosoko von den »Brasilianern« als Gegenleistung
für das überlassene Land zehn Säcke Kauris pro Jahr. Ansonsten holten sich die
Könige drei Viertel des Vermögens der Brasilianer nach deren Tod. So begrenzte die afrikanische politische Macht ständig den Aufschwung einer wirtschaftlichen Macht, die zum Konkurrenten hätte werden können.

Andererseits störte die kulturelle Ursprünglichkeit, auch in der Praktizierung
der katholischen Religion, weder die Toleranz noch den Synkretismus. Die Brasilien-Afrikaner waren weit davon entfernt, sich für das Christentum oder den
Islam zu begeistern. Dies betrübte ihre Haussa-Genossen im Norden sehr. In
derselben Familie lebten Mohammedaner und Christen brüderlich miteinander.
Hatte man die Moschee verlassen, so ging man, um seine Eltern am Ausgang der
Kirche zu erwarten. Die christliche Prozession zum neuen Jahr fiel mit dem animistischen Fest der »Heiden« von Ajarra zusammen. Bei dieser Gelegenheit
konnte man in Porto Novo eine farbenprächtige Prozession erleben. Sie begann
mit den Marien-Töchtern und den Ordensfrauen von Notre-Dame des Plaisirs
und endete mit den Rosenkränze betenden Marabut und den zotteligen Masken
der »Fetischzauberer«. Nicht zu vergessen die kleinen afro-brasilianischen Possenreißer. In ihren Anzügen von zweifelhaftem Geschmack überschrien sie sich
gegenseitig mit Lobgesängen oder aktuellen Kehrreimen.

Mit dem 19. Jahrhundert, mit dem Schwinden der portugiesischen Macht vor
dem französischen und englischen Übergewicht geraten die Brasilien-Afrikaner
in eine neue Integrationsbewegung, in das Räderwerk der Kolonisation.

Bibliographie

I. Die Erschütterung der Reiche: Songhai, Äthiopien, Kongo

AVELOT, R., »Les grands mouvements de peuples en Afrique: Jaga et Zimba«. *Bull.
Geogr.descr.* 1912.

BALANDIER, G., *La vie quotidienne au royaume du Kongo du 16. au 18. siècle.* Paris,
Hachette, 1965.

BOUVAIGNES, O., »Les anciens rois du Congo«. *Rev.Gén.Missions d'Afrique, Grands
Lacs.* 1948.

CASTRIES, H. DE, *La Conquête du Soudan par El-Mansour.* Rabat, Hespéris, 1923.

CAVAZZI, G. A., *Relation historique de l'Ethiopie occidentale et description des
royaumes du Congo, Angola et Matamba.* Übers. J. B. Labat. Paris, C–J–B.

CORNEVIN, R., *Histoire du Congo-Léopoldville.* Paris, Berger-Levrault, 1963.

LEFEVRE, G., *L'Angola, son histoire et son économie.* Liège, G. Thone, 1947.

PIGAFETTA, F. et LOPEZ, D., *Description du royaume de Congo et des contrées
environnantes (1591).* Univ.Lovanium Paris, 1963.

REQUINE, E., »La fin de l'empire Songhai«, *Tropiques.* 1953.

– »La colonne Djouder, 1591«, *Rev.intern.hist.milit., 4.*

II. Die ersten Kontakte mit den Europäern und der Sklavenhandel vom 15. bis zum 19. Jahrhundert

ALEXIS, M. G., *La traite des nègres et la croisade africaine*. Liège, H. Dessain, 1889.

ALLBRIDGE, TH., *Instructions générales données de 1763 à 1870 aux fonctionnaires et ordonnateurs des établissements français en Afrique Occidentale*. Paris, 1921.

ANCELLE, J., *Les explorations au Sénégal et dans les contrées voisines depuis l'antiquité jusqu'à nos jours*. Paris, Maisonneuve, 1887.

BAILLEY W. DIFFIE, *Prelude to Empire: Portugal Overseas, before Henry the Navigator*. A. Bison Book, Univ. of Nebraska Press, 1960.

BASCOM, W. R., »The Yoruba in Cuba«, *Nigeria*. 1951.

BASTIDE, R., *Les Américains noirs*. Paris, Payot, 1967.

– *Le Candomblé de Bahia, Rite Nagô*. Paris, La Haye, Mouton, 1958.

BENEZET, A., *A caution to Great Britain for calamitous state of the esclaved negroes*. London, 1767.

BERBAIN, S., *Le comptoir français de Juda au 18. siècle*. Paris, Larose.

BERLOUX, E. F., *La traite orientale, Histoire des chasses à l'homme organisées en Afrique*. Paris, 1870.

BLAKE, J., *European Beginnings in West Africa (1459–1578)*. London, Longmans, 1937.

BOSMAN, A., *A new and accurate description of the coast of Guinea divided into the Gold, the Slave and the Ivory Coasts*. London, 1721.

BOUET-WILLAUMEZ, E., *Commerce et traite des noirs aux côtes occidentales d'Afrique*. Paris, Impr. Nationale, 1898.

BUXTON, TH. F., *De la traite des esclaves en Afrique et des moyens d'y remédier*. Paris, A. Bertrand, 1840.

CESAIRE, A., *Toussaint Louverture. La Révolution française et le problème colonial*. Paris, Prés. Afric., 1961.

CA DA MOSTO, *Voyages*. 1957.

CHAPISEAU, Fel., *Au pays de l'esclavage. Mœurs et coutumes de l'Afrique Centrale*. Paris, Maisonneuve, 1900.

CLARKSON, TH., *Histoire du commerce homicide appelé traite des Noirs ou le cri des Africains contre les Européens*. Übers. Grégoire, Paris, 1822.

– *History of the Rise, Progress and Accomplishments of the Abolition of the African slave*. London, Longmans, 1808.

– *Essai sur les désavantages politiques de la traite des nègres*. Paris, A. Egron, 1814.

COMMAIRE SYLVAIN, S. et I., »Survivances africaines dans le vocabulaire religieux d'Haiti«, *Etudes Dahoméennes*. 1955.

COOLEY, W. D. T., *The Negroland of the Arabs explaned*. Arrowsmith, 1847.

COOPER, J., *Un continent perdu ou l'esclavage en Afrique*. Paris, 1876.

COQUERY, C., *La découverte de l'Afrique*. R. Juillard, 1965.

DAVIES, K. G., *The Royal African Company*. 1960.

DESVERGERS, M., *Histoire et description de tous les pays d'Ethiopie*. Firmin-Didot, 1847.

DE VAULX, B., *En Afrique 5000 ans d'exploration*. Paris, A. Fayard.

DE WITTE, CH. M., »Les Bulles pontificales et l'expansion portugaise au 15. siècle«. *Revue d'Hist. Ecclésiast*. 1953/54/56/58.

DUARTE PACHECO PEREIRA, *Esmeraldo de Situ Orbis*. Bissau, 1956.

DUBOIS, W. E. B., *Suppression of the African Slave Trade*. Harvard, Hist. Inst., New York, Longmans, 1896.

DUCASSE, A., *Les Négriers ou le trafic des esclaves*. Paris, 1948.

EANNES D'AZURARA, G., *Chronique de Guinée*. Dakar, 1960.

– *The Chronicle of the Discovery and conquest of Guinea*. Lond., 1896–1899.

EDWARDS, P., *Equiano's travels*. (Autobiography), London, 1967.

FISHER, A. B., *Slavery and Muslim Society in Africa*. 1970.

Bibliographie

FROSSARD, B. S., *La cause des esclaves nègres et des habitants de la Guinée*. Lyon, Delaroche, 1789.

FREYRE, G., *Le Portugais et les Tropiques*. Lissabon, 1961.
- *Maîtres et esclaves*. Paris, 1952.

GALABERT, *Le Toulousain Anselme d'Ysalguier est-il allé au Niger au 15. siècle?* Toulouse, 1933.

GASTON-MARTIN, *L'Ere des Négriers, 1714–1774*. Paris, Félix Alcan, 1931.
- *Histoire de l'esclavage dans les colonies françaises*. Paris, 1948.

GREGOIRE, H., *De la traite et de l'esclavage, par un ami des hommes de toutes couleurs*. Paris, A. Egron, 1815.
- *Manuel de pitié à l'égard des hommes de couleur*. Paris, Baudoin Frères, 1822.
- *Des peines infamantes à infliger aux négriers*. Paris, Baudouin Frères, 1822.
- *De la noblesse de la peau*. Paris, Baudoin Frères, 1826.

JAMES-BAUDINEL, *Some account of the trade in Slaves, as connected with Europe and America*. London, 1842.

JEFFREYS, M. D. W., »The history of Maize in Africa«, *S.Afr.J.Sci.* 1954.
- »Pre-Columbian Maize in Africa«, *Nature*. 1953.

JULIEN, CH. A., *Les voyages de découverte et les premiers établissements, 15. et 16. siècles*. Paris, P.U.F., 1948.

JUNOD, H., »The conditions of the natives of South East Africa in the sixteenth century according to the early Portuguese Documents«, *S.Afr.J.Sci.* 1913.

KAY, G., *La traite des noirs*. R. Laffont.

KI-ZERBO, J., »L'économie de traite en Afrique Noire ou le pillage organisé«, *Prés. Africaine*. 11.

LABAT PERE, »Le voyage du Chevalier des Marchais de Guinée, isles voisines et à Cayenne, fait en 1725«, in *Etudes Dahoméennes*. 1956.
- *Nouvelle relation de l'Afrique Occidentale d'après les mémoires d'H. Brue*.

LABOURET, H., *Le royaume d'Arda et son évangélisation au 17. siècle*. Inst. d'Ethno., 1929.

LALANDE, J., *Mémoires sur l'intérieur de l'Afrique*. Paris, Imp. des admin.nat., 1795.

LAMIRAL DOM HARCOURT, *L'Afrique et le peuple africain considérés sous tous leurs rapports avec notre commerce et nos colonies*.

LA RONCIERE, *La découverte de l'Afrique au Moyen Age*. Kairo, Société Royale de Géographie, 1924–26.
- *Nègres et négriers*. Paris 1933.

LY ABD., *La formation de l'économie sucrière et le développement du marché d'esclaves africains dans les îles françaises d'Amérique au 17. siècle*. Paris, Prés.Afr., 1957.
- *La Compagnie du Sénégal de 1673–1696*. Paris, Prés.Afr., 1958.

MANNIX, P. D., *Black Cargoes*. London, Longmans, 1963.

MARMOL, L. de, *L'Afrique (1575–1667)*. Paris, T. Jolly, 1667.

MARVIN P. MIRACLE, »Interpretation of evidence on the introduction of maize into West Africa«. *Africa*. 1963.

MORENAS, J. E., *Précis historique de la Traite des Noirs et de l'esclavage colonial, contenant l'origine de la traite, ses progrès, son état actuel et un exposé des horreurs produites par le despotisme des colons*. Paris, 1828.

MOUSNIER, J., *Journal de la traite des Noirs*. Paris 1957.

NEWBURY, W., *The Western Slave Coast and its Rulers*. Oxford, Clarendon Press, 1961.

PERIER GASTON DENYS, *Négreries congolaises*. Brüssel.

POMMEGORGE, P. de, »Description de la Nigritie«. Amsterdam, 1789, *Etudes Dahoméennes*. 18.

RAFFENEL, M. A., *Nouveau voyage au pays des Nègres*. Paris, 1856.

RAMSAY, J., *Essays on Treatment of African slaves*. London, 1784.

REGINALD-COUPLAND, *The British anti Slavery Movement*. London, 1964.

REYNARD, R., »Notes sur l'économie des côtes de Gabon au début du 18. siècle. *Bull. Inst. d'Etudes Centrafricaines.* 1957.

RINCHON, R. P., *La traite et l'esclavage des Congolais par les Européens.* Wetteren, 1929.

ROUSSIER, *L'établissement d'Issigny.* Paris, Larose, 1935.

SANTAREM, *Recherches sur la priorité de la découverte des pays situés sur la Côte d'Afrique.* Paris, 1942.

SCHOELCHER, V., *L'esclavage au Sénégal* en 1889. Paris, H. E. Martin.

- *Esclavage et colonisation.* Paris, P.U.F., 1948.

SIBIRE, S. A., *L'aristocratie négrière ou Réflexions philosophiques sur l'esclavage et l'affranchissement des Noirs.* Paris, Le Clapart. 1879.

SPEARS, J., *A history of the American slave trade.* London, 1960.

TACHE, H., *La traite des esclaves en Afrique.* Brüssel, 1890.

THEAL, G., *The Portuguese in South Africa from 1505 to 1795.* London, Allen and Unwin.

TISSERAND, CHARLES, R. P., *Ce que j'ai connu de l'esclavage en Oubangui-Chari.* Paris, Plon, 1955.

VASCO DA GAMA, *Diario da viagem.* Porto, 1945.

VILLAULT DE BELLEFOND, *Relation de costes de l'Afrique appelées Guinée.* Paris, Thierry, 1669.

VIVIEN DE SAINT MARTIN, *Histoire des découvertes géographiques des nations européennes dans les diverses parties du monde.*

VERGER, P., *Influence du Brésil au Golfe du Bénin.* Dakar, 1952.

WEATHERFORD, W. D., *The negro from Africa to America. Slavery and the slave trade.* N.Y., G.H. Doran.

WEINER, LEO, *Africa and the discovery of America.* Philadelphia, 1920–1925.

WILBERFORCE, W., *Lettre à l'empereur Alexandre sur la traite des Noirs.* London, J. Hatchard, 1822.

- *An appeal to the religion, justice and humanity.* London, Hatchard.

WILLET, FRANK. »The introduction of Maize into West Afrika. An Assessment of recent Evidence«, *Africa.* Jan. 1962.

WILLIAMS, EM., *The negro in the Caribbean (1949).* »Capitalisme et esclavage.« *Près.Afric.*

7. Jahrhunderte der Neuordnung: 16.–19. Jahrhundert

Vom 16. bis zum Ende des 19. Jahrhunderts sucht Schwarzafrika über den Sklavenhandel hinweg langsam und schmerzhaft eine neue Ordnung. Wir unterstrichen bereits die Bedeutung des Handels bei der Entstehung der negro-afrikanischen Staaten. Auch der Sklavenhandel ist hier von großer Bedeutung. Im Verlauf des 17. und 18. Jahrhunderts erfahren so die Küstenstaaten eine beachtliche, wenn auch großenteils anfällige Entwicklung. In der Sahel und in dem dazwischenliegenden Gebiet bildeten sich im 17. und 18. Jahrhundert auch Königreiche. Aber im Gegensatz zu den großen Reichen, deren Stellung sie einnahmen, haben sie eine viel begrenztere ethnische Basis; z. B. in den Ländern Wolof, Fulbe, Bambara, Aschanti usw. Erst im Verlauf des 19. Jahrhunderts nutzen die afrikanischen Führer alle ethnischen, religiösen und kaufmännischen Elemente auf einmal. Sie versuchen, die großen innerafrikanischen Einheiten des Mittelalters zu neuem Leben zu erwecken. Die Mande und die Tukulor, die Fulbe und auch die Aschanti unterscheiden sich in diesem letzten Versuch. Aber schon beschleunigte die Logik der Entwicklung unter europäischem Einfluß die imperialistische Kolonisierung. Zu Beginn des 20. Jahrhunderts ist Afrika aufgeteilt.

I. Der westliche Sudan

A. Im Senegal und in Mauretanien

Die Küste von Senegal und Gambia war die beliebteste Zone der europäischen Sklavenhändler: Portugiesen, Holländer, Franzosen und Engländer haben sich hier jahrhundertelang bekämpft. So richteten sich die Franzosen 1659 auf der Insel Saint Louis ein. 1677 nehmen sie den Holländern gewaltsam Arguin und Gorée weg. Gorée und Saint Louis werden für die französischen Kompanien, die das Binnenland bis Bure erfassen, Flotten- und Handelsstützpunkte. Mit den Niederlassungen aber, die sie dort einzurichten versuchten, stießen sie auf die Feindseligkeit von Völkern wie den Mauren oder den handeltreibenden Mande. In Mauretanien geschah um 1400 ein sehr bedeutendes Ereignis. Neuankommende Hassanaraber (von der Maqil-Gruppe), arme, aber ausgezeichnete Krieger, hatten schließlich durch viele Überfälle auf die Weideplätze der reichen Sanhadja diese zu Tributpflichtigen gemacht. Das gesprochene Arabisch (hassaniya) breitete sich dank des Sieges der Hassan aus. Vom 17. Jahrhundert an bildeten sich Emirate, die vornehmlich von ihnen beherrscht wurden. Sie befanden sich ständig in kriegerischen Auseinandersetzungen. Es sind die Emirate Trarza, Brakna, Tagant, Adrar und Hodh. Die Besiegten kehrten zu friedlichen Tätigkeiten zurück, sie wurden Gelehrte oder traten Bruderschaften bei.
Die Franzosen trachteten zusätzlich zu den Sklaven nach Gummi, Elfenbein und Fellen. Trotz der starken Führung von André Brue gelang es den Kompanien

nicht, in einem Land mit geringer Bevölkerungsdichte genügend Sklaven zusammenzubekommen. Während des Siebenjährigen Krieges erstürmten die Engländer die französischen Niederlassungen im Senegal. Aber im Frieden zu Paris
(1763) mußten sie Gorée wieder abtreten. Er erlaubte Frankreich auch, aus dem
amerikanischen Unabhängigkeitskrieg Nutzen zu ziehen und Saint Louis und
andere Besitzungen wiederzugewinnen. Die Engländer holten sich Gorée im
Jahr 1783 wieder zurück.

Im Inneren hatten die kleinen Fürstentümer am unteren Senegal bis zur Mitte
des 14. Jahrhunderts in der Lehnsfolge der Könige von Tekrur gelebt. Damals
erst konnte der namentlich aufgeführte N'Djadia Ndiaye das Königreich Djolof
gründen, das seinen Einfluß langsam über diese ganze Region ausbreitete. Die
Wiege der ältesten Dynastie des Senegal, Djolof, leitet ihren Namen vom ersten
seßhaften Bewohner dieses Landes ab, einem Mandingo namens Djolof Mbing.
Andere meinen, das Wort Wolof sei von *wolo fing* (schwarze Haut) abgeleitet,
einer Mande-Bezeichnung für die Wolof.

Walo, Cayor, Baol, Sine Salum, Dimai und ein Teil von Bambuk gehörten ursprünglich zum »Reich« Djolof. Dieses besaß eine soziale Struktur ähnlich der
von Walo und Cayor: »Sie gestaltete sich wie eine Pyramide mit einer breiten
Basis von Sklaven *(dyaqm)*, die von den Kastenangehörigen *(nyênyoo)* beherrscht
wurden, dann von den freien Menschen *(gêêr dyambour)*. An der Spitze standen
die Adligen *(garmi)* und der König *(bour)*.«[1] Dieser wurde aus einer königlichen
Matrilineage erwählt. Bei seiner Thronbesteigung nahm er zur Erinnerung an
seinen Vorfahr, den Eponym N'Djadia Ndiaye, der »aus dem Fluß gestiegen«
war, ein rituelles Bad. Zwölf Könige sind ihm an der Spitze des »Reiches« mit
dem Titel *bour bi Djolof* (dieser König hier von Djolof) gefolgt. Aber 1566
trennte sich Cayor gewaltsam vom Reich. Von da an bis zur französischen Eroberung folgten dreißig Könige als *bour ba Djolof* (dieser König, der dort unten
ist) aufeinander. Ihre Identität und die Dauer ihrer Regierungszeit geben Anlaß
zur Diskussion. Sie waren manchmal völlig abhängig von den Leibeigenen, die
die königliche Garde der *tyeddos* bildeten, aber auch von mächtigen *linguères*
(Fürstinnen), z. B. jene Kumba Ngwi Ndiaye, Mutter von zwei aufeinanderfolgenden Königen.

Aber der Sklavenhandel und die ethnische Zersplitterung erschütterten Djolof
und trieben es auseinander (Mitte 16. Jahrhunderts). Wenn man den ersten portugiesischen Reisenden glaubt, waren der Damel von Cayor, der Brak von
Walo[2], der Tegue von Baol und der Fürst von Sine praktisch autonom in ihrem
Verhältnis zum Bour von Djolof, obwohl sie seine Oberherrschaft und ein gewisses Schiedsrecht bei ihren vielen Zwistigkeiten anerkannten. Die Dynastie
der Koli, auch Denianke genannt, deren einer wahrscheinlich Mohammedaner
wurde, war ansonsten eher heidnisch. Ihr ist es zu verdanken, daß Djolof die
Kontrolle über Toro verlor, während Cayor und Baol sich in der Mitte des
16. Jahrhunderts völlig von ihm lossagten.

Die Geschichte von Walo ist ziemlich wenig bekannt. Seit der Entstehung des
Volkes Wolof am Ende des 12. Jahrhunderts zählt man ungefähr 52 *braks*
(Könige) von Walo. Der Eponym ist hier wie in den anderen senegalesischen
Königreichen N'Djadia Ndiaye. Die Geschichte Walos ist eine lange Geschichte

---

1 Siehe V. Monteil, *Esquisses Sénégalaises*, Dakar 1966.
2 Siehe *Chronik von Walo* von Amadu Wade.

Der westliche Sudan   243

von Kämpfen gegen den Emir der Trarza-Mauren und gegen die Fürsten von
Futa und von Djolof. Sie werden nur unterbrochen von Verschwörungen, Pa-
lastintrigen und Attentaten, bei denen die Frauen, insbesondere die *linguères,*
eine hervorragende Stellung einnehmen. Die *linguères* spielen oft die Rolle von
Regentinnen. Ein Rat aus drei Würdenträgern wählte den *brak* aus den Reihen
von drei matrilinearen Fürstenfamilien. Der Rat nannte sich: *Seb ag Baor.* Der
erste Würdenträger, der *Dyogomay,* »Gebieter der Gewässer«, ist gebürtiger Serer. Der zweite namens *Dyawdui,* »Herr der Erde«, ist gebürtiger Fulbe. Der
dritte, ebenso ein Fulbe, ist der Mâlo oder der Schatzmeister. Der *Seb ag Baor*
ernennt und kontrolliert den König, kann ihn auch absetzen. Er hat Anspruch
auf ein Drittel von der Kriegsbeute. Die soziale Struktur war die gleiche wie in
Cayor und Djolof. Die tatsächliche Macht lag in den Händen des königlichen
Rates, der Kaste der *tyeddos* und der allmächtigen *linguères.* Der *brak* von
Walo ist bis zum 19. Jahrhundert ein Gegner des Islam. Im 18. Jahrhundert beginnt überdies sein Stern zu sinken. Pruneau de Pommegorge zeigt ihn uns 1789
in so kümmerlicher »arroy«, daß einer seiner Vertrauten nicht anstand, ihm »ein
Glas Branntwein aus der Hand zu nehmen, um die Hälfte daraus zu trinken«.
Im 16. Jahrhundert fühlten sich die Aristokraten der Fürstentümer des unteren
Senegal noch eindeutig dem Animismus verpflichtet. Dabei unterhielten sie wie
der König von Gana mohammedanische Gelehrte und ehrten die großen islamischen Feste. Die Bürgerlichen wendeten sich dagegen dem Islam zu, in welchem
sie eine Stütze gegen den Machtmißbrauch der Großen suchten. Gegen Ende des
17. Jahrhunderts gab es sogar einen von den Mauren geförderten Versuch der
Mohammedaner, die Macht in diesem Gebiet an sich zu reißen. Er mißlang. Im
Jahre 1776 nach dem Scheich Suleiman Bar rebellierte der Almamy Abd el Kader, ein Torodo, wiederum mit einer mohammedanischen Tukulorgruppe und
stürzte den letzten Denianke-Dynasten. Gleichzeitig bekehrt er die Bewohner
des unteren Senegal mit Gewalt. Der Islam wurde Staatsreligion. Das Land verwandelte sich in eine Konföderation marabutische Bezirke. Der erwählte Almamy war der Lehnsherr.
1786/87 schlug Abd el Kader, Prophet und Krieger, um seine Etappen zu sichern,
die Trarza-Mauren in die Flucht. Er brachte den Heiligen Krieg ins Land. Als
er den *Brak* von Walo, Para Penda, und seine vom Bier ermatteten Leute überraschte, ließ er sie gefangennehmen und ihnen den Kopf zum Zeichen der Unterwerfung rasieren. Wenig später wird der aufrührerische *Brak* in einem Gefecht
getötet. Der Almamy wendet sich danach gegen Djolof, Cayor, Galam bis nach
Gambia und verwüstet alle Gebiete. Weil aber die neue Religion mit diesem Eindringen der Mauren und Tukulor einhergeht, war sie bei den Völkern des unteren Senegal unbeliebt. Nur der Norden Cayors und vor allem Walo wurden beeinflußt, Djolof und Baol blieben widerspenstig.
Andererseits beschenkte der Almamy seine Anhänger mit Land. Der Rat der
sieben großen Grundbesitzer war in dieser »demokratischen Oligarchie« an der
Macht beteiligt. Aber Abd el Kader wurde immer tyrannischer. 1788 wurde er
meuchlings ermordet. Der Staat blieb dennoch mohammedanisch und wurde
stark von den Gelehrten beeinflußt, die aus den maurischen Zawijas[3] der Sahel[4]
hervorgegangen waren.

3 Islamisches Studienzentrum.
4 Koli Tengela, genannt Puli, Adoptivsohn des Tengela, Häuptling der Fulbe von Termes,

244   *Jahrhunderte der Neuordnung*

Mehr im Süden hatten die Serer kleine Fürstentümer aufgerichtet (Kungeul, Pakala, Mandak, Rip usw.). Sie erkannten die Oberherrschaft der beiden wichtigsten Serer-Königreiche an, Sine am rechten Ufer des Salum und Salum oberhalb von Sine. Wandernde Mande, von Gabu (Portugiesisch-Guinea) kommend, hatten diese Gebiete organisiert und die Aristokratie der Gevolar gebildet. Die Serer-Königreiche gewinnt nach und nach der Islam. Es endet mit der Trennung Rips von Salum.

B. Senegambien, Sierra Leone und Liberia

1. Senegambien

Nach den Berichten der ersten Europäer nahm im 15. Jahrhundert ein Wirbelsturm von Völkern Senegambien in Besitz. Sie kamen aus dem Tal des Senegal oder unter dem Druck anderer Völker vom Futa Dschalon her. Unter ihnen traten besonders die Mande hervor, die hier durch die Sussu, Dialonke, Mende, Vai usw. vertreten waren. Die meisten dieser Völker waren Flüchtlinge: Baga, die sich in die Sümpfe zurückgezogen hatten, Landuma, Temne usw. Zu dieser Zeit erkannte dieses Gebiet übrigens noch die weit entfernte Oberherrschaft Malis an. Bezeichnend ist, daß zahlreiche lokale Häuptlinge den Titel Farima trugen. Die Beziehungen zu den Europäern waren zunächst friedlich. Bald begann aber der Menschenhandel und orientierte sich nach Portugal, São Tomé und Amerika. Im Jahr 1475 nahmen die Spanier mit einer Schiffsladung auch einen lokalen Fürsten mit. Er wurde nach seiner Ankunft in Spanien von Ferdinand V. freigelassen, aber diese Episode genügte, um die Duodezfürsten der Küste von nun an sehr mißtrauisch zu machen.

Die Portugiesen mischten sich, um die Konkurrenz der Spanier, Engländer und Franzosen abzuwehren, in die lokale Politik ein. So unterstützten sie z. B. 1478 die Thronkandidatur eines gewissen Bemoy. Er scheint sehr schlau gewesen zu sein. Er betrieb die Diplomatie so eifrig, daß er nicht nur die von den Portugiesen mitgebrachten Pferde kaufte, sondern auch die Schwänze und Mähnen derjenigen, von denen die Portugiesen sagten, sie seien auf der Überfahrt verendet. Dem König von Portugal schickte er einen schweren goldenen Armreif als Akkreditiv. Dieser »Wolof«-Fürst wurde von den Portugiesen unter der Bedingung unterstützt, daß er zum Christentum konvertierte. Bemoy zögerte zunächst. In Lissabon wurde er König Johann II. vorgestellt. Dieser empfing ihn mit schmeichelhaften Aufmerksamkeiten: »Als er in den Saal trat, wo der König ihn erwartete, ging dieser ihm zwei, drei Schritte mit der Kopfbedeckung in der Hand entgegen. Der Neger und alle, die ihn begleiteten, warfen sich ihm zu Füßen und taten so, als ob sie mit den Händen Erde aufnahmen zum Zeichen des Respekts und des Gehorsams. Der König gebot ihm, sich zu erheben, und während er sei-

---

hatte den Futa Dschalon unterworfen und um 1560 bis zum Ende des 16. Jahrhunderts die Gebiete der Tenda, Coniagui-Bassari, Baga, Nalu und Landuma vereint. Schließlich ordnete er sich die Djola und Serer unter und zwang den Wolof den Frieden auf. Als sie die Mauren nach Adrar vertrieben hatten, beherrschten die Koliabe-Denianke ein Reich, das sich zwischen dem unteren Senegal und dem oberen Niger ausdehnte.

Der westliche Sudan 245

nen erhöhten Platz bestieg, hörte er ihm durch seinen Dolmetscher zu. Bemoy war ein vierzigjähriger Mann von schöner Gestalt. Er hatte einen langen, gepflegten Bart und hatte nicht das Gebaren eines einfachen Negers, sondern das eines Fürsten, dem man Ehre und Achtung schuldete.« Nachdem die Theologen ihn unterwiesen hatten, ließ er sich 1481 auch auf den Namen Johann taufen. Johann II. schlug ihn zum Ritter und überreichte ihm als Wappen ein goldenes Kreuz auf rotem Grund, umgeben von den fünf kleinen Wappen Portugals. Auf der Stelle »versprach er dem König alle Länder, die er erobern könne und sagte dem Papst Gehorsam zu«. Es fanden viele Arbeitssitzungen statt, aber auch zahlreiche Vergnügungen: Stierkämpfe, Maskenzüge, Bälle usw. Bemoy selbst und sein Gefolge von Schwarzen hatten ein Vergnügen daran, ihren Gastgebern ein Reiterturnier afrikanischer Art darzubieten: »Sie standen sehr geschickt im Sattel, sie setzten und erhoben sich, während die Pferde liefen, sprangen zur Erde mit einer Hand am Sattel. Ebenso stiegen sie wieder auf, so als ob sie festen Boden unter den Füßen hätten, und sie sammelten, während die Pferde mit ihnen galoppierten, Steine von der Erde auf, die man ihnen in die Bahn warf. Sie zeigten noch weitere Proben ihrer Wendigkeit, bei denen sie geschickter wirkten als die Mauren aus der Berberei. Man war sehr zufrieden.«
Nach diesen Vergnügungen mußte man die Rückkehr zum Senegal ins Auge fassen. Zwanzig Karavellen begleiteten ihn, denn »die Absicht des Königs war, daß Bemoy mit seiner Hilfe die Staaten von Gelof (Wolof) erobern und diese Völker zum christlichen Glauben bekehren sollte, damit man dort einen Handel aufbauen könne«. Nach der Ankunft am Senegal aber begann Petro Vaz Da Coun, der portugiesische Kapitän, sich mit Johannes Bemoy über den Standort für das zu errichtende Fort zu streiten. Der von Bemoy vorgeschlagene Ort an der Mündung des Senegal schien sehr ungesund, ja tödlich für die Europäer zu sein. Das erweckte im den Portugiesen den Verdacht, sein Verbündeter wolle sie alle ohne einen Schwertstreich liquidieren. Vielleicht war er auch nur dieser gefährlichen Aufgabe überdrüssig und wollte in seine Heimat zurückkehren. Wie dem auch sei, im Verlauf der Diskussion beschuldigte er Bemoy des Verrats und stieß ihm, noch auf dem Schiff, den Dolch ins Herz. Lange vor dem kongolesischen Versuch hatten die Portugiesen so eine Gelegenheit verpaßt, an der Mündung des Senegal ein christliches Königreich zu errichten. Aber die Geschäfte gingen weiter, und schon 1491 verhandelte eine andere Expedition mit dem Mande-Häuptling Mande-Mirassa in Kantora über Gambia.

2. In Sierra Leone

Diego Gomez erreichte schon 1458 Kantora in Sierra Leone und erfuhr von einem maghrebinischen Händler von einer im Landesinneren liegenden, sehr reichen Goldmine. Es gelang ihm fast, den Häuptling Numi Massa zur Bekehrung zu überreden und den Imam absetzen zu lassen. Schon im folgenden Jahr schickte Heinrich der Seefahrer einen Priester. Dieser ließ die vielleicht erste katholische Kirche des afrikanischen Westens errichten, die Kirche San Domingo in Dufine. Von da an besetzten die Temne das Land. Sie ließen sich z. B. in Rotumba nieder. Sie sahen Pero de Cintra ankommen und den ersten Hafen am Fuß einer Felsenkette bauen. Er nannte ihn Sierra Lyoa (später, italienisch, Sierra Leone, Berge des Löwen), weil er meinte, daß es in solch einer Szenerie bestimmt

Löwen geben müsse. Sie betrieben Handel mit den Portugiesen. Im 16. Jahrhundert macht uns Pacheco Pereira auf die Anwesenheit von Temne und Sherbro (Bulom) aufmerksam. Er zitiert einige Worte von ihnen und erwähnte außerdem die Loko. 1561 taucht ein zahlenmäßig schwaches aber kriegerisches Volk auf. Die den Kissi verwandten Mani dringen in das Gebiet ein. Die Mani waren furchterregende Bogenschützen, Heiden und Anhänger der Vielweiberei. Sie folgten ihren Häuptlingen Sasina und Seterama nach Nordosten. Die Loko, Temne und Sherbro usw. verbündeten sich mit ihnen, um ein weiteres Eindringen zu hemmen. Indessen brachten sich die Neger gegenseitig um, und die Sklavenhandelsschiffe trieben sich an der Küste herum wie die Aasvögel in Erwartung reicher Beute. Den Mani gelang es, ihre Gegner zu überflügeln. Sie plünderten wie wild und schreckten nicht davor zurück, die Grabmäler der Fürsten auszugraben, um das hier verborgene Gold zu rauben. Mit Hilfe der Portugiesen nahmen sie es danach mit den Sussu und Ful auf, doch diese verfügten über eine Kavallerie. Die Mani wurden geschlagen und verschmolzen schließlich mit den Sussu und anderen.

Eine portugiesische Beschreibung dieses Gebietes aus dem 16. Jahrhundert bekundet uns, daß es Baumwolle, Elfenbein, Bienenwachs, Gold, Ambra, Pfeffer, Zucker(rohr?), Eisen und Holz hervorbrachte. Man müßte den Reis noch hinzufügen, den Fischfang sowie den Anbau der Ölpalme, worin sich Völker wie die Mani, Baga usw. auszeichneten. Den Häuptling nannten sie Temne *Bai*. Er präsidierte gewöhnlich dem Gerichtshof, dem sogenannten *Funko*, mit einer Gruppe von Alten als Beisitzern, den *Silatigi*. Diese werden von den den Schuldigen auferlegten Bußgeldern bezahlt. Gleichzeitig sicherten sie selbst und Anwälte mit Masken die Verteidigung der Angeklagten. Die Ratgeber des Königs werden bei ihrem Amtsantritt mit Ziegenblut und Reisbrei überschüttet. Die Dörfer waren sehr dicht besiedelt. Die Leute trugen Kleidung aus gestreiftem Kattun. Mitten zwischen ihren bescheidenen Hütten erhob sich ein eindrucksvolles Bauwerk für Feierlichkeiten und Empfänge. Der König wurde am Tag seiner feierlichen Einsetzung gebadet, gefesselt und einer Reihe ritueller Prüfungen unterzogen. Danach versah man ihn mit seinen Insignien und reichte ihm das Zepter, das *Keto*. Nach seinem Tod begrub man ihn außerhalb des Dorfes mit seinem goldenen Schmuck und errichtete auf seinem Grab ein kleines Gebäude. Geheimgesellschaften der Frauen und die Initiationen werden hervorgehoben. Die jungen Mädchen verbrachten dort ein Jahr und mehr in Zurückgezogenheit.

Im Jahr 1605 erreicht der Pater Balthasar, ein Jesuitenmissionar von 67 Jahren, die Küste. Doch sobald er ins Innere vordringt, stößt er auf den Einfluß des Islam. Im 17. Jahrhundert tragen die Temne, nachdem sie zwei Überfälle des Karu, eines Mandestammes, überstanden haben, endlich den Sieg über die anderen Völker davon. Insbesondere über die Loko, deren Hauptstadt Port Loko sie besetzten. Pater Balthasar taufte viele Fürsten unter ihnen und ihren Nachbarn. Aber die afrikanischen Häuptlinge hatten die europäischen Christen vor Augen, deren lasterhaftes Leben inmitten von Konkubinen ihnen nicht gerade eine hohe Meinung von dieser Religion vermittelte. So verwundert es nicht, daß der bekehrte *Bai* einen Ministerposten für den Sklavenhandel schuf . . . Vergeblich donnerte Pater Balthasar gegen seine Landsleute, die er beschuldigte, wahre Heiden zu sein. Er hilft indessen den Spaniern, eine Konzession für die Errichtung eines Forts zu erreichen. Die Franzosen allerdings nehmen es ihnen ebenso weg wie die Schiffe und Warenlager.

Der westliche Sudan   247

Die Seeräuberei wütete. Ein Franzose mit Namen Hamelin wird auf diesem
Gebiet berühmt-berüchtigt. Auch die Holländer errangen einen bedeutenden Anteil an diesem »Handel«, und ein spanischer Bericht aus dem Jahr 1606 hebt hervor, daß sie pro Jahr eine Tonne Gold aus Sierra Leone forttrugen. Am Ende
beherrschen dann die Engländer nach und nach das Gebiet.
Am Ende des 17. Jahrhunderts drangen die Temne, die sich weiter ausdehnten,
wie ein Keil in die Bulomgruppen ein. Sie teilten sie in einen Nord- und einen
Südteil. Das 18. Jahrhundert ist Zeuge der Vormachtstellung der Engländer,
sichtbar in der *Königlichen Kompanie von Afrika* in Buns und York sowie auf
der Insel Sherbro. Die Franzosen aber, die mit den portugiesischen Siedlern verbündeten Temne und sogar englische Piraten ließen deren Niederlassungen nicht
in Ruhe. Da die Temne von den Engländern eine Abgabe für die Konzession
erhielten, schienen sie nur gegen die permanente Besitzergreifung durch fremde
Mächte protestieren zu wollen. Vom Landesinnern her verbreiteten sich im
Norden und Osten Sussu- und Dialonkeelemente. Ebenso tauchten die Vai auf,
bei denen Bukele ein wohldurchdachtes Schriftsystem ausarbeitete[5]. Die Mende,
die im Osten erscheinen, setzen sich mit ihrer militärischen Technik der befestigten
Zentren durch.
Im Jahr 1787 zeigt sich eine neue Tatsache von schwerwiegender Konsequenz
für die Fortsetzung der Geschichte des Landes. Die Neger, die im amerikanischen
Unabhängigkeitskrieg in Kanada (Neuschottland) Zuflucht genommen hatten,
erhielten für ihre Loyalität gegenüber England die Freiheit. Andere geflüchtete
Neger von Jamaika haben ihre Zahl vergrößert. In England selbst hatte die erste
abolitionistische Bewegung unter Führung von Granville Sharp zu der berühmten Antisklavereiverordnung von 1772 geführt. Und unzählige befreite Neger
überfüllten die Städte Englands. So stellte sich das große Problem der Unterbringung der Neger. Damals tauchte in der halb philanthropischen, halb geschäftlichen Bewegung mit Granville Sharp, Thomas Clarkson, Z. Macauley und
William Wilberforce als Fürsprecher im Parlament der Gedanke auf, eine Niederlassung an der Küste Afrikas zu gründen. So schlug man mehrere Fliegen mit
einer Klappe. Man wollte beweisen, daß der »normale« Handel den Menschenhandel ersetzen kann. Man begründete einen Mittelpunkt europäischen und
christlichen Einflusses. Obendrein befreite man die Straßen Londons von einer
gewissen Unterwelt, die lästig zu werden begann. Man verlud von Amts wegen
die befreiten Neger und weiße Prostituierte, die ihre Frauen werden sollten, auf
Schiffe. Auf diese Weise hatten bereits die Franzosen die »Bevölkerung« ihrer
amerikanischen Niederlassungen im 18. Jahrhundert organisiert. An den meisten
Punkten der afrikanischen Küste wehrten sich mächtige Königtümer gegen die
Ansiedlung solcher ungebetenen Gäste. Die Lage von Freetown (freie Stadt) mit
seiner kleinen Ebene, die buchstäblich während des ganzen Jahres unter Wasser
stand, war nicht sehr zu empfehlen. 411 Personen wurden indessen dort mit Zelten und Hacken an Land gesetzt. Krankheiten dezimierten sie, und 1789 fegte
der Temnekönig Jimni den Rest hinweg. Einige Londoner brachten damals eine
Handelsgesellschaft auf die Beine. Sie versuchte 1880, andere Freigelassene anzusiedeln mit dem Auftrag, sich dem Anbau von Baumwolle und Kaffee zu widmen und mit den Temne Handel nur auf Rechnung der Kompanie zu treiben.
Die neuen Kolonisten verbrachten aber die meiste Zeit damit, gegen die Temne

5 Bit, More: *La Culture Africaine*, Algier 1969.

248   *Jahrhunderte der Neuordnung*

zu kämpfen und gegen ihren englischen Gouverneur zu rebellieren. Noch ein Fiasko. England löste, um die Erfahrungen dieser Experimente zu nutzen, die Kompanie ab und verwandelte die Niederlassung in eine Kolonie der britischen Krone (1808).

Im 19. Jahrhundert werden einige Tausend Freigelassene entlang der Küste angesiedelt. Viele von ihnen sind von einer Zügellosigkeit, die in Verbrechen endet, trotz der Aktivität der methodistischen und anderer Missionare. 1811 werden schulische Einrichtungen geschaffen, darunter auch eine christliche Gründung, die später die erste Universität von Sierra Leone wird: Fourah Bay College. Langsam begannen die Freigelassenen, die zum großen Teil aus den Ländern Aschanti, Joruba und Ibo stammten, sich zu organisieren, besonders dank der Genossenschaften und Handelshäuser. Die Handelsreisenden besuchten das Innere des Landes, von wo die Mende kontinuierlich abwanderten und dabei die Sherbro schützten und kulturell veränderten.

Mit Hilfe von zweideutigen Verträgen und Kanonendonner setzten die Engländer ihren Einfluß durch. Die Temne reagierten mit schrecklichen Brandstiftungen, deren Opfer die Missionare wurden. 1863 werden ein lokales Exekutiv- und Legislativorgan geschaffen. Zur legislativen Versammlung gehören auch zwei Freigelassene, darunter John Ezidio, der von seinen Standesgenossen ernannt wurde. Zu dieser Zeit werden die anderen afrikanischen Territorien des Westens unter britischem Einfluß Sierra Leone angeschlossen.

Die afrikanische Mulattenbevölkerung, die durch die Briten entstand, bildete einen Fremdkörper im autochthonen Milieu. Und zwar in dem Maße, wie sie sich desinteressiert zeigte an der Sprache (dem *Krio*), der Küche, der Religion (einem Cocktail aus Islam, Christentum und animistischen Praktiken), in einem Wort, an dem Kreolentum[6] und an einer Eingliederung in die Masse der Eingeborenen. Hierfür gab es gute Gründe. Die gesamte Wirtschaft wurde auf die Küstenländer konzentriert, von denen die Neusiedler herstammten. Sie wandten sich dem Hinterland nur zu, um neue Märkte zu erschließen, wobei sie die Engländer noch baten, das Gebiet der Kolonie dorthin zu erweitern. Die Briten aber stellten sich dagegen, sie waren wenig begierig, sich mit neuen Verantwortlichkeiten zu beladen. Noch entschlossener verblieben die Häuptlinge des Binnenlandes in permanenter Feindseligkeit. Die Tradition untersagte ihnen den Verkauf von Territorien, und obendrein kamen sie bei dieser Rolle als Handelsmakler stets zu kurz.

3. Liberia

Die gleiche Lage herrschte in den süd-östlich benachbarten Gebieten in der Kolonie Liberia. Die Amerikaner starteten kurz nach dem Beginn in Sierra Leone ebenfalls einen Versuch afrikanischer Kolonisierung. Es sind private Wohltätigkeitsunternehmungen, die sich mit der Aktion beschäftigten (*Amerikanische Kolonisationsgesellschaft*, schon 1816 geschaffen, *Kolonisationsgesellschaft von Pennsylvania und vom Mississippi, Gesellschaft von Maryland*). Was waren die Motive? Auch hier verwischten selbstsüchtigere Ziele das hehre Ideal von Abolitionismus und Philanthropie: es handelte sich darum, in Afrika eine Art Adop-

6 Siehe Porter, *Creoledom*, London 1963.

Der westliche Sudan 249

tivtochter Amerikas einzubürgern. »Neue Regierungsformen, inspiriert von solchen, die den Stolz und den Reichtum Amerikas ausmachen, legen Zeugnis ab vom Maß ihrer Verpflichtung gegenüber ihren ehemaligen Herren.« Außerdem gab es bei manchen Gegnern der Sklaverei im Norden sowie bei den südstaatlichen Eigentümern die Sorge, Amerika könnte von einer allzu zeugungsfähigen Bevölkerung und von Neu-Freigelassenen überschwemmt werden. Manche Herren ließen ihre Sklaven nur mit der Auflage frei, nach Afrika zu gehen. Erwies man ihnen nicht auch einen guten Dienst damit, sie zurückzuschicken? Dorthin, wo sie, wie man sich naiverweise vorstellte, mit offenen Armen empfangen wurden? Es war gewissermaßen eine Aktion »Zurück an den Absender«.

1821 gründet die *Amerikanische Kolonisationsgesellschaft* Monrovia, abgeleitet vom Namen des Präsidenten Monroe, und die Grafschaft Montserrado. Die amerikanischen Schiffe mußten ihre Schützlinge ebenso wie die Engländer mit Kanonen gegen die Überfälle der Eingeborenen schützen. Die Rückkehr zum Ursprung war von den Feindseligkeiten Afrikas begleitet. Die anderen Gesellschaften gründeten auch neue Grafschaften (Grand Bassam, Maryland-Afrika usw.). Jede Grafschaft war unabhängig unter der Leitung des weißen Syndikus der Gründergesellschaft. Um 1834 gründete die *Amerikanische Kolonisationsgesellschaft*, die die *Gesellschaft von Pennsylvania* in sich aufnahm, Liberia. Die Verfassung, die von der Harvard-Universität ausgearbeitet war, gab dem Gouverneur unumschränkte Macht. Er wurde von der Gesellschaft ernannt und von einem Rat bei den Entscheidungen unterstützt. Er erhielt allerdings das Veto-Recht. Diese Verfassung wurde von den Siedlern so lange abgelehnt, bis auch die repräsentative Versammlung der Kolonisten mit wirklichen Machtbefugnissen versehen wurde. Bald ernannte man einen schwarzen Gouverneur, und schon 1847 beanspruchte Liberia seine Unabhängigkeit. Die Vereinigten Staaten und die Amerikanische Kolonisationsgesellschaft erkannten es erst nach dem Sezessionskrieg (1861–1865) an. In der Zwischenzeit fusionierte Maryland-Afrika mit Liberia (1857). Die Amerika-Liberianer, die sich in eine endogame Gesellschaft zurückgezogen hatten, behielten aber die Macht. Sie mußten Toma, Guerze, Manon und ihren Küstenstreifen, der das Abbild der Zivilisation ihrer südstaatlichen Herren in Amerika bot, gegen die Autochthonen verteidigen. Manche Freigelassene gingen so weit, sich ihrerseits mit Sklaven zu umgeben ... Bis zum Ende des 19. Jahrhunderts war der erste Staat Schwarzafrikas, der nach Äthiopien vom Westen anerkannt wurde, kein Brennpunkt der Freiheit, sondern er beschäftigte sich damit, seine labile Freiheit zu verteidigen. Erst im 20. Jahrhundert schwenkte mit Präsident Tubman die Haltung gegenüber den Autochthonen zu einer zaghaften Integration um.

C. In Guinea

1. Die historische Entwicklung

Ein Geschehnis von besonderer Bedeutung ist in der Zeit vom 17. bis zum 19. Jahrhundert in Guinea das Fußfassen der mohammedanischen Fulbe im Bergwall des Futa, den sie beherrschten. Der Futa Dschalon, die Wasserscheide (Vater der Flüsse, wie die Fulbe sagen), das Weidehochland hatte im 17. Jahrhundert die Fulbehirten von Futa Toro aus der Sahel (Hodh) und von Massina angezogen. Nach und nach zogen sie durch die Täler zu den Höhen. So stießen sie auch auf die Ureinwohner Temne, Kissi, Limba, Baga und Landuma. Diese waren mehr oder weniger von den Sussu bedrängt und eingeholt worden, während die Fula-Kunda sich an den westlichen Hängen niederließen. Mit dem 13. Jahrhundert (Fall von Gana) scheint eine allgemeine Verlagerung zu den Küsten stattgefunden zu haben. Diese Bewegung wird durch das Eintreffen der Fulbe noch beschleunigt. Der gemeinsame islamische Glaube und die Riten der Kadiriya binden diese aus verschiedenen Richtungen Kommenden eng aneinander.

Die genannte Bruderschaft, die im 11. Jahrhundert bei Bagdad gestiftet wurde, zeichnete sich durch ihre Glaubensstrenge aus (fünf Gebete täglich, mit Vorliebe gemeinsam und nach malikitischem Ritus). Sie betont die Wohltätigkeit und die mystischen Übungen einschließlich der Ekstase. Von Mauretanien aus, wo diese Bruderschaft sehr verbreitet war, hatte sie den Futa Toro erreicht. Obwohl die Fulbe nur einen rudimentären islamischen Glauben hatten, reichte er im Gegensatz zu den schlichten Ungläubigen aus, sie untereinander zu einigen. Die Dialonke, ein Zweig der Sussu, erteilten ihnen unter ihrem König Mansa Dansa (1700–1730) nach ihrer Sitte die Erlaubnis, sich niederzulassen. Manche meinen, dieser Akt sei der Ausdruck eines vorübergehenden Bündnisses gewesen, das die Fulbe mit den Dialonke vereinigte; doch bald setzte ein Heiliger Krieg ein, der ein halbes Jahrhundert dauerte und die Dialonke in die Ebenen Guineas trieb. Im Jahr 1763 sollen die Fulbe die Häuptlinge der Dialonke getötet haben. Als sich diese wieder den Malinke zuwandten, bis dahin ihre Feinde, konnten sie sich gegen die Fulbe wenden. Sie plünderten die Festung Timbo und richteten die Fulbehäuptlinge, die sich in ihren Territorien eingenistet hatten, hin.

In diesem langen Kampf kam den Fulbe die Führerschaft zweier außergewöhnlicher Männer zugute: Ibrahima Sambego, Sori genannt, und Karamoko Alfa, Alfa Ba genannt. Letzterer war ein heiliger Mann und sehr gebildet. Er stand in Bomboli einer großen Vereinigung vor, die dazu beitragen sollte, die Fulbenation von Futa zu festigen und zu ordnen. Ibrahima Sori hingegen, der übrigens ein Vetter Alfas und ehemaliger General war, hatte sich durch seine Überraschungsangriffe bei Tagesanbruch bekannt gemacht. Daher rührte sein Name *Sori* (der Morgendliche)[7].

Karamoko Alfa begann den Heiligen Krieg, den Dschihad. Aber nachdem er wahnsinnig geworden war oder nach seinem Tod im Jahr 1751 erlosch dessen Feuer wieder. Die Versammlung bestimmte danach Ibrahima Sori dazu, die Operationen zu leiten. Mit einigen stürmischen Feldzügen festigte er die Fulbemacht. Nach und nach verfiel er aber absoluter Herrschaft und Willkür. Die Versammlung, die ihm zur Macht verholfen hatte, nahm ihm das übel. Mit Unterstützung der Anhänger Alfa Bas rief sie einen der Söhne des letzteren, Abdallah Ba Demba Salifu, fünfzehnjährig zum Almamy aus. Aber Soris Rücktritt führte bald zu ernsten Niederlagen, die die Malinke und Dialonke den Fulbe zufügten. Man mußte Sori zurückrufen. Er zerschlug die Dialonke, die gekommen waren, die heilige Stadt Foogumba zu belagern. Aber alsbald kehrte er wieder zur Diktatur zurück und legte sich 1776 selbst den Titel Almamy zu. Er

---

7 Manche meinen, dieser Beiname Sori stamme von seinem Vornamen Ibrahima – der sich früh zum Gebet erhebt – (Abraham) ab.

Der westliche Sudan 251

traf Vorkehrungen, um sich von dem Einfluß der Marabut, die Fugumba beherrschten, zu befreien. Um 1780 verlegte er die Hauptstadt nach Timbo, ließ die renitentesten der Marabut hinrichten, formte die Versammlung so um, daß sie ihm ergeben ist, läßt andererseits seinen Rivalen Abdallah Ba Domba an der Macht teilhaben und behielt so die Zügel in der Hand bis zu seinem Tod im Jahre 1784. Sein Sohn Saiduu übernimmt danach als Vertreter der militärischen Partei der Sori *(Soriya)* die Macht (1784–1791). Aber der marabutische Klan der Anhänger Alfa Bas *(Alfaya)* machte ihm die Herrschaft streitig. Der Bürgerkrieg weitet sich aus und hält an. Um 1840 kommt eine Art *gentlemen's agreement* zwischen den beiden Parteien zustande, jedem Lager den Titel Almamy abwechselnd zu überlassen. Nun folgte eine glanzvolle Periode. Die inneren Unruhen flammten jedoch vereinzelt wieder auf, wenn der Titel von einem Klan zum anderen überging. Zum Beispiel dann, wenn der Klan, der an der Macht war, sich weigerte, den Platz zu räumen. In der Tat hatte die Übertragung des höchsten Titels wegen des *spoilssystem* einen Personenwechsel in allen Stufen der Hierarchie zur Folge. Die *combinazione* war die Regel bis zu der Zeit, als der Almamy Bokar Biro das Protektorat Frankreichs anerkannte.

2. Der sozio-politische Aufbau des Futa Dschalon

Die Organisation des Fulbestaates des Futa Dschalon war sehr gut ausgearbeitet. An der Spitze stand der Almamy, den vier große Wahlmänner ernannten. Diese wiederum vertraten die vier großen marabutischen Familien der Gefährten von Alfa Ba und Ibrahima Sori. Die Ernennung mußte durch die Akklamation der Versammlung der freien Fulbe bestätigt werden. Der in Timbo gewählte Almamy mußte in der heiligen Stadt Fugumba in sein Amt eingeführt werden. Der Almamy, kommandierender General, übte seine politische und gerichtliche Macht in einem kollegialen Rahmen aus. Er war Vorsitzender des Altenrates, der ihn theoretisch auch absetzen konnte. Das Land war in neun, später in sechzehn Provinzen *(diwe,* Einzahl *diwal)* unterteilt; jede unterstand einem Gouverneur *(lamdo).* Diesen ernannte der Almamy. Dem Gouverneur stand ein Rat zur Seite, in dem auch ein Stellvertreter des Almamy saß. Es kam bisweilen vor, daß der Gouverneur, z. B. der von Labe, auf wirtschaftlichem Gebiet mächtiger wurde als der Almamy, weil sein Territorium über eine ansehnliche Ausdehnung und beachtliche Reichtum verfügte. Die Provinzen waren in Distrikte eingeteilt, deren Häuptlinge vom Lamdo ernannt wurden. Der Distrikt ist eine territoriale Unterteilung aus fiskalischen Gründen. Er schließt mehrere Dörfer oder Gemeinden mit ihrer Moschee ein, die jeweils aus einer besonders gepflegten Fulbehütte besteht. Vom sozialen Gesichtspunkt aus ist die Struktur feudal: an der Spitze befinden sich die Familien der führenden politischen und religiösen Kreise, die im allgemeinen Adlige und Träger spezieller Titel sind *(alfa, mody).* Darauf folgen die freien Fulbe und die schwarzen Mohammedaner, die lehnspflichtigen Männer der Aristokratie. Die Handwerker *(baledjo)* bilden eine Sondergruppe in bestimmten Wohnvierteln. Schließlich gab es noch die Gefangenen *(rimaibe),* von denen die einen ans Haus gebunden und besser angesehen waren, während die anderen, Kriegsgefangene oder Gefangene des Sklavenhandels in speziellen Weilern unter der Fuchtel eines Aufsehers zusammengefaßt waren. Sie wurden zu schweren Arbeiten gezwungen. Die Weiler lagen tief unten in den warmen Tä-

252　　　　　　　　　　　　　　　　　　　　　　　　　　　　　　　　*Jahrhunderte der Neuordnung*

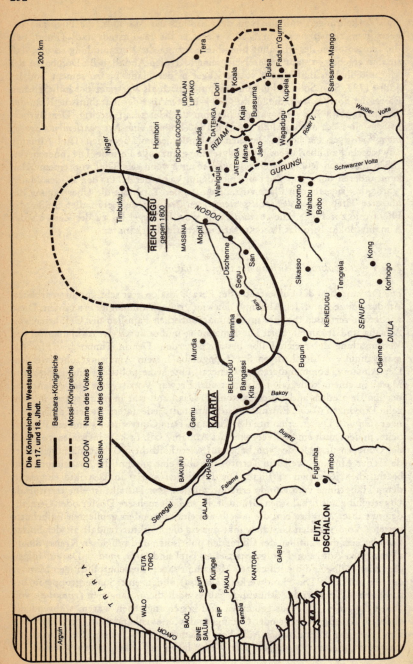

Der westliche Sudan   253

lern, während die Herren sich auf den Höhen niedergelassen hatten, wo sie einmal von der erfrischenden Kühle, zum anderen von den strategischen Verteidi-
gungsmöglichkeiten profitieren konnten.

Obwohl bestimmte animistische Merkmale formal überlebten (z. B. der Brauch
des frisch ernannten Almamy, sich rückwärts auf Getreidekörnern [Hirse, Reis,
fonio] zu rollen), praktizierten die Fulbe des Futa Dschalon einen strengen und
puristischen Islam. Er war von den maurischen Herren des Tagant inspiriert, wo
die Ärzte des Futa (die *Fodie*) eine Ausbildung erhielten. Unter den Fodie standen die *Tamsir*. Vorsteher der Moscheen, und die *Serim* (Lehrer) vervollständigten
die Skala dieses glänzenden Lehrkörpers.

Um dem Volk den Islam näherzubringen, versuchte man zusätzlich zum Arabischen eine nicht heilige Sprache *(djami)*, das Ful oder Fulfulde in Gedichten oder
religiösen Versen zu verwenden.

Die Kulturrezeption der Massen wurde auf diese Weise beschleunigt, und die
Zentren des Futa hatten eine intellektuelle und religiöse Ausstrahlung erster
Ordnung.

D. Die Bambara-Königreiche von Segu und aus Kaarta

Folgen wir nun den sagenhaften Anfängen des Bambara-Königreiches von Segu.
Es versuchte im Nigerbogen die politische Leere, die der Verfall· des Songhai-
Reiches hinterlassen hatte, zu füllen. Tatsächlich schließen sich am Ende des 16.
Jahrhunderts die Bambara (Bamanan oder Menschen des Krokodils) wieder zu-
sammen und richten sich oberhalb des Zusammenflusses von Niger und Bani ein.
Nachdem sie aus dem Gebiet um Dschenne und viel früher vielleicht von Norden her gekommen waren – manche sagen auch, von der oberen Elfenbeinküste –,
lebten sie mit den Bozo und den Soninke und mit den Fulbe von Massina zusammen. Sie verbündeten sich mit diesen, um 1645 den letzten König von Mali,
Mansa Magan zu schlagen. Die erste Herrscherdynastie war die der Kulubari.
Nach manchen Quellen bedeutet Kulubari »die, denen der Berg nicht wider-
steht«, nach anderen »ohne Einbaum«. Nach einer Legende waren die Vorfahren
der Bambara zwei Brüder, Baramangolo und Niangolo. Als ihnen ein Widersacher auf den Fersen war, gelangten sie an das Ufer eines Flusses, wo sie fieber-
haft aber vergebens nach einem Einbaum *(kulu)* suchten. Da tauchte an der Was-
seroberfläche ein riesiger Wels auf und verband, indem er sich quer über den
Fluß legte, die beiden Ufer miteinander. Auf diese Weise diente er den Flüchtigen als lebende Brücke, und daher rührt auch ihr Name Kulubari, d. h. ohne Einbaum. Die beiden jungen Männer sollen die Vorfahren der Bambara von Segu
und der Bambara aus Kaarta gewesen sein. Niangolo, der mit seinen Anhängern
am linken Ufer des Niger entlangzog, soll den großen Soninke-Handelsplatz
Baiko beherrscht haben, danach soll er sich in Susana nahe bei Murdia niedergelassen haben. Hier begründete er die Dynastie der *Kulubari Massassi*, d. h.
»Nachkommen des Königs«. Das ist ein Titel, der vielleicht als eine Herausforderung an die Dynastie von Ngolo Diarra von Segu in Umlauf gebracht wurde.
(Sie betrachteten sie gewissermaßen als Sklaven.) Aber nach manchen Quellen
kann sich dieser Zwischenfall nur während der Regierungszeit Mamari Kulubaris, eines Halbbruders der beiden Flüchtigen, ereignet haben, den Niangolo we-

gen einer Verschwörung verfolgte. Dieselben Quellen betrachten Biton oder Mamari Kulubari als den wirklichen Gründer des Königreichs von Segu, während andere meinen, daß ihm seit Baramangolo eine Reihe von Fürsten vorausgegangen sein müsse. Der berühmteste unter ihnen soll Kaladian Kulubari gewesen sein. Dieser sicherte dem Bambarastamm durch eine lange Regierungszeit von 30 Jahren, von 1652 bis 1682, die Unabhängigkeit. Die Könige Danfassari (1682 bis 1697) und Sume (1697–1712) sollen ihm ohne besonderen Glanz gefolgt sein. Nach ihnen bestieg Mamari Kulubari den Thron. Nach den genannten Quellen hieß der Vater Bitons Tiguiton Kulubari. Er wurde gegen Ende des 16. Jahrhunderts in Niamina geboren. Seine Frau, eine geborene Sulu Suko-Prinzessin, soll im Alter von 50 Jahren mit einem Sohn niedergekommen sein. Daher stammt dieser erstaunte Ausruf des Vaters: *Bi to ye na!*, d. h. zu meinen Lebzeiten, und der Name des Knaben, Biton. Tiguiton oder Biton war ein großer Jäger. Er ließ sich am Ufer des Niger in der Nähe eines großen Karite-Baumes (Si) nieder; in einem Dorf mit Namen Sikoro, d. h. unter dem Karite-Baum. Aus ihm wurde später Segu. Die Legende erzählt, daß Biton, als er nachts einen Sohn des Wassergeistes beim Stehlen im Gemüsegarten seiner Mutter überraschte und dieser kleine Geist ihn um Gnade anflehte, er ihn zum Grund des Flusses schleppte und seiner Mutter präsentierte. Diese versprach ihm voller Dankbarkeit ein unermeßliches Reich. Sie gab ihm in jedes Ohr einen Tropfen Milch aus ihrer Brust. Das befähigte ihn, die vertraulichsten Mitteilungen zu hören.

Bitons Mutter bereitet das Hirsebier *(dolo)* zu. Das war der Grund für den Zustrom von Jägern und anderen Liebhabern des Getränks. Schließlich gründete man deshalb eine Vereinigung (auf Bambara *ton*), zu deren Vorsitzenden natürlich Biton gewählt wurde. Von daher soll nach manchen Autoren sein Titel Biton (Häuptling des *ton*) stammen, denn er nannte sich ursprünglich Mamari. Alle diese Berichte spielen zunächst zweifellos auf ein Bündnis mit den Bozo an, deren Totem der poisson à seins ist. Auf jeden Fall zeigen sie ganz offen von Anfang an den animistischen Charakter dieses Volkes, das bis ins 20. Jahrhundert hinein ein starker Hemmschuh für den Islam blieb. Tatsächlich nimmt der *ton*, diese Bruderschaft der »runden Kalebasse« sehr schnell beachtliche Dimensionen an und reicht über die Jäger hinaus. Seine Mitglieder werden die *Ton Dyon* (Sklaven der Gemeinschaft) genannt. Jeder wurde zum Sklaven der Gemeinschaft. Sie, die aus den hitzigen Gesprächen der Jäger beim dolo hervorgegangen ist, entwickelte sich mit der Zeit zum Symbol eines Zusammenschlusses mit politischem Charakter, bei dem alle Mitglieder durch Rechte und Pflichten gebunden waren. Zum Schluß gehörten zwangsläufig alle Erwachsenen der Gemeinschaft an, die sich so mit der Gesellschaft selbst deckte. Der Handel mit diesem Met wurde eine Art staatliches Monopol. Alle Ton Dyon mußten am Montag, dem wöchentlichen Markttag, davon kaufen. Der Preis des Met *(di songo)* entwickelte sich zur Steuergrundlage, die in Kaurischnecken erhoben wurde und für Gemeinschaftsaufgaben verwendet wurde. Diejenigen, die dem zuwiderhandelten, hielt man einfach bis zur Begleichung ihrer Steuerschuld als Gefangene zurück. Die Regelung vollzog sich immer mehr auch in der Zahlung von Gold und Vieh, wie auch in der Abarbeitung der Schuld bei der Feldarbeit oder als Sklave. Das gesamte Bambaravolk, das diesem kollektiven Steuergesetz unterworfen war, akzeptierte auch die Wehrpflicht als Pflicht der Gemeinschaftsmitglieder. Das Wort Ton Dyon machte schließlich die Bürger dieser Gemeinschafts-Nation in ihrer besonderen Rolle als Soldaten kenntlich.

Der westliche Sudan 255

Das Genie Biton Kulubaris bestand darin, statt der allgemeinen Verpflichtung, die immer Massenaushebung bedeutete, ein Berufsheer zu schaffen. Zusätzlich zu den üblichen Rekruten gliederte er immer mehr Männer in die Armee ein, die ihren Verpflichtungen gegenüber dem Staat nicht nachgekommen waren: zahlungsunfähige Steuerschuldner, Verbrecher, die ihre Geldstrafe nicht bezahlen konnten, begnadigte Todeskandidaten, Kriegsgefangene usw. Allmählich nennt man nur noch die Leute Ton Dyon, die von ihrer bäuerlichen Tätigkeit bei ihrem Stamm als Männer des Königs oder des Staates, als Fronbauern des Krieges abgeordnet wurden. Man entband sie von den Steuern, weil sie die Steuer des Blutes zahlten. Biton teilte ihnen eine kleine Flotte für friedliche und militärische Transporte unter dem Befehl der Somono des Nigers zu.

Dieser Fluß entwickelte sich so zur strategischen Achse des Königreiches, wie er es seit Jahrhunderten für die sudanesischen Reiche gewesen war.

Aber dieses neue Gefüge, das das Bambaravolk einen Riesenschritt auf dem Wege zur Staatsbildung machen ließ, steckte voller Gefahren. Die Ton Dyon, Grundlage der militärischen Macht wie alle Prätorianerarmeen, werden sich ihrer Macht bewußt. Sie mißbrauchen sie nach Biton Kulubari, um den Staat zu beherrschen. Dennoch blieben sie zu Lebzeiten des großen Königs ein wirksames Instrument in seinen Händen, um die Soninke von Kirango unter ihrem Häuptling Mamadi Bware zu unterwerfen und die Hauptstadt der Massassi zu erobern. So schafft er bis zu seinem Tode ein großes Bambarareich, das vom oberen Niger bis in das Gebiet um Dschenne reicht. Wahrscheinlich zu dieser Zeit verließ die Mande-Bevölkerung vom oberen Volta (Marka, Samo, Yarse) diese Gegend, um in den Süden abzuwandern. Biton starb 1755, nachdem er eine politisch solide Gemeinschaft geschaffen hatte. Sein Sohn Dinkoro jedoch (1755–1757) wurde als launenhafter Tyrann meuchlings ermordet.

Das gleiche Los war seinem Bruder Ali von den Ton Dyon bestimmt. Dieser, ein sehr frommer Mohammedaner, wagte den Versuch, die animistischen Kulte und die alkoholischen Getränke zu verbieten. Es folgte eine Zeit der Anarchie, in der Banden von Ton Dyon das Gesetz im Land machten und Könige nach Belieben ein- und absetzten. Im Jahre 1766 endlich griff ein von Biton Freigelassener, N'Golo Diara, der außerdem eine Tochter seines Herrn geheiratet hatte, nach der Macht. Er unterwarf die Soldateska, die das Land heimsuchte. Er dehnte ferner den Machteinfluß von Bambara bis jenseits von Timbuktu aus. Er richtete das Mossiland durch Repressalien zugrunde, weil Jatenga Naba Mißhandlungen an einem Expeditionskorps verübt hatte, das man auf den Ruf seines Vorgängers hingesandt hatte. Aber die Mossi überstanden den harten Schlag, und auf dem Rückzug von einem Angriff gegen die Mossi starb der alte, kranke König (er war 90 Jahre alt). Sein in eine Rinderhaut genähter Leichnam – so hatte man es auch mit Sakura von Mali getan – wurde für das königliche Leichenbegängnis nach Segu überführt.

Unter seinen beiden Söhnen Naniankoro und Monzon flammten die inneren Kämpfe wieder auf. Aber Monzon setzte sich trotz der Hilfe, die die Massassi seinem Rivalen leisteten, mit Energie durch. Er überfiel Kaarta und eroberte Guemu. Kaum hatte er sich den Mossi zugewandt, da waren sie schon geschlagen, und er festigte seinen Einfluß über Timbuktu und das Dogonland. Er wurde ein bedeutender König. Sein Sohn Da Diarra wollte diese brillante Karriere fortsetzen, wurde jedoch von den Fulbe von Hamadu Seku abgelöst. Nach dem Folgekönig Tiekoro setzte von neuem eine Reihe von beklagens-

Jahrhunderte der Neuordnung

werten Bürgerkriegen unter verschiedenen Dynasten ein. Unter ihnen gab es manche mit wenig rühmlichen Namen, z. B. Naluman Kuma (Kuma der Dumme). Massala Demba (1851–1854) nahm die Eroberungen in Kaarta wieder auf. Als der Schatten El Hadj Omars sich von Westen näherte und die ganze Sahel verdüsterte, versöhnten sich die feindlichen Brüder Segu und Kaarta, aber zu spät.

Unter den Herrschern Kaartas verdient Benefali (1710–1745) Erwähnung. Er hat die Grenzen des Königreichs erweitert. Sein Bruder und Nachfolger Fula Koro ließ sich von Biton schlagen. Nach einer Krisenphase der Anarchie zeich-

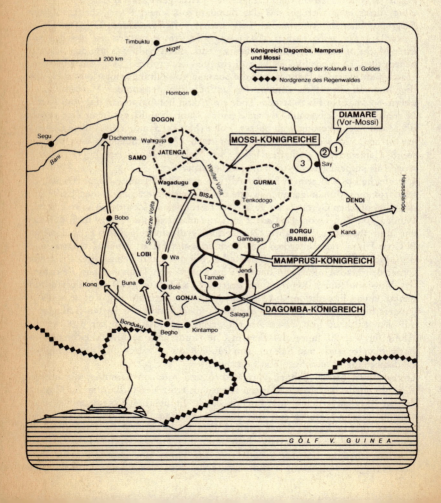

Der westliche Sudan 257

nete sich Sira Bo (1761–1780) durch siegreiche Feldzüge gegen Khasso, Bakundo und Beledugu aus. Im Handstreich nahm er den reichen Handelsplatz der Malinke, Kita. In der Folge werden die Massassi sporadisch von Segu beherrscht bis zum Anrollen der mohammedanischen Welle der Tukulor, die selbst Massina mit sich reißt.

E. Die Länder am oberen Volta

1. Die Völker

Vier große Völkergruppen leben in den Ländern am oberen Volta:
- die »Autochthonen«: Gurunsi, Senufo, Dogon, Bwa, Kurumba usw.,
- die »Mande«: Bisa, Samo, Bobo-fing, Yarse usw.,
- die Fulbe,
- die Mossi.

Alle diese Gruppen haben sich seit Jahrhunderten vermischt und schufen dabei sogar neue Volksgruppen wie die Silmi-Mossi. Deshalb bleibt manchmal die Sprache als einziger Beweisfaktor inmitten einer Kultur, die anderen Volksgruppen entlehnt wurde. So haben die Bwa eine Sprache vom oberen Volta, ihre Kultur entspricht der Mande-Kultur.

Die Sprachen lassen sich in zwei große Gruppen teilen:
- Volta-Gruppe mit dem More (Sprachen der Mossi), dem Gurunsi, dem Dagari, Lobi, Senufo usw.
- Mande-Gruppe mit dem Bobo-fing, Bisa, Samo, Samoro von Orodara usw.

Die Samo des Südens (mâka) scheinen aus dem Südwesten gekommen zu sein, wo sie, als sie mit den Bisa und anderen Völkern den Niger überschritten, die Spitze der Mande-Ausbreitung bildeten. Die Samo des Nordostens (Maya) und des Nordwestens (matya) scheinen seit sehr langer Zeit in ihrer gewohnten Gegend an der Grenze Malis verwurzelt zu sein.

2. Die Anfänge der Mossi, Dagomba, Mampursi usw.

Wann und wie hat sich das Mossivolk entwickelt, das sich heute im Becken des Weißen Volta findet?

Die ersten Autoren haben mit Hilfe der Chroniken (Tarik) eine sehr lange Chronologie erarbeitet, die den ersten König von Wagadugu, Ubri, um 1050 bis 1090 (Delafosse), um 1182 (Yamba Wedraogo) und um 1175 (Tausier) einordnet. Diese Mossi hatten auch mit Hilfe der Jatenga das dekadente Mali und das Songhaireich von Gao angegriffen. In der Tat weisen die Tariks auf mehrere Überfälle und Raubzüge des Königs der Mossi (Mossi-Koi) in Richtung auf den Nigerbogen hin.

Zunächst im Jahre 1250. Darauf um 1337 die Plünderung Timbuktus. Es folgte der fehlgeschlagene Handstreich gegen Benka, die Hauptstadt der Seenprovinz, die oberhalb Timbuktu liegt. Nachdem die Mossi von Komdao in Kobi eine Niederlage erlitten hatten – sie nahmen Zuflucht im Bambaraland –, überfiel

258   *Jahrhunderte der Neuordnung*

Sonni der Große (1464–1492) Mossi und feierte den Ramadan in der Hauptstadt
von Nasere. Danach kehrte er zurück, um die Residenz des Mossi-Koi in Bar-
kona zu zerstören und die Einwohner umzubringen. Wenig später schickt er den
Mi-Koi Yate aus, der den *tenga-niâmâ*, einen Mossi-Würdenträger, hinrichten
läßt. Aber die Mossi stürmen alsbald bis nach Biru (Walata) und nehmen es
nach einer monatelangen Belagerung ein. Sonni Ali läßt darauf die Arbeiten an
dem Kanal, der Timbuktu mit Walata verbinden sollte, unterbrechen. Er stürzt
sich auf die Verfolgung der Mossi. Nachdem er den König von Silla, der sie
hatte durchziehen lassen, hingerichtet hatte, überfällt er in Direi die Zeltstadt
des Mossi-Koi. Dieser wird gezwungen, die in Walata gemachte Kriegsbeute
herauszurücken. Als er von den Ereignissen in Direi erfährt, macht er sich auf
die Suche nach Sonni. Doch weicht er »von Angst ergriffen« vor der Songhai-
armee zurück und wird von Sonni in der Schlacht von Kobi (1483)[8] vernichtet.
Unter dem Askia Mohammed setzt dann von 1497–1498 der Heilige Krieg gegen
den Mossi-Koi Na'asira ein. Der Askia »tötete eine Menge von Männern, verwüstete ihre Felder, plünderte ihre Wohnungen und führte ihre Kinder in Gefangenschaft. Alle gefangenen Männer und Frauen wurden dem Gott geweiht.«
Im Jahr 968 endlich (1562–1563) unternahm der Askia Daud einen zweiten Feldzug gegen die Mossi, »deren Führer das Land mit all seinen Truppen räumte«[9].
So enden also die vom 13. bis zum 16. Jahrhundert zunächst unheilvollen, dann
siegreichen Kontakte (Eroberung von Timbuktu und Walata) für die Mossi
schließlich mit bitteren Niederlagen durch Sonni Ali und Askia Mohammed.
Handelt es sich hier aber um direkte Vorfahren der heute lebenden Mossi? Für
manche Autoren (Delafosse, Tauxier, Frobenius) ja. Doch sind sie sich nicht einig
in der Identifizierung des Na'asira der Chronik (Tarik).
Für die meisten der zeitgenössischen Autoren (Fage, Levtzion, Echenberg,
Izard[10]), Lambert ging ihnen darin voraus, sind nicht die direkten Vorfahren der
heutigen Mossi für diese Schlacht um den Nigerbogen verantwortlich, sondern
eine andere Reihe von »Mossi«-Häuptlingen, die an anderer Stelle als heute
lebten. Sie haben folgende Argumente:
– Keine Überlieferung der heutigen Mossi-Königreiche weist auf diese Ereignisse
  hin.
– Nach den Chroniken scheinen die Mossi im Osten mit Verbindung zu Timbuktu beheimatet zu sein.
Andererseits gibt die von Tamakloe[11] erstellte Chronologie von Dagomba an,
daß die Gründung dieses Königreichs erst im Jahr 1416 stattgefunden haben
kann. Also ist es früher dagewesen als die Mossi-Königreiche im Becken des
Weißen Volta. Aber auch diese Chronologie, die nicht genau mit Ereignissen
übereinstimmt, die von der Geschichte der Nachbarvölker beschrieben wurden,
wird von manchen Autoren für zu lang gehalten.
Kurzum, betrachtet man die Anzahl von Königen auf den Listen der Dynastien

---

8 J. de Barros (*Decadas da Asia*) weist auch auf das Zeugnis Bemoys hin, eines Wolofs, der an
   den Hof Johanns II. von Portugal geschickt worden war. Er erwähnte den »König der Moses-
   Völker«. Johann II. folgerte aus den Auskünften, die Bemoy lieferte, daß dieser König »ein
   Vasall oder ein Nachbar des Priesters Johannes (Negus von Abessinien) sein müßte«. Durch
   den Abessinier Lucas Marcos, der sein Land über Jerusalem wieder erreichte, ließ er sogar
   einen Brief an den »König der Moses« schicken.
9 *Tarik es Sudan.*
10 Siehe M. Izard, *Introduction à l'Histoire des Royaumes Mossi*, 1970.
11 Tamakloe, *A brief history of Dagbamba people*, 1931.

Der westliche Sudan 259

von Wagadugu und Wahiguya auf durchschnittliche Regierungsdauer und dynastische Generationen hin, so scheinen die sehr langen Chronologien der ersten Autoren zumindest teilweise erdichtet. Für die durchschnittliche Regierungsdauer wird nämlich ohne erkennbaren Grund bis zur dreifachen Zeit angegeben.

Dagegen lassen die den Mampursi, Dagomba und Mossi gemeinsamen Überlieferungen ihre Vorfahren von Osten, von jenseits des Nigers kommen. Im Gebiet von Zamfara im Haussaland soll es eine frühe Mossi-Bevölkerung gegeben haben, sowie im heutigen Nord-Kamerun auch eine Mossah-Volksgruppe mit Skarifikationen, die denen der Mossi vergleichbar sind.

Zudem erklärt der Tarik von Say, *Aguimas-Afriquia*, den man Abkal Ould Audar[12] verdankt, eindeutig, daß die von Nordosten gekommenen Mossi um das 8. Jahrhundert herum das Königreich Diamare mit der Hauptstadt Rozi gründeten. Fünf Jahrhunderte später sollen die Attacken der Berber sie veranlaßt haben, nach Westen zu ziehen, wo sie im Gebiet von Mindji ein zweites Diamare errichteten. Schließlich hatte eine große Hungersnot sie dazu getrieben, den Niger zu überschreiten, um dort am rechten Ufer ein drittes Königreich aufzubauen. Das geschah auf Kosten der Gurma und anderer Ureinwohner im heutigen Gebiet von Aribinda. Man fand sogar die von Ould Audar besonders hervorgehobenen Pyramidengräber von vier Herrschern des ersten Königreiches.

Es gibt eine Reihe von Tatsachen, die die größere Bedeutung der nördlichen »Mossi« als den entfernten gemeinsamen Vorfahren der Mampursi, Dagomba und Mossi nahelegen. Als diese nördlichen Proto-Mossi im 13. Jahrhundert in den Nigerbogen vorrückten, erlagen sie schnell der Anziehungskraft der üppigen Städte des mittleren Nigers. Sie mußten versuchen, wenn es ihnen schon nicht gelang sie an sich zu reißen, so doch wenigstens die Reichtümer in kühnen Überfällen zu rauben.

Auch wenn diese Gruppen keine zentralisierten Staaten gründeten, so waren sie doch keine einfachen Abenteurerhorden. Von Bedeutung sind in diesem Zusammenhang die Begriffe »Sultan« und »Hauptstadt«, die die Chroniken im Zusammenhang mit ihnen verwenden. Sicher haben mit Sonni Ali und vor allem mit Askia Mohammed manche Neo-Mossi der derzeitigen Königreiche an den Operationen gegen die Handelsstädte des Reiches Gao teilgenommen. Aber die brillante Eroberungsphase, die der Verfallsphase Malis entsprach, war vorbei. Von nun an ziehen sich die Mossi, abgesehen von einigen Versuchen Jatengas, in eine andauernde Isolierung zurück. Sie wird wirklich erst von den Schüssen der europäischen Militärkolonnen des 19. Jahrhunderts durchbrochen.

Welches Band besteht aber dann zwischen den Proto-Mossi und den Neo-Mossi? Anscheinend gibt es keine direkte Verbindung, weder in unmittelbarem zeitlichem Zusammenhang noch in unmittelbarer räumlicher Kontinuität. Die von Gao zurückgedrängten nördlichen Proto-Mossi werden durch die Kraft Songhais beseitigt und von den Kurumba aufgesogen. Während dieser Zeit unternehmen Scharen, die sich von diesem ursprünglichen Zweig losgetrennt hatten, zu verschiedenen Zeiten einen langen Zug in verschiedene Richtungen. Die Wanderung führt sie zuerst gen Südwesten in das Land der Mampursi, Dagomba und Nanumba (der Norden des heutigen Ghana) und danach unter dem Einfluß bevölkerungspolitischer Faktoren in den Norden, in die Länder am oberen Volta. (Denken wir an die Hungersnot, die Audar, aber auch die anderen

---

12 Siehe Boubou Hama, Prés. Afr., 1966, S. 205–215.

Chroniken, vornehmlich der *Tedzkiret an Nisian* erwähnen!) Zweifellos sind weitere, schwierig zu bestimmende soziologische und politische Ursachen in Betracht zu ziehen.

Sie gründeten damals einige politische Formationen, deren Entwicklung man sich noch einmal vor Augen führen sollte.

Alle verfügbaren Überlieferungen lassen die Gründer der derzeitigen Mossi-Königreiche aus dem Gebiet von Gambaga (Norden von Ghana) kommen. Es ist deshalb höchstwahrscheinlich, daß sich Gruppen von Proto-Mossi seit dem 14. Jahrhundert zum Süden hin gewandt haben. Vielleicht taten sie es nach den ersten Fehlschlägen am Niger, vielleicht zog sie auch der Ruf der reichen und grünen Länder des Südens und die Berühmtheit des Goldes von Lobi, Aschanti und Baule an. Sie hatten durch ihre Verbindungen mit den Metropolen des mittleren Nigers davon erfahren.

»Der rote Jäger« Tohajiye, der dem König von Mali gegen seine Feinde geholfen hatte, warf, als er sich unter dessen Töchtern eine Frau aussuchen durfte, sein Auge zunächst auf eine Hinkende mit Namen Pagawolga. Sie schenkte ihm einen Sohn von außergewöhnlichem Wuchs, Kpogonumbo. Er verließ diesen Ort, nachdem er die gleichen Heldentaten wie sein Vater für den König von Mali vollbracht hatte (Bündnis gegen Gao?), und wendete sich nach Westen, nach Birin. Hier gab ihm der zunächst feindlich gesinnte Gurma-König schließlich doch seine Tochter Solymi zur Frau. Sie gebar ihm einen Sohn namens Gbewa. Gbewa versuchte, seinen ältesten Sohn, den bösen Zirili, von der Macht fernzuhalten, aber vergeblich. Nach dessen Tod trennen sich seine drei im Streit liegenden Söhne Tosugu, Ngmantambu und Sitobu und gründeten die Königreiche Mampursi (in Nalerigu), Nanumba (in Bimbila) und Dagomba, das sich später in Jendi festsetzt.

Gbewa (der Bawa der Mampursi, der Nedega der Mossi) ist der gemeinsame Vorfahr all dieser Völker. Durch seine Mutter soll er auch ein Nachkomme der Gurma sein.

Dies scheint das einzige tatsächliche ethnische Band zwischen Mossi und Gurma zu sein. Außerdem bestehen soziologische, sprachwissenschaftliche und religiöse Affinitäten. Die Gurma zeigen archaische Gesichtszüge, die auf eine alte autochthone Gesellschaft schließen lassen. Vielleicht resultierte sie aus der Vermischung der Dagomba und Bariba.

Nedega nun besaß eine Tochter, die wegen ihrer Schönheit und ihres Mutes berühmt war, das war Jennenga.

Die Griots der Zeit priesen sie mit den folgenden Worten: »Sie ist vornehm wie ein geöffneter Sonnenschirm, schlank wie der Stamm einer Palme; die Spitzen ihrer zu Zöpfen geflochtenen Haare gleichen jungen Schlangen auf einer Mauer. Ihre Augen strahlen wie der helle Morgen, wenn Gold und Silber sich vermählen.« Dieses Wesen begleitete die Krieger mit den heiligen Gefäßen ihres Volkes in Händen. Ihre Anwesenheit schien den Sieg anzuziehen: ein Engel der Schlachten. Kurz, ihr Vater wollte sich, sei es aus eifersüchtiger Zärtlichkeit, sei es aus anderen Gründen, nicht von ihr trennen und widersetzte sich einer Heirat. Eines Tages aber wurde sie, niemand weiß, ob freiwillig oder nicht, von einem feurigen Pferd davongetragen zu einem großen Wald. Hier trat aus einer Hütte ein Elefantenjäger mit Namen Riale, ein gebürtiger Mande. Ihm gelang es, das Reittier zu bändigen. Zwischen diesem Einsiedler und dem lange frustrierten Mädchen erfüllte sich, was geschehen mußte: sie bekamen ein Kind, das sie in

Der westliche Sudan

Erinnerung an das Pferd, das Jennenga ihrem Schicksal zugeführt hatte, Wedraogo (Zuchthengst) nannten.

Einige Zeit später kehrten sie nach Gambaga zurück, wo der König sie anscheinend zunächst sehr ungnädig empfing. Doch dann siegten die väterlichen Gefühle. Er beschenkte seinen Schwiegersohn mit Herden und Kriegern (vielleicht Freiwillige, die das übervölkerte Land verlassen wollten). Sie folgten ihm bis nach Tenkodogo (alte Erde). Tenkodogo war der Brückenkopf der Dagomba-Mampursi, die von dort auszogen, um die Königreiche der Mossi und Gurma zu gründen.

Letzteres wurde von einem der Söhne des Wedraogo, Diaba Lompo, gegründet. Manche halten ihn für einen Dagomba-Neffen der Jennenga, während er für andere der erste Sohn Riales vor seinem Weggang von Mali ist. Auf ihn folgen die großen Gurma-Häuptlinge: Tidarpo, Untani, der die Haussa, die Bariba und die Fulbe über den Niger zurückdrängt und schließlich Danydoba.

Die anderen Söhne Wedraogos sind Rawa, der Gründer des Königreiches Rawatenga im Norden, und Zungrana.

Die historische Gestalt Zungranas ist verschwommen und zweideutig. Vielleicht deshalb, weil er keine Erinnerungen an verblüffende Eroberungen hinterließ. Er scheint nicht der direkte Vorfahr der derzeitigen Häuptlinge von Tenkodogo zu sein, obwohl eine Überlieferung ihn als Bisa-König dieser Stadt vorstellt. Seine Zeit ist eine Phase der Konsolidierung vor der Erschütterung durch die Eroberung unter Guigma. Dieser läßt sich im Gebiet von Bulsa nieder in Richtung Nordosten. Zu der erwähnten Erschütterung trägt vor allem auch Naba Ubri bei, der in einem Gebiet Fuß faßt, das seinen Namen tragen wird: Ubritenga. Die autochthonen Nyonyose hatten nach ihm verlangt. Diese scheinen die Szene für ihn als Strategen und umsichtigen Diplomaten vorbereitet zu haben.

Die Überlieferung berichtet, daß die Nyonyose, die mit ihren Nachbarn im Streit lagen, versuchten, Zungrana zu einem Bündnis zu bewegen, indem sie ihm das junge Mädchen Potoenga als Freundschaftsgabe anboten. Nachdem sie den Hof Zungranas verlassen hatten, ließen sie mit der Macht, die sie über die Geister der Luft besaßen, einen heftigen Wirbelsturm über Tenkodogo hinwegrasen. Überall verwüstete er die Dächer der Häuser, nur der Schafstall Zungranas blieb verschont. Dorthin flüchtete er auch und fand, wie durch Zufall, das junge Mädchen, das ihm seine Neuverbündeten zugeführt hatten ... Aus der stürmischen Liebesbeziehung ... entsprang ein Sohn mit dem vielsagenden Namen Ubri: Schäferei (Schafstall).

3. Das Königreich Wagadugu

Als Mischling war Ubri dazu bestimmt, ein Länder-Sammler zu werden. Das gelang ihm vor allem im Mittelpunkt des derzeitigen Mossilandes von Zitenga über Lai und Bussa bis La-Todin. Er zögerte auch nicht, dem autochthonen Häuptling Nasombo von Lai seine eigene Tochter zur Frau zu geben. Auf diese Weise systematisierte Ubri die ethnische Vermischung, durch die auch er entstanden war. Naba Ubri, der am Ende des 15. Jahrhunderts wirkte und dessen sterbliche Hülle ebenso wie seine Insignien in die Gegend von Lumbila überführt wurden, wird als Wegbereiter des Königreichs Wagadugu betrachtet. Er errichtete das Reich, indem er die Dogon zu den Felsbarrieren des Nordens zurückdrängte und die autochthonen Völker entweder unterwarf oder in den Nordwesten vertrieb. Man muß sich diese Eroberungen nicht als eine umfangreiche Truppenbewegung vorstellen, die mit den Autochthonen aufräumte, um ihr Land zu besetzen. Es waren vielmehr nur kleine Kavalleriekontingente, die lokale Konflikte als Schiedsrichter entscheiden konnten. Sie beseitigten Gegner, besiegelten politische und eheliche Verbindungen und errangen schließlich die Gebiete. In diesen Domänen galt jeder, der die gleichen Skarifikationen im Gesicht trug wie die Eroberer für einen Schützling des Königs. Er konnte höchstens durch richterlichen Beschluß in Gefangenschaft geführt werden. Viele ließen sich deshalb die Mossi-Skarifikationen gewissermaßen als »Paß« anlegen und lernten als zusätzliche Sicherheit auch die Sprache des Siegers. Die vorkolonialistischen afrikanischen Königreiche beruhten demnach nicht nur auf reinen Stämmen, sie waren bereits Vor-Nationen.

Das Werk ihres Vaters Ubri scheinen seine vier Söhne Soarba, Naskyemde, Nasbire und Nyingnemdo gefestigt und nach Nordwesten und Süden ausgedehnt zu haben. Der Sohn Nyingnemdos, Kumdumye, setzt dieser Entwicklung in der Mitte des 16. Jahrhunderts die Krone auf. Er trägt die Insignien durch das Gurensiland und durch das Gebiet von Kudugu bis nach Boromo. So umgibt er das Königreich Wagadugu mit einem Ring von Fürstentümern, die er seinen Söhnen, z. B. Yako und Tema, anvertraut.

Sein Reich wurde durch den Abfall seines Vetters Naba Jadega, Sohn des Nasbire, aufgebrochen. Dieser gründete das Rivalen-Königreich Jatenga. Die zentrifugalen Kräfte wurden erkennbar, und es war ihm viel daran gelegen, sie zu beherrschen. Doch schuf die entschlossene Vermehrung politscher Brennpunkte auch die Grundlagen eines drückenden Feudalismus mit dauerndem Kleinkrieg und anarchischem Widerstand gegen die Zentralgewalt.

Naba Kuda, der Gute, ein Sohn Kumdumyes, setzte die Politik der Konsolidierung fort, indem er seinen Sohn Tasgho in Riziam einsetzte und die Gebiete dem südlichen Einfluß Jatengas entzog. Das gelang ihm dadurch, daß er das Gebiet von La-Todim unterjochte und die Häuptlingschaften Darigma und Niesega schuf. Er war ein allzu guter Fürst, dessen Tod, so sagte man, selbst die Tiere beweinten ... Der endlosen (70 Jahre?) Regierungszeit Naba Nyandfos gehen die beiden Söhne Na Kudas, Dawema der Kriegerische und Zwetemburma voraus. Naba Nyandfor richtet als erster eine feste Residenz in Wagadugu ein. Die Könige Nakyen und Namwegha schließen sich gegen die Gurensi und die Bisa zusammen, nicht zu vergessen auch gegen den Häuptling von Bussuma, der unbequem zu werden beginnt. Auf sie folgen die glanzlosen Regierungszeiten Kibas, Kimbas und Koabghas.

Das Königreich Wagadugu überlebte die Jahrhunderte des Sklavenhandels ohne großen Schaden. Aber abgesehen von einigen brillanten Ausnahmen scheint es sich nur dem langwierigen Prozeß des Alterns hinzugeben.

Aber der Wahlspruch Naba Zannas spiegelt immer noch eine starke Macht wider: »Wenn der Herrscher die Türschwelle überschreitet, wird der Hausherr ein Fremder im eigenen Haus.« Auf seine beiden Söhne und Nachfolger Girga und Wubi folgt die eigentlich widerrechtliche, von einigen Traditionalisten auch in Klammern gesetzte Regentschaft des Fulbe Naba Moatiba. Er ist eine Art graue Eminenz. Naba Warga, der Sohn des Wubi, bemühte sich deshalb, die politische Organisation des Landes zu verbessern. Die zentrale Autorität sollte gestärkt werden gegenüber einigen Fürsten, die reichere Gebiete als die des

Der westliche Sudan 263

»Herrschers« ihr eigen nannten. Er schuf das Korps der Edelknaben (*soghone*), um zu verhindern, daß die Frauen die Krieger auf den Feldzügen begleiteten. Und seine Devise ist für mögliche Verschwörer bedeutungsschwer: »Es ist unklug, vom Tod auf Vorschuß zu leihen: es könnte dein eigenes Leben sein, daß er dir als Tilgung auferlegt.« Naba Zombre (zweite Hälfte des 18. Jahrhunderts) wurde nach dreißigjähriger Regierungszeit für drei Jahre von seinem Sohn Kom I. ersetzt und übernahm die Macht erst wieder, nachdem er ein Opfer zur rituellen Wiederherstellung seiner »Kraft« dargebracht hatte. Dies wurde in dem Dorf Biktogho durchgeführt. Der Ritus setzt sich von jetzt ab durch, so wie sich auch die Sitte herausbildet, dem ältesten Sohn des Königs die Häuptlingschaft von Guiba zu übergeben. Naba Kom I. erhält nach seiner Regierungszeit als Stellvertreter. Naba Zombre regelte die Organisation der Märkte und machte Wagadugu endgültig zu seiner Hauptstadt. Sein Sohn Naba Kom I. (1784 bis 1791?) – seine Mutter entstammte der Jarse-Gruppe und war demnach Mohammedanerin – führte die Praxis der Zirkumzision bei den Knaben und der Exzision bei den Mädchen ein. Sein Wahlspruch war: »Wenn der Elefant auf den Hügel steigt, so deshalb, um seine Großartigkeit zu erhöhen.« Mit seinem offiziellen Namen Kom (»Wasser«) glaubte dieser Fürst sich verpflichtet, die Frösche, die seine Untertanen fütterten, zu schützen ...

Unter Naba Sagha I. (1791–1796)[13] lassen dynastische Auseinandersetzungen wie der unerbittliche Kampf gegen Linga, den Häuptling von Tiu, die Spannungen, die wir während des früheren Malireiches beobachteten, wieder lebendig werden: die Nachfolgeregelung vom Vater auf den Sohn setzte sich mehr und mehr gegen die archaische Sitte der Vererbung vom Bruder auf den Bruder durch; vielleicht unter dem Einfluß des Islams. In der Tat nimmt der Sohn Sagha I., Naba Dulugu (1796–1825?) den islamischen Glauben an, errichtet eine Moschee und setzt einen Imam ein, der einer der Würdenträger des Hofes wird. Dieser König stirbt in einem »feudalen« Krieg gegen seinen mächtigen Nachbarn im Norden, den Häuptling Piga von Bussa. Unter seinem Sohn Sawadogo (1825–1842?) gibt es eine kurze Ruhepause. Seine Güte ist sprichwörtlich geworden. Man ist nicht sicher, ob seine Devise einen überspannten Charakter oder schwarzen Humor verrät: »Wenn es Milch regnen wird, werden die Mossi glücklich sein.« Sawadogo bedeutet »Wolke« ...

Naba Karfo (1842–1849), ein weiterer Sohn Dulugus, wird mit dem Aufstand seines Hauptministers, des Widi naba Bêba, der von einem widerspenstigen Vasallen von Lalle unterstützt wird, erst fertig, nachdem er einen Fulbe in seine Dienste nahm. Dieser lockte Bêba mit dem Wiehern seines Lieblingspferdes in einen Hinterhalt und schoß aus nächster Nähe einen vergifteten Pfeil auf ihn ab. Während Naba Karfos Regierungszeit scheint es soziale Spannungen gegeben zu haben, weil er sich darauf einließ, von den Reichen konfiszierte Güter an den Plebs zu verteilen. Es sprach unter einem großen Baum Recht.

Nach Naba Baogho (1849–1854) übernimmt Kutu (1854–1871), Sohn des Sawadogo und überzeugter Moslem, die Regierung. Da er stark mit den koranischen Riten beschäftigt war, überließ er seinen Ministern die animistischen Praktiken und die Rechtsprechung nach alter Sitte. Er war friedliebend, doch verfiel das Königreich unter seiner Herrschaft unaufhaltsam durch innere Unruhen und im Kampf gegen die Oppositionsarmee der Häuptlingschaften von

13 *Sagha* bedeutet Regen.

Bulsa und Bussa. Diese Unruhen griffen unter Naba Sanem (1871–1889) noch weiter um sich.

Auf der Reise von Binger nach Wagadugu wurde der Bruder Sanems, Bukari Kutu, ins Gurensiland verbannt. Nach dem Tode Sanems aber gelang es ihm, seine Kandidatur durchzusetzen: Rund um die Hütte, in der der große Wahlrat tagte, ließ er bewaffnete Leute, darunter auch Gurensi-Bogenschützen, aufmarschieren. So wurde er König unter dem Namen Wobgho (Elefant). Auch er hatte mit einem Aufruhr des Häuptlings von Lalle zu tun, der ihm über lange Zeit hinweg die Stirn bot. Kriegsmüde nahm er zu den Söldnern Djermabes (Zamberma) Zuflucht, um den Rebellen von Lalle zur Aufgabe zu zwingen.

Die Zamberma hatten ihr Land verlassen (das heutige Niger), um den Erpressungen der Fulbe zu entkommen. Sie begaben sich als Sklavenjäger in die Dienste des Königs von Jendi (Na Abdulahi). Sie marschierten unter den Befehlen von Alfa Hano, Gazari und endlich Babato. Nachdem sie sich mit dem König von Jendi überworfen hatten, wagten sie den Versuch, das reiche Gurensiland zu erobern. Sie beuteten es planmäßig aus. Nachdem Naba Wobgho sie gegen Lalle gerufen hatte, rückten sie ins Mossiland vor, ohne jemandem Pardon zu gewähren. Manche treue Vasallen des Naba von Wagadugu widersetzten sich ihnen deshalb und ließen sie nur widerwillig durchmarschieren, nachdem sie den Befehl dazu erhalten hatten. Nach manchen blutigen Scharmützeln näherten sich die Zamberma erschöpft den Lalle-Rebellen, die sie in die Sümpfe jagten. Nur klägliche Reste dieser Interventionstruppe treffen irgendwann auf Leo.

4. Das Königreich Jatenga

Das Königreich, das sich ähnlich Wagadugu im Nordwesten etappenweise konstituiert, ist Jatenga. Zu Beginn hatte Rawa, der älteste Bruder Zungranas, ein großes Königreich genannt Rawatenga (Land des Rawa) geschaffen, das sich von Po bis zur Ebene von Gondo ausbreitete. Aber es zerbrach nach dem Tod seines Gründers.

Das darauffolgende Königreich Guitti wird von Wemtanango, dem Sohn des Ubri errichtet. Nicht ohne Widerstand führt er bis zum Bani und bis zur Bergkette von Bandiagara Krieg gegen die Dogon. Auch dieses Königreich überlebt den Untergang seines Gründers nicht lange.

Nun war aber Jadega, Sohn des Nasbire von Wagadugu, dem Naba Swida anvertraut worden, einem Nachkommen des Rawa, der in Minima ansässig war. Zufälligerweise erfuhr Jadega vom Tod des Königs Nyingnemdo, seines Onkels, Nachfolger seines Vaters[14]. In größter Eile kehrte er nach Wagadugu zurück, wo aber bereits sein Vetter, der Sohn des Verstorbenen, eingesetzt war. Wütend entschloß er sich, in die Verbannung zu gehen. Seine Schwester Pabre, die für ihn eintrat, schloß sich ihm an, nachdem sie die rituellen Insignien der Königswürde (tibo) entwendet hatte. Man verfolgte die Flüchtenden wütend aber vergeblich bis La. Doch von nun an entzweit das Problem der an den Besitz der Regalien gebundenen Rechtmäßigkeit die beiden Königreiche Ubri-

---

14 Eine Frau, die er geschlagen hatte, schleuderte ihm entgegen: »Nur weil du zornig bist, daß Naba Swida dir den Tod deines Onkels verheimlicht hat!« Man hatte diese Nachricht geheimgehalten, um zu vermeiden, daß Jadega, dessen Dienste sehr gepriesen wurden, Minima verließe.

tenga (Land des Ubri) in Wagadugu und Jatenga (Land des Jadega) in Wuahiguya.

Jadega schaffte sich seinen alten Vormund Swida vom Halse, indem er ihn hinterlistig dazu bewegte, es sich auf einer über einer Grube angebrachten Matte bequem zu machen. Nachdem der Sitz zusammengestürzt war, wurde der arme Swida von den Frauen Jadegas verbrüht und seine Leiche, in eine Rinderhaut genäht, seinen Kriegern übergeben. Jadega residierte in Lago und wählte Gurcy als heilige Stadt für die Investitur. Er erweiterte sein Territorium auf Kosten der benachbarten Königreiche Zandoma und Guitti. Diese Ereignisse scheinen im 16. Jahrhundert stattgefunden zu haben.

Die Konsolidierung dieses Königreiches geht während des 18. Jahrhunderts unter den Nachfolgern Yadegas weiter, besonders erwähnenswert Yolomfaogoma, sein Bruder, dann Naba Kurita. Später nehmen Watiberegum und Bonga auch das Zandomareich ein, nachdem Bonga den Häuptling von Bembela, den Nachfolger des Rawa, während eines Versöhnungsessens vergiftet hatte ... Der Naba Geda legte die Grenze zum Königreich Wagadugu am Flußarm von Niesega fest.

Nach einer Stagnationsphase in der ersten Hälfte des 18. Jahrhunderts folgt die bedeutende Regierungszeit des Naba Kango (1754–1787). Als er zunächst von Naba Wobgho von der Macht ferngehalten wird, geht er nach Kong in die Verbannung, um die Marabut zu Rate zu ziehen. Sie künden ihm an, daß er König werde, aber ohne Nachkommen bleibe. Anschließend besucht er das Königreich der Kulubari von Segu und bittet dringend um ihren militärischen Beistand. Er wird ihm in Form eines Söldnerkontingents gewährt, das mit Gewehren ausgerüstet ist. Es sind die ersten Feuerwaffen, die in das Mossi-Land eingeführt werden. Außerdem erhält Kango Unterstützung von den Diallobe-Fulbe, den Bwa von San, den Diabate von Kong (die späteren Kamboinse) und den Samo von Gomboro. Das letztgenannte Gebiet dient außerdem als Ausgangsbasis für den Angriff auf Naba Wobgho, der bald besiegt wird und ins Exil gehen muß.

Damals wird Wahiguya als Hauptstadt gegründet[15] mit einer Anfangsbevölkerung von einigen Tausend Einwohnern, zum größten Teil Männer unter Waffen, die den Sieg errungen hatten. Diese unterstützten die *nayiridemba* (Höflinge) und die *ne-somba* (Notabeln). Letztere greifen zunehmend in die Sonderrechte der *nakokmses* (Lehnsherren) ein, die lebhaft und widerspenstig gegen die Zentralisierung angehen. Sie wird aber mit Gewalt und List durchgesetzt. Der Häuptling von Zandoma muß »grüßen kommen« (Huldigungsakt). Man greift die Samo von Gomboro, Dio und Wile an und schlägt sie. Dennoch bleiben sie autonom (Gomboro) oder unabhängig. Als das Gebiet des Häuptlings von Jako besetzt wird, nimmt der in Lai Zuflucht, einem von Wagadugu abhängigen Gebiet, doch bleibt Jako praktisch autonom. Die unfügsamen Bambarasöldner, ehemalige Gefährten Kangos, lockt man in einen Hinterhalt am Flußarm von Niesega und läßt sie bei lebendigem Leib in einem Buschbrand umkommen.

Darauf folgten mehrere Invasionen der Bambara von Segu. Sie warfen Kango zum Verrat von Niesega vor, daß er nach Jatenga geflüchtete Bambarahändler nicht ausliefere. Die Überfälle von Segu zeitigten allerdings keine Erfolge.

15 Mit Hilfe von Maurern aus Segu konnte die königliche Residenz in mehreren Stockwerken errichtet werden.

Während eines dieser Züge wurde König N'Golo von Segu krank und starb. In die Haut eines schwarzen Rindes genäht wird seine sterbliche Hülle nach Segu zurückbegleitet. Die Mossi nutzen die Situation, um bis nach Dschenne vorzurücken, werden jedoch gezwungen umzukehren und nun ihrerseits Tribut zu entrichten. Bald danach wird Kango von den Fulbe von Dschibo, Hauptstadt des Dschelgodschi, zu Hilfe gerufen, die gegen ihren Lehnsherren von Hombori (Mali) kämpfen. Nachdem Naba Kango ihnen beigestanden hatte, forderte er einen Tribut von ihnen, der ihm allerdings verweigert wurde. Sehr enttäuscht kehrte Kango zurück. »Wenn auch alle Kriege Kangos siegreich waren, so waren sie doch im allgemeinen von geringer politischer Bedeutung«, schreibt M. Izard.

Er starb von manchen bewundert, aber nicht bedauert, vor allem nicht von den Nakomse, die sich sogleich erhoben und einen Bürgerkrieg entfesselten. Die Gegner zogen sich hauptsächlich ins Samoland nach Gomboro zurück, um ihre Revanche vorzubereiten. So zum Beispiel Naba Kaogo zur Zeit des Naba Tuguri (1806–1822). Dieser versuchte auch, Jako anzugliedern, wo einer seiner Söhne, allerdings nur ein Jahr lang, eingesetzt war. Denn Naba Silem von Jako griff, unterstützt von Naba Dulugu von Wagadugu, wieder nach seinem Leben. Naba Ragongo (1825–1831), der eine Zeitlang von Konogho seines Amtes enthoben war, zog sich auch nach Gomboro zurück. Als er einen neuen Vorstoß mit den schreckerregenden Samo-Bogenschützen und den Fulbereitern unternahm, verjagte er Konogho, der seinerseits in Massina Zuflucht fand und mit Bambara- und Fulbesöldnern zurückkehrte. Aber schließlich wird er nach Gomboro im Samoland zurückgedrängt, wo er stirbt.

Nach Naba Wobgho II., der im Jahre 1831 stirbt und unter Naba Nyambe Mogho (1831–1834) bewirkt eine große Hungersnot, die sogenannte Zogore, eine umfangreiche Auswanderung von Jatenga in die Samo- und Gurunsigebiete. Das Königreich Jatenga erfährt seinen höchsten Glanz mit den Königen Toteballo (1834–1850) und Jemde (1850–1877).

Die Fulbe von Massina beherrschten damals aus der Ferne das praktisch autonome Dschelgodschi; der Flußarm von Belehede bildete die von Osman dan Fodio festgesetzte Grenze. Anstatt daß sich die Häuptlinge von Barabule, Dschibo und Tongomayel, über Dschelgodschi einigten, erschöpften sie sich in inneren Kämpfen, die durch religiöse Nachlässigkeiten noch verschlimmert wurden. Um 1830 nun aber bittet der *ardo* (Lehnsherr) von Barabule, den sein jüngerer Bruder bedrängt, Hamdallahi (Massina) um Hilfe. Dieser entsendet eine Interventionstruppe unter dem Befehl El Hadj Modys. Er zerschlägt die endlich vereinten Streitkräfte von Dschibo, Tongomayel und Barabule. Jatenga und Datenga sammeln sich beunruhigt in Pobe Mengao und vertreiben die Massinankobe (Männer von Massina). Diese kommen mit Ba Lobbo neu gestärkt zurück. Zwischenzeitlich hatten die Erpressungen der Mossi-Sieger derart zugenommen, daß die Fulbe rebellierten, die Mossi niedermetzelten und ihre Gefolgschaft gegenüber Hamdallahi erneuerten.

Außerdem mischte sich Jatenga bei jedem Anlaß in die Angelegenheiten der benachbarten Mossi-Häuptlingschaften ein. Nachdem eine der Frauen des ältesten Sohnes von Toteballo sich nach Tikare (Zitenga) geflüchtet hatte, wird der Häuptling von Zitenga aufgefordert, Selbstmord zu begehen. Er weigert sich. Wenig später wird er ermordet und durch einen Mann mit Jatengas Vertrauen ersetzt.

Desgleichen wird der König von Riziam, Kobgha, aufgefordert, den Häuptling,

Der westliche Sudan 267

der der geflüchteten Frau Zuflucht gewährte, töten zu lassen. Naba Kobgha sträubt sich dagegen, indem er geltend macht, daß der betreffende Häuptling weder die Identität noch den Wert der Frau kannte. Er wird sogleich von Jatenga angegriffen. Er flüchtet, läßt Riziam und Sabce einnehmen und zieht sich in die Berge zurück. Die Nachhut der Truppe des alten Toteballo wird durch ihren Leichtsinn von Naba Jemde abgeschnitten, und der König von Jatenga stirbt entweder in einem Hinterhalt oder durch Ertränken.

Naba Jemde, ein unerbittlicher Krieger, tritt seine Nachfolge an und kehrt nach Riziam zurück. Er erringt schließlich den Norden dieses Königreichs (Gebiet von Titao).

Aber der Verfall schreitet unaufhaltsam voran, und unter Naba Baogho (1885–1894), von den Söhnen Saghas (außer dem Klan von Tuguri) unterstützt, breitet sich der Bürgerkrieg aus. Die Söhne Saghas trennen sich wiederum in den Klan von Toteballo und den Klan von Jemde. Aber sie verständigen sich darüber, Naba Baogho die Regierung aufzubürden. Er wird sogleich von den Söhnen Tuguris angefochten, eine traumhafte Gelegenheit für die französische Intervention.

5. Andere Königreiche

Andere, weniger bekannte Mossi-Königreiche lehnen theoretisch, manchmal auch praktisch die Oberherrschaft der beiden Protagonisten Wagadugu und Wahiguya ab.

Tenkodogo, Lalgaye und Wargaye gelangten nach den sehr archaischen Dynastien des Beginns ziemlich früh unter den Befehl der Nakomse-Klans, die aus dem Norden zurückgekehrt waren.

Im äußersten Süden beherrschten die Bisa die große Häuptlingschaft von Bane völlig. Der Dynamismus von Bisa war bemerkenswert, und ihr großes Zentrum schützte Jemenga und Riale. Die Häuptlingschaft von Kupela scheint sich in der Lehnsfolge von Bulsa entwickelt zu haben, während die Häuptlingschaft von Salmatenga von einem Sohn Ubris geschaffen und das benachbarte Bussuma von Naba Tiraogo, dem Sohn des Kumdumye, gegründet wurde. Die Geschichte Bussumas wurde von langen und unversöhnlichen Kriegen gegen die Häuptlinge des Riziam geschrieben. Einer, der Naba Mamzi, überfiel Bussuma zu wiederholten Malen, endete jedoch in einer schweren Niederlage, die ihm Rubo in der ersten Hälfte des 18. Jahrhunderts zufügte.

Die Häuptlingschaft von Bulsa schuf ein älterer Bruder Ubris auf den Ruf eines Häuptlings der Nyonyose von Bulla hin, genannt Bulsa, der gegen die Gurma kämpfte. Zum Schluß wurde dieses Gebiet zwischen Ubris Sohn Tamende und seinem Bruder aufgeteilt. Dieser ließ sich in Tuguri nieder.

Nach den äußerst beschwerlichen Feldzügen von Tantiari und Lissoangui gegen die Somba im 17. Jahrhundert führt in Gurma die bedeutende Regentschaft des Jendabri (1709–1736) die Gurmamacht zum Höhepunkt. Die Somba werden in dieser Zeit bis nach Bassari und Togo zurückgedrängt. In Dschugu (Dahome) und bei den Kotokoli von Togo entstehen Satelliten-Häuptlingschaften. Jendabri verlegt seine Hauptstadt nach Fada N'Gurma, ursprünglich Nungu. Gurma unternimmt in derselben Epoche einen Eroberungsvorstoß in das Liptakogebiet (Ful: *Libor Tako*; das bedeutet: »was man nicht niederwerfen kann«).

Dieses Land bewohnten die autochthonen Kurumba, die bis zu diesem Zeitpunkt die Mossi, Fulbe und Songhai beherrscht zu haben scheinen. Die Gurma besetzen dieses Land bis nach Dori. Sie werfen die Kurumba bis nach Arıbinda zurück und errichten gleichzeitig die Grenzfeste von Doala. Das 18. Jahrhundert sieht, wie die Streitigkeiten sich vermehren; z. B. zwischen Jembirima (1736 bis 1761) und seinem Onkel Dendali. Um diese Zeit herum entriß der Häuptling von Mampursi Gurma durch den Einsatz von Tyokosikriegern (Mischlingen aus Agni und Diula) die Kontrolle der Handelsroute Obervolta–Benin.

Dann und wann gibt es jedoch auch friedliche oder weniger belebte Zeiten, wie z. B. während der Regentschaft von Bagana (1761–1791) und von Jempadigu (1856–1883). Ein Zustrom von Ferobe-Fulbe aus Massina überschwemmt das Land. Ihr Führer ist Birmali Sala Pate, der den Islam unter den Fulbe verbreitete. Der Dschihad des Osman dan Fodio – von dem Ibrahima, genannt Saidu, eine Standarte empfängt – segnet die Vertreibung der Gurma ab. Sie werden in Dori (1810) geschlagen, wo sich der Fulbe-Emir niederläßt. Er muß aber bald mit ansehen, daß seine Domäne im Norden von herannahenden Tuareg bedroht wird. Sie schlagen die Fulbe in Kissi und zwingen sie zum Verlassen Udalans, das sie zu ihrem Lehen machen (1827). Dem Emir Sori und seinen Nachfolgern gelingt es allerdings, dieses Gebiet gegen die Tera-Songhai, die Gurma, die Kaya-Mossi und gegen die Logomaten-Tuareg zu sichern.

6. Aufbau der Mossi-Königreiche

Die politische Verfassung der Mossi-Dagomba war in hohem Maße ausgearbeitet. Man konnte sagen, daß bei ihnen »der König herrscht und die Sitte regiert«. In der Tat handelt es sich um ein monarchisches Regierungssystem, das jedoch durch eine ganze Reihe von Gebräuchen gemäßigt wurde. Klarheit, Härte, Beständigkeit und Zusammenhalt waren die Richtwerte einer ungeschriebenen Verfassung, die sich über Jahrhunderte erhielt.

Die Mossi hatten eine Vorstellung von der höchsten Gewalt. Sie drückt sich in dem Begriff »dima« aus, was König, Souverän, allein Gott unterstellt bedeutet. Es kommt aber nun vor, daß zehn höhere Häuptlinge diesen Titel tragen oder nach ihm trachten. Dann entscheiden zusätzlich zum herkömmlichen Titel drei weitere Faktoren über dieses Statut der Souveränität: die Erstgeburt, der Besitz der tibo, der heiligen Gefäße mit magischem Inhalt (wie die Streitigkeiten zwischen Jatenga und Wagadu um den Besitz dieser Reliquien beweisen) und als letztes die materielle Potenz. Unter all diesen Gesichtspunkten genießen die Königreiche Jatenga und Wagadugu einen deutlichen Vorrang. Die anderen Königreiche, ausgenommen Tenkodogo, waren ihnen gegenüber zwar unabhängig, aber zu bestimmten Rücksichtnahmen gezwungen.

Wie wird man nun Mogho-Naba (d. h. Oberhaupt der Mossi)? Es gab keine auf dem Erstgeburtsrecht beruhende Erbfolge, eher ein durch Wahl gelenktes Erbrecht. So wurde zwar theoretisch grundsätzlich der älteste Sohn (nabikienga) gewählt; aber im Rahmen der näheren Verwandtschaft des Königs hing alles vom Wahlkollegium der hohen Würdenträger ab. Sobald der Tod des Königs festgestellt wurde, stieß der Bend Naba (königlicher Trommler) den rituellen Schrei aus: Bongsare kime! (Das Feuer ist erloschen.) Mogho sama me! (Das Land ist vernichtet.) Kuriere zu Pferde schwärmten in alle Richtungen aus und

Der westliche Sudan 269

verbreiteten die Neuigkeit, während sich die Würdenträger neben der sterblichen Hülle des Mogho der Wehklage überlassen. Sein Körper, der in mehrere frische Häute von schwarzen Ochsen eingehüllt wird, verläßt die Stadt durch eine schnell geschlagene Bresche in der Stadtmauer. Es gibt keinen Regenten mehr. Aber der Fortbestand des königlichen Prinzips wird durch zwei Riten deutlich gemacht. Entweder legt die älteste Tochter des Verstorbenen das königliche Gewand an, geht auf demselben Weg hinaus wie die sterbliche Hülle des Königs (wenn sie Jungfrau ist) und läßt sich auf dem Thron nieder, um die Huldigungen ihrer Untertanen entgegenzunehmen; oder einer der Enkelsöhne des Verstorbenen wird ausgewählt, das lebende Double des Entschwundenen zu sein. Auch er schreitet auf demselben Weg wie die sterbliche Hülle und empfängt die Frau, die der Tote zuletzt besuchte sowie das letzte Kleid und unzählige Geschenke. Er gilt als geweiht, muß aber augenblicklich ein weit entferntes Dorf aufsuchen und darf niemals vom richtigen Nachfolger des Königs gesehen werden. Für ihn ist er »tabu«. Das ist der *Kurita* (»der den Tod ißt«).

De facto liegt die tatsächliche Macht während des Interregnums in den Händen des *tansoba*, des obersten Kriegers. Dieser mobilisiert schnellstens eine Truppe, um Sicherheit und Vorschriftsmäßigkeit der Wahlen zu sichern. Es ist eine Periode absoluter Anarchie, als ob das personifizierte Gesetz verschwunden sei. Die führenden Wahlmänner sind die wichtigsten Minister des Mogho: der *Widi-Naba* (Pferdemeister), eine Art Feldmarschall und Premierminister, Ratgeber und politischer Wortführer; die Nachfolgeregelung der Könige ist eine seiner spezifischen Obliegenheiten. Weiter der *Gunga-Naba*, Minister mit militärischer Kompetenz, der *Tansoba*, kommandierender General, der *Larle-Naba*, der abgesehen von seinen militärischen Befugnissen auch als Sachverständiger der Sitten und Gebräuche und Leiter der königlichen Bestattungen gilt, der *Balum-Naba*, Haushofmeister und Oberaufseher des Palastes, auch zuständig für religiöse Riten wie die Erhaltung des königlichen Feuers und den Transport der heiligen Gefäße (*tibo*) und zum Schluß der *Kamsaogho-Naba*, Eunuche, Haremsverwalter und Scharfrichter. Der Imam spielt eine hervorragende Rolle, wenn auch weniger offensichtlich als in den Königreichen von Dagomba und vor allem von Gondscha.

Diese Würdenträger, die sich beim Verwalter des äußeren Hofes versammeln, wählen einen der Kandidaten, die ihnen an den vorangegangenen Tagen einen Besuch abgestattet haben. Der Gewählte wird mit einer starken Eskorte herbeigeführt. Man begnügt sich damit, ihm das über der Brust gekreuzte Schaffell abzunehmen, das den Kandidaten charakterisierende Kleidungsstück. Man überreicht ihm ein weißes, altertümliches, in demselben Nacht gewebtes und genähtes Gewand, sowie eine weiße Kappe, eine Jakobinermütze mit langen Ohrenschützern. Man findet sie auch in Mali, Nigeria und anderswo als eine Kopfbedeckung, die den Eingeweihten oder Häuptlingen vorbehalten ist. Zum Schluß erhält er einen Stab. Bei Tagesanbruch erscheint der Mogho mit dem Sonnenaufgang, und der *Widi* stellt ihn mit folgenden Worten dem Volk vor: »Gute Leute des Landes Ubri, hier ist euer Häuptling, hier ist euer Gebieter. Hier ist der, der Herr über Leben und Tod ist«. Danach besteigt der Souverän ein altes Pferd ohne Sattel, nimmt die heiligen Gefäße und reitet langsam und schwerfällig dreimal um die Wahlhütte, so als ob er Besitz ergreifen will von dem Königreich, das sie repräsentiert.

Im Verlauf des Rituals verändert er seinen Namen und alle seine Homonyme, um sich von jetzt an *Nab-yure* (Name des Königs) zu nennen. Was den Mogho betrifft, so unterbreitet er der Menge zur gefälligen Zustimmung drei Losungssprüche, die bildlich dargestellt werden und eine Art Erklärung seiner allgemeinen Absichten und Politik sind. Eines der Schlüsselwörter dieser Losungen wird als königlicher Name reserviert. Das kann z. B. *Wobgho* (Elefant), *Kugri* (Felsen), *Sagha* (Regen), *Kom* (Wasser) usw. sein.

Mit einer starken Eskorte und unter zahlreicher Beteiligung des Volkes mußte der Mogho-Naba einen rituellen Gang durch seine Hauptstadt ausführen mit vorgeschriebenen Stationen, z. B. im *Paspanga*(»Anwachsen der Stärke«)-Viertel: ein König hatte hier seine Mutter um Rat gefragt, um seine Klugheit und Stärke zu vermehren. Hier empfängt der König den Lehnseid des kommandierenden Generals und der Adligen sowie die pomphaften Insignien. Eine weitere Station ist in *Dimvusse* (»Der König ruht sich aus«) angelegt, wo er die Huldigungen der ausgeschiedenen Kandidaten entgegennimmt, die sich vor ihm mit rasiertem Schädel niederwerfen. Erst nach diesem Rundgang kann er den königlichen Palast in Besitz nehmen.

Das Mossi-Königreich von Wagadugu war eine zentralisierte Monarchie. Ihm fehlte nur eine Schreiberbürokratie und ein schnelles Nachrichtensystem, um mit den europäischen Königreichen seiner Zeit vergleichbar zu sein. In mancher Hinsicht war es überlegen. Das Königreich war in Bezirke unterteilt, die gleichsam Lehen der Fürsten waren. Diese Bezirke waren zu fünf Provinzen zusammengefaßt – ohne die Dörfer zu zählen –, die unmittelbar dem König verantwortlich waren. Die Provinzen waren den oben genannten Ministern anvertraut. Diese sind in der Regel nicht von fürstlichem Blut. Sie sind demnach Bürgerliche, denn es gab nur Adel von Geblüt. Über die Ländereien und Menschen der Bezirke, die den Adligen anvertraut waren, übten sie keine direkte Gewalt aus. Sie sind nur ein Rädchen im Verwaltungsgetriebe, damit beauftragt, im Namen und auf Rechnung des Königs eine solche Bezirksgruppe zu leiten. Und so mußten sich die *Kombere* (adlige Bezirksleiter) manchmal fügen, obwohl sie sich dagegen sträubten, von einem Nicht-Adligen Befehle zu erhalten. Diese Königreiche hatten einwandfrei die Stellung eines Feudalstaates erreicht.

Außerdem wird der König dem Morgenstern verglichen: *Wend pusyan* (Die Sonne zeigt sich, Gott grüßt) ist der Titel beim ersten Erscheinen am Morgen vor seinem Hof. Es handelt sich um eine Art Theophanie, die sich seit Jahrhunderten bis in unsere Tage nach einer unveränderten Etikette abspielt. Verändert hat sich nur, daß heute die höheren Häuptlinge, die auch Befugnisse etwa in der Volta-Republik haben, sich im Auto, auf dem Fahrrad und nicht mehr zu Pferde bewegen; doch ihre Insignien tragen sie noch immer. Die Ehrfurchtsbezeigungen, die dem Mogo zuteil werden, sind die gleichen wie am Hofe des Tunka von Mali oder des Askia. Er war von einer weiblich aufgeputzten Dienerschar umgeben. Jede Person, die möglicherweise in seinen Gesichtskreis gelangen konnte, mußte buchstäblich kriechen. Niemand konnte sich direkt an ihn wenden, noch mit lauter Stimme sprechen. Man mußte seine Anliegen einem Minister ins Ohr flüstern. Jedes königliche Husten, Niesen oder Spucken wurde mit dem Fingerschnippen der Höflinge übertönt. Ein respektloser Autor wagt zu schreiben: »Wenn der König ein natürliches Bedürfnis befriedigt, begleiten ihn Violinen mit Strömen klangvoller Harmonien.«

Der König ist auch oberster Richter. Er entscheidet in letzter Instanz die Angelegenheiten, über die in erster und zweiter Instanz die Häuptlinge der Dörfer

Der westliche Sudan 271

und die Bezirkshäuptlinge richten. Ebenso werden Bluttaten behandelt, die direkt seiner Kompetenz unterstehen. Er kann über alle seine Untertanen, die fürstlichen Kantonshäuptlinge eingeschlossen, die Todesstrafe aussprechen, jedoch erst nach Befragung seiner Ratgeber und einer Abordnung von Stellvertretern der Häuptlinge. Sobald die Strafe ausgesprochen ist, läßt er dem Verurteilten einen in einen weißen Schurz gewickelten vergifteten Pfeil zuschicken. Im allgemeinen hält der Häuptling auf Ehre, würdig zu sterben, indem er sich den Pfeil in den Arm oder die Wade stößt. Auch in der Ernennung der Häuptlinge macht sich die Macht des Königs über sie bemerkbar. Es gibt kein automatisches Erbrecht, sondern sobald ein Häuptling stirbt, führt man sein geschirrtes Pferd dreimal um sein Haus und dann zum Mogho zurück, um die dem Verstorbenen übertragene Macht gleichsam zu ihrem Ursprungsort zurückzubringen. Daraufhin begeben sich die Kandidaten zur Hauptstadt, wo der König die Meinung seiner Ratgeber einholt. Man informiert ihn, überläßt ihm aber die Entscheidung. »Wir haben keinen anderen Willen als den Euren.« Danach läßt der Mogho den Erwählten rufen, ihm das kreuzweise angelegte Schaffell abnehmen, und im Triumph wird er davongetragen, während sich seine unglücklichen Rivalen die Haare abrasieren lassen müssen. Wenn der Erwählte vor den König tritt, stößt er laute Schreie der Freude und der Unterwerfung aus, wirft sich zum großen Gruß *(kantisse)* auf die Erde nieder und erhält sieben Tage später eine rote Mütze, ein Kissen, Pantoffeln und einen weißen Anzug, manchmal auch einen silbernen Armreif als Ehrenzeichen.
In Wirklichkeit waren die Bezirkshäuptlinge eher Beamte als Vasallen. Dennoch war der Mogho-Naba kein autokratischer Despot. Auch er war den Gebräuchen unterworfen, die im religiösen, verwaltungsmäßigen und politischen Bereich mit beispielloser Genauigkeit erarbeitet worden waren.
Es gab übrigens kein stehendes Heer, was ein schwerwiegender Mangel war. Bei Bedarf hob man die Truppen bezirksweise aus und unterstellte sie dem Befehl des Generals. Die Kriegsminister standen ihm zur Seite. Diese Armee war indes in der Lage, den Feind auszuspionieren, Verteidigungswälle zu errichten und einen Handstreich oder einen kleinen Feldzug auszuführen.

F. Das Fulbe-Königreich Massina

1. Die politische Entwicklung

Die Fulbe von Massina waren zunächst vom Klan der Dschallo regiert worden, die mit der Stammesgegnerschaft der Sangare und der Barry leben mußten. Unter diesen Umständen wird am Ende des 18. Jahrhunderts Hamadu groß. Er stammte seitens seines Vaters von der Familie der Barry ab. Nach seiner ersten religiösen Unterweisung begab er sich auf Reisen. Sie ermöglichten ihm, um 1805, den Anfang des Heiligen Krieges von Osman dan Fodio mitzuerleben. Auf seiner Rückreise setzte er sich mit den Arma von Dschenne auseinander und zog sich nach Sono auf der Landzunge Sebera zurück, am Zusammenfluß von Niger und Bani. Er hatte eine strenggläubige koranische Unterweisung erhalten. Sebera aber befand sich unter der Oberherrschaft des Bambarakönigs im fernen

Segu, und zwar durch den heidnischen Fulbehäuptling Hamadi Dicko, Ardo von Massina. Als der Sohn des Letztgenannten Hamadu der *talibés* beraubt hatte, riet dieser ihnen, ihn zu töten. Das führte zu einer folgenschweren Kraftprobe, denn der Ardo wurde bei seinem Lehnsherren Da Diarra von Segu vorstellig, und der sandte ihm umgehend einen seiner Heerführer, um ihn von dem mohammedanischen Unruhestifter zu befreien. Dieser schritt zum Gegenangriff, indem er den Dschihad erklärte. Dank einer starken Kavallerie trug er den Sieg von Soy über die heidnischen Verbündeten davon. In diesem Moment trafen die Standarten ein, um die er Osman dan Fodio hatte bitten lassen, gleichsam um seinen Führer-Titel zu bestätigen. Hamadu betrachtete sich dennoch nicht als Stellvertreter Osman dan Fodios, der ihm überdies noch den Titel eines Scheichs verliehen hatte. Er fügte den Titel Emir der Gläubigen hinzu und trat sogar als letzter der zwölf Imams auf, die von den Propheten des 16. Jahrhunderts verkündet worden waren. Inzwischen schlossen sich die Fulbe von Massina zuhauf dem neuen Glauben an, da sie von dessen materieller und moralischer Stärke beeingedruckt waren. Als die Stadt Dschenne um seinen Schutz bat, delegierte er Gesandte. Sie wurden von den Arma niedergemetzelt. Hamadu stürmte deshalb die Stadt und vertrieb den Fulbehäuptling von Konan, Mohammed Jaladyo, gen Osten. In diesem Gebiet erbaute er 1819 eine neue Hauptstadt, Hamdallaye (Lobpreisung für Gott). So brachte er den Bani als natürlichen Schutzwall zwischen sich und die angriffslustigen Bambara. Ab 1825 dehnte er seine Eroberungszüge bis Timbuktu aus und schloß es seinem Reich an. Dieses Land, dessen Kern im Zweistromland des Bani und des Nigerdeltas lag, dehnte sich vom Zusammenfluß des Suro und des Schwarzen Volta im Süden bis nach Timbuktu im Norden aus.

In einer vom Hochland des Futa völlig verschiedenen Umgebung fand man das gleiche *Eldorado* der Hirten: ein Land der Seen und Teiche mit weiten Grünflächen. Die Nicht-Fulbe (Bambara, Bozo, Somono), die diese Gegend bewohnten, traten in großer Zahl zum Islam über. Hamadu Seku errichtete im Gegensatz zu den afrikanischen Eroberern des 19. Jahrhunderts, die es nicht verstanden oder nicht vermochten, ihre territorialen Ambitionen zu zügeln, ein vernünftig bemessenes und rationell verwaltetes Königreich.

2. Der Aufbau des Königreichs Massina

Das Land war in Provinzen und Bezirke unterteilt, die Emiren und Kadis anvertraut waren. Bald entstand ein ausgewogenes Kräfteverhältnis durch die Einführung von Eichmaßen, einer Währung, durch die Verbesserung des Flußverkehrs und der Landverbindungen und dank der Organisierung eines Steuerwesens, das weniger schikanös war als das der Tuareg und der Arma. Dieses Steuersystem, *beit al-mal*, war sehr geschickt aufgebaut. Die Staatskasse erhielt den fünften Teil der Kriegsbeute, den *usuru* (Zehnten der Zölle) und in Naturalien gezahlten Zehnten, der gleichermaßen von Schmieden, Schuhmachern, Webern, Töpfern und Bozofischern abzuliefern war. Letztere waren übrigens wegen der Transportdienste – der Staat hatte sie dazu verpflichtet – von manchen Abgaben entbunden. Dazu kamen als Einnahmen noch Geldstrafen und Beschlagnahmungen, Nachlässe bei Erbenlosigkeit, die verirrten und herrenlosen Tiere usw. Im allgemeinen fiel ein Zehntel der Einnahmen an den Steuereinneh-

Der westliche Sudan 273

mer, ein Fünftel an die königliche Schatzkammer und der Rest an den Gouverneur der Provinz, der es für die Verwaltung und für die Unterstützung der Armen verwenden konnte. Jeder freie Mann und Erwachsene mußte mehrere Tage auf den Feldern oder Arbeitsstellen des Königs Frondienst leisten. Als Hamadu Seku im Jahr 1844 starb, nutzte Timbuktu die Situation, um sich zu befreien. Doch sein Nachfolger, Hamadu Seku II., erreichte von der Stadt, daß über allen Beamten, die Songhai waren, ein Fulbe als Steuereinnehmer stehen mußte.

Der kollegiale Charakter der Verwaltungsbehörden des Scheichs muß betont werden: »Ich möchte nicht allein das verantwortungsvolle Amt der Verwaltung, die *Dina* tragen; diese Gewalt steht nur Gott zu.«

Der große Rat hatte die zentrale Stellung im legislativen, exekutiven und judikativen Bereich. Es bestand aus 40 Marabut, die mindestens 40 Jahre alt sein mußten, »das Alter der geheimnisvollen Reife, in der der Mann nur noch selten das Spielzeug böser Geister ist«.

Obwohl die Versammlung von seiner moralischen Autorität erfüllt war, bildete sie andererseits den normalen Rahmen für die Entscheidungen im Staat. Aus ihr wählte der Imam zwei Beigeordnete, mit denen er ein oberstes Triumvirat bildete. Gab es zwischen ihm und dem Großen Rat Meinungsverschiedenheiten, so loste man aus einer Gruppe von 60 Stellvertretern 40 weitere Marabut in den Großen Rat; und diese vierzig (eine Art Oberster Gerichtshof) entschieden als Schiedsrichter in letzter Instanz. Es gab also drei politische Körperschaften, die auf sehr eigentümliche Weise gestaltet waren.

Im Jahre 1852 übernahm Hamadu-Hamadu auf Vorschlag des obersten Häuptlings Ba Lobbo die Macht. Da dieser unsicher war, ob er selbst gewählt würde, vereitelte er so wenigstens die Einsetzung Abdulahi Sekus, des Bruders des verstorbenen Imams. So erhielt Hamadu-Hamadu die Insignien der Macht: die Mütze, den Säbel und die Gebetskette des Verstorbenen. Bald aber sah er von Westen her die alles überrollende Woge der Tukulor des El Hadj Omar sich erheben, Muselmanen wie sie und Verwandte der Fulbe.

Auch wenn man noch weit entfernt war von der Strenge, die im Genf Calvins herrschte, so war das Leben in Hamdallaye keineswegs rosig. Der geringste Verstoß gegen die Moral wurde hier geahndet, und sogar die fröhlichen Tänze und der Genuß von Tabak waren verboten. »Daß die Frauen nicht singen«, war einer der formellen Befehle. Die bejahrten Witwen mußten zurückgezogen leben, um zu vermeiden, daß die alten Herren sich an ihre Jugend erinnerten. (Den Kavalieren war es untersagt, schmachtende Blicke zu werfen.) Die Leute von Timbuktu, die an ein mehr oder weniger ausschweifendes Leben gewöhnt waren, ertrugen, des Biers und der Tänze beraubt, dieses puritanische Joch schlecht. Doch war die Situation der Frau ziemlich günstig. Sie durfte niemals geschlagen werden. Die Schläge mußten nämlich auf dem Dach der Hütte verabreicht werden, und diese öffentliche Strafmaßnahme wäre von den Betroffenen als sehr schimpflich empfunden worden.

Rühmlich auch, daß die Frau einen Prozeß wegen mangelnden Vertrauens anstrengen konnte, wenn der Ehemann eher als vorhergesehen nach Hause zurückkehrte ...

Unter den 600 Koranschulen, die in Hamdallaye arbeiteten, gab es manche, die den Mädchen vorbehalten waren, und an denen Frauen lehrten. Die meisten der islamischen Haupt- und Nebendisziplinen wurden hier unterrichtet.

II. Küstenkönigreiche, Urwaldkönigreiche und dazwischenliegende Reiche

Vom 16. bis zum 19. Jahrhundert entwickelten sich in dem ausgedehnten Gebiet zwischen dem Süden Malis und dem Nordosten Guineas bis zur Küste Königreiche, deren Größe mit den mehr und mehr entwickelten militärischen Mitteln wuchs. Größtenteils sind diese Königreiche der Initiative der mohammedanischen Mande und der animistischen Akan zu verdanken. Das erklärt, warum sich am Ende dieser Epoche das Reich der Samori und das der Aschanti gegenüberstehen; doch das eine wie das andere brechen unter den Schlägen der Europäer zusammen.

A. An der Elfenbeinküste

1. Im Süden

Im Süden der heutigen Elfenbeinküste hat es praktisch keine staatliche Organisation gegeben. Die ältesten Bewohner im Westen scheinen die Kru-Bete gewesen zu sein (zwischen Sassandra und Cavally). Im 17. Jahrhundert zogen sie wahrscheinlich unter dem Druck der Malinke nach Osten und Südosten. Im 18. Jahrhundert dann schoben sie sich nach Norden vor. Die südlichen Mande (Gan, Gagu, Dan) breiteten sich vom Nordwesten der Elfenbeinküste und von Ghana bis zum Rand des Urwalds aus, wahrscheinlich um die Länder zu beherrschen, die Kola produzierten. Die Völker von der Ostküste, rund um die Lagunen, sind dem Akanzweig verwandt. Sie waren aus der Mitte des heutigen Ghana am Zusammenfluß der Voltaflüsse aufgebrochen und nach Westen gewandert, nachdem sie im Urwald Zwischenstation gemacht hatten, wie die Ebrie und die Attje, oder auch direkt an der Küste entlanggezogen waren, wie die Alladschan. Diese überließen allerdings das Gebiet von Assinie den Esuma (Abure). Wie die anderen Akanvölker sind auch diese Volksgruppen in sieben Klans mit matrilinearer Erbfolge aufgeteilt. Im Gegensatz zu den Baule und Agni praktizieren sie aber das System der Altersklassen für die Männer. Die Idee zentraler Gewalt existiert nicht. Der angesehenste Mann ist derjenige, der über die größten materiellen Möglichkeiten verfügt: er ist der Mbrengbe. Diese Küstenvölker sind im allgemeinen hervorragende Fischer. Das gilt auch für die Adschukru. Sie sind keine Akan und kamen wahrscheinlich unter dem Druck der Bete von Westen, um sich rund um die Lagune von Dabu niederzulassen.

Wenn wir uns nun der Savanne zuwenden, finden wir eine Gruppe von Akanvölkern, die direkt mit den Akim, Akwamu, Gyaman und Aschanti verwandt sind. Gegen Ende des 17. Jahrhunderts, als die Aschanti sich durchsetzten, brechen zahlreiche dynastische Streitigkeiten zwischen ihnen aus. Sie bewirken den Aufbruch der Männer und Fürsten, die sich übervorteilt glaubten. Als so am Ende des 17. Jahrhunderts eine Agni-Gruppe nach Westen aufbrach, gründete sie die Stadt Enchi (Ghana) und ging daran, das Königreich Sanwi von Assinie zu errichten. Eine zweite Gruppe, Verbündete der Denkyira, die gerade die Aschanti besiegt hatten, zog zu Beginn des 18. Jahrhunderts los und gründete

Küstenkönigreiche, Urwaldkönigreiche ... 275

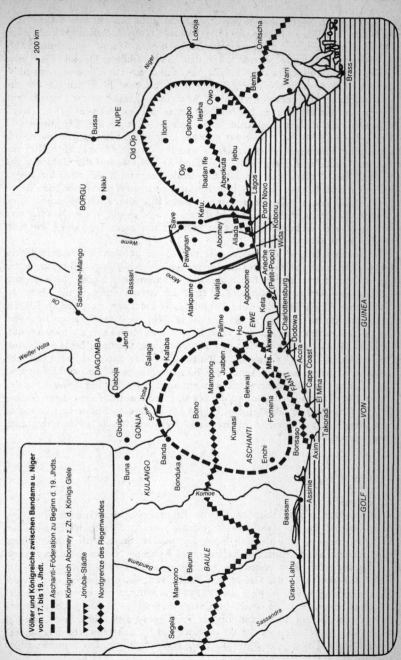

die Königreiche Ndeme und Moronu. Sie vermischten sich mit den Abure. Auch die Baule verließen zu Beginn des 18. Jahrhunderts das Aschantiland und ließen sich in den Ortschaften Beglessu und Beumi nieder. Wenig später, um 1717, versammelte ein Erbfolgestreit unter dem Aschantikönig Opoku Ware eine zweite Baule-Gruppe um die Königin Abla Poku, die zur Trennung entschlossen war. Ein Aschantikontingent verfolgte sie bis zum Fluß Komoe, der die weitere Flucht verhinderte. Erst als die Königin, so erzählt es die Legende, auf dringenden Rat des Zauberers des Klans ihren einzigen Sohn ins Wasser warf, neigte sich ein riesiger Wollbaum vom anderen Ufer zu den Flüchtigen und diente ihnen als Brücke. Als sie das rettende Ufer erreicht hatten, richtete er sich wieder auf. Fassungslos über ihr Opfer wandte sich die Königin zum Fluß zurück und rief: *Ba uli!;* das heißt: Das Kind ist tot! Das soll der Ursprung des Namens ihres Volkes sein (Baule). Die Baule verstanden sich zunächst ausgezeichnet mit der ersten Gruppe ihrer bereits ansässigen Verwandten, den Alanguira. Bald jedoch beherrschten sie sie mit Hilfe der Assabu-Krieger. Eine Gruppe, die Ando, trennte sich bald darauf ab und drang in den Norden vor. Von dort zogen sie zurück in den Osten und gründeten in Togo das Königreich von Sansanne Mango.

Das Gros der Truppe, das sich immer noch unter der Schirmherrschaft Pokus befand, zog durch das Zentrum der Elfenbeinküste. Schließlich ließ es sich in der Gegend von Buake nieder. Die Klans der Agba und der Ngban siedelten sich während der östlichen Wanderungen an. Nach Abla Poku ging die Macht an ihre Nichte Akwa Boni. Sie führte erfolgreiche Feldzüge, starb jedoch bei der Eroberung Jaures. So begann die Auflösung. Nur die Klans blieben bestehen. Die Baule verschmolzen mit den Vuro, Senufo und Malinke und widmeten sich, vielmehr: widmeten sich wieder, dem Knollenanbau. Darunter befand sich auch die Jamswurzel, die Gegenstand zahlreicher feierlicher Riten während des Jahreslaufes ist (etwa bei den Agni). Die Akan setzten ihre handwerklichen und künstlerischen Beschäftigungen mit Schwung fort, besonders auf dem Gebiet des Webens, der Holzbildhauerei und der Messingarbeiten. Das Genie dieses Volkes hat alle Gegenstände des täglichen Lebens, eingeschlossen Stühle und Gewichte zum Wiegen des Goldes, in Meisterwerke verwandelt, die gleichzeitig rassig und edel sind.

2. Im Norden

a) Die Senufo

Mehr im Norden lebt das Senufovolk. Es gehört sprachwissenschaftlich zur Volta-Gruppe. Im 16. Jahrhundert bestand es aus mehreren Klans rund um Korogho, Seguela, Odienne und Kong herum. Der Sturz Malis scheint ihnen Möglichkeiten zur territorialen Expansion in Richtung Norden bis nach Sikasso und Buguni eröffnet zu haben. Hier nahmen sie die Bambara in sich auf. Im Süden drangen sie in das Gebiet von Buake vor, wurden jedoch vom Baule-Block aufgesogen, im Westen und Südwesten mußten sie die Vorstöße der Malinke über sich ergehen lassen. Im Osten schufen sie vereinzelte Gruppen wie die Nafane, die am Wohlstand Beghos vorwiegend als Goldschürfer beteiligt waren. Die Abron unterwarfen sie am Ende des 17. Jahrhunderts. Eine andere Gruppe, die Pallaka, fielen unter die Herrschaft von Kong. Die Senufo sind im

Küstenkönigreiche, Urwaldkönigreiche . . .

wesentlichen Bauern, die es verstehen, den Ackerboden rund um ihre dichtge-
drängten Dörfer intensiv auszunutzen. Deshalb hatten sie weder Gefallen an
großen Eroberungen noch eine Neigung zu zentalisierter Gewalt. Sie sind sehr
unabhängige Vertreter des Gedankens der Gleichberechtigung. Die einzige Gemeinsamkeit von größerer Bedeutung ist religiösen Charakters und bestimmt die
soziale Hierarchie: das ist das *Poron*. Außerdem sind diese Bauern Künstler.
Ihre Erfindungsgabe ist erstaunlich. So ist die Senufo-Kunst eine der fruchtbar-
sten in der negro-afrikanischen, symbolistischen Kunst. Erst sehr spät begaben sich
die Senufo daran, auch einige zentralisierte Königreiche zu errichten, z. B. mit
der Dynastie der Traore von Kenedugu (Sikasso). Aber das scheint mehr aus
Erhaltungstrieb oder in Nachahmung der Malinke geschehen zu sein.

b) Die Diula

Wir finden diese sehr regen Diula wirklich in der gesamten Savanne. Es sind die
»Diula«, die zur Gründung des großen Emporiums von Begho beigetragen haben.
Die Straße von Begho war bald wieder mit der Route verbunden, die durch das
Gebiet der heutigen Elfenbeinküste vom Assinie-Land nach Bobo und Bamako
führte, auf der einen Strecke an Jakasso, Satama und Numutiedugu vorüber,
auf der anderen an Jakasso, Seguela, Borom oder Tengrela vorbei. Während
sich die Diomande im westlichen Zentrum niederließen, machten die Wattara
aus Boron und Mankono die Drehscheibe der Odysseen und des Scheiterns
der Malinke. Von Boron aus schufen sie einen Handelsweg nach Begho,
während andere, die weiter vordrangen, am Ende des 16. Jahrhunderts im
Gondschaland das Königreich Salaga gründeten. Als am Ende des 17. Jahrhunderts Begho zerstört wurde, zogen sich vertriebene Diula in das Königreich
Abron zurück und schufen Bonduku. Später drängen sie die Baule nach Westen
zurück. Bewaffnete Banden, die von Segu herabgekommenen Diarassuba, bedrängen die Senufo in der Mitte des 18. Jahrhunderts und schaffen ein Mande-
Königreich (Nafana) in Odienne.

c) Buna und Abron

Zwischen dem Oberlauf des Komoe und dem Oberlauf des Schwarzen Volta
lebten die Lorhon. Die Diula eröffneten in dieser sehr interessanten Zone Wege,
die um 1600 den Dagomba Garzyao herbeiführten. Sein Sohn Bunkani, dessen
Mutter vom Stamm der Lorhon war – wie der Mossi Ubri, dessen Mutter
Nionioga war –, gestaltete nach dem Dagomba-Vorbild ein Königreich. Die Bewohner, die Lorhon, taufte er auf den Namen *Kulango* um, das bedeutet »die,
die den Tod nicht fürchten«. Es war ein stark zentralisiertes Königreich, das sich
auf Wehrkreise stützte, die von Fürsten verwaltet wurden. Sie bauten die Goldvorkommen der Gaduaregion ab, wahrscheinlich in Konkurrenz zum Abron-
Königreich. Daraus ergaben sich während des 17. und 18. Jahrhunderts blutige
Kämpfe. Buna aber konnte sich auf einen mächtigen Verbündeten stützen: das
Aschantireich. 1825 indes wird Typaonu vom Abronhäuptling Kwassi Jelao
getötet, während im Norden des Landes die Lobi eindringen und sich durchsetzen. So begann der Verfall Bunas; Samori gab ihm 1896 den Gnadenstoß.
Das Königreich Abron ist ein Sprößling des großen Akanstammes. Als Glieder
des Akwamureiches verließen die Abron die Küste und ließen sich in der Gegend von Kumasi nieder. Die Aschanti verjagten sie von dort in der zweiten
Hälfte des 17. Jahrhunderts. Sie drängten sich daraufhin den südlich wohnenden

278   *Jahrhunderte der Neuordnung*

Kulango auf und machten Buna die Kontrolle der Nordroute am Komoe entlang streitig. Zwei bedeutende Häuptlinge, Tan Date (17. Jahrhundert) und Kosunon (Beginn des 18. Jahrhunderts), konsolidierten ihre Macht in einem solchen Maße, daß die Diula kamen und mit Bonduku einen wichtigen Stützpunkt bei ihnen errichteten. Aber sie erlitten viele Niederlagen von ihren Gegnern Aschanti und Kulango. Die Liquidierung ihrer Könige Abombiri (1730) und Kwadio Adingra (1819) waren schwere Verluste. Praktisch zu Vasallen Aschantis geworden, werden auch sie 1895 von Samori hinweggefegt.

d) Kong

Das Gebiet von Kong scheint vor der Mandeherrschaft von den Tiefo organisiert oder zumindest besetzt worden zu sein. Die Kette von Tiefo-Dörfern, die sich von Numudara bis Kong hinzieht, scheint das zu beweisen. Möglich ist außerdem, daß Kulubari Mande und danach Wattara, unterstützt von Mossi, hier um 1700 eingedrungen sind. In der Tat hatte sich Tieba Wattara in Kong eingerichtet, als er mit seinen beiden Frauen und drei Söhnen – der älteste war Seku – aus dem Bamakogebiet gekommen war. Hier erwarb er durch schwere Arbeit als Weber Waffen, die es seinen Söhnen erlaubten, in der Truppe des Kereu Sesuma Krieg zu führen. Bald wurde Seku Wattara, der sich durch Unerschrockenheit und durch Redlichkeit bei der Teilung der Kriegsbeute auszeichnete, zum Idol der kleinen Armee. Er beschloß, trotz der Mahnungen des Königs von Kong und einer stürmischen Unterredung mit ihm, den Krieg von nun an auf eigene Faust zu führen. Die Marabut von Kong, die dringend gebeten wurden, den Rebellen zu verdammen, hatten offensichtlich die richtige Ahnung, denn sie schienen neutral zu bleiben. Bald nämlich beraubte Seku den unglücklichen Sesuma der königlichen Insignien. Dies waren: ein Elefantenschwanz, eine Standarte, ein herrliches Zaumzeug, eine glänzende Lanze und ein Messer-Armband als Talisman. So zeigte sich gleich zu Beginn die Macht der Krieger. Unter ihnen befanden sich einige animistische Sohondi-Soldaten. Es galt nun, die Handelsstraßen des Südens für Gold, Kola und Waffen und die des Nordens für Sklaven, Vieh, Reittiere und Salz zu beherrschen. Vielleicht geschah es aus diesem Grunde, vielleicht auch, um dynastische Zusammenstöße zu verhindern, daß um 1714 der Bruder Sekus, Famaghan Wattara, sich mit Bobo-Diulasso verbündete und ein Königreich gründete. Famaghan führte bis in die Gegend von Mopti (Sofara) Krieg, und um 1720 versuchten sich die Wattara sogar im Kampf gegen Segu. Während der gleichen Zeit übernahm eine Mande-Gruppe unter der Leitung der Fürsten Biema und Soma die Führung der Tyokossi von Sansanne-Mango, einem anderen Handelszentrum. Die Mande-Gruppe sandte sie in viele Feldzüge.

Doch war Kong hauptsächlich als Handelsstadt entstanden. Ohnehin dienten die Waffen nach den Siegen und Eroberungen nurmehr dazu, den für den Handel notwendigen Frieden zu garantieren. Die Moslem-Kaufleute und die Bürger, gestützt auf die Marabut-Partei, verständigten sich darüber, dem Militär die höchste Macht zu entziehen. Die Wohlhabenheit, die der Handel mit sich brachte, verweichlichte aber leider auch die Sitten. Der Marktplatz sowie die fünf Moscheen wurden zum wichtigen Mittelpunkt des Lebens in Kong. Die Menschen von Kong fühlten sich hinter ihren herrlichen Stadtmauern und in den großen Häusern mit Terrassen im sudanesischen Stil in Sicherheit. Die Stadt war eine wirkliche Metropole der islamischen Gelehrsamkeit. Bald aber zog das

Kriegshandwerk die Jugend nicht mehr an. Die aufsässigen Animisten zogen es vor, dem Beispiel der Pallaka folgend die Trennung zu vollziehen. Sie widerstanden jeglichem Wiedereroberungsversuch von Kong. Das 19. Jahrhundert wurde zum Jahrhundert des Verfalls. Beim Herannahen Samoris und der Franzosen wollte Kong bis zum Schluß Handel treiben. Die Handelsstadt spielte ein doppeltes Spiel zwischen zwei sich gegenüberstehenden Mächten. Sie bezahlte diese Frechheit mit einem schrecklichen Prankenhieb des Malinke-Löwen: die Stadt wurde buchstäblich von der Landkarte gestrichen (15. Mai 1897).

B. Mandekönigreich zwischen Küste und Urwald

1. Gwiriko

Mehr im Norden liegt das Diula-Reich der Wattara von Bobo, *Gwiriko* (»am Ende der langen Wegstrecke«). Es lag im Gebiet der Wasserscheide von Komoe, Schwarzem Volta und Bani-fing. Famaghan Wattara von Kong fand dort ein ideales Eroberungsgebiet: kleine Volksgruppen, Teilgesellschaften ohne Strukturen und ohne bedeutende politische Ausdehnung. Er gewann mehr oder weniger vollständig und für längere oder kürzere Zeit die Länder Tiefo, Vigue, Bolon, Komono, Dorobe, Dafin, Bwaba. In Bobo unterwarf er die Bobo-Diula und verband sich als Molo Sanon mit ihnen. Sie waren dort nach den Bobo-fing um das 15. Jahrhundert aus Dschenne eingetroffen. Es handelte sich eher um eine Einflußzone, deren Zusammenhalt direkt von der Macht des Häuptlings von Kong abhing. Famaghan leistete mit den Trupps seiner urwüchsigen Untertanen Kombi, dem Sohn Sekus von Kong, Hilfe. Er forderte dafür als Gegenleistung die Fahne und den *tabala* (Kriegstrommel) von Kong, die er heimlich nach Bobo bringen ließ, um gleichsam das Erstgeburtsrecht, das eigentlich Kong gebührte, zu annektieren.

Sein Sohn Famaghan Tieba (1729-1742), der von Kong aufgefordert wurde, die Fahne zurückzugeben, verweigerte das energisch und brach die Verbindungen zur Mutterstadt ab. Kere Massa Wattara (1742-1749) verteidigte nur die früheren Errungenschaften mit nachdrücklichen Attacken, in Wirklichkeit aber war er friedliebend. Sein Nachfolger Maghan Ule Wattara (1749–1809) dagegen war ein Gebildeter, ein Gönner der Diula und Schirmherr der Handelsstraßen. Er war aber gleichzeitig ein rauher Kriegsmann, der jeden Aufstand hart unterdrückte, im Jahre 1754 die Bwabastadt San zerstörte und im Südwesten des Mossireiches die Herrschaft der Wattara durchsetzte. Nach der Regierungszeit des Diori Wattara (1809–1839), in der das Reich überall zu zerbröckeln begann (Abfall von Tiefo, der Bobo-Diula und der Bolon), hielt Baco Morou (1839 bis 1851) für kurze Zeit den Zusammenbruch auf. Er schaffte das dadurch, daß er sich mit den Tiefo und den Bobo-Diula verbündete und die Streitkräfte von Kenedugu Weleni vernichtete. Nach seiner Zeit begann wieder der Verfall, während im Bwabaland rund um Boromo, dann um Wahabu eine Marabutfamilie versuchte, ein Gebiet zu erringen.

Mamadu Karantao setzte sich in diesem Gebiet durch, und sein Sohn Karamoko Moktar weitete seinen Einfluß, nicht ohne Rückschläge im Kampf gegen die

Dagari und die Wile, weiter aus. Auch er unterzeichnete wie hundert weitere »Könige« 1897 einen Vertrag mit den Franzosen. Übrigens erging es den Wattara ebenso, die von der Mitte bis zum Ende des 19. Jahrhunderts zusahen, wie ihr Gebiet wie ein guter Kuchen in Stücke geschnitten wurde. Niandane (1892-1904), der mit Samori paktierte, befreite die Tiefo aus den Krallen des Malinke-Löwen, sah sich aber bald durch eine Übereinkunft zwischen seinem Verwandten Pintieba und den Franzosen entthront (1898).

2. Kenedugu

Dieses Königreich war im 18. Jahrhundert rund um Sikasso entstanden. Es handelte sich um einen entfernten Besitz von Kong unter den Traore, diulatisierten, d. h. islamisierten Senufo und stand unter dem Einfluß Massinas, einem Brennpunkt moslemischen Glaubens. Zwischen 1850 und 1860 begründete Laula die Macht der Traore über die kleinen Senufo-Häuptlingschaften. Diese Macht wird von 1875 ab von König Tieba, der mit den Franzosen verbündet ist, gefestigt. Nachdem er sich den Kiembara von Korogho genähert und Samoris Belagerung abgewehrt hatte, scheiterte er 1890 vor Sinematiali. Tieba wollte tatsächlich Bobo einnehmen und das Reich der Wattara ablösen. Aber die Völker, die das Joch der Wattara von Bobo abschüttelten, legten keinen großen Wert darauf, den Herren zu wechseln. Und Tieba, unfähig, sie zu beherrschen geschweige denn sie zu regieren, verbrachte seine Zeit damit, durch Razzien Sklaven zu rauben, die er gegen Pferde und Gewehre tauschte. Deshalb stellte sich ihm eine Art allgemeines Bündnis mit dem tapferen Tiefovolk an der Spitze entgegen und griff ihn vor Bama (im Norden von Bobo) an. Die ersten Kämpfe waren sehr erbittert. Aber dem Marabut von Bobo gelang es, in Tiebas Feldlager eine Frau einzuschleusen, die seiner Lieblingsfrau aufs Haar glich. Sie nutzte einen Moment der Unachtsamkeit aus und stellte eine Schüssel mit vergiftetem fonio nahe beim königlichen Sessel ab. Als Tieba es gegessen hatte, sah er seine richtige Frau mit dem Gericht, um das er gebeten hatte, herbeikommen und schrie: »Himmel, die Wattara haben mich vergiftet!« – Seine in eine frische Ochsenhaut gewickelte sterbliche Hülle wurde nach Sikasso überführt (1893), und das Bobo-Diulavolk begleitete sie mit diesem grausamen Vers: »*Ka signe yira Tieba mal!* Wünscht Tieba guten Mut! Tieba, der ein Pferd rittlings bestieg, kehrt in einer Ochsenhaut zurück! Wünscht Tieba deshalb guten Mut!«[16]

Die Elfenbeinküste, auch »Küste der schlechten Männer« genannt, lockte kaum Sklavenhändler an. In der Tat fand man hier keinen Staat, der mächtig genug war, um den Verkehr in großem Maßstab zu organisieren. Dazu lag der wenig bevölkerte, allenfalls von wandernden, zuweilen auch menschenfressenden Leuten besuchte Urwald zu nahe. Nur die Handelsplätze Tabu, Lahu und Bassam wurden sporadisch besucht. 1737 siedelte sich ein Kapuzinermönch bei den Esuma von Assinie an. Wenig später folgten ihm Agenten der *Französischen Guinea-Kompanie*. Eine Reise wurde organisiert, um Aniaba, der sich damit brüstete, Fürst von Krinjabo zu sein, nach Frankreich zu bringen. Nachdem Bossuet ihn mit Ludwig XIV. als Paten getauft hatte, verfiel er nach seiner Rückkehr wieder dem Animismus.

16 Anmerkung von Sanny Sanon, Lehrer in Bobo.

Die Länder der Goldküste

In Assinie errichtete man 1701 ein Fort, das man zu Beginn des spanischen Erb-
folgekrieges jedoch wieder aufgab. So wurde diese Küste bis zum 19. Jahrhundert verlassen, nur für den improvisierten Menschenhandel war sie noch von
Bedeutung. Das sagt aber nicht, daß sie dem Sklavenhandel keinen Tribut liefern
mußte, denn die Nachbarstaaten, hauptsächlich Aschanti, ließen es sich nicht entgehen, aus diesen dörflichen oder wenig strukturierten Stammes-Gemeinschaften
zu schöpfen.

Zu Beginn des Jahres 1838 besetzte der Franzose Bouet-Willaumez Assinie und
Bassam. Er unterzeichnete mit dem Häuptling der Küste *(Esuma)* und dem des
Inlandes *(Sanwi)* einen Vertrag. Mit diesem Vertrag »stellten sich die Könige,
die Häuptlinge und das Volk von Assinie unter das Protektorat von Ludwig-
Philipp I., König der Franzosen ... Sie überließen ihm die volle und ungeteilte
Oberherrschaft über ihre gesamten Territorien.« Als Gegenleistung konnten sie
die Hilfe der Franzosen gegen ihre Nachbarn, die Ebrie in Anspruch nehmen.
Der Widerspruch zwischen dem Statut des Protektorats und dem Verlust der
Souveränität war das Zeichen einer neuen Ära ...

Alles in allem zeigte sich in der Geschichte dieses Gebietes vom 16. bis zum
19. Jahrhundert ein Unvermögen, eine größere Gemeinschaft zu bilden, obwohl
die materiellen Möglichkeiten gewaltiger waren als in früheren Epochen. Immer
versuchten nur kleine Einheiten, die sich um Ausnahmepersönlichkeiten gesammelt hatten, für sich den jeweils größten Nutzen aus dem neuen Handel zu
ziehen. Dieser Handel brachte die neuen Mittel mit, die es erlaubten, sich bei den
Nachbarn durchzusetzen: Pferde, Pulver und Gewehre. Noch mußte man dafür über Gold- und Sklavenreserven verfügen. Wir werden in dem anderen Teil
Westafrikas erleben, wie Küstenstaaten und auch andere sich wirksamer an den
neuen Lauf der Dinge anpaßten und versuchten, eine Basis für ihre Eigenständigkeit dabei zu finden.

III. Die Länder der Goldküste

A. Dagomba und Gondscha

Ungefähr seit dem 14. Jahrhundert heißt die beherrschende Macht im Norden
dieses Gebietes Dagomba. Es wird im Norden von den Bruderstaaten Mampursi
und Mossi flankiert. Wenn die Chronologie dieses Staates auch sehr unzuver-
lässig ist, so weiß man doch, daß mit Beginn des 15. Jahrhunderts einer der
Nachfolger des legendären Gründers Tohajiye, Na Gbewa genannt, den Machteinfluß Dagombas in der Gegend östlich des Zusammenflusses der Voltaströme
gefestigt hat. Sein Nachkomme wurde nach dynastischen Unruhen, die von
stürmischen Kämpfen zwischen Zirili, Kufogo und Sitobo begleitet waren, der
König Niakse. Er gründete die Hauptstadt Jendi und setzte die Dagomba-
fürsten als politisch-militärische Oberhäuptlinge ein, die die autochthonen Stammeshäuptlinge beherrschen sollten. Einer seiner Nachfolger, Darigudiemda, eroberte die Stadt Buna und setzte dort einen Vasallen ein. Die Dagomba wurden
zu Beginn ihrer Häuptlingschaft auch sehr schnell von den Wa islamisiert.
Im 16. Jahrhundert erlebt der Dagomba-König Dariziogo, wie ein Mande-Er-

oberer von furchterregenden Kriegern begleitet eintrifft: Sumaila Ndewura Jakpa (1620–1660). Diese Neuankömmlinge scheinen dem gleichen Weg gefolgt zu sein wie die Diula-Kaufleute, die vom Mittellauf des Nigers kamen. In diesem Land, wo sie sich niederzulassen beschlossen, gab es übrigens bereits im Norden und im Süden mandesprechende Menschen, aber auch Bewohner, die Guang sprachen, was schließlich von der führenden Klasse angenommen wurde. Gleichzeitig mit den Wanderern trafen muselmanische Gelehrte ein. Bald kam es zu einer Machtprobe zwischen den Dagomba und den Banden Jakpas. Jakpa bemächtigte sich der Salinen von Daboya und traf am Ostufer des Volta auf Dariziogo. Dieser behauptete das Feld, und Jakpa stürzte sich nach seiner triumphalen Rückkehr nach Osten in das paläonigritische Land der Konkomba und Bassari von Nord-Togo. Tausende von Gefangenen wurden zur Arbeit auf den königlichen Feldern gezwungen (sie stammten aus Salaga). Jakpa, der inzwischen Häuptling des großen Gondscha-Fürstentums geworden war, versuchte, auch das Königreich Bono zu überfallen. Hier traf er jedoch auf die Musketiere des Königs Jebu Ahanta und wurde von einem Schuß aus deren Feuerwaffen getötet. Seinen Leichnam brachte man nach Bompe zurück und begrub ihn dort.

Die wichtigsten Städte des Landes Gondscha waren Daboya, Tulonwe, Gbiupe und Kafaba. Salaga wurde eine Drehscheibe für den westafrikanischen Handel, nachdem Jakpa den Kolamarkt von Kafaba dorthin verlegt hatte. Sie war eine kosmopolitische Stadt, in der die Fremden letztlich blieben und sich im Handwerk oder auf den Handel mit verschiedenen Produkten spezialisierten: die Ligby auf Goldbearbeitung, die Numu auf die Schmiedekunst und die Haussa auf Pferde, auf das Fleischerhandwerk und das Färben usw. Die Mossi bildeten riesige Karawanen, die Salaga mit Dschenne und Timbuktu verbinden konnten. Die Kameltreiber mußten Abgaben bezahlen. Sie beugten sich dieser Maßnahme jedoch freiwillig wegen der Sicherheit, die ihnen die örtliche Behörde dafür garantierte. Die Feindseligkeiten mit Dagomba, dem einzigen Staat an diesem Küstenstrich, der Gondscha seine Macht und seine Gewinne streitig machen konnte, dauerten an. Der Dagombakönig Luro hatte seine Hauptstadt wohlweislich nach Tchare und noch später nach Jendi verlegt. Aber der Moslem Zangina (1648–1677), einer seiner Nachfolger, ging ein Bündnis ein, das der Gondscha-armee eine Niederlage zufügte. Eine diplomatische Heirat verband Mariama, die Tochter des besiegten Generals, mit dem Verbündeten Zanginas, Andani Zigili. Dieser übernahm nach ihm die Regierung (1677–1687), ohne daß Gondscha jedoch angetastet wird. Später brachte ein Erbfolgestreit die Thronkandidaten, genauer die Kandidaten um »das Fell«, gegeneinander auf. Die Dagombaherrscher saßen nämlich auf dem Thron auf einem oder mehreren herrlichen Fellen. (Die Felle der mächtigsten Tiere waren für den König reserviert.) Auf diese legte man wiederum fünf Kissen aus Leder, prachtvoll verziert, für den Sitz, als Rückenpolster, für die Ellenbogen und für die Beine. Die beiden Rivalen hießen Garba und Zirilim. Letzterer bat den Aschantikönig Osei Kodscho um Unterstützung. Die Aschantiarmee wurde leicht mit Garba fertig, und Dagomba mußte für ihn als Lösegeld jährlich 2 000 Sklaven liefern (1744). Kommissare von Kumasi residierten in Jendi und Salaga, um diesen Tribut, zu dem auch das östliche Gondja beisteuern mußte, in Empfang zu nehmen. Von diesem Zeitpunkt an können diese beiden Staaten des Nordens als Vasallen Aschantis betrachtet werden. Sie waren ihm ausgeliefert, weil Aschanti die Routen zum Meer, über die die Feuerwaffen herbeigebracht wurden, sehr streng überwachte. Nur

Die Länder der Goldküste   283

durch pünktliche Zuverlässigkeit bei den Tributzahlungen erhielten sie das
Recht, einige Konvois mit den begehrten Waren aus dem Süden entgegenzunehmen. Das bedeutete praktisch, daß sie in den segmentären Gesellschaften des
Nordens von Ghana, der Elfenbeinküste, Togos und des südlichen Obervolta
für Aschanti Jagd auf Menschen machen mußten. Im 19. Jahrhundert gingen
sie soweit, die Zabermasöldnertruppen von Niamey kommen zu lassen, um sie
mit diesen Unternehmungen zu betrauen. Diese Razzien der Sklavenjäger haben
sicherlich alle Völker auf der Wanderung nach Nordwesten betroffen, die heute
den Südwesten von Obervolta bewohnen: Gonin, Turka, Dyan, Lobi, Wile,
Birifor und Dagari. Die meisten trafen dort im 18. oder zu Beginn des 19. Jahrhunderts ein.

B. Aschanti

1. Die Ursprünge

Wer aber waren nun diese fürchterlichen Aschanti? Sehr früh, seit dem 11. und
12. Jahrundert, hatten die von Norden gekommenen Akan[17] am Rande des Urwalds kleine Fürstentümer organisiert. Sie assimilierten die autochthonen Stämme und übernahmen zweifellos ihre Sprache, wie die Gefährten Jakpas. Diese
Häuptlingschaften gründeten sich auf den Handel mit Kola und Gold. Solcher
Art waren z. B. die rivalisierenden Königreiche Bono und Banda. Infolge der
Kämpfe stießen andere Emigranten, die Fanti, mehr in den Süden vor, indem
sie dem engen Weg des Volta durch den Urwald und seinem Durchbruch durch
die Höhen von Akwapim folgten. An der Küste trafen sie auf Völker aus Nigeria, die auf dem Meer in Richtung Westen segelten, um sich dann wie die Gâ
in der Ebene von Accra niederzulassen. Die Akan folgten derselben Richtung
und breiteten sich sogar an der Elfenbeinküste aus. Wegen der natürlichen Umstände konnten die Küstenstaaten keine bedeutende territoriale Ausdehnung erfahren. Im Norden dagegen setzten sich bald nahe dem Rand des Urwalds das
Akwamureich und besonders das Reich Denkyira, zwischen Bono und Banda
gelegen, als beherrschende Mächte durch. Sie erhielten von den anderen Akan-
königreichen Tributzahlungen. Diese gruppierten sich sporadisch neu, um den
größten Bedrohungen die Stirn bieten zu können. So vereinigten sie sich am
Ende des 17. Jahrhunderts unter der Order eines Fürsten vom Oyoko-Klan,
Osei Tutu, Häuptling von Kumasi (ca. 1697 bis ca. 1731). Er hatte einen sehr
lehrreichen Aufenthalt an den Höfen von Denkyira und Akwamu verlebt.
Unter seinem Befehl errangen sie brillante Erfolge, als sie einen von Westen
herannahenden Akanstamm zurückdrängten und sich der absoluten Kontrolle
des bedeutenden Marktes von Tafo vergewisserten. Auf diese Weise konnten
Lehen für die vornehmsten Familien ausgesetzt werden: es waren dies Mampong, Nsuta, Juaben, Bekwai, Kokofu usw.

17 Das Twi, die Sprache der Akan, enthält eine Reihe von Wörtern, die dem Mande entlehnt
   sind; insbesondere bei der Bezeichnung von Waren (Tabak, Sklaven, Gold) und Lasttieren
   (Pferd, Kamel).

Daraufhin entwickelte der religiöse und politische Ratgeber Osei Tutus, ein genialer animistischer Priester namens Okomfo Anokye den Gedanken, dem Zusammenschluß der Völker, der sich gerade als so wirksam erwiesen hatte, eine feste Form zu geben. Man erzählte folgendes: Inmitten einer großen Zusammenkunft von Fürsten und Stämmen ließ dieser Priester durch Anrufung des Himmels einen goldenen Stuhl herabgleiten, der sanft auf den Knien von Osei Tutu gelandet sein soll. De facto bedeutet dies, daß der goldene Stuhl (sikadwa), der erste und einzige seiner Art, als Gabe des Himmels betrachtet wird. Er verkörpert in der Tat den Zusammenschluß der Völker, die durch einmütige Zustimmung bestätigt wird. Er schließt die Seele der Nation in sich ein. Durch seine Mittlerfunktion wird jeder Aschanti ein Getreuer seines Thrones, aber auch des Häuptlings von Kumasi (Kumasihene), der wiederum auf diese Weise Häuptling der Aschanti wurde (Aschantihene). Der goldene Stuhl, ein Thron aus gediegenem Gold, wird als Personifizierung der beiden ersten Aschantikönige und besonders des Nana Osei Tutu betrachtet. Als göttliches Wesen trägt er den Namen Sikadwa Kofi, das bedeutet »der an einem Freitag geborene goldene Thron«. Selbst dem Aschantihene gegenüber hat er Vorrang. Er besteigt den für diesen Zweck reservierten Thron und verfügt über seine eigenen königlichen Insignien wie den Hof, die Garde, den Ehrenthronbaldachin, den Schild aus Elefantenhaut und die mit Gold eingefaßte Trommel. Dies alles deutet sehr wohl an, daß die Stammesidee überschritten war, und daß man zu der abstrakten Realität von Staat und Nation gelangt war, die hier in einem wunderbaren Symbol verkörpert war. Die Wirkung dieses Einigkeitsschwurs ließ nicht auf sich warten: das Reich Denkyira wurde in Feyiase vernichtet (1699). Nach dem Tod von Osei Tutu begann indes ein Kampf um diese noch nie gekannte Macht. Die besiegte Gruppe machte sich auf den Weg nach Westen und bildete dort das Baule-Volk. Währenddessen konsolidierte Opoku Ware (1720–1750) den neuen Staat durch seine Siege über die Sefwi, Gyaman und das Gebiet von Accra.

2. Die Blütezeit

Nach zwei weniger bedeutenden Herrschern war es Osei Kodscho (1765–1777), der den Staat während seiner bedeutenden Regentschaft durch administrative Zentralisierung neu gestaltete. Er unterwarf das Dagomba- und das Gondschareich dem Tribut und begann, die Fanti und Akim anzugreifen, die sich verbündet hatten, um ihm die Verbindung zu den europäischen Händlern zu sperren. Seit dem 15. Jahrhundert hatte man mit vielen Steinen und anderen vorgefertigten Materialien, die zehn Karavellen aus Portugal herbeigeschafft hatten, das Fort Saint-Georges-de-la-Mine (El Mina) errichtet. Don Diego d'Azambuja, der Kapitän, ließ sogleich ein Schloß in sein Wappen setzen. Weitere Forts wurden in Axim, Accra (1576) usw. erbaut, während die Piraten und europäische Konkurrenten sehr geschäftig waren. Französische Freibeuter brachten z. B. im Laufe weniger Jahre Hunderte von portugiesischen, mit Gold beladenen Karavellen auf. 1561 trafen die Engländer mit der Guinea-Kompanie der Abenteurer-Kaufleute ein. 1595 folgten die Holländer. El Mina betrieb einen sehr lukrativen Handel mit Gold und den hier gefangenen Sklaven, ohne die von São Tomé und Benin zu rechnen. Es wurde so zur Zielscheibe der anderen europäischen Mächte, aber auch für die Afrikaner, die es von Anfang an

Die Länder der Goldküste 285

sporadisch belästigt hatten. 1637 fiel das Fort den Holländern in die Hände. Schwarze und Holländer hatten es gemeinsam vom Nachbarhügel Santiago aus angegriffen. Sie konnten es trotz zahlreicher Rückeroberungsversuche der Engländer halten. Die Schweden gründeten in Takoradi, Cape Coast und Ossu Forts. Alle diese Posten nahmen ihnen die Dänen gewaltsam weg, das letzte Fort, heute die offizielle Residenz in Ghana, tauften sie Christiansborg. Mit denen der Brandenburger werden es bis zu 35 Forts, die diesen an Sklaven so »fruchtbaren« Küstenstrich markierten.

Die Völker der Küste verhielten sich indes sehr wachsam und zuweilen feindselig gegenüber den weißen Fremden: »Der König des großen Accra ist ein mächtiger Fürst und viel unabhängiger als die benachbarten Fürsten; er kann fünf- bis sechstausend Mann aufstellen, er versteht es, seinen Rang zu behaupten und seinem Ansehen bei den weißen Menschen, die diese Küste anlaufen, Achtung zu verschaffen. Niemals erweist er jemandem von ihnen mehr Gunst als dem anderen . . .« Positiver Neutralismus vor der Unterschrift! Derselbe Autor weist darauf hin, daß der Häuptling von Accra die Leute von Aquimera (Achimota?) am Zugang zum Küstenhandel hinderte. Weiter soll er sich lange Zeit dagegen gewehrt haben, daß Geschäfte in seinen Ländern eingerichtet wurden. Schließlich waren jedoch die Gewinne so hoch, daß er »einen Platz« an die *Holländische Westindien-Kompanie* »verkaufte«. In nächster Nähe ließ er einen Gildenmeister der Kaufleute die Preise festsetzen und in letzter Instanz über Meinungsverschiedenheiten richten. Dieser »strafte die Übertretungen mit äußerster Strenge derart, daß die Kaufleute ihn ebenso fürchten wie den König«. Wer aber schickte die Sklaven, die die Küstenhäuptlinge in so großer Zahl auf dem Markt von Manso fanden? Es waren die Aschanti.

Bei Besuchen im Küstenfort stellten sie fest, zu welchem Preis man das Gold und die Sklaven verkaufte, deren Beförderung sie kontrollierten. Natürlich wollten sie bald die gesamte Handelskette in die Hand bekommen. Während die afrikanischen Fürsten sich das Monpol des Sklavenhandels streitig machten, kehrte der erste schwarze anglikanische Priester, Philipp Kwaku, nach Studien in Europa zurück, um ein fünfzig Jahre währendes Apostolat anzutreten. Die Europäer spielten die afrikanischen Fürsten mit Geschenken und Bestechung gegeneinander aus. Eine schlaue, aber kostspielige Politik, denn die Fürsten wurden immer anspruchsvoller. Die Fanti sperrten schließlich den Aschanti die westlichen Routen. Nachdem sie sich so auf die östliche Route beschränken mußten, die sie zunächst mit Billigung der Engländer benutzten, begannen die Aschanti von Osei Kodscho die Fanti mit Unterstützung der Nzima zu bedrängen. Sie wollten die Fanti-Sperre im Westen durchbrechen.

Die Fanti waren bis zur Mitte des 17. Jahrhunderts im Stadium der Fürstentümer und Stadtstaaten verblieben, jedes dieser Gebilde hatte seinen Häuptling (*braffo*). Der einflußreichste *braffo* residierte in Mankessim, wo sich außerdem die geheiligte Totenstadt befand. In ihr lagen die Gräber der drei Gründervorfahren. Anomabu entwickelte sich zu ihrem wichtigsten Handelszentrum an der Küste. Aber die Fanti wurden von vielen Seiten bedrängt: durch Machenschaften der Europäer, durch mächtige Nachbarn wie Assim, Akim und Agona und durch den Vorstoß Aschantis zur Küste hin. Den Fanti gelang es lediglich rund um die Stadt Abora eine primitive Konföderation auf die Beine zu stellen, die eine Versammlung von Delegierten aller »Staaten« hatte. Doch funktionierte dieses Bündnis nur im Falle drohender Gefahr.

286   *Jahrhunderte der Neuordnung*

Unter diesen Verhältnissen näherten sich trotz bestehender Feindschaft die Engländer und die Holländer, um ihre Vermittlung anzubieten. Das heißt wahrscheinlich, daß sie mit Hilfe von Geschenken eine ihren Interessen zuträgliche Lösung erreichen wollten. In der Tat mußten sie um jeden Preis, wie England gegenüber dem europäischen Kontinent im 19. Jahrhundert, das Gleichgewicht der Macht aufrechterhalten und gleichzeitig verhindern, daß irgendein afrikanischer Staat sich eine gefährliche Vorrangstellung sicherte. Nach Osei Kwame (1770–1801), der innere Reformen verfolgte, setzte der Ausdehnungsdrang der Aschanti unter Osei Bonsu (1801–1824), genannt »der Wal«, mit Nachdruck wieder ein. Leute, die von ihm beschuldigt wurden, Schnüffler und Grabdiebe zu sein, hatten bei den Fanti Zuflucht gefunden. Er überfiel den Süden mit einer gut organisierten Armee, wobei die Haupttruppe, die beiden Flügel und die Nachhut wohlberechnete und -überlegte Manöver ausführten. Die Fanti wurden in Abora vernichtet. Da die Angeklagten unter dem Schutz der englischen Kompanie standen, erstürmten die Aschanti aus Zorn auf die Weißen Fort-Amsterdam, die Domäne ihres holländischen Ex-Verbündeten und trafen vor Anomabu ein, wo die Engländer vor ihnen zurückwichen. Der Oberst Torrane lieferte ihnen zweitausend Fanti aus, sowie einen alten, blinden Assim-Häuptling, der hingerichtet wurde. Er gestand überdies mündlich zu, daß die Fanti von nun an den Aschanti unterworfen seien, mit Ausnahme in der unmittelbaren Umgebung des Forts. Darauf leisteten sich die Aschanti vor ihrer Rückkehr an der Küste eine triumphale Militärparade. Diese Episode schildert, wie eine europäische Macht sich buchstäblich einem afrikanischen Staat beugt. Sie erklärt sich zum Teil dadurch, daß die Engländer an der Goldküste keine sehr klare politische Linie verfolgten und zudem in Europa in die napoleonischen Kriege verwickelt waren.

Das Ereignis läßt der Karriere des Aschanti-»Wals« freien Lauf. 1811 tauchte er erneut an der Küste auf, um die Leute von El Mina gegen die Fanti zu unterstützen. Die Aschanti besorgten sich Verstärkung durch die Gâ von Accra, wurden jedoch im letzten Moment von den Akim verraten, die sich mit den Fanti verbündet hatten. Doch auch die Aschanti, die in den Bergen von Akwapim bedrängt wurden, mußten sich zurückziehen. Sie konnten indes den Verrat der Akim und der Akwapim nicht verwinden. 1814 kehrten sie deshalb zurück und schlugen sie vernichtend. Sie verfolgten die Führer bei den Fanti, ließen sie sich ausliefern und richteten sie hin. In ihrem Hochgefühl plünderten sie sogar ihre Verbündeten, die Gâ von Accra aus. So hatte Aschanti, indem es die neuen ökonomischen und politischen Verhältnisse Schwarzafrikas nutzte, ein Reich errungen. Es dehnte sich von den Gurunsi- und Gondschaländern an der Küste und von Grand Lahu (Elfenbeinküste) bis nach Petit-Popo (Togo) aus. Drei bis fünf Millionen Einwohner umfaßte das Reich. Damals beschloß England, nach Waterloo und dem Wiener Kongreß (1815), zunächst einmal die schlimmsten Verwüstungen zu beseitigen und erst danach die Aschanti zu unterwerfen. 1817 unterzeichnete die *Londoner Kompanie der Kaufleute* mit Kumasi einen Freundschaftsvertrag, um den friedlichen Handel zu fördern. Einem britischen Konsul mit Namen Dupius gelang es auch einen Vertrag abzuschließen, auf Grund dessen Cape Coast der Aschantimacht entzogen wurde. Aber weil er sich mit dem Gouverneur der Kompanie überworfen hatte, fuhr er zur Klärung der Angelegenheit nach London. Währenddessen befahl der *Aschantihene*, der über die Verzögerung bei der Vertragsunterzeichnung verärgert war, seinen Leuten, mit

Die Länder der Goldküste 287

den Holländern und Dänen Handel zu treiben. 1821 indessen mußte die Kompanie ihre zehn Forts der britischen Krone abtreten. Der Gouverneur von Sierra Leone, Sir Mac Carthy, der zur Besichtigung seines Lehens gekommen war, beschloß leichtfertig, die Aschantimacht zu brechen. Er hob eine Armee aus und näherte sich Kumasi; doch mußte er eine schreckliche Katastrophe über sich ergehen lassen. Er wurde verwundet und beging Selbstmord, um nicht in die Hände der Aschanti zu fallen. Das war im Jahre 1824 in Bonsaso die letzte Heldentat von Osei, dem Wal[18]. Sein Nachfolger, Osei Yako Akoto (1824 bis 1838), brachte es fertig, über eine Koalition der Denkyira und der Engländer zu siegen, scheiterte jedoch an der Festung von Cape Coast. Daraufhin zogen die Engländer die Küstenvölker (Gâ, Fanti, Akim, Denkyira usw.) zu einem außergewöhnlichen Bündnis zusammen, dem die Aschanti mit gewohnter Energie kühn entgegentraten. In Dodowa (7. August 1826) wurden sie schwer geschlagen: die Totenglocke läutete für die Macht Kumasis.

Nachdem die britische Regierung die Situation wieder in der Hand hatte, beschloß sie, die Forts und den Handel einem Londoner Komitee von Kaufleuten zu überlassen, deren Gouverneur Mac Lean (1830–1843) wurde. Diesem gelang es dank seiner beharrlichen Geduld, seines Fingerspitzengefühls, seiner Intelligenz und seiner Achtung gegenüber afrikanischer Lebens- und Denkweise, bei Aschanti einen Vertrag durchzusetzen, der die Unabhängigkeit der Küstenvölker garantierte. Der neue *Aschantihene*, Kwaku Dwa I. (1838–1867), nahm aber den Kampf gegen die Denkyira wieder auf. Darauf nahm die englische Regierung wiederum die Dinge in die Hand, organisierte die Küstenvölker durch eine Reihe von Verträgen, die u. a. eine Steuer für Straßen und Schulen einführten, und erwiderte den Angriff Kwaku Dwas. Sie schickte ein Regiment von den Antillen gegen ihn, das in Assikuma und Bobikuma (1863) geschlagen wurde. Beim zweiten Versuch rettete nur der Heldenmut der Akwapim die Engländer in Datsutagba (1866) vor der völligen Niederlage. Kwaku Dwa I. nutzte die Gelegenheit für einen Überfall auf das Eweland, um den Anlo, seinen Verbündeten, zu helfen. Kofi Karikari (1867–1874) führte die gleiche Politik weiter und richtete noch 1869 einen Umklammerungsangriff gegen eine Fanti-Allianz; mit einer Teilarmee über die Elfenbeinküste, mit der anderen über Togo. Aber diese Aschantiflut sollte in respektvoller Entfernung vor den Kanonen des Forts verebben.

3. Der Untergang

Indessen hatten die Engländer beschlossen, allem ein Ende zu machen. Sie begannen, die Anordnung ihrer Faktoreien zu rationalisieren, indem sie mit den Holländern tauschten. So wurde das westliche Gebiet völlig niederländisch, das östliche gänzlich britisch. Manche der ethnischen Reibungspunkte beseitigte man so, die westlichen Fanti aber, Verbündete der Engländer, sahen sich den Holländern ausgeliefert. Sie versuchten deshalb, sich neu zu organisieren, teils gegen die Holländer, teils, wenn nötig, gegen die Aschanti. Während einer von ihnen,

---

18 Diese Niederlage ist zum Teil darauf zurückzuführen, daß die Intendantur der britischen Armee nicht nachkam. Die Munition wurde knapp, und als der militärische Verwalter auf dem Höhepunkt der Aktion die vier Kisten öffnete, enthielt eine Munition, die drei anderen waren mit Makkaroni gefüllt ...

John Aggrey, sich zum König seines Klans ausrief, schufen die anderen eine Konföderation. Für diesen Bund erarbeiteten sie 1871 die Mankesim-Verfassung mit einem gewählten Präsidenten-König, einem Parlament, einer judikativen Gewalt und einer Finanz- und Schulverwaltung. Das war der Versuch einer Synthese durch Afrikaner, die das europäische und das negro-afrikanische Recht kannten. Doch die Engländer betrachteten diesen Versuch als gefährliche Tendenz zu Autonomismus und Integration, vor allem dort, wo sie auf eine Verbindung zu den Aschanti hätte hinauslaufen können. Die Fanti-Führer sperrte man deshalb ein. Daraufhin wurden alle bankrotten holländischen Forts, El Mina inbegriffen, von den Engländern zurückgekauft. Nun erhoben die Aschanti aber für diese Posten einen jährlichen Pachtpreis, den die Holländer in Geschenken bezahlt hatten; die Engländer unterließen jede Bezahlung. Die Aschanti wurden deshalb erneut aggressiv. Sir Garnet Wolseley stellte eine große Armee zusammen, und da er direkt auf Kumasi losstürmte, hatte er, als er die Stadt betrat, bereits mehr als 1 000 Aschantikrieger und Hunderte von Häuptlingen getötet. Er steckte die verlassene Stadt in Brand, plünderte sie und zwang Kofi Karikari den Vertrag von Fomena (1874) auf. Mit diesem Vertrag verzichteten die Aschanti auf alle ihre Rechte an der Küste. Er erklärte die Sklaverei und den Sklavenhandel für illegal, einstige Hauptquellen der Aschantimacht.

Der harte Vertrag von Fomena kostet Kofi Karikari den Thron. Sein Nachfolger Mensah Bonsu (1874–1883) mußte gegen die kollaborierenden Kräfte kämpfen, die von den Engländern in den wichtigsten Lehen wie Mampong, Nsuta, Bekwai und vor allem in Juaben gefördert wurden. Juaben, Schützling der Engländer, das sogar einen *Aschantihene* als Botschafter nach Cape Coast senden durfte, ging soweit, einen Abgesandten aus Kumasi meuchlings ermorden zu lassen.

Die Antwort war schrecklich. Juaben wird von Mensah Bonsu 1875 dem Erdboden gleichgemacht, seine Bewohner wandern in englische Protektoratsgebiete aus. Der Kronrat enthebt Mensah Bonsu indes seines Amtes. Kwaku Dwa II., kaum auf den Thron gestiegen, stirbt an den Pocken. Während sich die anglikanischen und katholischen Missionare in Accra und El Mina niederlassen, bringt ein Ghanese namens Teteh Kwasi die ersten Kakaobohnen aus São Tomé Fé mit, die den zukünftigen Wohlstand des Landes herbeiführen sollten.

Nach einer Periode der Anarchie in Kumasi bestieg Kwaku Dwa III., genannt Prempeh (der Dicke), (1888–1896) den Thron und versuchte, eine Politik der inneren und äußeren Konsolidierung zu betreiben. Als ihn der Gouverneur Sir B. Griffith bat, einen Freundschaftsvertrag zu unterzeichnen, witterte er ein Unterwerfungsmanöver. Da er den Versuch für unziemlich hielt, sandte er auf seine Kosten eine Delegation zu Königin Viktoria nach London. Sie sollte ihm mit Klarheit versichern, daß Aschanti ein unabhängiges Königreich war und bleiben sollte, daß es Freund aller Weißen sei und bleibe, daß es aber keineswegs geschützt zu werden brauche. Der englische Gouverneur, ein Zeitgenosse Samoris, der selten ein solches Zeugnis nationalen Stolzes kennengelernt hatte, schlug vor, daß Aschanti wenigstens Rücksprachen akzeptieren solle. Prempeh beging den Fehler, diese Unterredungen in Kumasi stattfinden zu lassen. Der englische Gouverneur konnte so unbehelligt die Hauptstadt erreichen; an der Spitze eines starken Heeres nahm er Prempeh gefangen und deportierte ihn nach Sierra Leone, später zu den Seychellen. Das war zunächst das Ende einer ruhmvollen Geschichte.

Die Länder der Goldküste

4. Der Aufbau Aschantis

Es ist ein Irrtum zu glauben, daß das Aschantiregime autokratisch war. Die Ernennung eines Königs hing z. B. von der Anregung durch die Königsmutter ab. Aber der Rat der Alten mußte diese Nominierung akzeptieren, und die »jungen Leute« mußten ihn »registrieren«.

Die Alten konnten überdies ein Absetzungsverfahren gegen den König einleiten. Der König mußte sich bei seiner Thronbesteigung all seiner persönlichen Habe entledigen. Er gelangte als gewählter Mann zur Macht, und nur als solcher. Er konnte seinen Erben nichts hinterlassen.

Über Steuern und Kriege wurde von den Mitgliedern der Föderation nur einstimmig entschieden, nachdem sie in ihren jeweiligen Staatsorganen beratschlagt hatten. Kurz, kein Häuptling (hene), auch nicht der *Aschantihene*, stand in direkter Verbindung mit einem seiner Kollegen; er mußte die Dienste seines »Freundes am königlichen Hof« (*adamfo*) in Anspruch nehmen. Dieser war eine Art Vermittler, der sich einer bedeutenden diplomatischen Macht erfreute. Durch ihn bestimmte die Allgemeinheit die praktische Führung des Landes mit.

Nach und nach war das Aschantireich sehr straff organisiert worden. Diese Integration resultierte aus der Reihe gründlicher Reformen, die Osei Kodscho durchgeführt hatte. Man nannte sie die »Revolution des Kodscho«. Anfangs feierte tatsächlich jeder Lehnsmann (*omanhene*), obwohl er verpflichtet war, der jährlichen Festveranstaltung des Königs (*odwira*) beizuwohnen, sein eigenes Fest. Ebenso besaß er seine eigene Schatzkammer, aus der der König nur ausnahmsweise Geld entnehmen durfte. Er präsidierte seinem eigenen Gerichtshof, nur Berufungsverfahren mußte er dem Hof des Königs anvertrauen. Er verfügte über seine eigenen militärischen Kontingente, konnte aber vom König dienstverpflichtet werden, im Ausnahmefall auch von ihm abgesetzt werden. Die von Osei Kodscho zunächst in seinem Territorium von Kumasi eingeleiteten Strukturreformen bestanden darin, auf freiwerdenden Posten die Erbfürsten durch Leute seines Vertrauens zu ersetzen. Die Schaffung einer Art prätorianischer Wache (*ankobra*), die ihm völlig ergeben war, hatte den gleichen Sinn.

Der König ernennt hohe Beamte, unter ihnen Europäer, für die neue Verwaltung, um den nichtmilitärischen Aufgaben des Staates nachzukommen. Aber diese neue soziale Kategorie, die die Beschäftigung oft vom Vater auf den Sohn übertrug, konnte sich nicht in einen sozialen Stand umwandeln, auch der Besitz übertrug sich weiterhin matrilinear.

Der Finanzminister verwaltete die Steuern und führte dabei eine ganze Mannschaft von Verantwortlichen im Bilanz- und Kassenbereich. Er beschäftigte sich mit den Tributzahlungen, den Zöllen und Wegegeldern und der Kopfsteuer. Drei Siebtel der Einnahmen fielen der Staatskasse zu, zwei Siebtel den Dorfhäuptlingen und zwei Siebtel den Einnehmern. Dem Zolldienst galt besondere Aufmerksamkeit, denn das Gold und die Feuerwaffen trugen wesentlich zum Wohlstand des Staates bei. So entwickelte man eine Art Visa- und Lizenzverkehr. Die Goldminen wurden von etwa 10 000 Staatssklaven ausgebeutet. Die Golderträge aus privatem Abbau standen wie im alten Gana dem Herrscher zu. Über die Jagd auf Elefanten – wegen des Elfenbeins – ebenso wie über den Handel mit Kolanüssen hatte man Verordnungen erlassen. So stand der Karawane des Königs das Recht zu, den ersten jährlichen Transport der Kolanüsse zu übernehmen. Sie konnte damit nicht nur aus den Erstlingspreisen Nutzen ziehen, sondern auch Sklavenkarawanen zurückführen. Die Statistiken für das Steuerwesen und von Volkszählungen wurden in Kauris durchgeführt; jedes Lehen bildete einen Muschelhaufen. Mit Hilfe mohammedanischer Schreiber vervollkommneten sie dieses System noch.

Diese Schreiber begleiteten auch die Aschantidiplomaten zu Verhandlungen, um Protokoll zu führen. Zusätzlich zu den Sprechern und Säbelträgern des Hofes, den hohen Protokollbeamten usw. verfügte der *Aschantihene* über eine Mannschaft von Botschaftern, die er manchmal wegen ihres Fingerspitzengefühls, ihres klaren Verstandes und der Beherrschung der Dialektik unter den Nichtadligen auswählte, z. B. der berühmte Ajyei, der mit den Engländern verhandelte. Andere Beauftragte waren den Feldherren als politische Kommissare zur Seite gestellt, um den gesamten politischen Teil der Operationen zu übernehmen. Aber der König tat trotzdem gut daran, heimlich Spione auszusenden, junge Leute ohne Titel, die unbemerkt herumstrichen und ihm Bericht erstatten konnten. Diese Praxis machte aus dem *Aschantihene* den bestinformierten Mann des Reiches[19]. Er unterhielt diplomatische Beziehungen zu Dahome, dem Haussaland, den Mande- und Dagombakönigreichen des Nordens und vielleicht sogar zu Futa Dschalon. So legte er den Grund für ein Netz rein afrikanischer interstaatlicher Beziehungen.

Die eroberten Länder bewahrten zunächst ihre örtliche Autonomie, wenn sie nur mit dem *Aschantihene* durch Vermittlung eines Notabeln des Hofes in Verbindung standen. Ein System direkter Vertretung ließ diese Bande enger werden, da Geschäftsträger des Königs damit beauftragt waren, die finanzielle und politische Loyalität jedes Lehnsgebietes an Ort und Stelle zu überwachen. Auf diese Weise wurde es beinahe zu einer Provinz, wie z. B. Grand-Bassam. Das Haupthindernis bei der totalen Zentralisierung waren die Armeen der Lehnsherren. Die prätorianischen Elitegarden der Mande und Haussa, die sich zu Beginn des 19. Jahrhunderts bildeten, bedeuteten für den König ein unüberwindliche Interventionsmacht. Die gesamte hohe Verwaltung handelte gemeinsam, die für Politik, Finanzen und Militär Verantwortlichen tauschten die »Dossiers« gemäß ihrer Zuständigkeit aus. Wenn man das alles bedenkt, wird man verstehen, daß die Autorität des *Aschantihene* keineswegs durch seinen Rat eingeschränkt war, zumindest nicht seit dem Ende des 18. Jahrhunderts.

Die zentralisierte Autorität ist nur der Machtbefugnis eines modernen Staatschefs vergleichbar, wenn nicht überlegen. Der König wurde aus einem Zweig des matrilinearen Klans der Ojoko gewählt. Die Königinmutter, die Schwester des Königs (*ohema*), erwählte ihn nach Absprache mit ihren Ratgebern. Die Königin hatte übrigens auch ihren eigenen Hofstaat. Eine ihrer Aufgaben war es, die Frauen bei den Gebeten für eine wohlbehaltene und siegreiche Rückkehr der Krieger anzuführen. Die abgewiesenen Thronbewerber wurden des Landes verwiesen oder gingen freiwillig, um nicht hingerichtet zu werden. Der Thronbewerber mußte sich einer vollkommenen physischen und moralischen Integrität erfreuen. Er durfte keine Verwundungen erleiden und aus dem Grunde niemals barfuß gehen. Er schritt langsam einher, und die Trommler, die ihn begleiteten, erinnerten: »Langsam! Langsam! Ein Herrscher muß langsam schreiten!«

---

19 Eine politische Polizei hatte den Auftrag, schädliche Gerüchte aufzudecken und zu ahnden (nkonkonsa); solche z. B., die der Integration der Freigelassenen schaden könnten.

An der Küste von Benin

Die Bildhauerkunst der Aschanti ist mit Recht berühmt. Die Masken und Anhänger aus Gold zeigen eine absolute Meisterschaft der plastischen Gestaltung.
Die Beschreibung, die uns Bowdich im 19. Jahrhundert vom Hof der Aschanti
gibt, erinnert beinahe Wort für Wort an die ausgezeichnete Schilderung, die
El Bekri vom Tunka von Gana hinterließ: »Hunderte von Sonnenschirmen oder
Baldachinen, von denen ein jeder mindestens 30 Personen Schutz bieten konnte,
wurden von denen, die sie trugen, unaufhörlich hin- und herbewegt. Sie waren
aus scharlachroter und gelber Seide oder hatten andere leuchtende Farben. Sie
waren mit Mondsicheln, Pelikanen, Elefanten, Säbeln und anderen Wappen-
zeichen aus gediegenem Gold gekrönt ... Die Boten des Königs trugen auf ihrer
Brust große Goldplaketten; die Feld- und Lehnsherren zeigten mit Sorgfalt
gearbeitete Halsketten aus reinem Gold. Die jungen Mädchen trugen goldene
Schalen. Die Dolmetscher hielten sich hinter Rohrbündeln mit goldenen Knäu-
fen auf.«[20] Der König in einer wappengeschmückten Toga (*kente*) in pracht-
vollen Farben und mit Stickereien, die sogar Sprichwörter und Sätze erkennen
ließen, dieser König also erneuerte mit Hilfe des schändlichen Sklavenhandels
noch einmal die Herrlichkeit der alten Könige von Mali.

IV. An der Küste von Benin

Wir verließen die Küste von Benin im 16. Jahrhundert, als sie unter dem Machteinfluß der Bruderkönigreiche Ife, Ojo und Benin stand. Aber diese waren nicht
die einzigen politischen Organismen in diesem Küstenbereich. Im Westen sehen
wir zu Beginn des 17. Jahrhunderts Königreiche entstehen, deren Ursprünge sich
in der voraufgegangenen Periode verlieren: es handelt sich um die Königreiche
Ewe von Togo und Fon von Dahome. Diese Völker sprechen ebenso wie die
Nachbarvölker Adscha, Odschi und Mina verwandte Dialekte. Sie berufen sich
auf Ketu, eine alte Jorubastadt, als ihre gemeinsame Wurzel. Man fragt sich,
ob es sich um kleine, eroberungssüchtige Gruppen handelt, die wie die Gefährten
Jakpas hierbei die Jorubasprache aufgaben und die Sprache der Autochthonen
annahmen, oder ob sie zu Beginn diesen Adscha-Ewe-Dialekt sprachen, den sie
dem besiegten Volk aufzwangen. Eine ihrer wichtigsten Etappen während der
Wanderung nach Westen war Tado am rechten Ufer des Mono.

A. Die Ewe-Häuptlingschaften

Im 12. Jahrhundert sammelten sich Ewegruppen, zweifellos nach einigen Zwi-
schenaufenthalten, in Nuatja unter der Führung eines Jägers Afotche. Nach
seinem Tod übernahm sein Sohn Agokoli die Macht (Beginn des 18. Jahrhunderts). Die zahlreichen Mauerreste, die auf seine Regierungszeit zurückzuführen
sind, besonders in Agbobome, zeigen deutlich die Verteidigungssorgen, die in
diesen durch den Sklavenhandel unruhigen Zeiten herrschten. Aber Agokoli war

20 Bowdich, *Voyage dans le pays d'Ashantie*, 1819.

ein großer Bauherr und zugleich ein Besessener, der durch Zwangsarbeit und wohl auch Menschenopfer schließlich eine weitere Zerstreuung der Klans auslöste. Die einen brachen in das Gebiet von Palime auf, die anderen siedelten in Atakpame, Keta (Aulo) und Ho im heutigen Ghana, sowie in der Gegend von Anecho.

Die Ewe entwickelten keine staatliche Organisation großen Ausmaßes. Vielleicht hatte ihnen die bittere Herrschaft ihres Souveräns Agokoli einen Schock versetzt. Das reale politische Leben spielte sich in Bezirken *(du)* auf Stammesebene ab. Die Gewalt besaß der Oberhäuptling *(fia)*, der von den Bezirkshäuptlingen umgeben war, die eine beratende Versammlung *(fiohawa)* bildeten. Für wichtige Angelegenheiten erweiterte man die Versammlung manchmal, indem man ihr Notabeln der fürstlichen Familien zugesellte. Ihnen stand übrigens das Vetorecht bei der Nominierung des Kandidaten für den königlichen Thron zu, der vom Altenrat der Familie des Souveräns vorgeschlagen wurde. Im großen und ganzen handelt es sich um politische Gesellschaften, die noch sehr stark im Wesen des Stammes verwurzelt sind. Sie gewannen hier an Demokratie, was sie an Ausdehnungskraft nach außen opferten.

B. Königreiche von Dahome

1. Die Anfänge

Sehr verschieden ist die Entwicklung ihrer Brüder im Osten. Sie scheinen direkt von den Jorubaleistungen beeinflußt worden zu sein. Selbst der Ursprung der Dynastie deutet bereits auf eine räuberische Nation hin. Abigbonu, die Tochter des Königs von Tado, soll nach der Sage von einem männlichen Panther hingerissen gewesen sein und von ihm zwei Söhne gehabt haben, darunter Agassu[21]. Er wie auch sein Sohn Lande trugen zum Ruhm Tados bei. Im Schutz der Kämpfe um die Erbnachfolge konnte Adschahunto, der älteste Sohn von Lande, das Adschaland verlassen und das Königreich Allada gründen. Es wird den ersten Europäern unter dem Namen Ardra oder Ardres bekannt. Dort wieder brachte ein dynastischer Streit zwei der drei Söhne des verstorbenen Königs zu einer neuen Trennung. Der eine, Te Agbanlin, ließ sich in Adjache nieder, und der andere, Do Gbagu, wurde von den Guedevi aufgenommen. Das waren die Anfänge der beiden Königreiche Porto-Novo und Dahome.

2. Porto Novo

Das Königreich Porto Novo hatte nur ein unbedeutendes Schicksal, vielleicht weil es, an der Küste gelegen, wie die Fanti- oder Gâ-Fürstentümer schnell zum Spielball der europäischen Mächte wurde. Bereits mit der Regierungszeit von De Mise[22] (1752–1757) gaben die Portugiesen Hogbonu den Namen Porto

---

21 Die (ethnischen) Skarifikationen durch große Schnitte auf den Wangen erinnerten an die Spuren von den Tatzen des Panther-Vorfahren.

22 Das Wort *De* bedeutet »Vater, Herrscher«, wie *Da* im Fon-Dialekt.

Novo: wohlgemerkt, eine neue Fundgrube für den Sklavenhandel. Von nun an strömten die Schiffe herbei, und die Porto Novoaner mußten sich bald gegen die Vorstöße der binnenländischen Königreiche wehren, die zu den Suppentöpfen der Küste drängten. Manchmal mit Erfolg, wie unter dem König De Gbeyon (1761–1775). Die Menschenjagd wurde zur nationalen Industrie. Von Zeit zu Zeit indes kämpfte ein ehrenhafter Fürste wie De Toyon (1828–1838) wirkungsvoll gegen Raub und Gewalttat. Er hob auch den Lebensstandard seiner Untertanen wieder an.

Aber schon 1863 war das Königreich gezwungen, um die Schutzherrschaft Frankreichs zu bitten. Diese Stellung nutzte Frankreich zur Zeit von Toffa (1874 bis 1908) gründlich aus. Die Verfassung des Königreichs wies um den König Minister mit territorialen Befugnissen auf, drei von ihnen waren entscheidend: der *Gogan*, politischer Berater, der *Aplogan*, Zeremonienmeister, und der *Migan*, Justizminister. Die Fürsten waren, wie die *Nakomse* von Mossi, sehr unruhig und suchten das Land plündernd heim, während die Fürstinnen absoluter sexueller Freiheit frönten.

Im Prinzip mußten alle Linien, die vom Vorfahr Te Agbanlin abstammten, der Reihe nach den Thron besetzen, was unentwirrbare Schwierigkeiten zur Folge hatte, die nicht selten mit dem Tod des Königs endeten. Unter den Großen des Königreichs gebührte dem Stellvertreter des Eponyms Avadscho ein Sonderplatz, der, obgleich von niederer Abstammung, eine Prinzessin von Tado geheiratet hatte. Der Zunu, der die dem Avadscho geweihte Stätte hütete, spielte, ohne Minister zu sein, eine bedeutende Rolle bei den Zeremonien der feierlichen Inthronisation. Er wachte über die rituelle Waschung, die am König vollzogen wurde und gab dessen Namen feierlich bekannt. Im Gegensatz zum König, der am Tag umherging, nannte man ihn den »König der Nacht«. Anfangs durfte er ihm niemals begegnen, das hätte Unglück gebracht. Er sicherte auch die Zeit des Interregnums.

3. Das Königreich Abomey

a) Die Könige

Aho, der Enkel des Do Gbagu, des aus Allada Geflüchteten, stürzte sich mit Elan auf die Beherrschung und Organisierung der Guedevi-Klans, die bis dahin verstreut gelebt hatten. Der Bau eines Forts war der Angelpunkt dieser Unternehmungen. Das Innere der Umwallung, auf Fon *Agbome*, gab der Stadt ihren Namen Abomey. Ein Konflikt mit einem lokalen Häuptling namens Dan sollte, so sagte man, über den Namen des zukünftigen Königreichs entscheiden. Ungehalten über die ständigen Übergriffe Ahos soll Dan ihm eines Tages vorgeworfen haben: »Nun aber Schluß! Bald wirst du noch auf meinem Bauch bauen.« Wenig später wurde Dan getötet und in den Fundamenten eines Hauses von Aho begraben. Daher stammte der Name *Dan ho me* (im Bauch von Dan). Dieser Zwischenfall, der sich wahrscheinlich vor der Regierungszeit Ahos ereignete (manche europäische Karten des 16. Jahrhunderts weisen bereits einen ähnlichen Namen auf), wurde, wie das oft der Fall ist, auf den Fürsten zurückgeführt, den man als den Gründer des Königreiches betrachtet.

Nach seinen Siegen über die Ahuessu und gewisse Joruba errang Aho ein wirkliches Königreich und nahm den Namen Wegbadscha an (ca. 1645 bis ca. 1685).

Er wurde ein großer Organisator und brachte ein politisches Gefüge zustande, in welchem der militärische Aspekt ein Übergewicht hatte. Der *Migan*, bis dahin vor allem Scharfrichter, wurde Premierminister und saß zur Rechten des Königs. Der *Mehu* war der Premierminister zur Linken, Zweiter in der Rangordnung. Er mußte den gleichen Leibesumfang wie der König aufweisen, danach wählte man ihn aus; denn er diente dem Schneider, dem es nicht gestattet war, Hand an seine Hoheit zu legen, als Doppelgänger. Gleichzeitig war der *Mehu* Sprecher. Es gab so in absteigender Hierarchie eine Reihe von Ministern der Rechten (unter ihnen der Oberaufseher des Palastes, der auch Polizeichef war) und Ministern der Linken, darunter der *Tokpon*, der mit Fragen des Grund und Bodens (Grenzziehung) und des Ackerbaus beauftragt war. Die Generäle des linken und des rechten Flügels, der Befehlshaber der Kavallerie, der für die Kulte zuständige Minister *(Aplogan)*, der Finanzminister und viel später der Minister der Weißen *(Yevogan)* gehörten zur Führungsmannschaft um den Souverän.

Die wichtigsten führenden Kräfte hatten entsprechende weibliche Vertreter: »Mutter des Migan, Mutter des Mehu usw.« Die Fürstinnen mit dem Beinamen »Frauen des Leoparden« übten eine Kontrolle über die ihnen zugewiesenen Minister aus.

Eine spezielle Aufgabe war auch dem *Kpanlingan* übertragen worden. Er drehte jeden Morgen seine Palastrunde als Trommler und Herold und rief dabei die Namen und Heldentaten der Vorfahren in Erinnerung. Tatsächlich war der Kult um diese Vorväter einer der bedeutsamsten Züge des Hoflebens. Innerhalb der Umwallung pflegten Fürstinnen diese Riten, sie hießen *Tasinon*.

Der Nachfolger Wegbadschas war sein Sohn Akaba (1685–1708). Seinen späten Machtantritt beschwor er in seiner philosophischen Devise: »Trotz seiner Langsamkeit erreicht das Chamäleon schließlich den Wipfel des Wollbaums.« Dennoch hatte er Zeit genug, energische Angriffe gegen die Leute von Weme (Wemenu) zu unternehmen. Während eines seiner Feldzüge starb er an den Pocken. Mit Agadscha (1708–1732) erreichte Dahome seine internationale Souveränität. Er zerstörte und annektierte Allada, wobei er 8 000 Gefangene machte. Er erstürmte Savi[23] und Wida, einen besonders blühenden Brennpunkt des Sklavenhandels und der Sklavenverschiffung. Wida wird aber von dem Engländer Testefole zurückerobert.

Um eine Entscheidung durchzusetzen und da es ihm an Rekruten fehlte, schuf Agadscha weibliche Truppen, die berühmten Amazonen. Es waren Jungfrauen oder Frauen, die zum Zölibat verpflichtet waren. Sie sagten von sich selbst: »Wir sind Männer.« Man schickte sie in schwierigen Augenblicken in die Schlacht, um den Gott der Kämpfe zu erweichen. Ein Autor dieser Zeit beschrieb uns mit folgenden Worten: »Ein Korps mit gut bewaffneten weiblichen Soldaten; jede der Frauen trug einen kleinen Stutzen und einen kurzen Säbel, der gewöhnlich in einer Scheide aus karmesinrotem Samt steckte.« Ein so ausgerüstetes Korps von 80 bis 100 Frauen marschierte in Viererreihen mit seiner Kommandantin mit langsamen Schritten in den Hof, wo sich der königliche Marstall und die Remise befand. Während sie sich dem König näherten, schwenkten sie dreimal ihre Fahnen.

23 Eine Prinzessin von Abomey, die einige Jahre zuvor mit dem König von Savi verheiratet war, hatte das Pulver in den Kanonen ihres Ehemannes angefeuchtet.

An der Küste von Benin 295

Die Popo-Truppen, die Wida besetzt hielten, wurden trotz ihrer Tapferkeit davongejagt und ihr technischer Berater zu Tode gefoltert. Die Verbindung mit den europäischen Geschäftsleuten verschaffte Agadscha den Beinamen *Huito* (der den Weg der Schiffe nimmt). Diese Bezeichnung wurde auch im Wappen des Königs anschaulich gemacht. Man sah in der Mitte des Feldes ein starkes Schiff, umgeben von Schlachtszenen: eine minutiöse Darstellung des Sklavenhandels. Agadscha war es auch, der die Entfernung von Abomey bis zum Meer mit einem fünf Meter langen Bambusstab messen ließ.

Der blitzartige Aufschwung blieb nicht ohne Folgen: er beunruhigte Ojo. Von da an standen sich diese beiden Mächte in einem unversöhnlichen Zweikampf gegenüber. Jede von ihnen wollte sich die Herrschaft über den Handel mit der Küste und damit über die Jagd auf Sklaven sichern: zwei Hähne auf einem Hühnerhof ... Ab 1698 verwüsteten die Joruba Porto Novo, und bald mußte Agadscha die Oberherrschaft Ojos anerkennen. Dieses forderte einen Tribut in Form von jungen Männern und Mädchen, von Gewehren und Pulver, kurz das übliche Zusammenspiel beim Sklavenhandel. So also machten sich Ojo und Abomey die Rolle, die sich im Westen Aschanti erfolgreich gesichert hatte, bis ins 19. Jahrhundert bis in den Tod streitig. Tatsächlich beugte sich Dahome trotz seiner unbedeutenden Ausdehnung (es erstreckte sich zwischen Kufo und Weme vom Meer bis zum Mahiland) niemals endgültig und setzte seine Verwüstungen in dem ganzen Gebiet zwischen Volta und Niger fort.

Diese Aktivität, die dauernd zwischen Offensive und Defensive wechselte, konnte zu keinen grandiosen Realisationen führen. Unter Tegbesu[24] (1732–1774) besetzte Ojo Abomey wieder (1738) und hielt es mit Unterbrechung bis zum Jahr 1747. Gleichzeitig drängte es Dahome in den Kampf gegen die Mahi und gegen Wida, die beiden Endstationen des einträglichen Sklavenhandels. Doch die Mahi, die sich in ihren steilen Bergen verschanzt hatten, waren unbezwingbar. In Wida dagegen nutzte den Leuten aus Dahome ihr Bündnis mit den Engländern.

Nach den Regierungszeiten von Kpengla (1774–1789)[25] und von Agonglo (1789 bis 1797)[26] führten die Einfälle und Grausamkeiten des Adandozan (1797–1818) zu einem Staatsstreich: »Zwei Sonnen können nicht gleichzeitig existieren«, sagte der *Migan* und nahm Adandozan die bestickten Sandalen weg, während der Kriegstrommler (*dogba*) die Ankunft des Fürsten Ghezo (1818–1858) verkündete.

Seine lange Regierungszeit wurde für Dahome die erfolgreichste, im inneren Bereich wie auch im äußeren[27]. Im Bereich des Inneren straffte Ghezo die Verwal-

---

24 Der Wahlspruch Tegbesus ist: »Der bekleidete Büffel ist schwer zu entkleiden.« Damit erinnerte er an eine Episode bei seiner Inthronisation: seine Rivalen hatten die Tunika seines Vaters, die er angezogen hatte, mit brennenden Blättern versehen, um ihn auf diese Weise zu zwingen, sie abzulegen. Das wäre einem Verzicht auf den Thron gleichgekommen. Auf seinem Wappen sieht man einen Büffel, der eine Tunika trägt.

25 Aus der Devise von Kpengla spricht die ganze Ausdauer und Enttäuschung desjenigen, den auch viele Hindernisse nicht aus der Bahn werfen könnten: »Der Stein, der im Wasser liegt, fürchtet die Kälte nicht.«

26 Im Wappen Agonglos veranschaulichen eine Ananasstaude und eine Palme seine weise Devise: »Der Blitz schlägt in die Palme ein, aber die Ananas meidet er.« Tatsächlich entkam dieser König einmal dem Blitz, aber auch vielen anderen Gefahren.

27 Die europäischen Reisenden schildern ihn als einen Menschen mit hellem Teint »ohne die gewohnten Züge der Schwarzen«, aber dennoch mit »ein wenig dicken Lippen«, einer sehr ent-

tung. Die Provinzgouverneure mußten ausführlich über die von Beamten erhobenen Steuern und über die politische Situation berichten, alles unter der strengen Kontrolle des Mehu. Dem Brückengeld und den Zöllen galt die besondere Aufmerksamkeit. Die Gründlichkeit der Organisation war ebenso wichtig für die Polizei und die Sicherheit wie für den wirtschaftlichen Aufschwung. Tatsächlich befleißigte Ghezo sich, den Sklavenhandel langsam durch den Handel mit Palmöl abzulösen. Die Abgaben in Naturalien mußten von nun an auch in dieser Ware geleistet werden. Der Landwirtschaftsminister schrieb den Dörfern verbindlich Anpflanzungen vor. Nachlässige Bauern mußten mit Konfiszierung rechnen. Die Bevölkerungsstatistik wurde mit Kieselsteinsäcken erstellt. Der König favorisierte auch die Verbreitung der Kokospalme und von Pflanzen, die aus Amerika eingeführt waren: Maniok (auf Fon: *fehin*, abgeleitet von *farina* [port.]), zarter Mais, Tabak, Tomaten usw. Königliche Plantagen, die von Leibeigenen bewirtschaftet wurden, waren Pächtern anvertraut, die verpflichtet waren, dem Staat einen bestimmten Prozentsatz der Produktion abzuliefern. König Ghezo war ein bedeutender Wirtschaftsexperte.

Im Bereich der Außenpolitik profitierte er vom Verfall Ojos, verweigerte den traditionellen Tribut und ging zum Angriff über. Die Truppen mußten sich Manövern und Schießübungen unterziehen. Sein Geheimdienst erlaubte es, eine Offensivtaktik – Überraschungsangriffe im Morgengrauen – anzuwenden, die manche Jorubastadt in Schrecken versetzte. Die Amazonen organisierte man endgültig in Korps der Frauen-Füsiliere, der Jungmädchen-Bogenschützen und der Frauen-Artillerie (die nur bei Staatsbesuchen Salut schoß . . .)[28]. Durch den Sieg Pawigans (1821) über das Bündnis von Ojo, Save und Mahi befreite sich Dahome von einer hundertjährigen Abhängigkeit. Die weiteren Feldzüge waren im allgemeinen weniger ruhmvoll. Der Kampf gegen die Mahi (1828–1832) endete mit dem Untergang des Fürsten Toffa[29]. Nach den Siegen von 1834 über Save und von 1840 über Atakpame, den die Dahomearmee, bereits am Rande der Auflösung, nur durch den Ansturm der Amazonen errang, folgte der unglückliche Feldzug von 1851 gegen Abeokuta, eine Egba-Großstadt mit 100 000 Seelen, gegründet im Jahr 1830. Dabei fiel Ojo praktisch wie eine reife Frucht Dahome in den Schoß. Dieses stellte eine Armee von 10 000 gut bewaffneten Männern und 6 000 Amazonen zusammen. Aber Abeokuta erwartete den Angriff. Nur manchmal schafften es die Krieger aus Dahome, als sie mit den Amazonen an der Spitze die Gräben überwunden hatten, die Krone der Stadtmauer zu erklimmen und sich dort Mann gegen Mann mit den Belagerten zu schlagen. Doch vergeblich, keiner wurde mit der unbeugsamen, verzweifelten Kraft der Egba des Abeokuta fertig. Ghezo verlor 3 000 Krieger, darunter 1 000 Amazonen, und mußte unverrichteterdinge umkehren.

Der Außenhandel blühte weiter mit dem Versand von Sklaven; die Gründung des Dorfes Kotonu war eng mit diesem Handel verbunden. Indes gewann die Ausfuhr von Palmöl mehr und mehr an Bedeutung. Das bewies der Handels-

---

wickelten Stirn . . . im großen ganzen ein Intellektueller. Auf jeden Fall ist er ein sehr wißbegieriger Mensch, er weiß von Napoleon, vom Krimkrieg, interessiert sich für Häfen und für europäische Heilmittel. Dagegen brach er in Lachen aus, als er von Napoleon, den man ihm als so großen König schilderte, hörte, er hätte nur eine Frau . . .

28 Sie hatten ihre eigenen Chefs: General, Oberst, Kommandant usw.
29 Die Geschichte Toffas wird von Hazoume in *Doguicimi*, Paris 1938, vor Augen geführt.

An der Küste von Benin

und Freundschaftsvertrag zwischen dem König von Dahome und dem Prinz-Präsidenten Ludwig Napoleon Bonaparte im Jahre 1851. Durch ihn erreichte Frankreich das Niederlassungsrecht und das Statut der »bevorrechtigten Nation«. König Ghezo verpflichtete sich demgegenüber, »dem Handel mit Palmöl eine besondere Förderung« und »den französischen Missionaren seinen vollen Schutz« zu gewähren. Man bemerke den feinen Unterschied! Seit 1861 ließen sich die Väter der Gesellschaft der afrikanischen Mission von Lyon in Wida nieder.

Einige steinreiche »Brasilianer« suchten damals die Küste heim. Unter ihnen befand sich Chacha Felix, ein Blutsbruder von Ghezo, von dem uns die Chroniken ein farbiges Porträt überliefert haben. Zum Beweis hier der Bericht des Prinzen von Joinville aus dem Jahre 1843: »Ein kleiner, alter Herr mit lebhaften Augen und ausdrucksvollem Gesicht, Vater von 80 Knaben, die Töchter hat man nicht gezählt. Alle diese Kinder sind anständig erzogen und tragen Panamahüte. Es sind durchweg sehr schöne Mulatten. Am Abend diniere ich bei ihm auf Tafelgeschirr beim Licht von Kandelabern und Kirchenleuchtern. Bei diesem Abendessen sind die meisten seiner Kinder zugegen und mehrere Kapitäne von Sklavenschiffen, die abenteuerliche Geschichten zum besten geben. Chacha macht mir eine Kiste Havannazigarren zum Geschenk, wie sie der König aller Spanier noch nicht geraucht hat.« De Souza war wirklich märchenhaft reich.

Nachdem Ghezo auf der Rückkehr von einem Feldzug tödlich verwundet wurde, er war übrigens mit einer katholisch-christlichen Mulattin verheiratet, bestieg Glele den Thron (1858–1889). Er setzte die Feldzüge gegen die Mahi fort, eroberte die Stadt Ketu, scheiterte jedoch trotz der verzweifelten Heldentaten der Amazonen vor Abeokuta. So setzte sich zum Beispiel eine der Amazonen, um die Dahome durch ihre Verachtung der Gefahr mitzureißen, seelenruhig unter der Stadtmauer nieder und begann, ihre lange Pfeife zu rauchen, ohne sich um die Kugeln und Pfeile zu kümmern, die sie umschwirrten. Doch sie trafen die Tapfere schließlich. Glele geriet mit den Franzosen wegen deren Einmischung aneinander.

b) Die Kultur

Die Kunst Dahomes ist im wesentlichen eine höfische Kunst. Innerhalb der Umfriedungen der Paläste Ghezos und Gleles sieht man in Abomey noch eines der reichsten geschichtlichen Museen Schwarzafrikas: Reliefs, die in gedrängter Form Leben veranschaulichen wie Blätter aus dem Buch der Geschichte, Throne, die auf Menschenköpfen ruhen, Wandteppiche, die die königlichen Wahlsprüche in gewaltigem Stil preisen, wo der Büffel als Naturkraft Ghezo symbolisiert[30]. Die *récades* sind aus Holz geschnitzte Szepter, die die königliche Macht darstellten und die Sendung der Boten beurkundeten. Sobald diese sie bei ihrem Eintreffen enthüllten, warfen sich die Anwesenden nieder, um die Befehle zu empfangen. Die »assin« sind kleine Opfertische aus Metall, die für den Kult der königlichen Vorfahren bestimmt sind. Auf manchen sind politische Themen dargestellt, wie auf dem, der den König auf einem Schild zeigt, der auf konischen Beinen ruht. Er selbst trägt den Erdball, was die volkstümliche Wurzel seiner Macht veran-

---

30 Die Devise dieses Mannes hieß: »Der stark gewordene Büffel durchquert das Land, ohne einem Hindernis zu begegnen.«

298   *Jahrhunderte der Neuordnung*

schaulicht. Ein anderer Opfertisch stellt den König dar, wie er seine Finger auf die Löcher eines großen irdenen Kruges legt und alle Söhne des Landes auffordert, sich zu vereinen, um diese Löcher zu stopfen und das Land zu retten: Symbol der Einheit, das von der *Föderation der Studenten Schwarzafrikas in Frankreich* (Fédération des Etudiants d'Afrique en France) übernommen wurde. Unerhörten Reichtum gibt es dort. Manche Stücke bieten einen makabren Anblick. Das Königreich war nämlich ganz auf die Lieferung von »Ebenholz« in großem Maßstab eingestellt. Man bewahrt im Museum von Abomey einen Diamantring und Perlen auf, für die Glele 2 000 Sklaven bezahlt haben soll! Der Preis für einen Menschen war in Afrika sehr gesunken ... Mit dem Niedergang des Menschenhandels gab es oft einen Überschuß an Gefangenen. Man »schickte« sie gleich gruppenweise »als Boten zu den Vorfahren«. Sie hatten die Aufgabe, Siegesnachrichten und Gelöbnisse kindlicher Liebe der Herrscher zu überbringen. Diese Unglücklichen wurden bei regelmäßig wiederkehrenden Totenfeiern öffentlich hingerichtet. Die Feste gaben dem König traditionsgemäß Gelegenheit, seine Vorfahren zu preisen, wieder mit seinem Volk in Berührung zu kommen, indem er einen Teil der Kriegsbeute verteilte und seine Macht mit Paraden und Schaugefechten zu demonstrieren, wobei sich die Amazonen besonders hervortaten. Der Überfluß an Gefangenen ließ diese Feste in schrecklichen Blutbädern enden. Im Palast gab es ein Tor zur Abführung der Opfer, das mit makabrem Humor »Durchgang für das Gepäck zum Jenseits« getauft worden war.

Über die Religionen Dahomes, die J. Pliya in die Nähe der Religionen des alten Ägyptens, Griechenlands und Roms rückt, schreibt er: »Man darf sie nicht mit Zauberkulten verwechseln. Die christlichen Missionare haben dazu beigetragen, eine genaue Vorstellung dieser traditionellen Religionen zu erhalten, auch wenn manche unter ihnen sie ohne Unterschied verdammten und Kunstgegenstände wie die Masken zerstört haben.«[31] Es existiert der Glaube an eine unsterbliche Seele. Über dem Weltall thronte das Schöpferpaar Lissa-Mahu, das die Sonne und den Mond versinnbildlicht. Unter ihnen standen Götter, die in verschiedenen Bereichen spezialisiert waren, die *Voodoos*. Sie dienten dem Götterpaar als Vermittler für sein Wirken auf der Erde.

Heviesso, Voodoo des Donners und des Blitzes, wird durch einen Widder oder durch eine doppelte Axt dargestellt. Sakpata ist der Gott der Pocken, Dangbe, die Pythonschlange, wird in einem Tempel in Wida verehrt.

Gow heißt der beim Volk sehr beliebte Gott der Schmiede, der Krieger und der Jäger. Legba, der Gott der Weigerung, der Aufsässigkeit gegen Mensch und Gott, des unerfüllten Wunsches und des Zweifels, Vermittler zu den anderen Göttern, wird besonders angerufen.

Wahrsager oder *bokonu*, Eingeweihte des Orakels von Fa, versuchen, das Geheimnis der Zukunft zu ergründen.

Nur Dahome und das übrige Küstengebiet von Benin kennen Klöster, in denen Männer und Frauen sich dem Kult dieser verschiedenen Götter geweiht haben.

So besaß der Dynast von Abomey, der König, eine Macht, die autokratisch und manchmal blutgierig schien, und die doch die Härte der Zeiten widerspiegelte. Doch war es keineswegs eine absolute Diktatur. Die Minister mußten stets zu Rate gezogen werden, man mußte der Überlieferung folgen und den Voodoo-Göttern aufmerksam lauschen. Der König, dem die Europäer Prachtkarossen ge-

---

31 J. Pliya, Histoire du Dahomey, Afrique occidentale, Porto Novo, 1967.

An der Küste von Benin 299

schenkt hatten, wird uns wie folgt beschrieben: er war umgeben von 600 Amazonen, die »nach türkischer Art hockten«, und von 200 weiteren Frauen. »Die einen kaum zu jungen Mädchen herangereift, die anderen im Glanz und in der Blüte ihrer schwarzen Schönheit, alle in edle Seidenstoffe gekleidet.« Seine Hauptminister und sein ältester Sohn lagen vor ihm auf den Knien. Wenn er einen seiner europäischen Liköre trank, von denen sein Keller überquoll, rief die Königin: »Der Tag erlischt!« Alle Anwesenden schlossen die Augen, die Handflächen offen und den Kopf gesenkt. Indes rief man ihn den Vater und die Mutter seines Volkes: vielsagender Gegensatz! Trotz allem läßt die fortschrittliche Politik Ghezos zu, das Königreich Dahome als einen Versuch der Anpassung der afrikanischen Organisation an die Bedingungen der Zeit anzusehen.

C. Die Yoruba- und verwandte Königreiche

1. Die politische Entwicklung

Diese Königreiche, die im 16. Jahrhundert in voller Blüte standen, durchlaufen alle die gleiche Entwicklung zum schnellen Niedergang. An der Küste wütete der Sklavenhandel in großem Rahmen. Hier diente seit dem Ende des 15. Jahrhunderts das von den Portugiesen errichtete Fort Gwąto Benin als Ausfuhrventil. Benin, so beschreibt es Duarte Pacheco Pereira, schien »im dauernden Krieg mit seinen Nachbarn zu sein, weil es ihnen zahlreiche Sklaven raubte, die wir für 12 bis 15 Armbänder aus Messing pro Stück kauften; oder mit Kupferarmreifen, die sie noch mehr schätzten«[32]. Ein englischer Reisender des 16. Jahrhunderts spricht von weiteren Erzeugnissen Afrikas: Pfeffer, Elfenbein, Palmöl, Woll- und Baumwollstoffe in origineller Webart. Mit Beginn des 18. Jahrhunderts spürte man nach dem Bericht Bosmans, der in Benin die Häuser verfallen sah, die Erschöpfung.

Die Palastunruhen dauerten an, zum Beispiel unter den Königen Akenzaua I., Oba Nossa (1795–1815), der bei einem Aufruhr getötet wurde, und Osa-Mede (1815–1854), dem das gleiche Los beschieden war. Der Engländer John King entdeckte damals eine Ruinenstadt. Die Kämpfe gingen unter den Königen Adolo (1854–1888) und Overami (1888–1897) weiter. Der Fall Benins war keine Ausnahme.

Das Jorubaland im Nordwesten befand sich in voller Auflösung. Das Königreich von Ojo wird nach der brillanten Regierungszeit von Adschigbo, der sich durch siegreiche Feldzüge ins Popoland einen Zugang zum Meer verschaffen wollte, von Aufständen erschüttert. Sie endeten in Hinrichtungen ohne Gerichtsverfahren oder in rituellen Selbstmorden der Könige. Letzteres geschah wohl ein halbes dutzendmal vor dem Beginn des 19. Jahrhunderts. Dennoch schlug Odschigui in der Mitte des 18. Jahrhunderts die Armeen von Dahome und setzte sich im Nupeland und in Borgu durch. Aber zu Beginn des 19. Jahrhunderts sandte der Alafin Aole eine Armee gegen den Jorubagouverneur Afonja von Ilorin, der sich trotz seines Befehls geweigert hatte, nach einem militärischen

32 D. P. Pereira, *Esmeraldo de situ orbis.*

Mißerfolg Selbstmord zu begehen. Sie wird mit Unterstützung der Fulbe des Malam Alimi geschlagen. Als er sich dieser lästigen Verbündeten entledigen wollte, kämpften sie ihn trotz der Hilfe von Bariba von Nikki[33] nieder. Hierauf beging er Selbstmord, und Ilorin wurde ein Fulbeemirat (1821). Das war ein Donnerschlag. Er beschleunigte den Zerfall, wobei jeder herbeilief, um einen Anteil vom Fell des Riesen zu ergattern; zur eigenen Sicherheit, oder um zu versuchen, auf den Trümmern Ojos groß zu werden.

Die Kontrolle über den Sklavenhandel war der Hauptgrund für diesen heftigen, fanatischen Streit. Ogbomosho, Koyi, Ife und Ijebu wurden in diese Wirren hineingezogen. Diejenigen, die mit heiler Haut davonkamen, drängten sich wie in einem Feldlager in der Nähe eines kleinen Gbaguradorfes zusammen. Es wurde später zu Ibadan, dem Verteidigungsstützpunkt der Joruba gegen die Fulbe. Die Egba gründeten nun Abeokuta, wo sie es bald mit den Dahomeleuten zu tun bekommen sollten. Ife ließ unvorsichtigerweise zu, daß sich Flüchtlinge aus Ojo, die der Fulbeemir im Jahre 1837 aus Ilorin vertrieben hatte, in der neu entstandenen Stadt Modakeke niederließen. Die Neubürger hatten nichts Besseres zu tun, als Ife anzugreifen und zu schlagen. Für eine kurze Zeit verbündeten sich auch Ibadan und Ojo und schlugen die Fulbe 1840 in Oshogbo. Aber der wechselvolle Kleinkrieg zwischen den Städten begann bald aufs neue. Er verwandelte, sich um die Mitte des 19. Jahrhunderts in einen großen Krieg, in dem sich auf der einen Seite Ibadan, Abomey und Ojo befanden, auf der anderen Abeokuta, Ijebu, Ilesha und Ilorin. Diese ständige Unruhe, die dem Handel keineswegs zuträglich war, bewegte die Engländer zum Eingreifen. Tatsächlich trieben die Portugiesen, Holländer, Franzosen und Engländer seit dem 16. Jahrhundert einen unkontrollierten Handel an der Küste. Doch die Portugiesen waren schnell erschöpft. Im 17. Jahrhundert arbeiteten die Häfen Brass, New Calabar, Bonny im Idscholand auf vollen Touren und veränderten dabei demokratisch verwurzelte Gesellschaften in Aristokratien von Emporkömmlingen. Mehr im Osten lebten die Ibo (Efik, Aro, Bewohner von Onitscha). Sie lieferten eines der größten Kontingente an Sklaven[34]. Jeder Häuptling versuchte unter solchen Umständen, direkte und selbständige Verbindungen mit den Sklavenhändlern zu knüpfen. Auf diese Weise lösten sich die afrikanischen Gefolgschaften auf, und es entwickelten sich Lieferanten-Kunden-Beziehungen zwischen den Häuptlingen und den Kompanien oder Menschenhändlern. Neue sozio-ökonomische Methoden tauchten auf.

In den Städten des Deltas war die Egbagesellschaft außerordentlich mächtig. Außerdem fügte das kooperative Handelssystem *(house system)* Tausende von hierarchisch geordneten Mitgliedern zusammen und arbeitete nach demokratischem Modell. Die Sklaven fanden sich in die Nähe der Notabeln versetzt. Alle waren auf die gleiche Art und Weise Untertanen der Verordnungen und stiegen dieselbe Leiter der Ehrenämter hinauf. Am Ende des 17. Jahrhunderts hatte Wari die Vormundschaft Benins abgeschüttelt, und sein Häuptling nahm eine

---

33 Die in Nikki angesiedelten Bariba und die Bussa im Norden Dahomes und des heutigen Togos schufen eine Feudalkonföderation, die von ständigen Nachfolgestreitigkeiten zerrissen wurde, aber dennoch einen Teil des Handelsweges von Kola und Salz kontrollierte, der Gondscha mit den Haussaländern verband. Der große König Sero Kpera, der versuchte, die Häuptlingschaften zu einigen, fiel in der Schlacht von Ilorin. Seitdem trugen die erschütterten Bariba ihren Dynamismus nurmehr gen Westen, Richtung Dagomba und Gondscha.

34 Siehe *Equiano's travels*, London 1967.

An der Küste von Benin 301

Portugiesin zur Frau. Die Engländer mischten sich immer mehr in die Angelegenheiten der Küste ein, vor allem seit der Abschaffung der Sklaverei; hierbei tat sich ihr in Fernando Poo residierender Konsul hervor. Sie machten Verträge mit den Häuptlingen, die den Handel veränderten. Solch ein Vertrag wurde z. B. 1841 mit König Pepple von Bonny geschlossen. 1851 unterstützten sie Abeokuta gegen Dahome. Dahome betrachtete man als fleckenlosen Diamanten unter den in den Sklavenhandel verwickelten Staaten. Doch die Statistiken, die aufzeigten, daß in den 50 Jahren seit dem Beginn des 19. Jahrhunderts die exportierte Tonnage Palmöl von 200 auf 50 000 Tonnen gestiegen war, waren nur den Kaufleuten aus London zugänglich. Die Küstenhäuptlinge sahen keinen Grund, das *business* nicht *as usual* weiterzuführen. Sie sahen, daß nach den lokalen Kämpfen bei der Auflösung Jorubas Gefangene im Überfluß vorhanden waren. Aber geduldig wob England ein Netz von Handelsverträgen, die für England stillschweigend Protektoratsverträge waren. Wenn der eine oder andere Häuptling gegen diese Auslegung aufmuckte, ließ man ihn die Eisenhand spüren, die ihn bis dahin in einem Samthandschuh begrüßt hatte. Die »Könige« Jaja von Opobo und Kosoko Lagos verwies man so des Landes und ersetzte sie durch Strohmänner. Manchmal verwandelte man ein Protektorat auch in eine Kolonie, wie im Fall von Lagos im Jahre 1861.
Eine weitere Institution, die den Briten half, ihr Spinnennetz zu weben, war der Hof der Gerechtigkeit. Er war befugt, über alle Fälle, die den Verordnungen des neuen Handels unterlagen, zu richten. Die britischen Konsuln benutzten ihn im politischen Bereich, um lästige Häuptlinge auszuschalten. Zum Beispiel verurteilten sie den König Pepple von Bonny zur Verbannung nach England. Die Loyalität seiner Untertanen verpflichtete ihn indes, 1861 den Thron wieder zu besteigen. Auf der anderen Seite wollten die Kompanien und vornehmlich ihre Zwischenhändler eifersüchtig über das Monopol für den Handelsverkehr mit den Völkern des Binnenlandes wachen. Als endlich beherzte Kaufleute den Spuren der Forschungsreisenden folgten und z. B. in Onitscha und Lokoja Faktoreien einrichteten, ließ die Konkurrenz die Preise der Waren sinken. Die Ausschaltung der Vermittler erlaubte den Kauf der afrikanischen Erzeugnisse zu einem viel interessanteren Kurs. Das war ein harter Schlag für den Vertreter des Sklavenhandels, für das Palmöl, das die Flüsse, die ehemals das »Ebenholz« transportiert hatten, in »Flüsse des Öls« verwandelt hatte.

2. Missions- und Erziehungsarbeit

In demselben Gebiet wurde indessen ein großangelegter Missionierungsversuch unternommen. Die geistlichen Boten begriffen erst, daß es empfehlenswert war, sich auf ihr Gebiet zu beschränken, nachdem sie sich unter dem Vorwand, gegen den Menschenhandel zu kämpfen, in die politischen Angelegenheiten eingemischt hatten; z. B. dadurch, daß sie aktiv an der Verteidigung Abeokutas gegen Dahome teilgenommen hatten. Der afrikanische Bischof Samuel Ajayi Crowther war es, der in dieser Hinsicht die größte Wirkung hatte. Er gehörte zu dem Siebengestirn freigelassener Gefangener, von denen manche wieder in Sierra Leone und in Liberia untergebracht wurden. Andere unter ihnen verpflichteten sich in britische Regimenter, während wieder andere durch die britische Bewegung gegen die Sklaverei ermutigt worden waren, in ihr Ursprungsland zurückzukehren. Sie wollten dort die Verfechter der drei »C« werden (commerce, christianisme, civilisation), d. h., sie wollten für Handel, Christentum und Zivilisation eintreten. Nur so konnte Afrika ihrer Meinung nach aus seinem Todeskampf befreit werden. Unter diesen Vorzeichen erreichte der Pfarrer Crowther mit einer großen Zahl anderer Freigelassener die Küste von Benin. Dieser harte Kern von Männern und Frauen, die ihrer Kultur entrissen worden waren und die durch die Sklaverei einige Bruchstücke beruflicher Ausbildung erfahren hatten, ja sogar einige allgemeine Vorstellungen gesammelt hatten, spielten eine führende Rolle bei den Pionierarbeiten. Sie bereiteten vom sozialen und vom geistigen Standpunkt aus die Umwandlung der Länder des südlichen Nigeria vor.

Die meisten standen als Katecheten, Pfarrer, Lehrer, Dolmetscher, Maurer und andere Handwerker im Dienst der verschiedensten Missionen: Methodisten, Anglikaner, Baptisten, Presbyterianer und Katholiken. Sie kamen aus Kuba, Brasilien und Trinidad, von Europa, von Sierra Leone, von Liberia oder auch einfach von hoher See, von der Stelle, wo das Sklavenhändlerschiff abgefangen worden war. Doch das Christentum und die grausame Erfahrung mit der westlichen Welt hatten bei ihnen eine gemeinsame Lebensauffassung geformt, die über das Stammesdenken hinausging. Durch sie wurden in Lagos, Abeokuta, Calabar, Bonny, Brass, Ibadan, Onitsha und Ogbomosho Missionen eingerichtet. In der Architektur hinterließen sie ihre Spuren in Form von modernen Gebäuden im brasilianischen Stil. Sie sammelten die afrikanischen Sprachen in Wörterbüchern, hielten Schriftsysteme, Grammatiken und religiöse Texte fest. Sie forderten, daß sich ihre Söhne mehr bildeten, als sie selbst es hatten tun können, und legten damit den Keim für eine höhere Bildung. Aber auch die Handelshäuser schätzten sie sehr. Sie fanden in ihnen ihre ersten Handelsreisenden, Buchhalter und Rechnungsbeamten. Die Forschungsreisenden und Verwalter wußten sie ebenso zu würdigen und machten sie zu ihren Dolmetschern. So geschah es, daß im Jahr 1875 die Leiter der Polizei, des Postwesens und des Zolls Afrikaner waren. Diese Männer blickten weiter in die Zukunft und planten großzügiger als ihre Volksgenossen. Zu dem Zeitpunkt, als diese Gebiete – vor der Entdeckung des Chinins – kaum eine starke europäische Kolonie zu werden versprachen, schienen sie ganz einfach berufen zu sein, das Schicksal ihrer Länder in die Hände zu nehmen. Crowther hinterließ ein wichtiges sprachwissenschaftliches Werk. Als er 1864 in Amt und Würden eines Bischofs erhoben wurde, umgab er sich mit einem kirchlichen Rat, der nur aus Afrikanern bestand. Er symbolisierte diesen Aufstieg der Schwarzen, die ihr Schicksal selbst in die Hand nehmen. Er brachte die afrikanischen Methoden der Verkündigung des Evangeliums zu Ehren, die in manchem denen der Urkirche ähnelten, wie die Massenbekehrungen ganzer Gemeinwesen.

Ebenso wie im Norden die Gefährten des Osman dan Fodio versuchten, mit Waffengewalt und unter der Gnade des erneuerten Islam eine neue Welt zu schaffen, die den Stammesrahmen sprengte, so suchte auch im Süden diese schwarze Elite, die der Gefangenschaft entronnen war, ihre Völker zu regenerieren; oder vielmehr ihr Volk, denn sie gingen mit Begriffen wie »neue Nation« und »afrikanische Rasse« um[35].

---

35 J. F. Ajayi, *Milestones in Nigerian History,* Ibadan, 1962.

V. Der Zentralsudan

A. Bornu

1. Idris Alaoma

Am Ende des 16. Jahrhunderts und zu Beginn des 17. war Bornu unbestritten die vorherrschende Macht, vor allem während der bedeutenden Regierungszeit des Idris Alaoma (1581–1617). Seine Mutter Amsa mußte ihn in seiner Kindheit gegen seinen Cousin schützen, der Sultan geworden war, und schickte ihn deshalb nach Kanem. 1580 konnte er endlich die Nachfolge seiner Schwester, der berühmten Aicha[36], antreten. Im Verlauf seiner Wallfahrt unterrichtete er sich über die militärischen Techniken Ägyptens.

Er verwertete diese Beobachtungen, um Karawanen mit Musketen zu bestellen und türkische Ausbilder und Berater anzuwerben. Die Haussklaven wurden als Musketiere ausgebildet.

Später verdankte er wie Aschanti oder Dahome seine Überlegenheit einzig den Feuerwaffen.

Die adligen Bewohner Bornus trugen scharlachrote Stiefel und ritten Pferde, die mit Decken aus dichtem Stoff gewappnet waren. Es gab auch ein Korps von Infanteristen, die mit Lanzen und Schilden aus Leder bewaffnet waren. Die Vasallenstämme und Animisten des Südens schickten dazu furchterregende Bogenschützenkontingente. Sie gingen geschmückt wie Frauen in den Kampf, trugen Halsketten, Armbänder, Muscheldiademe und Federn. Der verbündete Stamm der Koyam lieferte sogar einen Trupp Kamele. Dank dieser großartigen Kriegsausrüstung setzte sich Idris Alaoma leicht durch. Er machte es sich zur Gewohnheit, das Feldlager der Armee mit Palisaden oder mit Hecken umzäunen zu lassen. So wollte er Diebstähle, Verluste von Vieh, Sittenlosigkeit und Überraschungsangriffe verhindern. Er ließ für den schnellen Transport des Proviants und der Truppen über den Komadugu Yobe derbe Schuten zimmern. Mit seinen Nachbarn unterzeichnete er Abmachungen über die Grenzziehung, z. B. mit dem Sultan der Bulala: »Manche Themen wurden angeschnitten. Die Grenze zwischen Bornu und Kanem legte man fest, und wir erhielten dadurch Kagusti und das ganze Siruland.« Die Truppen wurden besichtigt. »Am festgesetzten Tag nahmen die Armeekorps in Galauniform eines nach dem anderen in großer Zahl ohne Gedränge ihre Plätze ein, damit der Sultan die Parade abnehmen konnte.«[37]

Die animistischen Stämme des Südens (Mandara, Musgu, Kotoko) besiegte er wie den Stamm der Amsaka. Er bedrängte das Königreich von Kano, wurde jedoch nicht mit der Zitadelle von Dala fertig. Unterstützt von den Renndromedaren der Koyam überfiel er die Tuareg und zwang sie, sich von der Lehnsherrschaft des Sultans von Agades loszusagen und die Bornus anzuerkennen.

Er verschaffte sich auch das Bündnis mit den Teda von Bilma, deren Salinen einen bedeutenden Handelsfaktor darstellten. Außerdem wurden die Tubu überfallen und gebändigt, während die Bande mit Nordafrika durch die Einnahme

---

36 Siehe die Chronik von Ahmed Ibn Fartwa, in *Sudanese Memoirs*, 1928.
37 Siehe Fußnote 36.

der Salinen von Kawar enger wurden. Er verlegte einen Teil der Bewohner aus Kanem und einen Teil der Bulala nach Bornu, um sie so besser unter Kontrolle zu halten. Als Kolonisten brachte er sie im Südosten des Tschadsees nicht weit vom Fluß Bahr el Ghasal unter.

Idris Alaoma war ein begeisterter Anhänger des Islam. Aus diesem Grunde entwickelte und verbesserte er die Bauart der Moscheen dadurch, daß er die Ziegelsteine der Bedachung durch das früher verwendete Stroh ersetzen ließ. Als Puritaner kämpfte er gegen den Verfall der Sitten, besonders gegen den Ehebruch, der nach Ibn Fartwa gang und gäbe geworden war. In Mekka ließ er ein Heim für die Pilger bauen. Die Dienerschaft bestand aus Sklaven. Weiterhin bemühte er sich, die religiösen Richter *(kadis)* in den Prozessen durch militärische Führer zu ersetzen. Im Gegensatz zu M. Bello, der sogar den heiligen Krieg gegen schlechte Mohammedaner verteidigte, widerstrebte es Idris immer, militärische Aktionen gegen islamisierte Volksgruppen durchzuführen. Außerdem war er in jedem Fall dagegen, die mohammedanischen Kriegsgefangenen in die Sklaverei zu führen. Während seiner Regierungszeit war die Vorherrschaft Kanuris im Becken des Tschadsees unbestritten. Sie schufen einen eindrucksvollen politisch-religiösen Mittelpunkt, in dessen Umkreis die Vasallenhäuptlingschaften ihre Autonomie um den Preis eines Tributs bewahrten. Dessen Ablieferung überwachten die Notabeln des Hofes von Ngazargamu.

2. Das umstrittene Bornu

Nach Idris Alaoma dauerte es nicht lange, bis das Primat Bornus angefochten wurde. Bereits zu Beginn der Regierung des Ali Omar (1645–1684) belagerten die Tuareg und die Dschukun (vergeblich, sicher) die Hauptstadt Ngazargamu. In Wirklichkeit hielt sich Bornu nur dadurch, daß es keine mächtigeren Nachbarn hatte. In diesem Staat blühten die Sklaverei und der Sklavenhandel, der sich zum Maghreb und nach Ägypten orientierte. Die Sklaverei im Lande verlief in gemäßigten Bahnen; es gab sogar Freigelassene, die als Provinzgouverneure eingesetzt waren.

In der zweiten Hälfte des 17. Jahrhunderts waren die Dschukun von Kororofa[38] die dynamischste Macht. Diese Völker, die zweifellos mit den Bolewa und den Kanuri verwandt und auf den Benue ausgerichtet waren, bildeten lange Zeit das Sklavenreservoir für die Haussastaaten. Sie unterwarfen indes schon im 16. Jahrhundert Zaria, danach Kano und Katsena, jedoch nicht, ohne Widerstand vorzufinden. 1680 wagten sie endlich, gegen Bornu anzutreten, dem es jedoch gelang, sie zurückzudrängen. Mit dem Beginn des 18. Jahrhunderts gelangte Katsena in den Bereichen des Handels und des Militärs zur *leadership* im zentralen Sudan. Bornu hatte dagegen eine unbestrittene religiöse und kulturelle Ausstrahlung. Gobir und Zamfara verbündeten sich zunächst gegen Kano, das sie in den Jahren 1731 und 1743 zugrunde richteten. Danach wandte sich Gobir jedoch

---

38 Die Dschukun geben uns ein bemerkenswertes Beispiel für animistische Theokratie. Der Gott-König *(Aku)*, der Abgeordnete Gottes, wird, umgeben von Tabus, verehrt und nach seiner Wirksamkeit bezüglich des Wohlstandes des Landes beurteilt. Seine Gewalt wird durch Ratgeber begrenzt, deren Führer der *abo* ist. Der Rat kann als Verwarnung die religiösen Riten des *Aku* boykottieren. Auch können die Priester damit drohen, die Reliquien seiner Vorfahren der Öffentlichkeit vorzuführen.

Der Zentralsudan 305

gegen seinen Ex-Verbündeten und machte seine Hauptstadt Birnin dem Erd-
boden gleich. Zamfara war daraufhin gezwungen, um die Hilfe Katsenas zu
betteln. Es errichtete seine neue Hauptstadt in Anka, während Gobir sie nach
Alkalawa verlegte. In der Folge spielten gegen Ende des 18. Jahrhunderts zwei
Mächte eine große Rolle im Zentralsudan: Gobir und Katsena. Katsena löste
Timbuktu in seiner Rolle ab. Es glänzte durch geistige Ausstrahlung und durch
die Verfeinerung der Gebräuche und der Haussasprache.
Bornu dominierte durch seine koranischen Geistesgrößen. Zamfara und Kano
vegetierten kümmerlich dahin. 1790 wurden die Dschukun von Kororofa zur
Zielscheibe eines energischen Angriffs der Fulbe. Das war ein Vorbote der großen
Erschütterungen durch Osman dan Fodio. Während des ausgehenden 18. Jahrhunderts und zu Beginn des 19. Jahrhunderts versuchte Bornu, ein wenig vom
Glanz seiner einstigen Vorherrschaft zurückzugewinnen. Es ging im Westen und
im Süden auf Eroberungszüge aus und beherrscht bald nicht nur Kano, sondern
auch die Volksstämme des Bautschi-Plateaus und die Bewohner des Gebiets zwischen dem Tschad und dem Mittellauf des Benue. Aber schon zeigten sich die
Reiter Osman dan Fodios am Horizont.
Eine mohammedanische Dynastie lenkte die Geschicke Bornus. Aber auch sie
wurde von den Gefolgsleuten Osman dan Fodios des verkappten Heidentums ge-
ziehen: »Derjenige, der das Gebet verrichtet, sich aber vor einem Götzenbild
verbeugt, verliert dadurch tausend gute religiöse Taten.«[39] Daher gab es keine
Arrangierung mit dem alten animistischen Schatz. Angespornt von Sokoto setzten sich die Fulbe von Bornu und z. B. die Satelliten-Königreiche von Schari und
Techena in Bewegung. Umuru, Sohn des Bororo Abdur und zugleich Rebell,
empfing von Osman dan Fodio ein Banner und den Auftrag, Aujo zu besetzen.
Auch Ardo Lerlima lehnte sich auf. Nach einem kurzlebigen Sieg des Sultans
Ahmed von Bornu über Ardo Lerlima wurde er in Nguru bei einer Schlacht,
in der sein kommandierender General sein Leben lassen mußte, vernichtet. Das
war das Halali. Die Fulbe fielen über Bornu her, das der »kranke Mann« des
Zentralsudan geworden war. Ibrahima Zaki eroberte sich ein Gebiet im Norden
Scharis, das zum Königreich Katagum wurde. Im Süden dagegen schuf sich
Buba Jero ein Königreich, das den Namen Gombe erhielt. Die Banner Osman
dan Fodios trafen wie geflügelte Boten ein und feuerten den Eroberungseifer an.
Sein letztes Ziel war die Hauptstadt Bornus: Ngazargamu. Gwani Muktar
übernahm die Führung der Truppen, die in östlicher Richtung ausrückten und
1808 Ngazargamu eroberten. Bald nach der Plünderung verließen alle seine
Anhänger Gwani Muktar, ob Nomaden oder nicht. Er aber wurde in der
Hauptstadt Bornus überrumpelt und getötet.

3. El Kanemi und Bornus Erwachen

Tatsächlich tauchte in Bornu ein Mann auf, der durchgriff, der die Dinge in die
Hand nahm: Mohammed al Amine, genannt El Kanemi. Er hatte eine private
Bürgerwehr zusammengestellt und hatte sie in einer Reihe von Gefechten gegen
die Fulbe erprobt und verbessert. Er war am Westufer des Tschadsees ansässig

---

39 Die Anhänger Osmans bezeichneten solche Mohammedaner mit dem arabischen Wort *munafiq*
(Heuchler).

und lebte im Gegensatz zum Pomp von Ngazargamu in sehr nüchterner Umgebung. Der Maï Ahmed hatte ihn als eine Art Anti-Osman zu Hilfe gerufen, und er schlug denn auch Gwani Muktar am Ort seines einstigen Sieges (1809).

Der Fulbevorstoß war vorläufig gestoppt. Ahmed, der in seine Hauptstadt zurückgekehrt war, starb 1810 und wurde von seinem Sohn Dunama ersetzt. Dieser war nicht viel erfolgreicher als sein Vater. 1811 ging darum Ibrahima Zaki erneut mit seinen Fulbe zum Angriff über. Ein zweites Mal eroberten die Fulbe Ngazargamu und verließen es in östlicher Richtung. Aber El Kanemi, von Sultan Dunama an seine frühere Hilfeleistung erinnert, setzte seine Armee, die nun 2 000 Kavalleristen und 300 Infanteristen umfaßte, in Bewegung. In der Nähe von Nguru schlug er die Fulbe-Streitmächte und verfolgte sie bis jenseits der Hauptstadt von Bornu. Dabei holten sie beinahe die gesamte Kriegsbeute wieder zurück.

Allein gelassen mit diesem Zusammenbruch begnügte sich Ibrahima Zaki von nun an damit, sein kleines Königreich an der westlichen Grenze Bornus zu verteidigen. Als Bornu gerade dank El Kanemi dem Untergang entronnen war, fühlte sich der Sultan, Erbe einer alten Dynastie und von nun an Vertriebener in seiner neuen Hauptstadt Berberuwa, vor seinem mächtigen Beschützer mit Komplexen beladen. Er versuchte sogar, ihn verschwinden zu lassen. Nachdem er ihn mit dieser Absicht zu einer bestimmten Zeit eingeladen hatte, wurde er aber von El Kanemi vor der vereinbarten Zeit überrascht. Er war von ihm so sehr beeindruckt, daß er wehrlos war. Darauf versuchte er das Weite zu suchen, um die tatsächliche Vormundschaft El Kanemis abzuschütteln. El Kanemi ließ ihn aber unterwegs aufgreifen und nach Berberuwa zurückführen. Von nun an war er nur noch eine kraftlose Geisel, die bald ihres Amtes enthoben wurde. Sein Onkel Ngueleroma ersetzte ihn.

Dieser neue Sultan nahm sich aber zu wichtig. Um mehr Macht zu demonstrieren, ließ er in der Nähe von Nguru eine Hauptstadt mit dem stolzen Namen Birnin-Jedid (die neue Zitadelle) errichten. Diese Dreistigkeit mißfiel. Ngueleroma wurde abgesetzt und Dunama zurückgerufen. Durch sein früheres Unglück belehrt, verwaltete er von nun an den abgewerteten Thron seiner Vorfahren sehr weise wie ein Schattenkönig. El Kanemi nahm den Titel eines Scheichs an und errichtete in Kuka im Südwesten des Tschadsees seine Residenz. Nachdem Dunama im Jahre 1818 in einem Kampf gegen Bagirmi ums Leben gekommen war, ersetzte El Kanemi ihn durch seinen Bruder Ibram. Er war der letzte Sultan der tausendjährigen Saif-Dynastie.

El Kanemi war ein strenger Mohammedaner, ein Intellektueller[40], weniger mystisch als Osman dan Fodio, aber kriegerischer als er: ein außergewöhnlicher *leader*. Vergeblich versuchte er, die westlichen Vasallengebiete Bornus, die sich die Fulbe einverleibt hatten, zurückzuholen. Erfolgreich war er zumindest, als er die nicht von den Fulbe eroberten Gebiete wiedergewann. Andererseits machte ihm im Südwesten Abd er 'Rahman von Bagirmi viel zu schaffen. Dieser wollte den Fulbevorstoß dazu nutzen, das Joch Bornus abzuschütteln. El Kanemi versuchte, ihn zurückzuführen, aber da er zu sehr in Anspruch genommen war, bewegte er das Land Wadai dazu, es zur Vernunft zu bringen. Wadai besiegte

---

40 In einer leidenschaftlichen Kontroverse mit M. Bello sprach er sich für die Toleranz unter den Gläubigen aus. Die Grenze zwischen den beiden Reichen ist der heidnische Stamm der Bede: »Wir lieben den Scheich Osman und die Wahrheit, wenn sie Hand in Hand gehen; aber wenn sie sich trennen, bevorzugen wir die Wahrheit.«

Der Zentralsudan 307

Abd er Rahman, plünderte seine Hauptstadt Massenja und schloß mit dem Land eine Übereinkunft. Sie sah vor, die Oberherrschaft Bornus durch die Wadais zu ersetzen. Von da an spielte Bagirmi, das zwischen die Feuerlinien geraten war, die traurige Rolle des Kampfplatzes für das Duell zwischen Bornu und Wadai. Es zahlte beiden Tribut und versank in Palastrevolutionen, die oft von außen hervorgerufen oder unterstützt wurden. So wandte El Kanemi sich 1818 an Fezzan, um Massenja besetzen zu können. Erst mit Omar, dem Sohn El Kanemis (1835-1880), dessen Mutter aus Bagirmi stammte, entspannten sich die Beziehungen zwischen Bornu und Bagirmi. Von Kanem her flüchtete der Alfa Mele Konra nach Wadai. Er hatte in Bornu wegen eines Raubüberfalls im Gefängnis gesessen. Er bat dringend um Hilfe bei der Befreiung seines Landes von Bornu. Kanem gelang es, das Joch abzuschütteln, es blieb aber ein umstrittenes Gebiet zwischen Wadai und Bornu. Jedes versuchte, in einer Folge von kleinen Staatsstreichen seine Männer an die Spitze zu bringen. Omar, der Sohn El Kanemis, entriß dem Sultan nach einem neuerlichen Verrat[41] die Macht und regierte bis 1880. Danach gewann die prätorianische Sklavengarde, die Kachellawa, die Oberhand, bis Rabeh sich in diesem Gebiet durchsetzte.

B. *Bagirmi*

Bagirmi, südöstlich des Tschadsees gelegen, ist das Land der Massa und Sara und negro-arabischer Mischlinge. Im 16. Jahrhundert schuf der erste Souverän, Dokengue (1522–1536), das Königreich, dessen Struktur der Bornus nachgebildet war. So spielte auch hier die Königinmutter (*magira*) eine wichtige Rolle. Den Aufbau verdankte es in erster Linie dem König Malo (1548-1568), der unter anderem die Bulala und die Fulbe zurückdrängte. Nach einigen glanzlosen Fürsten folgte Burkomanda I. (1635–1665), ein Eroberer. Er fiel in Kanem ein und verwüstete Borku und Kauar im Norden sowie Mandara. Danach setzte der Kampf gegen Wadai ein, der sich vom Ende des 17. Jahrhunderts bis zum Anfang des 18. Jahrhunderts hinzog. Das Königreich erholte sich ein wenig unter Loel (1731–1751), vor allem aber unter Hadj Mohammed el Amin (1751 bis 1785). Er war ein großer General, der gegen die Araber und die Bulala Krieg führte, aber auch ein Eunuchenhändler, durch dessen Bemühungen dieser Handel blühte. Am Ende des 18. Jahrhunderts und zu Anfang des 19. Jahrhunderts unternahm Wadai von neuem einen Vorstoß. Sein König Salun tötete Lubang und ließ Burkomanda II. (1807–1846) zum Nachfolger ernennen; der wandte sich Kanem-Bornu zu. Dieser Mann, der seine eigene Tochter geheiratet hatte, setzte im Süden die Feldzüge gegen die Mandara und die Fulbe fort. Nach ihm kündigte sich der Untergang an. Abd el Kader (1846–1858) wurde getötet, als er versuchte, sich einem Propheten zu widersetzen, der von fanatischen Anhängern umgeben war. Wadai erkannte die Gelegenheit und fiel über Bagirmi her. In Massen führte es Handwerker und Bauern als Leibeigene in die Kolonisierungs-

---

41 Der Sultan Ibrahim hatte sich den Aufbruch der Armee Omars gegen Damagaram (Zinder) zunutze gemacht. Dieses im Nordwesten Bornus gelegene Königreich hatte sich in der Mitte des 19. Jahrhunderts unter der Herrschaft des Emirs Taminu entwickelt. Es bewahrte sich seine Unabhängigkeit von Bornu und Sokoto dank einer soliden Armee, die mit Tausenden von Feuerwaffen ausgerüstet war. Siehe A. Salifou, *Le Damagaram*, Niamey 1970.

308   *Jahrhunderte der Neuordnung*

gebiete. Dieses Ereignis ließ den Handel Wadais zum Nil hin wieder aufleben. Außerdem kurbelte die Eröffnung der Wara-Bengasi-Route über Kufra den Handel wieder an. Der Verfall Bagirmis ging weiter, bis Rabeh kam.

C. Wadai

Das Land der Moba erlebte, wie sich im 16. Jahrhundert die Dynastie der Tond-schur erhob. Es waren negro-arabische Mischlinge aus Darfur. Sie scheinen Animisten gewesen zu sein, da mit Beginn des 17. Jahrhunderts Abd e Karim, ein mohammedanischer Gelehrter, als Missionar in ihr Land kam und schließlich die Macht übernahm (1635–1653). Wadai leistete damals Bornu und Darfur Tribut, seine Hauptstadt war Wara. Der Kampf zur Befreiung von Darfur setzte ein. Ebenso versuchte es sich im 18. Jahrhundert nach Westen hin auszudehnen; und zwar auf Kosten Kanems und Bagirmis (dort hauptsächlich nach einem Verwandtenmord Saluns zu Beginn des 19. Jahrhunderts. Während weiterer Kämpfe gegen Bornu verlegte Mohammed Cherif Sale (1843-1858) die Hauptstadt Wara nach Abeche. Zu Anfang des 20. Jahrhunderts, in einer unruhigen Zeit, standen Ahmed Gazali und sein Eunuche Sherad ad Dim dem Chef der Kavallerie, dem Dscherma, gegenüber. Tatsächlich war die Kavallerie eine der geliebten Waffen Wadais, es konnte inzwischen 7 000 Reiter, darunter 1 000 Kürassiere, aufstellen. Es gab sogar einen hohen Beamten mit der Aufgabe, die Kürasse zu inspizieren. Das Verwaltungsoberhaupt war der Wesir, der den Befehlen des Königs und seines Rates unterstand. Der König selbst wurde als Gott angesehen.

D. Darfur und Kordofan

Dieses Land war seit alters ein Land rassischer und ethnischer Zusammenflüsse, vor allem seit dem Fall der Königreiche von Nubien und dem Eintreffen der Araber. Die ersten Bewohner waren indes die Fur und die Dago. Im 4. Jahrhundert unserer Zeitrechnung trafen die zweifellos auch negroiden Tundscher ein. Die Dago wurden nach Westen verdrängt. Im 13. Jahrhundert übte Kanem-Bornu einen großen Einfluß aus, besonders auf dem Gebiet des Handels (indem es die Straße zum Nil beherrschte) und im religiösen Bereich. Das bewiesen die zahlreichen Moscheen aus rotem Backstein in Ain Farah sowie die aus dem Darfur entlehnten Fürstentitel. Außerdem spiegelte sich das negro-afrikanische Kulturgut in der rituellen Bedeutung der Trommler und des königlichen Feuers wider, so wie das auch bei den Mossi und in zahlreichen Königreichen Zentral-, Ost- und Südafrikas der Fall ist. Suleiman Solon (1596-1637) setzte das Königreich von Darfur durch, indem er Tunsan hinauswarf, der im Kordofan den Klan der Mossabaat begründen wollte, d. h. »die vom Osten gekommen sind«. Darauf folgte die wichtige Regierungszeit des Ahmed Bokor (1682-1722). Er verbreitete den Islam und sorgte für relative Sicherheit. Als sich Wadai geweigert hatte, ihm eine junge Prinzessin für seinen Harem zu liefern, griff er dieses Land an. Er wurde zuerst geschlagen, konnte dann jedoch

Der Zentralsudan 309

mit in Ägypten bestellten Musketen Aruss von Wadai in Kekebra überwinden. In einem Feldzug gegen die Fung von Kordofan starb er. Sein Sohn Abul Kassin (1739-1752) stellte eine Armee von 12 000 gepanzerten Kavalleristen gegen Wadai auf und erlitt eine Niederlage. Sein Nachfolger Mohammed Tirab (1752-1782) war ein Gelehrter und zugleich ein Epikureer. Er verbrachte seine Zeit mit religiöser Meditation, im Harem oder bei Zechereien.
Anfang des 19. Jahrhunderts befreite sich Kordofan von Darfur, dessen König Abd er Rahman die Hauptstadt El Fasher gründete. Hussein (1839–1874), einem aufgeklärten und fähigen Fürsten, gelang es, ein Gleichgewicht in den Beziehungen zu Ägypten und Wadai herzustellen. Doch der Sklavenhändler Zubeir Pascha, der im Süden des Darfur wütete und zum Gouverneur ernannt wurde, verursachte die Annektierung des Landes durch Ägypten bis zur Empörung des Mahdi.

E. Mandara

Der Ursprung des Landes Mandara, das südlich des Tschadsees in der Umgebung schroffer Berge lag, reicht bis ins auslaufende 15. Jahrhundert zurück, bis zu der Heirat zwischen einer autochthonen Königin (Sukda) und einem fremden Jäger (Gaja). Diese Dynastie führte das Volk und ließ sich in Kerawa nieder. Bald darauf, als Nebenwirkung der Kämpfe gegen Bornu, übernahm eine andere, verwandte Dynastie die Macht, die aus der Gegend von Dulo stammenden Sankre.
1614 schritt Idris Alaoma ein. Er wollte das erste Geschlecht wieder einsetzen. Die Fürsten von Mandara, die sich im 18. Jahrhundert zum Islam bekehrt hatten, zeigten gegenüber Bornu einen wilden Widerstand. Am Anfang des 18. Jahrhunderts kam Ali Binima, der General Bornus, in der Schlacht von Dulo ums Leben, nachdem er der Armee von Mandara seine große Kriegstrommel und seinen Silberstab preisgegeben hatte. Die Fulbe-Woge (19. Jahrhundert) rollte an. Bornu und Mandara schlossen ein Bündnis, das die Heirat El Kanemis mit der Tochter des Königs Bukar Narbanha besiegelte. Der Kampf gegen die Fulbe blieb von nun an Sache Mandaras.

F. Europäische Zeugnisse

Zu dieser Zeit durchquerten übrigens auch der Major Denham und Clapperton voller Unrast diese Gebiete. Denham berichtete über seinen Empfang beim Herrscher Bornus. Nach einer langen Wartezeit und einer protokollarischen Prozession mit Stationen, die die Wächter führten, indem sie, wenn notwendig, auch die Beine der Besucher ergriffen, wenn diese zu schnell wurden oder indem sie ihre Arme und Lanzen vor ihnen kreuzten, gelangten sie schließlich in ein großes Zelt. Sie standen vor einem Mann von ungefähr 45 Jahren mit sympathischen und ausdrucksvollen Gesichtszügen. Er saß auf dem Teppich: das war El Kanemi. Sogleich fragte er: »Warum seid ihr nach Bornu gekommen?« Sehr zufrieden über die Bemerkung, daß der König von England von ihm gehört hätte, wandte sich der Sultan zu seinen Generälen und meinte: »Vielleicht wegen unseres Sieges über Bagirmi?!« Ein urwüchsiger Veteran trat vor und fragte: »Und ich, hat der König von England auch von mir erzählen gehört?« – »Aber ganz sicher!« erwiderte Denham. Und alle riefen aus: »Oh, der König von England muß ein großer Mann sein!« Denham bemerkte auch, daß die Höflinge es für ihre Pflicht ansahen, einen möglichst fetten Wanst hervorzustrecken. Notfalls halfen sie mit Turbanen nach. Außerdem beobachtete er die Koketterie der schönen Frauen von Bornu: die Haare waren mit Raffinesse geflochten und übersät mit Kupfer- und Silberpailletten, sie trugen Korallen- oder Bernsteinohrringe und herrlich gefärbte Lendenschurze, allerdings rann ihnen die Schminke zuweilen das Gesicht herunter. Weiter erzählte er, daß die Hauptstadt Bornus zu manchen Zeiten 100 000 Einwohner gezählt haben mußte. Es war ein bedeutender Handelsplatz, wo viele Güter zusammenströmten: Reis, Korn, Vieh, Gemüse und vor allem Zwiebeln. In den Vergnügungsvierteln wimmelte es von Zerstreuungen: Sklavenkämpfe, Tänze jeglicher Art, von denen besonders einer, den man in ganz Westafrika findet, die Reisenden beeindruckte: Zwei Damen – sogar solche von hohem Stand – stellten sich in einem gewissen Abstand voneinander Rücken zu Rücken (*back to back*) auf. Dann versuchten sie, indem sie mit aller Kraft aufeinander losstürmten, ihre hinteren Partien durch einen möglichst heftigen Zusammenprall zu treffen. Diejenige, die ihr Gleichgewicht bewahrte, wurde unter Beifall zur Siegerin ausgerufen; die Perlengürtel, die diese imposanten Matronen trugen, platzten manchmal unter dem Anprall auseinander, so daß die Perlen in alle Richtungen spritzten.

Denham reiste mit einem arabischen Häuptling vom Fezzan: Bou Kalhun. Dieser ließ seine Karawane vom Haussaland aus einen Umweg zu den Ländern Kirdi und Musgu machen, um Sklaven zu sammeln. Der große Feldherr von Bornu, Barka Gana, ein wahrer Koloß, begleitete ihn bis zum Hof des Königs von Mandara. Dort entschied sich der Araber, bei einem Überfall auf die Fulbe Hilfe zu leisten. Es wurde ein hitziges Gefecht. Die Fulbefrauen, die gedrängt hinter ihren Männern standen, feuerten deren Mut mit durchdringenden Schreien an. Sie reichten ihnen die mit Pfeilen gefüllten Köcher zu, während andere von ihnen Steinblöcke gegen die Angreifer rollten. Denham bestätigte die schreckliche Wirkung der vergifteten Pfeile. In wenigen Stunden verfärbten sie den Körper schwarz, und das Blut rann aus allen Öffnungen. Bou Kalhun kam in dieser Schlacht ums Leben. Fezzan verfiel in nationale Trauer. Die Frauen verbreiteten einen Trauergesang: »Oh, vertraut nicht auf das Gewehr noch auf das Schwert, denn die Lanze der Ungläubigen ist stärker! Bou Kalhun der Gute, der Tapfere ist gefallen. Wer ist von jetzt an noch unantastbar? Wie der Mond zwischen den Sternen, so bewegte sich Bou Kalhun zwischen den anderen Menschen. Wo findet Fezzan nun seinen Beschützer? Sein Herz war so weit wie die Wüste. Fezzan wird eingehen wie die Blume, der man die Wurzeln nahm; denn Bou Kalhun kehrt niemals wieder. Sein Leichnam ruht in heidnischer Erde. Der vergiftete Pfeil der Ungläubigen raffte ihn hinweg. Oh! Traut weder dem Gewehr noch dem Schwert, denn die Lanze der Ungläubigen ist stärker!« Die Zeiten waren hart, und die Sklavenjäger wurden manchmal selbst zum gejagten Wild.

VI. Die Länder Kameruns

Das heutige Kamerun[42] ist ein wahrer Cocktail von Volksgruppen. Mehrere von ihnen sind beinahe unter den gleichen Bedingungen, wie die Sussu, Dialonke und Baga vom Futa Dschalon herabkamen, von Adamaua zur Küste gezogen. Andere wieder, wie die Fang und Duala, behaupteten, vom Osten gekommen zu sein. Im Süden treffen wir bereits auf bantuähnliche Völker (Semi-Bantu), von denen manche sehr ursprüngliche staatliche Strukturen entwickelten; das sind u. a. die Tikar Bamenda, Bamum und Bamileke.

A. Die Bamileke

Ein Wort soll zu den beiden letztgenannten Volksgruppen gesagt werden. Die Bamileke besetzten den Südwesten Kameruns. Ein vielgestaltiger Dynamismus zeichnete sie aus. Sie sollen in fünf aufeinanderfolgenden Wellen aus dem Norden gekommen sein. Jeder Klan richtete sich auf Dauer auf seinen Ländereien ein. Dort erkannte der Bauer, obgleich er über seinen klar abgetrennten Hof verfügte, die Solidarität und die Gruppendisziplin an. In soziopolitischer Hinsicht konnte man den Häuptling, die Notabeln, die freien Männer und die Sklaven unterscheiden. An der Spitze des Landes stand der *Fo* oder *Fong*. Als absoluter König gelangte er erst nach einer Initiations-Probezeit auf den Thron. Die Königinmutter (*mafo*) genoß ein religiöses Ansehen, das das des Königs übertraf. So war sie dem König weit an Autorität überlegen. Die adligen Frauen erfreuten sich, besonders wenn sie erbberechtigt waren, einer bemerkenswerten Macht. Die Frauen der niederen Klassen hatten dagegen oft nur den Status von Tauschobjekten. Gewöhnlich setzte sich der königliche Rat aus neun Würdenträgern zusammen. Unter dem Siegel der Verschwiegenheit wurde ihm der Name des Nachfolgers des Königs offenbart. Die Priester und die Diener (*tchinda* und *wala*) rangierten unter ihnen. In den Dörfern waren die Fonle Vertreter des Königs. Die Bamileke-Zivilisation war äußerst ursprünglich. Die wesentlichen Merkmale der Religion sind der Monotheismus und der Ahnenkult. Die Schädel der Vorfahren vergrub man unter den Betten. Architektur und Bildhauerei zeigten hingegen vielfältigen Erfindungsgeist, schöpferischen Schwung sowie eine unvergleichliche plastische Kraft.

---

42 Dieser Name stammt von »*Rio dos Camaraos*«, Fluß der Garnelen. Diesen Namen gaben die Portugiesen einem Wasserlauf, dessen Uferbewohner die Amboises waren, d. h. die Ambozi oder besser noch die Bassa, die die Duala hier um 1600 als Autochthone vorfanden. Der erste Duala-König, von dem europäische Schriften berichten, ist Mulobe (1670). Er war der vierte König seit der Ankunft der Duala von Südosten. Die Duala sind mit den Bakota von Gabun und Kongo-Brazzaville verwandt, die im 18. Jahrhundert in diese Länder zurückgedrängt wurden.

B. Die Bamum

Die Bamum konzentrierten sich hauptsächlich um ihre Hauptstadt Fumban. Das hatte zur Folge, daß diese städtische Zivilisation, obwohl sie mit derjenigen anderer Semi-Bantus verwandt war, Erfolge von außergewöhnlichem Wert zeitigte. Die Bamum kamen aus dem Land der Tikar. Mit diesen war ihr erster Souverän, Nchare der Eroberer, verwandt. Auf ihn folgten 16 Herrscher, deren Totenmasken im Museum von Fumban aufgestellt waren. Das Land bekam Schwierigkeiten mit den Fulbe. Ihre Überfälle konnten erst durch den Bau von Mauern und Gräben um die Hauptstadt eingedämmt werden. Das waren Vorsichtsmaßregeln, zu denen der stolze Eroberer Mbwe-Mbwe mit herkulischer Kraft erst als letztem Ausweg griff. Auf Nchare, bei dessen Namensnennung dem Volk Weisheit und Stärke in Erinnerung gerufen wurden, folgte Mbombovo, ein wahrer Organisator. Nachdem er zu Ende des 18. Jahrhunderts an die Macht gekommen war, festigte er die Verfassung des Landes. Er verwirklichte durch Assimilation der Autochthonen, die zu diesem Zweck manchmal bis nach Fumban verlagert wurden, einen Zusammenhalt und eine starke Ursprünglichkeit in Form einer Nation. Njoya aber blieb es vorbehalten, all das zu vollenden. Um 1883 gelangte er nach der Regentschaft seiner Mutter Nzabndunke an die Macht. Er mußte die Fulbe-Kavalleristen des Lamido von Banio rufen, damit diese ihm behilflich waren, den Thron zu behalten, den ihm eine rebellische Partei streitig machte. Als Preis für ihre siegreiche Intervention forderten die Fulbe eine gewichtige Kriegsbeute (15 000 Gefangene, neun junge Mädchen usw.). Der gerissene Njoya gestand ihnen alles zu, offensichtlich aus freien Stücken. Doch auf ihrem Rückweg legte er ihnen einen Hinterhalt, erbeutete den größten Teil seiner »Geschenke« zurück und ließ Lamido bestellen, daß dieser Akt von Banditentum den Resten der rebellischen Partisanen zu verdanken sei ... Njoya, der so erfinderisch in politischen Dingen war, war es unvergleichlich mehr auf technischem und künstlerischem Gebiet. Für die Erfordernisse seiner Verwaltung erfand er eine Schrift. Diese Schrift, die zunächst 510 Zeichen umfaßte, wurde auf 83 Zeichen reduziert, darunter 10 Ziffern. Daraufhin wollte er Druckplatten entwickeln lassen, und seine Schmiede, die mit der Technik der verlorenen Wachsform vertraut waren, brauchten sieben Jahre, bevor sie ihm einen Entwurf unterbreiten konnten. Njoya aber, der mit dem so lange erwarteten Resultat sehr unzufrieden war, brach das Werk in Stücke. Er setzte seine Schrift in den von ihm geschaffenen Schulen und im amtlichen Bereich ein: Briefwechsel, Rechnungswesen, Archive usw. Er verwandte sie auch zum Abfassen schriftlicher Werke. So schrieb er, nachdem er bei den Alten des Landes Belege gesammelt hatte, seine berühmte *Geschichte der Gesetze und Sitten der Bamum* in dieser Bamum-Schrift nieder. Auf die gleiche Art hielt er auch Arzneimittel-Rezepturen fest. Er erfand eine mechanische Mühle und ließ lange vor der Ankunft der Europäer von seinem Bruder Ndji Mama eine Karte seines Königreiches anfertigen. Für die Weiterbearbeitung der Webarbeiten verfügte er über sechs Gruben zum Färben. Dabei verwirklichte er die unterschiedlichsten Farbmischungen in Batik, und durch mehr oder weniger langes Eintauchen entstanden Nuancen, die die Skala noch mehr bereicherten. Die Architektur Bamums war verwandt mit der der Bamileke. Ähnlichkeiten konnte man besonders bei den großen Holzsäulen entdecken, auf denen der Bildhauer eine wimmelnde und oft heitere Welt entstehen ließ, eine Hymne auf die Fülle des Lebens. Auch die Herstellung kleiner Standbilder und von Masken wurde gepflegt. Es ist kaum zu glauben, daß der königliche Palast von Fumban des Njoya, Museum und Denkmal so vieler Schöpfungen des Geistes, nicht zum Treffpunkt der Afrikaner wurde, die neugierig auf ihre Vergangenheit sind. Im Bereich der Religion beschloß Njoya, nach reiflichem Studium des Islams und des Christentums und nachdem er die Konflikte der beiden Konfessionen beobachtet hatte, auch hier schöpferisch zu sein. Er verfaßte ein Buch mit dem Titel: »Name des Buches ist: Strebe, und du erreichst!« Es enthielt eine synkretistische Lehre, die Elemente der Bibel und des Korans vereinigte. Njoya wurde von der französischen Verwaltung abgesetzt und verbannt. Sie übernahm das Land, nachdem sie die Deutschen enteignet hatte.

In diesem bedeutenden Land Bamum mit seiner milden Luft, die zu intellektueller Schöpfung herausfordert, entfaltete Njoya die Palette des afrikanischen Geistes bis zum Genie.

VII. Äthiopien und Somalia

A. Jahrhunderte voller Wirren

Vom 16. bis zum 19. Jahrhundert mußte Äthiopien, alleingelassen, in schrecklicher Nachbarschaft mit den Arabern und den mohammedanischen Türken sowie mit den animistischen Galla leben. In den inneren Unruhen und äußeren Kriegen tauchte nur von Zeit zu Zeit eine bedeutende Gestalt wie die Jassu des Großen oder Theodoros auf. Sarsa Dengel (1563-1597), der 1563 die Macht als Kaiser übernahm, war ein Fürst, der sich dank seiner Autorität und der Stärke seiner Außenpolitik durchsetzte. Als Jetschak, der Gouverneur von Tigre, gewagt hatte, sich mit den Türken von Adal zu verbünden, und auch noch damit angab, mit dem Pascha auf demselben Teppich gesessen zu haben, führte ein Blitzfeldzug des Kaisers zur völligen Auflösung der Verbündeten; und der abgetrennte Kopf des Äthiopiers konnte sich zu dem des Paschas auf dem Teppich gesellen ... (1578). Sarsa Dengel konnte sich danach in Axum der Feier seiner Salbung widmen. Seit Zara Jakob hatte diese Zeremonie, die von einem Prunk begleitet war, der in Äthiopien die Illusion einstiger Größe wiedererstehen ließ, nicht mehr stattgefunden. Bald danach mußte er noch einmal einen Vorstoß der Galla abweisen. Er wagte es sogar, gegen die Falascha von Siemen und gegen die Chankalla des nilotischen Sudan anzutreten. Ihre fürchterlichen Bogenschützen wurden gebändigt. Im Süden drang er weiter als irgendein anderer Kaiser Äthiopiens vor und brachte den Ewarya den christlichen Glauben. Mit der Hoffnung, die türkischen Siedler am Ufer des Roten Meeres hinwegfegen zu können, belagerte er den letzten mohammedanischen Hafen, Arkiko, der so lange Widerstand leistete, bis der Pascha reiche Geschenke sandte, um den Frieden zu erreichen. Von neuem trat Äthiopien als starke Macht auf, mit der man zu rechnen hatte. Leider zerrissen bald ernste Unruhen das Land. Za Dengel, der Thronnachfolger, war ein Mann von außergewöhnlicher, physischer Kraft. Er schien dazu bestimmt, die begonnene territoriale Ausbreitung fortzusetzen. Doch er neigte sich dem Katholizismus zu. Von seinen meuternden Untertanen

angegriffen, wurde er auf dem Schlachtfeld getötet und zurückgelassen. Ein erbitterter Kampf um die Nachfolge setzte ein, aus dem Susneyos (1608) als Sieger hervorging. Dieser setzte die bereits begonnenen Feldzüge fort. Als er dem mohammedanischen König der Fung von Sennar als Anerkennung seiner Lehnspflicht Armreifen aus Gold schickte, sandte ihm der Sultan als Gegengabe zwei alte, blinde Klepper. Susneyos stürzte sich in harte Vergeltungskriege.
Aber die Gefahr lag woanders. Mit den portugiesischen Forschungsreisenden waren Jesuiten-Missionare nach Äthiopien geschickt worden. Nach einem sehr ungünstigen Start mit dem namentlich genannten Mendez konnte das katholische Werk dank der strengen Lebensführung des Patriarchen Andrè Oviedo wieder an Boden gewinnen. Dennoch hatte die Ankunft des spanischen Paters Pedro Paez im Jahre 1603 die weitreichendsten Folgen. Dieser Missionar war aus einem ganz besonderen Holz geschnitzt. Mit einer List (er gab sich als Armenier aus) gelang es ihm, sich durch die arabischen und türkischen Besitzungen zu schmuggeln. Als herausragende Sprachforscher beherrschten er und seine Gefährten bald das Ge'ez und die gesprochene Sprache, das Amharische. Er war Architekt und Maurer und eröffnete als ehemaliger Professor Schulen, in die bald die Söhne des Adels drängten. Pater Paez begann, den Adel im katholischen Glauben zu belehren. Als er von Za Dengel zu einem theologischen Streitgespräch an den Hof geladen wurde, überließ er zunächst zweien seiner äthiopischen Schüler das Wort. Sie verblüfften die Theologen der koptischen Kirche. Danach trug er selbst in amharischer Sprache eine Predigt vor. Die Rednergabe und die Reinheit der Diktion begeisterten die Anwesenden. So erwarb er die Sympathie des Königs Za Dengel; übereilt, was ihn, wie wir sehen werden, das Leben kosten sollte.
Die Missionare setzten ihr Werk fort. Zahlreiche Adlige und bald auch der neue König Susneyos wurden von ihrer Gelehrsamkeit, ihren sozialen Taten und von ihrer strengen Lebensführung angezogen, die sehr im Gegensatz zum unzüchtigen Leben der koptischen Metropoliten stand. Susneyos versuchte, wieder mit dem Papst in Verbindung zu treten. Er schickte Pater Fernandez quer durch den Kontinent zur Ostküste Afrikas. Aber die Schwierigkeiten waren unüberwindlich, und er mußte aufgeben. Er brachte eine Beschreibung animistischer Negerkönige mit, zweifellos aus dem heutigen Kenia, die zum ersten Mal Weißen gegenübergestanden hatten. Der König der Gingero, der der Sonne gleichgestellt war, ging, wenn es geschah, daß sich die Sonne vor ihm erhob, an diesem Tag nicht mehr aus dem Haus. Wenn er starb, wurde er in einer Rinderhaut mit der ganzen »Gesellschaft« seiner Frauen und Diener begraben. Susneyos entschied sich für den Katholizismus, indem er bei Pater Paez eine Beichte ablegte. Sofort brach ein Aufruhr los. Ungeschicklichkeiten des neuen Patriarchen Mendez schürten die Empörung noch. Von einem Tag zum anderen gebot er die Umtaufung der Christen, die Reordination der Priester, das Verbot der Beschneidung, die Messe nach katholischem Ritus, den niemand verstand und sogar die Entweihung der Gräber von äthiopischen Heiligen, deren Reliquien auch aus den Kirchen hinausgeworfen wurden. Sehr starke Armeen, die sich hauptsächlich aus der Volksmenge heraus gebildet hatten, versammelten sich im ganzen Land. In Wiana Dega vernichtete Susneyos sein eigenes Volk, 8 000 Leichen bedeckten die Erde. Sein Sohn hielt ihm diesen schrecklichen Anblick mit den Worten vor: »Das ist kein Sieg mehr ...« Trotz des eiligen Eingreifens von Mendez, das sich zu einem wahren Kreuzzug entwickelte, erließ Susneyos eine feierliche Ver-

Äthiopien und Somalia 315

ordnung, daß nach soviel Blutvergießen jeder zum Glauben seiner Vorväter zurückkehren dürfe: »Auf daß man sich freue!« Weil er sich aufgrund dieser Ereignisse als ein unerfreuliches Zwischenspiel betrachtete, legte er sein Amt nieder und starb bald im katholischen Glauben. Einige der begonnenen Werke überdauerten die Zeitläufte: das Amharische, das zur Schriftsprache geworden war, der Beginn einer Schulpflicht, ein Palast und Kirchen, die zum größten Teil dem erstaunlichen Pater Paez zu verdanken waren. Pater Paez verurteilte die Ausschreitungen von Mendez.

Unter Fazilidas (1632–1667) verbannte man die Jesuiten nach Axum. Diejenigen, die diese Gelegenheit nicht nutzten, um das Land zu verlassen, wurden zum größten Teil hingerichtet. Später reichte die Verfolgung so weit, daß man die Katholiken, die von den Portugiesen abstammten sowie die bekehrten Äthiopier von ihrem Glauben abschwören ließ. Die Widerspenstigen wurden hingerichtet oder in die wüstenartige Abgeschiedenheit des Sennar geschickt, wo sie dem sicheren Tod ausgeliefert waren. Fazilidas steigerte diese antikatholische Haltung bis zur Ablehnung alles Europäischen. Er ging sogar ein Bündnis mit den mohammedanischen Paschas der Küste ein, um jedem Geistlichen den Weg nach Äthiopien zu blockieren. Das bedeutende Werk des Fazilidas blieb die Gründung einer neuen Hauptstadt mit Namen Gondar. Sie lag im Norden des Tanasees in einem fern von Choa gelegenen und von den Galla heimgesuchten Gebiet. Sein wunderbares Klima hatte bereits Sarsa Dengel und Susneyos angezogen. Fazilidas ließ dort einen ungeheuren Palast und ein Vergnügungsbad errichten. Es war, als ob sich Äthiopien, abgeschlossen vom Westen, gleichsam den Genüssen der arabischen Paläste öffnete. Als ob die Kaiser sich nach einer stürmischen Periode dem Luxus und den verfeinerten Annehmlichkeiten des Lebens hingeben wollten. Aber Gondar, das dank der Nachfolger Fazilidas' -zig Paläste entstehen sah, war nicht nur ein prunkvoller Ort des Vergnügens. Es gab hier mehr Kirchen als Paläste, und auf den Inseln des Sees wimmelte es von Klöstern, in denen sich die Mönche dem Studium und den Kasteiungen hingaben. Bald strömte in Gondar eine christliche und mohammedanische Bevölkerung zusammen. In der Tat bereicherte die Route von Darfur zum Roten Meer die Stadt beträchtlich, und die Kultur entwickelte sich in Rechts-, Sprach- und Gesangsschulen.

Die Regierungszeit von Fazilidas' Sohn Johannes (1667–1682) war relativ friedlich. Nur einige Franziskaner, die versuchten, in das Land einzudringen, wurden noch gesteinigt, während Johannes Jagd auf die letzten Anhänger des Katholizismus machte. Er war übrigens ein ebenso wilder Gegner des mohammedanischen Glaubens. Für ihn gab es nur den koptischen Glauben, dem er begeistert anhing. Das koptische Christentum begeisterte sich an den berauschenden Lebens theologischen Spekulationen. Der Nachfolger Jassu der Große (1682–1706) war ein bedeutender Herrscher. In seiner Regierungszeit geschahen bemerkenswerte Dinge. Als hervorragender Krieger bekannt, machte er außerdem durch eine Verwaltungsreform auf sich aufmerksam. Im Gegensatz zu den anderen Kaisern befaßte er sich intensiv mit dem Los der unglücklichen Thronbewerber, die in die Berge verbannt wurden. Er ging persönlich zu ihnen, um ihre Beschwerden anzuhören. Er ließ ihnen die Einkünfte zurückerstatten, die unlautere Verwalter bis dahin unterschlugen. Außerdem brach er mit der antieuropäischen Politik seiner Vorgänger. König Ludwig XIV. sandte ihm auf Anraten der Jesuiten einen Botschafter in Gestalt des Arztes Poncet. Dieser führte aber unglücklicherweise kein einziges Geschenk mit sich. Deshalb konnte er weder, wie erwartet, eine äthiopische Botschaft mitnehmen noch junge Prinzen und Prinzessinnen, die in Frankreich erzogen werden sollten. Statt dessen brachte er Stoffe, Sklaven und einen jungen Elefanten mit heim. Letzterer verschied aber bald, so daß nur noch ein Ohr Versailles erreichte. Man zweifelte deshalb auch an der Glaubwürdigkeit der Berichte Poncets. Frankreich unternahm einen zweiten Versuch. Ein gewisser Du Roule erreichte Sennar. Die Frauen des Fung-Fürsten kamen, um den Fremdling von nahem zu sehen. Aber der Spiegel, den er als Geschenk mitgebracht hatte, verzerrte ihre Gesichter, und so flohen sie und nannten ihn einen Hexenmeister ... Du Roule versuchte vergeblich, Sennar zu verlassen. Er wurde schließlich meuchlings ermordet. Jassu bekräftigte erneut seinen Einfluß auf die koptische Kirche und besonders sein Vorrecht, Synoden einzuberufen. Mehrere solcher Synoden wurden unter seiner Schirmherrschaft abgehalten. Ihr Thema war immer: Das »Wesen« Jesu Christi. Er zog sich auch gern in Klöster zurück, und als die Machenschaften seines Sohnes Takla Haimanot ihn dazu brachten, sein Amt niederzulegen, setzte er sich auf einer Insel im Tanasee zur Ruhe; wie die Mönche ließ er sich in Ketten legen. Seine immer noch mißtrauischen Feinde verfolgten ihn bis dahin und töteten ihn. Von allen Nachbarinseln kamen sofort die Mönche herbei, und der Körper Jassu des Großen wurde in einem Boot aus Schilf unter Gebeten und mit Weihrauchduft und Lobgesängen hinweggeführt. Die Mönche feierten ihn wie einen Heiligen.

B. Niedergang und Einmischungen von außen

Takla Haimanot, der Vatermörder, wurde übrigens zwei Jahre später ebenfalls ermordet. Eine Periode der Anarchie folgte. Die Armee mischte sich immer öfter ein. Schließlich beauftragte sie Bakaffa (1721-1730) mit den Regierungsgeschäften. Seine Frau Mentonab (Wie schön du bist!) übte auf lange Zeit einen Einfluß auf die Politik des Landes aus. Bakaffa selbst war, wahrscheinlich wegen der erst kürzlich überstandenen Unruhen, von einem krankhaften Mißtrauen besessen. Oft mischte er sich verkleidet unter das Volk, um inkognito die Meinung der Leute zu erfahren und etwaige Rivalen zu entdecken. Mit derselben Absicht ließ er sich für tot erklären, um darauf seine Feinde, die zu schnell ihre Fahne und Flaggen gehißt hatten, mit äußerster Strenge zu bestrafen. Das trug Bakaffa den Beinamen der Unerbittliche ein. Da sein Sohn Jassu II. nach seinem Tod zu jung war, übernahm Mentonab die Regentschaft. Diese bemerkenswerte Frau wurde zu Anfang sehr gut mit ihrem Amt fertig. Aber die fürstlichen Rivalitäten schwelten immer noch im Verborgenen. Dazu erwies sich Jassu II. als ein sprunghafter Mensch. Er interessierte sich mehr für die Jagd und für die Aktivitäten der griechischen Künstler, die ihm eine Wohnung ganz mit venezianischen Spiegeln gestalteten, als für den Staat. Er bekam den Beinamen Jassu der Kleine. Vielleicht um diese Benennung zu widerlegen, stürzte er sich in einen Krieg gegen Sennar, aber er erlitt eine schwere Niederlage. Die Fung eroberten in diesem Kampf die Ikone des dornengekrönten Christus, die die Äthiopier in allen großen Schlachten mit sich führten. Nachdem er den Gouverneur von Tigre, Michael Sehul, geschlagen hatte, gab er ihm in einem Anfall von Milde sein Lehen zurück. Dieses beherrschte durch Massaua den Außen-

Äthiopien und Somalia   317

handel des Landes. Jassu II. heiratete bald darauf eine Frau aus dem Volk der
Galla. Sie hieß Wobit. Aber diese Heirat mehrte das Mißtrauen seiner christlichen Untertanen. Als er starb (1735), wurde Wobit im Namen ihres Sohnes Regentin. Sie verdrängte Mentonab und übernahm die Aufgaben des Hofes von
Galla. Als sie die strategisch wichtige Provinz Begamedre ihrem Bruder anvertraute, gab es einen Aufruhr. Ihr Sohn Joas rief den Ras Michael Sehul zu
Hilfe, der darauf nur gewartet hatte. Er tötete die Verwandten von Mentonab
und die von Wobit; aber auch Joas mußte daran glauben: mit der Ausrede, er
sei die treibende Kraft bei einem Attentat auf den Ras gewesen, ließ dieser ihn
erdrosseln. Doch nun entstand ein großes Durcheinander. Verschiedene Gestalten
tauchten in diesen Wirren auf: zu Takla Haimanot, dem Strohmann des mächtigen Ras Michael von Tigre, gesellten sich die Ras von Amhara und von Begamedre. Alle scharten sich um die alte, aber energische Mentonab.
Der schottische Reisende Bruce, der das Land zu jener Zeit besuchte, malte uns
ein Bild vom kaiserlichen Hof und seinem Rat. Seine Mitglieder gaben ihr Urteil in der umgekehrten Rangfolge ab, bis der König selbst sein Urteil durch den
Herold, der »die Stimme des Königs« genannt wurde, anzeigte. James Bruce
hielt sich von 1769 bis 1772 in Äthiopien auf. Er war ein Weinhändler, der es in
Algier bis zum Generalkonsul von England gebracht hatte. Er wurde, so scheint
es, aus Neigung Forschungsreisender, aber zweifellos auch, um die Belange Seiner
Majestät zu vertreten. Er erlernte das Ge'ez und das Amharische sowie die Astro-
nomie. Die für diese Wissenschaft notwendigen Geräte behinderten ihn allerdings auf seinen Reisen. Dieser Koloß, ein hervorragender Reiter, hatte großen
Erfolg am Hof des Negus, vor allem bei den Damen. Die erste Frage, die ihm
der König aller Könige stellte, war die: »Ist Nebukadnezar ein Heiliger?« Über
diese Frage gab es am Hof eine Kontroverse. Manche meinten, Nebukadnezar sei
eine Geißel Gottes und damit auch sein Abgesandter gewesen. Da er um die
Ernsthaftigkeit dieser religiösen Auseinandersetzungen wußte, verstand unser
Schotte es, eine unbestimmte Antwort zu geben ... Er wurde in viele Hofintri-
gen und in Feldzüge der Ras gegen die Rebellen verwickelt. Die Armee des Negus, schrieb er, habe 40 000 Mann. Unter ihnen befanden sich 7 000 Füsiliere und
Kavalleristen. Diese saßen auf gepanzerten Reittieren und trugen Harnische,
Kupferhelme und Lanzen. Er hatte Schwierigkeiten, aus diesem Land wieder
herauszukommen, in dem er sich so geschickt zwischen dem großzügigen Elan
seiner Freunde und den heimlichen Machenschaften seiner Gegner durchzuwin-
den gewußt hatte.
Äthiopien war in dieser Epoche von keiner tödlichen Gefahr bedroht. Es bestand
lediglich der Druck der Galla, der sich alle hundert Jahre bemerkbar machte. Andererseits hatten diese Äthiopien einen wichtigen Dienst erwiesen, als sie das
furchteinflößende Königreich Adal hinweggefegt hatten. Der Verfall des Os-
manischen Reiches verwandelte die türkischen Fürstentümer an der Küste des
Roten Meeres in Satelliten des Gouverneurs von Tigre. Doch war die innere Zerrüttung so weit fortgeschritten, daß ein Ras von Begamedre, die Sittenlosigkeit
der koptischen Geistlichkeit vor Augen, Wallfahrten zum Grab des Imam Granye zu organisieren beschloß. Diese Auflösung setzte sich bis zu dem Zeitpunkt
fort, als ein Bandenhäuptling namens Kassa, der sich allmählich einen militärischen Ruf erworben hatte, die Großen des Reiches einen nach dem anderen vernichtete. Unter dem Namen Theodor II. (1855) wurde er Negus. Er war ein
Mann, der durchgriff und die Intrigen und das Leben Gondars aufgab. Er ließ

318   *Jahrhunderte der Neuordnung*

diese Stadt in Brand stecken, bevor er sich in Magdala niederließ. Die Provinzen
zerstückelte er in kleinere Einheiten, die er besoldeten Gouverneuren anvertraute. Aber noch hatte Theodor II. nicht alle Gewohnheiten Kassas aufgegeben: er
trank, unterhielt öffentlich eine Konkubine aus Galla und ließ sich zu Wut-
ausbrüchen verleiten, die oft blutig ausgingen. Am Hof gab es Possenreißer und
Spaßmacher, die behaupteten, an Gedächtnisschwund zu leiden, um sich so in
vorsichtigem Schweigen zu üben ... Dennoch hat Theodor II. den Zerfall Äthiopiens aufgehalten und Bedingungen für einen zukünftigen Aufschwung geschaffen. Seine plötzlichen Stimmungswechsel ließen sich teils durch die hohen Erwar-
tungen erklären, die er an sich selbst und an seine Rolle und Position stellte. Als
er an Königin Viktoria schrieb und ihr ein Bündnis vorschlug, erhielt er keine
Antwort. England, das zu der Zeit mit Problemen der Meerengen beschäftigt
war, hatte gerade einen Vertrag mit der Türkei unterzeichnet. Zutiefst verärgert
über diese Kränkung, legte er Hand an Cameron und nahm die Engländer gefangen, die sich dort aufhielten. Schließlich vergriff er sich gar am englischen
Abgesandten, der ihre Befreiung erreichen wollte. Er und alle anderen Europäer
wurden in Ketten gelegt. England schickte daraufhin ein sehr starkes Expeditionskorps unter dem Befehl von Sir R. Napier. Trotz unglaublicher Schwierigkeiten beim Anmarsch und dank der Sympathie mancher Bauern, die über die
Willkür der Armee des Landes empört waren, trafen die Engländer schließlich
auf die Äthiopier. Die modernen Waffen dezimierten diese schnell, und sie zogen
sich geordnet zurück. Als Theodor II. aber die Engländer in Magdala einrücken
sah, nahm er sich das Leben (1868). Wie ein tapferer Held wurde er gepriesen:
»Da drüben in Magdala hallte ein Schrei wider: Ein starker Mann ist tot, nichts
an ihm war weibisch!«[43]
Nach ihm herrschte wieder einmal Anarchie bis zu dem Moment, als der Ras von
Tigre als Johannes IV. auftauchte (1872–1899).
Er war ein sehr fähiger Mann, doch war Äthiopien bereits in den internationalen
Taumel hineingeraten. Mit der Eröffnung des Suezkanals 1869 interessierten sich
die Europäer mehr und mehr für dieses Land. Der Ausbruch der Mahdistenbewegung brachte im Jahr 1887 Derwische bis nach Gondar. Es wurde geplündert. Endlich hatte im Inland der Ras von Schoa, Menelik, seine Position so weit
gestärkt, daß er vom Negus das Nachfolgerecht zugesprochen bekam. Äthiopien
sollte die Schwelle zur Neuen Welt mit einem Mann von Format überschreiten.

C. *Somalia*

Das Somaliland blieb jahrhundertelang an die Seiten des äthiopischen Wehr-
dammes gelehnt, zwischen dem Einfluß des christlichen Negus und den mohammedanischen Mächten, die in ununterbrochener Reihenfolge das Rote Meer, den
Golf von Aden und den Indischen Ozean beherrschten. Nachdem es seit der Umsegelung des Erythräischen Meeres sabäische Wanderer und Himiar von Südarabien aufgenommen hatte, waren diese mit der Masse der schwarzen Autochthonen verschmolzen. Doch sickerten noch weitere Völker mit kuschitischer Sprache (Bedscha, Afar oder Danakil, Somal, Galla) langsam in dieses Gebiet ein.

43 Siehe J. Doresse in: *Au pays de la reine de Saba*, Paris, S. 136.

Ostafrika

Manche von ihnen bekehrten sich zum Islam, als die türkische Dynastie der Muzaffar das Gebiet von Mogadischu aus beherrschte und die Macht des Emirs Ahmed Granye in Adal stärkte. Indes kamen noch weitere kleine Gruppen von Arabien und ließen sich nieder, wie z. B. die Darod und die Isaq, von denen die Hawija durch Einkreuzung abstammen.

Danach folgte eine langsame Bewegung nach Westen und nach Süden. So jagten die Isaq im 17. Jahrhundert die Issansu bis an die Ufer des Golfs von Tadschura. Hier gerieten die Issansu in den kulturellen Bannkreis der Afar. Andererseits warfen die Darod die Galla bis hinter die Steppenhügel des Ogaden zurück, während die allgemeine Bewegung nach Süden diese Völker im 19. Jahrhundert noch tiefer in das große Negermeer eintauchte.

VIII. Ostafrika

Im Ostteil Afrikas, von Äthiopien und vom Sudan bis zum Limpopo und vom Indischen Ozean bis zum oberen Kongobecken können wir eine historische Entwicklung feststellen, die ähnlich wie im übrigen Schwarzafrika verlaufen ist: Niederlassung von Völkern mit nachfolgender ethnischer Auseinandersetzung, die mit der Periode des Sklavenhandels höllische Dimensionen bekam.

A. Die Ostküste von 1490 bis 1840

1. Die Entwicklung bis zur Mitte des 17. Jahrhunderts

Von 1498 bis 1593 entfaltete sich hier die portugiesische Vormachtstellung. Sie wurde allerdings damals von den Afrikanern, den Türken und dem Sultan von Oman, der sich 1840 auch durchsetzte, ins Wanken gebracht. Von 1498 bis 1593 schienen die Portugiesen förmlich berauscht gewesen zu sein. Sie hatten sich in Kilwa, Pemba und anderswo niedergelassen, in einem Gebiet, das sich im Hinblick auf seine sinnliche Zivilisation viel verfeinerter darbot als das damalige Portugal. Andererseits schien die Erforschung des Indischen Ozeans mit allen Hoffnungen, die eine solche neue Welt erweckt, die Portugiesen veranlaßt zu haben, die Araber ins Abseits zu stellen, denn diese konnten ihnen hier gefährlich werden. Deshalb bemächtigten sie sich 1505 Sofalas und danach der Städte Kilwa, Mombasa, Lamu, Brava, Maskat, Aden und Oman. Die meisten Städte plünderten sie aus, und unter Vasco da Gama gab es Folterungen, Verstümmelungen und Hinrichtungen. So spielte sich der übliche Sadismus der Feuerwaffenträger gegenüber der kaum bewaffneten und im allgemeinen Handel treibenden Bevölkerungen ab. Tatsächlich blockierten diese hysterischen Vernichtungsaktionen aber den Handel. Als die Portugiesen endlich gewahr wurden, daß sie beinahe die Henne mit den goldenen Eiern getötet hatten, versuchten sie, den Handel von neuem zu beleben. Jedem sollte erlaubt werden, seine Geschäfte nach allen Richtungen zu betreiben. Es war aber bereits etwas in dieser Maschinerie

Jahrhunderte der Neuordnung

gestört. 1542, als François Xavier dort bei seiner größten östlichen Mission vorüberzog, stellte er fest, daß Malindi in Ruinen lag. Malindi hatte, da es der Todfeind Mombasas war, Vasco da Gama empfangen und ihm einen Führer durch den Indischen Ozean gestellt. Die Araber und andere Kaufleute beabsichtigten offensichtlich nicht, den Handelsverkehr zugunsten des portugiesischen Zoll-

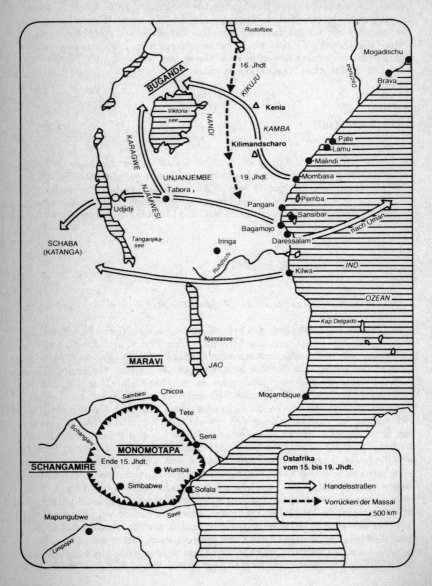

Ostafrika 321

büros anwachsen zu lassen, ganz abgesehen von der Gefahr ständiger Konfiszierungen. Außerdem lebte der Haß, der zu Beginn durch die portugiesischen Massaker gesät worden war, immer noch. So sahen sich die Portugiesen in Pate, Mombasa und anderswo ständig gezwungen, Aufstände niederzuschlagen und horrende Geldstrafen zu erpressen. Nur die Königin von Cambo, die den Türken durch einen Sprung vom Heck ihres Bootes entkommen war, bat um portugiesische Protektion. Nachdem die Türken im Jahr 1517 Kairo eingenommen hatten, breiteten sie sich bis zum Jemen und bis Aden sowie an der Küste des Roten Meeres aus. Hier befanden sie sich im Konflikt mit dem Negus von Äthiopien.

Im Jahre 1585 bereiste Mirale Bey mehrmals die Küstenstädte, gab großzügig Versprechungen, täuschte die Vertreibung der Portugiesen vor und fuhr mit Schätzen überhäuft wieder ab. Das schien nicht ohne Erpressungen abgegangen zu sein, denn nach jeder seiner Rundreisen brachen Revolten aus. Sie wurden jedoch sogleich durch die Wachsamkeit der Portugiesen in Blut erstickt.

Aus unerwarteter Richtung erschienen die Bezwinger der Portugiesen. Es waren die Simba, Menschenfresser, von denen man zweifellos nur karikierte Porträts gezeichnet hat. Jene Leute kamen, wie später die Ngoni, aus dem Süden des Kontinents. Als sie 1587 an der Küste entlangfuhren, fanden sie sich plötzlich Kilwa gegenüber. Von einem Mohammedaner wurden sie über die Untiefen geführt, die bei Ebbe eine Furt bildeten, und drangen des Nachts in die Stadt ein. Sie plünderten sie vollständig aus und töteten und verspeisten ihren Führer, vielleicht, um sich die Kräfte eines so vom Geist Erleuchteten einzuverleiben ... Während des weiteren Weges schickte ihr Häuptling dem portugiesischen Vertreter von Mombasa folgende doppelsinnige und furchtbare Botschaft: »Ich erkenne an, daß ihr die Götter des Meeres seid, doch ich, ich bin der Gott der Erde, und da ihr eure Rolle gespielt habt – ihr verjagtet die Türken –, ist nun die Reihe an mir zu spielen.« Auf der Stelle wurde Mombasa umzingelt, die Bewohner wurden niedergemetzelt.

Die Portugiesen mußten für ein gewisses Ritual der Simba herhalten ... Danach stürmten sie nach Malindi. Doch ein anderes Volk, das sie seit geraumer Zeit beobachtete, die Segeju, griff sie von der Flanke und im Rücken an und rottete sie aus.

Alle diese afrikanischen und türkischen Erschütterungen gaben den Portugiesen zu denken. Sie beschlossen, dem nördlichen Teil ihrer Küstenbesitzungen die Autonomie zu gewähren. Im Jahr 1593 errichteten sie in Mombasa das Fort Jesus, dessen wuchtige und schroffe Mauern noch heute die Küste beherrschen. Zum Sultan ernannten sie hier einen gewissen Alhasan, der unter der Fuchtel des Gouverneurs rebellierte und floh. Die Portugiesen waren sich schnell einig, ihn ermorden zu lassen. Um dieses Verbrechen, das von den Behörden in Lissabon mißbilligt worden war, wieder gutzumachen, schickten sie Yussuf, den Sohn Alhasans, nach Goa. Von dort kehrte er mit einer Portugiesin verheiratet unter dem Namen Don Jeromino zurück. Aber die Stimme des Blutes und der Atavismus setzten sich durch. Yussuf, alias Jeromino, wartete einen schönen christlichen Festtag im Jahre 1631 ab. Als der Kommandant umgeben von seinen Leuten erschien, um seine Aufwartung zu machen, zog Yussuf seinen Dolch aus der Scheide und stieß ihn ihm ins Herz. Das war das Signal zum Massaker an den Portugiesen. Viele Versuche waren nötig, um das Fort Jesus wiedereinzunehmen. Der Renegat hatte den Ort so lange besetzt, bis er ihn plünderte und im Dunkel der Geschichte verschwand. Aber im Osten tauchte bereits ein viel bedeutenderer

322 *Jahrhunderte der Neuordnung*

Gegner auf. Seit 1650 wies der Sultan Saif von Oman die Portugiesen aus Oman zurück. Nun begann wie bei den Türken das tragische Hin und Her um die Inseln von neuem. Jeder Wechsel kostete das Blut der Inselbewohner.

2. *Die Ära der Sultane von Oman*

Aber über einen längeren Zeitraum hinweg konnten die Portugiesen dieses Spiel nicht fortführen. Sie verfügten nur über ungefähr 200 Mann, um dieses riesige Gebiet unter Kontrolle zu halten. Als dann Philipp II. von Spanien die portugiesische Krone geerbt hatte, gab man die portugiesische Herrschaft in Afrika und in Indien zugunsten des spanischen Reiches in Lateinamerika auf. Außerdem hatte Philipp II. viel damit zu tun, die aufrührerischen Holländer zu bändigen. Und seine Flotte, die unbesiegbare Armada, wurde gerade zusammengezogen, um England den Hals zu brechen. Das waren die beiden großen »Seemächte«, die ihm den Dreizack Neptuns entreißen konnten. So zogen sich die Portugiesen im 18. Jahrhundert an die Küste Moçambiques zurück. Nicht weniger als 33 Monate Belagerung benötigte Oman, um das Fort Jesus zu stürmen. Tausend Portugiesen und 5 000 Suaheli, Hilfstruppen und Zivilisten, kamen dabei ums Leben. Als aber Seyyid Said (1804–1856), Sultan von Oman und Maskat, beschloß, seine afrikanischen Besitzungen besser zu überwachen, hatte er nichts mit den Portugiesen zu schaffen, sondern mit einer arabischen Gouverneursfamilie aus Mombasa: den Mazrui. Diese hatten sich auf grausame Weise in Mombasa durchgesetzt und hatten danach von Pemba, dem sehr wichtigen Reisspeicher, Besitz ergriffen. Vergeblich hatten sie Sansibar angegriffen, machten aber 1807 Pate erfolgreich zum Vasallen. Nachdem die Mazrui sich von Oman getrennt hatten, warfen sie ihre Netze über die vor der Küste liegenden Inseln aus und fischten eine nach der anderen. Kurze Unterbrechungen gab es dabei nur, um blutige Abrechnungen innerhalb der eigenen Familie vorzunehmen. Auch zwischen Seyyid Said und den Mazrui entstand das tragische Hin und Her um die Inseln. Während die Mazrui ein falsches Manöver des englischen Offiziers Owen ausnutzten, bedeckten sie sich für einen Augenblick mit dem *Union Jack*, mußten aber bald den Nahkampf mit Said wieder aufnehmen. Dieser unterbrach nach jedem entscheidenden Schlag die Fühlungnahme für längere Zeit, um familiäre Streitigkeiten in Oman zu schlichten. Auf der Stelle erstanden die Mazrui wie Phönix aus der Asche. Doch leider hatten auch sie ihre Familenquerelen, und deshalb gelang es Seyyid schließlich, sie einen nach dem anderen festzunehmen und sie endlich am Ausgang des Persischen Golfes im Exil zu vereinen. In der Zwischenzeit hatte Said Muße gefunden, den wirklichen Wert der ökonomischen Möglichkeiten seines afrikanischen Besitztums abzuschätzen. Er hatte außerdem die üppige, duftende Fruchtbarkeit Sansibars mit der trockenen Unfruchtbarkeit Omans vergleichen können. Deshalb beschloß er, den Sitz der Dynastie nach Sansibar zu verlegen. Für die Küste bedeutete seine Ankunft im Jahre 1840 den Beginn einer neuen Ära. So geriet dieses Land erneut unter arabischen Einfluß. Die Europäer hatten nämlich Ostafrika um des Fernen Ostens willen vernachlässigt; hauptsächlich seit die Holländer andere Windströmungen entdeckt hatten, die sie auf direktem Wege und viel sicherer nach Indonesien führten.
Die Küsteninseln waren schwarze Länder. Der König von Kilwa, dem Montclaro im Jahre 1569 begegnete, war ein Schwarzer, ebenso waren die Häuptlinge

Ostafrika 323

von Sofala und Pate seit dem 15. Jahrhundert Schwarze. Auch die Mehrheit der Bevölkerung von Kilwa und Mombasa, so weiß de Barros zu berichten, war schwarz. Dagegen lag der Handel in den Händen der Araber, abgesehen vom 16. Jahrhundert, der Zeit der portugiesischen Besetzung. Seine Struktur blieb dieselbe wie während der vorangegangenen Epoche, außer daß von nun an zu den herkömmlichen Handelsrichtungen ein starker Verkehr zu den europäischen Häfen einsetzte. Aus dem Fernen Osten führte man Stoffe und Tabak ein, aus Europa Ramsch. Ausgeführt wurden vorwiegend Elfenbein und Gold. Der Sklavenhandel mit den Bewohnern Omans war vor dem 17. Jahrhundert von geringer Bedeutung. Man weiß allerdings von den Makonde und anderen, die zur Zeit der großen Hungersnöte zur Küste kamen, um sich selbst zu verkaufen. Mit Beginn des Jahres 1735 setzte der Sklavenhandel in großem Maßstab ein. Zur Zeit, als La Bourdonnais Gouverneur der Ile-de-France (Rèunion) war, zählte dieser 100 000 Sklaven auf 20 000 Weiße. Die holländischen Vorgänger Frankreichs hatten in der Tat das »Ebenholz« an den Küsten Moçambiques und Madagaskars gesammelt. 1776 unterzeichnete der französische Kaufmann Maurice einen Vertrag mit dem Sultan von Kilwa, durch den er sich das Monopol für den Sklavenhandel sicherte; das Stück für 20 Piaster. Davon bekam der Sultan zwei, der Zehnt des Sklavenhändlers. Doch bis zum Beginn des 17. Jahrhunderts blieb die Landwirtschaft der bestimmende ökonomische Faktor der Inseln und der Küste, mit Hirse, Reis, dem Hauptgeschäft Pembas, Bohnen, Erbsen, Erdnüssen usw. Außerdem hatte sich Seyyid Said bereits ab 1822 durch den Moresby-Vertrag mit England verpflichtet, keine Sklaven mehr an christliche Mächte zu verkaufen. So entstanden die Voraussetzungen für einen franco-britischen Konflikt, der in einer späteren Periode ausbrach.

3. Die Kultur

Im südlichen Teil der Küste hatte die katholische Missionsarbeit Erfolg gehabt: der König von Pemba sowie mehrere Hundert seiner Untertanen konnten getauft werden. Doch ließ das Zurückströmen des Islam diese vielversprechenden Anfänge wieder untergehen. Die Kultur der Küste blieb im wesentlichen tatsächlich eine negro-arabische, während z. B. die Hindus, deren Zahl seit dem Ende des 18. Jahrhunderts wuchs, abgeschlossene Gemeinschaften bildeten. In Vumba vereinigten sich bei der Zeremonie der feierlichen Einsetzung des Diwans arabisch-mohammedanische Elemente mit Negerelementen. Seine Insignien und sein Titel ähnelten denen, die in den Lebensbereichen der Bantu und Arabiens vorhanden waren. Die Bezeichnung für das Geschmeide und die matrilineare Nachfolge waren in Pangani deutlich den Bantu entlehnt. Das galt jedoch nur so lange, bis die Königin einen Araber heiratete, der die patrilineare Erbfolge einführte. Den suahelischen Neujahrstag *(Kuoga Moaka)* beging man festlich mit dem Reinigungsopfer der Gläubigen vor der Bestellung des Bodens, mit der Reinigung der Erde und des Meeres, sowie mit Sitzungen der Magier und Verehrungen der Vorfahren. Hierbei scheute sich der die Handlung vollziehende Priester nicht, seine Beschwörungen mit islamischen Formeln anzureichern. Die Architektur erlebte einen Niedergang, der sich zweifellos durch die Unbeständigkeit dieser Epoche erklären läßt. Niemand wagte Grundstücksinvestitionen zu machen, während Zerstörung aus allen vier Himmelsrichtungen drohte. Ebenso verschwanden der Stein und der wunderbare Mörtel aus Kalk und Eiweiß als Baumaterial. Der Lehm setzte sich wieder durch. Doch fand man auch in diesen Bleiben wie früher Nischen, um seltenes Porzellan aufzustellen, Schränke mit Kupfer beschlagen, an denen kostbare Stoffe befestigt waren, Gewürzdosen oder Kästchen mit Geschmeide und Perlen, die aus Venedig, Böhmen oder Java, aus Cambay oder Coromandel stammten. Außerdem brachte die Suaheli-Poesie bereits wirkliche Glanzleistungen hervor. Eine Probe aus dem Jahr 1728 hat man davon bewahren können. Zur gleichen Zeit wurde *das Erwachen der Seele* (*Al Inkishafi*) von Abdallah ben Ali ben Massir mit den Werken Dantons und Miltons verglichen. Der Verfasser beschrieb hierin unter anderem die Genüsse und den oft wollüstigen Luxus der Kaufleute, die durch den afro-asiatischen Handel Fett angesetzt hatten. Aber, so meinte er weiter, »nichts von alledem wird der richterlichen Entscheidung Gottes entkommen«. Der portugiesische Beitrag bestand des weiteren aus der Einführung neuer Pflanzen aus Amerika oder Asien. Dazu kamen manche Erzeugnisse und Fertigkeiten aus Europa. All das führte zur Übernahme mancher Wörter portugiesischer Herkunft ins Suaheli, z. B. *muhogo* (Maniok), *myinyo* (Wein) und *danguro* (Prostituierte).

B. Die Länder Moçambiques vom 15. bis ins 20. Jahrhundert

Dies ist die Geschichte eines Bankrotts, der durch unzulänglichen Einsatz, durch eine Politik der Unsicherheit und durch tropische oder aus Europa eingeschleppte Krankheiten verschuldet wurde. Im Jahr 1498 hatte Vasco da Gama im Hafen von Moçambique Anker geworfen. Es dauerte nicht lange, bis er sich mit dem hier ansässigen Häuptling überworfen hatte. 1505 errichtete man ein Fort in Sofala, das als Tor zum Land des Goldes betrachtet wurde. Der Handel erwies sich anfangs als wirklich interessant. Die Portugiesen unternahmen alles, um die Versuche der Araber, in Sofala wieder Fuß zu fassen, zu vereiteln. Der Häuptling, der sich mit ihnen ins Benehmen gesetzt hatte, wurde von ihnen abgesetzt und durch einen umgänglicheren Mann ersetzt. Doch war die Goldausbeute schließlich enttäuschend. Zu Beginn des 16. Jahrhunderts genügte sie kaum, um die Bedürfnisse der Garnison von Sofala zu bestreiten.

Warum entwickelte sich das so? Zunächst muß man sagen, daß die Portugiesen ihren Goldgewinn als zu mager ansahen, weil sie einen Quell unerschöpflichen Reichtums erwartet hatten, der mit dem von den Spaniern ausgebeuteten Eldorado in Südamerika zu vergleichen wäre. Es schien dazu noch die Überzeugung zu haben, man habe die Minen des Königs Salomon entdeckt. Aber diese Minen wurden schon seit Jahrhunderten für den Handel abgebaut. Andererseits legten die afrikanischen Häuptlinge nach den brutalen Einmischungen der Portugiesen an der Küste keinen großen Wert darauf, sie als Handelspartner anzuerkennen. Ein alter Mann mußte unter der Folter alles, was er vom Goldhandel wußte, Vasco da Gama preisgeben. Überdies standen ihnen oft suahelische Wirtschaftsberater zur Seite. So war es wahrscheinlich, daß ein guter Teil des inländischen Goldes direkte Wege nahm, um dann weitergeschmuggelt zu werden. Kurzum, dieses Gold wurde gewöhnlich nicht direkt nach Portugal gesandt. Es gelangte in den Tresor des afrikanischen Stellvertreters des Vizekönigs von Goa und sollte dazu dienen, Erzeugnisse des Fernen Ostens für Portugal zu kaufen. Erst

Ostafrika

im Jahr 1752 wurde das afrikanische Besitztum Portugals mit Rücksicht auf Indien autonom. Bis dahin mußte der Kommandant von Moçambique, gebunden an eine königliche Urkunde *(regimento)*, in Zusammenarbeit mit dem Richter *(ouvidor)* und dem Verantwortlichen für das Zollwesen regieren. Diese letzte Befugnis fiel ihm übrigens schließlich zu, immer aber unter der Fuchtel des Vizekönigs von Indien. Nun denn, sicher war, daß in diesem Umfeld der Hauptagenten der portugiesischen Verwaltung die Klumpen und der Staub von Gold hängen blieben. Seit 1511 verschwanden drei Viertel des Goldes in Sofala, obwohl es zum königlichen Monopol gehörte, aus der Staatskasse. Tatsächlich bedeckte Goa sich in Privathäusern, öffentlichen und kirchlichen Gebäuden mit Edelsteinen und Gold. Es war das Gold von Monomotapa.

Dieses Land, das imposante Ruinen aufweist und dessen Goldschätze alle Durchreisenden geplündert haben, erlebte damals ernste Erschütterungen. Die Nguni-Stämme, die sich im ausgehenden 16. Jahrhundert und zu Beginn des 17. Jahrhunderts auf dem Weg nach Süden befanden, befreiten die Vasallenvölker von der Verpflichtung, Tribut in Form von Gold an Mwene Mutapa zu zahlen. Diese Wirren trugen auch dazu bei, den Handel in Unordnung zu bringen, und veranlaßten die Portugiesen, ins Landesinnere vorzudringen. Schon 1531 hatten sie in Sena am Sambesi einen Handelsplatz errichtet, später oberhalb davon in Tete eine kleine Ansiedlung. Diese beiden Zentren halfen, die Goldflut steigen zu lassen. Im Jahr 1550 machte sich ein portugiesischer Abenteurer, Antonio Caido, in diesem Land selbständig. Es gelang ihm, Ratgeber des Mwene Mutapa in Manica zu werden. Bald ernannte ihn der Vizekönig zum Hafenkapitän (der Goldschleusen!). Im Jahre 1560 trafen zwei Jesuiten an der Küste ein. Einer von ihnen, der Pater da Silveira, drang sogleich bis Manica (Vila de Manica) vor. Er war ein wirklicher Missionar, streng und in heiligem Feuer glühend. Er hinterließ einen so starken Eindruck beim König, daß der beschloß, sich, seine Lieblingsfrau, seine Schwester und 300 Notabeln taufen zu lassen. Dieses Meisterstück löste in der mohammedanischen Kolonie Schrecken aus. Silveira wurde als Zauberer und gefährlicher Spion denunziert. Der König, der wahrhaftig sehr charakterlos war, ließ Silveira daraufhin in seinem Bett erdrosseln und seinen Leichnam in den Fluß werfen.

1568 nun bestieg in Portugal ein 14jähriger Knabe den Thron. Er setzte es sich in den Kopf, in Afrika eine wirkliche königliche Domäne zu erobern. Hier sollte der Goldhandel endlich tatsächlich unter Kontrolle kommen, die Länder von arabischen Handeltreibenden gereinigt werden und die missionarische Tätigkeit sich frei entfalten können. Dieser König war Sebastian, genannt der Afrikaner. Eine Armee von 1 000 Freiwilligen, die sich unter den Befehl von Francisco Barreto gestellt hatten, wurde von dem Klima fast völlig vernichtet. Die wenigen Goldlager, die sie besuchen konnten, bewiesen ihnen anschaulich, daß man ohne eine aufwendige technische Anlage nicht mehr herausholen konnte, als die Afrikaner es taten. So blieben zunächst 200 Mann an Ort und Stelle zurück. Sobald jedoch das Gros der Truppe ihnen den Rücken gewandt hatte, wurden sie von einem afrikanischen Angriff hinweggefegt. Philipp II. beschloß einen zweiten Versuch. Er sollte zu den Silberminen von Chicoa führen. Er vertraute dieses Unternehmen einem Hauptmann an, der im Rang über dem »Kapitän« von Moçambique stand. Letzterer unternahm deshalb alles mögliche, um den Chef dieser Expedition zu Fall zu bringen. Er brachte es wirklich fertig, daß die Expedition in dem listigen Spiel scheiterte, in welchem das zusammenbrechende

Monomotapa, die Kaufleute von Sena und Tete und lokale Abenteurer mitmischten.

Die portugiesischen *condottieri* indessen hatten Erfolg. Auf den regelmäßig stattfindenden Märkten tauschten sie Perlen und Stoffe gegen Elfenbein und Gold. Die Afrikaner schätzten das Gold so gering, daß sie neben den begehrten Perlen ein kleines Loch in den Boden gruben und dort die Menge Goldstaub hineinschütteten, die der Verkäufer wünschte. Zudem trafen nach diesen portugiesischen Wegbereitern bald Tausende von Kriegern, Partisanen oder Sklaven ein. Suahelis und Hindus handelten ebenso. Man berichtet sogar von einem Chinesen, in dessen Diensten 4 000 Afrikaner standen. Unter diesen Verhältnissen war die Unabhängigkeit Monomotapas nur mehr ein leeres Wort. Nachdem im Jahr 1589 Gatsirusere als Nachfolger Nogomos an die Macht gekommen war, sah er sich gezwungen, die Portugiesen zu Hilfe zu rufen. Er wollte einen rebellischen Vasallen bändigen und seine Hauptstadt wiedererobern. Danach bewilligte er die Ausbeutung der Minen (Gold, Zinn, Blei, Kupfer, Eisen). Seine Söhne schickte er zu den Dominikanern von Tete und sogar bis nach Indien, um ihnen eine christliche Erziehung zuteil werden zu lassen. Aber im Jahr 1628 unternahm ein den Portugiesen feindlich gesonnener König (Nyambo-Kapararidze, von den Portugiesen Capranzine genannt) einen neuen Vorstoß. An der Spitze seiner Anhänger wurde er dabei durch das Bündnis der Könige von Quiteve und von Manica und durch die Sympathie der Bevölkerung unterstützt, die von den Besitzern der großen portugiesischen Prazos geschunden wurde. Hunderte von Portugiesen und Tausende von Afrikanern wurden von den Verbündeten hingerichtet.

Aber schon 1632 stürzte sich Diego de Suza an der Spitze portugiesischer Hakenschützen und autochthoner Söldner in einen wütenden Vergeltungs- und Plünderungszug. Der Kraal des Königs von Manica wurde in Brand gesteckt. Capranzine verlor 12 000 Mann auf dem Schlachtfeld, er war geschlagen. In den unzugänglichen Gebieten am Rande seines Reiches fand er Zuflucht. Gestärkt durch diesen neuen Beweis der Überlegenheit eröffneten die Portugiesen von neuem die Märkte. Ihre Faktoreien erlebten in der Mitte des 17. Jahrhunderts einen sicheren wirtschaftlichen Aufschwung (von allerdings nur kurzer Dauer). Der Monomotapa Mavuza, alias Don Philipp, trug folgsam und ohnmächtig zur Zerrüttung seines Landes bei. Sein Nachfolger Siti Kazurukumusapa, der feierlich auf den Namen Don Domingo getauft worden war, tat das gleiche. Unter diesen »afrikanischen« Königen »nach Maß«, die allen Sonderrechten für die Besatzer zustimmten, wurden die *condottieri* reiche und vornehme Buschbarone mit weitläufigen Territorien am Sambesi entlang.

Tatsächlich war es so, wie der Jesuit Barreto schreibt: »Sobald die Eingeborenen das Gold entdeckt hatten, bemächtigten sich die Portugiesen ihrer Ländereien, und die Eingeborenen weigerten sich zu graben.« Die Leute ergriffen die Flucht vor der Zwangsarbeit in den Minen und auf den Plantagen. Die Kindersterblichkeit war erschreckend hoch. Lokalkriege und Epidemien wie die Pocken dezimierten die Bevölkerung des Landes weiter, vor allem unter der Regierung von Mukombiwe Affonso. So ausgehöhlt wurde Monomotapa der »kranke Mann« Zentralafrikas. Es war deshalb nicht erstaunlich, daß der König von Butwa, der Schangamire Dombo, innerhalb eines Zeitraums von sieben Jahren imstande war, es beinahe von der Landkarte zu streichen, vor allem dadurch, daß er Dambarare einnahm und zerstörte (1693). Der Tod Schangamires im Jahr

Ostafrika 327

1695 bewahrte Sena indessen vor dem gleichen Los. Der neue Monomotapa Mhande Pedro suchte nahe bei Tete im Schatten der Festung der Portugiesen Zuflucht und begab sich unter ihren habgierigen Schutz. Die politische Auflösung war offenkundig. Das Land im Norden des Sambesis stand unter der Herrschaft eines Volkes, das Pater Gomez die Bororo nannte. Er behauptete von ihnen, sie würden junge Gefangene braten und mit Genuß verspeisen. In missionarischer Hinsicht waren die Dominikaner nach der unglückseligen Erfahrung des Jesuiten Silveira die aktivsten, besonders innerhalb der Häuptlingsfamilien. Die Taufe, die diese empfingen, war für sie oft nur eine einfache Formalität, denn die Missionare hörten nicht auf, sich über sie zu beklagen. Aber verführte nicht die allgemeine Atmosphäre zu Korruption und Erpressung? Selbst die Missionare, die ihre Unterstützung nicht in Geld, sondern in Waren (Stoff, Perlen) erhielten, hatten zu handeln begonnen, um bestehen zu können. Sie hielten trotz der sporadischen Aufrufe ihrer Obrigkeit zur Ordnung daran fest. Manche erwarben sogar riesige Domänen, die ihnen reichen Gewinn brachten. Die Jesuiten übten ihr Priesteramt sowohl an der Küste als auch im tiefsten Hinterland aus. Hier leisteten sie in Ermangelung echter Bekehrungen eine Forschungs- und Dokumentationsarbeit allererster Ordnung. Außerdem unterhielten diese Missionare Schulen, die nicht nur von den kleinen Portugiesen, sondern von Afrikanern, Chinesen, Javanern und Hindus besucht wurden. In der Überzahl waren die Mischlinge. Aber in der ersten Hälfte des 19. Jahrhunderts blieben nur noch klägliche Reste der missionarischen Arbeit übrig: acht Priester, darunter sieben aus Goa gebürtige.

Bereits am Ende des 19. Jahrhunderts bestätigte der König von Portugal die Besitzungen, die von den lokalen Häuptlingen gewährt worden waren, die der Bestätigung bedurften. Er bemühte sich, vollendete Tatsachen zu sanktionieren und zu institutionalisieren: die Besitzung mit gleichsam unumschränkten Rechten (*prazo*). Er schuf *prazos* der Krone (*prazos da coron*) für treu ergebene Diener des Landes, vorausgesetzt, daß sie Portugiesen bzw. Portugiesinnen heirateten. Von diesem Moment an nahm das System ungewöhnliche Ausmaße an. Die *prazeros* machten in Moçambique das Gesetz. In ihren großartigen Residenzen, die durch dicke Mauern geschützt waren, gab es kühle und weiträumige Säle, in denen sich zivilisatorische Raffinessen aus Afrika, Asien und Europa ein Stelldichein gaben. Der *prazero* erhob Abgaben in Form von Naturalien (Gold, Elfenbein) und akzeptierte auch Sklaven als Ersatz. Die schönsten Negerinnen der Besitzungen vervollständigten seinen Konkubinenharem. Mehr und mehr strebten die Mischlinge danach, eine große Anzahl von *prazos* zu beherrschen. Um den Rahmen dieses Kolonisierungssystems eher zu rechtfertigen, wurde entschieden, daß der *prazo* der ältesten Tochter nur unter der Bedingung als Erbteil zuerkannt wurde, daß sie einen in Portugal geborenen Portugiesen heiratete. Die Heirat mit einem farbigen Mann hatte die Konfiszierung des Vermögens zur Folge. Auch Waisen und Kriegerwitwen wurden mit afrikanischem Land beschenkt. Die angebliche Allergie der Portugiesen gegen jede rassistische Politik scheint sich also nicht zu bestätigen. Ansonsten ging die Rassenkreuzung munter weiter. Andererseits konnten die *prazos* keine Rolle als Reizmittel zu wirtschaftlicher Entwicklung spielen, die ihnen eigentlich bestimmt war. Denn auf diesen *latifundia* wollten die Herren, berauscht vom Vergnügen und vom Machtwillen getrieben, bedient von einem Schwarm von schwarzen Sklaven, nurmehr ihre erworbenen Privilegien verteidigen. Als im Jahre 1832 Portugal das System abschaffen wollte, bestand es dennoch weiter bis etwa 1890, erst dann wurde es umgestellt.

Inzwischen hatte aber seit dem 18. Jahrhundert der Niedergang Moçambiques begonnen. Im Jahr 1752 hatte man einen energischen Mann, Francisco de Melo de Castro zum Gouverneur von Moçambique, Sofala und vom Sambesi ernannt. Aber er stieß sich an der Auflösung und an den Plünderungen, die das Binnenland verwüsteten. Erst zu Beginn des 19. Jahrhunderts nahm der Sklavenhandel ein größeres Ausmaß an. Vorher gewannen die Händler dabei nicht viel, und der Gouverneur Lacerda erklärte sarkastisch, das sei eine Strafe Gottes gegen die, die nach seinem Bild geformte Geschöpfe in die Sklaverei zwangen. Doch im 19. Jahrhundert überstieg die amerikanische Nachfrage die Möglichkeiten der Westküste Afrikas, Moçambique half; von zunächst 10 000 Sklaven im Jahr stieg sein Export zu Beginn des 19. Jahrhunderts auf über 25 000. Die rührigsten in diesem Handel waren die Portugiesen, die Araber und die Inder. Doch alle hingen von einigen portugiesischen »Großhändlern« ab, die sich in den Küstenstädten oder auch abseits der Kolonie eingerichtet hatten. Die Verfügung über die Abschaffung der Sklaverei im Jahr 1836 wurde mit einem Sturm der Entrüstung aufgenommen. Der Handel ging im Verborgenen weiter, um so mehr, als die französischen Kolonien des Indischen Ozeans von 1850 an Amerikas Rolle übernahmen ... Die »Abreisenden« wurden unverfänglich Auswanderer genannt ... Jetzt versteht man die scharfen Tiraden Livingstones gegen Portugal.

C. Die Länder im Norden des Sambesi

Das Hauptmerkmal der afrikanischen Geschichte während dieser Zeit war die Erschütterung von Völkern, die das Inland wiederbesetzten und neu gestalteten. Zwei wichtige Bahnbrecher dienten dieser unermeßlichen *Völkerwanderung* als Motor und Katalysator: im Süden waren es die als Nguni bezeichneten Völker (die wir im Epos von Tschaka genauer studieren werden) und im Norden die nilotischen Völker und die, die man hartnäckig die Nilotohamiten nennt (Masai, Turkana usw.). Die treibende Kraft war hier die Gruppe Jaluo.

1. Die Zersplitterung der Jaluo

Die Jaluo bildeten die südliche Gruppe der Niloten, zu denen im Norden die Dinka und die Nuer und in der Mitte die Atscholi, die Lango und die Alur gehörten. Sie bewohnten um das Jahr 1000 herum die wasserreichen Ebenen des Bahr el Ghazal. Ihre Dörfer hatten sie auf natürlichen Anhöhen errichtet, die aus der umliegenden Feuchtigkeit aufragten. Dann begannen sich die Niloten aus demographischen oder ökonomischen Gründen, die schwierig zu ergründen sind, in Bewegung zu setzen. Es scheint so, als ob die Dinka und die Nuer gemeinsam aufbrachen und sich später teilten. Danach begaben sich die Luo auf die Wanderung nach Süden. Ihr Weg endete in dem Gebiet von Juba-Nimule. Hier traten sie in Verbindung mit den Bantu, die sich bereits mit den alten Hirtenvölkern der Hima und Tussi in den Haaren lagen.

Ostafrika 329

Dann, in einem zweiten Anlauf, teilten sich die Luo. Ihre erste Gruppe zog unter
dem Befehl Nyikangos und Dimos gen Norden, überquerte den Nil nördlich von
Juba und ließ sich in Wipac nieder. Nach einem Streit trennte sich Dimo und erreichte die Gegend von Wau, wo sich bereits einige Dinka eingelebt hatten.
Nyikango nahm die Wanderung wieder auf, diesmal in nordöstlicher Richtung.
Nachdem er sich unterwegs mit einigen autochthonen Gruppen vereinigt hatte,
siedelte er sich in der ersten Hälfte des 16. Jahrhunderts im derzeitigen Schilluk-
land an. Unter seinem Sohn und Nachfolger Dak wurden die Fung zurückgedrängt, und die Schilluk machten sich zu Herren über das Becken des Weißen
Nils bis ins 19. Jahrhundert hinein[44]. Indessen zog der Hauptteil der Luo-Spre-
chenden weiter nach Süden und machte sich in den Uferregionen des Albertsees
breit, vor allem in Pubungu. Von dort wanderte eine Gruppe entlang der
Sümpfe des Kiogasees und erreichte die Gegend um den Elgon: das waren die
Ahnen der Luo und der heutigen Jopadhola von Kenia. Dagegen verfolgte ein
anderer Teil der Luo seinen Weg in Richtung Süden weiter. Unter dem Befehl
Labongos drangen sie in das Gebiet von Bunjoro und im westlichen Uganda ein
und setzten die Tschwesi-Häuptlinge ab. Diese hatten sich seit Beginn des 15.
Jahrhunderts bei den Autochthonen im Königreich von Kitwara durchgesetzt.
Letztgenanntes war in Wirklichkeit ein Staatenbund, von dem man wenig
Kenntnisse besitzt außer den Namen einiger Könige und archäologischen Überresten ihrer Hauptstädte. Ihre Anlage ist schwierig zu rekonstruieren. Man darf
nicht vergessen, daß es sich um ein sehr bergiges Land handelt, in das obendrein
der gewaltige Graben des Rift Valley einschneidet. Das sind geographische Faktoren, die das Auseinanderfallen politischer Gemeinschaften erklären. Eine der
identifizierten Hauptstädte des Königreichs Kitwara ist Mudenbe, die Festung
des Eroberers Ndahura, eine Art Ali Ber. Er war dessen Zeitgenosse und verbrachte seine Regierungszeit damit, die an den Ufern des Albert- und des Viktoriasees lebenden Völker zusammenzuschmieden. Sechs Meter breite Gräben,
von hohen Wällen flankiert, beschützten diese Städte, z. B. Musaka und Bigo,
Residenzen des Wamara, Sohn des Ndahura. Die Ruinen von Bigo zeigen imposante Festungsbauten, die sich über die Gabelung, die der Fluß Katoroga und
einer seiner Nebenflüsse bilden, erheben. Man entdeckte hier auch ein ausgearbei-
tetes Bewässerungsnetz, woraus man sicher auf eine dichte Besiedlung rund um
die königlichen Residenzen schließen kann. Aber waren die Tschwesi, die sich
leidenschaftlich ihrem Vieh, der Milcherzeugung, der Honiggewinnung, der Politik, aber auch dem Krieg widmeten, nicht selbst Eindringlinge? Zu Beginn des
15. Jahrhunderts hatten sie sich praktisch bei den Buschmännern durchgesetzt,
wie auch bei den Bantus. Unter ihnen befanden sich die Abatembuzi. Sie waren
Bauern, die sich dem Hirseanbau widmeten, aber auch Schmiede, die zweifellos
als Wegbereiter der eisenverarbeitenden Techniken gelten können. Die Abatembuzi hatten sich, nachdem sie in den Süden gedrängt worden waren, im Südosten des Viktoriasees im heutigen Sukumaland niedergelassen. Von dort aus
muß die Technik der Eisenbearbeitung in das gesamte Gebiet bis zur Ostküste
vorgedrungen sein. Kurz, der Luo-Zweig der Babito jagte den Hima-Klan der
Tschwesi aus Kitwara. Die Ablösung kann man in den Unterbauten Bigos er-

---

44 Tugo, der 7. König (*Reth* oder *Rwot*) der Dynastie, ließ die Hauptstadt Pacoodo (Faschoda)
auf einer riesigen, künstlichen Anhöhe errichten, die gegen das Hochwasser des Nils schützen
sollte. Sein Nachfolger Niadwai regierte dreißig Jahre in Frieden und Wohlstand. Wie auch

kennen, wo der Wall als Halbkreis nach der nilotischen Bauweise den Wall in U-Form nach Hima-Art überlagert. Der erste nilotische König, Rukidi, der eine Reihe von 19 Dynastien einleitete, führte den Bunjoro[45] ein und schickte seinen Zwillingsbruder Kimera aus, um die Grundlagen für das künftige Königreich von Buganda zu legen. Sein Enkelsohn Olimi I. setzte an die Spitze der Vasallenhäuptlingschaften auch Fürsten. Der Sohn Olimis, Tschua Nyabongo, überfiel Ruanda, wo seine Leute mit ihren schweren Lanzen aus einem Stück und mit ihren eisenbewehrten Schilden Angst und Schrecken verbreiteten. Aber bald nahmen sich Ankole und Urundi unter die Hima, deren erster Souverän Ruhinda war, allzu große Freiheiten heraus. Sie versprachen sich davon, daß sich Buganda und Ruanda nicht zu den »zwei Großen« der Seen erheben würden.

Nach diesem Schema wurden in diesem Gebiet die Königreiche errichtet. Klar ist dabei, daß dieser Aufschwung nicht oberflächlich auf die Ankunft angeblich hamitischer Völker (Hirten, Kuschiten usw.) zurückzuführen war, die den Bantu die Zivilisation brachten. »Die hamitische Hypothese« muß erst durch die Kolonialzeit in das Museum der ausgeschiedenen Vermutungen eingeordnet werden[46]. Nicht die Rasse verursacht historische Veränderungen, sondern ein Komplex sozio-ökonomischer Faktoren. Sie fordern Veränderungen entsprechend den Bedürfnissen und Interessen gewisser sozialer Kategorien. Gewiß, die Neuankömmlinge brachten ihre eigene soziale Organisation mit ein, die zuweilen die Methode des Ausgleichs und des Schiedsspruchs durch die Blutrache ersetzt. Sie stellten sich auch als »Regenmacher« vor. Dennoch, klar war, daß sie sich nicht in riesigen, brandenden Wogen verlagerten, sondern durch Pioniergruppen wie z. B. Nyikango, der, wie man sagt, mit zehn Familien eintraf. Außerdem nahmen sie sich oft sehr schnell Frauen, aus politischen Gründen nicht selten aus den Klans der Autochthonen, die Bantus waren. Letzte Entdeckungen zeigen, daß sie bereits über Häuptlingschaften verfügten. Außerdem wurde in diesem Zusammenhang klar, daß sie Metalltechniken beherrschten, die sie selbst entwickelt hatten. Sie zwangen den Neuankommenden nicht nur ihre landwirtschaftlichen Erzeugnisse auf, sondern auch ihre Sprache, ja sogar politische Strukturen und ideologische Vorstellungen. Vansina hat den Beitrag der Bantu zu den speziellen Einführungsriten der Gottkönige von Ruanda sehr deutlich vor Augen geführt. Ebenso zeigte er Bantu-Einflüsse in der geheimen Rituallehre der Dynastie auf. Übrigens war der Begriff des »Gottkönigtums« nicht einzig auf dieses Berührungsgebiet zwischen Niloten, Bantu und Kuschiten oder Äthiopiden beschränkt. Er war charakteristisch für die Philosophie der Lebenskraft bei den Negern. Sie bediente sich manchmal eines Wortschatzes, der meroitischen Ursprungs war. Bei den Schilluk wurden die Häuptlinge wie in Äthiopien buchstäblich wie Kinder von einem Würdenträger erzogen. Der neugewählte König, der einen Silberarmreif trug, ein in Afrika sehr verbreitetes Symbol der Macht, wurde auf seinen

anderswo wurde das 19. Jahrhundert die große Ära der Heimsuchung durch den Sklavenhandel. König Konikon (1876–1882) schränkte die Auswirkungen des Sklavenhandels erfolgreich ein. Die Könige Yor (1882–1892) und Kur (1892–1903) unterwarfen sich den Mahdisten. Letzteren setzten die Engländer schließlich ab.

45 Die Erwähnung einer Sonnenfinsternis durch mündliche Überlieferung erlaubt es, die Bestallung des ersten Mukama (Mensch aus Milch – König) Bunjoros für das Jahr 1492 oder 1506 anzunehmen.

46 Für den Gegenbeweis siehe Murdock, Wrigley, Torday und B. A. Ogot, »Kingship and statelessness among the Nilotes«, in: *The Historian in Tropical Africa*, 1964.

Ostafrika 331

Thron geführt und empfing die Huldigungen der Häuptlinge. Während sie ihre Lanzen vor ihm aufpflanzten, erinnerten sie ihn daran, daß seine Aufgabe die Erhaltung der Ordnung sei. Tatsächlich war der König körperlich für den Wohlstand des Landes verantwortlich. Er mußte auch den Regen herbeibitten. Verwundungen, Unvermögen, kurz, das geringste Anzeichen für ein Nachlassen seiner Lebenskraft hatte seine augenblickliche rituelle Beseitigung zur Folge. Ein Feuer brannte ständig in Faschoda. Die nichtgewählten Kandidaten wurden entweder beseitigt oder in die Verbannung geschickt. Ihre Nachkommen bildeten eine Sonderkaste, die *Oror*. Die Königinmutter genoß großes Ansehen, und der Souverän heiratete eine seiner Halbschwestern. Wenn er starb, rief man wie bei den Mossi bei der gleichen Gelegenheit: »Die Welt geht zugrunde; das Land stirbt!« Wenn P. Schebesta und Torday auch die Ähnlichkeit zwischen den Gebräuchen Bugandas und denen der Maschona von Monomotapa und der Kuba vom heutigen Zaïre unterstrichen haben, neigte man doch dazu, die schwarzen interlakustrischen Königreiche (Zwischenseenreiche) zu sehr hervorzuheben. Während doch z. B. zwischen den Tussi-Hima und den Hutu kein größerer biologischer Unterschied bestand als zwischen den Agni-Baule-Aschanti und gewissen Waldbewohnern ihres Königreichs.

In Bunjoro durften die Körperteile des Königs nicht mit denselben Wörtern benannt werden wie bei den Durchschnittsmenschen. Er war die Quelle für den Wohlstand des Landes und mußte seine körperliche Integrität bewahren. Anläßlich seiner feierlichen Einsetzung wurde zuerst ein junger Mann als König vorgestellt, der dann umgebracht wurde; das erinnert an einen Brauch der Mossi: das *Kurita*. Ebenso wie in Mali und Mossi beerdigte man den Leichnam des Königs in einer Rinderhaut. Die sehr angesehene Königinmutter hatte ihren eigenen Hofstaat. Die erste Frau des Königs war seine Halbschwester. Den Fürstinnen waren sehr freie Sitten gestattet, alles das erinnert an Dahome und Mossi. Ein heiliges Feuer brannte an den Höfen der Könige von Bunjoro, Nkole und Ruanda. Starb der Herrscher von Nkole, so wurde das königliche Feuer gelöscht. Jegliches Leben betrachtete man als unterbrochen; man band die Hoden der Stiere ab und schrie: »Der Himmel stürzt ein!« Die königlichen Trommler wurden wie Fürsten ernannt, eingesetzt und verehrt.

Kurz, hier wie anderswo muß der Aufenthalt der Klans in den Königreichen keineswegs an das Auftreten einer überlegenen »Rasse« gebunden werden, die einen *corpus* vollkommener Einrichtungen einführt. Er muß aber an die Herausforderung geknüpft sein *(challenge)*, die aus der dialektischen Konfrontation inmitten einer pluralistischen Gesellschaft resultiert und aus den Bedürfnissen, die dabei auftauchen: das Erfordernis, sich zu verteidigen oder anzugreifen, indem man eine überlegene Organisation einer überlegenen Technik oder Bevölkerungsgruppe gegenüberstellt. Das Bedürfnis, aus einer überlegenen Technik eine höher entwickelte Organisation zu gewinnen. Alle diese politischen Verkettungen machten sich nach freier Übereinkunft oder mit Gewalt die einander gegenüberstehenden Gruppen dienstbar; sie wurden sehr schnell durch Heiraten vereinigt. In Wahrheit waren die Zwischenseenreiche negro-afrikanische Königreiche wie die anderen. Die einzigen Unterschiede ergaben sich aus der besonderen Ökologie oder aus dem einzigartigen Genie irgendeines Souveräns. Die Rinderaufzucht war hier der Hauptfaktor für die soziale Klassifikation. Sie förderte manche speziellen Riten und ließ eine Neigung zur Autokratie aufkommen, die man weniger in ackerbautreibenden Gesellschaften vorfand. Diese Einteilung in soziale Kategorien unterschied sich im übrigen sehr in den Königreichen. In Buganda war sie kaum vorhanden.

2. Buganda

Im Verlauf des 17. Jahrhunderts nahm Buganda einen starken Aufschwung. Durch die Vereinigung mit den Bewohnern der Sese-Inseln konnte es Bunjoro niederwerfen und stellte damit dessen *leadership* in Frage. Was für Gründe gab es für diesen besonderen Dynamismus? Zunächst muß man die klimatischen und pedologischen Bedingungen eines von der Natur sehr begünstigten Landes in Betracht ziehen. Die ziemlich gut bewässerte, sehr fruchtbare vulkanische Erde, die Bananenkulturen, dann der Kaffee, alles das schuf jene Wohlhabenheit, die allen zugute kam. Es entstand kein Graben zwischen den Aristokraten und den Bürgern, und der *cursus honorum* öffnete allen Talenten nach Belieben des Königs die Tore. Westlich des Sees dagegen, in Bunjoro, war die Trennung zwischen Hirten-Adel und Bauern-Bürgern viel deutlicher, so daß manche von einem System mit sozialen Aufstiegsmöglichkeiten sprachen. Südlich des Viktoriasees in Nkole und Zinza (Buzinza) reichte die Teilung bis zur Gegnerschaft der Kasten.

In Buganda waren Landwirtschaft und Viehzucht sehr glücklich vereint und lagen vornehmlich in den Händen der Frauen. Nachdem die Hungersnot beseitigt worden war, widmeten sich die Männer handwerklichen Arbeiten wie der Weberei, dem Waffenschmieden und dem Bootsbau. Die Boote maßen bis zu 25 Meter Länge. Um dynastische Kriege zu vermeiden, hatte man auch die Erbfolge geregelt. Die Söhne des verstorbenen Königs wurden beseitigt. Sie gehörten übrigens zu den Klans ihrer Mütter, wodurch sehr viele Gruppen an den Staatsgeschäften beteiligt waren. Nur die Söhne des früheren Königs, die »im Purpur Geborenen«[47], hatten Anspruch auf die Krone. Der *Lukiko,* der große Kronrat, der sich aus zehn Provinzhäuptlingen und Würdenträgern des Hofes zusammensetzte, wurde nur in ernsten Fällen einberufen. Der *Katikiro* (Ministerpräsident) und der *Mugenia* (Führer des größten Klans) beriefen die Wahlversammlung. Die Provinzhäuptlinge beschäftigten sich mit der Steuereintreibung, die die von einer Kommission ad hoc festgesetzten Abgaben umfaßte. Diese vereinigte die Abgeordneten der Zentralregierung und die Führer der Provinz in einem ihrer Hauptorte. Außerdem kümmerten sie sich um die Rekrutierung und um Arbeiten des Gemeinwohls, die durch Frondienste geleistet wurden. Sie hielten insbesondere die politisch wichtigen, zur Hauptstadt führenden Straßen und die Handelswege instand. In den eroberten Provinzen mußte völlig auf das Erbrecht verzichtet werden, damit eine reibungslose Einordnung gewährleistet war. In der Mitte des 17. Jahrhunderts waren die beiden Reiche Nkole und Karagwe erschöpft. Unter dem Kabaka Taterega schob sich Buganda deshalb nach Westen vor, auf Kosten der Weideplätze der Leute von Bunjoro. Aber es öffnete sich auch im Osten den Einflüssen der Küste. Am Ende des 18. Jahrhunderts fand man bei dem Kabaka Kyabazu Porzellangeschirr und Gläser vor. Sein Sohn, Semahokiro verfügte über königliche Jäger wie in Aschanti, die

---

47 Ein Ausdruck, der im byzantinischen Reich für einen Prinzen angewandt wurde, der nach der Inthronisation des Königs geboren wurde.

Ostafrika 333

die Aufgabe hatten, im Rahmen des königlichen Monopols am Viktoriasee Elfenbeinvorräte für den Handel anzulegen. Unter dieser Perspektive versuchte Buganda, seinen Rivalen Bunjoro von den Handelswegen abzuschneiden, die im Westen um den Viktoriasee führten. Daraus entwickelte sich die aktive Interventionspolitik in Kiziba und Karagwe.

3. Ruanda und Urundi

Ruanda, das Königreich im Südwesten des Viktoriasees, wurde durch einen ähnlichen Dynamismus bekannt. Hier bestand eine sehr deutliche Einteilung in soziale Kategorien, obwohl man vermeiden muß, diese zu sehr zu vereinfachen, denn vor allem im Herzen des Königreichs war die Kulturaneignung sehr intensiv. Sie geschah übrigens wechselseitig zwischen den vorhandenen Parteien. So »betrachtet die anthropologische Literatur die monarchische Regierungsform, die Institution der Königsmutter, die Namen der Königstrommler und die Achtung, die ihnen gezollt wurde, die Vorstellung vom Gottkönigtum und die königlichen Begräbnisrituale und die jahreszeitlichen Riten als Erscheinungen, die dem Volk der Hutu zuzuschreiben sind«[48]. Beziehungen, Heiraten unter Angehörigen verschiedener Kasten waren nicht verboten, wenn auch selten. Der König (*aami*) stand als sakrales Wesen (*maana*) über allen Kasten. Seine Verwaltung war dennoch ausgerichtet auf die Unterscheidung in Kasten und auf die beiden wichtigsten Produktionsgüter: Land und Vieh. Normalerweise gab es zwei unabhängige Häuptlinge in jedem Bezirk: der Häuptling der Erde, verantwortlich für die landwirtschaftlichen Abgaben und Richter bei Grund- und Bodenstreitigkeiten und der Häuptling des Viehs, zuständig für die Steuern auf die Herden, doch nicht für Rechtssachen in seinem Gebiet. Diese beiden hingen von einer dritten Autorität ab: dem Chef der lokalen Armee. Die zahlreichen Königsresidenzen, jede wurde von einer Ehefrau oder Konkubine des Königs geführt, unterstanden der königlichen Macht direkt[49]. An der Spitze der Gesellschaft rangierten die Tussi (*Batutsi*). Sie waren Hirten und verabscheuten den Ackerbau. Sie widmeten sich in ihren reichlichen Mußestunden der Redekunst, der Poesie, subtilen Spielen des Geistes und tranken mit ihren Freunden Met. Auch der Krieg war ihre Sache. Im Fall drohender ernster Gefahr für das Königreich konnten sie als »Befreier« bestimmt und abgeordnet werden. Zwei Möglichkeiten standen ihnen zur Wahl. Entweder ließen sie sich auf feindlichem Boden töten oder sie töteten sich dort selbst, damit das Blut des Selbstmörders das Unglück auf den Gegner zöge. Die Selbstbeherrschung, die Königstreue und die Aufopferung für das eigene Vieh waren hochgeschätzte Werte in dieser Gesellschaft. Die Hutu (*Bahutu*) bildeten den Hauptanteil der Bevölkerung. Sie waren Bauern und litten oft unter der Willkür des Adels. Zudem befanden sie sich in einem Abhängigkeitsverhältnis zu den Tussi. Diese boten ihnen gegen Abgaben und Frondienste ihren Schutz an und übergaben ihnen ein oder mehrere Stück Großvieh. Für diese erhielt der Hutu das zeitweise oder lebens-

48 Siehe M. D'Hertefelt, A. A. Trouwborst, J. H. Scherer, ». . . Ruanda, Burundi, Buha«, 1962.
49 Von Bedeutung ist daher, die Schilderung, die durch dynastische Gedichte und historische Berichte der Tussi überliefert wird, zu differenzieren, um sich auf diese Weise einen Überblick über das gesamte, ziemlich heterogene soziale Leben (vor allem in den Randprovinzen) zu verschaffen. Der Rahmen des Verwaltungsnetzes der Tussi war allerdings homogen.

längliche Nutzungsrecht (Vertrag über Land- oder Hirtenknechtschaft). Der Hutu mußte besonders hart arbeiten.

Die Twa (*Batwa*) bildeten eine winzige Restvolksgruppe, die sich durch sehr kleinen Wuchs und durch ihre Leistungen auf dem Gebiet der Jagd und der Töpferkunst auszeichneten.

Nach der Herrschaft einer weniger bekannten Dynastie, der sogenannten Abarenge, geriet Ruanda unter den Machteinfluß der Banyiginya. Eine mythologische Erzählung berichtet, daß ihr Vorfahr im »Himmel geboren« wurde von Nkuba (der Donner). Der erste bekannte Monarch war Gihanga (ca. 1091–1124), »derjenige, der die Kuh und die Trommel feierlich weihte«. Nach seinem Sohn Kanya-Ruanda I. und fünf weiteren unbedeutenden Königen vollzog sich unter Ruganzu I., genannt Bwimba (der Zorn), (ca. 1312–1345), der Wandel vom Völkerbündnis zur Feudalmonarchie. Die Hauptstadt Gasabo entstand im Südwesten des Muhazisees, und der Schwerpunkt des Königreichs verlagerte sich vom Osten zum Westen des Nyabarongoflusses. In einer Schlacht gegen Gisaka ließ sich dieser König, der durch eine Weissagung zum »Befreier« des bedrohten Königreichs bestimmt worden war, töten.

Sein Nachfolger Cyilima I. Rugwe (ca. 1345–1378) stürzte sich in Begleitung seines Sohnes und des Fürsten Mukobanya auf die Eroberung der westlich des Nyabarongo gelegenen Länder. Der Fürst und der Sohn ernteten viel Ruhm, und als sie ihre Krieger auf dem Gipfel des Berges Kamonyi vor dem König defilieren ließen, ernannte dieser den Fürsten feierlich zum Mitregenten. Er folgte ihm unter dem Namen Kigeli I. (ca 1378–1411) nach.

Seine Regierungszeit war von inneren Konflikten gekennzeichnet. Die Invasion der Abanjoro verschlimmerte die Lage. Unter Mirambwe I. Mutabazi dehnte man das Königreich auf Kosten Bugaras aus, Yuhi II. (ca. 1444–1477) erweiterte es bis zu den Bergkämmen zwischen Zaire und Nil und zu den Vulkanen hin. Es folgten blutige dynastische Auseinandersetzungen, die erst die bedeutende Regierungszeit des Ruganzu II. Ndoli beendete. Dank seiner Elitetruppen, den *Ibisumizi* (die Mann-gegen-Mann-Kämpfer), konnte er sich im Innern und nach außen durchsetzen. Während seiner Regentschaft wurde das Trommelemblem der Dynastie, das *Karinga* (Unterpfand der Hoffnung) geschaffen. Die Königinmutter Nyirarumaga, eine berühmte Dichterin, gab in dieser Zeit der dynastischen Poesie ihre zeitgemäße Gestalt. Und zwar fügte sie die Strophen, die sich auf sämtliche Regierungen bezogen, zu einem einzigen Werk zusammen und trennte sie durch einen Leitmotivrefrain. Ruganzu II. hatte sich mit dem Monarchen der benachbarten Bugesera befreundet. Sein Tod rief allgemeinen Kummer hervor. Er verursachte z. B. den gemeinsamen Selbstmord der *Ibisumizi:* in zwei Gruppen aufgeteilt töteten sie sich gegenseitig und wechselten dabei die Reihen, um die Truppe wieder aufzufüllen, die mehr Männer verloren hatte.

Die Regierungszeit Mutara I. Semugestu brachte eine Annäherung an Urundi auf Kosten Bugeseras. Das geschah, weil der Ruandakönig Wert darauf legte, in ein berühmtes Gedicht über die Kühe in einem Geheimtext von Urundi aufgenommen zu werden: »Die Straße der Wasserstellen.« Diese politische und kulturelle Annäherung besiegelten eine Blutsbrüderschaft und ein Bündnis »auf ewig« (*imimaro*). Auf Kigeli II. folgte Mbambwe II., genannt der Großzügige. Er zeichnete sich durch seine Sorge für die Armen aus. Er verteilte Milch an die Bedürftigen und Bauern, die zum Hof kamen. Er führte geheime Erhebungen

Ostafrika 335

über Rechtshändel durch, die von ihm in letzter Instanz abgeurteilt wurden. Aber noch während seiner Regierungszeit zeigte sich der Expansionsdrang Urundis unter seinem Herrscher Ntare II. Er war ein großer Eroberer, der auch die Herrschaft Yulu II. beunruhigte (ca. 1642–1675). Dieser verfiel übrigens dem Wahnsinn. Er sprang von einem Felsen, um zu fliegen, nachdem er mit Pfeilschüssen mehrere Vorübergehende, unter ihnen einen seiner Söhne, getötet hatte.

Der bedeutende Regent Cyilima II. Rujugira (ca. 1675–1708) nahm erneut die Eroberungen gen Osten auf, nach dem geflügelten Wort: »Ruanda steht es zu anzugreifen; es kann nicht angegriffen werden!« Ein Verteidigungsplan wurde entwickelt, um die Grenze nach Urundi abzusperren. Drei große Kompanien hatten je einen Teil dieses *limes* zu überwachen und mußten im Angriffsfall die Bevölkerung ihres Abschnitts alarmieren. Diese Methode, die eine stets bereite Verteidigung aus der Ferne zuließ, war sehr wirksam. Sie diente als Deckmantel für den Angriff nach Osten. Der Nachfolger Kigeli III. nahm die Besitzergreifung Ndiwas im Nordosten derart ernst, daß er sich trotz der Warnrufe (in Form von Gedichten) und trotz der Abordnungen aus Ruanda niederließ.

Mibambwe III. Mutabazi (ca. 1741–1746) begann seine Regierungszeit sehr wahrscheinlich mit der Sonnenfinsternis des 13. Juni 1741. Er kämpfte schon gegen die inneren Unruhen, die sich unter Yulu IV. (ca. 1746–1802) verstärkt fortsetzten. Die Gegnerschaft zweier starker Männer bestimmte diese Kämpfe. Der eine, Semuzaga, endete im Exil, Rugaju, der andere, wurde der Günstling der Königinmutter. Im Vergleich zu dem schwachen Yulu IV. stellte er einen wirklichen Herrscher dar. Erst unter Mutara II. wurde Rugaju beseitigt. Mutara II. gelang es, Gisaka zurückzubekommen und den Expansionsdrang Urundis zu bremsen.

Unter Kigeli IV. (1853–1895) fanden erneut entschlossene Feldzüge statt. Sie sicherten Ruanda die Kontrolle über die wichtige Route zum Kiwusee und führten zur Beunruhigung Nkoles und Urundis. Ein Hutukönig, der eine Tussifrau geheiratet hatte, verstand es, Urundi zu einigen. Im Norden mußte er sich gegen Ruanda, im Süden außerdem gegen Buha verteidigen. Buha entriß er 1884 die westliche Provinz, vielleicht als Pufferzone gegen die lästiger werdenden Unternehmungen der Sklavenhändler und des großen, kriegerischen Häuptlings Mirambo. In Urundi war die soziale Spaltung zwischen Feudalherren und Bauern weniger ausgeprägt als in Ruanda. Auch war hier die politische Zentralisierung weniger streng.

4. Wirren im Gebiet der Großen Seen

Am Ende des 19. Jahrhunderts nahm Buganda eine Vormachtstellung im Gebiet zwischen Viktoria-, Kioga- und Albertsee ein. König Mutesa (1856–1884) legte besonderen Akzent auf die Zentralisierung des Königreichs. In jeder Provinz setzte er persönliche, politische Statthalter ein sowie militärische Vertreter des kommandierenden Generals. Die Beamten ließ er häufig auswechseln, um zu verhindern, daß sie Wurzeln schlügen oder innerhalb der Provinz an Einfluß gewönnen. Nach Belieben konnten die Beamten abgesetzt und manchmal sogar hingerichtet werden. Die Zentralisierung hatte das Stadium der Autokratie erreicht. Im Jahr 1869 schickte Mutesa eine Mission nach Sansibar, um Gewehre und Stoffe, sogenannte *americani* (weil sie im allgemeinen amerikanischer Herkunft waren) zu besorgen. Speke beschrieb ihn als einen »großen, stattlichen Mann von 25 Jahren und einnehmendem Wesen. Er saß auf einem roten Teppich, der auf einem Podest ausgebreitet war, aufs sorgfältigste mit einem Gewand aus Baumrinde bekleidet. Um seinen Hals hing ein breites Band aus winzigen, wunderbar angeordneten Perlen. An jedem Glied seiner Hände und Füße befanden sich abwechselnd Messing- und Kupferringe. Alles wirkte anmutig, makellos und elegant. Zu seinen Füßen lagen die Insignien seiner Königswürde: eine Lanze; ein Schild und ein weißer Hund.« Im Jahr 1872 verfügte Mutesa über 1 000 Gewehre, die er jungen, völlig ergebenen Höflingen anvertraute. Mit ihnen überfiel Buganda alle Nachbarländer und beraubte sie oft bei einem einzigen Feldzug um 5 000 Stück Vieh.

Das Bunjororeich verlor immer mehr an Macht. Das hörte erst auf, als Kamurasi die Herrschaft antrat. Er entwickelte den Handel mit Khartum und schuf ein Füsilierregiment. Zu dieser Zeit wollte der Khedive Ismail von Ägypten unter britischem Druck dazu beitragen, den Sklavenhandel, der am oberen Nil blühte, zu beseitigen. Unter der Führung von Samuel Baker organisierte man eine Expedition. Sie erreichte Gondokoro bei den Bari und schaffte es, dem Verteidiger der Sklaverei Abu Saud sein Lehen abzujagen.

Für den Elfenbeinhandel schuf man ein Staatsmonopol. Aber nachdem sich in diesem Gebiet eine Hungersnot angekündigt hatte, begab Baker sich daran, seinerseits das Land auszuplündern, um seine Leute ernähren zu können. Insbesondere ging er gegen die Atscholi vor und versuchte sich auch gegen die Lango. Diese parierten jedoch mit einem energischen Gegenstoß. Danach versuchte er, Kabarega von Bunjoro das Protektorat des Khediven anzubieten. Das nahm man ihm übel. Dieser König wurde darüber derart böse, daß Baker mit knapper Not der Hinrichtung entkam. Die Menschen Bunjoros waren urwüchsig, und die Europäer betrachteten sie von nun an als Feinde. Baker begann unter Druck, den Rivalen Kabaregas zu unterstützen. Mutesa von Buganda bot ihm sogar ein Bündnis gegen Bunjoro an. Aber als ihm Gordon im Jahr 1874 seinerseits die Protektion Ägyptens vorschlug, lehnte Mutesa ab. Er ließ sogar einen Abgesandten Gordons verhaften, der den Auftrag hatte, Verhandlungen in die Wege zu leiten, um eventuell eine Garnison einzurichten. Um Haaresbreite konnte der Krieg dank der Geduld Emin Paschas, des Abgesandten Gordons, vermieden werden. Dieser übernahm im Jahr 1881 die Führung der Provinz Equatoria, ein Überbleibsel des ägyptischen Versuchs, bis zu den Quellen des Nils vorzudringen.

In der Tat, Ägypten mußte damals dem Bankrott, der europäischen Intervention und dem Mahdistenerfolg (1884) die Stirn bieten. Buganda setzte seinen politischen Aufstieg fort. In Toro, dem Königreich, das eine Schlüsselstellung zum Westen innehatte, gelang es ihm, seinen Kandidaten Namojongo gegen den von Bunjoro durchzusetzen. Er versuchte sogar, aus der religiösen Konkurrenz, die zu dieser Zeit in seinem Königreich aufkam, politischen Nutzen zu ziehen. Seit 1860 gab es bekehrte Mohammedaner und Moscheen, und Mutesa beachtete zur großen Bestürzung der Animisten das Fest des Ramadan. Stanley, der sich zur selben Zeit auf der Durchreise durch Buganda befand, hatte diese Neigung zum Islam wahrgenommen. Er ging sogar so weit, vor diesem wirklich religiösen König Lesungen aus der Bibel abzuhalten, bevor er seine berühmt gewordene Botschaft mit der Bitte um Missionare nach Europa sandte.

Ostafrika

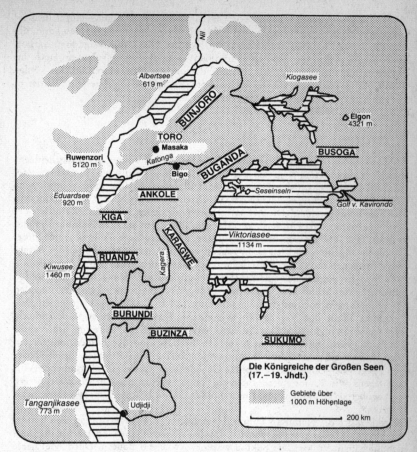

Die Königreiche der Großen Seen (17.–19. Jhdt.)

Gebiete über 1000 m Höhenlage

Im Jahr 1877 trafen Missionare der *Church Missionary Society* in Buganda ein. Mutesa erkundigte sich sogleich bei ihnen nach ihrer Bibel, fügte jedoch hinzu: »Und die Gewehre?« Als er merkte, daß davon keine Rede sein konnte, breitete sich schnell Enttäuschung aus. Die Mohammedaner nutzten dies aus und flüsterten dem König ein: »Es sind doch nicht womöglich ägyptische Spione?« Als 1879 die Pères Blancs ins Land kamen, stieg die Verwirrung der Ganda aufs höchste, da die Neueingetroffenen sich auch Christen nannten, aber einer anderen Kirche angehörten als die Protestanten... Am Hof des Königs setzte eine leidenschaftliche Dreiecksdebatte ein, vergleichbar den religiösen Streitgesprächen beim Negus am Hof von Gondar. Die Königsmutter und die Schwester des Königs machten all ihren Einfluß geltend, um Mutesa von den Christen fernzuhalten. Er war ihnen sicherlich geneigt, vielleicht auch nur, weil diese Religion den Vorteil ihrer Verbindung zur europäischen Technik bot. Als er sich jedoch um die Taufe bewarb, wollte sie ihm keiner der Missionare gewähren. Denn es schien, als ob er weder an seiner Lebensführung noch an seinen ehelichen Gewohnheiten etwas ändern wollte. Dennoch gab es seit 1882 am Hof des Königs Getaufte. Das ist eine ziemlich wichtige Tatsache, die man mit der Situation vergleichen kann, die sich zu Beginn des 20. Jahrhunderts am Hof des Naba von Wagadugu darbot. Es handelte sich in der Tat weder um Sklaven noch um Freigelassene, noch um Bekehrte aus Gefälligkeit, wie sie vielfach von den Missionaren an den königlichen Höfen geschaffen wurden, es handelte sich um sozial gut gestellte Christen, aufgeklärte und entschlossene Menschen.

5. Ostafrikanische Völker

Andere Völker, die im Osten und im Süden dieser Völker der Zwischenseen-Reiche lebten, hatten keine so gut ausgearbeiteten politischen Strukturen entwickelt. Dennoch realisierten sie während derselben Epoche nicht weniger verblüffende Vorstellungen eigener Art. Im Osten waren die Massai, die Kikuju und die Kamba angesiedelt. Die Massai gehörten zu denen, die man »Parasiten des Viehs« genannt hat. Um Vieh zu erlangen, überfielen sie ihre Nachbarn immer wieder. Um 1850 gelangte dieses energische, unerschrockene Volk zu seiner Blüte. Wenn sie angriffen, rückten sie in Reihen vorwärts, verborgen hinter der Mauer ihrer großen Schilde aus Büffelleder. Sie trugen beachtlich lange Lanzen und stimmten ein schreckenerregendes Geschrei an, das von dem Klirren der Reifen um Beine, Arme und Hals begleitet wurde. Aber sie nahmen keine territorialen Annektierungen vor und trauten sich nicht tief in die Waldgebiete hinein, wo vergiftete Pfeile ihre Reihen lichten konnten. Was sie liebten, war der Schock, sich Auge in Auge gegenüberzustehen. Ihre eigenen Klans lieferten sich manchmal wohlgeordnete Schlachten unter den Beifallsrufen der Frauen. Sie reizten ihre Männer zu diesen blutigen Abrechnungen. Die Massai waren tapfere Krieger. Wegen der Übervölkerung ihrer Gebiete konnten sie nur als raubende Völker leben. Wie Raubtiere tauchten sie immer wieder bei den Nachbardörfern auf, wobei sie manchmal aber auch Epidemien mitbrachten, die sie stark dezimierten.

Nachdem sich die Nandi als Führer der Zauberer (*orkoyotes*) ausgegeben hatten, die bei den Massai gewählt wurden, fanden sie darin einen Anreiz für die Ausdehnung ihres Volkes. Die Kikuju waren vorwiegend Bauern. Durch viel harte Arbeit war es ihnen gelungen, zu einem relativen Wohlstand zu gelangen. Der entfaltete sich auf ihren Märkten, die alle vier Tage abgehalten wurden[50]. Dennoch verstanden sie es, sich bei Bedarf politische *leader* (Athamaki) zu geben. Die Kamba waren gute Kaufleute. Keine zufälligen wie die Massai und die Kikuju, deren Frauen die Immunität nutzten, um Felle gegen Korn zu tauschen. Eine Gruppe ihres Volkes war von der Hungersnot bis nach Mombasa vertrieben worden. Das versprach ihnen Vorteile. Auf diese Weise konnten sie die Handelsroute zum Kilimandscharo überwachen. Bis zum Jahr 1880, als sie in den Küstenbewohnern aufgingen, blieb sie die Route der Kamba. Diese Route führte am Kilimandscharo vorbei zum Viktoriasee. Zu Füßen dieses Berges entwickelte sich der Handelsknotenpunkt Taveta. Die Kamba kauften hier Elfenbein und Sklaven, mit Vorliebe die an der Küste so geschätzten Massai-Mädchen. Sie verkauften die gewohnten Produkte, unter anderem auch Eisen, an die Mas-

50 Siehe Jomo Kenyatta, *Facing Mount Kenya*.

Ostafrika   339

sai. Die brauchten sehr viel für ihre Lanzen und die vielen Arm- und Halsreifen
ihrer Frauen. Diese Länder waren wirklich immer auf der Hut. Im 19. Jahrhundert waren sie dem Vorstoß der Turkana und Somali ausgesetzt.
Im Süden der Zwischenseenreiche lebten die Völker zumindest bis 1750 in ziemlich begrenzten Klans. Manche beriefen sich wenigstens für die Herkunft ihrer
Häuptlinge auf den Norden. Diese stammten aus dem Zweig der Bito oder
Hinda, die sich mehr im Süden niedergelassen hatten, und die auch mehr mit
den Autochthonen verschmolzen waren. Es handelte sich um Völker, die südlich
des Viktoriasees oder sogar im Westen und im Südwesten des Tanganjikasees
lebten, wie die Njamwezi, die Sukuma, die Njakussa. Diese Völker hatten es sich
zur Gewohnheit gemacht, Viehzucht und Ackerbau nebeneinander zu betreiben.
Sie lebten in patrilinearen Klans, ihre Häuptlinge trugen den Titel Nitemi.
Andere wiederum, deren Häuptlinge den Mwene-Titel besaßen, waren matrilinear ausgerichtet. Diese lebten mehr in der Nähe des Zairebeckens. Je weiter
man nach Süden kam (heutiges Rhodesien), desto mehr erwiesen sich die Wege,
die diese Völker und ihre Kulturverwandten gezogen waren, als schwieriges
Unternehmen. Tatsächlich verursachten frühe Erschütterungen die Wahl des
heutigen Standorts; doch Rassenvermischungen gab es seit Jahrhunderten.
Innerhalb dieser Gebiete fand man manchmal von der Natur besonders begünstigte Zonen. Diese hatten ihre Bewohner in wahre Inseln der Üppigkeit und des
Friedens verwandelt, welche die ersten Reisenden wie Thomson oder Livingstone
sehr in Erstaunen versetzten. Ein Beispiel dafür war das Land Jao zwischen dem
Njassasee und der Küste zu Beginn des 19. Jahrhunderts. Veränderungen traten
ein, als es mit der Flut der Ngoni im Süden und mit der Meute der Sklavenhändler im Osten konfrontiert wurde. Die Vorübergehenden, von denen man
nur Neuigkeiten erwartete, wurden kostenlos verpflegt. So geschah es im Lande
der Nyakusa, das die Reisenden mit dem frischen, üppigen Arkadien verglichen.
Ähnlich war auch das Land der Njamwezi, das im Norden Sukuma berührte.
Die Besiedlung war hier sehr dicht. Bukolische Heiterkeit und Wohlstand
strahlte hier alles aus. Burton vermerkte, daß sich hier nach der Trostlosigkeit
des Gogolandes die Augen wieder entspannten. Die Gogo und die Hehe verbündeten sich, organisierten sich und bildeten sich militärisch aus, um gegen
etwaige Angriffe der Massai gerüstet zu sein. Im Jahr 1879 vereinigte der
Häuptling Mujugumba 30 Klans der Hehe. Seine Residenz wurde Kalinga nahe
bei Iringa. Der Nachfolger Mujugumbas, Mkwakwa, war ein rauher Krieger.
Er ließ rund um die Hauptstadt eine Mauer errichten und unterhielt dort ein
ständiges Heer. Den Elfenbeinhandel nach Bagamajo hatte er unter Kontrolle.
Er versuchte auf diese Weise, einige Brocken des Handels zu schnappen, der
diese Völker bald wie Krebs anfressen sollte.
Die Dschagga gehörten zu einer Anzahl kleiner Völkergruppen, die rund um den
Kilimandscharo Kleinkrieg führten. Diese feindlichen Zusammenstöße wirkten
sich nicht sehr verheerend aus, zehrten jedoch an den Kräften der Gegner. Um
1800 schlug sich ihr Häuptling Horombo oft mit den Massai oder den Pare[51] um
Land und um Vieh. Der Landmangel ließ sie erfinderisch werden. Sie entwickelten ein sinnreiches und ausgeklügeltes Bewässerungssystem von den Bergquellen
bis zu ihren Bananenplantagen. Die Verteilung war genau geregelt. Um sich vor
Überfällen zu schützen, richteten sie ein ganzes Netz von unterirdischen Bleiben

51 Siehe Kimambo, *Political History of the Pare*, Nairobi 1969.

ein mit Plätzen für das Vieh, mit Vorratslagern, mit Schlafräumen und mit einem Be- und Entlüftungssystem sowie einer Abwasserregelung.

Zwei große Straßen führten von der Küste ins Land. Die eine war die Route des Kilimandscharo. Sie erreichte auf dem Verbindungsweg via Tabora den Tanganjikasee in Udjidji, dazwischen ging eine Nebenlinie ab bis zum Norden des Viktoriasees. Sie führte durch Karagwe nach Bugunda weiter. Vom Tanganjikasee aus drang sie ins Hochbecken von Zaire vor. Die Südroute, die von Kilwa ausging, streifte den Njassasee und führte auch in Richtung Schaba (Katanga) weiter. Offen gesagt verdankte man diese Routen den Schwarzen des Binnenlandes, die sie schon seit grauer Vorzeit nutzten. Sie waren es, die sie bis zur Küste trassierten, vor allem die Kamba und die Njamwezi. Auch waren sie es, die die Barren und Armreifen in die Königreiche des Zwischenseengebietes lieferten. Bis zur Küste gingen sie vor, verbrachten dort zwei oder drei Monate, um den Boden zu bestellen und kehrten in ihre Länder zurück. Einer von ihnen, namens Nguelengwa war aus der Gegend von Tabora aufgebrochen, um sich an den Grenzen Schabas in Garenganze unter der nominellen Oberherrschaft des Königs von Lunda niederzulassen. Die Bisa, Vettern der Lunda, waren in denselben transafrikanischen Handel verwickelt, der sie vom Zaïrebecken bis zum Njassasee führte. Hier lösten die Jao sie ab und führten den Handel bis zur Küste weiter.

Der Mann, dessen starke Faust sich in diesem Bereich durchsetzte, war Mirambo. Er war der Enkel eines Njamwezihäuptlings, der durch den arabischen Händler Tippu Tip bedrängt wurde. Hochaufgeschossen und von unersättlicher Aktivität, kümmerte er sich nur wenig um Essen und Trinken. Durch harte Kämpfe und eine gute Organisation gelang es ihm, im Norden und im Westen von Tabora ein Königreich zu erringen. Trotz der arabischen Händler von Unjanjembe konnte er es aufrechterhalten. Als Oramba, seine Hauptstadt, zum direkten Handelsplatzkonkurrenten Taboras avancierte, das fest in arabischer Hand war, schritten diese zum Angriff, aber es kam zu einer Versöhnung. Im Rahmen dieses Modus vivendi dehnte Mirambo sein Reich erfolgreich bis Karagwe und Buganda aus. So hatte er 1880 praktisch die Route von Udjidji unter Kontrolle. Dieser außergewöhnliche Mann hatte in seiner Jugend durch den Kontakt mit den Ngoni die Taktik des systematischen Plünderungszuges kennengelernt (*rugaruga*). Er war mit der Gabe weiser Voraussicht bedacht und besaß eine stahlharte Seele. Er hatte sich eine starke Armee geschmiedet: sie bestand aus den besten jungen Männern im Alter von 20 oder weniger Jahren, die er selbst unter den Kriegsgefangenen ausgewählt hatte. Sie übten die Handhabung der Gewehre und trainierten, mit einem Minimum an Nahrung möglichst schnell und weit zu laufen. 5 000 Mann schulte er auf diese Weise, doch wirkten sie wie viel mehr, denn diese mobile Armee konnte in kurzer Zeit an vielen Stellen Schrecken erregen. Mit einer derartigen Streitmacht vollbrachte er es bald, das Njamweziland zu einigen. Dank seines Organisationstalents und seines Ansehens hielt Mirambo seine Position.

Aber sobald er, dem Stanley den Beinamen »der afrikanische Napoleon« gegeben hatte, in einem unbedeutenden Gefecht verstummt war, begann sein Königreich zu wanken (1884). Denn es war schwierig, einen Mann seines Formats zu ersetzen, zumal die Umstände sich sehr verändert hatten. Mirambo war indessen trotz seiner nur kurzen Karriere ein Beweis mehr für die afrikanische Fähigkeit, einer schwierigen Situation Herr zu werden. Er war vom gleichen

Ostafrika 341

Schlag wie Samori und kämpfte zur gleichen Zeit und unter beinahe den gleichen Verhältnissen.

6. Der Sklavenhandel im Osten

Das Innere Afrikas war in der Tat Schauplatz wesentlicher Veränderungen, die man besser begreift, wenn man die Küste betrachtet.

Dort hatte der Sultan Said, der seit 1840 in Sansibar ansässig war, ein politisches und ökonomisches Werk großen Ausmaßes vollbracht, und zwar in dem Teil der Küste, den er kontrollierte, d. h. vom Fluß Dschuba bis zum Kap Delgado. Auf der Insel Sansibar begann er mit der administrativen Zentralisierung. Sie war damals in zwei Bezirke geteilt: im Norden lag Sheba, das im Jahr 1840 von einer Frau, Mowana, geführt wurde, das aber dem zweiten Bezirk, Jumbe, angegliedert wurde. Als die führende Familie dieses einzigen Distrikts des Landes verwiesen und ausgerottet wurde, befand sich die ganze Insel unter der direkten Verwaltung des Sultans. Sie erlebte zu dieser Zeit einen Zustrom von Leuten aus Oman. Sie kamen als Soldaten, Beamte oder Kaufleute. Der Kakaobaum und vor allem der Gewürznelkenbaum, die 1818 eingeführt wurden, verbreitete man systematisch auf Sansibar und Pemba. Die Araber verschafften sich sogleich, sei es aus Vergnügen oder aus Spekulation, im zentralen und westlichen Teil der Insel Plantagen. Die Afrikaner zogen sich in die anderen Gebiete zurück, um auf den großen Plantagen nicht in die Leibeigenschaft zu geraten. Eine beachtliche Nachfrage nach sklavischen Arbeitskräften setzte daraufhin ein, sogar in Sansibar.

Damals nahm die wirtschaftliche Lage die gleiche Wendung wie in Amerika und auf den Antillen, die das »Ebenholz« der afrikanischen Westküste an sich zogen. Scharen arabischer und suahelischer Händler begannen damals 1840, ins Innere vorzudringen. Zu Beginn gelang es ihnen jedoch nicht, sich einen echten Gebietseinfluß zu sichern. Die Häuptlinge des Binnenlandes verhehlten nicht, daß sie ihre gewinnträchtige Vermittlerrolle zu bewahren beabsichtigten. Man traf deshalb Übereinkünfte. So gestand König Amadi im Jahr 1853 dem Sultan Said einen Zollposten in der Tungibai zu, von wo die Portugiesen ihn vergeblich zu vertreiben versuchten. Said war in der Tat nicht darauf aus, ein Festland-Reich zu erringen, vielmehr wollte er seine vor der Küste gelegene Inselwelt dazu nutzen, die Maschen eines riesigen Wirtschaftsnetzes zu knüpfen. Es sollte den Markt des Inlandes überwachen: eine Herrschaft vom Meer aus (Thalassokratie). Zwischen Pangani und Kilwa sicherte er sich das Monopol für Elfenbein und Kopalharz und bemühte sich, den Zolltarif auf 5% zu vereinheitlichen. Jedes Jahr holte man ungefähr 100 Tonnen Elfenbein aus dem afrikanischen Busch, was vermuten läßt, daß Zehntausende von Elefanten ihr Leben lassen mußten. Aber die Küste lieferte nicht nur Rohstoffe. In Mogadischu beschäftigten richtige Baumwollmanufakturen Frauen als Spinnerinnen und Männer als Weber. Sie verkauften bis zu 300 000 Stück Stoff entlang der ganzen Küste und über das Rote Meer bis nach Ägypten. Seit 1843 fanden sich am Hof des Kabaka von Buganda arabische Kaufleute ein. Die Choleraepidemien, die die Küste in den Jahren 1857 und 1870 heimsuchten (Kilwa beklagte 200 Tote am Tag), ließen die Nachfrage nach Sklaven noch anwachsen, um so mehr als die Franzosen weiterhin Sklaven abtransportierten; wie auch die Sansibar-Kutter den Sklavenhandel fortsetzten, indem sie die französische Fahne hißten oder ihre ›Sklavenvorräte‹ als ›Ruderer‹ ausgaben.

Said starb 1856 auf dem Meer, nachdem er Sansibar durch ein zusätzliches Abkommen mit Oman zurückgewonnen hatte. Sogleich setzte der Verfall des Reiches ein. Said Majid, der sich in Sansibar von seinem Rivalen Bargash bedroht fühlte, floh auf ein Schiff. Währenddessen verfolgte Thuwain in Maskat die Absicht, die Gesamtheit der Besitzungen des verstorbenen Sultans zu überwachen. Der britische Generalgouverneur von Indien, Lord Canning, traf zu guter Letzt die Entscheidung. Er teilte das Reich in zwei autonome Gebiete: der afrikanische Teil sollte einen Betrag an den arabischen abführen. Majid (1856 bis 1870), der noch weiter ging als Said, wollte als Lehnsherr der afrikanischen Häuptlinge des Inlandes anerkannt werden. Und hatte damit sogar Erfolg. 1866 errichtete er rund um einen natürlichen Hafen Gebäude und schuf damit Daressalam (Hafen des Friedens).

Sein Nachfolger Bargash (1870–1882) hatte sich während seines Zwangsexils in Bombay, zu dem ihn der Schiedsspruch Cannings verurteilt hatte, entwickelt. Er versuchte kurz, die britische Bevormundung abzuschütteln, doch ließen die »spontanen« Wirren, die sofort darauf folgten, ihn erkennen, daß er keine Wahl hatte. Darüber hinaus zerstörte ein schlimmer Taifun fast seine gesamte Flotte und verwüstete zwei Drittel der Gewürznelkenbäume der Insel. Dadurch erhöhte sich der Bedarf an Arbeitskräften noch mehr. In diesem Augenblick forderte England die Aufhebung der Sklaverei. Unter Androhung der Blockade fügte er sich und paraphierte den Vertrag von 1873. Dieser setzte einen Schlußstrich unter den bedeutenden Sklavenhandel von Sansibar; von seinen Scheußlichkeiten haben viele Reisende berichtet. Daraufhin (War er dessen nun nicht würdig?) stattete Bargash der Königin Viktoria auf Schloß Windsor einen offiziellen Besuch ab. Der Schmuggel ging dennoch weiter, weil die Preissteigerungen den Handel noch immer interessant machten, auch wenn nur eins von vier Schiffen den britischen Wachbooten entkam. Bargash verbot im Jahr 1876 die Karawanen der Sklavenhändler ins Landesinnere. Das verursachte einen Aufstand in den Handelskreisen von Mombasa und Kilwa. Fest entschlossen unterstützte der britische Konsul Kirk Bargash, und der Schleichhandel erhielt einen empfindlichen Schlag. 1860 setzte sich im Bereich des kontrollierbaren Handels der Kautschuk durch; Gewürznelke und Elfenbein kamen hinzu.

Im Landesinneren erreichte der schonungslose Sklavenhandel seinen Höhepunkt. Von 1820 bis ungefähr 1860 hatten sich die arabischen und suahelischen Händler damit begnügt, indirekt in der lokalen Politik Einfluß zu nehmen, indem sie z. B. ihre Wunschkandidaten in der Häuptlingsnachfolge durchsetzten. So erzwang Juma Bin Rajab, der Großvater von Tippu Tip, in Ugove die Einsetzung des Großvaters von Mirambo. Danach hatten die Händler sich an bedeutenden Sammelstellen der binnenländischen Erzeugnisse niedergelassen. In manchen Gefechten begegneten ihnen hier Burton, Speke, Livingstone, Stanley und andere. Diese Verwurzelung gestattete ihnen, die Karawanen auf eine sehr viel rationellere Art zu organisieren. Mehrere Händler taten sich zusammen und setzten riesige Sammeltransporte in Marsch, einmal aus Sicherheitsgründen, zum anderen aus Gründen der Kostensenkung. Die Gebühren nämlich (*hongo*), die von den verschiedenen Häuptlingen für das »Freigeben der Route« erhoben wurden, zahlte man pauschal. Langsam entstand bei manchen die Idee, eigene Besitzungen zu erwerben, um so am besten den vielfältigen Schwierigkeiten des

Ostafrika 343

Verkehrs und der Abgaben aus dem Weg zu gehen. In diesen Domänen waren sie Gebieter über die Lieferung binnenländischer Waren: Elfenbein, Kautschuk, Sklaven usw.

Diese Idee verfestigte sich noch durch den ungeheuren Zustrom von Feuerwaffen um das Jahr 1859 herum. 1880 bildeten die Gewehre ein Drittel des Einfuhrhandels an der Ostküste Afrikas. Der Häuptling von Unjanjembe besaß allein 20 000 Gewehre und Kanonen. Die Njamwezi versuchten, den Händlern Sansibars und den suahelischen Mischlingen an der Küste den Menschenhandel streitig zu machen. Doch diese genossen das Vertrauen und die Unterstützung der Hindus, welche wiederum in den Küstenzentren eine bedeutende Rolle als Bankiers und Teilhaber an Handelsunternehmen spielten, die ihr Zielgebiet im Landesinneren sahen. Manchen, wie Misiri oder vor allem Mirambo, gelang es, sich ein Stück von dem Kuchen abzuschneiden und sich Achtung zu verschaffen. Aber die Masse der Afrikaner, die nicht unter dem Schutz eines mächtigen und energischen Häuptlings standen, war frei verfügbares »Ebenholz«. Die Schönen Njamwezis reservierte man für die Harems des Binnenlandes, der Küste und Asiens. Auch die Tussi eigneten sich hierfür. Die jungen Galla verkaufte man besonders als Diener, sie waren intelligent und von freundlichem Wesen. Die große Masse war für die Plantagen bestimmt. Sie erreichten die Küste und wurden dort oft mit der Elfenbeinladung, die sie herbeigebracht hatten, verkauft. Der Händler brauchte nämlich für die wenigen und leichten Importwaren weniger Träger.

Der Mann, der einen großen Teil dieses Handels dadurch beherrschte, daß er ein afrikanisches Reich erwarb, war der arabische Händler Tippu Tip[52]. Er hatte sich im Westen und im Nordwesten des Tanganjikasees in den Becken des Lomami und des Luapula festgesetzt. Sehr günstig wirkte sich für ihn die Verbindung mit Stanley aus. Mit dessen Hilfe konnte er seinen Einfluß bis in den Urwald Zaires ausdehnen. 1877 war er zum Herrscher über riesige Gebiete geworden. Dort erhob er Steuern, richtete über Streitigkeiten der Häuptlinge, die er dann oft durch eigene Verwandte ersetzte, verordnete Sanktionen und knüpfte diplomatische Beziehungen an. So verhandelte er z. B., als der den Ertrag von 12 Jahren Sklavenhandel an die Küste des Indischen Ozeans bringen wollte, nicht mit seinen arabischen Landsleuten von Unjanjembe über seine Durchreise, sondern mit dem schwarzen Mirambo. Dieser empfing eine Abordnung und Geschenke von Tippu Tip, ehe er den 2 000 Trägern, die mit Elfenbein beladen waren und von 1 000 bewaffneten Milizsoldaten begleitet wurden, Durchlaß gewährte. Bargash, der zu dieser Zeit über etwa 100 Zollposten an der Küste verfügte (1882), setzte damals auf Tippu Tip. Er schlug ihm vor, sein *wali* (Gouverneur) in Unjanjembe zu werden. Auch der Vertreter der *Association Internationale du Congo* des belgischen Königs Leopold in Sansibar versuchte ebenso, sich Tippu Tips zu bedienen. Er bot ihm Munition an und Aufteilung der Gewinne zu gleichen Teilen. Nach einigem Zögern entschied sich Tippu Tip für Bargashs Vorschlag. Nachdem er erneut mit 2 000 Gewehren zum Herzen Afrikas vorgedrungen war, kehrte er im Jahr 1886 reich beladen mit Trophäen zurück. Man schätzte die Anzahl der in diesem Gebiet jährlich wegen ihres Elfenbeins getöteten Elefanten auf 4 700. Aber inzwischen hatte eine ge-

---

52 Nur seine Großmutter mütterlicherseits war schwarz.

wisse Konferenz in Berlin stattgefunden ... Und ein internationaler Ausschuß, in welchem sich Deutsche, Engländer und Franzosen ihre Einflußsphären zugeteilt hatten, ließ Bargash nur mehr ein kleines Fenster zur Küste. Vor Tippu Tips Aufbruch brachte Bargash diesem seine Verbitterung über diese Welt zum Ausdruck. Sie hatte sich so verändert, daß er sich nicht mehr zurechtfand. Tippu Tip, realistischer als Bargash, stieß noch einmal in die Tiefen des afrikanischen Kontinents vor, um die vor der Ankunft der neuen Herren gewährte Frist zu nutzen. Das Jahrzehnt von 1880–1890 wurde für ganz Ost- und Zentralafrika zu einer Periode beispielloser Verwüstungen. Selbst die Aufhebung der Sklaverei an der Küste trug dazu bei, die Verhältnisse im Inneren zu verschlimmern. Die Sklaven häuften sich als Vorrat in den Durchgangs- und Musterungszentren. Da sie beinahe nichts mehr kosteten, mußte man viele verkaufen, um wenigstens noch einen gewissen Gewinn zu erzielen. Wenn die Frauen, die Trägerdienste verrichteten, entkräftet waren, setzten sie eher ihr Kind ab als die Last des Elfenbeins; ein Zerrbild menschlichen Daseins. Der Forschungsreisende Cameron, der zu dieser Zeit durch jene Länder reiste, schrieb: »Afrika verliert Blut aus allen seinen Poren.« Ein anderer Zeuge dieser Hölle notierte diesen Satz: »Im Gebiet des oberen Kongo liegt alles im Sterben.«

IX. Die Länder des Kongo-Beckens

Die Völker, die das Becken Zaires von der Wasserscheide des Nils bis zur Wasserscheide des Sambesi bewohnen, werden im allgemeinen den Bantus zugeordnet. Im Norden findet man aber auch zahlreiche Volksgruppen früher sudanesischer Abkunft. Im Herzen des Urwalds finden sich fast nur elementare Strukturen, während sich zum oberen Zaire hin mächtige Häuptlingschaften entwickelt haben (vom 17. Jahrhundert an). Sie erreichten manchmal die Ausmaße eines Reiches wie bei den Luba und den Lunda. Diese drei Entwicklungsformen sollen nacheinander betrachtet werden; zunächst die Völker der Pangwe, der Zande und der Mangbetu im Norden, dann die Lele von Kasai und zum Schluß die bedeutenden Königreiche des Landesinneren und der Küste.

A. Im heutigen Gabun: Die Pangwe oder Fang

Die *Pangwe* und *Fang,* die mit den Beti oder Bulu und den Ewondo verwandt sind, kamen von Nordosten. Vielleicht lag der Grund dafür in der Erschütterung, die die »Fulbewogen« des Osman dan Fodio quer durch das gesamte heutige Kamerungebiet verursachten. Sie überschritten den Sanaga Hals über Kopf mit den Beti und drangen in den Urwald ein. Damals schienen sie sich, wahrscheinlich wegen der wenig erschlossenen Gegend, in drei Gruppen aufgeteilt zu haben: die Fang stürmten nach Süden, die Bulu wandten sich nach Westen und die Ntum oder Fang siedelten sich dazwischen an. Diese Wanderung in Waffen fand zu Fuß statt und nicht per Schiff. In aufeinanderfolgenden Schüben be-

Die Länder des Kongo-Beckens   345

wegten sie sich zum Meer, zweifellos auf der Suche nach Salz. Denn diese Völker
mußten seit ihrem Aufbruch aus der Savanne auf das Steinsalz verzichten.
Ihre Herkunftslegenden wimmelten von Geschichten über Flüsse. Flüsse, die die
Pfade der Wanderungen versperrten und die oft nur durch die Hilfe einer wohltätigen Python überschritten werden konnten, die sich wie eine Brücke von einem
Ufer zum anderen ausstreckte.
Die Straßendörfer besaßen am Ein- und am Ausgang einen Wachposten, der Tag
und Nacht besetzt war. Er war mit Lanze und Wurfspieß bewaffnet und dazu,
einzigartig in Afrika, mit einer Art Armbrust. Das war eine außergewöhnlich
wirksame Waffe gegen Feinde und gegen Wild.
Die Fang rissen so den gesamten Handel des Ogowe an sich, und nachdem sie
das Meer erreicht hatten, stießen sie weiter gen Süden vor, entlang der Küste
von Gabun und Kamerun. Sie wurden immer mehr zu Bantus. Es waren kühne
und energische Menschen. Nach Du Chaillu waren es schreckenerregende Elefan-
ten- und Gorillajäger. Ihr König Ndiayaye hatte seinen Körper tätowieren lassen, seine Haare und sein Bart waren geflochten. Er trug einen Kupferring am
Fuß, einen Halsreif, auf dem ein Talisman neben dem anderen aufgereiht war
und einen Schild aus Elefantenhaut. Sehr bald zahlten auch die Fang dem Sklavenhandel Tribut. Durch die Sklavenhändler stieg die Zahl der Mischlinge. Die
Häuptlinge wurden zu Marionetten, vom Zuckerbranntwein vergiftet. Einer von
ihnen mit Namen Nkombe war für die Reisenden »eine ständige Quelle der Belustigung«. Man nannte ihn den »Sonnenkönig«, weil er einen Zylinder trug,
auf dem eine Sonne aus Kupfer befestigt war, die ihm ein deutscher Kaufmann
geschenkt hatte. Er war sehr von sich eingenommen und glaubte, über allen
Königen zu stehen. Nkombe unterzeichnete einen Vertrag mit dem Admiral
Du Quibro, um auf diese Weise seine Anerkennung der französischen Autorität
auszudrücken. Er bat Marchand um das Recht, jeden Tag ein Glas Branntwein
bei dem Forscher trinken zu dürfen, und »man mußte ihn mit Fußtritten verjagen, um seiner Aufdringlichkeit Herr zu werden. Um ihm alkoholische Getränke schließlich ganz zu verleiden, gab man ihm reinen Alkohol, bis zu
94%igen, der dazu diente, die naturkundlichen Sammlungen zu konservieren.
Aber von diesem Tage an wollte er nichts anderes mehr trinken.« Oh, ihr
Manen Sundjatas!
Dennoch waren die Fang eine sehr begabte Volksgruppe. Sie widmeten sich der
Holzbildhauerei und mit hoher Kunstfertigkeit auch der Elfenbeinschnitzerei.
Ihre Masken zeichneten sich durch Reinheit des Stils und durch eine tiefe Heiterkeit im Ausdruck aus. Mit der Bekehrung zum Christentum erlitt diese Kunst
einen deutlichen Niedergang. Außerdem liebten die Fang Gesang und Tanz
leidenschaftlich. Künstler, die in speziellen Schulen ausgebildet wurden – vor
allem bei den Fang-Ntum – begeisterten ihre Zuhörer, begleitet von einer Bam-
busleier, mit lyrischen und epischen Gesängen. Sie erzählten die Geschichte ihres
Volkes und die Anfänge der Welt in einer Art tropischem *Nibelungenlied,* dem
Mvet[53]. Manchmal fanden Gesangs- und Tanzwettbewerbe zwischen den verschiedenen Gruppen statt. Die weiblichen Stars versuchten dann, sich in Anzahl
und Güte ihrer Beiträge zu übertreffen. Unter den aufmerksamen Augen des

---

53 So sprach der Mbom-Vet (Sänger des Mvet) von den bedeutenden Taten des Ekang-Volkes
   im Land der Engong und im besonderen auch von den Heldentaten ihres großen Häuptlings
   Akoma-Mba.

Volkes fand die Entscheidung statt. Denn hier wie anderswo in Afrika handelte
es sich um Volkskunst. War es der Stil des Gesangs und ihre wunderbaren Mythen, die L. Franc[54] zu der Ansicht brachten, die Pangwe seien mit den Germanen zu vergleichen? Hier einige Auszüge aus dieser mythologischen Literatur:
»Der griechische Historiker Zozime berichtet, daß im Jahr 254 eine Schar Fran-
ken ganz Gallien durchzog, die Pyrenäen überschritt, Spanien innerhalb 12 Jahren besiegte und danach nach Afrika übersetzte und sich verlor ... Man hat mit
Recht davon gesprochen, daß das Fang-Volk nicht zur Negerrasse gehört, von
der es weder die Farbe, noch die Gesichtszüge, noch die Haare besitzt ... Viele
von ihnen könnten, wenn sie ganz weiß wären, als Europäer durchgehen. Der
nach oben gezwirbelte Schnurrbart der Germanen verwandelte sich bei ihnen in
zwei Bartspitzen, die bis aufs Kinn herabfielen. Außerdem ist noch die relative
Sittsamkeit der Pangwe inmitten der sie umgebenden schwarzen Bevölkerung
hervorzuheben. Der Stand der Frau ist identisch mit dem der Frau im alten Ger-
manien. Nur den Häuptlingen war die Polygamie gestattet. Anzumerken ist
noch, daß z. B. die Bejahung im Innern wie das ›ja‹ der Deutschen ausgesprochen
wird ...« »Aber der Kannibalismus?« fragt sich der Autor: er hätte durchaus
»in den verlassenen Gebieten, die sie einst durchquerten, wie es die Haupt-
richtung ihrer Wanderungen aufzeigt, aufkommen können«. Der Autor folgert:
»Es besteht eine echte Verwandtschaft zwischen den Germanen und den Fang.«
Aber lassen wir diese ... Scherze. (Mais laissons ces ... gauloiseries.)

B. Die Mangbetu

Die Mangbetu waren im hochgelegenen Becken des Uëlle angesiedelt. Sie sollen
von Südwesten, aus dem Gebiet des Albertsees gekommen sein. Ihr großer Vorfahr war Ojua Eru. Im 17. Jahrhundert lenkte Manzinka ihre Wanderungen.
Nabiembali (1815–1860) war der erste Dynast, der über die derzeitigen Gebiete
herrschte. Er organisierte die lokalen Volksgruppen und damit die Mangbetu im
physiologischen Sinne des Wortes. Er ließ nämlich die autochthonen Frauen systematisch befruchten; deren Söhne blieben dann als Stellvertreter des Mang-
betu-Häuptlings jeder in seinem mütterlichen Klan verwurzelt. Den Thron
übertrug er übrigens einem jungen Autochthonen namens Dakpara. Dieser beseitigte den Usurpator Tula und versuchte, eine neue Dynastie zu schaffen.
Im Jahr 1867 empfing König Munza Schweinfurth. Dieser sprach von der
»semitischen Erscheinung« der Mangbetu ... Fünf Minister, die sich mit den
Waffen, den Magazinen, dem Protokoll, dem Palast und den Außenbeziehungen
des Reiches befaßten, waren um den König versammelt. Was aber die Reisenden
am meisten beeindruckte, waren die Gebäude der Mangbetu. Sie hatten einen
realen Sinn für Städtebau und Architektur. Ihre Dörfer waren immer in sehr
malerischen Landschaften mit angenehmen Ausblicken angelegt. Die Häuser
gruppierten sich rund um einen zentralen, großen Platz, den Palmen umstanden.
Dort erhob sich eine Halle für politische Versammlungen und Feste. Diese Gebäude aus Bambus und Holz hatten gewöhnlich eine Länge von 50 Metern,
waren 20 Meter breit und maßen in der Höhe 16 Meter. Hier paarten sich

---

54 L. Franc, »De l'origine des Pahouin«, Paris 1906.

Die Länder des Kongo-Beckens 347

Leichtigkeit und Festigkeit. Die Stützpfeiler waren mit wundervollem Schnitzwerk versehen, und die Außenwände der Hütten schmückten Fresken. Die Straßen befanden sich, da sie regelmäßig instand gehalten wurden, in einem sehr gepflegten Zustand. Bananenhaine umgaben die Dörfer. Die Koketterie der Frauen war hochentwickelt. Ein Beispiel hierfür: die Haartracht. Sie bestand in einer Art zylindrischem Haarknoten, der von zarten Schilfbändern verstärkt und gestützt wurde. Er streckte den Kopf beinahe ins Endlose. Es war Sitte, schon in der Kindheit den Kopf durch Druck auf die Schädelknochen zu verlängern. Die Menschenfresserei, ein Ritual, in dem man sich die Tugenden und Kräfte des Feindes zu eigen machte, wurde anfangs praktiziert, jedoch nie von den Frauen. Sie genossen bei den Häuptlingen großes Ansehen. Diese ließen sich von ihnen in politischen Angelegenheiten beraten. Um 1870 gelang es Munza, Dakpara aus dem Weg zu räumen. Doch begannen nun die Sklavenhändler aus Khartum, ihre befestigten Lager (*zeriba*) aufzubauen. Sie unterstützten die inneren und dynastischen Kämpfe, damit sie die Sklavenmärkte versorgen konnten. Im Jahr 1881 erhob sich indessen Azanga der Große. Doch schon 1884 fegte ein Mahdistenputsch die Khartumer hinweg. Aber schon bald rückten andere Sklavenhändler von Süden heran; das waren die Kumoane Tippu Tips, die bis zur Ankunft der Belgier das Land heimsuchten[55].

C. Die Zande[56]

Die Zande kamen aus dem Gebiet der heutigen Zentralafrikanischen Republik und vielleicht noch weiter vom Tschad, um sich im Norden und parallel zum Uëlle niederzulassen. Das Volk der Zande wurde von der kriegerischen Kaste der Kogobili geführt. Ästhetisches Interesse wie bei den Mangbetu war bei diesem Volk nicht vorhanden. Bei ihnen genossen Künste und Handwerk nur geringes Ansehen. Sie zogen auch kein Vieh auf. Die Zande brachen ohne Troß mit der hektischen Ruhelosigkeit der Räuber auf. In der Gesellschaft herrschte die Einfachheit des Kasernenprinzips: Herren und Leibeigene. Die ersten nannten sich *Avungara* (Beherrscher). Der Vorfahr der Zande, Ngara, hatte am Ende des 18. Jahrhunderts gegen die Banda, die Lehnsherren der Nsakara gekämpft. Die Nachkommen Ngaras, insbesondere Mabengue, schwärmten zu Eroberungszügen aus. Die besiegten Häuptlinge mußten die religiöse Rolle von »Erdherren« übernehmen wie im Land der Mossi. In den Dörfern erhob der Bevollmächtigte des Häuptlings (der *bayeki*) den Zehnten in Naturalien, regelte Verfahren und berief die lokale Bürgerwehr ein. Die Zande-Gesellschaft war angelegt auf Gleichschaltung. Bei diesen Spartanern war die Pubertät vor allem ein soziales Phänomen. Alle Knaben wurden dann von ihren Eltern getrennt

---

55 Hier müssen die Gbaya erwähnt werden, die verstreut von Adamaua bis Bangui leben und sich im Westen mit den Kakagruppen vermischt haben. Vielleicht hat der Zande-Nzakara-Vorstoß sie im 18. Jahrhundert gen Westen vertrieben.
  Die Banda lebten in Gemeinschaften, die noch verstreuter waren, von der sudanesischen Grenze oder Tschadgrenze bis nach Zaire, während zwei Banda-Königreiche am oberen Ubangi existierten.
56 Dieser Name leitet sich von Zendj ab, einem arabischen Wort, das hier die Bewohner Kordofans bezeichnet.

und den erzieherischen Bemühungen des Häuptlings unterstellt. Er brachte ihnen die Sprache bei und prägte ihnen Überlieferungen und Kampfmethoden der Zande ein. Dabei entwickelte sich ein bemerkenswerter Integrationsprozeß, der die kulturelle Geschlossenheit dieses Volkes geprägt hat. Die einzigen großen Pisten sicherten die Beziehungen zwischen den Häuptlingen, die anderen Routen knüpften an diese Verkehrsadern an, um ein Straßennetz zu schaffen, dessen Knotenpunkte mit den großen Häuptlingschaften verbunden waren. Die gleichmachende Politik der Zande war ausgesprochen erfolgreich. Ein Dinga z. B. (besiegtes Volk) trat, obwohl er noch seinen eigenen Dialekt sprach, als Zande auf.

Noch einmal sieht man, daß die Rückführung des vorkolonialistischen Afrikas auf ein Mosaik von Stämmen, die tief in ihrem Partikularismus verharren, eine nur unvollkommene, kurzsichtige Beurteilung der Realität ist. Oft spielte sich schon ein nationaler Entwicklungsprozeß ab. Aber sehr oft verlief die Entwicklung des Staates nicht damit in Einklang, wegen technischer Schwierigkeiten: Fehlen eines schriftlichen Verständigungsmittels und auch ganz reale Schwierigkeiten beim Bezwingen der Savanne und des Urwalds, die immer wieder auftauchen. Die Zande, die die Politik der Gleichmachung sehr vollkommen durchführten, waren in der Regierung und Verwaltung nachgiebig und wendig. So beließen sie jeder neuerworbenen Häuptlingschaft die Autonomie, so daß sie sich unabhängig vom Mutter-Stamm weiter ausdehnen konnten. Es entstand eine lose politische Konföderation von Provinzen (*binia*), unterteilt in Bezirke im Schoß eines starken sozio-kulturellen Rahmens. Manchmal jedoch setzte sich ein außergewöhnlicher Häuptling durch und ließ Staat und Nation beinahe zusammenbrechen. Da ist der Fall von *Tikima*, gestorben im Jahr 1868. Er hatte Anspruch auf ein Mausoleum, wo 25 Jungfrauen ständig das heilige Feuer und den verstorbenen König bewachten. Dieser große Eroberer hatte das Zandereich bis an den Uëlle ausgebreitet und war im Norden mit den *zeribas* (befestigte Residenzen) der Khartumer in Berührung gekommen, insbesondere auch mit dem Negersklavenhändler Zubeir Pascha. Die Zandehäuptlinge, die die Neuankömmlinge *niam-niam* nannten, wurden bei dieser Gelegenheit auch als Sultan betitelt. Sie behielten die Fassung und sicherten sich zunächst Respekt. Dann, als sie glaubten, dem Sklavenhandel anders nicht entkommen zu können, zeigten sie sich umgänglich, unterzeichneten Verträge, übergaben ihre Töchter zur Heirat und ihre Söhne zur Erziehung. So gerieten sie in das Räderwerk und kamen nicht mehr heraus. Den Raubzügen konnten sie nicht entkommen. Im Jahr 1878 wurde das *zeriba* des Zubeir Paschas der Dienstsitz der Provinz Bahr el Ghasal, im Auftrag des Khediven, ein Jahr später, 1879, erkannten die Zande die Oberherrschaft Ägyptens an. Sie trieben die Mahdistenbewegung zurück, und manche unter ihnen (Biti Doruma) griffen mit demselben Eifer die Belgier an, bis zu ihrer Niederlage im Jahr 1896[57].

D. Im Herzen des Urwalds: Die Lele

Mitten im Urwald Zaires waren die politischen Strukturen weniger entwickelt, und die Gesellschaften lebten eingeschränkter und mehr auf sich zurückgezogen.

---

57 Siehe *Azande*, zit. bei A. de Calone Beaufaict, 1921.

Die Länder des Kongo-Beckens 349

Die wesentlichste Organisationsform bei den Lele des Kasai war das Dorf. Dazu war hier quasi jeder von seinem Nachbarn unabhängig. Es gab keine ausdrückliche höhere Amtsgewalt. Der Eckpfeiler war eine Greisenherrschaft, und der Dorfhäuptling war der Älteste. Sein gesegnetes Alter erhob ihn zu einer moralischen Autorität. Die Dörfer selbst waren nicht dauerhaft. Die Häuser wurden aus leichten Materialien gebaut, die der benachbarte Wald hergab. Man wechselte ungefähr alle zehn Jahre den Platz. Das Gleichgewicht der inneren und äußeren Kräfte des Dorfes aufrechtzuerhalten, galt als wesentliches Ziel: das Vermeiden jeglicher Störung, jeden Streits war lebenswichtig. Die wichtigste reale soziologische Gruppe war der Verband der Jäger. Während der vorbereiteten Riten für die Jagd war unbedingt Ruhe und Frieden erforderlich. Die geringste soziale Missetat verhinderte die Aktion oder den Plan: ein Fetischzauberer jammerte, man habe seiner Frau die Erdnüsse gestohlen, ein anderer hatte einen Ehestreit; es gab dort gleichsam Risse in den Lebenskräften der Gruppe, die man trotz aller Gegensätze zusammenhalten mußte, um der Natur die Stirn bieten zu können. Die Wahrsager, die die schädlichen und gefährlichen Kräfte des Waldes im voraus lähmten und Erfolge ankündigten, wurden besonders beachtet ... wenn ihre Prophezeihungen eintrafen, wurden sie mit Gaben überhäuft, und die Jugend begleitete sie zu ihren Dörfern zurück. Manche Wahrsager wurden von mehr als zehn Dörfern befragt. Auf diese Weise begannen sie, weitreichende Verbindungen zu schaffen.

Diese wirklich elementarste Struktur ähnelte den Beschreibungen über die Völker des Waldes, wie sie der Jäger Du Chaillu antraf. Die Dörfer lagen verstreut und waren nicht auf Dauer angelegt, denn sobald es eine ungewöhnliche Serie von Todesfällen gab, oder irgendeinen Fall von Hexerei, verließen sie den Platz. Die Nachfolge ging im Prinzip auf den Bruder des verstorbenen Häuptlings über, das Veto der Alten oder auch des Volkes war immer möglich. In schwierigen Fällen wurde das ganze Dorf zusammengerufen, und man stimmte ab. Im Fall der Stimmengleichheit entstand eine Spannung, die sich erst löste, wenn man sich auf einen Namen einigte. Bei unüberwindbarer Uneinigkeit verließ die Minderheit den Platz. Der neue Häuptling war bereits vor seiner Wahl sehr einflußreich. Die Wahl gab ihm keine besonderen Rechte darüber hinaus. Man achtete ihn ebenso sehr wegen seines Alters wie wegen seines Titels. Er war vor allem Souverän für die Fragen des täglichen Lebens. Ging es um wichtigere Probleme wie die Verlegung des Dorfes oder Krieg, wurde die Altenversammlung einberufen und beriet in Gegenwart der versammelten Bevölkerung. In letzter Instanz entschied schließlich das Volk. Wie man sieht, handelte es sich hier um eine ganz andere Form politischer Struktur. Auf dem Marktplatz wurde hier direkte Demokratie praktiziert: die Agora von Zaire. Sehr elementare Strukturen bestanden neben weiter entwickelten sozio-politischen Formen. Viele afrikanische Gruppen, die sogenannten paläo-nigritischen, die in die Wälder und in das Hügelland der Savanne geflüchtet waren, führten dieses Leben bis zur Schwelle des 20. Jahrhunderts. Vom menschlichen Standpunkt teilten diese Gesellschaften das moralische und psychologische Erbe ihrer Nachbarn. Die Gastfreundschaft z. B. galt hier als fast religiöser Imperativ; ausgenommen waren nur Angehörige feindlicher Dörfer.

Der Jäger Du Chaillu beschrieb die Fürsorge der alten Frauen des Waldes, mit der sie ihn umgaben, als er vom Fieber niedergeworfen wurde. »Niemals werde ich die Betreuung vergessen, die mir diese Frauen während meiner Krankheit

zuteil werden ließen. Arme Geschöpfe! Sie werden von ihren Herren und Gebietern schlecht behandelt; richtige Sklavinnen ... Indessen wird ihr Herz weich
beim Anblick der Leiden anderer, wie in unseren zivilisierten Ländern. Dort wie
anderswo war ich kaum krank geworden, als ich mich von Sorge und Aufmerksamkeit umgeben sah. Sie bereiteten mir die Lebensmittel so zu, wie sie wußten,
daß es mir am angenehmsten war. Sie setzten sich nah zu mir, um mir Luft zuzu-
fächeln. Sie brachten Matten herbei, um mir mein Schlafen zu versüßen; sie
schenkten mir zu trinken ein. Sie gingen im Wald erfrischende Früchte für mich
holen. In der Nacht, wenn ich erwachte, wehrlos dem Fieber ausgeliefert, hörte
ich sie leise sprechen. Sie saßen in der Dunkelheit in einer Runde, beklagten
mich und suchten nach Mitteln, die mich heilen könnten.«[58]
Ein weiterer Abschnitt offenbart die Reinheit der Dichtung, in der die Söhne
und Töchter dieser kaum bekannten Völker manchmal schwelgten. Die Szene
spielt am Rande eines abgelegenen Dorfes in der Nähe des Urwalds: »Ein kleines
Mädchen, fast schon ein junges Mädchen, stand, beleuchtet vom letzten Schein
aus dem Westen mit ausgebreiteten Armen, die Finger hin- und herbewegend
und sang leise mit Kopfstimme, wie es die Beschwörungsformeln erfordern. Als
es sich beobachtet fühlte, machte es uns auf eine dunkle Ecke des Himmels aufmerksam, wo bereits die ersten violetten Schatten der Nacht heraufzogen:
›Schaut‹, sagte es, ›schaut gut hin!‹ Mit ausgestreckten Armen begann es noch einmal: »Stern, Stern erscheine vor meinen Augen! Stern, Stern zeige dich mir!«
Ein Funke kristallisierte sich vor unseren aufmerksamen Augen. Und lächelnd
sprach das kleine Mädchen mit bescheidenem Triumph in der Stimme zu uns:
»Seht ihr, ich habe einen Stern gerufen, und er ist gekommen!« Während diese
Jugendlichen aus dem afrikanischen Busch dank ihrer Unbefangenheit die Sterne
beschwören konnten, beeilten sich auf allen Pisten Afrikas die weißen Sklavenhändler (und manchmal auch schwarze!), um zu ihnen zu gelangen, auf den Lippen ein teuflisches Grinsen. Das geschah in den großen Königreichen Zaires.

E. Die Königreiche am oberen Kongo

1. Die Ursprünge

Im oberen Becken Zaires erleben die Königreiche, deren Wurzeln tief im Mittelalter gründen, damals eine bedeutende Entwicklung. Manche Autoren sind der
Ansicht, daß die Entstehung dieser Staaten im ausgedehnten Luba-Lunda-Ge-
biet[59] die Antwort auf den ökonomischen Anreiz ist, den die Portugiesen dadurch gaben, daß sie die atlantische Küste erschlossen.
Diese rein äußerliche Begründung ist nur vertretbar, wenn man meint, daß es
sich um eine staatliche Renaissance handelt. Die archäologischen Entdeckungen
am Kisalesee nämlich, die aus dem 8. oder 9. Jahrhundert stammen, zeigen bereits politische Formationen von Format auf. Außerdem berichtete man den
Portugiesen, als sie zum Staat des Manikongo gelangten, von weiteren König-

---

58 P. du Chaillu, *Voyages et aventures dans l'Afrique Equatoriale*, Paris 1863.
59 Siehe *A short History of Africa*, von R. Oliver und Fage, London.

Die Länder des Kongo-Beckens 351

reichen, die im Landesinneren liegen sollten (Bataka). Alles was man sagen konnte, war, daß der von den Portugiesen eingeführte Sklavenhandel diese bereits vorhandenen Häuptlingschaften förderte. Dazu kam, daß sie relativ an Bedeutung gewannen, genau wie in Westafrika Aschanti und Dahome, jedoch nur für kurze Zeit. Vansina führte die Blüte des Kubareiches auf die Einführung des Mais und des Tabaks und auf die damit verbundene ökonomische und bevölkerungspolitische Revolution zurück. Noch einmal, man zweifelte sehr, daß die neuen Kulturen eine Wiederbelebung leisten konnten, die so beschaffen war, daß sie die Länder entscheidend positiv beeinflussen konnten. Tatsächlich durfte man diese positiven Neuerungen nicht gesondert betrachten. Man mußte sie im Zusammenhang mit all den anderen positiven und negativen Wirtschaftsfaktoren sehen. Hinzu kam der europäische und amerikanische Beitrag, das heißt der Alkohol, die neuen Krankheiten und vor allem der Sklavenhandel. Denn während der Mais die Menschen ernährte, alte und junge, kranke und gesunde, entführte der Sklavenhandel nur die besten und eben die, die Mais anbauen konnten.

2. Das Königreich Kuba

a) Entwicklung

Die unter dem Namen Kuba verschmolzenen Volksstämme verließen die atlantische Küste im Norden Zaires (heutiges Gabun), nachdem ihr legendärer Vorfahr Woot mit seiner Schwester Blutschande getrieben hatte. Zweifellos flüchteten sie aber auch von der Küste, weil gerade die Portugiesen eingetroffen waren. Um die Mitte des 16. Jahrhunderts hielten sie sich eine Weile am linken Ufer des Flusses auf, von wo die Dschagga sie wieder vertrieben. Darauf stiegen sie in zwei Gruppen hinauf ins Kasaigebiet und fanden sich in der Iyoolebene wieder. Dort entstand ein großer Streit wegen der Wahl des Häuptlings. Der Klan der Buschongo, d. h. die Männer mit dem Wurfmesser, setzte sich schließlich durch. Sie waren auf ihrer Wanderung überein gekommen, einen »Bootsführer« zu wählen. Dieser übernahm sehr schnell die Führerrolle, während die Gesamtheit der ethnischen Gruppe den Namen Buschongo annahm.

Wann fanden diese Ereignisse statt? Die Autoren sind sich darüber nicht einig. Torday behauptete, im 15. Jahrhundert. Vansina, ein früherer Historiker, sprach vom 17. Jahrhundert. Anzumerken ist, daß die Luba einen Minister für das »nationale Gedächtnis« hatten. Ganz im Gegensatz zu dem, was geschrieben wurde, waren sie in dieser Sache nicht die einzigen, wie wir gesehen haben. Wenn man sich auf diese Archive und auf gewisse astronomische Phänomene stützte (Sonnenfinsternis im Jahre 1680, der Halleysche Komet von 1835), könnte man den Aufschwung des Königreichs Kuba in die zweite Hälfte des 16. Jahrhunderts einordnen. Seit ihrer Ansiedlung zwischen dem Sankuru, Kasai und Lulua verstanden sich diese Kuba wie die Kongo darauf, Stoffe aus Raphia zu weben, zwei Bananensorten anzubauen und Eisen und Kupfer zu gießen. Sie trieben mit dem unteren Zaïre und mit Schaba Handel (Katanga). Im Laufe des 17. Jahrhunderts wurde unter der Regierung von Shyaam a Mbul a Ngoong oder Shamba Bolongongo ein Umstrukturierungsversuch gestartet. Vielleicht knüpfte er an die Neuerungen an, die langsam von der Küste heraufkamen, vielleicht entstand er auch aufgrund der Notwendigkeit, den Sklavenhandel zu organisieren. Er ordnete an, daß die Initiation der Jungen von nun an die Grundlage des Militärdienstes und des staatsbürgerlichen Dienstes bei den Arbeiten für das Gemeinwohl bilden sollte. Er versammelte die Würdenträger in der Hauptstadt, um sie besser überwachen zu können. Er gründete Kriegsgefangenendörfer, aus denen manche Kontingente der königlichen Armee stammten. Außerdem begründete er eine Rechtsstruktur auf dem Geschworenensystem, das sich aus Abgeordneten der Parteien zusammensetzte. Er war es auch, der das zerstörerische Wurfmesser durch den Wurfspieß und durch Pfeile ersetzte. War diese Anordnung nicht von der Sorge getragen, die Gefangenen für den Handel zu bewahren?! Sein Nachfolger Mbombosh vereinigte alle möglichen Nachfolger in der Residenzstadt und ließ sie von einem Kontingent königlicher Krieger beaufsichtigen. Auf diese Weise entgingen die Buschongo dem Prozeß der Auflösung. Mittlerweile fügte der große Krieger Mbong Lengue in vielen Eroberungen verwandte und nicht verwandte Volksstämme zusammen. Dieses Unternehmen setzte Bomantchala fort. Am Ende des 18. Jahrhunderts lockten Bürgerkriege Lubaeindringlinge ins Land. Die lange Regierungszeit Bope Mobinjis setzte dem ein Ende. Er herrschte mit Grausamkeit etwa 50 Jahre lang (1835 bis 1885). Die Handelsstraßen nach Luanda und über die Länder Pende und Lunda nutzte man in großem Maßstab für den Verkauf von Elfenbein und Sklaven gegen Kauris, Perlen und Kupfer. Doch lehnten sich die Stämme Sankurus auf, und Bruderkriege setzten ein bis zu dem Zeitpunkt, als der Kubakönig von den Belgiern besiegt wurde. Die Unruhen hielten in diesem Gebiet bis zum Jahr 1910 an.

b) Aufbau

Nach Vansina baute sich das Königreich auf einem Zusammenschluß von Häuptlingschaften auf, dessen Vorsitz der König innehatte. Man konnte es eine Art Konföderation nennen, da die Häuptlinge sogar über das Recht verfügten, Krieg zu führen. Jeden Häuptling umgab ein dreiköpfiger Rat, um die laufenden Fragen, wichtige Angelegenheiten und die Ernennung der unteren Häuptlinge zu regeln. Die angesehenen Mitglieder gehörten diesen Räten lebenslang an. Der von ihnen aus dem Fürstenklan erwählte Häuptling dagegen war absetzbar. Auch der König war auf Lebenszeit gewählt, und der Thron ging automatisch auf seine jüngeren Brüder, dann auf den Sohn seiner Schwester über. Seine Person war heilig. Seine Füße durften die Erde nicht berühren, und alle winzigsten Gesten oder Handlungen ahmten die Höflinge nach. Die Königinmutter war die zweitwichtigste Persönlichkeit des Landes. Es existierte kein Zentralrat, der die Gesamtheit des Staates in Gang hielt. Die Häuptlingschaften waren durch Personalunion an den König gebunden. Diesem stand das Recht auf eine Frau und einen jährlichen Tribut von jeder Häuptlingschaft zu. Der König besaß zudem das Monopol für gewisse Erzeugnisse wie für die Felle von Leoparden und für die Stoßzähne der Elefanten. Der König bestätigte die Wahl von Häuptlingen durch die Verleihung von Insignien. Er entschied bei Streitigkeiten zwischen Häuptlingschaften und gewährte denen Hilfe, die einem Angriff von außen ausgesetzt waren. Tatsächlich überwachte der Kubakönig dank seiner starken Armee vor allem die Stämme, die dem Reichsmittelpunkt am nächsten lebten. Seine Autorität schwand mit der Entfernung. Dennoch zeigten die Kuba ein ausgesprochenes nationales Zusammengehörigkeitsgefühl, besonders in bezug auf die Songe Meno im Norden und auf

Die Länder des Kongo-Beckens 353

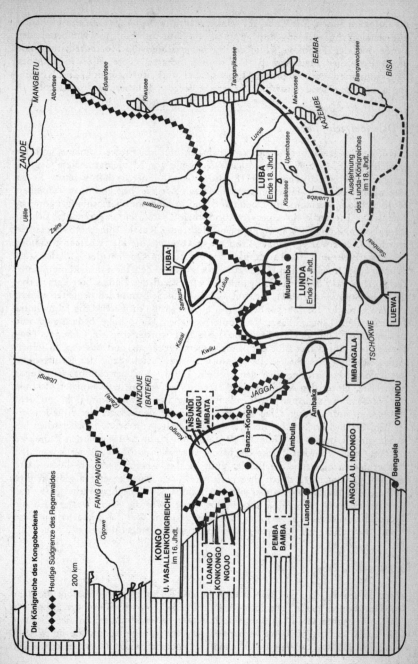

die Lulua im Süden. Die Kuba, die sehr konservativ blieben, haben eine blühende künstlerische Entwicklung durchgemacht. Sie läßt auf Einflüsse von seiten der Pende und der Tschokwe schließen. Sie beherrschten die Holzbearbeitung mit unvergleichlicher Meisterschaft. Sie schufen Schalen, Sitze, Karyatiden oder Votivstatuetten voll intensiven Lebens, aber auch durchgeistigt. Die Königsstatuen zeigen einen realistischen Stil von außergewöhnlicher Ausdruckskraft.

3. Das Königreich Luba

Das Lubakönigreich befand sich zwischen den Hochtälern des Lomamis und des Lualabas. Der Vorfahr Kongolo hatte die Sonje von Maniema in diese Gegend geführt. Er wurde als eine Art Halbgott in Gestalt einer Python verehrt, die im Regenbogen erschien. Hier, mitten im Herzen Afrikas, begegnet man denselben Mythen wie in Aschanti, im Dogonland und in Dahome: der Schlangengott Da war in der Tat der Weltordner des kosmischen Chaos', und er offenbarte sich im Regenbogen. Kongolo war von seinem Stiefbruder Kalala Ilunga (1585) getötet worden. Dieser war ein großer Eroberer und weitete die Herrschaft in Richtung des Mwerusees und des Tanganjikasees und zu den Quellen des Lualabas aus. Sein Bruder Ilunga Kibinda heiratete zur gleichen Zeit die Lundakönigin Luedschi. Aber bald darauf, mit Beginn der Herrschaft des Ilunga Liu, kamen dynastische Streitigkeiten auf, die von Morden und Selbstmorden begleitet waren. Am Ausgang des 18. Jahrhunderts erreichte der große Erobererkönig Kunwimbu Ngombe den Tanganjikasee. Die unterworfenen Häuptlinge bedachte er mit Lehen. Der König, der als Halbgott betrachtet wurde, trug ein Charisma *(bulopwe)*, das durch das Blut des Ilunga übertragen war, und das ihn zu seinen Amtsgeschäften ermächtigte. Er organisierte die Verteidigung der Randgebiete des Reiches, das sich nun über den größten Teil des heutigen Schabas (Katanga) ausdehnte. Unter den Ministern gab es eine Art Vermittlungsminister, der mit der Versöhnung zwischen den Großen des Reiches betraut war, d. h. mit dem *twite,* dem militärischen Chef und dem *inabanza,* dem Hüter der rituellen Insignien. Danach erlebte das Reich eine solche Folge von brudermörderischen Liquidierungen, daß es am Ende des 19. Jahrhunderts im Süden von den Tschokwe und im Osten von den Bajeke des Misiri überfallen wird. Nach der kolonialen Eroberung vernichteten die Belgier auch die Luba-Konföderation. Diese hatte sich übrigens weniger durch ihre politische Macht durchgesetzt als durch ihre kulturelle Ausstrahlung, wobei sich das Kiluba als Verkehrssprache bis in das Gebiet des heutigen Sambia ausgebreitet hatte. Wie die Kuba waren auch die Luba sehr begabt im Bereich der Holzschnitzkunst. Wie die Baule hatten diese Völker ihre alltägliche Umgebung mit ästhetischem Feingefühl gestaltet.

4. Die Lunda

Auch die Lunda sind ein Beispiel für eine ausgedehnte Konföderation, die dem Lubabund durch die Heirat ihrer Königin Luedschi verschwistert war. Schon ihr Name beinhaltet ein Programm: er bedeutet »Freundschaft«. In der zweiten Hälfte des 16. Jahrhunderts verbanden sich Bungu-Häuptlinge, die im Westen der Luba ansässig waren, durch einen Freundschaftseid und ernannten einen

Die Länder des Kongo-Beckens 355

unter ihnen zum Mwata, Mwaku. Man begegnete hier dem nationalen Element, dem Wunsch, gemeinsam zu leben, den man auch anderswo feststellte, besonders bei den Aschantis. Der Sohn des Königs (*mwata* = König), Konde, hatte drei Kinder, darunter eine Tochter mit Namen Luedschi, die zur Erbin bestimmt wurde. Ihre beiden enttäuschten Brüder gingen fort und gründeten die Königreiche Mbangale und Luenda in Angola. Luedschi, sie hatte nacheinander mehrere Ehemänner, erhielt das königliche Armband aus Eisen und den Titel Swana Mulunda (Mutter des Lundavolkes). Bald darauf ging sie eine diplomatische Ehe mit dem Lubafürsten Ilunga Kibinda ein. Er dehnte den Machteinfluß Lundas nach Nordwesten aus und nahm dabei das Volk der Bataka auf. Sein Sohn, Mwata Lusenge Nawwedschi, mußte das stark gelockerte Ganze mehr organisieren. Sein Sohn und Nachfolger aber, Mwata Jamvo[60] (1660–1675), machte das Lundareich zu einer der berühmten Mächte in Zentralafrika, so daß sein Name als dynastischer Titel auf seine Nachfolger überging. Er dehnte seine Eroberungszüge bis zum Oberlauf des Sambesis im Süden und des Kassais im Nordwesten aus. Zudem ließ er seinen General Mushidi das Gebiet der Salzpfannen im südöstlichen Shaba besetzen. Um die Verwaltung wirksamer zu gestalten, ernannte er Provinzgouverneure, die, je nach Gebiet, den Titel *Mwata*, *Mwene*, oder *Kazembe* trugen. Sie waren quasi autonom, mußten dem König aber Tribut entrichten. Der König, dessen Person geheiligt war, wurde von vier Würdenträgern gewählt, die ebenfalls unter seinen Verwandten die »Mutter des Königs« wählten. Wie bei den Luba herrschte hier die patrilineare Erbfolge. Aber das Lundasystem war bedeutend »demokratischer« und offener als das Lubaregime. Das hing sicherlich mit dem königlichen Rat (*citentam*), dessen Zusammensetzung und umfassender Zuständigkeit zusammen. Drei Arten von Ratgebern nahmen daran teil: die rituellen Erdherren, die Abgeordneten (*ntamb*) der tributpflichtigen Häuptlinge und die »königlichen Beamten«.

Außerdem besagte der politische Mythos der Lunda, daß jeder König vollständig mit seinem Vorgänger übereinstimmen müsse. Daher bildete sich eine riesige Familie, zu der alle gehörten, die auf die eine oder andere Weise mit dem regierenden König verbunden waren, die *ipso facto* der königlichen Verwandtschaft beigesellt waren. Dieses weniger starre System war irgendeiner präexistierenden Struktur flexibel angepaßt und sicherte zugleich die innere Wirksamkeit der Lundaverfassung und ihre Ausstrahlung nach außen.

Im 18. Jahrhundert dehnte sich das Königreich bis jenseits des Mwerusees im Luapulagebiet aus, wo der General Kanjembo sich breitmachte und das Land organisierte. Sein Sohn Nganda Iluda, der Kazembe von Luapula geworden war, empfing im Jahr 1796 den portugiesischen Pionier Gaetano Pereira, der im Norden Tetes seßhaft war. Auf Vermittlung der Bisa von Bangweolosee und der Jao vom Njassasee trat der Kazembe so in Handelsbeziehungen mit der Küste des Indischen Ozeans ein. Aber dieser Lundastatthalter betrachtete sich immer als Sohn des Mwata Jamvo, dem er Tribut in Form von Salz und von exotischen Waren von der Küste Sansibars leistete. Aber vorwiegend zahlte er mit Sklaven, die übrigens an die Portugiesen von Angola verkauft wurden. Auf diese Weise empfing Lunda portugiesische Waren von zwei Ozeanen und versandte als Gegenleistung dafür »Ebenholz«. Aber dieses »Holz« konnte nicht geflößt werden, es erreichte die Läger der Empfänger nach einem dornenvollen

60 Wird auch Mwaant Yaar genannt.

Fußmarsch von 2 000 Kilometern. Der Kazembe Keleka regierte im Jahr 1831 noch immer, als die portugiesische Delegation des Gouverneurs von Moçambique eintraf. Sie erschien mit dem Vorhaben, die Handelsbeziehungen dauerhafter zu gestalten. Doch der König bog dieses Angebot mit der Erklärung ab, daß er auch bei den Arabern der Küste kaufen könne. Während dieser Zeit erlebte die Metropole Lundas von 1883 ab in einer dekadenten Phase mannigfache Gewalttaten. Davon profitierten die Tschokwe wie im Lubaland und überfielen Lunda. Doch zwei Generäle, Muchiri und Kawele, ließen sie scheitern. Allerdings entledigte sich der König ihrer nach dieser Glanzleistung. Aber demoralisiert vom Sklavenhandel verdienten die Lundahäuptlinge den Namen Freund nicht mehr. Die Belgier verliehen Mwata Jamvo die Medaille des großen Häuptlings von Lunda.

F. Küstenkönigreiche

1. Kongo

Zuletzt wurde vom Königreich Kongo gesprochen, als es sich gegen Ende der Regierungszeit Alfonsos in einer sehr schlimmen Lage befand. Die Dinge sollten sich noch verschlechtern. Nach einer Zeit anti-europäischen Verhaltens nahm Diego I. 1546 die Verbindung mit den Portugiesen wieder auf. Er ließ jesuitische Missionare kommen, mit denen er bald recht stürmische Beziehungen unterhielt. Im Jahr 1556 brach ein Konflikt zwischen ihm und dem Ngola aus, der in einer Art Vasallenverhältnis zu ihm stand. Die Europäer hatten den Ngola zu dieser Revolte getrieben. Portugiesische Söldner kämpften allerdings in beiden Lagern. Unruhen entstanden. Die Nachfolge regelte sich durch eine Gewalttat zu dem Zeitpunkt, als im Jahr 1569 die Dschagga über das Königreich herfielen. König Alvaro I. richtete darauf einen Appell an Sebastian von Portugal, der ihm sogleich 600 Soldaten schickte. In einem Zeitraum von eineinhalb Jahren gelang es ihnen, das Königreich zurückzuholen. Daher begab sich Alvaro I. in den Vasallendienst des Königs von Portugal und versprach ihm ein Fünftel der Einkünfte des Landes als Tribut. Die Ära der Gleichheit, die bis zu diesem Zeitpunkt zwischen den beiden Königreichen geherrscht hatte, war damit praktisch abgeschlossen. Alvaro II. (1574–1614) wagte es indessen, sich gegen den Sklavenhandel in seinem Königreich aufzulehnen. Er tat das so drängend, daß sich die Portugiesen von ihm abwandten und in dem viel gastlicheren Land des Ngola niederließen. Der Tod Sebastians in Ksar el Kebir und die Thronbesteigung Philipps II. hatten hier wie auch in Moçambique eine Periode der Vernachlässigung zur Folge. Die Priester kamen nicht mehr, und mittels seines Ratgebers Duarte Lopez ließ er verzweifelte Bittschriften an den Heiligen Stuhl los, wobei er dem Papst sogar eine riesige Domäne anbot, was dieser jedoch ablehnte. Alvaro III. (1614–1622) setzte die gleichen Appelle fort, und als schließlich die Missionare eintrafen, säten lokale Streitigkeiten Zwietracht unter Jesuiten, portugiesischen Priestern und Kapuzinermönchen. Letztere befanden sich im allgemeinen im Widerspruch zu den beiden ersten Gruppen. Die Portugiesen verwüsteten nun im Einvernehmen mit den Dschagga die Provinz Mbamba, wo die

Die Länder des Kongo-Beckens 357

Kongolesen zu guter Letzt alle Portugiesen, die ihnen in die Hände fielen, niedermetzelten. Nach einer kurzlebigen holländischen Herrschaft kehrten die Portugiesen 1648 zurück. Sie stellten dem König Antonio die Forderung, ihnen das Geheimnis um den Ort der Goldlager zu entdecken, von denen sie träumten. Antonio, dem das Drängen auf die Nerven ging, antwortete mit Feindseligkeiten. Er wurde besiegt und in Ambuila getötet (1665). Sein Haupt führten die Portugiesen nach Luanda zurück[61]. So fand das Leben des Manikongo ein Ende.

Nach den Berichten der Pater Bernado da Gallo und Lorenzo da Lucca verbreiteten sich gewisse Arten von Synkretismus, Vorläufer derjenigen, die im 19. und 20. Jahrhundert aufblühten. So stellte sich Chimpa Vita, getauft auf den Namen Dona Beatrice, die sich in den Kopf gesetzt hatte, den feigen und wankelmütigen Pedro IV. aus seiner Zufluchtsstätte in den Bergen Kilanagu nach San Salvador zurückzuführen, als eine Inkarnation des Heiligen Anton dar. Sie ließ die Fetische wie die Kreuze in Brand stecken.

Zahlreiche Bekehrte, unter ihnen der Oberbefehlshaber und die Frau Pedros IV., hielten an der neuen Religion fest, die die Tugenden der schwarzen Heiligen von Dona Beatrice rühmte. Aber einer von diesen zeugte mit der Gründerin ein Kind. Sie zog sich in den Busch zurück, um es zu nähren. Verfolgt und schließlich gefangen, schleppte man sie ins Lager Pedros IV. und verbrannte sie bei lebendigem Leibe am 2. Juli 1706. 1718 starb Pedro, nachdem er endlich San Salvador zurückgewonnen hatte. Damals kam man überein, daß der Manikongo wechselweise aus den beiden Klans Chimulaza und Chimpanzu gewählt werden sollte. Aber schon begehrten die Vasallen auf. Pedro V. (1763) und Alvaro XI. (1764) half es nichts, sich mit dem Pomp von einst salben zu lassen; es war nur noch die lächerliche Fassade einer verlorenen Vergangenheit.

Im Norden der Trichtermündung des Kongos scheinen vier wenig bekannte Königreiche (Anzique, Kakongo, Ngojo und Loango) als erste Dynasten die Söhne der legendären Ngonu gehabt zu haben. Außerdem stammten sie wahrscheinlich aus der gleichen Periode wie das Kongoreich. Die Anzique oder Bateke oder Tys, unermüdliche Schiffer, spielten wahrscheinlich die Vermittlerrolle zwischen dem Landesinneren, wo sie die Kupferminen von Minduli kontrollierten, und den Vili von Loango. Durch deren Vermittlung wieder verkauften sie Kupferbarren, Edelholz, Sklaven und Stoffe aus Raphia. Der letztgenannte Artikel wurde in großen Mengen vom Königreich Okango hergestellt. Okango lag unmittelbar westlich des Unterlaufs des Kuango.

Der Negersklavenhandel grassierte seit dem *Asiento* vom August 1701. Er setzte vertragsgemäß fest, daß die zu liefernden Neger nicht von der Küste Guineas kommen sollten »in Erwägung der Tatsache, daß die Neger dieser Länder für Westindien nicht geeignet sind«. Man mußte also die Küste mehr im Süden ausschöpfen. Sehr schnell erschienen Missionare. Sie zeichneten das Bild eines Landes, das sozio-politische Strukturen aufwies, die bedeutend besser bewahrt waren als im Kongo, wo die portugiesische Einnistung viele kulturelle Züge verfälscht hatte. Insbesondere das Gottkönigtum und das Ritual der Inthronisation der Fürsten blieben praktisch unberührt. Die Portugiesen förderten die Zerstückelung, diese zog ethnische Kriege nach sich, welche wiederum dem Sklavenhandel Nahrung gaben. Zu Beginn des 19. Jahrhunderts befand er sich auf dem Höhepunkt. Zu diesem Zeitpunkt verschwanden die Spuren des missionarischen

61 O. de Bouveignes, *Les Anciens rois du Congo*, 1948.

358   *Jahrhunderte der Neuordnung*

Werks fast gänzlich. Wenn es einem besonders begabten Kongolesen noch einmal gelang, den Namen des Heiligen Anton hinzukritzeln, wurde ihm das Kruzifix umgehängt und von den Animisten in das traditionelle religiöse Zusammenspiel einbezogen.

2. Angola

Angola wurde zu seinem Unglück das Lieblingskind der Portugiesen. Auf der kleinen Insel, auf der der Manikongo den Kauri-Fang betrieb, gründeten sie eine neue Stadt, errichteten Forts entlang des Kwanzaflusses und schufen 1592 eine Kolonialverwaltung unter dem Befehl des Generaloberst Francisco von Almeda. Es fand sich damals ein portugiesischer Jurist, der eine Kolonisierungstheorie befürwortete, die erst zur Zeit der Berliner Konferenz abgeschafft wurde: Albien E. Brito regte tatsächlich die militärische Besetzung Angolas an, seine Verbindung mit Moçambique, die Errichtung eines königlichen Salzmonopols, die Eröffnung eines Warenhauses in Benguela und den freien Abbau der Minen. Der Gouverneur mußte auf die am Orte ansässigen Kolonisten und jesuitischen Missionare Rücksicht nehmen, die ihre ökonomischen und geistlichen Interessen, manchmal auch beide gleichzeitig, verteidigten. Ihr am weitesten vorgeschobener Posten war Ambaca, während die Abenteurer viel weiter jenseits des Kwango vordrangen und zu »*sertanejos*« (Buschbewohnern) wurden.

Außerdem verleibten sie der Kolonie das Zentrum von Benguela ein, wo sich portugiesische Sträflinge, brasilianische Kriminelle und Taugenichtse zusammengefunden hatten. Nachdem sie festgestellt hatten, daß es keine Minen gab und daß man den Negersklavenhandel nicht umgehend gewinnbringend organisieren konnte, verlegten sie sich wieder auf die Landwirtschaft. Sie bauten eine Kolonie auf, deren Bevölkerung sich fast selbst versorgen konnte. Unter dem Vorwand, Lissabon würde Angola finanziell nicht ausreichend unterstützen, hielten sich die Beamten am Sklavenhandel schadlos. Aber im Jahre 1641 besetzten die Holländer unter der Herrschaft Garcias II. Alfonso Luanda. Portugal, das in einen Unabhängigkeitskrieg gegen Spanien verwickelt war, rief seine brasilianische Kolonie zu Hilfe, um Angola zurückzuerobern. Der General und brasilianische Großgrundbesitzer Salvador de Sa konnte die Holländer im Jahre 1648 vertreiben. Von diesem Zeitpunkt an kamen die meisten der hohen Beamten aus Brasilien. Angola war zu einer Art »Kolonie der Kolonie« geworden. In der Tat hatten die Portugiesen Brasiliens die Portugiesen Lissabons abgelöst. Dadurch erhielt der Sklavenhandel einen starken Auftrieb. Der Generalgouverneur ernannte die Kommandanten der Festungen, die im ganzen Land verteilt waren. Einmal eingesetzt, handelten diese Herren praktisch nach ihrem Gutdünken. Der Gouverneur, dem der oberste Richter *(Uvidor)* zur Seite stand, versuchte im allgemeinen nicht, die Verwaltung des Sklavenhandels zu verbessern, der zu der Zeit die wesentlichste Aktivität des Landes ausmachte. Da es Portugal an Schiffen mangelte, hatte es im 18. Jahrhundert Verträge mit Großbritannien und Holland unterzeichnet, die nun die »Ware« fortschafften. Die Gewinne aus diesem Handel machten im 18. Jahrhundert aus Luanda eine Stadt, die mit Monumenten und öffentlichen und privaten Palästen übersät war.

Bei ihrem Versuch, die benachbarten afrikanischen Königreiche zu besetzen, stießen die Portugiesen auf den Widerstand des Ngola von Ndongo und seiner

Die Länder des Kongo-Beckens   359

Schwester Jinga von Matamba[62]. Seit 1618 war die Residenz des Ngola besetzt
gewesen, und 94 seiner Häuptlinge hatten die Portugiesen beseitigen lassen. Aber
bald sahen sie sich dem Widerstand der Jinga von Matamba gegenüber. Erst
1621 zog sie mit einem punkvollen Gefolge in Luanda ein und bot Frieden an.
Bei dieser Gelegenheit ließ sie sich auf den Namen Dona Ana de Suza taufen,
wehrte sich aber hartnäckig dagegen, einem Tribut unterworfen zu werden.
Denn, so sagte sie, »man spricht zu denen von Tribut, die man erobert hat«.
1623 zögerte sie nicht, ihren Bruder, den amtierenden Ngola umbringen zu lassen; die Portugiesen hatten ihn eingesetzt. Mit der Unterstützung von Dschagga-
banden organisierte sie den Guerillakrieg und hielt den Kampf dreizehn
lange Jahre aufrecht. Es gelang ihr sogar, sich mit den Holländern zu verbünden, bis zur Niederlage derselben 1648 in Luanda. Nach einer wechselvollen
Reihe von Niederlagen und Siegen starb sie 1663 hochbejahrt in einem immer
noch unabhängigen Matamba. Das Königreich von Ndongo wurde dagegen nach
der Niederlage des Ngola im Jahr 1671 unter dem Namen »Portugiesisches Königreich von Angola« annektiert.
Im Jahr 1765 erschien indessen ein Gouverneur von außergewöhnlichem Format, Francisco de Suza Cuthino. Er erkannte sehr klar, daß der Wohlstand
Portugals sich auf Brasilien und der wirtschaftliche Aufschwung Brasiliens sich
wiederum auf die Arbeitsleistung der Sklaven aus Angola stützte. Aber er begriff auch, daß mit dem Sklavenhandel und der Entvölkerung Afrikas langfristig
eine bedrohende Lähmung Portugals einhergehen würde. Deshalb versuchte er,
die Ausschreitungen des Menschenhandels zu mildern. In Luanda ließ er eine
Schiffswerft eröffnen. Er förderte die Industrie und baute am Ufer des Kwanzas
ein Hüttenwerk (Eisen) auf. Er schuf eine Berufsschule, drohte denjenigen mit
Enteignung, die ihren Landbesitz nicht urbar machten und bemühte sich, vergeblich, portugiesische Kolonisten in einer Musterlandwirtschaft anzusiedeln, um
den Afrikanern ein Beispiel zu geben. Er versuchte leider, Berge zu versetzen.
Die mächtige Woge, die das »Ebenholz« mit sich führte, schwemmte die gutge-
meinten Pläne des Francisco de Suza wie einen Strohhalm fort. So blieb der
Sklavenhandel weiterhin der wichtigste Handelsposten Angolas, und Luanda
wurde zum bedeutendsten Sklavenausfuhrhafen Schwarzafrikas. Mehr als
30 000 Sklaven verließen diesen Ort jedes Jahr, vorwiegend wurden sie nach
Brasilien transportiert. Der Gouverneur war im Rahmen des *regimento,* das
er bei seiner Nominierung erhielt, im Namen des Königs der wichtigste Händler
in dieser Materie. Darauf folgten die Händler *(contractor),* die entweder in die
eigene Tasche wirtschafteten oder für Unternehmen des Mutterlandes arbeiteten.
Sie verständigten sich mit dem Gouverneur darüber, das Kontingent an Sklaven,
das ihnen von Lissabon bewilligt wurde, zu überschreiten. Der Überschuß entging
selbstverständlich auch der Steuer. Die letzten in dieser Reihe waren die Einzelhändler.
Ins Landesinnere drangen Prospektoren vor, oft Mischlinge, die sogenannten
pombeiros. Sie waren auf der Suche nach neuen Adern des »schwarzen Erzes«
und kehrten manchmal nach einem Jahr Abwesenheit an der Spitze riesiger Karawanen zurück. Hier wie in Moçambique wurden verdienstvollen Dienern des
Königs Lehen gewährt mit Hoheitsrechten wie z. B. dem Recht, Steuern zu erheben, die in Sklaven zu begleichen waren. Unter ihnen wurden die Sklaven, die

62 Siehe *Jinga, reine de Ngola et de Matamba,* Prés. Afr. 1962.

in Angola blieben, zur Arbeit auf den Plantagen herangezogen. Zu den Glücklichsten zählten sich die, die in den Werkstätten von Maurern, Schmieden oder Schneidern der Jesuiten angestellt wurden.

Nach der Proklamation seiner Unabhängigkeit im Jahr 1822 bot Brasilien Angola und Moçambique ein Bündnis an. Nur Benguela lehnte sich dagegen auf, doch bald kehrte alles wieder zur Ordnung zurück. Zur Zeit des britischen Feldzugs gegen den Sklavenhandel bemühte sich auch der portugiesische Premierminister Sa da Bandeira 1836 den Sklavenhandel abzuschaffen. Er wollte ihn durch Kapitalanlagen und Kolonisierung ersetzen. Aber es gab eine Empörung, und trotz der Unterstützung durch die englische Flotte mußte Sa da Bandeira nachgeben und das Gesetz von 1858 über Fristen und den schrittweisen Abbau zusammenstellen und billigen. Das hatte zur Folge, daß Geist und Praxis der Sklaverei in Angola bis ins 20. Jahrhundert hinein überleben konnten. Indessen sahen die Portugiesen hier wie anderswo, wo es kaum Portugiesinnen gab, in der Rassenvermischung eine physiologische Entlastung, bevor sie sie im nachhinein als ein Propagandamittel benutzten. Um die Mitte des 19. Jahrhunderts begann der künstliche Glanz Luandas zu erlöschen, und Livingstone stellte bittere Überlegungen zum Bankrott des portugiesischen Systems an.

3. Im Innern

Dennoch waren die portugiesischen Versuche, die Einbürgerung auszuweiten, von ebenso klar denkenden Männern unternommen worden wie jene es waren, die die Struktur verbessern wollten. Vor Livingstone hatten die Portugiesen die Mitte Afrikas überschritten. Im Jahre 1798 hatte sich der Gouverneur La Cerda, ein brasilianischer Mathematiker und Gegner der Sklaverei, der den englischen Vormarsch von Süden her voraussah, bemüht, die Einflußzone Angolas ohne das Einverständnis des Kazembe abzurunden. Er mußte sterben, und die Expedition scheiterte. Im Jahr 1806 sollen am Hof des Kazembe IV. vier Jahre lang zwei *pombeiro*-Mischlinge zurückgehalten worden sein. Silva Porto, der Pionier, der viel in Zentralafrika herumgereist und auch Livingstone begegnet war, begriff, daß die Tage der feudalen Ausbeutung gezählt waren. Er alarmierte seine Regierung. 1879 erklärte der Minister für Auswärtige Angelegenheiten Joao de Andrade Corvo: »Nur durch seine Kolonien ist Portugal in der Lage, den Platz zu behaupten, den es im Konzert der Nationen verdient.« Kurz vorher hatte er zur Gründung einer geographischen Gesellschaft von Lissabon beigetragen. Diese unterstützte die von dem Offizier Serpa Pinto geführte Expedition, welche im Jahr 1877 von Luanda aufgebrochen war und Durban am Indischen Ozean erreichte. Er kehrte mit anderen Männern wieder zurück, um mit den lokalen Häuptlingen Verträge abzuschließen. Er brachte eine reiche Ausbeute mit. Besonders wichtig war ein Vertrag mit dem König von Luanda. Aber König Leopold wachte ...

In Wirklichkeit war ein Mann in dieser Epoche vor der Konferenz von Berlin der wichtigste: Nguelengwa, genannt Misiri. Seine Geschichte führt vor Augen, in welchem Maße Afrika erschöpft war. Misiri war ein Njamwezi, der im Jahr 1858 von seinem Vater, einem Submittenten (Kaufmann), bis nach Schaba ins Land des Elfenbeins und des Kupfers geführt worden war. Er bat, dort bleiben zu dürfen. Es gelang ihm, das Wohlwollen des Kazembe zu erringen, indem er

Die Länder des Kongo-Beckens   361

ihn über ein Verfahren unterrichtete, um einen Impfstoff gegen die Pocken zu entwickeln. Sogleich beschenkte man ihn mit einem jungen Mädchen und mit schweren Kupferbarren. Dank der Gewehre seiner Gefolgsleute, der sogenannten Bajeke (Elefantenjäger), dank seiner Intervention bei örtlichen Streitigkeiten und dank des Sklavenhandels wurde Misiri ein bedeutender Mann, der den Kazembe niederwarf und sich vom Königreich des Mwata Jamvo trennte. 1869 rief er sich zum König Garenganzes aus, gründete eine Dynastie, führte königliche Riten ein und ernannte eine Residenz. Sie hieß Busenja und wurde ein bedeutender Stützpunkt des Sklavenhandels, wo es alsbald von Arabern und Suahelis wimmelte. In diesem Königreich mitten unter den Luba und Lunda gab es autonome lokale Häuptlinge. Doch stand ihnen ein Bevollmächtigter zur Seite mit dem Auftrag, den Tribut zu erheben und Rekruten auszuheben *(moyeke)*. Er entriß dem Basenga das Monopol über den Kupferguß und übertrug es seinen eigenen Gießern, den Bajeke. Sie führten an Stelle der Kupferbarren den Kupferdraht ein und befanden sich damit auf dem Weg zum Halbfabrikat. Da Misiri das Kupfer monopolisiert in Angola verkaufte, erschien er bald als der Herrscher eines Staates, der in der Art der Kazembe von einst über einen transkontinentalen Handel herrschte. Aber Misiri, der ein afrikanischer Kolonist war, überschritt die Grenzen seiner Herrschaft. Der Aufstand der Basenga erschütterte sein Gebiet. Und im Jahr 1891 schlug ihn der belgische Hauptmann Bodson nieder, ein Stellvertreter einer Kolonisierung, die besser gerüstet war, sich Afrikas zu bemächtigen. Dennoch blieb bei diesem Zwischenfall eine Bajeke-Häuptlingschaft verschont. Im Süden Angolas bewohnten die Owimbundu das Königreich von Benguela. Sie gehörten zu den wenigen Völkern Afrikas, die mit Stein bauten, beinahe im gleichen Stil wie die Völker von Simbabwe. Sie taten dies etwa seit Beginn des 17. Jahrhunderts. Wie die Anzique (Bateke) waren sie rege Mittler auf den Pisten, die die atlantische Küste mit dem Lundaland und noch weiter mit dem Barotseland (oberer Sambesi) und mit Moçambique verbanden. Sie beförderten Kautschuk von Lianen, Elfenbein und Kupferkreuzchen von Schaba (Katanga) und eskortierten die Scharen der Sklaven.

Dieselbe Funktion erfüllte das Königreich Imbangala von Cassange, vorwiegend in der Zeit von 1650 bis 1850. Die ersten Könige *(Jaga)* dieses Landes zahlten übrigens sowohl dem Mwata Jamvo, dem König von Luanda, als auch dem portugiesischen Gouverneur von Luanda Tribut. Weil der Lundahäuptling Kingomi am Ende des 16. Jahrhunderts zugunsten seiner Verwandten Louedschi um den Thron gebracht worden war, begab er sich ins Songoland und ließ sich hier nieder, in der Nähe des Gebietes, in welchem sein Neffe Kassanje ein Dorf gegründet hatte, das einmal Cassange werden sollte.

Aus der Verschmelzung dieser übergelaufenen Lunda und der Dschaga entstand das Volk der Imbangala. Es diente als Relaisstation in der grauenvollen Kette der Sklaverei, die sich gestaffelt bis ins Innere hinzog. 1862 bildeten die Imbangala dennoch durch ihren erbitterten Widerstand gegen den Vorstoß der Portugiesen das Bollwerk des Lundalandes, was dem König Leopold gestattete, die Rechte Belgiens auf das Hinterland anzumelden.

X. Südafrika: Bantu, Buren und Briten

Den südlich des Sambesi gelegenen Gebieten war ein besonderes Los beschieden. Es sind Länder, wo die Höhenlage und die Mittelmeer-Breite ein gemäßigtes Klima hervorrufen, das europäischen Verhältnissen nahekommt. Die sehr spezielle und unüberlegte europäische Besetzung wurde durch eine Kette von Tatsachen herbeigeführt, die kurz in Erinnerung gebracht werden müssen. Die ersten Bewohner Südafrikas, die historisch bekannt sind, waren die Buschmänner *(San)* und die Hottentotten *(Khoi)*, die sogenannten Khoisaniden. Vom anthropologischen Gesichtspunkt aus unterschieden sie sich durch einen niedrigeren Wuchs, winzige Füße und Hände, eine hellbraune Gesichtsfarbe, und die Frauen durch eine unübersehbare Steatopygie usw. Doch waren die Buschmänner mehr Jäger und die Hottentotten mehr Viehzüchter. Seit dem Ende des 16. Jahrhunderts flüchteten die Buschmänner unter dem Druck der Bantuvölker (Sotho, Ngoni) in die Wüstensteppe der Kalahari, während die Hottentotten in die Kapregion vordrangen oder zum Teil auch mit den Eindringlingen aus dem Norden verschmolzen. Diese breiteten sich an der Ostküste aus und wurden schließlich von den Südostwinden in alle Richtungen versprengt. Die Swasi, Zulu, Pondo und Xosa setzten ihren unaufhaltsamen Vormarsch gen Süden fort; Südafrika war kein unbesetztes Land. Durch Zufall stellte sich einer holländischen Mannschaft der *Ostindienkompanie*, die an dieser Stelle Schiffbruch erlitten hatte, das Problem, einen Ankerplatz für Zwischenlandungen auf dem Weg nach Indien zu finden. Wenig später (im April des Jahres 1652) gründete deshalb Jan Van Riebeck am Kap der Guten Hoffnung eine kleine Niederlassung, die von Batavia (Java) aus verwaltet wurde. Die Zurückhaltung der Hottentotten beim Verkauf ihres Viehs und die geringe Leistungsfähigkeit der Soldaten-Bauern aus Europa veranlaßten Van Riebeck, Kolonisten kommen zu lassen, die für die Verproviantierung der Schiffe sorgen sollten.

Bald hielten diese die ihnen zugewiesenen Gebiete für zu klein und die ihnen von der Kompanie auferlegten Lasten für zu drückend. Deshalb entschlossen sie sich zu einer Wanderung *(trek)* gen Osten und eroberten unermeßliche Gebiete für Viehzucht und Ackerbau. Diese Neuankömmlinge waren größtenteils Protestanten aus den Niederlanden. Sie ließen sich als Bauern (Buren) nieder und wollten nicht die spanische Unterdrückung gegen die der Kompanie eintauschen. Sie organisierten sich auf der Basis autonomer Bezirke mit einem repräsentativen Ausschuß, der von den Familienoberhäuptern gewählt wurde. Diese ersten Buren verfügten über eine dürftige Bildung sowohl in religiöser wie auch in allgemeiner Hinsicht. Die Lage verschlechterte sich noch, da es hier weder Lehrer noch Pfarrer gab. Die Bibel in deutscher Sprache wurde bald zu einer Art Familienfetisch, als Auslegung dienten ihnen die Erinnerungen an Calvins Interpretationen in sehr vereinfachter Form. Diese Flüchtlinge betrachteten sich bald als Auserwählte Gottes angesichts der Masse farbiger Völker, deren Sitten sie nicht begreifen konnten und wollten: Hottentotten, Malaien und Sklaven der afrikanischen Küste. Da sich jedoch sehr wenige europäische Frauen unter den »Auserwählten« befanden, geruhten sie, von ihrem Podest herunterzusteigen und sich um die Hottentottenfrauen zu bemühen. Auf diese Weise wuchs die Bevölkerung an Mischlingen *(bastards, griquas, coloured)*, die sie als Unterlegene betrachteten, aber immer noch den servilen Afrikanern überlegen. Mit Beginn des 18. Jahrhunderts trafen weitere Flüchtlinge in Südafrika ein:

Die Länder des Kongo-Beckens

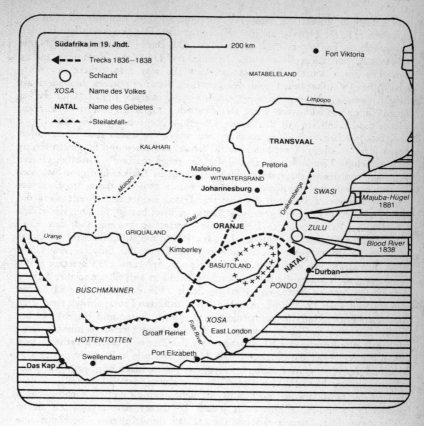

französische Protestanten, die Ludwig XIV. (1685) nach der Aufhebung des Edikts von Nantes des Landes verwies. Diese gehörten vornehmlich der französischen Bourgeoisie an: Kaufleute, Handwerker, Freiberufler. Gemeinsam war ihnen mit den Buren der calvinistische Glaube und der Seelenzustand von Geflüchteten am Ende der Welt, die sich eine neue Heimat schaffen mußten. Sie hoben das Kulturniveau der bäuerlichen Buren, in denen sie aufgingen wie Hefe. Das *trekking* erhielt einen Peitschenhieb, durch den die Hottentotten langsam enteignet und zu Dienstboten degradiert wurden oder zu Fronbauern verarmten. Schon zu Beginn des 18. Jahrhunderts stießen die Buren auf die Bantu; und im Jahr 1775 wurde aus einer Begegnung an den steilen Ufern des Fish River ein Schicksalsschlag. Denn ganz im Gegenteil zu den Buschmännern[63] und Hottentotten, die sie verjagt, beraubt und ausgenutzt hatten, fanden die Buren

---

63 »Man jagt die Buschmänner, wie man die Tiere jagt« (H. Deschamps).

nun gefestigte Völker mit zum Teil gut organisierten Häuptlingschaften vor sich (wie z. B. die Ngoni), die man erobern mußte. Das galt vor allem für den berühmtesten Teil dieses Volkes: die Zulu. Die Buren waren, wie ihr Name schon sagt, vor allem Bauern und Viehzüchter. Die Zulu, Xosa und andere betrieben einen wahren Kult um das Vieh. Es war Hauptstütze der wirtschaftlichen Wohlhabenheit und des gesellschaftlichen Prestiges, besonders als Mitgift *(lobola)*, die den Schwiegereltern gezahlt werden mußte. Und da bei ihnen die unbeaufsichtigten Tiere als öffentliches Eigentum betrachtet wurden, gab es bald Konflikte mit den Buren. Überfälle, Repressalien, Guerillakämpfe und Bandenkrieg wechselten einander ab, wobei die Buren ihre Feuerwaffen gegen diese »Kaffern« einsetzten, die für sie aus rassischen und religiösen Gründen natürliche Feinde waren. Die Opfer der religiösen und nationalen Unterdrückung wurden so ihrerseits zu Unterdrückern in Afrika. Übrigens löste der Bankrott der *Indienkompanie* die fiktiven Bande zwischen ihnen am Ende des 18. Jahrhunderts. Die Buren der Distrikte Graaf Reinet und Swellendam, die sich bereits für den Kampf gegen die Bantus gerüstet hatten, formten schließlich ihre lokalen Versammlungen in nationale Versammlungen um nach dem Vorbild der französischen Revolution. Jedoch erlaubte England, die Seele der europäischen Koalition gegen die Revolution und gegen das Empire, Frankreich nicht, den strategisch wichtigen Platz am Kap zu besetzen. 1795 besetzte es die Stadt, und nachdem es die beiden Buren-Republiken aufgelöst und ihre Führer gefangengenommen hatte, nahm es die Stadt 1806 endgültig ein. So hatten sich zu Beginn des 19. Jahrhunderts die drei wichtigsten Protagonisten einer dramatischen Entwicklung formiert: die drei B (Bantu, Buren und Briten). Sie befanden sich von nun an permanent im Zustand eines Dreieckskonfliktes. England war am Anfang des 19. Jahrhunderts das England des Liberalismus und des Kampfes gegen die Sklaverei. Die Missionare, wie z. B. die von der *Gesellschaft der Missionare Londons,* waren von diesen Ideen durchdrungen. Dennoch wurde ein Niederländer, Pater Van Der Kemp, der leidenschaftliche Verteidiger der Hottentotten und Bantus. Sie ließen sich ab und zu Viehdiebstähle zuschulden kommen, fühlten sich jedoch gegenüber den entrüsteten Buren völlig unschuldig. Diese zweifelten daran, daß die »Kaffern« überhaupt eine Seele hätten; das soll heißen, daß ihr Finger sehr schnell am Abzug war, wenn sie auf einen flüchtenden oder »rebellischen« Kaffer trafen. Im Vertrauen auf die Missionare ergriff die britische Regierung eine Reihe von Maßnahmen, um diese Burenmentalität zu bekämpfen. Die Buren sahen darin Zwangsmaßnahmen. Eine Polizeitruppe aus Hottentotten wurde geschaffen, um bei der Aufrechterhaltung der Ordnung zu helfen. Mit Gewehren bewaffnete Schwarze, vor allem wenn sie ehemalige Zöglinge der Missionen oder Stellvertreter der verhaßten britischen Obrigkeit waren, was war das für eine verkehrte Welt! Nach dem Wiener Kongreß (1815), der Englands Rechte an der Kapkolonie bestätigte, wurden die Buren Untertanen der britischen Krone. Die schwarzen Diener der Buren erhielten damals Garantien gegen schlechte Behandlung und Dienste, die sie zu Leibeigenen stempelten. Man schuf einen wandernden »schwarzen Sondergerichtshof«, vor den die Missionare alle unzufriedenen Afrikaner brachten. Und die Buren mußten vor Gericht erscheinen und in aller Öffentlichkeit mit den Kaffern diskutieren. Das war teuflisch! Die Brüder Bezindenhout, die sich gegen diese neuartige Rechtsprechung auflehnten, verloren dort ihr Leben und wurden dadurch zu Märtyrern. Mittlerweile hatte

Die Länder des Kongo-Beckens

man auch die englische Sprache vorgeschrieben, sogar in den Kirchen. Die Missionare ermutigten die Mischlinge *(Griquas),* sich zusammenzuschließen, sich (anfangs unter Waterboer) ein politisches Statut zu geben und sich als eine autonome Gesellschaft im Griqualand niederzulassen.

Es war der Zeitpunkt, da die Erschütterungen, welche die strahlenden Heldentaten des Tschaka hervorgerufen hatten, auch die restlichen Völker auf der Suche nach einer Zuflucht oder einer neuen Heimat in Bewegung setzten. Die Bantuvölker schweiften bewaffnet umher und bauten neue Gemeinschaften auf. Obwohl sich der Hauptteil dieser Wanderwellen zum Norden hin bewegte, bekamen die Xosa, die südliche Gruppe der Bantus, sie noch heftig zu spüren. Die Auswirkung war steigender Druck, der die Ruhe der Burenkolonisten im Gebiet westlich des Fish River störte. Die britische Verwaltung betrieb damals eine Politik, die sich zum Ziel gesetzt hatte, die Unruhe erzeugenden Kontakte der Buren mit den Bantus auf die Spitze zu treiben. 1819 richtete sie zwischen den beiden Gruppen ein *Niemandsland* ein, was jedoch nicht beachtet wurde. Ein Jahr später bürgerte England einige Tausend britische Kolonisten ein, einmal um die Arbeitslosen unterzubringen sowie alte Kämpfer aus den Napoleonischen Kriegen, zum anderen aber auch, um den Buren das Monopol auf die Besitznahme des Hinterlandes zu entreißen. Diese britischen Siedler sahen ihre Felder, unerfahren wie sie waren, bald durch anhaltende Überfälle der Xosa heimgesucht und verwüstet. Die Buren erwarben ein Vermögen durch den Verkauf von Lebensmitteln an diese Neuankömmlinge. Eine beträchtliche Anzahl dieser Siedler verließ das Land und kehrte zur der vertrauten städtischen Betriebsamkeit zurück, zum Kap oder in die beiden Häfen Port Elizabeth und East London. Sie haben am Aufbau dieser beiden Städte an der Ostküste mitgewirkt.

Dafür gaben diese beiden Absatzquellen und Märkte das von den Buren besetzte Pioniergebiet frei. Von nun an konnten diese ihren Aktionsradius erweitern und sich im Hinterland bis zum Oranjefluß installieren. Denn sie verfügten nun über die Gewißheit, ihre Ernten verkaufen und europäische Produkte kaufen zu können, ohne bis zum Kap hinunterziehen zu müssen.

1828 erteilte die britische Regierung den Buschmännern, Hottentotten und Griquas das Recht, eigenen Grund und Boden zu besitzen. Sie entließ sie aus der Verpflichtung, bei jedem Ortswechsel Passierscheine vorweisen zu müssen. Reverend Philipp von der *Gesellschaft der Missionare Londons* nahm die Gelegenheit wahr und vervielfachte die Zahl der Grundbesitzer unter den Hottentotten. Auf diese Weise wurde die Menge der für die Buren verfügbaren Arbeitskräfte eingeschränkt. Als im Jahre 1833 die Sklaverei abgeschafft wurde, packten die Buren, die diese neue Welt für unbewohnbar hielten, trotz erhaltener Entschädigungen erneut ihre Bündel, um noch einmal eine Flucht nach vorn zu beginnen: das war der *Große Treck.* Schon bei den ersten Bewegungen präzisierte eine Note des Londoner Parlaments *(the Cape of Good Hope punishment Act),* daß die Kolonisten sich bis zum 25sten südlichen Breitengrad immer in der Abhängigkeit vom britischen Recht befänden. Piet Retief antwortete darauf im Jahre 1835 mit einem Manifest. Nach Abwägung der erlittenen Verluste durch Kaffern-Plünderer und hinsichtlich der Befreiung ihrer Sklaven folgerte er: »Wir verlassen diese Kolonie mit der Zuversicht, daß die britische Regierung nichts mehr von uns zu fordern hat und uns unserere Autonomie lassen wird.« Manche dieser Wanderer ließen sich gerade jenseits des

Oranjeflusses im Gebiet des Hohen-Veld nieder. Andere wieder überschritten den Drakensberg und machten einen großen Bogen nach Nordosten. Dabei versuchten sie, die Xosa im Rücken zu umgehen, um an der Küste des Natalgebiets einen neuen Absatzmarkt zu schaffen. Der Weg war beschwerlich: Trockenheit, Viehseuchen, schwierige Passagen, bei denen man kaum mehr als zwei Kilometer am Tag zurücklegen konnte. Man mußte die Tiere freischwebend an Seilen über Abgründe bringen. Die schweren Fuhrwerke, die die Familien und alles Hab und Gut transportierten, mußten bei solchen Aktionen in alle Einzelteile zerlegt werden. Manches Mal suchte man auch hinter den Fahrzeugen Schutz, um das Feuer gegen die angreifenden Ndebele (Matabele) zu eröffnen. Als die Buren nach diesen grauenhaften Schrecken vom kahlen Rücken des Drakensberges die fetten, grünen Hügel Natals entdeckten, waren sie geblendet. Begeistert fühlten sie sich in der Vorstellung bestärkt, Gott habe sie ausgewählt, um ihnen dieses gelobte Land zu übergeben.

Doch die beiden anderen Mitspieler, vor denen sie geflohen waren, die Briten und die Bantus, waren schon da ... Sie nahmen Verbindung zu den englischen Kaufleuten der Küste auf. Diese rieten ihnen, bei dem Bantuherrscher vorstellig zu werden und ihn um die Genehmigung zu bitten, sich ansiedln zu dürfen. Der Bantuherrscher war kein anderer als Dingan, der Nachfolger Tschakas. Er hieß die Neuankömmlinge willkommen und gestattete ihnen, sich niederzulassen, wenn sie ihm zuvor die von Nachbarn gestohlenen Herden zurückerbeuteten. Als sie die Sache erledigt hatten, ließ Piet Retief Dingan ein Papier unterschreiben, das den Buren das Recht auf Ansiedlung gewährte. Dies geschah ohne Schwierigkeiten, weil in der Vorstellung des Zuluhäuptlings alle, die sich in seinem Land niederließen, auch seine Untertanen waren. So dachten die Buren augenscheinlich nicht. Als sie Dingan genauer erklärten, daß sich Tausende von ihnen auf dem Weg nach Natal befanden, wurde er unruhig und änderte seine Meinung. Die Buren sollten Konzessionen machen. Man lud sie ein, servierte ihnen Bier und bot ihnen ein Tanzschauspiel; mitten während dieser Vorstellung wurden sie alle niedergemetzelt. Als alle Burenkolonnen eingetroffen waren, setzte sich Pretorius an ihre Spitze gegen die Zulus. Diese verloren am Blood River 3 000 Mann, während kein einziger Bure getötet wurde: ein grauenvolles Massaker. Dingan, der nach Swasiland zu fliehen versuchte, wurde wenig später ermordet.

Als die Buren Natal nach ihren Vorstellungen umgestaltet hatten, was unter anderem die Vertreibung oder Vernichtung der Autochthonen bedeutete, wurden Proteste laut, und ein Pondohäuptling bat England um Hilfe. Dieses fürchtete sehr, daß sein neuer Hafen Durban vom Binnenland her, d. h. von den Buren bedroht würde. Es beschloß deshalb im Jahre 1843, aus Natal eine Kronkolonie zu machen. Die Buren, denen erlaubt worden war, sich dort niederzulassen, empörten sich. Zuhauf brachen sie erneut mit ihren Fuhrwerken auf, zogen wieder über den Drakensberg und erreichten das trockene Hochland jenseits des Vaal (Transvaal). Dort gründeten sie vier kleine selbständige Republiken, eine von ihnen erhielt Pretorius als Präsidenten. Doch die britische Regierung von 1852 herrschte mit Strenge und hatte nicht die Absicht, sich unrentable Territorien aufbürden zu lassen. Sie unterzeichnete deshalb mit den Buren die Konvention von Sand River, die die Unabhängigkeit Transvaals anerkannte. 1854 folgte die Proklamation des Oranje-Freistaates. Natal und die Kapkolonie blieben unter Großbritanniens Kontrolle. Ihnen wurde jedoch

Die Länder des Kongo-Beckens 367

eine autonome Regierung gewährt; dennoch blieben rassische Spannungen bestehen, wie z. B. hinsichtlich des Stimmrechts, das den Mischlingen eingeräumt wurde. Die Xosa ließen sich von falschen Propheten irreführen, die ihnen versprachen, die Fremden würden von einem apokalyptischen Sturm hinweggefegt werden, vorausgesetzt, daß sie ihr ganzes Hab und Gut vernichteten. So wurden sie im Jahre 1857 von einem Tag zum anderen völlig mittellos. Sie sanken zum Arbeitskräftereservoir für die Unternehmen der Weißen herab. Der Mann, der für diese abscheuliche Tragikomödie wahrscheinlich verantwortlich war, und der daraus möglicherweise ein Ablenkungsmanöver für seinen nationalen Kampf gegen den Oranje-Freistaat und die Buren machen wollte, war Moschesch, der König des Basutolandes.

Die Basutos waren von den Feldzügen Tschakas durcheinandergeworfen und 1820 ins Hochtal des Oranje zurückgedrängt worden. Das war eine Landschaft voll gigantischer Felsen und Plateaus mit außergewöhnlich schroffen Abhängen; der phantastischste war der Thababosigo. Dort gelang es ihrem Häuptling Moschesch, eine große Anzahl von vertriebenen Sothos (Basutos) und auch Nicht-Sothos zu einer Nation zusammenzufügen. Nachdem er die Zulus und die Ndebeles durch Geschenke besänftigt hatte, nahm er gegenüber dem Oranje-Freistaat eine aggressive Haltung ein, selbst die reiche Kapkolonie blieb davon nicht verschont. Um diese vor den Basutoüberfällen zu schützen, unterzeichnete England 1848 einen Vertrag mit Moschesch, um den langwierigen Unruhen an der Peripherie der reichen Kolonie ein Ende zu setzen. Die Briten unterstützten die Buren vom Oranje zweimal hintereinander, mußten aber eine bittere Niederlage hinnehmen und erlitten schließlich 1852 in Berea eine schwere militärische Schlappe. Die Männer des Oranjestaates starteten ihrerseits 1858 einen Angriffsversuch. Aber von der Höhe ihrer natürlichen Zwinger aus überschütteten die Sothos sie mit Pfeilen und zermalmten sie mit Felsen, die sie von oben hinunterrollten. Indessen wurde ein Kommando junger Krieger ausgeschickt, um die Farmen der Angreifer zu verwüsten. Nichts konnte gegen den Widerstand der Sothos ausgerichtet werden. Aber Moschesch, der als kluger Mann galt, bat die britische Krone um den Protektorats-Status und erhielt ihn endlich auch. Dieser gewährte den Basutos Schutz vor der Annektierung durch die Burennachbarn. Dem Basutoland wurde dadurch aber auch ein Enklavenschicksal mitten in Südafrika beschieden. Das Land wurde eine Bildungsstätte christlicher Neubekehrter, die in den Nachbargebieten eifrig die Verkündigung des Evangeliums betrieben. Auch der Häuptling der Barotse ließ sich von ihnen bekehren. Er gründete eine Schule, in der auch eine afrikanische Fürstin mit drei Sklavinnen studierte: eine Sklavin diente als Lehne, die zweite als Tisch, und die dritte trug das Schulmaterial. Das gleiche politische Schicksal war den Tschuana zuteil geworden, die an die Grenze der Kalahari geflüchtet waren. Ihr König Khama erreichte im Jahr 1855 das britische Protektorat für sein Land (Betschuanaland). Im selben Jahr sahen auch die Swasi ihre Unabhängigkeit gegen die Übergriffe Krügers gewährleistet (Swasiland).

In Wirklichkeit aber war die Freiheit des Oranjestaates und Transvaals nur eine Episode; denn das Kolonialfieber und die fieberhafte Suche nach Edelsteinen trieben Großbritannien nach Norden und brachten es dazu, die unsichere Freiheit der Buren einmal mehr in Frage zu stellen. Der Drahtzieher hieß Cecil Rhodes. Er war der einzige Europäer, der seinen Namen ganzen afrikanischen Ländern vermachte, während die anderen, sogar die britischen Herrscher, ihre Namen nur

Flüssen, Städten oder Seen gaben. Er war der Mann des Augenblicks, der mit seiner Derbheit, seinem außergewöhnlichen Scharfsinn und seiner Neigung zum Imperialismus keine Skrupel kannte. Er war sozusagen, wie Leopold II. von Belgien, mit der Landkarte Afrikas verheiratet. Manchmal küßte er sie und legte seine ausgebreiteten Hände auf ganze Flächen und sagte: »Alles das müßte rot angemalt werden! Das ist mein Traum!« Er träumte davon, die britische Herrschaft vom Kap bis Tanganjika zu erweitern. Dennoch war sein Start eher mittelmäßig. Als Sohn eines Pfarrers hatte er aus Geldmangel nicht einmal normale Studien treiben können; ebenso aufgrund einer zarten Gesundheit, die sich in der heilsamen Luft der afrikanischen Hochebenen stabilisieren sollte. Anläßlich der Entdeckung von Diamantenminen stürzte sich Rhodes in Spekulationsgeschäfte und wurde sehr schnell unermeßlich reich.

Diese Entdeckung wurde zum Wendepunkt in der Geschichte Südafrikas. In der Tat war der Grund, aus dem Großbritannien den Burenrepubliken die Freiheit zugestand, ihre wirtschaftliche Unrentabilität. Das ließ auch die Behörden des Kaps die ersten Föderationspläne aller Staaten Südafrikas verwerfen; denn man betrachtete die Burenrepubliken als minderwertige Bruchstücke, als Klotz am Bein. 1867 bemerkte Van Niekerk zwischen den Kieselsteinen, mit denen die Kinder seiner Gastgeber spielten, einen glänzenden schimmernden Stein. Es war ein Diamant, wie sich später herausstellte. Zwei Jahre später kaufte er einem afrikanischen Zauberer einen seiner wunderbaren Talismane ab. Es handelte sich um einen strahlend schönen Diamanten, der heute weltweit unter dem Namen *Star of Africa* bekannt ist. Als man die unerschöpflichen Reserven von Kimberley entdeckt hatte, erreichte bald eine Flutwelle von Menschen das Land. Eisenbahn- und Handelskompanien wurden ins Leben gerufen; die wichtigste unter ihnen war die Cecil Rhodes'. Es dauerte nicht lange, bis das diamanthaltige Gebiet zum Streitobjekt aller angrenzenden Länder wurde: der Oranje-Freistaat, Transvaal und insbesondere das Griqualand unter seinem Häuptling Waterboer machte seine Rechte geltend. Einstimmig zum Schiedsrichter gewählt, entschied der englische Gouverneur von Natal zugunsten Waterboers. Dieser vertraute wenig später wie zufällig das Protektorat über sein Gebiet Großbritannien an. Großbritannien schließlich verleibte es der Kapkolonie ein . . . Trotzdem gelang es 1876 dem Oranjestaat, gewisse Rechte geltend zu machen. Großbritannien ließ ihm einen Brosamen von 90 000 Pfund Sterling zukommen. Diese Entdeckung kurbelte die Föderationspläne erneut an. Es erwies sich nämlich als wahr, daß das von den Buren beherrschte Hinterland keineswegs ein unfruchtbares Gebiet war, sondern Reichtümer bergen konnte, die es ermöglichten, die Küstenkolonien zu unterstützen, die bis dahin die Wirtschaft allein trugen. Aber es gab Widerstand. Kriegsmüde ließ Lord Carnavon, Sekretär für die Angelegenheiten der Kolonien, 1877 Transvaal annektieren.

Trotz der Vermittlungsversuche Krügers, der aus diesem Anlaß nach London reiste, blieb Transvaals Protest vergeblich. Die Zulus von Cecwayo, während dieser Zeit in dauerndem Aufruhr, brachten den britischen Kontingenten, die gegen sie eingesetzt wurden, ernsthafte Niederlagen bei. Das konnte nur geschehen, weil die Buren von Transvaal, die dringend um Hilfe ersucht worden waren, sich nicht gerührt hatten. Als es den Briten dennoch unter Aufbietung aller Kräfte letztlich gelang, Cecwayo zu schlagen und zu vertreiben, wollten sie die Buren wegen ihrer Untätigkeit strafen. Schlecht erging es ihnen dabei! Sicherlich, sie konnten Befestigungen anlegen und die Beseitigung des *Volkraad*

Die Länder des Kongo-Beckens 369

(Burenparlament) vorbereiten, aber bald brach ein Aufstand unter der Führung Krügers, Pretorius' und Jouberts aus. Ihre Truppen fegten die britischen Streitkräfte hinweg. Der englische General versuchte, sich auf einem Plateau zu verschanzen. Die abschüssige Seite zu bewachen hielt er aber für überflüssig: Majuba Hill. Die Buren, die durch ihre vielen Wanderungen erfahren waren im Erklimmen solcher Höhen, schwangen sich des Nachts auf das Plateau und metzelten den größten Teil der Briten mit blanker Waffe nieder. Ihr Chef Colley, in Unterhosen, wahrte Haltung, ehe er niedergeschlagen wurde. Das war eine schwere Niederlage. Die Gladstone-Regierung unterzeichnete im Jahr 1885 ein Abkommen, das die Unabhängigkeit Transvaals unter der Oberherrschaft der Königin anerkannte. Nun entdeckte man aber zwei Jahre später die reichen Goldadern von Witwatersrand in Transvaal. Diese Entdeckung kam unverhofft aber wie gerufen in einer Zeit schlechter Konjunktur und zu einem Zeitpunkt, da die Welt nach Gold schrie. Ein Rush wie auf die Diamanten setzte ein, dieses Mal rund um Johannesburg. Aber hier war wieder die Kompanie Cecil Rhodes' die erfolgreichste. Alsbald erweiterte man die Eisenbahnlinien vom Kap und von Natal bis in die nächste Umgebung der Quelle des gelben Metalls. Ohne auf seinen Milliarden auszuruhen, dachte Cecil Rhodes darüber nach, wie die britischen Interessen zu wahren seien, die im vorliegenden Fall mit seinen eigenen Ambitionen weiter im Norden übereinstimmten.

Dort im Matabeleland versuchte Lobengula, den seine Griots den Großen Elefanten nannten, den Herrn des Donners, in kleinerem Maßstab den anachronistischen Pomp Monomotapas zu entfalten, das in diesen weiten Räumen einst geherrscht hatte. Nun hatte aber gerade der deutsche Geologe K. Mauch Simbabwe und seine goldhaltigen Ruinen wiederentdeckt. Nachdem weitere Anhaltspunkte gefunden worden waren, setzte man alsbald die Legende von den Goldminen des Königs Salomon in Umlauf. Im Nu war Lobengula von einem Schwarm von Abenteurern und Goldsuchern umgeben. Sie wichen ihm nicht von der Seite und forderten Schürfkonzessionen. Rhodes, der ängstlich bemüht war, sich ein Durchgangsgebiet zum Norden zu sichern, gelang es dank des Missionars Moffat, sich von Lobengula eine exklusive Konzession auf mögliche Erzvorkommen zu verschaffen. Als Gegenleistung erhielt der Negerkönig eine monatliche Pension und tausend Gewehre ... 1889 gestand die Königin von England Rhodes, der sein Unternehmen geschickterweise als einen Versuch zur Belebung des legitimen Handels und der Zivilisation ausgab, das Recht zu, eine Gesellschaft zu gründen, die *British South Africa Company*. Ihr fiel praktisch das unumschränkte Recht auf Ausbeutung dieser Region zu, die später Südrhodesien wurde. Eine Pionierkolonne unter militärischem Schutz bildete sich und geriet bald in Konflikt mit den Portugiesen, die sich (zu spät) darum bemühten, eine Ost-West-Verbindung zwischen ihren Territorien zu sichern.

Als die Kompanie eingerichtet war, kaufte Rhodes 1891 die Konzession zurück. Um das politische Gleichgewicht zu wahren, hatte Lobengula sie nämlich einem deutschen Finanzmann eingeräumt. Nun aber waren die Würfel gefallen, und Krüger konnte die Moral aus der Geschichte ziehen: »Rhodes hat uns in einen Kraal eingesperrt.« Tatsächlich waren die Buren von nun an eingezwängt zwischen den englischen Niederlassungen der Küste und denen im Norden. Rhodes ließ überdies zwei Forts in Viktoria und Salisbury errichten und überschritt damit die ihm von Lobengula gewährten Rechte. Die Unabhängigkeit der Ndebele war hypothetisch. Das Schicksal der Schwarzen war durch die Eröffnung der

Minen besiegelt. Als Viehzüchter und Bauern gewohnt, herumzuziehen, waren sie von nun an festgelegt und wurden umgeformt, damit sie als Arbeitskräfte dienen konnten. Durch diesen unerbittlichen Lauf der Dinge entstand Aufruhr. Die Matabele fügten den Briten erhebliche Verluste zu, insbesondere durch die Vernichtung einer Patrouille am Ufer des Flusses Schangani. Doch Lobengula mußte fliehen und starb auf seinem Rückzug. Ein zweiter Aufruhr konnte durch die direkte, friedliche, diplomatische Intervention Rhodes' beigelegt werden. Er erkannte einige der Beschwerden an, die von den *indunas* (Ndebele-Häuptlinge) vorgebracht wurden. Der Aufstand der Maschona konnte jedoch nur durch militärisches Eingreifen niedergeworfen werden.

Die Buren befanden sich in Alarmbereitschaft. Rhodes rechnete damit, daß die britischen Kolonisten, die sich in Transvaal niedergelassen hatten und die Uitlanders, die schikaniert worden waren, sich erhoben und dadurch die Gelegenheit boten, den britischen Einfluß auszudehnen. Nichts rührte sich. 1894 geschah folgendes: zwischen Rhodes und Jameson, dem Chef des Bezirks von Mafeking, fand ein Telegrammaustausch statt. Eines dieser Telegramme verfehlte seinen Empfänger, es landete in Pretoria bei Krüger und nicht bei Jameson. Letzterer und seine Leute gerieten dadurch in einen Hinterhalt. Mit der Forderung nach Bestrafung lieferten die Buren sie den Engländern aus. Dieser Irrtum kostete Rhodes seinen Posten als Premierminister der Kapkolonie. Er konzentrierte sich nun auf die Gebiete im Norden und hielt dort die britische Kolonisierung bis zu seinem Tod in der Nähe des Kaps im Jahr 1902 in Schwung. Seinem Wunsche gemäß überführte man seine sterblichen Überreste in die grandiose Landschaft der Mattopos, den hohen, granitenen Tafelfelsen Rhodesiens.

Die anglo-burischen Streitigkeiten blieben bestehen. Der Jameson-Raid hatte die Begeisterung der britischen öffentlichen Meinung entfacht. Immer noch weigerte sich Krüger, den Uitlanders politische Rechte einzuräumen. Schließlich brach der von beiden Seiten vorbereitete Krieg aus. Zunächst war er von den brillanten Erfolgen der Burenarmee gekennzeichnet. England zog alle seine Kräfte zusammen sowie das gesamte Aufgebot seiner bedeutenden Kolonialgeneräle, um die Buren endgültig zu vernichten. 1902 wurde der Friede unterzeichnet und 1910 die Südafrikanische Union proklamiert. Sie gründete auf den vier Staaten, besaß einen Generalgouverneur, einen Stellvertreter des Königs, eine Regierungshauptstadt in Pretoria und eine parlamentarische Hauptstadt am Kap. Es gab zwei offizielle Sprachen: Englisch und Afrikaans. Die Entwicklung Südafrikas war demnach nicht einzig in ihrer Art. Sie bestand in einer progressiven Besitzergreifung weiter Teile Afrikas aufgrund wirtschaftlicher Interessen von Bevölkerungsgruppen europäischen Ursprungs. Alles das geschah zum Nachteil der afrikanischen Autochthonen.

Bibliographie

I. Der westliche Sudan

A.–B. Senegal, Mauretanien, Senegambien, Sierra Leone und Liberia

AUBERT, A., »Légendes historiques et traditions orales dans la Haute-Gambie«, *B.C.E.H.S.*, 6, 1923.

AUJAS, L., »Les Sérères du Sénégal. Coutumes«, *B.C.E.H.S.*, I, 3, 1931.

BÉRENGER-FÉRAUD, L. J. B., *Les peuplades de la Sénégambie*. Paris, Larose, 420 p.

BRIGAUD, P., *Histoire traditionelle du Sénégal*. C.R.D.S. Sénégal, St-Louis, 1962.

BRUE, A. et LABAT, P., *Nouvelle relation de l'Afrique Occidentale*, contenant une description exacte du Sénégal. Op. cit., p. 1728–29.

FAIDHERBE, L., »Notice historique sur le Cayor«, *Bull. soc. géogr.*, 1881.

FYFE, CH., *A short story of Sierra Leone*. Longmans, 1962.

GRAY, S. M., *A history of the Gambia*. Lond., Cambr. Univ. Press, 1940.

KANE, A., »Histoire et origine des familles du Fouta Toro«, *Annales et mémoires C.E.H.S.* 1916, p. 325–43; 1917, p. 436.

KUP, A. P., *A history of Sierra Leone 1400–1787*. Lond., Cambr. Univ. Press, 1961.

LELONG, M. H., *L'Afrique Noire sans les Blancs. Le Liberia intime*. Paris, Baconnière, 1946, 354 p.

MALCOLN, J. N., »Mende Warfare«, *S.L. Studies*. 21. janv. 1939.

MICHEL, CL., »L'organisation coutumière (sociale et politique) de la collectivité léboue de Dakar«, *B.C.E.H.S.*, n° 3, 1934.

MONTEIL, V., *Esquisses sénégalaises: Valo-Kayor – Dyolof – Mourides...* Dakar, IFAN, 1966.

SECK, A., »Une République Africaine au XIX* siècle (1795–1857). République léboue«, in *Prés. Afric.*, 1–2, 1955. p. 47–65.

SIRE ABBAS, S. O. H., *Chronique du Fouta sénégalais*. Trad. M. Delafosse et H. Gaden. Paris, Leroux, 1913.

TAUXIER, L., *Les Noirs du Soudan*. Paris, Larose, 1912.

VIGUIER, P., *Histoire du Sénégal*. 1945, Dakar, Impr. du Gouvernement.

VILLARD, A., *Histoire du Sénégal*. Dakar, Viale, 1943.

VUILLET, J., »Recherches sur l'histoire ancienne de la Sénégambie«, *C.R. Acad. Sci. Colon.*, 10 oct. 1950.

C. In Guinea

ARCIN, A., *Histoire de la Guinée française – rivières du Sud, Fouta Dj. région Sud du Soudan*. Paris, Challamel.

CROZALS (DE), *Les Peulhs. Etude d'ethnologie africaine*. Paris, Maisonneuve, 1883.

– *Trois Etats Foulbés du Soudan occidental et central: le Fouta, le Macina, l'Adamawa*. Grenoble, Univ. de Grenoble, 1896.

DE MOUGEOT, A., *Note sur l'organisation polit. et administrative du Labé avant et depuis l'occupation française*. Paris, Larose, 1944.

D'EICATHAL, G., »Historie et origine des Foulahs ou Fellahs«, *Mem. Soc. Ethnologie*, 1, 2, 1841.

MONTEIL, CH., »Réflexion sur le problème des Peulhs«, *J. Soc. Afr.*, 20 (2), 1950.

NOIROT, V., *A travers le Fouta Djallon et le Bambouk*. Paris, M. Dreyfons, 1885.

SOW, A. I., *Chroniques et récits du Fouta Djallon*. Paris, Klincksieck, 1968.

– *La femme, la vache, la Foi*. Paris, 1966.

TAUXIER, L., *Mœurs et Histoire des Peuls*. Paris, Payot, 1937.

VIEILLARD, G., *Notes sur les coutumes des Peuhls du Fouta*. Paris, Larose, 1939.

D. Die Bambara-Königreiche von Segu und aus Kaarta

BA, H. et CARDAIRE, »Tierno Bokar, le sage de Bandiagara«, *Prés. Afric.*, 1957.

BIME, A., »Ségou Koro et le Biton Mamari«, *Notes Afr.*, 75, 1957.

DIETERLEIN, G., »L'arme et l'outil chez les anciens Bambara«, *Africa.* 18 (2), 1948.

MONTEIL, CH., *Les Bambara du Ségou et du Kaarta.* Paris, Larose, 1924.

PAQUES, V., *Les Bambara.* Paris, P.U.F., 1954.

QUINQUANDON, cap., »Histoire de la puissance mandingue«. *Bull. Soc. Géogr. Comm. Bordeaux.* 1892.

SIDIBÉ, M., »Fabrication du salpêtre ou nitrate de potassium et de la poudre de chasse dans la région de Kita«, *Notes Afr.*, IFAN, 24, oct. 1944.

TAUXIER, L., *Histoire des Bambara.* Paris, 1942.

E. Die Länder am oberen Volta

BA CIRÉ, B., »Esquisse historique sur les Bobos«, *Educat. Africaine*, 24, 1954.

BALIMA, A. S., *Genèse de la Haute-Volta.* P.A., Ouagadougou, 1970.

CARRIER-MOULINS, *Monographie du cercle de Ouagadougou. Hist. inédite du Ht-Sénégal, Niger.*

CROZAT, D[r], »Rapport sur ma mission au Mossi«, *J.O.R.F.* 5–9, oct. 1891.

CHÉRON, G., »La cour de Boussouma Naba«. *B.C.E.H.S.*, 8 (2), avr.-juin, 1925.

— »Contribution à l'histoire du Mossi. Tradition Kaya«, *B.C.E.H.S.*, 7 (4), oct.-déc. 1924.

DELOBSOM, A. A. D., »Les Nioniossès de Goupana«, *Outre-Mer*, I (4), 1929.

— »Note sur les Yarcés du Mossi«, *Rev. Anthrop.*, 44 (12), 1934.

— »Le Mogho Naba et sa cour«, *B.C.E.H.S.*, II (3), juil.-sept. 1928.

— *L'empire du Mogho Naba.* Paris, F. Loviton et Cie, 1932.

DE BEAUMINY, A., »Une féodalité en Afrique Occidentale Française; Etats mossi«, *Afrique franç., Rens. Colon.*, 35, I, janv. 1925.

DE CONTOUCY, F., »Une ville soudanaise de la Haute-Volta: Dori«, *B.C.E.H.S.*, 9 (3), juill.-sept. 1926.

— »Les populations du Cercle de Dori«, *B.C.E.H.S.*, 1923.

PERRÉOL, »Essai d'hist. et d'ethnographie sur quelques peuples de la subdivision de Banfora«, *B.C.E.H.S.*, 7, 1924.

GILL, J. W., *The Moshi tribe. A short history.* Accra, Governt Printers, 1924.

HÉBERT, R. P. J., »Une page d'histoire voltaïque. Amoro, chef des Tiefo«, *BIFAN.* 20 (3–4), B, juil.-oct. 1958.

IBOS, »La société lobi«, *Rev. Troupes colon.* 33 (200), 1959.

IZARD, M., *Introduction à l'Histoire des Royaumes Mossi. Recherches Voltaïques.* 12, 2 vol., 1970.

LABOURET, H., *Les tribus du rameau Lobi.* Paris, Inst. d'Ethnol., 1931.

LAMBERT, capit., »Le pays Mossi«, *Bull. Soc. Géo. de l'A.O.F.*, 30 juin 1908.

— »Le mystère des ruines du Lobi«, *Rev. Ethno. et traditions populaires*, 3, 1920, 177–191.

— »L'or du Lobi«, *Afr. Fr., Rens. Colon.*, 35 (3), mars 1925.

LEVITZION, N., *Muslims and Chiefs in West Africa.* Oxford, 1968.

— »La Gold Coast et le Lobi 1894–1897«, *Afr. fr. Rens. Colon.* 35, 8 août 1925.

LE MOAL, G., »Peuple mossi«, *Encycl. Mens. O.M.*, 5 (41), fév. 1954.

MANGIN, E., *Les Mossi.* Alger, Maison Carrée, 1960.

MARC, Lt., *Le pays mossi.* Paris, Larose, 1909.

MAUBERT, *Monographie du Cercle de Fada N'Gourma. Histoire du Haut Sénégal – Niger.* »Coutumes du Gourma«, *B.C.E.H.S.*, II, 4, oct.-déc. 1928.

MAUNY, R., *Etat actuel de nos connaissances sur la préhistoire et l'archéologie de la Haute-Volta.*

OUEDRAOGO, J., »La propriété foncière chez les Mossi«, *Notes Afr. IFAN*, 38, 38, avr. 1948, p. 18.

Bibliographie 373

PROST, A., »Note sur l'origine des Mossi«, *BIFAN.* B, 15 (3), juil. 1953.
– »Note sur les Boussansé«, *BIFAN.* VII, B, 7 (1–4), 1945.
SKINNER, E. P., *The Mossi of the Upper Volta.* Standford, Univ. Press, 1964.
SIDIBÉ, M., »Monographie régionale: Le Fada N'Gourma«, *Bull. Enseign. A.O.F.*, n° 39, juil. 1918.
TAUXIER, L., *Nouvelles notes sur le Mossi et le Gourounsi.* Paris, Larose, 1924.
– *Le Noir du Yatenga.* Paris, Larose, 1917.
– *Le Noir du Gourounsi.* Paris, Larose, 1908.
TIENDREBEOGO, Y., *Histoire et coutumes royales des Mossi de Ouagadougou.* Ouagadougou, Presses Africaines, 1964.
TRAORE, D., »Note sur 'le royaume mandingue de Bobo«, *Educat. Afr.*, 6, janv. juin 1937.
VADIER, »Monographie du cercle de Ouahigouya«, *Arch. du Haut-Sénégal Niger.*
VON FRANÇOIS, *Voyage à Salaga et au Mossi.* 1888.

II. Küstenkönigreiche, Urwaldkönigreiche und dazwischen liegende Reiche
III. Die Länder der Goldküste
IV. An der Küste von Benin

AGUESSI, C., »Dovinou de Savalou«, *BIFAN*, 17 (3–4), 1955.
AJAYI, J. F. A., *Milestones in Nigerian history.* Ibadan, 1962.
AKINDELLE, A., *Données traditionnelles relatives aux Fon.*
AKINJOGBIN, I. A., *Dahomey and its neighbours (1708–1818).* Lond., Cambr. Univ. Press, 1967.
BACON, R. H. S., *Benin, the city of blood.* Ruskin and Co, English Essayists, 1897.
BALMER, W. R., *A history of the Akan peoples of the Gold Coast.* Lond., Atlantis Press, 1926.
BERTHO, J., »La légende de la reine qui sacrifie son fils unique: comparaison versions baoulé et yorouba«, *Notes Afr., IFAN.* 31 juil. 1946.
– »Rois d'origine étrangère«, *Notes Afr., IFAN.* 28 oct. 1945.
BIOBAKU, S., »The problem of traditional history with special reference to Yoruba traditions«, *J. Hist. Soc. Nigeria*, 1 (1), déc. 1956.
BIOBAKU, S., *The Egba and their neighbours (1842–1872).* Lond., Oxf. Univ. Press, 1965.
BOWDICH, T. E., *Account of mission from Cape Coast to the kingdom of Ashantee.* Lond., Murray, 1819.
BOUCHE, P. E. Abbé, »Le Dahomey«, *Bull. Soc. Géogr.*, juin 1874.
BOUQUET, O., »Note sur le Borgou. Hist. régionale«, *Bull. Enseign. A.O.F.*, 40, févr.-mars 1919; 45, janv. 1921; 47, août-sept.
BRACKENBURY, H., *The Aschanti War: a narrative from official Documents.* Blackwoods, 1874, 2 vol.
BRUNET, L. et GIETHLEN, *Dahomey et dépendances. Historique générale. Organisation administrative. Ethnies, etc.* Paris, Challamel, 1900.
BURTON, R., *Mission to Glelé King of Dahomey.* Lond., Twisley, 1954.
BUSIA, K. A., *The Ashanti.* 1954.
CLARIDGE, W., *A history of the Gold Coast and Ashanti from the earliest times.* Murray, 1915.
COLLIEAU, A., »Contribution à l'histoire de l'ancien royaume de Kénédougou«, *B.C.E.H.S.*
CORNEVIN, R., *Histoire du Dahomey.* Paris, Berger-Levrault, 1962.
Histoire du Togo. Paris, Payot, 1959–1962.
DANQUAH, J. B., *Gold Coast: Akan laws and customs.* Routledge, 1928.
– »Akan claims to origin from Ghana«, in *West Africain Review*, nov.-déc. 1955.
DARK, P. J. C., *The Benin Art history.* Ibadan, Départ. Hist., Univ. Coll.

DE POMMEGORGE, P., »Description de la Nigritie (1789)«, extraits in *Etudes Dahoméennes*, 18.

DE WAILLY, »Un régiment sacré«. *Dahomey, Nouv. Rev.*, 63.

DIKE, K. O., *Trade and Politics in the Niger Delta*, (1830–65). Lond., O.U.P., 1956.

DUNGLAS, E., »Contribution à l'histoire du Moyen-Dahomey, III (Roy. d'Abomey, de Kétou et de Ouidah), *Etudes Dahoméennes, 21,* 1958.

DUPREY, P., *Histoire des Ivoiriens.* Abidjan, 1962.

DUPUIS, J., *Journal of a Residence in Ashantee.* Colburu, 1824.

ECHAREVBA, J. V., *A short history of Benin.* Ibadan, Univ. Press, 1960. 3e édit.

FAGE, J. D., *Ghana. A historical Interpretation.* Madison, the Univ. of Wisconsin Press, 1953.

FAGG, W., *Merveilles de l'art nigérien.* Paris, Edit. du Chêne. 1963.

FAJANA, A., *Nigeria and Her Neighbours.* Lagos University, 1964.

FERREOL, *Notice historique sur le Royaume de Kénédougou (1825–1898).*

FOA, ED., *Le Dahomey. Hist. Géo. Mœurs.* Paris, A. Hennuyer, 1895.

FORDE, D., »The Ibo and Ibibio speaking peoples. Ethnogr. survey«, *West Africa.*
– »Efik traders of Old Calabar«, *I.A.I.*, 12/6, 1956.

FRANÇOIS, G., »Le royaume de Porto-Novo«, *B.C.E.H.S.*, Rev. colon., 14, 1904.

FROBENIUS, L., *Mythologie de l'Atlantide.* Paris. Payot, 1949.

FULLER (DU), F., *A vanished dynasty: Ashanti.* Murray, 1921.

GRAY, J., »Origine, formation et hist. du Royaume de Porto-Novo«, *B.C.E.H.S.*, n° 4, 1924.

GOODY, J., *Gonja. A locally autonomous Kingdom.* Univ. Ghana, june 1964.

HA-BA-DAGET: *L'Empire Peul du Macina.* 1955.

HAZOUMÉ. P., *Doguicimi.* Paris, Larose, 1938.

HERSKOVITS, M. J., *Dahomey.* 2 vol. New York.

HODGKIN, TH., *Nigerian Perspectives. An historical anthology.* Lond., O.U.P., 1960.

HOGBEN, S. J., KIRK-GREENE, A.H.M., *The emirates of northern Nigeria.* Lond., 1966.

IKE, A., *The origins of the Ibos.* Aba gal Bookshop, 1951.

JONES, D. H., »Native and trade currencies in Southern Nigeria during the eighteenth and nineteenth centuries« in *Africa, 28* (1), janv. 1958.

KUP, P., *The Story of Sierra Leone.* Lond., Cambr. Univ. Press, 1964.

KYEREMATEN, A. A. Y., *Panoply of Ghana.* Lond., Longmans, 1964.

LABOURET, H., *Le Royaume d'Arda et son évangélisation au XVIIe siècle.* Paris, Inst. d'Ethnologie, 1922.
– *Monographie sur le Dahomey.* Paris, Soc. Ed. géographie et colon., 1931.

LE HERISSÉ, A., *L'ancien royaume du Dahomey.* Paris, Larose, 1911.

LLOYD, A., *The drums of Kumasi; the story of Ashanti wars.* Lond., Longmans, 1964.

LLOYD, P.-C., »Craft-Organization in Yoruba towns«, *Africa,* 23 (1), janv. 1955.

LOMBARD, J., »Un système politique traditionnel du type féodal: les Bariba du Nord-Dahomey«, *BIFAN,* B *19* (3–4), 1957.
– »Abomey, cité d'art et d'histoire«, *A.O.F.,* 14 janv. 1956.

LOMBARD, J. et MERCIER, P., »Guide du Musée d'Abomey«, *Etudes Dahoméennes,* IFAN, Dahomey, 1959.

MAIRE, cap., *Le Dahomey. 1) Abomey, la dynastie, les palais et bas-reliefs. 2) Souvenirs d'Abomey.* Besançon, A. Curiage.

MEEK, CH., *Law and authority in a Nigerian tribe: Ibo.* Lond., O.U.P. édit., 1937.

MENALQUE, M., *Coutumes civiles des Baoulé de la région de Dimbokro.* Paris, Larose, 1933.

MERCIER, P., »Sites légendaires du Dahomey (Fon et Bariba)«, *Notes Afric., IFAN.* 36, oct. 1941.
– »Travail et service public dans l'ancien Dahomey«, *Prés. Afric.,* 13, avril 1952.
– *Civilisation du Bénin.* Paris, Soc. Contle d'Edit., 1964.

Bibliographie 375

MEREDITH, H., *Account of the Gold Coast history of the African Company*. Lond., Longmans, 1812.
MEYEROWITZ, E. L. R., *The sacred state of the Akan*. Lond., Faber and Faber, 1951.
– *Akan traditions of Origin*. Lond., Faber and Faber, 1952.
– *The Akan of Ghana. Their ancient beliefs*. Lond., Faber and Faber, 1958.
MIMANDIER, P., *L'héritage de Behanzin*. Paris, 1898.
MOUÉZY, H., *Assinie et le Royaume de Krinjabo*. Larose, Paris, 1954.
NIVEN, C. R., *A short history of the Yoruba people*. Lond., Longmans, 1958.
– *Nigeria: outline of a colony*. Lond., Nelson, 1946.
OBAHLAGBON, E. E., *Benin history*. P.O. Box 254, Benin and U.C. Cladan, Ibadan.
OJO (chief), S., *The origin of the Yoruba*. Part II, By Atore Printing works, Oyo, Shaki, 1957.
PALAUD, M., *Le Roi-Dieu au Bénin*. Paris, Berger-Levrault, 1964.
PARRINDER, E. G., *Story of Ketu (an ancient Yoruba Kingdom)*. Ibadan, Univ. Press, 1956.
PORTER, A., *Creoledom*. Lond., 1963.
POWELL, R. S., *The downfalls of Prempeh*. Lond., Methuen, 1896.
QUENUM, M., *Au pays des Fons*. Paris, Larose, 1938.
RATTRAY, R. S., *Ashanti proverbs. The primitive ethics of a savage people*. Oxf., Clarendon Press, 1907.
ROTH, H. L., *Great Benin: its customs, art and horrors*. Halifax, F. King, 1903.
SAINT-MARTIN, Y., *Thèse sur Cheik Omar*.
SMITH, E. W., *The Golden stool*. Edin., House, 1927.
SOUSSOU HOUNTO, F., »Les anciens rois de la dynastie d'Abomey, essai généalogique et historique«. *Et. Dahoméennes*, 13, 1955.
TAUXIER, L., *Les Noirs de Bondoukou*. Paris, E. Leroux, 1921.
– *Religion, mœurs et coutumes des Agni de la Côte d'Ivoire*. Paris, Geuthner, 1932.
TAIT, L., »The political system of Konkomba«, *Africa*, 23 (3), july 1953.
THOMASSEY, P., *Autour des poids d'or Ashanti Baoulé*. C.R. 1ʳᵉ Conf. Inter. Afric. de l'Ouest, tome 2. Dakar, IFAN, 1951.
TORDOFF, W., *Ashanti under the Prempeh, 1888–1935*. Oxford, 1965.
VERGER, P., *Dieux d'Afrique*.
WARD, W. E. F., *A History of Ghana*. Lond., G. Allen and Unwin, 1958.
– *A short history of Ghana*. Lond., Longmans, 1960.
WESCOTT, R. W., *Did the Yoruba come from Egypt?* Odu, 4, 1957.
WILLET, F., *Archeology of Old Oyo and Ife*. Manchester, Museum.
– *Ife in the History of West-Africa*.
WILKS, I., *The Northern Factor in Ashanti History*. Legon, Ghana Institute of African Studies, 1961.
Centenaire de la mort du roi Guézo. Porto-Novo, Imprimerie du Gouvernement.

V. Der Zentralsudan

ARNOTT, C. J., *The rise of the Sokoto Fulani*. Kano, 1929.
BATURE, »Within a city wall. Story of Zaria«, *West Africa Review*, 26, 333, 1955.
CRAWFORD, O. G. S., *The Fung Kingdom of Sennar*. Gloucester, 1951.
CROQUEVIELLE, J., »Histoire de l'Islamisation du Tchad«. *Tropiques*, 393.
COHEN, R., *The Bornu king-lists*. Boston, Univ. Papers on Africa. Vol. II (African History), 1966, p. 47–83.
DESPLAGNES, L., *Le plateau central nigérien. Une mission archéologique et ethnologique au Soudan Français*. Paris, Larose, 1907.
DESPLAGNES, L., »Notes sur les origines des populations nigériennes«, *Anthropologie*. 17, 525–46, 1906.

EMERIT, M., »Les liaisons terrestres entre le Soudan et l'Afrique du Nord au XVIII° s. et au début du XIX° s.«, *Trav. Inst. Rech. Sahariennes*, 8, 1954.

HENDERSON, *Sudan Republic*. Lond., E. Benn, 1965.

HOLT, P. M., *A Modern History of the Sudan*. Lond., Weidenfeld and Nicolson.

IBN FARTWA, AHMED, *History of the first 12 years of the reign of Mai Idriss Alaoma of Bornu* (1571–1583). Trad. H.R. Palmer. Lagos, 1926.

IBN OMAR EL-TOUNSY, *Voyage au Ouadaï*. Trad. Person, Paris, B. Duprat, 1851, 2 vol.

JOHNSTON, H. A. S., *The Fulani Empire of Sokoto*. Lond., O.U.P. 1967 et 1970.

JOOS, L. L. D., »Matériaux pour une histoire des Etats d'Afrique Centrale (Ouadaï, Dar-el-Kouti, la Senoussia en 1904)«, *Etudes Dahoméennes*, XVII, 1956.

LAMPEN, G. D., »History of Darfur (1200–1700)«, *Sudan Notes and Records*, XXXII, Khartoum, 1950.

LEBEUF, J. P., »Sao et Kotoko du Tchad«, *Zaïre*, mars 1947.
– »Généalogies royales des villes de Kotoko (Kousseri, etc.)«, *Et. Camerounaises*. 1 (23–24), sept.-déc. 1948.
– »Les souverains de Logone, Birni«, *Et. Camerounaises*, 47–48, marsjuin 1956.

MAC MICHAEL, H., *The Sudan*. Lond., Benn, 1954.
– *Arabs in the Sudan and some accounts of the people who preceeded them and the tribes inhabiting Darfur*. Cambr. Univ. Press, 1922, 2 vol.

NADEL, S. F., *A black Byzantium: Nupe*. Nadel.
– »Glass making in Nupe«, *Man*, 40 (107), june 1940.

PALMER, R., *The Bornou. Sahara and Sudan Land*. Murrand, 1936.
– *Mai Idriss Alaoma*. 1930.

SELIGMAN, C. G., *Pagan Tribes of the Nilotic Sudan*. Lond., Routledge, 1932.

SHINNIE, (Prof.) P. L., *Archeological survey of Bornu-Kanem*. Khartoum.

SMITH, M. C., *Governement in Zazzau 1800–1960*. Lond., O.U.P., 1960.

URVOY, Y., *Hist. des populations du Soudan Central*. Paris, Larose, 1936.
– *Histoire de l'empire du Bornou*. Paris, Larose, 1940, 167 p. (Mémoires de l'IFAN, 7).

VI. Die Länder Kameruns

ALEXANDRE, P., »Proto-histoire du groupe beti-bulu-fang«, *Cahier d'Et. Afr.*, n° 20, V, 4.

CRAWFORD, O., »The writing of Njoya – ideographic script«, *Antiquity*, 9 déc. 1936.

DELAROZIÈRE, R., »Les institutions politiques et sociales des populations dites Bami-léké«, *Et. Camerounaises*, 2 (25–26), mars-juin 1949, 5, 68; 2 (27–28), sept.-déc. 1949.

HURAULT, J., *Notes sur les structures sociales des Bamiléké*. Paris, La Haye, Mouton, 1956.

JEFREYS, M. D. W., »The Bamoun coronation ceremony as described by king Njoya«, *Africa*, 20 (1), janv. 1950.
– »The alphabet of Njoya«, *W. Afr. Rev.*, 23 (296), may 1952.
– *L'écriture des Bamoun: naissance, évolut., valeur phonét., utilisation*. Douala, Mem. IFAN, n° 4.

LABOURET, H., »Les sultans peuls de l'Adamaoua«, *Togo-Cameroun*, avr.-juil. 1935.
– »L'ancien palais royal de Foumban«, *Togo-Cameroun*, avr.-juil. 1935.

LECOCQ, R., *Les Bamiléké – une civilisation africaine*. 1929.

MARTIN, Pasteur H., »Le pays du Bamoun et le Sultan Njoya«, *Et. Camerounaises*, 33–34.

MVENG, E., »Histoire du Cameroun«, *Prés. Afric.*, 1963.

NJOYA, I., »Le Sultanat du pays bamoun et son origine«, *Bull. Soc. Et. Camerounaises*, 1er déc. 1935.
– »Histoire et coutumes de Bamoun«, *Populations*, 5.

Bibliographie 377

RODISON, M. et LEBEUF, J. P., »L'origine et les souverains du Mandara«, *BIFAN*, B, XXII, 12 (1–2), 1956.

TARDITS, CL., *Bamiléké de l'Ouest Cameroun*. Paris, Berger-Levrault, 1960.

VOSSART, J., »Histoire des Sultans du Mandara, des rois de l'empire du Bamoun«. *Et. Camerounaises*, 1952, IV.

WALKER, A. R. et SORET, M., *Notes d'histoire du Gabon*. Brazzaville, 1960.

ZELTNER, J. C., »Notes relatives à l'histoire du Nord Cameroun«. *Et. Cameroun.*, 4 (35/36), 1952 (53).

– *Les Bamiléké*. Paris, Prés. Afr., 1953.

VII. Äthiopien und Somalia

DORESSE, J., *L'empire du prêtre Jean*. Op. cit.

HUTCHINSON, G. W. B., *The Galla of Ethiopia*. I.A.I., 1955.

LEJAN, G., *Théodore II. Le Nouvel empire d'Abyssinie et les intérêts français dans le Sud de la Mer Rouge*. Paris, Amyot, 1865.

LEWIS, I. M., *People of the Horn of Africa*. I.A.I., 1955.

PANKHURST, J., *Ethiopia: a cultural history*. 1959.

SELASSIÉ, G., *Chronique du règne de Ménélik II, roi des rois*. Traduit de l'amharique. Paris, G.P. Maisonneuve, 1930–32, 2 t.

VIII. Ostafrika

CUNNISON, *The Luapula peoples of Northern Rhodesia: custom and history in tribal politics*. Manchester Univ. Press, for Rhodes Livingstone Institute, 1959.

HAMMA, A. J., *The story of the Rhodesias and Nyassaland*. Lond., Faber and Faber, 1965.

MASON, PH., *The birth of a Dilemma, The conquest and settlement of Rhodesia*. Lond., O.U.P. édit., 1958.

WILLS, A. J., *An introduction to the History of Central Africa*. Lond., O.U.P., 1967.

WOVSFOLD, R. W., *Portuguese Nyassaland. An accont of the discovery, native population, agricultural and mineral ressources*.

CUNNINGHAM, J. F., *Uganda and its peoples, Notes on the Protectorate of Uganda*. Lond., Hutchinson, 1905.

DELMAS, »La vache au Ruanda«, *Grands Lacs*, 52 (11/12), 1936.

HEUSCH, L. DE, *Le Rwanda et la civilisation interlacustre*. Univ. libre de Bruxelles, 1966.

HIERNAUX, J. & MAQUET, E., »Culture préhistorique de l'âge des métaux au Ruanda, Urundi et au Kivu«. Long. part I, *Bull. Acad. Roy. Sci. Colon.*, n° 2, 1956.

KAGAME, A., »Bref aperçu de la poésie dynastique du Ruanda«, *Zaïre, 4* (3), mars 1950.

– »Le code de constitution politique du Ruanda pré-colonial«. Bruxelles, *Inst. Royal belge, Soc. Sc. morales et polit.*, 1952, Mémoires, 26, 1.

– »Les organisations socio-familiales de l'ancien Ruanda«. Bruxelles, *Acad. Royale Sci. Col. Sci. morales et polit.*, 38 (3), 1954.

– *Un abrégé de l'Ethno-Histoire du Rwanda*. Edit. Univ. du Rwanda, Butare, 1972.

MAQUET, J. et NAIGIZIKI, S., »Les droits fonciers dans le Ruanda Ancien«, *Zaïre, II* (4), avr. 1957.

MAUS, A., »Ruanda Urundi, terres d'invasions«, *Bull. Soc. belge Et. et Expansion*, 178, nov.-déc. 1957.

MITI, J. K., »History of Baganda«, *M.S. in Sch. Ouest Af.*, Studies Library.

PAGES, A., »Au Ruanda droits et pouvoirs du chef, sous la suzeraineté du roi hamite«, *Zaire* (4), avr. 1949.

PAPADOPOULOS, TA., *Poésie dynastique du Ruanda et épopée akritique.* Paris, Londres, 1963.

RYCKMANS, P., »Organisation politique et morale de l'Urundi«, *Rev. gen.,* 15 avr. 1921.

– *Notes sur les institutions (mœurs) et coutumes de l'Urundi... Rapport sur l'Administration belge au Ruanda Urundi en 1925.* Bruxelles, Van Crampel.

APTER, D., *The political Kingdom in Uganda.* Lond., O.U.P. édit., 1961.

KIWANUKA, S. A., *History of Buganda; from the foundation... to 1900.* Longmans, 1971.

ASHE, R. P., *Two Kings of Uganda.* Lond., Lov, 1889.

BRODE, H., *Tippoo Tib. The story of his career.* Lond., E. Arnold, 1907.

BURDO, A., *Les Arabes dans l'Afrique Centrale.* Paris, Dentu, 1885.

COUPEZ, A., »Les rois du pays rundi et les hommes qui y sont venus les premiers«. Texte rundi J. Rugsmana. *Zaïre,* XI (6).

COUPEZ, A. et KAMAZI, TH., *Récits historiques Rwanda.* Tervuren, Musée Roy. Afr. Cent., 1962.

COUPLAND, R., *East Africa and its invaders from the earliest times to the death of Seyyid Said in 1856.* Oxford, Clarendon Press, 1938.

EVANS-PRITCHARD, *The Nuer.* Oxford, 1940.

– *Divine Kingship of the Shilluk of the Nilotic Sudan.* 1948.

FERRAND, *Les Comalis.* Paris, Leroux, 1903.

FOUQUER, R. P., *Mirambo. Un chef de guerre dans l'Est Africain vers 1830–1884.* Paris, Nouvelles Edit. latines, 1966.

GRAY, R. et BIRMINGHAM, D., *Pré-colonial african trade* (Afr. orient.). Lond., O.U.P., 1970.

GREENBERG, J. H., »Nilotic, Nilo Hamitic and Hamito semitic«, *Africa,* 27 (4), oct. 1957.

GUILLAIN, M., *Voyage à la côte orientale d'Afrique.* Paris, A. Bertrand, 1856, 3 vol.

HOLLINGS WORTH, L. B. A., *Asians of East Africa.* Lond., Macmillan E.A.L.B.

HOLLIS (SIR) A. C., »The Masaï«, *J. reg. Afr. Soc.,* 42 (168), july 1943.

HUNTINGFORD, C. W. B., *The Northern Nilo Hamites.* E.S.A., 1953.

– *The Southern Nilo Hamites.* Lond., I.A.I., 1953.

INGHAM, K., *The Making of Modern Uganda.* Lond., Allen and Unwin, 1958.

IRSTAM TOR, *The King of Ganda. Studies in the institutions of social Kingship in Africa.* Stockholm, Ethnog. Museum of Sweden, 1944.

KABEYA, J. B., *Mtemi Mirambo.* Dar es Salam, 1968.

KENYATTA, J., *Au pied du mont Kenya.* Paris, Maspero, 1967.

– *My people of Kikuyu.* Lond., the United Society for Christian Literature.

KOENIG, O., *The Masaï story.* Lond., 1956.

LEWIS, I. M., *A Pastoral Democracy.* Lond., O.U.P. édit., 1962.

LEYS, Dr. N., *The colour bar in East Africa.* Hogarth Pr., 1941.

MALCOLN, P. W., *Sukuma land, an African people land use.* Lond., O.U.P. édit., 1953.

MARSH, Z. et KINGSNORTH, G., *An introduction to the history of East Africa.* Cambr. Univ. Press, 1957.

MIDDLETON, J., *Kikuyu et Kamba du Kenya. Paris, Payot, 1954.*

MIDDLETON, J. et CAMBELL, J., *Zanzibar, its Society and its politics.* Lond., O.U.P. édit., 1965.

MUNUNGO, A., *Msiri* in Lovania 13, Elisabethville, 1955.

OGOT, B. A., *A history of the Southern. Luo peoples, 1500–1900.* East Afr. Publishing House, 1967.

OLIVER, R., »The historical traditions of Buganda, Banyoro and Ankole«, *Man.,* 54, Lond., 1954.

– *The missionary factor in East Africa.* Lond., Longmans, 1952.

Bibliographie 379

– »Ancient capital sites of Ankole«, *Uganda J.*, 23 mars 1959.

OSCHINSKY, L., *The racial affinites of the Baganda and other Bantu tribes of Br. East Africa.* Cambridge, 1954, 188 p.

PRINS, A. H. J., *The Swahili, speaking people of Zanzibar and the East African Coast.* Lond., I.A.I., 1961.

REUSCH, R., *History of East Africa.* Stuttgart, Evangelischer Mission Verlag, G.M.B.H., 1954.

RICHARDS, A. I., *East African Chiefs.* Lond., Faber and Faber, 1960.

ROSCOE, J., *The Baganda: an account of their customs and believes.* Lond., Macmillan, 1911.

SENIOR, H. S., »Sukuma salt caravans to lake Eyasi«, *Tang. notes,* 6 déc. 1938.

SNELL, G. J., *Nandi customary law.*

SOLLY, G., *Kenya history in outline from the stone age to 1950.* Nairobi, Eagle Press, 1957.

STORME, M., *Rapport du Père Plaque et de Mgr Lavigerie sur l'Association Internationale Africaine.* Bruxelles, Acad. Roy. Sciences col., Classe sc. mor. polit., 1957, Mémoires XI (2).

SUMMERS, R., »The military doctrine of the Matabele«, *Nada,* 32, 1955.

THEAL, G. M., *Records of South Eastern Africa.* 9 vol. Unwin, 1898–1903.

TOUSSAINT, A., *Histoire de l'Océan Indien.* Paris, P.U.F., 1960.

TRIMINGHAM, J. S., *Islam in East Africa.* Lond., O.U.P. édit., 1964.

AXELSON, E., *South East Africa (1488–1530).* 1940.

– *Portuguese in South East Africa (1600–1700).* Johannesbourg, Witwatersrand, Univ. Press, 1960.

BRODE, Dr. H., *Tippoo Tib. The story of central African despot, from his own accounts.* E. Arnold, 1907.

MBARAK, ALI, *Al-Akida and Fort Jesus-Mombassa.* Lond., Macmillan.

PEARCE, FR., *Zanzibar, the island metropolis of eastern Africa.* Lond., Univers., 432 p.

RABAUD, A., *Zanzibar, la côte orientale d'Afrique et l'Afrique Equatoriale.* Marseille, 1881.

RANDLES, W. G. L., *L'image du Sud-Est africain dans la littérature européenne au XVIᵉ siècle.* Lisbonne, Centro de estudos historicos ultramarinos, 1959.

STRANDES, J., *The Portuguese Period in East Africa.* Berlin, E. Vohsen, 1899.

WILSON, D. A., *East Africa through a thousand years.* Lond., Nairobi, 1968.

IX. Die Länder des Kongobeckens

ALEXANDRE, A. et BINET, J., *Le groupe dit Pahouin.* Paris, P.U.F., 1958.

CUREAU, Dʳ AD., *Les Sociétés primitives de l'Afrique Equatoriale.* Paris, A. Colin, 1912.

DAMPIERRE, E., *Un ancien Royaume Bandia du Ht Oubangui.* Thèse Sorbonne, Paris, Plon, 1967.

DE CALONNE, A. et BEAUFAICT, *Azandé.*

DOUGLAS, M., *The Lele of Kasaï.* Lond., I.A.I., 1954.

EBOUÉ, F., *Les peuples de l'Oubangui-Chari.* Comité de l'Afr. Française, 1933.

EVANS-PRITCHARD, *The Azandé. History and Political Institutions.* Oxford, Clarendon Press, 1971.

FRANC, L., *De l'origine des Pahouins.* Paris, A. Maloine, 1905.

HUTEREAU, *Histoire des peuples de l'Uélé et de l'Ubangui.* Bruxelles, 1921.

KALCK, P., *Histoire centrafricaine des origines à nos jours.* Thèse Sorbonne, 1970.

LAGAL, *Les Azande ou Niam Niam.* Bruxelles, 1926.

RAPONDA-WALKER (Abbé), *Notes d'Histoire du Gabon.* Brazzaville, Mémoires de l'I.E.C., 1960.

ROUDILLET, *Les Pahouins, leur origine, etc.* Annales des voyages, 1867.

SORET, M., *Les Kongo Nord-Occidentaux.* Paris, P.U.F., 1959.

TRILLES, R. P., *Les Pygmées de la forêt équatoriale.* Paris, Bloud et Gay, 1932.

VAN OVERBERGH, C., *Les Mangbetu.* Bruxelles, 1909.

COLLE, R. P., *Les Baluba.* Bruxelles, A. Dewill, 1913.

CORNET, R., *Le Katanga avant les Belges.* Bruxelles, L. Cuypers, 1946.

DENIS, J., *Les Yakas du Kwango.* Tervuren, Musée roy. Congo, 1964.

LABRECQUE, E., »Histoire des Mwata Kazembe, chefs Lunda du Mapula 1700–1945«, *Lovania,* 16-17-18, 1945.

MC CULLOGH, *The Southern Lunda and Related People.* Lond., I.A.I., 1951.

SERPA PINTO, *Comment j'ai traversé l'Afrique depuis l'Atlantique jusqu'à l'Océan Indien.* Paris, Hachette et Cie, 1882, 2 vol.

TORDAY, E., »The influence of the kingdom of Kongo on central Africa«, *Africa,* 1 (2), avr. 1928.

VANSINA, J., *On the trail of the Bushongo.* Lond., Seeley, 1925.

– *Les tribus Bakuba et les peuplades apparentées.* Tervuren, Musée roy. Congo belge, 1954.

– *Les royaumes de la savane.* Léopoldville, 1965; Lond., Univ. of Wisconsin Press, 1968.

VERBEKEN, A., *Msiri roi de Karenganze. L'homme rouge du Katanga.* Bruxelles, L. Cuypers.

– »Une contribution à la géographie historique du Katanga et des régions voisines. Bruxelles, *Institut Royal Colon. Belge,* 1954, Mémoires, 36 (1).

VERHULPEN, E., *Baluba et balubaïsés du Katanga.* Anvers, édit. de l'Avenir Belge, 1936.

F. Küstenkönigreiche

AVELOT, R., »Les grands mouvements des peuples en Afrique: Jagga et Zimba«, *Bull. géogr. Hist.,* 27, 1912; Paris, Impr. Nationale, 1913.

BIRMINGHAM, D., *The Portuguese Conquest of Angola.* Lond., O.U.P., 1965.

BOXER, C. R., *Salvador de Sa and the struggle for Brazil and Angola (1602–1686).* Lond., Athlone press, 1952.

BURTON, R. P., *Lacerda's journey to Cazembe (and travels of Montero and Gamitto).* 1873.

CORNEVIN, R., *Histoire du Congo-Léopoldville.* Paris, Payot, 1963.

DUFFY, J., *Portugal in Africa.* Lond., Penguin Books, 1962.

EHNMACK and WASTBERG, *Angola and Mozambique, The case against Portugal.* Pall Mall Press, 1963.

FREYRE, G., *Le Portugal et les Tropiques.* Comm. exéc. Comm. du V⁰ cent. de la mort de l'infant don Henrique. Lisbonne, 1961.

LEFÈVRE, *L'Angola, son histoire et son économie.* Liège, 1947.

MATEO DE AUGUIANO, P., *Misiones capuchinas en Africa.* Madrid, C.S.I.C., Inst. Stu. Toribio de Mogrovejo, 1950 et 1957, 2 t.

PLANQUAERT, R. P., *Les Jagga et les Bayaka du Kwango.* Bruxelles, Mem. de l'Institut Colon. Belge, Bruxelles, 1932.

RANDLES, W. G. L., *L'Ancien Royaume du Congo, des origines à la fin du XIX⁰ s.* Paris, 1968.

X. Südafrika: Bantu, Buren und Briten

ASHTON, H., *The Basuto.* Lond., O.U.P. édit., 1952.

BENSON, M., *South Africa. The struggle for a birthright.* Lond., Penguin Books, 1966.

BRYANT, A. T., *History of the Zulu and neighbouring tribes.* Le Cap, Struik, 1964.

Bibliographie

CATON THOMPSON, G., *The Zimbabwe-Culture*. Lond., O.U.P. édit., 1931.

DEPELCHIN et CROONENBERGH, *Trois ans dans l'Afrique Australe*, vol. I: *Le pays des Matabélés*. Bruxelles, P. Imbreghts, 1882.

DUDLEY BARKER, *Swaziland*. Lond., Her Majesty's state office, 1965.

FIRST, R., *South West Africa*. Lond., Penguin Books, 1963.

GARDNER, G. A., *Mapungubwe*, vol. II. Pretoria, 1963.

GIBSON, J. Y., *The story of the Zulus*. Lond., Longmans, 1911.

HALL, N. R., *Great Zimbabwe-Mashonaland Rhodesia*. Lond., Methuen, 1905.

HARRIS, J. CH., *Khama the Great African Chief*. Lond., Livingstone, 1923.

JENSEN KRIGE, E., *The realm of a rain-queen*. Lond., O.U.P. édit., 1956.

JUNOD, H. A., *Mœurs et coutumes des Bantou*. Paris, Payot, 1936.

KOLBE, P., *Description du Cap de Bonne Espérance*. Nuremberg, P.C. Monath, 1719.

KRIEGE, E. J., *The social system of the Zulus*. Lond., Longmans, 1936.

KUPER, H., *An African Aristocracy. Swazi of Bechuanaland*. Lond., O.U.P. édit., 1947.

KUPER, H., *The Swazi*. E.S.A., 1953.

LA CAILLE (Abbé DE), *Remarques sur les mœurs des habitants du Cap de Bonne-Espérance et sur celles des Hottentots*. Paris, 1763.

LAGDEN, G., *The Basutos*. Lond., Hutchinson, 1909, 2 vol.

LEGUM, C. and M., *South Africa, crisis for the West*. Lond., Pall Mall Press, 1964.

LE MAY, L. H. G., *British supremacy in South Africa, 1899–1907*. Oxford, Clarendon Press, 1965.

LESOURD, J. A., *La République d'Afrique du Sud*. 1963.

LOWELL, R. I., *The struggle for South Africa (1875–1895)*. Economic imperialism, N. Y., 1934.

LUDLOW, W. R., *Zululand and Cetewayo Containing an account of Zulu custom, manners and habits*. Lond., Simpkin, 1882.

MANDELA, NELSON, *No easy walk to Freedom*. Heinemann, 1965.

MOFFAT, R., *23 ans de séjour dans le Sud de l'Afrique ou travaux, voyages et récits de missionnaires*. Paris, Delay, 1846.

MOFOLO, TH., *Chaca*. Gallimard, N.R.F., 1939.

MORRIS, D. R., *The washing of the Spears. The rise and fall of the Zulu Nation*. Lond., 1966.

OMER, COOPER, J. D., *The Zulu Aftermath*. Lond., 1966.

PIKE, J. G., *Malami: A political and Economic History*. Lond., 1968.

POLLOCK, N. C. et SWANZIE, A., *A historical geography of South Africa*. Lond., Longmans, Green and Co, 1963.

ROBERTS, A. D., *A political History of the Bemba to 1900*. Univ. of Wisconsin, 1966.

ROBINSON, K. R., *Khami ruins*. Cambr. Univ. Press, 1959.

SCHAPERA, L., *The Bantu speaking Tribes of South Africa*. Lond., Routledge, 1937.

SCHAPERA, J., *The Khoisan People of South Africa*. Lond., Routledge, 1930.

STOW, G. W., *The native races of South Africa. Hottentots, Bantous, Bushmen*. Lond., G. Mc Call Theal, 1905.

SUMMERS, R. et WHITTY, A., *Zimbabwe excavations*. Lond., O.U.P. édit., 1958.

PIENAAR SAMPSON, *South Africa. Two views of Separate Development*. Lond., O.U.P. édit., 1960.

TAUSER, G. H., *A history of Nyassaland*. Le Cap, 1963.

TYLER, J., *Forty years among the Zulus*. Boston, Congreg. Sunday-School and publ. Society, 1891.

VAN VELSEN, J., *The Shona and Ndebele of Southern Rhodesia*. 1955.

WALKER, E. A., *A History of Southern Africa*. Lond., Longmans, 1957.

– *Bemba and related people of Northern Rhodesia*. Lond., I.A.I., 1951.

WILSON, M. and THOMPSON, L., *The Oxford history of South Africa*, vol. I: *South Africa to 1870*. Lond., 1968.

8. Integrationsversuche im 19. Jahrhundert

Der Menschenraub in Afrika war die wesentliche Unternehmung der Europäer im letzten Viertel des 19. Jahrhunderts. Vom Jahrhunderte währenden Sklavenhandel zwar erschöpft, war Afrika dennoch nicht nur ein der Kolonisierung preisgegebenes Land. Vor und während der europäischen Eroberung im 19. Jahrhundert traten Führer mit außergewöhnlichen Fähigkeiten hervor. Sie unternahmen den Versuch, dem erbarmungslosen Lauf des Schicksals (auch wenn ihnen das nicht immer bewußt war) zu trotzen und große, stammesübergreifende politische Einheiten zu schaffen, wie es sie in der Zeit der »Großen Jahrhunderte« gegeben hatte. In diesem Sinn ist das Heldenlied des Tschaka zu verstehen. In die gleiche Richtung weist eine Pléiade von Afrikanern in allen Gebieten Schwarzafrikas: Tschaka, Osman dan Fodio, El Hadj Omar, Samori, der Mahdi und Menelik von Äthiopien.

I. Tschaka

Will man unter den Männern, die die Geschichte ganzer Landstriche Afrikas am stärksten geprägt haben, nur fünf im Gedächtnis behalten, so gehört Tschaka zu ihnen. Wie war es möglich, daß dieser verachtete und mißhandelte Hirte innerhalb weniger Jahre zum Gründer (leider auch zum Zerstörer) vieler Völker wurde? Tausende von Männern und Frauen verehrten ihn wie einen Gott, gleichzeitig fürchteten ihn tausend andere im weiten Umkreis wie den Teufel.

Wie bereits bekannt, ließen sich die Nguni zumindest seit dem 15. Jahrhundert, wenn nicht schon früher[1] im afrikanischen Südosten nieder. Sie setzten sich aus mehreren Volksgruppen zusammen und waren im Osten von den Sotho umgeben, im Norden und Süden lebten dagegen ihnen verwandte Gruppen, wie die Swasi und die Xosa. Sie hatte der »Great Fish River«, der im Jahr 1778 zur Grenze zwischen Weißen und Schwarzen erklärt worden war, von den Buren getrennt. Die Buren aber begannen, sich langsam nach Norden hin auszudehnen.

A. Die Anfänge und die Erringung der Macht

Um der Zersplitterung des Landes bei der Erbteilung zu entgehen, zogen die jungen Buren aufs Geratewohl los, um sich irgendwo anzusiedeln. Mit ihren Musketen drängten sie die Xosa zurück. Diese überrollten bei ihrem Rückzug andere Stämme, die ihrerseits zurückwichen. Kurz, der Kampf um den Lebens-

---

1 Siehe Murdock und C. Legum.

Tschaka 383

raum begann. Die Abatetwa gehörten zum Stamm der Nguni. Ihr Oberhäuptling nannte sich Jobe. Sie waren Viehzüchter und Kaufleute, die vorwiegend mit Tabak und holzgeschnitzten Geräten handelten. Ein Klan der Abatetwa unterstand den Befehlen des Senzangakona. Dieser besaß vier Frauen, jedoch keinen männlichen Nachwuchs. Als er eines Tages ein großes Volksfest veranstaltete, entdeckte er Nandi (das bedeutet: die Liebliche), eine unübertreffliche Tänzerin des *motchocho*. Gleich am folgenden Tag richtete er es so ein, daß er sie auf dem Rückweg in ihr Dorf abfangen konnte. Als sie wenig später schwanger wurde, ließ sie es den Häuptling wissen. Er heiratete sie, und sie gebar ihm seinen ersten Sohn, Tschaka.

Von dieser Zeit an bekamen die anderen Frauen auch Söhne, doch Nandi blieb die Lieblingsfrau und Tschaka der Lieblingssohn. Das Bündnis der Mitehefrauen gipfelte aber bald in gehässiger Erpressung. Sie forderten den Häuptling auf, Nandi und Tschaka, den vermutlichen Erben, aufzugeben. Sie drohten mit der Enthüllung, daß Nandi »wie eine Hündin ... bereits schwanger« zu ihm gekommen sei. Schließlich beugte sich Senzangakona und schickte Nandi und ihren Sohn in ihr Dorf zurück. Für Tschaka begann damit ein Martyrium, ein Leben voller Schikanen, Erniedrigungen und Unterdrückung. Als Schäfer wurde er von seinen Kameraden mißhandelt, niedergeschlagen und auf dem Felde zurückgelassen, damit er sterbe. Ein Durchschnittswesen wäre daran zerbrochen. Doch Tschaka war aus einem besonderen Holze geschnitzt: angesichts seines Unglücks nahm er gerade alle Kräfte zusammen. Er dachte nach und stählte sich. Er schmiedete in sich eine leidenschaftliche und wilde Energie, um das Schicksal zu meistern. Tschaka verfügte über beträchtliche Körperkräfte. Langsam stellten sich erste Erfolge ein, immer mehr Anhänger, besiegte oder überzeugte, gewann er. Schließlich setzte er sich in dieser begrenzten Welt von Schäfern als Häuptling *(Mampoli)* durch. Er tötete einen Löwen und entriß ein junges Mädchen den Zähnen einer Hyäne. Die Legende führte diese Heldentaten auf den Besitz von Zaubermitteln zurück. Schon bald überschritt sein Ruhm die Grenzen seiner kleinen Welt. In weiter Ferne offenbarten junge Mädchen ihre leidenschaftliche Bewunderung in Liedern zum Ruhme Tschakas. Bei seinen Halbbrüdern entfachten sie damit eine alles vergiftende Eifersucht.

Aus Furcht, sein Leben zu verlieren, flüchtete Tschaka zu Dingiswayo, dem Lehnsherrn seines Vaters. Dort im Exil, fern von Liebe und Familie, überdrüssig der Verfolgungen und abgehärtet durch alle Leiden, wuchs Tschaka zu einem tollkühnen Krieger heran. Er besaß eine unerbittliche Tatkraft und kannte kein Mitleid: er war eine Art »Raubmensch«. Er nahm den Nguni all ihren Schmuck fort, den sie in Form von Perlengeschmeiden im Haar trugen. Er wurde Sprecher und rechte Hand des Dingiswayo. Nach dem Tode seines Vaters Senzangakona half ihm dieser, seine Erbschaft anzutreten, die ihm, ehe seine Mutter in Ungnade gefallen war, zugedacht war. Er brachte einige seiner Halbbrüder um und machte sich zum Häuptling seines Klans. Gegen seine Nachbarn ging er vor, unterdrückte die Ngoana und bekam die Hand der Lieblingsschwester des Lehnsherrn zugesprochen. Auch dieser führte Eroberungszüge durch, beging jedoch den Fehler, zu schnell zu demobilisieren. Als er überraschend von seinem Feind Zwide angegriffen wurde, nahm man ihn gefangen und tötete ihn. Tschaka, der traurig herbeieilte, fand den Kopf seines Lehnsherrn aufgespießt auf einem Pfahl mitten auf dem Marktplatz vor der Ratsstätte. Überall herrschte Bestürzung und Furcht. Da Zwide immer noch sein Unwesen trieb, wählten die Regimenter

Tschaka zu ihrem unumschränkten Häuptling. Sehr schnell besiegte er die Truppen Zwides, welcher selbst floh und wenig später starb. Tschaka wurde Häuptling der meisten Stämme des Ngunivolkes.

B. Das Zulu-Reich

1. Die Armee und der Krieg

Zuerst änderte Tschaka den Namen seines Volkes. Nguni war zu gewöhnlich. Er wählte einen Namen, der wie Kriegstrommeln klang und wie das Tosen des Sturms donnerte: *Zulu*. Das bedeutete Himmel; *Amazulu* – Volk des Himmels. Folgende Aussage schrieb man ihm in jener Zeit zu: »Ich gleiche einer großen Wolke, in der Donner grollt. Niemand kann sie aufhalten, das zu tun, was sie will. So auch ich. Ich betrachte die Völker, und sie zittern.« Als nächstes begann Tschaka eine Armee neuen Typs zu schaffen. Jedes der Regimenter *(impis)* setzte sich aus tausend Männern oder Frauen zusammen, die ungefähr das gleiche Alter hatten. Ihr Anführer war der *induna*. In der Zeit zwischen den Kriegen waren sie in Lagern untergebracht und mußten sich täglich intensiven Übungen unterziehen. Jedes Regiment erhielt seine Uniform und ein besonderes Kennzeichen: verschiedenfarbige Stirnbänder, Schilde unterschiedlicher Farbe, Straußenfedern in den Haaren usw. Während einer Schlacht konnte Tschaka auf diese Weise seine Regimenter auseinanderhalten. Zudem hatte jedes Regiment seinen speziellen Kriegsruf. Die Frauenregimenter dienten fast ausschließlich der Intendantur (Heeresverpflegung, Küche, Transporte usw.). Tschaka untersagte seinen Soldaten, Sandalen zu tragen, da sie seiner Meinung nach die Bewegungen verlangsamten. Die Nahrung der Soldaten bestand fast nur aus Fleisch. Milch zu trinken war ihnen verboten. Im Kampf herrschte eiserne Disziplin. Zurückweichen oder waffenlose Rückkehr vom Kampf bedeutete sofortige Hinrichtung. Ein *induna*, der ohne Kriegsbeute heimkehrte, konnte liquidiert werden – Tschaka nannte es »Verschlingen« – manchmal sogar mit all seinen Mannen. Mutig zu sein genügte nicht, man mußte auch Beweise für seine Leistungsfähigkeit erbringen. Eine grundlegende Umstellung in der Bewaffnung verlieh der Armee eine größere Schlagkraft. Bisher hatte jeder Ngunisoldat zwei Angriffswaffen getragen: die Wurflanze und den Assagai für den Nahkampf, beide mit langem Schaft. Tschaka verbot die Wurflanze und behielt den Assagai, allerdings mit einem wesentlich verkürzten Schaft und einer sehr viel breiteren Klinge. So verwandelte Tschaka ihn in eine Hieb- und Stichwaffe. Weitere Waffen waren eine Axt und der Schild aus Rindsleder. Der Zulusoldat besaß keine Wurfwaffe mehr. Das war psychologisch relevant. Eine lange Waffe erzeugte Angst und weckte den Fluchtreflex. Der Träger einer kurzen Waffe hingegen zwang seinem Feind, wollte er nicht in Nachteil geraten, den Nahkampf auf, wobei dieser wiederum durch seine langen Waffen gehandikapt war. Auf diese Weise reizte der kurze Assagai (wie das Kurzschwert der Römer) den Krieger zu ständiger Offensive.

Hinsichtlich Strategie und Taktik schien Tschaka sehr viel von Dingiswayo gelernt zu haben. Er verzichtete auf die traditionelle Methode des individuellen

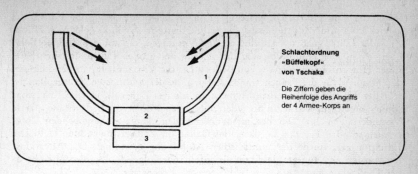

Schlachtordnung
»Büffelkopf«
von Tschaka

Die Ziffern geben die
Reihenfolge des Angriffs
der 4 Armee-Korps an

Angriffs, die lediglich Einzelleistungen ergab. Der *Impi* war ein zusammengeschweißter Haufe, der in geschlossenen Reihen vorrückte, besessen von dem Gedanken, um jeden Preis in den Nahkampf einzutreten. Manchmal kam es zu Überraschungsaktionen; im allgemeinen aber bestand die Angriffsformation aus einem Kreisbogen, nach Tschakas Worten »wie der Kopf eines Büffels«. Normalerweise waren die Truppen in vier Korps unterteilt: zwei Flügel bildeten die Hörner des Büffels. Mit einer Drehbewegung griff einer der Flügel an, der andere hielt sich verborgen und griff erst bei Kampfbeginn in das Geschehen ein. Junge bewegliche und begeisterte Krieger waren in diesen Flügelformationen aufgestellt. Ihre Aufgabe bestand darin, den Feind zu hindern, sich abzusetzen, ihn zu provozieren und ihn in die Mitte zu treiben. Dort im Zentrum des Kampfes warteten erfahrene Krieger im Hinterhalt, stürzten sich auf den Feind und nahmen ihn in die Zange. Das Eingreifen frischer Truppen brachte die entscheidende Wende im Verlauf des Kampfes. Sie sollten den Sieg beschleunigen. Konnte man keine Entscheidung herbeiführen, kam die Nachhut zum Einsatz. Sie setzte sich aus Veteranen zusammen, die bis dahin in Reserve gehalten worden waren.

Viele Vergleiche lassen sich hier anführen. Die Umstellung in der Bewaffnung erinnert an Gustav Adolf von Schweden während des Dreißigjährigen Krieges. Die geschlossenen Reihen der Assagaikrieger beschwören die mazedonische Phalanx Philipps, des Vaters Alexanders des Großen. Die geschickte Strategie läßt an Cäsar und Hannibal denken. Alle diese militärischen Genies hatten die gleichen Eingebungen. Man darf hier auch nicht vergessen, daß Tschaka ein ehemaliger Hirte und Jäger war. Sehr wahrscheinlich brachte ihn die bei den Jagden auf Antilopen, Büffel und andere wilde Tiere angewandte Treibjagd-Taktik auf die Ideen für die Menschenjagd, die ja jeder Krieg darstellt.

2. Die Gesellschaft

Durch die Umwandlung seines gesamten Volkes in ein Berufsheer erschütterte Tschaka automatisch dessen soziales Gefüge schwer. Bisher gab es die patriarchalische Gesellschaft, in der jede Großfamilie einen *Kraal* für sich bewohnte, zu dem auch die Hütten der Kleinfamilien zählten. Alle verheirateten Söhne fügten sich der Autorität des Patriarchen. Dieser war polygam und besaß für jede Frau eine Hütte. Die erste unter ihnen bewohnte die große Hütte, die zweite lebte in der Hütte rechter Hand, die dritte in der links gelegenen Hütte. Zu jeder Hütte gehörten Landbesitz und Vermögen, die auf den ältesten Sohn übergingen. Der Haupterbe war der Älteste der großen Hütte. In wirtschaftlicher Hinsicht war folgendes von Bedeutung: die Viehzucht lag in den Händen der Männer, für die Frauen war sie tabu. Eine der wichtigsten Kulturpflanzen war der Mais. Aber von dem Moment an, als das Zuluvolk in eine Kriegsmaschine umgeformt wurde, in die jeder einbezogen war, traten bedeutsame soziale Veränderungen ein. Die Beschneidung mit den damit einhergehenden Zeremonien schaffte Tschaka ab, da er das Ganze für Zeitverschwendung hielt. Die Initiationszeit wurde der militärischen Ausbildung gewidmet. Die Altersklassen wurden von nun an gleichsam als aufeinanderfolgende Regimenter einberufen. Die Dienstzeit reichte vom 16. bis zum 60. Lebensjahr.

Heiraten fanden nur zwischen dem 30. und 40. Lebensjahr statt und wurden als besondere Belohnung bewilligt. Die tapfersten Regimenter erhielten gemeinsam das Recht zur Heirat. Allerdings durften sie sich nur Frauen aus dem weiblichen Regiment nehmen, das ihnen bestimmt wurde. Diese verheirateten Krieger bildeten in der Armee eine von den Junggesellen getrennte Abteilung. Tschaka selbst war niemals verheiratet. Der Familiengedanke, der wesentliches Attribut der afrikanischen Gesellschaft war, wurde zum Nutzen der militärischen Leistungsfähigkeit geopfert. Je schrecklicher man im Kampf war, desto näher rückte man der ersehnten Stunde der Hochzeit. Je freier man aber von Familienbanden war, desto eher wurde man für einen tapferen Soldaten gehalten. Die Familienväter waren benachteiligt und geschwächt durch die süßen Erinnerungen an den heimischen Herd. Hierbei war noch nicht in Rechnung gestellt, daß der unterdrückte Geschlechtstrieb durch eine Art unbewußte Übertragung in eine Wildheit abgeleitet werden konnte, die von Nutzen für die Schlachten war.

In politischer Hinsicht endete die Zulu-Eroberung mit einer weitgehenden Verschmelzung der Völker, die am Limpopo und am Sambesi lebten. Alle Jünglinge der besiegten Völker kamen unter der Bedingung mit dem Leben davon, daß sie in den *impis* Soldaten wurden. Außerdem mußten sie ihre Namen und ihre Sprache aufgeben und aus tiefstem Herzen Zulus werden. Damit wurde der Stammesrahmen gesprengt. Man ließ ihn hinter sich, um eine Schicksalsgemeinschaft in größerem Rahmen zu schaffen. An ihrer Spitze stand Tschaka als oberster Häuptling. Er war Besitzer aller Ländereien und Richter bei Bluttaten. Die weniger schweren Fälle erledigten die unteren Häuptlinge. Sie verhängten Strafen, die in der Zahlung von Vieh oder auch in Prügeln bestanden. Es gab sogar die Tendenz, Tschaka als Halbgott anzusehen, als Emanation des Herrschers Nkulu-Kulum. Sein Titel »Bayete« bezeichnete denjenigen, der zwischen Gott und Menschen steht. Das Volk rief ihn mit folgenden Worten an: »Bayete, oh Vater! Herr aller Herren! Oh, du großer Löwe, du unvergleichlicher Elefant! Oh, Zulu! Oh, Himmlischer, führe uns mit Milde! Oh, Tschaka, ich erzittere, weil du es bist, Tschaka!« Dennoch war seine Macht weder unbegrenzt noch rein auf seine Person bezogen. Tschaka wurde von den wichtigsten *indunas* überwacht, mit denen er seine Entscheidungen und Handlungen abstimmen mußte.

Die Hauptstadt trug den symbolträchtigen Namen Umgungundlovu, was bedeutete »dem Elefanten gleich«. Die Stadt lag in der Ebene am Zusammen-

Tschaka

fluß mehrerer Flüsse. Sie war in Form eines weiten Ringes angelegt, der von zwei rechtwinklig sich kreuzenden Straßen durchschnitten wurde. Sie wiesen in die vier Himmelsrichtungen und dienten den Truppen und den Herden, die sie als Kriegsbeute mit sich führten, als Zugang. Der Kreuzungspunkt war ein riesiger Platz für Manöver und Paraden und für die Unterweisungen der Armee, sowie Bekanntmachungen an dieselbe. Neben diesem Platz befanden sich die Wohnsitze der Notabeln und Ratgeber. Der Kronrat und der Gerichtshof *(khotla)* waren ebenfalls hier untergebracht, letzterer wurde von einer Wache kontrolliert. Nicht weit davon entfernt lag Tschakas Hof, umgeben von einer breiten Umwallung. Auf ihrer Mauerkrone konnten vier Männer nebeneinander gehen. Dort befanden sich auch die königlichen Insignien. Außerhalb dieses königlichen Viertels gab es zwei weitere Viertel für die »Zivilisten« und ein großes Viertel für die Regimenter, die vorübergehend in der Hauptstadt stationiert waren. An den Toren kontrollierten Wachposten jeden Ankommenden. Wollte man des Nachts zu diesem riesigen Heerlager Zugang erlangen, mußte man vereinbarte Zeichen mit brennenden Fackeln geben.

Mit einem so mächtigen Werkzeug wie seiner Armee, die letztendlich 100 Regimenter, d. h. 100 000 Soldaten, zählte, begann Tschaka die Ausdehnung des Zulureichs in zwei Hauptrichtungen zu betreiben. Einmal nach Westen über die Höhen des Drakenberges, wo man die Sotho (Basuto) und die Tschuana zersprengte; ebenso ging man im Süden gegen die Tembu, Pondo und Xosa vor. Die Kriegsmethoden waren sehr hart. Es handelte sich hier um den *Mfecane,* d. h. eine brandende Woge von Völkern auf der Suche nach Raum und Besitz: eine *Völkerwanderung.* Die alten Männer der besiegten Völker wurden beseitigt, die Frauen und die Jungen eingegliedert. Die besten Ratgeber schickte Tschaka als Verwalter in die eroberten Provinzen. Überdies existierte ein Kriegsritual, das die Kriegszüge nicht nur als wirtschaftliche Unternehmungen ansah, sondern auch nationalen Stolz, einen Grund zum Leben daraus schöpfte. Für die Raubzüge gab es eine bestimmte Jahreszeit: kurz nach den großen Regenfällen und bei Vollmond. Dem Start ging eine Zeit der inneren Sammlung voraus, einer allgemeinen Amnestie, der Versöhnung und der Sühne. Kein Tropfen Blut durfte dann verschüttet werden. Gewaltanwendung wurde nicht geduldet. Sogar für den Schmuck und die Kleidung war die rote Farbe des Blutes in dieser Zeit verboten. Endlich kam dann der Augenblick für die Eröffnungszeremonien der Kampfzeit. Der König blickte vom erhabenen Thron auf Zehntausende von Kriegern, die in einem Kreisbogen um ihn herum angetreten waren. Der Höhepunkt der Zeremonie war erreicht, wenn der König sich erhob und allein vor dem versammelten Volk tanzte. Danach schleuderte er seinen Assagai machtvoll in eine Richtung und bestimmte so den Weg für den nächsten Beutezug. Sobald die Waffe den Boden berührte, lösten sich die Reihen der Krieger auf; sie eilten in die angegebene Richtung und stießen ihre Waffen zum Zeichen der Gefolgschaft rund um die des Königs in den Boden. Sie ließen dadurch erkennen, daß sie bereit waren, »ihren Assagai trinken zu lassen«.

388   *Integrationsversuche im 19. Jahrhundert*

3. Niedergang und Auflösung

Tschakas Untergang bahnte sich an, als er der Tyrannei zuneigte. Nach der Rückkehr von einer Expedition ließ er alle Krieger, die zurückgewichen waren oder ihre Waffen im Stich gelassen hatten, auf dem großen Platz niedermetzeln. Das war das sogenannte »Blutbad der Feiglinge«. Alle schrien: »Wie weise er ist!« Ein Nguni-Sprichwort kursierte bald, das das schreckliche Los schilderte, das die jungen Zulus erwartete: »Ein männliches Kind ist ein dem Geier geweihter Ochse!« Die darauffolgenden Sezessionsbemühungen weiter Gebiete rieben das einst stolze, aus vielen Stämmen bestehende Volk langsam auf. Zwide führte die Nguni[2] an, die im Norden des heutigen Transvaal (1820/21) Zuflucht genommen hatten. Nachdem sein Sohn Zwanguendaba die Sotho zersprengt hatte, schlug er von neuem den Weg nach Norden ein. 1834 überquerten die Nguni den Limpopo und überrannten die Rosswi, einen Zweig des Schona-Volkes, die Simbabwe und Monomotapa bewohnten. Danach drangen diese Ngoni zum Viktoriasee vor, stießen dort auf die Zwischenseen-Reiche und ließen sich endlich in der Nähe des Njassasees unter dem Namen Angoni nieder. Einige Zulubräuche wie z. B. die Eingliederung der Jungen der besiegten Völker gaben sie auf. Diese wurden statt dessen zu Sklaven, während die Angoni selbst Krieger und Jäger blieben bis zu dem Tag, als sie, nun gefestigt, ihre traditionellen Tätigkeiten als Bauern und Viehzüchter wieder aufnahmen. Da sie keine Rinder hatten, zogen sie vorwiegend Ziegen auf und wurden ausgezeichnete Bauern, verwendeten Dünger und betrieben Fruchtwechselwirtschaft. Nach der eruptiven Phase des Zulu-Militarismus waren sie zum Ursprung des Hirtendaseins zurückgekehrt.

Eine weitere abtrünnige Gruppe trennte sich von Tschaka unter dem Anführer Mzilikazi. Diese Ngoni, die sich gegen das Zwangszölibat aufgelehnt hatten, konnten viele Mädchen dazu überreden, mit ihnen aufzubrechen. Auf ihrem Weg verleibten sie sich andere Stämme ein und wurden schließlich zu den Ndebele oder Matabele. Sie überschritten den Drakensberg, drängten die Basuto und die Tschuana noch weiter zurück und stießen auf die Buschmänner und auf die mit Musketen bewaffneten Griqua-Mischlinge. Unter dem Druck dieser verschiedenen Völker und der Buren überquerten sie den Limpopo. Vergeblich versuchten sie allerdings, über den Sambesi zu gelangen. Sie ließen sich schließlich als Herren zwischen diesen beiden Flüssen im Gebiet von Bulawayo nieder. Hier beherrschten sie das ehemalige Schonareich von Monomotapa. Nach verheerenden Überfällen auf die Schona gingen die Matabele doch eine ethnische Symbiose mit ihnen ein und schufen ein soziales Verhältnis vom Herrn zum Leibeigenen. Es gab also keine systematische Ausrottung der Schona, wie manche Europäer behauptet haben. Sie taten es, um ihren eigenen Ansturm auf die Ndebele nach der Entdeckung des Goldvorkommens im Matabeleland (späteres Rhodesien) zu rechtfertigen. Mzilikazi war auch nicht der blutrünstige Tyrann, als den ihn dieselben Chronisten darstellen. Der Reverend Mackenzie äußerte seine Verwunderung über die Sanftmut dieses angeblichen Despoten: »Ihn schauderte, wenn er Mensch oder Tier leiden sah. Sein Rat war, sie nicht zu schlagen, sondern ihnen maßvoll zuzusetzen, ausschließlich mit trockenen Reisern.« Nach dreißigjähriger Regierungszeit starb Mzilikazi im Jahre 1870.

---

2 Sie nannten sich von da an Ngoni, nicht mehr Nguni.

Sein Sohn Lobengula mußte sein Land an der Spitze eines 25 000-Mann-Heeres gegen die Goldprospektoren verteidigen.

Tschaka war bereits unter wenig bekannten Umständen – auch Ort und Datum blieben im Dunkel – gestorben. Er soll bei einer Verschwörung seiner Halbbrüder meuchlings ermordet worden sein. Im Angesicht seines Todes soll er seinen Mördern vorausgesagt haben, daß sie ihren Sieg nicht lange genießen würden, denn die Weißen wären auf dem Weg, ihnen ihr Land wegzunehmen. Sind diese letzten Worte authentisch? Auf jeden Fall paßt es nicht in die Schicksalslinie dieses bedeutenden Mannes, der vor allem Schöpfer einer Nation war, auf die er wirklich stolz sein konnte. Als genialer Organisator, Sammler von Völkern und oft brutaler Revolutionär war Tschaka die lebendige Widerlegung jenes Mythos vom »Schwarzen, der unfähig ist, den stereotypen Lauf der Geschichte zu erneuern oder zu verändern«. Nach alledem war Tschaka vielleicht nur der Sohn seiner Zeit. Aus dem Zusammenbruch der von inneren Gegensätzen zerrissenen und durch die von der Expansion der Weißen verursachten »Kaffernkriege« erschütterten Völkerschaften stieg ein außergewöhnlicher Mann empor. Dieser Mann konnte nur ein Diktator sein. Alles in allem war Tschaka einer der größten Eroberer in der Geschichte Afrikas. Sein Name verdient es, in der Weltgeschichte nicht vergessen zu werden.

II. Osman dan Fodio

A. Die Anfänge

Im Bled es Sudan bildete der Islam seit Jahrhunderten das Ferment der Verschmelzung im politischen Bereich. In wenigen Ländern konnte er allerdings die Massen tiefer durchdringen. Im allgemeinen überließ man diese Angelegenheit den Gebildeten *(faqi)* und den Fürsten. Sie benutzten den Islam oft als Prestigehintergrund für die Außenwelt. Vergleichbar handelten viele bekehrte Könige der Küste in bezug auf das Christentum. Im Grunde blieben diese Häuptlinge Anhänger der animistischen Praktiken. Das galt z. B. für die Sultane der Haussastädte. »Der Reiche wurde reicher, und der Arme noch ärmer«, sagte man. Aber es gibt Gründe, diese Behauptungen zu differenzieren, denn es lag nur die Version vor, die von den Informanten stammte, die gegen die Haussasultane eingestellt waren. Nun denn, für die wirklich Mohammedaner, die in diesen von Heiden oder Pseudo-Mohammedanern regierten Königreichen lebten, entstanden ernsthafte Widersprüche zwischen ihrer religiösen Loyalität und ihren Bürgerpflichten. Vor allem betraf das die steuerlichen Leistungen und den Militärdienst, insbesondere im Fall eines Krieges gegen andere mohammedanische Staaten. Diese moralische und soziale Spannung, der auch die ersten Christen im Römischen Reich ausgesetzt waren, trat besonders stark bei den gebildeten Mohammedanern hervor. Viele von ihnen versuchten deshalb jetzt, den Heiligen Krieg gegen die Tyrannen *(Zâhmin)* auszurufen.

Diese Forderung, die schon vom Futa Toro, Futa Dschalon und dem Massina her bekannt war, lief hier in einem großartigen Stil ab, auch gemessen am Zentralsudan und am Genie des Initiators dieses Kreuzzuges: Osman dan Fodio (1754

390   *Integrationsversuche im 19. Jahrhundert*

bis 1817), ein Mann vom Klan der Torobes[3]. Er stammte aus dem Volk der
Tukulor. Sie erfuhren als eines der ersten Völker im Sudan die Botschaft Mohammeds und nahmen sie tief in sich auf. Man verwechselte sie oft mit den
Fulbe, von denen damals zwei deutlich zu unterscheidende Gruppen im Haussaland lebten: die Borodji-Fulbe und die Jidda-Fulbe. Die Erstgenannten zogen
nomadisierend mit ihren Herden umher, waren Heiden geblieben, praktizierten
die Endogamie und bewahrten auf diese Weise ihre typischen Merkmale. Die
Jidda-Fulbe waren dagegen Städter und Mohammedaner, die sich stark mit den
Autochthonen vermischt hatten. In erster Linie war Osman dan Fodio ein Gelehrter und ein frommer Mensch, ein Heiliger der malikitischen Glaubensrich-
tung und der der Kadiriya. Wegen seiner Frömmigkeit und dank seines persönlichen Ansehens war er bald von einer Gemeinschaft von Jüngern *(jama'a)* umgeben. Da er außerordentlich sprachbegabt war, konnte er sich, ohne den Sudan
zu verlassen, vortrefflich bei Lehrern wie El Hadj Djibril von Agades und
seinen eigenen Onkeln Bildung aneignen. Er erfuhr von den Aufständen der
Fulbe, die im Futa den Mohammedanern die Macht übertragen hatten. Ihn selbst
kränkte das Mißtrauen tief, mit dem die heidnischen Fürsten die Gebildeten verfolgten, und ihn verbitterten die sehr faulen Kompromisse des Islams, der sich
mit animistischen Praktiken umgab. So wurde Nafata, *sarkin* (König) von
Gobir, praktisch zum Erneuerer des »Paganismus« (Heidentum). Er tolerierte
nur die als Mohammedaner, die in diesem Glauben geboren waren. Er bestrafte
die Träger von Turbanen und verbot den Frauen das Tragen des Schleiers. Sein
Sohn Junfa, dessen Erzieher Osman gewesen war, erkannte in Osmans Haltung die Gefahr einer explosiven Kraft. Stand er nicht in regelmäßiger Verbindung mit einem Kreis gebildeter Fulbe? Konnten diese nicht eines Tages im
ganzen Haussaland ihr geistiges Prestige spielen lassen zugunsten eines Um-
sturzes? Vergeblich versuchte er, ihn ermorden zu lassen, jeder Fehlschlag steigerte nur sein Ansehen. Eines Tages traf der Scheich auf einen Zug von Kriegssklaven. Unter ihnen erkannte er Mohammedaner und sogar einige seiner ehemaligen Schüler. Er sprengte ihre Ketten. Das war ein Akt öffentlicher Rebellion. Sobald er von Junfa entlassen worden war, bildete er Schüler heran
für den Kampf gegen den »Paganismus«. Außerdem brachte er eine Reihe von
Pamphleten und Manifesten in arabischer Sprache in Umlauf. Sie sollten über
die aufgeklärten Gedanken seines Erneuerungsprogramms informieren. Diese
»offenen Briefe« fanden starken Widerhall. Junfa marschierte gegen die Residenz des Scheichs in Degel. Osman gelang die Flucht nach Gudu (21. Februar 1804). Diese *Hedschra* verglich man bald mit der des Propheten Mohammed von Mekka nach Medina. Ein Strom von Jüngern eilte herbei. Die
Waffen in der Hand und die wilde Entschlossenheit der Gläubigen im Herzen
reihten sie sich unter seine Fahne ein. Sein Bruder Abdulahi und sein Sohn
Bello fanden sich ein, ebenso die Fulbekontingente. Ihre kleinen, nervösen
Pferde stampften vor Ungeduld, um das Haussaland vom Joch der Ungläubigen
zu befreien.

---

3 *Dan Fodio:* in Haussa-Sprache »Sohn des religiösen Häuptlings«; *Torodo:* in Ful derjenige,
der mit anderen betet; *Fudu* oder *Fudie:* in Ful »der Gebildete« wie arabisch *al faqi.*

B. Das Schwert Allahs

Es war aber kein Fulbe- oder Tukulor-Kreuzzug gegen die Haussa. In den Reihen des Scheichs gab es auch Haussa, sowie es auch Fulbe gab, die dem Befehl des Sarkin unterstanden. Es war ein Aufruf zum Widerstand gegen eine Macht, die im religiösen und sozialen Bereich als Unterdrückerin betrachtet wurde. Osman fühlte angesichts der vielen Krieger, die ihn in Gudu umgaben, daß er dazu ausersehen sei, das Schwert Allahs zu sein. Er mußte »zum Schwert der Wahrheit greifen«. Abdulahi zerstreute die Truppen des Sarkins von Gobir, und die Anhänger Osmans ernannten ihn zum Kommandeur der Gläubigen (Amir al Muminin). Demütig nahm er diesen Titel an. Der Herrscher Gobirs animierte jedoch die anderen Herrscher zu einem Bündnis gegen den Heiligen Krieg, ehe es zu spät war. Aus Vorsicht ließ man alle verdächtigen Mohammedaner ermorden. Da sich der Argwohn vorwiegend gegen die Fulbe richtete, nahm diese Maßnahme den Charakter ethnischer Repressalien an. Sie trieben die Mehrzahl der Fulbe und Tukulor in das Lager des Scheichs zurück, sogar die, die bis dahin nicht mit dem Islam sympathisierten. Die Armee des Scheichs scheiterte vor Alkalawa, der Hauptstadt Gobirs. Sie wurde mehrmals angegriffen und geschlagen. Aber seine Krieger gaben nicht auf und nahmen den Kampf mit glühendem Eifer erneut auf, überzeugt, entweder ein Treffen mit dem Sieg oder mit dem Paradies zu haben. Unter diesen Voraussetzungen konnte der Sieg nicht ausbleiben.

Nacheinander bemächtigten sie sich Zarias (1804) und Katsenas. Vergeblich stellte Kano seine 10 000 Lanzenträger zu Pferd und in Panzerhemden auf. Die Glaubensritter fegten diese Truppe ohne Glauben hinweg und drangen in die Stadt ein. Krämerhaft, wie sie war, unterwarf sie sich ohne weiteren Widerstand. Aber an anderer Stelle tauchte Widerstand auf. Kebbi und die Tuareg verbündeten sich zeitweise mit Gobir und hätten die Situation beinahe umgekehrt. Erst 1808 eroberte Osmans Sohn Bello die Hauptstadt Gobirs, ließ Junfa hinrichten und legte damit endgültig den Grund für die Macht des Scheichs. Kurz darauf konnte Osman die Huldigung des Häuptlings der Tuareg vom Air-Massiv entgegennehmen, der eigens aus Agades gekommen war. Bereits 1809 entstand eine neue Stadt, die eine neue politisch-soziale Ordnung verkörperte: Sokoto.

Blieb noch Bornu; seine Macht im Osten schien jedem Ansturm zu trotzen. Als Osmans Truppen angriffen, wendete sich der sehr schwache Sultan an seinen »Hausmeier«, den starken Mann von Kanem, El Kanemi. Er war wie Osman dan Fodio Mohammedaner, doch weniger schwärmerisch, dafür soldatischkämpferischer. Er drängte die aus Sokoto anrollende Woge in südliche und südwestliche Richtung zurück. Mit den von Osman dan Fodio erhaltenen Bannern trieben die Befehlshaber und vor allem die gelehrten Marabut den heiligen Eroberungskampf weiter. Im Jahr 1811 wurde Nupe von Malam Mussa Dendo überrollt. Seinen Sohn Osman Zaki ernannte man zum ersten König (etsu) der Fulbe. In Ilorin, in Nikki, im Bulaland, in Bautschi setzte Adama, der auch ein Banner von Osman empfangen hatte, die Fulbeherrschaft in weiten Bereichen am Benue durch. Später trug diese Gegend seinen Namen: Adamaua. Jola war ein Nebenschauplatz der Ausbreitung und diente ebenso wie die weniger bedeutenden lamidats wie Garua, Marona, Ngaundere und Rei Buba dem Reich Osman dan Fodios als östliches Vorfeld bis zum Logone. Lediglich die in Bergnester geflüchteten Völker wie z. B. die Kirdi konnten sich dem Islamisierungsprozeß entziehen. Dennoch gelang es ihnen nicht, den umwälzenden Erschütterungen wie im Futa Dschalon, am Oberlauf des Nils oder im Zululand gänzlich zu entkommen. Sie gingen vom Epizentrum in Sokoto aus.

»Die Fulani kreuzten ihren Weg, der sie nach Bornu führte. Unterwegs im Haussaland ließen sie nur wenige Menschen mit einigen Sklaven und Leute, die von der Reise erschöpft waren, zurück.« Das steht in der Kanochronik über die Fulbe, die unter der Führung Jakubus aus Mali kamen. Andere Fulbe waren auf der Suche nach Weideplätzen noch weiter bis zu den Höhen des heutigen zentralen Kamerun gezogen. Um sich den Abgaben der Agenten des Sultans zu entziehen, lebten sie mit den heidnischen Autochthonen in Symbiose. Es lief darauf hinaus, daß sie diesen sogar Steuern zahlen mußten. Aber es blieb nicht immer alles rosig. Die unvermeidlichen Streitigkeiten, die mit einem Sieg der Fulbe endeten, führten am Ende des 17. Jahrhunderts zur Gründung von lamidats wie Garua, Rei und Bandu.

C. Adamaua

Zur Zeit des *Dschihads* von Osman dan Fodio gab es genug Bewerber, die die Lehre und die Macht des Meisters in diese Gebiete tragen wollten. 1805 wird Adama dazu auserwählt. Er ließ sich zunächst in Gurin, später in Jola nieder. Es gelang ihm, sich durchzusetzen, und er inszenierte eine große Offensive gegen die Heiden. Hierbei verwirklichte er den Dschihad im strengen Sinn des Wortes. Die aufsässigen Fulbe, die das schon lange während friedliche Zusammenleben mit den Autochthonen bevorzugten, beseitigte man. Andererseits bereiteten ihnen die bereits ansässigen Fulbeherren *(lamibes)* und die zukünftigen, obwohl sie ihn auf Befehl Osmans als Lehnsherrn anerkannten, sehr viel Verdruß. Manche animistischen Fulbe unterwarfen sich freiwillig. Andere aber in den schroffen Felsgebieten des Mandara und des Atlantika, ebenso in den Ebenen der Mundang, leisteten erbitterten Widerstand.

Bekehrung und Unterwerfung waren die praktischste Lösung. Auf der Stelle ließen die hartnäckigen Überfälle nach. Der Tribut an Sklaven und die Abgabe des Zehnten brachten weniger willkürliche Einbußen als die Razzien. Die landwirtschaftlichen Arbeiten waren ertragreicher. Das hatte zur Folge, daß man etwa die Überschüsse gegen Fleisch, Salz und Stoffe eintauschte.

In einer Zeit größerer Sicherheit wurden auch die Häuser besser gebaut. Die jungen Mädchen – die Fulbeherren hielten es nicht für unter ihrer Würde, sie aus dem Kreis der Untertanen zu wählen – sowie die Haussklaven trugen in den herrschaftlichen Residenzen zur Veränderung der Kräfteverhältnisse bei. Die Aufständischen mußten halbnackt und hungernd in der Unsicherheit der Berge umherirren. Aber zumindest trugen sie wie der Wolf in der Fabel kein Halsband. Die erste Fulbewelle zog erfolgreich über den Norden des Landes hinweg und nahm 1810 Marua ein. Schnell wurde auch der südliche Teil der Gegend um Marua erstürmt. Während sich im Norden die Mandara und die Masa als besonders unbeugsam erwiesen, hörten im Süden die Überfälle der Tapuri- und Mundang-Bogenschützen nicht auf und störten den Prozeß der Besitzergreifung durch die Fulbe. Insgesamt stürzten die Rivalitäten zwischen

Osman dan Fodio 393

den *lamibe*s, die manchmal sogar so weit gingen, die Heiden für ihre inneren Kämpfe zu gewinnen, das Land in eine lange, unbeständige Phase.

In dem Gebiet um Gela am Unterlauf des Mayo Ulo lebten Fulbe-Mischlinge, die Fali. Sie breiteten sich schnell in alle Richtungen aus, bis sie 1825 Gombe einnehmen konnten. Hier ließ sich 1863 Abdu nieder, wurde aber sogleich von den Mundang bedrängt.

Im oberen Becken des Benue wurden die Dinge durch das frühe Bestehen der lamidats von Garua, Rei Buba usw. erleichert. Sie erkannten die Autorität Adamas an. Weitere Gebiete wurden ihnen hinzugefügt. Während das lamidat von Rei mit den Fürstentümern im Osten verschmolz, war im westlichen Becken des Benue die Zerstückelung der Gebiete sehr tiefgreifend. Die Fulbe stießen hier bis ins Bergland von Jos vor, das sie bis dahin noch nicht erreicht hatten. Sie drangen dabei durch die Täler zur Hochebene vor: das Tal des Faro wurde vom Borongo-Häuptling Njobdi erobert. Er ließ sich anschließend in Ngaundere nieder, während der *Ardo* von Kin, Haman Sambo, sich Tibatis bemächtigte. Eine darauffolgende Expansion verhinderte weder die kleinen Kriege zwischen den lamidats noch die »Fronde« gegen den Emir von Jola, der damit eigentlich gar nichts zu tun hatte. Durch die Vermittlung heidnischer Häuptlinge führte der Sultan von Ngaundere sogar einen Heiligen Krieg. Sie übersandten ihm einen Anteil an ihrer Kriegsbeute. Zu Beginn des Kolonialkrieges dehnte sich sein Reich vom nördlichen Rand des Berglandes von Jos bis zum Sanaga aus. Dagegen wurde der Vorstoß des Sultans von Banjo nach Süden von den Bamum (Mum) aufgehalten. Sie besaßen Feuerwaffen und fügten den Fulbe schwere Verluste zu.

In Nord- und Zentral-Adamaua breiteten sich die Eroberungen im allgemeinen langsamer aus. Das hing vielleicht damit zusammen, daß man, da die lamidats nicht dicht nebeneinander lagen, die animistischen Enklaven als umstrittene Territorien betrachtete.

Die Kirdi profitierten von diesen Rivalitäten. Sie faßten Mut, und von der Höhe ihrer Felsen trotzten sie den Verwegenen, die die gefährliche Erstürmung wagten. Auf der Hochebene dagegen berührten sich die lamidats dank der schnellen Unterwerfung der ehemals animistischen Gruppen. Mögliche Streitigkeiten über Grenzgebiete wurden damit umgangen.

Die lamidats zeichneten sich durch ein äußerst dürftiges Wirtschaftsleben aus. Die Leibeigenen der Fulbe und die Autochthonen trieben wie auch im Futa Dschalon eine extensive Landwirtschaft. Die Ernten waren ständig durch Raubzüge, Dürre oder Heuschrecken gefährdet. Die Tierzucht war eher ein soziologischer Ritus als eine wirtschaftlich relevante Tätigkeit.

Mit Färbern aus Bornu, Webern aus dem Haussaland und autochthonen Schmieden begann der Aufbau eines bis dahin unbekannten Handwerkswesens. Nichts erinnerte an die wimmelnden Märkte der Zünfte von Sokoto oder Kano.

Dennoch ergaben sich nach der Einsetzung der *lamibe*s an den Fürstenhöfen gewisse Bedürfnisse. Doch der Handelsverkehr, der von Tripolitanien über Bornu und Gobir nach Kano verlief, zeigte nur unbedeutende Verzweigungen in Richtung Adamaua. Die Gefahren waren zu groß. Die Gefahrenzulagen, die auf die Transportkosten aufgeschlagen werden mußten, verteuerten die Waren erheblich. Nur wenige Haussa- und Kanurihändler wagten den Weg bis nach Adamaua. Barth notierte bereits eine ein- bis dreifache Preisdifferenz zwischen Waren, die in Kukawa (Bornu) oder in Sokoto angeboten wurden. Die Sklaven aber, die man an Ort und Stelle zum Großhandelspreis erwerben und zu erhöhten Preisen wieder verkaufen konnte, lohnten die Mühe.

Händler aus Bornu, aus dem Haussaland, aus Arabien, Tripolitanien und Ägypten brachten Stoffe, Glasperlen, Burnusse und andere bestickte Kleidungsstoffe und Parfums. Sie führten Sklaven mit zurück. Ungefähr 5 000 Gefangene wurden jährlich von den *lamibes* als Tribut an ihren Lehnsherrn, den Emir von Jola, geliefert. Der Einheitspreis entsprach im Mbumland, dem »Erzeugerland«, dem einer Ziege, in Sokoto dem eines Pferdes.

Die Länder der geflüchteten Autochthonen waren zu einem unerschöpflichen Sklavenreservoir geworden. Die »Punktion« erfolgte übrigens manchmal von zwei Seiten: von der Atlantikküste im Süden und vom Mittelmeer im Norden. Die Songhai und Dscherma lebten im äußersten Westen dieses riesigen Gebildes jenseits des Nigers im Dendigebiet. Sie akzeptierten die neue Macht niemals völlig, nicht mehr, als die renitenten Kebbi von Argungu es taten. Massina ebenso wie der Emir von Liptaka empfingen die Banner. Der Emir verließ sich auf Sokoto, war aber von Gwandu abhängig. Insgesamt umfaßte dieses Reich, das sich von der Wüste bis zum Benue und vom Niger bis zum Tschad erstreckte, den gesamten Zentralsudan. Seine gewaltige Größe mußte den Organismus zwangsläufig schwächen. Osman dan Fodio war übrigens selbst kaum ein Politiker, eher ein Heiliger. Er begnügte sich damit, seine Besitzungen in zwei Hälften zu teilen. Eine Hälfte erhielt sein Sohn Mohammed Bello, der von Sokoto aus den gesamten Osten des Reiches beherrschte. Die andere Hälfte fiel an den Bruder Abdulahi, der von Gwando im Kebbi aus den westlichen Teil kontrollierte. Im Hinblick auf die feindliche Haltung dieser Gebiete wurde der Westen sehr schnell zu einem umworbenen Gebiet. De facto herrschte der Sarkin des Westens von 1850 an nur mehr über das Gebiet um Gwandu. Den widerstandsfähigeren »fernen« Osten prägte ein Gemisch von Prokonsulaten der Fulbe. Einige von ihnen waren Sokoto direkt angeschlossen. Sie übernahmen oft schon bestehende Verwaltungsformen, indem sie sie den Erfordernissen des Korans anpaßten. Diese Gebiete waren Provinzen, die nicht exakt mit den früheren Königreichen übereinstimmten. Jedes von ihnen hatte sein eigenes Erbfolgegesetz, im allgemeinen mit der Regelung, daß der theokratische Sarkin von Sokoto vorher oder nachher einschreiten konnte. Außerdem mußte ein jährlicher Tribut an Sklaven und Naturalien geliefert werden, und auf Abruf mußten Militärkontingente zur Verfügung stehen. Je weiter man sich von der Regierungszeit Osman dan Fodios entfernte, umso mehr wurde die Provinz ein Fürstentum mit fortschreitender Autonomie. Je mehr sich der Abstand zu Sokoto vergrößerte, umso mehr vernachlässigte man die Verpflichtungen gegenüber der Hauptstadt. Kurz, Tukulor, Fulbe oder Mohammedaner zu sein bedeutete fast schon, Herr über ein wenn auch kleines Gebiet im Innern einer Provinz zu sein. Häufig waren aber auch mächtige autochthone Häuptlinge in ihrer Stellung verblieben. Die sehr reale, aber politisch schwache Übereinstimmung der Systeme lag in dem Bewußtsein, die gleiche politisch-geistige Revolution zu verwirklichen. Aber dieses Bewußtsein schwand allmählich.

Nach einem knapp sechsjährigen Zwischenspiel nahm Osman dan Fodio sein strenges Leben als Mystiker wieder auf. Erneut widmete er sich dem Studium und der mystischen Versenkung. 1817 starb er. Sein Grab in Sokoto ist noch heute ein Wallfahrtsort. Sein Sohn Mohammed Bello ergriff die Macht, teilte sie aber mit Abdulahi in einer Art Duumvirat. Die zentrifugalen Kräfte kamen

Osman dan Fodio

während seiner Regierungszeit bereits voll zum Tragen. Nach seinem Tod im Jahr 1837 trat sein Bruder Osman die Nachfolge bis 1842 an. Er mußte gegen seinen um die Macht gebrachten Neffen kämpfen. In den Jahren 1842 bis 1859 mühte sich Ali ab, die politische Herrschaft über die Provinzgouverneure aufrechtzuerhalten. Diese versuchten die Integrität ihrer Bereiche gegen äußere und innere Angriffe zu schützen.

D. Das Ideal gerechter und aufgeklärter Macht

Die geistige Vorrangstellung Sokotos war über jeden Zweifel erhaben. Von der Unterstellung, das Reich Osman dan Fodios sei zu einem Magma anarchischer und der Sklaverei verfallener Fürstentümer entartet[4], blieb jedoch nur die folgende Tatsache. Ein stammesübergreifendes Einigungsbestreben (wenn auch vorwiegend Fulbe daran beteiligt waren) kaum vorstellbaren Ausmaßes war während eines langen Zeitraums erfolgreich tätig. Dieses Unterfangen war von Glaube und Fortschritt geprägt. Es strebte nach dem Ideal eines gerechten und aufgeklärten Kalifats. Seine Verfechter waren Männer von erstaunlicher Gelehrsamkeit. Nicht nur in den klassischen Lehren des Korans, sondern auch in der Poesie und sogar im profanen Wissen kannten sie sich aus.
Clapperton beschrieb Bello, wie er ihn auf dem Teppich hatte sitzen sehen »mit edler, achtunggebietender Miene und hoher Stirn«. Er verwickelte seinen Gast in ein Gespräch über theologische Fragen und christliche Kontroversen. Der Engländer mußte gestehen, daß er in den Geheimnissen des Glaubens nicht so erfahren sei. Eifrig mit Brille und Erdkarte hantierend nannte er Planeten und sogar mehrere Konstellationen mit ihren arabischen Namen. Sodann befragte er Clapperton über die Eroberung Indiens durch die Engländer und über die Einnahme Algiers durch die Franzosen.
Als ihm der Forschungsreisende ein Exemplar der Euklidischen Geometrie in arabischer Sprache überreichte, dankte er ihm lebhaft dafür. Er vertraute ihm an, daß ein Verwandter ihm ein Exemplar aus Mekka mitgebracht habe, daß es aber bei einem Brand im Vorjahr leider vernichtet worden sei. Den drei Führern dieser Revolution verdanken wir 250 Bücher und kleinere Schriften. Die offizielle Korrespondenz fehlt in dieser Aufstellung. Beim geringsten Anlaß griffene sie zur Feder, um zusätzliche Erklärungen zu geben oder um einen Gegner in Verwirrung zu bringen.
Wie viele andere wollten diese Revolutionäre ihr Vorhaben, das für sie die Wiedergeburt des Islam bedeutete, rechtfertigen. In dieser Absicht wollten sie eine Macht schaffen, die der ursprünglichen Reinheit des Glaubens würdig war, eine Gesellschaft, die von einem gerechten Herrscher regiert wurde (*Al Imam al Adl*[5]). Osman dan Fodio beschrieb es folgendermaßen: »Und ich sage mit Gottes Beistand, daß eine Regierung auf fünf Dinge gegründet sein muß. Erstens: die Macht sollte nie dem übertragen werden, der nach ihr trachtet. Zwei:

---

4 Das Zeugnis Monteils, der 1891 das Reich von Sokoto durchquerte und dabei Kontrollen bemerkte, die noch von der Zentralgewalt ausgeübt wurden (Einsetzung von Provinzgouverneuren, Überwachung durch bevollmächtigte Gesandte, Steuern und Dienstverpflichtungen), könnte das Gegenteil beweisen.

5 Smith, H. F. C., *Journal of the Historical Society of Nigeria*, Dezember 1961.

Integrationsversuche im 19. Jahrhundert

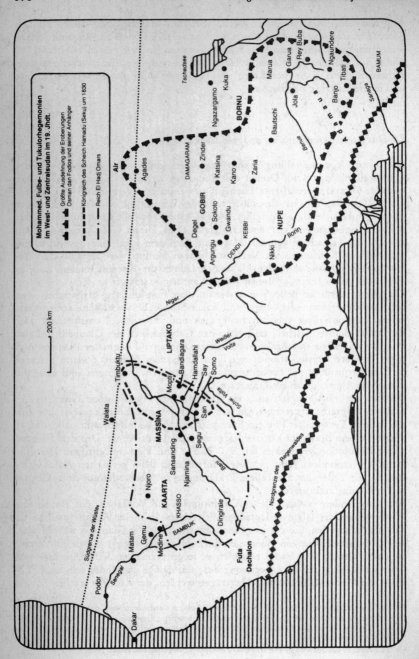

tens: stets sollten andere zu Rate gezogen werden. Drittens: Verzicht auf jegliche Gewalt. Viertens: Gerechtigkeit und fünftens: Barmherzigkeit. Es sollten vier Minister berufen werden. Der erste sei ein unbescholtener Wesir. Er hat den Auftrag, den Herrscher zu wecken, wenn er nachlässig wird, ihm die Augen zu öffnen, wenn er blind wird, sein Gedächtnis aufzufrischen, wenn er vergißt. Einen unredlichen Wesir zu haben, ist für ein Volk das schlimmste Unheil. Mitgefühl und Barmherzigkeit für die Menschen, das sind wichtige Eigenschaften eines Wesirs. Die drei anderen Minister werden mit den Bereichen der Justiz, der Polizei und der Steuern betraut.«

Diese Revolutionäre bemühten sich, ihrem Ideal näherzukommen. Mohammed Bello beglich seine Ausgaben, schrieb Said, aus seinem eigenen Fonds und nicht aus dem des Staates. Er arbeitete tatsächlich mit seinen eigenen Händen. Osman dan Fodios einzige Sorge war, sich seines Auftrags würdig zu erweisen. Ehe er seine Gemächer verließ, um sich an das Volk zu wenden, gönnte er sich einen Augenblick der Sammlung, um, wie er sagte, »seine Begeisterung wiederzubeleben und vor Gott erneut das Gelübde der Aufrichtigkeit abzulegen«. Für ihn war der Islam nicht abstrakte oder dekorative Gesinnung, sondern eine lebendige Botschaft. In jedem Augenblick des täglichen Lebens sollte man ihr nachleben. Er ließ die mohammedanischen Händler auspeitschen, die falsche Maße benutzten. Er bestrafte diejenigen, die anstatt ihre Frauen im Glauben und in der Gottesfurcht zu belehren, sich damit begnügten, ihnen die alte Leier herzusagen, daß das Glück der Frau im Gehorsam gegenüber ihrem Ehemann liege. Offensichtlich spielte dieses soziale Programm, das in einen durch die Rückführung auf die Quellen erneuerten Islam einbezogen wurde, eine Rolle beim Revolutionserfolg des Osman. Er beabsichtigte nicht nur, einige Throne zum Wanken zu bringen – er wollte eine umfassende soziale Regenerierung des Bled es Sudan bewirken[6].

III. El Hadj Omar Tall

A. Die Anfänge

Bei dem Blitzeroberungszug des Tukulor El Hadj Omar in den Westsudan trat der religiöse Gesichtspunkt zurück, im Vordergrund stand das politische Anliegen. Omar Tall, Sohn des Saidu Tall und der Adama Sisse, wurde 1797 in Aloar oberhalb Podor am Senegal geboren. Dieser Tukulor fühlte sich an die Kaste der Torodo gebunden. Stets bewahrte er eine lebhafte Erinnerung an seine Mutter, deren Frömmigkeit und Ergebenheit ihn tief prägten. »Ich habe«, sagte er, »viele Männer im Futa zurückgelassen, die meinem Vater ähnlich waren, aber keine Frauen, die an meine Mutter heranreichten.« So erhielt er bereits im Familienkreis eine gründliche religiöse Ausbildung, die noch durch einige Reisen ins Maurenland und nach Walata vervollständigt wurde. In Walata arbeiteten die berühmten *Zawia Kadiriya*. Doch das ausschlaggebende Ereignis seines Lebens war seine Wallfahrt nach Mekka und ein längerer Auf-

---

6 Th. Thomas Hodokin, in: *Nigeria. Independance Issue*, Oktober 1960.

enthalt in den Tukulor- und Fulbetheokratien des Sudans. Über die Daten dieser Aufenthalte weiß man nichts Genaues. Auf jeden Fall brach er mit 23 Jahren auf und besuchte Bornu. Hier begegnete er El Kanemi. In Ägypten erhielt er von Lehrern der Universität El Azhar Unterricht. Er suchte die heiligen Orte auf, wo die Rigoristenbewegung der Wahabiten voll im Kampf gegen die Türken standen. Der Kalif Tidjani von Hedjas bekehrte ihn und ernannte ihn zum Abgeordneten der Sekte für den Westsudan. El Hadj Omar hielt sich auch 12 Jahre lang, vielleicht war er auch zweimal dort[7], in Sokoto auf. Hier schrieb er als Gast von Mohammed Bello sein Hauptwerk: Souyiaf al-Said. Dieser überhäufte ihn mit Geschenken und gab ihm zwei Prinzessinen als Frauen; eine von ihnen war sogar seine eigene Tochter. Das zeigt vielleicht am besten das Ansehen, das Omar Tall dank seiner islamischen Bildung genoß.

In Hamdallaye nahm der ernstere Scheich Hamadu Seku wohl Anstoß an der prunkvollen Lebensführung des Tukulors. Man empfing ihn zwar würdig, aber ohne Begeisterung. Wenn er, wie er behauptet hat, Ziel eines Mordanschlags gewesen sein sollte, so zeigt das deutlich, daß der Fulbeherrscher in ihm einen zukünftigen Gegner sah. Möglich auch, daß die Tukulor dieses Gerücht nachträglich in Umlauf gebracht hatten, um ihre Eroberung Massinas zu rechtfertigen. Auf jeden Fall empfing ihn der animistische König von Segu mit offener Feindseligkeit. Dagegen begegneten der Erbe der Keita und der Almamy vom Futa Djalon El Hadj Omar mit Freundlichkeit. Der Almamy genehmigte die Gründung einer Zawia. Sie zog bald eine Menge talibes an, die in der Mehrzahl ihre Heimat im Futa Toro hatten, wo El Hadj Omar mehrere Male gewesen war, um die Gedanken seiner Bruderschaft zu verbreiten, um für sie zu werben (1847).

Allmählich verstärkte sich in ihm der Wunsch nach politisch-religiösem Eingreifen. Das führte ihn im Jahr 1850 dazu, sich in Dinguiray festzusetzen. Es wurde seine Hedschra. Er ließ dort eine starke Festung (tata) errichten, die ihm als Hauptquartier diente. Warum dieser Erfolg? Es war offenbar, daß Westafrika in der Mitte des 19. Jahrhunderts reif war für solche Unternehmungen. Der Sklavenhandel hatte in der Tat die Stammeswirtschaft und die allgemeine Unsicherheit verschlimmert. Kurzlebige Häuptlingschaften, die die verworrene Situation für sich ausnutzten, überschritten manchmal den ethnischen Rahmen, um sich dem neuen Lauf der Dinge anzupassen. Der Islam war aber, wie Omar im Osten festgestellt hatte, der Rahmen, innerhalb dessen sich dieser Wunsch nach Überwindung der kleinen Gemeinschaften am ehesten verwirklichen ließ. Die bis dahin auch im Futa Toro verbreitete Bruderschaft war die Kadiriya mit zahlreichen mystischen Rangstufen zwischen den Anhängern und ihrem Marabut. Nur einige wenige talibes, im allgemeinen aus aristokratischen Familien, erreichten die Stufe einer gewissen Vertrautheit mit ihrem religiösen Führer. Die Tidjaniya bildete dagegen eine Art höherer politisch-religiöser Bruderschaft, auf die die Völker des Sudans damals mehr oder weniger bewußt warteten. Im Gegensatz zur Kadiriya erlaubte sie jedem – wegen fehlender strenger Bußen, durch eine verringerte Anzahl von Pflichtgebeten, dank ihrer Freisinnigkeit und »demokratischem« Denken – in die Nähe und in die baraka (göttliche Gunst, die Glück bringt) des Marabut zu gelangen. Den Männern der Tat entsprach sie mehr wegen ihrer größeren Einfachheit. Für die Frauen, die Jugend-

7 Siehe Smith, Fußnote 5, S. 281.

lichen und die Angehörigen der niederen Kasten versprach sie den erträumten Rahmen, in dem der Erfolg durch Mut und durch Begabung gesichert war[8].

B. Der Heilige Krieg

Als El Hadj eine gewisse Anzahl Gewehre bei den englischen Kaufleuten Sierra Leones bestellt hatte, wuchs die Spannung zwischen ihm und seinen Nachbarn, sogar mit den Moslems, wie z. B. den aus Khasso und mit dem Almamy vom Futa. Dieser ging sogar so weit, die Franzosen zu Hilfe zu rufen. Nach einer vierzigtägigen Meditationszeit in Abgeschiedenheit, in der er wachte, »sogar, wenn hyänengleiche Dunkelheit herrschte«, griff er zunächst die Gebiete an, in denen vorwiegend Animisten lebten oder die animistischer Führung unterstanden. Er erstürmte die goldreiche Gegend um Bambuk und das Kaarta der Kulubari Masasi. 1854 entriß er ihnen Nioro. Danach wandte er sich nach Westen, seinem Heimatlande Toro zu. Von dort waren viele neue Anhänger, begeisterte Jugendliche zu ihm gestoßen.

Die Tukulor stellten drei der fünf Armeekorps. Jedes war in drei »Arme« unterteilt. Sie erreichten eine Stärke von 30 000 Mann, unter ihnen befanden sich Infanteriefüsiliere und Fulbelanzenträger zu Pferde.

Aber die *Kadiriya*-Marabut verharrten in ihrer feindseligen Haltung. Noch stärker die Franzosen, die am Senegal Fuß gefaßt hatten. Mit Faidherbe an der Spitze hatten sie den Fluß als Zutrittsachse zum Niger gewählt. Sie hatten ihn mit einer Reihe von kleinen Forts gekennzeichnet und gesichert, unter anderen Medine, die Hauptstadt des moslemischen Königreiches von Khasso. Faidherbe war im Jahr 1854 zum Gouverneur ernannt worden. Er begab sich daran, die französischen Faktoreien wiederzubeleben und die Mauren im Norden Senegals zurückzudrängen. Durch die Gründung Dakars im Jahr 1857 wollte er endgültig auf dem Kontinent Fuß fassen. Im blockierten Medine, das der Katastrophe zusteuerte, bestürmten fanatische *talibes* in wütenden Angriffen die Mauern des französischen Forts, das der Mischling Paul Holle verteidigte. El Hadj Omar hatte dem Anführer der Sturmabteilungen befohlen: »Geh' dorthin, wo es schwierig ist!« Ihre hervorragenden Leistungen und ihre Todesverachtung erwiesen sich als vergeblich. Das Fort wurde umzingelt, die Menschen zur Verzweiflung getrieben. Aber die Regenfälle setzten unvermutet ein. Der Anstieg des Wassers des Senegal ermöglichte es Faidherbe, mit seiner Artillerie anzukommen und die Angreifer zu zersprengen. El Hadj Omar hatte sich nun schon stromabwärts in Guemu niedergelassen. Er versuchte, sich mit weiteren Gegnern der Franzosen zu verbünden, mit den Mauren. Als die heroisch verteidigte *tata* von Guemu im Jahr 1859 von den französischen Kanonen völlig zerstört wurde, und als im selben Jahr El Hadj vor Matam scheiterte, wurde ihm manches klar. Er begriff, daß ihn die senegalesische Anarchie vereint mit der religiösen Gegnerschaft und vor allem die französische Kolonialbesatzung daran hinderten,

---

8 Obwohl der Schüler »seinem Scheich wie die Leiche den Händen des Wäschers« zur Verfügung stehen mußte, implizierte diese Askese keinen absoluten Verzicht auf die Welt. Denn derjenige, »der keine Einkünfte hat, läßt sich von den anderen unterhalten, ähnelt den Frauen und hat keinen Anspruch auf Männlichkeit«. Was zählt, ist weniger der Verzicht auf die Welt als »sich das Herz darüber auszuschütten«.

das Meer zu erreichen, das so wesentlich für den Nachschub weiterer Waffen war. Er änderte daraufhin seine Pläne und wandte sich nach Osten.

Sein ursprünglich religiöser Plan wurde immer mehr von politischem Streben überdeckt. Er vereinigte die Gebiete am Nigerbogen. Vielleicht dachte er daran, sich auf diese Weise gegen den weißen Eindringling vom Westen wenden zu können und ihm den Durchgang zum Meer zu sperren oder ihn sogar ins Meer zu jagen. El Hadj Omar war ein außergewöhnlicher Stratege. 1860 schützte er seine Nachhut dadurch, daß er gegenüber Faidherbe in einem Vertrag auf den Senegal verzichtete. Erneut erreichte er Nioro. Von der Sahel kommend zog er den Nigerbogen entlang, vom Oberlauf flußabwärts, und nahm dabei Nyamina, Sansanding und endlich Segu ein. Hier ließ er den letzten Bambarakönig (1861) hinrichten. Unter dem Vorwand, der Fulbekönig von Massina, Mohammedaner wie er, habe sich geweigert, ihm bei der Belagerung Medines zu helfen und habe den König Amadu von Segu aufgenommen, drang er in Massina ein, zerstörte Hamdallaye und stieß bis nach Timbuktu vor (1862). Gesagt sei noch, daß Amadu sich nur der Form halber, vielleicht auch beeinflußt von den Theorien Mohammed Bellos über die Rechtmäßigkeit des *Dschihad* gegen »heuchlerische« *(munafik)* mohammedanische Fürsten, bekehrt hatte.

C. Die Folgen

Von Ost nach West breitete sich nun über 1 000 Kilometer weit ein unermeßliches Reich aus. Wichtige Stützpunkte im östlichen Grenzland waren Dinguiraye, Nioro, Segu und Bandiagara. Aber El Hadj hatte bereits das Alter von 65 Jahren überschritten. Andererseits blieben die inneren Gegensätze noch zu lebendig in einem so rasch gegründeten Gebilde, das dank der vulkanischen Flut des Glaubens seiner Tukulor-*talibes* entstanden war. Diese nun hielten in den unterworfenen Ländern alles für erlaubt und suchten sie plündernd heim. Kleinkriege waren an der Tagesordnung. Geschürt wurden sie vom Patriotismus und Animismus der Bambara, die sich paradoxerweise mit den Kadiriya-Überzeugungen der Fulbe von Massina und der Kunta von Kebbi verbunden hatten. El Hadj Omar selbst betrachtete sich als Werkzeug der göttlichen Stimme, die ihm aufgetragen hatte: »Besetze alle diese Länder!«

Der alte Prophet mußte die meiste Zeit damit verbringen, die Anfänge politischer Eruptionen im Keim zu ersticken. Im Verlauf eines seiner Ausritte fand er im Jahr 1864 unter geheimnisvollen Umständen den Tod, wahrscheinlich in der Grotte von Djiguimbere, nahe bei Bandiagara.

Die Karriere El Hadj Omars glich einer großartigen Woge, die sich an den wilden Klippen des Dogonlandes brach. Sein Sohn Ahmadu, den er zu seinem Nachfolger bestimmt hatte, konnte diesen Weg wegen familiärer Zwistigkeiten, wegen der Fulbe- und Bambaraunruhen und wesentlich wegen des Vormarsches der Franzosen nicht fortsetzen. Dieses Unterfangen, das durch seine schnellen Erfolge vom Schicksal bestimmt zu sein schien, schlug vielleicht fehl, weil dem Gründer nicht genügend Zeit gegeben wurde, das Reich zu organisieren. Vielleicht scheiterte er auch, weil er die vorher bestehenden Kräfte unterschätzt hatte. Er hatte sie mißachtet, statt sie mit einzubeziehen und nutzbar zu machen. Vielleicht blieb ihm auch das Glück fern wegen seines unerbittlichen Vorgehens gegen die Animisten und sogar gegen die Tukulor. Er wollte sie zwingen, mit ihm aufzubrechen: »Jene, die sich weigerten, ließ das Feuer auswandern.« Die Scheuern der Hirten wurden verbrannt. »Den Heiden trennte man mit einem einzigen Schlag den Kopf ab. Nicht ein einziger hustete. Andere kletterten auf die Bäume; man holte sie herunter; andere wurden im Dickicht verbrannt.«[9] In jedem Falle war es für die Geschichte von höchster Bedeutung, daß ein afrikanischer Führer versucht hatte, in diesem mit Reichen gesegneten Nigerbogen ein sehr mächtiges, ausgedehntes politisches Gebilde erstehen zu lassen. Er wollte den ausländischen Mächten, die er im Senegal hatte handeln sehen, Schwierigkeiten bereiten. Doch fand er weder die Zeit noch die Mittel dazu. Seine Bildung und seine Klugheit als politischer und militärischer Stratege machten dieses Projekt zu einem der letzten großen Vorhaben des vorkolonialen Westafrika, zu einem Vorhaben, das von einem kollektiven Erhaltungstrieb herrührte.

IV. Samori Ture: Ein Schicksal

A. Wo und warum

Samori[10] erstand nicht auf einem unbeschriebenen Blatt der Geschichte. Sein großes Unternehmen knüpfte an manche zeitlichen und lokalen Faktoren an; er hatte wesentlichen Anteil an einem Entwicklungsprozeß, dessen Ergebnis er gleichsam war. Noch mußte der Mensch die Fähigkeit besitzen, aus den Verhältnissen das Beste zu machen. Nichts ließ ahnen, daß er sich in so kurzer Zeit auf jenem Boden des alten Mali durchsetzen sollte. Er mußte sich weitaus mächtigeren Partnern stellen. Alles spielte sich jedoch so ab, als ob sie Samori durch ihre Wirrungen, durch gegenseitige Ausschaltung und sogar durch ihre verwirklichten Pläne den Boden bereitet hätten.

Hier trafen konvergente Einflüsse aufeinander, im Norden waren sie vorwiegend politischer, im Süden vor allem ökonomischer Natur. Im Norden hatten die Bambara von Segu mit Da Diarra ihre Hegemonie bis zu den Minen von Burem ausgedehnt, ihre Lehnsherrlichkeit umfaßte Kankan und Kurussa. Um 1820 schwand dieser Machteinfluß allmählich. Das Reich El Hadj Omars, angefressen vom blinden Haß der Animisten und von Familienstreitigkeiten seiner Nachfolger, besaß keine große Energie mehr.

Im Westen war die Führungsrolle des Futa Dschalon durch das nicht enden wollende Duell zwischen den Alfaya und den Soriya in Frage gestellt. Als Anhänger der *tidjaniya* Omars stießen sie mit der sozio-religiösen Erhebung der Hubbu zusammen, die sich der *Kadiriya* angeschlossen hatten. Sie waren der Katalysator der unzufriedenen, verdrängten Fulbe und der unterlegenen Bürgerlichen.

Im Osten ging das Königreich von Kenedugu auf. Zwischen diesen zerfallenden und aufkommenden Mächten lagen die Länder am Oberlauf des Nigers:

9 Siehe Mohammadu Abu Thiam, zit. von V. Monteil in *L'Islam Noir*.
10 Siehe Y. Person, »Samori . . .«, *Mémoires de l'IFAN*, Dakar 1968.

Mau, Konyan, Toma, Kisi und Nafana im Süden, Sankaran, Toron und Bate (Kankan) in der Mitte, Wasulu, Burem und Manding im Norden. Hier kreuzten sich die Wege des Goldes und der Kolanuß, des Meer- und des Steinsalzes, der Sklaven und der Pferde und immer häufiger von Fertigwaren einschließlich Waffen. Zwischen den Gestaden der Flüsse und der Küste des Golfs von Guinea einerseits und den lichten Ländern der Sahel andererseits rief eine Region mit niedrigem politischem Druck nach der schöpferischen Kraft eines Führers. Seit Jahrhunderten war dieses Land die Wahlheimat der Diula, die langsam auf dem Wege der merkantilen und gelegentlich auch militärischen Kolonisierung zum Süden vordrangen.

Einige unter ihnen waren im Norden Könige des Handels geworden, so z. B. Nana-Fali Kamara, ein Dialonke. Virtuos spielte er die Kursschwankungen der verschiedenen Produkte aus, von denen er in Didi beachtliche Lager unterhielt und wurde zum starken Mann von Burem. Außerdem verfügte er über eine Nachrichtenkette bis zur Küste hin.

Weiter im Süden bewegten sich die Diula in einem vorwiegend animistischen Milieu. Das hügelige Gelände, der Wald und die ethnische Aufspaltung grenzten ihren Aktionsradius ein. Das durch langes Verwurzeltsein gewonnene Vertrauen sicherte ihnen jedoch häufig in bestimmten Häuptlingschaften eine Monopolstellung. Gegenseitige Heiraten kamen hinzu und verstärkten ihre Position.

Unterhalb dieser stabilisierenden Schicht bedeutender Händler fiel vor allem das Fußvolk der Diula ins Gewicht. Die beständige Mobilität dieser »kleinen Leute«, ihre Allgegenwart machten das Wesentliche dieses Phantomreiches aus, das von Zeit zu Zeit überraschende Staatsgründungen verwirklichte. Solch ein Hintergrund lag der Karriere Samoris zugrunde.

Doch andere gingen ihm voraus.

Ein Beispiel war Moriule Sisse aus dem Gebiet von Kankan. Im Institut von Tuba (Futa Dschalon) betrieb er gründliche Studien des Islam. Nach vielen Reisen ins Konyanland ließ er sich in einem *Niemandsland* nieder, dem er den Namen Madina gab. Von hier aus startete er zum Heiligen Krieg (*Dschihad* oder *dyaadi*). Gleich zu Beginn brachte dem Mari Kuruma, einem animistischen Gastgeber des Marabut, sein Zögern Niederlage und Hinrichtung ein. Nachdem er einen Rat aus militärischen und religiösen Führern gebildet hatte, nahm er den Titel eines *faama* (Herrscher) an. In den eroberten Gebieten setzte er Abgesandte *(dugukunasigui)* ein. Diese Länder waren ihm durch das islamisierte Ritual des *degue*[11] verpflichtet. Eine kleine, gut organisierte Armee rüstete er mit Pferden und Gewehren aus, mußte sich aber bald mit den sehr lebhaften Reaktionen der Kamara, Kuruma und Konate auseinandersetzen, die die Route von Kankan kontrollierten. Als er sich nach Süden wandte und wagte, gegen Worodugu vorzugehen, wurde er in der Schlacht von Kurukoro gefangengenommen und nicht mehr wiedergesehen.

Sein Königreich (Moriuledugu) überlebte jedoch nach einer verhängnisvollen Pause. Sein Sohn Sere Bourlaye bot dem Gegner von gestern tatsächlich ein Bündnis an. Es handelte sich um einen jungen fahrenden Händler, der unter dem Befehl Moriules gekämpft hatte, ehe er selbst eine autonome Gruppe auf-

---

11 Das Dege ist ein Brei auf der Grundlage von Hirsemehl oder Reis, angerührt in dicker Milch. Trinkt man davon auf Geheiß eines Siegers, so leistet man damit den Lehnseid.

Samori Ture: Ein Schicksal

stellte: Vakaba Ture. Sehr bald schon rief man diesen zu Hilfe, um die Streitigkeiten zwischen den Ländern Toron und Nafana zu schlichten. Dort hatten die Diarasuba seit der Mitte des 18. Jahrhunderts die Herrschaft der Diomande abgeschüttelt und ein mächtiges Fürstentum errichtet. Es war über Wasulu an Kong und Segu gebunden. Da aber ihre Stützpunkte auf den Bergen lagen, blieb der Widerstand der Senufo von Noolu im Osten und der Diomande von Gbe im Süden weiter bestehen. Die Diarasuba hatten sich in der Nähe der Stadt Odienne niedergelassen. Auf diese Weise konnten sich ihre Vasallen immer mehr ihrer Kontrolle entziehen, und es kam zu einem Eingreifen Vakabas. Es wurde jedoch ein mühsames Unterfangen, und die Diarasuba blieben, von Kong mit Gewehren versorgt, eine ständige Gefahr für das neue Königreich Vakabas, das er auf den Namen seiner Mutter Kabasarana getauft hatte. Er baute es nach dem Modell des Moriuledugureiches auf. Die nach der Flucht der Diarasuba erbeuteten Gefangenen bildeten eine ausgezeichnete Elitetruppe und lieferten landwirtschaftliche Arbeitskräfte. Man siedelte sie in den ausgedehnten Gebieten rund um Odienne an, während die Vasallentruppen in den gefährdeten Grenzländern kampieren mußten. Damit hatte sich ein wenig gebildeter mohammedanischer Häuptling als Herr über die Hochländer niedergelassen, in denen die Diula bisher unterlegen gewesen waren.

Bis zum Tode Vakabas bewies Sere Burlaye dessen Reich Kabasarana eine vorbildliche Treue. Nachdem man diesen mit allen Ehren, die einem tapferen Führer zukommen, bestattet hatte, begab sich Sere Burlaye' daran, den Besitz seines Vaters Morioule wieder aufzubauen. Er nutzte die Zwistigkeiten der Toron von Ober-Toron aus, setzte sich bei ihnen durch und brach nicht ohne Mühe ihren Widerstand, den Sarasware Mori und Tere Jana anführten. Dabei wurden viele Dörfer zerstört, unter anderem auch Manyanbaladugu, das Dorf, in welchem die Mutter Samoris (um 1853) gefangengenommen wurde.

Als Sere Burlaye aber im Jahr 1858 den Feldzug Vabremas (Nachfolger von Vakaba) gegen die Fula unterstützen wollte, kam es zu einem großen Unglück. Der König von Kabasarana kam ums Leben. Das Zeichen zum Generalaufstand in Moriuledugu war damit gegeben. Unter dem Hirtenstab Seriko Kones, der sich auf den wilden Höhen des Kobobi Kuru verschanzt hatte, wurde Sere Burlaye bei einem verzweifelten Angriffsversuch auf den Abhängen der Berge getötet.

Sein Bruder und Nachfolger Fere Brema wurde wieder Herr der Lage, als er Kobobi Kuru einnahm und die verlorenen Gebiete bis zu den Höhen von Gbe an der Grenze des Reiches Kabasarana zurückeroberte. Er lockerte die Diula-Herrschaft, die von den *dugukunasigui* (Abgeordnete, s. o.) geprägt war. Für seine Vasallen entwickelte er ein System weitreichender Autonomie.

Unter Dyente schwelte der Aufruhr dennoch im Verborgenen weiter in Gbankundo, danach in Gundo. Hier wagte Saransware Mori vom Berete-Klan erneut einen Vorstoß, indem er sich mit dem Konate-Häuptling Tere Jara verbündete, dessen Großneffe Samori war. Dieser hatte gerade die Truppen der Sisse (Moriuledugu) verlassen und trat der Truppe Saransware Beretes bei. Er setzte sich erfolgreich im gesamten Tal des Milo durch. Als er aber trotz des Eides, der ihn an Tere Jara band, diesen unter dem Vorwand des Verrats hinrichten ließ, gab ihn der Klan der Konate plötzlich auf, und er war isoliert. Samori gewann seine Freiheit wieder und ergriff Besitz vom Ober-Milo. Saransware wurde indes 1865 von der Sisse beseitigt.

Integrationsversuche im 19. Jahrhundert

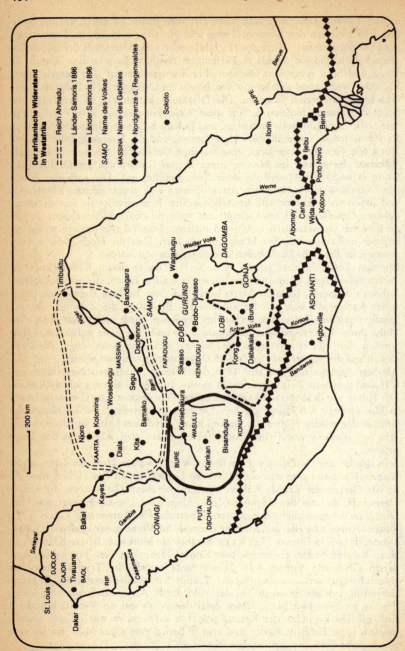

Samori Ture: Ein Schicksal

Von 1866 an setzten die Sisse ihren erfolgreichen Weg fort und bemächtigten sich Lenkos, wo die mit Samori verwandten Kamara terrorisiert wurden. Samori fand inzwischen im Tomaland Zuflucht. Sere Brema (Şisse) rückte nun bis zum Rand des Waldes ins Guerzeland vor. Hier erkannte man seine Autorität an. Um dieses Werk zu konsolidieren, söhnte er sich mit dem animistischen Häuptling Nantene Famudu aus.

Die folgenden Jahre zeigten den Aufstieg Samoris und seine erneute Aktion im Gebiet zwischen Dion und Milo. Außerdem waren das die Jahre, die den Sisse den Niedergang brachten und sie in die unfruchtbaren Ebenen Richtung Wasulu vertrieben.

Va Muktar, Nachfolger des Va Brema, duldete, daß sein Cousin Bintu Mamadu ausgesandt wurde, um in das Wespennest der inneren Streitigkeiten Wasulus zu stechen, während er sich bemühte, im Nordosten den Handelsplatz Tengrela zu erreichen. Bintu hatte zunächst brillante Erfolge. Als die Sisse jedoch befürchteten, daß ihnen die Straße nach Bamako versperrt würde, schritten sie augenblicklich ein. Sere Brema jagte Bintu alle eroberten Gebiete wieder ab. Dieser hatte kaum Zeit gefunden, seinen Sieg auszukosten.

Deshalb unternahm er 1873 einen neuen Vorstoß. Als er sich mit blutiger Gewalt eines großen Teils des Landes bemächtigt hatte, begann der ursprüngliche Häuptling des Gebietes, Adyigbe, sofort mit der Verfolgung. Von seinen Stützpunkten abgeschnitten entschloß er sich zu einer Flucht nach vorn, bis Amadu von Segu ihn aufnahm. Va Muktar, der ihm aus Odienne zu Hilfe geeilt war, starb indes an den Folgen einer Verwundung (1874). Sein Nachfolger Va Madu beschäftigte sich von nun an damit, die wachsenden Kräfte der Nachbarn einzudämmen.

Das Kissiland war durch die Kämpfe zwischen den Dörfern zu einem Sklavenreservoir geworden. Mit Hilfe von Heiraten, mit Diplomatie und bewaffneten Überfällen zwang Mori Suleiman Savane dem Land (Kissi) sein Handelsmonopol auf. Sein Stamm kam aus dem Futa Toro, später von Bondu. Doch machtlos gegenüber der Komplexität dieser Arbitragen, die sich oft in blutige Abrechnungen wandelten, bat er schließlich dringend um den Schutz Samoris.

Fode Drame, ein Sarakole-Marabut von Bondu, setzte sich gegen die Ulare von Sankaran mit List und Gewalt durch. In seiner Festung Bereburiya war er einem so heftigen Druck der Animisten ausgesetzt, die er durch seine Ausschreitungen aufgebracht hatte, daß er schließlich seine Sache und damit sich selbst den Sisse anschließen mußte.

Diese ganze Unruhe und diese Verwirrungen waren gleichzeitig das Signal für den Niedergang einer Welt und für das schmerzhafte Werden einer neuen. Kankan, religiöses Zentrum und Handelsmetropole, hätte von der Atemlosigkeit der Protagonisten profitieren können. Es konnte den Versuch wagen, den Handel des Gebietes in die Hand zu bekommen. Doch die Stadt, die zeitweise Konde Brema unterstand und sich unter dem Einfluß des Alfa Kaabine, Patriarch der Kaba (1878) wieder erholt hatte, übte jetzt vorsichtige Zurückhaltung gegenüber den Animisten von Sankaran und Toron. Um so mehr als die Mohammedaner uneinig waren. Die eine Gruppe, die Kaba, hatte sich der *Tidjaniya* angeschlossen, während sich die im 18. Jahrhundert vom mittleren Niger gekommenen Sherif auf die *Kadiriya* beriefen. Für kurze Zeit tauchte dennoch mit Alfa Mamadu, dem Enkel des Alfa Sanusi, der Gedanke des Heiligen Krieges auf. Aber der Krieg der »Söhne des Traums«[12], der von den Anhängern des Animisten Dyeri Sidibe begonnen wurde, hätte sich fast der Stadt Kankan bemächtigt. Dieser Krieg sowie Nantene Famudu und die animistischen Kone-Häuptlinge von Wasulu lösten die schwachen Eroberungsversuche einer vor allem intellektuellen und merkantilen Stadt in Nichts auf.

Hier wie an der Goldküste oder an den Gestaden Benins forderte diese Phase der Neuanpassung, die von Handelstransaktionen geprägt war, daß ein Mann oder ein Volk auf eigenes Risiko das neue Kräftespiel zu beherrschen beschloß.

Auf einen weiteren entscheidenden Faktor muß an dieser Stelle hingewiesen werden. Es handelt sich um den Einfluß der islamischen Erschütterung, deren Epizentrum im politisch-religiösen Impuls des Osman dan Fodio zu suchen war. Die Unternehmungen des Scheichs Hamadu und El Hadj Omars nahmen diesen Impuls auf. Den verstreuten Diula und ihren verwandten Stämmen brachte der Islam Inspiration und Entschlossenheit. Aber die Mittel und die Macht lieferte ihnen der Handel. Er verunsicherte die Länder und führte die Waffen ein. Dennoch hatten die ausländischen Führer hier nicht die gleiche Chance wie in den weiten, offenen Ländern der Sahel. Dort hatte überdies eine mehrere Jahrhunderte alte Staatstradition überlebt. Ein Phänomen soziologischer Ablehnung veranlaßte die Animisten, sich früher oder später eines jeden Diula zu entledigen, der nicht zu ihrem Kreis gehörte und sich weigerte, sich in irgendeiner Weise anzupassen: Beispiele dafür waren Morioule und Fode Drama. Die animistischen Häuptlinge nun aber verfügten selbst weder über Inspiration noch über ausreichende Mittel, um einen globalen Ausgleich zu bewirken, der nur durch Integration möglich war.

Die vorwiegend im Süden stark ausgeprägte geographische Aufsplitterung bildete ein entscheidendes Hindernis. Andererseits akzeptierten sie die Initiative eines Diula, der aus ihren eigenen Klans hervorgegangen war. Sein Waffenruhm und sein Machtprestige waren auch die ihren, vorausgesetzt, daß für ein Quentchen Freiheit gesorgt würde. Dafür stand Samori.

Man sollte sich jedoch vor einer zu deterministischen Analyse hüten. Sie ließe dem schöpferischen Genie eines Almamy Ture beinahe keinen Platz mehr. Er war nicht dazu verdammt, das zu bleiben, was er war. Im Gegenteil – er verstand die drei Hebel zur Macht gleichzeitig zu bedienen: Islam, Handel und ethnische Verwandtschaft.

B. Der schwierige Weg zur Macht (1853–1875)

Der Handel, die Waffen und der Islam bestimmten den Verlauf dieses Lebensweges.

Samori wurde 1830 in Mamyambalandugu geboren. Seine Eltern waren Laafiya Ture und Masorona Kamara. Wie sein Vater begann er zunächst als fahrender Händler. Für Kolanüsse und Sklaven aus dem Land Toma kaufte er Gold von Burem, das er wieder gegen Waffen und Rinder eintauschte. Beides waren Güter, die von den Waldlandbauern Tomas hoch geschätzt wurden. Die

---

12 So genannt, weil Dyeri Sidibe in einem Traum von einem Geist die Instruktion für ihre Einstellung erhalten hatte.

Samori Ture: Ein Schicksal

Tatsache, daß entlang dieser Route viele animistische Verwandte mütterlicherseits lebten, gereichte ihm sehr zum Vorteil. Andererseits führte ihn der notwendige Umgang mit mohammedanischen Diula zum Islam zurück. Seit Jahrhunderten war der Islam auf eben diesen Pisten mit dem Handel verbunden. Diese Tendenz nahm zu, als Samori gezwungen war, sich nach Madina zu begeben. Hier schloß er sich den Truppen der Sisse an mit der Absicht, die Befreiung seiner Mutter zu erreichen, die bei einem Raubzug entführt worden war. Er stellte hier schnell seine militärische Tapferkeit unter Beweis. Sere Burlaye, der damals an der Macht war, zollte ihm Anerkennung; nicht dagegen sein Bruder Sere Brema, dem er verdächtig erschien. Nach dem Tode Sere Burlayes verließ er deshalb die Sisse. Er fühlte sich von den Berete angezogen, die weniger fanatisch gegen die Animisten vorgingen und bot Saransware seine Dienste an. Dessen Ermordung auf Veranlassung Tere Jaras bewegte Samori wiederum zur Abreise. Kurze Zeit später nahmen ihn die Berete gefangen. Sie unterstellten ihm, in ihrem Namen unrechtmäßig einen Tribut einbehalten zu haben. Sie zwängten ihn an einen Pranger. Aus dieser mißlichen Lage ließ ihn eines Nachts einer seiner Freunde, Denda-Soghoma, befreien. Man übergab ihm ein Gewehr. Das war der Ausgangspunkt seiner selbständigen militärischen Karriere.

Während die Sisse ihre Kräfte in einem lächerlichen Vorstoß nach Norden und nach Kankan erschöpften, und während die Berete in blindem Haß um sich schlugen, seit Tere Jara ermordet worden war, vergrößerte Samori seinen Machtbereich. In einer entschlossenen Aktion nahm er Dorf für Dorf, *Kafu* für *Kafu* ein[13]. Er versöhnte sich mit den Gegnern oder ließ sie liquidieren. Als seine Truppe vor Sanankoro erschien, schickten die Bewohner seinen eigenen Vater als Unterhändler vor. Samori behielt seinen Vater zurück, nicht als Geisel, sondern um zu verhindern, daß er Geisel in einer Stadt wurde, die er einnehmen wollte. In Komodugu nutzte er die regnerische und finstere Nacht und die Bereitwilligkeit eines bestochenen Wächters, um bis zum Marktplatz vorzudringen. Als die Bewohner erwachten, zeigten sie sich zunächst entrüstet, später aber, beim Anblick der Pulver- und Munitionsmengen sehr erschreckt. Unter dem Vorwand, das Pulver müsse trocknen, hatte Samori es in der Sonne ausbreiten lassen ... Die Verhandlungen begannen. Als einige Schüsse abgefeuert wurden zum Zeichen, daß das Pulver trocken sei, begriffen die Notabeln von Komodugu, daß ihnen nichts weiter übrig blieb, als »das *degne*« der Unterwerfung »zu trinken«.

Samori ließ auch Theaterstücke in mehreren Akten aufführen, wobei der letzte Akt seinem wachsenden Königreich jedesmal ein Stück hinzufügte[14]. Mit phantasievoller Diplomatie, die aber auch nicht vor machtvollen Prankenhieben zurückschreckte, entfaltete er seinen Machteinfluß über die mohammedanischen Königreiche der Sisse und der Berete einerseits und gegen den verzweifelten Wider-

13 Kafu bedeutet im Diula-Dialekt Bezirk.
14 Eines Tages führte er seinen Bruder Fabu Ture (Keme Brema) in das Dorf Gboodu ein, das sich sträubte, ihn mit einem Fest zu empfangen. Fabu zeichnete sich so sehr in der Säbelfechtkunst aus, daß er, als der neidische Dorfhäuptling sich zu einer abfälligen Bemerkung hinreißen ließ, ihm mit dem Säbelknauf einen Stoß vor die Stirn versetzte. Das war ein *casus belli.* Samori bestand darauf, in das Dorf zu gehen und den Häuptling anzuflehen. Er warf sich tatsächlich auf die Erde vor ihm, bat um Verzeihung und schlug vor, daß das vergossene Blut auf der Stelle durch Opfer und die Kommunikation mit dem Dege gesühnt werden solle. Auf diese Weise zog er im Triumph mit seinen Truppen in die Ortschaften ein.

stand der Animisten, wie Nantene Famadu, Adyigbe und Sagadyigui andererseits. Bald fanden sich die Berete auf einen kläglichen Rest zusammengeschmolzen, und auch die Sisse waren ernsthaft geschwächt. Eine vorübergehende Versöhnung mit den Sisse ermöglichte ihm, die Berete zu vernichten. Adyigbe, der geschickt »abgeworben« wurde, verriet seinen Verbündeten Nantene Famadu. Dieser scheiterte daraufhin vor Bisandugu und wurde hingerichtet (1874). Adyigbe selbst fiel kurze Zeit später im Kampf gegen die nicht mehr zu rettende Armee des Bintu Mamadu bei der Belagerung von Siratogo (Wasulu). Damals soll Samori ausgerufen haben: »Adyigbe ist tot. Die einzige Mütze, die Wasulu bedeckte, ist gefallen; ich muß sie aufheben.« Von jetzt an hatte er, abgesehen von dem Animisten Sagadyigui, dem die ohnmächtigen Sisse Ober-Konyan überlassen hatten, nur noch zwei ernsthafte Konkurrenten: Kankan im Norden und die Sisse im Osten.

Inzwischen hatte sich das Zentrum seiner Macht geographisch zunächst nach Sanankoro (Ebene des Milo) verschoben. Er unterstrich die Bedeutung des Exerzierens für die Kavallerie, indem er erklärte: »Laßt uns nach Sanankoro gehen, dorthin, wo der Boden eben ist!« Danach zog er sich mit Rücksicht auf seine familiären Beziehungen zurück und ließ sich in Bisandugu an der Karawanenstraße nieder, die von Toma nach Kankan führte. Auch Samori blieb nicht von schweren Schlägen verschont, wie z. B. in der Schlacht von Narena, wo er seine Rettung nur der Flucht verdankte. Nach und nach vervollkommnete er jedoch seine Organisation, seine moderne Bewaffnung mit Gewehren, seine Mobilität. Entsprechend den Eroberungen, die ihm Nieder-Konyan und Toron, eine strategisch wichtige Zone zwischen Bate, Wasulu, Sankaran und Kabasarana einbrachte, eignete sich Samori Titel an. Sie waren gleichzeitig eine Absegnung der Vergangenheit und ein Blick in die Zukunft: als erstes *Keletigui* (Kriegsherr), dann *Murutigui* (Meister des Säbels) und endlich *Faama* (Herrscher).

C. Die großen Jahre (1875–1881)

Das von so vielen Glanzleistungen beeindruckte Kankan rief Samori zu Hilfe, um die Animisten von Sankaran zurückzudrängen. Mit den Ritualen des islamischen Glaubens besiegelte man ein feierliches Bündnis, obgleich die beiden Parteien nicht Anhänger derselben Bruderschaft waren. Die Kriegsbeute künftiger Feldzüge sollte den Kaba von Kankan zufallen, das eroberte Land jedoch blieb dem Sieger vorbehalten. Samori unternahm also einen entschlossenen Feldzug, der sich nach vielen Siegen in einen wahren Triumphzug verwandelte. Die Konde wurden unterworfen, jedoch mit Nachsicht behandelt, da man sie von den Kaba von Kankan absondern wollte. Gleichzeitig sollte die Rekrutierung von Soldaten unter den Jugendlichen dadurch erleichtert werden. Die Einnahme Kurussas und der Zugang nach Baleya gewährten Samori endlich Einflußnahme auf die Route zum Meer, die das Futa-Dschalon-Gebirge durchquerte.

Kankan war beunruhigt und versuchte Aguibu von Dinguiraye gegen Samori aufzuwiegeln. Da Aguibu jedoch über die Stärke der Samoritruppen unterrichtet war, beschränkte er sich in Resignation und verschanzte sich. Uladan und Burem (Sigjiri) kapitulierten und zahlten ihren Tribut in Gold.

Der ohnmächtige Zorn der Kaba von Kankan wuchs entsprechend den siegrei-

Samori Ture: Ein Schicksal 409

chen Feldzügen. Die Sisse reagierten jedoch am schnellsten. Ihr Führer, der junge Morlaye, nutzte eine Abwesenheit Samoris im Norden zu einer Besetzung Sankarans und Ularedus aus. Schließlich ging er sogar noch eine Verbindung mit Fode Drame ein, der ihn zu Hilfe gerufen hatte. Die Reaktion der Kuranko-Animisten ließ nicht lange auf sich warten. Morlayes Versuch, sie niederzuwerfen, und die Anziehungskraft, die die Südroute zum Meer auf ihn ausübte, entfernten ihn gefährlich von seinen Stützpunkten.

Auf diesen Moment hatte Samori gewartet. Nachdem er die Sisse einige Male energisch gewarnt hatte, schlug er in Sininkoro wie der Blitz in das lagernde Heer ein, das nur sehr schwach verteidigt wurde. Hals über Kopf zog sich Morlaye zurück. Auge in Auge stand er dem Feind gegenüber, der durch seine eigene Kriegsbeute, die er unvorsichtigerweise in der Etappe zurückgelassen hatte, Verstärkung erhielt. Alsbald gelang es Samori, die Krieger der Sisse zu entmutigen. Als sie in Massen desertierten, streckte Morlaye und mit ihm die stärkste Armee des Gebietes die Waffen (1880). So konnte Samori nun als Erbe des großen Plans einer Integration durch den Islam und einer globalen Neugliederung auftreten.

Dieser Anspruch schien ganz normal, als Kankan ein Jahr später nach dem Versuch, dem Eroberer den Hals zu brechen, sofort belagert und gnadenlos bezwungen wurde. Die Stadt selbst blieb verschont, man zerstörte sie nicht; lediglich die religiöse Führerschaft der *Tidjaniyia* ersetzte man durch entsprechende Leute aus der *Kadiriya*-Bruderschaft. Karamogho Sidiki wurde unterdessen der persönliche Marabut des Faama.

Im selben Jahr näherte sich der alte Sere Brema, der einen wesentlichen Teil der Streitkräfte von Madina durch die Niederlage Morlayes verloren hatte, dem Animisten Sagadyigui. Er wollte mit Samori kurzen Prozeß machen. Eine Truppe Samoris wurde überrascht und niedergemetzelt. Die Freude über diesen Sieg war aber nur von kurzer Dauer, schwer mußte man büßen. In Woroko blieb dem alten Sisse nichts anderes übrig, als sich zu ergeben; denn seine Verbündeten hatten, von der imposanten Armee Samoris in Schrecken versetzt, den Ort verlassen. Während Sere Bremas Berater hingerichtet wurden, verschonte man ihn selbst in Erinnerung an die gemeinsame Vergangenheit. Madina aber ließ Samori dem Erdboden gleichmachen, und er gewann seine Macht über die Sisse, ihre leibeigenen Bauern und ihre Sänger zurück. Nur ein einziger seiner anfänglichen Konkurrenten blieb übrig, der aufsässige Animist Sagadyigui. Er hatte sich in die Bergwelt des Südens zurückgezogen.

Es hatte den Anschein, als ob sich Samori von nun an alles erlauben konnte. Gemessen an seinen mächtigen Nachbarn im Futa Dschalon oder in Segu schnitt er gut ab. Erneut schlug er den Weg nach Norden ein. Vielleicht wollte er auch in dieser Richtung seine Macht konsolidieren. Trotz der Aussöhnung mit Mambi Keita, einem Nachfahren der Herrscher Malis und Hüter des königlichen Heiligtums *(Kama Blo)* von Kangaba, stieß er bei Day Kaba in Kudian und bei den Kulubari des wohlhabenden Handelsplatzes Kenieran auf Widerstand. Ihre Unbotmäßigkeit war nur dadurch erklärlich, daß sich hinter ihnen der drohende Schatten des Kolonisators erhob.

Das Kolonisierungssystem Frankreichs dieser Periode war vom Personenwechsel im Marineministerium abhängig. Vor allem aber hing es von den verantwortlichen Offizieren vor Ort ab. Jaureguiberry hatte im Jahr 1880 die Besetzung Kitas gebilligt und eine autonome Führung der Gebiete am Oberlauf des Flusses geschaffen. Sie war befugt, direkt mit dem Minister zu korrespondieren. Der Schwadronschef Borgnis-Desbordes wollte die französische Präsenz zum Niger hin ausdehnen, koste es was es wolle. Der senegalesische Leutnant wurde deshalb zu Samori geschickt, um ihn zu warnen. Als Antwort ließ ihn der *Faama* in Gewahrsam nehmen und betrieb die Belagerung Kenierans mit Nachdruck. 1882 fiel es in seine Hände. Zahlreiche Notabeln, die des Verrats verdächtig waren, wurden hier hingerichtet.

Kurzentschlossen schritt Borgnis-Desbordes ein, da er glaubte, Frankreichs Ehre sei mit Füßen getreten worden. Es gelang ihm, die Truppen Samoris mit Gewehrsalven und Kanonenschüssen zu zersprengen. Da er jedoch isoliert war, mußte er unter dem Störfeuer der *sofas* nach Kita zurückkehren.

Samori begriff nun, daß er schleunigst in Richtung Bamako vorstoßen mußte. Das Bündnis mit Mambi Keita sicherte ihm seinen Einfluß am Niger. Zur Sicherung seiner Etappe besetzte er Wasulu. Seinen Bruder Keme Brema beauftragte er damit, die Gegner im Manding-Gebiet in Schach zu halten und Bamako zu besetzen. Bamako lag an dem Punkt, wo sich die zahlreichen Straßen aus dem Süden wegen der schwer zu überwindenden Manding-Berge über den Fluß vereinten. Der Machtverfall der Erben El Hadj Omars hatte die Sicherheit der Straßen gefährdet. Der Aufstieg Samoris schien den Straßen des Südens wieder Sicherheit zu gewährleisten. Die Diula-Händler von Bamako sowie seltsamerweise die drei Ture-Brüder schlossen sich Samori an. Vielleicht hegten sie die Hoffnung, den Klan der lokalen Häuptlinge, die Niare, auf diesem Wege ausschalten zu können. Doch plötzlich kam Borgnis-Desbordes dem *Faama* in Bamako zuvor. Er ließ es 1883 gegen den heroischen Widerstand des alten Häuptlings Namba aus Dabau in der Beleduguprovinz besetzen.

Dem überraschten Keme Brema gelang es nicht mehr, Bamako zurückzugewinnen. Sein Feldlager wurde zersprengt, und zwei der Ture-Händler, die man als Geiseln genommen hatte, wurden hingerichtet. Für den rechten Flügel sah der Plan Borgnis-Desbordes' eine Aktion vor, die die Streitkräfte Samoris vom Oberlauf des Flusses verjagen sollte, ehe er sich gegen die Tukulor wenden konnte.

Samori seinerseits entschloß sich, zum Süden zurückzukehren, um mit seinem Gegner Sagadyigui kurzen Prozeß zu machen. Danach wollte er umkehren und seine Rechte am Oberlauf des Nigers verteidigen. Sagadyigui hatte jedoch das Massiv von Gbankundo stark befestigt. Von dort aus weitete er seine Herrschaft ebenso über die Toma- und Guerzegruppen aus wie über die Gegend des schroffen Gbe. Nur durch einen Verrat konnte Samori schließlich die steilen Höhen des Massivs erklimmen und dieses Adlernest ausheben. Sagadyigui entkam. Als er schließlich doch gefangen werden konnte, enthauptete man ihn. Nachdem sich die Ture von Odienne mit Samori verbündet hatten, blieb ihm kein gleichwertiger Gegner mehr.

Als dem *Faama* die Bedeutung der Küstenstraßen bei einer eventuellen Konfrontation mit den Franzosen bewußt wurde, beauftragte er den Militärhäuptling Langaman Fali, diesen Weg in voller Breite zu öffnen. Innerhalb weniger Monate entledigte er sich der Hubbu, die seit langem der unfähigen Führerschaft des Futa trotzten. Darauf trat er in intensiven Kontakt mit den Ländern Sierra Leones, die Lieferanten europäischer Produkte waren. Wenn man aber Waffen brauchte, dann brauchte man auch Pferde. Der Norden aber, der sie verkaufte, wurde immer mehr durch die Franzosen versperrt. Dazu hatten sich

Samori Ture: Ein Schicksal

411

Keme Brema und die Tukulor in einigen Scharmützeln gemessen. Keme Brema rückte dabei bis auf wenige Kilometer an Segu heran, um den Franzosen stromabwärts zuvorzukommen. Stromaufwärts in Bamako war man ihm nämlich zuvorgekommen.

Daher wandte sich Samori nun hauptsächlich den Ländern am Nigerbogen zu, wie z. B. dem Mossiland, zumal er von ihnen nur durch die politisch zersplitterten Bambaraländer getrennt war. In Kenedugu aber war der König Tieba von Sikasso selbst aufmerksam auf die Straße nach Kong und zum Golf von Guinea bedacht, die Gefahr lief, von Samori abgeschnitten zu werden.

Das wurde zum Ausgangspunkt einer fatalen Entwicklung. Denn der Krieg der Länder Bagoes und Tudugus, dazu die Niederwerfung der durch den Machtmißbrauch oder den religiösen Fanatismus der Männer Samoris verursachten Erhebungen, verschlimmerten die Situation. Alles das erregte diese animistischen, aufsässigen Völker stark und bereitete die erste vorzeitige, spektakuläre Erschütterung des Reiches vor.

Inzwischen hatte der strategische Geist Samoris durchschaut, daß der unabwendbare Zusammenstoß mit den Franzosen Zugang zu den Hauptverbindungsstraßen des Pferde- und Waffenhandels erforderte. Dabei ging es um folgende Straßen: die Route von Bamako nach Kong und Aschanti durch die Provinzen Ober-Voltas; die Route von Bisandugu nach Liberia durch die Kissi- und Tomaprovinzen und die Route vom Futa zu dem Land der Flüsse und nach Sierra Leone.

D. Zwischen Diplomatie und Krieg

In den Jahren 1881 bis ca. 1890 lebte Samori zwischen Diplomatie und kriegerischen Auseinandersetzungen mit den Europäern. Man könnte sich vorstellen, daß Samori, der sich immer stärker in der Umklammerung zwischen den vorwiegend militärischen Unternehmungen der Franzosen am Niger einerseits und den vornehmlich handelsbezogenen der Engländer gleichfalls am Niger andererseits befand, sich auf die letztgenannten hätte stützen können, um den ersteren wirksam entgegenzutreten. Dieser Versuch scheiterte aber letztlich.

Die britische Kolonialpolitik hatte es sich entgegen den nigerischen Träumen der Krio-Notabeln von Sierra Leone zum Grundprinzip dieser Epoche gemacht, keine kostspielige territoriale Verantwortung im Hinterland zu übernehmen. Sie wollte sich hingegen durch Handelsbeziehungen auf solide afrikanische Fürsten stützen, um den »legitimen Handel« an Stelle des Sklavenhandels zu setzen. Die Fürsten im Landesinneren verfügten aber oft über Gefangene als Tauschmittel. Außerdem offenbarte sich hier, wie in Aschanti, die Schwierigkeit dieser Politik in der Tatsache, daß Großbritannien eine ziemlich starke Macht im Innern anstrebte, um die Freiheit der Handelsstraßen zu sichern. Die Macht durfte allerdings nicht zu stark werden, um die Kolonie nicht in Gefahr zu bringen. In dieser Hinsicht erregte Samoris Stärke Angst. Auch den Franzosen jagte sie Furcht ein. Sie rechneten mit einem möglichen plötzlichen Durchbruch der Samoritruppen in Richtung Saint-Louis. Samori hatte sich jedoch geschworen, Sikasso zu zerstören. Er konnte sich aber keinen Zweifrontenkrieg erlauben. Das zwang ihn zu Verhandlungen mit den Franzosen. Auch sie sahen sich gezwungen, mit ihm zu verhandeln, solange die Tukulor-Hypothek nicht beglichen war. Während Samori mit den Franzosen verhandelte, widerstrebte es ihm anfänglich, sich den Briten politisch voll zu verpflichten. Auf diese Weise entstand eine Periode der Ungewißheiten, der Halbheiten, gegenseitiger Mißverständnisse, der Heuchelei und auch der Unehrlichkeit. Das traf vor allem auf gewisse französische Offiziere zu, denen alle Mittel recht waren, um so schnell wie möglich ein Maximum an Land zu besetzen.

Samori hatte jedoch vorgebeugt und einen Unterhändler aus Kankan mit Namen Dande Kaba ausgesandt, der mit den Engländern in Sierra Leone verhandeln sollte. Doch trotz des Empfangs mit einer Militärparade kam kein konkretes rechtliches Ergebnis zustande. Wichtig war aber, daß der Ture Karamogho Lansana von diesem Zeitpunkt an bis ins Jahr 1893 eine Reihe von Waffenlieferungen für Samori organisieren konnte.

Die Mission des Majors Festing, sein ergebenes und vergebliches Warten auf Samoris Unterzeichnung des Vertrages mit den Briten vor den Mauern Sikassos, waren aufschlußreich für diese verwickelten Widersprüche. Der Aufruhr, der nach dem Mißerfolg von Sikasso unter den Völkern des Südens entstand, gefährdete die Sicherheit der Routen. Das franco-britische Abkommen vom 10. August 1889 gestand Frankreich die Futa-Dschalon-Provinz und die Schutzherrschaft über Samori zu. Damit war der Ausgang des Tête-à-tête Samoris mit den Franzosen praktisch besiegelt.

Ganz zu Anfang, 1881, schien der Modus vivendi zwischen Samori und den Franzosen im Nigergebiet durchaus lebensfähig zu sein. Boilève zeigte sich sehr verträglich, und Samori hatte seinen Männern eingeschärft, jegliche kriegerische Initiative nach dieser Seite hin zu unterlassen. Kommandant Combes erdreistete sich kurze Zeit später aber, im Jahr 1885, einen herausfordernden Überfall auf Sigiri am Niger zu machen. Außerdem maßte er sich an, die Anhänger Samoris am linken und sogar am rechten Ufer des Nigers zu bestrafen. Umgehend erfolgte eine scharfe Gegenantwort, wobei die Streitkräfte Samoris ihn bis nach Niagasola unerbittlich verfolgten.

Erneut lebte der Kampf mit Aktionen und Repressalien in den Becken des Bafing und des Bakoy wieder auf. Der Friedens- und Handelsvertrag von Kenieba Koura (1886) aber legte die territorialen Abgrenzungen fest und sprach Verbote gegen Wanderungen und Truppenbewegungen aus. Diese konnte Samori bisweilen bei seinen Vasallen und Schützlingen auf dem linken Nigerufer, das dem französischen Einfluß unterstand, nur schwer kontrollieren.

Zumindest »konnte man ihm ernsthaft keinen böswilligen Verstoß vorwerfen, während (von seiten der Franzosen) Verletzungen von Geist und Buchstabe dieses Gesetzes, deren Autoren vor allem ja die Franzosen waren, oft festgestellt werden konnten«[15].

Um seinen guten Willen unter Beweis zu stellen, schickte Samori sogar seinen Sohn Dyaule Karamogho nach Frankreich. Dieser wurde vom Präsidenten der Republik und von Kriegsminister General Boulanger empfangen. Aber wegen des sich daraus ergebenden stärkeren politischen Engagements war Samori wesentlich zurückhaltender, als es darum ging, den Vertrag von Bisandugu (1887) zu unterzeichnen. Ohne zu zögern schrieb Galliéni noch im gleichen Jahr, um den französischen Standpunkt darzulegen, daß es sich um »diplomatische

15 Siehe Fußnote 10, S. 401.

Samori Ture: Ein Schicksal 413

Akte für ausländische Mächte handle, die dazu bestimmt seien, unsere Rechte auf Gebiete darzulegen, auf die Großbritannien ein Auge wirft. Die einzig mögliche Politik gegenüber diesem Häuptling (Samori) besteht darin, ihn verschwinden zu lassen.«[16]

Nun versteht man die Anmerkung von Y. Person: ». . . nur schwerlich kann man in Abrede stellen, daß Frankreich den Vertrag von Bisandugu offenkundig verletzt hat. Galliéni wußte sehr wohl, daß Samori ihn peinlich genau beachtete. Er aber nahm sich das Recht, den Vertrag nach Belieben zu brechen, da er ja im höheren Interesse der französischen Zivilisation handelte.«[17]

Galliéni gab im übrigen selbst zu: »Nachdem ich ihn durch den Vertrag von Bisandugu daran gehindert hatte, sich den Engländern zuzuwenden, legte ich es seit meiner Kommandoübernahme darauf an, die Macht dieses Negerherrschers zu untergraben.«[18]

Außerdem: »Von mir heimlich ermutigt und unterstützt fügte Tieba Samori ernsthafte Niederlagen zu. Er befand sich in höchster Not.«[19]

E. Die Wende: Sikasso-Kele[20] oder der Bruderkrieg

Sikasso, Mittelpunkt der Ausdehnung eines anderen Mande-Volkes, der Samogho (Samo), hatte sich im Senufoland zu einem militärischen Stützpunkt Kongs entwickelt, ähnlich Gwiriko im Boboland. Das geschah Ende des 18. Jahrhunderts unter Daula-Ba. Daula dehnte seine Gebiete weiter aus bis nach Tengrela, Banfora und Korogho gegen die Ansprüche der Wattara von Bobo. Sein Sohn Tieba erbte auf diese Weise ein gut organisiertes Königreich. Hier schuf er Militärgebiete, die die halbautonomen Bezirke der Mande- und Senufo-Autochthonen einrahmten. Einige Marabut vertraten noch die *Tidjaniya* von Segu, denen sich Tieba anschließen sollte. Der Animismus lebte jedoch in der großen Masse und in der Militärkaste weiter. Dieser Umstand bot Samori eine Handhabe für die islamische »Rechtfertigung« seines Angriffs.

Am Ausgang des 19. Jahrhunderts fiel das Gebiet zwischen Kenedugu und Segu in die Hände von Söldnern, die sich vom Heiligen Krieg des Hadj Omar abgesetzt hatten. Rund um Kinian schufen sie Fafadugu, ein Reich, dessen Dynamismus beinahe die Tatkraft Kenedugus, in dessen Angelegenheiten es sich sehr schnell einmischte, unwirksam machte. Das geschah in einem solchen Maße, daß die Machtergreifung Tiebas in Frage gestellt war. Schließlich gelang es ihm, sich durchzusetzen und sein Hauptquartier in Sugoka zu errichten, aus dem später Sikasso wurde.

Er stellte die Macht seiner Väter wieder her und breitete sie bis ins Tusian- und Turkaland aus. Die militärische Kraft, der landwirtschaftliche Wohlstand sowie der politische Zusammenhalt der in diesem Gebilde verschmolzenen Volksgruppen ermutigten Tieba, sich den erhabenen Titel *Faama* (Herrscher) zu verleihen.

---

16 Siehe Fußnote 10, S. 401.
17 Siehe Fußnote 10, S. 401.
18 Siehe Dakar, 15 G 32.
19 *Galliéni à Grenouillé*, Dakar, 15 G 32.
20 Sikasso-Kele, *Der Krieg von Sikasso.*

Im Südwesten rückte aber der schreckenerregende Schatten des Samorireiches unaufhaltsam näher. Als Tieba von der Beseitigung Sagatyiguis in Gbankundo erfuhr und von den diplomatischen Regelungen in den Verträgen von Keniebakura und Bisandugu, bekam er Angst, obwohl er die Mauern Sikassos mit einem soliden Lehm (banco-)Kieselsteingemisch ausgebessert hatte. Er fühlte, daß die Logik der politischen Lage und der Adlerblick des Herrschers von Bisandugu ihn als nächstes Opfer ausersehen hatten.

Samori verlor jedoch Zeit, während er auf die Rückkehr seines Sohnes aus Frankreich wartete; und er verlor Zeit mit der Erörterung der Ziele des Abkommens von Bisandugu, das er bedeutend ernster nahm als seine französischen Partner. Als er schließlich Sikasso erreichte, nachdem er alle Kräfte der großen Armee (foroba) zusammengezogen hatte, war er überrascht (hatten seine normalerweise gut funktionierenden Informationsdienste versagt?) von den kolossalen Befestigungsmauern: an der Basis vier Meter dick und vier Meter hoch. Ein erster massiver Überraschungsangriff wurde von Tieba abgewiesen. Er warf Samori bis hinter die Sümpfe von Banankoni zurück. Der begriff, daß dies eine ernste Angelegenheit war.

Daraufhin begann ein Stellungskrieg, der sich über 15 Monate hinzog. Auf den umliegenden Hügeln errichtete sanye (Befestigungen) beherrschten und umschlossen die Stadt. Sie bildeten einen fünf Kilometer langen, drohenden Halbkreis um Sikasso; Samori gab ihm den programmatischen Namen Here Makono (erwarte das Glück). Denn er erhoffte sich davon die Unterstützung der Volta-Länder, die ihm im Osten aus der Klemme helfen sollten. Doch leider wurden die Nachschubbasen und die Verpflegungskonvois, die Wasulu durchquerten, von den Anhängern Tiebas beunruhigt. Der Belagerer lief Gefahr, seinerseits belagert zu werden. Samori sah sich gezwungen, seine mächtige Westarmee, die unter dem Befehl von Langaman Fali stand, zur Verstärkung kommen zu lassen. Doch dadurch schwächte er wiederum das Gebiet, das für die Versorgung verantwortlich war. Außerdem brachte er es nie fertig, die Stadt vollständig einzukreisen. Dank der Treue der Senufo und der Samogho vom flachen Land empfing Sikasso fortgesetzt Waffen und Lebensmittel. Während die zentrale Lage Tieba nur einen geringen Aktionsradius ließ, förderte sie doch gleichzeitig den schnellen Zugang zu allen bedrohten Punkten der Verteidigungsanlage.

Zweimal versuchte Samori, Sikasso tödlich abzuriegeln. Langaman Fali gelang es in einem heroischen Unternehmen, »Känguruhsprung« genannt, nacheinander die südliche und die östliche Straße durch vorgeschobene Bollwerke abzuriegeln. Doch seine Stellungen waren leicht einzusehen und zu beschießen. In einem dieser schwachen Stützpunkte starb Langaman Fali im Kreuzfeuer, während im Norden ein geschicktes Ablenkungsmanöver den Tod von Samoris Sohn Mase Mamadi herbeiführte.

Im Juni 1888 erfolgte unter Führung Keme Bremas (Fabu Ture) ein zweiter Versuch gegen den Vorposten, den Tiebas Bruder Babemba hielt und der die Nordstraße schützte. Im Juli schien die Sache gelaufen zu sein, als unmittelbar vor dem endgültigen Erfolg der verdienstvolle General Keme Brema in einem banalen Scharmützel ums Leben kam, während ein anderer Bruder Samoris, Manigbe Mori, von Tieba gefangengenommen und hingerichtet wurde.

In Heremakono begann nun langsam ein Mangel an Lebensmitteln spürbar zu werden. Tieba schlug vor, Milch verdampfen zu lassen und so ein Pulver zu

Samori Ture: Ein Schicksal 415

gewinnen. Gleichzeitig mit der Munition lieferte man nun dieses Pulver mit Mehl (dunere) vermischt (*Parkia biglobosa*).

Außerdem verhielt sich das zunächst gewonnene Fafadugu zurückhaltend. Nachdem die Franzosen in Sigiri ein Fort errichtet hatten, verhandelten sie mit Tieba. Die Leute der Wasuluprovinz, die darauf gefaßt waren, im dritten Jahr hintereinander die Ausschreitungen der Samorileute beim Requirieren der Lebensmittel und Läger zu ertragen, hatten sich erhoben. Überall drohte Aufruhr, und das gesamte Reich begann wie eine Fackel zu brennen.

Wirkungslos blieb Samoris Appell an seinen Schwiegersohn Amadu Ture von Odienne. Als dieser im Eilmarsch zu einem letzten Angriff auf Sikasso herbeieilte, erfuhr er, daß Samori die Straße nach Westen genommen und den allgemeinen Rückzug befohlen hatte. Das war im August 1888. Sikasso hatte sich als Falle erwiesen. Samori war bei seinem »Drang nach Osten«[21] der Erfolg versagt geblieben. Zum ersten Mal schwieg das bisher so generöse Schicksal. Vor den Mauern Sikassos hatte der Almamy die Besten seiner Armee verloren. Die mumifizierten und geschmückten Schädel Keme Bremas, Manigbe Moris und Kangaman Falis wurden Archinard vom *Faama* von Sikasso dargeboten. Archinard wurde nun als Beschützer der beiden afrikanischen Königreiche von Samori und Tieba angesehen ... Von jetzt an mußte sich der Löwe von Bisandugu wieder gegen die Franzosen wenden, aber mit einem Gebiß, in das er sich an den Mauern Sikassos Lücken geschlagen hatte.

Aber gerade die Art und Weise, wie Samori diesen endlos wachsenden Schwierigkeiten und Gefahren die Stirn bot, offenbarte seine wahre Größe.

Mit den Begriffen *Ban-kele* (der Krieg der Zurückweisung) oder *Murutiba* (die große Revolte) stellten die betroffenen Völker die Autorität Samoris massiv in Frage. Eine Ausnahme bildeten nur folgende Gebiete: das Miloland, das von seinen Verwandten Kamara beherrscht wurde, das Baulegebiet, in welchem Keme Brema die Bambara mit sehr viel Einfühlungsvermögen geführt hatte, die autonomen Südprovinzen (Toma und Kisi) und die islamisierten Bezirke von Udalan und von Bate (Kankan).

Die Gründe für dieses hell auflodernde Feuer allgemeinen Aufruhrs waren in der Requirierung, der Rekrutierung, dem Trägerdienst, der chronischen Hungersnot und dem Gefühl zu suchen, daß die verlorene Freiheit doch zurückerobert werden könne – zumal sich das Gerücht vom Tod des Herrschers beharrlich hielt.

Ein Aufstand in der Wasuluprovinz wurde in Samamurula blutig niedergeschlagen. Im Westen entging Sidi Banba um Haaresbreite der Vernichtung durch die Rebellen von Sankaran und Kuranko. Das Land hier blutete schwer, um Kankan zu befreien. Langwieriger verliefen die Dinge in Konyan und Simandugu. Der Kriegshäuptling Bilali verwandelte das Dialonkeland durch repressive Maßnahmen in eine halbe Wüste. Er verfolgte damit das Ziel, die Route nach Sierra Leone zu öffnen, die lebenswichtiger denn je wurde. Das Lager, in dem er sich einquartierte, um diesen Weg zu überwachen, taufte er auf den Namen Heremakono. Ein Name, der berühmt werden sollte, und der hier wie eine Herausforderung an das Schicksal klang. So wichen im Osten die Kissi, welche die Sache ihrer Kuranko-Lehnsherren zu der ihren gemacht hatten,

---

21 Steht im französischen Original in deutscher Sprache.

schnell vor dem Angriff Bilalis zurück, während ihre Genossen im Westen sich unter der Gewalt Mori Sulemanis still verhielten.

Als indes einer der Söhne Samoris, Managbe Mamadi, dem ein schwieriger Rückzug von Tieba gelungen war, begriff, daß sich Samori mit dem Gedanken befaßte, die Nachfolge einem seiner jüngeren Brüder, Sarankegny Mori, zu übertragen, faßte er folgenden Entschluß. Er wollte mit einem anderen enttäuschten Sohn, Dyaule Karamogho, Kontakt aufnehmen, um das Reich aufzuteilen. Er ging sogar so weit, sich zum *Faama* auszurufen. Als ihn aber die Kriegsherren seiner eigenen Armee im Stich ließen, und als sie in Nyako Samori ihren Treueschwur erneuerten, rettete dem bereits verlorenen Managbe Mori nur das Eingreifen des Marabut von Samatiguila das Leben. Dieses irrsinnige Unterfangen seines ältesten Sohnes gab Samori zu denken. Kurze Zeit später versammelte er in Sanankoro, dem ursprünglichen Zentrum seiner Macht, den Heerbann seiner Offiziere und Gouverneure zum Fest der Beschneidung seines Sohnes Sarankegny Mori. Er bestimmte ihn zu seinem Nachfolger und nahm ihm am 27. August 1890 den Eid ab. Auf diese Weise gedachte er die Fortsetzung seines Werkes zu sichern.

Danach stürzte er sich in fieberhafte Vorbereitungen für das Zusammentreffen mit den Franzosen.

F. Die Galgenfrist (1890–1893)

Mit der Ankunft von Archinard überstürzten sich auf dieser Seite die Ereignisse. Er zwang Samori den Vertrag von Nyako auf, in dem der Almamy auf das linke Ufer des Nigers verzichtete, jedoch mit Vorbehalten, die er dem französischen Bevollmächtigten darlegte. Da dieser sich dazu nicht äußerte, glaubte Samori, seine Bedingungen seien akzeptiert. In der Folgezeit entfachte Archinard einen Eroberungsfeldzug am oberen Niger. Er nahm dabei Kudyan ein und trieb Aguibu in die Arme Samoris. Als sich das französische Ufer des Nigers langsam in eine Angriffsbasis gegen das linke Samori-Ufer verwandelte, und als die auf dem rechten Ufer verbliebenen Anhänger Samoris verfolgt wurden und man sogar einen von ihnen erschoß, schickte Samori den Vertrag von Nyako an Archinard zurück. Denn Archinard »konnte sich nicht vorstellen, daß auch ein afrikanischer Souverän einen Begriff von Ehre und Würde haben könnte ...«[22]. An diesem Punkt begann sich Samori faktisch von der französischen Allianz zu lösen; denn alles das, was man »mit dem Ziel eingeleitet hatte, seinen Stolz zu brechen, trug nur dazu bei, seine Verachtung für die Unehrenhaftigkeit der Weißen zu steigern.«[23]

Aguibu hatte gerade seinem Bruder Amadu von Segu geschrieben, er solle darauf verzichten, gegen Samori zu kämpfen, um eine heilige Union gegen die Europäer ins Leben zu rufen. Samori tat es ihm gleich, und Amadu willigte 1890 ein, unter die ständigen Zusammenstöße zwischen der Tukulor-*Tidjaniya*-Bruderschaft und der Malinke-*Kadiriya*-Bruderschaft einen Schlußstrich zu ziehen. Doch es war zu spät. Tatsächlich zielte der Vertrag von Nyako nur darauf

22 Siehe Fußnote 10, S. 401.
23 Siehe Fußnote 10, S. 401.

Samori Ture: Ein Schicksal 417

ab, Samori einzuschläfern, um ihn dann mit der Beseitigung des Tukulorreiches von Segu zu beeindrucken. So stand Samori den Franzosen nun allein gegenüber.

Sobald Samori 1890 vom Fall Segus erfuhr, unterzeichnete er mit Garett einen Vertrag, der seine Länder dem britischen Protektorat unterstellte. Nach einigen Ausflüchten bestätigte aber Salisbury, der britische Premierminister, dessen Hauptinteresse in Asien lag, daß England es bei dem französisch-britischen Abkommen von 1889 bewenden ließe. Hierin war vertragsmäßig festgelegt, daß Frankreich eine Ausdehnung des britischen Handels südlich des 10. Breitengrades zuließ, daß England aber nördlich dieser Grenze nicht interferieren dürfe. So fiel Samori unter das Protektorat Frankreichs.

Dieser britische Rückzug löste bei den Behörden von Freetown erhebliches Unbehagen und bei den Handelskreisen große Wut aus. Bilali, der sich in Heremakono niedergelassen hatte, vermied auf ausdrücklichen Befehl Samoris jeglichen Übergriff. Er tat alles, um den Handelsverkehr auszudehnen. Konvois mit Hunderten von Gefangenen und Elefantenstoßzähnen kamen herunter. Das Elfenbein war der Ersatz für die nachlassenden Goldlieferungen. Mit weiteren Konvois wurden moderne Waffen geliefert. In jener Zeit kaufte man rund 6 000 Waffen und leitete sie weiter nach Keruane am oberen Milo, wohin sich Samori vor dem großen Aufbruch abgesetzt hatte. Deshalb wird man verstehen, daß die Klausel in der Schlußakte der Brüsseler Konferenz (1890), die den Verkauf von Waffen und Alkohol einschränkte, die Geschäftskreise der britischen Kolonie verstimmte. Zumal der wichtigste Waffenlieferant im vorliegenden Fall das französische Haus Bolling war.

Machtlos gegen die Politik ihrer Metropole konnten sich die Behörden Freetowns nur darauf beschränken, Bilali und seinem Herrn gegenüber beruhigende Äußerungen und zurückhaltende Versprechungen zu machen. Dabei unterstrichen sie wieder und wieder ihre Pflicht, die Handelswege offen und sicher zu halten. Ihre zweideutige, aber mit Samori sympathisierende Haltung verunsicherte die Völker, die durch Ausfälle Bilalis und Sidi Bambas in Schach gehalten oder ständig unterdrückt wurden.

Die Franzosen predigten dagegen die Revolte gegen die *Sofas* und gegen das britische Reich. Mit ihrem Gouverneur Ballay in Conakry betrieben sie eine massive Politik der Einmischung bis ins Futa Dschalon. Die Engländer ersuchten Bilali, seine Truppen bis hinter den Niger zurückzuziehen, um ihre eigenen Stützpunkte voranzuschieben. Als Lewis Jones 1892 durch eine private Mission bei Samori die Konzession für ein Gebiet mit Hoheitsrechten zugesprochen bekam – er wollte die britische Niederlage in diesem Gebiet aufhalten –, weigerte sich die britische Regierung, diese Konzession zu garantieren, die außerhalb britischer Territorien lag.

Die sehr afrikanische Bitte in einem Brief Samoris an Kenney, das Vereinigte Königreich möge einen Schiedsspruch zwischen Frankreich und ihm (Samori) fällen, wurde noch ungünstiger aufgenommen. Während Bilali mehr und mehr gezwungen war, dieses lebenswichtige Grenzland des Reiches zu vernachlässigen, um die im Sudan wieder aufgeflammten Kämpfe zu unterstützen, legten die Franzosen ihre Hand auf Heremakono.

Die Nabelschnur war zerschnitten. Der Almamy zog die Konsequenzen und begab sich daran, ein wanderndes Reich zu errichten, das den zweiten Rahmen für sein außergewöhnliches Schicksal abgab.

G. Aufbau des Reiches

1. Der Mensch

Die Menschen, die Samori nahe sein konnten, waren von der eisernen Gesundheit dieses hochgewachsenen Mannes beeindruckt. Nicht nur sein Äußeres, die starke Nase, das Timbre seiner hohen Stimme zog die Menschen an, ebenso der scharfe, tiefe und reiche Verstand. »Dieser Mann mit dem unbeugsamen Willen«, sagte Binger, »wurde selten wütend. Im allgemeinen sprach er gemessen, doch seiner Überzeugungskraft konnte selten jemand widerstehen.« Einer geistreichen Bemerkung war er im übrigen nie abgeneigt. Immer den Ereignissen voraus, schritt er wie eine Naturgewalt vorwärts, stets geführt von einem klaren Verstand, der keine Schwäche kannte.

Man gab ihm den Beinamen »Samori, der mit Blut befleckte«. Y. Person schrieb aber: »Die Massaker, für die er die Verantwortung übernahm, befahl er nie aus Mordlust; sie sollten zu einem bestimmten politischen Resultat führen.«[24] Seine Methode vereinigte Freizügigkeit und unbeugsame Strenge, die menschlichste Justiz und erbarmungslose Bestrafung, von der selbst seine eigenen Kinder nicht verschont blieben.

Selbst seine Heiraten waren oft von der Staatsraison bestimmt, z. B. mit den Töchtern aus dem Stamm der Sisse und der Toure von Odienne. Übrigens kümmerten sich seine Lieblingsfrauen wie die berühmte Sarankegny Konate nicht um die Beköstigung des Souveräns, allenfalls kredenzten sie Besuchern von Bedeutung Wasser oder zeigten sich mit ihren Nebenfrauen üppig mit Schmuck behangen bei Festlichkeiten. Das Essen bereitete eine unscheinbare, junge Frau, die zum Hof des Königs gehörte. Sie war die Gebieterin des Hauses (*gbatigui*). Sarankegny nahm indes bei Bedarf die Staatsgeschäfte in die Hand, z. B. in Bisandugu während der Abwesenheit des *Faama* zur Belagerung Sikassos.

Samori legte großen Wert darauf, allen seinen Kindern eine höhere koranische Erziehung zuteil werden zu lassen, als ihm selbst vergönnt gewesen war. Sie sollte außerdem in einem kollegialen Rahmen stattfinden, um in ihnen einen tiefen Sinn für Solidarität zu entwickeln. Ein regelmäßiges Reittraining bereitete sie auf ein Leben als Krieger vor. Viele von ihnen stiegen ins Elitekader der Kavallerie auf. An Festtagen zeigten sie brillante Vorführungen, und auf den Schlachtfeldern lieferten sie ebenso ausgezeichnete Kämpfe.

Samori, der ein Diula-Krieger war, zeigte indes immer eine ausgesprochene Neigung zur Landwirtschaft, die für den Unterhalt des königlichen Hauses lebensnotwendig war. Sowohl in Bisandugu wie auch in Kenieran oder Dabakala wurden die nahe der Residenz gelegenen feuchten Landstriche immer von Gefangenen urbar gemacht. Sie lebten in Weilern, die von Vorarbeitern verwaltet wurden. Diese wiederum unterstanden einem Landwirtschaftsminister (*Seneke Kuntigui*). Einer seiner Kollegen beaufsichtigte die Herden des Königs. Lagerung, Transport und Verteilung der beachtlichen Mengen von Lebensmitteln waren genauestens gesetzlich geregelt.

---

24 Siehe Fußnote 10, S. 401.

Samori Ture: Ein Schicksal

2. Der Hof

Samori war persönlich sehr anspruchslos und ungekünstelt, Pomp und Prunk aber zeichneten seine königlichen Attribute aus.

Eine Ehrentrommel *(tabala)* von außergewöhnlicher Größe wurde bei Ortsveränderungen auf einem Pferd mitgeführt, eine prunkvolle, herrliche Axt, ein Gerechtigkeitsschwert, das »Vollstrecker der Bösen« *(dyugu fagha)* genannt wurde, und dessen stumme Darbietung jemandem seine Verurteilung zum Tode symbolisierte, waren zusammen mit einem schwarzen Turban die Insignien.

Man nannte ihn wie den Dynasten von Dahome »mein Vater« *(M'fa),* denn seit dem Erwerb des Titels eines Almamy durfte sein Name nicht mehr ausgesprochen werden.

Als Mann des Volkes liebte Samori die Feste des Volkes. Wie der Herrscher von Mali thronte er auf einer Tribüne *(bembe).* Ein glänzender Hofstaat umgab ihn: Marabut, Krieger, Frauen, Kinder, Musiker und Griots. Der bedeutendste unter ihnen *(dyeli-ba)* war Kinyan Mori Dyubate. In Bisandugu feierte man das Neujahrsfest am prachtvollsten. Beeindruckend war das Defilee der Provinzgouverneure, die mit ihren Geleitzügen voller Geschenke und Kriegsbeute zu ihrer regelmäßigen Berichterstattung eintrafen. Mit einer flammenden Rede entfachte der Herrscher dann erneut die Leidenschaft der Truppen des Reiches. Er stieg die Tribüne herab und begann, an der Spitze der führenden Männer und Fürsten zu tanzen. Bisweilen schwang er sich auch auf ein feuriges Pferd und eröffnete das Reitturnier; dabei rief er laut: Koi! Koi!

Eine fast 200 Mann starke Elitegarde, die mit modernen Waffen eigener Herstellung ausgerüstet war, wachte über das Leben des Souveräns. Diese Männer mußten ausnahmslos, wie auch die Männer der Hofmiliz *(bilakoro),* bis zu ihrer Zuweisung in Kader der Armee auf die Beziehung zum weiblichen Geschlecht verzichten. Im Notfall dienten diese *bilakoro* als Henker und Nachrichtenagenten, ganz wie die Griots. Sie übernahmen auch oft die Rolle von Unterhändlern.

3. Die Regierung

Wie sehr oft in Afrika verbarg die Macht hinter ihrem autokratischen Äußeren das Wesen einer tief kollegialen Einstellung. Hier wie anderswo war der Rat des Souveräns kein Organ, das den Familienmitgliedern vorbehalten war. Im Gegenteil, die Verwandten hielt man zugunsten von »Bürgerlichen« oder Männern aus den Kasten fern. Außerdem prägte der fortschreitende mohammedanische Einfluß die Ratgeber Samoris. Von Bedeutung war auch die Tatsache, daß in diesem Rat immer mehr Spezialisten damit beschäftigt waren, die zunehmend komplizierten »Aktenbündel« zu entwirren.

Durch die Übergabe Kankans vollzog sich hier eine bemerkenswerte Wende. Der Rat nahm gewisse Gebildete aus Kankan auf. Manche dieser Männer waren großartige Verwaltungsfachleute und brachten dem Hof Samoris neue Ideen. Obwohl sein Sekretär Ansumana Kuyate nur mittelmäßige Archive übergab, entwickelten die Administratoren weitaus besser strukturierte Institutionen als zum Beispiel am Hof von Madina.

Morifing Dyan spielte als Vertrauter, Ratgeber und Mitarbeiter die wichtigste

Rolle. Kokisi hatte die Oberaufsicht über die Finanzen und die Lagerhaltung. Nyamakala Amara war Stratege und Spezialist für militärische Angelegenheiten. Der rechtskundige Amara Kande fungierte als Gesetzesgelehrter. Tasilimangan zeichnete für die Beziehungen mit den Europäern verantwortlich. Karamogho Mamadi Sisse mit dem Beinamen Dagboloba[25], war Beauftragter der politischen Polizei.

Nachdem jedermann zu Wort gekommen war, entschied der Almamy und, abgesehen von Ausnahmefällen, jeder fügte sich. Das Finanzwesen gehörte mit zu den am besten ausgebildeten Verwaltungszweigen. Die Hauptsteuer bildete der Zehnte auf die Erträgnisse aus jeglicher Arbeit, der in Naturalien zu zahlen war. In jedem Dorf erwirtschaftete man die Abgaben auf einem Gemeinschaftsfeld des Almamy. Eine weitere Steuer, die *mude*, diente dazu, den Unterhalt der Marabut zu gewährleisten, die den Dörfern zugewiesen waren. Wegegeld, Straßenzoll und Marktrechte wurden im Interesse der Diula abgeschafft.

Während die Geldstrafen (nicht so die Entschädigungen) aus Rechtsverfahren dem Souverän in voller Höhe zuflossen, wurde ihm ein Drittel der Kriegsbeute zugeführt, es sei denn, er verzichtete freiwillig darauf.

Die Lagerverwalter, die die Waren verluden, umluden und abluden, waren für ihr Lagerhaus selbst verantwortlich. Ihre Buchführung steckte noch in den Anfängen: Säcke mit Kieselsteinen und Stäbe mit Kerben bildeten die wichtigsten Hilfsmittel.

Eine der Hauptsorgen des Almamy galt im Rahmen der Islamisierung des Reiches der koranischen Unterweisung. Regelmäßig ließ er die Marabut, die von den Dörfern unterhalten wurden, überprüfen. Gemäß ihrer Leistung belohnte er sie oder ließ sie mit unnachgiebiger Härte bestrafen. Zuweilen übernahmen sie auch bei den Gouverneuren und Armeechefs die Funktion einer grauen Eminenz. In verschiedenen Gebieten maßten sie sich zeitweise priesterliche Gewalt an und warfen sich gern zu Richtern auf. In diesem Bereich blieb aber die Verhängung der Todesstrafe dem Souverän vorbehalten; auch wenn dieses Recht dem Kriegshäuptling *(Keletigui)* zugesprochen war.

4. Die Armee

Samoris Armee war Schutz und Schirm des Reiches. Sie war gleichsam das Reich in Bewegung. Hatte sie sich zu Anfang auf der Basis der Freiwilligkeit gebildet, so wandelte sie sich langsam doch in eine wahrhafte Kriegsmaschine. Sie verfügte über eine moderne Ausrüstung und war mit stehenden Truppen von Berufssoldaten ausgestattet, d. h., sie war ein Berufsheer. Die Diula bildeten die Kerntruppe der Armee.

Im Normalfall ergriff die Rekrutierung in den Dörfern jeden zehnten Mann, nur im Invasionsfall fand eine Massenaushebung statt. Die Armeen der Vasallen griffen nur auf ausdrücklichen Befehl des Souveräns ein. Die Gesamtheit der Truppen bestand aus etwa 40 000 Mann. Zur Uniform gehörten eine Mütze, ein leichter Kittel mit kurzen Ärmeln, hochgeschlitzte Hosen und Ledersandalen. Doch gab es dabei zahlreiche Variationen. Von Anfang an war die Bewaffnung auf Feuerwaffen ausgerichtet. Darüber hinaus besaßen die Kavalleristen die

25 Dagboloba bedeutet: der Dicklippige.

Samori Ture: Ein Schicksal

traditionelle große Lanze *(tamba)* der vergangenen Jahrhunderte und eine Art Harpune, um den Feind aus dem Sattel zu heben. Im Vergleich zur modernen Ausrüstung der europäischen Kolonnen setzten sich die Gewehre mit erheblicher Verzögerung und nur allmählich in der afrikanischen Armee durch.

Das Handikap der Steinschloßgewehre war katastrophal: das Laden nahm sechsmal mehr Zeit in Anspruch und desorganisierte die Feuerlinie dadurch. Abgesehen davon verwandelte schon ein leichter Regen diese Waffe in einen nutzlosen Gegenstand. Im Jahr 1897 erstürmte Sarankegny Mori in Wa eine Kanone der Engländer. Sie wurde später eingesetzt, um die Stadt Kong zu bombardieren.

Verständlich also, daß man den brennenden Wunsch nach modernen Waffen hatte und gleichzeitig um ständigen Nachschub besorgt war. Samori besaß mehr als 6 000 Gewehre, darunter allerdings nur eine geringe Anzahl (14 %?) von Repetiergewehren. Deshalb wurden Jägertruppen gebildet, die wegen des Elfenbeins Jagd auf Elefanten machten, die Kolanüsse und Kautschuk sammelten, Gold abbauten und Gefangene zusammenzogen. Die Westarmee und besondere Missionen übernahmen die Aufgabe, eine in dieser Hinsicht sehr wirkungsvolle Handelsbewegung in Gang zu setzen. Die Pferde stammten immer noch hauptsächlich aus dem Norden. Aus diesem Grund richtete Samori in Ober-Konyan Gestüte ein, die bald ziemlich gute Resultate erzielten. Später ließ er auch Pferde aus dem Mossiland kommen. Dennoch blieb die Kavallerie, die sich insbesondere mit Beginn des Krieges von Kankan entwickelte und nahezu 3 000 Pferde zählte, eine Macht am Rande, wenn auch gelegentlich eine entscheidende. Mit ausgesprochen peinlicher Genauigkeit wachten der Almamy und seine Armeehäuptlinge über die gute Pflege der Bewaffnung. War auch jeder Krieger persönlich für seiner Ausrüstung verantwortlich, so blieben die Gewehre doch immer Eigentum des Souveräns.

Um die Schwierigkeiten bei der Versorgung von außen zu verringern, ließ Samori unter Führung und Aufsicht des Goldschmiedes Karfala Kuruma in Tere ein richtiges Waffen- und Munitionswerk anlegen. Hier stellten Schmiede und Goldschmiede in Schichten nach der Methode der verlorenen Wachsform die kompliziertesten Teile europäischer Gewehre her. Darunter befanden sich auch gezogene Kanonenrohre. Der Goldschmied Syagha Musa erwarb sich bei diesen Arbeiten den berühmten Beinamen Datan Musa (Musa mit dem Zehnschußgewehr).

Ohne Frage mußte man, um diese Armee auf die Beine zu stellen, Gefangene verkaufen. Der Sklavenhandel war aber in Afrika schon seit mehreren Jahrhunderten tätig. »Samori«, so schrieb Y. Person, »war kein Sklavenjäger, sondern ein Herrscher des afrikanischen 19. Jahrhunderts.«

Abgesehen von Handstreichen und Raubzügen, die die Armeen Samoris ausführten, mußten sie wiederholt befestigte Stellungen einnehmen, entweder wie in den Ländern des Nordens (Sikasso) mit massiven Mauern *(tata)* oder mit doppelten Hecken aus Buschwerk und Bäumen *(sanye)* oder auch mit Palisaden aus Holzstangen befestigte Schanzwerke *(dyasa)*.

Samori konnte das starre System der Aushebung in Altersklassen nicht abschaffen, sondern nur verändern. An der Basis umfaßten die Einheiten einen Trupp von zehn bis zwanzig Männern. Er nannte sich *kun* (Kopf). Darauf folgte die normale Operationseinheit, *bolo* (Hand) genannt. Eine Truppe, die gegebenenfalls aus mehreren *bolos* zusammengefügt wurde, marschierte unter dem Befehl eines Kriegshäuptlings *(Keletigui)*. Die traditionelle Aufstellung unterschied damals im aktiven Heer fünf Abteilungen, die nach Teilen des menschlichen Körpers benannt waren: die Vorhut (*nyan* = Gesicht); die Nachhut (*kokisi* = Rücken); die Rechte (*kinibolo* = rechte Hand); die Linke (*numanbolo* = linke Hand) und das Zentrum (*disi* = Brust). Während des Kampfes manövrierten diese Abteilungen auf Signale der Kriegstrommel *(tabala)*.

Samori bereitete seine Feldzüge sehr sorgfältig vor. Er ließ Erkundigungen über den Feind einholen und demoralisierte den Feind oder schüchterte ihn durch Propaganda ein. Als hervorragender Taktiker zeichnete er sich durch geschickte Finten und niederschmetternde Überraschungsangriffe aus. Nicht selten führte er den Feind dabei in die Irre. Seine Kriegshäuptlinge standen ihm darin in nichts nach. Seine Krieger waren durchtrainierte Sportler. Sie konnten unter jeder Bedingung einen Fluß durchqueren und konnten tagelang in schnellem Schritt marschieren. Ohne Rücksicht auf ihr Leben schreckten sie auch nicht davor zurück, als »Provokateur« *(Keletiguela)* zu fungieren, um den Feind in eine Falle zu locken.

Nach der Eroberung eines Dorfes ließ Samori die Alten, da sie als Vorsteher der dörflichen Ratsversammlung den Widerstand beschlossen hatten, in den meisten Fällen hinrichten.

Vor allem aber wußte Samori seine Kavallerie klug einzusetzen. Ihr oblag es, den Feind aufzustören, ihn einzukreisen oder ihn zu verfolgen. Anerkennenswert war auch sein Organisationstalent hinsichtlich der Intendantur und des Nachschubwesens. Doch bei den weiten Entfernungen ließ sich dieses Problem nur um den Preis einer Verdoppelung der Armee durch die Träger bewältigen.

Die technische Unzulänglichkeit bei der Bewaffnung zwang Samori zur Anwendung angemessener Taktiken, um nicht durch die Salven weittragender Geschütze vernichtet zu werden. Als befestigte Verteidigungslinien machte er sich Baumgruppen und die Ränder der Galeriewälder zunutze. Er bestimmte im voraus den Weg und Ort des Rückzugs, um die Einheiten innerhalb kürzester Zeit neu formieren zu können und den Feind mit neuer Stärke zu überraschen, der bereits an eine allgemeine Auflösung geglaubt hatte. Grundsätzlich verlangte jeder Angriff den äußersten Einsatz an Mobilität. Kurz, Samori bediente sich der Techniken des Guerilla-Kampfes.

Manche Eliteeinheiten, die von hochbesoldeten französischen Deserteuren angeführt wurden, waren nach dem gleichen Muster wie die europäischen Kolonnen organisiert, mit Musik, Exerzieren usw.

Samori, ein Offizier, der von der Pike auf gedient und viele Kriegsverletzungen davongetragen hatte, war in ständiger Sorge um das Leben und die Bedürfnisse seiner Männer. Er versprach ihnen, während der Feldzüge ihren Familien beizustehen. Wenn sie verletzt waren, nahm er sie bei sich auf. Manches Mal teilte er mit ihnen die Gefahren der Gefechte. Das war das Geheimnis der Tollkühnheit dieser Krieger, die immer bereit waren, ihm in den Untergang zu folgen. Manch einer ließ sein Leben dabei. Abgesehen von seiner Kühnheit bewunderten sie auch die bewegliche Intelligenz des Taktikers und die gründliche Umsicht des Strategen. Dieser Mann war beseelt von dem Willen, mit Energie und edler Gesinnung ein großes Werk zu vollbringen.

Samori Ture: Ein Schicksal

5. Die territoriale Gliederung

Der Aufbau der Provinzen dieses Reiches war wegen der weitreichenden kulturellen Homogenität weniger schwierig zu bewältigen als anderswo.
Der traditionellen Aufteilung in Bezirke *(Kafu)* und Dörfer fügte Samori integrierende Faktoren hinzu.
Da gab es zunächst die Bevollmächtigten oder Abgeordneten *(dugukunasigui)*, die in den Bezirken eingesetzt und von ihnen auch unterhalten wurden. Ihre Hauptaufgabe lag in der Information, in der Überwachung der Loyalität und in der Ausführung der Entscheidungen von oben. Galt es ein Problem schnell zu lösen, verwies der Abgeordnete die Leute an den *Keletigui.*
Dieser stand bisweilen an der Spitze einer Militärregierung. Seit der Belagerung Kankans war das Reich nämlich in Territorien aufgeteilt worden, die alle direkt oder indirekt von Samori abhingen. In direkter Gefolgschaft befanden sich die von der Mutterarmee besetzten Länder. Diese sogenannten *foroba* (das Wohl der Gesamtheit) diente, nachdem weiteren autonomen und peripheren Armeen ihr Wirkungsfeld zugeteilt worden war, als großes Reservekorps, das in dringenden Fällen und bei überraschenden Feldzügen zum Einsatz kam. Seine territoriale Basis verschob sich nach Bedarf, blieb jedoch auf die ausgedehnten Gebiete zentriert, die den Kern des Reiches bildeten, Kankan eingeschlossen. Manche dieser Gebiete genossen dennoch weitere Privilegien über das allgemeine Recht hinaus; z. B. die Lehen der Verwandten des Königs mütterlicherseits und die Kissigebiete des Mori Sulemani. Auch das Königreich von Odienne zählte dazu. Diese Länder erhielten keine *dugukunasigui.* Sie unterlagen auch nicht der allgemeinen Wehrpflicht, lieferten jedoch im Notfall bewaffnete Truppen.
Die gebietsgebundenen Armeen, die gleichsam Militärstaaten waren, hatten sich in den Grenzbereichen installiert und erfüllten spezifische Funktionen.
Die Westarmee unter der Führung Langaman Falis, danach unter Bilali nach einem Interim Sidi Banbas, breitete sich vom Niger im Norden bis zu den Ländern Sierra Leones aus. Sie war die stärkste Armee, machtvoll ausgerüstet mit modernen Waffen. Ihre praktische Aufgabe war es, den Handelsweg für die Waffen zu schützen. Entlang dieser Nabelschnur des Reiches waren ihre Posten gesät. Der Rest des Landes, der gebirgig und waldreich war, ließ sich sehr schwierig überwachen.
Die nördliche Armee, die zunächst Masaran Mamadi und später Aminata Diara Diomande anvertraut war, kontrollierte die nördliche Route zum Meer via Futa Dschalon. Die Goldlager von Burem befanden sich zusätzlich unter ihrer Aufsicht.
Im Süden Bamakos hatte die Nordostarmee ihren Stützpunkt. Sie wurde durch den Vertrag von Keniebakura um das Manding des Narena verkleinert und aufgrund des Vertrages von Bisandugu um Kangaba. Als Mandeland par excellence (an den Grenzen Malinkes, Bambaras und Wassulus gelegen) galt das Lehen des Almamybruders Fabu Ture (Keme Brema). Seine Verteidigungsrolle war es, Schild gegen die französischen Kolonnen zu sein.
Die Führung der Ostarmee lag nacheinander in den Händen Tamoris, der nach seiner Niederlage gegen Tieba zu Tode kam, dann Bolu Mamadus und Managbe Mamadis, des rebellischen Sohnes und Urhebers eines Militärputsches, schließlich noch einmal in den Händen von Bolu Mamadu.
Diese großen Territorien, echte Staaten, die vom Krieg lebten, waren die dy-

namischsten Organe des Reiches. Sie sicherten ihm seine expansive Vitalität und gewährten ihm Schutz, wobei sie gleichzeitig eine Integrationsaufgabe erfüllten.

6. Die Verwaltung

Nachdem Samori ein Reich geschaffen hatte, dessen Organisation trotz seiner Ausdehnung straff geführt wurde, glaubte er das Werk vollenden zu müssen. Vor allem lag ihm daran, den zersetzenden Kräften entgegenzutreten, indem er alle Teile des Reiches durch das starke Band des Glaubens einigte. Zu verschiedensten Gelegenheiten gab Samori feierliche Erklärungen ab: ob es die Ratschläge der Gelehrten Kankans waren oder die Beseitigung des letzten Animisten, Sagadyigui, oder vielleicht auch das Gefühl, daß allein Einmütigkeit im Glauben der erdrückenden materiellen Stärke der fremden Mächte gewachsen sein könnte, blieb ungewiß. In den Jahren 1884 und 1886 bestätigte er seinen animistischen Untertanen eine Reihe von heiligen Grundsätzen mit allerdings starken islamischen Einflüssen:

- Als er den Titel Almamy nach einer Prüfung zum Marabut angenommen hatte, verbot er, fürderhin seinen Namen auszusprechen. Man sollte ihn Vater *(M'fa)* nennen.
- Thron und Güter wurden patrilinear vererbt.
- Die Reichszugehörigkeit eines Landes wurde von seiner Bekehrung abhängig gemacht. Die Kinder der besiegten Häuptlinge entzog man ihrer Umgebung zur religiösen Erziehung.
- Die nächsten Verwandten des Herrschers mußten sich ausnahmslos bekehren lassen und den animistischen Praktiken abschwören.

Unverzüglich formierte sich unter Beteiligung seines Vaters und seiner Brüder der Widerstand gegen solche Maßnahmen. Diese große Revolte zwang den Almamy, Anschauungsballast abzuwerfen und zu mehr Toleranz zurückzukehren. Somit hatte Samori die schwierigen Aufgaben der Anpassung und der Integration in die Tat umgesetzt. Aufgaben, die andere afrikanische Führer in der langen Zeit vom 16. bis zum 19. Jahrhundert auch schon versucht hatten zu erfüllen. Jene Periode der Leidenschaftlichkeit und der Wirren war zum größten Teil dem Negersklavenhandel zu verdanken (Periode von *Sturm und Drang*). Vielleicht kann man ihn noch am ehesten mit Mirambo im afrikanischen Osten vergleichen. Dieser versuchte zur gleichen Zeit Herr über die Routen zwischen dem Njamweziland und dem Indischen Ozean zu werden. Gewiß, Samori vollendete die »Diula-Revolution« dadurch, daß er seinen Traum Wirklichkeit werden ließ, die Menschen und ihre Güter zwischen Meer und Sahel nach seinem Willen zu formen. Eine weitere Aufgabe bestand darin, die Gesellschaft so zu verändern, daß sie zur Anpassung an die neuen Verhältnisse bereit war. Aber es war auch immer sehr riskant, ein Unternehmen solchen historischen Umfangs mit einer ethnischen Bestimmung zu versehen. Y. Person gab selbst zu, daß der wesentliche Versuch dieser sozio-politischen Reform (die Theokratie) »Deviation ohne Zukunft..., nicht einmal zwanzig Monate währte und keinen Eindruck hinterließ«. Im Grunde sollte man die Persönlichkeit Samoris nicht allzusehr auf das Bild eines Reformators der Diula-Welt beschränken. Mit Sicherheit »ist das Reich Samoris nicht gegründet worden, um sich dem Einbruch

Samori Ture: Ein Schicksal 425

der Weißen zu widersetzen«. Vielleicht ist es aber, objektiv gesehen, dazu benutzt worden. Daneben spielte Samori auch eine Rolle als Vorkämpfer der afrikanischen Integrierung. Diese Aufgabe, die innerhalb eines Zeitraums von 18 Jahren erfüllt wurde, übte einen so entscheidenden Einfluß auf seine erste Rolle als Erneuerer der Strukturen aus, daß es schwierig ist, sie zu trennen. Als ihn der imperialistische Vorstoß aus seinem geographischen Umfeld verjagte, gründete Samori das zweite Reich, ein Wanderreich. Aber dieses Reich war nur ein Reich zum Überleben – ein Reich, das sich verzehrte, um zu überleben.

7. Das zweite Reich

Die Verlagerung eines Reiches war vielleicht einzigartig in der Geschichte.
Als Samori das geheime Bündnis mit Babemba besiegelte, war es bereits zu spät. Weil er einsah, daß er in seiner Isoliertheit nicht mehr länger in der Lage sein würde, sein Königreich zu halten, ließ sein Widerstand nach. Das war auch der Zeitpunkt, als er sich die Taktik der verbrannten Erde zu eigen machte, die Furcht und Schrecken in allen Ländern verbreitete, durch die er mit seinen Truppen zog. Er teilte seine Streitmächte in drei Gruppen: die Soldaten mit Schnellfeuergewehren mußten den Vormarsch der Franzosen vorsichtig aufhalten. Eine zweite Gruppe, die mit Zündhütchengewehren ausgerüstet war, besetzte und verwaltete die eroberten Gebiete. Die dritte Gruppe schließlich hatte den Auftrag, im Osten Länder zu erobern, die als Reserve für die eventuell notwendige Verlagerung des Reiches dienen sollten. Dieses wandernde Königreich wurde von den europäischen Historikern oft als Höllenmaschine dargestellt, die auf ihrem Weg alles niederwalzte. Sie vergaßen allerdings hinzuzufügen, daß es die europäischen Interventionen waren, die dieses politische Ensemble entwurzelt hatten (dessen friedlichen Grundcharakter die französischen Offiziere selbst kennengelernt hatten). Sie waren auch der Grund für die Verwandlung Samoris in einen Meteor mit zerstörerischer Kraft. Um leben zu können, war er gezwungen zu nehmen, und um sich verteidigen zu können, mußte er zerstören. Das soll nicht heißen, daß sich seine Männer keine Ausschreitungen zuschulden hätten kommen lassen.
Seit Dezember 1891 verwüstete die Humbert-Kolonne die Staaten Samoris. Verbissen wurden die Hauptstadt Bisandugu und das Kernland Sanankoro verteidigt. Einen Monat lang kämpften die Sofas, oft Mann gegen Mann. Der von Combes lancierte Feldzug der Jahre 1892/93, den eine sehr starke Kolonne anführte, zielte vor allem darauf, Samori von seinem Kriegshäuptling Bilali abzuschneiden; denn Bilali verfügte über Nachschub: Waffentransporte aus Sierra Leone.
Combes und Archinard wurden zurückberufen. Eine Chance für Samori. Als er sie nutzte, um sich zu reorganisieren, starteten die Franzosen erneut einen Angriff unter Oberstleutnant Bonnier, der sich über die Befehle aus Paris hinwegsetzte. Samori war gezwungen, die erste Hochburg seiner Macht aufzugeben. Er verlegte seinen Basen in das Gebiet von Kong an der Elfenbeinküste. Seine Bitte an die französischen Streitmächte, ihm die Oberherrschaft über dieses Gebiet zuzuerkennen, blieb ohne Antwort. Man bot ihm hingegen ein Protektorat an. Von Dabakala aus knüpfte Samori neue Beziehungen mit der Küste an, mit dem heutigen Liberia und Ghana. Immer mehr ging er dazu über, Sklaven zu ver-

kaufen, um in den Besitz von Pferden und Waffen zu gelangen. Jede Gefahr von außen konnte tödlich sein. Da die Stadt Kong ein doppeltes Spiel trieb, indem sie auch Kontakt mit den Franzosen aufnahm, konnten diese mit Monteil und seiner Kolonne den Almamy von der Seite und im Rücken angreifen. Die feindselige Haltung der Bevölkerung trieb die Franzosen aber zur Küste. Samori machte inzwischen die berühmte Handelsstadt dem Erdboden gleich. Die Einnahme Bobos (Ober-Volta) durch die Franzosen schnitt ihm den Weg nach Osten ab. In dieser Gegend hatten ihm einige Völker erbitterten und heroischen Widerstand geleistet, wie z. B. die Tiefo unter ihrem unerschrockenen König Amoro. Andere hatten es vorgezogen, sich zu beugen. Im Norden Ghanas und in Ober-Volta trat der Sohn des Almamy, Sarankegny Mori, mit Amaria, dem König von Gurunsi, mit dem Anführer der Djerma-Abenteurer und mit den ersten englischen Truppen, die in Dokita stationiert waren, in Verbindung. Die Briten stellten dem Almamy ein Ultimatum: unverzügliche Räumung, »denn bisher hatten sie es mit den Franzosen zu tun, die ihre Beute hyänengleich bis zur Erschöpfung verfolgen; unsere Haltung gleicht der eines tödlich zuschlagenden Löwen«. In diesem Fall endete die Angelegenheit für das kleine englische Kontingent sehr schlecht, es wurde belagert und zersprengt.

Die Folgen, die sich aus der Berliner Konferenz ergaben, gestalteten sich für Samori wie für andere afrikanische Herrscher verhängnisvoll. Um die Engländer daran zu hindern, den oberen Teil der Elfenbeinküste zu besetzen, was ihre Besitzungen durchtrennen würde, beschleunigten die Franzosen ihre besitzergreifenden Aktionen. In Buna kam der Hauptmann Braulot unter tragischen

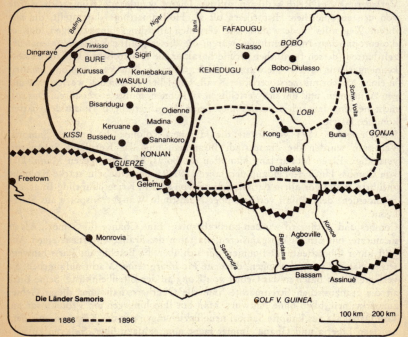

Die Länder Samoris

Umständen durch seine eigenen Leute ums Leben, was der Almamy als erster bedauerte (1897).

Nun begann die Endphase des Kampfes. Das wollte auch Samori zum Ausdruck bringen, als er eine kolossale *tata* (Festung) errichtete, der er den Namen *Boribana* (die Flucht ist zu Ende) gab. Die Franzosen hatten sich jedoch eine neue Methode überlegt, wie sie diesen unbeugsamen Feind bezwingen könnten: in Zukunft sollten dem Almamy während der Winterzeit keine Pausen mehr gegönnt werden, in denen er sich erholen und reorganisieren konnte. Außerdem praktizierte man rund um ihn herum die Methode der verbrannten Erde, um ihn auszuhungern. Samori bat um Verhandlungen. Doch Lartigue forderte die bedingungslose Übergabe und die Auslieferung seiner Söhne. Daraufhin zog sich Samori in die Tiefe des Waldes in Richtung Liberia zurück. Die Waldvölker waren ihm jedoch feindlich gesonnen. Eine Hungersnot grassierte. Die ersten Sofas begannen zu desertieren. Doch die meisten umgaben ihn mit größerer Treue als je zuvor.

Am 29. September 1898 saß Samori bei Tagesanbruch in fromme Lektüre vertieft in seinem Feldlager bei Guelemu. Plötzlich entdeckte er vereinzelte senegalesische Schützen, die von einem französischen Sergeanten angeführt wurden. Mit Dreistigkeit hatten sie die Desorganisation im Lager und in der Zeltstadt des Almamy ausgenutzt, gerade in dem Moment, als die Frauen um die Stampftröge standen und das Frühstück zubereiteten. Völlig überumpelt wollte Samori zu den Pferdeställen stürzen, sich ein Pferd nehmen und dem Feind entfliehen. Doch man holte den Sechzigjährigen schnell ein. Er bat um den Tod. Seine Bitte blieb ungehört, man nahm ihn gefangen und schleppte ihn bis zum Senegal. Von dort wurde er nach Ndjole in Gabun deportiert, wo er zwei Jahre später starb. Mit seinem außergewöhnlichen Lebenslauf war Samori gleichzeitig Reichsgründer und Widerstandskämpfer. Aufgrund seiner geringen Bildung besaß er nicht die Weitsicht eines El Hadj Omar. Aber Samori Ture, der immer stark mit seinem Malinke-Volk, das »niemals das Meer gesehen hat« verbunden blieb, war um so glaubwürdiger in seiner Zurückweisung jeder Fremdherrschaft[26].

V. Der Mahdi

A. Die Erringung der Macht

Der Sudan, eingeschlossen Darfur und Kordofan, war insbesondere seit Mehmed Ali (1769–1849) ein Anhängsel Ägyptens geworden. Die Türken hatten diesen Albanesen nach Ägypten geschickt, damit er die Situation dort wieder in den Griff bekomme. Nachdem er die Macht der Mamelucken zerschlagen und sich von der Türkei befreit hatte, widmete er sich in der Folgezeit voller Elan der Aufgabe, das Land zu modernisieren. Europäische Techniker standen ihm dabei hilfreich zur Seite. Er schuf eine Infrastruktur, entwickelte die Kultivierung der

---

26 Man wird bemerken, daß die Unabhängigkeit Guineas (Referendum vom 28. September 1958) mit dem Datum der Gefangennahme Samoris zusammenfällt.

428 Integrationsversuche im 19. Jahrhundert

Baumwolle, baute Industrien, eine Armee und eine Kriegsflotte auf. Eine große Aktion startete Mehmed in südlicher Richtung auf beiden Seiten des äthiopischen Dammes. Im Osten ergriff er Besitz von den beiden Hafenstädten Suakin und Massaua am Roten Meer. 1820 besetzte er Sennar und Kordofan und errichtete in Khartum die Metropole Nubiens, das wie zur Zeit der Pharaonen noch einmal integriert wurde. Das Hauptgeschäft war aber jetzt der Negersklavenhandel. Die animistischen schwarzen Völker vom oberen Nil, von Bahr el Ghasal und sogar vom Uéllefluß mußten dafür bluten.

Eine neue Sachlage ergab sich, als Mehmed Alis schwache Nachfolger Abbas (1849–1854), Mohammed Said (1854–1863) und Ismail (1863–1879) ihr Land dem finanziellen Ruin zuführten. Die Folge war, daß sie es schließlich sogar der politisch-ökonomischen Kontrolle der Europäer ausliefern mußten, vor allem nach dem Bau des Suez-Kanals durch Ferdinand de Lesseps im Jahr 1869. Ein nationalistischer, von Oberst Arabi Pascha geleiteter Aufstand gegen die verhaßten Fremden wurde von England blutig niedergeschlagen. Es war sehr darauf bedacht, die Route nach Indien sicherzustellen und gewann durch diese Aktion die Oberhand im Niltal. Nun war aber England damals ein Gegner der Sklaverei. Das Einsammeln der Neger, das im Sudan von dem Khediven organisiert wurde, den an Ort und Stelle seine Gouverneure vertraten, war fürchterlich. Hier spielte besonders Zubeir Pascha die gleiche Rolle wie Tippu Tip auf der anderen Seite des tropischen Urwalds. Die Sklaven wurden entweder über El-Obeid, Berber und Suakin nach Arabien befördert oder nach Tripolis, nach Kairo und in die Türkei nach einem Umweg über Kuka und Fezzan. Zubeir wurde so mächtig, daß der Khedive ihn zurückrief und in Ägypten behielt. Er vertraute die Grenzgebiete seines Reiches nun europäischen Forschern und Abenteurern an. Die Äquatorialprovinz im Norden der Großen Seen wurde zunächst Samuel Baker und später dem Deutschen Schnitzer (Emin Pascha) überantwortet. Darfur bekam der Österreicher Slatin übertragen. Diese Männer führten nun Ägyptens Politik. Ungeachtet manch schwacher Besserungsversuche setzte sich der Machtmißbrauch gegen die sudanesischen Autochthonen fort und erstickte die regionalen Revolten in einem Strom von Blut.

In dieser Situation, als der Sturz des Khediven Ismail eine politische Lücke bis in die Randgebiete des ägyptischen Reiches riß, tauchte aus dem trostlosen Dunkel des oberen Niltals der erstaunliche Schatten des Mahdis auf. Muhammad Ahmad, der damals Vierzigjährige, war wie Osman dan Fodio ein Mythos. Da er ein eingeweihter Sufist war, betrachtete man ihn weit und breit als Heiligen. Manche hofften auf die nahe bevorstehende Erscheinung des Mahdi. Im Verlauf einer Reise nach El Obeid (Kordofan) hatte sich Muhammad Ahmad selbst ein Urteil über die feindselige Haltung der lokalen Verwaltung gegenüber den ägyptischen Untertanen bilden können. Von der Insel Aba im oberen Nil aus schickte er nun eines Tages Rundschreiben an alle Notabeln des Sudans mit der Bekanntmachung, er sei der erwartete Mahdi. Am Ende der Zeiten sei er gekommen, um die Herrschaft der Gerechtigkeit zu errichten. So hatte auch das Almohaden-Epos im Anti-Atlas mit Mohammed Ibn Tumert begonnen. Noch 1881 sandte der ägyptische Gouverneur ein Kontingent aus, um den Aufrührer gefangenzunehmen. Bei einem Zusammentreffen vernichteten die Anhänger des Mahdi, nur mit Lanzen und Knüppeln bewaffnet, diese Truppe. Dieses »Wunder« begeisterte die Massen und ließ die Kräfte des Propheten rasch anwachsen. Im Mai 1881 wurde der deutsche Gouverneur Giegler geschlagen. Abgesehen von

Der Mahdi 429

den fanatischen aber unerfahrenen *talibes,* von den *baqqara*-Nomaden und von den durch das ägyptische Steuerwesen ausgesaugten Autochthonen fand er bald auch Unterstützung bei den südlichen Sudanesen, bei den Mischlingen und Negroiden. Sie waren davor in den Sklavenhandel verwickelt und machten regelmäßig organisierte Überfälle. Jene Männer ahnten den Erfolg der Mahdistenbewegung und gaben die Hoffnung nicht auf, ihre Geschäfte unter einer islamischen Regierung weiter verfolgen zu können. Nur sie allein besaßen Gewehre.

Als der Mahdi sich entschloß, zur Offensive überzugehen, führte er seine Truppen zuerst vor die Hauptstadt Kordofans, El Obeid. Im Januar 1883 ergab sie sich. Aus Sorge, die ägyptische Verwaltung in zusätzliche finanzielle Schwierigkeiten zu verwickeln und eine Revolte zu zerschlagen, die, nach allem Anschein, in den Augen Gladstones ein Befreiungskampf war, sträubte sich die britische Regierung, einzuschreiten. Um aber das Prestige ihres Strohmannes Tewfik, der damals Ägypten führte, zu erhöhen, forderten sie ihn auf, ein Expeditionskorps zu organisieren, das von einem ehemaligen britischen Offizier befehligt wurde. In den sonnenverbrannten Steppen schmolz die Armee zusammen. Die über die Steppe verstreuten Flugblätter der Mahdisten verkündigten, daß es für diejenigen, die es wagten, gegen die Soldaten Gottes anzutreten, keine Hoffnung gebe. Im November 1883 wurde die Interventionstruppe praktisch vernichtet. Daraufhin beschlossen die Engländer, den Sudan bis auf Khartum am Nil und Suakin am Roten Meer zu räumen.

Die Europäer, die die südlichen Provinzen Ägyptens regierten, stellten sich entweder oder flohen. Slatin von Darfur wurde gezwungenermaßen der technische Berater des Mahdi. Lupton von Bahr el Ghasal konvertierte sogar zum Islam. Emin Pascha von der Äquatorialprovinz drang weiter in den Süden vor bis zum Viktoriasee. So sehr die britische Regierung entschlossen war, den Hafen von Suakin zu verteidigen, so sehr war sie auch darauf vorbereitet, Khartum eventuell aufgeben zu müssen.

B. Auf der Höhe des Ruhms

Zur Klärung dieses Problems sandte die britische Regierung General Gordon. Er war ein Mann von eiserner Gesundheit und an das rauhe Leben in der Wüste gewöhnt. Unglücklicherweise vereinten sich in ihm ein sehr beweglicher und wunderlicher Geist mit den strengsten moralischen Maßstäben. Da er aber bereits Generalgouverneur des Sudans gewesen war, galt er als der Mann der Stunde. Allerdings nicht nach Ansicht des Generalkonsuls von Großbritannien in Kairo, Baring. Nachdem er London mit dem Auftrag verlassen hatte, einen Bericht über die Situation im Sudan zu erstellen und die Evakuierung der Garnison zu veranlassen, erhielt er in Kairo die auszeichnende Ernennung zum Generalgouverneur. Er überschüttete Baring täglich mit sich widersprechenden Telegrammen (bis zu dreißig Briefe pro Tag schickte er!). Schließlich traf er in Khartum ein und überzeugte sich davon, daß der Abzug der Truppen den Sudan in das Chaos stürzen würde. In der Tat hatte er sich vorgestellt, daß der Mahdi nur ein kleiner Unruhestifter war. Außerdem war er der Meinung gewesen, daß er ihm gut zureden könne, damit er seine Anhänger zerstreue. Doch der Sudan war der Faszination des Mahdismus verfallen. Gordon gab daraufhin Baring deutlich zu verstehen, daß der Sklavereiverteidiger Zubeir Pascha, den seiner Ämter zu entheben er selbst mitgeholfen hatte, der einzig fähige Mann wäre, um das Land wieder unter Kontrolle zu bekommen und dem Mahdismus Einhalt zu gebieten. Gordon, der gekommen war, um die ägyptische Garnison zu evakuieren und dies den lokalen Häuptlingen zunächst auch angekündigt hatte, versprach den Leuten von Khartum zum Schluß, Truppenverstärkungen vorzunehmen. Als jedoch die telegrafischen Leitungen nach Kairo von den Mahdisten unterbrochen wurden, fand Gordon sich in Khartum gefangen und abgeschnitten durch die Ansammlung zahlreicher Stämme um den Propheten stromabwärts (März 1884). Er weigerte sich, die Soldaten zu verlassen, denen er sich angeschlossen hatte. Eine Welle der Entrüstung brachte die öffentliche Meinung in England gegen die Gladstoneregierung auf. Nach einigem Zögern entschloß sie sich, zu seiner Befreiung und Rettung eine Truppe abzuordnen. Zu spät, der Mahdi stand bereits vor den Mauern von Khartum. Die ausgehungerte Stadt wurde angegriffen und am 26. Januar 1885 eingenommen. Bis zum Schluß hatte Gordon auf seinem Posten gestanden. Seine Haare waren weiß geworden, doch zweifellos nicht aus Angst, denn zu einem Khartumer Vertrauten hat er gesagt: »Als Gott die Angst verteilte, war ich der letzte, und für mich blieb keine mehr übrig.« Das Gefühl eines unaufhaltsamen Abgleitens in die Katastrophe hatte ihn weiß werden lassen. Eine entfesselte, brüllende Menge von *talibes* stürzte sich auf den Palast. Der erste, der Gordon erreichen konnte, stieß ihm seine Waffe in den Leib und schrie: »Verfluchter! Deine Stunde ist gekommen!« Das abgetrennte Haupt brachte man dem Mahdi, der es vorgezogen hätte, Gordon als Geisel zu besitzen. Der Kopf wurde ausgestellt, der Körper im Hof des Palastes von den Lanzenstichen der Vorübergehenden durchlöchert. Die Stadt Khartum fiel der Verwüstung anheim. Die Frauen, die sich die Haare abgeschnitten und als Männer verkleidet hatten, um den Eroberern zu entkommen, mißhandelte man am schlimmsten. Völlig nackt vergewaltigte man sie, ehe man sie je nach Alter in drei verschiedene Lager verschleppte. Die Kanonenboote zur Rettung Gordons trafen zwei Tage zu spät ein.

Der Fall Khartums löste in London größte Bestürzung aus, für den Mahdi bedeutete er den Höhepunkt seines Ruhms. In Omdurman am linken Ufer des Nils, direkt gegenüber Khartum, ließ er sich nieder.

Mit schrecklichen Repressionen setzte er sich durch. Der Reihe nach vernichtete er den Häuptling der Kababish und zerstreute seine Leute, den Häuptling von Rizayqat und den Emir Yussuf. Dieser hatte versucht, seine Familie wieder an die Spitze Darfurs zu bringen. Gemäß der islamischen Tradition ernannte der Mahdi vier Kalifen, die ihm bei der Führung des Landes zur Seite stehen sollten. Jeder von ihnen hatte das Kommando über eines der Armeekorps, besaß eine Kriegstrommel und ein charakteristisches Banner: schwarz für Abdallah, rot für Ali und grün für Mohammed Sharif. Muhammad Al-Maadi Ibn Al-Sanusi, Führer der Bruderschaft der Senussi, erhielt kein Banner, da er seine Ernennung zum Kalifen abgelehnt hatte.

Die Steuern setzten sich folgendermaßen zusammen: die Kriegsbeute *(ghanina)*, der Zehnte *(usuri)*, die Almosen nach Beendigung der Fastenzeit des Ramadan *(sadaquat al-Fitr)*, die Steuer auf Korn und Vieh *(zaka)* und die administrativen Geldstrafen. Der Bait el Mal prägte Gold- und Silbermünzen. Im Juni 1885 starb der Prophet plötzlich. Sein großartiges Mausoleum erhebt sich noch heute in Omdurman. Manche kostbaren Stücke von der Plünderung Khartums fanden

Der Mahdi 431

hier Verwendung. Die Stadt Omdurman, die Zwillingsschwester Khartums, wurde stark und mächtig. Slatin schätzte ihre Einwohnerzahl auf 400 000 Seelen.

Der Kalif Abdallah vervollkommnete die Organisation des Finanzwesens. Das Verwaltungsgebäude erhielt den Namen *Bait el Mal el Amin* und befand sich am Ufer des Flusses, um es für den Schiffstransport der Steuern in Naturalien leichter erreichbar zu machen. Eine ihrer Abteilungen prägte die Münzen. Diese zentrale Kasse bestritt die allgemeinen Verwaltungskosten (Familie des Mahdi und Dienstleistungen für die Kalifen, die Armee usw.). Die von dem Bewässerungsgebiet Gezira kommenden Abgaben waren der persönlichen Garde der Kalifen vorbehalten. Die Werkstätten der Waffenschmiede wurden von den Steuern auf die Obstgärten und den Verkauf des Elfenbeins, das aus der Äquatorialprovinz und aus Bahr el Ghasal eintraf, unterhalten. Das *Bait el Mal el Khams* zog seine Einkünfte aus den Zöllen der Flußposten, die für diesen Zweck eingerichtet worden waren. Mit seinen speziellen Abteilungen wurde der *Bait el Mal* zum Drehpunkt der gesamten Verwaltung der Mahdistenregierung[27].

Die Armee des Mahdi bestand aus zwei Haupttruppenteilen, dem Korps der Regulären und dem Milizkorps. Die Regulären oder *Mulazimin* bildeten ein Berufsheer, das sich aus Schwarzen und Arabern zusammensetzte und dem Befehl des Shah el Din, Sohn des Khalifa, unterstand. Sie waren mit Feuerwaffen ausgerüstet, lebten in Lagern und verfügten in den wichtigsten Zentren des Landes über Garnisonen. Die Miliz rekrutierte sich überwiegend aus Schwarzen, die keine besoldeten Soldaten waren. Sie kämpften mit Lanze und Säbel. Diese Männer fanden sich nur nach der Regenzeit und nach der Ernte in Omdurman ein. Die Züge und Kompanien waren streng hierarchisiert und bestanden aus Gruppen von zwanzig, hundert und mehreren hundert Soldaten unter dem Kommando eines *Maqaddim*, eines *Ras Miya* und von Emiren. Nur der Zentralsudan von Khartum bis Faschoda (Kodok) unterstand der direkten Regierungsgewalt des Kalifen. Die Leitung der anderen großen Provinzen (Dongola, Berber, Ost- und Westsudan) lag in den Händen der Emire. Eine wichtige Rolle spielten die Steuereinnehmer *(Humal Amil)*.

C. Verfall und Unterdrückung

Wie nach dem Tod Osman dan Fodios begannen auch nach dem Ableben des Mahdis starke zersetzende Kräfte die Mahdistenbewegung zu beeinflussen. Unter den drei vom Mahdi ernannten Kalifen profilierte sich Abdallah. Mit ihm wurde ein gerissener Mann Nachfolger (1885–1898). Er verstand es, den Rebellionsversuchen, die plötzlich aus ethnischen und persönlichen Gründen aufflammten, trotzig die Stirn zu bieten. Auf machiavellistische Weise kombinierte er Verhandlungen mit Verhaftungen, die zu Hinrichtungen oder Deportationen ohne jedes Gerichtsverfahren führen konnten. In der Außenpolitik errang er bedeutende Erfolge gegen Äthiopien, das überfallen wurde. Gondar fiel in seine Hände und wurde verwüstet. Johannes, beinahe siegreich, kam letztlich dennoch

---

27 P.-M. Holt, *A modern History of the Sudan.*

ums Leben. Seinen Kopf schickte man im Jahr 1898 nach Omdurman. Abdallah wagte es erneut, den Heiligen Krieg gegen Ägypten zu führen. Er hatte bereits ein Rundschreiben an Tewfik und an Königin Viktoria mit der Einladung abgesandt, in Omdurman zu erscheinen und sich der Mahdistenbewegung zu unterwerfen, als ihm etwas dazwischenkam. Nur kurze Zeit später wurde seine Armee, die sich mit wenig Begeisterung auf dem Weg nach Ägypten befand, im Jahre 1898 vernichtend geschlagen. Zwei Jahre lang wechselten sich Trockenheit und Epidemien ab, und die schwierige Lage verschlimmerte sich noch durch das Eintreffen der Bakkara. Die Führer des Mahdiregimes hatten beharrlich versucht, diesen Nomadenstamm nahe bei Omdurman anzusiedeln. Sie wollten ihn zu einer der sichersten Stützen des Mahdireiches machen. Schließlich waren sie erfolgreich. Da jedoch zu diesem Zeitpunkt eine große Not herrschte, wurde es schwierig, die Neusiedler zu halten. Sie brachten den Haushalt des Bait el-Mal ins Wanken.

Schon längst bedrohten die europäischen Mächte von allen Seiten die Mahdistenbewegung. Die Engländer und die Italiener nahmen ihren Vormarsch zum Roten Meer wieder auf. Die Franzosen und Belgier verhielten sich, nachdem sie ein Abkommen unterzeichnet hatten, das ihre Einflußbereiche im Kongogebiet abgrenzte, sehr herausfordernd in den Regionen Bahr es Ghasals und am oberen Nil. Da entschlossen sich die Briten, nilaufwärts vorzudringen. Die Gründe dafür waren sehr unterschiedlicher Natur. Zum einen wollten sie vor Marchand am Oberlauf des Flusses eintreffen, zum anderen Italien nach seiner Niederlage in Adua durch Menelik unterstützen und zu guter Letzt das dreifache Bündnis mit Deutschland konsolidieren.

Hierauf zog der Kalif in Omdurman 60 000 Mann für den Heiligen Krieg zusammen. Er unterwarf sie einer intensiven militärischen Ausbildung, während zur gleichen Zeit die 25 000 Mann starke, von Kitchener zum Vergeltungskampf vereinigte Armee herannahte. Nach einer langen Wartezeit voller Spannung begann im April 1898 eine grimmige Schlacht. Nach zweieinhalbstündigem Nahkampf wurde die sudanesische Armee vernichtet, Mahmud gefangengenommen und nach Ägypten gebracht. Osman Digna konnte sich in den Süden absetzen. Nachdem die Kanonen Kitcheners Omdurman bombardiert und vor allem das Grab des Mahdi zum Ziel genommen hatten, verlagerte sich der Kampf zu den südlichen Höhen von Karari. Mit wehenden Bannern verließen die Mahdistentruppen die Stadt Omdurman und begaben sich nach Khartum zum großen kriegerischen Zusammenstoß, der für sie ein wahrer Opfergang wurde. Über mehrere Stunden zog sich das wütende Kampfgetümmel hin, bis die modernen Waffen siegten. 27 000 Anhänger des Mahdi kamen auf das Schlachtfeld, 11 000 von ihnen mußten sterben. Kitchener veranlaßte, daß man die sterbliche Hülle des Mahdi aus seinem Mausoleum zerrte; und auf seinen Befehl hin warf man die Leiche in den Fluß.

Der Kalif Shah el Din und Osman Digna konnten sich in den Süden retten (Kordofan). Alle Mahdisten wurden jedoch im Laufe des Jahres bei weiteren Gefechten getötet. Die Gefangennahme Osman Dignas endlich versetzte dem Mahdiregime den Gnadenstoß.

VI. Menelik II. von Äthiopien

Nach der Regierungszeit des unglücklichen Johannes bestieg in *Äthiopien* eine der bedeutendsten Gestalten des afrikanischen 19. Jahrhunderts den Thron: Menelik II. (1889–1913). In seiner Provinz Schoa hatte er eine Politik der Modernisierung und der Stärkung eingeleitet. Das bedeutete für ihn den umfangreichen Ankauf moderner Waffen über den Schwarzhandel. Hierbei hatte der Dichter A. Rimbaud seine Hände im Spiel. Die Europäer nutzten geschickterweise die durch die Mahdistenerhebung entstandenen Unruhen für sich aus. Sie ergriffen von den Häfen am Roten Meer Besitz: die Italiener Massaua, die Engländer Zeila und die Franzosen zuerst Obok, später Dschibouti. Mit einem energischen Gegenangriff hatte Johannes den Versuch der Italiener vereitelt, in das Tigregebiet einzudringen. In Dogali schlug er im Jahr 1878 eine italienische Kolonne vernichtend. Die Italiener, die Menelik immer unterstützt hatten, glaubten nun, daß der Moment gekommen sei, die Belohnung dafür zu kassieren. Sie waren sicher, daß ihnen bereits der Vertrag von Ucciali (1889) in dieser Richtung zum Erfolg geholfen hatte. Dieser Vertrag erklärte (zumindest dem italienischen Wortlaut nach), daß der Negus sich verpflichtete, sich bezüglich seiner Außenbeziehungen an die italienische Regierung zu wenden, während die amharische Fassung lediglich besagte, daß der Negus sich bereit erklärte usw. ... Der feine diplomatische Unterschied! Auf jeden Fall nahm Menelik ein Darlehen über 4 Millionen Franc an. Eine Sicherheit für diese Anleihe lieferte die italienische Kontrolle über die Zollämter des Hararhochlandes und eine mögliche Annektierung dieser Provinz im Falle der Zahlungsunfähigkeit. Er erhielt sogar 38 000 Gewehre und 28 Kanonen vom italienischen König. Nachdem Menelik mit dem gierigsten seiner europäischen Nachbarn verhandelt hatte, wandte er sich 1890 den anderen zu. Mit einer Entschlossenheit, aus der unüberhörbar der Hochmut dieses alten afrikanischen Reiches sprach, erklärte er: »Ich habe nicht die Absicht, mit gekreuzten Armen zuzusehen, wie die Mächte von jenseits des Meeres kommen, um Afrika unter sich aufzuteilen.« Doch im selben Jahr noch gründeten die Italiener die Kolonie Eritrea. Um Menelik zu besänftigen, um ihn für sich zu gewinnen, schenkten sie ihm zwei Millionen Kartuschen. Menelik nahm die Kartuschen, zahlte die Anleihe zurück, kündigte den Vertrag von Ucciali auf und richtete gleichzeitig einen Appell an die äthiopische Nation, sich geschlossen zu ergeben. Sogar den Ras Mangasha von Tigre, der vorübergehend mit den Italienern geflirtet hatte, konnte er dafür gewinnen, mit ihm nach Norden zu ziehen. Als General Baratieri von Rom zurückkehrte, erhielt er eine letzte Rückendeckung durch ein Kabeltelegramm, in dem ihn der Außenminister Crispi »um einen glaubwürdigen, d. h. unmißverständlichen Sieg« ersuchte.
Am 1. März 1896 griff er die Äthiopier in Adua an. Es war ein Feiertag der äthiopischen Kirche, und Baratieri hoffte, daß viele Krieger wegen der religiösen Riten nach Axum gezogen wären. Aber die Wirklichkeit sah anders aus. Er traf auf eine nationale Armee von 70 000 Mann, bis an die Zähne bewaffnet und glühend vor Vaterlandsliebe. Im letzten Augenblick kam Baratieri noch aus dem Konzept, die Karten (sie waren falsch) und die Angaben seiner Führer verwirrten ihn. Als er schließlich seine Position einnahm, war er augenblicklich von einer Menschenflut umgeben. Der italienische General wurde getötet, der

linke Flügel, vorwiegend aus Somaliern bestehend, brach in die Mitte ein und versetzte alles in Panik. 8 000 Italiener und 4 000 Mann der Hilfstruppen kamen ums Leben. Es war eine schwere Katastrophe. Das Kampfgetümmel von Adua hallte in Europa wie Donner wider und setzte Äthiopien endgültig auf die internationale Landkarte. Die Italiener mußten einen demütigenden Vertrag unterzeichnen, der den Vertrag von Ucciali annullierte und die Oberherrschaft Äthiopiens anerkannte. Ausländische Delegationen überschwemmten in kürzester Zeit Addis Abeba (die neue Blume). 1893 hatte Menelik diese neue Hauptstadt gegründet. Sie vereinigte in sich die Vorteile der zentralen Lage mit dem Zauber eines strahlenden Himmels und den Annehmlichkeiten der aufgeforsteten Eukalyptuswälder. Frankreich übernahm die Kontrolle über die Eisenbahnlinie von Dschibouti nach Addis Abeba. Menelik blockierte dies jedoch voller Zorn, als er erfuhr, daß die private Kompanie, die er für seriös befunden hatte, ihre Rechte an eine ausländische Regierung verkauft hatte. In der Folgezeit verbesserten sich die Beziehungen. Das zeigte sich darin, daß eine äthiopische Truppe den Auftrag erhielt, zum Weißen Nil aufzubrechen und ihre Aktionen mit der Kolonne Marchands abzustimmen. Die von Menelik durchgeführten Eroberungen, die sehr genau auf den Karten eingetragen wurden, wurden zum größten Teil auch durch Verträge mit den Nachbarmächten (Großbritannien, Frankreich, Italien) sanktioniert. Das moderne Äthiopien war geboren.

Seit 1906 war Menelik partiell gelähmt. Drei Jahre später bestimmte er seinen Enkelsohn Jassu zu seinem Nachfolger; die Regentschaft lag bis 1911 in den Händen des Ras Tesemma. Menelik starb im Jahr 1913. Er war ein wahrhaft moderner Führer, der den Lauf der Geschichte zutiefst begriffen hatte. Mit starker Entschlossenheit hatte er um den Fortbestand des ältesten Königreichs Afrikas gekämpft und ihn gesichert. Bei allem, was Menelik tat, dachte er immer an die Entwicklung Äthiopiens. Er schaffte die Sklaverei ab, ordnete die Schulpflicht an und entwarf die Grundlagen eines modernen Gesetzeswerkes. Seine Feldzüge aber und seine Krankheit erlaubten es ihm nicht, alle seine Pläne zu realisieren. Jasu war ein Zwerg neben diesem Riesen. Er war unfähig. Überdies zog er sich den Zorn seiner Untertanen zu, weil er sich unverhohlen zum Islam bekannte. Er behauptete, von Mohammed und nicht von Salomon abzustammen und ließ auf die äthiopische Fahne das islamische Bekenntnis sticken: »Es gibt nur einen Gott, Allah!« Der Adel ließ ihn absetzen und rief die Tochter Meneliks, Zauditu, zur Kaiserin aus, Regent und Erbe wurde Ras Tafari, der künftige Haile Selassie I. des Jahres 1930.

Schlußbemerkung

Das waren die großen, beherrschenden Gestalten Schwarzafrikas im 19. Jahrhundert. Alle waren herausragende Männer, die Geschichte machten. Sie gründeten Reiche oder wiesen ganzen Völkern neue Wege. Begeisterung und Ergebenheit begleiteten sie, wo immer sie erschienen. Ob Moslem, Christ oder Animist, ob Fürst oder Emporkömmling, wie auch immer das historische Umfeld ihrer Karriere beschaffen war, alle gaben sich einer ähnlichen Aufgabe hin: dem Aufbau mächtiger, ausgedehnter politischer Ensembles. Ihr Ziel war es, die Anerkennung dieser Nationen bei den europäischen Mächten zu erreichen. Gewiß,

Menedik II. von Äthiopien 435

weder Osman dan Fodio noch Tschaka hatten direkt mit den Europäern zu tun; aber ihre unmittelbaren Nachfolger, Träger der Impulse, die sie freigesetzt hatten, fanden sich ihnen gegenübergestellt. So fragte Amadu Bello in Sokoto mit Nachdruck, was Clapperton in das Land geführt habe, was er in diesem Land zu tun gedenke. Dagegen beklagte er die Anwesenheit Denhams im Heer von Bornu, das mit Bu Khalhum gegen die Fulbe in die Irre geführt worden war. Dingaan z. B. hatte mit den dümmsten Weißen zu tun, die das »große Wasser« je nach Afrika geführt hatte.

Die von den Führern angewandten Methoden ähnelten sich sehr und unterschieden sich nicht wesentlich von denen der Reichsgründer oder Revolutionäre anderer Länder der Erde. Ihr Endziel aber war all denjenigen klar, die die ausländische Präsenz in Afrika zu spüren bekommen hatten. Unter Ausnutzung aller Möglichkeiten wollten sie die politische Initiative ergreifen und bewahren, ehe es zu spät wurde. Die Ergebnisse fielen sehr unterschiedlich aus. Die Mahdia ging sogar so weit, die Unterwerfung Englands zu fordern. Der großartige Zug der Anhänger Osman dan Fodios legte zwar Keime, die noch heute grünen und schuf Staaten, unter ihnen Sokoto, die noch immer einen großen politischen Einfluß haben, er hatte aber nicht das große Kalifenreich im Zentralsudan gründen können, von dem Osman dan Fodio träumte. Weder die Frömmigkeit noch die hervorragende Bildung der Führer konnten den Mangel an technischen Mitteln zur Integration ersetzen. Der strahlende Heldenweg des Tschaka sank trotz seiner schrecklichen Größe und trotz seiner Erfolge bei der nationalen Verschmelzung der zerstreuten und machtlosen Stämme auf tausenden von Kilometern schnell zur Geschichte bedeutungsloser Raubüberfälle herab. Samori im westlichen Sudan war zwar weniger gebildet als El Hadj Omar, dafür war er aber ein besserer Organisator. Der Grund dafür lag wahrscheinlich darin, daß sein Kampf auf ein homogenes Milieu zentriert war. Dennoch scheiterte er, wohl im wesentlichen deshalb, weil die Franzosen ihn als Zielscheibe ausgewählt hatten. Das Schicksal dieser beiden großen Generäle und Staatsmänner hing von der Anzahl der ihnen zur Verfügung gestellten modernen Gewehre ab. Das läßt ihr zeitweiliges Handeln besser verstehen. Bisweilen ergriff sie ohnmächtige Wut beim Einsammeln der Sklaven, die sie benötigten, um Ersatzpferde für ihre Kavallerie und »Pulver und Kugeln« kaufen zu können. Es war eine Frage von Leben und Tod.

Verständlich wird auch, warum einer der wichtigsten Faktoren für das Scheitern dieser großen Reiche in ihrer kontinentalen Struktur zu suchen war. Sie hatten keine Öffnungen zum Meer. Die großen Reiche von einst, vor allem Mali, hatten zumindest die Oberherrschaft über breite Küstenstreifen ausgeübt. Aber für sie war die eigentliche Küste die Südgrenze der Sahara, durch die der gesamte lebenswichtige Handel führte. El Hadj Omar und Samori bemühten sich, wie zwei, die zu ersticken drohten, um einen Weg zur Atlantikküste, der ihnen Waffen zuführen konnte. Aber diese Wege hielten die Mächte besetzt, die bereits ihren Untergang beschlossen hatten.

Allerdings ist es reine Spekulation, zu behaupten, daß der Gang der afrikanischen Geschichte anders verlaufen wäre, wenn El Hadj Omar und Samori genug Gewehre und Kanonen gehabt hätten. Das Beispiel Aschanti, das in dieser Beziehung weit mehr begünstigt war, (allerdings erst nach einem erbitterten Kampf um den Zugang zum Meer) und das sich mit Erfolg länger behauptet hat, könnte das Gegenteil beweisen. Allerdings ist das Beispiel Menelik II. ein schlagender Gegenbeweis. Mit hinreichenden technischen Mitteln versehen und auf dem Hintergrund einer alten nationalen Tradition, aber auch mit einer Küste, die ihm die europäischen Einringlinge gewaltsam wegnehmen wollten, setzte Äthiopien seine Rückkehr auf die internationale Bühne mit Glanz durch. Wenn es also eine Lehre aus der glorreichen Geschichte dieses afrikanischen Riesen des 19. Jahrhunderts zu ziehen gilt, so ist es die doppelte Beherrschung der technischen Mittel.

Bibliographie

ARNETT, E. J., *The Rise of the Sokoto*. Fulani, Kano, 1925.
– *Manuscrit du Sultan Mohammed Bello*. Fulani, Printing Department.
DUBOC, GAL, *Samory le Sanglant*. S.F.E.L.T., 1947.
DUJARRIC, G., *La vie du sultan Rabah*. Paris, André, 1902.
FROELICH, J. L., »Le Commandement et l'organisation sociale chez les Foulbé de l'Adamaoua«, *E.C.*, n° 45–46, 1954.
GADEN, HE., *La vie d'El Hadj Omar, en popular par Mohammadou Abou Thiam.* Paris, Institut d'Ethnologie, trav. et mém., 21, 1935.
INGOLD, G., *Samory Sanglant et Magnifique*. Edit. du Scorpion, 1961.
JOHNSTON, H. A. S., *The Fulani empire of Sokoto*. O.U.P. édit., 1967.
LAST, D. M., *The Sokoto Caliphate*. Lond., 1967.
MANDOM EL MAHDI, *A short History of the Sudan*. Lond., O.U.P. édit., 1965.
MEVIL, *Samory*. Paris, Flammarion, 1900.
PEROZ, E., *L'empire de l'Almamy Samory*. Besançon, Dodivers, 1886. (Extrait des mémoires de la Société d'émulation du Doubs).
PERSON, Y., *Samory, une Révolution dyula*. Mém. IFAN, n° 80, 2 vol. Thèse Doctorat, Dakar, 1968.
RITTER, E. A., *Shaka-Zulu. The rise of the Zulu empire*. Lond., 1935.
SLATIN PASHA, SIR RUDOLF, *Fire and sword in the Sudan*. Arnold, 1896.
TAPEIRO, *Le Grand Shaikh Peul*. Librairie orientaliste P. Geuthner, Paris, 1964.
TRAORE, D., »Les relations de Samory et de l'Etat de Kong«, *Notes Afr. IFAN*, juil. 1950.

9. Die Invasion des Kontinents:
Afrika wird den Afrikanern entrissen

I. Die Entdeckung

Bei Anbruch des 19. Jahrhunderts zog Afrika, durch den vier Jahrhunderte
während Sklavenhandel auf allen Seiten geschwächt, die Aufmerksamkeit der
Welt immer mehr auf sich. Warum? An erster Stelle wegen der Anti-Sklave-
rei-Bewegung. Erinnern wir uns daran, daß Großbritannien, als es in seinem
riesigen Reich 1830 die Sklaverei abgeschafft hatte, die Wache über die drei
Afrika umgebenden Meere übernahm. 1848 schloß Frankreich sich an. Auch
wenn Brasilien 1898 den Versuch unternahm, mit dem Strom zu schwimmen, so
war doch seit der Mitte des 19. Jahrhunderts der Sklavenhandel nicht mehr
aktuell und wurde zusehends ausgemerzt. Auch die missionarische Bewegung, die
zum Teil aus dieser neuen europäischen Haltung entsprang, trug dazu bei, sie zu
stärken. Nach einer völligen Umkehr ihrer Standpunkte des 15. Jahrhunderts
waren die Kirchen nun im Begriff, in der Hauptsache die englischen Protestanten, ein erstaunliches Kapital an Bekehrungseifer, Hingabe und Großmut, aber
manchmal auch an Naivität und Hilflosigkeit nach Afrika zu bringen. Im
15. Jahrundert wurde noch für gut befunden, Afrika die Schwarzen zu entreißen, um ihre Seelen zu retten. Als man im 19. Jahrhundert aber an Ort und
Stelle das dadurch angerichtete Elend sah, empörten sich viele Missionare über
den Völkermord. Sie ermutigten Europa, Afrika zu überwachen, ja sogar, es zu
erobern, um den Massakern ein Ende zu bereiten! Eine weitere wesentliche
Triebkraft, die Europa nach Afrika führte, war die wissenschaftliche Neugierde,
die oftmals mit Abenteuergeist einherging. Im 19. Jahrhundert war Afrika
wahrlich noch eine große Unbekannte auf der Weltkarte. Seit Jahrhunderten
schöpfte man dort Reichtümer. Doch machte niemand den Versuch, sich all den
Gefahren auszusetzen, die ein Vorstoß ins Innere zwangsläufig mit sich brachte.
Diejenigen, die es wagten, stießen nicht selten auf die feindselige Haltung
schwarzer Sklavenhändler. Denen lag sehr daran, ihre Monopolstellung als Vermittler zu behalten. So blieb Schwarzafrika »der geheimnisvolle Kontinent«,
»la terra incognita«. Die weißesten Stellen auf der Karte taufte man: das »fin-
sterste« Afrika (Darkest Africa).
Das erneute Interesse an Afrika hatte vorwiegend wirtschaftliche Gründe. Während des 19. Jahrhunderts machte zuerst England eine Strukturveränderung
durch, der später die anderen Länder Westeuropas folgten, die Industrielle Revolution. Im Mittelpunkt stand die Erfindung der Dampfmaschine; es folgten
die Spinnmaschine, die Webmaschine und die Puddelöfen zur Stahlgewinnung.
Jenes Europa hatte plötzlich grundlegend neue Bedürfnisse. Es hatte mit einem
Afrika zu tun, das ununterbrochen Menschenmassen geliefert hatte, deren Arbeitskraft man aber nun auf den Plantagen immer weniger brauchte, da landwirtschaftliche Maschinen sie ersetzten. In Afrika selbst dagegen konnten sie
noch immer als Arbeitskräfte dienen, die die Rohstoffe abbauten und am Ort
auch noch einen Absatzmarkt für die europäische Industrieware bildeten. Das

438   *Die Invasion des Kontinents*

Maschinenzeitalter zwang Afrika eine neue Rolle im Zusammenhang mit dem europäischen Aufschwung auf. Die Tendenz der europäischen Kapitalisten lief immer mehr darauf hinaus, Afrikas Möglichkeiten hinsichtlich Bergwerken und Pflanzungen auszuschöpfen und bei Bedarf auch die Produktionsquellen selbst zu überwachen. Es war also auch kaum ein Zufall, daß die industrialisierten europäischen Länder auch die maßgeblichen Kolonialmächte wurden. Doch zeichnete sich dieser Trend erst im letzten Viertel des Jahrhunderts deutlich ab. Die immer schwerer auf den nationalen Wirtschaftssystemen Europas lastenden Pflichten führten damals zu den imperialististischen militärischen Interventionen. Die drei herausragenden Gruppen in dieser Kette von Ereignissen waren die Missionare, die Kaufleute und die Militärs.

Man könnte von diesen Pionieren eine bunte Porträtsammlung zusammenstellen. Die Skala reichte vom Missionar, den das Mitleid beseelte, bis zum sozialen Außenseiter mit mehr oder weniger gestörtem Seelenleben. Es gab den Jagdtrophäensammler und den Goldsucher. Zur gleichen Zeit entdeckte Du Chaillu den Gorilla (*gorilla gorilla*), stritten sich Moslems, Protestanten und Katholiken um das Königreich Buganda, fand man die gigantischen Diamanten- und Goldreserven Südafrikas. Man sollte übrigens nicht das Maß an körperlichem Mut herabmindern, das alle diese Männer nötig hatten, um dem Unbekannten die Stirn bieten zu können. Manche von ihnen waren ein, zwei und manchmal sogar drei Jahre lang von jeder Verbindung mit Europa abgeschnitten. Sie riskierten weitaus mehr, als die Weltreisenden heute. Diese Männer haben wertvolle ethnographische, soziologische, sprachwissenschaftliche und historische Details gesammelt. Sie bilden ein gewichtiges, substantielles Kapitel für die Kenntnis von unseren Völkern. Viele von ihnen ahnten nicht, daß sie ein Afrika betraten, das sich mitten in einem Verfallsprozeß befand. Sie waren oft unfähig, sich von den rassischen Vorurteilen zu befreien, die sie mitbrachten. So trugen viele auch unheilvollerweise dazu bei, ein Bild von Afrika zu zeichnen, das noch heute die Einstellung von Hunderten von Millionen Menschen vergiftet. Letztlich malte man dieses Bild zur Rechtfertigung des Imperialismus systematisch so düster wie möglich. Auch wenn die Forscher oft höhere Ziele verfolgten, so erregten doch ihre Schilderungen das Interesse der Geschäftemacher. Livingstone z. B. berichtete vom Abbau von Manganerz und vom Kupferschmelzen der Einwohner von Katanga (Shaba). Sie gossen es in Barren von 50 bis 100 Pfund und vertrieben es in der ganzen Umgegend[1]. Afrika, der erschöpfte Kontinent, erregte mal mitfühlendes, mal wissenschaftliches Interesse. Um 1880 trat eine entscheidende Wende ein. Vor diesem Datum konzentrierte sich die Arbeit der Missionare vorwiegend auf die Küstenenklaven im westlichen Afrika, die von den Europäern besetzt waren: katholische Missionen an den Ufern des Senegals, protestantische Missionare in Sierra Leone, an der Goldküste, in Nigeria und Liberia. Ganz offensichtlich orientierten sich die Missionen, obwohl ihnen vor allem die geistlichen Interessen am Herzen lagen, in der Hauptsache nach den Gebieten Afrikas, in denen die anderen Interessen ihres Herkunftslandes überwogen (außer diese anderen Interessen folgten erst den geistlichen Initiativen!). Das veranlaßte also die amerikanischen Missionare, sich in Liberia niederzulassen, die englischen in Sierra Leone, an der Goldküste usw. Eine wichtige Aufgabe nahmen auch die deutschen Missionare in diesen Ländern wahr, z. B. die Bremer Mission.

1 Livingstone-Tagebuch.

Die Entdeckung 439

Diese Missionare eröffneten allgemeine und Berufsschulen. Die Schweizer Mission (Basel) an der Goldküste zeichnete sich vor allem auf letztgenanntem Gebiet aus. Obwohl es auch unter den Afrikanern und Mischlingen Geistliche gab – z. B. den berühmten Reverend Burch Freman an der Goldküste oder Joseph Merrick in Kamerun – blieben die afrikanischen Gemeinschaften, Nigeria mit dem Werk Crowthers vielleicht ausgenommen, vom Christentum verhältnismäßig unberührt.

Der europäische Vormarsch vollzog sich zum größten Teil durch die Forscher und die Militärkolonnen der Engländer und Franzosen. Der Lauf des Nigers war für die Geographen das große Rätsel des Inlandes. Aufgrund der Geländegegebenheiten entspringt er nur wenige hundert Kilometer von der Küste entfernt, beschreibt aber einen 4 000 km langen Bogen durch das Binnenland, ehe er dann in den Golf von Guinea mündet. Die europäischen Geographen wußten von diesem Fluß nur das, was ihnen Plinius – er sprach vom Nigir –, dann El Edrisi und Leo Africanus vermittelt hatten. Der letztgenannte hatte die Dinge verwirrt, denn er behauptete, der Niger fließe nach Westen. Die phantastischsten Hypothesen stießen aufeinander. Manche verwechselten ihn mit dem Senegal oder mit dem Kongo, andere machten aus ihm einen Nebenfluß des Nils, während er für eine dritte Gruppe ein Fluß war, der aus den Binnenseen entsprang, die im Wagaraland liegen. Das Delta der Nigermündungen aber, das die europäischen Schiffe seit Jahrhunderten anliefen, galt einfach als ein Netz von Wasserläufen im Küstenbereich. Es war ein Puzzlespiel, zu dem sich noch die Kontroversen über die alte sudanesische Stadt Timbuktu gesellten. In Anbetracht des wachsenden »legitimen Handels« wurde die Kenntnis dieser natürlichen Verkehrsstrecke vor allem für Großbritannien eine lebenswichtige Voraussetzung. 1778 schuf Sir Joseph Banks die *British African Association*, um die Sache zu klären. Den Nigerbogen schützte die Wüste und die feindselige Haltung der Mauren und der mohammedanischen Sultane des Nordens vor Eindringlingen. Im Süden bildete der Urwald eine Sperre. Zwei Expeditionen wurden gestartet. Eine ging von Sierra Leone aus mit Major Houghton an der Spitze. Er kam im Maurenland ums Leben. Hornemann, der von Kairo aufgebrochen war, kehrte nicht mehr aus der Wüste zurück. Ein zwanzigjähriger schottischer Arzt, Mungo Park, verließ im Jahr 1795 Gambia. Nachdem er Blut und Wasser geschwitzt hatte, erreichte er völlig abgerissen, sogar der Regenschirm war ihm abhanden gekommen, Segu. Doch er geriet außer sich vor Freude, als er den mächtigen Fluß sah und eilte, einen Schluck aus ihm zu schöpfen. Er stellte fest, daß er nach Osten strömte. Timbuktu allerdings versuchte er ohne Erfolg zu erreichen. Eine zweite Reise zeigte deutlich, daß die Zeit der großen europäischen Karawanen noch nicht gekommen war. Von den 38 Männern, die ihn begleiteten, blieben ihm bald nur noch fünf Überlebende. Sie unternahmen in einem kleinen Flußboot, das vor Ort montiert wurde, das große Wagnis, den Fluß bis zu seiner Mündung hinunterzufahren. Bei den Stromschnellen von Bussa kamen sie alle ums Leben.

Die britische Regierung führte noch mehrere Expeditionen durch, die alle in einem Desaster endeten. Im Jahre 1821 trafen Denham und Clapperton von Tripolis kommend mit dem festen Glauben im Tschad ein, hier die Lösung des Rätsels zu finden. Sie besuchten Sokoto, wo Mohammed Bello ihnen von einem Hafen namens Rakah erzählte, der an der Küste von Guinea liegen sollte. Man riet ihnen jedoch davon ab, ihren Weg zum Niger weiter zu verfolgen und die

Route Mungo Parks wieder aufzunehmen. 1825 schickte die britische Regierung Clapperton, der davon überzeugt war, daß der Niger in den Golf von Guinea münden mußte, an die Küste. Hier suchte er erfolglos nach dem Hafen Rakah. Mit Richard Lander zog er durch das Joruba- und Sokotoland, die beide sehr mißtrauisch geworden waren. In Bussa erreichten sie schließlich den Niger. Da sie ihm nun aber nicht vom Golf von Benin her aufwärts gefolgt waren, konnten sie immer noch nichts Endgültiges über seinen Unterlauf sagen. Clapperton starb bald darauf. Richard Lander versuchte nun, auf eigene Faust, den Fluß hinabzufahren, die Uferbewohner verwehrten es ihm. Der Schleier über dem großen Rätsel war immer noch nicht völlig gelüftet. Ein britischer General, vollgestopft mit der Lektüre klassischer Autoren, hielt weiterhin an der Überzeugung fest, daß der Niger sich in das Mittelmeer ergieße ... Den Brüdern Lander, Richard und John, gelang es schließlich mit dem Schutz der britischen Regierung, von Bussa aus in einem neuen Anlauf den Strom bis zu seiner Mündung zu bezwingen und endlich seinen wahren Verlauf in die Landkarten einzutragen. Das war 1830.

1826 war ein anderer Schotte mit Namen Gordon Laing von Tripolis kommend in Timbuktu eingetroffen. Auf dem Rückweg wurde er von seiner eigenen Berabisch-Eskorte ermordet. Im Jahr 1827 verließ der junge Franzose René Caillié, dessen großer Traum Timbuktu war, die Küste von Guinea als Maure verkleidet. Seine Reise stand unter einem glücklichen Stern, er erreichte Timbuktu, doch die sagenumwobene Stadt enttäuschte ihn tief. Sie war völlig heruntergekommen und hatte seit dem 16. Jahrundert ihren geheimnisvollen Glanz verloren. Er stieß zu einer Karawane von 1 400 Kamelen, die sich mit Sklaven, Gold und Straußenfedern auf dem Weg nach Südmarokko und Fez über Teghazza befand. Bei seiner Ankunft in Frankreich empfing man ihn wie einen Helden. Mit Recht, denn mehrere Male war er mit knapper Not dem Tod entronnen. Doch der größte Afrikaforscher neben Livingstone war mit Sicherheit der Deutsche Heinrich Barth, der für die britische Regierung reiste. Er durchzog das Air-Massiv, die Haussaländer und Bornu, erkundete den Oberlauf des Benue und entdeckte in Gwandu ein Exemplar des Tarik es Sudan, eine unschätzbare Quelle für unser Wissen um die Geschichte Westafrikas. Ungefähr acht Monate hielt er sich in Timbuktu auf, wo er ohne den Schutz des einflußreichen Arabers El Bekkai mit Sicherheit ums Leben gekommen wäre. Nach einem sechsjährigen Aufenthalt im mittleren und westlichen Sudan gelang es ihm erneut, die Wüste zu durchqueren und im Jahr 1855 über Tripolis nach England zurückzukehren. Kein Forscher hat soviel wie Barth dafür geleistet, von Afrika ein gleichzeitig wissenschaftlich fundiertes und von Sympathie getragenes Bild zu vermitteln. Er war Professor für vergleichende Geographie und für »kolonialen Handel im Altertum« an der Universität Berlin gewesen. Als Geograph, Historiker, Zeichner, Sprachwissenschaftler, Ethnograph und Wirtschaftsexperte hat sich dieser Gelehrte sehr um Afrika verdient gemacht. Er hatte die erforderliche Bildung, um komplexe Zusammenhänge zu begreifen. Aber er hatte auch Sinn für subtilen Humor. Ein Beispiel dafür gibt uns seine Beschreibung des Wesirs von Scheich Omar von Bornu (Sohn des El Kanemi). Hadj Bechir hatte einen Harem von drei- bis vierhundert Konkubinen, die wie für ein »ethnologisches Museum« ausgewählt waren. »Ich habe oft beobachtet«, notierte er, »daß der Wesir, wenn man mit ihm über verschiedene Stämme des Negerlandes sprach, mitunter von einem Namen beeindruckt war, der ihm neu zu sein schien. Er wehklagte dann, daß er noch

Die Entdeckung   441

kein ›Exemplar‹ dieses Stammes in seinem Harem besaß und erteilte seinen
Dienern augenblicklich den Befehl, ihm ein Prachtstück der fehlenden Art zu beschaffen.
Ich erinnere mich auch daran, daß er sich, als ich ihm eines Tages ein illustriertes
ethnologisches Werk zeigte, lebhaft dafür interessierte. Beim Anblick des Bildes
einer schönen jungen Tscherkessin sagte er mir mit unverhüllter Genugtuung,
daß er ein lebendiges Exemplar dieser Gattung besitze.«[2] Leider aber, so analysierte Barth scharfsinnig, war dieser so mannhafte Wesir politisch bedauerns-
wert unfähig, was 1853 zu seiner Hinrichtung führte.
Der englisch-französische Handel bemühte sich, im Landesinneren Fuß zu fassen.
Der Senegal und der Niger waren ihnen dabei sehr von Nutzen. Die fächer-
förmige Ausbreitung des Nigerdeltas hatte den Namen: die »Flüsse des Öls« bekommen. Das Palmöl verarbeitete man bei der Herstellung von Seife.
Ähnlich wie in Westafrika der Niger Rätsel aufgab, stellte sich in Ost-Zentral-
afrika die Frage nach den Quellen des Nils. Herodot schrieb bereits: »über die
Quellen des Nils weiß niemand Bescheid . . .« Manche behaupten, er entspränge
in den Mondbergen. 1856 schickte die *Königliche geographische Gesellschaft*
Burton und Speke zur Erkundung der Großen Seen aus, auf die die Araber in
diesem Gebiet hingewiesen hatten. Missionare waren bereits durch diese Gegend
gezogen, unter ihnen Rebmann und Krapf. Rebmann entdeckte als erster Europäer den schneebedeckten Gipfel des Kilimandscharos. Er war Pazifist und trug
niemals eine Waffe, selbst zur Verteidigung gegen Raubtiere nicht. 1855 entwarf
Krapf eine noch sehr ungenaue Karte von diesem Gebiet, auf der ein einziger
riesiger See mit bizarren Konturen eingezeichnet war. Rebmann und Krapf
stellten das erste Wörterbuch und die erste Grammatik in Suaheli zusammen.
1858 stießen Burton und Speke auf den Tanganjikasee. Da Burton erkrankte,
machte sich Speke allein auf die Suche nach einem zweiten See, von dem ihnen
die Araber von Udjidji erzählt hatten. Seine kurzsichtigen Augen entdeckten
einen unüberschaubaren See, den größten See Afrikas, und er nannte ihn: Viktoriasee. Die Uferbewohner versicherten ihm, daß im Norden ein großer Fluß
den See verlasse. Intuitiv schloß er, daß das der Nil sein müsse. Sein Gefährte
Burton, der an dieser Reise nicht teilgenommen hatte, machte sich über diese
Hypothese lustig. Es kam so weit, daß die beiden Reisegefährten sich überwar-
fen, polemisierten und in London widersprechende Konferenzen auslösten. 1860
kehrte Speke noch einmal zurück und drang als erster nach Buganda vor, während er den Viktoriasee in westlicher Richtung umwanderte. An der Stelle, wo
sich heute die lange Staumauer des Owendammes erhebt, bemerkte er einen
Fluß, der dem See entsprang und hielt ihn für den Nil. Auf dem Landwege fand
er weiter talabwärts 1863 in Gondokor den Nil wieder. Er traf hier auf Samuel
Baker. Dieser zog mit seiner charmanten, jungen Frau allen Gefahren trotzend
nach Süden und stieß auf den Albertsee. Speke feierte man als den Entdecker der
Nilquellen. Aber sein Rivale Burton ließ ihm keine Ruhe. Er hegte Zweifel: »Ist
es denn gewiß, daß es sich bei den von Speke auf seinen beiden Reisen gesichteten
Wasserflächen um denselben See handelt?« Außerdem verurteilten ihn seine
Gegner wegen seines lockeren Lebenswandels mit den Damen und jungen Mäd-

2 H. Barth, *Reisen und Entdeckungen in Nord- und Zentralafrika in den Jahren 1849 bis 1856,*
Gotha 1857/58.

chen am Hofe des Mutesa. An dem Tag, als er mit Burton ein Gespräch über
die Quellen des Nils führte, starb er bei einem »Jagdunfall«.

Livingstone, der auf diesem Gebiet eine wichtige Rolle spielte, stimmte mit ihm
in dieser Frage auch nicht überein. Der Arzt und Pastor traf 1849 in Südafrika
ein. Er drang ins Landesinnere vor, und nachdem er einen Teil der Kalahari-
wüste durchwandert hatte, lag der Ngamisee vor ihm. Darauf zog er den Sam-
besistrom aufwärts, verließ ihn wieder und drang von Fieberkrankheiten ge-
schüttelt durch den Urwald in den Westen vor. 1854 traf er in Luanda an der
atlantischen Küste ein. Trotz seiner angeschlagenen Gesundheit wehrte er sich
dagegen, nach England zurückzukehren. Er versicherte, daß er seine Träger
wieder in ihre Heimat zurückführen wolle, wie er es ihnen versprochen hatte.
Dabei nahm er die Gelegenheit wahr, dem Sambesi stromabwärts zu folgen und
Westafrika in östlicher Richtung zu durchqueren. Nach einem langen Reisejahr
fand er das Heimatland seiner Träger wieder.

Dieser Beweis nobler Gesinnung veranlaßte -zig Bewerber, sich zu seiner Begleitung zur Verfügung zu stellen. Die Autochthonen führten ihn als erstes zu
den gigantischen Katarakten des Sambesis. Er taufte sie die »Viktoriafälle«.
1856 näherte er sich der Küste des Indischen Ozenans, zwei Jahre später kehrte
er um und stieß auf den Njassasee. Hier sah er erneut, aber mit noch größerem
Entsetzen die verhängnisvollen Folgen des Sklavenhandels, die er stets anprangerte. Als er dem See Flüsse entspringen sah, fragte er sich, ob sie wohl zum Nil,
zum Kongo oder zum Niger führten. Nach einiger Zeit erreichte er den Tanganjikasee und weiter im Westen den Lualabafluß. Er zweifelte daran, daß es
sich bei diesem um den Beginn des Kongo handelte. Da seine Lebensmittelvorräte
und Medikamente in Udjidji gestohlen worden waren, wurde er zum Gefangenen Afrikas. Zu diesem Zeitpunkt traf Stanley ein, ein amerikanischer Journalist. Der *New York Herald* hatte ihn nach Afrika beordert, um Livingstone
wiederzufinden. Gemeinsam durchzogen sie die Gegend mit dem Ziel vor Augen,
den Nil zu finden. Nach einiger Zeit entschloß sich Stanley zur Rückreise. Erfolglos versuchte er Livingstone zu überreden, mit ihm umzukehren. Dieser war
von Afrika besessen und wollte das Rätsel der Nilquellen lösen. Er drehte sich
im Kreis; wirr vom Fieber trugen ihn seine Führer in einer Hängematte. Eines
Morgens fanden sie ihn kniend auf seinem armseligen Lager, das Gesicht in den
Händen vergraben. Sie glaubten, er bete, aber er war tot. Sie entnahmen seinem
Leichnam die Eingeweide, ließen ihn trocknen, wickelten ihn sorgfältig in Stoffe
und umgaben ihn mit einer zylindrisch geformten Hülle aus Baumrinde. Sechzig
Schwarze, angeführt von seinen beiden treuen Gefährten Susi und Chuwa,
trugen die sterblichen Überreste Livingstones fast 2 000 km weit bis zur Küste
(1875). Nach einer strapaziösen Wanderung von 11 Monaten machten sie es
möglich, seinen Leichnam nach London zu überführen, wo er in der Westminster-
abtei seine letzte Ruhe fand. In erster Linie war Livingstone Geistlicher gewesen. Verbittert über den blutigen Handel, dem er auf Schritt und Tritt begegnete,
sah er schließlich in der Kolonisierung Afrikas das einzige Mittel zur Besserung
dieser Zustände: »Möge Gott jeden Menschen reichlich segnen, der die klaffende
Wunde heilen hilft, sei er Amerikaner, Engländer oder Türke.« Man beachte,
von den Portugiesen war nicht die Rede. Tatsächlich hat Livingstone nie auf-
gehört, Portugal zu belasten. Für ihn besaß Portugal keinen Anspruch darauf,
Afrika zu kolonisieren; worin er völlig recht hatte! Großbritannien war seiner
Meinung nach dazu bestimmt.

Die Entdeckung 443

Henry Morton Stanley war ein ganz anderer Typ als der gute Livingstone. Er war Sportsmann und skrupelloser Geschäftsmann zugleich. In den afrikanischen Ländern fand er ein ausgezeichnetes Feld für seine brutale Energie vor. Er las König Mutesa Erläuterungen zur Bibel vor, zögerte auf der anderen Seite aber auch nicht, als er von den Eingeborenen der Insel Bumbise nicht gebührend empfangen wurde, sie mit einigen Salven umzulegen. »Die Wilden respektieren nur die Gewalt«, schrieb er. Ganz im Gegensatz zu Livingstone, der mit einer Handvoll Leute seines Vertrauens durch Afrika zog, marschierte Stanley an der Spitze einer 700 Mann starken Expedition. Die meisten von ihnen verließen ihn letzten Endes, viele aus Furcht vor der feindseligen Haltung der Autochthonen, viele kamen auch bei den Kämpfen um. Nach dem Zusammentreffen mit Livingstone kehrte er nach Europa zurück. Man empfing ihn wie einen Halbgott. 1875 suchte er Afrika ein zweites Mal auf und befuhr den Viktoriasee per Schiff. Bei dieser Reise bewies er, daß es nur ein einziges Wasserbecken gab, das die Quelle des Nils sein konnte. Damit wurde endlich Spekes Behauptung bewiesen. Als er festgestellt hatte, daß der Tanganjikasee im Norden keinen Abfluß hatte, wandte er sich dem Lualabafluß zu, um herauszufinden, wohin dieser führte. Auf ihm gelangte er zur atlantischen Küste, womit erwiesen wurde, daß er ein Quellfluß des Kongos war. So kristallisierten sich die Hauptzugangswege ins Innere Afrikas aus den vielfältigen Forschungsunternehmen heraus. Im Jahr 1889 kam Stanley noch einmal zurück, um Emin Paschas Evakuierung zu organisieren. Dieser Deutsche befand sich mit seiner Garnison, von dem Mahdistenzug in die Enge getrieben, in der Äquatorialprovinz. Er hatte sich mit einer Äthiopierin verheiratet, war formell zum Islam übergetreten, konnte kaum mehr sehen und besaß nur noch ein geringes Ansehen bei seinen Männern. Nichtsdestoweniger war er ein Wunder an Pünktlichkeit. Er führte ein Tagebuch mit Minutenangaben über alle Vorkommnisse und Handlungen; er sammelte Vögel und Pflanzen und trieb Milieustudien bei den Autochthonen. Deshalb sträubte er sich lange, ehe er sich von Stanley dazu bewegen ließ, mit ihm zur Küste zu ziehen. Auf dieser Strecke verloren sie die Hälfte ihrer Leute. Stanley selbst sammelte nur »Glanzleistungen«. Er war inzwischen übrigens in den Dienst der *Association Internationale du Congo* getreten.

Diese Gesellschaft war auf Betreiben König Leopold II. von Belgien im Jahr 1876 ins Leben gerufen worden. Sie verfolgte hochgesteckte Ziele: die Erforschung des Kontinents, die Unterdrückung des Sklavenhandels und die Einführung der Zivilisation. Stanley hatte den Auftrag bekommen, Stationen einzurichten und Verträge mit den lokalen Häuptlingen abzuschließen. Leopold II., der sich bereits den Titel eines »humanitären Raubvogels«[3] erworben hatte, kennzeichnete eine neue Phase. Angesichts der Aktivitäten Stanleys merkte Portugal, daß es im Begriff war, das Kongogebiet zu verlieren. Bis zu diesem Augenblick hatte Portugal den Kongo seit den Tagen Diego Caos und Alfonso I. als sein Eigentum betrachtet. Nun hatte aber Frankreich bereits dank Savorgnan de Brazza den Lauf des Ogowe und die umliegenden Gebiete erkundet. Wem stand nun das Mündungsgebiet zu? Frankreich, Portugal oder dem König der Belgier? Großbritannien, das vor allem Handelsfreiheit wünschte und die hohen Zölle Frankreichs fürchtete, neigte eher zu Portugal, das obendrein nur noch eine Macht zweiter Größe war. Die öffentliche Meinung Englands aber, die noch

3 J. Duffy, *Portugal in Africa.*

stark von Livingstone beeinflußt war, entrüstete sich darüber, daß ein solches Gebiet »einem rückschrittlichen Land« zugesprochen werden sollte. Portugal, das das Terrain aus seinen Händen gleiten sah, brachte die Idee einer internationalen Konferenz auf. Bismarck ergriff die Gelegenheit beim Schopf, um Großbritannien die Initiative aus der Hand zu nehmen, und so fand die Kongokonferenz in Berlin statt (1884/85). Hier wurde Portugal mit seinen historischen Pseudorechten abgewiesen und konnte gerade noch die Enklave Cabinda für sich erhalten.

II. Invasion und Aufteilung

Doch welche Hintergründe führten zu dieser Wende? Auf den ersten Blick handelte es sich darum, vor den unverkennbar verstärkten Bemühungen der Europäer im Inneren des Kontinents die Spielregeln festzulegen und die allzu Beutegierigen zu disziplinieren. Denn der tiefere Grund für das Durcheinander der Interessen lag im wirtschaftlichen Bereich. In vielen europäischen Ländern hatte die Industrialisierung Fortschritte gemacht. Andererseits mußten sie sich gegen die landwirtschaftliche und industrielle Macht von Ländern wie den Vereinigten Staaten und Rußland zur Wehr setzen. Ihre Produkte begannen, dank der besseren Transportmöglichkeiten zu Land und zu Wasser, den europäischen Erzeugnissen Konkurrenz zu machen. Zollgrenzen entstanden. Großbritannien, Vorkämpfer des Freihandels, der zu seiner Vormachtstellung in der Industrie und zur See paßte, begann seine Meinung zu ändern. Die liberale Partei zerbrach an diesem Problem durch den Abfall der Unionisten von Chamberlain. Protektionistische Maßnahmen wurden vor allem in Frankreich, aber auch in Deutschland und England ergriffen. Jedermann war bemüht, sich das Monopol über die rohstofferzeugenden Gebiete und über die Absatzmöglichkeiten der Manufakturwaren zu sichern. Die Verknappung der amerikanischen Baumwolle während der Sezessionskriege, die glücklicherweise durch Ägypten aufgefangen werden konnte, hatte bereits die Bedeutung Afrikas als ökonomischen Sicherheitsfaktor gezeigt. Ebenso vielversprechende Aussichten schienen die aufgefundenen Bodenschätze zu öffnen, vor allem die Diamanten- und Goldvorkommen in Südafrika.

Bei der Kongokonferenz in Berlin erließ man einige sehr einfache Regelungen. Die Besetzung der Küstenbereiche genügte nicht, um Ansprüche auf das Hinterland anmelden zu können. Es konnte nur besetzt werden, nachdem die Mächte davon in Kenntnis gesetzt worden waren. Das Kongo- und das Nigerbecken wurden für den internationalen Handel freigestellt. Das Signal zum Ansturm auf Afrika war damit gegeben. Wahrscheinlich war das das schlimmste Verbrechen des Imperialismus. Im Jahre 1880 hatten die Europäer kaum ein Zehntel des afrikanischen Kontinents in Besitz genommen – zwanzig Jahre später war der gesamte Rest vereinnahmt. Man nahm, weil man glaubte, daß es notwendig wäre, um frühere Eroberungen zu schützen; später nahm man, weil alles zum Greifen nah lag; noch später nahm man, um den Nachbarn zuvorzukommen; zum Schluß nahm man, um zu nehmen. Wie in Zeiten der Knappheit, weil »das jederzeit notwendig sein könnte«, und wenn es nur als Wechselgeld war. Die

Invasion und Aufteilung

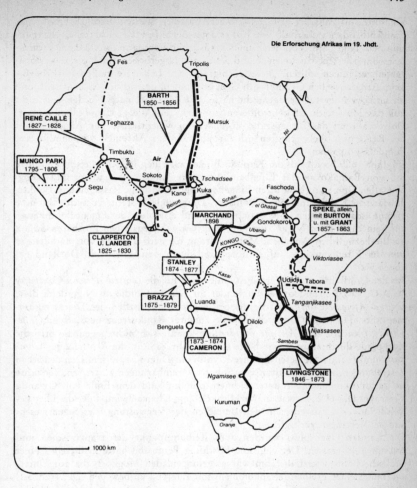

Methoden waren nahezu überall gleich: Bluff und erpreßte »Verträge« wechselten mit der gewaltsamen Beseitigung jeglichen Widerstandes, oft in schrecklichen Massakern. Es ist unmöglich, dieses raubgierige Fieber ausführlich zu beschreiben. Die unangefochten wichtigsten »Vorkämpfer« bei diesem Unterfangen waren Großbritannien, Frankreich, Leopold II., König der Belgier und erst spät das Deutschland Bismarcks.

Ein Blick auf die Hauptverbindungen und auf die wesentlichsten Befugniskonflikte soll zunächst genügen. Im afrikanischen Westen beschloß Frankreich, das sich bis dahin oberhalb von Kayes am Senegal festgesetzt hatte, eine Expansion zum Niger hin. Von der Elfenbeinküste und von der Küste Dahomes schickte es unterdessen Missionen aus, die sich am Nigerbogen rund um das Mossigebiet vereinigen sollten. Dieses Königreich war bekanntermaßen stark bevölkert. Aus demselben Grund brach Großbritannien, das sich im Aschantireich und im unteren Nigertal breitgemacht hatte, mit dem Ziel nach Norden auf, nicht nur das Mossireich zu kontrollieren, sondern auch die großen Fulbesultanate. Doch während das französische Vorgehen im wesentlichen eine Angelegenheit der Regierung blieb, stützten sich Großbritanniens Aktionen vornehmlich auf Handelskompanien.

Im Jahr 1889 begab sich der Kapitän Binger auf einen langen Marsch. Er führte ihn von Bamako an der Elfenbeinküste über Sikasso, Wagadugu und Kong. Vor allen Dingen interessierten Binger strategisch wichtige Passagen und Punkte, militärische Kräfte und lokale Politiker. Doch zugleich stellte er auch zahlreiche genaue Beobachtungen über ökonomische und ethnologische Eigentümlichkeiten an. Sein Buch *Vom Niger zum Golf von Guinea* birgt einen kostbaren Schatz an diesbezüglichen Angaben. Monteil drang bis nach Tripolis vor, nachdem er von der Elfenbeinküste aufgebrochen und durch das Mossi- und Doriland gezogen war.

An der Goldküste stützte Großbritannien sich auf die *United African Company* (U.A.C.). 1879 gründete der Engländer Sir George Goldie im Nigerdelta diese *United African Company*, die die britischen Gesellschaften des Deltas zusammenfaßte. Die vom Comte de Sémellé zu ihrer Konkurrenz geschaffene *Compagnie française de l'Afrique occidentale* konnte sich nicht gegen die britische Kompanie durchsetzen. Diese hatte sich im Jahr 1883 in die *Royal Niger Company* umbenannt. Sie beseitigte ihre Rivalin mit Dumpingpreisen. Den deutschen Bestrebungen, mit dem Sultan von Sokoto Vereinbarungen zu treffen, versuchte sie zuvorzukommen. Sie unterzeichnete mit ihm und dem Emir von Gwandu Verträge. Die U.A.C. war in Wirklichkeit eine Charta-Kompanie, die über gewisse Souveränitätsrechte in den Bereichen der Verwaltung, des Steuerwesens und bei Verträgen verfügte.

Die Länder Obervoltas wurden zum Reibungspunkt der französischen und britischen Interessen. Der englische Mischling Fergusson hatte in diesem Gebiet englische Fahnen verteilt. Ihm war es gelungen, den Mogho-Naba zur Unterzeichnung eines Freihandelsabkommens mit England zu bewegen. Der französische Kapitän Voulet erklärte diesen Vertrag für null und nichtig. Manche Quellen versichern, daß diese von Fergusson hinterlassenen Fahnen von ihm als Talisman verteilt worden seien. Sie sollten als eine Art Abwehrzauber vor jeder anrückenden feindlichen Armee entrollt werden, die die Weißen entsandten. Dieselben Quellen behaupten, daß der *Union Jack* seiner magischen Bestimmung unglücklicherweise durch eine sehr prosaische Bestimmung entzogen wurde; die Frauen seiner Majestät trugen die Fahnen als Lendenschurze.

Vom Niger aus stießen die Franzosen zum Tschad vor, konnten jedoch nur am Rand der Wüste entlang ziehen, da weiter südlich die Engländer bereits ihren Einfluß geltend gemacht hatten. Voulet hatte sich mit seinem Landsmann Baud zusammengetan, der von Dahome heraufgekommen war – dem späteren deutschen Togo. Das Wettrennen der beiden europäischen Eroberernationen endete in einem Endspurt nach Verträgen.

Invasion und Aufteilung 447

In Kamerun – hier arbeiteten die britischen Missionare bereits seit langer Zeit – hatten die Häuptlinge Großbritannien um seine Protektion gebeten, doch es geschah nichts. Im Jahr 1884 landete nun aber der Deutsche Nachtigal im Osten Nigerias und schloß eine Reihe von Verträgen ab. Nach fünf Tagen traf der britische Konsul der Goldküste ein – zu spät. Die Franzosen, die Conakry besetzt hatten, drangen im Jahr 1887 nach Guinea ein. Hier spielte der französische Abenteurer Olivier de Sanderval sehr geschickt die unversöhnlichen Rivalitäten der Alfaya und der Soria gegeneinander aus. Die Auseinandersetzungen zwischen Engländern, Franzosen und Deutschen beendete man schließlich durch bilaterale Abkommen, die die Nordgrenzen der englischen und deutschen Enklaven im westafrikanischen Block festlegten. Frankreich erwarb dabei den größten Anteil des Kuchens, vielleicht nicht das beste Stück, denn die Bevölkerungsdichte war hier im allgemeinen erheblich geringer und der Boden weniger ertragreich. Das im Jahr 1898 in Paris unterzeichnete Abkommen regelte die Grenze zwischen Ghana und Obervolta.

Diese imaginäre Linie verlief offensichtlich quer durch verschiedene Völker, wie die Gurunsi, die Dagari und die Bisa. Die Ewe von Togo gehörten teils zum englischen, teils zum deutschen Einzugsbereich. Die Temne lebten im französischen Guinea und in Sierra Leone, das Haussavolk wurde gespalten, ein Teil fiel an Nigeria, der andere zum Niger usw. Jede Grenze, die so auf dem afrikanischen Kontinent gezogen wurde, glich einem Schnitt mit dem Waidmesser.

In Äquatorialafrika, in Ost- und Zentralafrika spielten Großbritannien und König Leopold II. die Hauptrollen. Als Stanley für den König der Belgier in den Kongo zurückkehrte, entdeckte er überrascht die französische Fahne. Brazza hatte sie auf dem Platz aufgerichtet, wo einmal Brazzaville entstehen sollte. Leopold II., der sich sehnlichst wünschte, beide Ufer des Kongos zu besitzen, war wütend. Außerdem war es Brazza gelungen, einen Vertrag mit Marokko zu unterzeichnen (1880). Auf der Berliner Konferenz konnte Leopold wenigstens die Ansprüche Portugals zurückweisen. Die Vereinigten Staaten erkannten den Kongo Leopolds an. Frankreich, dem das rechte Ufer überlassen wurde, beeilte sich, das gleiche zu erreichen. Bismarck unterstützte Leopold II., da er es lieber sah, daß eine so kleine Macht wie Belgien die Kongomündung beherrschte, als Frankreich oder England. So wurde die Unabhängigkeit des Kongostaates anerkannt, und Leopold II. setzte sich tatkräftig dafür ein, ihn zu vergrößern. Die Abgrenzung zu Angola legte man in den Verträgen von 1891 und 1894 fest, während mit Frankreich eine Übereinkunft wegen des Uellegebietes getroffen wurde. Das Volk der Zande fand sich gespalten im Belgisch-Kongo, in der Zentralafrikanischen Republik und im Sudan.

In Zentral- und Südafrika wurde das zögernde Zugreifen Portugals durch die Aktivitäten Cecil Rhodes' an der Spitze der *British South Africa Company* unterbunden. Der Engländer Cameron (1873–1975) hatte das Land auf seiner transkontinentalen Reise erkundet, ebenso auch Serpa Pinto. Im Jahr 1890 führte das, was ein Engländer als »sinnloses, patriotisches Drängen Portugals« bezeichnete, ein Ultimatum Großbritanniens herbei. Es reihte an der Künste Moçambiques Kriegsschiffe auf. Bedroht und ohne jede Hilfe alleingelassen gab Portugal auf. In bitterer Resignation mußte es mit ansehen, wie ihm das riesige Hinterland mit seinen reichen Hochebenen, ähnlich wie in Rhodesien, nicht nur entglitt, sondern wie gleichzeitig seine afrikanischen Besitzungen durchschnitten wurden. Mit diesem Abkommen teilte man das Lundareich in drei Bruchstücke.

Sie wurden Kongo, Angola und Rhodesien zugesprochen. Außerdem geriet das Njassaland, in dem seit langem englische Missionare gearbeitet hatten, unter britische Kontrolle. Hier entwickelten sich mehr Schwierigkeiten mit Deutschland.

Im südwestlichen Afrika hatte sich eine kleine deutsche Kolonie in einem wüstenähnlichen Landstrich angesiedelt, wo seit 1842 deutsche Missionare tätig waren. 1883 schloß der Kaufmann Lüderitz einen Vertrag mit einem dort ansässigen Häuptling und hißte auf der Stelle die deutsche Fahne. England erhob Protest, doch Bismarck schickte ein Kriegsschiff nach Angra Pequeña. Er erklärte, daß er seine konziliante Haltung gegenüber Großbritannien in Anbetracht seiner Politik in Ägypten nicht länger wahren könne, wenn es kein Verständnis für die koloniale Expansion Deutschlands zeige. Bismarcks Politik hatte sich bis dato darauf konzentriert, sich mit der deutschen Einigung zu befassen, statt sich in Afrika zu engagieren. Vielmehr legte es Bismarck darauf an, Frankreich nach Afrika zu drängen, um es von »der blauen Linie der Vogesen« abzulenken. Auch England sah er lieber in Afrika, da es dort in Schwierigkeiten geraten könnte, die auch seine internationale Position geschwächt hätten. In Ostafrika hatte Bargash (1873), der den englischen Sklavengegnern mißtraute, Bismarck vorgeschlagen, seine Besitzungen unter sein Protektorat zu stellen. Dieser lehnte das Angebot ab. Er trat alsdann an Großbritannien heran, doch in den Jahren von 1880 bis 1885 widerstrebte es der liberalen Regierung Gladstone, Verpflichtungen in Afrika zu übernehmen. Sie hätte nur Wert darauf gelegt, die Stellung des Sultans zu stärken, damit er gegebenenfalls Widerstand gegen die Expansionswünsche der Deutschen hätte leisten können. Die Engländer drängten ihn, seine Stellung auf dem Kontinent zu konsolidieren. Als Bargash sich entschied und sich mit Tippu Tip verbündete, war es zu spät.

Im November 1884 war der Deutsche Karl Peters, ohne viel Aufhebens davon zu machen, an der Küste gegenüber Sansibar gelandet. Innerhalb von drei Wochen hatte er zwölf Verträge zusammengerafft und nach Berlin gebracht. Hier hatte Deutschland wärend der Berliner Konferenz keinen Ton von sich gegeben, um Streitigkeiten zu vermeiden. Bald danach kündigte Wilhelm I. an, daß er die von Peters erworbenen Gebiete unter seine Protektion stellen wolle, und die Verträge wurden veröffentlicht. Bargash versuchte, sich zu widersetzen und richtete einen Appell an seine englischen Freunde. Diese waren gerade im Sudan äußerst beschäftigt. Als dann auch noch zwei deutsche Zerstörer in Sansibar einliefen, rieten sie Bargash nachzugeben. Das war der Ausgangspunkt für die Schaffung des deutschen Tanganjikas. Die Deutschen, die spät zur Aufteilung Afrikas hinzugekommen waren, schienen mit einem unersättlichen Appetit gesegnet zu sein. Mit einem Riesensatz stürzten sie sich auf das Landesinnere. Großbritannien fragte sich, ob sie nicht auf dem Wege waren, ganz Ostafrika einzunehmen. Es entschloß sich deshalb, einige Stücke beiseite zu schaffen, um die germanische Expansion einzuschränken. Emin Pascha war ein Deutscher. Wenn nun eine deutsche Militärexpansion ihm gegen einen eventuellen Mahdistenanschlag zu Hilfe geeilt wäre, hätte das der Anfang einer deutschen Herrschaft bis zum Nil sein können. Viele Engländer waren sich klar darüber und versuchten, die Regierung dazu zu bewegen, Deutschland zuvorzukommen. Salisbury sträubte sich dagegen, weil er eine neue Gordon-Affäre befürchtete. Eine private Initiative übernahm es, Stanley zu Emin Pascha zu schicken. Inzwischen hatte eine im Jahr 1887 gegründete englische Gesellschaft mit einigen Schwierigkeiten das Statut einer Charta-Kompanie erworben. England engagierte sich nämlich nun, da

Invasion und Aufteilung 449

es durch den Dreibund Deutschland nähergerückt war, verstärkt in Ägypten und wünschte nicht, daß eine andere Macht in der Nähe der Nilquellen Fuß faßte. Dadurch gewannen die Zwischenseenreiche wie z. B. Buganda an Bedeutung. Die *Deutsch-Ostafrika-Gesellschaft* mußte seit 1888 mit einem allgemeinen Aufruhr an der Küste fertigwerden und trat schließlich ihre Rechte an die deutsche Regierung ab. Diese Schwierigkeiten verhalfen den englischen Interessen dazu, sich weiter durchzusetzen. Bei der Konvention von 1886, die die Einflußbereiche Großbritanniens, Deutschlands und Sansibars klärte, war Uganda in der Tat nicht erwähnt worden. Doch erreichte der energische Dr. Peters einen Protektoratsvertrag von Kabaka Mwanga. In Verlegenheit geraten gelang es Großbritannien doch noch, die Insel Helgoland in der Nordsee gegen Uganda einzutauschen, das nun endlich der britischen Gesellschaft überlassen wurde, ehe es 1894 an die Regierung zurückging. Auch Leopold II. ruhte nicht, er legte seine Hand auf einige Königreiche des Zwischenseengebietes wie Ruanda und Burundi.

Lugard, der den Auftrag erhalten hatte, das Seengebiet zu erobern, traf dort auf protestantische und katholische Missionen. Sie waren immer noch in inneren Kämpfen befangen. Der junge Mwanga, der wieder unter den Einfluß animistischer Priester geraten war, verfolgte die jungen Christen. Dank der Ausbreitung der Lehre durch Pater Lourdel und die Anglikaner waren viele konvertiert, sogar am Hof des Königs. Als sich Charles Lwanga und seine Gefährten weigerten, ihrem neuen Glauben abzuschwören, wurden sie bei lebendigem Leib verbrannt. Rund um die Mohammedaner, die Katholiken *(wa franceza)* und die Protestanten *(wa ingleza)* formierten sich Bürgerwehrtruppen. Religionskriege brachen aus. Lugard stellte sich offen auf die Seite der protestantischen Missionare.

Weiter im Norden begann Kitchener mit der Einnahme Omdurmans, nachdem Salisbury sich doch entschlossen hatte, den Sudan zurückzuerobern. In diesem Augenblick könnte man die Frage stellen, ob England nicht den Traum Cecil Rhodes' verwirklichen wollte, den Traum, die britische Herrschaft vom Kap bis Kairo auszuweiten und im Bau einer Eisenbahnlinie zu dokumentieren. Tatsächlich kam im Jahr 1894 zwischen Großbritannien und König Leopold II. ein Vertrag zustande. Darin trat Leopold II. einen Streifen Belgisch-Kongos zwischen Rhodesien und Uganda an England ab. Auf diese Weise hätte England ein gigantisches Reich vom Kap bis Kairo besessen. Doch Frankreich und Deutschland erhoben Einspruch und drohten, selbst die Besetzung Ägyptens durch die Einberufung eines internationalen Kongresses in Frage zu stellen. England gab nach.

Indessen festigte Frankreich, das seit 1894 unter Kommandant Joffre Timbuktu besetzt hatte, seine Verbindung mit Algerien. Laperrine und Gouraud nahmen eine planmäßige Besetzung der Wüste vor. Desgleichen schickte Frankreich die Marchand-Mission auf die Reise vom Kongo zum Nil. Sie sollte das befreundete Land Äthiopien durchqueren und die West-Ost-Verbindung von Dakar nach Dschibuti herstellen. Dieser Plan wäre beinahe gelungen. Marchand, der vom Kongo loszog, mußte schreckliche Landstriche durchqueren: die Gegend des Bahr el Ghasal, ein Königreich mitten im Schlamm und im dichten Schilf. Hier mußte man sich buchstäblich einen Durchgang schlagen, während man sich gleichzeitig gegen die bisweilen aufgescheuchten Hausherren, die Krokodile zu verteidigen hatte. Mitunter legte die Gruppe nicht mehr als vier km pro Tag zurück. Die

450   *Die Invasion des Kontinents*

Kundschafter Mangins vollbrachten wahre Wunder. Nach einem 4 000 km langen Marsch konnte Marchand in Faschoda (Kodok) am Ufer des Nils die französische Flagge hissen (1898). Das war eine sportliche und patriotische Glanzleistung ersten Ranges. Davon war auch Kitchener überzeugt. Als er kurze Zeit
später von Omdurman eintraf, erklärte er: »Monsieur, ich gratuliere Ihnen zu
dieser brillanten Tat.« Marchand erwiderte, auf seine salutierenden schwarzen
Gefährten weisend: »Nicht ich, sondern sie haben diese Leistung vollbracht.«[4]
Nach dem Austausch dieser Höflichkeiten galt es nun, auf den Kern der Sache zu
kommen. Kitchener bat den Franzosen, sich zurückzuziehen. Marchand weigerte
sich, obwohl seine Streitkräfte denen des Engländers unterlegen waren. Er wollte
nicht abrücken, ehe er nicht anderslautende Anweisungen seiner Regierung hatte.
Die Geister erregten sich in beiden Ländern. Delcassé, damals französischer
Außenminister, versuchte eine »Entente cordiale« mit England herbeizuführen.
Er wollte lieber den Nil opfern und befahl Marchand abzureisen. Andererseits
gestand England Frankreich die Länder Nordafrikas als alleinige Einflußzone
zu (die Länder westlich des Nils!): das war »der Sand, der für den gallischen
Hahn zum Scharren taugte . ..« So war ganz Afrika im Jahr 1900 Eigentum der
europäischen Staaten. Eine Ausnahme bildeten Äthiopien, Liberia und Marokko
bis zum Jahr 1912. Der Imperialismus legte sich wie ein bleierner Mantel über
die Savannen, Wälder und Wüsten. Die Landkarte Afrikas verwandelte sich in
ein Harlekingewand.

Das war ein geschichtlicher Prozeß, der den von den Europäern erreichten technischen Vorsprung offenbarte. Wie hatten sie ihn errungen? Zum Teil dank ihrer
eigenen Kreativität, doch zum weitaus größeren Teil mit den ungeheuren Reichtümern, die sie Amerika, Asien und besonders Afrika entrissen hatten. Afrika
hatten sie das kostbarste Gut geraubt: den Menschen. Bolivar und die Kreolen
Lateinamerikas erkämpften ihre Unabhängigkeit nach den Weißen Nordamerikas von Spanien und Portugal. Diese beiden Mächte hatten sich damit begnügt, in
ihren Kolonien zu leben und zu konsumieren, ohne die vorindustrielle Struktur
ihrer Wirtschaft im geringsten zu ändern. In der Folge entwickelten sie sich zu einfachen Transitzonen für die exotischen Reichtümer, die zu ihnen gelangten:
Gold, Silber, Gewürze, Elfenbein usw. Diese Güter sandte man weiter nach
Frankreich und anderswohin, um damit die handwerklich oder industriell her-
gestellten Produkte zu bezahlen, über die Portugal und Spanien nicht verfügten.
Doch das befreite Lateinamerika war nicht in der Lage, die industrielle Ent-
wicklung Nordamerikas nachzuvollziehen. Zum Teil waren klimatische und
finanzielle Gründe hierfür bestimmend. Eine wichtige Rolle spielte aber auch die
Tatsache, daß Lateinamerika mit seinen Einigungsversuchen gescheitert war und
daraufhin in Bürgerkriege und *pronunciamentos* (Militärputsche) verstrickt war.
Mit Ausnahme von Japan, dem es gelang, seine Unabhängigkeit durch energische
Assimilierung moderner Technologien zu bewahren, ließen alle anderen Länder
Asiens ungerechte Verträge und die politische Aufteilung durch die europäischen
Nationen über sich ergehen. Selbst China, dem Europa die meisten seiner technischen Entdeckungen und dadurch seine Stärke verdankte, entkam dennoch
nicht der europäischen Herrschaft. Der europäische Imperialismus wurde zum
weltweiten Phänomen. Afrika war ein Ziel unter vielen. Aber nirgendwo hat die
europäische Macht so totalitär geherrscht wie auf diesem Kontinent.

---

4 Siehe Dr. Emily, *Faschoda. Mission Marchand 1896–1899*, Paris 1936.

III. Der afrikanische Widerstand

A. Das anfängliche Verhalten der Afrikaner

Es existiert gemeinhin die Vorstellung – die Literatur der Kolonialisten hat dafür gesorgt, sie weit genug zu verbreiten – daß Afrika ein unbeschriebenes Blatt war, wo der Anarchie, der blutigen und willkürlichen Roheit, der Sklaverei der totalen Unwissenheit und dem Elend freier Lauf gelassen wurde. Die europäischen Besatzungsmächte wurden in der Darstellung lediglich als Ritter der Zivilisation und des Fortschritts beschrieben. Eine weitere, nicht weniger verbreitete irrige Meinung behauptete oder unterstellte, daß den Afrikanern jegliches Nationalgefühl abginge.

Abgesehen von einigen blutgierigen Duodezfürsten, die die Afrikaner unterdrückten, haben diese die europäischen Eroberer mit offenen Armen oder zumindest fast ohne Widerstand empfangen. Seitdem aber die ersten Versuche unternommen wurden, ins Landesinnere vorzudringen, kam der afrikanische Nationalismus bis zur endgültigen Wiedererlangung der Freiheit immer wieder zum Ausbruch. Er zeigte sich in vielfacher Gestalt, bisweilen unbeholfen, dann und wann auch zweideutig, aber er war immer vorhanden. Unter der Asche des Kolonialismus schwelte eine Glut, die von Zeit zu Zeit hell aufloderte. Das Verhalten der Afrikaner war sehr unterschiedlich, als im 19. Jahrhundert die Europäer auf ihrem Kontinent eintrafen. Sicherlich waren seit Jahrhunderten Gerüchte bis in den letzten Winkel des Kontinents vorgedrungen, die davon erzählten, daß weiße Menschen (Nassara, Tubabu oder Mzungu) hin und wieder über das große Wasser kämen. Diese Sklavenhändler drangen selten weit ins Land vor, es sei denn durch die Vermittlung der *pombeiros* in Zentralafrika. Die spontane Reaktion der Schwarzen angesichts der Weißen war selten Feindschaft. Diese entwickelte sich wahrscheinlich unter anderem erst durch die Tatsache des Sklavenhandels. Nachdem er vorwiegend die kleinen unorganisierten Stämme betroffen hatte, weckte er in ihnen die Neigung, in jedem Fremden den Vorboten eines Sklavenkonvois zu sehen. In anschaulicher Sprache beschrieb Stanley diese allgegenwärtige feindliche Haltung der »Wilden«. »Um unserem Elend die Krone aufzusetzen, unternahmen diese Kanibalen am 18. Dezember einen großangelegten Versuch, uns zu vernichten. Einige hockten sich auf die höchsten Äste der Bäume, die das Dorf Vinya Ndjara überragten, andere wieder legten sich wie Leoparden in den Gärten auf die Lauer oder rollten sich wie die Pythonschlange auf den Zuckerrohrbüscheln zusammen. Zornig über unsere Verletzungen schossen wir immer tödlicher auf sie. Selten verfehlten nun die Gewehrschüsse ihr Ziel . . .«[5]

Nur allzu bezeichnend war es, daß die rücksichtslosesten Europäer am meisten von der feindlichen Haltung der Afrikaner sprachen, die bei weitem überwiegende Haltung war furchtsame oder amüsierte Verwunderung und vor allem Gastfreundschaft. A. Brue, der 1697 dem »Siratik« der Fulbe einen Besuch abstattete, erhielt die Genehmigung, Forts zu errichten. Als er sich für ein junges Mädchen von 17 Jahren zu interessieren schien, das sich ihm kühn mit seinen

---

5 H. M. Stanley, *Through the Dark Continent*, New York 1878.

Gefährtinnen genähert hatte, um eine Unterhaltung anzuknüpfen, wurde ihm dieses auf der Stelle zur Heirat angeboten. Brue lehnte dieses Angebot mit der Begründung ab, daß er bereits durch eine Heirat gebunden sei. »Kein Hinderungsgrund«, erwiderten die jungen Damen, »unsere Verwandte ist jederzeit bereit, mit Rivalinnen zusammenzuleben!« Als Brue begann, das europäische Ehesystem zu erläutern, rief er höchstes Erstaunen hervor ... [6]

In Bornu begegnete man den Weißen mit Abscheu, weil man glaubte, sie seien entweder Aussätzige oder Ungläubige. Als sich Denham junge Frauen näherten, um sich mit ihm zu unterhalten, rief ihnen eine Ältere zu: »Schweigt! Er ist ein *Kaffir* (Heide), ein Unbeschnittener, der sich weder den Reinigungen noch den Gebeten unterzieht. Er ißt Schweinefleisch und wird zur Hölle fahren!« Augenblicklich liefen die jungen Damen laut schreiend auseinander. Ganz im Gegensatz dazu stellten sich die Haussa im Kanogebiet vor, daß die Weißen übernatürliche Kräfte besäßen. Sie glaubten, daß sie die Leute in Esel, Ziegen oder Affen verwandeln konnten. Kranke und unfruchtbare Frauen baten sie um Amulette. Der Sohn des Gouverneurs von Kano, den Clapperton zum Tee eingeladen hatte, nahm seine Tasse mit zitternden Händen in Empfang. In einem kleinen Marktflecken erregte derselbe Forscher die Aufmerksamkeit einer jungen Fulbefrau. Nach eingehender Prüfung seiner Person erklärte sie ihren Freundinnen: »Er wäre gar nicht so übel, wenn er nicht so weiß wäre!«

Eines Tages fand sich an den Ufern des Sambesis der Pater Gomez mit dem Gouverneur Pereira und einem protugiesischen Kolonisten zusammen. Dieser ließ seine Gitarre kommen und begann zu spielen und halblaut vor sich hin zu singen. In kurzer Zeit waren sie von einer Gruppe von Afrikanern umgeben, und einer von ihnen wandte sich seinen Gefährten zu und rief: »Hört nur, diese Wilden da haben genau die gleichen Musikinstrumente wie wir!«

Hier noch eine weitere Darstellung der ersten Kontaktnahme: »Die Lubavölker, die eine mächtige Nation bilden, gehören zu einer der schönsten Rassen Zentralafrikas. Die bewunderungswürdig stattlichen Männer sind von überdurchschnittlicher Größe. Ihr Brustkorb ist breit, ihre Arme sind muskelbepackt, die Beine kraftvoll. Bei der kleinsten Bewegung spielen alle Muskeln und zeichnen sich unter der schönen bronzenen Haut ab. Die Physiognomie ist nicht unerfreulich, wenngleich sie Verschlagenheit und Bosheit erkennen läßt. Die Frauen, die bedeutend kleiner sind als die Männer, sind beinahe alle häßlich, ja sogar abstoßend. In ihrer Jugend besitzen sie oft herrliche Proportionen, doch verblühen sie allzu schnell ... Der Bruder des Häuptlings stattet uns einen Besuch ab. Er bringt Lebensmittel mit, darunter insbesondere frische, prächtige Fische. Vergeblich aber spreche ich mein Verlangen aus, den Häuptling selbst zu sprechen. Sein Abgesandter erklärt mir, daß dieser weder das Dorf verlassen noch mich sehen könne, weil das Land zum ersten Mal von Weißen durchquert werde und man deshalb Angst habe vor Zauberkünsten. Ohne Erfolg bemühe ich mich, sie von der Reinheit meiner Absichten zu überzeugen. Der Andrang wird so stark, daß ich mich beeile, die Wachposten zu verdoppeln. Es ist nötig, die Güterballen zu schützen, die hauptsächlich Zielscheibe manch gieriger Blicke sind ... Wie alle Schwarzen, die zum ersten Mal Europäer zu Gesicht bekommen und sich in der Überzahl fühlen, reichte die Neugier dieser Luba bis zur Unverschämtheit. Wenn wir keinen Einhalt geboten hätten, würden sie in unsere Zelte eindrin-

6 Murray, *Narratives of Discovery of Africa* ...

Der afrikanische Widerstand 453

gen und sich in unseren Betten schlafen legen. Sie kommen schon am Morgen und verlassen das Lager nicht mehr. Ganze Stunden bringen sie damit zu, gestützt auf ihre langen Lanzen, alle unsere Handlungen zu beobachten. Besonders belustigt sie unsere Mahlzeit, die wir unter freiem Himmel im Schatten eines Baumes zu uns nehmen. Mit aufgesperrten Mündern, Nasen und Augen betrachten sie uns, die wir mit Gabeln, Löffeln und Messern hantieren. Sie verharren im Schweigen. Doch plötzlich erregt die Bemerkung eines Spaßmachers allgemeine Heiterkeit. Als unsere Dienerschaft sie zurechtweist, werden sie nicht ärgerlich. Sie geben sich damit zufrieden, spöttisch ihre Haltungen nachzuahmen. Ernst und gemessen stellen sie sich mit gekreuzten Armen hinter uns auf. Wenn wir selbst uns, angesteckt von ihrer Mimik, zu einem Lächeln hinreißen lassen, fliegt der Satz ›der Weiße lacht‹ von Mund zu Mund und verdoppelt noch die Fröhlichkeit dieser primitiven Menschen.«[7]

Was aber sämtliche ersten Reisenden in ihren Berichten anerkannten, war die afrikanische Gastfreundschaft. Bei Livingstone, Binger, Caillié usw. finden wir Passagen, die vom Humanismus der Afrikaner zeugen. Mungo Park z. B., der keine Audienz beim König von Segu erhalten hatte und auch kein Boot erhielt, um den Niger zu überqueren und die königliche Residenz zu erreichen, war vor Müdigkeit total erschöpft. Umgeben vom ängstlichen Mißtrauen der Leute erlebte er, wie sich am Abend ein gewaltiger Wirbelsturm erhob. Er machte sich gerade bereit, einen Baum zu erklimmen, um während der Nacht vor wilden Tieren sicher zu sein, als eine Frau, die von der Feldarbeit heimkehrte, voller Mitleid über sein Schicksal den Sattelgurt seines Pferdes ergriff und ihm ein Zeichen gab, daß er ihr folgen solle. In ihrem Haus bereitete sie ihm ein Lager und ein Fischgericht. Während die versammelte Sippe ihn mit den Augen verschlang, improvisierten die Frauen, die in einer Ecke Baumwolle spannen, dem Weißen zu Ehren ein Lied, »dessen sanfte und klagende Weise sie geschickt zu modulieren verstanden«. Dieses Lied fand sich übrigens in einem Lied ganz im Ton der europäischen Romanzen jener Epoche wieder: »Seinen bleichen kraftlosen Körper heranschleppend – von Angst, von Anstrengung geschwächt – in den Schatten eines blühenden Palmbaums; der weiße Mann bittet um Asyl . . .« Refrain: »Oh, laßt uns sein zitterndes Herz beruhigen! – Habt Mitleid mit dem weißen Mann!«[8] Diese Gastfreundschaft war dem Volk wie den Häuptlingen eigen.

Doch sehr schnell, schon Ende des 19. Jahrhunderts, wurde den Afrikanern bewußt, daß diese neuen weißen Fremden nicht wie die anderen waren. Das Bewußtwerden einer tödlichen Gefahr für die afrikanischen Gemeinschaften war der Ursprung des Widerstandes. Er entwickelte sich zunächst aus der Reaktion der Häuptlinge oder von Minderheiten, die in dem europäischen Eindringen eine Bedrohung ihrer Privilegien sahen. Es war gleichsam ein Akt der Selbsterhaltung. Später entstand angesichts des installierten Kolonialsystems mit seinen Schikanen und gelegentlichen Verbrechen ein allgemeiner Widerstand, der mehr aus dem Volk kam. Er offenbarte sich in sehr unterschiedlicher Gestalt, reichte von Flucht bis zum bewaffneten Aufstand. Diese weniger spektakuläre und weniger bekanntgewordene Auflehnung war dennoch der beste Beweis für die nationale Vitalität der afrikanischen Völker. Dieser Widerstand war über-

7 In: *Im Herzen von Belgisch-Kongo.*
8 In: Clarkson, Geschichte des Menschenhandels.

legt, während der erste eher ein Reflex war. Überall verteidigten die Afrikaner ihr Land, nicht selten Meter für Meter. Sie kämpften Tausende von Schlachten, zu Tausenden brachten sie sich lieber mit ihren eigenen Händen um, als in Unfreiheit zu überleben. Die Zahl der Opfer stieg auf mehrere Hunderttausend. In der Regel nannten die Schwarzen die Kolonialzeit »die Zeit der Gewalt«. Denn dieses System etablierte sich tatsächlich mit Gewaltakten, Zwängen und Macht. Da es unmöglich ist, alle diese aufsehenerregenden oder obskuren Schlachten, die die Afrikaner seit 1870 um ihrer Freiheit willen geschlagen haben, unter afrikanischen Gesichtspunkten ausführlich zu berichten, sollen nur einige Episoden wachgerufen werden.

B. Der Widerstand im Senegal

1. Lat Dyor Diop

Der Hauptgegner der französischen Verwurzelung im Senegal nach El Hadj Omar war Lat Dyor Diop. Geboren um 1842, war er bereits 1861 Bezirkshäuptling von Guet und wurde ein Jahr später *Damel* (König) von Cayor. Cayor war damals das wichtigste Königreich Senegals zwischen Dakar und Saint Louis. Manche *Damels*, wie Lat Fall Sukaabe (1697–1719), hatten nämlich gleichzeitig über Cayor und Baol geherrscht. An der Spitze der Gesellschaft standen die Adligen. Sie stammten aus den sieben bedeutenden Königsfamilien mit matrilinearer Erbfolge. Der *Damel* behauptete eine Machtstellung, die mit zauberähnlichen Kräften einherging. Deutlich wurde das am Tag seiner Inthronisation in Mbul, der Hauptstadt. Hier nahm er den Turban in Empfang sowie ein Gefäß mit Samenkörnern, danach begab er sich in den heiligen Wald, wo er sich zur animistischen Einführung eine Weile aufhielt. Die *linguères*, Mutter, Tanten oder Halbschwestern (Stiefschwestern mütterlicherseits) des *Damel* spielten eine maßgebliche Rolle in der Politik. Manche schreckten nicht einmal davor zurück, in die Schlacht zu ziehen; so tat es die Tochter des Lat Sukaabe, die sich wie ein Mann gekleidet auf ihr Roß schwang und gegen die Trarza-Mauren losstürmte. Sie schlug sie in Gramgram. Der Hofstaat setzte sich aus Höflingen (*Dag*) und Würdenträgern (*Kangam*) zusammen. Unter den Würdenträgern war *Fara Kaba*, Chef der Sklaven der Krone (und selbst Sklave) der wichtigste Mann. Die *Kangam* waren wegen ihrer Kühnheit sehr angesehen: »Flucht ist eine Schande!« erklärten sie.

Die freien Menschen (*Dyambur* = »Bürger«, *Baadolo* = »Bauer«) bildeten die normale Bevölkerung, die keinen großen politischen Einfluß hatte. Daran schlossen sich die Leute an, die zu bestimmten Kasten gehörten. Gemäß der althergebrachten Einteilung gab es die Kasten der Metallarbeiter, der Holz- und Lederarbeiter, der Garnbearbeiter, die Berufe der Weber, Schuhmacher, Sattler, der Juweliere und der Schmiede. Die Griots (*gêwel*), die einer speziellen Kaste angehörten, waren hier wie anderswo in der subtilen Kunst des Spotts und der Lobpreisungen bewandert. Den Spott träufelten sie wie Gift aus, die Loblieder verbreiteten sie wie ein zu Kopf steigendes Parfum. Oftmals folgten sie ihren Gebietern als Standartenträger in die Schlacht und erlitten an ihrer Seite den

Der afrikanische Widerstand 455

Tod. Auf der letzten Stufe der Gesellschaftshierarchie standen die Sklaven (*dyaam*). Sie machten zumindest in den Städten das Gros der Bevölkerung aus (1825 lebten in Saint Louis und Gorée unter 16 000 Menschen 12 300 Sklaven). Die Hausklaven überwogen, sie unterschieden sich wenig von den freien Menschen. Man betrachtete sie in der Tat als Söhne des Hauses, sie besaßen Eigentum und aßen zusammen mit ihren Herren. Die Gefangenen, die von Geburt aus Sklaven waren, *Dyaam-u-Buur-i*, und dem Staat gehörten, spielten unter der Führung des *Fara Kaba* eine Rolle ersten Rangs. Unter den Notabeln standen sie dem König am allernächsten und unterzeichneten mit ihm die Verträge, die das Königreich verpflichteten. Unter ihnen rekrutierte man die Krieger, die *tyeddo*.[9] Diese Männer trugen ihr Haar geflochten, schmückten sich mit Ohrringen und einer Unzahl von Amuletten, Halsketten und silbernen Armreifen. Aber unter diesen eher weiblich wirkenden Erscheinungen verbargen sich ausgezeichnete Krieger. Diese großen Trinker von Zuckerbranntwein und anderen importierten oder einheimischen Alkoholika, diese Mädchenverführer, vereidigten Priester und notorischen Plünderer versinnbildlichten für die turbantragenden Marabut das Bild von der Hölle. An ihrer Spitze setzte der unstete Ritter Lat-Dyor seine aufstrebende Karriere fort.

Lat Dyor kam in einer animistischen Umgebung zur Welt. Mit der Unterstützung Demba-Waars, des Chefs der Gefangenen der Krone, unterzog er sich dem Ritus der Initiation. Als »geheilter Beschnittener« trat er dem von den Franzosen protegierten *Damel* Ma Dyodyo kühn gegenüber und schlug ihn. Man setzte ihn an dessen Stelle ein. Doch Ma Dyodyo hielt sich noch nicht für geschlagen; in Ndari fügte er dem neuen *Damel* eine Niederlage zu. In Ngolgol aber trug Lat Dyor einen glänzenden Sieg über ihn davon. Als Lat Dyor im darauffolgenden Jahr erneut geschlagen wurde, mußte er fliehen. Erfolglos blieben seine Versuche, die Häuptlinge von Sine und Salum für seine Sache zu gewinnen. Schließlich vertraute er sich den großen Marabut Ma-Bâ an. Diesen Nachkommen der bedeutenden Linie der Denianke hatte El Hadj Omar im Jahr 1850 zu seinem Stellvertreter im Heiligen Krieg von Senegambien ernannt. 1861 töteten die talibes des Ma-Bâ den animistischen König Rip, den Erben der Dynastie aus dem 13. Jahrhundert.

Als Imam (*Almamy*) gründete Ma-Bâ die Stadt Nioro von Rip. Er ließ die gleiche Intelligenz erkennen, die gleiche Hartnäckigkeit und den gleichen Ehrgeiz wie sein Lehrer El Hadj Omar. Er machte kein Hehl aus seinem Programm: »Schutz für die Bauern, Rechtsprechung statt der willkürlichen und unmäßigen Forderungen der *tyeddos*, Durchsetzung des Islams bei allen Königreichen Senegambiens.« Der Gouverneur des britischen Gambia schlug den Franzosen eine konzertierte Aktion gegen den Marabut vor. Dieser fühlte sich durch die Anwesenheit eines so tapferen Kriegsmannes wie Lat Dyor sehr sicher. Er hatte ihn in den Reihen seiner Unterführer gefunden. Er stützte sich auf ihn, obgleich viele von dessen *tyeddos*, dem Islam unzugänglich, ihn im Stich gelassen hatten.

Lat Dyor selbst hatte sich zweifellos bekehren lassen, »weil er nicht anders konnte«, und weil er dieses Sprungbrett zur Wiedererringung seines Thrones nicht verfehlen durfte. Alles ließ darauf schließen, daß er seinem neuen Glauben treu war. Das hinderte ihn jedoch nicht daran, vermöge eines Synkretismus, der uns schon von Sonni Ali her vertraut ist, die Praktiken der vorislamischen Ge-

---

9 Dieses Wort bezeichnete schließlich bei den Fulbe die Animisten; es benennt auch die Schwarzen.

bräuche zu bewahren. So besaß er »um sich aufzuheitern« bis zu neunzehn Frauen. Ma-Bâ vergalt ihm seine Ergebenheit gut. Er weigerte sich, ihn auszuliefern, wie es die französischen Behörden von ihm verlangten. Im Jahr 1867 aber wurde der *Almamy* in Somb bei einer Schlacht gegen die Serer getötet. Realistisch wie Lat Dyor war, unterwarf er sich und erhielt im Jahr 1869 von Pinet-Laprade den Bezirk von Guet. 1864 bereits hatten sich die Franzosen Cayor einverleibt. Aber Lat Dyor wollte sich nicht mit dem einfachen Posten eines Bezirkshäuptlings, mit einem so »mageren Knochen« zufriedengeben. Deshalb nahm er seine Feindseligkeiten gegen die Franzosen wieder auf, bis zum Februar des Jahres 1871. In diesem Monat wurde ein Vertrag geschlossen, der ihm unter französischem Protektorat den Titel des *Damel* von Cayor zuerkannte. Diese Anerkennung bewegte ihn auch, den Franzosen bei der Beseitigung des Tukulor-Marabut Hamadu Seku beizustehen. Der fand 1875 in Bumdu den Tod.

1879 beschlossen die Franzosen, die Eisenbahnlinie von Dakar bis Saint Louis auszubauen. Sie sollte zum wichtigsten Beförderungsmittel und zur Achse ihres politischen Machtbereichs werden. Der Erdnußhandel überflügelte bereits den langjährigen Handel mit Gummi.[10]

Man hatte Lat Dyor erzählt, die Eisenbahn führe schneller als der Blitz. De facto fuhren die Züge dieser ersten im Juli 1885 feierlich eröffneten Eisenbahnlinie Westafrikas bis zu 20 km/h. Lat Dyor war intelligent genug, um zu erkennen, daß die negativen Auswirkungen der Bahn auf seine Autorität wirklich schneller sein würden als der Blitz. Der Fremde, sagte man, oder der Vorüberziehende baut nicht. Obwohl er, so scheint es, 1879 einen geheimgehaltenen Vertrag unterzeichnet hatte, in dem er die Eisenbahn akzeptiert, erklärte er später, daß »das gewiß eine Maus war, die ihm die Anlage der Gleise unterirdisch gemeldet habe«.

Er rebellierte deshalb erneut, mußte aber in Baol Zuflucht nehmen. Man ersetzte ihn durch Samab Yahya Fall, einen nichtssagenden Menschen, den seine Untertanen zweimal verjagten. Die Franzosen tauschten ihn gegen einen Neffen Lat Dyors aus, Samba Fall mit Namen, ein junger Riese von 24 Jahren. Dieser neue *Damel* ging das Risiko ein, den König von Wolof, Ali Buri Ndiaye, anzugreifen. Nun brauchte Frankreich aber auch diesen für seine Eisenbahnlinie, und so gewährten sie ihm einen Protektoratsvertrag. Wütend über diese Handlung verlangte Samba Laobe von den Franzosen eine Erklärung. In Tivauane, wo eine Verhandlung vorgesehen war, wurde er in einer »glänzenden Kavallerieschlacht« geschlagen, und Cayor wurde erneut von den Franzosen annektiert. Sie formten es in eine Konföderation um mit sechs Provinzen. Die Leitung wurde Demba-Waar, dem Chef der Sklaven der Krone übertragen. Dieser hatte Lat Dyor von Anfang an unterstützt, wurde aber von diesem wegen einiger Machenschaften abgesetzt.

Unermüdlich führte Lat Dyor den Guerillakampf weiter, er weigerte sich, den Tatsachen ins Gesicht zu sehen. Am 26. Oktober 1886 fiel er, umgeben von seinen letzten *tyeddos*, in der Nähe des Brunnens von Dyagle. Er war ein kühner Ritter, der zu sagen pflegte: »Ich will würdig und großzügig leben.« Eines seiner

---

10 Das Gummi tritt aus Wunden (natürliche) oder Schnitten aus der Rinde der Acacia verak oder Acacia senegal aus. Es wird seit dem 16. Jahrhundert sehr geschätzt von der Pharmazie, den Süßwarenherstellern und als Appretur für Kleidung.

Der afrikanische Widerstand   457

sechs Lieblingspferde trug den Namen Lityin, das bedeutet »Sperber«, ein anderes hieß Suusal-up-Kaani, »Kuskus mit Pfeffer«. Er war ein freier Mensch, bisweilen verglich er sich selbst mit einem Bogen, den man spannen konnte, ohne
daß er brach. Aber wie viele andere mit ihm erschien er zu spät. Nachdem ihn
ein Rat bedeutender Wahlmänner unter den Prinzen von Geblüt ausgewählt
hatte, er konnte ihn auch wieder nach seinem Willen absetzen, war es ihm nur
dadurch möglich, sich zu halten, daß er sich vertrauensvoll auf seine *tyeddo*-
Truppe stützten konnte. Diese nun aber blieben ihm nur so lange treu, wie ihnen
der *Damel* die Bauern (*Baadolo*) als Fron- und Zinspflichtige überließ. Ihre unmäßigen Forderungen aber trieben die *Baadolo* in die Arme der Marabut, die
wiederum die Macht der *tyeddos* aus religiösen Gründen ablehnten. Diese inneren Spannungen in der senegalesischen Gesellschaft, verbunden mit der Weigerung der Franzosen, sich mit einem Häuptling von so unabhängigem Geist abzu-
finden, besiegelten letztlich das Schicksal Lat Dyors.

2. Mamadu Lamine Drame

Mamadu Lamine Drame löste ihn ab. Dieser Soninke hatte um 1840 in der
Nähe von Kayes das Licht der Welt erblickt. Er war von einer Wallfahrt nach
Mekka und von einem Aufenthalt in der Türkei sehr gebildet zurückgekom-
men, nachdem er sechs Jahre lang Gefangener Hamadus gewesen war. Sogleich
beunruhigte er die Franzosen mit seiner Armee von *talibes*. Nun waren aber die
Bevölkerungsgruppen am oberen Senegal zu dieser Zeit durch die Zwangsarbeit,
die ihnen Gallieni auferlegt hatte, aufs Äußerste gereizt. Zuweilen gelang es
Gallieni, Mamadu Lamine gegen die Tukulor, später auch Hamadu gegen
Mamadu Lamine auszuspielen, dessen Forderungen dem Emir von Segu mißfielen. Nachdem dessen *sinala* (Sippe) in Gundiuru gefangengenommen worden
war, stürzte er sich auf das Fort Bakel (April 1886). Zehntausend seiner
Soldaten liefen voller Zorn Sturm gegen die Stadt und drangen in sie ein. Hefti-
ge Straßenkämpfe setzten ein. Als jedoch nach minimalen Anfangserfolgen eine
Kanonenkugel den Stab des Marabut auslöschte, zog dieser sich zurück. Daraufhin griffen die Franzosen zu Terrormethoden. Sie führten Razzien gegen die
Dörfer durch, die dem Marabut gewogen waren und verhängten Todesstrafen
ohne Gerichtsverfahren. Man nahm den achtzehnjährigen Sohn des Marabut,
Suaibu, gefangen und erschoß ihn. Mit hochmütiger Heiterkeit ging er in den
Tod. Diese Haltung erschütterte die Anwesenden. Mamadu Lamine, der sich
in Obergambia niedergelassen hatte, griff das Land der Serer an. Er verschanzte
sich in Tubakuta, das trotz heldenmütiger Verteidigung unter dem Beschuß
mit Kanonen fiel. Von Stund an befand sich der verwundete Marabut auf der
Flucht. Mussa Mollo vom Casamance-Fluß, der Verbündete der Franzosen,
nahm seine Verfolgung auf. Die Menschenjagd ging von Dorf zu Dorf. Nach
kurzer Zeit konnte man den durch seine Verletzungen geschwächten Mamadu
Lamine gefangennehmen und ihm den Gnadenstoß versetzen. Seinen abgetrennten Kopf steckte man in einen Sack und überbrachte ihn dem französischen Offizier. Durch die Beseitigung dieses Mannes gelang es den Franzosen, ihren Besitz nach Gambia und zum Casamance hin auszudehnen. Bis dahin hatten sie sich
mehr auf den Niger konzentriert.
Der Kampf Mamadu Lamines verfolgte im Kleinen beinahe den großen Plan

El Hadj Omars: den unmöglichen Kampf gegen die Ungläubigen an mehreren Fronten und gegen die afrikanischen »Heiden« zugleich. Den mißgünstigen Streit zwischen mohammedanischen und nichtmohammedanischen Duodezfürsten lassen wir hier beiseite. Diese ungewisse Ausgangslage vereinte buntzusammengewürfelte Truppen trotz eines Soninke-Kerns: aufgehetzte *talibes*, schwärmerische Jugendliche oder frustrierte, Proleten und Abschaum aus den Kolonialfaktoreien, die im Verlauf der großen Machtproben in Unordnung gerieten.

Dieser Kampf ließ zwischen Senegal und Gambia ein Land zurück, das von Hungersnöten, Raub und Epidemien erschöpft war.

3. Ali Buri Ndiaye

Ali Buri Ndiaye wurde 1842 in Tyal geboren. Es war üblich, die jungen Prinzen an entlegenen Höfen als Pagen einzusetzen, um sie einerseits abzuhärten und andererseits vor der Mißgunst möglicher Rivalen in Sicherheit zu wissen. Ali Buri verbrachte diese Lehrzeit bei dem *Damel* von Cayor, Biram Ngone Latir, dem großen Bruder Lat Dyors. Hier absolvierte Ali Buri seine ersten Waffenübungen und entwickelte sich sehr schnell zu einem Krieger ersten Ranges. Während der Kampf um Mbayen in den Truppen des Marabut Ma-Bâ am heftigsten wütete, bekehrte er sich im Jahr 1864 zum Islam.

Elf Jahre später, nach seinem Sieg über Hamadu Seku in Samba Sadyo, wurde er König von Wolof (1875). Mit folgenden Worten beschrieb im Jahr 1886 Minet, Adjutant des Gouverneurs von Saint Louis, diesen Fürsten mit dem athletischen Gang und dem stolzen und intelligenten Gesichtsausdruck: »Als er eintrifft, gehen ihm musizierend und schreiend Griots voraus, zahlreiche Krieger folgen ihm. Er steigt von seinem prächtigen Grauschimmel herab ... Er grüßt mich ... Ich setze mich auf einen Klotz, er läßt sich auf einem riesigen Tuchquadrat auf der Erde nieder. Zwei Männer veranlaßt er, sich hinter ihn zu setzen, um ihm als Rückenlehne zu dienen. In dieser Stellung geht ihm nichts von seiner Würde verloren. Seine Stimme klingt mächtig, er ist gut gekleidet, schöne gris-gris mit Bändern in verschiedenen Farben bedecken ihn. Das erste, was mich beeindruckt, ist der respektvolle, ja ängstliche Ausdruck auf den Gesichtern aller in seiner Gegenwart. Mit einem einzigen Wink hält er diese Menschen zurück oder läßt sie gehen: das ist bemerkenswert.« Als sich dieser Herkules zu einer Schlacht bereitgemacht hatte, mit gris-gris, Munition und mehreren Gewehren behängt, dazu noch Flinten in der Hand und den Dolch am Gürtel, waren zwei stramme Burschen vonnöten, um ihn aufzurichten. Sie taten dies mit Hilfe von Stangen, die sie unter seine Achseln schoben. In seiner Residenz führte er ein königliches Leben. Griots umgaben ihn (sie grüßten ihn zu früher Stunde mit dem Herrschaftstitel *Farêêê*), Krieger und Marabut. Letztere machten sich wenig Illusionen über seine Strenggläubigkeit, denn er liebte den regelmäßigen Wechsel zwischen langen Gebeten und ausführlichen Saufereien.

Seine Mutter z. B. hinterließ er mit dem ausdrücklichen Befehl, sich im Notfall mit dem Pulvermagazin in die Luft zu sprengen, als er aufbrach, um den jungen, anmaßenden *Damel* von Cayor, der damals von den Franzosen protegiert wurde, in die Schranken zu weisen (Samba Laobe). In der Schlacht bei Gile übertraf Ali Buri sich selbst an wahnwitziger Unerschrockenheit, und Samba Laobe mußte eine bittere Niederlage hinnehmen. Zusammen mit Lat Dyor unterzeich-

Der afrikanische Widerstand 459

nete Ali Buri schließlich mit Frankreich im Juli 1889 einen Protektoratsvertrag. Dabei verpflichtete sich der König, den Bau der Eisenbahn bis Bakel zu unterstützen und seinen ältesten Sohn in Saint Louis von den Franzosen erziehen zu lassen. Doch schon begann er sich unter der Kolonialmacht unwohl zu fühlen. Er nahm Kontakt mit Ahmadu von Segu, dem Sohn El Hadj Omars, auf. Als sich 1890 Dodds Jang-Jangs bemächtigte, galoppierte Ali Buri bereits so schnell wie möglich nach Nioro in der Sahel. Hier und in Kolomina nahm Ali Buri am Widerstand gegen Archinard teil. Seine sagenhafte Mißachtung jeder Gefahr ließ ihn mitten in der Schlacht an der Spitze seiner Kavallerie beim Angriff ausrufen: »Seid ohne Furcht, es sind nur Esel!«

C. Der Widerstand im Sudan

Ahmadu, der Sohn El Hadj Omars, hatte einen verschwiegenen Charakter und neigte zu Kompromissen. Er war sehr gebildet. Das Reich, das er beherrschte, war ein sehr buntscheckiges Tuch. Abgesehen von Segu und Kaarta, wo sich die bedeutenden Festungen Nioro und Diala erhoben, gehörten dazu noch die Gebiete von Dinguiray, das seinem Bruder Aguibu anvertraut war, und Massina, seinem Neffen Tidjani unterstellt. Die mohammedanischen Tukulor aber, die die Kader der Truppe und der Verwaltung bildeten, blieben inmitten der überwiegend animistischen Mandebevölkerung und der mohammedanischen, aber feindlich gesonnenen Fulbe von Massina nur eine Minderheit. Hinzu kommen Familienzwistigkeiten, hauptsächlich von Seiten Tidjanis. Die Beziehungen zwischen Ahmadu und Frankreich entwickelten sich sehr bald negativ. 1880 wurde zwischen ihm und Gallieni ein Vertrag abgeschlossen, der ausdrücklich Handelsfreiheit und Frankreich damit eine privilegierte Stellung zusagte. Frankreich verpflichtete sich, niemals ein Land zu erobern, das den Tukulor gehörte. Mehrere Passagen dieses Vertragstextes stimmten aber in der arabischen und der französischen Fassung nicht überein. Bereits in der Präambel hieß es z. B. im französischen Text: »Freundschafts- und Handelsvertrag, abgeschlossen mit dem Reich von Segu im Namen der Französischen Republik.« Im arabischen Text lautete dies: »Ehre sei Gott! Seine Barmherzigkeit möge sich über alle Völker dieser Welt ausbreiten. Möge er seine Gläubigen in der Ewigkeit belohnen! Gott schütze Mohammed und seine edle Familie!« Die französische Regierung erkannte diesen Vertrag nicht an, ihr Staatssekretär in den Kolonien qualifizierte ihn als einen »Papierfetzen« ab.

Das Eintreffen der Franzosen in Bamako bedeutete für Ahmadu eine echte Bedrohung. Dank seiner neuen Verträge mit Frankreich ermöglichte er indes die Beseitigung Mamadu Lamines. Dagegen lehnte er es ab, mit Samori gemeinsame Sache zu machen. Zuletzt verwahrte er sich gegen die französischen Übergriffe: »Sie sind ohne meine Vollmacht in meine Länder eingefallen, ohne irgendein Recht und unter Mißachtung der Verträge, die uns verbanden!« 1888 schritt Archinard, Militärkommandant des Sudans, zu Handlungen gegen Ahmadu und Samori, die er für »unfügsam und hinderlich für den Handel« hielt. Er ging ganz methodisch vor, hob die Tukulorfestungen aus, schickte Kanonenboote über den Niger, die es Marchand ermöglichten, die Festungsanlagen Segus auszukundschaften, während er gleichzeitig versuchte (allerdings vergeblich), Ahmadu durch einen Brief, der voll von Beteuerungen seiner friedlichen Absichten war, irrezuführen. 1890 wurde Segu eingenommen; das schlug wie der Blitz ein und löste unter den sudanesischen Arbeitern Senegals Streik aus. Mari Diarra, ein Strohmann, der den Platz Ahmadus in Segu eingenommen hatte, wurde übrigens wegen »mangelnder Folgsamkeit« im folgenden Jahr erschossen. Er hatte nicht begriffen, worum es ging. Die folgenden Jahre waren geprägt von zornigen und verzweifelten Konteroffensiven Ahmadus. Seine Festungen fielen eine nach der anderen. In Kolomina ließ sich Ali Buri Ndiaye, Ex-König von Wolof, der sich in einem Flußbett verschanzt hatte, zwei Stunden lang beschießen, um seinem Häuptling und dem Gros der Armee zu ermöglichen, Massina zu erreichen (1891). In der Zwischenzeit wurde Wossebugu belagert, wo sich der Bambara-häuptling Bandiugu zusammen mit Ahmadu verschanzt hatte. Die vom Kanonenfeuer bedrängten afrikanischen Krieger »schienen davon nicht eingeschüchtert zu sein; manche, die dem Feuer schutzlos ausgesetzt waren, bedrohten uns mit lautem Geschrei«. Trotz der Kanone blieb der Kampf lange Zeit unentschieden. Der französische Offizier hatte die Idee, die lokalen Streitigkeiten gegeneinander auszuspielen. Er rief die Häuptlinge seiner Bambaraverbündeten zusammen und reizte ihren Stolz mit folgenden Worten: »Seid ihr Frauen oder Sklaven? Ich glaubte, die Bambara wären tapfer; ich dachte, daß sie den Tod weniger fürchteten als die Weißen . . .« Trotzdem mußte man die Stadt Hütte für Hütte niederkämpfen. Der Kriegstrommler (tabala), der sich im Zwinger des Häuptlings befand, schlug unaufhörlich die Trommel, »um den Widerstand anzuheizen. Selbst die Frauen verteidigen sich. Ein Hilfssoldat erscheint bei der Ambulanz mit einer Kopfverletzung, die vom Säbelhieb einer Frau beim Zwinger herrührt. Andere kehren in die Hütten zurück, schließen sich dort ein, umgeben sich mit seko (Strohmatten) und legen Feuer. Mehrere Hütten fand man, in denen halbverkohlte Männer-, Frauen- und Kinderleichen lagen. Vor der Tür einer dieser Hütten sagt ein Kind, daß seine Mutter es im letzten Moment hinausgestoßen habe.«[11] Endlich schlug eine Riesenflamme aus dem Zwinger, der Häuptling Bandiugu Diarra hatte sich mit seinen Pulverreserven in die Luft gesprengt. Der nach Massina geflüchtete Ahmadu übernahm die Macht. Doch im Jahr 1893 begann erneut die französische Eroberung. In Dschenne drängte die Bevölkerung die Soldaten in die Verteidigung; denoch wurde die Stadt eingenommen, ebenso Bandiagara. Nachdem Ahmadu und Ali Buri nacheinander von Massina, von Dschenne und von Mopti abziehen mußten, beschlossen sie, nach Sokoto zu ziehen, ins Mutterland Ahmadus, vorüber an Dori, das Sokoto damals tributpflichtig war. Ohne Erfolg blieb Ali Buris Bemühen, in Nord-Dahome ein Königreich zu erwerben. Nach einer Hetzjagd durch die Franzosen und die Haussa wurde er schließlich in einem Gefecht nahe bei Dogondutschi (Niger), fast 3 000 km von Wolof entfernt, getötet. Die heldenhafte Karriere eines unbeugsamen Kriegers war damit zu Ende.

Ahmadu hingegen erreichte Sokoto. Der dortige Emir gab ihm die Provinz Zamfar. Manche seiner Anhänger setzten ihre Wanderung bis zum nilotischen Sudan fort, sogar bis Medina und Mekka. Der Sohn El Hadj Omars starb im Jahr 1898, im selben Jahr, in dem Samori gefangengenommen wurde und Sikasso fiel. Ein bedeutsames Zusammentreffen, das sehr gut demonstriert, daß der Einzelkampf und auch die Rivalitäten zwischen ethnischen afrikanischen Grup-

---

11 Siehe Meynaud, *Les Pionniers du Soudan.*

Der afrikanische Widerstand 461

pen zu den wesentlichsten Faktoren für ihr letztliches Scheitern gehörten. Festhalten muß man auch den Überlegenheitskomplex, den vorwiegend die mohammedanischen schwarzen Häuptlinge gegenüber dem unzuverlässigen Weißen entwickelten. In ihren Botschaften bezeichneten sie z. B. Archinard als einen »Unbeschnittenen und Sohn eines Unbeschnittenen«.

Lobi und Birifor verbündeten sich im Kampf gegen Samori mit den Engländern. Monteil notierte dazu, daß der Häuptling von Bobo »sein Land vor den Unternehmungen Tiebas schützen wollte, und deshalb vertraute er mir«.

Sikasso, die großartige Festung, deren Umwallungsmauer an der Basis sechs Meter dick war, und deren Länge 8 km betrug, stand unter dem Befehl Babembas, des Nachfolgers von Tieba. Babemba trieb seine Leute zu wahren Heldentaten. Aber die Kanonen brachen den Widerstand des Königs von Kenedugu. Als er sich in seinen Palast zurückgezogen hatte, hörte er bald die Angreifer sich im Laufschritt nähern. An seine Wache gewandt schrie er: »Tiekoro, töte mich! Töte mich, damit ich nicht in die Hände der Weißen falle!« Die Wache feuerte einen Schuß auf ihn ab, und der König, der bereits zu Boden glitt, richtete sich noch einmal auf, um seinem Leben selbst ein Ende zu setzen und den Eid zu erfüllen: »Solange ich lebe, betreten die Franzosen Sikasso nicht.«

D. Der Widerstand und die Unterdrückung in allen anderen afrikanischen Ländern

Im Mossiland begegnete der König von Wagadu, Naba Kuto, genannt Wobgho, den Vertragsvorschlägen der Franzosen folgendermaßen: »Ich weiß sehr wohl, daß die Franzosen mich töten wollen, um mein Land nehmen zu können. Du behauptest übrigens, daß sie mir helfen wollen, es zu organisieren. Aber ich finde mein Land sehr gut, so wie es ist . . .« Die Offiziere Voulet und Chanoine eroberten an der Spitze einer Kolonne, die sich im wesentlichen aus senegalesischen und Bambara-Scharfschützen zusammensetzte (denn die Männer eines eroberten Landes mußten das nachfolgende Land mit erobern!), im Jahr 1896 Wagadugu. Der König floh zum Dagombaland, der Wiege der Dynastie. Fast umgehend ersetzte man ihn wie in Dahome, im Senegal, in Segu durch einen folgsameren Verwandten.

In Obervolta, wie sehr oft auch anderswo, widersetzten sich die traditionell weniger gut politisch organisierten Volksgruppen am stärksten der Eroberung. Der Patriotismus konzentrierte sich bei ihnen in jedem Dorf, was natürlich den Widerstand um ein Vielfaches steigerte. So bedrängten z. B. die Samo, »deren wilde Einwohner ihre großen Marktflecken mit einer seltenen Hartnäckigkeit verteidigen«, beharrlich die Kolonne Voulets. Manche erstickte man in Höhlen. Es dauerte lange, die Bobo und die Lobi zu unterwerfen. Nach einer langen Verfolgung wurde der Almamy Bokar Biro im Futa Dschalon gefangengenommen und getötet. Dieser Häuptling war berühmt und berüchtigt wegen seiner Tapferkeit und seiner Grausamkeit. Während Alf Jaja sich den Franzosen gegenüber zunächst umgänglich zeigte, schickte Bokar Biro der Regierung in Conakry eine Delegation zu einem Höflichkeitsbesuch. Entschieden weigerte er sich aber, in Timbo einen französischen Statthalter einzuführen. Kurze Zeit später wurde das Futa Dschalon aufgeteilt. Omaru Bademba, der mit den Kolonisatoren gemeinsame Sache machte, wurde ziemlich bald wieder von ihnen abgesetzt. Alfa Jaja begab sich daraufhin auch in den Widerstand, wurde aber ebenso unterworfen. Die »Befriedung« der Elfenbeinküste verzögerte sich vor allem durch die Auflehnung der Völker in den Waldgebieten. Unterstützung erhielten sie im Norden und Osten des Landes von der Bedrohung durch Samori und durch die Briten, die Clauzel sehr geschickt für seine Zwecke ausnutzte. Doch noch lag die endgültige Unterwerfung in weiter Ferne. Von der machtvollen Auflehnung der Aschanti in Ghana ist bereits gesprochen worden.

Die ununterbrochenen Übergriffe Frankreichs in Dahome auf das Königreich von Abomey (Besetzung Kotonus; Weigerung der französischen Kaufleute, Zoll zu zahlen) ließen Konflikte zwischen dem Glelekönig und Dr. Bayol entstehen. Dieser schien ein ziemlicher Duckmäuser gewesen zu sein, wenn man seinen verzweifelten Telegrammen nach Paris glauben soll, in denen er um Hilfe rief und das Schreckensbild der totalen Aufreibung des französischen Kontingents vor Augen führte. Er ließ die Delegation von Abomey in Kotonu festsetzen und lieferte sie dem Verbündeten der Franzosen, Toffa von Porto Novo aus. Dieser veranlaßte ihre Hinrichtung. Die Flotte bombardierte Kotonu. Dahome nahm die Herausforderung in Gestalt seines neuen Königs Gbehanzin an. Er überfiel die Küste, mußte aber unter dem Druck der angedrohten Bombardierung Widas in einem Vertrag 1890 das französische Protektorat über Porto Novo und die Besetzung Kotonus gegen jährliche Abgabenzahlung anerkennen. Gbehanzin machte einen hochmütigen Eindruck, war sehr einfach gekleidet, sein Blick klar, fast stolz. Er liebte den Prunk in seiner Umgebung, seine Dienerschaft, seine Geräte aus Edelmetall, die Empfänge und Feste. Als großer Redner faszinierte er durch seine Urteilskraft und die Feinheit seines Humors. Er hielt es nicht für unter seiner Würde, Lieder zu komponieren. Aber sobald es sich um sein Königreich handelte, trug er die Begeisterung und den Starrsinn des Herrschers zur Schau. Sein Wappen stellte ihn als einen fürchterlichen Hai dar, der den Eindringlingen, die begierig nach dem Land Wegbadjas trachteten, den Weg versperrt. Unter anderem hat er auch folgendes erklärt: »Der König von Dahome gibt niemandem sein Land!« Dieses Land dehnte sich damals auf der einen Seite zwischen den Mahi und den Joruba des Nordens und dem Ozean aus, und andererseits zwischen den Ländern Popo und Ague im Westen und dem Nokuesee, der es vom Königreich Porto Novo im Osten trennte.

Im Jahr 1891 nun aber mußte ein französisches Kanonenboot, das den Wemefluß im Dahometerritorium aufwärts fuhr, Schüsse über sich ergehen lassen. Das war das Zeichen zum Krieg, den Frankreich bereits seit langer Zeit vorbereitet hatte. Oberst Dodds erhielt die Order, Abomey mit 3 000 Mann zu besetzen, die mit modernen Waffen ausgerüstet waren, darunter befanden sich auch »Versuchsobjekte« wie die Sprengkugeln. Dieses Königreich, das als Verteidiger der Sklaverei galt, gab ein Beispiel für den erbitterten Widerstand gegen die Fremden. Seine Krieger, insbesondere die Amazonen (Frauenregimenter), zeigten uns unzählige Beispiele heroischer Todesverachtung; z. B. in der verzweifelten Schlacht von Cana. 1892 drang Dodds in das geräumte Abomey ein. Zwei Jahre lang bemühte er sich vergebens, Gbehanzin zu erwischen. Daraufhin ernannte man einen Marionettenkönig, Agoli Agbo, was im Jahre 1894 endlich die Übergabe Gbehanzins nach sich zog. Man transportierte ihn auf die Antillen, später nach Algerien. Der Strohmann Dahomes wurde übrigens selbst kurze Zeit später

Der afrikanische Widerstand 463

nach Gabun verbannt und Dahome auf einfachen Beschluß der französischen Regierung annektiert.

Inzwischen brachte der Vorstoß der Franzosen in Richtung Tschad sie mit Rabeh in Berührung. Dieser hatte sich in der Art Zubeir Paschas ein riesiges Königreich erworben, das Sklavenhandel trieb. Es wurde von einer gut organisierten 35 000 Mann starken Armee kontrolliert. Drei Missionen brachen von Algerien, vom Kongo und vom Sudan aus in den Tschad auf. Die vom Sudan abmarschierende Kolonne wurde von Voulet und Chanoine befehligt, den Eroberern des Mossilandes. Diese größenwahnsinnigen und labilen Offiziere säumten ihren Weg mit entsetzlichen Massakern. Die französische Regierung griff schließlich ein und sandte den Oberst Klobb aus, um sie wieder »in den Griff zu bekommen«. Dieser Offizier sah Dutzende von Dörfern, die niedergebrannt waren, Brunnen, die mit Leichen angefüllt waren, und er mußte Dutzende von Mädchen und Frauen entdecken, die an Bäumen aufgehängt waren. Als er schließlich auf die beiden Rebellenoffiziere traf, brachten sie ihn augenblicklich um. Sie waren vom Größenwahn besessen und träumten davon, sich im Zentralsudan ein Reich zu errichten. Ihre eigenen afrikanischen Scharfschützen richteten sie jedoch endlich hin. Das erst ermöglichte dieser Mission, mit den beiden anderen im Tschad zusammenzustoßen. Man schlug Rabeh und tötete ihn in der Schlacht von Kuseri im Jahr 1900. Der Kampf ging indes mit seinem Sohn Fadel Allah weiter. Nach seiner Niederlage wurde er wie sein Vater mit dem Schwert hingerichtet. Von anderer Seite noch gab es Widerstand. Die mohammedanische Bruderschaft der Senussi stellt sich verstärkt den Franzosen entgegen bis zum Jahr 1911, als der Sultan von Dar Kuti, Mohammed Idriss es Senussi während einer Verhandlung getötet wurde. Nun war für Frankreich der Weg geebnet, um dieses wüstenähnliche Gebiet im Norden des Tschads vollständig in Besitz zu nehmen.

Nach Nigeria ordnete man eine Kolonne gegen Ijebu ab; sie mußte schwere Verluste einstecken. Als den Emiren von Nupe und Ilorin die Gefahren der Verträge mit den Briten bewußt wurden, versuchten sie sich zu widersetzen. Man beseitigte sie auf dem schnellsten Weg (1897). Im selben Jahr traf der englische Konsul Philips in Benin ein. Er wollte bei Oba Overami vorstellig werden, den man anklagte, weiterhin Sklavenhandel zu betreiben und Menschenopfer zu begehen. Overami hatte sich mit einem britischen Protektoratsvertrag einverstanden erklärt. Aber man mußte wissen, daß er sich dennoch nicht seiner ganzen Aktionsfreiheit für beraubt hielt, denn er ließ Philips und seine Begleiter ermorden. Die englische Antwort war grauenvoll. Die Stadt Beni wurde eingenommen, geplündert und praktisch dem Erdboden gleichgemacht. Tausende von Kunstgegenständen schleppten die Soldaten fort; diese gewaltige Anhäufung von Meisterwerken setzte sie in Erstaunen. Overami verwies man des Landes. Lord Lugard mußte noch viele Schlachten schlagen, ehe die Emirate des Nordens sich unterwarfen.

In Zentralafrika stießen die belgischen Kolonnen nicht nur auf den Sklavenhändler Tippu Tip, mit dem sie kurze Zeit nach Stanley zusammengearbeitet hatten, und nicht nur auf Misiri, sondern zusätzlich auf die Autochthonen Zande, Pangwe, Lunda, Kuba usw.

Die »Pazifikation« in Ostafrika durch die Deutschen kam die Afrikaner teuer zu stehen. Sie erhoben sich gegen die übermäßigen Forderungen der deutschen Kompanie. Im Jahr 1888 übernahm der negro-arabische Mischling Buschiri die Führung eines Aufstandes, der sich von Bagamajo ausgehend an der gesamten

Küste ausbreitete. An der Spitze einer tausend Mann starken Truppe überfiel und zerstörte Major von Wißmann systematisch alle Städte, die an dem Aufruhr teilgenommen hatten. Buschiri, der ihnen oft entwischen konnte, wurde endlich doch festgenommen und gehängt. Andere Volksgruppen rebellierten weiter, vor allem gegen die Brutalität des Deutschen Peters. Es handelte sich um die Stämme Gogo und Hehe. Als ein Angehöriger des Gogostammes »grinste«, als er Peters beim Frühstück zusah, erteilte ihm dieser eine Lektion. Er ließ ihn mit einer Nilpferdpeitsche auspeitschen. Die Verwandten und Freunde des Opfers versammelten sich mit ihren Waffen. Vergebens bat ihr Häuptling Peters um Friedensverhandlungen. Peters ließ ihm antworten: »Der Häuptling will den Frieden? Gut, er soll den ewigen Frieden bekommen!«[12] Und er schritt zur Hinrichtung ohne jede Gerichtsverhandlung. Auf die gleiche Art und Weise verfuhr er mit den Dschagga, nachdem einer ihrer jungen Leute verdächtigt worden war, sich mit einer der afrikanischen Konkubinen von Peters eingelassen zu haben (1891). Zum Schluß rief man den Sadisten Peters nach Deutschland zurück. Doch der große Stamm der Hehe im Südwesten Tanganjikas wollte sich mit der Situation nicht abfinden. Sie erhoben sich mit ihrem Häuptling Mkwawa an der Spitze und fügten der 1 000 Mann starken Armee, die die Deutschen gegen sie marschieren ließen, eine empfindliche Niederlage zu. Drei Jahre lang bot Mkwawa ihnen die Stirn. Dann im Jahre 1894 konnte ein zweites deutsches Heer nach einem erbitterten Schlachtengetümmel seine Hauptstadt Kalinga einnehmen. Mkwawa gelang es zu entkommen. Obwohl auf seinen Kopf ein hoher Preis ausgesetzt war, wurde er von seinen Untertanen achtsam versteckt gehalten. So begann er mit bewährter Unerschrockenheit, den Guerillakampf zu führen bis zu dem Tag, als er sich, von den Deutschen umzingelt, selbst den Tod gab (1898). Sein abgeschlagenes Haupt schickte man nach Deutschland. 1954 soll es auf Anfrage der Hehe zurückgebracht worden sein.

1905 fand eine Rebellion der Maji-Maji statt. Ihr Name stammte von einem Zauberer, der ein Zauberwasser hervorgebracht hatte, von dem die Leute behaupteten, es könne Kugeln in Wasser verwandeln. Der Aufstand richtete sich gegen die südlichen Verwaltungszentren Tanganjikas, die geplündert wurden, und gegen die deutschen Beamten und Missionare, die man ausrottete. Die Ngoni verbündeten sich mit ihnen. Die deutsche Regierung, die das völlig unvorbereitet traf, zog eine große Armee zusammen. Sie brach von der Küste auf, fegte alles hinweg und steckte alles (Häuser, Felder und Ernten) auf ihrem Durchmarsch in Brand. 120 000 Menschen kamen bei diesem Völkermord ums Leben, bis sozialistische Abgeordnete im *Reichstag* mit Dokumenten von Missionaren dem Einhalt geboten.

Man schuf ein Staatssekretariat für die Kolonien, und Demerg, sein erster Titelträger, besuchte Tanganjika, wo ihm die große Zahl von »Reitpeitschen« in den Büros der Verwaltung auffiel.

Der Aufstand der Hereros und der Hottentotten Deutsch-Südwestafrikas, der auf Anregung ihres »Propheten« Witboi und aus Protest gegen die Konfiszierung ihrer Ländereien stattfand, wurde auf dem gleichen Wege niedergeschlagen. Die Hereros drängte man in die Wüste zurück, wo sie wie die Fliegen starben. Mehr als 60 000 ihrer Leute kamen ums Leben. In Südangola begehrten die Khauan auf. Im Jahr 1897 metzelten sie eine portugiesische Militärmission nieder, die

12 Siehe R. Oliver und G. Methew, *History of East Africa*, London 1963.

Der afrikanische Widerstand 465

damit beauftragt war, sie von der Notwendigkeit einer Schutzimpfung für ihr Vieh zu überzeugen. Der Guerillakampf dauerte bis zum Jahr 1904, als eine portugiesische Armee zerschlagen wurde. Zwei Jahre später fielen ihre Festungen einem Vergeltungsangriff zum Opfer, doch der Kampf währte bis 1915, bis zur Niederlage von Mongua. Die Ovimbundu und die Dembo revoltierten 1902 und 1907 gegen die Zwangsarbeit. Blutig schlug man ihren Aufstand nieder, bis ins Jahr 1910 zog sich ihre Verfolgung hin. In Moçambique versuchten 1894 die Afrikaner, die Stadt Lourenço-Marquez zu erstürmen. Im folgenden Jahr konnte man ihren Angriff endgültig abwehren und ihre Führer zur Flucht zwingen. Sie fanden Asyl bei einem König im Landesinneren, der wegen seines Widerstandes gegen die portugiesische Herrschaft Berühmtheit erlangt hatte: Gunguhana. Er neigte unter bestimmten Voraussetzungen zur Annahme eines britischen Protektoratsvertrages. Aber das Abkommen von 1891 band Großbritannien die Hände. Stolz wies Gunguhana das Ultimatum ab, das ihm die drei portugiesischen Kolonnen, die gegen ihn ausgesandt worden waren, stellten. Aber er schonte den Abgesandten. Man überfiel seine Hauptstadt Manjakazi und legte Feuer in ihr (1895). Es gelang auch, seiner habhaft zu werden und ihn nach Lissabon zu schleppen, wo man ihn den Spötteleien der Menge aussetzte. Nur kurze Zeit verging, bis neue Unruhen sein Land erschütterten.

In der Tat hat es immer überall in Afrika Widerstandsbewegungen gegeben. Selbst wenn offiziell Ruhe und Ordnung zu herrschen schienen, setzte sich die Auflehnung in anderer Form fort.[13]

Die Besitzergreifung zog sich von den ersten Eroberungen bis zum Ende des Ersten Weltkrieges hin. In Mauretanien führte z. B. Ma el Ainin, der Sohn des Marabut Mohammed Fadel, seinen Kampf in Adrar bis zum Jahr 1912, als die Franzosen Walata besetzten. Die Abe im Gebiet von Agboville an der Elfenbeinküste gerieten in Aufruhr. Übertriebene Trägerdienste und Zwangsarbeiten hatten sie in Wut gebracht, außerdem die Konfiszierung der Waffen, gerade nach der Zahlung von hohen Pflichtsteuern für das Tragen von Waffen. Erbarmungslos wurden sie von etwa 1 400 senegalesischen Scharfschützen vernichtet. 1911 gelang es der »Kolonne von Bandama« im Verlauf weiterer Bekämpfungsaktionen im Waldgebiet, den von einer Frau, Häuptling des Dorfes Salekru, angeführten Widerstand zu unterdrücken. In Guinea hielten die Guerze, Manon, Toma, Kissi und Konianke ihre Stellungen in einem hügeligen und waldreichen Land, das selbst Samori nicht annektieren konnte. 1907 fügten die Toma einem französischen Expeditionskorps von ihrer Festung Bussedu aus schmerzliche Niederlagen zu. Doch nach einem heftigen Bombardement konnte es doch noch in das Dorf eindringen. Überrascht mußten die Franzosen aber feststellen, daß die Einwohner ihr Dorf längst verlassen hatten. Die Verteidiger waren ins nahe Liberia geflohen. In Äquatorialafrika prägten der Wald und die Stammeszerrissenheit fast überall die Verhältnisse der geflüchteten Völker Westafrikas. Die Besitzergreifung dauerte hier deshalb bedeutend länger. Sie stützte sich auf die Wasserstraßen (Operationen am Sangha 1904, am Loboye 1904–1907, am oberen Nguni 1908, am Oberlauf des Ubangi 1909 usw.). Ihre Methoden

---

13 Es handelt sich nicht darum, den Heldenmut abzustreiten, der sich bisweilen bei manchen Mitgliedern europäischer Kolonnen zeigte. Zum Beispiel will ich die Handlungsweise des belgischen Sergeanten De Bruynes erwähnen. Als Gefangener der Araber ließ er eine Gelegenheit zur Flucht verstreichen, da er seinen kranken Leutnant nicht verlassen wollte, der wie er Gefangener war und letztlich doch ermordet wurde.

waren hier um so schrecklicher, als das Land hier Kompanien ausgeliefert war, die privaten Konzessionären gehörten, und die auf ihre Weise für Ordnung sorgten. Als die militärische Verwaltungsbehörde das Gebiet in die Hand nahm, verlief die planmäßige Besetzung sehr träge. Im Jahr 1912 wurden erst 60 % des Landes kontrolliert, aber eine einzige der ständigen Polizeiaktionen rottete »538 Eingeborene, Männer, Frauen und Kinder« aus. Ein weiterer typischer Fall war die Protestbewegung des John Chilembwe im Njassaland (Malawi). John Chilembwe gehörte zum Jaostamm, er war konvertiert und trieb Studien in einem Seminar für Priester in den Vereinigten Staaten. Nach seiner Rückkehr im Jahre 1900 trennte er sich von der Hirtenmission, die ihn nach Übersee geschickt hatte. Er gründete seine eigene »Mission industrielle de la Providence«, mit der er einen aufsehenerregenden Erfolg erzielte. Zu der Zeit führten Ereignisse im Bezirk um Blantyre zu einer gefährlichen Spannung unter den Schwarzen: die Überbevölkerung in dem breiten Flußtal des Schire, die Hungersnot von 1912 als Folge einer Dürre, die Massenaushebung für den Krieg, die Steuererhöhung, die Rassendiskriminierung durch den Großgrundbesitzer A. L. Bruce. Dieser schreckte nicht davor zurück, mehrere Tempel der Mission von Chilembwe in Brand stecken zu lassen. Am 23. Januar 1915 lief das Faß über, der Aufruhr brach aus. Drei Europäer wurden getötet, und eine Abteilung der Armee brauchte zwei Wochen, um die Rebellen niederzuschlagen. Als Chilembwe zu fliehen versuchte, schoß man ihn nieder. Die meisten seiner Anhänger richtete man hin oder warf sie ins Gefängnis.

Zum Zeitpunkt des Ersten Weltkrieges hatte sich noch kein Gebiet des unermeßlichen Schwarzafrika der Kolonialherrschaft vollständig gefügt. Sie hatten, das muß man anerkennen, dazu beigetragen, die ethnischen Kriege einzudämmen, wenn nicht verschwinden zu lassen. Eine unbestreitbar positive Leistung. Herrschende und beherrschte Völker befanden sich nun in der gleichen Abhängigkeit. Die Besatzungsmacht hatte den Frieden nicht so sehr um des Friedens willen geschaffen. Ihre Eroberungskriege und Niederwerfungen mit den modernen Waffen hatten mehr Opfer gekostet, als je die Schlachten der besten Führer Afrikas, die dabei aber Königreiche schufen, in denen Friede herrschte. War andererseits nicht ein sicherer Friede die unbedingt notwendige Voraussetzung, um ein Regierungssystem in Gang zu setzen, von dem heute jeder zugibt, daß es vor allem zum Wohl der Kolonisatoren eingeführt wurde? Diese Zeit sollte von zwei Gesichtspunkten aus betrachtet werden, nämlich vom ökonomisch-sozialen einerseits und vom politisch-kulturellen andererseits. Dabei sei vermerkt, daß der Angelpunkt der Entwicklung, so scheint es, in die Jahre um 1920 nach dem Ersten Weltkrieg fällt.

Bibliographie

ARCHINARD, »Le Soudan en 1893. Considérations commerciales«, *Renseignements coloniaux de l'Afrique Française*, 1895, p. 43.

ARNOUX, A., *Les Pères Blancs aux sources du Nil*. Namur, Grands Lacs, 1948.

AUBLET, ED., *La conquête du Dahomey*. Nancy, Berger-Levrault, 1re partie 1893 à 1894, 2e partie 1895.

BAKER, E., *The life and explorations of Stanley*. Lond., Seeley, 1921.

Bibliographie 467

BAKER, S. WH., *Ismaïlia. A narrative of the expedition to central Africa.* Lond., Macmillan, 1874, 2 vol.

BARATIER, L'.–C', *A travers l'Afrique.* Paris, A. Fayard, 1912.

BARTH, H., *Voyages et découvertes dans l'Afrique septentrionale et centrale.* Trad. P. lthier. Paris et Bruxelles, A. Lacroix, Van Meenen édit., 1860, 4 vol.

BINGER, L. G., *Du Niger au Golfe de Guinée.* Paris, Hachette, 1891, 2 vol.

– *Carnets de route.* Sorlot, 1938.

BOAHEN, A. ADU, *Britain, The Sahara and the Western Sudan 1788–1861.*

BRAZZA, S. DE, *Voyages d'exploration (Ogooué et Congo).* Paris, Delagrave, 1887.

BRUCE, J., *Travels to discover the sources of the Nile, etc.* Lond., Murray, 1888, 5 vol.

BRUTSCH, J. R., »Les traités camerounais«, *Etudes camerounaises,* 57, 1956.

CAILLAUD, D., *Voyage à Méroé et au fleuve blanc (1819–1822).* Paris, Imp. Royale, 1826–1827.

CAILLÉ, R., *Journal de voyage à Tombouctou et à Djenné dans l'Afrique Centrale 1824–28.* Anthropos, Paris, rééd. 1965.

CHAILLEY, C., *Les Grandes Missions Françaises en Afrique Occid.,* Dakar, IFAN, 1953.

CHAILLU, P. DE, *L'Afrique sauvage.* Paris, Lévy, 1868.

– *Voyages et aventures dans l'Afrique Equatoriale.* Paris, Lévy, 1868.

CHAVANNES, CH. DE, *Le Congo Français.* Paris, Plon, 1937.

COQUERY VIDROVITCH, C., *Brazza et la prise de possession du Congo. La Mission de l'Ouest Africain, 1883–1885.* Paris, 1971.

COUPLAND, R., *East Africa and its invaders from the earliest times to the death of Seyyid Said in 1856.* Oxford Clarendon Press, 1938.

– *The exploration of East Africa 1856–1890. The slave trade and the scramble.* Lond., Faber and Faber, 1939, 508 p.

CRABITES, P. G., *The Sudan and the slavery.* Lond., Routledge, 1933.

CROWDER, M., *West African Resistance.* Lond., Hutchinson, 1971.

DAUZAT, A., *L'expansion italienne.* Paris, E. Fasquelle, 1914.

DELACROIX, Mgr., *Histoire universelle des Missions catholiques.* Monaco, Edit. de l'Acanthe, 4 vol.

DE RIOLS, G., *La guerre du Dahomey, hist. habitants, traités, attaques.* Paris, Le Bailly, 1893.

– *L'Epopée Coloniale en Afrique Occidentale Française.* E. Malfère, 1938.

DESBOROUGH-COOLEY, *Histoire générale des voyages.* Trad. Forgues et Joanne, Paris, 3 vol.

DUBOIS et TERRIER, *Un siècle d'expansion coloniale.* 1902.

– *La conquête de l'Afrique.* 1898.

EMILY, Méd.-G'', *Fachoda. Mission Marchand, 1896–1899.* Paris, Hachette.

FLEURIOT, DE LANGLE, *La traite des esclaves à la côte orientale d'Afrique.* Paris, 1875.

FORGET, D. A., *L'Islam et le Christianisme dans l'Afrique Centrale.* Paris, Fischbacher, 1900.

GALLIENI, *Deux campagnes du Soudan français, 1886–1888.* Paris, Hachette, 1890.

GANIAGE, J., *L'expanison coloniale et les rivalités internationales.* Paris, S.E.D.E.S., 1964, 3 vol.

GAUTIER, E. F., *L'épopée coloniale en A.O.F.* Paris, Malfère, 1938.

GRIAULE, M., *Les grands explorateurs.* Paris, PUF, 1946.

GROVES, C. P., *The planting of Christianity in Africa.* Lond., Lutterworth, 1948–55, 3 vol.

GENTIL, E., *La Chute de l'empire de Rabah.* Paris, Hachette, 1902.

GRAY, W., *Travels in W. Africa in the years 1818–1821 from Gambia, to Kaarta.* Lond., Murray, 1825.

HOLT, P. M., *The Mahdist state in the Sudan. 1881–1898.*

HRBEK, J., *Un marabout combattant: Mamadou Lamine et le soulèvement des Sonin-kés*. Mém. I.F.A.N.

HARGREAVES, J. D., *Prelude of the partition of West Africa*. Macmillan.

HOWARD, C., *West African Explorers*. Lond., O.U.P. édit., 1952.

JANVIER, J., »Autour des Missions Voulet-Chanoine en Afrique Occidentale, 1896 à 1899«, *Prés. Africaine*, n° 22, 1958, p. 86–100.

JOALLAND, G^{al}, *Le drame de Dankori*. Paris, Argo, 1930.

KIRK-GREENE, A. H. M., *Barth's travels in Nigeria*. Lond., O.U.P. édit., 1962.

– »Barth. A centenary memoir«, *West Africa* (p. 2175 et 2176), 1831–34.

LIENARDT, R. G., *The effect of christian missionary activities on some Akan institu-tions (1835–1916)*. O.U.P. édit.

LIVINGSTONE, D., *Explorations dans l'intérieur de l'Afrique Australe, de 1840 à 1856*. Trad. H. Loreau. Paris, Hachette et Cie, 1859–1881.

MADEMBA, ABD-EL-KADER, *Au Sénégal et au Soudan Français*. Paris, E. Larose, 1931.

MAGE, L., *Voyage dans le Soudan Occidental. Sénégambie-Niger*. Paris, Hachette, 1872.

MANGIN, G^{al}, *Lettres du Soudan*. Edit. des Portiques, 1930.

– *Souvenirs d'Afrique. Lettres et carnets de route*. Paris, Denoël et Steele, 1936.

MARAN, R., *Brazza et la fondation de l'A.E.F.* Paris, Gallimard, 1941.

MARY, G., *Précis historique de la colonisation française en Afrique Occidentale depuis les premiers siècles jusqu'en 1910*. Paris, Larose, 1937.

MASON, PH., *The Birth of Dilemma, The conquest and settlement of Rhodesia*. Lond., O.U.P. édit., 1958.

MATHESON, E., *The White Fathers in East Africa*. Fallow.

MENIAUD, J., *Sikasso ou l'histoire dramatique...* F. Bouchy, 1936.

– *Les Pionniers du Soudan avant, avec et après Archinard, 1871–1894*. Société des publications modernes, 1931.

MEYNIER, Gal O., *La mission Joalland-Meynier*. Paris, Les Editions de l'Empire français, 1947.

MOLLIEN, G., *Voyage dans l'intérieur de l'Afrique aux sources du Sénégal et de la Gambie*. Paris, Courcier, 1820, 2 vol.

MONTEIL, P. L., *De Saint-Louis à Tripoli par le lac Tchad*. Paris, F. Alcan, 1895.

– *Une page d'histoire coloniale: la colonne de Kong*. Paris, H. Charles-Lavauzelle, 1902.

MOOREHEAD, A., *The White Nile*. Lond., Penguin Books, 1960.

MUNGO PARK, *Journal of a mission*. Murray, 1815.

– *Travels in the interior of Africa*. Lond., Black, 1903.

NEWBURY, C. W., »A note on the Abomey protectorate«, *Africa*, Lond., XXIX (2), avr. 1959.

NICOLAS, CL., *L'expédition du Dahomey en 1890*. Paris, H. Charles-Lavauzelle, 1891.

OLIVER, G., *Africa in the days of exploration*. Prentice-Hall, 1965.

OLIVER, R., *The missionary factor in East Africa*. Lond., Longmans, 1952 et 1965.

PERHAM, M., *Lugard: The years of adventure 1858–98*. Lond., Collins, 1956.

PERHAM et SIMMONS, J., *African discovery*. Lond., Penguin Books, 1948.

PEROZ, E., *Au Soudan Français*. 1896.

– *Au Niger. Récit de campagne. 1891–92*. Paris, C. Lévy, 1895.

PIGUET, cap., *Mission Voulet au Mossi et au Gourounsi*. Paris, Chapelot, 1898.

POIRIER, J., *Campagne du Dahomey (1892–94). Etude géogr. et hist.* Paris, Lavauzelle, 1895, 370 p.

QUINTIN, Dr L., *Souvenirs d'un voyage du Sénégal au Niger 1863–66*.

ROUARD, CARD. DE, *Les territoires africains et les conventions franco-anglaises*. Pedone, 1901.

ROUGET, F., *L'expansion coloniale au Congo français*. Paris, Larose, 1906.

RUDIN, R. H., *Germans in the Cameruns 1884–1914. A case study in modern imperialism*. Lond., 1938.

Bibliographie

RUSSEL, C. E. B., *General Rigby. Zanzibar and the Slave Trade.* Lond., Allen and Unwin, 1935.

SABATIE, J., *Le Sénégal, sa conquête, son organisation.* St-Louis, Imprimerie du Gouvernement, 1927.

SCHAPERA, I., *Livingstone's African Journal. 1855-1856.* Lond., Chatto and Windus, 1963.

SCHNAPPER, B., *La politique et le commerce français dans le Golfe de Guinée. 1838-1887.* Paris, Mouton, 1961.

SCHWEINFURT, G., *Au cœur de l'Afrique.* Paris, Hachette, 1875, 2 vol.

SOLEILLET, P., *Voyage à Ségou 1878-79.* Paris, Challamel, 1887.

SPEKE, J., *Journal of the discovery of the sources of the Nil.* Edinburg & London, Blackwood, 1863.

STANLEY, H. M., *Comment j'ai retrouvé Livingstone.* Paris, Hachette, 1873.

– *A travers le continent mystérieux.* Paris, Hachette, 1879.

– *Dans les ténèbres de l'Afrique.* Paris, Hachette, 1890.

TERRIER, A., *Histoire des Colonies Françaises* (Hanotaux), t. IV, *A.E.F.* Paris, Plon, 1931.

THOMSON, R. S., *La fondation de l'Etat indépendant du Congo.* Bruxelles, 1933.

VAULX, B. DE, *En Afrique: cent mille ans d'explorations.* Paris, Fayard, 1960.

470

10. Das goldene Zeitalter der Fremden

I. In den französischen Besitzungen

A. Das Wirtschaftssystem

Frankreich hatte ein gewaltiges, aber mit natürlichen Bodenschätzen spärlich gesegnetes Stück des afrikanischen Kontinents erworben. Es handelte sich um ein ausgedehntes Hinterland, in der Regel ohne Zugang zum Meer. Das koloniale Wirtschaftssystem der Franzosen unterschied sich nicht sehr von dem der anderen Kolonialmächte. Viele der folgenden Anmerkungen, insbesondere auf dem Gebiet der wirtschaftlichen Ausbeutung, werden später nicht wiederholt und gelten ebenso für die anderen europäischen Kolonien. Wesentliches Anliegen war es, das Maximum aus den eroberten Ländern herauszupressen. Stützte sich nicht ein gewisser Antikolonialismus von rechts auf die Unrentabilität der Kolonien?! Nach Jules Ferry verfaßte Albert Sarraut im Jahr 1923 die erste zusammenhängende »Koloniallehre«. Er stellte die Kolonien als etwas dar, worauf Frankreich nach den Miseren des Krieges zurückgreifen konnte, um sich wieder aufzurichten. Theoretisch konnte sich die Kolonie dank ihrer finanziellen Autonomie selbst genügen. Dieser Grundsatz wurde in A.O.F. (Afrique Occidentale Française = Französisch-Westafrika) angewandt, wo die reichgefüllten Vorratskassen als Sicherheit für die Anleihe in Frankreich dienten, um Arbeiten verwirklichen zu können, die für den privaten Bereich zu unrentabel waren. Dieser wirkte andererseits am Kernpunkt der wirtschaftlichen Aktivitäten, die sich auf den Handel mit europäischen und afrikanischen Produkten konzentrierten. Den Eckpfeiler dieses Systems bildete ein gut ausgebautes und fast monopolistisches Bankennetz mit der B.A.O.[1] (Westafrikanische Bank) und der Bodenkreditanstalt Westafrikas. Die weniger soliden Banken wie die B.C.A.[2] (Afrikanische Handelsbank) und die Französische Bank Afrikas erlebten zur Zeit der großen Krise von 1929 mehrfach eine schlimme Baisse. Es war unvorstellbar, daß Eingeborene sich an diese Kreditorganisationen wandten, unter anderem schon aus dem Grund, weil sie wegen des fehlenden privaten Eigentums keine hypothekarischen Sicherheiten liefern konnten. Die Banken unterstützten ebenso wie spezielle Dachgesellschaften vorwiegend die Handelshäuser aus Bordeaux (Peyrissac, Maurel und Prom) oder aus Marseille (C.F.A.O.[3] = Französische Gesellschaft Westafrikas, und C.I.C.A.[4] = Afrikanische Industrie- und Handelskompanie). Die drei marktbeherrschenden Firmen waren die C.F.A.O. (s. o.), die S.C.O.A.[5] (Handelsgesellschaft Westafrikas) und Unilever, die die fettesten Brocken besaß. Sie verfügte aber auch noch über Zweigfirmen in vielen anderen

---

1 BAO = Banque de l'Afrique occidentale.
2 BCA = Banque commerciale africaine.
3 CFAO = Compagnie française de l'Afrique occidentale.
4 CICA = Compagnie industrielle et commerciale africaine.
5 SCOA = Société commerciale de l'Ouest africain.

In den französischen Besitzungen 471

Bereichen und darüber hinaus über ein Reich, das sich über Kontinente erstreckte. Diese Gesellschaften waren in der Tat nicht selten miteinander verbunden und verzweigten sich jenseits der Grenzen der französischen Kolonien. Sie verfügten in den Hauptzentren über Faktoreien, die die afrikanischen Exportartikel in ihre Sammellager leiteten und die europäischen Waren verkauften. Die Beherrschung dieser beiden Handelsposten verhalf den Kompanien zu sehr beachtlichen Gewinnspannen, vor allem, wenn die Preiskontrolle fehlte. Die Libanesen-Syrer mit auf das Minimum beschränkten Unkosten traten auf den Plan, um sich gleichermaßen einen Platz als Einzelhändler und bisweilen auch als Zwischenhändler zu sichern. Die afrikanischen Händler wurden völlig von den Gesellschaften beherrscht. Sie wirkten in den abgelegensten Teilen des Handelsnetzes. Dieses wurde wiederum stark von den neugeschaffenen Eisenbahnlinien und Straßen geprägt. Sie erleichterten die Verteilung der Produkte. Speziell das Salz kam nicht mehr aus der Wüste, sondern von den Häfen der Küste. Ebenso verfuhr man mit dem Gold, es wurde nicht mehr zur Wüste verfrachtet, sondern zum Meer. Nichtsdestoweniger ging der alte Nord-Süd-Handel, Kolanüsse gegen Vieh und getrockneten Fisch z. B., immer noch weiter. Aufs Ganze gesehen investierten und re-investierten die Gesellschaften ein Minimum. Bei der Verwirklichung ihres Auftrages, die Kolonien wirtschaftlich zu überwachen und soviel wie möglich aus ihnen herauszuholen, stießen sie immer wieder auf Schwierigkeiten wegen des dünnen Netzes von Verkehrswegen und wegen der geringen Bereitschaft der Afrikaner, sich der Export-Produktion zu widmen. Die Verwaltung unterstützte die Gesellschaften in allen diesen Bereichen tatkräftig. Die entwickelte Infrastruktur war eindeutig vom Handel geprägt. Dakar war der einzige brauchbare Hafen. Anderenorts befanden sich häufig nur Anlegestellen. Die Eisenbahnlinien verliefen als vereinzelte Fühler ins Landesinnere und orientierten sich häufig am Lauf der Flüsse. Die Dakar-Niger-Strecke (bis Bamako und Kulikoro) wurde durch das Teilstück Thies-Kayés 1923 komplettiert. 1914 fand der Ausbau der Strecke Conakry-Kankan über Kurussa am Niger sein Ende. Die Dahome-Niger-Strecke hörte einfach plötzlich irgendwo auf . . . Ganz ähnlich sah es mit der Abidschan-Niger-Linie aus, sie erreichte erst im Jahr 1934 Obervolta, und zwar in Bobo Diulasso. Der Bau der Linie vom Kongo zum Ozean, mit dem 1921 begonnen und der 1934 abgeschlossen wurde, um den Franzosen eine Öffnung zum Meer zu sichern, mobilisierte mehr als 20 000 Menschen. Neben den Eisenbahnlinien wurden die Flüsse, die oft durch natürliche Hindernisse unpassierbar waren, nur wenig genutzt. Das in Westafrika sehr gut ausgebaute Straßennetz erstreckte sich 1940 über eine Gesamtlänge von 100 000 km, davon waren 32 000 km Allwetterstraßen. In Französisch Äquatorialafrika verfügte Gabun 1936 über ganze 100 km trassierte Straßen, ansonsten war das Gebiet kaum erschlossen. Zusätzlich zu der für den Handel so nützlichen Infrastruktur half die Verwaltung den Kompanien, ihre Monopolstellung zu sichern, indem sie den Fremdhandel mit drakonischen Zollgebühren belegte, ausgenommen das »vertraglich geregelte Kongobecken«. Die Verfügung vom 14. April 1905, die die viel zu hohe Steuer im Senegal sanktionierte, festigte den französischen Handel und ließ für die bis dahin führenden britischen Handelshäuser das letzte Stündlein schlagen. Ansonsten wurden den großen Kompanien vor allem in Äquatorialafrika weitreichende Konzessionen eingeräumt. 1899 teilten sich einige große Gesellschaften ca. 70 % der Fläche Französisch Äquatorialafrikas (A.E.F.

= Afrique Equatoriale Française), etwa 650 000 qkm – ein weitaus größeres Territorium als Frankreich selbst – untereinander auf, und das 30 Jahre lang. Die *Gesellschaft der Sultanate am oberen Ubangi* eignete sich 140 000 qkm an. Diese Kompanien nutzten ihr Monopol, um die englischen Kompanien zu verdrängen. Wie z. B. die John-Holt-Kompanie, die durch viel Geschrei nach Gerechtigkeit schließlich einen Ausgleich erreichte. Das Monopol richtete sich auch gegen den afrikanischen Erzeuger. Er erhielt nur einen Teil des Erzeugerpreises, weil die Kompanie die besten Ländereien zuvor okkupiert hatte und nun lediglich die Arbeitsleistung bezahlen wollte. Später, als diese Kompanien bankrott machten, erhielten sie vom Staat großzügige Vergütungen für das einst gestohlene Land.

Außerdem wurden die Kompanien durch die Bemühungen der Verwaltungsbehörde und durch deren Vermittlung oft genug mit Zwangsarbeitern versorgt. Die eleganteste Lösung bestand in einem Abkommen, durch das sich die Verwaltung verpflichtete, der Kompanie z. B. eine gewisse Menge Baumwolle zu liefern, die sie zu entkernen hatte. Darüber hinaus praktizierte die französische Regierung eine Preispolitik, die die Kompanien begünstigte. Zum Beispiel organisierte der Staat nach der großen Krise, als die Preise der Exportgüter bedenklich fielen, Gelder zur Stabilisierung und zum Finanzausgleich. Auf diese Weise wollte man den von diesem Ausfuhrhandel abhängigen Kompanien wieder auf die Beine helfen. Dieser Protektionismus wurde gegen Ende der betreffenden Periode aus politischen Gründen teilweise sogar auf die afrikanischen Erzeuger ausgeweitet. Doch im allgemeinen wirkten sich die Kursschwankungen schwer auf den Hersteller aus.

Die Jahre von 1920 bis 1930 trugen wesentlich zur wirtschaftlichen Entwicklung bei. In den 20er Jahren versuchte der Kolonialminister Albert Sarraut, die sogenannte Politik der »Erschließung« in Gang zu bringen. Aber das private Kapital machte nicht mit, und weitere grandiose Planungen, die Zentren zur Ankurbelung der Wirtschaft schaffen sollten, erlebten ein Fiasko. Das *Office du Niger* wollte, nach Ing. Bélimes Berichten, im Jahr 1920 1 750 000 Hektar Land im Nigerbogen bewässern. Es sollte von 1,5 Millionen Menschen aus Obervolta, die umgesiedelt wurden, bestellt werden, um 300 000 Tonnen Baumwolle zu produzieren. Dieser Plan verkleinerte sich wie das Chagrinleder. 1953 belief sich die Zahl der Kolonisten schließlich auf 13 000; 25 000 Hektar Land waren bewässert, und die jährliche Produktion überschritt nicht einmal 4 000 Tonnen. Und dennoch sind in die beauftragten Gesellschaften für jene Epoche beachtliche Summen für Explorations- und Erschließungsarbeiten gesteckt worden. Die fundamentalen (bodenkundlichen und soziologischen) Nachforschungen aber hatte man indessen sträflich vernachlässigt. Die Weltkrise von 1929 führte mit ihrem beängstigenden Preissturz der Import- und Exportwaren zu einem allgemeinen wirtschaftlichen Niedergang.

Seit 1934/35 tauchen dann deutliche Anzeichen einer Wiederbelebung der Wirtschaft auf, vor allem in Französisch Westafrika. Die Erdnußproduktion hatte 1934 wieder den Stand von 1930 erreicht und belief sich 1937 auf 722 600 Tonnen. Diese Situation wurde jedoch durch den Ausbruch des Zweiten Weltkrieges gefährdet, denn er hob die im Haushalt verankerten Subventionen aus Paris wieder auf. Die Erdnußproduktion sank daraufhin im Jahr 1942 in Französisch Westafrika auf 231 000 Tonnen. Andererseits bewirkte die Trennung von der fernen Hauptstadt einen ersten industriellen Vorstoß im Senegal durch die Ein-

In den französischen Besitzungen   473

richtung von Ölmühlen. Alles in allem blieb die Wirtschaft jedoch in ihrer Struktur eine typisch koloniale. Sie begründete sich zu mindestens 95 % auf die Landwirtschaft und auf die Vermarktung der Rohstoffe, auf Plantagen und Minen also. Die Kautschuksammler, die zu Anfang, vorwiegend in Guinea, noch reiche Ausbeute brachten, wurden durch die Kautschukplantagen Asiens ruiniert. Der Erdnußanbau trat hauptsächlich im Senegal und im Sudan an seine Stelle, und die Ölpalme nahm den dritten Platz ein. Diese drei Produkte bildeten im Jahr 1909 87 % der gutgehenden Exportartikel. Den Erfolg der Erdnuß schmälerten bald der Kakao und später der Kaffee (Elfenbeinküste, Guinea). Der Konkurrent Kakao wurde 1908 durch autoritäre Methoden an der Elfenbeinküste eingeführt. Die Baumwolle und die Sisalpflanze im Bereich der Savanne blieben zweitrangig (7 400 Tonnen im Jahr 1929, 16 500 Tonnen im Jahr 1938). Der Bananenanbau lief in Guinea erst vor dem Zweiten Weltkrieg an. Eine wichtige Rolle spielte an der Elfenbeinküste auch das Holz.

In Französisch Äquatorialafrika stützte sich der spät einsetzende wirtschaftliche Aufschwung in erster Linie auf den gesammelten Kautschuk und auf das Holz des Urwaldes (Gabun, Kongo), auf die Erdnuß und die Baumwolle in den Savannengebieten. Der Elfenbeinhandel stagnierte sehr schnell nach den unzähligen Elefantenmassakern mit den modernen Waffen. Eines der Merkmale dieser punktuellen Sammelwirtschaft, die ganz einfach soviel wie möglich zusammenraffte ohne zu re-investieren, und deren Kurzsichtigkeit manche Zeitgenossen beklagten, war folgendes: trotz der erhöhten Preise für Importartikel verzeichnete die Handelsbilanz des Kongos von 1902 bis 1906 einen Überschuß an im Preis hochstehenden Exportwaren. Übrigens zeigte sich der merkantile Charakter der Investitionen in der Tatsache, daß am 4. Juni 1945 das Kapital der an der Pariser Börse notierten Gesellschaften, die in Schwarzafrika arbeiteten, wie folgt aufgeschlüsselt wurde: 63 % im Handel, 16 % in den Plantagen und Wäldern, 7 % in den Minen und nur 4 % in der Industrie. Die Minen (Gold, Kupfer) wurden vor allem von den Autochthonen geführt, die sie nach traditionellen Methoden ausbeuteten. Die Bemühungen, die Afrikaner auch auf diesem Sektor zu verdrängen, basierten auf der Hoffnung, auch hier modernisieren und rationalisieren zu können. Aber die hohen Investitionen machten diesen Wunsch zunächst unrealisierbar. Die wenigen Gesellschaften in diesem Bereich, z. B. die *Compagnie des Mines de Siguiri* und die *Faleme Golden Valley* hatten es ausschließlich darauf abgesehen, die Barmittel gewisser naiver Kapitalisten abzuschöpfen. Ein weiterer wichtiger Aspekt dieser Kolonialstruktur war der inselartige Charakter des wirtschaftlichen Aufschwungs. Er konzentrierte sich auf die Küsten, längs der Bewässerungsanlagen und rund um einige Zentren des Binnenlandes. So wie sich die Skala der Erzeugnisse auf die Rohstoffe beschränkte, so blieben entsprechend weite Regionen praktisch vom allgemeinen Wirtschaftskreislauf ausgeschlossen: es fand keine wirtschaftliche Integration Afrikas statt. Andererseits war die Integration in die Wirtschaft des Mutterlandes sehr stark und nahm immer mehr zu. So betrug der Prozentsatz des Güteraustauschs zwischen Französisch-Westafrika und der Freihandelszone in bezug zum Gesamthandel 1912 66 % für den Export und 44,5 % für den Import. 1932 änderten sich die Zahlen auf 82 % bzw. 69 %. Das war auf ein Zollstatut zurückzuführen, das strenge Schutzzölle beinhaltete.

Die Folgen dieses Einflusses waren für die Afrikaner, die durch eine Summe wirtschaftlicher Mechanismen beraubt wurden, sehr schwerwiegend. Die Kopfsteuer bildete nach den Zollgebühren den zweiten Posten (bisweilen auch den ersten) der Etateinnahmen. Sie wurde nicht selten willkürlich durch verfälschte Zahlen bei den Volkszählungen festgesetzt. Diese Steuer mußte in Geld (Silber) gezahlt werden. Dadurch wollte man die Bauern zwingen, Exportwaren zu verkaufen. Notfalls nahm man das fehlende Geld auch zum Vorwand, um den Afrikanern die Pflichtarbeit auf »den Baumwollfeldern des Kommandanten« aufzuzwingen, ganz zu schweigen von den normalen Arbeitsleistungen für die Infrastruktur. Die Straßen, Häfen und Eisenbahnlinien bauten ungezählte Männer und Frauen mit ihren Händen, da bestimmte Ausrüstungsgegenstände immer fehlten (man begrenzte den Maschinenkauf auf das Notwendigste). Sie verbrachten Wochen und Monate damit, die Straßen wie den Fußboden ihrer Hütte festzustampfen. Niemand konnte die auf diese Weise von ihnen erzwungenen Arbeitsstunden zählen. Friedhöfe markieren die Eisenbahnstrecken Kongo-Ozean und Thies–Kayes. Falls sich die Männer durch Flucht der Sachleistungspflicht zu entziehen versuchten, ergriff man ihre Frauen und Kinder. In Äquatorialafrika drängten sie sich zuhauf als Geiseln in den Lagern des Todes, denn Geiseln brauchten nicht ernährt zu werden. Von Bedeutung in diesem Zusammenhang war die Ausbeutung der besten Landstriche, die in Französisch Westafrika durch den Erlaß von 1935 auf den angeblich unbewohnten und unfruchtbaren Gebieten legalisiert wurde. Viele solchermaßen veruntreute Ländereien führte man privaten Gesellschaften zu; das gleiche gilt für die aufgeteilten Wälder und die städtischen Bereiche, die durch Parzellierung wucherisch aufgewertet wurden. Die Folgen blieben nicht aus: der Widerstand der Ureinwohner, wie der Lebu in Dakar, regte sich.

Eine weitere sehr subtile Form der Ausraubung war die Einrichtung von Saatgutspeichern durch die einheimischen Vorsorgegenossenschaften. Sie, die von einem guten kooperativen Grundsatz ausgegangen waren, verwandelten sich allmählich in Schwindelunternehmen. Dennoch wurde dieses System in den Jahren 1930–1933 verallgemeinert. Die von den Bauern abgelieferten Sämereien kamen ihnen selten wieder zugute.

Wenn man bedenkt, daß der für den Export bestimmte Anbau lediglich aus spekulativen Gründen erfolgte, ohne auch nur annähernd ausreichend Sorge für die Regenerierung des Bodens zu tragen, dann versteht man die hilflose Wut der Bauern. Wenn man dem noch hinzufügt, daß Preissteigerungen sich für den Bauern fast immer auf die importierten Waren bezog, während die Preissteigerungen seiner eigenen Produkte meist von der wachsenden Gewinnspanne der monopolistischen Gesellschaft geschluckt wurden, dann begreift man noch mehr, daß der Bauer oft alles stehen und liegen ließ und floh. Man erpreßte seine Arbeitskraft, jagte ihm seine mageren Ersparnisse ab und bisweilen auch seinen kärglichen Grund und Boden. Diese Abwanderung der Bauern ließ die Städte wachsen, besonders die der Küstenländer. Hier war die Wirtschaft bereits besser entwickelt und verlangte starke Arme unter weniger willkürlichen Bedingungen als im Binnenland. Deshalb brachen die Arbeiter des Sudans in den Senegal auf mit dem Arbeitsvertrag in der Tasche, Erdnußanbau zu betreiben. Die Bewohner Obervoltas und Nigers wanderten zur Gold- und Elfenbeinküste hinab. Sie unterstützten den wirtschaftlichen Aufschwung, der in diesen Ländern bereits eingesetzt hatte, entzogen aber gleichzeitig ihren Heimatländern kostbare Kräfte; sie ließen ihnen auch nur unbedeutende Ersparnisse von ihrem mageren Lohn zukommen. Die Arbeitgeber oder Verwalter behielten übrigens in der Regel einen beträchtlichen Anteil dieser Hungerlöhne ein. Theoretisch als erzwungene Spareinlage für den Arbeiter, praktisch jedoch als zinsloses Darlehen und Betriebskapital und als Bestechungsgeld für die Behörden. Die beiden Weltkriege und die Weltwirtschaftskrise trugen noch dazu bei, diese allgemein miserable Lage zu verschlimmern. Zur ganzen Last des Krieges verlangte man den Bevölkerungen noch Zusätzliches ab, in Französisch Äquatorialafrika z. B. den Ausgleich der fehlenden Subventionen des Mutterlandes. Weitere Übel waren der Schwarzmarkt, der die Preise in die Höhe trieb, und die umfangreichen Requirierungen von Nahrungsmitteln und »strategisch wichtigen« Produkten. Mangel an Reis, Petroleum und Baumwollstoffen führte die Menschen zum Teil auf sehr beschränkte Lebensumstände zurück. Zur Zeit der Kriege und der Weltwirtschaftskrise herrschten oft Hungersnöte. Bei den Menschen von Wadai, Kanem, Ubangi, Gabun, vom Dogonland, von Obervolta und Niger ist die Erinnerung daran oftmals noch sehr lebendig; man bedenke, daß hier im Jahr 1931 15 000 Menschen Hungers starben. Hier und da flammten Aufruhr oder gar politischer Aufstand auf. Jedoch war ihre Bedeutung gering im Vergleich zu der Organisierung in den Städten. Mit der Rückendeckung der entstehenden Arbeiterklasse begannen Gewerkschaften in dieser Zeit Opposition nicht nur mit dem Wort zu treiben. 1925 nahm man drei Anführer eines partiellen Streiks der Eisenbahnarbeiter der Dakar-Niger-Strecke gefangen und ließ sie auspeitschen. Ein Generalstreik war die Antwort. Mit ihrer Weigerung, auf die Arbeiter zu feuern, zwangen die zwangsrekrutierten Bambara-Truppen die Behörden, ihre Gefangenen wieder freizulassen. Die Verordnung zur gesetzlichen Regelung der Gewerkschaften von 1937 war leider ziemlich restriktiv. Ein Gewerkschaftsmitglied mußte fließend französisch sprechen, schreiben und lesen können. 1938 brach ein weiterer Streik aus, wobei das Eingreifen der Truppen sechs Menschen das Leben kostete. Der Generalstreik schloß sich an. Er fand ein Ende, als mit der Generalregierung von Dakar eine Lösung ausgehandelt werden konnte.

Muß nun diese Phase der Kolonialzeit ausschließlich negativ gesehen werden? Bestimmt nicht. Sicher, die Straßen brachten den Afrikanern noch immer nicht viel. Sie sind Fußgänger und haben ihre Pisten. Dennoch waren die Straßen nützlich; sie erleichterten den Kontakt zur Außenwelt und tun es noch heute. Die Eisenbahnlinien erfüllten vornehmlich die Aufgabe, die Schätze des Landes abzutransportieren. Gleichzeitig ermöglichten sie aber Schritt für Schritt den Aufschwung weiterer wirtschaftlicher Aktivitäten. Außerdem häuften die Afrikaner, die sich mit dem Anbau für den Export beschäftigten, bald ausreichend Kapital an, um im Senegal, an der Elfenbeinküste und an der Küste Benins eine privilegierte soziale Schicht zu konstituieren. Sie entwickelten innenpolitisch Aktivitäten und leiteten so einen kapitalistischen Entwicklungsprozeß ein. 1938 waren zwei Drittel der Kaffeeplantagenbesitzer an der Elfenbeinküste Afrikaner. Ferner wurden im sanitären Bereich wichtige Einrichtungen in Angriff genommen. Ärztliche Betreuung konnte kostenlos in Anspruch genommen werden. Die Epidemien und tropischen Endemien (Malaria, Amöbiase, zerebrospinales Fieber, Schlafkrankheit, Lepra, Pian usw.), zu denen sich »importierte« Krankheiten gesellten, höhlten die Bevölkerungen buchstäblich aus. Im Jahre 1905 wurde die A.M.I.[6] (Eingeborenenkrankenfürsorge) geschaffen, um das Gesundheitswesen zu fördern. In Brazzaville schuf man um 1910 ein Pasteur-Institut, in Dakar und Conakry 1924. In

6 AMI = Assistance médicale indigène.

Bamako errichtete man 1934 ein Lepra-Institut. Gegen die Schlafkrankheit organisierte Dr. Jamot, der sich gern auf den administrativen Zwang verließ, mobile Einsatztrupps und verwirklichte eine wirkungsvolle Prophylaxe. Besonders auch die kirchlichen Missionare leisteten auf diesem Gebiet eine unschätzbare Arbeit, und das fast stets ganz uneigennützig.

Man darf nicht vergessen festzuhalten, daß die Kolonisierung selbst durch die von ihr nicht selten hervorgerufene Unterernährung oder körperliche Überanstrengung eine der Ursachen für das Wiederaufflackern von Krankheiten wurde. Häufig trugen auch Arbeiterversammlungen dazu bei, Krankheiten zu übertragen und auszubreiten. Die mohammedanischen Bezirke der Kolonialstädte bildeten in dieser Hinsicht einen besonders geeigneten Nährboden. Auch die langdauernden Trennungen der Paare wirkten sich bestimmt bevölkerungsstatistisch negativ aus, ganz zu schweigen von den Blutbädern, die die unzähligen Niederschlagungen von Aufständen anrichteten. Die Zwangsarbeit führte in zahlreichen Ländern zum Absinken der Bevölkerungszahlen, wobei Gabun ein besonders beklagenswertes Beispiel ist. Ohne eine gesunde, wachsende Bevölkerung gibt es jedoch keine Arbeitskräfte. Nun begreift man den Hilferuf von Albert Sarraut in den 20er Jahren, als er dringend forderte, »das kostbare Menschengut zu bewahren und zu vermehren, damit das Kapital arbeiten und Früchte tragen könne«. Der Direktor der Französischen Kompanie Westafrikas (C.F.A.O.), Julien Le Cesne, drückte es noch unverblümter aus: »Wir müssen Schwarze produzieren!« Im allgemeinen brachte die Kolonisierung einen inneren Umwandlungsprozeß in Bewegung. Wie die Hefe den Brotteig, so veränderten von nun an das Geld und neue Ideen die geschlossenen und abgekapselten Gesellschaften. Das bisher wenig bekannte Privateigentum setzte sich in erster Linie in den Küstenregionen durch. Das Heiratsgut, das der Verlobten gezahlt wurde, und das bis dahin Symbol und Band war, veränderte sich, überwiegend in den Städten, zu einem Preis, der wie für jede andere Ware auch zu zahlen war.

B. Politische Strukturen

Aber wie sah die politisch-rechtliche Struktur dieses Systems aus? Frankreich kontrollierte in Westafrika ein zusammenhängendes Territorium, dessen Oberfläche neunmal so groß war wie seine eigene Fläche, ungefähr 5 Millionen qkm. Diese sehr unterschiedlichen Länder reichten von den wüstenähnlichen Flächen des Schotts bis zu den dunklen Wäldern des Guerze-Landes und Mayombes. Vielleicht brachte gerade diese Streuung die Franzosen dazu, ein System zu entwickeln, dessen unbeugsame Strenge den Zusammenhalt eines so verschiedenartigen Komplexes aufrechterhalten konnte. Es gab aber auch reichlich historische Gründe. Tatsächlich hatte das französische Kolonialreich Schwarzafrikas durch die Dritte Republik, vom autokratischen Regime Napoleon III. das kleine senegalesische Territorium geerbt. Es bestand aus den Gebieten rund um die Zentren Saint Louis, Goree, Dakar und Rufisque, den vier von Frankreich kontrollierten Gemeinden. Das kleine Territorium konnte leicht assimiliert werden. Senegal bildete so den Ausgangspunkt für die Eroberung des restlichen Westafrikas. Man versteht demnach, daß die Franzosen versucht waren, das Statut ihrer senegalesischen Domäne ohne Einschränkung auf den Rest ihrer Errungenschaften zu über-

In den französischen Besitzungen 477

tragen. Die Bedingungen im hügeligen Lobiland und in den felsigen Bergen des Dogonlandes waren aber so verschieden von denen der biologisch-kulturellen Mischgesellschaft Saint Louis', daß dieses Unternehmen eine gewagte Sache war. Deshalb schwankte die französische Kolonialpolitik bis zum Schluß zwischen der Utopie der Assimilierung und der Fata Morgana der Vereinigung.

Außerdem muß man hervorheben, daß die Eroberung von der militärischen Organisation gekennzeichnet war, und daß ganze eroberte Territorien lange Zeit unter militärischer Verwaltung verblieben. Diese Situation spiegelte sich in den mit »Lametta« behängten Uniformen der Kommandanten wider, im Prunk der Gardisten und in den Salutschüssen für die Repräsentanten der Macht. Sicher spielten auch der kartesianische Geist und das jakobinische Bewußtsein mehr oder weniger unterschwellig ihre Rolle bei der Errichtung eines pyramidenförmigen Gesellschaftssystems, an dessen Spitze der Kolonialminister stand und dessen Basis die mehr oder weniger assimilierte Masse der Untertanen bildete.

Aber zwischen diesen Prinzipien und der Realität gab es zahlreiche Zwischenstufen. Zuerst faßte man die französischen Territorien in zwei Komplexe zusammen. Französisch Westafrika (A.O.F.) setzte sich aus sieben, später aus acht Teilgebieten zusammen, als Ober-Senegal-Niger 1919 in zwei Kolonien (Sudan und Obervolta) aufgeteilt wurden. Die anderen sechs Besitzungen waren Senegal, Mauretanien, Guinea, Elfenbeinküste, Niger und Dahome. Die unter größeren Schwierigkeiten zusammengefügten Territorien Französisch Äquatorialafrikas (A.E.F.) (Kongo, Gabun, Ubangi, Schari und Tschad) wurden eine Zeitlang in einer einzigen Kolonie zusammengefaßt. Doch erwies sich dieser Versuch als undurchführbar. An der Spitze dieser Konstruktion stand der Kolonialminister, der seine Kolonialverwaltung vor der Assemblée Nationale verantworten mußte. Theoretisch konnte sie für die Kolonien Gesetze machen. Gleichwohl, mangelndes Interesse oder Fehleinschätzung des Fragenkomplexes veranlaßten sie, die praktische Durchführung auf den Minister abzuwälzen. Er bestimmte den Verlauf der Dinge in den Kolonien durch Verordnungen. Doch der Minister war zu weit entfernt und zu beschäftigt; denn er war zusätzlich für Madagaskar und die nordafrikanischen, asiatischen und amerikanischen Domänen Frankreichs zuständig.

Die Schlüsselfigur – in jeder Föderation – war natürlich der Mann, der mit der Führung der Verwaltung beauftragt war: der Generalgouverneur. Als Repräsentanten und Vertreter mit der Vollmacht der Regierung der Republik unterstanden ihm der Haushalt, die Streitkräfte und die zentralen Verwaltungszweige der Föderation. Kein Gesetz und keine Verordnung, die von Frankreich kamen, waren in ihren Bereichen anwendbar, wenn er sie nicht öffentlich erlassen hatte. Diese Verfügung gab ihm praktisch eine Art aufschiebendes Vetorecht für die Maßnahmen, die ihm mißfielen, wenn er auch mit den in Parlament und Regierung außerordentlich stark vertretenen wirtschaftlichen Interessen rechnen mußte. Der Rat der Regierung, der ihm zur Seite stand, setzte sich aus dem Generalsekretär der Verwaltung, dem Generalstaatsanwalt usw. zusammen und hatte nur beratende Funktion. Die folgende niedrigere Rangstufe nahm der Gouverneur ein. Er war das verkleinerte Abbild des Generalgouverneurs mit einer eigenen beratenden Versammlung. Dem Prinzip nach regierte der Generalgouverneur, und der Gouverneur verwaltete. Aber die Distanz milderte die Starrheit des Prinzips. Die Amtsbehörde der Territoriumshauptstadt erhielt ihre Anordnungen von Dakar, dann von Libreville und Brazzaville. Aber die Anordnungen des Territorialgouverneurs waren in der Regel von größerer Dringlichkeit.

Die Regierung führte ihre praktische Arbeit über ein Netz von Kreiskommandanten durch, die von Bezirksvorstehern unterstützt wurden. Der Kreiskommandant war faktisch die Seele des gesamten Systems. Er war der Dirigent. Seine Aufgabe bestand darin, Entscheidungen vorzubereiten und sie auszuführen. Er war in einer Person Richter, Finanzmann, Ingenieur für öffentliche Arbeiten, Polizeibeamter, Sicherheitsbeamter, Militärchef, Verwalter der öffentlichen Speicher, Schulrat, Gesundheitsbevollmächtigter und Rekrutierer. Kurz, die Führung in fast allem lag in seiner Hand. Da die Entfernung von der Zentrale dies noch unterstützte, war er wirklich »der Gott im afrikanischen Busch«. Manche von ihnen hinterließen wertvolle Monographien über ihren Kreis. Die Kommandanten wurden durch wechselnde Stellen zu einer Art Mädchen für alles im Kolonialsystem. Andererseits waren die Umstände der Isolierung und der Umfang der Gewalt derart gravierend, daß nur wenige nicht dem Machtrausch erlagen. Wenn sie nicht alle im Dienst des Kolonialismus starben, so waren sie doch von ihm geprägt. Jene, die ihre Machtfülle zu beherrschen verstanden und die keinen Amtsmißbrauch trieben, waren ganz einfach große Seelen oder Helden. Aber selbst der Edelste konnte nicht immer die tropische Form des Cuissage-Rechts (entstellte Version der afrikanischen Gastfreundschaft) verhindern (cuisse = Oberschenkel!). Es bestand darin, dem Kommandanten auf seiner Besichtigungsreise die schönsten Mädchen vorzuführen. Sie hatten zuvor gebadet und sich für ihn zurechtgemacht, nun konnte er seine Wahl treffen. Manche dieser jungen Mädchen zitterten am ganzen Leib wie Espenlaub, denn sie bildeten sich ein, dem Tod entgegenzugehen (die weiße Farbe ist in afrikanischen Religionen oft die Farbe der Trauer . . .). Manche Männer mit Charakter konnten dem Verlangen, ihren Machtwillen durchzusetzen, widerstehen, allein um zu beweisen, daß sie die stärksten seien; andere dagegen haben sich schlimmer Unterdrückung schuldig gemacht. In den Berichten und Prozeßprotokollen finden sich zahllose grauenerregende Schilderungen. Im afrikanischen Busch erzählen immer noch Männer davon – Zeugen oder Opfer – und schütteln ihre Köpfe mit dem weißen Haar . . .

So sah die Struktur der Macht aus. Die Afrikaner wurden in zwei Klassen eingeteilt: die gebürtigen Bürger der vier senegalesischen Gemeinden und alle anderen. Die Bürger hatten die gleichen politischen Rechte wie in Frankreich. Sie hatten einen Gemeinderat und schickten einen Parlamentarier in die Nationalversammlung nach Paris. Jedoch bewahrten sie ihren persönlichen Status, z. B. die Polygamie. Alle Untertanen waren aufgerufen, die volle Staatsbürgerschaft zu erstreben. Bereits nach dem Ersten Weltkrieg widersetzte sich eine sehr starke Doktrin dieser Ansicht und befürwortete die Politik der Vereinigung, die die Sitten und Gebräuche der Afrikaner respektierte. Eine Politik, die ihre Absage an die Gleichheit auf Zeit schlecht verschleierte. Die zweite Kategorie von Afrikanern, die sehr vielsagend als Untertanen bezeichnet wurden, hatten den Status von Eingeborenen (Indigenaten). Ein Dekret des Jahres 1924 gab den Beamten der Behörde das Recht, mit Disziplinarstrafen (Gefängnis, Geldstrafen) gegen eine Reihe von Vergehen wie z. B.: den Kommandanten oder die Fahne nicht zu grüßen, vorzugehen. Die administrative Internierung war bisweilen ein Weg, um Arbeitskräfte ohne Entlohnung zu bekommen. Den Untertanen war es nicht gestattet, dieselben Krankenhäuser zu belegen wie die französischen Bürger. Es gab kleine einheimische Krankenhäuser für sie. Als Rekruten durften sie keine Schnürstiefel tragen. Selten erreichten sie den Offiziersrang, grundsätzlich überschritten sie niemals den eines Hauptmannes. Sie brachten es bis zur ersten Stufe am Kreisgericht und bis zur zweiten am Gericht des Kommandanten. Da dieser im allgemeinen nicht die Sprachen des Landes verstand, leitete sein Dolmetscher den ganzen Prozeß. In der Regel wurde er am Vorabend des Gerichtstages zu dieser Aufgabe bestimmt – umgeben von zahlreichen Geschenken der besser gestellten Partei in dem jeweiligen Verfahren...

Ein Dekret des Jahres 1937 bezüglich der Zulassung zur französischen Staatsbürgerschaft führte elf unbedingt notwendige Voraussetzungen an und verschärfte so noch die früheren Anordnungen. Praktisch gehörten im Jahr 1937, abgesehen von den aus den vier Gemeinden Gebürtigen, nur ungefähr 2 500 Afrikaner zur »Familie« von insgesamt 15 Millionen Einwohnern... Es gab kaum Zukunftsaussichten.

Die Häuptlingsfrage wurde ganz klar geregelt. Vom Rechtsstandpunkt aus machte das einseitige Dekret vom 23. Oktober 1904 mit dem Problem der zig Protektorate, die Frankreich durch Verträge mit den afrikanischen Häuptlingen errichtet hatte, kurzen Prozeß. Es setzte einfach einen Schlußstrich unter den Protektoratsstatus. Gegen widerspenstige Häuptlinge setzte eine Reihe von Säuberungsaktionen ein. Alfa Jaja, der die Franzosen bei der Eroberung des Koniankelandes unterstützt hatte, wurde dennoch in Conakry gekidnappt und nach Dahome deportiert (1905). Kurze Zeit nach seiner Rückkehr nahm man ihn ein zweites Mal fest und schickte ihn nach Port Etienne (Nuadhibu), wo er starb. Zwischenzeitlich hatten sich die Alfaja und Soria das Futagebiet aufgeteilt. Der Wali von Gumba, Tierno Aliu, wurde gefangengenommen und in das Lager der Los-Inseln gebracht, wo auch ihn 1912 der Tod ereilte. Zu Beginn wollten sich die Franzosen auf die lokalen Autoritäten stützen, was sich aber bald als ein Fehlgriff der Verwaltungskader herausstellte. 1910 erklärte der Generalgouverneur William Ponty, daß sie sich in den Vordergrund drängten und zurückgeschoben werden müßten. »Der Kommandant hat einzig und allein zu bestimmen«, ließ der Gouverneur Van Vollenhoven verlauten. »Der Eingeborenenhäuptling ist nur ein Werkzeug, ein Hilfsmittel!« Doch sehr viele Häuptlinge wurden Verwaltungsobmänner. In Mossi z. B. nahm man dem obersten Häuptling Mogho Naba praktisch die Steuererhebung, die Rekrutierung und das Friedensgericht aus der Hand... Man zerschlug das ganze traditionelle System und machte sich nur ein Teil nutzbar. Diese Maßnahme offenbart sehr deutlich die Zwiespältigkeit des sogenannten Verwaltungssystems, das eigentlich nur den Franzosen angemessen war; denn wenn auch der Bezirkshäuptling der Mossi für den Generalgouverneur nur ein kleines Rädchen im Getriebe der neuen Verwaltung war, für den afrikanischen Untertan blieb der Häuptling »sein« Häuptling, der in seiner Macht durch die Weißen bestätigt wurde. Das Wesen der Loyalität hatte sich nicht sehr verändert. So bestand zumindest von afrikanischer Seite und subjektiv gesehen ein *indirect rule*. Die Bezirkshäuptlinge, die ihr Gehalt vom Staat bezogen, wurden sehr schlecht bezahlt. Es war nötig, ihre Hierarchie wieder in Ordnung zu bringen, um ihr Prestige zu stärken. Die einzigen charakteristischen Einrichtungen dieses Systems waren die Ratsversammlungen von eingeborenen Notabeln. Das Dekret von 1919 hatte sie bewilligt und ihnen doch nur eine beratende Funktion zugestanden.

Einer der wichtigsten Machtfaktoren war die Armee. Die Scharfschützen, die nach ihrer Hauptherkunftsregion sogenannten Senegalesen, wurden durch die Bezirkshäuptlinge angeworben. Die zunächst nicht verwendbaren verschob man von Amts wegen in die Reserve, wo sie für öffentliche Arbeiten bereitstanden. Sehr viele junge Leute haben sich in der Folgezeit vor dem Militärdienst gedrückt. In verstärktem Maße traf das ein, als der Erste Weltkrieg die Verwundeten und Amputierten aus der Hölle von Verdun oder von den Sommeschlachten zurücksandte. Es brachen sogar offene Revolten aus wie in Beledugu unter Diore Traore und im Sombaland. Mit Gewalt brachte man sie zum Schweigen. Andere Völker wieder, die traditionsgemäß Krieger waren, machten auf dem Wege des Militärdienstes hervorragende Karrieren. 1918 gab es in Schwarzafrika 211 000 Scharfschützen. Die Blüte der Jugend dieser Länder fand sich dabei ein. Sie war es auch, die als schockierende Angriffstruppe gegen die Deutschen eingesetzt wurde.

Nach ihrer Rückkehr vom Dienst entwickelten die Schützen und ehemaligen Kämpfer eine eigene soziale Klasse. Sie befanden sich im Ruhestand, waren relativ wohlhabend, wenn sie ihre Ersparnisse nicht gleich vergeudeten, verhielten sich aufgeklärter als ihre Brüder und konnten doch oft nicht auf ihren Platz in der Gesellschaft zurückfinden, den sie bisweilen für 15 Jahre verlassen hatten (der Dienst dauerte eigentlich 3 Jahre). Diese Scharfschützen bildeten unbestritten ein wesentliches Gärungselement. Sie wurden zu einem politisch entscheidenden Faktor. Viele Kommandanten beklagten sich über die spannungerzeugenden Ideen von manchen dieser alten Kämpfer. Was sie bei den Weißen gesehen hatten, ließ sie zwar ihre materielle Macht, nicht jedoch ihre moralische Überlegenheit anerkennen. Durch verschiedene Organisationen und Auszeichnungen versuchte die Verwaltung, die ehemaligen Kämpfer geschickt in ihrem Sinne zu lenken.

C. Die christlichen Missionen

Ein weiterer bedeutender Faktor waren die kirchlichen Missionen. Im Belgisch-Kongo und in den portugiesischen Kolonien spielten sie keine wichtige Rolle, in Französisch Schwarzafrika jedoch übten sie einen vielgestaltigen und maßgeblichen Einfluß aus. Tatsächlich war hier wie anderswo die Einsetzung von Missionen zumindest zeitlich an die Konsolidierung der Kolonialmächte gebunden. Außerdem besaßen die Missionare in den meisten Fällen die gleiche Nationalität wie die Kolonialmachtvertreter. Im tiefsten Winkel des afrikanischen Busches führte die Isolierung die beiden Gruppen ganz natürlich zu persönlicher Kontaktnahme. Wiederholt nutzte die Kirche diese Kontakte auf finanzielle und materielle Weise aus. Sie wollte leben und möglichst zu Wohlstand kommen. Die Verwaltungsräte der Missionen erhielten nicht nur Grund und Boden, sondern auch Subventionen für ihre sozialen Werke. So erweckten die Missionare bei manchen Menschen den Eindruck, als sei die christliche Religion eine Angelegenheit der Weißen und nur zu deren Profitbefriedigung da.

Dennoch haben zahlreiche Missionare, die unter besonders erschwerten Bedingungen lebten (z. B. bekamen sie in zehn Jahren oft nur einmal Urlaub) die heldenmütige Schlichtheit der ersten Zeitalter der Kirche erreicht. Außerdem erfüllten die Missionare während dieser Epoche vor allem in Französisch Äquatorialafrika, wo ihnen die Regierung den gesamten sozialen Bereich überließ, ein Werk, das die koloniale Verwaltung sehr wahrscheinlich wegen anderer Interessen und wegen personeller Schwierigkeiten nicht hätte verwirklichen können. Beispiele dafür lieferten die Brüder von Ploërmel und die Schwestern des Heiligen Josef von Cluny im Senegal, die Pères Blancs im Landesinneren. Zahlreiche Krankenhäuser baute man, die von Nonnen geführt wurden. Diese trieben ihre Entsagung oft bis zur äußersten Opferbereitschaft. Die meisten der Grund- und Höheren Schulen entstanden in dieser Zeit. Zunächst nutzten die Missionare sie vielfach nur für ihren eigenen Bedarf, später aber standen sie den Kindern des Landes allgemein offen. In dieser Hinsicht spielten sie indirekt eine wesentliche, positive politische Rolle; und zwar in dem Maße, wie das einmal erreichte Wissen, welche Vorstellung man auch immer davon haben mag, eine unbändige, autonome Kraft freisetzte. Gelegentlich mischten die Missionare aber auch direkt in der Politik mit und gerieten dabei nicht selten in Konflikt mit der lokalen Verwaltung. Dies geschah überwiegend im sozialen Bereich. Sie ermunterten z. B. zur Befreiung der jungen Mädchen. Sie schufen vereinzelt Lager (die bei manchen auf starke Kritik stießen), wo die jungen Mädchen vor den Initiativen unerwünschter Freier geschützt waren. Daraus erwuchsen Unruhen, die die lokalen Behörden lieber nicht gesehen hätten. Andere Verwalter, die weltlichere Gesichtspunkte hatten, sahen in den Missionaren Leute, die man in Schach halten mußte, ehe sie den gesamten Sozialbereich verdürben. Alles in allem waren die christlichen Missionen wesentlicher Motor der sozialen, intellektuellen und moralischen Entwicklung dieser Länder.

D. Der Islam

Manche Gouverneure betrachteten den Islam anfänglich als eine Etappe, die die Schwarzen auf ihrem Weg zur Kultur durchschreiten müßten. Danach war er im allgemeinen in den Hintergrund getreten; in den südlichen Territorien nahm sein Einfluß jedenfalls ab. Eine Reihe von Koranschulen aus der vorkolonialen Zeit bildeten trotz ihres allgemein niedrigen Niveaus unbestrittene Kulturzentren. Man ließ sie aber verkümmern. Nur einige wenige Höhere Koranschulen und mittelmäßige Stadtteilschulen setzten in Mauretanien, im Senegal, in Guinea und im Sudan die Koranunterweisung fort. Der Marabut mußte gemeinhin im Sinne der Behörden eng in die Kolonialpolitik einbezogen werden[7]. Diejenigen, die Unabhängigkeit zur Schau trugen, betrachtete man als subversive Elemente. Scheich Hamalla z. B. war ein vom Glauben geprägter Mystiker und zog viele begeisterte Schüler an. Mehr oder weniger verbürokratisierte Kollegen, Marabut wie er, sahen deshalb in ihm einen gefährlichen Rivalen und griffen ihn an. Nach der Schlacht von Assab, die 400 Menschenleben kostete, bei der man ihm seine Teilnahme aber nicht beweisen konnte, verbannte man ihn dennoch nach Algerien, dann nach Frankreich. Hier starb er.

Der Weg Amadu Bambas war weniger erschütternd. Man schätzte die Zahl seiner Anhänger (talibes), männliche Erwachsene der Bruderschaft Muride, auf nahezu eine halbe Million. Jeder dritte Wolof war also ein Anhänger. Der Be-

7 Siehe V. Monteil, »Une confrérie musulmane: Les Mourides du Sénégal«, *IFAN*, Dakar 1966.

gründer dieser Vereinigung war Amadu Bamba. Er wurde ungefähr 1850 geboren, verwandtschaftliche Bande führen auf Lat Dyor zurück, er war dessen Neffe. Sein Vater war diesem als Marabut verpflichtet gewesen.

Nach dem Tod Lat Dyors erwarb er Baol und gründete dort die Stadt Tuba[8]. Sie ist bis heute das Mekka der Muriden geblieben. Als sich jedoch Massen von Gläubigen um ihn zu sammeln begannen, beunruhigte dies die französische Verwaltung. Sie stand noch unter dem Eindruck von Männern wie El Hadj Omar, Mamadu Lamine, Ma-Bâ usw. . . . .

Amadu Bamba emigrierte nach Djolof, doch auch hier verfolgte man ihn aus den gleichen Gründen. 1895 verbannte man ihn nach Gabun als einen, »der die Unzufriedenen aufhetzt« und die öffentliche Ordnung stört. Das war seine siebenjährige Hedschra. Er verbrachte seine Zeit mit dem Lesen des Korans und verfaßte Gedichte zum Ruhm des Propheten. So schrieb er: »Für mich sind die Monate und Tage zu Menschen geworden, die mir Gesellschaft leisten.« Bei seiner Rückkehr war der Empfang durch die Gläubigen so überwältigend, daß im Jahr 1903 eine neuerliche Verhaftung erwägt wurde. Um dem zuvorzukommen, stellte sich der Wali[9] freiwillig der Polizei. Im Jahr 1907 wurde ihm der Zugang zur Regierung der überwachten Residenz gestattet. Er zeigte sich der Kolonialregierung gegenüber loyal und starb im Jahr 1927.

Amadu Bamba wurde Mittelpunkt eines religiösen Kults. Andachtsvoll fing man das Wasser seiner Waschungen auf, und der Sand, den das Wasser benetzt hatte, wurde den talibes verkauft. Er war der Scheich (*murshid*). Nachdem er zunächst dem Kadiri-Ritual gefolgt war, führte er bald eine neue *wird* (Liturgie) ein, die in Anrufungen (*dwâ*) und besonderen Litaneien (*dhikr*) bestand. Die Maagal (große Wallfahrt) vereinigte jedes Jahr ca. 200 000 talibes bei der großen Moschee von Tuba. Sie wurde auch zum Mausoleum Amadu Bambas. Die Schenkungen der Gläubigen erreichten bei diesem Anlaß den Betrag von 200 Millionen Francs CFA (Communauté financière africaine) (4 Millionen ffrs). Die konfessionelle Solidarität, die in diesen Schenkungen zum Ausdruck kam, war bei den Muriden besonders stark ausgeprägt.

Mit dem ausgehenden letzten Jahrhundert widmeten sich die Muriden in großem Maßstab dem Anbau der Erdnuß. Sie brachten eine Kolonisierungsfront von Pionieren in Bewegung, deren Arbeit vom rhythmischen Gesang der Kirchenlieder begleitet wurde[10]. Große Gemeinschaftsfelder der Bruderschaft wurden einmal in der Woche, am Mittwoch, von den talibes bearbeitet. Manches Mal schafften sie gemeinsam im Mondschein bis spät in die Nacht. Die Gläubigen mußten im übrigen ein gesetzliches Almosen (*assaka*) zahlen, das eine Zeitlang pro Kopf und Jahr auf 140 frs CFA festgelegt war.

Diese Arbeitsorganisation in der Gemeinschaft wurde von manchen als gefährlich angesehen, da sie Grund und Boden ausschöpfte, andere Beobachter sprachen von sozialer Ausbeutung. Dennoch, sie verhalf der Muridenbruderschaft und ihrem Scheich zu bemerkenswerter Macht. Auf der anderen Seite sahen manche in ihr

---

8 Arabisch *Tuba* bedeutet: Glückseligkeit, Glück.

9 »Mann Gottes, Heiliger.

10 Der Wert der Arbeit im religiösen Bereich, der von Amadu Bamba gepriesen wird, ist im Islam keine neue Idee. Man zitiert zu diesem Thema die *Hadiths* des Propheten Mohammed: »Arbeite für diese Welt, als ob du ewig leben müßtest, und arbeite für das Jenseits, als ob du morgen sterben müßtest. Arbeiten, um die Seinigen ernähren zu können, ist wie das Gebet und die Verehrung Gottes.«

In den französischen Besitzungen 483

auch eine treibende Kraft für die landwirtschaftliche Entwicklung, keine ideale zwar, aber eine praktische.

Amadu Bamba, Galionsfigur des schwarzen Islams, war ein Fanatiker, kein Anhänger des gewalttätigen Heiligen Krieges, sondern des »Heiligen Krieges der Seelen gegen die Leidenschaften«. Seine Nachfolger konnten maßgeblichen Einfluß im sozial-politischen Bereich des Senegal gewinnen.

Eine wirkliche politische Entwicklung gab es unter der »strahlenden Sonne des Kolonialismus« nicht. Einzig der Senegal kannte Parteien, die auch Wahlkampagnen durchführten. Im Jahr 1914 gelang es zum ersten Mal einem wirklich Schwarzen, es bis zum Deputierten zu bringen. Dieser extrem kluge Mann beherrschte die politische Szene bis zu seinem Tod im Jahr 1934. Sein Nachfolger war Galandu Diuf. Dieser wurde, nachdem er sich nach seiner Wahl zaudernd verhielt und keine Energie zeigte, von der S.F.I.O. (Französische Sektion der Arbeiterinternationale) angegriffen. Sie war im Jahr 1938 gegründet worden, ihr Führer hieß Lamine Gueye. Im Kongo versuchte ein ehemaliger Kämpfer, Matswa, nach Brazzaville zurückgekehrt, eine Gewerkschaft aufzubauen. Dies brachte ihn aber ins Gefängnis. Unruhen entstanden daraufhin, und 500 Leute wurden verhaftet. An der Küste Benins brach ebenfalls in den Jahren 1923 und 1933 der Aufruhr aus. Pflichtgewerbescheine für den Markt und zu hohe steuerliche Belastungen erregten die Gemüter. Die von der Elfenbeinküste (es waren immer fremde Truppen, die bei der Niederwerfung von Aufständen eingesetzt wurden) herangeführten Truppen richteten in Lome eine schreckliche Verwüstung an (1933), was die Zeitung *L'Etoile du Dahomey* entrüstet brandmarkte. Dahome war dank der Missions- und öffentlichen Schulen eines der fortschrittlichsten Gebiete.

E. Schulwesen

Faidherbe schuf im Jahre 1854 das staatliche (konfessionslose) Schulwesen. In Französisch Westafrika wurde es durch die Verfügung von 1903 ins Leben gerufen und betraf die Dorfschule, die Regionalschule zur Vorbereitung auf das C.E.P.E. (Zertifikat über die Beendigung des Grundschulunterrichts, bzw. Berufsausbildung) und die Stadtschule für die Söhne der Bürger. Der Berufsschulunterricht fand in der Pinet-Laprade-Schule von Gorée statt. Die Pädagogische Höhere Schule und die Realschule von Saint Louis (Faidherbeschule) wurden zum ersten Gymnasium Schwarzafrikas, gefolgt von der Höheren Schule Van Vollenhovens in Dakar. 1912 wurde in Dakar die Schulverwaltung ins Leben gerufen. Außerdem entstanden die Pädagogische Hochschule William Ponty in Gorée, die medizinische Hochschule in Dakar (1918) und die Pädagogische Hochschule für junge Mädchen in Rufisque (1939). Die Pädagogische Hochschule von Katibugu wurde später eröffnet. Alle diese Schulen wurden zu Bildungsstätten für die Angestelltenkader Französisch Westafrikas. Ganz offensichtlich war das Bildungsprogramm Bestandteil des Kolonialsystems. Dabei handelte es sich darum zu vermeiden, daß die Unterweisung der Eingeborenen zum sozialen Störfaktor wurde (G. Hardy). So ergab sich der kulturelle Malthusianismus, entwickelte man Rumpfprogramme, indem man die allgemeine Kultur und die authentische Geschichte Afrikas opferte. Die kleinen Wolof lernten »die Gallier als ihre Vorfahren« kennen! Die Tukulor sagten Lektionen auf, in denen El Hadj Omar ein schrecklicher Agitator war. Die afrikanischen Sprachen waren in diesen Schulen verboten, ein Verstoß hatte zur Folge, daß der Sünder sich in einer Ecke mit Eselsohren hinknien mußte .. Der landwirtschaftliche Unterricht war dagegen sehr entwickelt, doch brachte er kein modernes Lernangebot. Praktisch war der Unterricht eine schulische Abart von Zwangsarbeit. War es deshalb erstaunlich, wenn die Häuptlinge auf das dringliche Ersuchen, ihre Söhne in die Schulen zu schicken, sie oft durch junge Gefangene ersetzten? Selbst wenn sie es später bedauerten ... Es war ganz einfach eine instinktive Abwehrhaltung. Diese französischen Schulen wurden de facto zur Bildungsstätte einer Elite. Die meisten ihrer Abgänger belegten, vom Volk getrennt, die untere Stufe der administrativen Pyramide.

Während des Zweiten Weltkrieges lieferte Schwarzafrika einen noch bedeutenderen Anteil zum Kampf im Lager der Alliierten. Zusätzlich zu den 200 000 Afrikanern, die an die Fronten geschickt wurden, und abgesehen von Requirierungen aller Art vereinigte sich Französisch Schwarzafrika mit dem »Freien Frankreich« im Tschad mit dem guayanesischen Gouverneur Felix Eboué. Später engagierte es sich auch in Kamerun, im Kongo, in Ubangi und in Gabun. Ein Angriffsversuch gegen Dakar unter der Beteiligung von General de Gaulle scheiterte. Der Generalgouverneur Boisson bedrohte im Namen der Vichy-Regierung wirkliche und verdächtige Gaullisten mit der Guillotine. Er fiel im September 1943. Etliche Aufstände brachen in Bobo, Porto Novo und Casamance aus. Hier beschlagnahmte man nach der Plünderung des Dorfes Effoc[11] die große Kriegstrommel. In der Zwischenzeit kämpften ungezählte Afrikaner in der Leclerc-Division gegen das Afrikakorps. Sie nahmen an den Landungen in Italien, in der Provence und in der Normandie teil und kämpften schließlich sogar in Deutschland gegen die Nazitruppen.

II. In den britischen Territorien

A. Die politischen Methoden

Es gab kaum bedeutende Unterschiede zwischen der britischen und der französischen Kolonisation[12]. Der größte Teil der Verschiedenheiten ging von den sozio-politischen Gegebenheiten in diesen Ländern in Europa aus. Es wurde bereits von dem Verfahren des *indirect rule* gesprochen und von der Trennung in Untertanen und francophone Bürger. Die Teile, die sich Großbritannien von Afrika angeeignet hatte, boten gute wirtschaftliche Grundlagen. Häufig verfügten sie über einen Zugang zur Küste. Die Briten hatten den Vorsatz, ihre Kolonien ohne eine vorgefaßte Doktrin zu führen. Mit Hilfe der Beobachtung von Präzedenzen und Anpassungsversuchen wollten sie ihre Methode den Notwen-

---

11 Suret Canale, *Afrique Noire Occidentale et Centrale. L'ère coloniale 1900–1945*, 1964.
12 Siehe M. S. Kiwanuka, »Colonial policies and administrations in Africa: The myths of the contrasts«, Boston 1970.

In den britischen Territorien 485

digkeiten immer neu anpassen. Aber wie man vermuten konnte, führten die Präzedenzfälle schließlich zu geltendem Recht. Außerdem bestimmten Prinzipien, die übrigens zu den heiligsten Forderungen des britischen Rechts gehörten, immer die englische Kolonialpolitik: vor allem das Prinzip der finanziellen Selbständigkeit, das Voraussetzung jeder politischen Autonomie ist. »Wenn eure öffentlichen Finanzen ausgeglichen sind, seid ihr zur politischen Verantwortlichkeit berufen.« Allem Anschein nach hatten die Briten eine Lehre aus ihrer bitteren Erfahrung mit dem Aufstand der amerikanischen Kolonien gezogen. Doch muß man hervorheben, daß die alte britische Tradition, lange vor dem amerikanischen Unabhängigkeitskrieg, immer dazu neigte, die lokale Autonomie zu fördern und Abneigung gegen jede Art von Zentralisation zu empfinden. Diese generellen Vorstellungen durchzogen spürbar die außerordentlich pragmatischen Beschlüsse und Einstellungen, die man als *indirect rule* bezeichnete.

In den Jahren von 1830 bis 1843 hatte jener bemerkenswerte G. Mac Lean bereits versucht, die englischen Verwaltungs- und Rechtsbestimmungen durch Kooperation mit den Häuptlingen in den afrikanischen Rahmen einzufügen. Aber aus verschiedenen Gründen leisteten die Missionare und die Kaufleute Widerstand gegen diese Methode. Nichtsdestoweniger tauchte die Erfahrung in anderer Gestalt wieder auf. Die westafrikanischen Kolonien Großbritanniens zogen von dieser Zeit an klare Vorteile aus diesem sozio-ökonomischen Beginn.

In Westafrika bildeten die englischen Kolonien Enklaven mit einer breiten Küstenfront, meist auch am Unterlauf wichtiger Flüsse: Gambia, Volta und Niger. 1901 wurde das Aschantireich zur Kolonie erklärt, während Sir Goldie die Verwaltungsvollmacht der *Royal Niger Company* im Jahr 1900 an das *Colonial Office* abtreten mußte. Die Beziehungen zwischen diesen Ländern und Europa reichten mehrere Jahrhunderte zurück. Die wirtschaftliche Ausbeutung wurde Chartakompanien überlassen. Die Verwaltungsleitung lag dagegen in den Händen eines Gouverneurs, der seinerseits dem Staatssekretär für die Kolonien verantwortlich war und das Land über die Bezirkshäuptlinge lenkte. Frederick Lugard aber, der um 1900 das Protektorat von Nordnigeria befehligte, standen zu wenige Verwaltungsangestellte zur Verfügung. Sobald er die Fulbeemire unterworfen hatte, verständigte er sich mit ihnen darüber, ihnen einen großen Teil der Verwaltungsarbeit zu überlassen, unter der Bedingung, daß sie aufhörten, die Sklaverei zu praktizieren und die Überwachung durch einen englischen Geschäftsträger akzeptierten. Dieser sollte nur bei Mißbrauch der Amtsgewalt einschreiten. Die Emire übten weiterhin die Rechtssprechung aus und erhoben Steuern. Die Festsetzung der Höhe und die Verteilung der Steuern wurden indes vereinfacht. Ein gewisser Prozentsatz ($^1/_4$, später $^1/_2$) der erhobenen Summen mußte für die öffentlichen Dienstleistungen an die britische Zentralverwaltung abgeführt werden. Alles in allem gab England, nachdem gewisse Spielregeln eingeführt worden waren, sich damit zufrieden, den Schiedsrichter zu spielen. Es schritt gewöhnlich nicht direkt ein, ausgenommen in manchen technischen Bereichen (Gesundheit, Landwirtschaft, Transporte). Lugard arbeitete indessen daran, die drei Gebietsteile Nigerias (Kolonie von Lagos, Protektorat des Südens und Nördliches Territorium) zusammenzuschließen. Es gelang ihm im Jahr 1914. Später unternahm Lugard den Versuch, in seinem Buch *The dual Mandate in British tropical Africa* eine theoretische Formulierung der Prinzipien der indirekten Verwaltung zu geben. Er rief damit das doppelte Mandat in Erinnerung, das sich die Mächte bei der Konferenz in Berlin selbst erteilt hatten: den Afrikanern die materiellen und moralischen Wohltaten der Zivilisation zu bringen und die Schätze Afrikas zu entdecken und zu nutzen. Er folgerte daraus zunächst, daß die europäische Präsenz niemals rein altruistischer Natur war. Aber, fügte er hinzu, das Mandat der Ausnutzung könnte den Zivilisationsauftrag vielleicht völlig verdrängen, wenn die Europäer sich nicht für das *indirect rule* entschieden. Dabei sollten sie sich auf die traditionellen Häuptlinge stützen, die von den Afrikanern anerkannt wurden, selbst wenn sie diese Häuptlinge für die neuen Aufgaben erst heranbilden müßten. In ihren Grundsätzen mangelte es dieser Doktrin nicht an positiven Aspekten. In der Praxis jedoch zeigte sich ihre Zweischneidigkeit. Um der Wahrheit willen muß zunächst festgehalten werden, daß viele traditionelle Häuptlinge Afrikas von den Briten zunächst abgesetzt und verbannt wurden, wenn sie nicht gar hingerichtet wurden. Sicher handelten sie so unter der Anschuldigung der Sklaverei. Wenn das *indirect rule* auch die Aristokratie der Emire und Sultane zufriedenstellte, so zeigte die Erfahrung doch, daß es selten die Wünsche der Untertanen erfüllte. Hinzu kam noch die Zerstückelung der Völker durch die willkürliche Grenzziehung der europäischen Mächte. Dadurch wurde den traditionellen Häuptlingen die materielle und territoriale Basis ihrer Autorität entzogen. Allerdings existierte diese traditionelle Macht nicht in allen Gebieten Afrikas in gleicher Weise. In den Gebieten des Deltas (Calabar, Port Harcourt) und um Lagos hatte sich die Bevölkerung, die nicht mehr in Stammesverbänden lebte, bereits an die kommunalen Institutionen nach europäischem Vorbild gewöhnt. Die Völker des Ostens besaßen dagegen keine klar umrissene politisch-administrative Struktur, und die Jorubastaaten waren durch die politischen Wirren des 19. Jahrhunderts gewaltig erschüttert worden. In der Zeit zwischen 1920 und 1930 bemühten sich die Briten, das gleiche System auch an der Goldküste einzuführen. Hier blieb die machtvolle politische Eigenständigkeit des Aschantireiches, die seit dem Weggang Mac Leans von den Engländern mit Füßen getreten worden war, der direkten Verwaltung gegenüber unzugänglich. 1926 kehrte der Aschantikönig Prempeh aus dem Exil zurück. Im Jahr 1935 erkannte man die Konföderationsverfassung der Aschantihäuptlinge an und legalisierte sie. Den gleichen Versuch unternahm man bei den Dagomba- und Mampursi-Häuptlingen der nördlichen Territorien. Doch tauchten Schwierigkeiten bei der Begrenzung ihrer Machtausweitung über umliegende kleine Völkerschaften auf. Insgesamt gesehen verlief der Versuch viel weniger erfolgreich als im nördlichen Nigeria. In der Kolonie des südlichen Ghanas scheiterte er fast vollständig. Seit 1874 praktizierten dort die britischen Behörden die direkte Verwaltung. Trotz eines Häuptlingsrates blockierte der wachsende Einfluß der gebildeten Afrikaner, die bereits über parlamentarische Institutionen verfügten, wie z. B. jene, die die Mankesim-Verfassung bewirkten, den Entwicklungsprozeß. Es existierte bereits eine öffentliche Meinung. Sie betrachtete jede Stärkung der Autorität der Häuptlinge, von denen die meisten in den Sklavenhandel verwickelt waren, als eine reaktionäre, unerträgliche Politik. Schließlich erwies sich die Politik des *indirect rule*, die mancherorts ein praktikabler Ausweg sein konnte, um den Mangel an Verwaltungskräften zu beheben, als untauglich für ein allgemeines und dynamisches Verwaltungsprinzip.

Ein anderes Institutionsmodell sollte sich hingegen als zukunftsträchtiger herausstellen: die Exekutiv- und Legislativräte. Der Exekutivrat setzte sich aus hohen

In den britischen Territorien

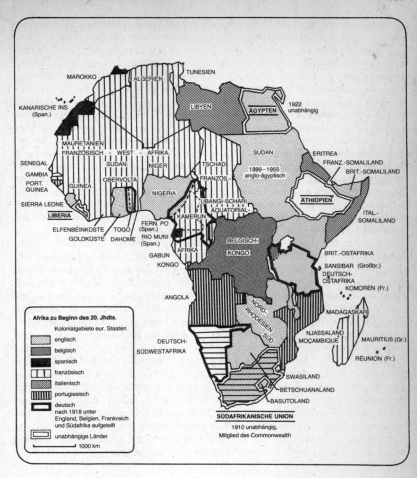

Beamten zusammen, die dem Gouverneur zur Seite standen. Der Legislativrat war dagegen eine lokale Versammlung mit der Befugnis, die Gesetze für die Kolonie auszuarbeiten. Der Gouverneur und der Staatssekretär für die Kolonien behielten sich das Recht der endgültigen Genehmigung vor. 1843 schuf man ein solches Modell in Gambia, 1850 an der Goldküste und 1852 in Lagos. Von 1922 bis 1925 wurden Bestimmungen erlassen, um die Mitgliederwahl durch ein afrikanisches Wahlrecht zu ordnen. Doch erst mit Beginn des Jahres 1948 bestand in diesen Ratsgremien die Mehrheit der Mitglieder aus gewählten Personen. Es handelte sich hier um eine Form eingeschränkter Demokratie und nicht um ein parlamentarisches Regierungssystem; denn die Exekutive des Gouverneurs hatte sich nicht vor dem Legislativrat, sondern vor dem Staatssekretär für die Kolonien zu verantworten. Andererseits verfügte der Gouverneur über das Vetorecht. Dennoch muß die frühzeitige Entwicklung der *self-government* – Keimzellen im englischsprechenden Westafrika vermerkt werden. Und als im Jahr 1940 offenbar sehr sorgfältig ausgesuchte Afrikaner in die Exekutivräte berufen wurden, zeigte sich der Beginn einer ersten afrikanischen Kontrolle der Staatsgeschäfte, namentlich der Steuern. Was Blaise Diagne in Paris im institutionellen Rahmen tat, versuchten die wenigen Afrikaner der Exekutiv- und Legislativräte im lokalen Rahmen zu bewerkstelligen. Dennoch führte das britische System, das von nicht assimilierbaren Voraussetzungen ausgegangen war, in einem gewissen Sinne praktisch dazu, daß die Kolonien in ihrem modernen Bereich nach britischem Muster organisiert wurden. Außerdem stimmte es, daß die lokalen Demokratieinstitutionen den Afrikanern ein wirksameres Handeln ermöglichten und auf diese Weise die steuerliche Ausbeutung der Afrikaner im Vergleich zu den benachbarten französischen Territorien langsam abgebaut wurde.

Das von den Briten installierte Bildungssystem bewegte sich in die gleiche Richtung. Auch hier war das Wirken der Missionare vielleicht noch bedeutender. Im Jahr 1827 gründete die *Curch Missionnary Society* das erste College von Furah Bay (Freetown). Es wurde eine Kaderausbildungsstätte für den gesamten britisch-westafrikanischen Bereich. Erst ein Jahrhundert später wurde das College von Achimota gegründet unter dem Rektorat des berühmten afrikanischen Doktors James Aggrey. Aus ihm gingen Generationen von Führungskräften und ghanaischen Staatsmännern hervor. Die Struktur des Bildungswesens war identisch mit dem Englands (Grammar school, High school, College usw.). Die Lehrinhalte waren aber afrikanischen Verhältnissen angepaßt. Speziell die Anfangsgrundlagen des Lesens und Schreibens wurden in der und durch die Muttersprache erworben. Wenn dieses System bisweilen auch die Möglichkeiten der Schüler begrenzte, so bot es doch den unübersehbaren Vorteil, daß es sie nicht völlig aus ihrem Milieu herausriß. Das englische System, das einem weniger »generösen« und weniger »humanistischen« Postulat entsprang als das französische System, hatte dennoch den Vorteil, daß es die afrikanische Gesellschaft nicht entzweite; es gab keine Unterschiede zwischen Bürgern und Eingeborenen.

B. Die Wirtschaft und die Entwicklung in den verschiedenen Territorien

In wirtschaftlicher Hinsicht führten die höher geschraubten Richtlinien zu einer wohlüberlegten und strengen Verwaltung der Kolonien. Ausgleichszuwendungen betrachtete man von Anfang an als bedenkliche Ausnahmen. Das war eines der Argumente, die Lugard vorbrachte, als er verlangte, das Protektorat von Nord-Nigeria, das damals Verlust machte, mit der weitaus begünstigteren Südregion zu vereinigen. Er machte die gegenseitige wirtschaftliche Ergänzung der beiden Bereiche, die Notwendigkeit der Öffnung zum Meer für den nördlichen Handel und die Bedeutung eines Eisenbahnnetzes geltend. Im Jahr 1927 wurden zwei Eisenbahnlinien von der Küste zum Norden fertiggestellt, eine führte von Lagos nach Kano, die andere begann in Port Harcourt. Sie setzten den Verkehr in

In den britischen Territorien   489

Bornu und in den Jorubaländern wieder frei, die traditionsgemäß eifrig Handel trieben. Sie aktivierten z. B. den Anbau von Erdnüssen und Baumwolle für den Export. Schnell erreichbar waren nun auch die Minen von Jos und Enugu. Das Palmöl, das langsam den Platz des »Ebenholzes« eingenommen hatte, blieb der Hauptausfuhrartikel des Südens. Im Jahr 1950 machte es ¼ des Gesamtexports aus und zusammen mit dem Kakao ⅓. Zum gleichen Zeitpunkt bestritt die Erdnuß ⅙ des Exports. Später kamen die Bodenschätze dazu: Zinn (Jos) und Bleierz im Norden, Steinkohle in Enugu und Erdöl bei Port Harcourt im Süden.

Ghana, das sich auf einem bedeutend kleineren Gebiet drängte als Nigeria, erlebte seinen wirtschaftlichen Aufschwung früher. Zum größten Teil verdankte es ihn dem Kakao, den Teteh Kwasi von der Insel Fernando Poo (Macias Nguema) herübergebracht hatte. In kurzer Zeit überflügelte der Kakaohandel die Goldexporte, 1913 bildete er 50 % des Exporthandels. Trotz zahlreicher Pilzkrankheiten, die den gesegneten Kakaobaum befielen, schwang sich Ghana auf den ersten Platz der Weltproduktion, ca. 60 % lieferte es insgesamt. Das System der *marketing boards,* das auch in Nigeria angewandt wurde, ließ zu, aus dem Kakao enorme Gewinne zu ziehen. Es gründete sich darauf, jedesmal, wenn der Preis für Kakao ein wenig angezogen hatte, bei den lokalen Herstellern etwas unter dem Weltmarktpreis zu kaufen. Nach einer Folge von mehreren Jahren mit steigenden Kursen verfügte man über ansehnliche Gewinne. Daraus schöpfte die Regierung und baute die technische und soziale Infrastruktur des Landes aus. Die erste Eisenbahnlinie entstand, sie verband den Hafen von Sekondi, später Takoradi mit den Goldminen von Tarkwa und mit Kumasi. Die zweite Linie führte von Accra nach Kumasi, später kamen noch Seitenlinien hinzu. Das Gold wurde hauptsächlich von den Afrikanern abgebaut. Die Goldküste, das Land des Goldes wurde das Land mit dem höchsten Pro-Kopf-Einkommen im ganzen afrikanischen Westen. Man begreift nun die große Anziehungskraft, die der wichtige Handelsplatz Kumasi auf die Jugend aus den Nordterritorien ausübte, selbst noch in den französischsprachigen Ländern: das war das Eldorado. Ghana war das Land des Kakaos und der Goldminen, nicht weit von den Manganminen und dann auch von den Bauxitminen entfernt.

In *Sierra Leone* änderte der Bau einer Eisenbahnstrecke in den Jahren von 1896 bis 1908 von Freetown zum Gebiet des nördlichen Protektorats nicht viel an der Armut des Landes. Erst im Jahr 1930 trat eine Änderung ein, als der Beginn der Eisengewinnung und des Diamantenabbaus einsetzte. Die Afrikaner aber partizipierten hier wie anderswo in der Hauptsache als Arbeitskräfte an diesen für die Kompanien so lukrativen Geschäften. Ein großes soziales Integrationsproblem stellt sich. Die Mischlinge, die am meisten von den Ausbildungsmöglichkeiten profitiert hatten, stellten zahlreiche Männer in führenden Positionen in Sierra Leone. Es konnte sie sogar »exportieren«. Die Mehrzahl der Afrikaner des Binnenlandes aber nahm eine niedrigere Position ein; und auf ihr lastete das ganze Gewicht des Systems.

Gambia lag eingeklemmt wie eine Banane zwischen den Zähnen Senegals. Es war ein Beispiel für ein Stück Afrikas, das rücksichtslos aus dem vor-kolonialen Gleichgewicht gerissen worden war. Es war ein armes Land, dessen magere Erdnußproduktion 90 % der Exportproduktion ausmachte.

In *Ostafrika* ergaben die gleichen Kolonisationsgrundsätze sehr entgegengesetzte Erfahrungen. 1894 wurde *Uganda* zum britischen Protektorat erklärt. Die Ernennung eines englischen Bischofs als Führer der katholischen Mission trug dazu bei, die lokalen Kämpfe, die in regelrechten Schlachten zwischen Katholiken und Protestanten endeten, zu schlichten. Die Aufstände der Kabakas im Jahr 1897 und der Cipayes 1898 im Sudan konnte man niederschlagen. Danach begann die Erschließung des Landes mit dem Bau einer Eisenbahn von Mombasa nach Uganda. Dieses Vorhaben konnte gegen den reaktionären Flügel der englischen Regierung durchgesetzt werden. Zwei Jahre nach Beginn des Baus erreichte die Strecke 1898 Nairobi. Nachdem man das Rift Valley überwunden hatte, stieß sie 1901 in Kisumu an den Viktoriasee. Hier sicherte ein Schiff die weitere Verbindung nach Kampala. Nach dem Zweiten Weltkrieg erweiterte man die Strecke bis zu den 1927 entdeckten Kupferminen von Kilembe. Diese für Uganda sehr wichtige Eisenbahnverbindung wurde für Kenia noch bedeutender. Tatsächlich nutzten sie nur wenige in Uganda niedergelassene Kolonisten. Dennoch unterzeichnete schon 1900 Sir Harry Johnson, der britische Generalkonsul, mit dem Kabaka von Buganda ein Abkommen. Aufgrund dieses Vertrages führte der Kabaka das Privateigentum in die Wirtschaft ein, eine revolutionäre Neuerung, die das Land als Ganzes in das kapitalistische System einführte. Auf der anderen Seite gestand dieser Vertrag dem Kabaka und seinem Rat *(Lukiko)* das Recht zu, das Land zu lenken. Die gleichen Formulierungen des *indirect rule* wurden mit den benachbarten Königreichen vereinbart. Als sich aber im Jahr 1921 Exekutiv- und Legislativräte etablierten, die auch zwei gleichlaufende Verwaltungen nach sich zogen, war eine Situation geschaffen, die nach 1945 eine sehr bedeutsame Krise auslöste. Uganda war ein relativ reiches Land. Der Anbau von Nährpflanzen beschränkte sich auf die Banane. Ab 1903 wurden vermehrt Baumwollkulturen und später dann Kaffeeplantagen auf dem fruchtbaren Boden von den Afrikanern angelegt. Im Vergleich zu seinen Nachbarn blieb Uganda ziemlich unberührt von der europäischen Kolonisation. Hier nahmen die Hindus den Handel in die Hand. 1939 eröffnete man in Kampala das Makerere College. Es spielte eine ebenso bedeutende Rolle für Britisch-Ostafrika wie das Furah Bay College (Sierra Leone) und das William Ponty College (Senegal) im afrikanischen Westen.

In *Kenia* hingegen verlief die Entwicklung ganz anders. Noch zu Beginn des 20. Jahrhunderts befand sich dieses Land in totaler Abhängigkeit von der *Imperial British East Africa Company* mit ihren Missionsposten. Die Eröffnung der Eisenbahnlinie zum Viktoriasee machte der Isolierung ein Ende, denn sie überschwemmte das Land mit Wellen von Kaufleuten und Kolonisten. Der britische Hochkommissar förderte hier, ganz im Gegensatz zum Konsul von Uganda, das Einbürgerungsvorhaben der Kolonisten. Er wollte damit die Produktion von Handelsware in Schwung bringen, um die Eisenbahnlinie rentabel zu machen und die Zweifler im britischen Parlament Lügen zu strafen. Als ob die leichte, heilkräftige Luft der Hochebenen die Weißen gleichsam einzuladen schien, wimmelte es bald von ihnen auf der fruchtbaren vulkanischen Erde. Sie rissen die besten Landflächen der Kikujus und der Massai an sich. Diese rücksichtslose Plünderung legte den Grund zu einem schweren Konflikt. 1905 wurde ein Exekutivrat gebildet. Zwei Jahre später wurden die Mitglieder eines Legislativrates ernannt. Einer von ihnen, der englische Aristokrat Lord Delamere, war ein urwüchsiger, barscher Pionier. Die Kolonisten wählten ihn zu ihrem Fürsprecher. Nachdem er zu der Überzeugung gekommen war, daß der Legislativrat nur eine Fassade war, verließ er ihn und knallte die Tür zu. Man kann sich leicht vorstellen, welchen Wert diese Institution für die wenigen Schwarzen hatte, die hier den begüterten und sozial weitaus besser gestellten Weißen gegenübersaßen. Für die Afrikaner Kenias stellte sich dieses Problem allerdings nicht, denn unter dem Vorwand ihres begrenzten Bildungsniveaus sandte man für sie weiße Vertreter in den Rat. Auch die Asiaten (Inder und Pakistani) hatten eine Vertretung beansprucht. Im Jahr 1923 empfahl ein Gutachten, das unter der Bezeichnung »Weißbuch von Devonshire« bekannt wurde, daß in allen Bereichen die Interessen der Afrikaner im Vordergrund zu stehen hätten. Aber erst zwanzig Jahre später, im Jahr 1944, überschritt der erste afrikanische Repräsentant die Schwelle des Legislativrates.

In *Sansibar* widmeten sich die englischen Kolonisten dem Anbau von Weizen, Kaffee, Tee und Sisalhanf. Außerdem betrieben sie Viehzucht. Mit dem sogenannten Helgolandabkommen von 1890 fiel Sansibar unter britisches Protektorat. Die Stadt, die eine Zeitlang die westlichen Gestade des Indischen Ozeans beherrscht hatte, verlor an Bedeutung, da sie den Handel mehr und mehr den neuen Küstenhäfen überlassen mußte. Die kleinliche Politik der Briten bei der Begegnung mit dem Sultan, der sich kaum vom Verdacht der Sklaverei reinwaschen konnte, trieb diesen schließlich zu einem Aufstand, der aber schnell niedergeworfen wurde (1895). Die Engländer nutzten die Gelegenheit, mit Hilfe ihrer Kanonen den regierenden Sultan kaltzustellen, um ihren Strohmann Sultan Hamud statt dessen einzusetzen. Dieser setzte dem Sklavenhandel offiziell ein Ende (1897). Im Jahre 1913 ging die Kontrolle der feudalen Verwaltung Sansibars vom *Foreign Office* zum *Colonial Office* über. Und 1925 bildeten sich die ersten Exekutiv- und Legislativräte. Aber erst im Jahre 1960 faßte man ins Auge, den gewählten Mitgliedern im Legislativrat die Mehrheit zu gewähren. Diese Entscheidung brachte die latente Gegnerschaft zwischen der schwarzen Mehrheit (ca. 2 500 000) und den arabischen (ca. 50 000) und asiatischen (20 000) Minderheiten zum Ausbruch. Die Gewürznelke und die Kokosnuß bildeten die Haupthandelsgüter der Insel.

In Rhodesien setzte sich im Jahr 1890 nicht ohne Mühe die Südafrika Kompanie in Salisbury fest. Fünf Jahre später erlebte Rhodes mit Stolz, wie diesen beiden riesigen Ländern sein Name gegeben wurde. Beiderseits des Sambesis lagen nun Nord- und Südrhodesien. Südrhodesien umfaßte im Norden das Maschonaland und im Süden das Matabeleland. Die Kompanie leitete mit Dr. Jameson die Verwaltungsgeschäfte und die wirtschaftlichen Angelegenheiten bis zum sogenannten Jamesonraid, der seine Abberufung zur Folge hatte. Ab 1914 gab es eine gewählte Mehrheit in einem Legislativrat, der ausschließlich von Weißen gebildet wurde. Aber das Jahr 1914 zeigte das Verfalldatum der Charta an. Aus Furcht vor einem Zusammenschluß mit Südafrika – trotz der wirtschaftlichen Vorteile vor allem zu Beginn des Krieges – wurde die Charta um zehn Jahre verlängert. Die Union mit Nordrhodesien verwarf man, da es den Kolonisten als Klotz am Bein ohne große wirtschaftliche Zukunft erschien. 1922 entschied das Staatsinteresse sich für den Status einer britischen Kolonie. Das bedeutete das Ende für das Regime der Kompanie. Sie hielt dennoch ihr Monopol über den Erzabbau bis 1933 und über die Eisenbahnen bis ins Jahr 1945 aufrecht. Bis zum Jahre 1961 mußte man auf eine afrikanische Vertretung in den Räten warten. Das große Handikap Rhodesiens war seine Binnenlage. Dies hatte auch Rhodes veranlaßt, eine Verlängerung der Eisenbahnlinie vom Kap durchzusetzen, die durch das Betschuanaland, vorbei an Transvaal bis nach Salisbury führen sollte.

Über Nordrhodesien sollte sie in Richtung Kongo weiterführen; eine Abzweigung verlief in östlicher Richtung und erreichte im Jahr 1899 den portugiesischen Hafen Beira. Die weiße Übermacht war während dieser Zeit in Südrhodesien deutlich. Tatsächlich belief sich die Zahl der Kolonisten, die sich den besten Grund und Boden raffgierig erworben und die Afrikaner in Reservate gedrängt hatten, auf 200 000. Der Rassismus blühte auf und die Segregation, wenn auch weniger brutal als in der Südafrikanischen Union, so doch nicht weniger real[13]. Es gab ein normales Schulwesen für die Weißen und eines für die Eingeborenen. Im Bereich der Universität, die 1950 begründet wurde, existierte diese Trennung offiziell nicht mehr. Nordostrhodesien mit der doppelten Fläche seines südlichen Nachbarn besaß bedeutend weniger weiße Kolonisten. Es war damals auch beträchtlich ärmer. Bis zum Jahr 1924 blieb es unter der Kontrolle der Südafrika Kompanie. Danach wurde es in eine Kolonie umgewandelt mit den üblichen Exekutiv- und Legislativorganen.

Bald aber, als das Kupfer entdeckt und abgebaut wurde, erlebte Nordrhodesien einen Aufschwung. Im Jahr 1927 nahm es nach den Vereinigten Staaten und Chile bereits den dritten Rang ein. Mehr als die Hälfte der Europäer in Nordrhodesien war mit Unternehmungen der Kupferminen beschäftigt. Erst im Jahre 1960 wurde allerdings der Karibastaudamm am Sambesi fertig, der ausreichend Energie für die Schmelzöfen liefern konnte.

Das Gebiet am Njassasee war 1891 zum Protektorat Britisch Zentralafrika erklärt worden. Im Jahr 1907 nahm es den Namen *Njassaland* an und erhielt einen Gouverneur, dem die gewohnten Räte zur Seite standen. Das Hauptproblem dieses Landes war seine Binnenlage. Eine Eisenbahnlinie verband oberhalb des Shireflusses die Plateaus am Nordufer des Sambesis. 1922 setzte man diese Linie vom Südufer weiter fort zum portugiesischen Hafen Beira. Erst im Jahr 1935 vereinigte eine Brücke über den Sambesi die beiden Abschnitte der Linie. Ihr nördlicher Teil reichte bis zu den Ufern des Njassasees. Obwohl die Kompanien 5 % der Landesfläche in Konzession erworben hatten, ließen sich sehr wenige Kolonisten in Njassaland nieder. Das lag zum Teil sicher auch daran, daß die Bevölkerungsdichte in diesem Land sehr hoch war. Viele der hier ansässigen Jao und Ngoni waren gezwungen, sich Arbeit in den Gebieten der Gruben oder Industriezonen Rhodesiens und der Südafrikanischen Union zu suchen.

In *Südafrika* betreute Großbritannien einige Enklaven, die sogenannten Territorien des Hochkommissars. Angesichts der besorgniserregenden Politik der Südafrikanischen Union verweigerten die Engländer die Integration dieser Gebiete in den politischen Block Südafrika. Der residierende Kommissar lenkte mit dem *indirect rule* den Machteinfluß der Häuptlinge und der lokalen Unterhäuptlinge. Erst zu Beginn des Jahres 1930 erlebten diese Regionen in sozialpolitischer Hinsicht ein Erwachen. Das Basutoland mit seiner malerischen Hügellandschaft war das Land Moscheschs. Sein Nachfolger Bereng Seisso betrieb seine Studien in Oxford. Die Bauern dieses Landes wurden zu Gelegenheitsbergleuten in den Unternehmungen der Südafrikanischen Union.

Im Swasiland hatten die Swasi schließlich wegen ihrer Gegnerschaft zu den Zulus um den Status eines britischen Protektorats gebeten. Ihrem Häuptling stand ein kleiner und ein großer Rat zur Seite. Das Land verfügte über einige Asbestvorkommen.

---

13 Der Autor hat während eines Aufenthaltes in Salisbury im Jahr 1962 diesbezüglich seine Erfahrungen gemacht.

In den britischen Territorien

Das Betschuanaland, eine riesige, steppenartige Ebene, wurde von den Bamangwato bewohnt. Ihr sehr christlicher König Khama III. hatte die Briten im Jahr 1885 um einen Protektoratsvertrag ersucht. Sein Nachfolger Seretse Khama machte von sich reden, als er 1949 den Wunsch äußerte, mit einer jungen Engländerin verheiratet zu werden und damit einen Skandal auslöste. 1961, als sich die Zeiten geändert hatten, stand der Sache nichts mehr im Wege.[14]

Wir verließen Südafrika in dem Augenblick, als der letzte Burenkrieg das Land zur Vereinigung mit dem British Commonwealth trieb. General Botha wurde 1910 Ministerpräsident als Führer der *Südafrikanischen Nationalen Partei* (SANP), die nach dem Ausscheiden der nationalistischen Opposition kurz *South African Party* hieß. Er stellte Smuts ein, einen Mann des Schreibtischs, der sein eigenes zügelloses Temperament vortrefflich ergänzte. Doch befand sich in seiner Regierung auch ein gewisser Hertzog, ein Extremist und Wortführer der Afrikaner von Oranje. 1912 gründete dieser die Nationalistische Partei. Das Programm dieser Partei zielte auf eine Trennung von Großbritannien. Während des Ersten Weltkrieges machte Botha gemeinsame Sache mit Großbritannien. Er setzte sich sogar an die Spitze der Truppen, die Deutsch-Südwestafrika erobern sollten. Der Erfolg blieb nicht aus, er konnte es zur bedingungslosen Übergabe zwingen. Dieses Ereignis ermöglichte es der Südafrikanischen Union, die außerdem an den Kampfhandlungen in Ostafrika und Europa teilgenommen hatte, vom Völkerbund das Mandat über Südwestafrika zu erhalten. Nach dem Tode Bothas, 1919, machten dem weniger populären Smuts ernsthafte Unruhen schwer zu schaffen. Bei einem Generalstreik bemächtigten sich die europäischen Arbeiter des gesamten Goldgeländes. Heimlich drang Smuts in Johannesburg ein, übernahm die Leitung der Operationen und warf die Rebellen nieder. Diese verloren mehrere Hundert ihrer Leute. Manche Afrikaner waren von ihnen gelyncht worden. Smuts erhielt den Beinamen »der Blutrünstige«, und von nun an nahm die Rassistenpartei einen unaufhaltsamen Aufstieg. Bei den Wahlen von 1924 verlor Smuts die Macht, und Hertzog übernahm mit seiner Nationalistischen Partei die Regierung. Unter seinen Anhängern gab es Leute, die leidenschaftlich und erbittert die Trennung verlangten. Dennoch akzeptierte Hertzog anläßlich der Reichskonferenz von 1926 die Zugehörigkeit zum Commonwealth, obgleich er Gesetze verabschiedete, eine Nationalflagge schuf und 1925 das Afrikaans als zweite Nationalsprache einführte. So erschien ein Gouverneur als Stellvertreter des Königs, und ein Hoher Kommissar vertrat die britische Regierung. Er schuf auch die Basis für eine Schwerindustrie, um seine Verbündeten, die Mitglieder der Labourpartei, zufriedenzustellen.

Zur Zeit der Krise 1930 mußte Hertzog eine Bündnisregierung mit Smuts eingehen. Diese Annäherung zog eine Abtrennung der extremen Flügel beider Parteien nach sich. Es entstanden zwei neue politische Bewegungen, die Dominion-Partei und die *Gereinigte Nationale Partei* des Dr. Malan. Hertzog legte, vielleicht aufgrund der Propaganda des letzteren, besondere Betonung auf eine rassenbewußte Politik. Er entzog den gebildeten Schwarzen das Stimmrecht, die schwarze Bevölkerung wurde im Parlament von Weißen vertreten. Im Zweiten Weltkrieg ergriff Smuts Partei für die Alliierten. Hertzog enthielt sich lieber einer Stellungnahme. Das Parlament sprach sich mit knapper Mehrheit für den

---

14 Die drei Enklaven Basutoland, Swasiland und Betschuanaland sind unter folgenden Namen unabhängig geworden: Lesotho (1966), Swasiland (1968) und Botswana (1966).

Krieg aus. Daraufhin übernahm Smuts erneut die Macht und stellte den Alliierten strategisch wichtige Posten und die unermeßlichen Reserven der Union zur Verfügung. In Südwestafrika mußte er eine Säuberung vornehmen, da hier eine Nazipartei den Rassisten der Nationalistischen Partei die Hand reichte. Dieser gelang es indes unter Führung ihres Dr. Malan, 1946 die Macht zu übernehmen. Er vertrat die Apartheid und strich die Mischlinge (coloured) aus den Wählerlisten der Weißen. Seine Nachfolge trat im Jahre 1954 Strijdom an, 1958 folgte Dr. Verwoerd, ein Exprofessor der Psychologie.

Der wirtschaftliche Wohlstand der Südafrikanischen Union basierte in dieser Zeit im wesentlichen auf Ackerbau und Viehzucht (Wolle). Eine überaus wichtige Rolle spielten aber auch das Gold und die Diamanten, die im Jahr im Schnitt 300 Milliarden CFA-frs einbrachten. Im Jahr 1911 stoppte man die Einwanderung der Asiaten, die aus Indien zur Arbeit auf den Zuckerrohrplantagen in die Provinz Natal und zum Handeltreiben ins Land gekommen waren. Die restriktiven Maßnahmen gegen sie blieben nicht ohne Folgen. Es gab Akte bürgerlichen Ungehorsams, die ein junger Rechtsanwalt mit Namen Mahatma Gandhi anführte. Er praktizierte zu jener Zeit in Südafrika. Ohne Rücksicht auf das internationale Recht weigerte sich die Südafrikanische Union, der UNO die geforderten Berichte über ihr Südwestafrika-Mandat zu liefern[15]. Schließlich annektierte sie dieses Territorium sogar, es durfte Abgeordnete ins Parlament entsenden.

III. In den deutschen Territorien

Von den Territorien, die Deutschland zur Zeit des imperialistischen Ansturms im Handumdrehen erworben hatte (Südwestafrika, Tanganjika, Kamerun, Togo), war das erste wegen seines wüstenähnlichen Charakters ziemlich benachteiligt. Bis zur Annektion durch die Südafrikanische Union konnten hier einige Goldminen ausgebeutet werden. Das deutsche Togo war ein Territorium, das über ein ausgeglichenes Budget verfügte. Hier kümmerte sich der Kolonisator darum, technische Führungskräfte (Handwerksmeister und Ingenieure) heranzubilden. Nach dem Ersten Weltkrieg wurde Togo geteilt: der Osten fiel unter britisches Mandat, der Westen unter französisches. Es gab große Umstellungsprobleme, und schon bald nach dem Zweiten Weltkrieg erschienen togolesische Bittsteller auf der Tribüne der Vereinten Nationen.

A. Kamerun

Kamerun war zunächst laut dem Plan Bismarcks Handelsleuten anvertraut worden. Aber ihr Versagen hatte zwangsläufig zur Folge, daß die Leitung in die

---

15 Dieses Mandat wurde im Jahr 1966 von der UNO widerrufen, und Südwestafrika wurde in Namibia umbenannt. Aber diese Entscheidungen blieben tote Buchstaben. Afrikanische Nationalisten begannen den Guerillakampf.

In den deutschen Territorien 495

Hände des Militärs und der deutschen Verwaltung überging. Nicht ohne Schwierigkeiten war dieses Land erobert und unterworfen worden. Nachdem die Bewohner der Dörfer Sofo und Buea im Gebiet des Kamerunberges ein kleines Kontingent vernichtet hatten, wurden sie im Jahr 1894 durch eine starke Expedition in ihre Berge zurückgetrieben. Im Ewondoland, wo auch die spätere Hauptstadt Jaunde lag (1887), begegneten die Bewohner den Deutschen und ihren Truppen von Dahome-Soldaten mit warmherziger Gastfreundschaft. Die Begegnung endete mit der Hochzeit zwischen dem deutschen Militärchef Dormik und einem jungen Mädchen des Landes. Andererseits befördert der deutsche Major aber alle diejenigen reihenweise an den Galgen, die den kleinsten Versuch eines Widerstands wagten. Im Land der Bulu, der Maka und der Njem reichte der Widerstand bis in das Jahr 1907 hinein. Erst 1911 legten manche Häuptlinge wie Somo und manche Gebiete wie Bafia die Waffen nieder. In Nordkamerun stießen die Deutschen auf sehr viel besser ausgerüstete und organisierte lamibes als im Süden. Der lamido Mahama verteidigte sich in Tibati wütend, bis er 1909 gefangengenommen, gefoltert und abgesetzt wurde. (lamibe – Sultan, lamido – Herrscher, lamidat – Herrschaftsgebiet). Man ersetzte ihn durch einen Strohmann, Chiroma, der zuvor die Bedingungen der Sieger akzeptiert hatte. Ngaundere wurde erobert und sein Häuptling Abo niedergemetzelt. Der lamido von Rey wurde geschlagen; man besiegte Subeiru, den Emir von Jola und Amadu, den lamido von Marua in Garua und Marua. Trotz ihrer Heldentaten wurden sie kurze Zeit später ermordet. Ihre Brüder wurden an ihrer Stelle eingesetzt (1902). In Mora, dem nördlichsten Punkt des Landes, entstand eine mächtige Festung, eingeschlossen zwischen Nigeria und dem Tschad.

In den vier Residenzen des Nordens und der Mitte (Mora, Adamaua, Banjo und Bamum) setzte sich nach einer gezielten Säuberungsaktion unter den Häuptlingen eine indirekte Verwaltung durch. Insbesondere die vertriebenen Völker, die bis dahin nicht selten dem Machteinfluß der Fulbe-lamibes entgegengetreten waren, wurden die großen Verlierer bei dieser »Zusammenarbeit«. Bisweilen handelte es sich eher um Komplizentum zwischen den folgsamen Häuptlingen und den Eroberern. In den Südbezirken herrschte die Regierungsform der direkten Verwaltung vor. Nach dem Aufstand der Dahome-Soldaten und dem gescheiterten Versuch, sudanesische Söldner anzuwerben, führten die Deutschen die Söhne der Häuptlinge Kameruns in die starre Tradition der deutschen Armee ein. Den schüchternen Versuch einer autonomen Verwaltung im Bereich der Gemeinden und Bezirke verwarf die Handelskammer von Kribi im Jahr 1908. Hier übten die lokalen Kompanien über den territorialen Rat, wie anderswo auch, Druck, wenn nicht unumschränkte Unterdrückung aus. Die *Nord-West-Kamerun-Gesellschaft* hatte 1890 eine Konzession über ein 100 000 qkm großes Gebiet erhalten. Nachdem das Sammeln von Kautschuk unergiebig wurde, ging die Kompanie dazu über, Bananen- Kaffee-, Kakao-, Kautschuk- und Ölbaumplantagen anzulegen wie die Bidundschi-Gesellschaft. Straßen wurden eröffnet. 1911 weihte man die Eisenbahn des Nordens feierlich ein, die Duala mit Nkongsamba und mit den Plantagen des Bamilekelandes verband. Wenig später folgte die Eisenbahnlinie von Duala nach Jaunde. Der Transport zu Wasser wurde auf den Flüssen Benue, Ogowe, Logone und Schari aktiviert. Wohlhabende Kompanien wie die des *Grafen von Schlippenbach,* die 300 Europäer und 700 Afrikaner beschäftigte, rissen den Handel an sich. Um die Bedürfnisse all dieser Kompanien zu befriedigen, »schufteten« ca. 80 000 Träger und 250 000 schwarze Hilfs-

496 *Das goldene Zeitalter der Fremden*

arbeiter ohne Unterbrechung auf den Pisten und in den Betrieben. 1896 schuf ein kaiserlicher Erlaß Wilhelms II. Ländereien der Krone *(Kronland)*, die alle sogenannten »vakanten« Gebiete umschlossen. Im Jahre 1904 sah man es als notwendig an, Grund- und Boden-Kommissionen *(Landkommissionen)* zu schaffen, um die einheimischen Reserven vor der Gefräßigkeit der Kompanien zu schützen. Es gab vielgestaltige und fleißige Aktivitäten: eine Stutenzucht entwickelte sich zur Verbesserung der einheimischen Rassen, man wog die Arbeiter und betreute sie auf den Plantagen ärztlich. Geologische Forschungen wurden betrieben und Versuchsgärten zur Verbesserung der Pflanzensorten angelegt. Alles trug den Stempel des deutschen methodischen Geistes, der nichts dem Zufall überließ.

Aufgrund eines Abkommens von 1907 legte man das Unterrichtswesen in die Hände der Missionen. Allerdings verschob sich der Stellenwert, den die afrikanischen Sprachen einnahmen, zugunsten einer allgemeineren Bildung. Von Anfang an öffneten die Deutschen den Kameruner Studenten ihr Land. Seit 1911 wurden gar an der Hamburger Universität das Ewondo und das Duala gelehrt.

Kurz vor dem Ersten Weltkrieg kam durch den Duala Rudolf Manga das Problem der geraubten Ländereien zur Sprache. Sie gehörten den Duala, deren oberster Häuptling er war. Nachdem er für sie eingestanden war, setzten sie ihn ab. Jeder Rebellion abgeneigt wollten sich die Duala Rechtsanwälte aus Deutschland holen. Ihr Abgesandter wurde hierbei festgenommen; zusammen mit seinem Häuptling beschuldigte man ihn des Komplotts gegen die Sicherheit Kameruns und henkte beide im Jahr 1914. Die Nervosität der Deutschen, die sich von den Franzosen und Engländern in den Nachbargebieten eingekreist fühlten, führte zu zahlreichen Hinrichtungen ohne Gerichtsverfahren. Im Krieg fiel der gesamte Rest des Landes bis auf die uneinnehmbare Festung Mora im Norden 1916 in die Hände der Engländer und Franzosen. Am Ende des Krieges gingen die westlichen und südlichen Teile des Landes an Französisch Äquatorialafrika. Der Rest wurde in zwei internationale Mandatsgebiete umgewandelt, die England beziehungsweise Frankreich anvertraut wurden. In der Phase der Umstellung verdammte man die deutschsprachige Elite zur Untätigkeit. Von französischer Seite war die Unterdrückung besonders stark. Zu Hunderten erreichten die Verurteilten zu Fuß das Lager Mokolo in Nordkamerun. Zu Beginn befreite Frankreich die Arbeiter der deutschen Plantagen. Aber die Zwangsarbeit und die Mißachtung des Indigenats herrschten hier wie anderswo auch. Die Arbeiten an der zentralen Eisenbahnlinie endeten in einem wahren Blutbad: »Die 38 km von Ndschok bis Makak kosteten Tausenden von Menschen das Leben, stellenweise waren die Arbeitsbedingungen schrecklich und unmenschlich.«[16] Man baute den Hafen von Duala weiter aus, um den Aufschwung in der Kakao-, Kaffee-, Palmöl- und Kautschukproduktion bewältigen zu können. Vor allem der reiche Grund und Boden des Bamilekelandes trieb das Wachstum der Wirtschaft an. Es verwandelte sich in einen menschlichen Ameisenhaufen, emsig und gierig auf Gewinn bedacht. Diese Entwicklung spielte sich fast auf demselben Breitengrad ab, auf dem auch Aschanti und Joruba lagen.

Das öffentliche Unterrichtswesen begann im Jahr 1939 mit einer Realschule in Jaunde. Der Gesundheitspflege nahmen sich Ärzte wie Jamot und Aujoulat an. 1940 bemächtigte sich Oberst Leclerc der Stadt Duala. Sie sollte als Basis für Gabun und den Tschad beim Kampf der Forces Françaises Libres dienen (FFL).

16 Siehe R. P. Mveng.

B. Tanganjika

Die deutschen Besitzungen in Ostafrika wurden mit sehr ähnlichen Methoden verwaltet. Während Ruanda und Urundi über die Mwami (Eingeborenenherrscher) eine indirekte Verwaltungsform hatten, war Tanganjika eher einer direkten Verwaltung unterworfen. Ihre administrativen Kader bestanden aus Arabern und Suahelis von ziemlich mittelmäßigem, geistigem Niveau. Außerdem waren sie keine Autochthonen. Viele deutsche Kolonisten ergriffen Besitz von dem reichen Land der nördlichen Hochebenen rund um Moshi und an der Küste. Sie erhielten ausgedehnte Konzessionen und machten sich die Zwangsarbeit zunutze, zu der zusätzlich noch Fixpreise für die abzuliefernden Produkte kamen. All diese unterdrückenden Maßnahmen führten zu den bereits erwähnten Revolten, die man in Blut erstickte. Die Deutschen brachten im Jahr 1893 den Handel mit Sisal, Kaffee, Baumwolle und Erdnüssen in Schwung. 1914 wurden zwei Eisenbahnlinien im Norden und im Süden in Betrieb genommen (Udschumbura-Linie). Während des Ersten Weltkrieges prallten die Attacken der Briten an der Taktik des deutschen Generals von Lettow-Vorbeck ab. Er behauptete sich bis ans Ende des Krieges. Aber die Feldzüge hatten weite Gebiete in Wüsten verwandelt. Als die Engländer das Mandat über das Land erhielten, benannten sie Deutsch-Ostafrika in Tanganjika um. Der Kurswechsel vollzog sich ziemlich schnell. Ab 1923 konnte das Territorium auf Subventionen verzichten. Im Jahr 1925 wurde die Verwaltung durch einen ehemaligen Mitarbeiter Lugards, Sir Donald Cameron, neu gestaltet. Er stärkte die Autorität von ordnungsgemäß gewählten Häuptlingen und betraute sie mit verantwortlichen Tätigkeiten im Steuer- und Rechtsbereich. 1926 wurde ein Legislativrat geschaffen, aber seine Mitglieder wurden bis zum Jahr 1958 ernannt. Die asiatische Kolonie hatte hier wie in Kenia großes Gewicht (80 000 Angehörige). Die Exportgüter des Landes waren vor allem Sisal, Erdnüsse, Baumwolle und Kaffee. 1940 wurden in Schinjanga Diamantenminen eröffnet.

IV. In den portugiesischen Kolonien

Abgesehen von den Kapverdischen Inseln, Portugiesisch Guinea und São Tomé kontrollierte Portugal insbesondere zwei riesige Länder, Moçambique und Angola.

Die Afrikapolitik Portugals war eng mit der Entwicklung des Mutterlandes verbunden. Als 1910 die Republik ausgerufen wurde, hatte manch einer die Vorstellung, daß nun eine Ära der Reformen anbrechen würde. Sie zeigte sich zunächst einmal darin, daß den lokalen Gouverneuren mehr Macht eingeräumt wurde. 1920 gewährte man Moçambique und Angola die finanzielle Autonomie mit der Möglichkeit, Anleihen für ihren wirtschaftlichen Entwicklungsplan zu bekommen. Wenigstens 50 % der Haushaltseinnahmen beruhten nun aber auf einer Kopfsteuer, »Hüttensteuer« genannt. Da die Anleihen im Vergleich zu den mageren Einnahmen zu belastend waren, verlor die Landeswährung jeden Wert. Man glitt unaufhaltsam in ein Fiasko. Nur Subventionen des Mutterlandes konnten die Territorien jetzt noch retten. Als Gegenreaktion verstärkte Portugal ab 1926 wieder seine Kontrolle über die Finanzen seiner Kolonien. Die Kolonialakte von 1930, die auf Salazar, den damaligen Minister für Kolonialangelegenheiten zurückging, überließ diese totale Wiederinbesitznahme der Kolonien durch das Mutterland in politischer wie wirtschaftlicher Hinsicht dem Gewinnstreben der Kompanien. Die Zwangsarbeit wurde wenigstens verboten. Die wichtigen Prinzipien dieser Akte wurden auch in die Charta von 1933 und nach einigen Abänderungen in die Verfassung von 1951 aufgenommen. Es hatte den Anschein, als ob sich Portugal nach den Schwierigkeiten der großen Weltkrise fester an seine afrikanischen Reserven klammerte, die es »als ein Vermächtnis der Geschichte« betrachtete. Diese neue Politik mußte allerdings angesichts der Beschwerden der portugiesischen Kolonisten flexibler gestaltet werden. Der Kolonialminister war für die Verwaltung verantwortlich. Mit einem Beirat zur Seite stand er über Inspektoren in direktem Kontakt mit jedem Territorium. In Angola und Moçambique war der Generalgouverneur sein Stellvertreter, ihn unterstützte seit 1926 ein Regierungsrat und viel später (1955) ein gewählter Beirat. Auf den sorgfältig vorbereiteten Wahllisten waren de facto nur die Missionen, die portugiesischen Unternehmen und die portugiesischen Arbeiter vertreten. In den Distrikten lag die Macht in den Händen des Gouverneurs. Er stand den Bezirksverwaltern und den Dienststellenleitern (*chefe de posto*) vor. Diese beiden letzten Kategorien von Beamten waren bei weitem die maßgeblichsten, da sie sich in dauerndem Kontakt mit den Eingeborenen befanden. Sie spielten beinahe die gleiche vielfach wirkungsvolle Rolle wie der Kommandant im französischen Kolonialsystem. Der Dolmetscher, die eingeborene Polizei (*sepoy*) und die Dorfhäuptlinge (*regulo*) vervollständigten noch diese Übereinstimmung mit dem französischen System. Der Dienststellenleiter hielt unter Mitwirkung von Wachsoldaten und Dolmetschern Gericht über die Eingeborenen. Er verhängte Strafmaßnahmen, die von Schlägen über Auspeitschungen bis zur Landesverweisung oder sogar bis zur, im allgemeinen heimlich vollzogenen, Hinrichtung reichten.

1951 wurden die Kolonien von einem Tag zum anderen zu Überseeprovinzen. Die Fiktion eines multinationalen, egalitären und brüderlichen Portugals wurde zum großen Ziel der Propaganda Lissabons. Die Portugiesen, die man in diesem Zusammenhang mit den Belgiern vergleichen kann, erlebten den Aufstieg der Eingeborenen zur Zivilisation als einen sehr langsamen Entwicklungsprozeß wie eine geologische Schichtenfolge. Die Schicht in diesem Jahrhundert war besonders dünn. Deshalb sieht die traurige Wirklichkeit trotz der spektakulären Akte des Jahres 1951 so aus: wirtschaftlicher, sozialer und kultureller Entwicklungsrückstand, Ausbeutung und Rassismus unter dem heuchlerischen Deckmantel der Assimilierung. Wirtschaftlich gesehen kennzeichnet die Kolonisation ein sehr langsamer Fortschritt, vor allem im ländlichen Bereich. Ein Dekret aus dem Jahr 1901 dehnte den Besitz des Staates auf alle »vakanten« Gebiete aus, hingegen versuchten nachfolgende Dekrete, auch für die autochthone Bevölkerung Gebiete zu reservieren. Großzügige Konzessionen an Land machte man einigen Kompanien für den Kaffeeanbau in Angola und den Zuckerrohranbau in Moçambique. Zum großen Zorn der Kolonisten beraubte man hier die Afrikaner nicht völlig wie in Südafrika.

Für Salazar war es abwegig, den Schwarzen aus seinem Stammesrahmen heraustreten zu lassen, um ihn dann sofort in eine moderne Industriewelt zu werfen, ohne eine Art landwirtschaftliche Zwischenstufe. Nach portugiesischen Kriterien

In den portugiesischen Kolonien

sollte die Einführung in die Zivilisation anders verlaufen. Daher rührte auch die Bedeutung, die in den Entwicklungsplänen der Ansiedlung kleiner portugiesischer Kolonisten beigemessen wurde. Sie sollten Mustergüter entwickeln. Langsam sollten die Afrikaner an dieser Umgestaltung beteiligt werden. Das politisch konservative, wenn nicht reaktionäre Ziel war offensichtlich. Unter politischem Aspekt schuf man vor allem in Südangola die »Modell-Dörfer«. Der technische Aufwand und die Lieferung von Material und Saatgut machten daraus jedoch kostspielige, winzige Unternehmen. In den fünfziger Jahren rief die Verwaltung in Moçambique Genossenschaften ins Leben. Aber sie erreichten nur ca. 12 000 Afrikaner in einem Land von 6 Millionen. Da es an Exportprodukten mangelte (Mais, Maniok, Bohnen und Reis bildeten die Nahrungspflanzen, die hauptsächlich angebaut wurden), betrauten die Portugiesen wie andernorts auch 12 Kompanien mit dem Monopol, diese Produktion anzukurbeln. Die Afrikaner pflanzten auch Baumwolle an, jedoch waren sie dabei an ihre Plantagen gebunden und auch durch die Verwaltung in ihrer Arbeit eingeengt. Sie schrieb ihnen einen bestimmten Lieferumfang vor und zwang sie, an die Kompanien zu Fixpreisen unter Weltmarktpreis zu verkaufen. Man schätzte die Zahl der afrikanischen Bauern, die sich im »Kampf um die Baumwolle« engagierten, im Jahr 1956 auf 519 000. In Wirklichkeit war aber die Zwangsarbeit der wesentliche Motor für die Wirtschaft der portugiesischen Territorien.

1943 stellte Viera Machado, ein Minister Salazars, folgendes Prinzip auf: »Wenn wir die Eingeborenen zivilisieren wollen, müssen wir ihnen wie ein grundlegendes moralisches Gebot den Gedanken einprägen, daß sie ohne zu arbeiten kein Recht auf Leben haben. Eine produktive Gesellschaft begründet sich auf schwerer Arbeit, die sogar für Vagabunden verbindlich ist. Wir können hinsichtlich dieses Prinzips aus rassischen Gründen keine Ausnahme dulden.«[17] So setzten sich also die Afrikaner trotz platonischer Proteste und der Forderung nach völliger Freiheit für die Afrikaner der mühevollen, obligatorischen Arbeit aus, wenn sie nicht in der Lage waren, den Nachweis einer Beschäftigung zu erbringen, wenn sie mit ihren Steuerzahlungen in Verzug gerieten oder auch nur bei Arbeiten für das Allgemeinwohl. Die Ausbeutung der schwarzen Arbeitskraft bot hier noch mehr als anderswo Ersatz für ausbleibende Investitionsmittel. Alles Erdenkliche wurde unternommen, um Arbeiter zu bekommen, um sie zu halten, um das Maximum aus ihnen herauszupressen. Dem 1947 verfaßten Bericht des ehemaligen Generalinspektors Enrique Galvao verdankt die Welt die Enthüllung dieser skandalösen Situation (er war in Ungnade gefallen und 1952 wegen Subversion ins Gefängnis geworfen worden). Die offiziellen Statistiken neigten dazu, die Zahl der »Angeworbenen« zu reduzieren und die der »Freiwilligen« höher anzusetzen. Sie zählten 125 000 Angeworbene im Jahr 1960. Da die Löhne jedoch so niedrig waren, konnten die notwendigen Arbeitskräfte (*mao dobra*) oft nur mit Gewalt »angefordert« werden. Um die Kontrolle über diese Arbeitskräfte zu sichern, mußte jeder Afrikaner, der seinen Standort wechselte, auch in seinem Heimatdistrikt, im Besitz eines Passierscheins sein. Auf diesem mußte jede Ortsveränderung eingetragen werden. Kurz, man benötigte einen Paß, um im eigenen Land reisen zu können.

Auf dem Gebiet der Industrie berücksichtigte Portugal die Überseeterritorien in seinem nationalen Entwicklungsplan für sechs Jahre. Da aber die Bodenschätze

17 Siehe Dufy, *Portugal in Africa*, 1962.

Portugals mager waren, beherrschte ausländisches Kapital die wesentlichen Unternehmen. Es wurde ermutigt, den Territorien Starthilfe mit Investitionen zu geben und man versuchte, die Länder mit Kapital auch politisch mit einzubeziehen.

In Moçambique rief die Regierung im Jahr 1912 die mächtige *Kompanie von Moçambique* zurück. Sie beherrschte die Region um Sofal. Als einziger Bodenschatz von Bedeutung blieb die Kohle von Moatisse am Sambesi übrig (200 000 Tonnen pro Jahr). Die Hauptstützen des wirtschaftlichen Aufschwungs bildeten die Baumwoll-, Tee-, Sisal- und Zuckerrohrplantagen. Von nicht geringerer Bedeutung war die Eröffnung von Verarbeitungsbetrieben und Aufbereitungsanlagen. Nicht zuletzt spielte auch die Lieferung elektrischer Energie (Staudamm am Rebue) eine maßgebliche Rolle in der wirtschaftlichen Entwicklung. In erster Linie hing jedoch der Wohlstand vom Transitverkehr ab, der von Johannesburg und Transvaal nach Beira und Lourenço Marques verlief. Die beiden Häfen hatten sich mit ihrer wachsenden Bedeutung auch stark vergrößert. Eine weitere Einnahmequelle bildeten die Löhne zahlreicher Afrikaner, die immer wieder auf der Flucht vor der Zwangsarbeit oder wegen schlechter Bezahlung zu den südafrikanischen Minen aufbrachen, um das Geld für die Aussteuer, den Brautpreis oder den Hausstand zu verdienen. Man zählte ca. 50 000 Portugiesen in Moçambique. In Angola befindet sich eine der wenigen transafrikanischen Strecken. Es handelt sich um die Eisenbahnlinie von Benguela, die dem Eisenbahnnetz von Schaba (Katanga) angeschlossen ist und quer durch Rhodesien nach Beira führt. Man begann 1903 mit den Arbeiten und vollendete den Bau im Jahr 1929. Diese neue Linie übernahm unverzüglich den Weitertransport des Kupfers aus Schaba, außerdem entstand an der Strecke die neue, zentraler gelegene Hauptstadt Nova Lisboa. Doch blieb Luanda an der Küste die wichtigste Stadt und der wirtschaftliche Mittelpunkt. Die *Angolesische Diamantenkompanie (Diamang)* wurde von Fremdkapital beherrscht, von angelsächsischem, belgischem und deutschem. Die Ansiedlung weißer Kolonisten unterstützte man sehr.

Trotz der wirtschaftlichen und sozialen Ausbeutung der Afrikaner durch die Zwangsarbeit und das Regime über das Indigenat rühmte sich Portugal noch, von Rassismus in seinen Kolonien nichts zu wissen. Als ob Bereitschaft zur Rassenmischung und Absichtserklärungen in dieser Hinsicht bereits ein Brevet wären!

De facto sah das wichtige Prinzip dieser Kolonialdoktrin folgendermaßen aus: jedem stand der Weg offen, den Status eines Voll-Portugiesen zu erreichen. Bis zum Jahr 1953 unterschied man drei Klassen in der Bevölkerung: die Portugiesen, die automatisch Bürger waren, die Assimilierten und die afrikanische Masse. Die Assimilierten mußten zahlreiche Bedingungen erfüllen, um als zivilisiert anerkannt zu werden (u. a. mußten sie eine Loyalitätserklärung und zwei Führungszeugnisse vorlegen sowie den sozialen Status europäischen Lebensstils zeigen). Ohne den Portugiesen vollständig gleichgestellt zu sein, war der Assimilierte doch z. B. davon entbunden, bei seinen Ortsveränderungen stets einen Passierschein vorweisen zu müssen und zur Zwangsarbeit eingeteilt zu werden usw. Er besaß das Stimmrecht und das Recht auf gleiche Bezahlung für gleiche Arbeit wie die Portugiesen. 1950 gab es in Angola nach vier Jahrhunderten portugiesischer Herrschaft 90 000 Assimilierte bei einer Bevölkerung von 4 Millionen ... In Moçambique sahen die Vergleichszahlen folgendermaßen aus: von 573 500 Bewohnern waren 4 353 Assimilierte ... Auf den Inseln São Tomé und

Principe, wo die Rassenvermischung allgemein üblich war, befanden sich unter einer Bevölkerung von 60 000 Menschen mehr als 50 % Assimilierte. Alles in allem kann man sagen, daß mehr als 99 % der Bevölkerung im Indigenatsstatus verblieb. Es gab Heuchler, die behaupteten, daß dies keine Frage der Rasse, sondern eine Frage der Bildung sei ...

Tatsächlich bot das Erziehungswesen in den portugiesischen Territorien die besten Voraussetzungen zur Assimilierung. Das offizielle Ziel sah vor, die Schwarzen »zu nationalisieren und zu zivilisieren«. Auf diesem Sektor haben sich die Missionen und vorrangig die katholischen Missionen durch große Verantwortlichkeit ausgezeichnet. Man machte die Unterscheidung zwischen dem offiziellen Unterrichtswesen, das für Portugiesen und Assimilierte bestimmt war, und dem angepaßten *(adaptacão)* Erziehungswesen (das früher mit »rudimentärer Bildung« bezeichnet wurde) für die Söhne der Eingeborenen. Es handelte sich in diesem Fall um ein Curriculum, das Lesen, Schreiben und Rechnen verzeichnete und durch Elementarkenntnisse im Handwerk und in der Landwirtschaft vervollständigt wurde. Das Ganze vollzog sich in portugiesischer Sprache. Dieser Erziehungsbereich lag vornehmlich in den Händen der Missionen. Es gab ein halbes Dutzend Colleges mit qualifiziertem Lehrkörper, aber nur sehr wenig Eingeborene erreichten diese Bildungsstufe. Die Universitätsstudien setzte man in Lissabon fort. Bedenkt man, daß Portugal selbst 40 % Analphabeten hatte, so schien dieses Bemühen beachtlich. Freilich darf man nicht vergessen, daß 60 % der Gesamtschülerzahl im Elementarbereich im Jahr 1959/60 junge Portugiesen waren, während der Bevölkerungsanteil der Portugiesen nur 3 % ausmachte! Außerdem wurden noch manche Versuche im Bereich einer medizinischen Versorgung unternommen, z. B. durch die Ausbildung von Helfern und durch die Ausrottung tropischer Krankheiten; aber auch hier gab es Diskriminierungen. In den Krankenhäusern von Lunda gab es unterschiedliche Operationssäle für Afrikaner und Europäer. Unter diesen Verhältnissen half es Portugal nichts, sich an den imperialen Tiraden seines Dichters Camoès in dem Werk *Os Lusiadas* zu ergötzen ... Die traurige Wirklichkeit sah anders aus.

V. In den belgischen Territorien

A. Im Kongo

1. Die Entwicklung

Belgien wurde beinahe ohne sein Zutun eine Kolonialmacht. Aber als es erst eine geworden war ... Übrigens war das kein ausgesprochener Sonderfall, denn in allen europäischen Staaten gab es stets auch Gegenstimmen. Die Einwände kamen zuweilen sowohl von rechts als auch von links, nur ihre Begründungen waren natürlich gegensätzlich. Manche verurteilten die Grausamkeiten, andere nur bestimmte koloniale Unternehmungen. Die Schlüsselfigur war der König von Belgien, Leopold II. Um sich auch einen Anteil am afrikanischen Kontinent zu verschaffen, entfaltete er eine fieberhafte, senile Raffgier. Mit ein paar Federstrichen auf der Karte verleibte er sich während der Berliner Konferenz Schaba

502   *Das goldene Zeitalter der Fremden*

(Katanga) ein. Diese Annektierungswut brachte ihn im Gebiet des Ubangi und von Bahr el Ghasal in Schwierigkeiten mit den Franzosen. Mit viel Aufwand bemühte er sich auch, von England ein Kriegsschiff zu erwerben, um Lissabon zu bombardieren. Es hätte nicht viel daran gefehlt, und er hätte die Kontrolle über das Nilbecken bis Faschoda gewonnen. Nach der Gründung der *Association Internationale du Congo*, deren einziger Teilhaber er sehr schnell wurde, vergewisserte er sich 1879 der Dienste Stanleys, weil diese Domäne so weit wie möglich ausgedehnt werden sollte. Wie oben bereits erwähnt, stellte ihn die Konferenz von Berlin (1885) vollständig zufrieden. Jetzt blieb nur noch übrig, dieses unermeßliche Territorium, dessen Kern der undurchdringliche tropische Urwald war, und das in sämtlichen Regionen vom Sklavenhandel verdorben war, zu besetzen und in den Griff zu bekommen.

Von 1886 bis 1894, dem Zeitpunkt des Vertrages über die Festlegung der Grenzen mit England, fand eine minutiöse Erkundung des Territoriums statt, hauptsächlich in seinen umstrittenen, peripheren Teilen. Namentlich der Geologe Jules Cornet kundschaftete die Kupfervorkommen im Becken von Schaba im Detail aus, ca. 6 000 km legte er in diesem Gelände zurück. Zur gleichen Zeit hatte der Kardinal Lavigerie zu einer leidenschaftlichen Kampagne gegen den Sklavenhandel aufgerufen. Bischöfliche Zuaven (Kolonialsoldaten) nahmen sogar unter Führung des Hauptmannes Joubert an den Kämpfen gegen die Sklavenhändler an der Küste teil. Die arabischen Händler waren diejenigen, auf die sie es besonders abgesehen hatten. Der bedeutendste unter ihnen war Tippu Tip. Trotzdem war er als Gouverneur für das Gebiet der Stromschnellen verpflichtet worden, und Leopold II. bezahlte ihn reichlich. Doch die Sklavenhändler begannen langsam, gegen die Steuern auf den Export von Elfenbein aufzubegehren. Als am Kongo die ersten Nachrichten von Aufständen der Bewohner Tanganjikas gegen die Deutschen auftauchten, war das für sie das Zeichen zur Erhebung (1892). Mit ihren aus Schwarzen bestehenden Truppen zerstörten die Belgier systematisch und ohne ernsthafte Verluste die von den Arabern oder Mischlingen tapfer verteidigten Festungen *(bomas)*. Auch sie verfügten über schwarze Truppen, z. B. in Niangar und Kasongo oder Bena Kalunga, dem Versteck des mächtigen Häuptlings Rumaliza. Diese Feldzüge, die u. a. auch die Niederwerfung der Meuterei der schwarzen Batetela-Soldaten und die Zersprengung der Aufständischen vom Uellefluß mit einschlossen, dauerten bis zum Beginn des 20. Jahrhunderts.

2. *Die Herrschaft Leopolds*

Auf diese Weise wurde das Gebiet erobert. 10 Millionen hatte dieses Unternehmen aus der privaten Schatulle König Leopolds verschlungen. Es war die Phase, in der er Vertrauten zu verstehen gab, daß er gezwungen sei, »Mahlzeiten ausfallen zu lassen«. Bald darauf jedoch versuchte der König, eine Finanzierungsgesellschaft für Erschließungsunternehmen zu lancieren: 1887 entstand die *Compagnie du Congo pour le commerce et l'industrie*. Die Banken verhielten sich weiterhin reserviert. Albert Thys, ernannter Direktor und Fürsprecher des Königs, hatte Mühe, die englischen Interessen bei den Startinvestitionen fernzuhalten. Die wichtigste dieser Investitionen wurde von der *Compagnie du chemin de fer du Congo* 1889 in Angriff genommen, mit großzügiger Unterstützung durch die belgische Regierung. Stanley hatte in der Tat gesagt: »Ohne die Eisen-

In den belgischen Territorien 503

bahn an den Katarakten (Livingstonefälle) vorbei ist der Kongo keinen Penny wert.« Dieses Bauwerk inmitten feindlicher Natur von Leopoldville nach Matadi wurde nach neun Jahren schwerster Arbeit feierlich eingeweiht. Es hatte 132 Weiße und 1 800 schwarze Arbeiter das Leben gekostet. Die letzte Zahl ist zweifellos weit unterschätzt. »Der Bau der Matadi-Leo-Linie war gewiß ein Jahrhundertwerk, aber auf dem Hintergrund von Friedhöfen und im Takt der Trauermärsche« schrieb Cornevin.

Der belgische König veröffentlichte einen Teil seines Testaments, in welchem er Belgien den Kongo-Freistaat abtrat. Damit wurde zum ersten Mal in der Geschichte ein ganzer Staat versetzt. Das belgische Parlament ließ etwas Geld springen, präzisierte aber, daß es sich damit keineswegs verpflichte, das Erbe anzunehmen (man glaubte nämlich, er sei nichts als eine lästige Bürde). Doch als 1894 die Handelsbilanz des Kongostaates ausgeglichener wurde, unternahm das belgische Parlament alles, um seine Rechte geltend zu machen, während der König alles daran setzte, den Fälligkeitstermin zu verschieben.

Wie war nun der Kongo plötzlich rentabel geworden? Ganz einfach durch die totale Ausbeutung des Landes. Leopold II. hatte bei einem Bankenkonsortium Schulden gemacht. Außerdem wollte er so schnell wie möglich Gewinne einstreichen. Der Plünderungsprozeß im Kongo wurde also vorangetrieben. Während er bei der Konferenz von Berlin, um sich die Unterstützung der anderen Mächte zu sichern, der Internationalisierung des Kongobeckens zustimmte, mit Niederlassungs- und Handelsfreiheit für alle, verfügte er von 1889 an, daß die »vakanten« Gebiete dem Staat gehörten. Dieser Akt widersprach nicht nur seinem internationalen Versprechen, sondern verstieß auch gegen afrikanische Sitte und Regel, nach der es keine vakanten Gebiete gibt. Dieser Ansicht war auch Mgr. Augouard sowie Pater Vermesch: »Es ist falsch zu vermuten, daß das Land am Kongo vakant sei. Wem gehört der Kautschuk, der auf dem Boden gedeiht, den die Autochthonen des Kongo bewohnen? Den Autochthonen und niemand anders ohne ihr Einverständnis und ohne richtige und angemessene Vergütung. Die Aneignung ›vakanter‹ Gebiete ist nichts weiter als eine gigantische Enteignung.«[18] Ein anderer Jesuit, A. Castelain, widersprach dieser Einstellung. Er stützte sich dabei auf die Redlichkeit Stanleys, der Verträge zurückbrachte, die »die Anerkennung der neuen Souveränität durch die Eingeborenen« einschlossen. Er rechtfertigte die Zwangsarbeit mit dem göttlichen Gebot der Arbeit: »Das barbarische Volk, das sich diesem Gesetz widersetzt, wird niemals zivilisiert werden. Man kann es deshalb dazu zwingen, und da es als Ausgleich für die Dienste, die man ihm zur Verbesserung seines Schicksals erweist, nur Arbeit leisten kann, hat man gleich zwei Motive, diese Arbeit aufzuerlegen und zu fordern.« Er erwähnte auch die Abschaffung des Sklavenhandels, »der von den Arabern verübt wird«.[19] Der Autor gestand ein, daß es auch Übergriffe gegeben habe, aber sie seien fast ganz verschwunden . . . Wenn die Meinungen so geteilt waren, so auch deshalb, weil seit 1891 die Erzeugnisse der aufgekauften Gebiete dem Staat vorbehalten waren. Mit anderen Worten, König Leopold und die Gesellschaft, deren Hauptaktionär er war, besaßen den Grund und Boden, die Erzeugnisse dieses Bodens und durch das Arbeitsplatzmonopol sogar die Eingeborenen, die auf diesem Boden lebten. Auf 2 450 000 qkm existierten

18 *La question congolaise*, Brüssel 1906.
19 *L'Etat du Congo, ses origines, ses droits, ses devoirs*, Brüssel 1907.

504   *Das goldene Zeitalter der Fremden*

2 420 000 Eingeborene, die in der Abhängigkeit des Staates oder der Gesellschaften lebten, an denen er beteiligt war: die *Compagnie du Katanga,* die *Société anversoise* (Antwerpen), die *Compagnie du Lomami,* die *Abir* usw. Es waren Kompanien, die »ernteten« und »sammelten«. Durch Requirierungsmaßnahmen erlangten sie den Kautschuk und das Elfenbein und leiteten beides zur Küste.

Dieses leopoldinische Regime gehörte ganz sicher zu einer der unheilvollsten Phasen in der Geschichte Zentralafrikas. Die Beweise protestantischer Missionare sind von manch einem Verteidiger des Werkes Leopolds zurückgewiesen worden. Doch die Untersuchungskommission, die der König selbst einsetzte, gab – wenn sie den König auch für unschuldig erklärte – doch die Übergriffe zu, die an Ort und Stelle von den Kompanien begangen wurden. Überdies war diese offizielle Kommission nur zweieinhalb Monate am Ort geblieben, während die Missionare über lange Jahre hinweg Augenzeugen gewesen waren. Wie dem auch sei, die Untersuchungskommission wagte nicht, Einzelheiten der Zeugenaussagen, die sie gesammelt hatte, zu veröffentlichen.

Die Berichte der Missionare waren erschreckend: jedes Dorf mußte eine bestimmte Tonnage an Kautschuk liefern. Dafür erhielt sein Häuptling entweder einen Armvoll Kattun (Baumwollstoff) oder eine Handvoll Salz für einen Korb voll Kautschuk, manchmal auch nur einen kleinen Spiegel. Die Zeugenaussagen der Missionare Weeks, Padfield, Gauman und Harris sind entlarvend. Um die Eingeborenen an der Flucht zu hindern, stand jedes Dorf unter der Aufsicht eines Trupps von Milizsoldaten *(capita).* Der Weggang der Männer oder zu geringe Kautschuklieferungen zogen Strafaktionen schwersten Ausmaßes nach sich: öffentliche Morde an Häuptlingen oder an ihren Leuten durch europäische Agenten der Gesellschaft, Vergewaltigungen und Entführungen von Frauen, Verstümmelungen an Armen, Beinen und Genitalien, Aufspießen von jungen Mädchen und Frauen, Szenen von Kannibalismus, Blutschande, zu der die Aufsässige in aller Öffentlichkeit gezwungen wurden usw. Der Häuptling Bolima, begleitet von zwanzig Zeugen, legte der Untersuchungskommission 110 Stäbchen auf den Tisch. Jedes, so sagte er, stelle ein für den Kautschuk geopfertes Leben dar. Die kurzen Stäbchen bedeuteten Kinderleben, die mittleren die Leben von Frauen ... Er gestand, daß seine Leute drei Sklaven und einen Wachposten mit Lanzen durchbohrt hätten. Danach erzählte er, wie der Weiße mit ihm Krieg geführt hatte. Nach der Schlacht hatte er ihm die Leichen seiner Männer gezeigt und gesagt: »Jetzt wirst du Kautschuk herbeibringen, nicht wahr?« Worauf er mit »ja« antwortete. Anderswo wies ein Bevollmächtigter der Gesellschaft den Sohn eines Häuptlings ab, der ihm den von Milizsoldaten ermordeten Leichnam seines Vaters vorwies. Man hatte bei ihm keinen Kautschuk gefunden! Der Agent hetzte seinen Hund auf ihn.

Der Kautschuk, der ballenweise auf den Kais von Antwerpen lag, war buchstäblich mit Schweiß und Blut getränkt.

Leopold II. hat niemals den Fuß auf afrikanischen Boden gesetzt. Auch waren die Agenten der Kompanien nicht ausschließlich Belgier. Es war ein zusammengewürfelter Haufe von Abenteurern und europäischen Legionären, für die die Hysterie der Gewalttätigkeit zur normalen Stimmung geworden war. Der Direktor einer der Gesellschaften in Afrika brachte in gewissen Abständen Rundschreiben in Umlauf, in welchen er Angaben über die Fälle von »Schuldhaft« forderte. Er fügte hinzu: »Ich erinnere daran, daß die Geiseln anständig behan-

In den belgischen Territorien

delt werden!« Aber drei Monate später bekannte er in einem weiteren Rundschreiben: »Ich stelle fest, daß man auf vielen Posten meine Vorschriften bezüglich der Zivilhaft trotz all meiner Ermahnungen außer acht läßt. Ich lege euch die Rundbriefe Nr. 93 und Nr. 98 ans Herz . . .«[20]

Im Jahre 1903 verkaufte die *Abir* 812 525 kg Kautschuk auf dem Markt von Antwerpen. Man schätzt, daß diese Produktion die Jahresarbeitsleistung von mindestens 30 000 Sammlern, 3 000 Ruderern, Trägern usw. erforderte; und das alles für einen eher symbolischen Lohn. Hinzu kamen noch weitere 10 500 Arbeiter, so belief sich schließlich die Zahl der mobilisierten Eingeborenen auf 43 500. Niemand weiß, wie hoch die Zahl der Toten zu schätzen ist. Aber die Grausamkeiten waren so unleugbar, daß die belgische Zeitung *Le Patriote*, königstreu und katholisch, in ihrem entrüsteten Leitartikel vom 28. Februar 1907 schrieb: »Nichts hat sich im Kongo geändert . . .«, und nachdem sie die Schreckensherrschaft der Milizsoldaten der *Abir* in Erinnerung gerufen hatte, folgerte die Zeitung: »Die Erinnerung an diese Fakten wird im Gedächtnis der Leute haften bleiben und die Rache Gottes nach sich ziehen. Früher oder später werden die Täter vor Gott und der Geschichte Rechenschaft ablegen müssen.« Der durchschnittliche Jahresgewinn der *Abir* belief sich auf ca. 3 Millionen. So kam König Leopold wieder zu Geld und konnte prunkvolle Kasinos und Denkmäler bauen lassen. Immer mehr Menschen in Belgien drängten zur Annektierung, sei es, weil sie verbittert waren durch den immer tragischer werdenden Bankrott der »zivilisierenden Mission«, sei es, weil sie von den vielfachen Möglichkeiten des Kongogebietes geblendet wurden.

Der König, der geschrieben hatte: »Meine Rechte auf den Kongo sind unteilbar!« versuchte zu holen, was zu holen war. 1906 übertrug er den Belgiern den Kongo als unveräußerliches Vermögen. Doch wurde der Druck so stark, daß er diese bedingungslose Akte wieder zurücknehmen mußte. Im Jahr 1908 schritt das belgische Parlament zur Annektierung des Territoriums.

Das leopoldinische System mit seinen überhöhten Eisenbahntarifen, seiner Erschöpfung der natürlichen Reserven des Landes durch grenzenlose Konzessionen und viele andere Nebenwirkungen legte der kolonialen Entwicklung starke Fesseln an.

3. Reformen

Mit Beginn des Jahres 1908 liberalisierte die Verwaltung den Handel, und zwei Jahre später ersetzte im Prinzip die Zwangsarbeit die Abgaben in Geld.

Eine rationellere Ausnutzung konnte in der Tat erst nach dem Ersten Weltkrieg im Jahr 1920 einsetzen. Damals begannen die neun Gesellschaften wie die *Union Minière du Haut-Katanga*, die *Forminière* und die *Unilever*, die angelsächsisches und belgisches Kapital vereinigten und unter der Schirmherrschaft der *Société Générale de Banque* und der Dachgesellschaft der *Compagnie du Congo pour le commerce et l'industrie* standen, ohne Übergang, den Kongo von der Wirtschaft des Sammelns und Jagens zur kapitalistischen Wirtschaft der Minen, der Plantagen und der Trusts zu führen. 1911 erbaute die *Union Minière du Haut-Katanga* ihre erste Schmelzhütte wegen der gigantischen Reserven an

20 Siehe Circulaire Nr. 108 vom *Abir* Bassan Kussi (17. Dezember 1903).

506 Das goldene Zeitalter der Fremden

Kupfer und an Zinn. Sie erwirtschaftete jährliche Gewinne von 2,5 bis 4,5 Milliarden belgische Francs. 1913 erschloß die *Forminière* die ersten Diamant- und Goldminen. Die Unilever verfügte über 5 650 000 Hektar Land, ein Gebiet, das zweimal so groß war wie Belgien. Die Gesamtfläche der enteigneten Gebiete (im allgemeinen guter Grund und Boden) belief sich im Jahr 1957 auf 1 440 000 Hektar. Das Komitee von Kiwu besaß 300 000 Hektar, theoretisch bis ins Jahr 2011 ... Im Jahr 1927 erreichte der Exportüberschuß des Kongos eine Milliarde, und ungeheure Dividenden wurden nach Belgien transferiert.

Aber man brauchte sehr lange (1929 bis 1939), um die Folgen der Weltwirtschaftskrise zu überwinden. Deshalb wurde eine Million Familien gezwungen, bestimmte Pflanzen anzubauen: Baumwolle, Ölpalme und Erdnuß. Der Zweite Weltkrieg beschleunigte diesen wirtschaftlichen Boom noch. Die Ursachen lagen in der Wertsteigerung der in der Elektronik benötigten Metalle (Germanium, Beryllium). Ebenso kurbelten strategisch wichtige Erzeugnisse wie Kupfer, Zinn, Kobalt und Uran die Wirtschaft an, andererseits auch die langsame Einführung einer verarbeitenden Industrie. Die Ausbeutung des Kongostaates hatte eine sehr deutliche Entvölkerung dieses Landes zur Folge. Im Jahr 1928 wurde eine Regierungskommission mit der Aufgabe gebildet zu verhindern, daß mehr als 25 % der erwachsenen und arbeitsfähigen Männer einer Volksgruppe zur Arbeit getrieben wurden. Praktisch wurden diese oft für Jahre verpflichtet, Hunderte von Kilometern von ihrem Zuhause entfernt zu arbeiten. »Wir sind es, die die Kinder hervorbringen, aber ihr seid es, die sie eßt«, erklärte eine Frau bei einer medizinischen Untersuchung. Übrigens mied die Bevölkerung in der Regel diese ärztlichen Missionen.

Die Verlagerung ganzer Volksgruppen wurde durch die Verbesserung der Transportwege erleichtert. Die Verbesserungen waren notwendig geworden, weil man einen Handelsweg zum Meer hin finden mußte[21].

Im sozialen Bereich konnte die belgische Kolonisation positive und sehr bedeutende Ergebnisse vorweisen, wenn sie auch durch den patriarchalischen Geist, der sie beeinflußte, verfälscht waren. So kamen für die Afrikaner bis 1945 keine Gewerkschaften in Frage. Doch richteten die Kompanien Arbeitgeberkantinen ein und bauten feste Häuser. Große Anstrengungen unternahm man auch im Bereich der Gesundheitspflege und der Vorsorge. Hier wirkten sowohl private Kompanien als auch staatliche Dienststellen. Die Sorge für das Erziehungswesen hatte Leopold II. den katholischen Missionen anvertraut. Ab 1908 führte die belgische Regierung die öffentliche Schule ein. Es handelte sich dabei nicht zwangsläufig um eine staatliche, konfessionslose Schule, auch wenn die Ausbildung der Hilfskräfte von der Verwaltung übernommen wurde. Im Jahr 1920 konnte sie aber erst 1861 Schüler zählen, während 100 000 Schüler die Einrichtungen der katholischen Mission besuchten und 85 000 protestantische Schulen. Das Niveau der Missionsschulen war ziemlich niedrig. Lerninhalte waren zu

---

21 Die Briefe des Leutnants Tilkens an seine Mutter und an seine Vorgesetzten, die M. Vandervelde bei Gericht verlas, sind in diesem Zusammenhang äußerst belastend. »Das erforderte 500 Träger. Arme Schwarze! Wieviel Blut wird bei diesem Transport fließen! Bereits dreimal mußte ich gegen Häuptlinge vorgehen, die diese Arbeit ablehnten. Die Leute ziehen es vor zu sterben. Wenn sich ein Häuptling weigert, so bedeutet das Krieg, einen grauenvollen Krieg perfektionierter Feuerwaffen gegen Lanzen und Assagaie. Sehr oft finden meine Soldaten leere Dörfer vor. Dann ergreifen sie Frauen und Kinder. Kommandant Verstralden besuchte meine Station und beglückwünschte mich lebhaft. Er sagt, die Art und Weise seines Berichts hänge von der Quantität an Kautschuk ab, den ich schicken würde.«

In den belgischen Territorien   507

Beginn die lokalen Sprachen und die im weiteren Umkreis verbreitete Sprache
(Kisuaheli, Kiluba, Kikongo usw.). Die Sprachen des Mutterlandes, Französisch
und Flämisch, wurden nur ausnahmsweise als Fremdsprachen unterrichtet, während in manchen Seminaren die Kurse gar in Latein abgehalten wurden . . .
Als die Segregation amtlich verboten wurde, durften manche Afrikaner in
Schulen für Europäer zwar auch Kurse mit einem höheren Bildungsanspruch
belegen, aber die Trennung im Stadtwohnbereich blieb natürlich bestehen. Erst
im Jahr 1940 lief der Unterricht in der Staatsschule an. 1954 wurde die katholische Universität von Lovanium eröffnet, zwei Jahre später erst begann die Universität von Elisabethville zu arbeiten. Kurz, die Belgier bemühten sich sehr viel
systematischer als die Engländer, die Afrikaner sich in ihrem eigenen Bereich
entwickeln zu lassen. Den Fachunterricht übertrug man den privaten Kompanien. Beachtlich wirkte sich auch der Beitrag der zahlreichen protestantischen
Missionen aus; 1858 eröffnete man in Stanleyville eine protestantische Universität. Der Islam spielte lediglich im Maniemegebiet eine Rolle. Ein weiterer positiver Aspekt der belgischen Kolonisation im Kongo lag in der wissenschaftlichen
Forschungsarbeit. Eine Reihe von Instituten, wie das I.N.E.A.C.[22], trieben wichtige Studien, züchteten u. a. Pflanzen wie die Kaffeesorte »Robusta«, die die
Elfenbeinküste erobern sollte.
Die koloniale Bevormundungspolitik der Belgier wie auch der Portugiesen berechnete die Entwicklung Afrikas maßgerecht über Jahrhunderte. Sie hatte den
Kongo nach und nach umgeformt, zum großen Teil durch Reinvestition am Ort
gemachter Gewinne. Viele belgische Kolonisten hatten sich vorzugsweise auf den
gesunden Hochebenen der Schabaprovinz (Katanga) niedergelassen.
Neben den Provinzen Rand und Transvaal war Katanga für ganz Afrika wichtig wegen seiner Stärke im industriellen Bereich und wegen seiner städtischen
Entwicklung. Mehr als ein Drittel der Bevölkerung lebte in Städten. Im gesamten Kongo schätzte man die Zahl der Afrikaner, die als Lohnempfänger ihren
Lebensunterhalt verdienten, auf 3 500 000. Manche Regionen der reichen Länder
der Kiwu- und Schabaprovinzen bildeten mit ihrem modernen Straßennetz und
den humanen Gegebenheiten der Landschaft wahrhaft angenehme Inseln modernen Lebens. Als Mensch wurde der Afrikaner hier betreut, als Staatsbürger aber
vernachlässigte man ihn.
Die Kolonial-Charta von 1908 hatte den politischen und administrativen Status
des Kongogebietes festgelegt. Er war ein wenig dem französischen System vergleichbar. In Zusammenarbeit mit dem für die Kolonien zuständigen Minister
machte der König die Gesetze für den Kongo; unterstützt wurden sie dabei von
einem konsultativen Kolonialrat. Der Generalgouverneur verfügte auf dem Weg
der Verordnungen über die lokale Gewalt. Die Verordnungen waren nur fünf
Monate gültig, vorbehaltlich der Billigung durch einen Erlaß. Außerdem unterstand dem Generalgouverneur eine Kommission zum Schutz der Eingeborenen,
deren Vorsitz der Generalstaatsanwalt in Leopoldville innehatte. Die Justiz-
verwaltung lag im belgischen System bedeutend mehr in den Händen der lokalen
Exekutivgewalt als im französischen System. In den Urteilen der Gerichte über
die Eingeborenen berücksichtigte man viel mehr die Sitten und Gebräuche der
Afrikaner. Das Land war in sechs Provinzen unterteilt, die jeweils einem Pro-
vinz-Bevollmächtigten unterstanden. Eine Provinz wiederum gliederte sich in

22 INEAC: Institut National pour l'Etude Agronomique du Congo Belge.

Distrikte auf, an deren Spitze Kommissare standen. Die administrative Zelle bildete ein kleines Territorium (Gemeinde) mit einem Verwalter.

B. Ruanda-Urundi

Das ehemals deutsche Ruanda-Urundi, das 1918 belgisches Mandatsgebiet wurde, hatte sichtlich die gleiche Verwaltungsform, sah man von einer gewissen Tendenz zum *indirect rule* ab. Diese politische Neigung konnte man auf die Existenz von zwei Mwami zurückführen, die von ihren Häuptlingen und Unterhäuptlingen unterstützt wurden und denen ein Rat zur Seite stand. Ein belgischer Gouverneur koordinierte das Ganze. In seinem Beirat waren auch Afrikaner vertreten.

Die Force Publique, die 1886 organisiert wurde und mobile Kontingente umfaßte, stand den zivilen Behörden immer zur Verfügung. Sie hatten eine Reihe von Aufständen zu unterdrücken, z. B. mußten sie 1957 gegen Kassongo Niembe im Distrikt von Lomani vorgehen. Während des Zweiten Weltkrieges unterdrückten sie einen Streik, was 60 Menschenleben kostete, und eine Meuterei, bei der es 100 Tote gab. Die Force Publique übte einen sehr großen Einfluß aus, da sie ein bedeutendes Netz von technischen Hochschulen und Fachschulen schuf und im sozialen Bereich wertvolle Hilfe leistete.

VI. In Äthiopien

Der Machtantritt Haile Selassies in *Äthiopien* mußte eine beherzte Politik auslösen, um dieses Land aus seinem mittelalterlichen Zustand zu befreien. In den Jahren 1924 und 1931 erließ er Gesetze zur Befreiung der Sklaven. Über das ganze Land zog sich bald ein Verwaltungsnetz, das dazu dienen sollte, die Rivalitäten aus dem Weg zu räumen. Doch die Aristokratie brachte diesen revolutionären Maßnahmen allzu oft einen heimlichen Widerstand entgegen. Außerdem wurde die äthiopische Währung von der Weltwirtschaftskrise ernsthaft in Mitleidenschaft gezogen. Schließlich war dieses Land mit seinen schroffen Höhen dringend auf nationalen Zusammenhalt angewiesen und auf Integration. Der Sieg von Adua hatte in diesem Sinne bereits eine wichtige Rolle gespielt. Zudem erwiesen sich die Äthiopier, die in Europa studiert hatten und nach ihrer Rückkehr Posten als Gouverneure und hohe Beamte einnahmen, als wesentlicher Einigungsfaktor zwischen den Somal, Völkern wie den Amhara, Falascha, Juden und Galla und den Völkern des Südens. Ihre Religionen waren obendrein sehr verschiedenartig (Animisten, Moslems und Christen). Doch die treibende Kraft zur »Amalgamierung« bildete sich hier im Widerstand gegen die italienische Aggression.

Tatsächlich hatten die Italiener trotz des Freundschaftsvertrages von 1928 die schwere Niederlage von Adua nicht verwunden. Sie begannen, Äthiopien Böswilligkeit vorzuwerfen, z. B. in den Beziehungen zwischen dem italienischen Assab und Äthiopien. Danach sprachen sie von äthiopischen Überfällen an der

Liberia 509

Grenze zum italienischen Somalia. In Wirklichkeit handelte es sich um Wanderungen von Klans der Viehzüchternomaden. Bei ihren Wanderungen in Gebiete, die nicht deutlich abgesteckt waren und wo man sich die Wasserstellen streitig machte, wurden sie mal mehr mal weniger von Streitkräften unterstützt. In Französisch und Britisch Somaliland regelte man solche Streitigkeiten oft auf gütliche Weise. Doch das faschistische Regime Italiens brauchte einen kleinen Ruhmeserfolg ... Die Italiener hatten überdies die Brunnen von Wal-Wal besetzt. Eine englisch-äthiopische Mission stellte fest, daß sie außerhalb der italienischen Domäne lag. Flugzeuge überflogen daraufhin diese Mission drohend. Später wurde behauptet, es seien nur Photos gemacht worden. Kurze Zeit darauf kam es bei Wal-Wal zu Scharmützeln. Italien forderte von Äthiopien als Entschuldigung, daß es der italienischen Fahne in Wal-Wal Ehre erweisen solle. Äthiopien weigerte sich, bis der Beweis erbracht wäre, daß es sich im Unrecht befinde. Es wandte sich schließlich an den Völkerbund. Dieser ernannte einen Schlichtungsausschuß, der jedoch an seiner Aufgabe scheiterte. Im August 1935 trafen sich die beiden europäischen Mächte, die diese Angelegenheit am meisten betraf, Frankreich und Großbritannien, mit Italien in Paris. Sie versuchten Italien mit dem Vorschlag zu beschwichtigen, die äthiopische Frage insgesamt schlummern zu lassen und sich derweil die Einflußzonen in diesem Land aufzuteilen. Seine politische Souveränität sollte unangetastet bleiben. Im Gegenteil, man wollte den »besonderen Interessen« Italiens Rechnung tragen. Italiens Absage aber war unmißverständlich. Im Rat des Völkerbundes brach es öffentlich mit Äthiopien und bereitete sich auf dessen Eroberung vor.

Dieses vom Völkerbund und den Mächten aufgegebene Land, genoß es auch die Sympathie vieler, erlebte nun, wie sein Widerstand von einer 400 000 Mann starken faschistischen Armee hinweggefegt wurde. Ohne Schwierigkeit nahm sie die Provinz Tigre ein, deren Ras Gugsa gekauft war. Im Jahr 1936 fiel Addis Abeba nach schweren Bombardierungen. Städte, Dörfer, Armee und Herden zerstörten sie. Der Negus floh nach Großbritannien und bemühte sich, mit viel Würde in diplomatischen Aktionen seinen Thron zurückzugewinnen. Die Italiener hatten wenig Zeit, sich mit ihren Kolonien zu beschäftigen. Aus dem Grunde wurden auch nur wenige Ziele der Kolonisation verwirklicht. 1941 befreiten die Engländer Äthiopien. Der Negus fühlte sich nicht nur Großbritannien verpflichtet, er bat auch alle fortschrittlichen Länder um technische Hilfe beim Wiederaufbau seines Landes.

VII. Liberia

Das unabhängige Land *Liberia* hat sehr wenig Investitionen von außen erhalten, obwohl die Zeichen für einen wirtschaftlichen Aufschwung nicht gut standen. Die amerikanischen Schwarzen, die sich als führender Bürgerstand installiert hatten, unternahmen keine Versuche, alle Völker des Landes zu einer nationalen Integration zu führen. Sie begnügten sich damit, die Unabhängigkeit als eine Errungenschaft ihrer Kaste zu verwalten, die aber immer noch dem Land zugewandt war, aus dem sie befreit worden war: den Vereinigten Staaten. Die gesamte Ausbildung war sehr mittelmäßig, und die ruinierte Wirtschaft wurde zusätzlich durch den Krieg erschüttert. Liberia hatte nämlich seinen Handel mit Deutschland preisgegeben, um den Vereinigten Staaten in den Krieg zu folgen. Es hatte dafür die Zusage für eine finanzielle Unterstützung erhalten, die aber ausblieb. Doch von 1930 an erwirkte der amerikanische Trust *Firestone* eine riesige Konzession zur Verwertung des Kautschuks und gewährte Liberia als Gegenleistung eine Anleihe. *Firestone*, zum Staat im Staat Liberia geworden, beutete die afrikanischen Arbeitskräfte gnadenlos aus. Arbeiter aus Liberia wurden sogar auf die spanischen Plantagen der Insel Fernando Poo geschickt. Eine Untersuchung offenbarte, daß selbst Präsident King nicht von allen Vorwürfen freizusprechen war.

Die Krise von 1930 beschleunigte den finanziellen Zusammenbruch Liberias in einem solchen Maße, daß die Beamten nicht mehr bezahlt werden konnten. Der Völkerbund schritt ein und schuf ein Sanierungskomitee, an dessen Spitze auf Vorschlag der USA ein Departementsrat stehen sollte. Das war das Verfahren, das im Jahr 1876 die Unabhängigkeit Ägyptens unterdrückt hatte. 1931 widersetzte sich die Abgeordnetenkammer in einem letzten Aufbäumen diesen Maßnahmen. Sie erklärte die externen Schulden für nichtig, wobei sie versprach, die Zahlung der Zinsen für die Schulden zu übernehmen, sobald sich die Handelslage verbessert hätte. Die Republik fristete ein kümmerliches Dasein, bis nach dem Zweiten Weltkrieg die Eisengruben von Bonu Hills entdeckt wurden, und ihre Ausbeute reiche Mittel und geschätzte Devisen brachte. Amerikanische Kompanien wie die *Liberia Mining Company* (1945), die *Liberia Company* (1947) und die *Liberia Product Company* (1948) kontrollierten den wirtschaftlichen Aufschwung. Die Machtergreifung durch Präsident Tubman deutete eine Wende an. Durch seine Mutter, die eine Autochthone der Volksgruppe der Kru war, und die sich mit einem amerikanischen Pfarrer verheiratet hatte, war er mit allen Menschen auch des Hinterlandes verbunden. Bis dahin waren sie mehr als natürliche Reserve Liberias betrachtet worden. Präsident Tubman war bemüht, sie mehr zu integrieren, indem er sie in die politische Verantwortung mit einbezog und auch in ihren Regionen laufend wirtschaftliche Reformen durchführte. Doch die Abhängigkeit vom amerikanischen Kapital blieb unverändert.

Der 1975 auf acht Jahre gewählte Präsident William R. Tolbert verfolgte die Politik Tubmans weiter, öffnete sich jedoch mehr den Nachbarstaaten und den Ländern des Ostblocks. Am 3. Oktober 1975 wurde die Deklaration vom Manofluß über einen freien Handel zwischen Liberia und Sierra Leone unterzeichnet.

An den konstitutionellen Texten nahm man Umgestaltungen vor, um die letzten Spuren von Pionier- und Kolonialgeist auszulöschen. So arbeitete man auch die Parole vom »totalen Engagement« ein. Ein Zehnjahresplan (1972–1982) zur Beschaffung von Arbeitsplätzen und ein Achtjahresplan (1976–1984) zur sozioökonomischen Entwicklung wurden in Angriff genommen. Sie sollen dazu beitragen, das wachsende Mißverhältnis zwischen den Regionen und den sozialen Klassen auszugleichen.

73 % des Exportwertes des Landes lieferten die Minen. Das Eisenerz, das die *Liberian American Swedish Minerals Company* (L.A.M.C.O.) nach dem Nimba-Plan zutage förderte, entstammte einem der größten privaten Unternehmen Afrikas. Es machte aus Liberia einen der wichtigsten Produzenten und einen der drei bedeutendsten Exporteure von Eisenerz in der Welt.

Die Landwirtschaft wurde immer von der mächtigen Kompanie der Firestone-

Plantagen beherrscht. Von den 40 000 Kautschukarbeitern des ganzen Landes arbeiteten allein 15 000 für sie.

Bibliographie

ALEXIS, M. G., *La barbarie africaine et l'action civilisatrice des missions catholiques.* Liège, H. Dessain, 1889.

– *La traite des nègres et la croisade africaine.* Liège, H. Dessain, 1889.

ALLIER, R., *Le noir civilisé et nous.* Paris, Payot, 1927.

ARCHINARD, *Le Soudan en 1893. Considérations commerciales. Renseignements de l'Afrique française.* 1895.

ARNAULT, J., *Procès du colonialisme.* Paris, Edit. Sociales, 1958.

AUBRY, P., *Etude critique de la politique commerciale de l'Angleterre à l'égard de ses colonies.* Thèse, 1904.

AUGAGNEUR, V., *Erreurs et brutalités coloniales.* Paris, édit. Montaigne, 1927.

AUGOUARD, Mᵍʳ, *Trente-six années au Congo.* Poitiers, de Oudin, 3 vol.

BARN, T. A., *An African Eldorado: the Belgium Congo.* 1926.

BARNS, J. E., *Economic value of the native Races of Africa in relation to the development of the Resources ef that continent.* 1908.

BAUMONT, M., *L'essor industriel et l'impérialisme colonial (1878–1904).* Paris, F. Alcan, 1937.

BELLET, D., *L'alimentation de la France et les ressources coloniales ou étrangères.* Paris, F. Alcan, 1917.

BLANCHARD, M., »Administrateurs d'Afrique Noire«, *Rev. d'Histoire des colonies,* XL, 1953.

BLET, H., *Histoire de la colonisation française.* Grenoble, Arthaud, 1946–50, 3 vol.

BLONDEL, H., *Organisation des colonies françaises.* Paris, Berger-Levrault, 1896.

BORDIER, Dʳ A., *La colonisation scientifique et les colonies françaises.* Reinwald, 1884.

BOSSCHERE, G. DE, *Autopsie de la colonisation.* Paris, Albin Michel, 1967.

BOURDARIE, P., *L'exploitation du domaine colonial.* Bibl. de la Rev. »Indig.«, 1922.

BRAUSCH, G. F. J. B., »Le paternalisme, une doctrine belge de politique indigène«, *Rev. Inst. Soc.,* 28, 1957.

– »Origine de la politique indigène belge en Afrique 1879–1908«, *Rev. Inst. Soc.,* 28, 1957.

BRIAULT, M., *Les sauvages d'Afrique.* Paris, Payot, 1943.

BRUEL, G., *La France Equatoriale Africaine.* Paris, édit. Larose, 1935.

BRUNSCHWIG, H., »La colonisation belge et le Congo«, *Rev. Histo.,* Paris, LXXXI, 217, fasc. I, 1957.

– *L'avènement de l'Afrique Noire, du XIXᵉ siècle à nos jours.* Paris, A. Colin, 1963.

– *L'expansion allemande outremer (du XVᵉ s. à nos jours).* Paris, PUF, 1957.

– *Mythes et réalités de l'impérialisme colonial français (1871–1914).* Paris, A. Colin, 1960.

BUELL, R. L., *Native problems in Africa.* Lond., Macmillan, 1928.

CAMILLE, G., »La mise en valeur de notre domaine colonial« in *Expo. univers.,* 1900.

CHALLAYE, E., *Le Congo Français.* Paris.

CHAULEUR, P., *Les Compagnies coloniales.* Rennes, imp. du »Nouvelliste«, 193 p., 1925.

CHAUSSON, M., *Les cultures riches dans les colonies françaises.* 1912.

– *Comment les sacrifices énormes que s'impose le Trésor pour nos colonies pourraient contribuer à la richesse commune.* 1900.

512   *Das goldene Zeitalter der Fremden*

COQUERY-VIDROVITCH, C., *Histoire économique du Congo (1880–1968).* Paris, 1970.

CORDIER, cap., *Les Compagnies à charte et la politique coloniale sous Colbert.* 1906, 303 p.

CROCKER, W. R., *Nigeria. A critic of British colonial administration.* Lond., Allen and Unwin, 1936.

CROWDER, M., *Sénégal. A study in French assimilation policy.* Lond., O.U.P., 1962.

CROWE, S. E., *The Berlin West African Conference (1844–85).* Lond., Longmans, Green, 1942.

– *West Africa under colonial Rule.* Lond., Hutchinson, 1968.

DARCY, J., *France et Angleterre, cent années de rivalités coloniales.* Perrin et C¹ᵉ, 1905.

DAYE, P., *L'empire colonial belge.* Paris, Berger-Levrault, 1923.

DE LANNOY, CH. et VAN LINDEN, H., *Histoire de l'expansion coloniale des peuples européens,* vol. I. *Portugal et Espagne (jusqu'au début du XIXᵉ siècle).* Bruxelles, Paris, 1907.

DELAVIGNETTE, R., *Petite histoire des colonies françaises.* Paris, P.U.F., 1941.

DELAVIGNETTE, R. et JULIEN, CH.-A., *Les constructeurs de la F.O.M.* Paris, Corréa, 1946.

DELCASSÉ, Séance du 2 mars 1895, Budget des colonies. *J.O.,* 1895.

DEMARET, E., *Organisation coloniale et fédérale. Une fédération de la France et de ses colonies.* Thèse. Giard et Brière, 1899.

DE MEEUS, FR. et STEENBERGHEN, *Les missions religieuses au Congo belge.* Anvers édit. Zaïre, 1947.

DENANCY, E., *Philosophie de la colonisation.* Paris, 1902.

DENYS, O., *Rôle de l'agriculture indigène dans les colonies d'exploitation (A.O.F.-Madagascar).* Thèse. Paris, Jouve, 1917.

DESCAMPS, E., *L'Afrique nouvelle.* Bruxelles, Lebègue, 1903. (Essai sur l'Etat civilisateur.)

DE VASTEY, Baron, *Le système colonial dévoilé.*

DOUCET, R., *Notre domaine colonial.* Paris, édit. de la Banque Colon. d'Etudes et d'Entreprises mutuelles, 1921.

DUBOIS, M., *Systèmes coloniaux et peuples colonisateurs.* Plon, Nourrit et C¹ᵉ, 1895.

DUBOIS, M. et TERRIER, A., »Un siècle d'expansion coloniale« in *Expo. Univ.,* Challamel, 1900.

DUBREUIL, Abbé TH., *Appel aux jeunes Français aux colonies.* Melle, Lacuve, 1905.

DUMAS, CH., *Libérez les indigènes ou renoncez aux colonies.* E. Figuière, 1914.

ETIENNE, E., *Les Compagnies de colonisation.* Paris, Challamel, 1897.

FAIDHERBE, L., *Le Soudan français.* Lille, 1881–85.

FAIDHERBE, L., *Le Sénégal, la France dans l'Afrique Occidentale.* Paris, Hachette, 1889.

FAURE, CH., *La conférence africaine de Berlin.* Genève, H. Georg, 1885.

FAY, B., *L'aventure coloniale.* Paris, Lib. Acad. Perrin, 1962.

FERRY, J., *Discours et opinions.* 7 vol., Paris, A. Colin, tomes IV et V, 1893–98.

FOURNEAU, A., *Au vieux Congo.* Paris, Comité de l'Afrique Franç., 1932.

FOX-BOURNET, H. R. F., *Civilization in Congoland. International wrong doing,* Lond. P.S. King, 1903.

FRANCK, L., *Le Congo belge,* tomes 1–2. Bruxelles, La Renaissance du livre, 1930.

FRANÇOIS, G., *Notre colonie du Dahomey, Formation, Développement, Avenir.* Paris, Larose, 1905.

HANOTAUX, G., *Histoire des colonies françaises et de l'expansion de la France dans le monde,* 6 vol. Paris, Plon, 1929–33.

HARDY, G., *La politique coloniale et le partage de la terre aux XIXᵉ et XIXᵉ siècles.* Paris, A. Michel, 1937.

Bibliographie   513

– *La mise en valeur du Sénégal, de 1817 à 1854*. Paris, Larose, 1930.
– *Histoire de la colonisation française*. Paris, Larose, 1943.
HELD, G^{al}, *La colonisation et la main-d'œuvre au Soudan et en Haute-Volta*.
HELLY, H., *De l'idée du pacte colonial d'après Colbert*. 1907.
HODGE, V., *Imperial British East Africa Company*. Lond., Macmillan, 1960.
HUBERT, L., *Une politique coloniale. Le salut par les colonies*. Paris, F. Alcan, 1918.
HOSTELET, G., *L'œuvre civilisatrice de la Belgique au Congo, 1885–1945*. T. I, Bruxelles, Inst. royal col. Belge, sci. morales et politiques, Mém. 33, 1954.
JENTGEN, P., *La terre belge du Congo. Etude sur l'origine et la formation de la colonie du Congo belge*. Bruxelles, imp. Bolyn, 1937.
JOHNSTON, H., *A history of the colonization of Africa by alien races*. Cambr. Univ. Press, 1899, 1913.
– *The Uganda protectorate*, Lond., Hutchinson, 1904, 2 vol.
JULIEN, CH. A., *Les politiques d'expansion impérialiste*. Paris, P.U.F., 1945.
LAVERGNE, B., *Le principe des nationalités et des guerres. Son application aux problèmes coloniaux*. Alcan, 1921.
LE CHATELIER, A., *Questions d'économie coloniale. Lettres à M. E. Etienne*. Challamel, 1902.
LEMIRE, *Les colonies et la question sociale en France*. Paris, Imp. nation., 1886.
LESTIDEAU, E., *La question de la main-d'œuvre dans les colonies et spécialement en A.O.F*. Rennes, De Guillemin et Voisin, 1907.
LEROY-BEAULIEU, P., *De la colonisation chez les peuples modernes*. Paris, 1908.
LUGARD, capt., *The dual Mandate in British tropical Africa*. Blackwood, 1922.
MACQUART, E., *Pourquoi je suis anticolonial*. Paris, 1898.
MAIR, L. P., *Native policies in Africa*. Lond., Routledge, 1936.
– »Chieftainship in Modern Africa«, *Africa*, vol. IX, 1936.
MARCHAL, *Honneur aux colonies, Discours*. Fontana, 1898.
MARY, G., *Précis historique de la colonisation française en Afrique Occidentale*. Paris, Larose, 1937.
MANQUIN, Lt-Cl, »Races de l'Afrique Occidentale Française«. *Rev. des Troupes Colon.*, 18, 1924.
MAZRUI ALI A., *The Anglo-African Commonwealth*. Oxford, Pergamon, 1967.
MERCIER, R., *Le travail obligatoire dans les colonies africaines*. Vesoul, Imp. Nouv., 1933.
MIDDLETON, L., *The rape of Africa*. Lond., R. Hale, 1936.
MILLE, P., »Le Congo léopoldien«, *Cahier de la quinzaine*, série 7, 6, 1905.
MINGOT, R., *La question des banques coloniales*. Angers, J. Sirandeau, 1912.
MONNIER, M., *La France Noire*. Paris, Plon, Nourrit et Cie, 1894.
MOREL, E. D., *The Congo slave state*. Liverpool, Richardson and Soris, 1903.
– *King Leopold's Rules in Africa*. Lond., 1904.
– *Red Rubber. Rubber slave trade*. Lond., Unwin, 1916.
– *Great Britain and the Congo*. Lond., Smith, 1909.
– *The Black Man's Burden*. Lond., Nat. Labour Pr., 1920.
NAVAEZ, L., *Essai historique sur l'Etat indépendant du Congo*. Bruxelles, 1903.
OLIVIER, S., *The anatomy of African misery*. Lond., Hogarth Pr., 1927.
PILA, U., *Vingt ans de progrès colonial. Nécessité d'un enseignement colonial*. Lyon, Rey, 1900.
PIOLET, J. B., *La France hors de France. Notre émigration, sa nécessité, ses conditions*. Paris, F., 1900.
PIRENNE, J. H., »Une évolution capitale de l'histoire du Congo: de la traite des Noirs au commerce d'échange«, in *Rev. Colon. belge*, 26, nov. 1950.
POQUIN, J. J., *Les relations économiques intérieurs des pays d'Afrique Noire de l'Union Française (1925–55)*. A. Colin, 1957.
POTIER, R., *Lavigerie, apôtre et civilisateur*.

PRESSENSE, F. DE, *Gabegies et atrocités coloniales. Discours à la Chambre.* 1909.

ROUARD, Card. E. DE, *Les Traités de protectorat conclus par la France en Afrique (1870–95).* Paris, Pedone, 1897.

ROUGET, F., *Pourquoi et comment il faut développer l'exploitation des bois coloniaux.* Paris, édit. Larose, 1919.

ROUGIER, J. C. P., *Précis de législation et d'économie coloniale.* Paris, Larose, 1895.

ROUIRE, *L'Afrique aux Européens.* Paris, Hachette, 1907.

SALVADOR, M., *La colonisation européenne au Kenya.* Paris, Larose, 1938.

SARRAUT, A. (Ministre des Colonies), *La mise en valeur des colonies.* Paris, Payot, 1923.

RECLUS, O., *Le partage du monde.* Paris, Libr. Univ., 1906.

RÉMOND, M., *La main-d'œuvre dans les colonies.* Thèse. Paris, Cerf, 1902.

RESTANY, P., *Les placements de capitaux dans les colonies.* Thèse. Paris, Jouve, 1924.

ROEYKENS, A., La période initiale de l'œuvre africaine de Léopold II. Documents inédits, 1875–83. Bruxelles, *Acad. Roy. Sci. Colon., Cl. de Sci. Morales et Polit.,* Mémoires, 10, 3, 1957–58.

– »Le Baron Léon de Béthune et la politique religieuse de Léopold II en Afrique« in *Zaïre,* 10 (1 et 3), 1956.

– »Le dessein africain de Léopold II (Nlles recherches sur sa genèse et sa nature)«. Bruxelles, *Acad. Roy. Sci. Colon., Cl. des Sci. Morales et Polit.,* Mémoires, N° 6, *10* (I), 1956.

– »Léopold II et l'œuvre de la Conférence Géographique de Bruxelles, 1876«. Bruxelles, *Acad. Roy. Sci. Colon., Cl. Sci. Morales et Polit.,* Mémoires, 10, 1956.

SÉDES, J. M., *Histoire des Missions Françaises.* Paris, P.U.F., 1950.

SÉDILLOT, R., *Histoire des colonisations.* Paris, Fayard, 1958.

STODDARD, L., *The rising tide of colour.* Chapman and Hall, 1920.

TERRIER, A., *Histoire des colonies françaises* (G. Hanotaux), t. IV, A.E.F. Paris, Plon, 1931.

TERRIER, A. et MOUREY, CL., *L'œuvre de la IIIᵉ République en Afrique Occidentale. L'expansion française et la formation territoriale.* Paris, Larose, 1910.

TERSEN, E., *Histoire de la colonisation française.* Paris, P.U.F., 1950.

TISSEYRE, A., *L'assiette au beurre coloniale.* A. Messein, 1912.

THOMAS, O., *Nos colonies et le budget métropolitain.* Thèse. Paris, V. Giard et E. Brière, 1906.

THROPE, E., *Ladder and Bones, 100 years of the British in Nigeria.* Cape, 1956.

TRIDON, H., *Comment la France perdra ses colonies.* Sté d'Ed. et de Librairies, 1914.

VALENTINO, »Le cri des colonies«, *Rev.,* déc. 1907, avr. 1908.

VAN CASSEL, CH., *Données sur la colonisation et plus particulièrement sur la colonisation en Afrique Occidentale.* Berger-Levrault, 1903.

VANDERVELDE E., *La Belgique et le Congo – passé – présent – avenir.* Paris, F. Alcan, 1911.

VAN ORTROY, *Conventions internationales définissant les limites actuelles des possessions, protectorats et sphères d'influence en Afrique.* Bruxelles, 1913.

VERLAINE, L., *Notre colonie. Contribution à la recherche de la méthode de colonisation.* Bruxelles, 1923, 2 vol.

VERRIER, Dʳ E., *La colonisation par la réforme de l'éducation.* Clermont (Oise), Daix Fr., 1899.

VIBERT, P., *La colonisation pratique et comparée: colonies françaises et étrangères.* Cornély et Cᶦᵉ, 1904.

– *La concurrence étrangère, Philosophie de la colonisation: les questions brûlantes.* Cornély et Cᶦᵉ, 1906.

VIGNÉ D'OCTON, P., *La sueur du burnous.* Bureaux de la Guerre Sociale, 1911.

– *Les crimes coloniaux de la IIIᵉ République.*

– *Terre de mort (Soudan, Dahomey).* Paris, Lemerre, 1892.

Bibliographie 515

– *Journal d'un marin.* Paris, Flammarion, 1897.
– *La gloire du Sabre.* Paris, Flammarion, 1900.
– *Siestes d'Afrique.* Paris, Flammarion, 1892.
VIGNON, L., *L'exploitation de notre empire colonial.* Hachette, 1900.
WAUTERS, A. J., *Le Congo du point de vue économique.* Bruxelles, Inst. Nat. Géo. 1885.
– *L'Etat indépendant du Congo.* Brux., Falk, 1899.
WEACE, J. P. MANSEL, *The truth about the Portuguese in Africa.* London, 1891.
WESTERMANN, D., *Noirs et Blancs en Afrique.* Paris, Payot, 1937.
– *Africa and Christianity.* O.U.P. édit., 1937.
– *La Société des Missionnaires d'Afrique, Pères Blancs.* Paris, 1924.
WHITE, A. S., *Development of Africa.* Lond., Philip, 1892.
WILLIAMS, E., *Capitalism and slavery.* O.U.P., édit., 1944.
WINWOOD, R., *Savage Africa.* Lond., 1864.
WOOLF, L., *Empire and Commerce in Africa. A study in Economic imperialism.* Lond., Labour Research, Dépt, 1917.
ZIMMERMANN, M., *Le problème colonial au début du XXe siècle.* Lyon, Fac. des Lettres, A. Stock, 1902.

11. Das Erwachen Schwarzafrikas oder Neubeginn der Geschichte

I. Aufleben des Nationalismus: Die Ursachen, die treibenden Kräfte und ihre Aktivitäten

Der afrikanische Nationalismus darf nicht mit den chauvinistischen Gefühlen verglichen werden, die in vielen europäischen Staaten weite Bereiche der öffentlichen Meinung eroberten. Diese Gefühle offenbaren sich in wirtschaftlichen Maßnahmen (Autarkie und Schutzzollsystem von Bismarck und von Méline in Frankreich), in politisch-militärischen Entscheidungen, die bis zum Imperialismus reichten (Pangermanismus, Faschismus usw.), ja sogar in revanchistischen Couplets, wie z. B. bei Déroulède: »Der Nationalismus ist wertvoll, solange ein Volk unterdrückt ist. Er sammelt in einem noch ungenauen Verlangen die unterschiedlichen sozialen Kräfte, gleichermaßen gedemütigte und hoffnungsvolle; doch wenn das Volk befreit ist, kann der Nationalismus keine ernsthaften Antworten auf Fragen mehr geben. Nichts als nutzlose Erregungen und unbestimmte Widersprüche. Er wird zum Alibi der Arrivierten, die zum Mythos der nationalen Gemeinsamkeit greifen, um die tatsächlichen Ungleichheiten vergessen zu lassen.«[1]

Es handelte sich hier um ein nationales Erwachen, ein *risorgimento* einer Wesensart, die versuchte, sich zu bewähren, indem sie sich der etablierten Macht widersetzte. In diesem Sinne setzte der afrikanische Nationalismus bei den ersten Meinungsverschiedenheiten mit den Fremden ein und ist niemals vollständig verschwunden. Die Kolonialzeit stellt sich als eine historische Phase dar, in der sich dieser gezähmte oder unterdrückte Nationalismus nur in der Gestalt von Aufruhr ausdrücken konnte. Neue historische Umstände ließen ihn zu einer Revolution wachsen. Welches waren die Quellen und Formen dieser Wiederbelebung, die in vielfacher Gestalt auftrat? Im Jahr 1940 war einzig Liberia nach der Annektierung Äthiopiens durch Mussolini eine lächerliche kleine Insel in einem total kolonisierten Schwarzafrika. Zwanzig Jahre später, 1963, hatten 29 weitere Staaten Afrikas die Unabhängigkeit erlangt. Warum und wie?

A. Die Ursachen

1. Der Zweite Weltkrieg und seine Folgen

Mit der apokalyptischen Offenbarung der Kernenergie über Hiroshima und Nagasaki ging der Zweite Weltkrieg zu Ende. Er brachte der Weltgeschichte und insbesondere der Geschichte Afrikas eine entscheidende Wende.

---

1 J. M. Domenach, in: *Esprit*, März 1955, S. 348.

Erwachen des Nationalismus

Hunderttausende von Schwarzen wirkten auf den verschiedenen Kriegsschauplätzen mit, in Libyen, Italien, in der Normandie, in Deutschland, im Mittleren Orient, in Indochina, in Burma usw. Die Rücklagen der Bank von Frankreich waren übrigens in Kayes (Mali) eingelagert worden. Bedeutend mehr als im Ersten Weltkrieg nahm Schwarzafrika unter den allgemein erschütterten Verhältnissen zum ersten Mal mit der ganzen Welt Kontakt auf. Im Jahr 1940 kämpften 127 320 senegalesische Scharfschützen aus Französisch-Westafrika, 15 500 Soldaten aus Äquatorialafrika und 34 000 aus Madagaskar. Beim Waffenstillstand hatte sich die Zahl der »Senegalesen« um 24 271 verringert, die der Madegassen um 4 350!

Hunderttausenden von Schwarzen bot dieser Krieg die Gelegenheit, das wahre Gesicht des weißen Mannes schonungslos aufzudecken, ohne imperialistische Maske, ohne prokonsularisches Beiwerk. Die Weißen arbeiteten mit ihren Händen, sie schwitzten, sie liebten, sie hatten Hunger und Durst. Andere zitterten vor Angst, folterten, begingen Verrat und brachten sich vor Raserei gegenseitig um. Manche waren auch Helden. »Die Schwarzen sind weder besser noch schlechter als die Menschen irgendwo sonst auf der Erdkugel«, schrieb David Livingstone. Dieser einfache Satz, für das 19. Jahrhundert ein revolutionärer Satz, bekam im Jahr 1942 für Millionen von Afrikanern einen klaren, eindeutigen Sinn. Die Weißen, die in Afrika gleichermaßen um Herrschaft und koloniale Gewalt rangen, offenbarten sich untereinander nicht selten als reißende Wölfe. In der rohen Verachtung, in der Hitler die anderen Weißen und die Schwarzen umfaßte, entdeckten die Schwarzen auf einmal ihren eigenen Wert. Gleichzeitig erreichten sie Statur und Status von Rittern, hier zeigte sich die wahre Unterscheidung zwischen den Menschen: die menschliche Würde. Die afrikanischen Soldaten waren die Begründer der afrikanischen Emanzipation. Diejenigen, die der Sturm verschlungen hat ebenso wie die, die ihm verstümmelt oder unversehrt entkamen. Manche von ihnen spielten eine aktive Rolle in den fortschrittlichsten politischen Bewegungen ihres Landes. Zu viele ließen ihre Gebeine in der kalten Erde des Nordens.

Europa ging materiell und an Menschen entkräftet aus diesem Krieg hervor. Eine Million Tote in England und Frankreich. Die Staatsschulden Frankreichs beliefen sich auf 1 756 Milliarden Francs. Seine Infrastruktur war zerstört. Seine Flotte vernichtet. Der moralische Riß im Lande zwischen Kollaborateuren und Widerstandskämpfern blieb eine klaffende Wunde. Nur dank hartnäckiger Arbeit und mit Hilfe der Mittel aus dem Marshall-Plan konnte Westeuropa sich wieder erholen. Europa hatte nicht nur in Afrika Schulden, lange Zeit blieb es auch gegenüber den Vereinigten Staaten verschuldet. Noch während der ersten Hälfte des 19. Jahrhunderts beherrschte es die Welt; jetzt ließ es den zwei Großen den Vortritt: den Vereinigten Staaten und der UdSSR, deren industrielle Entwicklung aufgrund des Krieges einen ungeheuren Sprung nach vorn getan hatte.

Aus unterschiedlichen Gründen trugen diese beiden Kolosse nach dem Krieg einen eindeutigen Anti-Kolonialismus zur Schau.

518   *Das Erwachen Schwarzafrikas*

2. Die Politik der Vereinigten Staaten

Die Vereinigten Staaten von Amerika hatten nicht nur auf Lateinamerika ein
Auge geworfen, auch auf die Inseln des Pazifischen Ozeans und auf Japan, das
Mac Arthur anvertraut war. Den afrikanischen Problemen gegenüber nahmen
sie eine liberale Stellung ein, welche sich zunächst auf ihre eigene koloniale und
demokratische Tradition gründete. Andererseits unterstrich R. G. Woolbert[2]:
»Die Vereinigten Staaten haben ein offensichtliches Interesse daran, Türen in
Äthiopien ebenso wie in allen anderen afrikanischen Gebieten offenzuhalten.«
Weiter führte er aus, daß viele amerikanische Autoren auch Überlegungen hinsichtlich einer Internationalisierung Afrikas anstellten. Allerdings mußte die
Lücke, die der europäische Rückzug in Afrika auf dem Gebiet der Investitionen
hinterließ, aufgefüllt werden. Um so mehr, als – und das war der dritte Beweggrund des amerikanischen Antikolonialismus – die Russen vielleicht einen Vorsprung gewinnen könnten, wenn sie die einzigen wären, die für Afrika Partei
ergriffen. Kurz, die Vereinigten Staaten gaben endgültig ihre Politik der *splendid isolation* auf, die aus Afrika eine *chasse gardée* Europas gemacht hatte.
Bereits nach dem Ersten Weltkrieg, als Deutschland für unwürdig erklärt wurde,
seine Kolonien behalten zu dürfen, hatte Präsident Wilson vorgeschlagen, ihre
Verwaltung in die Hände einer internationalen Organisation zu geben. Präsident Wilson verfolgte eine idealistische und großzügige Politik, die den Völkern
das Recht auf Selbstbestimmung gewährte. Auf dem Weg über eine internationale Organisation sollten sie die Unabhängigkeit erlangen. Dies als undurchführbar erachtete Modell wurde verbessert. Man kam schließlich zum Prinzip
des internationalen Mandats. Eine Mandatsmacht verwaltete bestimmte Gebiete
(Togo, Kamerun, Tanganjika) unter der Kontrolle des Völkerbundes. Bei der
Konferenz von Moskau (Oktober 1943) wagte die amerikanische Delegation in
der gleichen Tradition einen kühnen Vorschlag. Es sollte nicht nur den Völkern
die Unabhängigkeit zurückgegeben werden, die sie verloren hatten, sondern alle
Völker, die sie erstrebten, sollten sie erhalten. Dieser von der UdSSR wohlwollend aufgenommene Vorschlag wurde auf Antrag Großbritanniens vertagt.
Daraufhin entstand eine lebhafte Kontroverse in den USA, in der z. B. Summer
Wells gegen Walter Lippmann antrat. Der Erstgenannte schrieb in einem Artikel
vom 23. März 1945 in der *New York Herald Tribune:* »Überall dort, wo
fremde Regierungen unterjochte Völker beherrschen, die noch nicht auf die
Autonomie vorbereitet sind, sollten interessierte Regierungen der internationalen *trusteeship* beweisen, daß sie diese Gebiete zum besten der Eingeborenen
verwalten, und daß sie ihre Schützlinge für die Autonomie oder Unabhängigkeit
vorbereiten.« Er nahm im Grunde die Idee Wilsons wieder auf. In derselben
Zeitung richtete Lippmann einen Appell an den Realitätssinn. Gaben die USA
nicht selbst ihrem Hang zum Kolonialismus auf Kuba, auf Hawaii, in Puerto
Rico, am Panamakanal usw. nach? Daher brachte das Kommuniqué der Konferenz von San Francisco (Mai 1945), auf der die Form der internationalen Vormundschaft *(trusteeship)* ausgearbeitet wurde, zum Ausdruck, daß »ihre fortschreitende Entwicklung zur Fähigkeit, sich selbst zu verwalten, gleichermaßen
gefördert werden sollte wie die Unabhängigkeit im Hinblick auf die besonderen
Verhältnisse eines jeden Territoriums ...« Außerdem wies es darauf hin, daß

2 Siehe R. G. Woolbert, in: *Foreign Affairs,* April 1942, S. 551.

Erwachen des Nationalismus 519

allen Mitgliedern der Organisation und ihren Angehörigen im wirtschaftlichen, sozialen und kommerziellen Bereich die gleiche Behandlung zuzusichern sei. So segnete die *trusteeship* das System der offenen Tür angesichts der wirtschaftlichen Gleichheit der reichen Nationen vor manchen afrikanischen Märkten ab. Die amerikanischen Geschäftsleute stellten fest, daß 25 bis 75 % der wesentlichen Rohstoffe für ihre Industrien sich in den kolonialen Besitzungen der anderen großen Mächte befanden: »Wir haben bestimmte Interessen in diesen Kolonialgebieten«, schrieb daraufhin Ernest Lindley in der *Washington Post* vom 15. Januar 1945, »insofern als sie Rohstoffquellen und mögliche Absatzmärkte sind. Hierin ist einer der Gründe zu sehen, weshalb die Amerikaner die *trusteeship* und ihre unerläßliche Ergänzung, das System der wirtschaftlichen Gleichheit, vorgeschlagen und verteidigt haben.« Die amerikanische Politik in Afrika schwankte immer zwischen diesen liberalen Bestrebungen und den von bestimmten wirtschaftlichen Interessen diktierten Verhaltensweisen. Die seit 1957 beschleunigte afrikanische Emanzipierung aktivierte das amerikanische Engagement. So gehörte die spektakuläre Rundreise des Vizepräsidenten Nixon durch Afrika in den Rahmen des Kalten Krieges. Sie förderte die fixe Idee, daß die durch das europäische Disengagement entstandene Lücke eine »Tiefdruckzone« schaffen könnte, die den »Ostwind« anzöge.

3. Die Politik der UdSSR

Die antikoloniale Politik der UdSSR hatte einen ideologischen Grund, der weitaus machtvoller war. Bereits Karl Marx erklärt, daß »ein Volk, das andere unterdrückt, nicht frei sein dürfe«. Lenin definierte den Imperialismus als ein »besonderes historisches Stadium des Kapitalismus« (»Der Imperialismus als höchstes Stadium des Kapitalismus«). Er bezeichnete ihn in diesem Stadium näher als »monopolistisch, parasitär und im Sterben liegend«. Er fuhr fort: »Die territoriale Teilung der Welt (der Kolonien) ist beendet. Die wirtschaftliche Teilung der Welt durch internationale Kartelle hat begonnen.«[3] Die sowjetische Oktoberrevolution war ein wichtiges Datum für die Geschichte der kolonisierten Völker. Stalin geißelte in *»Der Marxismus und die nationale und koloniale Frage«* den Chauvinismus der Sozialisten in den herrschenden Nationen, die weder ihre imperialistische Regierung noch den Kampf der unterdrückten Völker in ihren Kolonien unterstützen wollten. Er befürwortete daraufhin eine antiimperialistische Aktion auf der Grundlage des proletarischen Internationalismus. In Wirklichkeit wurde diese Aktion der UdSSR überwiegend in Asien durchgeführt. Sagte nicht Lenin, daß der Weg nach London über Peking führe? So erklärte Sinowjew beim Kongreß der östlichen Völker in Baku dem »imperialistischen Kapitalismus« den heiligen Krieg. Und der chinesische Führer Sun Yatsen schickte einen jungen Oberst zu einem Lehrgang nach Moskau. Der wurde später ein erbitterter Antikommunist, Tschiang Kai-schek.

Der kommunistische Einfluß breitete sich zu Beginn im wesentlichen in Afrika über die kommunistischen Parteien der Kolonialmächte, über die Gewerkschaften und Vereinigungen marxistischer Prägung aus. Mit wachsender politischer Emanzipation behauptete sich die sowjetische Präsenz oft deutlich. Sei es als Zünglein

3 Fremdsprachige Ausgabe, Moskau.

an der Waage, wie im Jahr 1956 anläßlich der französisch-englischen Landung nach der Nationalisierung des Suezkanals durch Nasser, sei es, daß sie die Lücke füllte, die durch den erzwungenen oder freiwilligen Abzug einer Kolonialmacht zurückblieb. Der sowjetische Anti-Kolonialismus stellte sich nicht nur als ein Unternehmen zur Befreiung, sondern auch als ein Beitrag zum Weltfrieden dar. Schon 1946 äußerte Stalin in einem Text, der durchblicken ließ, daß die Verteidigung des Friedens den Interessen der UdSSR zwangsläufig verbunden sei: »Wenn man in regelmäßigen Zeitabständen neue Zuteilungen der Rohstoffe vorgenommen und Absatzmöglichkeiten zwischen den Ländern geschaffen hätte – gemäß ihrem wirtschaftlichen Gewicht und nach einstimmigen friedlichen Entscheidungen – dann hätte dieser Krieg vielleicht vermieden werden können. Doch das ist unter den aktuellen kapitalistischen Verhältnissen der Weltwirtschaft unmöglich.«[4]

4. Das Verhalten der UNO

Die *Organisation der Vereinten Nationen* (UNO), die am 26. Juni 1945 in San Francisco ins Leben gerufen wurde, sollte auch zu einer treibenden Kraft bei der Entwicklung des afrikanischen Nationalismus werden. Im Artikel 1 der Charta der Vereinten Nationen war u. a. ihr Ideal verankert, »zwischen den Nationen freundschaftliche Beziehungen zu entwickeln, die sich auf der Achtung vor dem Prinzip der Gleichheit der Rechte und vor dem Recht auf Selbstbestimmung gründen«. Die UNO wurde sehr schnell zur Rednertribüne der Welt für die Wortführer der kolonisierten Völker. Den Anfang machten die Angehörigen der abhängigen Länder im Rahmen der Sachwalterschaft der internationalen Organisation. Das Hochhaus der UNO wurde zum Resonanzboden der internationalen Meinung, gleichsam zu einem Lautsprecher, der die Stimme der Schwachen ertönen ließ. Zudem versuchte die UNO, die Schwächen des Völkerbundes zu vermeiden und organisierte Expeditionskorps, die überall dort auf der Welt, wo der Friede bedroht schien, eingriffen. Gewiß, die Wirksamkeit der Organisation scheiterte oftmals an der Unvollkommenheit ihrer Struktur, an Ermessensfragen, am Veto der Großmächte, die geschickt manövrierten, um ihre Interessen im Sicherheitsrat zu wahren, an der durch ihre Größe bedingten Schwerfälligkeit und an den Widersprüchen, die aus ihrer Zusammensetzung resultierten. Dennoch arbeitete die Organisation insgesamt gesehen im Sinne des nationalen Erwachens Afrikas. Sie erschloß den Afrikanern die Welt, sie konnte Untersuchungskommissionen bis in den letzten Schlupfwinkel des Rassismus, Südafrika, hineinbringen. Mannigfache Komitees ad hoc und spezielle Institutionen wie z. B. die UNESCO überwanden Ströme von Reden und Berge von Akten und Berichten. Die regionalen Begegnungen, wie z. B. die Konferenz der afrikanischen Erziehungsminister in Addis Abeba 1961 oder in Nairobi 1967 unter der Schirmherrschaft der UNESCO, trugen noch mehr zum Erwachen Afrikas bei.

4 Siehe *Le Monde*, 10. März 1946.

Erwachen des Nationalismus

5. Das Beispiel Asiens

Die Emanzipation Asiens spielte in diesem Bereich eine viel direktere Rolle. Zwischen den beiden Kontinenten mit ihren farbigen, unterentwickelten und kolonisierten Völkern wuchs in der Tat sehr schnell eine natürliche Solidarität. Die Niederlage Japans leitete den Rückzug des imperialistischen Asiens ein.

Als Japan seine Kriegserwerbungen räumte, hatte es allen von ihm geräumten Territorien die Unabhängigkeit gewährt, um den europäischen Ex-Kolonisatoren ein Schnippchen zu schlagen. In diesen Ländern fand nun eine mehr oder weniger blutige Beseitigung der Kolonialherrschaft statt (Birma und Französisch Indochina waren zwei extreme Fälle). Der Fall der französischen Festung Dien Bien Phu (1954) erregte in Afrika großes Aufsehen, weil Zigtausende von Schwarzen dort unter französischer Führung gegen die Viet Minh-Bewegung gekämpft hatten.

Die beiden Riesen Asiens, Indien und China, deren Bevölkerung ein Drittel der Menschheit ausmacht, spielten im negro-afrikanischen Nationalismus auch eine hervorragende Rolle. Sehr stark beeinflußte vor allem die englischsprechenden Afrikaner die Unabhängigkeit Indiens (1947), auch wenn sie mit einschneidenden Maßnahmen und mit Massakern bei der Gebietsaufteilung verbunden war. Die Persönlichkeit Mahatma Gandhis, dessen moralische Stärke den britischen Löwen niederzwang, verbreitete in den Tropenländern die Taktik des gewaltlosen politischen Kampfes. Das China Mao Tse-tungs versuchte dagegen mit einer Neuinterpretation der Marxtheorien den größten menschlichen Ameisenhaufen in Bewegung zu versetzen, um das Wirtschaftswunder, das in Japan mit kapitalistischen Mitteln bewirkt wurde, in einem noch größeren Maßstab zu verwirklichen. Es war das zweite unterentwickelte Land, das diese Leistung vollbrachte. Nachdem die Volksrepublik China Tschiang Kai-schek 1949 auf die Insel Formosa zurückgedrängt hatte, nahm sie augenblicklich eine militante antikolonialistische Haltung ein, die sie seitdem beibehalten hat. Trotz mancher Enttäuschung, die die Volksrepublik China auf dem afrikanischen Kontinent erlebte, trat die chinesische Intervention systematisch aber diskret im Zeichen gegenseitiger Hilfe unter Armen und mit einer Großzügigkeit auf, die in den internationalen Wirtschaftsbeziehungen selten zu finden ist. Das Indonesien Achmed Sukarnos eignete sich eine ähnliche Haltung an. In diesem Land versammelte man sich im Jahr 1955 zur afro-asiatischen Bandung-Konferenz. Es waren die ersten »Generalstände« der unterdrückten Völker, 29 Länder (1,5 Milliarden Menschen), die bis dahin als Ware betrachtet worden waren und die nun einfach Menschen werden wollten. Alte und stolze Völker waren es, die danach strebten, »sich zu regenerieren und wieder eine Rolle in der Menschheitsgeschichte zu spielen«. Unter ihnen schritt diskret und unverbindlich Tschu En-lai umher. In eine einfache, helle Tunika gehüllt »hörte er geduldig allen Argumenten zu und bot die andere Wange, wenn er eine ideologische Ohrfeige erhalten hatte«.[5] Bandung begründete eine Tradition, die noch heute lebendig ist.

5 Richard Wright, in: *Bandoeng*, 1955.

6. Das Beispiel Nordafrikas

In Ägypten fegte ein Staatsstreich des Militärs das wurmstichige Regierungs-system König Faruks hinweg und brachte kurze Zeit später (1954) Oberst Gamal Abd el Nasser an die Macht. Seine anti-koloniale und panarabische Militanz kam besonders in der Verstaatlichung der Suezkanal-Kompanie (1956) zum Ausdruck. Die darauffolgende Militäroperation der Engländer und Franzosen nahm ein schnelles Ende, zum Teil sicherlich auch dank der Intervention der zwei Großen. In der Geopolitik und in der Politik der Entkolonialisierung blieb Ägypten ein strategisch wichtiger Pfeiler zwischen den Erdölfeldern des Mittle-ren Orients und den unermeßlichen Reserven der afrikanischen Welt.

Die Protektoratsgebiete des Maghreb gelangten nach einem erbitterten Kampf, der von Burgiba in Tunesien und von Mohammed ben Jussuf in Marokko ver-körpert wurde, im Jahr 1956 zur Unabhängigkeit. 1954 setzte in Algerien der heldenhafte und beispielhafte Volkskampf ein. Acht Jahre lang polarisierte er die Meinungen der ganzen Welt über das koloniale Drama.

7. Die inneren Widersprüche des Kolonialismus

Im ersten Nachkriegsjahrzehnt umwarb eine weltweite Komplizenschaft Schwarzafrika und trieb es zur Freiheit. In diesem neuen Frühling der Völker (ein oft blutiger Frühling) verbreiteten sich nicht zu unterdrückende Kräfte über den Erdball. Noch fehlten die Menschen, um sie aufzunehmen. In der Tat hätten alle diese äußeren Einflüsse, so entscheidend sie auch gewesen sein mögen, nicht das Schwarzafrika von heute schaffen können, wenn nicht schon innere Befrei-ungskräfte am Werk gewesen wären. Die Kolonisierung selbst verursachte durch eine Art dialektische Dynamik ihr eigenes Verschwinden.

Den afrikanischen Völkern wurden außergewöhnliche Kriegsleistungen abver-langt. Sie mußten strategisch wichtige Rohstoffe (Erze, Kautschuk, Holz, Le-bensmittel) liefern, die der Westen nötig hatte. Man weiß, daß die erste Atom-bombe der Amerikaner, die Hiroshima verwüstet hat, mit kongolesischem Uran hergestellt war. Rekrutierungen, Requirierungen, Zwangsarbeit und Steuern aller Art zogen bisweilen auch blutige Kämpfe nach sich. In den großen Küsten-städten herrschte Not. Die Ärmsten hüllten sich in alte Getreidesäcke. Doch im allgemeinen ertrug man die Kriegslast ohne großen Widerstand: man litt stumm. Zweifellos fühlte man, daß man an einem großen, weltweiten Drama teilnahm. Dennoch war die Kriegslast manchmal sogar für die Soldaten leichter zu tragen. Sie befanden sich Auge in Auge mit den Nazitruppen und wußten, gegen wen sie kämpften. Die anonymen Massen der Afrikaner aber ließ man Tausende von Kilometern vom Kriegsschauplatz entfernt arbeiten und zahlen. Das Ende des Krieges weckte den legitimen Wunsch nach einem normalen menschlicheren Leben.

Führten die kolonialen Prinzipien, die durch die Erziehung und die administra-tive Praxis versinnbildlicht wurden, nicht zwangsläufig zu einer antikolonialen Haltung, wenn man diese Konstellation logisch zu Ende dachte? Die Franzosen sagten zu den Afrikanern: »Wir sind alle gleich.« Die schwarzen Nationalisten offenbarten die Absurdität dieser Aussage, als sie die Gleichheit endlich ganz forderten. Die anglophonen Schwarzen nahmen die Engländer sozusagen beim

Erwachen des Nationalismus 523

Wort: »Da ihr wollt, daß wir verschieden sind, laßt uns bis zum Ende gehen. Wir wollen auch politisch verschieden sein!« Beide Einstellungen führten zur Trennung. Folglich führte die Kolonisation auf direktem oder indirektem Wege über die koloniale Praxis wie über die koloniale Theorie in den Antikolonialismus. Prof. Hodgkin betonte die Widersprüche zwischen den Prinzipien und der Praxis der Kolonialmächte. Ein Widerspruch bestand z. B. zwischen dem französischen Prinzip der Gleichheit ohne rassische Einschränkung einerseits und der Notwendigkeit Frankreichs, seine Identität und seine Führungsmacht zu bewahren, andererseits. Vergessen wir auch nicht, daß die Kolonialmächte in dieser Hinsicht keine homogene Front darstellten. Seit den Anfängen der Kolonien fanden sich immer Europäer, die sich gegen die verhängnisvollen Folgen oder auch einfach nur gegen die Tatsache der Kolonisation erhoben[6]. Gerade kurz nach dem Krieg gelangten in den Ländern Westeuropas Parteien von links an die Macht, die traditionsgemäß antikolonialistisch eingestellt waren (Labour Partei in England, Koalitionsregierung in Frankreich).

Diese Parteien konnten nicht in ihren Ländern ein sozial kühnes Programm propagieren (Frauenstimmrecht, Sozialversicherung, Verstaatlichung usw.) und in den Kolonien eine rückschrittliche Politik praktizieren. Um so weniger, als afrikanische Parlamentarier und Abgesandte bisweilen selbst in Europa bei den Debatten und Verhandlungen zugegen waren.

B. Die treibenden Kräfte

1. Die afrikanischen Gewerkschaften

Manche sozialen Gruppen in Afrika, die deutlicher auf die allgemeinen Probleme aufmerksam machten, wurden zum natürlichen Sprachrohr und Katalysator der unbestimmten Bestrebungen in den Massen: die Gewerkschaften und die Intellektuellen.

Nur zögernd entwickelte sich in Schwarzafrika die Gewerkschaftsbewegung. Der wirtschaftliche Reifungsprozeß – eine in diesem Zusammenhang unbedingt notwendige Voraussetzung – hatte sich in der Tat sehr verzögert. Erst im Jahre 1930 etwa erkannte Großbritannien in seinem Reich das Gewerkschaftsrecht an. In Ghana gab es noch im Jahr 1941 keine eingetragenen Gewerkschaften, doch ab 1951 existierten 41, und sechs Jahre später gab es bereits 100 Gewerkschaften. In Nigeria steigerte sich die Zahl der eingetragenen Gewerkschaften von 50 im Jahr 1941 auf 177 im Jahre 1955. In Französisch Westafrika stieg ihre Anzahl von 0 im Jahre 1937, als die Volksfront gewisse Rechte einräumte, auf ungefähr 350 im Jahr 1955. Im belgischen Afrika mußte man bis 1946 warten, ehe das Gesetz die Gewerkschaften genehmigte. Eine Reihe von Handikaps lähmten im allgemeinen die Aktivitäten dieser eben gegründeten Gewerkschaften. Zunächst war da ihre zahlenmäßige Schwäche. 1952 hatten zwei Drittel der Gewerkschaften der Goldküste und mehr als die Hälfte der nigerianischen Gewerkschaften weniger als 250 Mitglieder. Die Union der nigerianischen Lehrkräfte zählte

6 Siehe Marquet, *Pourquoi je suis un anti-colonial*, 1898.

jedoch im Jahr 1958 42 000 Gewerkschaftler. Die zahlenmäßige Schwäche beruhte zum Teil auf der Furcht, Organisationen beizutreten, die von den Arbeitgeberkreisen und Verwaltungsbehörden als subversiv angesehen wurden. Gleichzeitig standen diese Gewerkschaften auch oft finanziell auf schwachen Füßen. Nicht verwunderlich, da die meisten afrikanischen Arbeiter sehr wenig verdienten und ihre Einkünfte für die Familie benötigten. Andererseits bildete der Zustrom von Bauern in die Stadt eine immer zur Verfügung stehende Reserve, die alle die bedrohte, die sich auf dem Arbeitsmarkt bereits einen Platz gesichert hatten. Unter diesen Verhältnissen gestaltete sich ein Streik, und vor allem ein unbegrenzter, als ein Abenteuer, auf das sich die Gewerkschaftsführer nur zögernd einließen. Die Mitgliedsbeiträge reichten gerade aus, um die laufenden Kosten des Apparats zu decken. Diese waren zusätzlich durch den steten Wechsel der Arbeiter und Angestellten geschwächt. Ihr Fehlen – aus welchen Gründen auch immer – *(turn over)* untergrub den Zusammenhalt und die Schlagkraft der Gewerkschaften.

Ein weiterer ernstzunehmender Nachteil bestand in der mangelnden Schulung von politischen Mitkämpfern (Aktivisten) und in der mangelnden Ausbildung von Beamten, die zum größten Teil zwar einem gewissen Stand angehörten aber eben keine sichere Position hatten. Vergessen wir nicht, daß die überwältigende Mehrheit der Arbeiter Hilfsarbeiter ohne Qualifikation war (Grubenarbeiter, Transportarbeiter usw.). Jedes Mal, wenn einem Unternehmen politische Aktivisten entwuchsen, einem Unternehmen, das größere Stabilität und eine bessere Qualifikation erforderte, so gewann die Gewerkschaft an Ansehen und Stärke. Wie z. B. die *Association soudanaise des travailleurs* (W.A.A.) in Khartum. Durch einen zehntägigen Streik, dem sich 10 000 Eisenbahnangestellte anschlossen, setzte sie mit Gewalt das Gewerkschaftsrecht durch. Die mächtigen Verbände der afrikanischen Eisenbahner von Kenia und Französisch-Westafrika, die zuletzt 15 000 Mitglieder zählten, befanden sich in der gleichen Lage. Darin lag wahrscheinlich auch der Grund für die Vielzahl von Beamtenvereinen, besonders für Lehrer.

Die von der Verwaltung oder den Arbeitgebern geschaffenen »gelben Gewerkschaften«, Konformisten, waren der Aktivität der Gewerkschaften auch im Wege. Ebenso hinderlich wirkte sich auch die Tatsache aus, daß alle die parteigebundenen Streitigkeiten, die die Gewerkschaften des Mutterlandes oder die internationalen Gewerkschaften entzweiten, auch nach Afrika eingeführt wurden. Diese Tendenz herrschte besonders im francophonen Teil Afrikas. Doch trotz aller anfänglichen Schwierigkeiten spielte die Gewerkschaftsbewegung eine unverhältnismäßig fortschrittliche Rolle, bedenkt man ihre geringe Mitgliederzahl. Das läßt sich aber leicht erklären, wenn man an die Konzentration der Gewerkschaftler in den lebensvollen Zentren denkt. Mit Beharrlichkeit ging man gegen das Problem der Uneinigkeit vor und versuchte, die Gewerkschaftskämpfe zu zentralisieren, um vor Verwaltung und Arbeitgebern eine gemeinsame Front zu demonstrieren. Doch nahmen diese Bemühungen erst im Augenblick der Krisen Gestalt an (Generalstreik 1945 in Nigeria und 1950 an der Goldküste).

So gesehen war die Situation im francophonen Teil gleichzeitig schwieriger und einfacher. Die drei wichtigsten Gewerkschaften, die bei weitem mächtigste C.G.T. *(Confédération Générale du Travail)*, die C.F.T.C. *(Confédération des Travailleurs Chrétiens)* und die F.O. *(Force Ouvrière)* waren anfangs, wie schon die Bezeichnung sagt, nur Ableger der Organisationen des Mutterlandes in

Afrika. Durch sie waren sie auch internationalen Verbänden angeschlossen, dem *Internationalen Gewerkschaftsbund* (IGB), dem *Internationalen Bund Christlicher Gewerkschaften* (IBCG) und dem *Internationalen Bund Freier Gewerkschaften* (IBFG). Dank dieser Position schufen sich die Organisationen eine stärker zentralisierte Struktur und eine strategisch und taktisch unbeweglichere Plattform als im anglophonen Teil Afrikas. Die Gewerkschaftsführer kamen übrigens oft in den Genuß von Weiterbildungsveranstaltungen in Frankreich oder in den Ländern des Ostens. Das trug allerdings auch dazu bei, ihre doktrinären Positionen noch zu verstärken.

Gewiß, hin und wieder fanden auch einheitliche Aktionen statt, wie 1952, um ein überseeisches Arbeitsrecht durchzusetzen. Doch auch an Spannungen mangelte es nicht; kennzeichnend dafür war z. B. die Abspaltung des Verbandes der afrikanischen Eisenbahner von der C.G.T. nach dem schrecklichen Eisenbahnerstreik von 1947. Diese Unruhen mitten in einer politisch brisanten Lage veranlaßten Sekou Toure, die Gründung der C.G.T.A.[7] *(Confédération Générale des Travailleurs Africains)* zu fördern. Sie zerriß die Bande mit den französischen und internationalen Organisationen. In der Zwischenzeit hatte sich die C.F.T.C. in die C.A.T.C. *(Confédération Africaine des Travailleurs Croyants)* umgewandelt. Der veränderte Name verdeutlicht ein wenig ihre Unterscheidung von der Mutterorganisation; denn in ihr war eine Mehrzahl von Mohammedanern vertreten. Währenddessen gründeten die Gewerkschaften *Force Ouvrière*, die mehr oder weniger in der Lehnsfolge der Verwaltung und ihrer Zentrale im Mutterland verhaftet blieben, in Abidschan die C.A.S.L. *(Confédération Africaine des Syndicats Libres)*. Trotz der Daumenschrauben, die sie ihren jenseits des Meeres gelegenen Zweigstellen oft anlegten, ließen die externen Organisationen ihnen finanzielle Unterstützung und organisatorische Hilfe zukommen. Außerdem brachten sie revolutionäres Gedankengut der europäischen Arbeiterklasse in die Kolonien. Doch in den Kolonien hatten die Parolen nicht immer den gleichen Sinn. Sie fielen in ein Umfeld, das ökonomisch und vor allem soziologisch außerordentlich spezifisch war. Auch in den anglophonen Ländern wurden Probleme der Einigung und der Formierung erörtert. Doch war hier die Gewerkschaftsbewegung immer autonomer. Versuche zur Gründung von T.U.C.-Verbänden[8], obwohl sie schon frühzeitig unternommen wurden (1943 in Nigeria), hatten doch erst nach dem Beginn der Unabhängigkeit Erfolg. Der T.U.C. von Großbritannien zog es vor, Spezialisten nach Afrika zu schicken, anstatt afrikanische Gewerkschaftler nach Europa kommen zu lassen. Ganz allgemein waren hier die Gewerkschaften viel enger an die lokalen wirtschaftlichen Bedingungen geknüpft.

Man kann die wichtige Rolle der Gewerkschaften hinsichtlich des erwachenden negro-afrikanischen Nationalismus nicht genug betonen. Schon die oberflächlichste Analyse des Kolonialphänomens als wirtschaftlicher Herrschaft führte die Gewerkschaftler dazu, es nicht bei den einfachen Forderungen bezüglich der Arbeitsbedingungen bewenden zu lassen, sondern die »Pfahlwurzel«[9] ihres Übels auszureißen, das Kolonialsystem selbst.

Tatsächlich entpuppten sich die politisch tätigen Gewerkschaftler oft als die

---

7 Aus der CGTA wurde die UGTAN *(Union Générale des Travailleurs d'Afrique Noire)*.
8 *Trade Union Congress.*
9 Diese Formulierung stammt von dem malischen Gewerkschaftler Lazare Coulibaly.

besten Kader der politischen Parteien. Außerdem wurden zumindest im francophonen Teil Afrikas die Zentralstellen von den politischen Parteien unterstützt. Hin und wieder wurden die Parteien eingespannt. Das geschah z. B. im Fall des Arbeitsrechts, als man versuchte, die öffentliche Meinung zu gewinnen und Gewerkschaftsgesetze durchzubringen (40-Stunden-Woche, bezahlter Urlaub, Kinderzulagen). Andererseits mußten die Gewerkschaften, die es bei den Beschäftigten mit einem europäischen Unternehmertum und mit europäischer Konkurrenz zu tun hatten, früher oder später ihren sozialen Forderungen eine nationalistische Wendung geben. Sei es, daß sie wie in den französischen Territorien vor allem auf dem Prinzip »gleiche Arbeit – gleicher Lohn« (daher das zweite Lamine-Gueye-Gesetz im Jahr 1950) bestanden; sei es, daß die Rechte der afrikanischen Arbeiter wie in den anglophonen Ländern vornehmlich als die von Afrikanern herausgestellt wurden. Z. B. in den zentralafrikanischen Ländern, wo die Diskriminierung an der Tagesordnung war (Kenia, Rhodesien). In den beiden Fällen bekam das nationale Bewußtsein neuen Auftrieb. Es war nicht erstaunlich, daß die politischen Parteien in den Gewerkschaften natürliche Verbündete im Kampf gegen den Kolonialismus fanden. Nicht minder verwunderlich war es, daß die Arbeiterführer den schwersten repressiven Maßnahmen ausgesetzt waren, wie willkürlichen Versetzungen, Entlassungen, Verhaftungen usw. Beispiele sind die Fälle der Gewerkschaftler Sidibe aus dem Sudan und Lazare Coulibaly aus Mali im Jahr 1952. 1950 brach an der Goldküste ein Generalstreik aus, um die Aktion des C.P.P. zu unterstützen. Cisse Alioune, Abgeordneter der U.G.T.A.N. beim R.D.A.-Kongreß von Bamako (1957), sprach sich für die Vereinigung aller demokratischen Kräfte zur Beseitigung des Kolonialsystems aus. Er forderte die Unabhängigkeit Algeriens und die Anerkennung der afrikanischen Eigenständigkeit. Aber noch da gab es immer wieder Spannungen. Skrupellose Gewerkschaftler benutzten die Organisationen als Sprungbrett zu begehrten politischen Posten. Andere wieder, in der Mehrzahl aus den Reihen der C.A.T.C., sprachen sich, durchdrungen von den Doktrinen gewisser europäischer Gewerkschaftler, gleichzeitig für gewerkschaftlichen Pluralismus und gegen Besitz bei den gewerkschaftlichen und politischen Führungsgremien aus. Das war der Fall bei David Souma, dem Präsidenten der C.A.T.C. Gegen diese Unterschiede wehrte sich die U.G.T.A.N. über ihre wichtigsten Führer (Sekou Toure, Diallo Seydou, Diallo Abdoulaye). Sie verwarf den Klassenkampf als Hauptthema der afrikanischen Gewerkschaftsaktion und setzte den Kampf für die politische Emanzipation an erste Stelle.

2. Die Intellektuellen

Während die afrikanischen Angestellten und Arbeiter zum großen Teil über die Erfahrung ihrer harten Arbeitsbedingungen zum nationalistischen Bewußtsein kamen, so erreichten es die Intellektuellen auch durch die Erfahrung kultureller Fremde. Dort trafen sich die Afrikaner in einer geistigen Karawane mit Schriftstellern von den Antillen und von Madagaskar, die alle auf dem Weg in das gelobte Land waren, das nichts anderes war als ihr Vaterland. 1930 gründete der Dichter Etienne Lèro von Martinique eine Literaturzeitung mit dem Titel *Légitime Défense* (Notwehr). Mit marxistischer Analyse und surrealistischem Ausdruck gedachte er der Jahrhunderte währenden Vernichtung seiner Rasse zu

entkommen. Nach ihm formulierte eine Pleiade von Schriftstellern diese Gedanken und bildete ein glänzendes Echo auf den Negergesang von Aimé Césaire in dem *Cahier d'un retour au pays natal* (»Zurück ins Land der Geburt«):
>»Eya! Denen, die nichts erträumten!
>Eya! Denen, die niemals etwas errangen!«

Dem Kriegsgetrommel Césaires antworteten die Lyra Senghors, die Trompete David Diops, die Flöten Dadies und Birago Diops, das karibische Schlagzeug von Tirolien, Paul Niger, Paul Roumain und Leon Dama und das madegassische Waldhorn von Rabemanjara. Der Begriff der »Négritude« wurde geboren. J.-P. Sartre bezeichnete sie als »Antithese in einem dialektischen Vorgang, der zur äußersten Synthese, einer Menschheit ohne Rassismus führe«. Diese Gedanken entwickelten sich fort und wurden von der Zeitschrift *Présence Africaine* dank der unermüdlichen Anregung von Herrn und Frau Alioune Diop tatkräftig unterstützt. Alle diese Intellektuellen spielten ihre Rolle als Propheten. Sie manifestierten den fieberhaften Puls eines im Umbruch begriffenen Afrikas. Bisweilen forderte dieses Afrika mit großem Tamtam seine Adelsbriefe ein, wie z. B. in *Nations Nègres et culture* von Diop Cheik Anta. Die anglophonen Intellektuellen betrachteten diesen Gedankengang häufig mit mehr oder weniger amüsierter Sympathie, ja sogar mit ein wenig Herablassung oder einem gewissen Ärger. Einer der Grundaspekte der Négritude war die Selbstbejahung nach der langen Nacht der Überfremdung. So wie ein von einem Alptraum Erwachter, der seine Glieder prüft, um sich selbst wiederzufinden oder wie ein befreiter Gefangener, der es hinausschreit: »Ich bin frei!«, damit niemand das in Frage stelle. Das Bewußtsein des »Neger-Ichs« rührte auch von der Konfrontation mit der Welt der Weißen her, mit ihren Gesetzen, ihrer Ethik, ihren Riten und Mythen. Die Assimilierung an eine Welt, die bis dahin toleriert oder akzeptiert wurde, erwies sich als Schwindel. Das soziologische Wesen des Schwarzen forderte seine Glaubwürdigkeit als einen lebensnotwendigen Anspruch. Er wollte in seinem eigenen Kostüm, bei seinem eigenen Stichwort auf die Bühne treten. Deshalb machten weder der schwarze Bauer noch der kleine Angestellte der francophonen Länder gleiche Erfahrungen. Ebenso war das bei den Intellektuellen der anglophonen Länder zu beobachten, die ihrem Milieu weniger entfremdet waren. Mit um so größerer Berechtigung forderten die schwarzen Intellektuellen rassistischer Länder wie Südafrika die Négritude, z. B. Ezechiel Mphalele. Wir wollen gestehen, daß »die Négritude nur ein Abschnitt des intellektuellen Weges sein kann, stets in Gefahr, sich als Irrtum zu erweisen«[10].

3. Die Studentenbewegungen

Die Dichter der Négritude trugen dazu bei, den Europäern Seele und Situation der Afrikaner zu enthüllen. Bis zu diesem Zeitpunkt wußten die Europäer genaugenommen nichts vom afrikanischen Wesen. Die schwarzen Studenten spielten bei diesem Aufklärungsprozeß eine ähnliche Rolle, nur mit mehr Nachdruck. Bei den Besten unter ihnen nahm der Gedanke der Forderung an sich selbst in

---

10 Albert Franklin, in: *Les Etudiants Noirs parlent.* – Ist aber nicht die Gefahr kultureller Entfremdung eine permanente Tatsache? Man wird also sehen müssen, worin und wie der Schwarze auf spezielle Weise zur Kultur von morgen beitragen kann.

einer historischen und deshalb politischen Kollektivierung Gestalt an. So näherten sich die Studenten den panafrikanischen Ideen, die in der Intelligenz der anglophonen Länder Afrikas verbreitet waren. Viele von ihnen waren übrigens Mitglieder der Universitätsabteilungen der nationalistischen afrikanischen Parteien. Manche gehörten Arbeitsgemeinschaften mit Parteiaktivisten an oder fortschrittlichen europäischen Bewegungen (»Fabian Society«, KP Frankreichs usw.). Großbritannien nahm als erstes Land eine große Zahl von afrikanischen Studenten auf, von denen viele auf Kosten ihrer Verwandten studierten. Als 1926 die *Vereinigung der Studenten Westafrikas* (W.A.S.U.) in London ins Leben gerufen wurde, existierten bereits vier weitere Vereinigungen. 1951 studierten 2 747 junge Afrikaner aus den Kolonien in Großbritannien, 2 158 kamen aus Westafrika und 589 aus Ostafrika. Drei wesentliche Gründe gab es für die Studenten, der W.A.S.U. beizutreten: im Vordergrund stand der Wunsch, der Isolierung zu entrinnen, zweitens wollte man einer Bevormundung entgehen durch diese autonome Vereinigung, und drittens hatte man den Wunsch, sich auf zukünftige politische Aufgaben vorzubereiten. In der Tat gab es in den Reihen der afrikanischen Führer ersten Ranges viel mehr ehemalige Studenten aus den anglophonen Ländern Afrikas als aus den francophonen. In Frankreich setzte sich die 1952 gegründete *Fédération des Etudiants d'Afrique Noire en France* (F.E.A.N.F.) an die Spitze des nationalistischen afrikanischen Kampfes. Hier in Frankreich waren die meisten Studenten Stipendiaten der Kolonialterritorien.

1952 gaben sie offen in einer Sondernummer der Zeitschrift *Présence Africaine* ihre Stellungnahme zu diesen Problemen bekannt. Die Belgier und Portugiesen schickten bis 1956 wegen ihrer Politik der »Zwangsverwaltung« nur sorgfältig ausgesuchte und nur sehr wenige Studenten nach Europa. Deshalb spielte die Intelligenzschicht hier relativ spät eine Rolle. In den Vereinigten Staaten befanden sich 1950 700 afrikanische Studenten. Viele von ihnen erfuhren dort direkt den Rassismus, der ihr Afrikanertum schmerzlich verletzte. Die nationalistischen Ideen, von denen diese jungen Hitzköpfe begeistert waren, setzten sich im September 1956 in jener Sorbonne, die einer der hervorragendsten Schmelztiegel des substantiellen Geistes der westlichen Welt ist, spektakulär durch. Die Neger-Madegassen verkündeten dort der Welt eine Art kultureller Unabhängigkeitserklärung. Das war der erste Kongreß der schwarzen Schriftsteller und Künstler; der zweite tagte im März 1959 in Rom[11]. Ich bin sicher, daß alle Ideen, die bei diesen großen Begegnungen, aber auch in den verräucherten Cafés oder in den ärmlichen Kämmerchen der Studenten in den Köpfen gearbeitet haben, noch heute an der Gestaltung Afrikas teilhaben.

4. Die Kirchen

Auch in einem ganz anderen Bereich, dem kirchlichen, kamen Bewegungen mit nationalistischem Charakter zum Durchbruch[12]. Erinnern wir uns an Männer wie den Mahdi und El Hadj Omar, die im Namen des Islams ihren Beitrag zum afrikanischen Widerstand geleistet haben. Außerdem hatte man Erfahrungen in

---

11 Siehe die Spezialnummern von *Prés. Afr.* von 1957 und 1959 zu den beiden ersten Kongressen der schwarzen Schriftsteller und Künstler.
12 Siehe *Nationalism in colonial Africa* von Th. Hodkin, London 1962.

Erwachen des Nationalismus

der bisweilen harmonischen Zusammenarbeit zwischen der Kolonialmacht und der islamischen Obrigkeit gemacht, wie z. B. in Nigeria mit der Politik des *indirect rule*. Von Zeit zu Zeit wurde in einem mohammedanischen Land ein Mahdi (»Messias«-Prophet) angekündigt. Für gewöhnlich erschien er mit einem antikolonialistischen Programm. Sogar in der christlichen Religion, die Europa und die Vereinigten Staaten ins Land gebracht hatten, kam über den Glauben der Nationalismus zum Ausdruck. Barg er nicht in dem Maße nationalistisches Saatgut, wie er den göttlichen Ursprung aller Nachkommen Adams und die geheimnisvolle Verwandtschaft aller Christen durch Christus lehrte? Sind die Gläubigen nicht nach dem Ausspruch des Apostels Paulus »Glieder ein- und desselben Körpers, dessen Haupt Christus ist, der Erstgeborene unter vielen Brüdern«? Nun waren aber die meisten Siedler dieser Epoche nicht gerade Ritter der christlichen Nächstenliebe. Deshalb konnte sich der Rassismus auch in einer kirchlichen Segregation zwischen Weißen und Schwarzen zeigen. Das Prophetentum und der Messianismus afrikanischen Ursprungs traten auf und kündigten neue Zeiten an.

Das Christentum ersetzte den Animismus wie der Islam durch eine dynamischer wirkende religiöse Ideologie, weil es eine weitaus größere und ausgedehntere Gemeinschaft schaffen konnte. Die Götter der Erde oder der Familie mit ihrem territorial stark begrenzten Charakter ließen einer universalen Kirche den Vortritt. Damit wurde unter den Afrikanern ein großartiges Integrationsprinzip eingeführt[13]. Doch andererseits waren die Realitäten des Kolonialismus ein belastendes Faktum. Schon die *African Orthodox Church,* die der Jamaikaner Marcus Garvey gegründet hatte, lehrte, daß die Engel schwarz seien und die Dämonen weiß. Die Idee breitete sich in Afrika aus.

Die nationalistische Bewegung im Kreise der Kirchen trat in doppelter Gestalt auf: autonom und prophetisch. Der erste Weg zeigte sich z. B. in der Erwiderung des schwarzen Pfarrers E. J. Nemapare aus Südrhodesien. Er hatte in der afrikanischen Methodistenkirche ein Schisma herbeigeführt und war beschuldigt worden, den Leib Christi geteilt zu haben. »Kein Protestant kann mich beschuldigen, den Leib Christi zerbrochen zu haben. Als Protestant habe ich das Recht zu protestieren«, sagte er. Zahlreiche Kirchen vom »äthiopischen oder zionistischen« Typ folgten dieser autonomen Bestrebung. Häufig wurde damals der Inhalt des Glaubens im nationalistischen Sinn abgeändert. Am Tor zum Paradies mußte man z. B. ... eine schwarze Hand vorweisen! Der Zuluprophet Israel Shembe selbst stand an der Himmelspforte, um die Weißen beiseite zu schieben, da sie, reich wie sie waren, bereits auf Erden ihren Glückseligkeitsanteil genossen hätten ... 1913 predigte der aus Liberia gebürtige methodistische Katechet William Harris an der Elfenbeinküste eine Religion, die sich bis heute ihre Popularität bewahrt hat. Doch Harris trat, wie der Hahn, der den neuen Tag ankündigt, als Vorbote weißer Missionare auf. Innerhalb eines Jahres sammelte er 120 000 Anhänger um sich. Er war ein fröhlicher und optimistischer Mensch. Gott, sagte er, möchte mit Gesängen und Tänzen verehrt werden. Er glaubte nicht an Buße, Reue, an die Strafe des Leidens und an das »Tal der Tränen«. Die katholischen Priester griffen ihn energisch an. Obwohl er sich der Kolonial-

---

13 Man muß indes anmerken, daß der Animismus in Schwarzafrika niemals seine Berechtigung verlieren wird. Man wird sich immer mehr von der ursprünglichen Verachtung befreien (hervorgerufen durch Unwissenheit), um ungeahnte humanistische Werte zu entdecken, sowohl im sozialen als auch im geistigen Bereich.

macht gegenüber sehr gemäßigt verhielt, vertrieb man ihn von der Elfenbeinküste. Er kehrte nach Liberia zurück und starb dort.
In Äquatorial- und Zentralafrika, dort, wo die koloniale Ausbeutung am härte-
sten war, schlug das Prophetentum natürlicherweise Wurzeln, besonders in den
Perioden der Verschärfung dieser Unterjochung, wie während der Weltwirtschaftskrise und während der Verknappung aller Güter in der Kriegszeit um
1940. Es war gleichsam die mystische Kompensierung der schrecklichen Wirklichkeit. Simon Kibangou, der Sohn eines angesehenen Zauberers, war protestantischer Katechet geworden. Er predigte einen neuen Glauben, der sich wie ein Lauf-
feuer im unteren Kongogebiet ausbreitete. Er ordnete die Abschaffung der
»Fetische« und der Polygamie an. Seine Residenz in Nkamba taufte er Jerusalem, er umgab sich mit zwölf Jüngern, untersagte aber im Widerspruch zu dem
Gebot »Gebet dem Kaiser, was des Kaisers ist!« seinen Anhängern, Steuern zu
zahlen und Mais anzubauen. Seine Anhänger fertigten z. B. einen Dorfhäuptling
so ab: »Du hast nur zu schweigen; nicht der Verwalter gewährt die Gnade!«
Andere glaubten, der 21. Oktober 1821 brächte das Ende der Welt, ein himm-
lisches Feuer würde die Weißen verschlingen. Sabotageakte begannen. Man nahm
Kibangou fest und verurteilte ihn zum Tode, doch wurde seine Strafe in lebenslängliche Haft umgewandelt; nach dreißigjährigem Gefängnisaufenthalt starb
er 1951 in Elisabethville. Einen anderen Propheten, der aus Französisch Kongo
stammte und dessen Lehre auch sehr engagiert war, verschleppte man 1930 in
den Tschad; dort starb Andre Matswa 1942 im Gefängnis. 3 818 Afrikaner inhaftierte man 1952 wegen ihrer Zugehörigkeit zu Sekten, die als gefährlich
galten. Mulowozi Wa Yezu (Sachwalter, Stellvertreter Jesu) und Halleluja,
Chef der Kitawalasekte, wurden 1944 im Distrikt von Stanleyville gehenkt[14].
Diese schwarzen Führer von Rang, die die koloniale Ordnung erneut in Frage
stellten, indem sie sich auf das religiöse Gefühl stützten, das nicht zuletzt durch
die Europäer selbst verbreitet worden war, erschienen den Kolonialbehörden
noch gefährlicher als die Politiker. Besaßen die Gläubigen der Nationalkirche
von Nigeria und Kamerun nicht Gebete, die sich »an den Gott Afrikas« richteten
und Litaneien, die die Errettung von Imperialismus erflehten?

5. Die politischen Parteien

a) Die Anfänge

Also inszenierten verschiedenste Organisationen die nationalistischen Bewegungen in Afrika. Doch das wichtigste Werkzeug in diesem Kampf, der wirkliche
Bauherr war die politische Partei. Hunderte von Parteien, legale und illegale
entstanden nach 1945 in Schwarzafrika. Man kann sie an dieser Stelle weder
näher beschreiben noch aufzählen[15]. Die politischen Parteien Afrikas tauchten
nicht aus dem Nichts auf, sondern erwuchsen aus einem Konglomerat historischer
Verkettungen. Deshalb hingen Inhalte und Strukturen der Parteien weitgehend
von vorkolonialen und kolonialen Faktoren ab. Parteien und Verwaltung nutzten nicht selten das System der traditionellen Obrigkeit für ihre Wahlkämpfe

---

14 Siehe Ph. Decraene, in: *Afrique Contemporaine*, Januar 1965.
15 Siehe Verzeichnis der politischen Parteien im ausgezeichneten Werk von Th. Hodkin, *African
Political Parties*, 1961.

Erwachen des Nationalismus 531

und ihre Propaganda aus. Lange Zeit galt die vom Häuptling befohlene Versammlung als die einzig rechtskräftige für das Volk. Begreiflicherweise suchte daher manch eine Partei die Schirmherrschaft der traditionellen Autorität. Häufig stellten sich die Häuptlinge selbst als Kandidaten zur Verfügung, oder aber sie ließen ihre Söhne wählen. 1945 stellte die Volta-Union den Provinzhäuptling Baloum Naba gegen das R.D.A. (Rassemblement Democratiqué Africain) auf, das von Houphouet-Boigny vertreten wurde, einem Bezirkshäuptling. Andere Parteien entwickelten sich aus Stammesverbänden. Die Vereinigungen, die sich zur Wiedergeburt der Fang-Gesellschaft zusammenfanden, trugen mit zur Bildung der Parteien in Gabun bei. Der Geistliche Fulbert Youlou machte sich die mystische Inbrunst zunutze, die die kongolesischen Propheten wie Matswa auslösten. Andererseits war etwa Moulari vom Nkaziklan ein Klanvetter des Präsidenten Kasawubu. Dessen Klan Nagani gehörte zu den zwölf Klans der Kongofamilie. Die Unterstützung, die Fulbert Youlou Präsident Kasawubu gewährte, erklärt sich zum großen Teil durch diese gemeinsame Stammesherkunft. Präsident Kasawubu leitete anfänglich eine stammesbewußte Vereinigung kultureller Prägung. Sie wurde 1949 geschaffen und nannte sich »*Association des Bakongo pour l'unification, la conservation et la propagation de la langue Kikongo*« (Vereinigung der Bakongo zur Vereinheitlichung, Pflege und Ausbreitung der Kikongo-Sprache). Diese Bewegung trat 1956 mit einem Manifest in die Politik ein. Die große westnigerianische Partei *Action Group* hatte ihre Vorgeschichte in Gestalt einer ethnisch-kulturellen Jorubagruppe mit dem Namen: »Egbe mo Oduduwa«. Die *Juvento* und das *Comité de l'Unité Togolaise* (C.U.T.), Komitee der togolesischen Einheit, waren von verschiedenen Ausgangspunkten aus politischer Ausdruck der Pan-Ewe-Bewegung. Sie beeinflußte diese ethnische Gruppe über die Grenzen der zwei oder drei Territorien hinweg, über die sie zerstreut war. Die *Umma*-Partei des Sudans war wie durch eine Nabelschnur mit der mohammedanischen Organisation *Ansar* verbunden, die sich aus Anhängern des Mahdi formiert hatte. Es würde kein Ende nehmen, die breite Palette der Zusammenhänge zwischen den politischen Parteien Afrikas und dem Strom der präexistierenden Gedanken und Ansichten aufzuzählen. Verständlich wird so schon, daß viele Parteien einen ausgeprägten regionalen Charakter hatten, vor allem in den Ländern, wo nicht nur eine Partei ein auf eine Doktrin bezogenes Programm vorstellte. Bisweilen brachten diese Parteien auch eine Reaktion einer nationalen Minderheit zum Ausdruck, die sich, zu Recht oder zu Unrecht, benachteiligt fühlte. Das traf auf die liberale Partei des Süd-Sudans und auf die Nationale Befreiungsbewegung Aschantis zu. Diese Parteien gewannen mit Überzeugungskraft das, was sie an Bewußtseinsqualität einbüßten, da sie als Gegenströmung zur allgemeinen Entwicklung auftraten. Gelegentlich führte dieser Regionalismus auch zu Parteien konfessioneller Prägung, wie z. B. der mohammedanische Kongreß von Gambia, die mohammedanische Unionspartei von Ghana oder auch die Demokratische Partei, die in Uganda eine Mehrheit von Katholiken in sich vereinigte.

Andere, neue Faktoren gaben der Parteientätigkeit neue Impulse, z. B. der Aufschwung der modernen Verkehrsmittel. Der vernünftige Einsatz des zur Verfügung stehenden Fuhrparks war einer der strategischen Schlüssel zum Erfolg eines Wahlkampfs. In der Tat erforderte der Mangel an Radios noch mehr das reale Erscheinen der Politiker vor ihren Wählern. Ein Parlamentarier, der es sich in einem Louis-Quinze-Sessel in Paris bequem machte, um mit einem wichtigen

Mann des Palais Bourbon einen Vertrag abzuschließen, konnte schon am nächsten Tag mit Hilfe von Flugzeug und Geländeauto einen alten, weißhaarigen Häuptling im Busch zu Besprechungen aufsuchen, der gewiß zeit seines Lebens niemals die angrenzenden Hügel überschritten hatte, die seine Heimat umschlossen. So entwickelte sich das Interesse an Fahrzeugen, um im rechten Augenblick am richtigen Platz »Aktivisten« auftreten lassen zu können. Waren allerdings die Brücken unterbrochen, so übernahmen wieder Pferd, Esel und Einbaum ihre Pflicht. Telegraf und Telefon wurden eingesetzt, um Kandidaten der letzten Minute vor dem schicksalhaften Augenblick der Schließung der Listen anzumelden. Die Wagen des R.D.A., die im Juni 1948 mit Lautsprechern durch Bobo-Diulasso fuhren, bildeten einen bedeutenden Trumpf gegen die »administrative« Liste der Volta-Union.

Weitere wichtige Faktoren spielten eine Rolle beim Aufstieg der Parteien: in erster Linie die erschütterte Macht der traditionellen Häuptlinge. Sie resultierten aus den gleichmachenden Rechten, die in den demokratischen Reformen verankert waren. Günstig wirkte sich auch der Umsturz der wirtschaftlichen und sozialen Hierarchien aus, den die durch das Unterrichtswesen und die Geschäfte verursachte Beweglichkeit herbeiführte. Der Erbmonarch einer alten, verehrten Dynastie brachte es, vom Kolonisator angegriffen, zuwege, in sich selbst die doppelte Legitimität der afrikanischen Vergangenheit und Zukunft zu verkörpern. Er wurde auf diese Weise zum Magneten für die Nationalisten, die hier eine zusätzliche Kraft zur Mobilisierung der Massen fanden: das war bei dem Kabaka Mutesa II. aus Uganda der Fall, als er 1953 von den Briten abgesetzt wurde. Gewöhnlich jedoch blieben die Häuptlinge auch im Verlauf des Emanzipationskampfes in ihrer Stellung. Sie stellten sich in den Dienst der Parteien, die von der Kolonialmacht anerkannt wurden. Die Häuptlinge konnten nicht so leicht in die Haut von Propagandisten schlüpfen und das politische Spiel spielen, in dem sie dem souveränen Volk den Hof machen mußten.

Ein weiterer ausschlaggebender Faktor für den Erfolg der politischen Parteien Afrikas waren die neuen Freiheiten der Rede, der Versammlung und des Ortswechsels. Die Regierungen des Mutterlandes gewährten diese Freiheiten mehr oder weniger schnell, und die Verwaltung betrachtete sie mit vielen Vorbehalten. Die politische Literatur, heutzutage verschwunden, lieferte dafür einen großartigen Beweis. Irgendeine Seite aus dem senegalesischen *Réveil* oder dem sudanesischen *Essor* oder aus einem anderen kleinen, unbekannten Blatt verdiente es, in einer Anthologie der antikolonialistischen Literatur aufgenommen zu werden. Manche Zeitungen waren geradezu das Sprachrohr eines Führers. Sie verbreiteten seine Reden, die von den Aktivisten wie ein Viatikum (Wegzehrung) erwartet wurden. Beispiele dafür sind *La Condition humaine* von Senghor oder die *Evening News* von Nkrumah. Dr. Azikiwe (Zik) entfaltete ein geniales Talent als politischer Agitator und Geschäftsmann. Er verstand es, die allgemeinverständliche Zeitung als Waffe gegen die bestehende Ordnung einzusetzen. Eine dieser Zeitungen des »Zik«, der *West African Pilot*, trug wohl seinen Namen. Die Pressefreiheit, die der Kolonisator nach dem Kriege gewährte, wurde zum Katalysator beachtlicher, afrikanischer Energien und bisweilen zum Reifezeugnis für eine Partei. Doch existierten Grenzen, die nicht überschritten werden durften, darüber wachte die Kolonialverwaltung. Geschah es dennoch, strafte sie erbarmungslos mit Prozessen, Strafbefehlen und Verhaftungen. In den anglophonen Ländern waren die politischen Zeitungen zahlreicher und populärer.

Erwachen des Nationalismus

Hier war die schulische Erfassung ausgedehnter, weil in afrikanischen Sprachen unterrichtet wurde. Im francophonen Afrika hingen die Zeitungen mehr Doktrinen an. Die gleichen Anmerkungen gelten auch für die konstitutionellen Reformen. Die Kolonialmächte stimmten ihnen, wie wir sehen werden, mehr oder weniger freiwillig zu. Diese Reformen zogen eine Menge von demokratischen Prinzipien und Praktiken nach sich. In den Städten konnte ein berühmter Führer beachtliche Mengen von Bürgern aus den verschiedensten Volksgruppen, auch wenn er französisch oder englisch sprach, für mehrere Stunden um sich versammeln. Aber im Busch, wo sich zwei Parteien in Gestalt von Löwe und Elefant gegenüberstanden, beschränkte sich der Wahlkampf meist auf einen widersprüchlichen Wortstreit zwischen den beiden Kandidaten über die Tugenden und Laster dieser beiden Tiere. Durch die regelmäßige Wiederkehr spielten die Wahlen eine entscheidende Rolle in der Begründung eines *new deal* der Vorstellungen bei den afrikanischen Massen. Was bei den Wahlkämpfen gesagt wurde, hatte eine Bedeutung für das tägliche Leben. Man beobachtete die Aufmerksamkeiten, die der weiße Gouverneur irgendeinem Parlamentarier zukommen ließ und registrierte seinen ohnmächtigen Zorn gegen einen anderen. Man erfuhr, daß ein Kreiskommandant auf Intervention eines schwarzen Abgeordneten versetzt worden war ... Außerdem hatten die Wahlen auch einen nicht unbedeutenden sportlichen Aspekt. Sie waren die »Großen Spiele« in der neuen Phase der Machtumschichtung. Schließlich verpflichteten sie die Gewählten, sich den Massen zu nähern und den Versuch zu unternehmen, ihren konkreten Bedürfnissen zu entsprechen: Brunnen zu bohren, kleine Krankenhäuser und Schulen zu bauen usw. Tatsächlich lernten und beherrschten viele Politiker bald die Kunst der Spiegelfechterei ... Und das um so mehr, als die Verwaltung manchmal unverhohlen Parteien protegierte, die als sicherer hinsichtlich der kolonialen Interessen galten. Solche Parteien wurden im Augenblick der Freiheit im allgemeinen hinweggefegt.

Weitere äußere Einflüsse wirkten sich auf die Entwicklung der politischen Parteien Afrikas aus. Die mutterstaatlichen Parteien lieferten in den französischen Bereichen überwiegend materielle, intellektuelle und nicht unbedeutende moralische Unterstützung. Nicht selten basierte sie auf einer Politik der Bevormundung[16]. Gelegentlich war sie so stark, daß sich gerade in diesem Bereich die Entkolonisierung durchsetzte. Manche besonders gefürchteten Parteien mußten eine gefahrvolle Existenz im Verborgenen führen: die U.P.C. in Kamerun seit 1955, die nationale Befreiungsbewegung des Sudans, das R.D.A. an der Elfenbeinküste während der Unterdrückung in den Jahren 1949/50. Diese Situation stählte aber den kämpferischen Geist ihrer Anhänger. Sie trug auch dazu bei, die Einigung und die Disziplin zu stärken und schuf auf diese Weise einen harten Kern von Berufskämpfern, die sich immer deutlicher aus der dumpfen Masse der Sympathisanten heraushoben. Viele dieser Kämpfer, die es gewohnt waren, nachts auf dunklen Pfaden herumzustreifen, fanden sich durch die sich überstürzenden Ereignisse oft unvermittelt in den Ministersesseln unabhängiger Staaten wieder.

---

16 Siehe A. Césaire, »Lettre ouverte à Maurice Thorez«, in: *Prés. Afr.*

b) Parteien der Notabeln, der Beamten und der Massen

Wie anderswo auch kann man innerhalb dieser afrikanischen Gruppierungen Parteien der Notabeln, der Beamten und der Massen unterscheiden, wenn diese Unterschiede auch nicht immer so streng sind. Die Parteien der Notabeln wurden von Leuten geführt, deren wirtschaftliche Stellung und soziales Prestige – ob sie nun auf Tradition beruhten oder nicht – sie an die Spitze einer Gruppe von politischen Anhängern setzten. Ihre Führerschaft resultierte aus der dynastischen Legitimität und war abhängig von der Geburt, dem religiösen Bekenntnis und der wirtschaftlichen Stellung. Die Methoden dieser Parteien hatten darunter sehr zu leiden. So trat z. B. der Personenkult stark in den Vordergrund. Diese Parteien waren eher Sammlungsbewegungen mit feudalem Charakter. Für die demokratische Kontrolle war es schwierig, sich über diese Äußerlichkeiten hinwegzusetzen. Denn selbst wenn bei dem Führer, dem traditionellen Häuptling oder reichen Bürger, der an der Spitze der Organisation stand, demokratische Ambitionen vorhanden waren, so unterwarf sich die Masse seiner Anhängerschaft doch im gewohnten Vasallenreflex. In einer solchen Partei wurden Rahmen und Aufbau zugunsten des Redekults und der Verehrung des Führers verwischt. Der Congrès des Peuples du Nord im südlichen Nigeria um die beherrschende Persönlichkeit des Sarduna von Sokoto war eine Partei dieses Genres. Doch sehr schnell konstituierten sich Massenparteien, die viel stärker auf die Beteiligung aber auch auf die Kontrolle des Volkes angewiesen waren. Die Vorstellung von einem Mandat gewann damals entscheidend an Bedeutung. Die Führer nutzten ihre repräsentative Stellung. Sie taten alles, um der Zustimmung des Volkes Inhalt zu verleihen: Wahlen auf allen Stufen der Parteihierarchie, Verbreitung und Erklärung von Referenden usw. So entwickelte sich die Parteimaschinerie und der harte Kern von Professionellen und Aktivisten, die die Verbindung zur breiten Masse des Volkes sicherten. Beispiel: P.D.G. in Guinea, C.P.P. in Ghana, die Sudanesische Union im Sudan. Die Parteien der Beamten waren weniger zahlreich. Die Doktrin, die Organisation und der Bildungsstand ihrer Mitglieder verhinderten einen breiten Unterbau aus der Masse des Volkes.

c) Die Organisation der Parteien

Die politischen Organisationen Afrikas präsentierten sich in sehr unterschiedlichem Gewande. Die Benennung »Kongreß« implizierte die Vereinigung der aktiven Kräfte eines Landes in einer Organisation mit weniger starrer Gliederung. Er trat als eine Bewegung auf, die im Namen des ganzen Landes den politischen Kampf führte. Ein Beispiel dafür lieferte das R.D.A. bei der Konferenz von Bamako im Jahr 1946. Die »Front« war auch das Resultat einer politischen Konzentration mit mehr vertraglichem Charakter. Zum Beispiel wurde in einer Revolutionssituation ein Parteienkartell über ein Minimalprogramm erreicht. Die Front schloß sich im Rahmen genauer Regeln zusammen, um bestimmte Ziele zu erreichen. Wer schließlich »Partei« sagte, meinte einen politisch viel homogeneren, eingeengteren Organismus, der vor allen anderen Kräften des politischen Kräftespiels ein bedeutend flexibleres Betätigungsfeld hatte. Alle diese Formen traten, wie wir sahen, in der politischen Entwicklung Schwarzafrikas seit dem Ende des Krieges in erstaunlichen Varianten auf. Es geschah zuweilen, daß sich solch eine Massenpartei z. B. im Gebiet von Kaolak als Partei der Notabeln präsentierte. Dank des Ansehens von Ibrahima Seydou Ndaw, König (diaraf) des Sine Saloum, und überdies Präsident der Gewerk-

Erwachen des Nationalismus

schaft der Kaufleute, konnte es von 1948 bis 1958 für die U.P.S. gewonnen werden.

Die Parteien waren mehr oder weniger gut organisiert, je nachdem, wie sie sich an die Einflüsse hielten, die bei ihrer Geburt eine Rolle gespielt hatten, wie sie den lokalen, politischen Notwendigkeiten oder der Persönlichkeit eines Führers folgten. An der Basis arbeiteten elementare Strukturen: Komitees der Stadtviertel oder des Dorfes, Unterbezirke, Zellen usw. Der Organisationstyp, der sich auf den Arbeitsplatz stützte, wurde selten in Schwarzafrika angewandt. Den Wohn- und Lebensbereich übernahm man, weil man ihn als praktischer und der afrikanischen Mentalität angemessener empfand. Denn die Solidarität der Nachbarschaft war stark ausgeprägt und integrierte sehr leicht Personen mit unterschiedlichen sozialen Funktionen. Die Organisation der Zusammenschlüsse wurde dadurch erleichtert. Das berühmte »afrikanische Telefon« verbreitete die Parolen automatisch. Die Werbung von neuen Mitgliedern geschah wie durch Phagozytose. Das Kriterium für den Beitritt war übrigens bei den meisten dieser Parteien sehr verschwommen geblieben. In den besser organisierten implizierte es indessen allermindestens Pünktlichkeit und Einsatzbereitschaft bei den Zusammenkünften, den jährlichen Kauf der Mitgliedskarte und die Begleichung der Mitgliedsbeiträge sowie die Ausführung der Parteidirektiven. In anderen Organisationen betrachtete man hingegen alle die als Mitglieder, die auf den großen Zusammenkünften erschienen, die versprachen, ihre Stimme der Partei zu geben, die, wenn auch nur einmal, die Mitgliedskarte kauften oder die ganz einfach zu einer angesehenen Familie gehörten. Tatsächlich erforderten die afrikanischen Verhältnisse der Basis besondere Strukturen: fast alle Mitglieder waren Analphabeten, und nicht jeder konnte sich eine persönliche Vorstellung machen. Daraus ergab sich die Vorrangstellung der engagierten Rede. Außerdem wurden für die neuen Ziele die Klan- und Familiensolidarität mobilisiert. Das wiederum erklärt den bisweilen so tiefgreifenden Charakter der politischen Einstellungen und Meinungsverschiedenheiten. Ganze Familien transponierten auf diese Weise die Gegnerschaften von einst. Manche Frau eines Polygamisten schwankte zwischen der Partei ihrer Herkunftsfamilie und der ihres Ehemannes. Manch Verwandter, der sich für eine neue Partei entschied, wurde von der Familie als Verräter betrachtet usw. An der Grenze war die Partei im früheren soziologischen Komplex integriert. In manchen besonderen Fällen hatte man die Riten geheimer Gesellschaften (Opfer, rituelle Kommunion) bewahrt. Über den Basisorganismen lagerten die Zwischenstrukturen (regionale Komitees, Bezirke). Sie dienten als »Treibriemen«. Aus diesem Bereich rekrutierten sich die politischen Kämpfer und Aktivisten. Sie bildeten – in gleicher Distanz zum Führer wie zur Masse – den aktiven Flügel der Partei. Hin und wieder traten sie als »Jungtürken« auf und forderten radikale Reformen der Parteilinie, des Apparats oder der Methoden. Das wurde am deutlichsten, wenn die Partei den Versuch unternahm, die Beteiligung an der Macht zu verstärken. Unerbittliche Gegensätze endeten oft auch in Trennungen und Abspaltungen, z. B. zwischen der U.P.S. und dem R.P.A.-Senegal im Jahr 1959. Manche afrikanischen Parteien gingen, um Konfrontationen dieser Art zu vermeiden, dazu über, die Konferenzen und Kongresse, die laut den Statuten vorgesehen waren, seltener stattfinden zu lassen.

Die *leadership* der afrikanischen Parteien war von Anfang an sehr personorientiert. Zweifellos rührte das von der Tatsache her, daß der Gründer und der

536   *Das Erwachen Schwarzafrikas*

Organisator der Partei meist ein- und derselbe war. Er setzte auch die Kader
ein. Da nichts Geschriebenes vorhanden war, wurde der Führer selbst zum Programm, zur Doktrin, verkörperte Statuten und das Gesetz der Partei; und das
sowohl in den Massenparteien wie auch in den Parteien der Notabeln. Die
politische Ergebenheit verwandelte sich bei vielen Anhängern in eine fast religiöse Verehrung. Sie maß dem hervorragenden Häuptling magische Kräfte zu;
man erwartete von ihm alles, auch Wunder.

d) Die Rolle der Jugend und der Frauen
Die politische Massenpartei Afrikas hat bewundernswerterweise den Dynamismus von Organisationen wie den Gewerkschaften und Vereinigungen der Jugend
und der Frauen aufgefangen. Letztere waren durch vielfache Bande in den
Parteiapparat integriert und konnten in der Regel auch in leitende Positionen
aufrücken. Die Jugend war die eiserne Lanze zahlreicher Parteien; ihr kam allerdings zu oft nur eine Kurzausbildung in Demonstrationspraktiken statt einer
fundierten, politischen Unterweisung zugute. Als sie z. B. beim Festival von
Bamako im August 1957 versammelt waren, bezogen sie deutlich Stellung für
Thesen der afrikanischen Unabhängigkeit und Einheit. Die Frauen trugen in die
Arena des antikolonialistischen Kampfes die Leidenschaft und die Verleugnung
ihres Geschlechts. Die verliebte Bewunderung des Führers spielte hier wie anderswo auch eine Rolle. Niemand konnte einen Slogan besser als sie zur Angelegenheit eines ganzen Volkes machen. Ihre Teilnahme an den Zusammenkünften, vor allem nachts, brachte offenbar sentimentale und ernsthafte soziologische
Probleme. Die Autonomie ihrer Bezirke war die wirksamste Lösung. Eine Reihe
von Tanzvereinigungen der Frauen wurde übrigens ohne Vorbehalt von dynamischen Parteien annektiert. In den Küstengebieten am Golf von Guinea spielten sie eine entscheidende Rolle. Hier beteiligten sich traditionsgemäß an
vielen öffentlichen Angelegenheiten; denn sie besaßen größere Freiheit und profitierten vom matrilinearen System und ihrer wirtschaftlichen Macht. Die Kaufmannsvereinigungen an der Elfenbeinküste, in Ghana und in Togo beherrschten
aufgrund des Verkaufsmonopols für gewisse Verbrauchsgüter den Markt. Die
politisierten Händler waren Agitatoren und ständig aktiv. Sie gingen so weit,
von den Kunden die Mitgliedskarte ihrer favorisierten Partei zu verlangen, ehe
sie sie bedienten. Manche Frauen wurden als Heldinnen des antikolonialistischen
Kampfes gerühmt. Doch nahm die Zahl der Frauen in den leitenden Organisationen nur sehr langsam zu und das aus sehr offensichtlichen Gründen (geringere
Bildung, soziologische Handikaps und Vorurteile usw.). Die großen Treffen der
afrikanischen Parteien boten allen kulturellen Reichtümern der afrikanischen
Gesellschaft Gelegenheit, sich in bunten Farben darzustellen. Das machte aus
diesen Tagungen gleichzeitig ein Erziehungszentrum des Volkes, eine ethnologische Leistungsschau und eine tropische Fiesta. Stunden vor dem Eintreffen der
Funktionäre wurden die natürlichen Gruppen der Männer, Frauen und Kinder
ordentlich aufgestellt. Zuweilen griffen die mit Orden und »Lametta« behängten ehemaligen Kämpfer ein und erklärten mit Stolz und Freude den anderen die
unvergessenen Exerzier-Riten der Kaserne. Die Negertrommel dröhnte. Die in
Bewegung gekommenen Griots erfanden Propagandaweisen oder ersetzten in
den alten Lobliedern die Namen der einstigen Häuptlinge durch die der erwarteten Funktionäre. In anderen Versen machten sie politische Gegner mit
beißendem Spott lächerlich. Die Frauen übernahmen die Verse im Chor. Manche

Erwachen des Nationalismus

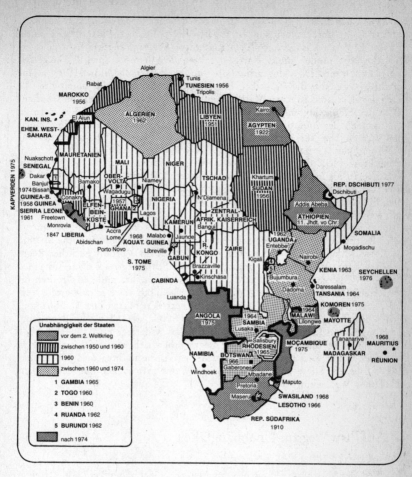

von ihnen fügten dem Lied die Bewegung hinzu und stürzten sich mitten in die Gruppen, um Tanzschritte zu zeigen, die mit frenetischem Beifall bedacht wurden. Diese Damen drapierten ihre Rundungen mit Stoffen, auf denen das Bildnis des Führers aufgedruckt war. Sein Bild erschien immer an herausragender Stelle. Die Jugend bemühte sich, den Weg für die Ankommenden freizuhalten. Possenreißer und Gaukler amüsierten mit ihren Darbietungen und anzüglichen Witzen die Menge. All diese Aufregung, die auf angenehme Art und Weise die Gemüter und Herzen erhitzte, erreichte ihren Höhepunkt, wenn in einer Staubwolke die

Karawane des Führers heranbrauste. Während der Vorbereitung auf die bzw. der Erringung der Unabhängigkeit spielten die politischen Parteien eine unersetzbare Rolle als Katalysator all jener latenten Umgestaltungskräfte.

Die Aktionsmethoden dieser Parteien trugen den Stempel einer starken afrikanischen Originalität. Ungeachtet der oft sehr unterschiedlichen Programme verschwägerten sich die Praktiken häufig und unterwarfen sich damit der allgegenwärtigen afrikanischen Wirklichkeit. Zum Beispiel tauchten die Geschenke für den Häuptling und die Geschenke des Häuptlings in der gleichen Form in den Parteien der Notabeln und in den Massenparteien auf. Ein weiteres Beispiel war die bemerkenswerte Vorliebe für die überlieferten Methoden des Palavers und der Verhandlungen statt für Kraftproben. In dieser Hinsicht muß vermerkt werden, daß die Entkolonisierung in Schwarzafrika weniger blutig verlaufen ist als in Asien oder in den arabischen Ländern. Manche Autoren beeilten sich, diese friedliche Entwicklung der Überlegenheit der negro-afrikanischen Führer zuzuschreiben. Ohne diesen Wert schmälern zu wollen, müssen doch noch weitere Gründe angeführt werden.

Erstens erreichte die Entkolonisierung Schwarzafrika verspätet. Sie begann zu einem Zeitpunkt, als die Kolonisatoren, nachdem sie die unumgängliche Mission der Entwicklung verwirklicht hatten, deutlich auch die Vorteile gütlicher Regelungen erkannten. Außerdem brauchten sie in Schwarzafrika dringend einen friedlichen Übergang, da sie dort die Kontingente für ihre anderen Fronten rekrutierten: Indochina, Algerien, Madagaskar. Dennoch wäre es eine grobe Vereinfachung zu behaupten, alle Länder Schwarzafrikas hätten ihre Unabhängigkeit in Frieden gewonnen: das Beispiel der U.P.C., der Mau-Mau-Bewegung, des Kongos und der portugiesischen Territorien widerlegt das. In zahlreichen Ländern fanden blutige Zusammenstöße zwischen den afrikanischen Parteien statt oder direkt zwischen den kolonialen Repressionsmächten und den afrikanischen Massen. Diese besaßen statt jeder Waffe fast immer nur den leidenschaftlichen Willen zur Freiheit.

II. Auf dem Weg zur Unabhängigkeit

Der Weg der schwarzafrikanischen Staaten zur Unabhängigkeit gilt als eines der eindrucksvollsten politischen Phänomene in der zweiten Hälfte des 20. Jahrhunderts. Die in Britisch-Westafrika begonnene Bewegung dehnte sich sehr schnell auf die francophonen Staaten aus, später auch auf das belgische Afrika und auf die britischen Territorien Ost- und Zentralafrikas. Diese Bewegung stieß in den portugiesischen Territorien und in Südafrika auf den letzten kolonialistischen und rassistischen Widerstand. Viele Ereignisse begleiteten diese Entwicklung. Aber sie ist noch zu frisch, zu viele aktive Teilnehmer sind noch am Leben, zu viele Dokumente fehlen noch in den Akten der Historiker, als daß dieser Bericht mehr sein könnte als ein chronologischer Leitfaden.

A. In Britisch-Westafrika

1. Ghana

a) Das Erwachen des Nationalismus

Die im Jahr 1946 von Gouverneur Sir Alan Burns auferlegte Verfassung fand keine günstige Aufnahme bei den aufgeklärten Afrikanern der Goldküste. Zum ersten Mal schickten das Aschantiland und der Norden Repräsentanten in den Legislativrat. Doch verhinderte der kulturelle Rückstand dieser beiden Regionen die Organisierung wirklicher Wahlen. In der Praxis wurden die Abgeordneten dieser Gebiete von den Häuptlingen ernannt. Als Repräsentanten feudaler Interessen waren sie sich faktisch einig mit den Mitgliedern des Rats, die von der Kolonialverwaltung ernannt waren. Die gewählten afrikanischen Vertreter, Bevollmächtigte der Bezirke und avancierter Klassen des Landes (Städte, Frauen, geschulte Kreise, Plantagenbesitzer und Geschäftsleute aus dem Süden), starteten eine Meinungsbildungskampagne gegen die Verfassung. Doch war die wirtschaftliche Lage schlecht. Der *swollen shoot,* eine Plage, die die Kakaobäume heimsuchte, traf die Interessen selbst jener sozialen Schichten ernsthaft, die politische Verärgerung zeigten. Um den Krankheitsbefall der Pflanzen unter Kontrolle zu bringen, entschied die Kolonialregierung, sämtliche Bäume in den betroffenen Distrikten ausreißen zu lassen, auch die bislang verschonten. Trotz der Entschädigungen kam den Erzeugern diese Initiative verdächtig vor. Trachteten die Engländer nicht danach, das Land zu schwächen, um den Weg zur Unabhängigkeit zu verzögern? Während die Einkünfte der Erzeuger sanken, hatten sich die Preise der importierten Waren erhöht. Tatsächlich waren diese Güter als Folgeerscheinung des Krieges knapper geworden und hatten eine schwerwiegende Inflation hervorgerufen. Die Afrikaner glaubten, daß die Kasse zur Stabilisierung der Kakaopreise *(Cacao marketing board)* zu viele Reserven festlegte, indem sie die Preise der Erzeuger zu niedrig ansetzte. Eine Gruppe europäischer Kaufleute tat sich in einer »Gewerkschaft« zusammen, um dadurch ihren Wunsch nach Festigung des Status quo zu manifestieren.

b) Das Wirken F. Kwame Nkrumahs

Die afrikanische Opposition wurde in Unruhe versetzt, als die aus Indien und Birma heimkehrenden Kämpfer intervenierten. Sie forderten die Unabhängigkeit für Afrika, die sich soeben in Asien durchgesetzt hatte. Alle diese brodelnden Kräfte gruppierten sich um einen schlauen Rechtsanwalt, Aristokrat von Geburt, um J. B. Danquah. Dieser Reformist glaubte an den Einfluß einer aufgeklärten Minderheit in seiner Partei, der *United Gold Coast Convention* (U.G.C.C.), die sich im Jahr 1947 konstituiert hatte. Ein Sprung nach vorn auf dem Weg zur politischen Freiheit gelang Danquah, als er nach vergeblichen anderweitigen Versuchen auf einen jungen Afrikaner zurückgriff, der in London studierte, und ihn zum Generalsekretär der Partei machte. Es war Francis Kwame Nkrumah. Als ehemaliger Missionsschüler war er Lehrer geworden und brach im Jahr 1935 in die Vereinigten Staaten auf. Er war erpicht darauf, seine Ausbildung fortzusetzen und zu vervollkommnen. Um Studium und Lebensunterhalt zu bestreiten, arbeitete er als Kellner im Restaurant. Als Referendar für Soziologie und Volkswirtschaft wurde er Vorsitzender der afrikanischen Studenten der Vereinigten

Staaten und Kanadas. Stark beeindruckten ihn damals die panafrikanischen Ideen Marcus Garveys. Am Ende des Krieges begab er sich nach London, um hier seine Dissertation zu schreiben. Doch alsbald nahmen ihn die politischen Wirren der Zeit gefangen. Eine bedeutende Gruppe entschlossener Studenten, unter ihnen Kodjo Botsio, tat sich mit ihm und einem Theoretiker von den Antillen, Georges Padmore, zusammen. Letzterer folgte ihm nach Afrika und blieb bis zu seinem Tode einer seiner engsten Freunde und Berater.

Seit 1948 organisierte die U.G.C.C. den Boykott europäischer Produkte, um auf diese Weise ihre Preise wieder sinken zu lassen. Außerdem führte man friedliche Märsche zum Palast des Gouverneurs durch. Eines Tages aber eröffnete die Polizei das Feuer, und in Accra und den Küstenstädten brach der Aufruhr los. Bilanz: 29 Afrikaner wurden getötet und Hunderte festgenommen, unter ihnen Danquah und Nkrumah. Die Untersuchungskommission Watson bestätigte die Tatsachen und erkannte die Verbitterung im Volk als berechtigt an. Sie folgerte, daß die politische Autonomie (self government) dieser Verschlechterung der Lage zweifellos zuvorgekommen wäre. Der Gouverneur berief eine Kommission zur Verfassungsreform unter dem Vorsitz eines afrikanischen Beamten, J. H. Coussey. Der Nutzen dieser Kommission bestand in dem Versuch, die autonomistischen Ambitionen der fortschrittlichen Afrikaner mit den Wünschen Großbritanniens in Übereinstimmung zu bringen. Die britische Hoffnung lag darin, den Rhythmus der politischen Entwicklung und die reaktionäre Haltung der traditionellen Häuptlinge unter Kontrolle zu halten. Die Kommission schlug ein parlamentarisches System mit einer Versammlung vor, deren gesamte Mitglieder gewählt werden sollten. Die Exekutive war der Versammlung mit dem Vorbehalt verantwortlich, daß der Gouverneur im Notfall über eine unabhängige Legislativgewalt verfügte.

Inzwischen hatte sich die nationalistische Bewegung wegen interner Spannungen gespalten. Die Führer der U.G.C.C. warfen Nkrumah Aktivismus vor. Sie tadelten seinen Drang, die Massen für sich vereinnahmen zu wollen. Vom Generalsekretär stieg er zum Kassenwart ab. Er gründete daraufhin im Kreis der U.G.C.C. ein Komitee der Jugend, dessen treibende Kraft er wurde. Auf den nachfolgenden Tagungen der Partei war er erneut dem Mißtrauen ausgesetzt. Daraufhin brach er mit der U.G.C.C. und zog den aktiven Parteiflügel mit sich, die Jugend, die Frauen des Volkes und die aktionswilligen Städter. Mit ihnen rief er eine Massenpartei ins Leben, die C.P.P. (Convention People's Party). Angesichts der britischen Vorschläge gaben die beiden Parteien bald ihre Marschrichtung an. Die U.G.C.C.: »Diskussion um eine möglichst baldige Autonomie«. Die C.P.P.: »Positive Aktion zur sofortigen Autonomie: self government now!« In einem Schriftstück erklärte Nkrumah, daß in einem Land, in dem die Mehrheit des Volkes nicht lesen kann, die einzig gültige Lehre die der Aktion sei. Eine ausgezeichnete, wirkungsvolle Organisation wurde ins Leben gerufen. Parademärsche fanden statt, begleitet von Volksgesängen, Parolen und religiösen Hymnen. Frauen tanzten, die Musikkapellen präsentierten sich in glänzenden Kostümen. Die Propagandawagen der C.P.P. mit den klingenden Namen der Vorkämpfer drangen bis in den letzten Winkel des Buschs vor. Der Kampf sollte indessen gewaltlos bleiben. Am 20. November 1949 verwarf die C.P.P. bei ihrem ersten Massentreffen den Coussey-Report und schlug ein Programm radikaler Reformen vor. Nkrumah appellierte an den bürgerlichen Ungehorsam, falls dieses Reformprogramm abgewiesen werden sollte. Die Gewerk-

Auf dem Weg zur Unabhängigkeit

schaften sagten ihre Unterstützung zu. Nach der britischen Weigerung lancierte die C.P.P. eine Kampagne, und die Gewerkschaften kündigten für den 8. Januar 1950 einen Generalstreik an. Am 7. Januar zogen die ehemaligen Frontkämpfer in Viererreihen mit einem Katalog von Forderungen zum Palast des Gouverneurs. Als die Mahnungen, die ihnen Einhalt geboten, ungehört blieben, gab der britische Offizier den Schießbefehl. Die afrikanischen Männer der Truppe weigerten sich, auf ihre Brüder zu schießen. Vier ehemalige Kämpfer wurden aber von dem Offizier tödlich getroffen. Daraufhin begann das entfesselte Volk das Geschäftsviertel zu plündern. Die Regierung war nicht mehr Herr der Lage. Die Unterbrechung der Lebensmittelversorgung und die Knappheit sämtlicher Güter führten zu einer solchen Misere, daß die politischen und die Gewerkschaftsführer den Befehl gaben, den Streik aufzuheben. Man verhaftete die Mitglieder des Exekutivkomitees der C.P.P. und erlegte den Gewerkschaftsführern empfindliche Strafen auf. Dennoch hielt einer der führenden Leute der C.P.P., Gbedemah, der gerade befreit worden war, die Moral der Nationalisten aufrecht. Bei den Teilwahlen von Accra und Cape Coast setzte sich die C.P.P. durch. Einer ihrer Vertreter kämpfte erfolgreich um die Herabsetzung des Wahlalters von 25 auf 21 Jahre. Das bedeutete für die C.P.P., deren Hauptstütze die Jugend war, einen wichtigen Erfolg. In dieser Zeit führte man in der Partei den Titel eines »Haftgraduierten« ein, und Aktivisten lüfteten mit Stolz die den Titelträgern dieses Diploms vorbehaltene Kopfbedeckung *(prison graduate cap).* Laut Coussey-Report sollten im Februar 1951 allgemeine Wahlen stattfinden. Obwohl die C.P.P. gegen den Report eingestellt war, entschied sie sich, an den Wahlen teilzunehmen, um den Briten zu beweisen, daß das Volk hinter ihr stand, und um ihre Führer zu befreien. In der Tat konnte die C.P.P. 34 von 38 Sitzen erringen. In Accra selbst vereinigte Nkrumah, obwohl er noch inhaftiert war, 98,5 % der Stimmen auf sich. Die Briten übten *fair play.* Sie beschlossen, die gefangenen Führer durch einen Gnadenakt auf freien Fuß zu setzen. Als Nkrumah das Zuchthaus verließ, schwenkte auch er die berühmte Kappe aus weißer Leinwand eines »Gefängnis-Graduierten«. Im Triumphzug trug ihn eine riesige Menge, die vor Freude außer sich war. Sir Ch. Arden Clark trat alsbald an ihn heran und erkannte ihn als parlamentarischen Führer an. Die C.P.P. wandelte die Parole vom bürgerlichen Ungehorsam in die von der strategischen Zusammenarbeit. Ein Jahr später wurde Nkrumah Premierminister (März 1952).

Im Jahr 1954 setzte eine neue Verfassung eine Versammlung ein, die sich ganz aus gewählten Mitgliedern zusammensetzte und die Europäer aus den Ministerposten verdrängte. Die allgemeinen Wahlen desselben Jahres brachten der C.P.P. 71 von 104 Sitzen. Eine bequeme, jedoch keine überwältigende Mehrheit. Die Opposition hatte sich wieder gefaßt und formierte sich in Gruppierungen konfessioneller und regionalistischer Art.

Nachdem die C.P.P.-Regierung die Steuern auf den Export von Kakao erhöht hatte, fühlten sich die Aschanti-Pflanzer benachteiligt. Sie brachten das Schreckbild einer Diktatur des Südens auf und forderten die finanzielle Autonomie ihres Gebietes. Kompromißbemühungen scheiterten.

Inzwischen errang das Referendum im Togoland, dem britischen Mandatsgebiet, dank einer aktiven Propaganda der C.P.P. und entgegen den Pan-Ewe-Bestrebungen eine Mehrheit, die sich für den Anschluß an die Goldküste aussprach (Mai 1956).

Anschließend organisierte Nkrumah im Juli 1956 allgemeine Wahlen. Sie bestätigten schlechthin die Position der C.P.P.: 72 von 104 Sitzen. Sie war die einzige Partei, die in allen Bezirken Sitze erringen konnte. Die neue Versammlung trat zusammen, um eine konstitutionelle Reform auszuarbeiten, die den Forderungen nach Unabhängigkeit entsprach. Sie wurde der Regierung des Vereinigten Königreichs förmlich übergeben. Die Minderheitsparteien forderten vergeblich eine föderative Lösung. Sie zogen es vor, den Saal zu verlassen, um an der Abstimmung nicht teilnehmen zu müssen, die daraufhin einstimmig mit der Mehrheit der anwesenden C.P.P.-Mitglieder gewonnen wurde. Die britische Regierung stimmte der Unabhängigkeitsakte zu. Nach dem gemeinsamen Antrag der beiden Führer Danquah und Nkrumah, dem stattgegeben wurde, nahm das Land den Namen Ghana an. Manche meinten, dieser Name rechtfertige sich durch Legenden von der Herkunft mancher Volksgruppen der Goldküste aus dem Norden[17]. In erster Linie war dieser Name aber Symbol für die politische Wiedergeburt Schwarzafrikas ... Die Geschichte begann von neuem. Mit großem Pomp und Jubel verkündigten Nkrumah und seine Gefährten am 6. März 1957 in ihrer Gefängniskleidung die Unabhängigkeit des Landes. Gestützt auf bedeutende finanzielle Reserven gelang es der Regierung, das große Werk der geplanten Infrastruktur im wirtschaftlichen und sozialen Bereich, vor allem im vernachlässigten Norden, zu errichten.

c) Nach dem Beginn der Unabhängigkeit

Doch die Oppositionsparteien hielten sich noch nicht für geschlagen. Am Ende des Jahres 1957 verschmolzen sie in der *United Party* (U.P.). Sie zog ins Feld für eine föderative Organisation und kämpfte für die Achtung der traditionellen Obrigkeit. Ihr parlamentarischer Führer war ein Professor, Dr. Busia. Um dieser Partei das Handwerk zu legen, die ihrer Meinung nach die nationale Einheit bedrohte, belegte die C.P.P.-Regierung sie mit schweren Repressalien. Sie schlug eine republikanische Verfassung im Schoß des Commonwealth vor. Bei den Präsidentschaftswahlen im August 1960 erhielt der alte Führer Danquah 13 % der Stimmen und Nkrumah 77 %.

Danach wurde das politische Leben in Ghana durch gewerkschaftliche Aktionen in Unruhe versetzt (Generalstreik vom September 1961). Sie war eine Folge des von der Regierung beschlossenen, harten Sparprogramms. Außerdem fiel die illegal gewordene Opposition im folgenden Jahr durch Terrorakte im Stadtgebiet auf (Stadtterrorismus): Bombenexplosionen bei Kundgebungen und Versammlungen. Außerdem wurden ihr auch Attentate gegen die Person Präsident Nkrumahs zur Last gelegt; eines der spektakulärsten war das von Kulongungu, nicht weit von der Grenze zu Obervolta. Mehrere Gefährten aus der ersten Zeit nahm man gefangen, man beschuldigte sie subversiver Umtriebe und der Korruption.

In der Präambel seines Siebenjahresplanes (1963–1970) »wählte Ghana ein für allemal die sozialistische Form der Gesellschaft als Endziel seiner wirtschaftlichen und sozialen Entwicklung«. Jetzt stand die Schaffung einer mächtigen

---

17 Siehe dagegen *Eurafrique*, 1958: »Der Name Ghana, der der Goldküste gegeben wurde, gehört zum historischen Erbe des französischen Afrika.«

Auf dem Weg zur Unabhängigkeit 543

Energiebasis im Vordergrund der Bemühungen. Man errichtete das gigantische Wasserkraftwerk von Akosombo am Volta, das 42 Milliarden Kilowattstunden produzierte. Außerdem bemühte man sich, die wirtschaftlichen Aktivitäten vielseitiger zu gestalten, um die starke Abhängigkeit vom Kakao zu verringern. Im politischen Bereich sprach sich Ghana entschlossen für den positiven Neutralismus gegenüber den beiden Blöcken aus: gegen den Imperialismus, den Kolonialismus und den Neo-Kolonialismus und für einen kontinentalen und organischen Panafrikanismus. Anfang des Jahres 1966, als sich Präsident Nkrumah zu einem offiziellen Besuch in China aufhielt, wurde er durch einen Militärputsch abgesetzt. Äußere Mitwirkung stand außer Frage. Aus den Wahlen vom 29. August 1969 ging die Partei des Fortschritts von Dr. Busia als Sieger hervor. Dieser übernahm zwei Monate später die Macht. Schon 1972 wurde er durch einen neuerlichen Militärputsch unter Oberst Acheampong gestürzt. Kurz darauf starb der große Panafrikanist Kwame Nkrumah. Als Vater der Unabhängigkeit des ersten negro-afrikanischen Landes erhielt Kwame Nkrumah ein Staatsbegräbnis in Guinea, dem Land, das ihn aufgenommen hatte.

Der Nationalrat der Erlösung (N.R.C.) entwarf ein Härteprogramm, das eine Abwertung des Cedi, Verzicht auf gewisse Steuern zugunsten der Entwicklung, Tilgung gewisser Schulden, ein Einfuhrverbot für Luxusartikel usw. enthielt. Der Drang zur Politik der Selbstversorgung drückte sich in dem Unternehmen »*feed yourself*« (ernähre dich selbst) aus, das auf eine Verminderung der Devisenausgaben für Importe zielte. Doch die permanente Energiekrise machte fast alle Bemühungen seit 1973 zunichte. Die im Jahr 1974 feierlich verkündigte Charta der Erlösung legte sieben Prinzipien mit moralischen, sozialen und nationalen Aspekten vor. In den neun Regionen und Bezirken installierte man Komitees der Charta. Sie strebten danach, die ländlichen Basen mit der Zentrale zu verbinden.

In demselben Sinn handelte die Verwaltungsreform von 1974. Sie schuf Bezirksräte, die sich aus Häuptlingen und gewählten Mitgliedern zusammensetzten und von bürgerlichen Beamten präsidiert wurden. Auf diese Weise entstand ein netzartiges System, das die Arbeit des Regimes erleichterte, den demokratischen Sinn der Bürgerlichen zufriedenstellte und eine Dezentralisierung sicherte, als Reaktion auf die Zentralisierung, die der C.P.P. Nkrumahs vorgeworfen worden war.

Nkrumahs Leichnam war mit allen nationalen Ehren von Acheampong mit einem Gefolge von 25 000 trauernden Menschen empfangen worden. Er fand in seinem Geburtsdorf Nkroful die letzte Ruhe. Die Einhaltung einer entschiedenen, panafrikanischen Linie (Weigerung, H. Kissinger zu empfangen), ließ an ein Wiederaufleben des Nkrumahismus denken. Nun, nach einem »Busia-Komplott« im Jahr 1972 gab es 1973 ein »C.P.P.-Komplott«. Er bewirkte die Verhaftung mancher Gefährten von Nkrumah, dessen Andenken im Herzen des Volkes dennoch wuchs.

Im Oktober 1975 wurde der nationale Exekutivrat der N.C.R. durch einen obersten Militärrat aus sieben Mitgliedern ersetzt, indem manche der militärischen Führer der ursprünglichen N.C.R. nicht mehr erschienen. Oberst Acheampong schwankte zwischen Zentralisierung und Dezentralisierung.

2. In Nigeria

In Nigeria verlief der Weg zur Unabhängigkeit friedlicher. Einer der Männer, die die Entwicklung am nachhaltigsten beeinflußten, war Namdi Azikiwe, ein Mann aus dem Volk der Ibo in Ost-Nigeria. Sehr früh ging er in die Vereinigten Staaten, wo er der erste Student seines Landes war. Er besuchte die Lincoln-Universität von Pennsylvania, in der auch Nkrumah später seinen Studien nachging. Ebenso wie Nkrumah prägten auch ihn die Thesen von Marcus Garvey sehr stark und der Kampf der amerikanischen Schwarzen gegen die Rassendiskriminierung. Nach seiner Rückkehr im Jahr 1934 baute er eine Zeitungskette auf. Sie inszenierte eine nationalistische Kampagne von seltener Leidenschaft. Er verstieg sich so weit, vorherzusagen, daß London und New York eines Tages »von den Flugzeugen der schwarzen Völker zerstört werden«. Ferner schuf er das *Nigerian Youth Movement* (N.Y.M.), (Bewegung der Jugend Nigerias), das starken Einfluß auf die ihren Stämmen entfremdeten Jugendlichen in den großen Stadtzentren wie Lagos ausübte. Der Standpunkt war ein deutlich panafrikanischer und stammesübergreifender, wenn auch die Ibo-Elemente überwogen. Verstimmte dieser Aspekt manche Joruba? Auf jeden Fall hatten diese, waren sie auch weder unternehmungslustiger noch dynamischer als die Ibos, Jahrhunderte des Zusammenhalts und historischer Verwirklichungen hinter sich. Sie besaßen deshalb eine gegliedertere Ursprünglichkeit als die, die in den vielen halb-autonomen Ibodörfern verbreitet war. Das ermöglichte es ihnen, gleich im ersten Anlauf über das Stammesdenken hinauszugehen. Der Advokat und Transportunternehmer Obafemi Awolowo vom Stamm der Joruba hatte sich von der N.Y.M. zurückgezogen. 1945 gründete er in London eine kulturelle Vereinigung auf Joruba-Basis, die *Egbe Omou Oduduwa*. Sie trat sehr klar für die Jorubaautonomie innerhalb des föderativen nigerianischen Rahmens ein. Nach und nach veränderte die N.Y.M. ihren Standpunkt und übernahm schließlich dieselbe autonomistische und auf wirtschaftliche Probleme konzentrierte Haltung. Azikiwe zog sich deshalb ins östliche Nigeria zurück, in die Iboregion. Hier schuf er den *Nationalrat von Nigeria und Kamerun* (N.C.N.C.). Er bewahrte seine inter-ethnischen Verbindungen und seine entschlossen antikolonialistischen und panafrikanischen Perspektiven, wenn sich seine territoriale Lage auch auf das Iboland beschränkte.

Die Labour-Regierung von 1945 war bereit, der autonomistischen Strömung der britischen Kolonien Westafrikas zu weichen. Doch aus mangelnder Kenntnis der lokalen Probleme verließ sie sich fast ganz auf die Initiativen der Gouverneure. Diese waren empfänglicher für den lokalen Partikularismus, der ihnen einen größeren Handlungsspielraum einräumte. Die Verfassung von 1922 sah keine Beteiligung der Afrikaner Nord-Nigerias am Legislativrat vor. Nichts, was den Emiren des Nordens besser gefallen hätte. In ihrer wundervollen Isoliertheit als Konservative mißtrauten sie jeder Beziehung zum Süden.

Am Ende des Krieges 1945 übernahm ein neuer Gouverneur, Sir Arthur Richards, die Aufgabe, eine neue Verfassung zu erarbeiten und zu veröffentlichen. Ihr Schöpfer Akinola präsentierte diese Verfassung »im europäischen Gewand«, vorgeführt von »Miß Nigeria«. Gouverneur Richards stellte sie (von vorn!) den Häuptlingen vor: »Ist sie nicht entzückend . . . ohne die Flecken, die sie auf dem Rücken trägt?!« In der Tat führte die Verfassung von Richards eine föderative Kammer ein. Ihre Mitglieder wurden zu 91 % vom Gouverneur

Auf dem Weg zur Unabhängigkeit 545

oder von der traditionellen Obrigkeit innerhalb der regionalen Versammlungen ausgewählt. Letztere übten im Hinblick auf die föderative Kammer in lokalen Fragen beratende Funktion aus. Im Norden bestand ein Zweikammersystem, das sich aus der Kammer der Häuptlinge und einer Versammlung zusammensetzte. Hierbei war diese Verfassung, wie es K.O. Dike unterstrich, »eine Bruchstelle in der konstitutionellen Entwicklung Nigerias. Vor ihrer Existenz strebte die führende Meinung der nigerianischen Politik nach der Einigung in einem zentralisierten Staat und nach einer gemeinsamen Nationalität. Doch die Richards-Verfassung blockierte diese Tendenz endgültig.«[18]
Dieser Standpunkt war vielleicht zu kategorisch, wie es Prof. J. F. A. Ajayi[19] vermerkte. Die Verfassung wies gleichzeitig einen reaktionären Aspekt auf, der den Regionalismus heiligte, und einen dynamischen Aspekt. In der Tat hatten die Briten Nigeria bis zum Zweiten Weltkrieg eher verwaltet als regiert. Die Not des Krieges und die Notwendigkeiten der wirtschaftlichen Entwicklung nach dem Weltkonflikt gaben den Behörden zu verstehen, daß die Verwaltung allein nicht mehr ausreichen würde. Außerdem sahen sie ein, daß die Mobilisierung aller verfügbaren Energien, abgesehen von der Verwaltung, eine nationale Seele erforderte. In dieser Hinsicht war die Richards-Verfassung ein Schritt nach vorn. Zum ersten Mal vereinigte sie alle Völker Nigerias in einer einzigen Versammlung für eine kollektive Aufgabe. Wie dem auch sei, die Richards-Verfassung wurde illegal durch den alten Legislativrat bestätigt und durch das britische Parlament nach wenigen Minuten der Debatte ratifiziert. Aber das bloße Vorhandensein dieses Textes beschleunigte schließlich die Entwicklung. In Wirklichkeit waren die Lehnshäuptlinge des Nordens in einem demokratischen Rahmen integriert. Die nationalistische Kampagne, die sich bis jetzt auf die Stadtzentren des Südens beschränkt hatte (Lagos, Calabar, Ibadan, Abeokuta usw.), wurde von nun an kühn in die Distrikte des Nordens dirigiert: die von der N.C.N.C. und der N.Y.M. gegen die Verfassung geführte Opposition konzentrierte sich auf die Idee, die Afrikaner nicht nur an der Diskussion um die Macht, sondern auch an ihr selbst teilnehmen zu lassen. Zum ersten Mal erschütterte eine politische Kampagne das ganze Land. Zündende Artikel in den Zeitungen Azikiwes, den man vertraulich »Zik« nannte, unterstützen diese Aktion. Diese Zeitungen wurden zeitweilig verboten und »Zik«, der den Legislativrat boykottierte, beschloß, sich zu verstecken. Mit der Angabe, sein Leben sei bedroht, ersuchte er um den Schutz des *Colonial Office*. Andere Zeitungen schlossen sich der Kampagne an. »Zik« wurde in breiten Schichten der Bevölkerung bald zum Märtyrer. Man gründete sogar eine nationale Kirche Nigerias, die »Zik« als Propheten und neuen Christus feierte. Der »Zikismus«, ein mystischer, nationalistischer Anfall, verging schnell.
Gouverneur Richards wurde im Jahre 1948, als er sein Mandat erfüllt hatte, von Sir John Macpherson ersetzt. Dieser stand stark unter dem Einfluß der Labourpartei. Er versprach eine neue Verfassung, die Besetzung der führenden Positionen mit Afrikanern, die Förderung der Demokratie und die Schaffung einer nationalen Universität. Sie wurde ein Jahr später in Ibadan feierlich eröffnet und entwickelte sich zu einem bemerkenswerten Bildungszentrum für die Elite

---

18 Zit. von M. Crowder, in: *Nigeria: special independance issue*, 1960.
19 J. P. A. Ajayi, *Milestones in Nigerian History*, 1962.

Nigerias. Die Vorverhandlungen für die neue Verfassung bildeten eine bedeutende Etappe in der politischen Entwicklung Nigerias. Um das Übergewicht politischen Einflusses, das die städtischen Zentren hielten, in ein Gleichgewicht zu bringen, beschloß Großbritannien, die Verfassung vorzubereiten. Die Vorbereitungen wurden nicht in Verhandlungen mit einer verfassunggebenden Versammlung getroffen, die leicht von städtischen, politischen Bewegungen beherrscht worden wäre, sondern in aufeinanderfolgenden Beratungen durch sämtliche Rangstufen vom Dorf bis zur Region über den Distrikt und die Provinz. Die Fühlungnahme unter den Völkern bis in den letzten Winkel schloß mit einer gigantischen politischen Erziehungskampagne im Volk ab. Sie führte die Aktivisten der südlichen dynamischen Parteien bis in die Haussadörfer des Nordens – zum großen Verdruß der Emire. Da sie sich über die Folgen im klaren waren, verwandelten sie die *Vereinigung der Leute aus dem Norden*, eine kulturelle Organisation der Haussastudenten, unter ihnen El Hadj Abubakar Tafawa Balewa, zur Stütze einer politischen Organisation mit streng konservativer Ausrichtung. Diese Haltung rief übrigens die Bildung einer kleinen Oppositionspartei hervor, die *Union der progressiven Elemente des Nordens* (N.E.P.U.). Sie stützte sich auf ethnische Minderheiten und diente der N.C.N.C. in ihrer nationalistischen und unitaristischen Propaganda mehr oder weniger als Trojanisches Pferd. Die N.C.N.C. befürwortete einen Staat, der über den regionalen Partikularismus hinausging. Mit diesem Ausblick versuchte sie in Lagos ein politisches Zentrum der Minderheiten zu schaffen, mitten im mächtigen Joruba-Block des Westens. Awolowo aber hielt diesen Versuch unter Kontrolle. Er verwandelte nämlich die N.Y.M. in eine entschlossene Regionalpartei mit stark reduzierter Ausdehnung, um aus ihr eine furchterregende Maschinerie zu machen. Nur eine sehr solide Regionalpartei, dachte er, könnte eine unüberhörbare Stimme im föderativen Rahmen bekommen.

Die *Action Group* wurde so zur ersten nigerianischen Partei moderner Prägung. Die N.C.N.C. blieb nichts schuldig und verwandelte sich in vielen Versammlungen schließlich zu einer Partei von Individuen. Für das ganze Land waren diese Jahre 1948/49 eine Phase angespannter politischer Umstrukturierungen und immer deutlicherer Formulierung der Programme.

Die Macpherson-Verfassung von 1951 – wenn sie auch nicht gebilligt wurde – entwickelte ein sehr dezentralisiertes, föderatives System, weil sie den ganzen Katalog politischer Einstellungen berücksichtigen wollte. Dieses System überließ der Zentralgewalt nur Restkompetenzen. Da sie sich der Tatsache angepaßt hatte, daß die Parteien mit Recht eine regionale Grundlage hatten, betonte sie noch die Förderung der regionalen Eigenständigkeit des Landes, die Gouverneur Richards in die Wege geleitet hatte.

Die Parteien des Südens (N.C.N.C. im Osten, *Action Group* im Westen) forderten für das Jahr 1956 die Unabhängigkeit. Der Norden widersetzte sich dem rundweg, da er fürchtete, vorzeitig in eine heikle Sache verwickelt zu werden, die von den Südstaaten gesteuert wurde. Bald zeigten sich im Norden feindliche politische Demonstrationen. Man befand sich in der Klemme. London versuchte es mit einer anderen Taktik. Es bereitete eine neue Verfassung vor und versammelte dazu die Hauptführer in London, später, 1954, in Lagos. Die sich daraus ergebende Verfassungsänderung verstärkte die föderative Macht auf Kosten der regionalen Befugnisse. Lagos, das zur Bundeshauptstadt gewählt wurde, avancierte zum autonomen Bezirk. In diesem Rahmen plante man für 1956 die

Auf dem Weg zur Unabhängigkeit 547

Autonomie der Gebiete. Man war auf dem Weg zur Unabhängigkeit. Das Datum verschob sich durch den Einspruch des Nordens noch um ein Jahr. Die Reise der Königin im Jahr 1956 wurde zum Triumph und bekräftigte die Idealvorstellung vom Commonwealth. 1957 fand in London eine letzte Konferenz statt und entschied, daß ein föderativer Premierminister bestimmt wurde und die Mitglieder seines Kabinetts im Rahmen politischer Koalitionen wählte. Man einigte sich darauf, als ersten Titelträger El Hadj Aboubacar Tafawa Balewa zu ernennen, den ersten Mann der N.P.C., den Sarduna von Sokoto. El Hadj Sir Hamadu Bello zog es vor, Premierminister des Nordens zu bleiben.

Die neue Regierung wählte das Jahr 1960 zum Jahr der Unabhängigkeit. Letzte Verzögerungen traten auf. Die Begründung dafür war die Tatsache, daß der feudale Norden trotz forcierter Bildung und Schulung kaum Schritt hielt. Die Unabhängigkeit wurde indessen am 1. Oktober 1960 proklamiert. Die Koalition N.P.C. und N.C.N.C.-N.E.P.U. brachte diese Parteien zur Macht, und Awolowo wurde Führer der Opposition. Alle Parteien kamen überein, dem Commonwealth die Treue zu halten. Es bedeutete sozusagen einen Integrationsfaktor, der um so kostbarer war, als das Verfassungsrecht der Trennung eine latente interne Bedrohung der Einheit des Landes in sich barg. Dieses Bewußtsein eines föderativen Gleichgewichts, gewiß nicht unerschütterlich, ließ Nigeria außerordentlich umsichtig reagieren angesichts jedes panafrikanischen Plans.

Stolz darauf, der Bevölkerungsriese des Kontinents zu sein, wollte es zuerst einmal seine eigenen Differenzen verarbeiten. Wegen dieser zu maßvollen Position vermehrte die *Action Group* von Awolowo und von A. Enahoro ihren Druck; sie forderte im interafrikanischen und internationalen Bereich eine engagiertere Einstellung. Eine heftige Krise entstand daraus, die erst endete, als Awolowo der Prozeß gemacht und er in Haft genommen wurde. Inzwischen hatte das Land den Status einer Republik im Schoß des Commonwealth angenommen. Azikiwe wurde der Präsident dieser Republik, die am 1. Oktober 1963 ausgerufen wurde. Bei den allgemeinen Wahlen des Jahres 1965 gerieten der Präsident und der Premierminister in eine Kontroverse. Gewalttaten und Pogrome breiteten sich aus; nacheinander kamen die Führer aus dem Norden (Sultan Bello, Tafawa Balewa), dann die aus dem Süden, insbesondere Männer aus den Ibostämmen, ums Leben. Man schuf eine vierte Region *(Mid Western Nigeria).* Vorübergehend vom Sezessionskrieg der Ostregion (Ibo) erschüttert, die den Namen Biafra annahm, gelang es Nigeria dennoch, diese Krise im Jahr 1970 zum Besten des Landes und der afrikanischen Einheit zu lösen.

Der Biafrakrieg stärkte durch seine Ablehnung der zentrifugalen Kräfte das Nationalbewußtsein der Nigerianer. Die föderative Militärregierung startete ein Wiederaufbau- und Versöhnungsprogramm.

Nacheinander wurden zwei Entwicklungspläne lanciert (1970–1975 und 1975 bis 1980). In der Währung führte man das Dezimalsystem ein, auf der Straße den Rechtsverkehr. Man versuchte, die Jugend der verschiedenen Regionen im Rahmen eines nationalen Zivildienstes zu einen. Mit mehr als 100 Millionen Tonnen Rohöl pro Jahr stand Nigeria an erster Stelle der schwarzafrikanischen Produzenten, an sechster Stelle in der Weltproduktion. Das schwarze Gold sicherte 71,4 % der Haushaltseinnahmen. Die von der föderativen Regierung angesammelten Reserven, die neu an die Staaten verteilt wurden, bildeten ein mächtiges Werkzeug der nationalen Politik. Sie drückte sich auch in der Nigerianisierung der Unternehmen und durch die föderative Initiative in der Reform der Erziehung und in der Organisierung von sportlichen und kulturellen Veranstaltungen aus. Das Festival der negro-afrikanischen Künste in Lagos im Januar und Februar des Jahres 1977 war der Höhepunkt. Doch gab das Regime des Generals Yakubu Gowon Anlaß zu ernster Kritik im Innern: weitgehende Korruption unter den Verantwortlichen der Militärregierung, Neuaufteilung der föderativen Einkünfte, Streit zwischen den Regionen wegen der Volkszählungsergebnisse des Jahres 1973, Zögern bei der Rückkehr zu einer Zivilregierung usw. Das Anheben der Löhne verbesserte den Lebensstandard nicht, sondern heizte nur die Inflation an. Es verursachte den Bankrott zahlreicher Unternehmen, besonders derjenigen, die gerade nigerianisiert worden waren.

Der Hafen von Lagos, der von schlecht organisierten Kommandos des Verteidigungsministeriums wimmelte, spielte nicht mehr die Rolle von einst. Daraus ergab sich eine Knappheit an lebensnotwendigen Gütern, während sich der Verkehr in den Straßen der Hauptstadt in ein Chaos verwandelte und schließlich völlig zum Erliegen kam. Am 29. Juli 1975 wurde General Gowon gestürzt. Der Unteroffizier Murtala R. Mohammed nahm seinen Platz ein. Mit bemerkenswerter Energie begann er, die Gouverneure des Staates, die in einem Staatsrat nurmehr eine konsultative Rolle spielten, aus dem oberen Militärrat (C.M.S.) zu entfernen. Auf diese Weise wurde der C.M.S. die alleinige Stelle der Macht. Innerhalb von sechs Monaten wurden Entscheidungen getroffen, die undenkbar schienen: die Anzahl der Staaten erhöhte sich von 12 auf 19; Entlastung des Hafens; Entschluß, eine neue Hauptstadt zu schaffen; Säuberungsaktion unter den hohen Beamten und Offizieren; Festlegung des Datums für die Rückkehr zur Zivilregierung im Rahmen neuer Parteien und auf der Basis eines Verfassungsentwurfs der Kommission von R. Williams. Der Meuchelmord an General Murtala Mohammed am 13. Februar 1976 erhöhte sein Ansehen beim Volk nur noch. Seine Position als Staatchef übernahm der Generalleutnant Olusegun Obasanjo. Der Wirtschaftsriese Nigeria mit der stärksten Bevölkerung (80 Millionen) übernahm seine kontinentale Verantwortung erst, als er sich eine feste Organisation gab und Ziele setzte.

3. In Sierra Leone

Der Entwicklungsweg Sierra Leones verlief noch viel friedlicher. Dieses kleine Gebiet der britischen Krone schloß ein Küstengebiet ein (die Kolonie) und eine Inlandzone (das Protektorat). Es gab in der Kolonie etwa 120 000 Kreolen, d. h. Mischlingsnachkommen der repatriierten Sklaven. Sie waren stark europäisiert und kontrollierten unter der Schirmherrschaft britischer oder libanesischer Handelshäuser die Wirtschaft[20]. Die das Protektorat bevölkernden Temne- und Mandeeingeborenen waren zu 90 % Analphabeten. Die Bevölkerungszahl war dagegen 15 mal so hoch wie in der Kolonie. Die Not des Krieges hatte dazu geführt, daß sich der wunderbare natürliche Hafen Freetowns entwickeln konnte. Massen von Arbeitskräften aus dem Protektorat traten nun in direkten Kontakt mit den Dingen und Menschen der Küste. Bedauerlicherweise verschärfte das die Gegensätze zwischen beiden Teilen. Jedesmal, wenn sich Großbritannien

20 Siehe Prof. Porter, *Creoledom*, London 1963.

Auf dem Weg zur Unabhängigkeit

entschloß, die Afrikaner mehr zu beteiligen, indem es Führungsposten mit Afrikanern besetzte und die Zahl der Sierra Leoner im Exekutivrat erhöhte, wie im Jahr 1943, waren es die Mischlinge, die davon profitierten. Im Jahr 1947 arbeitete der Gouverneur Sir Stevenson eine liberale Verfassung aus, die den Afrikanern eine Mehrheit im Legislativrat zuerkannte. Nach demokratischer Ordnung mußte das Protektorat 14 und die Kolonie 7 Repräsentanten stellen. Obwohl die Kreolen noch verhältnismäßig begünstigt waren, empörten sie sich. Sie verließen sich auf ihre hohe kulturelle Entwicklung, um die Kolonialmacht zu beerben. Nun sollten sie aber vielleicht dem Gesetz der Zahl unterliegen. Deshalb versuchten sie, die Verfassung durch ihre Partei, den Nationalrat Sierra Leones unter der Führung Dr. Bancole Brights zu boykottieren. Unter der Leitung Dr. Milton Margais führte das Protektorat einen starken Gegenangriff durch. Dieser wurde sogar von einigen national denkenden Kreolen unterstützt. Im Jahr 1950 schuf er die *Volkspartei von Sierra Leone* (S.L.P.P.), die die sofortige Durchführung der Verfassung forderte. Dem wurde stattgegeben. Die im Jahr 1951 folgenden Wahlen bestätigten den überwältigenden Sieg der Menschen aus dem Protektorat. Der Gouverneur wählte nur Mitglieder der S.L.P.P. als Ratgeber im Exekutivrat. 1953 wurden sie zu Ressortministern mit Beamtenstatus. Ein Jahr später wurde Dr. Margai »chief minister«; 1956 bekam der Legislativrat den Namen Repräsentantenkammer. Die Regierung wurde zur Einheitsregierung, das Protektorat abgeschafft. Die bis dahin konsultativen Bezirksräte verwandelte man in beratende Versammlungen. Zu dieser Zeit setzte auch der große Run auf die Diamantenminen im Bezirk Kono ein. Der Schmuggel, der es mit dem Monopol der *Selection Trust* aufnahm, schuf Neureiche und erschütterte die etablierten Hierarchien zusehends. Die sehr gemäßigte Partei Dr. Margais hatte die Unabhängigkeit für das Jahr 1962 vorausgeplant. Doch beschleunigten die Ereignisse in Ghana das Tempo. Die Direktwahlen des Jahres 1957 bestätigten die komfortable Mehrheit der S.L.P.P. 1958 stieg Dr. Margai vom »chief minister« zum Premierminister auf. Ein Jahr später schlug Königin Elisabeth ihn zum Ritter. 1960 trat ihm der Gouverneur die letzten noch gehaltenen Vollmachten ab. Im selben Jahr schlossen sich ihm die Oppositionsparteien in einer vereinigten nationalen Front an. Ihre Vertreter begaben sich nach London, um gemeinsam das Datum der Unabhängigkeit festzulegen. Am 27. April 1961 war es soweit: man konnte den alten afrikanischen Landarzt strahlend am Arm Ihrer Majestät der Königin von England bewundern.

Nach dem Tod M. Margais (1964) setzte sich die A.P.C.-Partei des Siaka Stevens durch, der sich auf die Temne des Nordens stützen konnte. Ein militärischer Staatsstreich wies sie sogleich in die Schranken, kurze Zeit später jedoch konnte sie sich durch den »Coup der Unteroffiziere« vom 18. April 1968 erneut etablieren.

Die politische Unsicherheit setzte sich indessen bis ins Jahr 1970 fort. Zwei Minister unternahmen den Versuch, eine Oppositionspartei zu schaffen, eine demokratische Volksunion (U.D.P.). Sie wurde verboten. Man rief den Notstand aus. Das hinderte jedoch den Armeechef J. Bangoura nicht daran, einen Staatsstreich zu unternehmen. Präsident Siaka Stevens unterzeichnete alsbald ein Verteidigungsabkommen mit Sekou Toure von Guinea. J. Bangoura und drei weitere Offiziere wurden hingerichtet. 1970 erhielt Sierra Leone den Status einer Republik. Bei den Wahlen von 1973 durften sich die Kandidaten der S.L.P.P. nicht aufstellen lassen. Als beim Finanzminister 1974 eine Bombe explodierte, wurden 15 Personen gehängt. Die Regierung versuchte, den Diamantenschmuggel zu bekämpfen, indem sie die Kontrolle über die Minengesellschaften verschärfte.

4. In Gambia

Gambia, das einer Banane ähnelt, die zwischen die Kiefer des Senegals geschoben ist, ist ein Land mit 400 000 Einwohnern. Seine wirtschaftliche und politische Zukunft war an die seines Nachbarn gebunden. 1960 wurden die Gambier zum ersten Mal zur Abstimmung zugelassen. Auch dort übertraf das im Binnenland gelegene Protektorat die Kolonie, die rund um Banjul (Bathurst) gelegen und bedeutend entwickelter war, zahlenmäßig an gewählten Vertretern. Eine spezielle Vertretung der traditionellen Häuptlinge wurde gesichert. Die markanteste Gestalt des Protektorats war David Jawara. Er hatte die *Partei der Völker des Protektorats* gegründet (P.P.P.), während die Brüder P. und Ed. N'jie sich an der Spitze der Partei der Kolonie hervortaten. Mit Unterstützung der Häuptlinge ernannte man David Jawara 1960 zum Obersten Minister. Im Juli 1961 legte man auf einer Konferenz in London das Datum der Unabhängigkeit fest. Im Februar 1965 war der letzte Schritt zur Unabhängigkeit vollbracht. Sir David Jawara, als das Land der britischen Monarchie angeschlossen wurde, Premierminister, bestimmte man nach der Ausrufung der Republik im April 1970 zum Staatschef.

Gambia, das im wesentlichen ein Land der Erdnuß ist, wurde immer abhängiger vom Tourismus (vor allem der Skandinavier). Allerdings erscheinen die Auswirkungen desselben ganz und gar nicht positiv für Afrika zu sein.

B. In den französischen Territorien

1. Die Anfänge: Die »Französische Afrikakonferenz« von Brazzaville

In Französisch West- und Äquatorialafrika lenkte man die Entwicklung auf eine gleichzeitig systematischere, weniger berechnete und progressivere Weise. Spektakuläre Entscheidungen der französischen Zentralgewalt griffen nämlich periodisch ein und brachten Rückschritte auf dem schweren Weg zur Unabhängigkeit. In dieser Beziehung bildeten die Jahre 1946, 1956, 1958 und 1960 Schwerpunkte. Zu Beginn des Jahres 1944 bereits war die »Französische Afrikakonferenz« von Brazzaville einberufen worden. Im Juni 1943 hatte sich das *Comité de libération nationale* (C.F.L.N.) in Algier unter der Führung General de Gaulles konstituiert. Er hatte die Sammlung aller Länder des französischen Bereichs zum Widerstand organisiert. Deshalb faßte er den Entschluß, in Äquatorialafrika alle Gouverneure Afrikas und etliche hohe Beamte zusammenzurufen. Er wollte unter dem Vorsitz des Kommissars für die Kolonien nach der großen Erschütterung des Krieges ihre Vorstellungen über die Zukunft der

Auf dem Weg zur Unabhängigkeit 551

Territorien erfahren. Das Komitee erkannte den besonderen Beitrag Afrikas an
der Last des Krieges an. Es bekräftigte erneut den Machteinfluß Frankreichs auf
seine überseeischen Kolonien. Dabei reagierte man auf die Bestrebungen, die man
in den aufgeklärten Schichten der Kolonialbevölkerungen aufkommen fühlte. So
unterstrich General de Gaulle in seiner Eröffnungsrede: »Unter dem Impuls der
psychischen Kräfte, die der Krieg auslöste, erhebt jede Bevölkerung, jedes Individuum sein Haupt, schaut über den Tag hinaus und fragt nach seinem Schicksal.« Zum Schluß präzisierte er: »Es kommt der französischen Nation zu, und nur
ihr, im rechten Augenblick zu imperialen Strukturreformen des Reiches zu
schreiten, die sie in ihrer Souveränität beschloß.« In der Tat nahm kein Afrikaner an der Konferenz teil. Folglich handelte es sich um ein vorbereitendes Treffen mit sehr einseitigem Charakter. Es zielte darauf ab, die Bande zwischen
Frankreich und seinem Reich zu überdenken und neu zu gestalten. Außerdem
sollte bei dieser Begegnung die Autorität und die Verhandlungsvollmacht
(»*bargaining power*«) des französischen Widerstandes in bezug auf seine Partner, besonders die Vereinigten Staaten, gefestigt werden. Ebenso notwendig war
es für die C.F.L.N., sich als einziger Sachwalter Frankreichs zu behaupten, indem sie in seinem Namen von seinem Kolonialreich Besitz ergriff[21].
Die doppelte Forderung des Augenblicks – die Kolonialmacht aufrechtzuerhalten und gleichzeitig Anfänge einer fortschrittlichen Entwicklung herbeizuführen – gab den Bemühungen diesen zweiseitigen Aspekt, der sich bis zur Unabhängigkeit auf die gesamte französische Kolonialpolitik auswirkte. Der Liberalismus schlug sich in einer Reihe von Entscheidungen nieder, oft allerdings zugleich mit ebensovielen Vorbehalten. Man hielt es für unumgänglich, »daß die
Kolonien bei der zukünftigen, verfassunggebenden Versammlung vertreten waren«. Für die Zwangsarbeit galt folgende Empfehlung: »Wenn auch die Last
des Krieges einstweilen die Beibehaltung der Zwangsarbeit erforderlich macht,
so ist die Konferenz doch völlig einmütig bei der Zusicherung der absoluten
Freiheit der Arbeit; eine Frist von höchstens fünf Jahren soll den lokalen Behörden gewährt werden, um sie wiederherzustellen.« Die fortschreitende Abschaffung der üblichen Strafen für das Indigenat wurde mit Beendigung der
Feindseligkeiten zugesichert. »Für die Territorien« wünschte man, daß sie etappenweise den Weg von der administrativen Dezentralisierung zu einem politischen Gebilde in eigener Verantwortung beschritten. Man befürwortete die
Schaffung repräsentativer Versammlungen, »die sich zum Teil aus Eingeborenen
zusammensetzten und zum anderen Teil aus Europäern«. Das war die Doppel-
versammlung der Männer mit allgemeinem Wahlrecht. Überall lag das allgemeine Ziel nach Möglichkeit darin, das materielle, moralische und intellektuelle
Niveau des französischen Afrikaners anzuheben. Man empfahl sogar, eine Abordnung nach Rußland zu schicken, damit sie das Kolchosensystem studiere[22].
Neben diesen Anläufen aber statuierten viele Verordnungen und Erklärungen
in entscheidender Weise den Wunsch nach Kontrolle, Führung und Integration.
Der oberste Verwalter Delmas erklärte ohne Umschweife: »Man weiß, daß es in
der Kolonisierung drei Möglichkeiten gibt: Abhängigkeit, Autonomie, Assimilierung. Die französische Kolonialpolitik stützt sich auf die Assimilierung mit
einem Hauch von Autonomie und einigen Spuren von Abhängigkeit, die immer

---

21 Siehe R. Viard, *La fin de l'empire colonial français*, 1963.
22 Siehe *La Conférence africaine-française de Brazzaville*, Algier 1944.

schwächer werden. Wir gehen einem Reich im römischen Sinn entgegen und nicht einem Reich im angelsächsischen Sinn. Das will nicht besagen, daß wir nur römische Lösungen anwenden dürfen: das römische Problem war ein mittelmeerbezogenes, das unsrige ist ein weltweites Problem.« Der Status der gebildeten Notabeln Äquatorialafrikas »wird allen Kolonien Schwarzafrikas als Vorbild vorgeschlagen«. »Die Ziele des von Frankreich geleisteten Zivilisationswerkes in den Kolonien beseitigen jede Autonomievorstellung, jede Entwicklungsmöglichkeit außerhalb des französischen Blocks des Reiches.
Eine mögliche Verfassung, auch eine vom *self government* in den Kolonien weit entfernte, muß abgelehnt werden. In dem großen kolonialen Frankreich gab es weder Völker, die befreit, noch rassische Diskriminierungen, die abgeschafft werden müßten ... Es gab Bevölkerungen, die wir Schritt für Schritt zur Persönlichkeit führen wollten, zur reifsten politischen Freiheit, die jedoch keine andere Unabhängigkeit anerkennen wollten als die von Frankreich.« Es entspricht den Tatsachen, daß Generalgouverneur Eboué im Verlauf einer Sitzung die Meinung der Eingeborenen über Probleme, die in mehreren Berichten von »den schwarzen Intellektuellen« abgeliefert wurden, in Betracht zog. Einer dieser Herren umschrieb die Kolonisierung »vom menschlichen Standpunkt aus als einen Akt, durch den der Mensch versucht, das lebensnotwendige Gleichgewicht zwischen all den Gruppen, die die Menschheit ausmachen, herzustellen«. Derselbe präzisierte dann noch: »Der Schwarze Afrikas, was für einer es auch immer sei, hat Rudimente von Religion. Sie ihm zu rauben, durch Atheismus oder durch Verwirrung, in die ihn importierte Religionslehren stürzen, hieße, ihn todsicher zu einem haltlosen Menschen zu machen. Man muß eine Lehre auswählen, und es ist die Aufgabe des Kolonisators, sie zu finden.« Wie steht es um die Kleidung? »Die Kleidung des Europäers gilt als stellvertretend für den vollkommensten Ausdruck an Schönheit, den der ästhetische Sinn des Menschen erreichen kann. Und der Schwarze kann ihn sich um so leichter aneignen, als es nicht viel Assimilierung erfordert.« Zusammenfassend schloß unser Mann, »wir sind voll und ganz für die Ausweitung der westlichen Zivilisation in Afrika«. Die in Brazzaville versammelten Experten wollten wirklich nichts riskieren ... Sie konnten sogar die Rolle von Revolutionären spielen. Dennoch muß noch dieses Wort aus dem Bericht von Fily Dabo Sissoko angemerkt werden, der die Kolonisierung als »eine Pflicht der Brüderlichkeit« betrachtete: »Und hier sind nun unsere Schlußfolgerungen: im französischen Sudan wäre es ratsam, daß
a) der Schwarze schwarz bleibt, vom Leben und von der Entwicklung her.
b) der Weiße mit allen zweckdienlichen Mitteln versucht, den Schwarzen gemäß seiner eigenen schwarzen Entwicklungslinie zu entwickeln.«

2. Die Union Française

Somit hatten von afrikanischer Seite her die beiden Thesen der Assimilierung und der Autonomie bereits ihre Vorkämpfer. Sie tauchten erneut auf in dem Augenblick, als sich die IV. Republik und die Union Française etablierten. Die erste verfassunggebende Versammlung hatte in der Euphorie des Sieges und der Einmütigkeit des fortschrittlichen Frankreichs einen ziemlich kühnen Plan entwickelt (April 1946). Er sah vor, besonders in seinem Artikel 41, daß »Frankreich mit seinen Überseegebieten einerseits und den assoziierten Staaten andererseits eine freiwillig eingegangene Union bildet«. Doch mußte dieser Plan wegen der getrübten Verhältnisse in der Mitte-Links-Koalition der französischen Parteien und unter den Schlägen einer Interessengruppe mit Namen »Etats Généraux de la colonisation française« durch ein Referendum verworfen werden. Die Verfassung vom Oktober 1946 griff die Linie der Konferenz von Brazzaville wieder auf. Tatsächlich setzte sie in ihrer Präambel wirklich nur eine einfache Absichtserklärung vertragsmäßig fest: »Getreu seiner traditionellen Mission beabsichtigt Frankreich, die Völker, die es betreut, zur Freiheit zu führen, damit sie sich selbst verwalten und auf demokratische Weise ihre Staatsgeschäfte lenken.« Es war auch die Rede davon, »ihre Reserven und ihre Bemühungen zu koordinieren, um ihre zu erwartenden Zivilisationen zu entwickeln«. Eine deutlich autonomistische Auffassung. Dagegen ließ der Abschnitt VIII der Verfassung eine Einheitshaltung überwiegen. In der Tat wurde die Französische Republik, »die das französische Mutterland, die Departements und die überseeischen Territorien enthält«, als »völlig unteilbar« erklärt. Artikel 72 nun aber behielt verfassungsmäßig dem französischen Parlament die legislative Kompetenz in Dingen der Strafgesetzgebung, der bürgerlichen Freiheiten und bei der politisch-administrativen Organisation der überseeischen Gebiete vor. Mit anderen Worten, ohne verfassungsmäßige Überprüfung konnte das Parlament in diesen Bereichen auf manche Vollmachten zugunsten der TOM (Territoire d'Outre-Mer), (Überseeprovinz) nicht verzichten. Gewiß, eine parlamentarische Vertretung war vorgesehen. Doch war das Wahlrecht kein allgemeines. Das anerkannte Volk in den Kolonien setzte sich aus Notabeln, Intellektuellen, ehemaligen Kämpfern als Bürgern mit Rechtsstand zusammen. Außerdem war die Vertretung der Überseegebiete, obwohl alle ihre Angehörigen »den Stand von Bürgern mit denselben Rechten wie die französischen Staatsangehörigen des Mutterlandes hatten«, weder proportional noch egalitär. Die Repräsentation war willkürlich festgelegt, damit nach den Worten Edouard Herriots »Frankreich nicht die Kolonie seiner Kolonien wird«. Solchermaßen hätten die TOMs und die DOMs (Départements d'Outre-Mer) im Hinblick auf ihre Bevölkerungszahl in der Regel mehr als 60 % der Abgeordneten im Palais Bourbon stellen müssen. Das Gesetz vom 5. Oktober 1956 legte die Zahl der Abgeordneten aus Übersee auf 38 fest – ein Abgeordneter für ca. 800 000 Einwohner – gegen 544 allein für das Mutterland – ein Abgeordneter für ca. 80 000 Einwohner.

Erste Fehlentwicklung der Assimilierungsmethode ... Das veranlaßte Jacques Soustelle zu schreiben: »Wir kommen zu der erstaunlichen gegenwärtigen Situation, daß das Parlament von Paris eine gewisse Anzahl von afrikanischen Abgeordneten enthält, was ausgezeichnet sein mag. Sie sind zu zahlreich, wenn es darum geht, Gesetzesvorschläge, die nur das Mutterland betreffen, zu verabschieden und ihrer sind zu wenig, um die afrikanische Bevölkerung vollgültig zu vertreten, wenn Themen diskutiert werden, die vor allem sie angehen«.

Ein Journalist beobachtete damals folgendes: »Man begreift schwerlich, daß eine Randgruppe polygamer Abgeordneter Entscheidungen über die Familiengesetzgebung eines monogamen Landes wie Frankreich fällen kann«. In jeder Kolonie schuf man einen Départementsrat, den man von 1952 an territoriale Versammlung nannte. Sie verfügte in bezug auf den Haushalt und einige große Vorhaben über beschließende Kompetenz, in anderen hatte sie nur beratende Stimme. Desgleichen wurden auf der Stufe der Föderation in Dakar für Französisch Westafrika und in Brazzaville für Äquatorialafrika zwei große Ratsversammlungen geschaffen mit ähnlichen Kompetenzen. Die Repräsentanten in diesen Lokalversammlungen wurden nicht wie in denen des Mutterlandes durch ein einziges Wahlkollegium gestellt. Das Vorhandensein eines ersten Kollegiums, das die Bürger mit französischem Bürgerrecht umfaßte, d. h. de facto die Bürger des Mutterlandes, zielte darauf ab, den Kolonisten eine privilegierte und sogar aristokratische Repräsentation zu sichern. Auf diese Weise wurde der europäische Senator von Ubangi von nur 15 Stimmen gewählt. Das System der Segregation und der Diskriminierung durch den doppelten Wahlkörper stand im offenen Widerspruch zu den Artikeln 3 und 82 der Verfassung hinsichtlich der Gleichheit der Rechte.

Andererseits hatte die Verfassung für die TOMs den Grundsatz der gesetzgeberischen Ausnahme aufgestellt, um die Gesetze ihrer speziellen Situation anpassen zu können. Zur Verwirklichung dieser Sache schuf man eine Versammlung der Union Française, die sich aus 152 Räten zusammensetzte, 76 Vertreter aus den Überseegebieten und 76 aus dem Mutterland. Abgesehen davon, daß die Versammlung oft als »Abstellgleis für entlassene Politiker« diente, verfügte sie überdies nur über konsultative Befugnisse. Die Nationalversammlung hörte den Ratsmitgliedern, die sich bisweilen auf wohl belegte Vorarbeiten berufen konnten, nur mit halbem Ohr zu. Sie »ignorierte meistens ihre Beschlüsse und Berichte«[23]. Abgeschoben nach Versailles, spiegelte sie in ihren vielfarbigen Kostümen der vier Kontinente die gesamte Palette des französischen Universums wider und erschien als verfassungsmäßige Randerscheinung. Was die Exekutive betraf, waren die afrikanischen und madegassischen Länder noch weiter von der Realität der Macht entfernt[24]. Der Vorsitz der Union Française stand rechtmäßig dem Präsidenten der Republik zu, der außerdem dem Hohen Rat der Union präsidierte. Erst im Oktober 1951 versammelte sich dieser zum ersten Mal! Noch im Juni 1935 befand sich unter den 39 Mitgliedern der Regierung Laniel nicht ein einziger Gewählter aus Übersee. Außerdem wurde damals kein Afrikaner zu einem Gouverneursposten oder in die Stellung eines hohen Beamten berufen. Die Union Française (das Attribut franco-afrikanisch war noch nicht üblich . . .) trug ihren Namen zu Recht.

Die positiven Aspekte dürfen dennoch nicht verschwiegen werden. Das Bürgerrecht, das allen Afrikanern zuerkannt wurde, beseitigte die empörende Unterschiedlichkeit. Die Ausbreitung der republikanischen Freiheiten nach Übersee ermöglichte in Afrika die Schaffung politischer Parteien. Das Verbot der Zwangsarbeit in ihren vielen Erscheinungsformen befreite Millionen Afrikaner von einem unerträglichen Joch. Schließlich brachte das System der Instanzen in ganz Afrika ein Karussell unaufhörlicher Volksbefragungen. Wenn diese Befragungen auch nicht die für die Arbeit günstige Ruhe förderten, wenn sie auch meistens von der Verwaltung vorprogrammiert waren, so dienten sie doch zahlreichen Afrikanern als vergleichende Lehre. Sie boten reichlich Gelegenheit, die nationalistische Propaganda anzuregen mit der Aussicht, den engen konstitutionellen Rahmen der Union Française, einer vertikalen, nicht horizontalen Vereinigung, zu sprengen oder zu überschreiten. Sie ließ in ihrer Mehrdeutigkeit nach den Worten Duvergers der Irrealität von links (Assimilierung) und der Irrealität von rechts (koloniale Bevormundung) freien Lauf[25]. In den Jahren

23 Siehe R. Viard, Fußnote 21, S. 53.
24 Siehe R. Viard, Fußnote 21, S. 53.
25 Der Irrealismus von links scheint sich übrigens ziemlich weit zu versteigen, da bereits Lud-

Auf dem Weg zur Unabhängigkeit

1946 bis 1948 ergaben sich daraus intensive politische Auseinandersetzungen. Eine Periode der Stagnation in den Jahren von 1948 bis 1955 bewirkte ein erneutes Aufflammen des Nationalismus. Zwei Jahre lang konnte das Rahmengesetz dieses Feuer nur unter Kontrolle halten, bis zum Referendum im September des Jahres 1958, das den Weg zur Unabhängigkeit beschleunigte (1960).
In Französisch-Westafrika waren zwei Gebiete, der Senegal und die Elfenbeinküste, bahnbrechend in der Bildung von Parteien. Sie spielten bei der Schaffung regionaler Gruppierungen eine wichtige Rolle als Katalysatoren.

3. Senegal

Auch der Senegal, in welchem bereits seit Jahrhunderten eine politische Aktivität herrschte, die sich unter anderem in Wahlen in den Küstenstädten niederschlug, überwand seine Nachkriegskrise: Mangel an Importgütern, Stagnation des Erdnußexports, administrative Requisitionen, Beschwerden ehemaliger Kämpfer. Ein ganzes Kontingent von ihnen wurde in Tiaroye nahe bei Dakar ermordet. Innerhalb kürzester Zeit trugen die sozialistischen Elemente (SFJO) den Sieg über die kommunistischen Versuchsgruppen Dakars davon. Alle waren vom glühenden Eifer der Epoche gepackt. Das Komitee wurde zum afrikanischen Block, dessen Name allein ein leidenschaftliches Programm bedeutete. Es gab selbst eine Mode für die Frauen, und das »Blockkleid«, das die Taille eng umschloß, machte auch im Binnenland Furore. Der »Bloc«, der von Lamine Gueye, einem talentierten Advokaten, und von einem jungen außerordentlichen Professor, Leopold Sedar Senghor, angeführt wurde, setzte sich unwiderstehlich durch. Doch bald tauchten interne Spannungen auf. Senghor protestierte gegen den Personenkult, gegen die Günstlingswirtschaft und den Mangel an Härte in der Partei. Er prangerte den eitlen »Laminismus« an, trennte sich im Jahr 1948 von ihm und gründete den *Bloc Démocratique Sénégalais* (BDS). Die neue Partei, die sich sozialistisch nannte, betonte ihren demokratischen Standpunkt (Kontrolle durch die Basis) und ihren senegalesischen Charakter. Sie forderte, daß die Doktrin nicht ein bloßer Abklatsch der Positionen der französischen SFIO–Partei sei und verlangte eine Ausweitung der Autonomie Schwarzafrikas. Mit Unterstützung Mamadou Dias richtete Senghor die Propaganda des BDS auf das Inland und auf die Nicht-Wolof-Minderheiten, die bis zu dem Zeitpunkt praktisch nicht erfaßt waren (Tal des Senegal, des Casamance und im Sererland). Sein Sofortprogramm sah die Entwicklung der Genossenschaften und der hygienischen und schulischen Infrastruktur vor und förderte die Entwicklung des Erdnußexports. Lamine Gueye hatte sich hingegen durch das Gesetz großes Ansehen erworben, das im Jahr 1946 das Indigenat abschaffte (dessen Benachteiligung) und 1950 die afrikanischen Beamten mit den mutterstaatlichen in bezug auf die Arbeitsbedingungen gleichstellte. Während der Stab der SFIO auf die Treue der Städter, der wichtigen, reich geschmückten Damen aus Saint Louis und der Beamten baute, setzte sich der BDS bei den Bauern auf dem »platten Land«

---

wig XIV. Aniaba von Assinie gegenüber erklärte: »Von nun an gibt es keinen Unterschied mehr zwischen Ihnen und mir, außer daß Sie schwarz sind und ich weiß bin« (siehe Franz Ansprenger, *Politik im Schwarzen Afrika*, S. 42).

556 · Das Erwachen Schwarzafrikas

fest, die gerade erst die politische Arena betraten. Der Stil war lebhafter, der Kontakt zu den Volksmassen vertrauter und die Bewunderung für den Führer, »der die Franzosen französisch gelehrt hatte«, durch nichts getrübt. Der BDS trug deshalb bald den Sieg über die SFIO-Partei davon. Zum Teil verdankte er dies auch der Unterstützung durch die bedeutende mohammedanische Bruderschaft der Muriden. Bis zum Jahr 1956 hielt das an, als neue Entwicklungen auftraten.

4. Die Elfenbeinküste und das RDA
(Rassemblemant Démocratique Africain)

An der Elfenbeinküste vollzog sich die Entwicklung der Parteien auf einer ganz unterschiedlichen Basis. Die soziale Schicht, die die neuen, durch die Verfassung von 1946 geschaffenen, allgemeinen Verhältnisse ausnutzte, war die der afrikanischen Pflanzer. Kurz nach dem Krieg war die Elfenbeinküste, die sich damals bis zum Mossiland einschließlich vergrößert hatte, ein Schauplatz sozialer Spannungen. Sie verschlimmerten sich mit der fortschreitenden wirtschaftlichen Entwicklung. Bei den Afrikanern bildeten die traditionellen Häuptlinge die einflußreichste Gruppe. Sie gewannen an Bedeutung aufgrund der verstärkten Aufsplitterung der Stämme. Allerdings wurde ihr Ansehen durch den Einfluß der Verwaltung stark erschüttert, wozu die Last des Krieges noch verstärkt beitrug. Ihre bedingungslose Unterwerfung bezahlte man großzügig, je nach Bedarf in Naturalien oder in kostbaren Importprodukten. Den geringsten Widerstandsversuch strafte man mit Gefängnis oder öffentlicher Demütigung. Die Intellektuellen, die untergeordneten Techniker, Lehrer und Ärzte erfreuten sich des Prestiges der französischen Kultur. Sie wurden aber durch die Mehrheit der Kolonisten verprellt: Verbot, bestimmte Eisenbahnwagen zu benutzen oder bestimmte Viertel zu bestimmten Stunden zu betreten, besondere Schalter in Ämtern usw.

Die Landwirtschaftskammer der Elfenbeinküste nahm an den berühmten »Generalständen der französischen Kolonisation« teil, die im September 1945 in Brazzaville zusammenkamen. Eine der Erklärungen lautete: »Ein Grundirrtum der Konferenz von Brazzaville bestand darin, daß man ohne Halt durchfahren wollte, indem man die biologischen Gesetze der Art für die Entwicklung der eingeborenen Rassen leugnete ... Wir fordern, daß die Arbeit als eine verbindliche soziale Pflicht anerkannt wird ...« Die afrikanischen Pflanzer wurden gegenüber ihren europäischen Kollegen systematisch benachteiligt, deren Zahl kaum 200 überschritt. Sie waren die »Kulaken« des Kolonialregimes. Die Vichy-Regierung vervielfachte die Privilegien noch: ihre Produktion wurde zu einem höheren Preis aufgekauft (beinahe doppelt so hoch wie für die Produkte der afrikanischen Pflanzer). Sie hatten auch Vortritt, wenn es um Importgüter ging usw.[26]. In der Tat verkam die Mehrheit der Bevölkerung unter dem Joch der himmelschreienden Ausbeutung. Die Zwangsarbeit setzte in der Verwaltung, auf den Plantagen und in den Aufforstungsgebieten ungefähr 15 000 Mann ein. Die Dörfer mußten erdrückende Zwangsquoten an Palmöl und Kautschuk liefern. Das Volta-Gebiet der Elfenbeinküste war buchstäblich aller seiner jungen

26 Siehe P. Duprey, Histoire des Ivoiriens, 1962.

Auf dem Weg zur Unabhängigkeit

Männer beraubt. Der Verfasser sah sie zusammengedrängt auf den Plattformen der Züge stehen, die gen Süden zu den Plantagen rollten. Tatsächlich war die Situation an der Elfenbeinküste im Jahr 1946 spannungsgeladen. Die Konferenz von Brazzaville und die verfassunggebende Versammlung von 1946 lieferten den Funken für dieses Pulverfaß. Der Gouverneur Latrille, ein Widerstandskämpfer, trat sein Amt im Jahr 1943 umgeben vom Mißtrauen und den Feindseligkeiten der Vichy-treuen Kreise an. Er war trotz des Widerstandes des Generalgouverneurs Cournarie ein Verteidiger des Geistes von Brazzaville. Infolgedessen wurde er faktisch ein Verbündeter der Afrikaner, die entschlossen ihr Joch abschütteln wollten. 1944 gelang es ihm, die Kaffee- und Kakaopflanzer der Elfenbeinküste von der Zwangsarbeit zu befreien.

Aber im Rahmen der mächtigen Landwirtschaftskammer blieben sie Opfer diskriminierender Maßnahmen. Der Zuschuß, den die Regierung den Pflanzern gewährte, sollte, so beschlossen die Europäer, nur den Pflanzern zugebilligt werden, die mindestens 25 ha Land an einem Stück besaßen. Das schaltete die meisten Afrikaner zwangsläufig von vornherein aus. Als dann jedoch auch noch ein diskriminierender Verteilungssatz von 1 000 frs pro Hektar für die Europäer und 500 frs für die Afrikaner vorgeschlagen wurde, war das Maß voll. Auf den afrikanischen Protest antwortete man, daß das ganz rechtens sei, da die Afrikaner keine Kosten für Repatriierung und für die Urlaubszeiten der Angestellten zu bestreiten brauchten, und daß sie sich nicht nur von Brot, sondern auch von der Jamswurzel ernähren könnten. Daraufhin beschlossen Gabriel Dadié, Marcel Laubhouet, Kwame Adingra, Fulgence Brou, Felix Houphouet, Georges Kassi und andere eine Trennung und gründeten eine autonome Organisation. Sie wurde mit Unterstützung des Gouverneurs Latrille ins Leben gerufen: das *Syndicat Agricole Africain*. Es war die erste Gruppierung, die den Stammesrahmen an der Elfenbeinküste entwuchs. Sehr bald zählte es 20 000 Mitglieder. Felix Houphouet wurde für den Vorsitz vorgeschlagen. Dieser Mann war 1950 in Jamussokro zur Welt gekommen. Er war Erbe und Neffe eines Akue-Häuptlings, der wegen seiner pro-französischen Gesinnung ermordet worden war. Seine Eltern versuchten, ihn mit Tricks von der französischen Schule fernzuhalten, um ihm eine traditionelle Erziehung zukommen zu lassen. Diese sollte ihn auf seine künftigen Aufgaben vorbereiten. Die Flucht einiger Schüler zwang aber den Dienststellenleiter von Buze dazu, den jungen Felix dienstzuverpflichten. Nachdem er die Volksschule absolviert hatte, setzte er seine Studien fort, bis er die medizinische Hochschule von Dakar besuchen konnte. Als Primus seines Jahrgangs verließ er sie im Jahr 1925. Er entwickelte sich »zum geometrischen Ort der Jungen und der Alten der Elfenbeinküste«[27]; denn er wurde nicht nur Bezirkshäuptling und ein bedeutender Kaffeepflanzer, er war Arzt und gehörte dem wichtigsten ethnischen Block der Elfenbeinküste an, den Baule. Das *Syndicat Agricole Africain* erreichte von Latrille, daß die Produktion seiner Mitglieder en bloc direkt an die Großhändler verkauft wurde. Auf diese Weise konnten sie die Gewinne der Zwischenhändler selbst einnehmen. Zudem kamen sie in den Genuß, das Importmaterial direkt zu bestellen und zu empfangen. Für den Durchschnittspflanzer, der gerade erst dem Status eines »Fronpflichtigen auf Gnade« entkommen war, war dies ein glänzender Aufstieg. Aber alsbald schritt die Gewerkschaft zur Offensive. Sie schlug der Ver-

27 Ders., S. 213.

waltung vor, absolut freiwillige Hilfsarbeiter einzustellen, deren täglicher Lohn viermal höher sein solle als früher. Die Landwirtschaftskammer versuchte vergeblich, den Schlag abzuwehren. Houphouet und seine Freunde wandten sich an die zwei wichtigsten damaligen »Lieferanten« von Zwangsarbeitern: den Mogho-Naba von Wagadugu und den alten Gbon Coulibaly von Korogho. Die Gegend um Wagadugu lieferte ihm allein 3 500 freie Hilfsarbeiter. Das Weglaufen der Arbeiter hörte auf. Die Produktion stieg ... »Die Schwarzen glauben, daß alles erlaubt sei!« riefen die europäischen Pflanzer erschreckt. Sie versuchten, den Gouverneur Latrille als Kommunist abzustempeln. Als die Wahlen zur verfassunggebenden Versammlung von 1946 heranrückten, stellte das *Syndicat des Planteurs* Felix Houphouet Boigny als Kandidat des zweiten Wahlkreises auf. Am 22. Oktober 1945 gewann Houphouet Boigny trotz der 13 Gegenkandidaten, die die Verwaltung und die Landwirtschaftskammer förderten, um ihm möglichst viele Stimmen abzujagen (u. a. der alte Balum Naba von Wagadugu). Als Referent bei der verfassunggebenden Versammlung, der das Gesetz zur Abschaffung der Zwangsarbeit einbrachte, gelangte sein Name bald bis in den tiefsten Busch.

Die *Parti démocratique de la Côte d'Ivoire* (PDCI), zukünftige Abteilung des RDA, stützte sich auf die finanziellen Reserven des *Syndicat des Planteurs*. Ihre Ideologie und Organisation ließen sich von den kommunistischen Arbeitsgruppen GEC beeinflussen, die in den großen Städten bis Bobo Diulasso, bis in den Sudan und bis Guinea verbreitet waren. Im Jahr 1947 aber verursachte der blutige Aufstand von Abenguru, in den R. P. Favier verwickelt war, die Abberufung Latrilles. Ende 1948 wurde er durch den energischen Gouverneur Laurent Péchoux ersetzt, der den Auftrag erhielt, »das RDA zu zerbrechen«. Er zögerte nicht, Unterschriften zu erpressen und Fälschungen zu begehen, und es kam zu Scharmützeln[28]. Flammende Erklärungen des Gabriel d'Arboussier, Generalsekretär des RDA, der Stalin zu seinem Geburtstag ein Glückwunschtelegramm schickte, trugen dazu bei, alle konservativen und reaktionären Kräfte des Mutterlandes und der Elfenbeinküste zusammenzutrommeln. Um Strohmänner wie Sekou Sanogo entstanden rivalisierende Parteien; man verhaftete Leute vom Kader, wie Zoro Bi Tra und Samba Ambroise, betrügerische Wahlen fanden statt, Entlassungen und Absetzungen häuften sich, es gab Schießereien und Gewalttaten wie die des Senators Biaka gegen die arrestierten Vorkämpfer, unter denen sich auch viele Frauen und Kinder befanden: die Ahndung war hart. Die offiziellen Zahlen, die sicher zu niedrig angesetzt waren, sprachen von 52 getöteten Afrikanern und von 3 000 Inhaftierten. Die Versammlungen des RDA wurden verboten. Die bewaffnete Rebellion vor Augen schätzte Houphouet Boigny, daß die Kosten und der Schaden dieses blutigen Kampfes in keinem Verhältnis zu den zu erwartenden Resultaten standen. Er wählte »den Weg des Realismus und der Zusammenarbeit«. Nach Verhandlungen mit François Mitterand, damals Minister des FOM (France d'Outre-Mer) entschied er, dem Wahlbündnis der RDA-Kandidaten mit der französischen kommunistischen Partei ein Ende zu setzen. Die Versöhnung wurde anläßlich der feierlichen Einweihung des Hafens von Abidschan im Jahr 1951 besiegelt. Bald darauf konstituierte sich im Palais Bourbon die Gruppe UDSR-RDA. Andere politische Formationen Afrikas, von L. S. Senghor angeregt, begannen indirekt von den

---

28 Siehe G. Chaffard, *Les carnets secrets de la décolonisation*, 1965.

Auf dem Weg zur Unabhängigkeit 559

Schwierigkeiten des RDA zu profitieren. Doch daraus ergab sich das Problem der politischen Umgruppierung seit 1946.

Das RDA (*Rassemblement Démocratique Africain*) wurde im Oktober 1946 in Bamako aus der Taufe gehoben. Houphouet Boigny, Lamine Gueye, Senghor, Apithy von Dahome, Fily Dabo Sissoko vom Sudan, Yaune Diallo von Guinea, Felix Tchicaya und Gabriel d'Arboussier von Äquatorialafrika zeichneten für das Manifest dieser Konferenz verantwortlich. Angesichts der Beschneidungen der Rechte, die der Entwurf der verfassunggebenden Versammlung vom Oktober 1946 im anfänglichen Plan vom April bewirkt hätte, und vor der Offensive der Generalstände der Kolonisation hatten diese Politiker die Entscheidung gefällt, sich zusammenzuschließen. Sie wollten Front machen und die rechtmäßige Anwendung der Verfassung durchsetzen, so wie es Houphouet Boigny in Bamako unterstrich: »Für die Befreiung Afrikas von einem verhaßten Joch: dem Imperialismus!« Dieser Plan der geheiligten Union aller lebendigen Kräfte Afrikas, der sich im Namen des RDA ausdrückte, wurde nicht verwirklicht. In der Tat begaben sich die Sozialisten Lamine Gueye, Senghor und Yacine Diallo, denen wahrscheinlich Marius Moutet, damaliger Minister des FOM, abgeraten hatte, nicht nach Bamako. Fily Dabo Sissoko sowie Apithy sagten sich bald vom RDA los. Kurz, die Parteien des Mutterlandes beanspruchten zu Beginn die politischen Formationen Afrikas für sich. Die kommunistische Partei, die als einzige auf die Einladung des RDA nach Bamako geantwortet hatte, wurde ihr natürlicher Gastgeber in der Arena des französischen Parlaments. Demzufolge nahmen die anderen mutterstaatlichen Parteien, vorwiegend die antikommunistischen, durch Vermittlung des Gouverneurs und der Verwaltung, die sie schützten, und die ihnen oft ihre Namen liehen, das RDA aufs Korn.

Die Partei wuchs sehr schnell, obwohl ihr Versuch, alle politischen Kräfte des francophonen Afrikas zu einen, gescheitert war, zu einer riesigen politischen Organisation an. In beinahe allen Territorien setzten sich Sektionen fest, wesentliche Bollwerke bildeten die PDCI, die sudanesische Union und bald auch die Demokratische Partei von Guinea. Ihr Aufbau war in den Territorien gut entwickelt, vom Politbüro bis zum Komitee des Dorfes und des Stadtviertels, über das leitende Komitee und die regionalen Unterabteilungen. Im innerafrikanischen Bereich aber war die Struktur bedeutend anpassungsfähiger. Das RDA gestaltete sich als eine Parteienförderation, als eine Bewegung, die von einem Koordinierungskomitee geführt wurde. Die sehr seltenen Kongresse – von 1946 bis 1958 nur drei – dienten in der Hauptsache dazu, die allgemeine Orientierung aufrechtzuerhalten und die gemeinsame Treue zu bekräftigen. In einigen Territorien mußte das RDA von seiten der Verwaltung grausame Verfolgungen erdulden. Die Verfolgung traf viele in der Bewegung, von der Spitze bis zur Basis, wo die aktiven Politiker, die in Widrigkeiten verwickelt waren, das Ideal der Emanzipation verkündeten, das zuerst vom RDA proklamiert wurde. Dennoch erschütterte nach dem Rechtsruck des Präsidenten Houphouet Boigny eine Krise den Stab. Es ist schwierig zu sagen, in welchem Maße sie auch die Basis der Bewegung betraf. Der Generalsekretär Gabriel d'Arboussier übernahm die Leitung der radikalen Fraktion, die sich gegen den Bruch mit den Kommunisten stellte. D'Arboussier war ein Mulatte. Als Sohn eines französischen Gouverneurs und einer Nachfahrin El Hadj Omars war er erblich belastet. Da er im Serail, dem Palast des Sultans, großgezogen worden war und lange Zeit Kolonieverwalter war, kannte er das Getriebe der Kolonialmaschinerie bis ins Innerste. Er war ein kultivierter Mann. Sein sprühender Geist, sein Redeschwung und seine leidenschaftliche Dialektik kennzeichneten nachdrücklich die ersten Versammlungen des RDA. Im Jahr 1950 eröffnete er zusammen mit Houphouet, und von einer Reihe von Jugendlichen und Studenten unterstützt, eine heftige Polemik; es endete damit, daß man ihn vom Posten des Generalsekretärs abschob, außerdem büßte er sein Mandat als Rat der Union Française ein. Zwei weitere hervorragende Politiker verließen bei dieser Wende das RDA: es waren Djibo Bakary, der in Niger eine rivalisierende Partei schuf und Um Nyobe, Generalsekretär der RDA-Sektion von Kamerun, die von der Bewegung ausgeschlossen wurde. Im Jahr 1956 versöhnte sich d'Arboussier aufs neue mit der RDA. Inzwischen versuchte Senghor, immer mit Blick auf das RDA, als Führer des Senegals die Politiker zu vereinen, die nicht dem RDA angeschlossen waren. Doch gingen diese Bemühungen kaum über das Niveau eines parlamentarischen Kartells hinaus, das von den Zentrumsparteien des französischen Parlaments unterstützt wurde. Folglich fanden sich Politiker aus Obervolta, Dahome und Guinea 1948 in einer Gruppe der Unabhängigen der Überseeprovinzen (IOM) zusammen. Dieser während des Flirts des RDA mit der kommunistischen Partei sehr nützliche Versuch wurde durch die Vereinbarungen zwischen Mitterand und Houphouet entschärft, und das RDA anvancierte erneut zu einem wertvollen Gesprächspartner für die französische Regierung. Bei der Konferenz von Bobo-Diulasso im Jahr 1953, die zum »Rendezvous der Kühnen« wurde, versuchten die IOM, die Aktion der Gruppe auf der Basis der afrikanischen Autonomie in einer französischen förderalistischen Republik populärer und zusammenhängender zu gestalten. Im Jahr 1957 löste die afrikanische Konvention die IOM ab. Doch war ihre Ausrichtung deutlich unterschiedlich.

In den anderen Territorien des ehemaligen Französisch-Westafrika maßen sich die lokalen RDA-Sektionen mit den Parteien, die zunächst mächtiger, wenn auch weniger volksverbunden erschienen oder regionalistisch geprägt waren. Mächtiger waren sie, weil sie während der prokommunistischen Phase des RDA stärker von der Regierung unterstützt worden waren. Solche Parteien waren z. B. der *Bloc Africain de Guinée* (BAG) und die *Parti Progressiste Soudanais* des Fily Dabo Sissoko (PPS). Sie glichen eher Wahlmaschinen, die sich auf die traditionellen Notabeln und auf die wirtschaftlichen Feudalkräfte stützten, aber von der Kolonialmacht geschmiert und geölt wurden.

5. In Obervolta

Obervolta, das 1919 als Kolonialgebiet geschaffen wurde, teilte man 1932 auf Sudan, Niger und Elfenbeinküste auf. Das geschah zu einem Zeitpunkt, als die Weltwirtschaftskrise ihren Höhepunkt erreicht hatte, und die Pflanzer von der Elfenbeinküste dringend viele und billige Arbeitskräfte nötig hatten. Nach einer kurzen Ruhepause im Jahr 1936/37 zur Zeit der Front Populaire begann während des Krieges erneut das System der Zwangsarbeit und dauerte bis ins Jahr 1946. 1945 aber hatte sich die Volta-Union entwickelt, die vom Mogho-Naba, Sagha IV. (1952–1957), gutgeheißen wurde, um die Wiederherstellung Obervoltas zu erreichen. Einer ihrer Förderer war der Mischling Albert Larbat. Die Volta-Union widersetzte sich 1945/46 vergeblich der Wahl Houphouets. Das RDA begehrte zu Beginn auch gegen die Wiederherstellung Obervoltas auf. Als

Auf dem Weg zur Unabhängigkeit 561

es jedoch seine Einheit wiedererlangt hatte, gelang es dem RDA sehr schnell, sich mit dem Prestige Houphouet Boignys, mit beträchtlichen Geldmitteln und wegen der Organisation im Westen des Landes einzunisten. In Tugan, Nuna, Bobo-Diulasso, Po usw. schuf man Unterabteilungen. Die Hauptakteure waren Vinama Francois, Aly Baro, Diallo Daouda, Douani Sere, Maxime Ouedraogo und besonders Ouezzin Coulibaly (1921–1958). Letztgenannter war ohne Zweifel eine der bedeutendsten Gestalten im afrikanischen antikolonialistischen Kampf. Er war ein ausgezeichneter Lehrer und widmete bald alle Kräfte seiner hohen Intelligenz und seiner schier unerschöpflichen Ausdauer dem Befreiungskampf. Als politischer Sekretär wurde er »Handlungsreisender« des RDA. In allen Territorien und an allen Fronten, wo eine Gefahr auftauchte, war er zur Stelle. Immer zeigte er ruhige Beherztheit, die sich zunächst in körperlicher Unerschrockenheit äußerte und jedermann mitriß. Er, der aus Obervolta kam, an der Elfenbeinküste helfend nützlich war und an kein Land ausschließlich gebunden zu sein schien, wurde zur Inkarnation dieses Strebens nach Vereinigung, das anfänglich das Ideal des RDA war. Aber im Jahr 1948 wäre er beinahe nicht der Prophet seines eigenen Landes gewesen. Neben dem RDA erwuchs die Volta-Union, deren führende Kräfte damals Christophe Kalenzagha, Henri Guissou, Joseph Conombo, Joseph Ouedraogo, Nazi Boni und Maurice Yameogo waren. Das Kräftespiel in der Politik Obervoltas blieb sehr bewegt. So muß u. a. die Gemeinschaft von Jatenga mit den wichtigsten Führern Ouedraogo Mamadou und Ouedraogo Bougouraoua erwähnt werden. Eine Rolle spielte außerdem die Demokratische Volta-Bewegung. Ihre Hochburg lag in Jatenga, und die leitenden Positionen nahmen Hauptmann Dorange, Ouedraogo Gerard Kango, Charles Ousseni Kone und Maurice Yameogo ein. Diese Partei, die sich vor allem auf ehemalige Kämpfer stützte, in ihrer Organisation der Bauernbevölkerung sehr entgegenkam und sich entschieden gegen die Praktiken der Häuptlinge stellte, repräsentierte eine ungewöhnliche Stärke in dem Land. Die PDV (*Parti Démocratique Voltaïque*) und die PSEMA (*Parti Social d'Education des Masses Africaines*) des Dr. Conombo schlossen sich im Jahr 1956 zur PDU (*Parti Démocratique Unifié*) zusammen. Aus ihr wurde später die UDV (*Union Démocratique Voltaïque*)-RDA. Zusätzlich zu der MDV und der UDV bildete das *Mouvement Populaire d'Evolution Africaine* (MPEA) von Nazi Boni eine dritte starke Kraft, mit der man rechnen mußte.

6. Die Wende: Das Rahmengesetz von 1956

Im Jahr 1956 arbeitete das RDA eng mit Frankreich zusammen. Houphouet Boigny war Mitglied der Regierung. Eine Flut neuer Tatsachen führte zu einem Umschwung im Denken des Mutterlandes bezüglich seiner Kolonien. Von der ungleichen Assimilierung, die der Artikel VIII der Verfassung von 1946 zugesichert hatte, ging man zu einer Politik der Dezentralisierung über. Sie beschleunigte den Prozeß, der zur Unabhängigkeit führen sollte. Äußere Ereignisse spornten ihn zusätzlich an. 1954 war das z. B. Dien Bien Phu. Ebenso von Be-

---

29 MLN = Mouvement de Libération Nationale,
  UDV = Union Démocratique Voltaïque,
  PRA = Parti du Regroupement Africain.

562   *Das Erwachen Schwarzafrikas*

deutung war der Beginn des algerischen Befreiungskampfes. Im Jahr 1955 fand die Bandung-Konferenz statt. 1956 wurden Marokko und Tunesien unabhängig, und der Vorabend der neugewonnenen Autonomie für das erste schwarze Land, Ghana, war gekommen. »Laßt uns Asien fallen lassen, laßt uns Afrika bewahren!« so lautete der Leitsatz mancher afrikanischer Kreise. Die Kapitalien Indochinas sammelten sich bereits in Afrika. Aber zur gleichen Zeit wurden die Forderungen der aufgeklärten Schichten der afrikanischen Bevölkerung immer drängender; und das Zauberwort Unabhängigkeit kam in Umlauf. Die sozialistische Regierung vergaß übrigens ihre antikolonialistische Tradition nicht ganz. Gaston Deferre, Minister des FOM, bereitete mit seinem Kollegen Houphouet ein Rahmengesetz vor. Er erwartete sich davon eine Überprüfung der Verfassung, die die Republik als »völlig unteilbar« bezeichnet hatte, und traf auch keine voreiligen Entscheidungen über diese Reform. Mit Hilfe dieses Rahmengesetzes konnte die Regierung Reformen fördern. Dieser Gesetzesvorschlag wurde am 23. Juni 1956 angenommen und verabschiedet. Eine positive Auswirkung dieses Textes war die Einführung des allgemeinen Wahlrechts. Es bewirkte den Aufstieg der bäuerlichen Bevölkerung zur bürgerlichen Mehrheit und einen engeren Kontakt zwischen Politikern und Landbevölkerung. Des weiteren schloß die Einführung von nurmehr einer einzigen Wahlgruppe eine Art Afrikanisierung der politischen Debatte mit ein. Doch noch war die Assimilierung lange nicht »gestorben«. Zweideutigkeiten machten sich im Gesetz und in den Durchführungsbestimmungen bemerkbar. Sicherlich erweiterte und verstärkte man die Kompetenz der Lokalversammlungen. Ihre beratende Machtstellung beruhte von nun an nicht mehr nur auf der Verwaltung öffentlicher Güter sondern auch auf dem Bereich allgemeiner finanzieller Fragen. Dennoch hatte die territoriale Versammlung nur eine sehr begrenzte Zuständigkeit und unterlag im allgemeinen gesetzgebenden Verfügungen, d. h. der Nationalversammlung in Paris. Im Streitfall stand das letzte Wort dem Palais Bourbon zu und dem Territoriumschef, dem Vertreter der französischen Zentralgewalt. Zu bemerken ist noch, daß das System kein parlamentarisches war. Der Versammlung stand nicht das Recht zu, einen Mißtrauensantrag gegen die Exekutivgewalt zu stellen. Und im Streitfall? Der berühmte Artikel II des Dekrets Nr. 57 459 vom 4. April 1957 gab darauf Antwort: »Der Regierungsrat kann zurücktreten, wenn er glaubt, nicht mehr das Vertrauen der territorialen Versammlung zu besitzen.« Aber wer war die Exekutive? Jedem Territoriumschef, der von Amts wegen Präsident war, hatte man ein Ratskollegium zur Seite gestellt. Der Vizepräsident dieses Ratskollegiums war der Führer der Mehrheitspartei in der Versammlung. Er verfügte nur über eine beratende Stimme an der Seite des Territoriumschefs. Diesem wiederum unterstanden gewisse Bereiche, die sogenannten Staatsdienste: Schulprüfungen und -programme, Währung, Zoll, Rundfunk, Polizei, Streitkräfte usw. Er konnte jeden Beschluß des Rats durch den Minister des FOM für ungültig erklären lassen. Überdies ordnete er die verschiedenen Minister – dieser Titel war schließlich nach langen Verhandlungen zugestanden worden – in ihre Zuständigkeitsbereiche ab und vertraute ihnen ihre Vollmachten an. Doch barg das Rahmengesetz einen wesentlichen Gefahrenpunkt in sich – die Aufsplitte-

30 UNI = Union Nationale des Indépendants,
   CEAO = Communauté Economique des Etats de l'Afrique Occidentale,
   CILSS = Comité Inter-Etats de lutte contre la sécheresse au Sahel,
   CAMES = Comité Africain et Malgache pour l'Enseignement Supérieur.

Auf dem Weg zur Unabhängigkeit 563

rung, die es offensichtlich absichtlich in die bestehenden Einheiten hineintragen sollte. Auf der gleichen Stufe der Föderationen, die zur Kolonialzeit existierten, und die ebenso wirkliche, sozio-politische Gebilde darstellten wie die Territorien, hatte man die bedeutenden Räte von Dakar und Brazzaville aufrechterhalten. Man hatte jedoch keine föderative Exekutive auf dieser Stufe eingerichtet. Der Hochkommissar allein vertrat diese Aufgabe. So entwickelten sich Mikroorganismen. Manche unter ihnen hatten nicht mehr als 400 000 Einwohner und verfügten bisweilen über einen Minister für 70 000 Einwohner. Die Budgets der Territorien mußten deshalb fast unter der Last der Verwaltungsgehälter zusammenbrechen. Manche Dienstabteilungen wurden verachtfacht. Ein ministerielles Treffen folgte dem anderen, um die unerläßliche Angleichung zu gewährleisten. Eine neue soziale Kategorie formierte sich in Afrika, eine gut bezahlte, die der Minister und der Mitglieder des Kabinetts.

Alles in allem war das Rahmengesetz dennoch ein Schritt nach vorn. Und wäre es nur deshalb, weil es den Afrikanern das Wort ein wenig mehr erteilte, und weil es den besten unter ihnen die Chance bot, sich zu bewähren. Die Afrikaner verständigten sich nun aber nicht über ihre eigene Entwicklung, besonders was die beiden wichtigen Punkte der interafrikanischen und der franco-afrikanischen Beziehungen betraf. Das Rahmengesetz hatte die Afrikanisierung der Parteien beschleunigt. Es verlegte den Gegenstand der politischen Ambitionen und den Rahmen ihrer Ausübung nach Afrika selbst. Zudem hatte sich eine Umgruppierung der Kräfte verstärkt, die bisher in den französischen politischen Formationen zerstreut waren (jeder dieser Verbände verfügte über seine eigenen politischen »senegalesischen Schützen«). So fand man sich nun drei Blöcken gegenüber: der Afrikanischen Konvention von Senghor, dem RDA von Houphouet Boigny und der MSA, die in der letzten Stunde des Januars 1957 in Conakry gegründet wurde, mit Lamine Gueye, Djibo Bakary, Fily Dabo Sissoko usw. Diese drei Gebilde mußten auf zwei Fragen Antwort geben:

1. Werden die politischen Parteien Afrikas die politische und administrative Aufsplitterung, die im Rahmengesetz verankert wurde, weiter verfolgen und über sich ergehen lassen, oder werden sie eine Einigungslösung finden; eine Einheit, die diese Zerstückelung überwindet und die Zukunft öffnet?

Mit anderen Worten, mußte man die politisch-administrative Aufsplitterung als ein Ideal, eine erworbene Tatsache oder als einen Irrtum, den es zu beheben galt, betrachten?

2. Wie sollten die Bande beschaffen sein, die die afrikanische Einheit an Frankreich anschließen könnten?

Leider fielen die Antworten auf diese Fragen sehr unterschiedlich aus. Das *Mouvement Socialiste Africain*, eine Minderheitsbewegung in beinahe allen Territorien, stellte sich gegen die politische Einigung, setzte sich für die territoriale Aufgliederung ein, selbst wenn die territoriale Obrigkeit beschloß, sich innerhalb der föderalistischen Bande umzugruppieren. Schließlich erkannte sie den franco-afrikanischen Rahmen an, den das Rahmengesetz absteckte. Die *Convention Africaine* erklärte: »Unsere Partei wird sich aufgeben, wenn die beiden anderen Parteien endlich akzeptieren, mit uns eine einzige, große Partei zu bilden.« Wie aber sollte die Basis des erforderlichen Programms aussehen? Senghor griff das Rahmengesetz heftig an. Er beschuldigte es, Afrika »balkanisieren« zu wollen, als Europa selbst schon auf dem Weg zur Einigung war. Dieser Text war seiner Meinung nach verfassungswidrig, da die territorialen Versammlungen nicht zu Rate gezogen worden waren. Viele von ihnen streikten bei der Abstimmung über den Haushalt in Solidarität mit dem Großen Rat. Die Balkanisierung, meinte er, ist vernunftwidrig, weil sie die francophonen politischen Gebilde zersplitterte, die damit der Aktivität ihrer mächtigen englischen Nachbarn ausgeliefert wurden. Bezüglich der franco-afrikanischen Verbindungen schlug Senghor eine Art von Föderation vor. Sie sollte zwei Versammlungen zulassen, eine mutterstaatliche und eine andere mit föderativem Gepräge für die überseeischen Fragen und Probleme allgemeinen Interesses. Die Standpunkte des RDA waren weit davon entfernt. Als eine Partei, die in vielen Gebieten vorherrschend war, verstand das RDA die politische Einheit als Hauptziel. Andererseits war sein Präsident Houphouet Boigny ein Anhänger des Territorialsystems und ein entschiedener Gegner des Föderalismus. Da der Beitrag am Bundesbudget vom Einkommen der Territorien abhängig war, bildeten der Senegal und die Elfenbeinküste die reichsten »stillen Teilhaber«. Der Senegal zog zumindest Nutzen aus der Einrichtung föderativer Dienststellen in Dakar. Schon fehlte die Elfenbeinküste mehr und mehr bei den föderativen Versammlungen.

Unter diesen Verhältnissen fanden am 31. März 1957 die Wahlen zur Durchführung des Rahmengesetzes statt. Es gab einen großen Erfolg für das RDA, das von 474 Gewählten bei den territorialen Versammlungen 241 für sich verbuchen konnte. In drei Territorien (Elfenbeinküste, Guinea, Sudan) grenzte dieser Erfolg an Triumph. Es ist wahr, daß die MSA im zuletzt genannten Territorium durch die Mehrheitswahl mit einem Wahlgang benachteiligt war. Aber in Dahome mußte die UDV-RDA des Justin Ahomadgbe dasselbe Handikap auf sich nehmen. Mit beinahe 50 % der Stimmen erhielt sie nur sieben Sitze im Gegensatz zu 60 Sitzen der PRD (*Parti Républicain Dahoméen*) von Apithy. Überall hatten geschickte Schnitte den Sturz der Minderheitsparteien beschleunigt. Kurz, die Afrikanische Konvention setzte sich nur im Senegal durch und die MSA mit Djibo Bakary nur in Niger. Diverse Gesinnungsgruppen betrachteten diesen Sieg des RDA als einen Sieg Frankreichs.

Im Jahr 1957 wurde Ghana unabhängig. Eine Unbekannte blieb: Was würde das RDA aus seinem Sieg machen? Denn wenn die Meinung seines Präsidenten auch bekannt war, so blieb die der anderen Führer doch noch verborgen. Würde das RDA nach seinem »taktischen Rückzug« von 1950, der ihm mit dem Wohlwollen Frankreichs gestattet wurde, und der ihm eine Ausdehnung seiner Kontrolle über das francophone Afrika einbrachte, zu seiner früheren Leidenschaft zurückkehren können? War diese Partei wirklich im Begriff, getragen von ihrem alten freiheitlichen Geist, erneut an der Spitze der fortschrittlichen Bewegung zu marschieren? Die Antwort auf diese schwerwiegende Frage beschäftigte das allgemeine Interesse beim 3. Kongreß des RDA. Er fand vom 20. bis zum 30. September 1957 statt, der Verfasser nahm daran teil. Aus allen Gebieten waren 254 Delegierte und 660 Beobachter erschienen, die Abgeordneten Äquatorialafrikas mit eingeschlossen. Der Rapport des RDA-Präsidenten befürwortete im ersten Anlauf die Aktionseinheit unter den afrikanischen Parteien und einen föderativen Staat. Dieser sollte das Mutterland im Rahmen einer freiwilligen Union einschließen, die auf egalitärer Basis beschlossen war. Außerdem regte er eine verstärkte Autonomie der Territorien an. Im Verlauf der Diskussion über den Grundsatzvortrag stellte sich bald heraus, daß die Positionen wirklich unvereinbar waren. Dahome, Obervolta, Guinea, der Sudan und der Senegal sprachen sich für die föderative Exekutive aus. Folglich kontrollierte das RDA die

Auf dem Weg zur Unabhängigkeit   565

Hälfte der Regierungen in den Territorien Französisch-Westafrikas. Fünf dieser acht befanden sich in einem wesentlichen Punkt im Gegensatz zur Elfenbeinküste. In Äquatorialafrika stellte Gabun, ein anderes reiches Territorium, noch gemäßigtere Pläne als die Elfenbeinküste vor. Leon M'Ba brachte folgenden Spruch in Umlauf: ».... das Rahmengesetz und nichts als das Rahmengesetz.« Von einigen Kongreßteilnehmern wurde er dafür reichlich verhöhnt. Die Spannung war ernst, man lief Gefahr, aus der Sackgasse in Entzweiung auszubrechen. Man verlängerte den Kongreß; es fanden geheime nächtliche Zusammenkünfte statt. Während einer Sitzungsunterbrechung vertraute Ouezzin Coulibaly dem Verfasser an: »Wir machen eine schwierige Entbindung durch.« Endlich gab d'Arboussier im Verlauf der wiederaufgenommenen, äußerst verworrenen Sitzung folgenden Vorschlag bekannt: »Der Kongreß erteilt den Gewählten den Auftrag, von den Organen der bestehenden föderativen Exekutiven die Demokratisierung zu fordern.« Diese sibyllinische Formel vermochte das Fieber zu senken. »Ihr habt gehört«, rief Sitzungspräsident Modibo Keita, »hat irgend jemand eine Bemerkung zu machen?« Philipp Yacé (Elfenbeinküste) erhob sich und bestieg die Tribüne, um eine Erklärung abzugeben. Erneut setzte Unruhe ein. Stand alles wiederum in Frage? Es war fast Mitternacht. In dem Moment, als ein guineischer Abgeordneter um das Wort für eine Willenserklärung bat, die den Riß möglicherweise besiegt hätte, unterbrach ihn Sekou Toure mit einem Zeichen und ergriff das Mikrophon. Er rief den Kongreßteilnehmern das Ideal des RDA in Erinnerung und schloß mit einigen hämmernden Sätzen: »Der Mut besteht nicht darin, aus der Reihe zu tanzen, sondern miteinander zu streben. Unsere Adhäsion an Frankreich war keine Liebesheirat. Vergeßt nicht, Kameraden, die entscheidende Aktion der Elfenbeinküste, Sektionsmutter der Kongresse von 1946 und 1950. Ihr Abgeordneten dieses Territoriums habt innerhalb des RDA eine privilegierte Stellung, und wir wissen sehr wohl, daß ihr wie wir alle seid, obwohl ihr bei der föderativen Exekutive gut angeschrieben seid. Über dem RDA gibt es Afrika! ... Eine gewaltige Arbeit erwartet uns. Wenn das RDA sie nicht in Angriff nimmt, so wird Afrika sie vollbringen. Afrika ist unser aller Haus, und wir werden alle seine Baumeister sein!« Lebhafter Beifall. Präsident Modibo Keita schmiedete das rotglühende Eisen weiter, indem er sofort das Wort ergriff: »Wenn ihr mit dem, was gesagt worden ist, einverstanden seid, so bekundet es stehend und erhebt euch!« Das wurde zu einer ungewöhnlichen Ovation.

Doch was bedeutete das genau, »die Demokratisierung der Organe der föderativen Exekutiven«? Beinhaltete das die Verantwortlichkeit des Generalgouverneurs vor dem Großen Rat? Oder vielleicht die demokratische Wahl der föderativen Exekutiven? Auf jeden Fall war das RDA gerade noch der Auflösung entkommen.

7. Die Französisch-Afrikanische Gemeinschaft (Communauté) oder Unabhängigkeit

In den Jahren 1958/59 überstürzten sich die Ereignisse. Am 13. Mai 1958 fand ein Militärputsch in Algier statt. Die Regierung der IV. Republik wandte sich an General de Gaulle. Kaum an der Macht, organisierte er ein Referendum. Es sollte gleichzeitig Entscheidungen über die V. Republik und über die Beziehungen mit

dem überseeischen Ensemble innerhalb eines gemeinschaftlichen Rahmens fällen. Die Abstimmungsergebnisse wurden in jedem Territorium genau registriert. Diejenigen, die über eine Mehrheit an »Nein«-Stimmen verfügten, schlossen sich ipso facto von der geplanten Communauté aus. Ein starkes politisches Fieber bemächtigte sich aller Territorien. Es setzte eine lebhafte Debatte über die Priorität für die Unabhängigkeit oder für die Einheit ein. Doch blieb sie in der Theorie stecken. Neue politische Verbände drängten tatkräftig zur Unabhängigkeit. Die *Parti Africain de l'Indépendance* (PAI), eine kommunistische Partei, hatte sich in diesem Sinne formiert. Das *Mouvement de Libération Nationale* (MLN) wurde im Sommer des Jahres 1958 ins Leben gerufen. Es gründete sich auf interafrikanischer Basis vom Senegal bis nach Kamerun, über Obervolta und Dahome. Einer ihrer Führer war Amadou Dicko, der die Parole von der nationalen Unabhängigkeit in Umlauf brachte. Die *Parti du Regroupement Africain* (PRA), eine Nachfolgepartei der Afrikanischen Konvention, die sich im Juli in Kotonu versammelte, lehnte den moralischen Appell von Senghor ab. In einer Atmosphäre der lauten Freude (PRA! Oh, PRA! Vorwärts! PRA! Oh, PRA! Hosianna!) ergab sich der Kongreß ganz der Einstellung, die der alte Lamine Gueye bei seinem Eintreffen erahnt hatte und erklärte: »Ich bin für die bedingungslose Unabhängigkeit.« Man entschied sich deshalb für die »Parole von der unverzüglichen Unabhängigkeit«. Auf einer späteren Versammlung der PRA in Niamey gestand sie ihren territorialen Bezirken die freie Wahl bei der Abstimmung im Referendum zu. Diese Wahl fiel meistens gegen die unverzügliche Unabhängigkeit aus.
Im Senegal meldete sich die UPS zu Wort, und die PRA-Senegal (A. Ly, A. M'Bow, A. Seck) präsentierte die Losung »Nein!« zum Referendum. Ebenso zeigte der RDA-Kongreß von Wagadugu keine klaren Direktiven auf. Das Ergebnis? In zersprengter Ordnung näherte man sich der Stunde der Wahrheit am 28. September 1958.

a) Die Haltung Guineas
Die Reise General de Gaulles führte ihn nach triumphalen und erregenden Etappen in Tananarive, Brazzaville und Abidschan nach Conakry. Hier stand er einem Volk gegenüber, das zur Freundschaft bereit war, jedoch Bedingungen stellte, die in einem stolzen und ungewöhnlichen Ton von seinem Gastgeber Sekou Toure verkündet wurden. In dem bei dieser Gelegenheit gedrehten Film kann man Sekou Toure sehen, wie er sich geradeheraus an seine Zuhörerschaft wendet und ruft: »Wir ziehen die Armut in Freiheit dem Reichtum in Knechtschaft vor.« In Dakar, wo Senghor und Mamadou Dia fehlten, forderte der empörte General die Träger von Transparenten, Anhänger der Unabhängigkeit, zu Erklärungen auf.
Guinea war das einzige Territorium, das mit scheinbarer Einmütigkeit »gegen« das Referendum stimmte. Dank dieser Tatsache erreichte es am 12. Oktober 1958 die Unabhängigkeit. Außerdem war es vielleicht das einzige Territorium, das imstande war, diese »Chance der Geschichte« unmittelbar zu nutzen. Mit dem energischen Impuls seines Präsidenten Sekou Toure hatte sich eine große Massenpartei gebildet: die *Parti Démocratique de Guinée* (PDG). Anläßlich des Referendums hatte sie die Opposition hinzugewonnen und wurde nun die einzige Partei. Außerdem hatte die PDG zum Zeitpunkt des Rahmengesetzes dem Einfluß der traditionellen Häuptlinge ein Ende gesetzt. Die massive Zurücknahme der technischen Unterstützung durch Frankreich führte Guinea, in welchem ge-

Auf dem Weg zur Unabhängigkeit 567

rade eine Gruppe afrikanischer Professoren aus anderen Territorien eintraf, dazu, sich den Ländern des Ostens zuzuwenden. Später sollten sich auf Grund dieser östlichen Intervention Schwierigkeiten einstellen.

Eine Reihe von Verschwörungen sind in Guinea ans Licht gebracht und hart geahndet worden. Im November 1970 unternahmen portugiesische Söldner und in Conakry gelandete guineische Umsiedler den Versuch einer imperialistischen Wiedereroberung. Er scheiterte jämmerlich. Eine strenge Bestrafungsaktion setzte zur Säuberung ein. Das hatte eine Verschlechterung der Beziehungen mit dem Senegal und der Elfenbeinküste zur Folge; man klagte sie des »permanenten Komplotts« über eine fünfte Kolonne und der Komplizenschaft mit einigen westlichen Ländern an. Die Beschuldigungen wurden im Jahr 1973 eigens präzisiert, dann noch einmal im Jahr 1976, als man M. Diallo Telli, den ehemaligen Generalsekretär der OUA (Organisation für die Einheit Afrikas) und Justizminister, zum Tode verurteilte. Das führte im Jahre 1971 zur Auflösung der OERS (Organisation des Etats Riverains du Sénégal). An ihre Stelle trat die OMVS (Organisation de Mise en Valeur du Sénégal). Andererseits hatte man auch eine Annäherung an Sierra Leone und seinen Präsidenten Siaka Stevens erreicht (Verteidigungsabkommen vom März 1971). Im April 1972 wählte man Sekou Toure erneut zum Präsidenten. Die neuen Parteistrukturen wurden gebilligt; das Jahr 1973 wurde zum Jahr der heimischen, revolutionären Kraft erklärt (PRL – Pouvoir Révolutionnaire Local). Sie sollte die wirtschaftliche Produktion und die kulturellen Gründungen dezentralisieren und in Gang setzen. Den Handel sollte sie monopolisieren, um endlich den Schleichhandel besiegen zu können. Guinea scheute sich nicht, in bedroht erscheinende, fortschrittliche Länder Afrikas Truppen zu entsenden. Es spielte auch eine bedeutende Rolle bei der Konfliktregelung zwischen Mali und Obervolta, zwischen Togo und Benin. Conakry brachte 1975 einen diplomatischen »New Deal« hervor, indem es die Konvention von Lomé mit der EWG (CEE) unterzeichnete und die diplomatischen Beziehungen mit Frankreich wieder aufnahm.

Die Wirtschaft mußte noch ernsthafte Schwierigkeiten überwinden. Doch unterzeichnete Guinea, das im Besitz von 20 bis 30 % der Weltreserven an Bauxit war, im Jahr 1969 mit der Halco-Gruppe ein Abkommen über den Abbau der Bauxitminen von Boke. Außerdem mußte das auf eine Milliarde Tonnen geschätzte Eisenvorkommen von Mont Nimba abgebaut werden. Die Energieerzeugung durch Wasserkraft vervierfachte sich unterdessen in den Jahren von 1960 bis 1971.

b) Die Entwicklung in den anderen Territorien Französisch-Westafrikas

Die im Januar 1959 geschaffene Mali-Föderation (Senegal-Sudan) gab ihrer Politik unter ihrem Präsidenten Modibo Keita eine bestimmte Richtung. Ihr Ziel war es, die Unabhängigkeit so schnell wie möglich zu erreichen.

In der Tat war die Gemeinschaft weit davon entfernt, den Nationalisten der Länder, die mit »ja« gestimmt hatten, die erwartete Zufriedenheit zu bringen. Die Debatten des Exekutivrates, der die Präsidenten der lokalen Exekutiven vereinigte, wurden mit keiner Stimme gutgeheißen. Im Hinblick auf die Handlungsrichtung fällte der Präsident Entscheidungen, die das Ganze verpflichteten. Die Amtssprache innerhalb der Gemeinschaft war französisch, die Fahne die französische Trikolore. Man sang nur eine Hymne, die *Marseillaise*. Und es gab nur eine Nationalität, die Staatsangehörigkeit der Französischen Republik und der Communauté; letztere erkannte man jedoch auf internationaler Ebene nicht an. Deshalb war in den Pässen eine Eintragung über die einzig gültige französische Staatsangehörigkeit. Verfügungen vom 9. Februar 1959 setzten vertragsmäßig fest, daß die Außenpolitik der Republik und der Communauté einheitlich zu sein habe. Weiterhin vereinbarten sie, daß die Botschafter von der Französischen Republik gestellt wurden, daß die Armee, die den Auftrag hatte, die Communauté zu verteidigen, auch für die Republik zuständig war und »einem einzigen Kommandoorgan unterstand«. Das Ressort der inneren Sicherheit war dem Premierminister der Französischen Republik anvertraut. Ihm oblag auch die Verteidigung der Gemeinschaft. Bei der Kabinettssitzung des Exekutivrates der Gemeinschaft (Communauté) im Dezember 1959 in Saint Louis förderte General de Gaulle eingedenk der Bestrebungen Malis den allgemeinen Entwicklungsprozeß zur Unabhängigkeit. Doch kurze Zeit nach der Proklamation der Unabhängigkeit zerbrach die Föderation in zwei Staaten. Das geschah unter dem Einfluß von Faktoren, die zweifellos nicht allein von den unterschiedlichen Einstellungen und Methoden und Personen herrührten.

• Im **Senegal** führte Präsident L. S. Senghor – ein Humanist und ein Mann mit Bildung von Weltruf – ein für Politik und Kultur sehr aufgeschlossenes Volk. Hier blieb die Opposition lange Zeit fest verwurzelt. Eine innere Krise hatte es dazu veranlaßt, sich von seinem zweiten Mann, Mamadou Dia, zu trennen. Er wurde zu einer langen Gefängnisstrafe verurteilt. So entstand damals das Präsidialsystem.

Die Studenten- und Gewerkschaftsunruhen von 1968 wurden durch die Bildung einer Nationalen Konföderation der Senegal-Arbeiter (CNTS) gemäßigt. Dieser Verband hatte sich im Jahr 1970 der UPS angeschlossen. Doch trotz der Reform, die durch das System der Gleichwertigkeit senegalesische Diplome anerkannte, blieb die Universität in finanzieller und technischer Sicht folgenschwer abhängig von Frankreich. Sie bildete einen der potentiellen Oppositionsschwerpunkte. Die Verfassung von 1970 richtete erneut das Amt des Premierministers ein, das dem jungen Beamten Abdou Diouf anvertraut wurde. Das Jahr 1973 erlebte eine Neuauflage der Universitäts- und Gewerkschaftsunruhen auf Betreiben marxistischer Intellektueller. Die Regierung antwortete mit kontrollierter Entspannungspolitik. Im März 1974 wurde der Ex-Premiermenister Mamadou Dia befreit. Man glaubte, die Stunde nationaler Versöhnung sei gekommen. Im Juli 1974 gründete der Wirtschaftsexperte Abdoulaye Wade einen neuen Verband, die *Parti Démocratique Sénégalais* (PDS), als eine »Partei der Mitarbeit und nicht der Opposition«. Sie nannte sich Labourpartei, doch Senghor stufte sie als liberal ein. Der Präsident versuchte, ein Dreiparteiensystem einzuführen, wobei jeder Verband sein ideologisches Gütezeichen bewahren sollte. Nun legte er aber großen Wert darauf, daß die UPS als sozialistische Partei galt. Sie wurde im Jahr 1977 zur Sozialistischen Partei Senegals. Der Führer der ehemaligen PAI, Mahjemout Diop, nutzte diese Gelegenheit und legalisierte seine Gründung. Sein Verband entwickelte sich zum kommunistischen Partner dieser Trilogie. Manche marxistisch orientierten Sozialisten wie Prof. Diop Cheikh Anta oder auch Männer wie M. Dia, die die Formierung der nationaldemokratischen Sammelbewegung Senegals (RNDS) unterstützten, waren über die Verfassungsänderungen vom März 1976 entrüstet. Diese Änderungen beschränkten die Anzahl der Parteien, schafften die Limitierung der Zahl der Mandate des

Auf dem Weg zur Unabhängigkeit 569

Präsidenten ab und setzten im Notfall den Premierminister als Nachfolger des Präsidenten ein. Die Politik der Senegalisierung der Verwaltung und der Wirtschaft warf das Problem der Zusammenarbeit mit Frankreich auf. Frankreich übte in manchen Bereichen des öffentlichen Lebens immer noch einen bemerkenswerten Einfluß aus.

Im Jahr 1977 wurde die Sozialistische Partei Senegals in die Internationale aufgenommen. Dieses Ereignis sollte eine Regierung nach außen stärken, die man im Innern trotz der Kritik zahlreicher Intellektueller und trotz mancher Widersprüche als in der Masse sehr solide verankert betrachtete.

• Die **Republik Mali** proklamierte am 22. September 1960 ihre Unabhängigkeit. Das uneingeschränkte politische Bewußtsein der Massen, die von der *Union Soudanaise* organisiert wurden, mußte erst wachgerüttelt werden, um die wirtschaftlichen Opfer aufbringen zu können, die sich aus ihrer Einstellung zur sozialistischen Regierungsform aber auch aus ihrer Kontinentalität ergaben.

Das Tempo der Entwicklung zum Sozialismus war vielleicht zur Zeit des Präsidenten Modibo Keita zu rasch. Die Rückkehr zur Franc-Zone im Jahr 1967 kam einer Abwertung der malischen Währung um 50 % gleich. Dazu trat die Überwachung der Wirtschaft durch Frankreich. Diesen hohen, politischen Preis mußte Mali für die »Normalisierung« zahlen. Das, was die Regierung eine Art malischer »NEP« sein sollte, wurde der Anfang vom Ende: übermäßige Härte der Miliz und die Aktivitäten schockierter Ideologen führten letztlich zu dem Staatsstreich vom 19. November 1967. Hierbei übernahm das Militärkomitee der Nationalen Befreiung (CMLN) die Macht und stellte Leutnant Moussa Traore als Präsidenten und Hauptmann Yoro Diakite als Regierungschef an die Spitze. Nach einigen internen Differenzen wurde Yoro Diakite endgültig beseitigt. Er starb 1973 im Gefängnis. Hauptmann Kissima Doukara übernahm in der Regierung den Posten des Innen- und Verteidigungsministers.

Im Juni 1974 nahm ein Referendum mit 90 % Ja-Stimmen eine Verfassung an, die eine Rückkehr zur zivilen Macht im Rahmen einer Einheitspartei vorsah (»Nein«-Sager mußten indessen Verhaftung gewärtigen). Diese Partei war verfassungskonform gegenüber einer Verfassung, die ausschließlich gegen die politischen Persönlichkeiten des ehemaligen Regimes formuliert worden war. Der Tod Modibo Keitas im Jahr 1977 ließ das Ansehen dieses großen Führers nur noch steigen.

Mali litt schwer unter der Trockenheit in der Sahelzone, besonders die Tuareg.

Im Dezember 1974 brach mit Obervolta ein Grenzstreit um ein Gebiet aus, das wegen seiner reichen Erzlager berühmt war. Beide Länder stürzten sich in ein kostspieliges Wettrüsten. Dank des Vermittlungskomitees der UNO, das auf Anregungen von Togo und Guinea einschritt, konnte die Streitsache im Juni 1975 von den Behörden als erledigt angesehen werden.

Der französische Einfluß war in Mali bemüht, das Terrain, das die sozialistischen Länder nur zum Teil besetzt hielten, zurückzugewinnen.

Kurze Zeit, nachdem sich Obervolta und Dahome der Mali-Föderation angeschlossen hatten, besannen sie sich anders und bildeten mit Niger und der Elfenbeinküste eine »ausweitbare« Union.

570   *Das Erwachen Schwarzafrikas*

• Seit dem politischen Umschwung von 1951 handelte der Führer der **Elfenbein-küste**, F. Houphouet Boigny, mit Vorsicht. Sein Land, das bereits relativ reich war, zog aus ebendem Grunde beachtliche Kapitalien an und setzte sie dank der Arbeitskräfte, die hauptsächlich aus Obervolta kamen, ein. Mehrere Verschwörungen wurden aufgedeckt und erfolgreich niedergeschlagen.

Im Vergleich zu den Jahren von 1963 bis 1970, die eine Kette von Aufständen, eine Phase des Fremdenhasses und Studentenkundgebungen der Universität Abidschan erlebten, setzte nun eine bedeutend ruhigere Zeit ein. Sicherlich, nach den Unruhen von 1969 bei den Sanwi im Südosten und im Gebiet um Gagnoa 1970 versuchte im Juni 1973 eine Gruppe junger Offiziere, einen Staatsstreich durchzuführen. Aber man deckte ihn auf.

In seiner Gesamtheit war die Elfenbeinküste ein ruhiges Land. Die Verteilung der Erzeugnisse und der Energien der Nachbarländer sowie die Flut der westlichen Kapitalien begünstigten das wirtschaftliche Wachstum. Zweitrangige Widersprüche löste Präsident Houphouet Boigny im öffentlichen Dialog. Zwei Probleme blieben mittelfristig bestehen: die Besetzung der leitenden Positionen mit Einheimischen, die am Widerstand der fremden Geschäftsleute scheiterte; die Frage der Nachfolge des »Alten«, die für manche schon das Schreckensbild aufbrechender Stammesfehden heraufbeschwor. Die Elfenbeinküste war der Eckpfeiler der sogenannten francophonen Organisationen, der OCAM, des Rates der Entente, der CEAO. Sie hatte sich dennoch entschlossen der CEDEAO zugewandt.

Seit seiner berühmten Pressekonferenz vom April 1975 plädierte Präsident Houphouet Boigny für den Dialog mit Südafrika. Er empfing sogar den südafrikanischen Premierminister Vorster in Jamussokro und sandte seinen Informationsminister nach Pretoria.

• **Obervolta** verfügt nur über mittelmäßige Reserven an Bodenschätzen aber über eine arbeitsame Bevölkerung und eine außerordentliche ·gute geographische Lage. Nach Ouezzin Coulibaly, dessen vorzeitiger Tod lebhaft beklagt wurde, war M. Maurice Yameogo Präsident. Er regierte Obervolta nach spektakulären Versöhnungsszenen im Gebiet von Jatenga und von Bobo und nach der Trennung von der PNV *(Parti National Voltaïque)* und später von der PRL *(Parti Républicain de la Liberté)* im Jahr 1959 an der Spitze der UDV-RDA.

Am 3. Januar 1966 zettelten die verbotenen fortschrittlichen Parteien, unter ihnen die sozialistische MLN von Prof. J. Ki-Zerbo, einen Volksaufstand an. Manche Fraktionen der machtausübenden Partei schlossen sich dieser Aktion an. Sie führte zum Sturz der Regierung der Ersten Republik und zur Machtübernahme durch die Armee in Gestalt des Obersten S. Lamizana. Im Jahr 1970 entschloß man sich, zur zivilen Macht zurückzukehren. Vier Parteien waren in der Versammlung repräsentiert: die UDV-RDA, die PRA, die MLN und die UNI[31]. Der Entwicklungsprozeß wurde so großzügig begonnen, weil die Regierung in den Händen einer Zivilperson lag. Als sich jedoch die Frage nach der Wahl des Präsidenten der Republik erhob, lieferten sich die beiden Führer der

---

31 Drei weitere kommen im Jahr 1970 dazu: PRN, UNRV und PTV. Der Premierminister G. Kango Ouedraogo wird 1971 berufen. Die MLN – sie spielte bei den Ereignissen von 1966 eine große Rolle – befindet sich in der Opposition, ebenfalls die Unabhängigen und die PRA.

Auf dem Weg zur Unabhängigkeit

Mehrheitsparteien, J. und G. Ouedraogo einen erbitterten Kampf. Das lieferte der Armee den Vorwand für einen Staatsstreich (am 8. Februar 1974). Sie löste die Versammlung auf, verbot zeitweilig die Parteien, entließ die Regierung und versuchte, auf ihre Weise zu regieren, was aber nicht gelang.

Als die Regierung der Nationalen Erneuerung (GNR), die den Beirat für die Nationale Erneuerung eingesetzt hatte, zur Gründung einer einzigen Partei mit administrativem Charakter schreiten wollte, zwang der große Generalstreik vom 17. und 18. Dezember 1975 den Präsidenten S. Lamizana, auf diesen Plan zu verzichten. Die darauffolgende Umbildung des Kabinetts führte viele Zivilpersonen ein, darunter eine Mehrheit von jungen MLN-Mitgliedern. Eine Sonderkommission mit dem Auftrag, Lösungsmöglichkeiten für die Probleme des Landes zu erarbeiten, reichte 1977 ihren Bericht ein. Im Jahr 1977 bereitete eine weitere Umbildung des Kabinetts im Gegenzug auf ein demokratisches Regime vor. Die Abstimmung über die neue Verfassung im November 1977 und die Schaffung neuer Parteien, wie der UPV (Union Progressiste Voltaïque mit Prof. J. Ki-Zerbo und der UNDP (Union Nationale pour la Défense de la Démocratie) usw. bahnten der 3. Republik den Weg. In Obervolta sind zahlreiche interafrikanische Organisationen beheimatet: CEAO, Autorité du Liptako Gourma, CILSS, Communauté du bétail et de la viande, CAMES, Festival Panafricain du Cinema, Comité interafricain d'Etudes Hydrauliques usw.

• In **Niger** hatten sich bei dem Referendum von 1958 Präsident Djibo Bakary und seine Sawaba-Partei für »Nein« entschieden. Doch traten in diesem Land, in welchem die traditionelle Häuptlingschaft noch sehr stark war, Bedrohungen auf. Am 19. November 1959 wiesen in Paris Lamine Gueye und Senghor bei einer Pressekonferenz auf die Interventionen der Kolonialverwaltung hin[32]. Die seit 1959 von Hamani Diori geführte Regierung verfolgte mehrere Terrorattentate und Umsturzversuche, die sie der Sawaba-Partei anlastete. Ihren Führer Djibo Bakary verwies sie des Landes.

Präsident H. Diori hatte im Jahr 1968 die Parti Progressiste Nigérien (PPN) reorganisiert, um weiterhin seine Rolle als Förderer der Nation zu spielen. Er hatte sich ein Ansehen als Staatsmann und als Vermittler zwischen der OCAM und der EWG und zwischen afrikanischen Staaten erworben. Waren die Beziehungen zu Frankreich auch grundsätzlich gut, so fielen aufgrund von Interessenunterschieden doch bisweilen Schatten auf sie. Diese tauchten zum Beispiel hinsichtlich der Abbaubedingungen der Uranminen auf oder bei dem »subversiven« Einfluß der Entwicklungshelfer auf ihre Schüler. Die Trockenheit in der Sahel wirkte sich hier auch zum Nachteil der Regierung aus. Korruption, Vetternwirtschaft und Gegendruck der Klassen. Der Staatsstreich vom 15. April 1974 verursachte den Tod von etwa hundert Menschen, unter ihnen die Frau des Präsidenten. Er verhalf einem Obersten Militärkomitee an die Macht mit Oberstleutnant Seyni Kountche an der Spitze. Mit aller Kraft versuchte man, die französische militärische Präsenz zu beenden. Außerdem bekämpfte man die Auswirkungen der Trockenheit und bemühte sich, die Verwaltung zu sanieren.

Interne Zwietracht führte im April 1975 zur Verhaftung des Vizepräsidenten Sani Sido und Djibo Bakarys. Man klagte sie eines Komplotts an. Nach einigen Kabinettsumbildungen endete der fehlgeschlagene Staatsstreich mit der Hin-

---

32 Siehe G. Dugue, *Vers les Etats-Unis de l'Afrique.*

572   *Das Erwachen Schwarzafrikas*

richtung seiner Anstifter, unter ihnen auch Ahmed Mouddour, Ex-Generalsekretär der Gewerkschaften von Niger. Neben der SOMAIR (Société des Mines de l'Aïr), die in Arlit Uran abbaute, arbeiteten in Dschado und Akuta noch zwei andere Gesellschaften. Man entdeckte auch Erdöllager.

• **Dahome** war ein an qualifizierten Angestelltenkadern reiches Land. Ihre Wiedereingliederung erwies sich nach der Auflösung des ehemaligen Französisch-Westafrika und wegen der streng nationalistischen Politik mancher Staaten als schwierig. Die wirtschaftliche Basis, die im wesentlichen auf der Gewinnung von Palmöl beruhte, war schwach und anfällig. Innere Kämpfe zwischen den drei politischen Zentren des Nordens, Porto Novo und Kotonu bremsten den Aufschwung vorübergehend zusätzlich. Der Norden hatte sich mit Präsident H. Maga durchgesetzt; dieser mußte jedoch im Oktober 1963 sein Amt niederlegen. Eine Zeitlang teilten sich S. M. Apithy als Präsident und Justin Ahomadegbe als Premierminister die Macht. Als sie ihren Händen entglitt, übernahm die Armee die Regierung (General Soglo). Nach unzähligen Mißerfolgen übergab die Armee den Zivilen erneut die Amtsgewalt unter Dr. E. D. Zinsou. Am 10. Dezember 1969 aber enthob ihn ein Militärputsch seines Amtes. Kurze Zeit später ging die Macht an einen dreiköpfigen Präsidialrat über, und zwar an H. Maga, J. Ahomadegbe und S. M. Apithy[33]. Ein von Kommandant Kerekou gelenkter Staatsstreich stürzte diesen Rat im Oktober 1972.
Die Regierung von Oberstleutnant Kerekou verhaftete einige Offiziere, die man der Subversion anklagte. Einer von ihnen, Michel Aikpe, wurde von der Präsidentengarde getötet. Der Expräsident E. Zinsou war wiederholt mit gescheiterten Staatsstreichen und mit der fehlgeschlagenen Söldnerinvasion im Januar 1977 in Zusammenhang gebracht worden.
Seit November 1974 wurde der Marxismus-Leninismus als Ideologie der Parti Revolutionnaire du Peuple Béninois (PRPB), der einzigen Partei, propagiert. 1975 nahm das Land den Namen Volksrepublik Benin an.

• Der Präsident der **Islamischen Republik Mauretanien**, die im November 1960 ihre Unabhängigkeit erhielt, war Moktar Ould Daddah. Seit langem beanspruchte Marokko dieses Territorium. Die Bevölkerung des Landes war, wie im Sudan, im Norden mehrheitlich weiß (Mauren) und im Süden schwarz. Mauretanien war dazu berufen, den Maghreb, dem es sich kulturell und geistig verwandt fühlte, den anderen schwarzen Ländern näher zu bringen, mit denen es eine gemeinsame Vergangenheit verband, aber auch wichtige wirtschaftliche Bindungen.
Mauretanien trat den sprachlichen und rassischen Spannungen entgegen. Es machte Front gegen die Widersprüche, die zwischen den Gemäßigten und den Radikalen innerhalb der Parti du Peuple Mauritanien (PPM) bestanden und setzte sich schließlich mit dem Problem der westlichen Sahara auseinander.
Die Studenten- und Gewerkschaftsunruhen erreichten 1971 ihren Höhepunkt mit dem Streik der Arbeiter der MIFERMA (Société anonyme des Mines de Fer de Mauritanie). 1973 wurde die neue Union des Syndicats Mauretaniens der PPM einverleibt. Ein Jahr später begrüßte die Linke der Partei die Verstaatlichung der MIFERMA, die ein Drittel der Einnahmen des Staatshaushaltes lieferte.

---

33 Siehe M. Glele, *Naissance d'un Etat Noir*, Paris 1969.

Auf dem Weg zur Unabhängigkeit

Im Juni 1972 schuf Mauretanien seine eigenen Währung, das ouguiya. Im Jahr darauf trat es der Arabischen Liga bei. Das politische Leben und der wirtschaftliche Aufstieg Mauretaniens sind eng mit dem Saharaproblem verbunden.

Das Saharaproblem

Nachdem Marokko im Jahr 1974 Ansprüche auf die westliche Sahara angemeldet hatte, brachte auch Mauretanien seine eigenen Forderungen zum Ausdruck. Der Internationale Gerichtshof und das Komitee für Entkolonialisierung der UNO sprachen sich für Selbstbestimmung aus. Dreiseitige Verhandlungen in Madrid endeten mit der Aufteilung der spanischen Sahara. Doch widersetzte sich die POLISARIO (Front Populaire pour la Libération de El Hamra et du Rio de Oro) lebhaft dieser Lösung. Sie wurde dabei von algerischer und internationaler Seite unterstützt. Nach einem spektakulären Angriff auf Nuakschott, bei dem der Generalsekretär ums Leben kam, konzentrierten sich die Stoßtrupps der Polisario auf strategisch wichtige Ziele. Eine außerordentliche Versammlung der OAE (Org. Afr. Einheit) befaßt sich seit 1977 mit dem Problem der Saharabevölkerung.

8. In den Mandatsgebieten

a) In Togo
Die beiden abhängigen Territorien in Westafrika waren Togo und Kamerun. Ein Teil ihres Gebietes war britisches, der andere französisches Mandat. Die beiden Territorien machten im großen und ganzen seit dem Krieg die gleiche Entwicklung durch.
Die Geschichte Togos nach dem Zweiten Weltkrieg war eng mit der Persönlichkeit von Sylvanus Olympio verknüpft. 1902 in Lome geboren begann er seine Studien später zunächst in deutscher Sprache. Im Jahre 1919, als Togo Mandatsgebiet wurde, und obwohl Sylvanus im französischen Teil lebte, setzte er seine Ausbildung an der *London School of Ecomics* weiter fort. Als höherer Angestellter trat er in die große Handelsgesellschaft *United Africa Company* (UAC) ein. Bald stieg er zum leitenden Direktor für Togo auf, was für einen Afrikaner jener Epoche ein beispielloser Aufstieg war. Im Jahre 1948 hatte er das Amt des Präsidenten der Handelskammer in Togo inne. Sylvanus unterstützte die Einigungsbewegung des Ewe-Volkes, das in den beiden Teilen des Mandatsgebietes verstreut lebte. Er setzte sich in einer sozio-kulturellen Organisation, im *Comité de l'Unité Togolaise* (CUT) für sie ein. Dieses verwandelte sich anläßlich der Territorialwahlen von 1946 in eine politische Partei. Der Erfolg des CUT verhalf Olympio dazu, Präsident der Territorialversammlung zu werden. Im Jahr 1947 vertrat er mit Nachdruck und Deutlichkeit auf der Tribüne der UNO die Sache der togolesischen Einheit und hinterließ einen starken Eindruck. Enttäuscht von der Volksabstimmung von 1956, die den britischen Teil von Togo Ghana zusprach, bekämpfte die französische Verwaltung dieses Plebiszit. 1955 weitete man nicht nur die Befugnisse der Territorialversammlung aus, man schuf gleichzeitig einen Regierungsrat. Dieser Versuch regte das Rahmengesetz Deferre an. Als im Jahr 1956 die autonome Republik Togo ausgerufen wurde,

574 Das Erwachen Schwarzafrikas

ernannte man Nicolas Grunitsky, damaliger Führer der *Parti Togolais du Progrès* (PTP) zum Premierminister. Das entrüstete CUT forderte vor dem Erreichen der Unabhängigkeit ordnungsgemäß kontrollierte Wahlen. Mit dem Schrei nach »Ablode!« (Freiheit) verlangte man die Selbständigkeit. Im April 1958 fanden diese Wahlen unter der Aufsicht der UNO statt. Das CUT erreichte 33 Sitze, die PTP nur 3 und die *Union des Chefs et des Populations du Nord* erhielt 10 Sitze. Olympio errang den Posten des Premierministers und beschleunigte die Entwicklung, die im April 1960 zur Unabhängigkeit führte. Er regierte das Land mit starker Hand und der unbeugsamen Strenge eines Rechnungsbeamten. Im Verhältnis zu Ghana tauchten Grenzschwierigkeiten auf. Die Jugend des CUT (*Juvento*) warf ihm zu enge Beziehungen zu Frankreich vor. Olympio festigte seinen Einfluß und beschloß, bei den Wahlen zur Legislative 1961 eine homogene Liste vorzulegen. Auf diese Weise konnte das CUT alle Sitze erringen, und Olympio wurde Präsident der Republik mit sehr weitreichenden Vollmachten. Zwei Jahre später ermordete man ihn bei einem Staatsstreich des Militärs (Januar 1963). Sein Nachfolger als Staatschef wurde Nicolas Grunitsky, ihm zur Seite stand Meatchi. Zu Beginn des Jahres 1967 war er jedoch unter dem Druck der Armee gezwungen, zurückzutreten. Staatschef wurde General E. Eyadema.

Im August 1967 schuf man als Einheitspartei das Rassemblement du Peuple Togolais (RPT). Jedesmal wenn General Eyadema ankündigte, zur zivilen Macht zurückzukehren, löste das eine Meinungsbewegung aus, die ihn aufforderte, seine Mission weiter zu erfüllen. 1971 verlangte man auf dem ersten Kongreß des RPT ein Referendum, das im Januar 1972 99 % Jastimmen für den Präsidenten ergab.

Das RPT war bald in jedem Dorf zu finden.

Eine Verschwörung vom 8. August 1970, in die M. Kutuklui verwickelt war, wurde streng verfolgt. In der Folgezeit widmete sich Präsident Eyadema der Versöhnung sowie der Reduzierung des Entwicklungsrückstandes, dessen ihn der Norden beschuldigte.

Während Togo über die Kontrolle der Vermarktung und der Ausbeutung der Phosphatminen verhandelte, hätte ein Unfall mit seinem Privatflugzeug in Sarakawa den Präsidenten 1974 beinahe das Leben gekostet. Er machte die betreffende Gesellschaft dafür verantwortlich (die CTMB).

Dieses Ereignis verstärkte nur die Politik des wirtschaftlichen und kulturellen Nationalismus des RPT. Die Beziehungen Togos zu Zaire und Nigeria waren ausgezeichnet, die mit seinen beiden Nachbarn Ghana und Benin aus Gründen, die die Grenzziehung betrafen, oder wegen politischer Meinungsverschiedenheiten weniger gut.

Im Jahr 1972 griff Präsident Eyadema entschlossen die Franc-Zone an. Zielstrebig setzte er sich für eine offene Haltung gegenüber der EWG ein. Die Konvention zwischen der EWG und den ACP wurde 1975 in Lome unterzeichnet; Togo und Nigeria waren die Wegbereiter der CEDEAO, deren Charta im Jahr 1976 in Lome 16 Länder unterzeichneten.

b) In Kamerun

Kamerun ist ein Gebiet, das auf einem wichtigen Kreuzungspunkt Afrikas liegt. Wirtschaftlich ging es ihm hauptsächlich seit dem Aufschwung der Kulturpflanzen auf dem fruchtbaren Bamileke-Plateau sehr gut. Politisch teilte es sich auf

Auf dem Weg zur Unabhängigkeit 575

unter dem *Bloc Démocratique Camerounais* (BDC), der von Dr. Aujoulat gegründet worden war, und der dem Land lange Zeit gedient hat und der *Union des populations du Cameroun* (UPC), einer lokalen Abteilung des RDA. Der »taktische Rückzug« des RDA im Jahr 1950 wurde vom Generalsekretär der UPC, Um Nyobe, nicht gutgeheißen. Die vom RDA ausgeschlossene kamerunsche Abteilung konzentrierte ihre Position in bemerkenswerter Weise auf zwei Hauptpunkte ihres Programms: Unabhängigkeit und Wiedervereinigung Kameruns. Frankreich wollte die Zügel in Kamerun nicht zu früh lockerlassen. Es wollte sich hüten, einen ähnlich unerfreulichen Fall wie Algerien zu schaffen, und es wollte den Verlauf der Emanzipation im restlichen Afrika nicht überstürzen. Daraufhin zog im Jahr 1955 in Jaunde zur Zeit des Hochkommissars Roland Pré eine verbotene Kundgebung der UPC einen Krawall mit der Polizei nach sich, die das Feuer auf die Demonstranten eröffnete. Die UPC zog sich zurück, wurde aber noch unversöhnlicher. Der zum Meer führende Sanagafluß im Bassaland war der Schauplatz vieler Sabotage- und Terrorakte, bei denen das städtische Proletariat sich sehr hervortat. In Richtung auf die UPC-Führer nahm man keinen Versuch der Annäherung. Im Gegenteil, der politische Führer, André-Marie Mbida, der 1957 Premierminister wurde, war ein antikommunistischer Kämpfer und ein sehr empfindlicher Mensch. Amadou Ahidjo, ein Repräsentant des Nordens, unterstützte ihn. Er war zunächst wie jener Mitglied des BDC, später Führer der *Union Camerounaise,* die vor allem im Norden des Landes von Bedeutung war und hob sich von Mbida vor allem durch seine politische Klugheit ab. Sehr schnell kam Mbida durch seine Maßlosigkeit bei diversen politischen Neigungen in Verruf (*Paysans indépendants* von Kemajou, *Action nationale* von Soppo Priso). Als die Debatte über Kamerun herannahte, die in der UNO für 1958 vorgesehen war, legte Frankreich großen Wert darauf, sich mit einer Bilanz zu präsentieren, die geeignet war, die Propaganda und die Forderungen der UPC zu neutralisieren. Folglich mußte man notgedrungen das Programm dieser Union mit verändertem Wortlaut übernehmen und dabei Schlüsselworte wie Unabhängigkeit und Einheit aufgeben. Dieses zweite Vorhaben beeinflußte wahrscheinlich den Anschluß des britischen Teils von Kamerun beim Referendum, das bald nach Nigerias Unabhängigkeit stattfand. Die Ernennung Ramadiers zum Hochkommissar beschleunigte diesen Prozeß, setzte jedoch voraus, daß Mbida durch eine neue, liberalere Persönlichkeit ersetzt wurde[34]. Sobald der Hochkommissar die schicksalhaften Worte von Unabhängigkeit und Einheit der beiden Kamerungebiete ausgesprochen hatte und Mbida in die Klemme geriet, begann dieser heftig gegen ihn zu polemisieren und beschuldigte ihn, mit der UPC nur ein Spiel zu treiben. Bald aber ließen ihn die anderen politischen Verbände im Stich und drängten ihn zum Rücktritt. Ahidjo wurde daraufhin im Februar 1958 als Premierminister eingesetzt. Die militärischen Operationen zur Unterdrückung der UPC im Bassa- und Bamilekeland hielten an. Im Verlauf einer dieser Operationen wurde Ruben Um Nyobe getötet. Andere Führer wie Ouandie und Felix Moumie, der später einem Giftmord in Genf zum Opfer fiel, verwies man des Landes. Die UPC forderte vor der Unabhängigkeit allgemeine Wahlen. Aufgrund unterschiedlicher politischer Tendenzen war die Union gespalten. Diese blieben auch erhalten, als die Ahidjo-Regierung denjenigen, die auf den bewaffneten Kampf verzichteten, die Amnestie anbot.

---

34 Siehe Fußnote 28, S. 295 ff.

Mayi Matip kehrte aus dem Busch zurück und setzte seine Opposition im parlamentarischen Bereich fort. Nach der Unabhängigkeit am 1. Januar 1960 rückte Ahidjo zum Präsidenten der Republik auf. Der südliche Teil des ehemaligen britischen Kameruns wurde, nachdem er sich zum Anschluß an Jaunde entschlossen hatte, zur Föderativen Republik Kamerun. Nachdem im Jahr 1970 der letzte Führer der UPC, E. Ouandie, hingerichtet worden war und Mgr. Ndingmo verurteilt wurde, da man ihn der Komplizenschaft beschuldigte, setzte sich der Prozeß der Einigung energisch weiter fort. Im Jahr 1971 schlossen sich die drei wichtigsten Gewerkschaften zusammen und gründeten die Gewerkschaftsabteilung der UNC. Am 20. Mai 1972 bestätigte die fast einmütig gebilligte neue Verfassung den einheitlichen Status der Republik.

Als Konsequenz zog sich Kamerun von der OCAM (1974) und von der Air Afrique zurück und öffnete sich weit der Welt. Es begann mit seinem großen Nachbarn Nigeria. Nach dem wichtigen Kongreß der UNC (Februar 1975) wurde Präsident Ahidjo im April 1975 in seinem Amt bestätigt. P. Biya erhielt den Posten des Premierministers, und S. Eboua ernannte man zum Generalsekretär im Präsidium.

Trotz der Reibereien ethnischen Ursprungs und mancher wirtschaftlicher Schwierigkeiten wegen Preisschwankungen blieben die nationale Einheit und die Integration die Hauptziele der Behörden Kameruns.

Das ehemalige Französisch-Äquatorialafrika entwickelte sich in politischer Hinsicht nach dem Krieg synchron zu Französisch-Westafrika. Das Ganze vollzog sich mit größerem Einsatz von Propoganda und mit geringerer politischer Organisation, die zum Teil auf den Mangel an Angestelltenkadern zurückzuführen war. Die Gründe dafür lagen nicht so sehr in der verzögerten Elementarerziehung, die zumindest in den Küstengebieten ausreichend war, sondern vielmehr in einem Verzug beim Ausbau des Höheren Schulwesens. Dazu gesellte sich noch die politische Schwäche, die während der Kolonialzeit in den Massen klug erhalten wurde.

9. In Zentralafrika
(Zentralafrikanisches Reich, zur Zeit der Kolonisation Ubangi-Schari genannt)

Nach dem Krieg war Barthélémy Boganda der politische Führer dieses Gebietes. Er gründete im Jahr 1946 das *Mouvement d'Evolution Sociale de l'Afrique Noire* (MESAN). Als Vizepräsident des Rates der Regierung hob er sich durch seine eindeutige Stellungnahme für die afrikanische Emanzipation und durch seine kühnen Zukunftspläne für Äquatorial- und Zentralafrika hervor. Er verstieg sich zu der phantastischen Idee von den »Vereinigten Staaten Lateinafrikas«, die Französisch Äquatorialafrika, Belgisch Kongo und Angola umfassen sollten. Im März 1959 aber kam Boganda bei einem Flugzeugunglück ums Leben. Seine rechte Hand – und sein Vetter – David Dacko, nahm seinen Platz ein. Das Land war bereits unter dem Namen Zentralafrikanische Republik Mitglied der Communauté. David Dacko blieb den föderalistischen Einstellungen seines Vetters treu. Er wünschte sehnlichst die Bildung einer politischen Einheit durch die vier ehemaligen Kolonien herbei. Doch die antiföderalistischen Standpunkte des Kongos und vornehmlich des reicheren Küstengebietes

Auf dem Weg zur Unabhängigkeit 577

Gabun waren unumstößlich. So wurde über die Unabhängigkeit einzeln verhandelt. Nichtsdestoweniger blieb das Land durch eine Zollunion (UDEAC) an seine drei Partner gebunden. Ein Staatsstreich des Militärs unter Oberst J. B. Bokassa stürzte M. David Dacko in der Silvesternacht des Jahres 1965. Bokassa, der als Erbe Bogandas auftrat, leitete eine Außenpolitik in die Wege, die von langwierigen Konflikten mit Frankreich gekennzeichnet war. Die Gründe waren finanzieller Art und lagen in den Bodenschätzen.

Zu wiederholten Malen flackerten Verschwörungen auf und wurden grausam niedergeschlagen. Die Zustimmung zur Union der Staaten Zentralafrikas (UEAC) im Jahr 1968 hatte keine Zukunft.

Die »Operation Bokassa« im wirtschaftlichen Bereich erwies sich als glänzender Erfolg für die Baumwolle (1969–1970). Sie konnte jedoch ihre positive Wirkung nicht bewahren.

1972 wählte man Bokassa zum Präsidenten auf Lebenszeit, 1974 zum Feldmarschall, und 1977 krönte er sich zum Kaiser. Die Verfassung verhinderte nicht, daß man zu demokratischen Institutionen zurückkehrte. Außerdem verhalf sie zum Rückzug Bokassas in die Position eines Schiedsrichters.

10. Kongo
(Volksrepublik, früher Kongo-Brazzaville genannt)

Im Jahr 1946 bildete die *Parti Progressiste Congolais* (PPC) die beherrschende politische Macht. Felix Tchicaya war der Gründer dieser Partei, die sich im wesentlichen auf den Volksstamm der Vili stützte. Nachdem sie im Jahr 1948 das RDA aufgenommen hatte, wurde sie 1956 von der *Union Démocratique de Défense des Intérêts Africains* (UDDIA) abgelöst, die der Geistliche Fulbert Youlou 1956 schuf. Etliche Führer verließen die PPC, um sich der UDDIA anzuschließen. Sie wurde eine Abteilung des RDA und widersetzte sich heftig dem *Mouvement Socialiste* (MSA) von Jacques Opangault. Bei den Wahlen von 1957 erreichte jede der beiden Parteien 21 Sitze. Doch mit Hilfe einiger Unabhängiger konnte das MSA für ein paar Monate die Macht übernehmen. Die Abwanderung von Wählern verhalf dem Geistlichen Fulbert Youlou zum Amt des Premierministers. 1958 aber endete die absolute Mehrheit seiner Partei. Youlou blieb indessen Premierminister. Starke politische Spannungen riefen daraufhin im Jahr 1959 Krawalle hervor, bei denen es zu Schlägereien zwischen Lari (Volksstamm von Youlou) und M'Bochi kam. Bilanz: 200 Tote. Kurz vor der Unabhängigkeitserklärung schlossen die beiden wichtigsten Führer einen Kompromiß. Während Opangault Staatsminister wurde, rückte Fulbert Youlou in die oberste Magistratsbehörde auf. Der Geistliche stützte sich auf europäische Elemente der extremen Rechten, unter ihnen ehemalige Anhänger des Vichy-Regimes. Er errichtete ein sehr autoritäres Regierungssystem. Während der Kongo-Krise begünstigte er Kasawubu gegen Lumumba; er verbarg auch nicht seine Sympathie für Moise Tschombe. Im Dezember 1960 formierten sich in seinem Land zwölf ehemalige francophone Kolonialgebiete zu einer Gruppe, der sogenannten Brazzaville-Gruppe. Eine Volkserhebung stürzte das Regime von Youlou im August 1963. Er wurde verhaftet und interniert, konnte aber 1965 entfliehen. Das neue Regime von Kongo-Brazzaville stand in ziemlich engen Beziehungen zu den Ländern des Ostblocks. Der Präsident der Republik,

Massembat Debat, wurde von einer Militärregierung seines Amtes enthoben. Den Vorsitz des *Conseil National de la Révolution* übernahm Marien Ngouabi. Er verwickelte zusammen mit der *Parti Congolais du Travail* den Kongo im Dezember 1969 in »die große proletarische Weltrevolution«. Dennoch blieb der Kongo Mitglied der UDEAC.

Von 1971 bis 1973 beunruhigte die Abspaltung der Gruppe von Ange Diawara das Land. Sie fand im südlichen Teil großen Anklang.

Nachdem man A. Diawara in Abwesenheit zum Tode verurteilt hatte, wurde er an der Kongo-Zaïre-Grenze getötet. Im Zusammenhang mit der Verschwörung vom Februar 1973 fiel der Name des Ex-Premierministers P. Lissouba. Im Juni 1973 wurde durch ein Referendum eine neue Verfassung verabschiedet. Außerdem schritt man zur Wahl einer Nationalversammlung. Premierminister wurde H. Lopez. Beim zweiten Kongreß der Parti Congolais du Travail (PCT) im Dezember 1974 wählte man Marien Ngouabi erneut zum Präsidenten des Zentralkomitees und damit faktisch zum Präsidenten der Republik. Ein Dreijahresplan (von 1975 bis 1977) wurde veröffentlicht. Doch fanden Säuberungsaktionen statt, und im Dezember 1975 mußten das Politbüro und die Regierung ihre Ämter niederlegen. L. S. Goma wurde Premierminister.

Ein Streit, der sich im Zusammenhang mit der Erdölförderung entwickelt hatte, stellte die Kongo-Regierung und die ausländischen Kompanien gegeneinander. Desgleichen spielte er eine Rolle bei den Gewerkschafts- und Studentenunruhen. Die Volksrepublik Kongo bewahrte – trotz ihrer marxistisch-leninistischen Einstellung – nennenswerte wirtschaftliche und kulturelle Bande zu Frankreich. Entscheidend war auch ihre Unterstützung beim Kampf der MPLA und anderer fortschrittlicher Kräfte in Afrika.

Ende März 1977 folgte auf den niederträchtigen Meuchelmord an dem Präsidenten M. Ngouabi der an Kardinal Biayenda. Diese Ereignisse führten zur Hinrichtung Massemba Debats. Das Militärkomitee der PCT ernannte daraufhin den Chef des Regimentsstabes, Joachim Yhombi Opango, zum Staatschef. Die wirtschaftlichen Schwierigkeiten erfüllten die Führerschaft mit Besorgnis.

11. Gabun

1946 schuf Leon M'Ba die gemischte franco-gabunische Bewegung als lokale Abteilung des RDA, die später zum *Bloc Démocratique Gabonais* (BDG) wurde. 1948 aber gründete Jean Hilaire Aubame die *Union Démocratique et Sociale Gabonaise,* die sich den überseeischen Unabhängigen anschloß. Diese Partei mußte lange, nämlich bis zu dem Zeitpunkt, als sie für den Föderalismus eintrat, auf den Beitritt der ethnischen Gruppe der Fang verzichten. Der BDG hatte dagegen mit der Stimme Leon M'Bas auf dem Kongreß von Bamako (RDA) die Idee der Föderation verworfen. Man legte keinen Wert darauf, seine Reichtümer (Bodenschätze) an Erdöl, Mangan, Diamanten, Uran, Eisen, Holz usw. mit den anderen Territorien zu teilen. Nach der Unabhängigkeit (1960) lehnte die UDSG die Vorschläge Leon M'Bas zu einer Koalitionsregierung ab. 1961 aber stimmte sie dieser Lösung zu, und Aubame wurde Außenminister. Drei Jahre später, 1964, brach jedoch eine heftige Krise aus. Der Aufruhr wütete in Libreville, und Leon M'Ba beantragte seine vorläufige Entlassung. Kurze Zeit später griffen französische Fallschirmjäger ein und setzten ihn in allen seinen Ämtern

Auf dem Weg zur Unabhängigkeit 579

wieder ein. Nach seinem Tod (Dezember 1967) trat A. Bongo (1968) die Nachfolge an.

Dieser führte die Parti Démocratique Gabonais (PDG) als Einheitspartei ein, die die verschiedenen Aspekte des sozialen Lebens überwachen sollte. 1972 setzte die Politik der »Gabunisierung« ein. Sie zielte darauf ab, das lastende Joch des »nicht kontrollierten Kapitalismus« der Gesellschaften abzuschütteln, die von den erhöhten Gewinnen massenweise angezogen wurden. Gabun, das versuchte, seinen von Verkehrswegen wenig erschlossenen Raum (Transgabonais) in den Griff zu bekommen, hielt seine Beteiligung an der UDEAC aufrecht, wobei ihm die Volksrepublik Kongo als Ausgang zum Meer dienlich war. Libreville bemühte sich hingegen, seine Bindungen zu lockern, indem es z. B. die französische Vormundschaft bezüglich der strategisch wichtigen Erze (Uran) abschüttelte. Im Jahr 1973 brach Präsident Bongo mit Israel, trat zum Islam über und näherte sich Libyen. Diese Umorientierung bewährte sich jedoch auf die Dauer nicht. Dieses Land Gabun, das überquillt von Bodenschätzen und Rohstoffen, ist unterbevölkert, ihm fehlt es an Kadern und Arbeitskräften, um seine wirtschaftliche Entwicklung voranzutreiben.

12. Tschad

Gabriel Lisette von den Antillen schuf im Jahr 1947 die *Parti Progressiste Tchadien* (PPT), eine Gruppe des RDA. Diese Partei hatte ihre Stützpunkte überwiegend in den südlichen Regionen des Landes. Nach den Wahlen von 1957 wurde Lisette Vizepräsident des Rates der Regierung. Wie alle Territorien Französisch Äquatorialafrikas entschied sich der Tschad mit überwältigender Mehrheit für die franco-afrikanische Gemeinschaft. Doch schon verbargen die mohammedanischen Gruppen aus dem Norden, die 55 % der Bevölkerung ausmachten, gegenüber Lisette nicht länger ihr Mißtrauen. Unter dem breiten Meinungsdruck trat Lisette den Posten des Premierministers an einen seiner Tschad-Mitarbeiter, François Tombalbaye, ab, blieb selbst jedoch noch Vizepremier und Parteiführer. 1960 schlossen sich die mohammedanischen Bewegungen in der *Parti National Africain* zusammen. Sie stellte bald eine potentielle ernsthafte Gefahr für die Regierung dar. Um eine allgemeine Versöhnung herbeizuführen, entließ Tombalbaye Lisette aus allen seinen Ämtern. Das verursachte jedoch eine Krise in seiner eigenen Partei. Im Dezember 1960 errang die PPT in der Nationalversammlung eine starke Mehrheit an Sitzen. 1961 fusionierte sie mit der PNA; aus dieser Verbindung ging die *Union Pour le Progrès du Tchad* (UPT) hervor. Als Kontinentalgebiet war der Tschad immer ein lebhafter Anhänger föderativer Ideen gewesen. Doch blieb es geplagt von internen Spannungen zwischen den schwarzen Bevölkerungen des Südens und den weißen Volksgruppen des Nordens.

Dieser Konflikt dehnte sich aus und entwickelte sich, verändert und auf anderer Ebene, seit dem Sommer 1968 zu einer politischen, später zu einer militärischen Konfrontation.

Unter der Schirmherrschaft des Dr. Abba Siddick, eines ehemaligen Ministers, bildete sich die Front de Libération Nationale du Tchad (FROLINAT). Sie forderte die Anerkennung der Eigenständigkeit der Völker des Nordens im Tschad. Frankreich schickte ein respektables Expeditionskorps, um Präsident Tombalbaye bei der Niederwerfung des Aufstandes zu unterstützten, vergebens.

Trotz einer großen Umbildung des Kabinetts im Jahr 1971, die auch aus dem Gefängnis befreiten Politikern Platz einräumte, ergab sich die FROLINAT nicht und nutzte die Unterstützung Libyens aus. Die Guerilleros starteten erfolgreiche Stoßtruppunternehmen, sogar bis nach Ndjemena (Fort Lamy). Diese Kämpfe lösten umfangreiche Verhaftungen von Ministern, Offizieren und verdächtigen Bürgern aus. In Paris ermordete man Dr. Outel Bono im August 1973 auf abscheuliche Weise. Er hatte gerade eine neue Oppositionspartei gegründet, das *Mouvement Démocratique de Rénovation Tchadienne* (MDRT). Die Tubu des Hissene Habre, Chef einer Abweichlerfraktion der FROLINAT verschafften sich Deutsche und Franzosen als Geiseln, deren Befreiung der Regierung ein zusätzliches Problem aufbürdete. Anläßlich des außerordentlichen Kongresses der PPT hatte das Regime des *Mouvement National pur la Révolution Culturelle et Sociale* (MNRCS) gegründet, mit der Absicht, zur Authentizität der »Tschadheit« zurückzufinden. Daraus resultierte eine Änderung der christlichen Namen und Ortsbezeichnungen und eine Rückkehr zu den animistischen Initiationsriten (Yondo). Diese Tatsache diente zum Vorwand für Ausschreitungen und Liquidierungen, und sie erregte den Widerstand mancher Bürger, z. B. den der protestantischen Pfarrer.

Am 13. April 1975 wurde Ngarta Tombalbaye bei einem Angriff auf seinen Palast, den General M. Odingar ausführte, getötet. Der aus dem Gefängnis befreite General Malloum rückte vom Chef des Obersten Militärrates, dann der provisorischen Regierung bis zum Staatschef auf. Der Tschad reagierte heftig auf die direkten Verhandlungen Frankreichs mit den Rebellen vom Tibesti wegen der Befreiung der französischen Geiseln. Im März 1976 entstanden neue Übereinkünfte auf militärischer Ebene zwischen Frankreich und dem Tschad, um den Aufstand im Norden niederwerfen zu können. Der Zusammenschluß der geistigen Führer der Tubu, Derdei und des Führers von Wadai, Hassan H. Moussa, im Jahr 1975, denen sich drei Jahre später Hissene Habre zugesellte, konnte die Rebellen nicht entwaffnen. Bei den Feierlichkeiten anläßlich des ersten Jahrestages des Staatsstreichs am 13. April 1976 bewies ein auf General Malloum verübtes Attentat den Starrsinn der FROLINAT. Der Grenzstreit mit Libyen, das man beschuldigte, die FROLINAT zu unterstützen, belastete die Zukunft des Tschads, dessen Wirtschaft durch die kontinentale Lage schon stark benachteiligt war.

13. Dschibuti
(früherer Name: Territorium der Afar und der Issa)

Die Bevölkerung dieses Gebietes setzte sich fast zu gleichen Teilen aus den Afar und aus den Volksgruppen der Somali (Issa) zusammen. Sie herrschten in Dschibuti und strebten danach, dort auch die Politik zu kontrollieren. Doch seit dem Referendum vom März 1967 stützte sich Frankreich mehr auf die ländliche und nomadische Gruppe der Afar. Sie stellten die Mehrheit sicher, wenn es um die Zusammenarbeit mit dem Mutterland ging. Im Jahr 1968 setzte sich der Führer Ali Aref in der Abgeordnetenkammer durch. Verstärkt wurde seine Position noch durch seine Partei, die »Union et Progrès dans l'ensemble français«. Die Issa beschuldigten Frankreich, sie daran zu hindern, in Dschibuti Fuß zu fassen, und das sogar mit automatischen Straßensperren. Außerdem fügten sie hinzu,

Auf dem Weg zur Unabhängigkeit 581

daß die Afar durch betrügerische Wahlen begünstigt worden seien. Alsbald verschlechterte sich die Situation für Ali Aref. Zwei Oppositionsparteien entstanden: die *Ligue Patriotique Africain pour l'Indépendance* (LPAI) und die *Groupe non reconnu du Front de Libération de la Côte des Somalis* (FLCS). Diese zögerte z. B. nicht, den französischen Botschafter als Geisel zu nehmen. Außerdem übten die *Républic Démocratique de Somalie*, die OUA und die UNO im Sinne dieser Oppositionsparteien Druck aus.

1975 gelang es Ali Aref, von Frankreich das Versprechen für ein autonomes Statut zu erreichen, vorausgesetzt aber, daß Frankreich den strategisch, militärisch und wirtschaftlich wichtigen Stützpunkt Dschibuti behalten könne. Durch die Wiedereröffnung des Suezkanals war er aufgewertet worden.

Darauf gründete er die *Union Nationale pour l' Indépendance* (UNI). Die *Ligue Populaire Africaine pour l'Indépendance* (LPAI) und die *Front de Libération de la Côte des Somalis* gruppierten sich um *Rassemblement Populaire pour l'Indépendance* um (RPI). Sie setzten sich bei den mit dem Referendum kombinierten Wahlen durch und machten den Weg zur Unabhängigkeit frei, die im Jahr 1977 erreicht wurde.

14. Komoren

In diesem zwischen Afrika und Madagaskar gelegenen Archipel verdienen die Grande Comore mit ihrer Hauptstadt Moroni und die Insel Mayotte Aufmerksamkeit.

Das Rahmengesetz von 1956 bestätigte die Komoren in ihrer Position als Überseegebiet. Die *Union Démocratique des Comoriens* (UDC) und das zunächst profranzösisch eingestellte *Rassemblement Démocratique du Peuple Comorien* (RDPC) vereinigten sich im Dezember 1972 mit der *Parti de l'entente comorienne* (PEC) und forderten die Unabhängigkeit ... Sie schlugen die Partei UMMA, die versuchte, diese Bewegung zu bremsen. Ahmed Abdallah (UDC) trat an die Spitze des Rates der Regierung. Alsbald aber verwarf die *Parti du Mouvement Mahorais* unter der Führung von Moroni die Idee der Unabhängigkeit und sprach sich für den Status eines französischen Départements aus. Das erste Referendum, das Frankreich im Dezember 1974 für das gesamte Territorium in die Wege leitete, registrierte ein Ergebnis von 96 % der Stimmen für die Unabhängigkeit. Das zeitigte einen Triumph für die *Parti pour l'Indépendance et l'Unité des Comores* (PIUC), die aus der Fusion der UDC und des RDPC entstanden war. Auf der Insel Mayotte mußte das Referendum eine Mehrheit von 64 % der Stimmen *gegen* die Unabhängigkeit verzeichnen. Frankreich übte anschließend vergeblich Druck auf die Regierung der Komoren aus, um zu erreichen, daß sie ein dezentralisiertes Verfassungsstatut aufstellte, womit die Befürchtungen Mayottes vor der Unabhängigkeit gedämpft worden wären. 1975 forderte schließlich das französische Parlament, daß sich jede Insel einzeln über einen zu erarbeitenden Verfassungsplan äußerte. Das Parlament der Komoren antwortete mit der Unabhängigkeitserklärung vom 6. Juli 1976. Präsident des neuen Staates wurde Ahmed Abdallah. Frankreich griff militärisch ein, um Mayotte »zu schützen«. Kurze Zeit später stürzte eine von Ali Soilih angeführte Koalition (die *Front National Unifié*) den Präsidenten A. Abdallah.

Während die Komoren, die die Gesamtheit des Archipels umfaßten, am 12. November 1976 bei der UNO zugelassen wurden, verjagten die Mahorais die anderen Bewohner von der Insel Mayotte. Daraus ergab sich eine gefährliche Spannung zwischen Frankreich und der Regierung der Komoren mit Ali Soilih. Man vertrieb die Franzosen und verstaatlichte ihr Vermögen.

Mit dem Referendum vom 8. Februar 1976, das sich zu 99 % für die Aufrechterhaltung der Beziehungen zu Frankreich und sogar für den Status eines Départements aussprach, gelang es Frankreich und den Mahorais, den Fall Mayotte provisorisch zu regeln.

C. In den belgischen Kolonien

1. Die Entwicklung Belgisch-Kongo–Zaïre

a) Die Anfänge des Nationalismus

Die Geschichte Belgisch-Kongos ist seit dem Zweiten Weltkrieg die Geschichte einer längst überfälligen Entkolonisierung. Dieses Land mit seinen 2 345 000 qkm (das 80fache der Oberfläche Belgiens) dehnte sich beiderseits des Äquators aus, mitten im Herzen Afrikas. Es gleicht einem gigantischen Amphitheater, auf das Becken des großen Flusses bezogen, aus dem es zu den Höhen Schabas (Katanga) und Kiwus aufsteigt. Der gewaltige Durchbruch des Zaïre (Kongo) durch die Mont de Cristal verhalf dem Land zu einer schmalen Öffnung zum Atlantik hin. Es ist gleichsam ein Kontinent im Kontinent, mühelos hätte es der blühendste und mächtigste Staat Afrikas werden können. Die belgische Kolonialpolitik hatte aus dem Gebiet eine Kolonie gemacht, die in mancher Beziehung viel entwickelter war als andere. Man betrachtete den Kongo mehr oder weniger als einen Familienbesitz. In den Bereichen mit heilsamem Klima ließen sich die Europäer nieder und wurden zu den Stammvätern eines neuen Geschlechts. Im Jahr 1960 lebte eine beachtliche Zahl von Belgiern im Kongo. Vom wirtschaftlichen Standpunkt aus nahm das Land einen in Afrika ungewöhnlichen industriellen Aufstieg. Zu verdanken war das der tatkräftigen Aktion von Finanzgesellschaften. Sie gründeten in dieser belgischen Hochburg internationale Trusts: *Unilever* in den Waldzonen und in der Kiwuprovinz, die *Forminière* in der Kasaiprovinz, die *Société Générale de Belgique* in der Bas-Kongo-Provinz. Von außerordentlicher Bedeutung war die *Union Minière du Haut-Katanga* in dem Gebiet der gigantischen Schwelle, die sich über Rhodesien im Norden (Sambia) bis zum Kongo ausdehnt und von kostbaren Erzen überquillt. 37 % der Arbeitnehmer des Landes waren in der Industrie beschäftigt. Der Kongo war zu damaliger Zeit der wichtigste Uranproduzent. Außerdem lieferte er 1958 63 % des Weltkobaltbedarfs, 75 % der Industriediamanten, 8,3 % des Kupfers und 4,3 % des Zinks. Aber diese Zahlen sollten nicht auf eine falsche Fährte locken. Im wesentlichen handelte es sich um eine Infrastruktur mit Inselcharakter. Sie war hauptsächlich auf die Verteilung von Rohprodukten eingestellt. In den um Kolwezi und Kipushi konzentrierten Revieren existieren weder eine vollständige vertikale Produktionsskala noch eine Integration der wirtschaftlichen Bereiche.

Die unübersehbare Mehrheit der afrikanischen Bauern lebte in mageren wirt-

Auf dem Weg zur Unabhängigkeit 583

schaftlichen Verhältnissen. Ihr Lebensunterhalt stützte sich auf den Anbau von Nahrungspflanzen, wie es schon ihre Vorfahren taten. Die wirtschaftliche Struktur aber offenbarte eine sehr starke Konzentration. Die *Société Générale* und das *UMHK* von Katanga sicherten sich selbst mehr als die Hälfte des Exporthandels des Kongos. Nach Belgien und den internationalen Trusts profitierte jedoch auch der Kongo von diesem Quell des Reichtums. Und sei es nur in bezug auf die Aufbesserung des Budgets. So wurde als Anerkennung für die besondere Belastung der Kongolesen im Krieg ein Fonds zum Wohl der Eingeborenen geschaffen. Er sollte helfen, die hygienischen Einrichtungen zu verbessern, außerdem sollte die Erziehung gefördert werden und eine bestimmte Anzahl von Bauern Obdach erhalten, allerdings ohne Anspruch auf eigenen Grund und Boden. Doch dieser unleugbare sozio-ökonomische Aufschwung fand kein politisches Gegenstück. Die Belgier wollten die berühmte Definition eines antiken Philosophen, »Der Mensch ist ein *zoon politikon*«, nicht auf die Kongolesen anwenden. Das belgische System, das sich durch soziale Bevormundung auszeichnete, trug also zu Recht seinen Namen, denn es implizierte die unbegrenzte Kostenübernahme durch die Kongolesen. Seine Erziehung sollte im Treibhaus des Kongos, geschützt vor jeder äußeren »Infektion« und ohne vorher festgelegtes Abschlußalter durchgeführt werden. Der Kongo befand sich am Zusammenfluß unbändiger innerer und äußerer Entwicklungskräfte, die nicht zu unterdrücken waren. Die Verstädterung, die durch die Industrialisierung bedingt war, brachte das Problem mit sich, wie eine immer stärker fluktuierende Bevölkerung unter Kontrolle gehalten werden konnte. Ab 1920 waren die ländlichen Zonen in Bezirke aufgeteilt worden, die ganz willkürlich waren. Sie basierten nicht auf Stammesgrenzen, sondern hatten allenfalls territoriale Gegebenheiten berücksichtigt. An ihrer Spitze stand ein besoldeter afrikanischer Häuptling. Wenn im Jahr 1938 noch 11 von 12 Afrikanern auf dem Land lebten, so waren es 1953 nur mehr 9 von 12 und 1960 nur noch 7 von 12. 40 % der Kongolesen waren Städter geworden. Sie fanden sich in speziellen Zentren zusammen, die in der Folgezeit zu Eingeborenenstädten wurden.

Dort wuchsen die Gesellschaften der Gebildeten, Arbeitsgemeinschaften und Vereine ehemaliger Schüler (ADAPES) heran. Sie setzten sich durch ihre europäische Lebensweise von der Masse der Bevölkerung ab. Diese Vereinigungen dienten als Vorwand, um ab und zu einen Schluck zu trinken, nach der Arbeit zu diskutieren, Karten zu spielen, Bälle oder Hochzeiten zu organisieren usw. ... Kurz, sie vermittelten die Illusion, auf der Stufenleiter der Zivilisation langsam emporzusteigen. Nach dem Krieg nahmen sie einen großen Aufschwung. 1946 riefen Beamte und Angestellte die *Association du Personnel indigène Congolais* (APIC) ins Leben, während die christlichen Missionen ihre eigenen Verbindungen schufen. Doch breitete sich die Arbeitslosigkeit in dieser stammesentwurzelten Bevölkerung aus, die gleichzeitig als eine der geistig aufgeschlossensten erschien, wohl gerade deshalb, weil sie alltäglich die koloniale Situation am eigenen Leibe erfuhr. Das belgische System, das gleichzeitig auf einem verlangsamten Assimilierungsprozeß und auf einer Partei beruhte, die sich für die Rassentrennung entschieden hatte, wurde zwischen vielfachen Widersprüchen hin- und hergerissen. Es beruhte mehr oder weniger auf dem englischen und dem französischen System, von denen es sich wegen seines hybriden Charakters aber hauptsächlich die Fehler aneignete.

Strikte Trennung im städtischen Wohnbereich, ausgenommen waren die »Immatrikulierten«. Seit 1892 genossen die Afrikaner das Immatrikulationsrecht. Es blieb bis zum Jahr 1952 ein leeres Versprechen. 1952 mußte man nach drei Studienjahren, um den Status des Immatrikulierten zu erreichen, eine lange Prozedur über sich ergehen lassen. Das Ziel dieser Maßnahme war es, die unter den Gebildeten, d. h. unter denen, die mehr oder weniger wie Europäer, jedoch ohne deren Rechte lebten, bestehende Unzufriedenheit zu dämpfen. Folglich erhielt jeder Afrikaner, der ein gewisses »Entwicklungsstadium« zeigte, indem er seine Fähigkeit unter Beweis stellte, aus den belgischen Gesetzen Nutzen zu ziehen und die damit verbundenen Pflichten zu erfüllen, einen Personalausweis. Mit diesem Papier genoß er die rassische Gleichstellung einschließlich der gemeinsamen Beförderung. Doch noch gab es weniger kongolesische Immatrikulierte als französische Bürger unter den Afrikanern der Kolonien des ehemaligen Französisch-Westafrikas. Eine der Bedingungen, um den Status zu erreichen, verlangte in der Tat, daß man endgültig mit den afrikanischen Gebräuchen brach. Übrigens widersetzten sich die »kleinen Weißen« in Belgisch-Kongo der Anwendung des Status. In der Praxis demonstrierten sie den Immatrikulierten, daß ihr Ausweis noch lange kein gültiger Paß für das Königreich der Weißen war.

Das Erziehungswesen stand in engem Zusammenhang mit dieser Art von Aufstieg und war in diesem Sinne ausgelegt. Der Aufstieg vollzog sich langsam und schwerfällig entsprechend dem belgischen Temperament. 1950 befanden sich effektiv 50 % der schulpflichtigen Kinder in der Volksschule, wo der Unterricht in afrikanischen Sprachen abgehalten wurde. Dieser Prozentsatz war einer der höchsten in ganz Afrika. Erst ab 1948 eröffnete man sehr wenigen Afrikanern die Möglichkeit, Realschulen und Höhere Lehranstalten zu besuchen, mit der Absicht, sich Kräfte für den Öffentlichen Dienst und spezialisierte Arbeiter heranzubilden. Die Missionen, vorrangig die katholische Kirche, schalteten und walteten frei über das Schulsystem. Auch die großen monopolistischen Kompanien beteiligten sich am Aufbau von Schulen, und zwar für die Familien ihrer Arbeiter und anderer Städter. Angesichts des immer dringender werdenden Bedarfs an qualifizierten Kadern und in Anbetracht der vorauszuahnenden Entwicklung gründete die katholische Kirche 1955 in Leopoldville die Lovanium-Universität. Grundsätzlich sollte kein kongolesischer Student seine Studien außerhalb des Kongos treiben. Die Entwicklung sollte hinter verschlossenen Türen, im vorgesehenen Rhythmus und unter dem Befehl des belgischen »Vaters« ablaufen. Weder politische Diskussion noch gar Vertretung waren einkalkuliert. Deshalb konnte sich die Opposition zunächst nur in religiösen Bewegungen artikulieren, die die Ankunft einer besseren Welt prophezeiten, in welcher den Schwarzen endlich Gerechtigkeit widerfahren werde. Solche Bewegungen waren unter anderen der Kibanguismus und die Bewegung der Zeugen Jehovas, die sogenannten *Kitawala*. Die letztgenannte Gruppe kündigte eine Welt an, in der das schwarze Volk, nachdem es weiß geworden war, in eine weltweite Katastrophe gerät. In der Zwischenzeit sollte der Schwarze radikal mit den Weißen brechen. So weit der Traum! Die Wirklichkeit ließ nicht auf sich warten, denn in dem gigantischen Destillierapparat des Kongobeckens waren alle die Elemente vereinigt, die zu einer politischen Explosion führen mußten. Es fehlte nur noch der Zündfunke. Dieser kam hauptsächlich von außen und erzeugte eine schreckliche Reaktion, die immer schneller um sich griff. Im Jahr 1955 stattete König Baudouin dem Kongo einen Besuch ab und hielt in Leopoldville eine Rede, die wegen ihres assimilationistischen Tenors stark enttäuschte. Im selben Jahr stellte Prof. Van

Auf dem Weg zur Unabhängigkeit

Bilsen aus Antwerpen aber einen Dreißigjahresplan für die politische Emanzipation des belgischen Afrikas vor. In diesem Plan bestand Van Bilsen vorrangig auf der Ausbildung von Kadern und auf der Festschreibung eines föderativen Systems. Diese einzige Perspektive, die ein belgischer Intellektueller eröffnete, der zwar keine politische Verantwortung trug, aber internationales Ansehen genoß, löste in den gebildeten Kreisen lebhafte Unruhe aus. Im Juli 1956 brachte die Gruppe »Conscience Africaine«, die der Geistliche Joseph Maloula gegründet und die Joseph Ileo angeregt hatte, ein Manifest in Umlauf. Es forderte die Abschaffung der rassischen Diskriminierung, die Anerkennung der afrikanischen Persönlichkeit und ihr Recht auf kulturellen und politischen Ausdruck. Doch war die Bewegung nicht in der Lage, die praktischen Möglichkeiten zur Bejahung dieser Persönlichkeit anzugeben. Deshalb hatte die *Association du Bas-Kongo* (*Abako*) unter dem Vorsitz Joseph Kasawubus leichtes Spiel, den idealistischen, unrealisierbaren Charakter dieses Manifests zu verspotten. Die *Abako* selbst verlangte die politische Emanzipation in einem föderativen Rahmen und zwar durch die Bildung kongolesischer, politischer Parteien.

b) Vom Held zum Märtyrer: Patrice Lumumba

1957 war das Jahr der Unabhängigkeit für Ghana und das Jahr, in welchem das französische Rahmengesetz in den TOM (Überseeprovinzen) zur Anwendung kam. Belgien organisierte mithin in den Hauptzentren des Kongos und Ruanda-Burundis die erste Volkswahl. Es wurden europäische und afrikanische Gemeinden geschaffen, deren Bürgermeister (bourgmestre) der Gouverneur bestimmte. Bei dieser Gelegenheit übernahm J. Kasawubu in Leopoldville den Bürgermeisterposten. Doch bewirkte dieser erste Versuch in Demokratie nur, daß der Hunger der Kongolesen geweckt wurde ... Im Jahr 1958 jagte ein Ereignis das andere: die Weltausstellung in Brüssel soll den Anfang machen. Dort in den Sälen des Afrikanerquartiers konnten sich die Kongolesen untereinander kennenlernen, während sie ebenso mit der restlichen Welt Kontakt aufnehmen konnten und im besonderen mit den übrigen Afrikanern[35]. Bei vielen von ihnen vollzog sich ein Geisteswandel. Das Bewußtsein der erniedrigten Situation und der Wille zum Handeln konstituierten sich. Das, was Belgien als eine Rechtfertigung des Kolonialwerkes vorweisen wollte, half mit, das Ende zu beschleunigen. 1958 war außerdem das Jahr, in welchem General de Gaulle in Brazzaville zwischenlandete. Das Echo seiner Rede, in welcher er die Unabhängigkeit zugestand, tönte leicht über den Fluß und brach sich in den »eingeborenen« Vierteln von Leopoldville. Unverzüglich versammelten sich die führenden Politiker des Kongos und verfaßten eine Eingabe an den Minister mit der dringenden Bitte um einen Stufenplan zur Unabhängigkeit des Kongos. Endlich war 1958 auch das Jahr der Panafrikanischen Konferenz von 62 nationalen, afrikanischen Organisationen in Accra. Die kongolesische Delegation setzte sich dort aus Führern des *Mouvement National Congolais* (MNC) zusammen. An ihrer Spitze stand Patrice Lumumba, dem zu begegnen der Autor damals Gelegenheit hatte. Lumumba war ein Batetela aus dem Nordosten der Kasaiprovinz. Nach Abschluß der Volksschule wurde er Angestellter der PTT (Post) in Stanleyville. Sehr bald begeisterte er sich für die Ideen der Emanzipation. In den zahlreichen Artikeln, die er

---

35 Der Autor konnte sich in vielen Diskussionen mit den Kongolesen von ihrem Wunsch überzeugen, sich über die politische Entwicklung in den anderen Regionen Afrikas zu informieren.

den Lokalzeitungen anvertraute, plädierte er engagiert für die rassische Gleich-stellung mit den Belgiern und für das Überschreiten der ethnischen Trennmauern im Kongo. In Accra, wo Lumumba urplötzlich mit den leidenschaftlichen Strö-mungen des afrikanischen Nationalismus in Berührung kam, trat er in die Ver-antwortung und rief von der Tribüne herab: »Nieder mit dem Imperialismus! Nieder mit dem Kolonialismus! Nieder mit dem Rassismus, mit dem Stammes-tum! Es lebe die kongolesische Nation! Es lebe das unabhängige Afrika!« Die Verwirklichung dieser Ideen sollte von nun an im Mittelpunkt seines Handelns stehen. Nach seiner Rückkehr in den Kongo forderte er umgehend die Unab-hängigkeit. Anläßlich einer Versammlung der *Abako* brach allerdings zunächst einmal ein Aufruhr los. Die Polizei feuerte. Offizielle Bilanz: 49 Tote unter den Afrikanern und 116 Schwerverletzte, darunter 15 Europäer. König Baudouin bestimmte in einer Rede am 13. Januar 1959 die Unabhängigkeit als Ziel des laufenden politischen Entwicklungsprogramms. Er versprach für das Jahr 1960 die Aufstellung eines kongolesischen Parlaments durch indirekte Wahlen sowie die rassische Integration.

Ein Jahr später lud man zu einer belgisch-kongolesischen Konferenz in Brüssel ein, an der alle politischen Führer des Kongos teilnehmen sollten. Lumumba, den man nach den Oktoberkrawallen in Stanleyville festgenommen hatte, konnte dank des ausdrücklichen Gesuchs zahlreicher Abgeordneter dieser Runde an der Konferenz teilnehmen. Die beiden Hauptprobleme lagen in der Festsetzung des Termins für die Entkolonisierung und für die Bildung des unabhängigen Kongo-staates. In bezug auf den ersten Punkt entschlossen sich die Belgier plötzlich und unerwartet zu einer Meinungsänderung und stimmten der Beschleunigung des Prozesses zu. Das Datum für die Unabhängigkeit wurde auf den 30. Juni 1960 festgesetzt. Zwei Thesen zur Bestimmung des Verfassungsstatuts stießen aufein-ander: die Föderalisten wie Kasawubu stand für ziemlich starke Regional-staaten unter der Herrschaft einer gemäßigten föderativen Gewalt. Angesichts dieser kongolesischen »Girondisten« vertrat Patrice Lumumba die »Monta-gnard«-These eines einheitlichen Staates. Seine Ansichten machten das Wesentliche geltend. Gemäß der Entscheidung der Tafelrunde sollte sich der Kongo als eine parlamentarische Republik konstituieren mit einer starken Zentralregierung und sechs Provinzregierungen. Ein Grundgesetz, das in Erwartung der Abstimmung über eine Verfassung ursprünglich als provisorisches Statut geplant war, regelte die Beziehungen zwischen den Gewalten. Aber es müssen noch wichtige Details erwähnt werden: die Zentralbank des Kongos blieb in belgischer Hand, und nur etwa 15 Kongolesen insgesamt hatten eine Universitätsausbildung.

Die Wahlen vom Mai 1960 bestätigten den überragenden nationalen Einfluß der MNC. Lumumba wurde Regierungschef in Koalition mit Swende (Balubakat), Ileo (Bangala) und Kasawubu, der den Posten des Präsidenten der Republik übertragen bekam. Alle diese Männer – von denen manche große persönliche Be-deutung besaßen – brachten als Erfahrung auf dem Gebiet der Verwaltungsfüh-rung nur die Praxis eines Gemeindevorstehers, allenfalls die eines Bürgermeisters mit sehr begrenzter Verantwortung mit. Vor allem jedoch war ihr Zusammen-halt eine heikle Sache. Die Zentrifugalkräfte, die Tschombe (Katanga) und A. Kalondji (Kasai) verkörperten, blieben sehr stark. Das wunderbare Fest zur Un-abhängigkeit (30. Juni 1960), auf dem die Finanzmacht und die Stärke der kon-golesischen Infrastruktur für eine Anzahl afrikanischer Abgeordneter eine Of-fenbarung war, konnte eine Zeitlang darüber hinwegtäuschen. Lumumba hielt

Auf dem Weg zur Unabhängigkeit 587

dort vor dem König Baudouin eine leidenschaftliche Rede, in der er nicht vergaß, das Gegenwärtige anzuerkennen, andererseits aber dem Souverän alle Demütigungen einer bitteren Vergangenheit wie die Woge einer historischen Brandung ins Gesicht schleuderte. Einige Tage nach der Unabhängigkeit empörte sich unter dem Einfluß radikaler Strömungen die Force Publique. Ihre übermäßigen Forderungen lösten unter der weißen Bevölkerung eine Panik aus. Der Aufstieg einiger Afrikaner zu höheren Offizieren verstärkte die Angst. Innerhalb weniger Wochen leerte sich das Land von seinen belgischen Angestellten, den einzigen, die es besaß. Es wurde praktisch lahmgelegt, während belgische Fallschirmjäger absprangen, um die wichtigsten Städte unter Kontrolle zu bringen. Lumumba und Kasawubu wandten sich an die UNO. Tschombe, der sich einerseits auf die Macht der Katanga-Kolonisten stützen konnte und andererseits, dank seines Innenministers Godefroy Munongo auf die traditionellen Häuptlingschaften, gab feierlich die Unabhängigkeit Katangas bekannt (11. Juli). Auf diese Weise wurde der Kongo seiner wesentlichen Bodenschätze beraubt. Die Situation verschlechterte sich, als wenig später die reiche Kasaiprovinz dem Beispiel Katangas mit dem »König« Kalondji folgte. Wie man dieser inneren Wirren Herr werden könnte, mußte sich Lumumba in wohlgemeinten und widersprüchlichen »Ratschlägen« anhören: von den Streitkräften der UNO, von afrikanischen Regierungen, von sowjetischer, amerikanischer und belgischer Seite, ohne all die privatwirtschaftlichen Interessen aufzuzählen. Ein Geschrei voller Mißklang, das von der eindrucksvollen Stimme eines unbeugsamen Nationalisten übertönt wurde – von Lumumba. Er regierte seinen Kongo mit einem Strom pathetischer Reden und zögerte im Notfall nicht, die Karte der kommunistischen Länder zu ziehen. Die westliche Feindseligkeit stieg. Nach der Absetzung von Lumumba durch Kasawubu und umgekehrt verhalf eine Gruppe von Offizieren Oberst Joseph Mobutu zur Macht. Er ließ die politischen Führer verhaften und bildete eine Regierung von Sachverständigen, den »Rat der Hochkommissare«, der sich aus den wenigen verfügbaren kongolesischen Universitätsabsolventen zusammensetzte. Unter dem Einfluß Gizengas bekannte sich die östliche Provinz (Stanleyville) leidenschaftlich zu Lumumba. Die Streitkräfte der Provinzen Katanga, Kasai, Kiwu, Kwilu und anderer Regionen zerfleischten sich gegenseitig in einem blutigen Chaos. Die kongolesische Nationalarmee (ANC) und die UNO-Truppen, die selbst mit inneren Streitigkeiten zu tun hatten, griffen ein. In der Zwischenzeit hatte Lumumba versucht, seine Hochburg Stanleyville wieder zu erreichen. Man holte ihn ein. Mit zwei Gefährten lieferten ihn die Behörden Leopoldvilles an Katanga aus, wo er kurze Zeit später ermordet wurde. Dieser Meuchelmord (Januar 1961) löste in der ganzen Welt einen tiefen Schrei der Empörung aus. Gizenga wurde daraufhin von einer Reihe von Ländern als einzig legitimer Führer des Kongos anerkannt. Doch noch war der Kongo den Widrigkeiten nicht entronnen. Verhandlungen, die zwischen Leopoldville und der UNO einerseits und Katanga andererseits stattfanden, um das Land auf eine föderative Lösung auszurichten, zeitigten keine großartigen Ergebnisse. Auf dem Weg zu Verhandlungen mit Tschombe kam der Generalsekretär der UNO, Dag Hammarskjöld, bei einem Flugzeugunglück an der Grenze zu Nordrhodesien ums Leben. Der Regierung, die sich nun mit Gizenga als Vizepräsident und Cyrille Adoula als Regierungchef formierte, gelang es lediglich, das Chaos zu verwalten. Im Januar 1962 verhaftete man Gizenga. Im gesamten Osten des Landes ging alles drunter und drüber. Eine Militärintervention der UNO bemächtigte sich im Januar 1963 Elisabethvilles und bereitete der Sezession Katangas ein Ende.

1964 fiel Kasawubus Wahl für den Posten des Premierministers auf Moise Tschombe. Dank amerikanisch-belgischem Beistand war es möglich, die Gefahr einer militärischen Auseinandersetzung, die ein Aufstand herbeigeführt hatte, einzudämmen. Bald jedoch gerieten die beiden Führer in Konflikt miteinander. Moise Tschombe wurde 1965 aller seiner Ämter enthoben. Da die Präsidentenwahlen nahe bevorstanden und um Gegensätzlichkeiten zwischen den beiden Männern schiedsrichterlich zu entscheiden, schritt die Armee ein. Sie setzte Joseph Mobutu als Präsidenten der Republik ein. Anzumerken ist, daß während dieser Zeit die Produktion im Bergbau praktisch unverändert geblieben war, trotz einer beachtlichen Einschränkung der Investitionen. Andererseits erfuhr die kongolesische Währung aufgrund der Inflation eine schwindelerregende Entwertung. Mangelnde Verfügbarkeit des Vermögens und ein umfangreicher Schmuggel von Edelsteinen verursachten sie ebenso wie der Devisenverkehr und die Politik eines chronischen Haushaltsdefizits.

a) Zaïre

Nachdem die Widerstandsnester mit Waffengewalt vermindert worden waren (Muletisten in der Bas-Kongo-Provinz, die Simba von Kisangani [Stanleyville], Soumialisten, Söldner und Katanga-Gendarmen) und nach dem Tod von Tschombe und Kasawubu befanden sich die alten Widersacher Präsident Mobutus entweder unter den Regierungsmitgliedern oder im Gefängnis. Die Mehrzahl der politischen Kader und der technischen Leitung gehörte der jungen Generation an, die in die Wirren zu Beginn der Unabhängigkeit nicht verwickelt war.

Von 1966 bis 1977 festigte ein stetiger Fortschritt die Position von Präsident Mobutu Sese Seko. Im Jahr 1966 verursachte die Verstaatlichung der Union Minière schwierige Probleme, da ein großer Mangel an afrikanischen Führungskräften bestand. Nach der Abwertung der Jahre 1961 und 1963 versuchte man, mit der Währungsreform von 1967 der Landeswährung wieder größere Stabilität zu verleihen, und Zaïre damit eine solide, internationale Notierung zu verschaffen. Auf diese Weise wiederum konnte eine politische Reform großen Ausmaßes einsetzen, die sämtliche Aspekte des nationalen Lebens dem Mouvement Populaire de la Révolution (MPR), 1970 Einheitspartei, unterordnete. Die Ideologie dieses Verbandes konnte mit einem Wort umrissen werden: »Authentizität«. Der »Rückgriff auf die Authenzitität« bezeugte den Willen, seine Probleme in die eigenen Hände zu nehmen und eigene Lösungen zu finden, indem man aus seinen eigenen Quellen und Reserven schöpfte. Eine »babylonische Sprachverwirrung« veränderte den Wortschatz: Personen-, Orts- und Familiennamen wurden »zaïrisiert«.

Die Regimegegner betonten, daß es sich lediglich um Änderung von Wörtern handele. An der Wirklichkeit der internen und externen Produktionserträge änderte das nichts. Es blieb der überragende Einfluß der Vereinigten Staaten und der Westmächte, trotz der anfänglich gespannten, später jedoch fast herzlichen Verbindung zu Belgien. Zaïre wollte seine Beziehungen vielseitiger gestalten. Es zeigte sich besonders Frankreich und der Volksrepublik China gegenüber offen. Es entwickelte sich auf diese Weise zum Vermittler der umfangreichen Hilfe, die der FLNA und der UNITA von den USA und China zufloß. Im

Auf dem Weg zur Unabhängigkeit

Mai 1976 mußte Mobutu den Sieg der MPLA anerkennen, und ein Jahr später nahm er Beziehungen zum Lunda-Regime auf. Angola bot in der Tat mit seiner Eisenbahnlinie von Benguela zum Hafen Lobito die einzige bequeme Ausfuhrmöglichkeit für das Kupfer aus der zaïrischen Schabaprovinz. In den Jahren 1972 bis 1977 führten neue Entwicklungen zu Veränderungen in der Machtkonzentration an der Spitze. Die Regierung und das Exekutivkomitee der MPR verschmolzen im Jahr 1972 in einem nationalen Exekutivrat, deren Staatskommissare Ministerfunktion ausübten.

Die Verfassungsänderung von 1974 belegte das Staatsoberhaupt zusätzlich mit dem Amt des Chefs des nationalen Exekutivrates, des Präsidenten des nationalen Legislativrates und des Chefs der Justizgewalt, wie auch der Streitmächte. Im Jahr 1975 wurde ein ständiges Komitee des Politbüros der MPR von etwa zehn Mitgliedern eingerichtet. Die Invasion der Schabaprovinz durch die »Gendarmen« im Jahr 1977 brachte die Regierung vorübergehend in Verwirrung, ehe sie dann eine siegreiche Gegenoffensive startete. Ein marokkanisches Expeditionskorps und Frankreich kamen ihr zu Hilfe.

Die zaïrische Wirtschaft sah sich im Jahr 1977 tatsächlichen Schwierigkeiten gegenüber. Der Mangel an Lebensmitteln in den rasant anwachsenden Städten führte zu umfangreichen Importen, die 30 % der Devisen schluckten und dadurch die Zahlungsbilanz aus dem Gleichgewicht brachten. Dieses Mißverhältnis rührte von den niedrigen Erzeugerpreisen und von einer inadäquaten Organisation der Transporte und des Marktes in diesem echten Subkontinent Zaïre her. Die Abhängigkeit der Versorgung, gegen die eine Realpolitik ankämpfte, fand ihr Gegenstück in einem Nebenbereich, in welchem die Erze wie Kupfer, Kobalt und Diamanten mehr als 65 % des Exportwertes ausmachten. Der stark schwankende Umsatz dieser Produkte hing von den großen Industrieländern ab.

Die Energiewirtschaft Zaïres konnte sich vor allem auf die Erdölfunde von Moanda, auf das Uranerz von Schaba und auf das gigantische hydro-elektrische Potential stützen, das man allmählich auszunutzen begann. Um die Verhüttung in der Schabaprovinz speisen zu können, entwickelte man z. B. die Projekte Inga I und Inga II an den Inga-Fällen. Der Gigant Zaïre bemüht sich, mit Hilfe seiner unermeßlichen Reichtümer alle Mittel der Politik auszuschöpfen.

2. Ruanda und Urundi

Diese beiden Länder waren abhängige Territorien, die eng an das kongolesische Wirtschaftssystem angeschlossen waren und stark unter der Überbevölkerung (100 Einwohner pro qkm) zu leiden hatten. Vorteile zogen sie hingegen aus ihrer Regierungsform, einer Art der indirekten Verwaltung *(indirect rule)* mit gleichsam feudalistischer Struktur unter der Herrschaft zweier Mwami (Könige). 1956 ergriffen die Belgier die Initiative, um hier Wahlen für konsultative Räte zu organisieren. Die Einführung des Demokratieprinzips mußte die Grundfesten einer bis dahin mittelalterlichen Gesellschaft erschüttern. Die ehemals herrschende Aristokratie der Tussi und die bis zu dem Zeitpunkt primitiven Bauern der Hutu (80 % der Bevölkerung) begehrten heftig auf, vor allem in Ruanda. Hier verhalf der plötzliche Tod des Mwami Kigeri V. an die Macht, der bei den Hutu nicht sehr angesehen war. Während der darauffolgenden schweren Unruhen wurden viele Tussi niedergemetzelt. Sie flohen in großer Zahl nach Uganda, wo

590   *Das Erwachen Schwarzafrikas*

man ihnen Zuflucht gewährte. Selbst das Eingreifen belgischer Truppen konnte
die gewaltsamen Forderungen der Hutu nicht beschwichtigen. 1960 riet eine
UNO-Mission zu allgemeinen Wahlen, die die Unabhängigkeit vorbereiten sollten (1. Juli 1962). Trotz des wiederholten Ratschlags der UNO, wegen der
Einheit die Unabhängigkeit gemeinsam zu erwerben, erreichten die beiden Territorien sie getrennt.

In **Ruanda** (Hauptstadt Kigali) mußte der Mwami Kigeri vor der Unabhängigkeit fliehen. Das bedeutete das Ende des Feudalsystems. Man errichtete
eine republikanische Regierungsform und bestimmte Kayibanda, den Führer der
Parmehutu (Partei der Hutu) zum Regierungschef. Die Parmehutu des G. Kayibanda wurde allmählich von den Gitarama des Zentrums vereinnahmt. Die
Wirkung blieb nicht aus. Mit einem Staatsstreich am 5. Juli 1973 übernahm
General J. Habyarimana, ein »Nordstaatler«, die Macht.

Doch war die Militarisierung des Regimes nicht einfach eine regionalistische
Angelegenheit. Sie endete mit der Auflösung der Parmehutu, mit der Zentralisierung der Verwaltung, der Öffnung zu den Nachbarländern und mit der Absichtserklärung, sich mit der Tussi-Gruppe zu versöhnen. »Dreimächtekonferen-
zen«, wie die vom Juni 1974, vereinigten die Abgesandten Ruandas, Zaïres und
Urundis. Urundi faßte die Bildung einer Wirtschaftsgemeinschaft der Große-
Seen-Gebiete ins Auge. Im Juli 1975 formierte sich das *Mouvement Révolutionnaire National pour le Développement* (MRND) mit dem Ziel, alle Ruander
zusammenzuschließen.

In Burundi installierte sich die Regierungsform einer konstitutionellen Monarchie. Den Mwami unterstützte die Uprona-Partei. Sein Sohn, Prinz Louis
Rwagasore, führte diese nationalistische und fortschrittliche Partei. Nachdem er
1961 ermordet worden war, entwickelte sich Urundi sehr schnell zu einem Rück-
zugsgebiet für die Rebellen aus dem Kongogebiet. So entstand zwischen diesen
beiden Ländern eine starke diplomatische Spannung. Bis zum Jahr 1965 durch-
schritt Urundi (Hauptstadt Bujumbura) Zeiten blutiger Unruhen, die im November 1966 mit einem militärischen Staatsstreich ein Ende fanden. Der Hauptmann M. Micombero, der von Ch. Ndizaye, einem Erbprinzen, der seinen eigenen
Vater abgesetzt hatte, zum Premierminister ernannt worden war, beseitigte den
Prinzen und rief die Republik aus. Er selbst wurde ihr Präsident. Während der
Regierungszeit von Oberst Micombero wurde die weltweite Anerkennung von
rücksichtslosen Säuberungsaktionen erschüttert. Man hatte es darauf abgesehen,
die Hutu-Bevölkerung zu beseitigen, die im Jahr 1972 durch einen Aufstand die
Aufmerksamkeit auf sich gezogen hatte. Der Oberste Rat der Republik (CSR)
und die *Jeunesses Révolutionnaires Rwagasore* (JRR) standen unter starkem
Tussi-Einfluß. Diese selbst wurden von den Tussi-Hime der Südprovinz von
Urundi geführt.

Indessen mißbilligte die neue Verfassung vom Juni 1974 ausdrücklich jede Art
von Unterscheidung, jegliche Propaganda für Rassendiskriminierung. Die Wahlen vom November 1974 verlängerten die Amtszeit General Micomberos als
Präsident der Republik und als Generalsekretär der UPRONA. 1976 aber stürzte ihn ein anderer Tussi-Offizier, Oberst J. B. Bagaza, und nahm seinen Platz
ein.

Der bevölkerungspolitische Druck und fehlende Beamten-Kader – eine beträchtliche Zahl von ihnen war ausgewandert – vermehrten die Schwierigkeiten Ruandas und Urundis zusätzlich.

Auf dem Weg zur Unabhängigkeit 591

D. Die Länder Britisch-Ostafrikas

1. Der Weg Tanganjikas zur Republik Tansania

In diesen Ländern äußerte sich die Politik Großbritanniens deutlich weniger liberal als in Westafrika. Tanganjika, das ehemalige Mandatsgebiet, übernahm hier bald die Rolle eines Vorkämpfers. In den anderen Ländern von Uganda bis Südrhodesien gestaltete sich der Weg zur Unabhängigkeit immer schwieriger. Der prozentuale Anteil der weißen Bevölkerung stieg, und damit wuchs gleichzeitig der Einfluß der wirtschaftlichen Interessen, vor allem der angelsächsischen. Die Briten hatten geglaubt, eine Föderation aus Tanganjika, Uganda und Kenia verwirklichen zu können. 1948 drängte das *Colonial Office* erneut, diesen Plan in die Tat umzusetzen. Man schuf eine Hohe Kommission von Ostafrika, die sich aus drei Gouverneuren zusammensetzte. Dazu bildete sich eine Zentralversammlung aus Vertretern der drei Länder. Ihre Befugnis erstreckte sich auf den Bereich der Infrastruktur (Häfen, Straßen, Fernmeldewesen) und auf das Finanzwesen. Das Vereinigte Königreich rechnete damit, dieser Zusammenlegung eine Verfassung geben und das *self-government* in diesem erweiterten Rahmen verwirklichen zu können. Doch die politisch-wirtschaftlichen Interessen standen dem entgegen. Die Provinz Buganda, die in Uganda eine Vormachtstellung einnahm, fürchtete, daß die monarchische Struktur in einem heterogeneren Gebilde in Frage gestellt werden könnte. Und zudem wollten die weißen Pflanzer im Hochland von Uganda und Kenia nicht, daß ihr Wohlstand durch die Integration des riesigen und weniger von der Natur begünstigten Tanganjikas – der Name bedeutet etymologisch »dürres Land, öde Stätte« – gefährdet wurde. Eine königliche Kommission, die in den Jahren 1953 und 1955 tagte, versuchte ohne Erfolg, diese Voreingenommenheit aus dem Wege zu räumen.

So mußte zwangsläufig die Entwicklung zur Unabhängigkeit wie in Französisch-Westafrika, wie in Französisch-Äquatorialafrika und wie in Ruanda-Urundi mit einer wirtschaftlichen und politischen Auflösung enden. Belastete sich Großbritannien deshalb mit einem spektakulären Entwicklungsplan, um den weniger begünstigten dieser drei Länder unter die Arme zu greifen? In der Tat entwarf die britische Vereinigung für überseeische Versorgung im Jahr 1946 einen Plan für den Anbau der Erdnuß im Südosten Tanganjikas. Sie erwarb 400 000 ha Land und investierte 35 Millionen Pfund, um den künstlichen Hafen Mtwara und eine Eisenbahnlinie von 240 km Länge zu schaffen. Sie beförderte einen beachtlichen Vorrat an schwerem Gerät zur Einsatzstelle für den Bau, die Urbarmachung und die schweren Arbeiten. Man erwartete eine Spitzenproduktion von 600 000 t pro Jahr. Doch das ausgesuchte Land war nicht das geeignetste, ausbleibender Regen und fehlende Arbeitskräfte besorgten den Rest. Als man 1951 das Experiment abschloß, konnten 9 000 t Erdnüsse geerntet werden. Das Land wurde in Bauerngüter aufgeteilt, und man wendete sich weniger ehrgeizigen aber einträglicheren Projekten zu. Der Hafen Daressalam vergrößerte sich und wurde modernisiert, man baute Staudämme, schuf Forschungsinstitute und moderne Versuchsfarmen. Die Anzahl der Bergwerke wuchs zusehends. Die Sisalindustrie entwickelte sich, Baumwoll- und Kaffeeanbau spielten eine wichtige Rolle. Dazu bemühte man sich, die Ausbildung von Führungskräften voranzutreiben. Alle diese Aktionen schufen die Basis für den wirtschaftlichen und sozialen Aufschwung. Dieser wurde durch die Entwicklung politischer Ideen noch überflügelt.

Im Jahr 1956 befand sich im Legislativrat von Tanganjika kein einziges gewähltes Mitglied und im Exekutivrat nicht einmal ein Afrikaner. 1957 führte man das allgemeine Wahlrecht ein. Das Wahlrecht sah eine Dreiparteienvertretung vor, egalitär für die drei großen Rassengruppen des Landes. Jeder Wähler stimmte gleichzeitig für einen europäischen, afrikanischen und hinduistischen Kandidaten. Bei den Wahlen von 1958 trat die Persönlichkeit von Julius K. Nyerere zum ersten Mal groß in Erscheinung. Er hatte an der Universität von Makerere (Uganda) studiert, 1949 bekam er die Möglichkeit, in Edinburgh in Schottland seine Studien fortzusetzen. Er wurde Lehrer, später Geschichtslehrer in katholischen Schulen Tanganjikas. Bald begeisterte er sich für die intellektuelle, soziale und politische Förderung seiner Landsleute. Als Student hatte er eine Sektion der *Tanganyika African Association* gegründet. Er wurde Präsident dieses Verbandes. Ab 1954 formte er diese Vereinigung Intellektueller in eine Organisation des Volkes um mit einem nationalistisch-politischen Programm: die *Tanganyika African National Union* (TANU). Als Gast beim Kongreß der Labour-Partei und als Abgeordneter Tanganjikas im Mandatsrat sah er sich in der Idee der politischen Befreiung bestätigt. Ernsthaft übte er Kritik an dem anti-demokratischen Charakter des Viel-Rassen-Systems, das 20 000 Europäern, 100 000 Asiaten und 9 Millionen Afrikanern die gleiche Anzahl von Repräsentanten zugestand. Seine Partei, die in den entlegensten Teilen des Landes, im tiefsten Busch und in fast allen Dörfern Gruppen aufgebaut hatte, war weder im Legislativrat noch im Exekutivrat vertreten. Nyerere wurde zum schwarzen Schaf für die Verwaltung der Briten, obwohl er die Unabhängigkeit erst in 25 Jahren erwartete.

Im Jahr 1956 gründete man eine administrative Partei, die *Einheitspartei Tanganjikas,* die die viel-rassischen Pläne von Gouverneur Twining unterstützen sollte. Doch fand sie in den afrikanischen Kreisen nicht viel Zuspruch. Sie entfachte lediglich die Begeisterung der politischen Mitkämpfer der TANU. »Uhuru Na Kazi« (Freiheit und Arbeit) wurde zum Slogan ihrer Partei. Nyerere war ein Anhänger der Gewaltlosigkeit. 1957 ernannte man ihn zusammen mit dem Gewerkschaftler Rashidi Kawawa zum Mitglied des Legislativrates. Kurze Zeit später legte er sein Amt nieder, da man seinen Vorschlägen für eine egalitäre Repräsentation der Afrikaner und Nicht-Afrikaner keine Beachtung geschenkt hatte. Dennoch akzeptierte er es, an den Volksbefragungen von 1958/59 mitzuwirken. Bei den Wahlen von 1958 errang seine Partei alle afrikanischen Sitze. Damit wurde sie der einzig berufene Gesprächspartner für Großbritannien. Zu dieser Zeit rückte Gouverneur Turnbull an die Stelle Twinings, und Jain Mac Leod folgte auf den konservativen Aristokraten Lennox Boyd. Dank der Zusammenarbeit mit Turnbull verlief die Entwicklung zur Unabhängigkeit reibungslos. 1960 formierte sich eine verantwortliche Regierung *(Madaraka),* die Mehrheit der Sitze im gewählten Legislativrat fiel den Afrikanern zu. 70 von 71 afrikanischen Sitzen errang die TANU, und Julius Nyerere wurde *Chiefminister* einer Regierung mit afrikanischer Mehrheit. Im März 1961 kam Staatssekretär Mac Leod nach Daressalam, um den letzten Akt dieser friedlichen aber unbeirrbaren Entwicklung vorzunehmen. Der 1. Mai war der Augenblick der totalen innerstaatlichen Autonomie: kein Abgeordneter im Legislativrat wurde mehr zum Gouverneur ernannt und dieser selbst hatte nicht länger den Vorsitz.

Auf dem Weg zur Unabhängigkeit 593

Nyerere übernahm das Amt des Premierministers. Er war ein hitziger Anhänger der afrikanischen Einheit. Falls notwendig, hätte er die Unabhängigkeit Tanganjikas zurückgestellt, um im Sturmschritt auf eine Föderation zuzugehen, der die Unabhängigkeit gewährt würde. Unabhängigkeit oder zuerst die Einheit war die Frage. Das Problem stellte sich hier fast unter den gleichen Verhältnissen wie in Westafrika, da die Kolonialmacht auch hier versucht hatte, eine starke administrative Integration in der Hohen Kommission Ostafrikas zu realisieren. Die Antwort Nyoureres lautete: *Uhuru Na Umako* (Freiheit und Einheit). Wie im Westen setzten sich jedoch auch hier Zentrifugalkräfte durch. Am 8. September 1961 um Mitternacht erreichte das Land endlich die nationale Selbständigkeit. Im selben Augenblick hißte man auf dem Gipfel des Kilimandscharo, dem schneebedeckten Dach Afrikas, die grün-gelb-schwarze Fahne Tanganjikas, erhabenes Symbol afrikanischer Wiedergeburt. Nyerere hatte seinen Premierministerposten vorübergehend Rashidi Kawawa überlassen. Im Jahr darauf jedoch bestimmte ihn eine Volksabstimmung zum Ministerpräsidenten, als das Land eine Republik wurde *(Jamhuri)*. Das Land aber litt an der Unermeßlichkeit seines Territoriums ohne ausreichende Infrastruktur. Seine Bodenschätze waren dürftig, und es besaß wenige afrikanische Führungskräfte. Als sich 1964 der Gedanke der Afrikanisierung der Kader innerhalb der Armee ausbreitete, brachte ein Militärputsch Nyerere in Schwierigkeiten. Er mußte die Hilfe britischer Truppen in Anspruch nehmen, um die Ordnung wiederherzustellen. Nach der Unabhängigkeit war Tanganjika das 14. Mitglied des Commonwealth geworden.

Sansibar blieb zusammen mit der Insel Pemba und dem Festlandssaum in Kenia ein Sultanat und britisches Protektorat fast bis zum Jahr 1957. Sansibar, die zauberhafte, duftende Insel, liegt wie ein Kleinod an der Flanke Afrikas. Seit 1926 wurden hier die Mitglieder des Legislativrates ernannt. Das fürstliche Monopol auf den Anbau der Gewürznelke schuf einen beneidenswerten Wohlstand. Der Verwaltungsapparat lag vollständig in britischen Händen. In sozioökonomischer Hinsicht beherrschte die Hindu-Minderheit und vor allem die arabische Minderheit von *compradores*, Pflanzern und Geschäftsleuten, weitgehend die afrikanische Mehrheit (Bantu und Schirasi). Sie lebten als Halbpächter, landwirtschaftliche Arbeiter und vorwiegend als nicht qualifizierte Hilfskräfte. Die Parteien wollten sich in diesem Rahmen installieren. Doch führte das Zusammentreffen der Sprach- und Rassengrenzen einerseits und der sozioökonomischen Grenzen andererseits zu einem Machtkampf von außerordentlicher Heftigkeit.

Seit 1956 spielten die aufgeweckteren und besser organisierten Araber die führende Rolle. Obwohl ihr politischer Zusammenschluß, die Nationalpartei von Sansibar (ZNP), nur eine Minderheit der Bevölkerung repräsentierte, war sie damals außerhalb des Landes beinahe als einzige bekannt. Sie kehrte dem schwarzen Kontinent den Rücken zu und knüpfte mit Ägypten und der VR China Beziehungen an. Sie erschien als die radikalste Partei. Die gemäßigtere Afro-Schirasi Partei (ASP) wurde von den Arabern beschuldigt, Protégé der Briten zu sein. Sie orientierte sich mehr zum Kontinent und lehnte sich sehr an die TANU von Julius Nyerere an. 1959 tauchte am Parteienhimmel die Sansibar und Pemba Volkspartei auf (ZPPP), die in sich eine Abweichlerfraktion der ASP und die Angehörigen der kleinen Satelliteninsel Pemba vereinigte. Diese Randformation, die gewohnheitsmäßig der ZNP verbunden war, sollte eine entscheidende Rolle spielen. Der politische Kampf nahm so immer leidenschaftlichere Formen an. Man boykottierte arabische Geschäfte. Brände, Plünderungen und blutige Schlägereien waren in den vom Sonnenlicht gleißenden Gassen an der Tagesordnung, in denen das geschäftige Treiben der Handwerker weiterging und sich die Wohlgerüche aller Kontinente ausbreiteten. Die Wahlen vom Januar 1961 brachten zwei gleichwertige Kräfte hervor, die ZNP und die ASP errangen die gleiche Anzahl von Sitzen. Die ZPPP hatte sich auf die beiden Parteien verteilt. Das führte im Legislativrat zu einer ausweglosen Situation. Neue Wahlen im Juni 1961 – Unruhen und Blutbäder begleiteten sie – brachten der ZNP einen kleinen Vorsprung (ein Abgeordneter). Die ZNP-ZPPP-Koalition kam an die Macht. Diesmal klagte die ASP sie des heimlichen Einverständnisses mit der britischen Obrigkeit an und wurde in der Opposition radikaler als die ZNP. Dennoch erkannte die ASP sehr wohl, daß sie unter britischem Regiment weitaus größere Chancen hätte, sich durchzusetzen, als unter der souveränen Herrschaft der ZNP nach der Unabhängigkeit. Deshalb forderte die ASP bei der verfassunggebenden Konferenz von 1962, in der über die Entwicklung zu Autonomie und Unabhängigkeit beraten wurde, wie die UPC in Kamerun, Neuwahlen vor der Unabhängigkeit. Die ZNP, die sich bereits an der Macht befand, hielt diese Vorschläge für überflüssig. London hingegen nahm die zögernde Haltung des »wait and see« ein.

Auf dem Kontinent aber überstürzte sich der Rhythmus der Entwicklung. 1963, als Kenia unabhängig wurde, duldete der Sultan, daß der Festlandstreifen, der seiner Gerichtsbarkeit unterstand, Kenia zugeschlagen wurde. Im Juni 1963 erlangte Sansibar die Autonomie. Mohammed Shamte von der ZPPP, der bereits *Chiefminister* war, ernannte man zum Premierminister. Die ZNP von Ali Muchin, die inzwischen an Bedeutung gewonnen hatte, hielt sich geschickterweise abseits. Bei den Wahlen vom Juli 1963 gewann die ASP mehr Stimmen als ihre Gegner. Diese Stimmen waren aber auf eine begrenzte Anzahl von Wahlkreisen konzentriert. Deshalb mußte sie sich mit einer geringeren Anzahl von Sitzen zufriedengeben. Am 10. Dezember 1963 erhielt Sansibar die Unabhängigkeit unter der Regierungsform einer konstitutionellen Monarchie mit dem Sultan an der Spitze. Die ASP führte mit ihrem wiedergewonnenen Führer Abeid Karume einen erbitterten Oppositionskampf, dessen Gründe vor allem in den wirtschaftlichen Schwierigkeiten der Insel zu sehen waren. Sansibar realisierte bald, daß sein Schicksal untrennbar mit dem des Kontinents verbunden war. Auf dieser Erkenntnis setzte sich die ASP durch. Im Januar 1964 beseitigte ein unerwarteter Militärputsch von Polizeikräften unter der Führung des Generals John Okello aus Uganda das Sultanregime fast ohne einen Schwertstreich. Er floh ins Exil, und man proklamierte die Republik Sansibar. Die Führer der ASP wurden an die Macht gerufen, und Abeid Karume wurde Präsident. Damit endete die lange Epoche arabischer Herrschaft. 1964 besiegelte Sansibar eine Union mit Tanganjika, es entstand die Vereinigte Republik Tansania. Julius Nyerere wurde ihr Präsident, A. Karume Vizepräsident. Seit der Erklärung von Arusha vom 5. Februar 1967, mit der man sich für einen afrikanischen Sozialismus aussprach, erschütterten viele Ereignisse die Tansania-Regierung. Doch nichts konnte sie von ihrem Weg abbringen: nicht die Ermordung des Sansibar-Führers A. Karume, nicht der Konflikt mit dem Ex-Generalsekretär der TANU, Oscar Kambona, nicht die Schwierigkeiten mit Uganda nach dem Ausschluß des Ex-Premierministers M. Obote, nicht die Reibereien zwischen »rechtem« und »linkem« Flü-

Auf dem Weg zur Unabhängigkeit

gel der TANU und auch nicht die Forderungen der Radikalen nach größerer Wachsamkeit gegenüber dem Bürokratismus, nach einer entschlosseneren politischen Erziehung und nach der Aufstellung einer Miliz. Im Jahr 1975 wurden mehr als 7 000 Gemeinschaftsdörfer (ujaama) geschaffen, in denen 65 % der Bevölkerung Aufnahme fanden, d. h. 9 Millionen Menschen. Die Banken und zahlreiche Besitzungen verstaatlichte man. Die Ämter des Vizepräsidenten und des Premierministers vereinigten sich in der Person R. Kawawas. In den Beziehungen zu den Nachbarländern gab es oft Schwierigkeiten. Mit Urundi: die Bekämpfung der Hutu führte zu einem Appell Nyouseres an die Organisation für die Einheit Afrikas (OAE); mit Kenia komplizierten sich die ideologischen Meinungsverschiedenheiten durch Grenzprobleme. Auf der anderen Seite unterzeichnete Tansania im September 1975 mit Moçambique ein wirtschaftliches und ideologisches Abkommen. Unter den afrikanischen Ländern, die in vorderster Linie standen, genoß Tansania wegen der Zuverlässigkeit seines nationalistischen Engagements und der Kraft seines Entwicklungsprogramms ein besonderes Ansehen.

2. In Kenia

a) Anfänge der nationalistischen Bewegung

Kenia brauchte 15 Jahre, um einen afrikanischen Führer anzuerkennen. Dabei war Jomo Kenyatta (J. Kamai) seit 1947 da. Aus London nach Durchlaufen der *London School of Economics* zurückgekehrt, wurde er bald zum Inbegriff für die Infragestellung des damals herrschenden Systems in Kenia. Er hatte eine aufsehenerregende Schrift mit dem Titel *Facing Mount Kenya* veröffentlicht, in welcher er sich mit seinem Volk, den Kikujus, beschäftigte. In der Tat waren die Kikujus und verwandte Völker (Meru, Embu) die Bevölkerungsgruppen in Kenia, die am stärksten vom Kolonialsystem beeinträchtigt worden sind. Kenia war tatsächlich eine *Besiedlungskolonie*. Im Jahr 1950 konnte man hier ca. 60 000 Europäer zählen, die mehr als 43 000 qkm Land besaßen. 34 000 qkm davon lagen in dem fruchtbaren Hochland, den *White Highlands,* und konnten unter den Pflug genommen werden. Eine winzige Minderheit der Bevölkerung (1 %) besetzte auf diese Weise 25 % des anbaufähigen Bodens des Landes. Die Schwarzen, die sich in den Reservaten mit den ausgelaugten Böden zusammendrängten, strömten in die Städte, wo sämtliche Geschäfte in den Händen der Europäer und der Hindus lagen (ca. 160 000). Arbeitslosigkeit, Elendsviertel und Rassentrennung – so sah das Los der Afrikaner hier gewöhnlich aus. Im Legislativrat hatten sie 4 Vertreter gegenüber 9 der europäischen Kolonisten. Die Bemühungen der britischen Regierung, die Lebensbedingungen der Landbevölkerung zu verbessern, blieben ohne nennenswerte Erfolge.

Trat man Jomo Kenyatta gegenüber, so hatte man den Eindruck, einer Naturgewalt zu begegnen: hoher Wuchs, ein Gesicht wie aus Ebenholz geschnitzt, das von zwei großen, lebhaften Augen beherrscht wurde, riesige Hände, wie geschaffen, ein großes Vorhaben anzupacken. Er war sehr traditionsgebunden, trug den Schweif eines Tieres und die Kikuju-Kappe und praktizierte dennoch mit bewußtem Kontrast die westliche Etikette. Seine kräftige, ruhige Stimme strahlte große Ruhe und unerschütterliche Entschlossenheit aus. Die damalige britische Regierung verstand es nicht, in diesem Mann, der so begierig war, sich zu profilieren, den wesentlichen politischen Zug zu erkennen. Jomo Kenyatta hatte bereits als Lehrer eine Erziehervereinigung gegründet. Bald wurde er der Präsident der *Kenya African Union.* Das Programm dieser Partei hatte nichts Aufrührerisches. Es forderte eine Vermehrung der Vertretung der Afrikaner im Legislativrat von vier auf zwölf. Es sprach sich weiterhin für die Gleichheit im Exekutivrat aus, für die Pflege demokratischer Meinungs- und Versammlungsfreiheit, für die Entwicklung des Erziehungswesens der Afrikaner, für die Unterstützung der Gewerkschaften usw. Gleichzeitig brandmarkte Kenyatta die Apathie seiner eigenen Landsleute gegenüber der Korruption der Funktionäre und Beamten und die Trägheit der Bauern. Kurz, Jomo Kenyatta war ein Anhänger des Modernen und ein Patriot. Er zögerte dennoch nicht, ins Bewußtsein der politischen Kämpfer seiner Partei traditionelle Elemente wie die Altersklassen in der Gesellschaft einzuführen.

b) Die Mau-Mau-Bewegung
Ab 1950 ergriff den Stamm der Kikuju eine große Unruhe. Es war der entwickeltste Stamm, und sein Land war dasjenige, das am stärksten unter der aufdringlichen Gegenwart der Kolonisten gelitten hatte. Im Untergrund formierten sich Gruppen, die ihre Mitglieder durch Schwur und Opfer zur Solidarität verpflichteten. Diese Zusammengehörigkeit offenbarte sich nicht selten bei blutigen Überfällen gegen die Europäer oder gegen Afrikaner, die für sie arbeiteten oder auch nur mit ihnen verkehrten: Dienerschaft, Christen, kollaborierende Häuptlinge. Ein gesteigerter Fremdenhaß bemächtigte sich vieler Afrikaner auf den Hochebenen, die von den Weißen beherrscht wurden. Meuchelmorde und Sabotageakte folgten aufeinander. Außerhalb des Landes wurde die Bewegung als Mau-Mau-Bewegung bekannt. Manche stellten Kenyatta in der Weltpresse als die verfluchte Seele dieses Aufstandes dar. Großbritannien beschleunigte daraufhin keineswegs den Prozeß der politischen Liberalisierung in Kenia, im Gegenteil. Die Europäer forderten eine verstärkte weiße Herrschaft, damit die Situation unter Kontrolle gebracht werden könne. »Wir sind hier, und wir bleiben hier«, lautete die Überschrift eines Manifestes, das sie an die Adresse der Politiker in London richteten. Sie forderten von ihnen eine klare Stellungnahme über die Dauer und das Engagement der Macht in Kenia durch die Weißen. Sie wandten sich Rhodesien und Südafrika zu. Nun war der Moment für die extremistischen Gewerkschaftsführer, wie den Hindu M. Singh und den Hitzkopf Fred Kubai gekommen, da sie die Gewerkschaften für eine heftige antieuropäische und anti-kollaboristische Agitation einsetzten. Man nahm sie gefangen, und der Generalstreik dauerte nicht lange. Im Jahr 1951 kündigte der Staatssekretär für die Kolonien, James Griffith, an, daß im Verfassungsbereich nichts Neues unternommen würde. Gouverneur Mitchell, dessen Mandat zweimal verlängert worden war, bemerkte an dieser Situation nichts Alarmierendes. Die Mau-Mau? Ein Juckreiz religiöser Aufwiegelung, wie sie seit Beginn der Kolonisierung immer wieder vorkamen, mehr nicht. Jomo Kenyatta verstärkte seinen Einfluß auf den »Apparat« der *Kenya African Union* (KAU). Seine Reden wurden allmählich bissiger: »Habt keine Angst«, so äußerte er, »euer Blut zu vergießen, um euer Land zurückzuholen.« Die Hymnen der KAU, die Chorälen oder nationalen, britischen Liedern glichen, ersetzten das Wort König durch den Namen Kenyattas. In dieser Pulverfaß-Situation traf im Oktober 1952 der neue Gouverneur Sir E. Baring ein. Gleichsam zu seiner Begrüßung wurde nur 10 km von

Auf dem Weg zur Unabhängigkeit 597

Nairobi entfernt am hellichten Tag ein Attentat verübt. Es beseitigte den alten und treuen Kikuju-Häuptling Waruhiu. Augenblicklich wurde der Ausnahmezustand ausgerufen. Kenyatta und 98 seiner Männer warf man ins Gefängnis. Truppen aus dem Mittleren Orient landeten mit Fallschirmen. Ein Repressionskrieg setzte ein. Auf beiden Seiten spielten sich schreckliche Grausamkeiten ab. Die offizielle Bilanz meldete auf Seiten der Mau-Mau 7 811 Tote und mehr als 100 000 Gefangene, auf der Seite der Ordnungskräfte 470 getötete Afrikaner und 68 Europäer, Militär- und Zivilpersonen. Man machte Jomo Kenyatta für dieses Blutbad verantwortlich, und nachdem man in Kapenguria über ihn zu Gericht gesessen hatte, verurteilte man ihn zu sieben Jahren Gefängnis. War er tatsächlich der Urheber dieser Bewegung? Hat er sie heimlich geführt oder hat er sie toleriert, weil er in ihr das Damoklesschwert sah, das die Weißen womöglich veranlassen könnte, den Befreiungsprozeß zu beschleunigen? Vielleicht aber waren ihm auch extremistische Anhänger zuvorgekommen, wie z. B. die Gruppe der »Vierziger«, alte Kameraden aus der Anfangszeit der vierziger Jahre. Sie hatten eine Zeitlang die schnell verbotene Kikuju-Partei ACK belebt. Niemand wußte es. Im Jahr 1952 fand auf Anregung der Europäer, die alle diese Vermutungen überprüfen wollten, ein öffentliches Hearing in Nairobi statt. Wenn Kenyatta hier auch die Mau-Mau verdammte und nicht ohne Schalk betonte, daß sogar ihr Name in keiner afrikanischen Sprache etwas bedeute, so haben doch immer mehr oder weniger offensichtliche, tatsächliche Verbindungen zwischen der KAU und ACK einerseits, und den Führern, wenn nicht der Mau-Mau-Bewegung andererseits bestanden[36].

Die Haltung Kenyattas war im vorliegenden Fall äußerst subtil. Die Kikuju selbst waren uneins. Manche unter ihnen – eingeschlossen die Christen, die sich an den animistischen Praktiken der Mau-Mau stießen – glaubten, daß dieser blutige Aufstand die Entwicklung nur aufhalten werde. Klarste Folgerung aus dieser Erhebung war, daß das politische Problem Kenias ohne Umschweife der britischen Meinung gegenübergestellt werden mußte. Selbst die weißen Kolonisten mußten erkennen, daß die Dinge nicht mehr wie vorher weiterlaufen konnten. Der neue Staatssekretär für die Kolonien, Lyttelton, überarbeitete das Problem mit der Vorstellung einer vielrassischen Gemeinschaft unter der britischen *leadership* Londons und der Kolonisten. Diese sollten im neuen, in Nairobi vorgesehenen Ministerrat drei, die Asiaten zwei und die Afrikaner erstmals einen Minister stellen. Allein diese Idee löste eine lebhafte Reaktion unter den Weißen aus. Eine Ausnahme bildete M. Blundell, der Vertreter des Rift Valley, der in der Viel-Rassen-Politik die letzte Rettung sah. Die Ultras gruppierten sich um Kapitän Briggs. Der Gouverneur schob den angesehensten gemäßigten afrikanischen Politiker jener Epoche, E. Mathu, der zufällig ein Kikuju war, ab. Dieser Ostrassismus enttäuschte alle afrikanischen Beobachter. Die Föderation der Gewerkschaften profitierte davon. Ihre Führung lag in den Händen des talentierten Tom Mboya. Schnell erwarb sie den Ruf einer scharfen politischen Opposition. Der neue Staatssekretär, A. Lennox Boyd, beschloß, auf diese verschlimmerte Lage zu reagieren und der Entwicklung Einhalt zu gebieten. Er ließ erneut Parteien zu, jedoch ausschließlich im Rahmen des Bezirks, d. h. des

---

36 Der Name hat seinen Ursprung im Brüllen des Löwen, den die Anhänger der sykretistischen Kikuju-Religion (die *watu-wa-mungu*) angenommen haben. Z. B. stieß »das Volk Gottes« im Trancezustand Schreie dieser Art aus (s. *Prés. Afr.*).

Stammes. Gemäß der Lyttelton-Verfassung konnten bei den Wahlen allein die Inhaber eines Loyalitätszeugnisses bei den Kikuju-, Ebu- und Merustämmen abstimmen. Da man die Wahlstimme als ein Privileg und nicht als ein Recht betrachtete, mußten strenge Kriterien erfüllt werden. Und diejenigen, die ein Maximum an Voraussetzungen auf sich vereinten, kamen in den Genuß einer Mehrstimmenwahl, was bis zu drei Stimmen pro Kopf bedeuten konnte. Bei diesen Wahlen setzte sich die europäische Partei von Briggs durch. Die europäischen Beamten setzten sich dafür ein, den gemäßigten Mathu zugunsten eines Nicht-Kikuju auszuschalten. Gleichzeitig gaben der europäische und der afrikanische Block den Finanzmann E. Vasey, einen Anhänger der »Viel-Rassen-Idee« auf, und er wurde geschlagen. Er gehörte zu jenen Männern, die ihre Dienste später J. Nyerere anbieten werden.

Lennox Boyd – er hatte den Afrikanern einen Minister mehr zugestanden – hatte verlangt, daß das Gleichgewicht der rassischen Kräfte in Kenia festgesetzt und gleichsam für zehn Jahre eingefroren werden müßte. Das klang um so paradoxer, als Tom Mboja, der beabsichtigt hatte, die Wahlen zu boykottieren, auf Anraten Aneurin Bevans seine Meinung änderte und einem jungen afrikanischen Juristen, A. Kodhek, den Sitz von Nairobi abjagte. Ohne Zögern boykottierte die Anwendung der Verfassung durch Verschleppung, während Odinga nicht säumte, den Namen Jomo Kenyattas öffentlich zu rühmen. So formierten sich auf beiden Seiten zwei Parteien, von denen die dynamischste und stärkste auch die radikalste war, zugunsten der Europäer bzw. der Afrikaner. Die *Vereinigte Partei* von Briggs siegte über die *Viel-Rassen-Partei* von Blundell. Die *Afro-Asiatische-Viel-Rassen-Partei*, die einen einzigen weißen Überläufer besaß, wurde von Muliro geführt. Sie unterlag indessen der *Unabhängigen Kenia-Partei*, die sich unter der Leitung Odingas und Tom Mbojas befand. Mehrere Ereignisse bestimmten den Rhythmus der Reformen. Im Jahr 1959 gestand man nach dem Bericht der königlichen Kommission für Ostafrika den Kenianern aller Rassen das Recht auf Eigentum auf dem Hochland zu. Zum großen Zorn der Weißen fiel ihr Monopol. Das Jahr 1960 brachte außerdem vielen francophonen afrikanischen Ländern die Unabhängigkeit. Mac Leod, der Lennox Boyds Platz einnahm, wartete mit völlig neuen Plänen auf. Zu Beginn des Jahres 1960 versammelte eine politische Konferenz im *Lancaster House* alle Führer Kenias. Hier faßten die Afrikaner sogleich den Entschluß, die Delegationen der beiden Parteien unter der Führung R. Ngalas und Tom Mbojas zu vereinen. Sie forderten, da Jomo Kenyatta nicht anwesend sein konnte, den Auftritt seines alten Gefährten Koinange, damaliger Resident in Ghana.

c) Die Unabhängigkeit

Der Zeitpunkt war gekommen, wo Premierminister Macmillan auf seiner Reise durch Afrika die Worte vom »Wechsel der Windrichtung« sprach. Trotz der Verbitterung von Briggs über den Sieg der Mau-Mau (wie er sich ausdrückte) und dank der Einsicht Blundells setzten sich die Afrikaner im *Lancaster House* durch: von nun an stand ihnen die Mehrheit im Legislativrat und im Exekutivrat zu. Ohne Unterstützung durch eine Mehrheit von Afrikanern war es keinem Europäer mehr möglich, gewählt zu werden. Indes erklärte Tom Mboja auf der Rückkehr von *Lancaster House* bereits auf dem Flughafen von Nairobi, daß diese Vereinbarungen überschritten würden: »Der Kampf geht weiter!« präzisierte er. In der Tat ließen die Nationalisten Kenias im Gegensatz zu den An-

Auf dem Weg zur Unabhängigkeit 599

hängern der »Viel-Rassen-Idee« für die europäische Gemeinschaft keine Kollektivrechte gelten, sondern nur zu präzisierende Garantien für individuelle Rechte. Im März 1960 wurde die *Kenya African National Union* (KANU) geboren. Ihr Slogan lautete *»Uhuru«* (Freiheit), ihr »theoretischer« Präsident war Jomo Kenyatta.

Separatistische Kräfte tauchten auf und erschütterten die nationalistische Bewegung. Die KANU schien stark von den größten Volksgruppen der Kikuju, Luo, Embu und Kamba beherrscht zu werden. Die Stämme der Hirtennomaden, Massai und Kalenjil, welche sich als die Erstbesitzer des reichen Hochlandes – noch vor dem Eintreffen der Kikujus – bezeichneten, schlossen sich in einer Gegenpartei zusammen: die KADU – *Kenyan African Democratic Union*. Die Führung übernahmen Ngala und Muliro. Die aufflackernde Gefahr führte zu umfangreichen Investitionsrücknahmen seitens der Privatleute und der europäischen Gesellschaften; zumal die KANU sich weigerte, nachdem sie bei den Wahlen von 1961 als Sieger bestanden hatte, zu kooperieren und die Regierung zu bilden. Sie verlangte als Vorbedingung die Freilassung Jomo Kenyattas. Gouverneur Remison lehnte ab. Er sah in Kenyatta immer noch »den afrikanischen Führer zur Finsternis und zum Tod«. Stattdessen bat er den Führer der Minderheit, R. Ngala, welcher letztlich annahm und eine Koalitionsregierung mit Blundell und den Asiaten schuf. Doch sie war zum Scheitern verurteilt. Sie mußte den fanatischen Angriff der Nationalisten der KANU über sich ergehen lassen. Der endlich in die Freiheit entlassene J. Kenyatta versuchte – vergebens – die KANU und die KADU unter seinem Schirm zu vereinigen. Die KADU wich in eine regionalistische und girondistische Politik aus. Sie wollte den Minderheiten ihre Rechte garantieren und zog sogar einen Schweizer Experten wegen eines föderalistischen Regimes zu Rate.

Bei der neuerlichen *Lancaster-House*-Konferenz im Jahr 1961 erlebte R. Maudling, wie die Delegation der KANU unter der Führung von Jomo Kenyatta zu den Forderungen der KADU überwechselte. Sie befanden das Zweikammersystem (Repräsentantenkammer und Senat) für gut und auch die Schaffung von sechs Regionen mit lokalen Versammlungen. Das Hauptziel der KANU war tatsächlich die Unabhängigkeit, deshalb war sie durchaus bereit, in dieser Hinsicht Konzessionen zu machen. Alsbald jedoch begann es in den eigenen Reihen zu kriseln. Da hier die Luo von Tom Mboya glaubten, daß die Kikuju sich den Löwenanteil sicherten, trennten sie sich vorübergehend in den Parteien mit Stammesbasis. Auf der anderen Seite bahnte sich ein heftiger Kampf zwischen den beiden wichtigsten Leuten Jomo Kenyattas an, zwischen Odinga und Tom Mboya. Der alte Führer spürte, daß seine Partei bröckelig wurde. Er nahm sie erneut energisch in die Hand und führte sie bei den Wahlen vom Mai 1962 zu einem glänzenden Sieg. Die KANU setzte sich daraufhin als einzige wirklich nationale Partei durch. Jomo Kenyatta bildete die Regierung, Odinga wurde Innenminister, Tom Mboya Minister der Justiz und für Verfassungsfragen. Als Realist und Grandseigneur knüpfte er unverzüglich erneute Verbindungen mit den weißen Siedlern an. In Nakuru bereiteten sie ihm Ovationen. Die letzte Londoner Konferenz vom September 1963 brachte die beiden Parteien KANU und KADU mit ihren zentralistischen und regionalistischen Thesen und mit ihrer gegenseitigen Erpressung in Konflikt. Die KANU sorgte sich um das Wesentliche: sie erkannte das Recht des freien Verkehrs der Ordnungskräfte im gesamten Territorium an. Am 12. Dezember 1963 fand das große Fest der Unabhängigkeit statt. Doch vermochte es nicht, über die zahlreichen dringlichen Probleme hinwegzutäuschen. Die Somal hatten die Volksbefragungen stets boykottiert und beanspruchten die Integration in Groß-Somalia. Grenzkonflikte bestanden zwischen Äthiopien und Kenia. Die Verhandlungen über eine Föderation Ostafrika, die zwischen Tanganjika und Uganda geführt wurden, scheiterten zum größten Teil am Widerstreben des reichsten Partners: Uganda. Der zum Marxist gewordene Oginga Odinga gründete im Jahr 1966 die *Kenyan People's Union* (KPU). Drei Jahre später verbot man sie und sperrte ihn ein. Nach dem Meuchelmord an Tom Mboya (Juli 1969) und den sich anschließenden Unruhen zwischen den ethnischen Gruppen der Luo und der Kikuju fanden allgemeine Wahlen statt, bei denen nur die Kandidaten der KANU zugelassen waren. Eine Reihe der Veteranen mußte sich geschlagen geben und ihren Platz jungen, aufstrebenden Leuten zur Verfügung stellen. Kenias Probleme schwanden nicht. Der Tourismus brachte zwar Devisen ins Land, folklorisierte und degradierte aber die Kultur und die Gesellschaft. Durch den Ansturm auf die Städte stieg der Prozentsatz an Arbeitslosen enorm an. Prostitution, Inflation und Kriminalität griffen um sich. Die Kikuju, die Volksgruppe von Jomo Kenyatta, betrachtete man als Privilegierte. Angesichts der britischen und asiatischen Herrschaft über Besitz und leitende Positionen des Landes vollzog sich die Afrikanisierung nur sehr langsam. Immer lauter forderte man die wirtschaftliche Dezentralisierung. Schließlich war auch noch die Frage der Nachfolge des alten Präsidenten Kenyatta eine offene Frage. Im September 1974 bestätigte man sein Mandat zum dritten Mal für weitere fünf Jahre. Die Wahlen zeigten, daß seine Minister und Abgeordneten neuen Männern weichen mußten, von denen manch einer seine innere Opposition im Herzen der KANU nicht verbarg. Einer von ihnen, J. Mwang Karuki, wurde 1975 ermordet. Zu einigen Nachbarn Kenias blieb das Verhältnis auch gespannt: Uganda, Äthiopien und Somalia. Dadurch wurde das Projekt einer Gemeinschaft Ostafrikas sehr gefährdet, und die Versöhnungsbemühungen Tansanias blieben ergebnislos.

3. Uganda

a) Die Rolle Bugandas

Die gleichzeitige Entwicklung Ugandas nahm einen sehr eigentümlichen Verlauf. Seit dem 19. Jahrhundert war dieses Land wegen seiner zentralen Lage zum Gegenstand vielfacher imperialistischer Begierden geworden, die sich um die Nilquellen und um den Viktoriasee konzentrierten. Buganda war das Königreich, das am meisten von diesem Konkurrenzkampf profitierte. Es blieb das Lieblingskind der Briten. Doch die Gesamtheit und in der Hauptsache der Süden Ugandas erfreute sich bereits seit der vorkolonialen Epoche eines sehr gut ausgearbeiteten, wenn auch nicht demokratischen so doch sozial-politisch bestimmten Aufbaus. Außerdem kannte das Land weder die Probleme der Armut und der ethnischen Zersplitterung wie in Tanganjika, noch die Sorgen mit einer rassischen Minderheit wie in Kenia.

Doch diese Vorteile offenbarten im Zusammenhang mit dem Aufleben des Nationalismus ihre negativen Seiten. Das Protektoratssystem und mit ihm die indirekte Verwaltung über die Fürstentümer im Zwischenseengebiet gaben diesen eine übermäßig große Macht im politischen Kräftespiel. Außerdem schuf der

Auf dem Weg zur Unabhängigkeit

Reichtum der mit Nutzpflanzen bebauten Landstriche (Baumwolle, Kaffee) auf der Basis kleiner Besitztümer eine Bevölkerung von zufriedenen und lenksamen Bauern. Sie waren revolutionären Ideen kaum zugänglich. Die halb rassisch, halb sozial bedingte Eifersucht, die im übrigen von den lokalen Behörden gegen die reichen Hindu-Kaufleute geschürt wurde – sie beherrschten den Zwischen- und Einzelhandel – war so ziemlich das einzige nennenswerte Streben.

Auf dem administrativen Sektor erstreckte sich der Ehrgeiz der Leute auf das Rennen um akademische Würden, das vom Makarere-College veranstaltet wurde. In der Tat bereiteten die Briten hier eine Reihe von Bugandern auf künftige Kaderposten in der Verwaltung und im technischen Bereich vor. Andererseits verfügten auch die zahlreichen Königshöfe über eine Hierarchie, ihren *cursus honorum*. Er fesselte die Energien der aufstrebenden Generationen. Buganda bildete vor allem mit seinem König (»Kabaka«), mit seinem traditonellen Premierminister, dem *Katikiro* und seinem Rat (*Lukiko*) wahrhaft einen Staat im Staat. Wenn Uganda folglich sehr gut auf die Unabhängigkeit vorbereitet war, so war es doch politisch noch nicht präpariert, sie zu erwerben. Die Widerstandskraft der traditionellen Strukturen, die durch die indirekte Verwaltung lahmgelegt wurden, spielte hier wie in Nordnigeria eine Rolle, nur die Bedingungen unterschieden sich. Denn im Gegensatz zum Sultanat Nord-Nigerias verfügte Buganda über die höchste Anzahl moderner Kader.

Aber anstatt daß Buganda davon profitierte und die Zügel der Entwicklung fest in die Hand nahm, um z. B. auf eine konstitutionelle Monarchie hinzusteuern, kapselte es sich ab und ließ sich vom Rest des Landes nachschleppen. Bis zum Jahr 1962 sperrte es sich systematisch gegen den nationalen Befreiungsprozeß, da es fürchtete, in das Räderwerk demokratischer Verwicklungen zu kommen. Doch das Bündnis, das es damals gezwungenermaßen mit der UPC schließen mußte, stürzte es geradewegs in dieses Getriebe.

In den Jahren 1950 bis 1955 brachte Großbritannien das Rad in Schwung. Bedeutende Verfassungsänderungen wurden vorgenommen. Man erhöhte die Anzahl der afrikanischen Vertreter im Vergleich zu den Weißen und den Asiaten. 1955 wurden z. B. im Legislativrat bis zu 60 Mitglieder einschließlich Sprecher registriert und im Exekutivrat bis zu 13 Mitglieder, 8 Beamte und 5 Nicht-Beamte, unter ihnen 3 Afrikaner. Ignatio Musazi hatte 1952 eine nicht rassisch orientierte politische Partei gegründet, den *Uganda National Congress*. Doch die nicht-rassische und die vielrassische Idee waren zum Scheitern verurteilt. Die traditionellen politischen Pole waren zu mächtig. Der Kabaka Frederik Mutesa II., König von Buganda, ging den Verfassungsräten lediglich aus dem Weg. Er widersetzte sich dem konstitutionellen System. Er hatte indes an der Universität Cambridge Studien betrieben und war Ehrenhauptmann des Grenadierregiments der königlichen Garde geworden. Als der Staatssekretär für die Kolonien während eines offiziellen Diners von der eventuellen Bildung einer Ostafrika-Föderation sprach, spitzten die Häuptlinge Ugandas die Ohren. Sie sahen sich bereits von der Herrschaft der weißen Siedler Kenias bedroht und wußten sehr wohl, welches Los den Häuptlingen in der demokratischen Regierung Ghanas beschieden war. Die Empörung ließ nicht auf sich warten. Buganda sprach von Sezession und isolierter Unabhängigkeit. Es stellte die Forderung, zum britischen Anßenministerium zu gehören und nicht zum Kolonialministerium. Der damalige britische Gouverneur widersetzte sich energisch. Völlig entgegengesetzt zum Abkommen von 1900, das den Kabaka zur Zusammenarbeit mit den britischen Behörden verpflichtete, brach er nun alle Brücken hinter sich, d. h. zum Gouverneur, ab.

Das bedeutete Krise und Kampf. Auf der einen Seite dieser schwarze Fürst, klein, von schlanker, rassiger Gestalt, von dem man nicht wußte, ob seine Ruhe britisches Phlegma oder den Gleichmut afrikanischer Dynasten verriet. Er trug eine Sturheit zur Schau, die Herausforderung verbergen sollte. Ihm gegenüber stand ein Kerl von Gouverneur, hochgewachsen, aufbrausend und hitzig. Seine demokratischen Überzeugungen und das Bewußtsein seiner Macht waren aufs Äußerste gereizt. Der Gouverneur beging den politischen Fehler, den Kabaka nach London zu verbannen. Augenblicklich erschien Mutesa II. als ein Märtyrer, als ein Opfer des Kolonialismus. Der psychologische Schock, der sogar im Volk von Buganda empfunden wurde, war beachtlich. Die Partei, die politischen Veränderungen gegenüber sehr unzugänglich war, wuchs. Die Verbannung des Kabakas lastete wie eine schwere Hypothek auf dem politischen Entwicklungsprozeß, sie lähmte ihn geradezu. Man mußte in London die Verhandlungen mit dem Kabaka wieder aufnehmen. Er akzeptierte eine unbestimmte Art von konstitutioneller Monarchie und kehrte 1955 triumphierend in seine Heimat zurück. Sein Entschluß, niemals zu weichen, war stärker und unverrückbarer als je zuvor. Im Jahr 1957 zog Buganda seine Repräsentanten zurück mit der Behauptung, daß der Legislativrat den Europäern und Asiaten reservierte Sitze sicherte. 1958 gingen die ersten Direktwahlen zum Parlament über die Bühne, bei denen 33 ugandische und 21 asiatische und europäische Abgeordnete ernannt wurden. Buganda lehnte es ab, in dieser Vertretung mitzuwirken. Diese Haltung machte einige Führungskräfte, nunmehr Ugander, nervös. Sie stürzten sich entschlossen ins demokratische Treiben.

b) Die Rolle der politischen Parteien

Unter dem Einfluß der Katholiken und um den Vormarsch der Kommunisten aufzuhalten, hatte sich bereits eine *Democratic Party* (DP) konstituiert. Ihr politisches Programm wurde von der Idee beherrscht, mit der konservativen Aristokratie zu brechen und die Kleinen und Schwachen zu verteidigen. Benedicto Kiwanuka hieß ihr Führer. Eine zweite Partei, die im Verlauf dieser Wahlen hervortrat, war der *Uganda National Congress* (UNC). Diese beiden Parteien drängten die Briten zur Beschleunigung des Entwicklungsprozesses. Für 1960 plante man deshalb Wahlen nach allgemeinem Wahlrecht für eine ausschließlich afrikanische Kammer und für einen Exekutivrat. Diesem sollte ein afrikanischer Premierminister angehören, und das gesamte Kabinett – drei Schlüsselministerien ausgenommen – sollte von Afrikanern gebildet werden. London verhielt sich zunächst abweisend. Der Kabaka, der die drohende Gefahr spürte, reiste nach England. Er forderte die Aufschiebung der nächsten Wahlen und gab als Vorbedingung für seine Beteiligung eine zufriedenstellende Definition der zukünftigen politischen Strukturen seines Landes an.

Nachdem Buganda auf diesem Wege aufgelaufen war, gab es am 3. Dezember 1960 eine einseitige Unabhängigkeitserklärung ab. Das zwang London, den Wahlenentwurf zu akzeptieren, den es zunächst für zu fortschrittlich und für verfrüht gehalten hatte. Im Februar 1960 hatten sich die Nicht-Bugander – empört über die verzögernden Machenschaften des Kabaka – unter der Führerschaft von Apollo Milton Obote im *Uganda People's Congress* (UPC) zusammengefunden. Er übernahm die Stelle des UNC im demokratischen Kampf. Ent-

Auf dem Weg zur Unabhängigkeit 603

gegen den Prognosen bei den Wahlen von 1961 setzte sich der UPC nicht gegen die DP durch. Letztgenannte errang 44 Sitze im Gegensatz zu nur 35 Sitzen der UPC. Buganda übte indessen auf Anordnung des Königs Stimmenthaltung. Der *self-made-man* B. Kiwanuka rückte, nachdem er Rechtsanwalt geworden war, zum Führer der Nationalversammlung auf, dann zum *Chiefminister*, was den Zorn des Kabaka hervorrief.

Bei den Verhandlungen im Juni und September 1961, im Kreis einer Ad-hoc-Kommission und im Verlauf einer Verfassungskonferenz, erreichte der Kabaka, daß das *Lukiko* (Parlament von Buganda) die Abgeordneten Bugandas für den Legislativrat Ugandas bestimmen konnte. Außerdem gelang es ihm, für Buganda das Privileg eines autonomen Status innerhalb der Föderation zu erzwingen, während die Westprovinz mit den Distrikten Bunjoro, Toro und Ankole durch engere halbföderalistische Bande angeschlossen wurde. Nachdem diese Übereinkunft getroffen war, setzte man Neuwahlen für den April des Jahres 1962 fest und den Tag der Unabhängigkeit auf den 9. Oktober 1962. Damals fand ein folgenschweres Ereignis statt. Der UPC, der bis dahin von einem fast anti-bugandischen Geist geprägt war, begriff, daß er nur dadurch, daß er die Basis der DP unterhöhlte, den Sieg über sie davontragen könne. Die DP konnte sich in Buganda nur wegen der hochmütigen Stimmenthaltung des Kabaka vermehren. Dem König selbst reichte der überragende Einfluß der halb-konfessionellen DP. Deshalb bahnten sich zwischen ihm und Milton Obote Verhandlungen an. Man rief eine traditionalistische Partei Bugandas ins Leben, deren Name allein schon für ihr Programm stand: »*Kabaka Yekka*« (der Kabaka allein), KY.

Die Wahlergebnisse zeigten den Sieg der UPC-KY-Koalition, die 58 gegen 24 Sitze der *Democratic Party* gewann. Kiwanuka selbst wurde nicht gewählt, da der *Lukiko* die Sitze Bugandas zuteilte, und da er selbst aus diesem Königreich stammte. Milton Obote wurde deshalb Premierminister, und am 9. Oktober 1962 verkündete man wie vorgesehen die Unabhängigkeit Ugandas. Viele innen- und außenpolitische Probleme blieben aber bestehen. Ein anderes Königreich Ugandas, Bunjoro, zögerte nicht, die 6 »Grafschaften«, die Großbritannien ihm Ende des 19. Jahrhunderts zugunsten Bugandas weggenommen hatte, zurückzufordern. Eine neutrale Kommission prüfte die Frage; sie empfahl die Wiederabtrennung dieser Gebiete und Rückgabe an Bunjoro. Der Kabaka wollte davon nichts wissen, und Milton Obote reagierte nicht. Er war ein Gefangener seines politischen Bündnisses mit dem Kabaka. Ein Referendum in den umstrittenen Gebieten sprach sich mit überwältigender Mehrheit für eine Rückkehr zu Bunjoro aus. Doch Sir Edward Frederik Mutesa II., der inzwischen Staatsoberhaupt der Republik Uganda geworden war, lehnte es ab, den Wiederabtretungsbeschluß zu bestätigen, den die Regierung Obote vorgelegt hatte.

Die Revolution in Ruanda und der Zersetzungsprozeß im Kongo blieben auch nicht ohne Auswirkungen auf Ankole und andere Gebiete Ugandas. Schließlich wies die politische Bühne dieses Landes viele Rollen auf mit dem Staatsoberhaupt Mutesa II., dem Premierminister Milton Obote, dem parlamentarischen Führer, dem Oppositionschef, dem Oberhäuptling von Busoga usw. Das Bündnis zwischen dem UPC von Obote und der KY-Partei Mutesas glich der Heirat zwischen einem Karpfen und einem Kaninchen. Der UPC-Anhänger war ein Demokrat und ein Panafrikaner; das KY-Mitglied war ein Isolationist, Monarchist und Reaktionär. An der Spitze Ugandas mußte es zwangsläufig einen offenen Konflikt geben. Er endete mit der überstürzten Flucht des Kabaka. Föderative

Kräfte, die der Premierminister angefordert hatte, nahmen den Palast des Mutesa im Sturm ein.

1971 stürzte der Putsch General Amins Milton Obote. Dieser hatte die vier traditionellen Königreiche aufgehoben und ein stark zum Sozialismus neigendes Präsidialsystem aufgebaut. Die Wirtschaft kam vor allem im Bereich der Industrie und der Infrastruktur in Schwung.

Mit der Machtübernahme im Januar 1971 verkündete General Idi Amin eine Charta mit 8 Punkten für ein blühendes Uganda. Eine Rückkehr zur Zivilmacht wurde für das Jahr 1976 vorgesehen.

Seitdem lag es in der Macht des Militärs, Verhaftungen vorzunehmen und jeden (wen auch immer) vor ein Militärgericht zu zerren. Der Verteidigungsrat hielt Gericht. Amin entschied in letzter Instanz. Alle Instanzen arbeiteten auf Hochtouren, um die Armee und das Land von Elementen wie den Lango und Atscholi zu säubern, die die Politik Milton Obotes unterstützt hatten. Viele Politiker verschwanden, z. B. der Ex-Premierminister Benoît Kiwanuka. Schrecklich waren auch die Hinrichtungen ohne Gerichtsverfahren, die öffentlich und heimlich stattfanden. Ihnen fiel z. B. der anglikanische Erzbischof von Kampala zum Opfer (Februar 1977). Im Oktober wurde die Nationale Studentenunion von Uganda verboten. Im Dezember konfiszierte man das Vermögen der Briten. Die meisten von ihnen verwies man des Landes. Einige Monate vorher hatten die Asiaten (ca. 40 000) das gleiche Schicksal erlitten. Die Zwistigkeiten mit den Nachbarländern (Kenia, Tansania) entwickelten sich entweder aufgrund von politischen Meinungsverschiedenheiten und wegen Grenzstreitigkeiten oder aber durch die unvorhersehbaren Reaktionen des ugandischen Führers. Sein »Humor« wirkte sich bisweilen schrecklich aus. Stand Idi Amin zunächst Israel nahe, so wurde er unversehens sein Erzfeind. Er wandte sich voll und ganz den arabischen Ländern zu, schließlich ging er so weit, die Ideen der Nazis offen zu verherrlichen.

Auch sein Verhältnis zu Südafrika wandelte sich von politischer Entspannung zu erbitterter Feindschaft.

Der israelische Überfall auf Entebbe am 4. Juli 1976, der zur Befreiung israelischer Geiseln aus einem von Terroristen entführten französischen Airbus führte, zeigte der Welt klar die afrikanische Misere im Bereich militärischer Technik und Aufklärung und offenbarte die tragische Teilung des Kontinents; die Flugzeuge aus Tel Aviv machten Zwischenlandung in Nairobi . . .

E. Britisch-Zentralafrika
   Föderation und Nationalismus

1. Die Unmöglichkeit der Integration

Zentralafrika hatte eine ziemlich konzentrierte weiße Kolonisierung erfahren. Nun befand es sich unter dem langsam anwachsenden Einfluß zweier konträrer Bewegungen: dem afrikanischen Nationalismus des Nordens und dem weißen Rassismus Südafrikas. Nachdem es in einer Föderation einen Modellversuch inter-rassischer Gemeinschaft auf der Basis einer ungleichen *partnership* gewagt hatte, brach es schließlich doch in drei Staaten auseinander. Während die beiden

Auf dem Weg zur Unabhängigkeit

im Norden liegenden das nationalistische Schicksal der Schwarzen miterlebten, verschanzte sich das südliche Land hinter einem System südafrikanischen Typs. Die Föderationsidee war übrigens sehr alt. Bereits 1915 schlugen die Direktoren der *South Africa Company* den Kolonisten Südrhodesiens eine Union mit den Territorien des Nordens vor, um die Verwaltungskosten auf diese Weise zu verbilligen. Die Kolonisten waren zu jener Zeit sehr darum bemüht, das *self-government* zu erreichen. Da sie nicht auf Zuwachs an schwarzer Bevölkerung erpicht waren, lehnten sie dieses Angebot ab. Nach dem Ende der Herrschaft der Kompanie im Jahr 1924 wurde die Integrationsidee 1929 von Sir Milton Young, dem Präsidenten einer britischen Regierungskommission, wiederaufgenommen. Man hatte gerade die Kupfervorkommen von Nordrhodesien entdeckt. In Südafrika war die nationalistische afrikaanse und anti-britisch eingestellte Partei des Generals Hertzog auf Smuts gefolgt. Sir M. Young befürwortete deshalb, Nordrhodesien aufzuteilen. Seine westliche Provinz, das Barotseland, wurde autonom. Den Osten schloß man an Njassaland an. Der Kern mit seinen Kupfervorkommen und der Eisenbahnlinie verschmolz mit Südrhodesien zu einer Einheit. Sie erwies sich als stark genug, unter dem Schutz des afrikaansen Regimes ein Zentrum des Wohlstandes aufzubauen.

Im Jahr 1938 erkannte eine neue britische Kommission die Notwendigkeit einer langfristigen politischen Einheit zwischen den Territorien Njassalands und den beiden Rhodesien. Grundsätzlich wurde die Verschmelzung in einem zukünftigen Dominion bestätigt, doch setzte man seine Verwirklichung bis zu dem Moment aus, an dem Südrhodesien sichere Garantien für eine nicht-rassische Politik bot. Unterdessen sollte ein Beirat Zentralafrikas die technische Zusammenarbeit verstärken. Sie existierte bereits im Bereich des Unterrichtswesens, im Abkommen über die Wanderung der Arbeitskräfte, bei wissenschaftlichen Forschungsunternehmungen usw. Nach dem Krieg strebte ein Großgrundbesitzer aus Nordrhodesien, M. Roy Welensky danach, für dieses Land den Autonomiestatus entsprechend dem Südrhodesiens zu erlangen. Er nutzte die Gelegenheit aus, bei der britischen Regierung erneut auf das Problem der Verschmelzung der drei Territorien hinzuweisen. Vergebliche Mühe! Er ließ sich daraufhin davon überzeugen, daß das weniger ehrgeizige Modell einer Föderation viel leichter zu erreichen wäre und auch solider sei, da es die Rückendeckung des Vereinigten Königreichs besäße. Schnell gelang es, den Premierminister Südrhodesiens, Sir Godfrey Huggins, zu überzeugen, denn sein Land begann langsam durch den beachtlichen Zustrom von Weißen – 16 000 pro Jahr – mit wirtschaftlichen und sehr bedenklichen sozialen Problemen konfrontiert zu werden. Die Föderation stellte insofern eine Lösung dar, als sie wirtschaftlich gesehen ein dynamischeres Ganzes schuf. Es basierte auf vielfältigen Beiträgen: die Landwirtschaft und die moderne Industrie Südrhodesiens, die Bodenschätze Nordrhodesiens und die Arbeitskräfte Njassalands. Auf einer Konferenz im Jahre 1949 nahmen die Abgesandten der drei Länder begeistert das Modell der Föderation an. Doch kein Afrikaner hatte an dieser Zusammenkunft teilgenommen. Daraus erklärt sich die Zurückhaltung des *Colonial Office* in London, wo der Staatssekretär der konservativen Regierung, Jones Creesh, hinlänglich mit der Situation vertraut war. Er durchschaute die Hintergedanken der Weißen in den beiden Rhodesien. Auf seine Bedenken, die sich auf den Platz bezogen, der in diesem Modell für Afrikaner reserviert war, die von Afrikanern gewählt waren, entgegenete G. Huggins, er meine, daß es noch nicht genug zivilisierte Eingeborene gäbe, um die Schaffung eines Wahlbereichs für sie zu rechtfertigen. 1950 schwand nun aber die massive Mehrheit der Labour-Partei bei den britischen Wahlen. Der neugewählte Staatssekretär Griffith war weniger gut über Kolonialfragen unterrichtet. Er konnte sich lediglich nach den mehr oder weniger von Interessen bestimmten Urteilen hoher Beamter in London oder vor Ort richten. In einem Bericht von 1951 fand er heraus, daß sich die Föderation aus wirtschaftlichen Gründen durchsetzte und gegen eine Ausdehnung des südafrikanischen rassistischen Regimes gen Norden Widerstand leistete. Tatsächlich arbeiteten viele Afrikaander im Grubengebiet Nordrhodesiens. Als Demokrat wollte Griffith die Föderation nicht aufzwingen. Er wußte sehr wohl, daß eine der größten Industriefirmen, der *Rhodesian Selection Trust* mit amerikanischem Kapital, nichts sehnlicher wünschte, als die Farbschranken zu sprengen; denn sie blockierte zuweilen die Afrikanisierung mancher qualifizierter Stellen und infolgedessen die Senkung der Kosten. Er wußte es vor allen Dingen, als sich 1951 ein mächtiger Gewerkschaftskongreß (PUS) konstituierte, der sieben bedeutende Teilgebiete vereinte. Die Afrikaner standen der Föderation feindlich gegenüber. Griffith befand sich in einer Sackgasse; er erwartete ihre Initiative.

Sein Nachfolger, M. O. Littleton, war ein dynamischer, lebhafter Geschäftsmann. Er beschloß, die Angelegenheit in Ordnung zu bringen. Für ihn war die Föderation die Formel der goldenen Mitte zwischen den Auswüchsen des afrikanischen Nationalismus und denen des herrschsüchtigen Rassismus der Weißen. 1953 wurde die Föderation ins Leben gerufen. Die Hoffnung begleitete sie, daß ihre wirtschaftlichen Wohltaten die anfängliche feindliche Haltung der Afrikaner besänftigen könnten. Gerade im Oktober 1952 hatten sie ihre Macht und Disziplin bei einem über dreiwöchigen Generalstreik von 37 000 afrikanischen Arbeitern vor Augen geführt. Sie hatten mehr als einen Grund, mißtrauisch zu bleiben. An der Londoner Konferenz über die Föderation konnten sie nicht teilnehmen, ebensowenig an der, die 1949 an den *Viktoria-Fällen* stattfand. Außerdem besaßen die Weißen, die nur 5 %/o der Bevölkerung ausmachten, von den 35 Sitzen in der Bundesversammlung 26 (ca. 75 %/o). Sicher, diese besaß keine Befugnis über afrikanische Angelegenheiten. Doch bestand nicht vielleicht die Möglichkeit, daß diese Kompetenz später mit Hilfe einer Verfassungsänderung einsetzen könnte? Hielt die Präambel nicht außerdem die Möglichkeit fest, die Föderation in ein freies Mitglied des Commonwealth umzuwandeln? Kurz, das Njassaland und Nordrhodesien fühlten sich nicht beschützt. Zusätzlich hatte die Föderation für einen guten Teil der öffentlichen britischen Meinung große Ähnlichkeit mit einer Herausforderung, die sich gegen die Mehrheit der Bevölkerung dieser Territorien richtete. Doch noch wurde diese Mehrheit nicht von den Vorstellungen und Verbänden der Nationalisten in Bewegung gebracht. Auch glichen die ersten Jahre der Föderation einer Art Flitterwochen mit dem Fremdkapital, das wie ein Quell des Reichtums floß. Das war der Augenblick, als sich Sir G. Huggins, der inzwischen Premierminister geworden war, anschickte, in London »die technische Unabhängigkeit in Ermangelung der rechtmäßigen Souveränität« zu fordern. So verriet er den Gegnern der Föderation, was er im Schilde führte.

Bald tauchten Wolken am Himmel auf. Seit 1956 bedrohte eine pro Südafrika eingestellte Partei die föderative Partei des Roy Welensky auf ihrem rechten Flügel. Diesem gelang es auf folgende Weise, von London Konzessionen zu erreichen: er beschwor das Schreckensbild Pretoria und erinnerte an die kürzlich

erreichte Unabhängigkeit Ghanas. Von nun an hingen die außenpolitischen Angelegenheiten der Föderation von seiner Initiative ab. Die letzte rechtmäßige Verantwortung blieb immer noch beim Vereinigten Königreich. Allerdings mischte es sich nicht mehr in die inneren Angelegenheiten der Föderation ein, ausgenommen auf ausdrücklichen Wunsch derselben. 1958 brachte Roy Welensky es fertig, eine Verfassungsänderung durchzubringen. Die Zahl der Repräsentanten in der Bundesversammlung wurde erhöht. Bemerkenswert war vor allem, daß zwei Afrikaner zusätzlich pro Territorium gewählt werden sollten – jedoch durch eine Wählerschaft, die in der Mehrheit aus Weißen bestand. Alles in allem erhielten die Afrikaner also dieselbe Zahl von Gewählten, nämlich sechs Repräsentanten in einer Versammlung, die zwischen 35 und 59 Mitglieder zählte. So errang Roy Welensky bei den Wahlen einen beachtlichen Erfolg gegen die Dominion-Partei von W. Field. Dabei unterstrich er die Unerfahrenheit dieser Partei in öffentlichen Angelegenheiten und bewahrte ein vorsichtiges Schweigen im Verlauf des Wahlkampfes hinsichtlich des Rassenproblems. Schon organisierten sich die Afrikaner auf eigene Verantwortung, sie fühlten sich herabgesetzt. Zweifellos war das Schicksal der Föderation an folgende Frage gebunden: Würde der Nationalismus, der sich inmitten der Föderation aufbaute, rassischer oder nicht-rassischer Natur sein? Wo bliebe die Demokratie im ersten Fall? Wäre im zweiten Fall nicht eine Erziehung der afrikanischen Masse unerläßlich? Doch war diese Erziehung überhaupt möglich, ohne den unmittelbaren Wechsel zu einer Mentalität und zu Strukturen nicht-rassischer oder viel-rassischer Prägung? Konnten diese innerhalb einer weißen Minderheit geschaffen werden, die auf eine politische Vormachtstellung bedacht war, welche ihre wirtschaftlichen Interessen und ihren sozialen Status von Privilegierten garantierte? In diesem Sinn führte F. J. Moffat, der Enkelsohn des berühmten Missionars J. S. Moffat, in Südrhodesien Resolutionen herbei, die dazu beitragen sollten, die Diskriminierung zu vermindern und die weiße Angst auszutreiben. Zur gleichen Zeit vertrieb eine weiße Menge in Ndola unter Hohngelächter einen britischen Abgeordneten mit Namen Stonehouse. Dieser hatte die Kühnheit besessen, die Schwarzen dazu aufzufordern, ihre Rechte wahrzunehmen und zu verteidigen. »Du abartiger weißer Kaffer! Geh zurück zu deiner schwarzen Oma!« schrie man ihm zu, »Das nächste Mal findest du dich im Barackenviertel wieder!«
1957 wurde Kenneth Kaunda in einem Café hart angefahren: »Boys werden hier nicht bedient.« Das zukünftige Staatsoberhaupt von Sambia kommentierte den Zwischenfall mit folgenden Worten: »Wenn die Rassentrennung eine Frage der Erziehung wäre, könnte man ihr entgehen, und sei es, indem man Abendkurse belegte. Wenn es eine Geldfrage wäre, so haben einige Schwarze bereits bewiesen, daß man auch dorthin gelangen kann. Wenn es sich dabei um eine Angelegenheit der Religion handelte, könnte man zur Not etwas ändern. Aber Gott hat mich schwarz geschaffen. Was kann ich daran machen? Das bedeutet nicht, daß ich nicht stolz auf meine schwarze Haut bin.«

2. Auf dem Weg zur Unabhängikeit

a) Malawi

In der Tat erwies sich der Weg des »multiracialisme« (Viel-Rassen-Idee) sehr schnell als eine Sackgasse. Sie endete im egoistischen Interesse der Weißen. Die

Lösung lag demnach in einer autonomen Organisation der Afrikaner, um in Anlehnung an den demokratischen Slogan »Ein Mann, eine Stimme« die Macht zu erringen. In den Territorien gab es bereits Vereinigungen von Eingeborenen für den sozialen Aufstieg. In Njassaland schlossen sie sich seit 1944 im *National African Congress* zusammen. Angesichts dieser Organisation rief die Kolonialverwaltung eine Hierarchie ins Leben, die sich mit Rücksicht auf die lokalen Gegebenheiten auch auf die traditionellen Obrigkeiten aufbaute. Das Ganze begriff sich als eine Art Hilfsapparat für die Verwaltung und als eine Stufe zur Einführung einer autonomen Verwaltung. Den Afrikanischen National-Kongreß betrachtete die Behörde als das Keimzelle einer Partei, die von einem Grüppchen verbitterter Agitatoren geführt wurde.

Im Jahr 1948 konstituierte sich der Nordrhodesien-Kongreß auf den gleichen Grundlagen wie der Kongreß in Njassaland. Vehement wiedersetzten sich diese beiden Organismen der Föderation. Sie übten zugleich einen starken Einfluß auf die eingeborenen Räte aus, die von der Verwaltung geschaffen worden waren. Auf diese Weise errangen die angeblich »unzurechnungsfähigen Intellektuellen« des Nationalkongresses, unter ihnen H. B. Chipembere und M. W. K. Chiume, bei den Wahlen von 1956 in Njassaland die fünf Sitze für den Legislativrat. Dennoch kamen diese Wahlen über die Provinzräte zustande! Deshalb beschlossen die Nationalisten, zur Offensive überzugehen, und erklärten, daß »die einzige Sprache, die der britische Imperialismus verstehe, der extremistische Kampf sei.« Sie boykottierten die Mitwirkung der Schwarzen an der Bundesversammlung von Salisbury, vertrieben die Afrikaner aus dem Kongreß in der Bundeshauptstadt und trugen sie in eine schwarze Liste von Verrätern ein. Als ihnen bewußt wurde, daß sie selbst zu jung waren, um auf das In- und Ausland Eindruck zu machen, wandten sie sich an Dr. Hastings Kamuzu Banda.

Obwohl er der Sohn einfacher Eltern war, hatte er die Möglichkeit erhalten, die Missionsschule zu besuchen. Zur Weiterführung seiner Studien war er nach Südafrika und in die Vereinigten Staaten gegangen. Nachdem er Arzt geworden war, praktizierte er lange Zeit in London. Hier entwickelte sich auch sein Widerspruch gegen die Föderation. Sein Protest wuchs, und er verließ London, um nach Accra zu reisen, wo sich Nkrumah gerade durchgesetzt hatte. Hier erreichte ihn der Ruf der Jungen aus Njassaland. Sie stellten ihn der Masse als Messias vor, als den von der Vorsehung bestimmten Retter. Als man ihm den Vorsitz im Nationalkongreß anbot, nahm er schließlich an. Obwohl er seine Muttersprache fast vergessen hatte, war er in der Lage, d. h. schuf er die Stimmung, die Massen auch mit seinen Reden in englischer Sprache zu begeistern. Ein heftiger Aufruhr gegen das bestehende Regime setzte ein. Als Gegenantwort verkündete man den Notstand und eröffnete das Feuer; fast sechzig Menschen kamen ums Leben. Dr. Banda und seine Getreuen warf man ins Gefängnis. Nach dem Sieg der Konversativen im Jahr 1959 führte Macmillan 1960 seine berühmte Afrikarundfahrt durch. Sie bekräftigte die britische Kolonialpolitik im Sinn der »veränderten Windrichtung«. Je mehr er in die Zone der weißen Vorherrschaft vordrang, von Lagos über Salisbury bis zum Kap, um so deutlicher wies er auf das gewandelte britische Verhältnis zu Afrika hin: »Wir haben am Kap das Erwachen des Nationalbewußtseins bei den Völkern erlebt, die jahrhundertelang in der Abhängigkeit fremder Mächte gelebt hatten ... Heute taucht dasselbe Phänomen in ganz Afrika auf. Die eindringlichste Empfindung, die ich seit meiner Abreise aus London – und das ist einen Monat her – gespürt habe, ist die

Auf dem Weg zur Unabhängigkeit

von der Kraft dieses afrikanischen Nationalbewußtseins. Der Wind der Veränderung fegt über den Kontinent, und ob wir wollen oder nicht, dieses Aufblühen des Nationalbewußtseins ist eine politische Tatsache, der unsere Politik Rechnung tragen muß.« In Njassaland kehrten wieder Ruhe und Ordnung ein. Nachdem man den *Afrikanischen Nationalkongreß* verboten hatte, schuf der erste afrikanische Rechtsanwalt des Landes, O. Chirwa, ein politisches Surrogat: die *Malawi Congress Party*[38]. Sie sah nun hoffnungsvoll der Befreiung Dr. Bandas entgegen. Nach seiner Entlassung änderte er seine Taktik völlig. Er hatte erlebt, wie die afrikanischen politischen Parteien Kenias soeben bei der Konferenz im *Lancaster House* den Sieg über die weißen Siedler davongetragen hatten. Das war ihnen mit Hilfe von Verhandlungen gelungen. Deshalb rief er seinen Landsleuten zu: »Haßt die Weißen nicht! Ich bin nicht gegen die Weißen, sondern gegen das System!« Die neue Verfassung vom August 1960 sah zusätzlich zu den fünf Verwaltungsmitgliedern, die vom Legislativrat ernannt wurden, 33 Abgeordnete vor. Man wählte sie über zwei Wahllisten, in zwei Klassen! Die höhere Klasse hatte 8 Abgeordnete und die untere 20. Dank der Unterstützung durch die Asiaten im höheren Wahlkreis konnte die Partei Malawis 23 von 28 nicht-administrativen Sitzen erringen und kontrollierte somit den Legislativrat mit 23 von 33 Abgeordneten, nachdem sie fast einstimmig den Rest der fünf nicht-administrativen Sitze im Exekutivrat gewonnen hatte. Sie beherrschte den inneren Regierungsapparat; so daß Banda, als er 1962 zu Verhandlungen in London eintraf, unverzüglich erklärte: »Ich komme um zu nehmen. Um das zu nehmen, was mir aufgrund des Stimmrechts und der erfolgreichen Machtprobe zusteht.« 1963 ersetzte man den Exekutivrat durch ein Kabinett unter der Führung Dr. Bandas. Njassaland war »ein Land von Schwarzen in einem schwarzen Kontinent« geworden.

Das Problem der Föderation war noch nicht gelöst. Viele glaubten, daß Njassaland sich für die Föderation entschieden hatte. Dieses kleine Binnenland, das auf die bloße landwirtschaftliche Produktion beschränkt zu sein schien, ohne eine Aussicht auf großen Bergbau- oder Industrieaufschwung, und das dafür einen Überschuß an Arbeitskräften hatte; es hielt dennoch nichts von der Föderation. Vergeblich ernannte M. Butler, der für Fragen Zentralafrikas verantwortliche Mann, eine Kommission, die einen Bericht über die wirtschaftlichen Vorteile der Föderation zusammenstellte. Ihr Rapport beeindruckte Banda nicht. Ebenso erfolglos verlief ein Seminar von westlichen und hinduistischen Wirtschaftsfachleuten, die Banda selbst zusammengerufen hatte. Dr. Banda teilte ihnen in einer kurzen Schlußansprache des Seminars kühl mit: »Wir stimmen mit all ihren Argumenten überein; die Sezession ist eine Torheit. Dennoch werden wir die Sezession vornehmen, sogar dann, wenn wir wie unsere Vorfahren gezwungen sind, uns von Wurzeln zu ernähren.« Nachdem Dr. Banda den Einfluß seiner Partei auf alle Strukturen des Landes ausgedehnt und vermehrt hatte, wurde er Premierminister eines Njassalandes, das zum Jahresausgang 1963 die Unabhängigkeit errang. Kurze Zeit später lehnten sich seine jungen Gefolgsleute gegen seine Politik auf, die in ihren Augen zu pro-westlich ausgerichtet war. Viele seiner ehemaligen Minister wanderten entweder ins Gefängnis oder wurden des

---

38 Malawi: der Name einer Volksgruppe (Maravi), die im Gebiet des Njassasees ein Königreich errichtete.

Landes verwiesen. Obwohl Dr. Banda theoretisch die *Apartheid* verurteilte, arbeitete er mit dem Regime von Pretoria zusammen.

Dr. Bandas Kongreßpartei hatte im wesentlichen die Abspaltung von der Zentralafrikanischen Föderation als Ziel vor Augen. Ansonsten besaß sie kein revolutionäres Erneuerungsprogramm. Als im September 1964 vier Minister entlassen wurden, da sie eine beschleunigte Afrikanisierung forderten, trat die Opposition offen zutage. Der bewaffnete Kampf Chipemberes endete mit seiner Flucht ins Exil. 1966 wurde Dr. Banda zum Präsidenten gewählt. Im selben Jahr kam der Ex-Minister Yatata Chisiza, der inzwischen Guerillero geworden war, bei einem Gefecht ums Leben.

1971 ernannte man Dr. Banda zum Präsidenten auf Lebenszeit. Mit großer Gründlichkeit kümmerte er sich um seine Geschäfte und ermutigte seine Mitarbeiter, es ihm gleichzutun.

Dr. Banda war den Portugiesen und Südafrikanern verbunden. Sie unterstützten den Aufbau der neuen Hauptstadt Lilongwe finanziell. Deshalb erwiderte er auch den Staatsbesuch beim südafrikanischen Premierminister, den dieser ihm 1970 abgestattet hatte.

Die Beziehungen Malawis zu den afrikanischen Nachbarländern waren durch territoriale Ansprüche Malawis getrübt. Der Hauptgrund für die Mißtöne lag jedoch in der reaktionären Politik des Dr. Banda.

b) Sambia

Was geschah in dieser Zeit in Nordrhodesien? Die große Anzahl weißer Techniker und Kolonisten gestaltete hier die Entwicklung sehr viel heikler. Faktisch spielte sich dort die Zukunft für das Schicksal der Föderation ab. Die »Idee der Vielrassigkeit« war gescheitert. Es blieb demnach nur der politische oder physische Machtbeweis. Folgendes ergab sich bei einem Meinungsaustausch zwischen Nkumbula und Kenneth Kaunda einerseits und dem britischen Gouverneur auf der anderen Seite. Kenneth Kaunda berichtete darüber. Die beiden afrikanischen Führer trafen mit dem Gouverneur zusammen, um Beschwerden gegen die neue Verfassung vorzubringen und um Gegenvorschläge zu unterbreiten. Der Gouverneur antwortete: »Aber denken Sie nicht, daß die Weißen die Regierung lahmlegen würden, wenn wir Ihre Vorschläge akzeptierten?« Kenneth Kaunda entgegnete: »Bedeutet das, daß auch wir, um uns verständlich machen zu können, die Regierung lahmzulegen versuchen müssen?« Diese Frage blieb unbeantwortet. Und mit Grund . . . denn darin lag das eigentliche Problem.

Der Wahlausgang von 1958 war entscheidend, da im Jahr 1960 die Konferenz zur Verfassungsänderung stattfinden sollte. Nachdem H. Nkumbula öffentlich die Verfassung von 1958 verworfen hatte, beschloß er, sich im Notfall bei den Wahlen mit den reaktionären Dominion-Parteien zu verbünden. Diese Entscheidung fällte er hauptsächlich, um die Föderale Partei Roy Welenskys zum Scheitern zu bringen und um sie daran zu hindern, im Jahr 1960 der Partner der britischen Regierung und der afrikanischen Parteien zu werden.

Diese Haltung verursachte eine Spaltung innerhalb der Reihen der afrikanischen Nationalisten. Die radikalsten gruppierten sich um Kenneth Kaunda, der zur Gründung des *Sambia Nationalkongresses* schritt. Folgende Parole charakterisierte das Programm: ». . . koste es was es wolle, die Wahlen zu boykottieren und jede andere afrikanische Partei daran zu hindern, an ihnen teilzunehmen«. Wegen dieses Slogans verbot man die Partei – man hielt ihn für antidemokra-

Auf dem Weg zur Unabhängigkeit

tisch – und warf Kaunda ins Gefängnis. Die Teilnahme des *Afrikanischen Nationalkongresses* von Nkumbula vereitelte in der Tat, daß die Föderale Partei Roy Welenskys die notwendige Zahl von Sitzen errang, um die Regierung voll und ganz zu beherrschen, und um seine Meinung bei der Verfassungskonferenz von 1960 durchzusetzen. Die Teilnehmer kamen in einer Atmosphäre zusammen, die von nationalistischer Unruhe der Afrikaner gezeichnet war.

Kaum hatte sich die Regierung Lumumbas installiert, da wurde sie bereits durch die Sezession Katangas erschüttert. Lumumba mußte bald darauf Tschombé ausgeliefert werden. Nordrhodesien nun besaß eine sehr lange Grenze zu Katanga. Deshalb widersetzten sich die afrikanischen Nationalisten jedem Zugeständnis, das imstande war, der weißen Macht in Rhodesien den Weg zu ebnen. Die Konferenz wurde *sine die* ausgesetzt. Inzwischen wuchs die Nervosität der weißen Siedler. Sie drängten Roy Welensky, er möge die Unabhängigkeit einseitig proklamieren ... Vielleicht bewegte diese Idee eines Staatsstreichs den Geist Welenskys kurzzeitig – doch sicher waren die in Nairobi stationierten britischen Truppen jederzeit bereit einzuschreiten. Die von der britischen Regierung gewährte Verfassungsänderung war arglistig berechnet. Sie verschaffte der liberalen Partei Moffats eine ausreichend solide Stellung, um sie als versöhnende Kraft zwischen den afrikanischen Nationalisten und den weißen Extremisten einzusetzen. 15 Sitze im Nationalrat wurden in der Tat nur zugestanden – d. h. gleich viele für die erste und die zweite Wahlliste – wenn der Kandidat zumindest auch 400 Wählerstimmen einer anderen Rasse als der seinen auf sich vereinigen konnte. Da die Kandidaten der extremen Parteien hierbei keine Hoffnung auf Wahlchancen haben konnten, durfte nur die gemäßigte Partei Zentralafrikas von Moffat damit rechnen, Sitze zu erringen. Weiße Föderalisten und schwarze Nationalisten reagierten wütend. Kenneth Kaunda hätte beinahe die Wahlen boykottiert, pflichtete aber bald den Argumenten derjenigen bei, die da meinten, daß sein Fehlen in dieser Übergangsregierung ein schwerer politischer Fehler wäre. Die Wahlen von 1962 zeigten folgende Ergebnisse: 7 Sitze fielen an die Partei Nkumbulas, 16 an die weißen Föderalisten, 14 an Kenneth Kaunda. Die gemäßigte Partei Moffats wurde völlig hinweggefegt. Moffat zog daraus seine Konsequenzen. Er trat der nationalistischen Partei Kenneth Kaundas bei. Inzwischen war Nkumbula mit sieben Abgeordneten unumschränkter Herr der Situation zwischen den Föderalisten, die er so inbrünstig bekämpft hatte, und Kenneth Kaunda, seinem afrikanischen Rivalen. Hätte er sich jedoch für die Weißen entschieden, so wäre das für ihn ein politisches Harakiri gewesen. In der öffentlichen Meinung Afrikas stand er bereits wegen seiner Beziehungen zu Tschombé sehr in Mißkredit. Tschombé von der anderen Seite der Grenze leistete ihm wertvolle finanzielle Hilfe. Ein weiteres Mal verbündete sich Nkumbula gegen die Föderation und fand sich gemeinsam mit Kenneth Kaunda in einer afrikanischen Koalitionsregierung wieder. Eine spitzfindige Polemik stellte die Juristen in der Frage gegeneinander, ob Großbritannien als Vormund und Souverän allein über das Problem der Sezession eines Mitglieds der Föderation entscheiden könne; oder ob diese Sezession erst nach dem vorherigen Einverständnis der von der Bundesverfassung bestätigten Parteien gesetzliche Bedeutung erhält. Nach gelehrten und leidenschaftlichen Auslegungen gestand Butler im Jahr 1963 Nordrhodesien das Recht auf Sezession zu. Im selben Jahr rief er eine Art Trennungskonferenz bei den *Viktoriafällen* zusammen. Bei dieser Zusammenkunft bestätigte man die Sezession. Zudem sah man für die Beseitigung der Besitz-

612   *Das Erwachen Schwarzafrikas*

probleme und Schuldforderungen Komitees aus Mitgliedern beider Regierungen vor. Das gemeinsame Eigentum und die Verwaltung von Karibastaudamm und Eisenbahn behielten Nord- und Südrhodesien bei. Am Karibastaudamm des Sambesistroms errichtete man eines der gewaltigsten Wasserkraftwerke der Welt. Zwei Plätze hatte man zunächst für den Bau des Kraftwerks ins Auge gefaßt und studiert: Kariba und Kafue[39]. Man hatte Kariba am südrhodesischen Ufer des Flusses den Vorzug gegeben. Die Föderation zerbrach 1963.
In Nordrhodesien ersetzte eine neue Verfassung den Legislativrat durch eine gesetzgebende Versammlung. Bei den Wahlen vom Januar 1964 errang die Vereinigte Nationale Unabhängigkeitspartei von Kenneth Kaunda 50 Sitze, 10 fielen an den Afrikanischen Nationalkongreß von Nkumbula, und 10 Sitze blieben den Europäern. Da K. Kaunda vor allem die ethnische Gruppe der Bemba und die Ila-Tonga unterstützten, und da der Oberhäuptling der Barotse erfolgreich sein Vetorecht bei der Anwendung der Gesetze in seinem Gebiet aufrechterhalten konnte, bekam Kaunda als Regierungschef viel mit heiklen, stammesbezogenen Problemen zu schaffen. Er ging sie mit viel Wirklichkeitssinn an. Die Entwicklung Sambias nach der Unabhängigkeit im Jahr 1964 und nach seiner Ausrufung zur Republik kann zusammengefaßt werden als das Bemühen, die Abhängigkeit vom weißen Südafrika abzubauen.
Der Kupferindustriebezirk vom *Copperbelt* (Kupfergürtel) war ganz besonders abhängig von Investitionen von außen und von technischem Stammpersonal. Im Hinblick auf die Stromerzeugung zielte z. B. das Projekt eines zweiten Karibastaudamms im Sambiagebiet darauf ab, die Hypothek der Abhängigkeit von Rhodesien zu beseitigen. Eine Pipeline verbindet den *Copperbelt* mit Daressalam. Am 24. Oktober 1975 wurde die Eisenbahnlinie, die von Tansania nach Sambia führt (TANZAM), und die man der VR China verdankt, freigegeben. Seit 1969 besaß die Regierung Sambias die Anteilsmehrheit (51 %) am Kapital der Industriegesellschaften. 1975 übernahm sie die Kontrolle der Verwaltung und des Verkaufs der Bergbauprodukte. Die *Sambianisierung* erreichte sogar den Justiz- und Militärbereich. 1970 wurde der erste sambische Chef des Regimentsstabs ernannt. Die UNIP Präsident Kaundas gewann, wenn auch weniger brillant als 1963, die Wahlen von 1968. Der Stimmenanteil bei den Wahlen von 1973 fiel noch mittelmäßiger aus, da sich nur 39 % der Wahlberechtigten zu den Urnen begaben.
Im selben Jahr erhielt Präsident Kaunda mit 80 % der Stimmen zum dritten Mal sein Mandat.
Nach dem gescheiterten Versuch des Ex-Vizepräsidenten S. Kapwepwe, eine neue Partei zu schaffen, entstand 1973 das Regime der Einheitspartei. Tatsächlich stellten die zentrifugalen Stammeskräfte eine wachsende, drohende Gefahr dar.
Eine weitere gefährliche Diskrepanz besteht zwischen der Arbeiterklasse und der Landbevölkerung. Während die Forderungen der Arbeiter eine Anhebung der Löhne zur Folge hatten, die wiederum die Inflation anheizte, blieben die Lebensbedingungen der Landbevölkerung unsicher. Im Juni 1975, kurz vor dem Sturz des Kupferpreises, bestand Präsident Kaunda darauf, der Landwirtschaft den Vorrang einzuräumen.
Eine weitere Unvereinbarkeit zeigte sich schließlich zwischen der moralischen

39 Heute wird in Kafue ein Wasserkraftwerk erbaut.

Auf dem Weg zur Unabhängigkeit 613

Verpflichtung, die nationalen Befreiungsbewegungen zu stärken, und dem Wunsch, Rhodesien und Südafrika nicht zu sehr vor den Kopf zu stoßen. In diesem Sinn war die Entscheidung zu sehen, den Kupferexport um Rhodesien umzuleiten, gegen das Sambia UNO-Sanktionen erreicht hatte. Das bedeutete einen beachtlichen Einnahmeverlust für das Land. Doch löste der Wunsch, sich um friedliche Wege zu bemühen, nicht selten falsche Entscheidungen aus, wie z. B. die Unterstützung der UNITA während des angolesischen Bürgerkrieges. Die Inflation, Gewerkschafts- und Studentenunruhen ebenso wie die Starrköpfigkeit Rhodesiens und Südafrikas liefen Gefahr, die Innen- und Außenpolitik Sambias in Zukunft noch zu verhärten[40].

3. Die Entwicklung in Simbabwe (Rhodesien)

In Südrhodesien hatte Premierminister Garfield Todd, ein beredter Pfarrer mit persönlicher Ausstrahlung, T. Fields Platz eingenommen. Als Liberaler versuchte er, die Weißen von der Notwendigkeit rassischer Reformen zu überzeugen, die für ihr eigenes Überleben wichtig waren. Doch mißfiel seine Grobheit (in Ton und Tat). Die Gründung des *Afrikanischen Nationalkongresses von Rhodesien*, der ersten afrikanisch-nationalistischen Partei, trieb die Anhänger der weißen Vorherrschaftsidee oder zumindest einer stark eingeschränkten Herrschaftsambition der Neger massenweise in die Arme der politischen Führer auf dem rechten Flügel. Todd wurde außer Gefecht gesetzt. Sein Nachfolger Sir Edgar Whitehead brachte den Slogan vom »Bau der Nation« in Umlauf. Für ihn hatte das den Sinn, Schwarze und Weiße in ein Boot zu setzen, das Steuerrad aber den Weißen vorzubehalten. Zum Beispiel hatte der Legislativrat nur weiße Abgeordnete. Er entschloß sich deshalb zu proafrikanischen Gesetzesänderungen. Sie sollten die finanzielle Situation verbessern helfen, um den afrikanischen Städtern den Erwerb eines Hauses zu erleichtern. Zur gleichen Zeit unterdrückte er grausam jeden Versuch der afrikanischen Nationalisten, ihren Brüdern einen Plan zur getrennten Entwicklung vorzulegen. 1959 wurde der Notstand ausgerufen, die afrikanischen Führer warf man ins Gefängnis. Diesem Schicksal konnte Joshua Nkomo nur dank seiner Abwesenheit entgehen. Im Dezember 1961 löste sich die *Nationaldemokratische Partei* Nkomos auf, an ihrer Stelle konstituierte sich die *Zimbabwe African People's Union* (ZAPU)[41]. Schon im September 1962 erklärte man diese neue Partei für illegal, und ihre politischen Kämpfer verhaftete man. Unter Whitehead waren Peitsche und Gefängnis sowie Schüsse auf offener Straße gegen afrikanische Demonstranten, wie 1960 in Salisbury, zur Gewohnheit geworden. Zwischen zwei besänftigenden Erklärungen – für die Außenwelt – zögerte der Premierminister nicht, diejenigen verhaften zu lassen, die man überführt glaubte, Molotow-Cocktails geworfen zu haben ... Durch diese Politik der Wechselbäder erwarb er sich den Abscheu der Schwarzen und konnte sich auch nicht das Vertrauen der Weißen erwerben. Der Bundesrichter zog es eher vor, sein Amt niederzulegen, als noch länger diese willkürliche Unterdrückung zu schützen. Bei den Wahlen von 1962 wurde Whitehead ausgeschaltet. Gewin-

---

40 Mit dem Namen Sambia nahm Nordrhodesien den Namen des Flusses Sambia (Sambesi) wieder auf, der auf den alten Karten Afrikas erscheint. Das reiche und dynamische Sambia ist der Vorposten des afrikanischen Nationalismus im weißen Süden des Kontinents.
41 Simbabwe war der Mittelpunkt eines der großen Königreiche Afrikas, Monomotapa.

ner war die *Rhodesian Front* Partei, die von den Weißen für noch zuverlässiger gehalten wurde. Sie konnten die »unbegreiflichen« Forderungen der Schwarzen nicht begreifen.

Um diesen die Möglichkeit zu eröffnen, sich bei den Wahlen zu repräsentieren, hatte Großbritannien bei der Salisburykonferenz von 1961 erreicht, daß eine zweite Wahlliste geschaffen wurde. Dank dieser Institution konnten sich die Afrikaner direkt Repräsentanten wählen. J. Nkomo hatte sich zunächst bereit erklärt, an diesen Wahlen teilzunehmen. Nachdem er aber seinen Stellvertreter in London, L. Takawira, gehörig angefahren hatte, weil der die Teilnahme als Verrat bezeichnet hatte, änderte er seine Meinung doch noch, nachdem er ihn in London aufgesucht hatte. Er beschloß den Boykott. Der Kampf auf parlamentarischer Ebene wurde ausgesetzt. Sehr erfolgreich hatte man diesen Weg in den britischen Besitzungen Ost- und Zentralafrikas beschritten. Konnte man damit im Süden mehr Erfolg haben? Das Wahlergebnis bestätigte das Übergewicht der weißen Extremisten: 35 Sitze für die *Rhodesian Front* und für die *Vereinigte Föderale Partei* nur 29, darunter 15 nicht-europäische, die im Prinzip der afrikanischen Partei zukommen sollten. Dieser machten innere Unstimmigkeiten zu schaffen, die schließlich zur Auflösung führten. Seit einiger Zeit klagte man J. Nkomo der Nachlässigkeit an. Er verbrachte zuviel Zeit in der UNO oder anderswo und nicht genug an Ort und Stelle bei seinen Wählern. Trotz all seiner Kontakte zum Ausland, die ihm übrigens einige Fonds verschafften und vielleicht gerade aus letztgenanntem Grunde, bewahrte sich Nkomo einen gewissen Einfluß auf die Masse des einfachen Volkes, auf die Städter. Doch die gebildeten Nationalisten wandten sich mehr Reverend N. Sithole zu, dem angesehenen Autor einer Broschüre über den afrikanischen Nationalismus. Schließlich gründete dieser die *Afrikanische Nationalunion von Simbabwe,* während J. Nkomo ein neues Sigel für seine Partei einführte *»Volksschutzkongreß«.* Die politischen Aktivisten der beiden afrikanischen, nationalistischen Parteien begannen, sich in den Elendsvierteln zu messen. Als die Partei von Sithole sich als energischer und radikaler erwies, wollte J. Nkomo nichts schuldig bleiben und gestaltete sein Programm interessanter. Im Ausland unterstützten die afrikanischen Staaten ihn und versuchten, die Versöhnung herbeizuführen. Die UNO, die dringend von ihnen gebeten wurde, etwas zu tun, debattierte mehrere Male über diesen Brennpunkt Schwarzafrikas, wie auch über andere. Das Resultat war enttäuschend. Die Weißen der *Rhodesian Front* konnten sich nicht mit dem Gedanken abfinden, Rhodesien den Händen schwarzer Führer anzuvertrauen. Deshalb wandten sie sich, teils ermutigt durch die Spaltung der schwarzen Nationalisten, teils entmutigt durch die Ablehnung der Unabhängigkeit, der sich London widersetzte, Südafrika wie ihrem natürlichen Verbündeten zu. Doch Dr. Verwoerd legte keinen großen Wert darauf, seine bereits schwer lastenden Verantwortlichkeiten auszudehnen. Nach dem Sturz des als zu weich bezeichneten Field im Jahr 1964 nahm Ian Smith die Zügel des Landes in die Hand. Seine extremen Äußerungen zugunsten einer angekündigten Unabhängigkeit versetzten sogar die alten Führer des Landes in Schrecken. Sie fürchteten, wie unter anderen auch Roy Welensky, daß das Feuer des neuen Führers die Lage zum Schlimmsten wenden könnte. Deshalb bemühten sie sich, auf die politische Bühne zurückzukehren. Sie wollten ihn unter Kontrolle halten, wurden jedoch von den unversöhnlich gewordenen weißen Wählern geschlagen. Das Referendum der Weißen zugunsten der Unabhängigkeit wurde ein Plebiszit. Währenddessen stellte Ian

Auf dem Weg zur Unabhängigkeit 615

Smith einen *indaba* (Generalstände) auf, der sich aus afrikanischen Häuptlingen zusammensetzte, die eher folgsam als traditionell waren. Sie billigten seine Politik aus Angst, von den Nationalisten zum Schweigen gebracht zu werden. Trotz der feierlichen Warnung des britischen Premierministers Harold Wilson, der ankündigte, daß eine einseitige Unabhängigkeitserklärung den Ausstoß Rhodesiens aus dem Commonwealth mit all seinen Konsequenzen nach sich ziehen würde, und entgegen allen feindseligen Stellungnahmen Washingtons und der UNO überschritt Ian Smith den »Rubikon«.

In einer Proklamation, die seltsamerweise die Formulierungen aus der Unabhängigkeitserklärung der Vereinigten Staaten von Amerika aufnahm, gab er im November 1965 feierlich die Unabhängigkeit Rhodesiens bekannt. 250 000 Weiße gönnten sich das Recht, 4 000 000 Schwarze auf unbestimmte Zeit zu lenken. Weder das Vereinigte Königreich noch irgend jemand sonst erkannte das neue Regime an. Die wirtschaftlichen Sanktionen, für die die UNO stimmte, blieben dank vielfacher Einzelübertretungen und dank der Komplizenschaft der Südafrikanischen Republik ohne entscheidenden Einfluß auf die Situation in Simbabwe (oder Rhodesien).

Die Verfassung von 1969, die das Rebellenregime von Salisbury erstellt hatte, führte zur Ausrufung der Republik im Jahr 1970. Diese Verfassung schaltete die Vorschrift der Mehrheitsregierung aus. Sie begründete die Wahl der schwarzen Abgeordneten auf der Basis eines indirekten Wahlrechts über getrennte und stammesgebundene Wahlkreise mit der Absicht, sich gegen die Nationalisten auf die Häuptlinge stützen zu können. Bei den Wahlen von 1970 gewann die *Rhodesian Front* (RF) alle 50 Sitze, die den Europäern vorbehalten waren. Eine Glanzleistung, die 1974 wiederholt wurde. Das Gesetz über Grund und Boden vom November 1969 teilte den Europäern – es waren 278 000 – den gleichen Bodenflächenanteil zu wie den 6 110 000 Afrikanern.

Die Lord-Pearce-Kommission, die im Jahr 1971 von London an Ort und Stelle geschickt wurde, stellte den Verdruß der Afrikaner fest, nicht an den Verhandlungen über das Schicksal ihres Landes teilnehmen zu dürfen. Außerdem votierten sie eindeutig für die Mehrheitsregierung.

Die politische Bühne beherrschte nun die Partei des Bischofs Muzorewa: der Afrikanische Nationalrat.

Die Ausflüchte der aufeinanderfolgenden britischen Regierungen (Konservative, Labour-Partei) gaben Ian Smith freie Hand. 1973 erlaubte er sich, die Grenze zu Sambia zu schließen. Sambias Antwort war ein Stopp der Kupferexporte via Rhodesien. Indessen organisierte sich der afrikanische Guerillakrieg und entwickelte sich zu einem mörderischen Kampf. Der Tourismus ließ nach. Die Kollektivstrafen und die Zwangsverlegungen in die »protegierten« Dörfer trugen erheblich zur Verschlimmerung der Lage bei.

Der Sturz der portugiesischen Macht in den Nachbarländern trieb Südafrika dazu, auf seinen rhodesischen Helfershelfer Druck wegen einer Politik der Öffnung auszuüben. Im August 1975 fand an der Grenze zu Sambia an den Viktoriafällen ein Blitztreffen zwischen dem Präsidenten Kaunda und Präsident Vorster statt, an dem auch weiße und nationalistische Rhodesier aus Simbabwe teilnahmen. Doch tauchten bald Zwietracht und Streit in ihren Reihen auf. Während Muzorewa und Sithole nach außen hin den harten Flügel des ANC darstellten, führte der andere Flügel unter J. Nkomo Gespräche mit Ian Smith, die aber schließlich ergebnislos verliefen.

616   *Das Erwachen Schwarzafrikas*

Nach der Auflösung (Mai 1976) erschien eine nordwestliche Front der Guerilla, die die rhodesischen Kräfte teilte. Währenddessen erstarkte die »Moçambique«-Front durch eine bessere Bewaffnung und durch die Schließung der Grenzen sehr. Salisbury reagierte mit sogenannten »Verfolgungsüberfällen«, in deren Verlauf dem Vermögen und der Gesundheit ziviler Bevölkerungsgruppen in Moçambique schwerer Schaden zugefügt wurde. Die Reise des Amerikaners Kissinger zeitigte keinen Erfolg, selbst als er den Vorschlag unterbreitete, den weißen Siedlern eine Entschädigung zu zahlen, wenn sie zum Verlassen Rhodesiens bereit wären. Auch der Versammlung der Genfer Konferenz (Oktober 1976) unter der Leitung Großbritanniens gelang es nicht, Ian Smith seines Hochmuts und seiner Verblendung zu berauben. Zwischen J. Nkomo und R. Mugabe, dem Wortführer der Guerilla, kam ein Block zustande, der von der OUA (OAE) anerkannt wurde. Dieser Block bot Muzorewa und Sithole die Stirn, die von nun an im Innern wirkten.

Gehen wir einer Angolisierung oder Vietnamisierung Simbabwes entgegen? Ian Smith kann es tatsächlich nur mit der internationalen Gemeinschaft aufnehmen, wenn er sich auf Südafrika stützt.

4. Die Insel Mauritius

Im Jahr 1968 gelang es der Mauritius-Partei G. Duvals nicht, den erfolgreichen Weg der Unabhängigkeitspartei des Dr. S. Ramgoolam zu durchkreuzen. Sie vereinte die Stimmen der Hindus, der Moslems und der Kreolen.

Ramgoolam wurde Premierminister. Die Schließung des Suezkanals brachte seinem Land großen Nutzen und erhöhte vor allem die wirtschaftliche und strategische Bedeutung von Port Louis.

Die Insel Mauritius schloß sich der OCAM an (Organisation Commune Africaine et Malgache). Die Mauritius-Partei gehörte fortan zu den in der Regierung vertretenen Parteien. Die wirkliche Gefahr drohte jedoch von einer linken Partei, dem Mouvement Militant Mauricien (MMM) von P. Bérenger. Die Stärke seiner Partei beruhte auf der Jugend und den Arbeitern aller Gruppierungen. Ihre Zeitung »Der Kämpfer« zeigte mit dem Finger auf alle wunden Punkte des Regimes. Nachdem Bérenger den Regierungskandidaten in einer Teilwahl geschlagen hatte, erzwang er im Jahr 1976 allgemeine Wahlen. Der große Hafenarbeiterstreik 1971 veranlaßte Sir Ramgoolam, bis zum Jahr 1976 den Notstand auszurufen. Die Führungskräfte des MMM wurden verhaftet; das löste interne Meinungsverschiedenheiten über die richtige Strategie aus. Bei den Wahlen von 1976 ging das MMM deutlich als Sieger hervor, und Sir Ramgoolam war zur Bildung einer Minderheitsregierung gezwungen.

5. Die Seychellen

Bei den Seychellen handelt es sich um einen Archipel von 92 Inseln. Die bewohnbaren Inseln gehören der Gruppe der Granitinseln an; im Gegensatz dazu die Koralleninseln. Die beiden größten Inseln sind die Insel Mahé (130 qkm) und die Insel Praslin (34 qkm).

In der Wirtschaft spielen eine wesentliche Rolle die Kokospalme und der Touris-

Auf dem Weg zur Unabhängigkeit

mus. Die Inseln sind seit dem 28. Juni 1976 unabhängig und gehören seit 1977 der OCAM an. Der derzeitige Führer des Landes ist James Mancham.

F. Die portugiesischen Besitzungen: Angola, Moçambique, Guinea usw.

1. Der Widerstand gegen den Vormarsch

Die Entkolonisierung in den von Portugal als Überseeische Provinzen bezeichneten Kolonien vollzog sich nicht mühelos. Vereinfacht ausgedrückt könnte man die portugiesische Kolonisierung als eine um Intelligenz und religiöse Neutralität verringerte französische Kolonisierung charakterisieren. Hier herrschte in der Tat eine ausgesprochene Schwerfälligkeit, die wenig romanisch war, eine halb sadistische, halb wahnsinnige Dickköpfigkeit, ein schwatzhafter Verbalismus. Hier wetteiferte die Heuchelei mit der Selbstzufriedenheit. Muß man sich darüber wundern? Man weiß, daß Portugal zu Hitlers Achsenmächten im letzten Krieg gehörte, daß Salazar, der Portugal von 1932 bis 1968 mit unbeugsamer fossiler Strenge lenkte, nicht gezögert hat, öffentlich zu erklären: »Wir sind anti-liberal. Wir sind gegen den Parlamentarismus, gegen die Demokratie. Wir wollen einen korporativen Staat aufbauen.« Die Entwicklung der afrikanischen Territorien, die vom demokratischen Großbritannien abhingen, konnte sich in dieser Weise nicht in den portugiesischen Kolonien wiederholen. Dennoch unterstützte man in den Jahren von 1950 bis 1960 einen großangelegten Versuch, um diese Länder wirtschaftlich zu modernisieren. Da aber dieser Aufstieg nicht mit einer sozialpolitischen Entwicklung einherging, brach Gewalttätigkeit aus. Zunächst folgten in den Jahren 1953 bis 1958 Entwicklungspläne aufeinander. Alsbald entwarf man einen Sechsjahresplan, um Moçambique und vor allem Angola mit einer modernen Infrastruktur zu versehen. Das Auslandskapital, das bis dahin dort nicht zugelassen war, wo das allzu gewissenhafte portugiesische Kapital nicht gewagt hatte, sich ohne drakonische Garantien aufs Spiel zu setzen, wurde nun stark umworben. Ein belgisches Unternehmen erhielt den Auftrag, die Rohölförderung aufzunehmen, während die Bundesrepublik Deutschland ein 100-Millionen-DM-Projekt zur Eisenerzgewinnung finanzierte. Das Schürfrecht wurde amerikanischen und anderen Firmen anvertraut. Während Salazar sich des Fremdkapitals versicherte, versicherte er sich in aller Stille für alle Fälle der Solidarität der stillen Teilhaber-Länder. 60 % der investierten Gelder flossen Angola zu, der Rest Moçambique.

Der Schwerpunkt lag im direkt produktiven Bereich und nicht auf dem sozialen Sektor. In Moçambique ermöglichte ein Staudamm am Limpopo die Bewässerung einer riesigen Ebene um Guija zum Kulturpflanzenanbau. Im selben Gebiet baute man die Eisenbahnlinie bis zur rhodesischen Grenze aus. Auf diese Weise wurde der überlastete Hafen von Beira entlastet, denn man leitete einen Teil des Verkehrs in Richtung der modernisierten Hafenstadt Lourenço Marques um. Schon bald blühte sie auf. Das erste Wasserkraftwerk entstand am Fluß, um Beira mit Strom zu versorgen. Die überschüssige Energie verkaufte man nach Rhodesien. Die Kohlenlager von Moatize wurden abgebaut. Außerdem aktivierte man die Zucker-, Sisal-, Kopra- und Teeproduktion. Dennoch blieb die

Handelsbilanz defizitär, und die Zahlungsbilanz war nur dank der »Unsichtbaren« ausgewogen: Straßenbenutzungsgebühren, Rückvergütung von zwei Pfund pro Hilfsarbeiter, die von den Verbraucherländern an Moçambique gezahlt wurde, neue Geldmittel, die von umgesiedelten Arbeitskräften heimgeschickt wurden. In Angola verlief der Entwicklungsstart sehr eindrucksvoll. Auch dort wurden Wasserkraftwerke errichtet, in Biotio z. B. für die Zone um Lobito und Benguela, in Cambambe am Kuanzafluß und am Brückenstaudamm »Salazar« am Kunene. 40 % der Investitionen kamen der Verbesserung der Infrastruktur zu Wasser, zu Lande (Straßen, Schienen) und in der Luft zugute. Im Bergbaubereich wurde, abgesehen von der Diamantengewinnung, dank des Interesses von *Krupp* die Eisenerzförderung in die Wege geleitet. Man spekulierte bald auf eine Tonnage von 4 Millionen. Indessen wirkte nahe bei Malanje die *Compagnia de Manganes*.

Das große Unternehmen hinsichtlich des Exports von Kulturpflanzengütern war die Einrichtung riesiger Kaffeeplantagen im Norden. Sie bedeckten im Jahr 1957 250 000 Hektar Land und stellten seit 1952 40 % des Exporterlöses von Angola sicher. Zu 80 % gehörten sie den Europäern. In der Tat war dieser wirtschaftliche Aufschwung für die Europäer zugeschnitten und von ihnen auch im wesentlichen in Angriff genommen worden. Portugal war traditionsgemäß ein Auswanderungsland, ein unterentwickeltes Land, in welchem das jährliche Pro-Kopf-Einkommen 200 DM nicht überschritt. Die Geburtenziffer war hoch, deshalb suchte es ein demographisches Ventil. Salazar machte das mit folgenden Worten deutlich: »Die reichen, unterentwickelten und unterbevölkerten Länder unserer Kolonien sind eine natürliche Ergänzung für die Landwirtschaft des Mutterlandes. Sie werden den Bevölkerungsüberschuß aufnehmen, den Brasilien nicht mehr gewillt ist zu absorbieren.«

Aus diesem Grunde begann man, die Auswanderung systematisch zu organisieren. Jeder Familie, die in die Kolonien zog, versprach man ein Haus, Vieh, einen Vorrat an Sämereien und Landbesitz. Folglich wuchs die Zahl der Weißen von 30 000 im Jahr 1930 auf 200 000 im Jahr 1960. Hübsche Kolonialstädte, getreue Repliken der mutterländischen Städte, blühten innerhalb kurzer Zeit in einer afrikanischen Umgebung auf, die sie kaum veränderte. Es waren gleichsam kleine Inseln, die ein sichtbares Dementi der amtlich beschworenen Nicht-Absonderung und Nicht-Diskriminierung darstellten. Die portugiesische Einwanderung war eine Flucht aus dem Elend. Angola nahm Handwerker und qualifizierte Arbeiter auf, aber auch ungelernte Hilfsarbeiter und einfache Bauern aus dem Mutterland. Solche Europäer mußten den Schwarzen auf dem Stellenmarkt als möglichen Konkurrenten betrachten. Im Vergleich zu diesen Konkurrenten war ihre weiße Hautfarbe ihre einzige »Überlegenheit«. In der Praxis war ihr Lohn bei gleicher Arbeit zwei bis fünfmal höher als der der Schwarzen[42].

Mittlerweile hatte Portugal seinen Minderwertigkeitskomplex bezüglich seiner kolonialen Energie verloren. Die Beweise lagen auf der Hand: die blitzartige, wirtschaftliche Aufwärtsbewegung dieses Landes, das mit einem neuen Brasilien verglichen wurde, die ultramodernen Viertel von Luanda und anderen Küstenstädten. Von nun an konnten die Nachbarterritorien mit erheblicher weißer Bevölkerung wie Belgisch-Kongo, die beiden Rhodesien und die südafrikanische Republik Angola in ihren Klub aufnehmen. Ein hoher südafrikanischer Beamter

42 Siehe J. Dufy, *Portugal in Africa*, London.

Auf dem Weg zur Unabhängigkeit 619

betonte bei einem Besuch in Lissabon: »Durch einen glücklichen Zufall sind wir Nachbarn. Ich meine, wir sollten der Geschichte wegen dieses Zufalls dankbar sein.« Ein gegenseitiger Verteidigungspakt besiegelte diese Solidarität alsbald. Portugal sah, wie sich Gewitterwolken türmten. Es versuchte mit sehr hitlerischen Methoden, mit scheinheiligen Reden und mit grausamer Verfolgung den Sturm zu beschwören. Mit dem Vorwand, die überseeischen Provinzen seien wesentlich dem eigentlichen Staatsgebiet gleichgestellt, sträubte es sich dagegen, eine Untersuchungskommission der UNO ins Land zu lassen. Doch Journalisten, Reisende, Missionare, Reporter und afrikanische Delegationen legten eine Menge von Beweisen und belastenden Dokumenten vor. Zu all dem gab Salazar im Jahr 1959 folgende Erklärung ab: »Warum steht Afrika in Flammen? Nicht weil es von innen heraus brennt, sondern weil von äußeren Kräften Feuer gelegt wurde.« Es war dasselbe Jahr, in welchen auf der Strafkolonie des kolonialistischen Portugals, auf São Tomé, mehr als hundert afrikanische Bauern hingerichtet wurden, weil sie ihresgleichen zum Nachdenken angeregt hatten. Es war auch das Jahr, in welchem auf den Verhaftungslisten für die unzähligen Verhaftungen in Luanda Personen wie P. Pinto de Endrade, Generalvikar des Erzbischofs, und der Arzt und Dichter Agostinho Neto, Präsident der damals verbotenen Volksbewegung für die Befreiung Angolas, erschienen. Als die Leute aus dem Heimatdorf des Arztes einen friedlichen Marsch organisiert hatten, um gegen seine Verhaftung Protest einzulegen, wurden 30 von ihnen getötet und 200 verwundet.

Salazar bemühte sich eifrig, den afrikanischen Nationalismus als Vorboten des Kommunismus hinzustellen. Dieses Schreckbild allein reichte aus, um Verantwortliche des amerikanischen State Departments wie Foster Dulles zu mobilisieren; zumal Portugal den Vereinigten Staaten die Militärbasis der Azoren abgetreten hatte. Außerdem trat der Diktator von Lissabon an Brasilien heran und unterzeichnete mit ihm im Jahr 1968 einen Freundschafts- und Beratungsvertrag im Rahmen einer kulturellen und geistigen »lusitanischen« Gemeinschaft. Doch der Machtantritt Präsident J. F. Kennedys begrenzte die Wirkung der portugiesischen Diplomatie in Amerika. Währenddessen bildete die Geburt zahlreicher unabhängiger Staaten in Afrika eine unmittelbare Bedrohung. War das das Halali?

2. Kolonialkrieg und Befreiungskampf

Im Januar 1961 sollte eine sensationelle politische Nachricht aus der Rubrik Vermischtes die Welt in Aufregung versetzen. Hauptmann Enrique Galvao bemächtigte sich auf hoher See des Passagierdampfers *Santa Maria*. Er war von der Idee besessen, das Schiff nach Angola umzudirigieren und dort einen möglichen Aufstand zu unterstützen. Er war aber gezwungen, Kurs auf Brasilien zu nehmen und dort vor Anker zu gehen (Recife). Diese spektakuläre Tat »schlug ein wie der Blitz«. Nach einem Angriff der Afrikaner gegen das Gefängnis und die Polizeikräfte Luandas im Februar hatten sie in ihren Reihen 24 Tote und mehr als 100 Verwundete zu beklagen. Von diesem Zeitpunkt an drangen die Truppen der Weißen in die Baracken der schwarzen Elendsviertel ein. In regelmäßigen Abständen raubten, plünderten und mordeten sie.

In der Woche vom 15. März 1961 an sollte das Unwetter niedergehen. Im Be-

620

Das Erwachen Schwarzafrikas

reich der Kaffeepflanzungen am Kongo ging man zur gleichen Zeit gegen die portugiesischen Pflanzer vor. Viele von ihnen, auch ihre Frauen und Kinder, tötete oder verstümmelte man. Bald sammelten sich Massen von Landwirtschaftsarbeitern für die Jagd auf den weißen Mann. Die Strategie der Anführer der Rebellion schien darauf hinauszulaufen, sich zunächst von den Farmen und den im Umkreis gelegenen Verwaltungsstellen der Portugiesen zu befreien, wobei man die Verkehrswege absichtlich unbrauchbar machte, und erst im Anschluß daran die Hauptzentren in Angriff zu nehmen. Diese Einschätzung der Lage sollte sich anfänglich als Fehler herausstellen, denn die portugiesische Regierung parierte mit der Evakuierung der Frauen und Kinder in die rasch befestigten, großen Zentren. Währenddessen gingen Luftlandetruppen nieder, und die weißen Zivilisten wurden kostenlos bis an die Zähne bewaffnet. Die Folgen blieben nicht aus. Den Rebellen gelang es in keinem Moment, die großen Zentren ernsthaft zu bedrohen, im Gegenteil. Sehr rasch folgte der Gegenangriff durch die Luftlandetruppen, die von den Banden der *vigilantes* (portugiesische Zivilisten), die das Terrain sehr gut kannten, unterstützt wurden. Die Rebellen konnten sich bisweilen die bergige Landschaft dieser Gegend zunutze machen, z. B. im Gebiet der Dembo. Außerdem gereichte ihnen die Nähe der kongolesischen Grenze zum Vorteil. Jenseits davon konnten sie sich bis zum nächsten Kampf ausruhen und stärken.

Salazar entließ seinen Verteidigungsminister und übernahm dessen Ressort selbst. Den Übersee-Minister ersetzte er durch einen verläßlicheren Mann und nahm nun persönlich diesen Vernichtungskampf gegen diejenigen in die Hand, welche von den portugiesischen Zeitungen alsbald die »schwarzen Bestien« genannt wurden. 20 000 bis 30 000 Soldaten waren bald an Ort und Stelle einsatzbereit. Die Luftwaffe, deren Schlagkraft die Rebellen wahrscheinlich unterschätzt hatten, warf Napalmbomben ab und verfolgte die Banden der Guerilleros unerbittlich.

Dem Erdboden gleich gemachte Dörfer.

Ungezählte Hinrichtungen.

Enthauptungen und aufgespießte Köpfe.

Scheiterhaufenverbrennungen und Kreuzigungen.

Dem schwarzen Schrecken setzte Portugal einen weißen Schrecken entgegen, der mit Mitteln verfolgt wurde, die tausendmal zerstörender wirkten. Nachdem die Behörden manche Grausamkeiten abgestritten hatten, gaben sie sie schließlich zu und erklärten sie mit der Wut der Weißen, die durch die Ausschreitungen der Schwarzen außer sich geraten seien. Jegliche Verständigung zwischen den Rassen schien ferner als je zuvor . . .

Dr. Jose Redinha, Direktor des Museums von Angola, sprach im Zusammenhang mit den Massakern zu Beginn der Rebellion von »all den primitiven Atavismen und vom latenten wilden Substrat«. Während des Ausbruchs dieses wahnsinnigen Gemetzels wollte Portugal das Bild eines Angolas mit feindlich gesinnten Rassen übermalen, dieses Bild, das im Gegensatz zu dem stand, das Portugal seit so langer Zeit in den offiziellen Reden aufgebaut und beweihräuchert hatte. Doch damit, daß Portugal rund um die portugiesischen Ansiedlungen einen Ring verbrannter Erde legte, verursachte es lediglich eine Verschärfung des Rassenkonfliktes. Auf die Gebildeten und auf die afrikanischen Führungskräfte hatte man es besonders abgesehen. So wurde z. B. ein Krankenpfleger, Bruder des Chauffeurs des Konsuls von Großbritannien, aus seinem Haus gezerrt und auf offener

Auf dem Weg zur Unabhängigkeit 621

Straße getötet. In vielen Fällen leitete die politische Polizei (PIDE = Policia Internacional e de Defense do Estado) die physische Beseitigung der Afrikaner, deren Namen auf den schwarzen Listen erschienen. Ein afrikanischer Führer Moçambiques entkam einem Giftmord. Das Gift war in die Nahrung der Gefangenen gemischt worden, zwei andere Gefangene waren gerade auf diese Weise beseitigt worden. Viele Leute verschwanden für immer. Eine große Zahl von ihnen verschleppte man in die Todeslager auf der Insel São Tomé. Die im Einsatz befindlichen Guerilla-Truppen überschritten gewiß nicht die Zahl von 10 000 Mann, obwohl Roberto Holden in einem Artikel des *Jeune Afrique* am 13. Dezember 1961 eine Armee von 25 000 Mann erwähnt. Sie besaßen Waffen, die entweder den Portugiesen entwendet oder in den Lagern der ehemaligen Force publique von Zaïre oder bei der UNO erbeutet wurden. Nicht selten auch waren ihre Waffen Assagaie, Macheten und Dolche. Ungefähr 50 000 Afrikaner fielen diesen Wirren zum Opfer. Die portugiesischen Verluste schätzte Roberto Holden im Jahr 1961 auf 3 000, sie überschritten aber zweifellos nicht die Zahl von 2 000. 300 000 Flüchtlinge aus Angola fanden in Zaïre Zuflucht. Die portugiesische Propaganda schob diese afrikanische Explosion auf externe kommunistische Gruppen ab. Daß der Anstoß zur Rebellion von Kongo-Kinschasa gekommen sei, war eine bequeme Erklärung. Wie Pastor Clifford Parsons es beobachtete, waren alle Bakongo von Angola angesichts der verlassenen Städte ihres Gebiets versucht, dem wirtschaftlichen Dynamismus Kinshasas zu erliegen. Jeder ehrgeizige Afrikaner, der dem Dasein einer angolesischen Schlafmütze entgehen wollte, konnte sein Glück nur in Zaïre versuchen. So war es eigentlich nur möglich, daß im Augenblick des Aufstandes die Führerschaft von diesen besser vorbereiteten und besser befindlichen Landsleuten in die Hand genommen wurde. Eine Reihe von Missionaren, vor allem protestantische Geistliche, beschuldigte man, den Nationalismus zu schüren. Entweder warf man sie ins Gefängnis oder verwies sie des Landes. Außerdem behauptete die portugiesische Propaganda, daß die Guerilleros Leute wären, die von verirrten Katecheten, von Zauberern sowie von politischen Verführern mißbraucht würden. Sie versprächen ihnen die Unabhängigkeit, die von ihnen verkörpert würde, als einzigen Ersatz für die Portugiesen, indem sie ihnen Land, Vermögen und Frauen nahmen, was sie von nun an von jeder Arbeit dispensierte.

Zu Beginn des Sommers 1961 beschloß Portugal übrigens eine Reihe von Entspannungsmaßnahmen: Abschaffung der Zwangsarbeit (was ein Eingeständnis ihrer früheren Existenz war, was aber nicht ausreichte, sie verschwinden zu lassen), Schaffung einer Arbeitsaufsicht, Ersatz der Sanktionen des Bürgerlichen Gesetzbuches durch die des Strafgesetzbuches bei Bruch von Arbeitsverträgen, Abschaffung des Zwangsanbaus von Baumwolle, Erhöhung der Anzahl der Gemeinderäte in ausreichend entwickelten Dörfern, eine leichte Erweiterung der Kompetenzen der Legislativräte, Verbot der Unterdrückung des Indigenats und Verallgemeinerung des Bürgerstatus.

Doch daraus ergab sich eine wesentliche Änderung. Im August 1961 erklärte der Minister der Überseeprovinzen H. Moreira: »Wir erachten es als notwendig, die Einbürgerungsquote von europäischen portugiesischen Landwirten in unserem Afrika, wo sie einen Teil ihres Heimatlandes vorfinden, zu erhöhen.« »Portugal ist in Afrika, und es wird dort bleiben«, hatte er hinzugefügt mit jener Starrköpfigkeit, die abwechselnd von Napalm und von gutem Gewissen gekennzeichnet ist. Doch die Widersprüche wurden bedenklicher, und andere Kräfte traten auf.

622 *Das Erwachen Schwarzafrikas*

3. Der Sieg der afrikanischen Frontkämpfer

Mit dem Jahr 1969 war der überwiegende Teil der portugiesischen Armee in Afrika im Einsatz. Hier kämpften im Jahr 1972 insgesamt 142 000 Mann an den verschiedenen Fronten des Kontinents. Mehr als die Hälfte des portugiesischen Haushalts wurde vom Posten »Verteidigung und Sicherheit« verschlungen. Schon vor 1974 hatten die portugiesischen Streitkräfte die Kontrolle über zwei Drittel von Guinea-Bissau verloren. In dem zurückeroberten Territorium organisierte die PAIGC (Partido Africano da Independencia de Guine e Cabo Verde) schon 1972 Volkswahlen mit der Absicht, eine Nationalversammlung zu bilden, die die Vollmacht zur Proklamation der Unabhängigkeit erteilen sollte. Zu Beginn des Jahres 1973 büßten die Portugiesen die Luftherrschaft ein, da die Afrikaner nun über Boden-Luft-Raketen verfügten. In diesem Augenblick wurde der große Führer der PAIGC, Amilcar Cabral, Theoretiker und Mann der Tat, in Conakry von feigen Verrätern an der Sache der Bewegung hinterrücks ermordet.

Von 1966 an vestärkte der Guerillakrieg in Angola seine Stellungen an den Grenzen Schabas und Sambias, um damit einen starken Druck nach Westen hin ausüben zu können.

In Moçambique drängte der bewaffnete Kampf, der sich auf die beiden Nordprovinzen Cabo Delgado und Niassa stützte, die Portugiesen nach Süden, nicht ohne selbst schwere Verluste hinnehmen zu müssen. Lissabon erfreute sich weiterhin der Unterstützung durch die Länder des Atlantikpakts. Ihre ultra-moderne Ausrüstung war im Prinzip ausschließlich für die Verteidigung des portugiesischen Territoriums bestimmt. Aber da für die Behörden Lissabons diesem Territorium die Provinzen Afrikas zugehörten ...

Gegenüber dieser technischen Übermacht konnten die afrikanischen Guerilleros eine Reihe von Vorteilen nutzen: die bessere Kenntnis des Terrains; die Verbindung mit dem Volk; die Organisierung in Basisgemeinschaften, die den bewaffneten Kampf und den Kampf für den sozialen Fortschritt einschlossen; die Erbeutung verbesserter Waffen von einem Feind, dessen Moral sank; die Unterstützung durch die fortschrittlichen Länder Afrikas, durch das Befreiungskomitee der OAE, durch die sozialistischen und skandinavischen Länder; und schließlich die politische Überlegenheit der durch den Kampf gestählten afrikanischen Führer.

Infolgedessen erschien der konstitutionelle Reformismus von Lissabon in den Jahren 1971 und 1972, der eine gewisse Autonomie der Territorien anstrebte, wie ein Spiel aus einem anderen Zeitalter.

Am 25. April 1974 warf ein Staatsstreich der *Bewegung der Streitkräfte*, den junge Offiziere ausführten, von denen die Mehrzahl das Maß zum portugiesischen Problem in Afrika genommen hatte, die Salazardiktatur nieder. Man verkündete die Parole: »Demokratie bei uns; Entkolonisierung in Afrika.« Auf diese Weise war das portugiesische Volk das erste Volk, das durch den heroischen Kampf der afrikanischen Guerilleros befreit worden ist.

In **Guinea-Bissau** nahm die PAIGC einen Vorschlag zur Waffenruhe mit Portugal an. Gleichzeitig erklärte sie aber, daß die Souveränität nicht verkäuflich sei. Im September 1974 wurde die ein Jahr vorher in Madina Do Boe proklamierte Unabhängigkeit von Lissabon anerkannt. Luis Cabral, der Bruder Amilcars, war Präsident des Staatsrats geworden. Er fand in der PAIGC das beste Werk-

Auf dem Weg zur Unabhängigkeit

zeug, um dem Nichts der Staatskasse, das die Portugiesen hinterlassen hatten, entgegenzuwirken. Seine Bemühungen wurden im Rahmen einer Bodenreform, der positiven Neutralität, der Volksbildung, der kulturellen Befreiung und der Mobilisierung der Basisgemeinschaften für die Befriedigung ihrer wesentlichsten Bedürfnisse durchgeführt.

Die **Kapverdischen Inseln** (Hauptstadt Praia) betrachteten ihr Schicksal bei den Unabhängigkeitsbesprechungen von Algier losgelöst von dem Guinea-Bissaus. In der Tat waren sich die Portugiesen des strategischen Wertes dieses Vorpostens im Atlantik durchaus bewußt. Da die Führungskräfte Guinea-Bissaus Realisten waren, akzeptierten sie diese einstweilige Ordnung, da viele der »historischen Führergestalten« der PAIGC von den Kapverdischen Inseln stammten.

Bei den Wahlen vom 30. Juni 1974 errang die PAIGC 92 % der Stimmen. Der Generalsekretär der Partei, Aristides Pereira, wurde Staatspräsident, während der Kommandant P. Pires, lokaler Vertreter der PAIGC, den Posten des Premierministers übernahm.

Der große Mangel an Bodenschätzen, dazu die Dürre, die die Situation der Inseln erschwert, belastet die Zukunft des Archipels. Sein politisches Schicksal sieht seine einzige Hoffnung in einer Föderation mit Guinea-Bissau.

In **Moçambique** wurde der Übergang zur Unabhängigkeit – abgesehen von einigen andersdenkenden und zweitrangigen Fraktionen, die aber schnell integriert wurden – seit 1969 durch die Sammlung der nationalistischen Kräfte in der FRELIMO sehr erleichtert (Frente da Libertaçao de Moçambique). Die Ermordung ihres Präsidenten Eduardo Mondlane[43] war eine Herausforderung des Feindes, die schnell von Samora Machel und M. Dos Santos gerügt wurde. Für eine kurze Zeit ermutigten die Ideen einer vielrassigen Entkolonisierung des Generals Spinola lokale Reaktionäre zum Widerstand. Eine Gruppe weißer Desperados verkündete einseitig die Unabhängigkeit. Sie waren über die Abkommen von Lusaka (September 1974) in Wut geraten, die die Unabhängigkeit anerkannt hatten, deren Verkündigung aber erst am 25. Juni 1975 vorgenommen werden sollte. Zwei Tage später wurden sie beseitigt. Das beschleunigte die Massenauswanderung der Portugiesen. Eine Zeitlang war eine Militärintervention der südafrikanischen Regierung zu befürchten. Doch waren die Interessen Pretorias in Moçambique zu ausgeprägt: Bedarf an elektrischer Energie vom Cabora-Bassa-Staudamm am Sambesi oberhalb von Tete; Bedarf auch an afrikanischen Arbeitskräften und an Absatzmärkten. Die Behörden von Maputo (ehem. Lourenço Marques) waren sich der Hypotheken bewußt, die ihnen der größere Teil (80 %) des Verkehrs ihrer Häfen und ihrer Eisenbahnlinien, ausgerichtet via Rhodesien nach Südafrika, auferlegte. Dennoch war Moçambique, das ein kühnes Programm für die Nationalisierung und die Landstrukturierung in Gemeinden und Genossenschaften entwarf, die Speerspitze des afrikanischen Nationalismus angesichts der weißen, rassistischen Macht des südlichen Afrikas.

Der 3. Kongreß der FRELIMO (3.–7. Januar 1977) bekräftigte den Willen, einen proletarischen und sozialistischen Staat aufzubauen.

---

43 Als Mondlane, der angesehene Präsident der FRELIMO im Februar 1969 ermordet wurde, war die FRELIMO darüber sehr erschüttert. Doch ging der Kampf weiter. Peking unterstützte die Bewegung des Revolutionskomitees für Moçambique (COREMO). 1972 beschlossen die MPLA und die GRAE, sich auf Bitten Kinschasas zusammenzutun.

624   *Das Erwachen Schwarzafrikas*

In **Angola** vollzog sich die Eroberung der Unabhängigkeit viel blutiger. Die portugiesische Verwurzelung war hier in der Tat sehr alt und gleichzeitig sehr dicht. Die Perle der Überseeprovinzen nahm überdies eine strategische und militärische Schlüsselstellung ersten Ranges ein. Doch waren es im wesentlichen die zersplitterten afrikanischen Kräfte, die den Weg zur Unabhängigkeit verstellten, und die die Intervention von außen provozierten. Drei Bewegungen hatten sich diesem Kampf verschrieben: die Nationale Befreiungsfront von Angola (FLNA) unter der Führung von Holden Roberto, die Volksbefreiungsbewegung von Angola (MPLA), deren Präsident Dr. Agostinho Neto war, und die Nationalunion für die völlige Unabhängigkeit von Angola (UNITA), die der Leitung Jonas Savimbis unterstand. Die Bewegung für die Verteidigung der Interessen Angolas (MDIA) und die Nto Abako waren nur Marionettengruppen, die Portugal wegen der Erfordernisse der Sache anerkannte.

Die Partei Holden Robertos verwandelte sich von der »Volksunion des Nordens von Angola« alsbald in die Volksunion von Angola (UPA) und nannte sich von 1962 an FLNA[44].

Die Initiative linker und intellektueller Gruppen, wie der Brüder Pinto de Andrade und Viriato Cruz[45] brachte 1956 die MPLA hervor. Dr. Agostinho Neto wurde 1959 ihr Präsident. Da die FLNA zu Beginn ihrer Entstehung besser auf diplomatischer Ebene eingeführt wurde und der Reihe nach von der ABAKO von Kasawubu, von Lumumba und Frantz Fanon und später von Mobutu unterstützt wurde, gelang es ihr, eine Revolutionsregierung von Angola im Exil (GRAE) zu schaffen, die vorübergehend bei der OAE Anerkennung fand.

Die aus Kinshasa vertriebene MPLA dagegen suchte in Brazzaville und im Territorium von Cabinda Zuflucht. Ihre strenge Organisation erlaubte es ihr alsbald, entschlossen an der Front zu intervenieren und zwar ausgehend von dieser Basis im Norden aber auch von Sambia im Osten Angolas.

Im Jahr 1964 verließ Jonas Savimbi, der Minister für Auswärtige Angelegenheiten in der GRAE, Holden Roberto, den er einen Rassisten, Stammesverteidiger und Agenten der Vereinigten Staaten nannte. Nachdem er sich der MPLA angeschlossen und einen Studienaufenthalt in China absolviert hatte, gründete er schließlich im Jahr 1966 die UNITA. Er rechnete nämlich mit der Unterstützung seiner Volksgruppe, der Umbundu, die im Süden und im Zentrum ungefähr zwei Drittel der angolesischen Bevölkerung ausmachte. Die FLNA stützte sich im wesentlichen auf die Bakongo aus dem Norden des Landes. Man erreichte sehr schnell, daß sich die inneren Kämpfe dieser Bewegungen auf einen bloßen Stammeskrieg reduzierten.

Kwame Nkrumah und später auch die OAE versuchten, ohne Erfolg, die MPLA und die FLNA zu versöhnen.

Die Positionen blieben unverändert. Die FLNA und die UNITA hielten weite Teile im Norden und im mittleren Süden des Landes besetzt, während die MPLA sich im gesamten mittleren Norden, im Süden und Osten durchgesetzt hatte. Auf Betreiben von J. Savimbi gelang es Jomo Kenyatta, die drei Bewegungen zu veranlassen, die Abkommen von Mombasa (6. Januar 1975) zu un-

---

44 Über die angolesischen politischen Parteien siehe *Angola Views of a Revolt, Tam-Tam*, 1961.
45 Die MPLA maß der Eröffnung einer neuen Front, jener im Osten im Jahr 1966, große Bedeutung zu. Schon 1968 erklärte sie, mehr als ein Drittel des angolesischen Territoriums unter Kontrolle zu haben.

Auf dem Weg zur Unabhängigkeit 625

terzeichnen. Er verfolgte damit die Absicht, für die Verhandlungen, die zu den Abkommen von Alvor (15. Januar 1975) führten, eine gemeinsame Front zu bilden. Diese Abkommen, die nun zwischen Portugal und den nationalistischen Bewegungen der Afrikaner unterzeichnet worden waren, lösten keines der fundamentalen Probleme. Das einzige greifbare Ergebnis war die Fixierung des Unabhängigkeitsdatums. Mit sehr übertriebener Begünstigung der Interessen Portugals und der Portugiesen setzten sie eine Übergangsregierung ein. Sie basierte wenig realistisch auf einer paritätischen Verteilung der Kabinettsposten und auf einer Vorschrift, die Übereinstimmung bei Entscheidungen über den Staat verlangte.

Die Einsetzung dieser »erträumten« Regierung leitete das Chaos ein. Die portugiesischen Kader und die Besatzungstruppen, die sich zunächst abseits gehalten hatten, gingen zur Provokation über. Alle Bewegungen versorgten sich bei willfährigen Lieferanten mit Waffen. Im April 1975 wechselte Daniel Chipenda, einer der Hauptkommandeure des Krieges in der MPLA, die Partei und schloß sich der FLNA an. Nun sprachen die Waffen, nur kurz unterbrochen von der Flut frommer Wünsche nach dem Abkommen von Nakuru am 21. Juni 1975. In der Tat widerstrebten den beiden wichtigsten Protagonisten im gegenwärtigen Augenblick die Wahlen, die in dem Abkommen von Alvor vorgesehen waren. Der FLNA behagte es nicht, da sie auf diesem Terrain noch nicht genügend Fuß gefaßt hatte. Die MPLA befürchtete, daß der Stammesreflex die mehrheitlich vertretenen Volksgruppen (Umbundu und Bakongo) der UNITA und der FLNA in die Arme trieb. In der MPLA befanden sich nur die Kimbundu des Zentrums, die Fiote von Cabinda und die Mischlinge zusammen. Aus ihren Reihen kamen viele der Elitekader der Partei. Allein, die UNITA beharrte auf den Wahlen. Sie war gleichsam das Trojanische Pferd für die Weißen, mit deren Hilfe sie sich in Angola ausbreiten wollten. Die FLNA, auf deren Seite nun Chipenda stand, verfügte über einflußreiche Mittel, die ihr die westlichen Länder und Zaïre geliefert hatten. Im Bewußtsein ihrer Stärke warf sich diese Partei in einen Endkampf zur Beseitigung der politisch-militärischen Basen der MPLA. Diese setzte im Gegenzug ihre Streitmacht (die FAPLA) ein, die am 4. Juli die Parole vom totalen Krieg gegen ihre Feinde im Innern und von außen ausrief und in die Tat umsetzte. Das führte zur blutigen und grausamen Schlacht von Luanda, in deren Verlauf die Basen der FLNA in der Stadt vernichtet wurden. Weitere Folgerungen waren: das Verschwinden der Übergangsregierung, das tatsächliche Bündnis zwischen der FLNA und der UNITA, die ebenfalls aus Luanda vertrieben worden war, die Isolierung der Hauptstadt, die nun mit einer großen Knappheit an lebenswichtigen Produkten und mit Umwälzungen konfrontiert war, die nur die starke Organisation der MPLA-Ausschüsse in den Vierteln zu bewältigen in der Lage war. Dagegen ermöglichte die ausschließliche Kontrolle über den Hafen der MPLA, ihre Versorgung mit militärischer Ausrüstung sicherzustellen. Immense Schwierigkeiten, die das Rote Kreuz kaum verringern konnte, bereitete gleichwohl die Menge der Geflüchteten: Portugiesen, Leute von den Kapverdischen Inseln und Umbundu, die dem Bürgerkrieg entkommen wollten.

In diesem Kampf auf Leben und Tod wurde die FLNA von den Westmächten mit finanziellen und militärischen Mitteln versorgt. Doch war ihre Basis in Kinschasa, wo die Führungskräfte ein schönes Leben führten, nicht imstande, den zum Sieg notwendigen Opfergeist zu vermitteln. Die unter der Fuchtel der starken persönlichen Macht J. Savimbis stehende UNITA wurde alsbald von den

626 *Das Erwachen Schwarzafrikas*

Söldnern und Südafrikanern heimgesucht. Sie kamen angeblich, um den Staudamm von Calueque am Kunenefluß zu schützen. Dieses Werk hatte die Aufgabe, das namibische und angolesische Ovamboland zu bewässern und mit Strom zu versorgen. Nicht ohne Zögern schritt Südafrika ein, viel weniger, um dem Kommunismus den Weg zu versperren, als darum, um vor Namibia ein schützendes Vorfeld zu schaffen und sich so auf die Seite des konservativen Afrikas an der Seite der FLNA und der UNITA zu stellen. Das war nun ein lästiges Bündnis, auch weil es sich zufällig mit der Unterstützung der VR China für dieselben Bewegungen traf. Die MPLA erfreute sich des Beistandes der afrikanischen Länder der Avantgarde und der sozialistischen Länder wie Jugoslawien und der Sowjetunion. Für sie bedeutete der Aufstieg eines reichen, sozialistischen Landes im Herzen des Kontinents und vor den Toren Südafrikas eine ungeheuer wichtige Sache. Kuba, das bereits im Jahr 1965 eine politische und militärische Hilfe gewährt hatte, griff entschlossen ein: es sandte ein Expeditionskorps von ca. 7 000 Mann. Eine schwarze Sklavin von jenseits des Atlantiks, die im Jahre 1843 einen Aufstand angeführt hatte, gab der Operation den Namen: Carlotta. Diese Carlotta-Operation wuchs zu einer historischen Demonstration des Internationalismus. Die OAE teilte sich in zwei gleiche Gruppen, die sich jeweils für die beiden sich gegenüberstehenden Lager aussprachen. Sie schickte ein Vermittlungskomitee, das lediglich die Situation bestätigen konnte. Währenddessen erging sich der amtierende Präsident der Organistion, Idi Amin, in widersprüchlichen Erklärungen.
Kurz vor dem schicksalhaften Tag der Unabhängigkeit am 10. November 1957 kam der portugiesische Hochkommissar von Luanda, General Cardoso, den Verpflichtungen von Alvor nach. Er verkündete das Ende der portugiesischen Epoche und schiffte sich ziemlich erbärmlich mit den Truppen des Ex-Mutterlandes ein. Wem er die Macht überließ, verschwieg er!
Ergebnis: während Präsident Agostinho Neto am 11. November 1975 unter Jubel in Luanda die Volksrepublik Angola ausrief, Lopo do Nascimento wurde Premierminister, taten J. Savimbi und Holden Roberto das gleiche in Huambo (ehem. Nova Lisboa) bzw. in Humbriz. Der Unterschied lag darin, daß diese beiden Regierungen eine Union verkündeten, die abwechselnd je einen Monat von den Premierministern der FLNA und der UNITA geführt werden sollte. Auf diplomatischer Ebene wurde das Regime der MPLA sehr schnell von einer Reihe von afrikanischen Ländern (darunter Nigeria) und von der ganzen Welt anerkannt. Das Dasein der anderen Regierungen blieb durch fehlende Anerkennung unbestätigt. Die FAPLA und ihre Verbündeten warfen im Norden bis zu 23 km von der Hauptstadt entfernt und im Süden bis Novo-Redondo die Offensiven zur Wiedereroberung von Luanda zurück. Als das südafrikanische Regime feststellte, daß der amerikanische Kongreß – der sich in einer Vorwahlzeit befand – keine Neuauflage des Vietnamabenteuers schaffen wollte, indem es die notwendigen Kredite zur Verlängerung eines Krieges bewilligte, in welchem sie Verbündete eines Regimes würden, das die Mehrheit der afrikanischen Länder verabscheute, zog es schließlich seine Streitkräfte zurück.
Als Angola, einstmals Schild Südafrikas, unabhängig und fortschrittlich geworden war, verwandelte es sich zum Stützpunkt gegen die rassistischen Kräfte des Südens.
Ironie der Geschichte – wie so oft!
Die Inseln São Tomé und Principe wurden von den Portugiesen besetzt; auf den

Auf dem Weg zur Unabhängigkeit 627

Plantagen (rocas) arbeiteten Arbeitskräfte, die mit Verträgen importiert waren (Bewohner der Kapverdischen Inseln, Angolas usw.). Die autochthone Bevölkerung (filhos da terra) setzte sich aus Weißen und aus Sklavennachkommen zusammen, die mehr oder weniger in diesem Zustrom von außen aufgegangen waren.

Die Unabhängigkeit erreichten die Inseln am 12. Juli 1975, und zum Präsidenten ernannte man den Generalsekretär der MLSTP (Movimento de Libertaçao de São Tomé e Principe), Manuel Pinto da Costa. Eine der ersten Amtshandlungen seiner Regierung bestand darin, Start und Landung von Flugzeugen nach und von Südafrika im Flughafen von São Tomé zu verbieten.

Die Massenauswanderung weißer Führungskräfte und afrikanischer Arbeiter nach der Unabhängigkeitserklärung löste in der Wirtschaft des Landes eine prekäre Situation aus.

G. Die Südafrikanische Union seit 1946

1. Das Kräfteverhältnis

»Einigkeit macht stark« verkündet das Wappen der Südafrikanischen Union. Aber welche Einigkeit, und mit wem? Heute ist die rassistische Diktatur der Buren Südafrikas dahin gekommen, sich im Innern und nach außen zu isolieren. Sie gleicht dieser Stadt am Kap, die am Ende der Welt von den Steilwänden des Tafelberges eingeschlossen ist. Die 2 000 000 Afrikaander leben im Verfolgungswahn. Aus diesem Grund bauten sie eine inhumane Welt auf, in der ihre politische und militärische Stärke die wirtschaftliche Macht der 1 300 000 anglophonen Weißen lahmlegen konnte. Außerdem vermochte sie die numerische Stärke und die Arbeitskraft der Schwarzen zu vernichten, indem sie sie in Instrumente ihrer Willkür verwandelte. Das ist die Überlegenheit der Afrikaans-Sprechenden: das *Afrikaanerdom* oder immer noch *Baaskaap*. Von daher ist auch die Gesetzgebungswut zu verstehen, die diesen neuen Faschismus auf Grundlagen eines Rechts zu bauen versuchte. Die erste erfolgreiche Runde in dieser Schlacht um die Herrschaft richtete sich gegen die Mischlinge *(coloured)*. Man verbannte sie von den Wählerlisten der Weißen und verwies sie auf eine Sonderliste, obwohl ihre Integration in die Listen der Weißen ein Verfassungsakt gewesen war. Die anglophonen Weißen, denen im allgemeinen die Stimmen der Mischlinge zugute kamen, und die wohl ahnten, daß ein verfassungswidriges Verfahren ein weiteres zur Folge haben würde, versuchten, die Absicht zu durchkreuzen. Sie starteten eine entschlossene Meinungskampagne; das leider nur kurzlebige *»Torch commando«* war ihre »Speerspitze«. Obwohl das Berufungsgericht den Plan als illegal bezeichnet hatte, griff der Nachfolger des Dr. Malan, ein derber Afrikaander aus Transvaal, zu äußersten Mitteln. Hatte er nicht erklärt: »Entweder herrscht der Weiße, oder der Schwarze setzt sich durch.« So ernannte er reihenweise Mitglieder am Berufungsgericht und im Senat, um sich auf diese Weise gewogene Stimmen zu sichern. Die weißen Repräsentanten der Afrikaner im Parlament wurden im Jahr 1960 abgeschafft.

Der Abbau des englischen wirtschaftlichen Übergewichts erwies sich in den Bereichen der Hochfinanz, des Handels und der Industrie als unmöglich. Allein Harry Oppenheimer hatte ein Minen- und Industriereich unter Kontrolle, das über die *De Beers*, die *Rhodesian Anglo American* und die *Anglo-American Corporation of South Africa* den Diamantenweltmarkt beherrschte, die bedeutendste Firma für den Goldabbau und die Hälfte der Kupferproduktion Nordrhodesiens. Oppenheimer war an Uran-, Blei-, Zink-, Eisenbahn-, Düngemittel-, Keramik-, Munitions- und Sprengstoffgesellschaften und vielen anderen beteiligt. Er wachte darüber, daß das wirtschaftliche Wachstum des Landes nicht verfiel. Hin und wieder bediente er sich seiner Reserven, um den Kapitalschwund aufzuhalten oder um die Gelder zurückzurufen. Wie war nun aber Oppenheimers wahre Haltung zum südafrikanischen Regime? Obwohl er Mitglied der Fortschrittspartei war, wirkten seine Bekundungen zweideutig, einmal nicht konformistisch, einmal gewogen. Im Jahr 1963 verband er sich mit W. B. Coetzer, einem der afrikaansen Finanziers, der 50 Gesellschaften kontrollierte und schließlich die Dachgesellschaft *Mainstreets Investments* gründete. Die Afrikaander schufen Bankinstitute wie die *Volkkass*, um ihren Genossen den Start von Unternehmen zu erleichtern und »um den fremden Händen die Hochburg der Finanzen zu entreißen, die sie besetzt halten«. Einer unter ihnen, Anton Rupert, wurde der Zigarettenkönig. Er kontrollierte ein Fünfzigstel der Weltzigarettenproduktion.

Die politische Haltung der Anglophonen grenzte an Schüchternheit. Zwischen der zänkischen Herrschaft der Afrikaander und der Ungeduld, später dem Zorn der Schwarzen blieben sie Ballast. Die Mehrheit von ihnen fand die Segregationspolitik – obgleich sie sie im Grunde guthießen – schockierend und die antidemokratischen Praktiken unerträglich. Eine kleine Minderheit – sie setzte sich aus Männern mit hohem moralischem Anspruch zusammen – versuchte zunächst über die liberale Partei, dann über die fortschrittliche Partei, die sich seit 1961 auf einen einzigen Abgeordneten reduziert hatte, ihren Beitrag zum Kampf gegen das antidemokratische Regime zu leisten. In bezug auf die Forderungen der Neger verhielt sich diese Gruppe jedoch in gewisser Weise reserviert, vor allem, als diese das Ziel des allgemeinen Wahlrechts nannten. Der berühmte Schriftsteller Alan Paton, der Verfasser von »*Cry, the beloved country*« (Denn sie sollen getröstet werden) gehörte zu jenen. Die meisten anglophonen Demokraten waren gezwungen, in die Verbannung zu gehen. Von Großbritannien aus trugen sie durch ihr Engagement viel zum Kampf der Schwarzen bei. Die von inneren Kämpfen hin- und hergerissenen Mischlinge waren zwar im Vergleich zu den Schwarzen Privilegierte, leisteten jedoch nur einen schwachen Beitrag. Betrachtete man die Asiaten, so konnte man feststellen, daß sie, verglichen mit den Schwarzen, im allgemeinen gebildeter waren. Außerdem erfreuten sie sich dank ihrer Positionen im Kleingewerbe einer beachtlichen wirtschaftlichen Sicherheit und Unabhängigkeit. Mit Geist und Intellekt sowie moralisch und finanziell unterstützten sie die Schwarzen verschiedentlich. Die Schwarzen begannen sie dennoch bald als Opportunisten zu betrachten, auch wenn sie an vielen Kundgebungen teilnahmen. Trotz alledem muß die Geschichte Südafrikas als ein erbittertes Duell zwischen den Nachkommen der Buren und denen der Zulu, Xosa, Basuto und anderer schwarzer Völker betrachtet werden. Es ist ein Zweikampf zwischen der weißen Macht und der schwarzen Mehrheit.

Welche Parteien waren es, die sich in diesen Kampf stürzten? An erster und wichtigster Stelle muß man den *Afrikanischen Nationalkongreß* (ANC) nennen.

Auf dem Weg zur Unabhängigkeit 629

Der im Jahr 1910 gegründete ANC, der jetzt außerhalb des Gesetzes steht, kämpfte immer für die Beteiligung der Schwarzen an der Macht. Er setzte sich mit gewaltlosen Mitteln dafür ein. In den Städten und kleinen Zentren von Transvaal, Natal und Oranje war diese Partei bereits stark verwurzelt. Nun bemühten sich ihre politischen Kämpfer auch außerhalb der Städte auf dem Land Fuß zu fassen. Weil die Führung dieser Partei, angefangen bei R. P. John K. Dube bis zu Prof. Moroka und Albert Luthuli in den Händen der Christen lag, die zur Mittelschicht gehörten, litt sie unter einem gewissen Organisationsmangel. Ernsthafter wurde dieser Mangel noch durch die lebenslängliche Inhaftierung ihrer jungen Führer wie Nelson Mandela, Walter Sisulu, Govan Mbeki und durch die Exilierung vieler anderer wie Oliver Tambo, Duma Nokwe und Moses Kotane. Einige Parteigruppen arbeiteten im Verborgenen weiter und entwickelten eine Haltung und neue politische Methoden, die weniger vom christlichen Idealismus erfüllt waren, sondern konkreter und härter erschienen. Diese Gruppen hielten Kontakt mit den gefangenen politischen Führern und mit den Verbannten, die von Betschuanaland, Lusaka und Daressalam bis nach London und in andere Hauptstädte der Welt zerstreut waren. Der ANC war die Partei einer Situation, die man mit der der amerikanischen Schwarzen vergleichen kann, außer daß die Schwarzen der Vereinigten Staaten in der Minderheit waren. Doch hier (beim Studium) erfuhren die Intellektuellen und die schwarzen Führungskräfte eine Ausbildung, die sie die rassische Diskriminierung und die tiefe Erniedrigung, in welcher ihre Brüder verfassungskonform und *de facto* hielt, noch schwerer ertragen ließ. Gleichwohl machten die sehr vielseitige soziale Gestaltung ihrer eigenen Gesellschaft und die überragende Macht der gegensätzlichen weißen Gesellschaft den Kampf sehr komplex.

Der Vergleich mit Algerien drängt sich auf, auch wenn das Vorhandensein zahlreicher Volksgruppen und das Fehlen einer kulturellen Einheit keine klare Unterschiedlichkeit schuf.

Der ANC entwickelte sich übrigens immer mehr zu einer Doktrin des Kampfes hin. Als Partei der Gewaltlosigkeit hatte er sich anfänglich mit »Muskelspielen« begnügt, durch Massenversammlungen, wo Folklore und Gesänge in der Art der Negro-Spirituals mit politischen Reden wetteiferten. Im Jahr 1961 riefen einige Führer des ANC – in Abwesenheit vieler gemäßigter Führer, die inhaftiert oder exiliert waren – das *Unkonto We Sizwe* (Speerspitze der Nation) ins Leben. Das Ziel dieser Organisation war es, gewaltlose Sabotage zu üben. Das hieß, kein Menschenleben sollte zu Schaden kommen. Allerdings hielt man die Möglichkeit einer »kontrollierten Gewaltanwendung« nicht mehr für ausgeschlossen. Der ANC war aus verschiedenen Gründen zu dieser Einstellung gekommen, u. a. weil der gewaltlose Kampf kein einziges greifbares Ergebnis hervorgebracht hatte. Außerdem deutete alles darauf hin, daß die Afrikaander diese Sprache nicht verstanden; denn auf ein Defilee von unbewaffneten Männern und Frauen antworteten sie mit Schüssen. Im übrigen gab sich die Masse der Afrikaner immer weniger für die Massakerspiele her, denn das Beispiel Algeriens und Kenias bewies, daß man auch mit dem bewaffneten Kampf zum Ziel kommen konnte. Endlich unterstützte auch kein westliches Land den gewaltlosen Kampf, während manche afrikanischen und sozialistischen Länder den bewaffneten Kampf förderten. Unter dem Druck einer Situation, die für die Afrikaner immer verzweifelter wurde, bildeten sich der *Panafrikanische Kongreß* (PAC), ein Ableger des ANC. In völliger Übereinstimmung strebte man dem Ziel der Schaffung einer vielrassigen Gemeinschaft entgegen. Hier sollten die Rechte aller geschützt sein, wenn der PAC auch viel mehr auf den individuellen Rechten als auf den Rechten der rassischen Gemeinschaft bestand. Der PAC rechnete sehr wohl damit, daß die Schwarzen einen weißen Abgeordneten wählen könnten. Doch in der Phase des Kampfes lehnte er die halb-organische Verbindung des ANC mit dem *Südafrikanischen Indischen Kongreß*, dem *Mischlingskongreß*, dem *Demokratischen Kongreß* (weiß) und dem *Südafrikanischen Gewerkschaftskongreß* ab. Er vermutete, daß die Nicht-Afrikaner auf diese Weise den Befreiungskampf beherrschen wollten. Nach dem PAC-Führer Roberto Sobukwe: »Es gibt Europäer, die sich intellektuell zur Sache der Afrikaner bekennen. Doch da sie in materieller Hinsicht Nutznießer der Situation sind, können sie sich nicht voll und ganz mit der Sache identifizieren.« Sie lehnten »die Union der Ausbeuter mit den Ausgebeuteten« ab und befürworteten eine wirklich nationalistische, sozialistische und demokratische Bewegung. Sie forderten: »Wir wollen eine Regierung von Afrikanern durch Afrikaner für Afrikaner!« Das führte nicht selten dazu, daß selbst jene, die die Viel-Rassigkeit für unmöglich hielten, sie als Rassisten behandelten. Im Jahr 1962 insistierte der damalige Generalsekretär des PAC, P. K. Leballo, in London auf dem unabwendbaren Tatbestand eines feindlichen Zusammenstoßes. Im Jahr 1963 wurde der *Poqo* für den PAC das, was das *Unkonto* dem ANC bedeutet hatte; d. h. die verbotene terroristische Version der Partei. *Poqo* besagt »ganz allein«[46], und das wiederum charakterisiert den Geist des PAC sehr gut. Er schloß das Bündnis mit den Kommunisten aus. Die *Südafrikanische Kommunistische Partei* zählte einige Tausend Anhänger, unter ihnen Intellektuelle, von denen manche Trotzkisten waren. Diese kommunistische Partei nannte den PAC rassistisch. Tatsächlich wollte der PAC vor allem die afrikanische Initiative ohne Hilfe von außen. Nicht daß er diesen Beistand ablehnte, aber jeder sollte in seinem Sektor arbeiten mit einem Höchstmaß an einheitlichen Aktionen, aber ohne festes Band. Dagegen ließ der ANC die Zusammenarbeit zu, obwohl ihn die Kommunistische Partei anfangs als Rivalen betrachtete. Sie sah in ihm eine nationalistische Bürgerpartei, einen Feind der Arbeiterklasse, der sich möglicherweise die Zustimmung der Massen erschleichen könnte. Als jedoch die Kommunistische Partei 1950 verboten wurde, bestand ihre Taktik darin, in die Reihen des ANC einzudringen und mit ihren extremen Elementen Parallelgruppen zu bilden wie den *Kongreß der Demokraten*.

Als man Nelson Mandela während eines seiner Prozesse über seine Beziehungen zu den Kommunisten befragte, erklärte er: »Wenn ihr unter einem Kommunisten den Anhänger der Lehren von Marx, Engels, Lenin und Stalin versteht und denjenigen für einen Kommunisten haltet, der sich der Disziplin der Partei verschreibt, dann bin ich kein Kommunist. Doch stelle ich fest, daß es in der UdSSR keine rassische Diskriminierung gibt, daß die UdSSR keine Kolonien besitzt und daß sie gegen den Kolonialismus Stellung bezieht.« Weiter fügte er jedoch hinzu: »Das Ziel des ANC ist die Einheit und die Eroberung der politischen Rechte. Das Ziel der Kommunistischen Partei ist die Ersetzung der Kapitalisten-Regierung durch die Arbeiter-Regierung. Deshalb ist eine Zusammenarbeit zwischen

---

46 Dieser Ausdruck erinnert an das *fara da se* der italienischen Nationalisten des 19. Jahrhunderts.

Auf dem Weg zur Unabhängigkeit

uns denkbar, denn unser gemeinsames, unmittelbares Ziel ist die Beseitigung der weißen Vormachtstellung. Haben sich Großbritannien und die Vereinigten Staaten nicht mit der UdSSR gegen Hitler vereinigt? Aber während die Kommunistische Partei auf dem Gegeneinander der Klassen besteht, wollen wir sie einander annähern.« Im Jahr 1950 sprengten die Jugendabteilungen der ANC wiederholt die kommunistischen Versammlungen. Sie lancierten zornige Artikel, in welchen sie z. B. erklärten: »Da die Arbeiter Afrikaner sind und überwiegend unterdrückt werden, weil sie Afrikaner sind und dann erst, weil sie Arbeiter sind, ist es klar, daß die fremde Blume des Kommunismus nicht auf afrikanischem Boden blühen kann.«

2. *Der politische Kampf*

Das waren die einander gegenüberstehenden Kräfte in diesem Pulvermagazin. In wenigen Worten folgt ein Abriß der Ereignisse. In den Jahren von 1950 bis 1955 überwogen die gewaltlosen Methoden. Von 1955 bis 1962 nahmen die Dinge eine schlimme Wendung. Ab 1962 war die Gewalt an der Tagesordnung.
Bereits 1950 verständigten sich die Jungen darüber, Wuma an der Spitze der Partei durch Dr. Moroka zu ersetzen. Sie waren der Zusammenkünfte des ANC überdrüssig, wo ein Klub Intellektueller an einer lebhaften Atmosphäre von Kollegialität Gefallen fand, alles im Rahmen eines »Volksfestes« von aktiven Vorkämpfern. Walter Sisulu wählte man zum Generalsekretär. Er gab seinen Beruf auf und wurde in einem miserablen Büro, versteckt im Geschäftsviertel von Johannesburg, der erste Parteifunktionär. Ein Aktionsprogramm wurde abgefaßt. Damals brachte man auch die erste Streikparole in Umlauf. Die Zusammenkünfte des ANC kennzeichnete ein kommunikativer Eifer, der den Lauen nicht bequem war. Die Hymne auf Afrika, die von den Frauen angestimmt wurde, schuf eine Atmosphäre glühender Leidenschaft. Die Gesänge wie »Herr, segne uns und unsere Kinder!«, die Gedichte, die das Elend der landwirtschaftlichen Arbeiter in den Reservaten, die Unwissenheit, das fehlende Land, die mörderische Arbeit in den Gruben und den Ruf nach Freiheit beschworen, alles das schuf ein Klima, das die Seelen peinigte und akademische Differenzierungen ausschloß. Zum Beispiel erhob sich Moroka und grüßte den ANC, indem er immer wieder »Mayibouye« ausrief, und die Menge antwortete jedesmal sogleich mit »Afrika«. Als im Jahr 1952 die Massenkundgebungen beschlossen wurden und Luthuli, der gerade zum Präsidenten gewählt worden war, zu bedenken gab, daß seine Provinz Natal für solche Kundgebungen noch nicht reif wäre, erhob sich eine Frauenstimme im Saal und forderte ihn mit dem Ruf »Feigling!« heraus. Die Kampagne wurde beschlossen, Natal würde zu gegebener Zeit folgen.
Weshalb diese Kundgebungen? Es war die Zeit, als die Südafrikanische Regierung – um sich zu schützen – von den Afrikanern bei Ortsveränderungen in ihrem eigenen Land einen Paß forderte. Man hatte sich in der Tat das Prinzip der *Apartheid* zu eigen gemacht. Es beruht darauf, jede Rasse und jeden Stamm in seinem Territorium unterzubringen und die Weißen radikal von den Schwarzen zu trennen. Auf diese Weise schloß man von da an im Bereich der Erziehung die Schwarzen von den weißen Universitäten Kapstadt und Witwatersrand aus. Sie mußten ihre eigenen Schulen aufsuchen. Der afrikanische Professor Matthews

632   *Das Erwachen Schwarzafrikas*

machte darauf aufmerksam, daß die Erziehung zur Fortschrittsfeindlichkeit und zur Minderwertigkeit schlimmer sei als überhaupt keine Erziehung.

Andererseits war eine totale Trennung kaum möglich. Alle einfachen Arbeitskräfte auf den Farmen, in den Gruben, Fabriken, den Docks, in den Geschäften, den Boutiquen usw. sowie die gesamte Dienerschaft rekrutierten sich ausschließlich aus Schwarzen. Die Regierung beschloß dieser Schwierigkeit aus dem Wege zu gehen, indem sie die Rassen außerhalb der Arbeitsstunden trennte. Sie schuf aus diesem Grunde klar getrennte Wohnbezirke. Die schwarzen Afrikaner, die im Wohnviertel Sophiatown in Johannesburg wimmelten (für die Schwarzen *Goli*[47]), zwang man zum Umzug nach Meadowland. Das war ein Viertel mit gleichförmigen Wohnungen, die moderner als die meisten Unterkünfte in Sophiatown waren, sich jedoch in sehr großer Entfernung von ihren Arbeitsorten befanden. Sophiatown war oft verlaust und dreckig mit seinen Unterkünften aus Wellblech und Holzkisten; doch konnte man auch Malerischem begegnen, und die alte Gastfreundschaft der Kraals hatte sich dort, auch unter solchen Umständen, wieder eingefunden. Es lag eben nur zu nahe beim Viertel der Weißen, wenn auch nur beim Viertel der »kleinen Weißen«, den Buren-Bauern auf der Suche nach dem Glück in der Stadt. Nur eine Straße trennte sie von Sophiatown, und sie zögerten nicht, sie zu überqueren, um ihre Vorräte auf den kleinen, afrikanischen Märkten zu kaufen, wo die Preise niedrig lagen. Der Anblick dieser Promiskuität war für das Regime ein unzulässiger Verfall. Würden diese Weißen nicht vielleicht versucht sein, mit jungen Zulu-, Sotho- und anderen Stammesangehörigen zu fraternisieren? Ab 1950 untersagte das »Gesetz über die Unmoral« *(immorality act)* sexuelle Beziehungen nicht nur zwischen Weißen und Schwarzen, sondern auch zwischen Weißen und »Nicht-Weißen«. Solche Verbindungen betrachtete man als kriminell, und wurden sie dennoch zwischen Weißen und Schwarzen angeknüpft, bestrafte man sie auf die gleiche Weise wie Sodomie. Dieses Gesetz rief einen ganzen Inquisitionsapparat ins Leben, um die Schuldigen zu entlarven. Es gab pro Jahr etwa 300 Angeklagte, in der Mehrzahl Afrikaander und sogar Anhänger der *Apartheid* ... Daher entschied man, die Bestrafung auf jeden »unmoralischen« oder »unanständigen« Akt auszudehnen. Im Jahr 1952 faßten die Afrikaner den Entschluß, gegen die Paßgesetze zu demonstrieren. Hauptakteure dieser Aktion waren zwei junge Rechtsanwälte, Nelson Mandela und Oliver Tambo. Dr. Moroka gab indessen für die Propagandatätigkeit seine Klinik auf. Sisulu und er schickten nacheinander zwei Briefe an den Premierminister Dr. Malan, um ihm die lange Folge von verfassungsgemäßen Bemühungen des ANC vor Augen zu führen. Die Unterdrückung, mit der man auf diese Initiative antwortete, führte die Afrikaner so weit, daß die Aktion für sie zur Frage auf Leben und Tod wurde. Die Paßgesetze, die rassische, territoriale Trennung, das Verbot der Kommunisten, alles das sollte nach ihrer Meinung am 29. Februar außer Kraft treten. Geschah das nicht, würde der ANC gewaltlose Demonstrationen organisieren. Die Regierung antwortete, man würde die Unruhen niederwerfen und die Verantwortlichen inhaftieren lassen. Während einer Versammlung in Johannesburg wurde bereits ein Spruchband mit der Parole »Wahlrecht für alle« entrollt. Auf einem anderen las man »Malan, erinnere dich, wie Hitler fiel!« Man forderte von den Teilnehmern einen Eid, alle Kräfte ihres Geistes, ihres Körpers und ihrer Seele dafür einzusetzen, dieser

47 Goli kommt vom Wort *gold* (engl.) und bedeutet »die Stadt des Goldes«.

Auf dem Weg zur Unabhängigkeit 633

Situation der Erniedrigung und des Elends ein Ende zu bereiten. 10 000 Freiwillige wurden gesucht, die bereit waren, ihre Pässe zu verbrennen und sich einsperren zu lassen. Während seiner Rede meinte Moroka, daß die »Europäer es nötig hätten, sich bekehren zu lassen«. Prof. Matthews aber konnte verfolgen, wie die Frauen das Lied Afrikas sangen »Nkosi Sikelel Afrika!« und wie der Griot den Assagai schwang und in Lobpreisungen die Führer rühmte. Nach diesen Beobachtungen wandte er sich an die Menge: »Der Kampf um die Freiheit ist kein Picknick! Es ist ein beschwerlicher Weg, auf dem man sich auf Leiden und sogar auf den Tod gefaßt machen muß.« Vom 26. Juni an ließen sich zahlreiche Gruppen von Freiwilligen im ganzen Land gefangennehmen, nachdem sie ihre Pässe vernichtet hatten. Mit dem Lied Afrikas auf den Lippen wurden sie in die Polizeiwagen geschoben. 40 000 von ihnen, darunter die Führer Mandela, Moroka und Sisulu, wurden aufgrund des Gesetzes zur Beseitigung des Kommunismus verurteilt. 300 erhielten mehr oder weniger lange Gefängnisstrafen. Manche schloß man endgültig durch zehnjährige Gefängnisstrafen von jeglicher politischer Betätigung aus. Die Herausforderungskampagne geriet ins Stocken. Die Polizei griff immer härter durch. Ein Beispiel: auf dem Bahnhof von New Brighton tötete sie junge Afrikaner, die angeblich einen Eimer Farbe gestohlen hatten. Der Aufruhr, der daraufhin einsetzte, kostete sieben Afrikaner und vier Europäer das Leben. Die Gesetze wurden zusehends drakonischer: das Recht zur Verhaftung ohne Urteil und bald auch die Legalisierung der Folter[48], die Verpflichtung für den Angeklagten, den Beweis für seine Unschuld zu erbringen usw. Auf diese Unterdrückung antworteten die Afrikaner mit verstärkter Entschlossenheit. N. Mandelas Plan, der vorsah, die Viertel Straße um Straße, Haus für Haus zu organisieren, nahm Gestalt an, d. h. langsam begann man, ihn in die Tat umzusetzen. So traf am 25. Juni 1955 eine Versammlung von 3 000 Abgeordneten, unter ihnen 2 000 Schwarze, der sich alle demokratischen Organisationen (die Vereinigte und die Liberale Partei hatten die Einladung abgelehnt) angeschlossen hatten, folgende Entscheidung: sie wollte eine Charta der Freiheit verabschieden, die mit folgenden Worten begann: »Wir, Volk Südafrikas, verkünden unserem ganzen Land und der Welt, daß Südafrika all denjenigen gehört, die hier leben, Schwarzen und Weißen. Weiter geben wir bekannt, daß keine Regierung irgendeine Macht beanspruchen kann, wenn sie sich nicht auf dem Willen des Volkes begründet. Das Volk soll regieren! Alle nationalen Gruppen sein rechtlich gleich. Das Land soll unter denen aufgeteilt werden, die es bearbeiten. Grubenarbeiter, Diener, Beamte und Landarbeiter haben die gleichen Rechte. Der Staat nimmt sich der Alten und der Waisen an. Die Gruben, Banken und die Schwerindustrie gehen in das Eigentum des Volkes über.« Dieser Text, der in englischer Sprache, in der Sotho- und der Xosasprache verlesen wurde, erhielt geradezu frenetischen Beifall. Währenddessen betrachteten die bis zu den Zähnen bewaffneten jungen Afrikaander-Polizisten voller Verachtung diese »Kaffern« und Freunde der Kaffern. Sie drangen sogar in den Saal ein, um alle Papiere und Dokumente und sogar die Speisekarte einzusammeln ... Freiheitslieder und der Ruf »Afrika« erklangen erneut. Die machtvolle Stimme der kräftigen Ida Mtwana, der Verantwortlichen der weiblichen Abteilung des ANC von Transvaal, begleitete sie voller Temperament. Man nahm die Namen der inhaftierten Führer in improvisierten Liedern auf. Zum Schluß bestieg ein junges

---

48 Mary Benson, *The Struggle for a birthright.*

afrikanisches Mädchen die Tribüne und rief zu den bewaffneten Polizisten gewandt ins Mikrophon: »Es ist uns ein Vergnügen, bei diesem Kongreß die Polizei dabeizuhaben!« Immer stärker beteiligten sich die Frauen am Kampf. Im
August 1956 versammelten sich 20 000, einschließlich der Hindu-Frauen, in Pretoria, um Premierminister Strijdom Einspruchsanträge zu überreichen. An ihrer
Spitze agierte Lilian Ngoyi, Präsidentin der Frauenliga des ANC.
Als kleines Mädchen hatte sie folgendes Erlebnis: die Mutter, eine Wäscherin,
hatte ihr die Wäsche für eine weiße Familie anvertraut. Als sie die Wäsche ab-
liefern wollte, verwehrte ihr die weiße Dame, die die Wäsche entgegennahm,
den Eintritt in das Haus. Einen Augenblick später aber führte diese Dame ihren
kleinen Hund hinein ... Lilian hatte eine Reise nach Europa und bis nach China
unternommen.
In Pretoria teilte ihr ein Sekretär mit, daß der Premierminister nicht da sei und
nahm die mitgebrachten Papiere an sich. Lilian ging zu ihren Gefährtinnen zurück, und eine von ihnen stimmte das alte Kriegslied der Frauen von Natal an,
mit einer Variante: »Strijdom, du glaubst, du stößt zarte Frauen herum, aber du
wirst an Felsen stoßen!« Es wurde zum Lied Afrikas. Für die Dauer eines Tages
rief man allgemeine Streiks aus, die sich aber nicht überzeugend durchsetzen
konnten. Dagegen lief der Busstreik im Jahr 1957 bedeutend erfolgreicher ab.
Das änderte aber nichts daran, daß die Periode von 1956 bis 1959 eine Zeit der
Unschlüssigkeit war, in der man versuchte, die Mittel, die im Kampf angewendet
worden waren, zu überdenken. Innere Krisen brachen aus, die nicht selten durch
Probleme von außen verursacht wurden. Welche Haltung sollte man den Mächten gegenüber einnehmen, die sich am Kalten Krieg beteiligten? Welche Bedeutung hatte der Ungarnaufstand? Doch ebenso handelte es sich um Fehler dieser
oder jener Parteisektion. Unruhe löste vor allem auch der energische Gegenangriff der »Afrikanisten« aus. Sie wollten die Schwarzen sammeln und ihnen
das Selbstvertrauen durch die Aktion wiedergeben. An der Spitze des im Jahre
1959 gegründeten PAC hielt sich einstimmig Roberto Sobukwe, genannt Manga-
liso (der Wunderbare).
Luthuli war ein dauernd Verbannter. Bei einer Versammlung zum Abschluß der
Afrikanischen Woche im April 1959 zu der sich 17 000 Personen eingefunden
hatten, und bei der er den Vorsitz führte, konnte man sein Porträt neben denen
Nassers, Nkrumahs, Nyereres und Kenyattas finden. Man verwies ihn erneut
für weitere fünf Jahre des Landes. In der Begleitung eines Konvois von Wagen,
die überquollen von Menschen aller Rassen, mußte er auf seine Farm nach Natal
zurückkehren. Was Luthuli zum gefährlichen Mann für das Südafrikanische Regime machte, war seine ungeheure Popularität bei den Schwarzen sowie bei den
liberalen Weißen und den Hindus.
Die Polizei griff immer öfter die Frauen an, die Unruhen anzettelten, weil sie auf
ihrem Recht bestanden, ihre seit einiger Zeit geschlossenen Bierwirtschaften wie-
derzueröffnen. Das ermöglichte ihnen, etwas Geld zum miserablen Lohn ihrer
Männer hinzuzuverdienen. Diese ließen übrigens leider sofort einen Teil des
Lohns in den Schenken, wo es Brauereibier gab, durch die Kehle rinnen. Tausende Frauen wurden verhaftet. Die Vizepräsidentin des ANC, Elizabeth Mafeking, eine unermüdliche Gewerkschaftlerin und Mutter von 11 Kindern, verwies
man des Landes. Es gelang ihr jedoch zu entkommen und im Basutoland Zuflucht zu finden. Alles das erschöpfte die Geduld der Jungen. Bei der Jahres-
versammlung des ANC antwortete ein Junger auf eine gemäßigte Botschaft

Auf dem Weg zur Unabhängigkeit

Luthulis mit folgenden Worten: »Es ist an der Zeit, unsere Führer stärker zu fordern! Wenn sie auch noch in Strategiebegriffen denken, wir denken in Aktionstermini!«

Nach dem Tod Strijdoms im Jahr 1958 rückte Dr. H. Verwoerd, ein Antisemit und Nazisympathisant, auf den Platz des Ministerpräsidenten. Er beabsichtigte, die *Apartheid* durchzusetzen. Er wollte autonome Bantu-Territorien schaffen, gleichsam politische Reservate, in denen sie eine Lokalversammlung wählen durften, die befugt war, die lokalen Angelegenheiten nach den traditionellen Stammesnormen zu regeln. Diese »Gesetze« aber waren der Genehmigung durch den Premierminister unterworfen. Auf diese Weise blieben die Bantus allen Gesetzen der Südafrikanischen Republik unterworfen. Außerdem besaßen die Bantustans keine wirtschaftliche Zukunft, weil hier die Investierung weißen Kapitals untersagt war. Die Industrien sollten an den Grenzen dieser Territorien angesiedelt werden, wohlweislich in der weißen Zone. Man wollte nur die billigen Arbeitskräfte aus den Bantustans holen.

Bantustans waren in der Tat ein unermeßliches Reservoir an Arbeitskräften, die diesen Platz wie Leibeigene nicht verlassen konnten bzw. durften. Dieses Gesetz, das wirtschaftlich gesehen absurd war, konnte auch praktisch nicht verwirklicht werden. 717 000 schwarze Landarbeiter arbeiteten auf den einzelnen Farmen und waren manchmal schlimmen, ja tödlichen Mißhandlungen ausgesetzt. Doch das Gesetz über die Stadtbezirke verbot jedermann (schwarz), mehr als 72 Stunden in einem solchen Bereich zu bleiben, wenn er dort nicht seit mindestens 15 Jahren wohnte oder nicht über einen Erlaubnisschein verfügte. So vertrieb man Tausende von jungen Menschen und Frauen aus den Städten. Ihre Ehemänner registrierte man von da an als Unverheiratete und zwang sie, in die Viertel zu ziehen, die für die Junggesellen reserviert waren. In solchen Vierteln organisierten sich Banden junger Delinquenten, die sogenannten *»Tosti«*. Es blieb auch nicht aus, daß die aktiven Kämpfer der afrikanischen Parteien dort bald Männer fanden, die zur Genüge durch die Mühlen des Rassismus gegangen waren, die zugrunde gerichtet waren und unverzüglich Taten herbeisehnten: enttäuschte Zwangs-Junggesellen, Subproletariat, Arbeitslose, Personen, die wegen Übertretung der vielen *Apartheid*-Gesetze gesucht wurden usw. Der ANC hatte sich dem »Komitee der 14 Organisationen« (einschließlich des PAC und bestimmter Vereinigungen von Weißen) angeschlossen, um eine Kampagne gegen die Paßgesetze durchzuführen. Mitten in den Vorbereitungen zu dieser Kampagne lancierte der PAC für den 21. März 1960 unvermittelt die Streikparole gegen die Paßgesetze. Der ANC, der eingeladen wurde, daran teilzunehmen, lehnte das Angebot ab und warnte vor Überstürzung und Sensationsbedürfnis. Des ungeachtet begaben sich an dem bestimmten Tag R. Sobukwe – mit nackten Füßen – und eine Gruppe von Führern des PAC zum Polizeiposten von Orlando. Sie stellten sich mit der Aussage, ihre Pässe zerstört zu haben. Man verhaftete sie. Sobukwe verbannte man lebenslänglich auf die Robben-Inseln, die ehemals von Lepra-Stationen, jetzt aber für die »politisch Aussätzigen« belegt waren. Etwa 50 000 Personen folgten an diesem Tag dem Aufruf des PAC; und das, obwohl Flugzeuge auf die Mengen losflogen und sie zu erschrecken und zu zerstreuen suchten. Als sich die Polizei von einer unbewaffneten Menge, die sich in Sharpeville versammelt hatte, bedroht fühlte, eröffnete sie das Feuer: es gab 69 getötete Afrikaner und 180 Verwundete – die meisten von ihnen waren im Rücken getroffen. In Langa hatten sich 18 000 Menschen zusammengefunden, unter ihnen 12 000 Zwangsjunggesellen. Hier gab es unter ähnlichen Umständen ebenfalls Tote. Im April des Jahres verbot man den PAC und den ANC. Ehe der noch legale ANC verschwand, richtete er noch einen Appell an seine Anhänger. Ein nationaler Konvent sollte zusammenkommen, der die Grundlagen zu einer neuen Südafrikanischen Union legen sollte. Ein Nationaler Aktionsrat (NAC) erneuerte diesen Appell im Jahr 1961. In ihm trafen sich viele Führer der aufgelösten Parteien, unter ihnen auch Nelson Mandela, den man zum Führer wählte. Dieser neue Rat brachte zum 29. Mai 1961 die Parole »Bleibt zu Hause!« in Umlauf. Hunderttausende leisteten Folge, obwohl alle Sicherheits- und Polizeikräfte auf den Beinen waren und obwohl strafweise Entlassungen angedroht und auch ausgesprochen wurden.

3. Der Rückzug und der Kampf ums Leben

Von diesem Zeitpunkt an nahmen die Wirren der direkten Aktion und der Unterdrückung überhand. Selbst in dem Augenblick, als Luthuli in Oslo aus den Händen von König Olaf von Norwegen den Friedensnobelpreis entgegennahm, hatte seine Partei im Dunkel Früchte des Zorns reifen lassen: das *Unkonto*, das sich der »kontrollierten Sabotage« verschrieb, während das *Poko*, Ableger des PAC, sich zum Terrorismus wandte. Telefon- und Eisenbahneinrichtungen, Hochspannungsmasten usw. wurden gesprengt, Häuser mit Plastikbomben überfallen. Die Gewalt griff um sich.

Am 1. Mai 1963 nahm das Südafrikanische Parlament – die Vereinigte Oppositionspartei inbegriffen, die Stimme von Helen Suzman von der Progressiven Partei ausgenommen – einen Gesetzesvorschlag an, der die Folter für Häftlinge vorsah. Bald wurden viele Gefangene in ihren Zellen erhängt aufgefunden: Selbstmord konstatierte die Polizei stets. Manche Inhaftierte stürzten sich bei den Verhören aus den Fenstern hoher Gebäude. Unter ihnen befand sich Sulman Salojee, er nahm sich auf diese Weise in Johannesburg im September 1964 das Leben. Am 11. Juli 1963 fand in Rivonia, einem Vorort von Pretoria, der Prozeß gegen Nelson Mandela, Walter Sisulu und andere Führer statt. Die Anklage lautete auf 193 Sabotageakte und einen Umsturzversuch. Nelson Mandela antwortete dem Staatsanwalt mit großer Eindrücklichkeit. Er erinnerte an die lange Geschichte der gewaltlosen Methoden des ANC, die zu nichts geführt hatten. Er gab zu, eine Kurzausbildung in Algerien mitgemacht zu haben und weiter, daß er Männer zur militärischen Schulung abkommandiert hatte, damit sie sich mit Sabotagetechniken vertraut machen konnten. Das schloß den eigentlichen Terrorismus aus. Doch in der Geschichte eines Landes kommt zuweilen der Augenblick, in dem man sich zwischen zwei Dingen entscheiden muß: sich unterwerfen oder kämpfen. Die nach dem Verbot des ANC geschaffene Organisation *Unkonto* hatte die Sabotage als Mittel gewählt, um die Aufmerksamkeit der Regierung auf ihre Probleme zu lenken: sie wollten Freiheit und freie Entfaltung für die Afrikaner, sie wollten die Weißen nicht »ins Meer werfen«, sie wollten der Armut und dem Minderwertigkeitsgefühl den Kampf ansagen. Den Abschluß bildete eine Art Klagelied, das in zurückhaltender Weise den langen Leidensweg des schwarzen Volkes schilderte: »Wir wollen dort leben, wo wir Arbeit haben, und nicht von dort verstoßen werden, weil wir nicht dort geboren sind. Wir wollen wenigstens ein Stückchen Land, dort wo wir arbeiten müssen. Wir wollen

Auf dem Weg zur Unabhängigkeit 637

auch nach 23 Uhr abends aus dem Haus gehen können. Unsere Frauen wollen mit ihren Ehemännern zusammenleben. Doch in erster Linie wollen wir die Gleichberechtigung!« Nachdem diese Erklärung verlesen worden war, wandte er sich an den Richter und sprach mit gesetzter Stimme: »Mein Leben lang führte ich diesen Kampf des afrikanischen Volkes. Ich kämpfte gegen die weiße Herrschaft, aber auch gegen die schwarze Beherrschung. Ich hing dem Ideal einer freien und demokratischen Gesellschaft an. Das ist ein Ideal, für das ich hoffe zu leben, bis ich es verwirklicht habe. Aber es ist auch ein Ideal, für das ich, wenn es nötig sein sollte, bereit bin zu sterben.« Walter Sisulu hinterließ einen starken Eindruck durch die Überlegenheit, mit der er dem Staatsanwalt gegenübertrat und antwortete. Es schien, als ob er sich nicht auf der Anklagebank befände. Diese Männer sprachen als Verantwortliche. Sie hätten ohne weiteres die Antworten eines der Mitglieder des Oberkommandos des *Unkonto*, Mkwayi, gutgeheißen: »Nachdem man uns zur Gegengewalt gedrängt hatte, organisierten wir das *Unkonto*. Doch ist die Sabotage nicht der Beginn eines Krieges, sie ist lediglich eine Aufforderung an die Regierung und an die weiße Minderheit, den Nationalkonvent einzuberufen.« Mkwayi, dem das Todesurteil unmittelbar bevorstand, sprach mit großer Gelassenheit. Er und seine beiden Brüder, wie Mandela und Sisulu und viele andere, wurden schließlich zu lebenslangen Gefängnisstrafen und zu lebenslanger Zwangsarbeit verurteilt.

Wohin führte dieser Weg der Südafrikanischen Republik? Für die Anhänger der *Apartheid* schien sie sich auf dem richtigen Weg zu befinden. Denn als sie sich für dieses Regime entschieden, wählten sie damit auch alle Konsequenzen. Im Jahr 1962 errichteten sie das erste Bantustan in der Transkei gemäß Xosatradition. Abgesehen vom Häuptling Kaiser Matanzima, einem Anhänger der *Apartheid*, der Premierminister dieser Karikatur eines Stammesstaates wurde, bemühten sich die anderen Häuptlinge darum, ihren Einfluß geltend zu machen, um mit den in ihrem Territorium lebenden Weißen eine vielrassische Regierung zu schaffen. Sie wurden daran gehindert.

Wohin ging Südafrika? Die weißen Afrikaander richteten sich auf eine lebenslange Herrschaft ein. Außerhalb der Regierung verfügten sie über Machtgruppen wie z. B. den *Broederbond*, eine Art Ku-Klux-Klan. Diese Gruppe sollte ursprünglich auf dem Fundament »Jesus« gegründet werden, und Afrikaander-Politiker und andere interessierte Persönlichkeiten traten ihr nach den Riten eines Blutspakts bei. Es war eine furchtbare geheime Gesellschaft. Während die meisten Kirchen, darunter auch die katholische, die *Apartheid* verurteilten, verstand sich die reformierte holländische Kirche dazu, dieses Regime abzusegnen und mit Bibelworten zu rechtfertigen. Eine andersdenkende Richtung gab es innerhalb der holländischen Kirche, die von einem Greis, dem Prof. B. B. Keet geführt wurde. Die gleiche Bewußtseinskrise existierte im südafrikanischen Büro für rassische Angelegenheiten. Manche Intellektuelle begannen sich über die Zukunft zu befragen. Unterdessen häufte die Regierung die modernsten Waffen an. Die Polizeitruppe umfaßte 26 000 Mann, die Hälfte von ihnen waren Weiße, denen allein das Recht zustand, Feuerwaffen zu tragen. Die andere Hälfte rekrutierte sich aus Schwarzen, die nur mit Knüppeln und Assagaien ausgerüstet waren. Das stehende Heer zählte 30 000 Mann. Das Militärbudget stieg von 14 Millionen Pfund im Jahr 1960 auf 65 Millionen im Jahr 1963. Militärfahrzeuge, Flugzeuge und andere ultramoderne Waffen kaufte man in England, Frankreich, Belgien, den Vereinigten Staaten ... Da die Regierung nicht mit einem klassischen Krieg rechnete, sondern vielmehr die Zersetzungstätigkeit der Guerilla fürchtete, schickte sie damals während des Krieges eine Untersuchungskommission nach Algerien, die die Methoden der französischen Truppen studieren sollte. Hertzog hatte dazu folgendes von sich gegeben: »Der Afrikaander muß überall in Südafrika der *Boß* (Herr) sein.« 1964 wiederholte der Justizminister: »Es ist unsere Pflicht, diese Republik zu verteidigen, wenn es sein muß, gegen die ganze Welt!« Dieser Kampf spielte sich zwischen den Anhängern des Prinzips »ein Mann – eine Stimme« und deren unerbittlichen Gegnern ab.

Was hielten die demokratischen Länder des Westens davon? Aus wirtschaftlichen Gründen wagten sie nicht, die Beziehungen zu der Südafrikanischen Republik abzubrechen. Die für die Republik arbeitenden Industrien und Handelshäuser beschäftigten allein in Großbritannien 150 000 Personen und repräsentierten ca. 140 Millionen Pfund, an die 100 Milliarden CFA Francs. Dr. Andries Visoer, ein Mitglied des Südafrikanischen Büros für Atomenergie, hatte keine Bedenken zu sagen, daß die Südafrikanische Republik beabsichtigte, ihre Atombombe »für die großmäuligen afro-asiatischen Staaten« herzustellen. In der Zwischenzeit füllten sich die Gefängnisse mit Afrikanern. Im Jahr 1963 befanden sich 67 636 Personen im Gefängnis. Die Gefangensetzung war wohl in den meisten Fällen unbegründet.

Hier das Beispiel des 60jährigen Tommy Charlieman. Nachdem er 19 Monate in vier verschiedenen Gefängnissen gesessen hatte, wurde er ohne irgendeine Anklageerhebung gegen ihn im Dezember 1964 freigelassen. Im Januar 1965 bat er den Justizminister in einem Schreiben um Schadenersatz wegen erlittener Einbußen an Einkünften und wegen Schäden an seiner Gesundheit. Man nahm ihn auf der Stelle wieder fest, beschuldigte ihn, Mitglied des ANC zu sein und verurteilte ihn zu einer Haftstrafe von 8 (acht) Jahren.

Bis dahin konnten die afrikanischen Staaten die Geflüchteten nur aufnehmen und trösten, ihren Luftraum sperren und ihre Geschäftsbeziehungen unterbrechen. Das war sehr dürftig. Ganz offensichtlich wurde in Südafrika selbst in der Unterdrückung ein neuer Geist geboren. Der Staatsanwalt erinnerte Tenance Makwabe, einen Mann aus dem Volk, der in einem Prozeß als Zeuge der Verteidigung erschien, daran, daß er in dieser Eigenschaft Gefahr lief, einmal mehr und für längere Zeit hinter Gittern zu verschwinden. »Das weiß ich.« gestand unser Mann zu. »Und warum dann«, sprach der Staatsanwalt, »macht ihr eure Zeugenaussage hier?« »*Andi Syiki*«, antwortete er, »ich habe keine Angst mehr!« War das nicht ein ganzes Programm?

Doch die wirtschaftlichen Belange und andere in Südafrika verwickelte Interessen waren so außergewöhnlich (ein beachtlicher Prozentsatz an Gold, Diamanten und Uran wurde in die Welt geliefert), daß dieser blutige Konflikt zwischen der schwarzen Mehrheit und ihren Buren-Herren sich nicht auf ein einfaches Duell beschränken ließ.

Das, was in den portugiesischen Kolonien geschah und sich in Namibia und in Simbabwe fortsetzte, mußte den Führungskräften in Pretoria zu denken geben. Für sie hieß das, den Zustrom der »matten Macht« unter Kontrolle zu halten, indem sie zweitrangige Zugeständnisse machte, das Wesentliche aber beibehielt. Dafür waren alle Mittel recht.

Als erstes die Anhäufung von »Verteidigungsmitteln«. Ein Fünftel des Haushalts war für Militärausgaben bestimmt. Eine Urananreicherungsanlage wurde mit Hilfe Frankreichs geplant. Der Westen fuhr fort, Südafrika mit modernster,

Auf dem Weg zur Unabhängigkeit

militärischer Ausrüstung zu versorgen. Nach Schätzung der UNO waren im Norden Namibias ungefähr 2 000 Mann südafrikanischer Truppen zusammengezogen.

Alsdann die Politik des Lächelns über den »Dialog«, der wirtschaftliche Austausch, der finanzielle Beistand für die konservativen afrikanischen Staaten, sogar, wenn sie sich in Verbalattacken gegen das Südafrikaner-Regime ergingen. Es gab auch erste Übertretungen der Apartheids-Gesetze in den Randgebieten: erste gemeinsame Theatersäle und gemischte sportliche Wettkämpfe, erste Hotels, die jedermann Zutritt gewährten; die ersten Schwarzen wurden auf den Friedhöfen der Weißen begraben ... Doch der Aufbau von Eigentum und die Macht blieben Monopol der Weißen. Der Aufstand der Schwarzen gegen den Unterricht in Afrikaans blieb nicht ohne Folgen. Im Juni/Juli 1976 mußte in Soweto ein Aufruhr niedergeschlagen werden; mehr als 200 Menschen, darunter 12jährige Kinder, kamen ums Leben. Das Gesetz über die innere Sicherheit, das sogenannte SS-Gesetz, ermächtigte den Justizminister, eine Person ein Jahr lang ohne Gerichtsbeschluß gefangenzuhalten; diese Zeit konnte auch verlängert werden. In Soweto, Alexandra und anderen Schlafstädten der schwarzen Arbeitskräfte waren das vielleicht die Vorzeichen der Stadtguerilla. Die physischen Liquidationen im Gefängnis vervielfachten sich (Steve Biko z. B. im Jahr 1977). Doch am erschreckendsten für die Führungskräfte von Pretoria war der Bruch mitten im Herzen des Systems. Die katholische Kirche verdammte immer öfter das Apartheids-Gesetz in den Schulen. Die weißen Studenten bekundeten immer offener ihre Sympathie für die farbigen Kameraden. Die Geschäftsleute beschworen wegen der schwachen Kaufkraft der Massen das Schreckbild sozialer Unruhen, fehlender afrikanischer Fachkräfte und unzureichender Absatzmärkte. Die Führer der acht Bantustans, die in ihren Gebieten die Hälfte der 15 Millionen Schwarzen verwalteten, schlugen einen schärferen Ton an. Die Transkei forderte die Integration der weißen Enklaven in ihrem Gebiet und die Vereinigung mit der Ciskei. Der Häuptling M. Buthezeli von Kwazulu begehrte für alle Bantustans die totale Unabhängigkeit. Ende des Jahres 1973 gingen die Führer der Bantustans sogar so weit, die Bildung einer Föderation der schwarzen Staaten Südafrikas ins Auge zu fassen. Sie verurteilten die Apartheids-Politik in ganz Südafrika rundweg. Am 24. Februar 1977 erklärte der Häuptling Mangsoutu Buthezeli an der Universität von Salem: »Die Beharrlichkeit, mit der die Südafrikanische Regierung den ›Homelands‹ im Rahmen einer getrennten Entwicklung der Rassen ihre Unabhängigkeit gewährt, wird zu einer blutigen Revolution führen.«

Im Juli 1974 gab sich der parlamentarische Rat der Mischlinge, eine Art abgetrenntes Parlament, entschlossen auf. Er lehnte die Apartheid ab und verlangte die Repräsentation aller Rassen in einem nationalen Parlament. Kurz, was als ein Sicherheitsventil gedacht war, verwandelte sich in ein Anklagetribunal.

Nach einer Reihe von Streiks im Jahr 1973 gestand man den Schwarzen endlich das Streikrecht unter allerdings sehr minutiös begrenzten Umständen zu. Denkt man dann an die Erschütterung, die durch den Sturz der Nachbarn und der portugiesischen Verbündeten und bald auch der Rhodesier zusätzlich hervorgerufen wurde, so begreift man das Dilemma, in welches die Behörden von Pretoria immer tiefer geraten mußten. Sie hatten kein Mutterland, in das sie sich zurückziehen konnten; noch konnten sie sich auf Kosten der schwarzen Mehrheit als Kolonisatoren ins Landesinnere flüchten. Die Tage der Apartheid waren gezählt.

Am 31. Dezember 1976 sprach sich der Generalsekretär der OAE, W. E. Mboumoua, nachdem er den Ländern der »vordersten Front« und den »jungen Helden von Soweto und anderswo« gehuldigt hatte, in seiner Neujahrsbotschaft für die Schaffung einer Abschreckungsmacht aus, um jedem Angriff von seiten des Minderheitsregimes in Südafrika entgegentreten zu können.

H. Namibia und die Enklaveländer in Südafrika

Zwei Angelegenheiten erfüllten die Verantwortlichen der Republik noch mit Besorgnis: Südwestafrika und die britischen Territorien der Hochkommission in Südafrika (High Commission Territories in South Africa). Südwestafrika, das Südafrika als Mandat des Völkerbundes zugefallen war – die anderen afrikanischen Territorien Deutschlands wurden Frankreich, England und Belgien anvertraut – hatte sich schlechthin den Regeln der *Apartheid* angeglichen. Doch der traditionelle Oberhäuptling der Hereros, Hosea Kutako, weigerte sich energisch, als er aufgefordert wurde, sich mit seinem gesamten Stamm aus dem Staub zu machen und den weißen Siedlern den Platz zu überlassen. Mehr noch, als die Südafrikanische Republik sein Territorium annektieren wollte, wandte er sich an die UNO. Reverend Michael Scott, ein anglikanischer Geistlicher – man hatte ihn rasch aus Südafrika verbannt –, nahm sich dieser Angelegenheit mit außergewöhnlicher Hingabe an. Mit Unterstützung der kürzlich unabhängig gewordenen afrikanischen Staaten ergriff er Maßnahmen und erlebte, wie die Südwestafrika-Sonderkommission bei den Vereinten Nationen eine Resolution verabschiedete. Sie erklärte, daß die Südafrikanische Republik unfähig sei, das Territorium zu verwalten und aus diesem Grunde aufgefordert werden solle, ihre Truppen zurückzuziehen. Die Republik hatte bis zu diesem Zeitpunkt alle Aufforderungen der UNO bezüglich Südwestafrika ignoriert. Sie mißachtete auch diese Erklärung und betrachtete die Annektion als abgeschlossene Sache.

Namibia bedeutete die permanente Herausforderung Südafrikas an die internationale Gemeinschaft, zumindest bis zum Zusammenbruch des portugiesischen Regimes. Das allerdings veränderte die Gegebenheiten des Problems.

Der vom Sicherheitsrat im Juni 1971 angerufene Internationale Gerichtshof erinnerte die Mitgliedsstaaten der UNO »an die gesetzwidrige Präsenz Südafrikas in Namibia und an die Südafrika auferlegte Verpflichtung, unverzüglich seine Verwaltung zurückzuziehen«. Die Vollversammlung der Vereinten Nationen wiederholte regelmäßig diese Mißbilligungen. Im Dezember 1973 kam der Sicherheitsrat – in welchem Südafrika trotz allem Verbündete zählen konnte – einmütig zu dem Entschluß, der Sache ein Ende zu bereiten, indem man sich um Verhandlungen mit Südafrika bemühte. Südafrika hatte zu seiner Verteidigung versucht, die Befreiungsbewegungen zu spalten. Doch die OAE und die Vollversammlung der UNO erkannten die SWAPO (South West African People's Organization) an. Ihr Führer Sam Nujoma hatte als der einzige autorisierte Vertreter des namibischen Volkes zum wiederholten Male seinen Einfluß auf die Massen bewiesen. Die Politik der *Apartheid*, der getrennten Entwicklung und der Stammesreservate wurde von den Nationalisten entschieden abgelehnt und verdammt. Auch die Beteiligten selbst, wie der Häuptling Filemon Elifas, der Führer des Ovambolandes, stellten sie in Frage. Die UNO trat für die Unab-

Auf dem Weg zur Unabhängigkeit

hängigkeit des gesamten Territoriums ein. Mit seinen sehr reichen Minen (Diamanten, Uran usw.), durch seine Grenzen zu Angola und Botswana und durch den Caprivi-Zipfel mit Sambia nahm Namibia eine strategisch bedeutende Schlüsselstellung ein. Die UNO richtete für Namibia einen Rat ein und ernannte Sean MacBride, Friedensnobelpreisträger, zum Kommissar. Trotz der Repressionen gegen die SWAPO waren die Tage des südafrikanischen Regimes von nun an in Namibia gezählt. Äthiopien und Liberia appellierten an den Internationalen Gerichtshof in Den Haag. Nach Jahren der Ausflüchte erklärte er endlich, daß die Südafrikanische Republik nicht als unrechtmäßiger Okkupant Südwestafrikas betrachtet werden könnte ... das sich heute Namibia nennt.

Lesotho. Die erste Partei modernen Typs, die im Jahr 1952 in diesem Land organisiert wurde, war die *Basutoland Congress Party*. Ihre Basis war eine nationalistisch militante, ein wichtiger Programmpunkt die Anti-Apartheid. Der Führer dieser Partei war Ntsu Mokhele.

Als Sieger der Wahlen von 1960 erlebte er die Trennung von Makola Khakela. Eine disparate Koalition einer radikalen Partei (Freedom Party) und einer feudalen Formation (Marema Tlou) überflügelte ihn. Diese Verbindung gab sich den Namen Marema Tlou Freedom Party (MTFP).

Diese Partei unterstützte Bereng Sceiso, der unter dem Namen Moschesch II. König werden sollte. Die politische Zersplitterung verhalf der Nationalpartei von Basutoland unter der Führung des Häuptlings Leabua Jonathan zum Sieg bei den Wahlen des Jahres 1965. Mit der Unterstützung der lokalen katholischen Geistlichkeit und dem Beistand Südafrikas stellte er sich mit übermäßigen Forderungen gegen seine anderen politischen Führer. Er zögerte auch nicht, einen süd-afrikanischen Magnaten zu seinem Wirtschaftsberater zu berufen. Im Jahr 1966 erreichte Lesotho seine Unabhängigkeit.

Aus Furcht vor dem Urteilsspruch des Volkes bei den Wahlen im Januar 1970 ergriff er Repressionsmaßnahmen: Absetzung und Verbannung des Königs, Massaker durch das Elitekorps der Polizei, eine Verfügung, die fünfjährige »politische Ferien« einführte, Verhaftungen ohne richterliche Anordnung usw. Nach der Bildung einer Vereinigten Oppositionsfront setzte im Jahr 1974 nochmals eine Welle von Gewalttaten ein. Mokhele floh ins Exil. Die Autokratie-Politik des Regimes, die hin und wieder von zaghaften Dialogversuchen mit der Opposition unterbrochen wurde, bewirkte im Februar 1976, daß die sechs bedeutendsten Kirchen des Landes verwarnt wurden.

In Südafrika zeigte sich die gleiche unstete Tendenz, einige Vorstöße gegen die Apartheid zu versuchen, wie z. B. 1975 bei der OAE und bei der UNO, jedoch auf dem Hintergrund des Dialogs mit Pretoria. An der Verstaatlichung der modernen Universitätsanlage Roma bei der Hauptstadt Maseru – eine gemeinsame, regionale Universität für Botswana, Lesotho und Swasiland – nahmen die Partnerländer lebhaft Anteil. 1974 wurde ein Währungsabkommen mit Swasiland und Südafrika unterzeichnet.

An der Spitze **Swasilands,** das dank seiner Kohle, seines Eisenerzes und seiner Wälder bedeutend reicher war, stand Sodhuza II., ein Oberhäuptling. Ihm gelang es, über die Fortschrittspartei John Ngukus zu herrschen, vor allem, als der Sekretär desselben, Ambroise Zwane, mit seinem Präsidenten in Konflikt geriet. Bei den Wahlen von 1964 fegte der Häuptling die politischen Parteien hinweg. Er verständigte sich mit den weißen Kolonisten, Sympathisanten Südafrikas. Als Swasiland am 1. September 1968 seine Unabhängigkeit erreichte, nahm es den

Namen Ngwane an. Sodhuza II. übernahm die Führung des Königreichs, ein Nationalrat stand ihm zur Seite. Die Legislativgewalt übte ein Parlament aus. Eingekeilt zwischen der Südafrikanischen Republik und Moçambique müßte Swasiland nach der Befreiung der portugiesischen Kolonien seine schüchterne Kompromißpolitik gegenüber dem Pretoria-Regime überprüfen können.

Botswana. Das umfangreichste der drei Territorien, das ehemalige Betschuanaland, spielte aufgrund seiner weiten Ausdehnung gen Norden ins Innere des Kontinents eine strategisch bedeutende Rolle.

Die Verfassung von 1960, die einen Legislativrat und einen Exekutivrat ins Leben rief, veranlaßte auch die Gründung der Volkspartei von Betschuanaland durch den Lehrer K. Motsete. Sie verfolgte den Zweck, das politische Bewußtsein der Leute wachzurütteln. Da die BPP jedoch bald durch eine Spaltung stark geschwächt wurde – sie spiegelte praktisch den Konflikt zwischen dem südafrikanischen ANC und PAC wider – hatte der traditionelle Häuptling Seretse Khama leichtes Spiel, als er seine gemäßigte Partei, die Demokratische Partei von Betschuanaland (BDP) gründete. Sie ging 1965 aus den ersten Wahlen mit allgemeinem Wahlrecht als Sieger hervor. Doch die BPP verlegte ihr Betätigungsfeld mehr in die städtischen Zentren. Das Eingreifen der marxistischen Partei des Dr. Kona (die Nationalfront Botswana) im Verbund mit einem mächtigen traditionellen Häuptling ließ die Opposition stärker werden. Seretse war indessen davon nicht beunruhigt, da sie noch nicht geeint schien. Der Regierung von Botswana standen so viele Probleme ins Haus: die Auswirkungen der Dürre, die rückständige Entwicklung der Sozialfürsorge, die ein Programm für die Volkserziehung aufzubauen versuchte, die hin und wieder auftauchenden Unruhen in den Städten usw. Das Hauptproblem aber blieb die Situation des Landes selbst, sein Dasein als Enklave innerhalb Südafrikas, das zudem noch von der Eisenbahnlinie durchquert wird, die Pretoria mit Rhodesien verbindet. Obwohl Botswana in den wirtschaftlichen Bannkreis des rassistischen Regimes hineingezogen war, bewahrte es sich eine sehr gemäßigte blockfreie Haltung. Und obwohl es den bewaffneten Kampf Simbabwes unterstützte, predigte es Entspannung. Innerhalb der Gruppe der afrikanischen Länder »in vorderster Front« verband es sich mit dem Präsidenten Kenneth Kaunda, um gemeinsam die kämpferische Bewegung in Tansania und Moçambique zu bändigen.

I. Äthiopien

Durch den Sieg der Alliierten über die Achsenmächte erlangte Äthiopien die Freiheit wieder. Es kannte keine Entkolonisierungsprobleme. Derselbe Kaiser Haile Selassie bestieg erneut denselben Thron. Dennoch konnte dieses Land mit seinen 20 000 000 Einwohnern nicht unberührt bleiben von den Strömungen, die von da an Afrika ergriffen. In wirtschaftlicher Hinsicht begann es sehr tief unten. Noch im Jahr 1957 zeigten die Statistiken der Vereinten Nationen für Äthiopien ein jährliches Pro-Kopf-Einkommen von 30 US-Dollar an, für Tanganjika betrug es 48, für Nigeria 69, für Französisch-Westafrika 133 und für Ghana 194. Äthiopien blieb im Wesentlichen ein landwirtschaftliches Land, 75 % der Produktion. Man machte große Anstrengungen, um z. B. den Anbau von Kaffee und Zuckerrohr zu entwickeln und zu verbessern. Außerdem wurden

Auf dem Weg zur Unabhängigkeit 643

auf dem Gebiet der Prospektierung des Landes und der Nutzung des hydro-
elektrischen Potentials Fortschritte erzielt, so daß man einige Veredelungsindu-
strien entstehen lassen konnte.

Der soziale Sektor, und da vor allem die Erziehung, lag dem Kaiser Haile Selassie besonders am Herzen. Seit dem Ende des Krieges öffneten viele Gymnasien in Addis Abeba ihre Tore. Sie unterschieden sich von den herkömmlichen
Schulen. Bis dahin hatte sich das Personal der Schulen aus äthiopischen und
koptischen Mönchen rekrutiert. Sie lehrten in der Hauptsache Dichtkunst, Musik,
Religion, Diplomatie und Sprachen. Aber nun entwickelte sich ein modernes
Unterrichtswesen. Viele junge Äthiopier verließen ihr Land, um im Ausland wei-
terzustudieren. Auf diese Weise vollzog sich eine relative Öffnung des Landes,
die vorher nicht bestanden hatte. Auch im politischen Leben traten Veränderungen ein. Man schmiedete Komplotte gegen den Kaiser, um politische Reformen
in Richtung einer konstitutionellen Monarchie durchzusetzen. Es wurden sogar
Versuche unternommen, den Kaiser durch einen anderen Monarchen zu ersetzen.
Das war beim Komplott des Betwoded Nagash der Fall. Im Jahr 1955 gewährte der Kaiser eine Verfassung, die die des Jahres 1930 ersetzen und verbessern
sollte, »aus Anlaß des 25. Geburtstages Unserer Krönung zum Wohlergehen und
zum Fortschritt Unseres geliebten Volkes«. In der Tat gab es viele unter den
Freunden Äthiopiens, besonders in der angelsächsischen Welt, die sich an den
archaischen Strukturen einer der ältesten Monarchien der Welt stießen. Die Verfassung von 1955 setzte nun den Kaiser zum Staatsoberhaupt und Regierungschef ein, dem ein Kabinett zu Diensten stand. Es wurde ein parlamentarisches
System ausgearbeitet. Die Mitglieder des Senats ernannte der Kaiser. Er bereitete ihnen so ein vergoldetes Karriereende, wenn auch nicht immer das er-
wünschte. Die Abgeordnetenkammer mußte gewählt werden. Doch waren diese
beiden Kammern nicht souverän: »Im Falle, daß ein Gesetz die Zustimmung und
die Unterschrift des Kaisers erhält, wird es in der *Megarit Gazeta* veröffentlicht,
die vom Informationsministerium herausgegeben wird.«

Bis zur wirklichen Modernisierung blieb noch viel zu tun. Manch ein Besucher
hob den erschreckenden Kontrast hervor zwischen dem Glanz der kaiserlichen
Paläste – von denen manche inzwischen in Universitätsgebäude umgewandelt
waren – und dem Elend der Masse, zwischen den ultra-modernen Gebäuden der
Hauptstadt und dem mittelalterlichen Gesicht des nahen Landes. Andere Beobachter stellten die Hemmnisse beim Aufbruch des Landes zur Modernisierung
fest: die extrem komplizierte Verwaltung, den starren Konservatismus des feudalen Adels, die Korruption, die Fusion zwischen fürstlichem Vermögen und
Staatsvermögen usw. Bücher und Ideen aus dem Ausland wurden einer strengen
staatlichen Kontrolle unterzogen. Ließen sich diese Gegensätze und Widersprüche vom mißglückten Staatsstreich im Dezember des Jahres 1960 herleiten? Unter dem Befehl des Generals Mengistu Neway und seines Bruders Girmane machte die kaiserliche Garde einen Putsch. Girmane hatte an der Universität von
Columbia studiert, wo er eine wissenschaftliche Abhandlung über die Kolonisie-
rungspolitik der Weißen in Kenia vorgelegt hatte. Die Rebellen richteten einen
Appell an die Studenten, an die Armee und an die Kirche. Sie hatten vor, den
Kaiser durch seinen Sohn zu ersetzen. Die Armee und der Patriarch, Getreue
des Kaisers, der sich gerade zu einem Staatsbesuch in Brasilien aufhielt, schritten
unverzüglich zum Gegenangriff. Unerbittlich verfolgte man die Anführer dieses
Aufstandes. Manch einer von ihnen nahm sich kurz vor der Ergreifung, die un-

weigerlich zur Hinrichtung führte, das Leben. Girmane Neway schoß zuerst auf seinen Bruder und richtete dann die Waffe gegen sich selbst. Aber Mengistu starb nicht von der Hand seines Bruders. Als Verwundeter kam er vor den Richter und wurde im März 1961 zum Tode verurteilt. Er erklärte, daß er zum Wohle des äthiopischen Volkes gehandelt hätte.

Kaiser Haile Selassie genoß in seinem Lande immer noch eine unfaßliche Verehrung, die in Jahrhunderten tief verwurzelt war. DerAufstand von 1960 offenbarte jedoch inhaltlich und in seiner Radikalität eine neue Richtung. In der Außenplitik richtete sich Äthiopien ganz darauf ein, Eritrea zu vereinnahmen. Die UNO hatte den Beschluß gefaßt, es ihm im Jahr 1950 zu überlassen. Im Jahr 1952 (September) ging die britische Verwaltung zu Ende. Doch das Föderationsstatut, das die UNO gewissenhaft überarbeitet hatte, funktionierte nicht. Die Symbiose zwischen dem demokratischen Eritrea und der äthiopischen Welt war unmöglich. Durch seinen Stellvertreter und seine hohen Beamten beherrschte der Kaiser Eritrea so sehr, daß die eritreische Versammlung bald – trotz starker Unruhen von seiten der mohammedanischen Fraktion des Landes (Afar und Danakil von der Küste) – einmütig beschloß, die eritreische Fahne abzuschaffen und nur noch die äthiopische zu hissen.

Kaiser Haile Selassie öffnete sein Land sehr großzügig dem kämpferischen und unabhängigen Afrika. Er nahm 1958 an der ersten Konferenz der afrikanischen Staatsoberhäupter in Accra teil. Die zweite Konferenz 1960 tagte schon in Addis Abeba. Auch die Panafrikanische Bewegung für die Freiheit Zentral- und Ostafrikas (Pafmeca) hielt 1962 ihre Sitzungen unter Teilnahme Äthiopiens und Somalias in Addis Abeba ab. Ihr erklärtes Ziel war die Beseitigung der kolonialen Tatbestände in diesem Bereich und die Vorbereitung einer interafrikanischen Union vom Roten Meer bis zum Kap. Im Jahr 1963 fand endlich die Panafrikanische Konferenz der Staatsoberhäupter in Addis Abeba statt. Das älteste unabhängige Land Afrikas und der älteste unter den afrikanischen Staatschefs übernahmen ihre Verantwortlichkeiten. Doch das beseitigte nicht die Schwierigkeiten.

Das Regime Kaiser Haile Selassies bildete eine Art Ruhmesbeweis eines vergangenen Zeitalters. In den Umsturzversuchen, den Studentenunruhen, den immer offener werdenden Attacken gegen die Hinfälligkeit der Institutionen und gegen die Korruption der Menschen konnte man die Vorzeichen einer fundamentalen Erschütterung erkennen. Ob seiner repräsentativen und dekorativen Rolle, die ihm sein Amt nach außen hin aufbürdete und die ihn stark beanspruchte, vernachlässigte der Kaiser die inneren Probleme. Die leichte Verfassungsänderung von 1966 erlaubte dem Premierminister Akililu Habte Wold, seine Regierung selbst zu bilden. Es änderte sich jedoch nichts. Die Kontrolle, die das Parlament über die Regierung auszuüben versuchte, zielte nur darauf ab, die Interessen einer Minderheit zu wahren. Auch blieben die schüchternen Reformversuche in den Jahren 1966/67 bezüglich einiger feudaler Ländereien und hinsichtlich der Grund- und Bodensteuern tote Buchstaben, d. h. sie wurden nie durchgeführt. Als entwicklungsfördernde Faktoren erwiesen sich die Trockenheit und die Hungersnot, die die Provinzen Wollo und Tigre heimsuchten, und die 40 000 Menschen das Leben kostete. Die Behörden beschuldigte man der Gleichgültigkeit, der Korruption oder der Unterschlagung der Hilfsgüter aus dem Ausland. Die Inflation der Preise erreichte die Rekordhöhe von 80 % pro Jahr. Streiks, Soldatenmeutereien und Demonstrationen wechselten sich ab, bis der Premierminister endlich seinen Platz räumte. An seine Stelle trat Lij E. Makonnen. Dieser erhielt

Auf dem Weg zur Unabhängigkeit   645

den Auftrag, die Reformen voranzutreiben. Es war zu spät. Im Juni 1974 startete ein militärisches Koordinationskomitee eine Reihe von Anklagen und Festnahmen. Von allen Seiten zog sich das Unheil über dem Kaiser zusammen. Im August wurde ein anderer, radikalerer Premierminister, Lij M. Imru ernannt. Als der Kaiser im September 1974 ungeheurer Unterschlagungen bezichtigt wurde, mußte er gehen. Er wurde abgesetzt. Ein Jahr später starb er unter obskuren Umständen in Haft. Die Monarchie wurde 1975 abgeschafft, die Verfassung trat außer Kraft, das Parlament löste sich auf.

Die provisorische Militärregierung und das Militärkomitee (DERGUE) setzten einen populären Mann an ihre Spitze, den Generalleutnant Aman Andom. Während einer internen Krise, die durch die Eritrea-Frage ausgelöst wurde, kam er ums Leben. Seinen Platz nahm ein Triumvirat höherer Offiziere ein: Tefferi Bante, Mengistu Haile Mariam und Atnafu Abate. Das DERGUE, das ganz damit beschäftigt war, die feudale und konservative Opposition zu beseitigen, sah sich bald der Opposition der Studenten gegenüber, die für die Ziele des Regimes mobilisiert wurden, desgleichen den Gewerkschaftlern und manchen Offizieren, die für die Rückkehr zur zivilen Macht politisch tätig waren. Als Antwort aktivierte das DERGUE den revolutionären Prozeß. Zwei Mitglieder des Triumvirats wurden beseitigt, übrig blieb Mengistu Haile Mariam. In seinen Händen lag nun, 1977, allein die Macht. Er strebte zunächst einen Bündnisbruch an, indem er näher an die UdSSR heranrückte.

Im Dezember 1974 war der Sozialismus verkündet worden. Als eine der Folgen zeigte sich ein Jahr später, daß eine starre, mehr konformistische Organisation den Platz der Gewerkschaften einnahm. Außerdem fand im Jahr 1975 eine Verstaatlichungsaktion statt, die sich zunächst auf ländliche Besitzungen, dann auch auf Grundstücke in der Stadt erstreckte. Die ländliche Welt wurde in Kommunen und Basisgemeinschaften organisiert. Man hatte auch die Rückkehr zur zivilen politischen Macht ins Auge gefaßt. Sie sollte sich allmählich im Rahmen einer Einheitspartei und einer nationalen Front verwirklichen. In dieser Hinsicht konnte man zwei Tendenzen beobachten: die revolutionäre Partei des äthiopischen Volkes, die für eine unverzügliche Übergabe der Macht an die Zivilen eintrat und die dem DERGUE nahestehende panäthiopische Sozialisten-Bewegung.

In den Jahren von 1960 bis 1970 hatte sich Äthiopien beherzt für die panafrikanische Bewegung eingesetzt. Nach außen hin unterhielt das kaiserliche Regime mit den Vereinigten Staaten die engsten wirtschaftlichen Beziehungen. In Kagnew bei Asmara entstand eine amerikanische Basis für Nachrichtenübermittlung. Die Kontakte zu Israel wurden 1973 nur schweren Herzens unterbrochen, was dazu beitrug, den Groll der beiden mohammedanischen Nachbarländer Sudan und Somalia auf sich zu ziehen. Somalia hatte es auf Ogaden abgesehen und bestand auf dem Ausschluß jeder äußeren Beherrschung des Territroiums der Afar und Issa (französisch). Im Jahr 1975 empfingen die äthiopischen Behörden den pro-französisch eingestellten Ali Aref sehr wohlwollend; denn sie legten großen Wert auf die Sicherung der Eisenbahnstrecke zum Hafen von Dschibuti.

Mit dem Sudan blieben die Beziehungen insbesondere dadurch gespannt, daß Addis Abeba den Anya-Nya-Rebellen vom Süd-Sudan Unterstützung zukommen ließ.

Im Gegenzug leistete der Sudan der eritreischen Befreiungsfront Hilfe. Diese operierte seit 1969 effektiv gegen die äthiopischen Streitkräfte, doch gelang es ihr nicht, ihren eigenen Zusammenhalt aufrechtzuerhalten. Die Belagerung Asmaras durch die Front konnte nur durch einen starken Einsatz der äthiopischen Armee durchbrochen werden. Sie betrachtete Äthiopien als unteilbar, und ihr lag nicht daran, die eritreischen Häfen Massaua und Assab zu verlieren. Nachteilig wirkte sich jedoch die Tatsache aus, daß sich die irredentistischen und zentrifugalen Bewegungen vervielfachten: z. B. in Tigre und mit der Befreiungsfront Afar in der östlichen Wüste. Äthiopien kämpfte, um nicht umschlossen, zerstückelt oder ausgelöscht zu werden.

J. Somalia

Die Somali bewohnen das östliche Horn Afrikas. Wie viele andere afrikanische Völker mußten sie in mehreren Schüben die Ungewißheiten der Teilung, der Abtretung und kolonialer Anpassungen über sich ergehen lassen. De facto wurden sie 1946 da und dort verteilt, auf den Norddistrikt Kenias, auf die Provinzen Haud und Ogaden in Äthiopien, auf Französisch Somaliland (Dschibuti), Italienisch Somaliland und Britisch Somaliland. Man muß den Italienern als Verdienst anrechnen, daß sie ihren Teil Somalias systematisch und nach einer Art Entkolonisierungsplan auf die Unabhängigkeit vorbereitet haben. Schon 1950 eröffneten sie in Mogadischu eine Schule für Verwaltungs- und politische Führungskräfte. Im Jahr 1957 wurde diese Schule in ein Institut für Technik und Handel umgewandelt, wo mittlere Führungskräfte der Technik ihre Ausbildung erhielten. Eine juristische Hochschule und eine Wirtschaftshochschule, die indessen in Rom durchgeführt wurden, bereiteten auf Universitätsdiplome vor. Trotz dieses klaren Blicks für die Entkolonisierung stießen die Italiener auf den Widerstand des Raji Mohammed Hussein. Er war einer der Gründer und Führer der *Somalischen Liga der Jugend* (LSJ). Doch nachdem Hussein nach Krawallen in seinem Land nach Kairo ging, um dort auch seine Studien abzuschließen, löste ihn Abdullahi Issa in der politischen Führung ab und zog es vor, mit den Italienern zusammenzuarbeiten. Bei den Wahlen von 1956 errang die LSJ mehr als zwei Drittel der Sitze. Abdullahi wurde Premierminister. Kurze Zeit später ging der aus Kairo zurückgekehrte Hussein gewaltsam gegen ihn vor. Er war Befürworter einer radikalen Politik. Nach einer Reihe von Tumulten wurde er gefangengenommen. Bei den Wahlen von 1959 erreichte die LSJ ca. 80 % der Sitze. Im Juli 1960 wurde Somalia, wie geplant, unabhängig. Doch das Verhältnis Abdullahis zu den Italienern war zu belastet, als daß er die Führung des unabhängigen Landes übernehmen konnte. Er wurde Außenminister und überließ den Platz des Premierministers Abdullah Osman, einem Politiker, der zwischen Hussein und Abdullahi stand.

Die Briten verfolgten einen gewundeneren Weg. Da sie unzufrieden waren und nichts mit ihrem Protektorat auf somalischem Boden angefangen hatten, ließen sie nun zunächst den Distrikt von Haud den Äthiopiern. Es handelte sich dabei um ein weiträumiges Weideland, das sie im Verlauf des Krieges aus italienischem Besitz erhalten hatten. 1958 berief London eine Kommission, die die erforderlichen Schritte zu einer Verfassung mit Legislativ- und Exekutivräten in Angriff nahm. Die *Somalische Nationalliga* (LNS) verurteilte die Verwaltungsmehrheit im Legislativrat und boykottierte die Wahlen von 1959. Eine weniger einge-

Auf dem Weg zur Unabhängigkeit 647

schränkte Verfassung sah einen Legislativrat mit 33 gewählten und 3 Verwaltungsmitgliedern vor. Unter dieser Voraussetzung nahm die LNS an den Wahlen von 1960 teil und errang 20 Sitze. 12 weitere Sitze fielen an die *Somalische Einheitspartei*, die mit der LNS eine Front gebildet hatte. Am 26. Juni 1960 wurde Britisch-Somaliland unabhängig, vier Tage eher als Italienisch-Somaliland. Der Führer der LNS, der Premierminister geworden war, blieb nur wenige Tage in seinem Amt. Denn am 1. Juli 1960 trafen sich die Nationalversammlungen der beiden Länder in Mogadischu und konstituierten sich als Nationalversammlung der Unabhängigen Republik Somalia. Ihre Fahne zeigt einen Stern mit fünf Zacken. Die drei »anderen« Zacken repräsentierten die Somalis in Kenia, Äthiopien und in Dschibuti. In diesem letzten Territorium (Französisch-Somaliland) gewann Mahmoud Harbi, ein Anhänger der somalischen Integration bei den Wahlen zum Rahmengesetz. Doch nachdem er sich bei dem Referendum von 1958 für die Ablehnung der Gemeinschaft entschieden hatte, wurde er deutlich geschlagen und mußte nach Kairo flüchten. Die nachfolgenden Wahlen brachten eine Versammlung, die der französischen Verwaltung sehr vorteilhaft erschien. Sie sprach sich nämlich dafür aus, den Status eines überseeischen Territoriums zu behalten. Die wirtschaftlichen Erwägungen waren bei dieser Politik nicht die geringsten, denn Französisch Somaliland war wie die anderen Teile ein dürres und ödes Land, eine von der Sonne vernichtete Erde. Nur die französischen Subventionen verhalfen zum Überleben. Die Wurzeln des somalischen Nationalismus gründen in einer 50jährigen Geschichte. Doch würde sich Groß-Somalia außerhalb einer interafrikanischen Grenzregelung auf kontinentaler Basis konstituieren können? Seit der Machtergreifung durch die Armee (Oktober 1969) und nach der Ermordung des Präsidenten Shermarke wandte sich Somalia unter der Schutzherrschaft des Generals Syad überwiegend den arabischen und fortschrittlichen Ländern zu.

Mit Macht hatten sich die Dinge so entwickelt, daß am 21. Oktober 1969 die Revolution ausbrach; vor allem hing das auch mit der Persönlichkeit Syad Barres zusammen, mit seinem einfachen und nüchternen Lebensstil. Das Ziel der Somalia-Nation bestand darin, »den wissenschaftlichen Sozialismus« zu errichten, der als identisch mit dem islamischen Ideal vorgestellt wurde. Auf diesem Wege war man zu einer Reihe von Verstaatlichungen geschritten, hatte Preiskontrollen vorgenommen und Arbeitergemeinschaften auf der Grundlage von Selbstverwaltungen ins Leben gerufen. Tribalismus sowie Feudalherrschaft wurden unerbittlich verfolgt. Man verabschiedete ein neues Arbeitsgesetzbuch und ein neues Bürgerliches Gesetzbuch. 1975 proklamierte man die Gleichberechtigung der Frau.

Eine umfassende Alphabetisierungskampagne der Massen, ja sogar bei den Nomadengruppen, setzte ein, nach dem man die angepaßte lateinische Schrift angenommen hatte. Man rechnete damit, bis 1980 80 % der Bevölkerung dem Analphabetentum entrissen zu haben.

Einige wenige Hinrichtungen ohne Gerichtsverfahren beseitigten ideologische Gegner, auch Männer des Glaubens, die die Verordnungen zur Gleichstellung der Frau in Frage stellten.

Obwohl Somalia der EWG assoziiert und Mitglied der Arabischen Liga war, lehnte es sich an die Länder des Ostens an, insbesondere an die Sowjetunion. 1977 verzichtete es zugunsten der Westmächte und der konservativen arabischen Länder auf dieses Bündnis.

648   *Das Erwachen Schwarzafrikas*

Syad Barre ging aus der Gipfelkonferenz der OAE im Jahr 1974 in Mogadischu
als gewählter Präsident hervor. Er verteidigte geschickt und entschlossen das
Bündel an territorialen Forderungen Somalias an Äthiopien, Dschibuti, ja sogar
an Kenia.
Die Dürre des Jahres 1975, die den Export von Vieh und Bananen hart traf, bot
gleichzeitig Gelegenheit, die Aufopferungsbereitschaft der Führungskräfte und
der Intellektuellen des Landes zu prüfen. Außerdem konnten in der Folge
150 000 Nomaden in den landwirtschaftlichen Dörfern und Fischerdörfern seßhaft gemacht werden.
1978 wütete der Krieg von Ogaden zwischen Äthiopien und Somalia. Die OAE
sah diesem Drama machtlos zu.

K. Der Sudan als anglo-ägyptisches Kondominium

Von 1899 bis 1945 unterstand der Sudan zwei Kolonialmächten. Durch ein Abkommen vom Januar 1899 setzten diese Länder einseitig die Grenzen und die
Verfassung des Sudans fest. Der Generalgouverneur mußte ein Brite sein, der
auf Vorschlag von Großbritannien von Ägypten ernannt wurde. Der erste war
Kitchener. Er konnte mit Gesetzen und Verordnungen unter der einzigen Bedingung, sie den »Kondomini« zur Kenntnis zu bringen (Ägypten und dem Vereinigten Königreich), regieren. De facto war er der erste und letzte, der dieses
Spiel wirksam zu spielen verstand. Bis zum Jahr 1920 bestand seine Hauptaufgabe darin, die Ordnung aufrechtzuerhalten und die Grundlagen für einen wirtschaftlichen und sozialen Aufschwung zu legen. Bei den regelmäßigen Zusammenkünften um den Generalgouverneur bildeten die Verwaltungssekretäre der
Finanzen und der Justiz die Mannschaft der zentralen Macht. Der Sudan wurde
in sieben Provinzen aufgeteilt: Dongola, Berber, Kassala, Sennar, Faschoda,
Khartum und Kordofan. An ihrer Spitze standen britische Offiziere, ihnen zur
Seite ägyptische Offiziere *(mamur)*. Durch Runderlasse veröffentlichte der Generalgouverneur die wichtigsten Vorschriften. Folgende Prinzipien bestimmten
diese Regeln: das Vertrauen des Volkes und der Häuptlinge zu gewinnen, die
Freiheit der Religion und der Tradition zu garantieren, die Produktion anzukurbeln und erbarmungslos gegen Unruhestifter vorzugehen. Seit 1901 ersetzten
zivile Bezirkskommissare die britischen Offiziere. Sie wurden zur treibenden
Kraft des gesamten Systems, mit den gleichen unbeschränkten Befugnissen wie der
französische Bezirkskommandant: Justiz, Polizei, Wirtschaft, öffentlicher Dienst,
Gesundheit usw. Kitchener sammelte Gelder, um im Jahr 1902 das Gordon-
College in Khartum zu errichten. Diese Einrichtung umfaßte nach späteren Er-
weiterungen im Jahr 1914 eine Volksschule, eine philologische Abteilung auf der
Sekundarstufe und ein Seminar für Lehrer und Kadis für *Sharia*. In Wadi Halfa
und Suakin arbeiteten bereits die mittlere und höhere Abteilung einer Inge-
nieurschule sowie türkische Volksschulen. Eine weitere gleichen Genres wurde in
Omdurman eröffnet. Das Erziehungswesen für die Mädchen entwickelte sich
sehr viel langsamer. Im Süden überließ man die Erziehung der Initiative christlicher Missionare. 1909 entstanden die großen Krankenhäuser von Khartum,
Atbara und Port Sudan.
1922 entschied eine Verordnung bezüglich der Scherifs, die traditionellen Häupt-

Auf dem Weg zur Unabhängigkeit 649

linge von vor dem Mahdismus an der Verwaltung der Bezirkskommissare teilnehmen zu lassen. Als Sir John Maffay 1927 zum Generalgouverneur ernannt wurde, unterstrich er diese Tendenz zum *indirect rule*. Er vereinigte Scheiks und Nazire in ethno-ökonomischen Einheiten, die eine gewisse finanzielle Autonomie besaßen. 1937 wurde diese Entwicklung in einem Erlaß bekräftigt, der Gemeinderäte und ländliche Verwaltungseinheiten mit einer autonomen Gewalt vorsah. Im wirtschaftlichen Bereich begann man, einige Projekte zu verwirklichen. So nahm man unter großen Anstrengungen 1925 den Bau des Sennar-Staudammes in Angriff. Außerdem begann man die Planung für das Geziragebiet mit seinen riesigen Baumwollplantagen Schritt für Schritt zu verwirklichen. Im Gash-Delta, Tokar, Nordprovinz, wurde der Baumwollanbau zu einem der beherrschenden Merkmale der sudanesischen Landwirtschaft. Sie spürte wie überall sonst auch die Folgen der großen Wirtschaftskrise von 1929. Die politische Entwicklung vollzog sich im allgemeinen verhältnismäßig ruhig. Einige Erhebungen religiösen Ursprungs konnte man im Keim ersticken. Aufsehen erregte die Empörung Wad Habulas im Geziragebiet. Ein fanatischer Anhänger des Mahdis hatte die Niederlage nicht verwunden. Er sammelte die Unbeugsamen um sich und weigerte sich aufzugeben. Als der Distriktskommissar sich an Ort und Stelle begab, wurden er und sein Mamur ermordet. Der Einsatz einer Militärkolonne bereitete der Karriere Habulas schnell ein Ende. Man nahm ihn gefangen und hängte ihn. Dagegen wuchs innerhalb der gebildeten Kreise in geheimen Gesellschaften das Nationalgefühl. Fast alle sehnten das Ende des Kondominiums und die Unabhängigkeit oder die Union mit Ägypten herbei. Die beständigste dieser Vereinigungen war die *Gesellschaft der weißen Fahne*. Ein Offizier Ali Abdel Lattif hatte sie bereits im Jahre 1924 gegründet. Er sprach sich für die Freiheit des Sudan und für die Einheit des Niltals aus. Diese Bewegungen wurden strengstens überwacht und mit der Gefangensetzung oder Ermordung ihrer Führer bestraft.

1931 – Zeit der Weltwirtschaftskrise – stellten die sudanesischen Beamten, Absolventen des Gordon-Collegs, fest, daß ihre Gehälter erheblich gekürzt wurden, während die ihrer ausländischen Kollegen unangetastet blieben. Sie entschlossen sich zu einem Streik und beriefen einen Kongreß ein, auf welchem man einen Kompromiß mit der Regierung erreichte. Dieser Erfolg machte ihnen ihre Stärke und ihre Möglichkeiten bewußt. 1936 wurde ein Abkommen zwischen England und Ägypten getroffen. Es sollte Ägypten einige bei den politischen Unruhen verlorengegangene Anrechte zurückgeben. Die Sudanesen waren zu diesem Abkommen nicht zu Rate gezogen worden. Mit dem Hinweis, daß sie das als eine Herausforderung betrachteten, begründeten die sudanesischen Gebildeten 1938 den *Allgemeinen Kongreß der Diplomierten*. Er stellte sich als eine korporative, philanthropische Organisation vor mit dem Ziel, offiziell anerkannt zu werden. Im Jahr 1942 unterbreitete der Kongreß der Regierung ein Heft mit zwölf sozialen und politischen Forderungen. Er forderte unter anderem die Anerkennung des Rechts auf Selbstbestimmung für die Sudanesen, die Bestimmung einer sudanesischen Nationalität, die Schaffung einer repräsentativen, sudanesischen Institution, die für den Haushalt und die Gesetzgebung des Landes zuständig sein sollte. Dieses Dokument wurde abgewiesen. Im Verlauf der sich anschließenden Besprechungen mit den Behörden bestätigten sich zwei Tendenzen innerhalb des Kongresses: die Harten forderten eine schriftliche Antwort von der Verwaltung. Sie sahen in Großbritannien den einzigen Hemmschuh auf dem

Weg des sudanesischen Nationalismus und stimmten für eine Annäherung an Ägypten. Die Gemäßigten begnügten sich mit dem guten Willen der Briten. Sie zogen es vor, den Weg zur Unabhängigkeit mit ihnen gemeinsam zu beschreiten, allerdings auch mit dem Slogan »Den Sudan den Sudanesen!«. Die erste Gruppe, die von den *Ashigga* (Blutsbrüdern) angeführt wurde, setzte sich innerhalb des Kongresses eindeutig durch. Sie kämpfte für eine mit Ägypten vereinigte Regierung unter der ägyptischen Krone. Ihr gegenüber konstituierte sich bald die *Umma-Partei* (Partei des Volkes), die für die Unabhängigkeit in Freundschaft mit Großbritannien und Ägypten eintrat. Die beiden Parteien fanden schon bald Rückhalt bei den beiden religiösen Führerpersönlichkeiten des Landes. Die *Umma-Partei* bei Said Abd Al Rahman Al Mahdi und der *Bruderschaft der Ansar*, den Erben des Mahdi, die unbeugsam auf der totalen Unabhängigkeit bestanden. Die Unionisten nahmen mit Said Ali Al Mughani und der Khatmiya-Bruderschaft Kontakt auf.

Im Jahr 1944 setzte die Regierung für den Nordsudan einen Beirat ein. Den Vorsitz führte der Generalgouverneur. In diesem Beirat wurden die Interessen der afrikanischen und fremder Gemeinschaften vertreten. Der Allgemeine Kongreß der Diplomierten widersetzte sich aus mehreren Gründen dieser Institution. Als erstes ließ der Ausschluß des Südens die Befürchtung aufkommen, daß diese Region des Landes für eine getrennte Unabhängigkeit bestimmt war oder gar z. B. Uganda einverleibt werden sollte. Außerdem zeigte die Zusammensetzung der afrikanischen Mitglieder – Stammeshäuptlinge und Beamte, und aus dem Grund alle abhängig von der Verwaltung – den Beirat als einen wenig repräsentativen Klub. Im Jahr 1946 unternahmen die beiden politischen Parteien einen gemeinsamen Versuch anläßlich der angloägyptischen Besprechungen über die Revision des Abkommens aus dem Jahr 1936. Sie schickten eine Delegation aus, die mit der ägyptischen Regierung zusammentreffen sollte, um ihr ein Programm für eine demokratische sudanesische Regierung vorzulegen, vereint mit Ägypten und verbündet mit Großbritannien. Diese Formel mißfiel der ägyptischen Regierung. Ihre Antwort ließ die Mitglieder der *Umma-Partei* abreisen. Von nun an arbeitete diese Partei aktiv mit der sudanesischen Regierung in Richtung auf die Autonomie zusammen. Währenddessen boykottierte die *Ashigga-Partei* die Legislativwahlen von 1945. Als sie in den großen Orten Krawalle organisierte, blieb der Vergeltungsschlag nicht aus, ihr Führer Ismail Al Azari wurde verhaftet. Dagegen beherrschte die *Umma-Partei* die gesetzgebende Versammlung. Einen überragenden Einfluß übte diese Partei auch im Exekutivrat aus. Doch hatte der Generalgouverneur den gesamten Systemkomplex immer gut in der Hand, besonders aufgrund seines Vetorechts. Die ägyptische Regierung war durch dieses rasche Fortschreiten auf die Sezession hin in Verlegenheit gebracht worden. Ihre Reaktion kam unvermittelt und überraschend. Sie setzte den anglo-ägyptischen Vertrag außer Kraft und rief Faruk zum König von Ägypten und des Sudans aus. Das hinderte die Briten jedoch nicht daran, dem Sudan im Jahr 1952 ein Autonomie-Regime zu gewähren. Man rief ein ganz und gar afrikanisches Parlament ins Leben, das sich aus zwei Kammern zusammensetzte. Der Generalgouverneur reservierte bestimmte Bereiche für sich: den Staatsdienst (Beamten), Auswärtige Angelegenheiten, den Notstand und die Südprovinzen. Im Juli 1952 stürzte ein Staatsstreich von seiten des Militärs das monarchische, ägyptische Regime. Die Gespräche mit der Militärregierung begannen erneut, und 1953 griff ein anglo-ägyptisches Abkommen die früheren Pläne von *self-*

Auf dem Weg zur Unabhängigkeit 651

government mit den zwei folgenden Veränderungen wieder auf: der General-gouverneur übte seine Gewalten in Verbindung mit einer internationalen Kommission von zwei Sudanesen, einem Briten, einem Ägypter unter einem pakistanischen Präsidenten aus. Man bekräftigte die territoriale Einheit des Sudans einschließlich der Südprovinzen. Die Übergangszeit bis zur Autonomie setzte man auf drei Jahre fest. Bei den nachfolgenden Wahlen setzte sich die *Ashigga-Partei* dank großzügiger Unterstützung Ägyptens eindeutig durch. Al Azari wurde Premierminister. Es setzte eine systematische »Sudanisierung« der Armee und des öffentlichen Dienstes ein. Doch noch gab sich die *Umma-Partei* den Ansar-Mahdisten nicht geschlagen. Am Tag der Eröffnungssitzung der neuen Versammlung organisierte sie eine anti-ägyptische Riesenkundgebung auf dem Kitchener-Platz. Etwa 10 Menschen kamen bei den aufkommenden Unruhen dabei ums Leben. General Neguib, der eigens aus Ägypten angereist war, mußte umkehren, und die Eröffnungsfeierlichkeiten wurden abgesagt. Im August 1955 erhoben sich schwarze Einheiten des in der südlichen Äquatorialprovinz stationierten Armeekorps. Sie plünderten die Gegend und hofften dabei vielleicht auf Hilfe von außen, die ihnen helfen sollte, das, was sie als Joch des arabischen Nordens betrachteten, abzuschütteln. Vor den Niederwerfungstruppen, die unverzüglich nach Juba entsandt wurden, konnten sie nichts anderes tun, als sich in die Berge zu flüchten oder die Grenze nach Uganda zu überschreiten.

In der Tat war der Süden – unabhängig von den noch lebendigen Erinnerungen an die Kolonnen der arabischen Sklavenhändler – von seiner tatsächlichen Isolierung enttäuscht. Von 12 000 000 Einwohnern des gesamten Landes lebten etwa 3 500 000 im Süden. Sie waren nicht islamisiert, sondern nach westlicher Art in Missionsschulen erzogen worden. Die Südstaatler empfanden sich an den Sudan gefesselt wie ein Appendix. Der Versuch, 1953 eine liberale Partei des Südens auf die Beine zu stellen, scheiterte. Dagegen hatten sich die Politiker anläßlich der Wahlen gerade in großartigen Versprechungen ergangen, die allerdings selten gehalten wurden. Als ein gefälschtes Telegramm eintraf, das angeblich Al Azari abgeschickt haben sollte und das die lokalen Verwalter aufforderte, rücksichtslos durchzugreifen, lief das Faß über. Die Frage nach einem südlichen, autonomen Sudan wurde nun gestellt. Beunruhigende Nachrichten über eine systematische Unterdrückung tauchten auf, die nach manchen Nachrichten schon an Völkermord grenzte. So sah also die Situation in den Regionen des Südens aus.

Dennoch erreichte der Sudan nach der 1955 erfolgten Evakuierung der anglo-ägyptischen Truppen am 1. Januar 1956 seine Unabhängigkeit. Doch dauerten die Unruhen politisch-religiöser und ethnischer Art an. 1958 brachte ein Militärputsch General Ibrahim Abbud Caid (Stabschef der sudanesischen Armee) an die Spitze des Staates. Trotz einer Situation, die der in Mauretanien glich, außer daß der Nil und der Senegal in unterschiedliche Richtung fließen und zweifellos gerade deshalb, war der Sudan bedeutend mehr der arabischen Welt zugetan.

Im November 1964 wurde Abbud von der *Nationalen Einheitsfront* der politischen Parteien gestürzt. Unter ihnen spielten, abgesehen von den traditionellen Gründungen mit religiösem Charakter, die Südstaatlergruppen und die kommunistische Partei eine immer wichtiger werdende Rolle. Nach dem Staatsstreich vom 25. Mai 1969 verpflichtete sich der Oberst (später General) Gaafar-Mohamed Nimeiry dazu, »den sudanesischen Sozialismus« im Herzen der Demo-

652   *Das Erwachen Schwarzafrikas*

kratischen Republik Sudan aufzubauen. Verstaatlichungen und Konfiszierungen, die sich hauptsächlich gegen die Familie des Mahdi wandten, wurden durchgeführt. Den Südprovinzen gewährte man die regionale Autonomie. 1972 wurde aber ein christlicher Südstaatler und Mitglied der Kommunistischen Partei, J. Garang, wegen eines versuchten Staatsstreichs hingerichtet.

Das Abkommen von Addis Abeba im März 1972 regelte die Autonomie des Südens in der Weise, daß das Ministerium für die Angelegenheiten des Südens abgeschafft und durch einen »Hohen Exekutivrat« für den Süden ersetzt wurde.

Nachdem Präsident Nimeiry den Imam Al Mahdi im März 1970 in seiner Festung Aba Island am Weißen Nil hatte belagern und vernichten lassen (der Imam wurde getötet), wurde er selbst durch einen kommunistischen Staatsstreich gestürzt. Nach drei Tagen jedoch war er dank der Auslieferung der Anführer durch die libyschen Behörden wieder Herr der Situation. Grausame Liquidierungen waren die Folge: es verschwanden der Generalsekretär der Kommunistischen Partei, Abdel K. Mahjub, und der Generalsekretär der Gewerkschaften. Nach seiner Wiederwahl zum Präsidenten im Oktober 1971 – mit Scheineinstimmigkeit – wurde die Sozialistische Sudanesische Union zur Einheitspartei.

Im März 1972 vereinbarte man mit den Anya-Nya des Südens Waffenruhe.

Die Regionale Volksversammlung wählte einen Chef des »Hohen Exekutivrats«, der von Amts wegen Vizepräsident der Republik werden mußte. Doch eine Fülle von Problemen wartete auf Lösungen: die Repatriierung von 300 000 Geflüchteten z. B. und der Kampf gegen die Unterentwicklung des Gebietes. Im November 1973 rückte der Führer der Versammlung des Südens zum Vizepräsidenten auf. Studenten- und Gewerkschaftsunruhen entstanden. Im Oktober 1974 und im September 1975 wurden Anklagen wegen Verschwörungen erhoben, ein höherer Offizier wurde hingerichtet.

Trotz der katastrophalen Überschwemmungen des Nils, die 1974 den Süden verwüsteten, machte es der Beitrag der arabischen Länder möglich, für das bewässerte Umland eine enorme Zuckerrohr- und Getreideproduktion vorherzusagen. Das wird den Sudan in eine der Kornkammern des Kontinents verwandeln.

L. Äquatorial-Guinea

Diese Kolonie wurde nach dem »romanischen Stil« der Assimilierung regiert; zwei spanisch-guineische Schwarze hatten in der Cortes von Madrid im Dezember 1960 Sitze. Doch betraf diese Assimilierung lediglich die Minderheit der »emancipados«. Die Mehrheit aber bildeten die »indigenas«, die aber von der Minderheit bestimmt wurden.

Unter dem Druck der UNO und der nationalistischen Bewegung MONALIGE (Movimiento Nacional de Liberacion de la Guinea Ecuatorial) und IPGE (Idea Popular de la Guinea Ecuatorial) gewährte Spanien Guinea vom September 1963 an ein autonomes Regime. Es unterstand einem Hochkommissar mit einem gemeinsamen Legislativorgan für Fernando Poo und Rio Muni (Äquatorial-Guinea, Festland). Dieser reformerische Entwicklungsprozeß fand in den gemäßigten Führern der MUNGE (Movimiento de Union Nacional de la Guinea Ecuatorial) Fürsprecher, unter ihnen Boniface Ondo Edu. Am 12. Oktober 1968 erreichte das Land seine Unabhängigkeit, und Francisco Macias Nguema wurde nach leidenschaftlichem Widerspruch seitens Atanasio Ndongs erster Präsident der Republik. Nachdem A. Ndong als Außenminister gedient hatte, ließ man ihn sowie einige andere Gegner wegen Verschwörung im Jahr 1969 hinrichten. Die Abreise sehr vieler Spanier gefährdete die Wirtschaft der Territorien.

1970 entstand die *Partido Unico Nacional* (PUN), die später zur *Partido Unico Nacional de los Trabajadores* wurde. Im Juli 1972 trug man F. Macias Nguema das Amt des Präsidenten auf Lebenszeit an.

Doch fehlten Macias Nguema Byogo auf den Plantagen der Insel Arbeitskräfte. Die ausländischen Besucher mußten Schikanen über sich ergehen lassen. Die neue Verfassung von 1973 hob den letzten Rest der Provinzautonomie auf. Die Tatsache, daß das guineische Geld 1975 ekpwele genannt wurde, änderte nichts an dieser Situation. Die Gerüchte, die herausdrangen, ließen umfangreiche Hinrichtungen vermuten. Auf diplomatischer Ebene gab es Grenzstreitigkeiten zwischen Äquatorial-Guinea und Gabun wegen der Corisco-Insel (September 1972), die kubanische, sowjetische und chinesische Unterstützung erfuhr.

Bibliographie

I Aufleben des Nationalismus

AUJOULAT, D., *Aujourd'hui l'Afrique.* Casterman, 1960.

ARTHUR, J. L. P., *Freedom for Africa.* Accara, 1963.

CESAIRE, A., *Discours sur le colonialisme.* Paris, Prés. Afric., 1955.

DAVIES, J., *African Trade Unions.* Penguin Books, 1966.

DE MONTVALON, R., *Ces pays qu'on n'appellera plus colonies.* Bibliothèque de l'homme d'action, 1958.

DIAWARA, A., *Guinée, la marche du Peuple.* Dakar, C.E.R.D.A., 1968.

GUEYE, L., *Itinéraire africain.* Paris, Prés. Afric., 1966.

HODGKIN, TH., *African Political Parties.* Penguin Books, 1961.

– *Nationalism in Colonial Africa.* Lond., Fred Muller, 1962.

JUDD, P., *African Independence.* A Lamel, 1963.

KIRWOOD, »African Affairs«, *Chatto Windus St Antony Paper,* n° 15, 1963.

LACOUTURE, J. et BAUMIER, J., *Le poids du Tiers Monde.* Arthaud, 1961.

LE VIRRE, V. T., *The Cameroons from mandate to independence.* Berkeley, 1964.

LUTHULI, A., *Liberté pour mon peuple.* Buchet-Chastel.

MAALEM, A., *Colonialism, Trusteeship, Independence.* Paris, Défense de la France, 1946.

MDABANINGI, SITHOLE, *African Nationalism.* O.U.P. édit., 1962.

MADHU PANIKHAR, K., *Revolution in Africa.* Lond., Asia publ. House, 1961.

– *Angola in flames.* Lond., Asia publ. House, 1962.

MERLIER, M., *Le Congo, de la colonisation belge à l'indépendance.* Paris, Maspero, 1962.

MEYNAUD, J., SALAH BEY, *Le syndicalisme africain.* Payot, 1963.

NKRUMAH, K., *Autobiographie.* Paris, Prés. Afric., 1960.

PARAF, P., *L'ascension des peuples noirs, le réveil politique, social et culturel de l'Afrique au XXe siècle*. Paris, Payot, 1958.

RABEMANANJARA, J., *Nationalisme et problèmes malgaches*. Paris, Prés. Afric., 1958.

VAN WING, J., »Le Kibangisme vu par un témoin«, *Zaïre*, III, 6, 1958.

WALBANK, W., *Contemporay Africa. Continent in transition*. D. Van G. Nostrand, 1956.

WRIGHT, R., *Bandœng, 1 500 000 000 d'hommes*. Trad. H. Claireau. Calmann-Levy, 1955.

PRÉSENCE AFRICAINE, *Les Etudiants Noirs parlent . . .*, 1952. Edit. du Cerf, *Des prêtres Noirs s'interrogent*. 1956.

II Auf dem Weg zur Unabhängigkeit

ADAMS, R. L., *African one – Party States*. Ithaca, New York, 1964.

– *L'Afrique et les Etats-Unis*. Paris, France-Empire, 1964.

AHIDJO, A., *Contribution à la construction nationale*. Paris, Prés. afric., 1964.

ANDERSON, P., *Le Portugal et la fin de l'ultracolonialisme*. Paris, Maspero, 1963.

ARTHAUD, R., *Le grand complot des Négriers*. Paris, Imp. P.P.I., 1951.

BEHANZIN, L., »Fondements Historiques de la Loi Cadre«, *Prés. Afric.*, n° 5, 1958.

BENNET, G., *Kenya. Political history*. O.U.P., édit., 1963.

BENOT, Y, *Idéologies des indépendances africaines*. Paris, F. Maspero.

BENSON, M., *South Africa. The Struggle for a birthright*. Penguin African Library, 1966.

BOSSCHERE, G. (DE), *Perspectives de la décolonisation*. Paris, A. Michel.

BOYON, J., *Naissance d'un Etat africain: Le Ghana*. A. Colin, 1958.

CHAFFARD, G., *Les carnets secrets de la décolonisation*. Paris, Calmann-Levy, 1965 à 1967, 3 t.

COLEMAN, J. S., *Nigeria, Background to nationalism*. Berkeley and Los Angeles, 1965.

DICKO, A., *Journal d'une défaite*. Toulouse, 1960.

DIGNASA, ST., *Political Thought of Dr Kwame Nkrumah*. Accra, Guinea Press Ltd.

DUGUÉ, G. L., *Vers les Etats-Unis d'Afrique*. Dakar, Edit. »Lettres Africaines«, 1960.

DVORIN, E. P., *Racial separation in South Africa*. Chicago, Univ. Press, 1952.

EHRHARD, J., *Communauté ou Sécession*. Paris, Calmann-Lévy, 1959.

ENAHORO, chief A., *Fugitive offender*. Lond. Cabbell, 1965.

FAVORD, CH. M., *L'Afrique seule*. Paris, Seuil, 1961.

GANIAGÉ, J. H., DESCHAMPS et GUITARD, O., *L'Afrique au XXe siècle*. Paris, Sirey, 1966.

GONIDEC, P. F., *L'évolution des Territoires d'Outre-Mer depuis 1946*. Libr. Gén. de Droit et de Jurisprudence, 1958.

GOUROU, P., »Une paysannerie africaine au milieu du XXe siècle. Les Kikuyus et la crise Mau Mau«, *Cah. d'Outremer*, 7.

GREENFIELD, P., *Ethiopia. New political history*, Lond., Pall Mall Press, 1965.

GUÉNA, Y., *Historique de la Communauté*. Fayard, 1962.

HAMRELL, S., *The soviet bloc, China and Africa*. Uppsala, 1964.

– *Refugee problems in Africa*. Uppsala. 1967.

HATCH, J., *A history of postwar Africa*. Lond. Methuen, 1967.

– *Africa to-day and to-morrow*. New York, F. Praeger, 1965.

HEINZ, CH., DONNAY, *Lumumba Patrice. Les cinquante derniers jours de sa vie*. Paris, C.R.I.S.P., Seuil, 1966.

HEMPSTONE, S., *Africa angry young giant*. New York, F. Praeger, 1961.

HENDERSTON, K. D. D., *Sudan republic*. Lond., E. Benn, 1963.

HERSKOVITS, M. J., *L'Afrique et les Africains entre hier et demain*. Trad., Paris, Payot, 1965.

Bibliographie

HODGKIN, T. and SCHACHTER, R., *French-speaking. West Africa in Transition.* Carnegie Endowment for international Peace, may 1960.

HOUET, TH., *Africa in the United Nations.* Northwestern, Univ. Press, 1963.

HUXLEY, and ELSPETH PERHAM, *Races and Politics in Kenya.* Faber and Faber, 2e édit. 1956.

IKOKU, S. G., *Le Ghana de Nkrumah.* F. Maspero, Paris, 1971.

KAUNDA, K., *Zambia shall be free.* Lond., Heineman, 1962.

LEGUM, C., *Zambia. Independence and Beyond.* Nelson, 1966.

LEMARCHAND, *Political awakening in the belgian Congo.* Univ. of California Press, 1964.

LEYS, C. and ROBSON, P., *Federation in East Africa, opportunities problems.* O.U.P., édit., 1965.

LIGOT, M., *Les accords de coopération entre la France et les Etats Africains et Malgaches d'expression française.* Préf. de J. Foccart. Paris, 1964.

MANSFIELD, P., *Nasser's Egypt.* Penguin books, 1965.

MARTELLI, E., *De Léopold à Lumumba (1877–1960).* Paris, Edit. France-Empire, 1966.

MILCENT, E., *Au carrefour des options africaines: le Sénégal.* Paris, Le Centurion, 1965.

M. L. N., *Libérons l'Afrique!* Paris, 1958.

MUS, P., *Le destin de l'Union Française de l'Indochine à l'Afrique.* Paris, Le Seuil, 1954.

MUSTAFA, S., *The Tanganyika Way.* Dar es-Salam, East African Literature Bureau, 1961.

NKRUMAH, K., *I speak of freedom.* Lond., Mercury Books, 1961.

NOVATI, G. C., *L'Africa nera non è independante (l'Afrique noire n'est pas indépendante),* Milan, 1965.

NYERERE, K. J., *Democracy and the Party system.* Dar es-Salam, Tanganyika Standard.

- *Freedom and Unity (Uhuru na Umoja).* Dar es-Salam, O.U.P., édit., 1966.

O'BRIEN, C. C., *Mission au Kantanga.* Paris, Plon, 1964.

PEPY, D., *Les Etats Africains et leurs problèmes.* Paris, Inst. d'Etudes Polit., 1966–67.

ROUS, J., *Chronique de la colonisation.* Paris, Prés. Afric., 1965.

SAMKANCE, S., *On trial for my country.* Heinemann, 1967.

SEGAL, R., *African Profiles.* Penguin Books, 1962.

SIRIEX, P., *Une nouvelle Afrique, A.O.F.* Paris, Plon, 1957.

SY, S. M., *Recherches sur l'exercice du pouvoir politique en Afrique Noire (Côte d'Ivoire, Guinée, Mali).* Paris, A. Pedone, 1965.

THÉOBALD, R., *The New Nations of West Africa.* New York, Wilson Company, 1960.

TEVŒDJRÉ, A., *L'Afrique révoltée,* 1958.

TOURÉ, S., *L'experience guinéenne et l'Unité africaine.* Paris, Plon.

- *La Révolution culturelle.* Conakry, Imp. Nle, Patrice Lumumba, 1969.

- *Le Pouvoir Populaire.* 1969.

TRINQUIER, Cl J., DUCHEMIN, J. et LE BAILLY, *Notre guerre au Katanga.* Edit. de la Pensée Moderne, 1963.

VIARD, R., *La fin de l'empire colonial français.* Paris, Maisonneuve et Larose, 1963.

VOS, P. DE, *Vie et mort de Lumumba.* Paris, Calmann-Lévy, 1961.

WALLERSTEIN, I., *Africa: the politics of Independence.* New York, 1961.

ZIEGLER, J., *La contre-révolution en Afrique.* Paris, Payot, 1963.

ZOLBERG, R., *Creating political order. The party State of West Africa.* Chicago, Rand Mc Nally.

- *La Conférence Africaine Française.* Brazzaville, Commissariat aux Colonies, Alger, 1944.

- *Angola: a symposium views of a Revolt.* O.U.P. édit. 1962.
- »Etudes Congolaises«, *Rev. Inst. Pol. Cong.*, juin-juil. 1962, n° 6; août-sept. 1962, n° 7.
- *Le Point des grandes questions africaines*, Europe, France Outremer.
- *Où va l'Union Française?* Paris, La Nef, Julliard, juin 1955.
- *La lutte de libération nationale dans les colonies portugaises.* Conférence de Dar es-Salam, Information, C.O.N.C.P., Alger. 1968.

12. Die heutigen Probleme Afrikas

I. Die wirtschaftliche Bedeutung Afrikas[1]

In der Welt, in der wir leben, kann man die Bedeutung und die Macht eines Kontinents an verschiedenen Kriterien messen: Bevölkerung, Stahlerzeugung, geistiger Status (obwohl der kulturelle Reichtum nicht an der Börse notiert wird).

Wenn wir nun also einen Blick auf die Erdkarte werfen, entdecken wir in den Breiten der nördlichen Hemisphäre ein Band reicher Länder: im Osten die UdSSR, in der Mitte Europa, im Westen die Vereinigten Staaten. Das sind die drei Riesen, deren beide äußeren Glieder als Super-Giganten gelten, die die Weltgeschäfte beherrschen. Japan und die VR China bilden im Fernen Osten einen »Sonderblock«.

In den tropischen, äquatorialen und südlichen Breiten wimmelt es dagegen von armen Völkern. Sie verteilen sich auf drei kontinentale oder subkontinentale Bereiche unterhalb der drei vorher aufgeführten Zentren: Asien unterhalb der UdSSR, Afrika unterhalb Europas und Lateinamerika im Süden der Vereinigten Staaten. Wenn ich unterhalb sage, so hat das nicht zwangsläufig die Bedeutung des Bildes von Pferd und Reiter. Doch im großen und ganzen steht Asien unter sowjetischem Einfluß; Afrika ist mehr oder weniger von Europa abhängig, und Lateinamerika besteht seit der Monroe-Doktrin und der rooseveltschen Politik des »big stick« vergeblich auf einem eigenen Schicksal.

Was stellt Afrika in diesem globalen Zusammenhang dar? Welche »Kreditwürdigkeit«, welche »Sicherheiten« hat es, welche wirtschaftliche Bedeutung? In welchem Maße kann es konkret Einfluß auf die Weltgeschäfte nehmen?

Diese Darlegung ist keine Wissenschaftsarbeit. Aber ohne so weit gehen zu wollen, zu behaupten, daß die Wirtschaft eines Landes eine zu ernsthafte Angelegenheit sei, als daß man sie nur Wirtschaftsexperten anvertrauen könne, denke ich, daß sie nicht die Angelegenheit eines geschlossenen Kreises von »Magiern« sein darf, die sich hinter Wolken von Formulierungen und Formeln verschanzt haben. Sie sollte Sache aller sein, und es ist niemals unnütz, eine Vorstellung von diesen Problemen zu haben, sei es auch nur eine summarische.

In einem ersten Teil, der eher beschreibend ist, werden wir die Liste der Realitäten und der afrikanischen Möglichkeiten finden. Im zweiten Teil, der problematischer und dialektischer ist, werden wir die Fragestellungen und die Bedingungen für einen Aufstieg ins Auge fassen.

---

1 Vortrag, gehalten 1965 in Wagadugu; die Zahlen sind 1969 erneut veröffentlicht worden.

A. Kurze Übersicht über die afrikanische Wirtschaft

Lange Zeit war Afrika ein isolierter Außenseiterkontinent: mit seinem dicken Kopf, der in die zauberhaften Gewässer des Mittelmeeres eintaucht, mit seinem Körper, der sich bis in die äußerste südliche Hemisphäre ausstreckt und mit der größten Wüste der Welt als Schärpe um den Leib, der Sahara. Diese Isolierung ist eine der tiefgreifendsten Ursachen für die technologische Rückständigkeit des Kontinents.

Nachdem dieser Kontinent während der Vorgeschichte an erster Stelle gestanden hatte, trat eine qualitative historische Verzögerung ein. Manche Regionen befinden sich noch immer im Steinzeitalter. Andere verkommen noch immer unter dem Kolonialregime. Wieder andere zappeln noch im Morast einer schwer belasteten Unabhängigkeit.

Sagen wir also zunächst nur, um die Gedanken festzuhalten, daß Afrika mit seinen ungefähr 300 Millionen Einwohnern – von 3,5 Milliarden in der Welt – eine Bevölkerung hat, die der Italiens z. B. eindeutig unterlegen ist.

Welche Chancen hat Afrika in den Bereichen der Landwirtschaft, des Bergbaus, des Handels, der Finanzen und des Menschlichen, und welche Benachteiligungen gilt es zu überwinden?

1. Die Landwirtschaft

Hier soll kein Bericht über den Anbau von Nutzpflanzen gegeben werden. Nicht deshalb, weil ihre Bedeutung damit bagatellisiert werden soll, sie ist in mehrfacher Hinsicht wesentlich. Sondern in erster Linie darum, weil die gleichen Nutzpflanzen des öfteren gleichzeitig zur Bestreitung des Lebensunterhalts und als Exportware dienen; das gilt z. B. für die Erdnuß und für das Palmöl. Dann auch darum, weil diese Nutzpflanzen einem lebhaften interafrikanischen Handel unterliegen (Hirse, Jamswurzel). Endlich aus dem Grund, weil der Lebensstatus der Bauern und der Städter vom nahrungserzeugenden Bereich abhängt. Falls eine Knappheit in diesem Bereich auftritt, wird der Bauer versucht sein, die spekulativen Nutzpflanzen einzuschränken, um den Anbau des Lebensnotwendigen sicherzustellen. Sogar, wenn er ihnen treu bleibt, könnte der Hunger vielleicht seine Rentabilität im Bereich der gewinnbringenden Nutzpflanzen herabsetzen. Ebenso kann eine Hungersnot oder der allgemeine Hunger zur Folge haben, daß zusätzliche Lebensmittel importiert werden müssen, die unter Umständen die Handelsbilanz aus dem Gleichgewicht bringen können. Eine weitere Folge könnte der Abbau der Devisen sein, die gerade durch den Anbau spekulativer Pflanzen gewonnen wurden.

Folglich haben die Nutzpflanzen direkt oder indirekt eine Auswirkung auf die wirtschaftliche Kraft der afrikanischen Länder.

Aber auf der einen Seite sind die sie betreffenden Statistiken in vielen Fällen wenig sicher; andererseits ist es, unter uns gesagt, ja nicht die Gombo- oder Kichererbsenproduktion, die Afrika zu einem Platz in der Welt verhilft.

Dennoch ist es tröstlich zu erfahren, daß dieser Kontinent mit 50 % der Weltproduktion die Spitze der Maniokerzeugung hält!

Das Interesse soll nun auf die Nutzpflanzen für den Export und für den Plantagenanbau gerichtet werden. Hier nehmen Afrika und Madagaskar eine Vor-

Die wirtschaftliche Bedeutung Afrikas

rangstellung ein. In der Tat war Afrika aufgrund seiner geographischen Breite geradezu berufen, bestimmte Güter zu produzieren, die in den gemäßigten Zonen viel schlechter gediehen. Die Konkurrenz der anderen tropischen Länder blieb jedoch bestehen.

Betrachten wir die Baumwollproduktion, so nimmt Afrika einen mittleren Platz ein. Seine Produktion übertraf Europa, ohne UdSSR, nur im Jahr 1969 mit 1 328 800 Tonnen Baumwollfasern, 10 % der Weltproduktion. Die Hauptlieferanten sind Ägypten (541 000 t), der Sudan, Uganda und der Tschad. Ägypten liefert die schönste Baumwolle der Welt.

Beherrschend auf dem Baumwollmarkt sind die USA. Die synthetischen Fasern bedrohen diesen Markt zunehmend. Die Position der francophonen afrikanischen Länder war bis zum Jahr 1965 durch das System der garantierten Preise durch Frankreich sichergestellt. Ein neues Garantiesystem wird mit der EWG ausgehandelt werden müssen.

Afrika produziert ca. 50 % des Weltsisalbedarfs.

Bei den Erdnüssen hält Afrika nach Asien den zweiten Platz in der Weltproduktion mit 5 106 000 t im Jahr 1969 und deckte damit mehr als 30 % des Weltbedarfs. Nigeria und der Senegal sichern allein 50 % der Produktion des Kontinents. Auf diesem Gebiet fürchtet Afrika übrigens die Konkurrenz Asiens nicht, weil dessen Produktion gerade den Eigenbedarf deckt. Die Aussichten scheinen gut zu sein; trotz der Konkurrenz der tierischen Fette und trotz der Beendigung des privilegierten Absatzsystems, das Frankreich den francophonen Ländern zugestanden hatte, und das vielleicht von dem des Gemeinsamen Europäischen Marktes abgelöst werden wird.

Mit dem Palmöl und den Palmkernen steht Afrika mit 75 % an der Spitze der Weltproduktion. Allein Nigeria liefert ein Drittel des Palmöls und der Palmkerne des Kontinents. Zaïre, Sierra Leone und Dahome folgen, die Elfenbeinküste macht Anstrengungen auf diesem Gebiet.

Der Bananenmarkt sieht für Afrika im allgemeinen ungünstiger aus. Allerdings ist hier die Entwicklung durch politische Faktoren (Guinea) und durch natürliche Bedrohungen (Wirbelstürme) beeinträchtigt worden. Die Konkurrenz ist hier sehr stark, und der Markt kann sich eigentlich nur nach Osten ausdehnen.

Werfen wir einen Blick auf die Kautschukproduktion, so stellen wir fest, daß der Naturkautschuk der Konkurrenz des synthetischen Kautschuks standhält. Der Grund liegt in den eingeschränkten spezifischen Eigenschaften des synthetischen Kautschuks, in der Nutzleistung der neuen ausgewählten Stämme und auch in der bemerkenswerten Ausbaufähigkeit des Weltmarktes. Deshalb haben sich eine Reihe von afrikanischen Küstenländern dieser Richtung verschrieben. In Liberia werden auf der riesigen Plantage der Firestone-Gesellschaft ungefähr 67 000 t gewonnen, in Nigeria waren es 1969 57 000 t. Damit stehen sie an der Spitze der Produktion, gefolgt von Zaïre, Kamerun und der Elfenbeinküste. Dorthin hatte man indochinesisches Kapital verlagert. Außerdem waren an der Elfenbeinküste viele Arbeiter aus Obervolta beschäftigt.

Beherrscht den Kaffeeweltmarkt auch Brasilien mit 1 500 000 t, so belegt die Elfenbeinküste mit einer fünfmal geringeren Produktion dennoch den dritten Platz innerhalb der Weltproduktion, unmittelbar gefolgt von Äthiopien, von Angola und Uganda. Afrika liefert 25 % der gesamten Weltproduktion. Es gibt u. a. zwei weit verbreitete Arten von Kaffee: den brasilianischen *Arabica,* dessen Aroma köstlicher ist als das des *Robusta*-Kaffees, der Art, die in Afrika am häufigsten angebaut wird. Sie ist widerstandsfähiger, dafür aber weniger geeignet für die Herstellung von löslichem Kaffee, was einen Trumpf in der Hand der Konzerne bedeutet. Doch ist der Kaffeemarkt stark saturiert, und die Aussichten sind demgemäß nicht besonders rosig.

Von außerordentlicher Bedeutung ist auch die Holzproduktion. Der Wald ist für die Länder der guineischen und äquatorialen Zone eine lebenswichtige Einnahmequelle: als Lieferant für Nutzholz, für die Möbeltischlereien, für die Papierherstellung. Auf diesem Gebiet sieht die Zukunft glänzend aus. Die potentielle Nachfrage ist ungeheuer, z. B. nach Okume, einer Holzart, die sich besonders gut für Sperrholzplatten eignet. Gabun brachte davon eine Million t hervor. Im Holzexport der Elfenbeinküste und Kameruns nimmt es auch eine privilegierte Stellung ein.

Im landwirtschaftlichen Bereich steht Afrika mit bestimmten Produkten an hervorragender Stelle. Doch ist diese Position anfällig. Zunächst einmal wegen der Auszehrung des Bodens. Die afrikanische Erde ist nicht besonders fruchtbar, sogar die der Wälder nicht, obwohl man nicht gerade sagen kann, daß ein Fluch auf ihr liegt.

Das heftige Klima plündert die Erde aus: der Humus verbrennt, und die lebenswichtigen organischen Substanzen sterben ab. Es laugt die Böschungen aus. Der schonungslose Wechsel zwischen Regenfällen und Verdunstung bindet an der Oberfläche Mineralsalze, was schließlich zur Laterisierung der Böden führt, d. h. die Erde ist mit einer undurchdringlichen Kruste überzogen. Man sagt, diese Erde sei so fruchtbar wie Ziegelsteine. Offen gesagt handelt es sich im Grenzfall wirklich um einen Boden, der nur noch einem Skelett vergleichbar ist.

Die Zonen, die begünstigter scheinen, werden dagegen von Schädlingen befallen und von Mikroben, die Überträger fürchterlicher Krankheiten sind, heimgesucht (Filarienkrankheit, Onchozerkose, Ankylostomose, Malaria usw.).

Hinzu kommt, daß der spekulative Anbau von Baumwolle in der Zentralafrikanischen Republik, von Erdnüssen im Senegal, von Kaffee und Kakao an der Elfenbeinküste weite Regionen verwüstet hat, wobei nicht selten die Produktion der Nahrungspflanzen ernsthaft gefährdet wurde.

Ein Wort über zwei dazugehörige Bereiche: die Viehzucht nimmt bisher keinen wichtigen Platz innerhalb der afrikanischen Wirtschaft ein. Abgesehen von nur wenigen Staaten, wie z. B. Obervolta, wo das Großvieh Gegenstand einer wenig rationellen Aufzucht ist. Charakteristisch für sie ist der schwache Prozentsatz der Fortpflanzung und der geringe Nutzwert.

Der Fischfang erlebt als Gewerbe einen beachtlichen Aufschwung. Langsam erobern die Küstenländer den Weltmarkt mit Sardinen, Thunfisch und Langusten. Diese beiden Bereiche sind noch dabei, sich zu entwickeln.

2. Das Energieproblem

Afrika verfügt aufgrund seiner geologischen Entwicklungsgeschichte über nur wenige Kohlevorkommen. Nur in Südafrika liegen große Steinkohlevorräte, ca. 90 % der bekannten Kohlevorkommen des Kontinents. Dazu kommen Rhodesien und Nigeria, die auch beachtliche Produktionen in diesem Gebiet aufweisen.

Von dieser Tatsache ausgehend haben manche Schwarzseher prophezeit, daß

Die wirtschaftliche Bedeutung Afrikas 661

Afrika für die Industrialisierung untauglich wäre. Die Kohle aber überläßt immer noch anderen Energiequellen den Vorrang: 1910 war sie mit 91 % an der Weltenergieproduktion beteiligt, heute ist sie es nur noch mit 40 %.

Afrika bietet jedoch gute Aussichten für neue Energiequellen. Mit der Erdöl- und Erdgasproduktion erscheint Afrika bereits unter den großen Welterzeugerländern. Ausbeutungswürdige Vorkommen liegen in Gabun, Nigeria, Algerien, Ägypten, Angola und Libyen. Offensichtlich rangiert Afrika weiter hinter den Vereinigten Staaten, der UdSSR, Venezuela und dem Mittleren Orient. Doch schon erreichte die Produktion, die in ständigem Steigen begriffen ist, im Jahr 1970 12,5 % der Weltförderung. Die Reserven sind beachtlich (10 % der Weltreserven).

Mit seinen unermeßlichen Erdgasvorkommen in Libyen, Algerien und Nigeria, die inzwischen zu den vielversprechensten der Welt zählen, beginnt Afrika auch auf dem europäischen Markt eine Rolle zu spielen. Erdgastanker transportieren verflüssigtes Erdgas nach Europa und Amerika. Weitere Transportmöglichkeiten sind ins Auge gefaßt (Gaspipelines, Unterseestromkabel).

Obwohl man die in der Welt gewonnene Menge Uran geheimhält, gehört Afrika zu einem der größten Produzenten in der Welt. In der Südafrikanischen Republik entdeckte man das Uran in den Abraumhalden der Goldminen. Außerdem gibt es Lagerstätten in Zaïre, auf Madagaskar, in Gabun, in Algerien und in Niger. Wie man weiß, war die erste Atombombe, die über Hiroshima gezündet wurde, eine amerikanische, doch sie war mit Uran aus Zaïre hergestellt.

Wegen seiner Regenfälle und seiner Bodengestalt, die durch periphere Schwellen die Flüsse zwingt, sich den Weg zum Meer über zahlreiche Stromschnellen zu bahnen, verfügt Afrika über 40 % der hydroelektrischen Reserven der Welt.

Allein der Unterlauf des Kongo (Zaïre) in der Gegend von Inga könnte soviel Elektrizität erzeugen wie manche europäischen Länder. Der Fluß Kiulu in der Volksrepublik Kongo verspricht in dieser Hinsicht auch beachtliches. Manche Projekte sind bereits verwirklicht worden, andere stehen kurz vor ihrer Vollendung: z.B. das Kariba-Projekt in Rhodesien, der Assuanstaudamm in Ägypten, der Staudamm bei Edea in Kamerun, der Staudamm bei Akosombo am Unterlauf des Volta. Dieser Staudamm, den Ghana errichten ließ, schuf einen der größten künstlichen Seen der Welt (300 km lang) und damit Industriemengen von Elektrizität. Alle diese Kraftwerke erzeugen Strom zu Preisen, die jede Konkurrenz herausfordern. Deshalb zieht es die ALUCAM z. B. vor, das Aluminium aus Frankreich in der Aluminiumhütte bei Edea in Kamerun aufzubereiten.

Eine weitere Energiequelle Afrikas ist die Sonne; in dieser Beziehung verfügt Afrika über unerschöpfliche Reserven ... vor allem in den mitten auf dem Kontinent liegenden, benachteiligten Ländern wie dem Tschad, Niger, Obervolta und Mali.

Wenn Afrika folglich ein »energiegeladener« Kontinent ist, so ist es das vor allem potential, weil Kapital und Absatzmärkte fehlen. Die Kosten des Staudamms von Akosombo in Ghana belaufen sich auf ungefähr 50 Milliarden CFA-Francs.

3. Bergbau

Der Abbau der Erze ist dagegen viel weiter entwickelt, und Afrika zeichnet sich auf diesem Gebiet verschiedentlich aus.

Die Ausschöpfung der Eisenerzlager war von den Europäern vernachlässigt worden, solange sie in Europa selbst Eisenerz zu ausreichend günstigen Bedingungen finden konnten. Afrika quillt buchstäblich über von sehr hochwertigen Eisenerzen mit bis zu 70 % Eisengehalt, ja sogar in fast reinem Zustand wie bei den Bonu-Hügeln in Liberia.

Doch sobald sich die Erzlager ein wenig weiter im Innern des Landes befinden, erweist sich der Abbau schon nicht mehr als rentabel wegen der Transportprobleme und aufgrund der Tatsache, daß Rentabilität erst gegeben ist, wenn die Fördermenge 10 Millionen Tonnen pro Jahr beträgt. Afrika bildet ein großes Reservoir für die Zukunft. Es exportiert bereits zig Millionen t Eisenerze aus Nordafrika, Liberia (Nimba-Berge), Mauretanien (Fort Gouraud) und Guinea (Kalum). Von den Minen von Mekambo in Guinea erwartet man – die Reserven sind erkundet – 860 Millionen t mit einem Eisengehalt von 62 %.

Das Mangan ist eines der begehrtesten Nichteisenmetalle, weil es als Stahllegierungsmittel für Eisenbahnschienen, Radachsen usw. notwendig ist. Es ist auf dem Weltmarkt sehr gesucht und wird als »strategisches« Erz klassifiziert.

Afrika rangiert an erster Stelle in der Manganförderung, vor Brasilien und Indien, es bringt 25 % des Weltbedarfs hervor. Die wichtigsten Länder in diesem Bereich sind die Südafrikanische Republik – sie hält, nach der UdSSR, mit einer Million t den 2. Platz in der Weltförderung – und Ghana, dessen Vorkommen bei Nsuta eines der größten der Welt ist. Auch Gabun kann mit seinen Vorkommen von Franceville (800 000 t) zu den größten Lieferanten der Welt gezählt werden. Weitere Manganvorkommen sind von Zaïre, von der Elfenbeinküste in Grand-Lahou, von Sambia, Marokko, Obervolta und Mali bekannt.

Chrom, das ebenso in speziellen Stahllegierungen vorkommt, ist geradezu eine Spezialität Afrikas. Es deckt die Hälfte des Weltbedarfs, vor allem durch die Länder Südafrika und Rhodesien.

An Kupfer liefert Afrika ca. 23 % der Welttonnage. Mit dem *Copperbelt* (Kupfergürtel) von Schaba und Sambia verfügt es über das größte kupferhaltige Becken der Welt. Dieses Gebiet – es liefert 90 % der Förderung des Kontinents – macht Afrika zum drittwichtigsten Produzenten der Welt nach Amerika und dem sowjetischen Block. Erwähnt werden müssen auch der afrikanische Südwesten (Namibia), die Südafrikanische Republik, Rhodesien, Uganda, die Volksrepublik Kongo und Mauretanien (Akschucht) als kupferfördernde Länder.

Die beiden Länder des *Kupfergürtels,* Zaïre und Sambia, sind auch die Hauptproduzenten des afrikanischen Zinks.

Zinnlager finden sich in Nigeria, Zaïre und Ruanda. Ihre Produktion deckt 95 % des afrikanischen Zinnbedarfs, 14 % des Weltbedarfs. Mit der Bleiförderung ist Afrika zu 12 % an der Weltproduktion beteiligt.

Bauxit lagert vorwiegend in laterisierten Böden. Dieses Erz wird zuerst in Tonerde verwandelt und dann durch Elektrolyse in Aluminium. Mit seinen auf 2 Milliarden t geschätzten Reserven gehört Afrika zu den reichsten Kontinenten. Doch Bauxit hat keinen eigentlich hohen Sachwert. Von Interesse ist es

Die wirtschaftliche Bedeutung Afrikas

nur dort, wo es sich an der Küste des Meeres finden läßt, oder wenn der Weg zur Aluminiumhütte kurz ist. Guinea steht hier mit seinen Bauxitvorkommen an der Spitze der afrikanischen Länder (2 500 000 t). Die internationale Gesellschaft FRIA produziert bereits 550 000 t Tonerde. Ghana ist im Begriff, seine Bauxitförderung von Aschanti im Hinblick auf den Volta-Staudamm zu erhöhen, um die Aluminiumfabrik des großen Hafens Tema zu beliefern. Außerdem müssen Sierra Leone und Moçambique erwähnt werden.

Von 1965 bis 1968 verzeichnete die Aluminiumproduktion in Afrika einen Zuwachs von 45 %. Das läßt den Wunsch der Staaten erkennen, zum Fertigfabrikat vorzudringen.

Afrika ist einer der größten Förderer von Phosphaten und Superphosphaten, die sich aus der Behandlung der Phosphate mit Schwefelsäure entwickeln lassen. Es ist mit 26 % an der Weltproduktion beteiligt. Anteil daran haben Marokko (10 Millionen t – dazu zig Milliarden t Reserven), Tunesien (3 Millionen t), Senegal, Togo und Algerien. Hier befindet sich eines der größten Phosphatlager der Welt in Dschebel Ouk. Die Phosphate, die eine Grundsubstanz zur Herstellung von Düngemitteln sind, spielen deshalb eine sehr wichtige Rolle für die Landwirtschaft in Afrika.

Die Volksrepublik Kongo ist im Besitz eines der größten Pottaschevorkommens der Welt.

Manche seltenen Metalle sind in Afrika im Überfluß vorhanden. Ein Beispiel dafür ist Kobalt. Es ist für zahlreiche Speziallegierungen erforderlich und wird z. B. in der Krebsbehandlung eingesetzt. Schaba fördert die Hälfte der Weltmenge, der gesamte afrikanische Kontinent 70 %.

Das leichteste Metall, Lithium, spielt eine wichtige Rolle bei der Herstellung der H-Bombe. Man findet es in Rhodesien, in Moçambique und in Zaïre.

Anzugeben sind auch die Vorkommen von Glimmer, Graphit – ein Mineral, das einer der wichtigsten Bodenschätze Madagaskars ist –, Quarz, Kadmium, Germanium, Vanadium usw. Sie werden überwiegend in der Elektronik-Industrie verwertet, die in unseren Tagen so wichtig ist für die Automatisierung und für die Eroberung des Weltraums.

Afrika liefert 40 % des Weltplatinbedarfs. In zwei weiteren Bereichen steht Afrika an der Weltspitze, mit seinem Gold und seinen Diamanten. Mit einer Goldproduktion von 80 % der Weltförderung hält es den ersten Platz. Die reichsten Goldlager besitzt die Südafrikanische Republik.

Den zweiten Platz in Afrika und den fünften Platz in der Weltförderung von Gold nimmt Ghana ein. Es folgen Rhodesien und Zaïre.

Zu den wichtigsten Bodenschätzen Afrikas zählen die Diamanten. 75 % des Weltbedarfs wird von Afrika gedeckt. Dabei ist die Südafrikanische Republik vor allem Lieferant der Schmuckdiamanten und Zaïre der Industriediamanten. Diamanten im Gewicht von 200 000 Karat bringen die Länder VR Kongo, Ghana, Sierra Leone, Angola, Liberia, Tansania und die Elfenbeinküste hervor. Das ergibt zwei Drittel ihrer Montanwerte.

Man würde kein Ende finden, wollte man die Schätze des afrikanischen Bodens aufzählen, deren kaum begonnener Abbau trotz der modernen Prospektionsmethoden aus der Luft durch natürliche Hindernisse wie den Urwaldteppich erschwert wird.

Afrika ist ein *Eldorado* der Erze.

4. Auf dem Weg zur Industrialisierung

Hier beginnt die Machtlosigkeit des Kontinents, die er zum größten Teil seiner kolonialen Vergangenheit verdankt. Sie war es, die den Kontinent zum bloßen Lieferanten von Rohstoffen degradiert hat. Trotzdem existiert in manchen Ländern ein Beginn der Industrialisierung, z. B. durch die Senkung der Transportkosten, die Umwandlung von Bauxit in Tonerde und die Erschmelzung von Eisen und Rohzink. Es gibt sogar eine Reihe von Verhüttungseinrichtungen und Elektrolysezentren, die reines Metall erzeugen: die großen Hüttenwerke von Bukama, Likasi, Lubumbaschi in Schaba, die Schmelzhütten von Sambia und von Nigeria (Zinn), die Aluminiumschmelze von Edea (Kamerun). Dieses Werk erzeugt, von Guinea und Frankreich mit Tonerde versorgt, 50 000 t Aluminium. Doch werden die afrikanischen Metallbarren zum großen Teil exportiert. Die Metallverarbeitungsindustrie ist unbedeutend (Nagelschmieden, Drahtziehereien usw.).

Die Nahrungsmittelindustrie beruht in Afrika im wesentlichen auf der Lagerung der Pflanzenprodukte, auf ihrer Behandlung bis zum Fertigfabrikat, z. B. in den Ölfabriken, in der Ernährungswirtschaft (Mehlfabriken, Brauereien, Zuckerfabriken, Brotfabriken, Herstellung von Pulverkaffee usw.). Immer mehr schreitet die Textilindustrie voran, das Baugewerbe und die Möbelindustrie.

Insgesamt steht aber der Bergbau an hervorragender Stelle der Industrie. Allein das Erdöl sichert mehr als ein Viertel der Exporterträge. 50 % der Exportwerte ganz Afrikas stammen aus dem *Copperbelt*-Gebiet Schaba-Sambia. Auch wenn die Minen den Staaten wesentliche Einkünfte bringt, fehlt ihnen doch eine gewisse Ausstrahlungs- und Antriebskraft. Oft sind es nur Produktionsinseln, gleichsam Krater, die ihre Schätze in eine Pipeline oder in Eisenbahnwaggons ergießen, die sie sofort zum Meer transportieren.

Außerdem machen der strategische Charakter der Erze, die Kursschwankungen und die Leichtigkeit, mit der man eine Grube schließen und wieder eröffnen kann (im Gegensatz zu einem Hochofen), diesen Aktionsbereich zu einem wirtschaftlichen Unsicherheitsfaktor. Eine Reihe von afrikanischen Ländern ist sich darüber im klaren und unternimmt alles mögliche, um so weit wie es geht, zum Fertigfabrikat vorzudringen, das gelingt schon ein wenig z. B. bei Küchengeschirr, Blechen und auch Fahr- und Motorrädern. Doch die Maschinen- und Motorenproduktion ist noch sehr wenig entwickelt. Sie erfordert in der Tat spezialisierte, qualifizierte Arbeitskräfte und beträchtliches Kapital.

5. Handel und Finanzen

Im Bereich des Handels und im Finanzwesen ist Afrikas Position noch schwächer. Die interafrikanischen Handelsbeziehungen sind im allgemeinen nicht sehr rege im Vergleich zum Umsatz des sonstigen afrikanischen Handelsverkehrs. Die Erklärung dafür findet man darin, daß die afrikanischen Länder nahezu alle die gleichen Dinge produzieren.

Trotzdem besteht aufgrund der natürlichen Kapazitäten der Gebiete in den klimatisch unterschiedlichen Zonen eine gewisse gegenseitige Ergänzung. Sie hat sich seit Jahrhunderten bis heute in einem lebhaften Handelsaustausch gezeigt. Es sei hier nur der Weg des getrockneten Fischs genannt und des Viehs, das zum

Die wirtschaftliche Bedeutung Afrikas 665

Golf von Guinea heruntergetrieben wurde, denken wir an die Handelswege der Kolanuß, des Obstes und der Knollenfrüchte, die in die Savanne und in die Sahel gebracht wurden. Dieser Warenaustausch nahm einen wichtigen Platz in der Bilanz mancher Länder ein; in Obervolta waren es z. B. die Kolanuß und das Vieh.

Den außerafrikanischen Industrieländern gegenüber war die Handelsbilanz und vor allem auch die Zahlungsbilanz im allgemeinen defizitär. Von Sonderfällen wie z. B. der Elfenbeinküste, Zaïres und der Südafrikanischen Republik abgesehen ist das noch immer so.

Im Verhältnis zu den drei Währungsgebieten (Dollar, Pfund, Franc) wog das Defizit schwer. Das resultiert aus der Tatsache, daß sich die afrikanischen Länder in der Anschaffungsphase befinden, die den Import kostspieliger Investitionsgüter erforderlich macht. Das beruht außerdem auf dem Import von Luxusartikeln, der von den sozial aufgestiegenen Afrikanern gefordert wird. Doch muß man vor allem die erschwerten Bedingungen des Warenaustausches zwischen den afrikanischen Ländern mit ihren Partnern berücksichtigen. Die Preiskurve der afrikanischen Produkte ist wellenförmig, was bereits einen Störfaktor in der langfristigen Orientierung jenes jungen Wirtschaftsstystems darstellt. Eine Rolle spielt aber auch, daß die Preise der afrikanischen Rohstoffe im Vergleich zu den Fertigwaren die Tendenz zur Stagnation zeigen. Sie klettern mühselig die Treppe hoch, während die der Fertigprodukte im Fahrstuhl sausen. Mit anderen Worten, der Tschadbauer, der heute noch gewisse Menge europäischen Baumwollstoff für seine Baumwolle kaufen kann, kann nach einigen Jahren nur noch eine geringere Menge Stoff für seine zum Markt gebrachte (gleiche Menge) Baumwolle verlangen. In der Praxis gilt das, was ein englischer Wirtschaftsexperte sagte: derjenige, der die Baumwolle anbaut, gewinnt ein Teil, der, der sie verkauft, gewinnt zwei Teile, derjenige, der den Stoff daraus herstellt, drei Teile, und der, der ihn schließlich verkauft, gewinnt vier Teile.

Dennoch mußten die Rationalisierung und der Wettbewerb der Unternehmen, sogar im Hinblick auf das hohe Niveau der Löhne in den Industrieländern, zur deutlichen Herabsetzung der Selbstkostenpreise führen. Woher also stammt dieses Mißverhältnis? Warum existiert es? Weil sich die Industrieländer – die Kunden und Lieferanten Afrikas – nicht nur bei der Preisfestsetzung der Rohstoffe, die sie kaufen, sondern auch der Fertigwaren, die sie verkaufen, einschalten. In der Praxis sind es zumeist dieselben großen, internationalen Konzerne, die das Rohöl kaufen, die es raffinieren und als Benzin in der ganzen Welt verkaufen; die die Erdnüsse kaufen und das Öl verkaufen, die die Baumwolle kaufen, zu Stoffen verarbeiten und diese verkaufen.

Es sind dieselben, die in der *Wall Street,* dem *Stock Exchange* und an den Börsen der Welt die Notierung der Rohstoffe bestimmen. Es sind dieselben, die große Warenvorräte lagern, die es ihnen ermöglichen, Druck auf den Markt im Sinne jeweils gewünschter Haussen und Baissen auszuüben. Es sind bisweilen endlich auch dieselben, die mit Hilfe ihres Kapitals und dank der Banken, die sie kontrollieren, Waren produzieren, die nur dem Namen nach und wegen des Schweißes einiger afrikanischer Arbeitskräfte afrikanisch sind. Es ist klar, daß ein Unternehmen kein Interesse hat, den Rohstoff für sein Unternehmen teuer zu bezahlen oder zu produzieren.

Wir nähern uns hier der innersten Struktur eines gewissen Kapitalismus, der auf Sicherheiten und auf den Komfort des Monopols oder des Oligopols hinarbeitet.

Über Teilhaberschaften, Finanzgruppen und Holdinggesellschaften versucht man die Kontrolle über den Markt in den Griff zu bekommen.

Vor diesen Mächten, denen er nicht gewachsen ist, reagiert der afrikanische Hersteller bisweilen in einer Weise, die seine eigene Situation noch erschwert.

Nehmen wir an, es bestünde aufgrund einer Überproduktion eine Baisse beim Weltmarktpreis der Baumwolle. Der afrikanische Bauer mit seinem geringen gesamtwirtschaftlichen Verständnis kann nun so reagieren, daß er darauf verzichtet, weiterhin ein Produkt anzubauen, das ihn enttäuscht hat. Er könnte sich aber auch dazu entschließen, mehr zu produzieren, um durch die zusätzlich verkaufte Menge das auszugleichen, was er über den niedrigen Einheitspreis verliert. Diese Reaktion könnte, wenn sie vermehrt aufträte, den Weltmarktpreis noch mehr sinken lassen. Dem muß hinzugefügt werden, daß eine Reihe von afrikanischen und nicht-afrikanischen Zwischenhändlern den Kaufpreis der Rohstoffe vermindern und im Gegensatz dazu den Verkaufspreis der Fertigwaren erhöhen konnten. Gewiß sind große Anstrengungen unternommen worden, um den Handel zu rationalisieren und zu »moralisieren«, und um den Verteilungskreis zu verkleinern. Es existieren *marketing boards,* es wurden Rücklagen geschaffen und Genossenschaften gegründet. Doch immer noch sind die Resultate alles andere als zufriedenstellend.

Diese Preisschwankungen (oder Rückgänge) sind um so schwerwiegender, als die afrikanischen Länder meistens zu 60 bis 80 % vom Verkauf zweier oder dreier Produkte abhängig sind. Ergebnis: die Kaufkraft des Durchschnittsafrikaners steigt nur langsam an, wenn sie nicht im Hinblick auf den Bevölkerungszuwachs stagniert oder gar rückläufig ist.

Die individuelle Spartätigkeit ist so gut wie nicht vorhanden oder eingefroren. Manche Ersparnisse sind Prestigeausgaben zum Opfer gefallen. Das spiegelt sich wieder in dem überladenen Goldschmuck, der auf dem Busen mancher Modedame ruht. Das Begehren ist so stark, daß jede Einkommenserhöhung sofort in die Ausgaben für Konsumgüter gesteckt wird, statt als Spargrundlage für eine spätere produktive Investierung zu dienen. Das zu versteuernde Einkommen ist so dürftig wie der laterisierte Boden mancherorts in Afrika. Demgemäß sind die Budgets Trugbilder. Sie funktionieren gerade noch ausreichend, um das Gleichgewicht zwischen Elend und Mittelmäßigkeit aufrechtzuerhalten. Die meisten afrikanischen Ländern klammern sich deshalb an Finanzierungshilfen von außerhalb. Jedermann kennt die bilateralen, multilateralen und internationalen Unterstützungsorganisationen mit ihren Vor- aber auch Nachteilen: der Europäische Entwicklungsfonds (FED) der AID, die UNESCO, die UNICEF, die FAO usw., die Spenden, die Subventionen, niedrig verzinslichen Darlehen oder zinslosen Darlehen oder Darlehen mit unterschiedlicher Tilgung.

Diese Hilfe, die in den meisten Fällen eine internationale und menschlich unanfechtbare Solidaritätsbezeugung ist, geht oft mit einer Kapitalflut des Empfängerlandes an das Spenderland einher. Entweder deshalb, weil die erhaltenen Gelder dazu dienen müssen, die Maschinen im Spenderland zu bezahlen, oder als Gewinn oder als Löhne der Unternehmen oder Techniker der Lieferantenländer. Währenddessen ziehen die in Afrika realisierten Einrichtungen – dann, wenn es sich um soziale Investitionen handelt – laufende Kosten nach sich, die den Ruin des lokalen Haushalts noch beschleunigen. Die UMHK *(Union Minière du Haut Katanga)* erzielte im Jahr 1959 einen Reingewinn von 18 Milliarden CFA-Francs.

Die wirtschaftliche Bedeutung Afrikas 667

Um Gelder anzuziehen, boten die afrikanischen Länder bei ihren Investitions-
programmen interessante Bedingungen an. Sie unterbreiteten Garantien, denn
Kapitalien sind wie junge Mädchen, kokett und gleichzeitig schüchtern und wild.
Man muß ihnen den Hof machen . . . Wenn ihr grobe Worte wählt, verschwinden sie, sie ziehen wie die Schwalben fort in angenehmere Gegenden.
Doch bildet eine umfangreiche Kapitalverlagerung – bisweilen endet sie in An-
lagenschwund – eine Gefahr für jede Wirtschaft, wie jeder Wirtschaftsexperte
bestätigt. Die Furcht vor politischen Unruhen und vor politischem Umsturz kann
solch ein Unternehmen dazu bewegen, die Reinvestitionen einzuschränken oder
zu streichen, die Umsatzgeschwindigkeit und die Gewinnanteile des Kapitals zu
maximieren, um das Geschäft so bald wie möglich abzuschreiben »vor der Sint-
flut«. Ein Spekulationsklima breitet sich aus, das den Anschein eines spektakulären Booms erwecken kann, das bisweilen aber auch ein schmerzhaftes Erwachen
vorbereitet.
Hinzu kommt, daß die afrikanischen Länder höchst selten mit einem autonomen
Bank- und Währungssystem ausgestattet sind. Entweder ist die Währung satel-
litengleich abhängig vom europäischen oder amerikanischen Währungssystem
oder es besitzt keinen internationalen Wert.
Alles in allem sieht die Praxis so aus, daß manche Staaten Afrika mit der einen
Hand sehr wohlwollend beschenken und es mit der anderen Hand auf sehr
wenig wohltätige Weise ausplündern. Man hat berechnet, daß der Gewinnverlust
durch den Preisverfall der Rohstoffe, die aus den unterentwickelten Ländern
kommen, höher lag im Vergleich zu den Summen, die ihnen als Darlehen oder
Spenden gewährt wurden. Bei den internationalen Handelskonferenzen von
Genf und Santiago rief diese Tatsache eine gewisse Verbundenheit der armen
Länder gegenüber den Industrienationen hervor. Das Verhältnis der afrikanischen Länder zu den Industrieländern erinnert an das Bild vom irdenen und dem
eisernen Topf.

6. »Das kostbarste Gut«

Im menschlichen Bereich ist Afrika noch mehr im Nachteil. Es herrscht hier die
quantitative Armut: Afrika ist unterbevölkert, insbesondere durch den Sklavenhandel. Es gibt bisweilen eine relative Überbevölkerung im Hinblick auf die
Struktur der Alterspyramide, die hier eine sehr starke Stufe von Jungen aufweist, die noch nicht produktiv sind, die aber Nahrung und Bildung fordern. Es
herrscht aber ebenso eine qualitative Armut: die Zahl der Analphabeten und
Kranken ist groß. In dieser Richtung erweist sich unbestritten als nützlichste und
schönste Hilfe der Beistand technischer Berater, mit folgendem Vorbehalt, wie es
J. Ferrandi ausdrückt: »Bei seiner Ankunft muß ein Experte wissen, daß er in
sein Heimatland zurückkehren wird. Seine Abhängigkeit und seine Größe zugleich ist es zu wissen, daß er dazu verurteilt ist, wieder zu verschwinden.«
Betrachtet man die Gesamtheit Afrikas, so muß man feststellen, daß seine wirtschaftliche Bedeutung immer noch nicht sehr beträchtlich ist. Das einzige Land
mit einem kompletten Wirtschaftssystem ist die Südafrikanische Republik. Sie
erreicht die gesamte Produktskala in allen Industriebereichen, angefangen z. B.
bei den Stahlwerken bis zum Angelhaken und Nagel, zum Schiff und zur Loko-
motive. Sie produziert 1 500 000 t Stahl und denkt sogar daran, Atomkraft-

werke zu bauen. Sie verdankt diese Entwicklung der Anhäufung von Kapital, die durch den Verkauf von Gold, Diamanten und Wolle sowie aufgrund umfangreicher, ausländischer Investitionen ermöglicht werden konnte. Mit ausländischen Investitionen wurden die wirtschaftliche und soziale Infrastruktur und die Modernisierung der Landwirtschaft bezahlt.

Die Verteilung des Nationaleinkommens zeigt in diesem Land allerdings, daß der Wohlstand eine Sache der weißen Minderheit ist. Ihr Lebensstandard gehört zu den höchsten der Welt, während die Schwarzen dahinvegetieren müssen. Nach einer Untersuchung der UNO betrug das jährliche Pro-Kopf-Einkommen im Jahr 1959 für die Weißen 425 Pfund und für die Schwarzen 39 Pfund. Die Kindersterblichkeit war bei letzteren eine der höchsten der Welt, ca. 30 von 100 Kindern starben.

Wenn die 264 afrikanischen Reservate nach dem Plan der getrennten Entwicklung zu acht nationalen Einheiten zusammengezogen würden, verfügten die 14 Millionen Nicht-Weißen über ein Siebtel des Territoriums, wohingegen sechs Siebtel den 3 Millionen Weißen vorbehalten wären. Die ins Elend gestoßenen Schwarzen wären in diesem Fall die idealen Arbeitskräfte in der Hand der Arbeitgeber. Diese Situation wird die tragische Karikatur einer gängigen Struktur innerhalb des afrikanischen Wirtschaftlebens sein.

Im geographischen Bereich erscheint diese Struktur wegen der Verkehrsschwierigkeiten, die die Wirtschaftsräume trennen, aus den Angeln gehoben und zugleich dualistisch. Dualistisch ist sie auch hinsichtlich des Aufbauplans mit einem Sektor, der kümmerlich dahinvegetiert in einer nicht-monetären Wirtschaft des bloßen Lebensunterhalts, und einem anderen Sektor, der an den internationalen Kreislauf des Warenaustauschs angeschlossen ist. Letzterer beherrscht den ersten.

Die meisten afrikanischen Länder bleiben in dem, was sie zum Leben brauchen, von Europa oder anderweitig abhängig, manchmal bis zu 90 %. Es genügt, die Augen zu öffnen – um zu sehen, daß alles, was wir tragen und benutzen, alles, was wir essen und trinken, aus den Industrien der entwickelten Länder stammt.

Um Mißverständnisse auszuschließen: Afrika kann nicht mehr als andere Kontinente an absoluter Unabhängigkeit beanspruchen. Andererseits muß man entsprechend den spezifischen Fähigkeiten des einen wie des anderen eine gewisse internationale Arbeitsteilung zu erreichen suchen. Mißtrauen wir also dem Fetischismus der Schwerindustrie! Das berühmte Dilemma »Landwirtschaft oder Industrie« ist eine verkehrte Fragestellung. Denn diese beiden Bereiche müssen dynamische Störungen des Gleichgewichts untereinander ausfechten, um letztlich ein hervorragendes Gleichgewicht herzustellen, wobei der eine den anderen fördert, verwandelt und aufwertet. Ohne Fetischisten der Schwerindustrie zu sein, stellen wir fest, daß die Länder, die die Welt beherrschen, diejenigen sind, die die mächtigsten Industriekomplexe besitzen. Dem Land, das kein Gramm Stahl produziert, wird aus Höflichkeit oder aus Interesse, ja sogar aus Gedankenlosigkeit Gehör geschenkt, doch hat seine Rede kein Gewicht. So ist das berühmte Wort Tibor Mendes zu verstehen: »Die Selbstachtung und die Achtung der anderen entwickeln sich mit der Schwerindustrie.«

Afrika gehört zu diesen proletarischen Ländern, die automatisch, ohne daß es von seiten der Industrieländer ein unheilvolles Komplott darüber gäbe, die Folgen der Herrschaft, die F. Perroux meisterhaft analysierte, erleiden. M. Habib

Die wirtschaftliche Bedeutung Afrikas 669

Thiam beschreibt es wie folgt: »Das Wachstum oder die Rezession der Wirtschaft Frankreichs oder Großbritanniens zeigt sich sogleich in unseren Staaten, ohne daß wir auch nur das geringste, ganz gleich, was es auch sein mag, daran ändern könnten. Das ist die schreckliche Realität, von der man auszugehen hat.«

B. Was ist zu tun?

Leicht ist die Kritik, und schwierig ist die Kunst.
Die nur in aller Kürze gemachten Vorschläge zur Stärkung der wirtschaftlichen Bedeutung Afrikas stützen sich auf drei Gegenstände. In der Trilogie der produktionsbestimmenden Faktoren, nämlich der Natur, des Kapitals und des Menschen, kann Afrika im ersten Bereich viel vorweisen, an Kapital ist es arm und an Menschen noch ärmer.
Um Afrika in dreifacher Hinsicht wieder hochzubringen, könnten drei Mittel helfen: Verbesserung der Leistungsfähigkeit, Bemühung um Autonomie und die Einheit.

1. Die Leistungsfähigkeit

Die schöpferische Kraft ist der Schlüssel zum Fortschritt. Man berichtete mir neulich von einem Planer in einem sozialistischen, afrikanischen Land, der triumphierte, weil die jährlichen Produktionszahlen immer höher stiegen. Wenn die Triebkräfte der Produktion auch gewachsen sind, so kann diese Steigerung als absoluter Wert sehr gut einen tatsächlichen Niedergang kaschieren, wenn die Einheitsleistung sich verringerte. Daher resultiert die Bedeutung der Normen. Das Wettrennen um die Leistungsfähigkeit ist die goldene Regel dieses Lebenskampfes, in dem sich alle Produktionseinheiten einschließlich des Staates gegenüberstehen.
Die anderen Kontinente aber sind Afrika voraus. Europa und Amerika verlassen das Stadium der Mechanisierung und gehen zur Automatisierung über, während Afrika noch nicht einmal ernsthaft in die erste Phase getreten ist.
Beständig werden die Fabriken in der Welt besser ausgestattet und besser organisiert, um die Kosten der Produktionsträger und die Unkosten auf ein Mindestmaß zu senken. Man geht von der Idee interner Rentabilität, die auf der Kostenkalkulation basiert, oder von der externen Rentabilität, die auf der Wettbewerbsfähigkeit beruht, zum Begriff der Rentabilität für die Zukunft über. Die Selbstfinanzierung trachtet danach, das Unternehmen rechtzeitig auf die Wege für morgen zu leiten. Die Leistungsfähigkeit wird in prospektiven Zielen kalkuliert.
Drei Möglichkeiten gibt es, die Leistungsfähigkeit in Afrika anzuheben. Zum Beispiel der vermehrte Einsatz der wissenschaftlichen Forschung in folgenden Bereichen: Bodenkunde, Dünger, Genetik, Schädlingsbekämpfung, Kampf gegen Endemien und Viehseuchen, Prophylaxe, Ernährungsforschung. Die Forschung soll selbstverständlich ständig mit der Basis korrespondieren. Große Komplexe oder »Treibhauswunder« ziehen selten einen qualitativen Gesamtfortschritt nach sich.

Der zweite Weg ist die Bildung der Menschen. Dieser Punkt ist so wichtig und offensichtlich, daß er überhaupt nicht begründet zu werden braucht.

Schließlich ist auch die Organisation ein wesentlicher Faktor der Produktivität. Nicht selten beklagt man den Mangel an Kapital, während es meistens an der mangelnden Organisation liegt. Der große amerikanische Wirtschaftsexperte J. Galbraith kritisiert diejenigen, die die Organisation der entwickelten Länder nachahmen wollen und schrieb: »Im allgemeinen sind die Organisation und die Verwaltung, die in den fortgeschrittenen Ländern existieren, nicht die Ursache für ihre Entwicklung, sondern ihr Resultat.« In vielen Fällen bleiben die vom Ausland ausgeschütteten Gelder wirkungslos, weil die Strukturen der Auffangländer in einem solchen Maße ungeeignet sind, daß die Aufnahme und die Verteilung nicht gewährleistet sind. Das schafft Engpässe. Verteilt 100 Pflüge und Pferdekarren in zwei Dörfern. Eines sei organisiert und das andere nicht; ihr werdet den Unterschied erleben. Nach der Erringung der Unabhängigkeit müssen die Strukturen den neuen Gegebenheiten angepaßt werden: Bodenreform, Reform des Schulsystems, das sich bisher an den Lernzielen für subalterne Beamten orientierte, Reform des politisch-administrativen Sektors. Unsere unterentwickelten Länder sind oft mit einem Verwaltungsapparat bestückt, der relativ besser besetzt ist als in den reichen Ländern.

Der Unterschied liegt darin, daß bei uns die magere Produktion von Gütern (primäre und sekundäre) nicht diesen Überfluß an der Spitze rechtfertigt. Man sagt außerdem, daß Afrika unter-verwaltet ist ... Mr. Bonnefous erklärt: »Die Unabhängigkeit ernährt ihren Mann nicht, wenn er nicht Beamter ist ...« Doch bin ich in diesem Punkt nicht ganz derselben Meinung, denn der afrikanische Beamte ist aufgrund seiner sozialen Verpflichtung auch ein ständiger Verteiler von Einkünften. Vielleicht sollte man ihn als Verwalter der sozialen Solidarität ablösen! Wie dem auch sei, der Wirkungsgrad des Verwaltungsapparates muß mit der Unabhängigkeit zu- und nicht abnehmen. Der Geist der Amtsführung und der Erledigung der laufenden Geschäfte muß dem kreativen Geist und dem Geist des Aufbaus weichen.

2. Arbeitsanreiz und neue Strukturen

Notwendig wäre ein kollektiver Arbeitseinsatz. Man müßte den Unternehmungsgeist und den Erfindungsgeist langfristig fördern. Manchmal fehlt der modernen Wirtschaft dieser Elan wegen fehlender Mittel oder aufgrund von Unkenntnis des politischen Getriebes. Gelegentlich mag es auch an der ausgesprochenen Neigung zu direkter Nutznießung liegen. Seit Jahrhunderten hat der Afrikaner derart gearbeitet (oft wider seinen Willen), daß er zum Ausspannen, zum Demobilisieren neigt. »Ich fresse meine Million«, sagte scherzhaft ein afrikanischer Millionär ... Der negro-afrikanische Existentialismus versinkt in einem gutmütigen, sympathischen, aber sterilen Dilettantismus. Sobald man in die moderne Welt eintritt, muß man das eherne Gesetz des Fortschritts über sich ergehen lassen, das keinem Phantasten und keinem Schmarotzer Pardon gewährt. In einer Fabrik hat man sich anders zu verhalten als unter dem Palaverbaum. Man muß die Arbeit des Bauern über das ganze Jahr hin ausdehnen und ihren Wert steigern. Man muß ein geistiges Umdenken in die Wege leiten, einen »New Deal der Emotionen«.

Die Asiaten haben – vielleicht unter dem Druck ihrer wachsenden Zahl – den Sinn des hartnäckigen Strebens begriffen. Die beiden Länder China und Japan erleben mit ihren unterschiedlichen Ideologien einen außerordentlichen Aufstieg. Da es in Afrika an finanziellen Mitteln fehlt, muß es das Kapital »Arbeit« im Höchstmaß einsetzen. Man hat es bereits mit der Investierung der menschlichen Arbeitskraft versucht, was, selbst wenn es nur folkloristischen Charakter hat, einen unbestrittenen pädagogischen Wert besitzt.

Entsteht der Arbeits- und Produktionsanreiz durch individuellen Profit oder über den kollektiven Impuls? Vielleicht liegt das Dilemma nicht unbedingt da.

Kein Regime und vor allem kein sozialistisches Regime kann auf die Idee des persönlichen Gewinns verzichten. Der Anreiz, Kapital oder Leistung zu investieren, entspringt dem Eigennutzdenken. Deshalb mobilisiert man die Leute nicht, ohne sie auf allen Stufen teilhaben zu lassen. Das wirkliche Problem stellt sich mit der Frage, ob eine Gruppe von Leuten um des Profits willen die Initiative wirtschaftlicher Entscheidungen – manchmal in Komplizenschaft mit fremden Interessen – monopolisieren wird.

Nur die Erstellung neuer Strukturen und die Schaffung autochthoner Zentren der Entwicklung könnten dem abhelfen.

Ebenso hilfreich wäre die konsequente Organisierung einer Infrastruktur. Die Brücke von Onitscha über den Niger, die mit 1,5 km die längste Brücke Afrikas ist, sichert die Integration zwischen dem Osten Nigerias, der auf dem Weg zur Industrialisierung ist, und dem Westen, der reich an Plantagen ist. Das koloniale Verkehrsnetz, das auf den Sklavenhandel zugeschnitten war, entspricht nicht mehr ganz den Bedürfnissen des neuen Afrika. Es gibt keine neue Wirtschaft ohne ein *autozentriertes* Verkehrssystem. Diese Wege werden Investitionsträger sein. Sie werden die Rentabilität der Gruben und Plantagen fördern, die sich mit ihrer Hilfe etablieren konnten. Sie werden den Tourismus in Afrika ankurbeln, den Lieferanten wertvoller Devisen.

So gesehen werden sich die großen Flüsse und Stauseen zu natürlichen Wirtschaftsbanden zwischen den Staaten entwickeln. Dank der Ingenieurbauten können Flüsse wie der Senegal, der Niger, der Volta, der Nil, der Tschad und der Zaïre (Kongo) in Verbindung mit einem transafrikanischen Schienen- und Luftverkehrsnetz in Zukunft zu den Arterien des großen afrikanischen Körpers werden. In der Tat ist es unmöglich, bei den zersplitterten afrikanischen Märkten stehenzubleiben, die sich mit den aktuellen Staaten decken. Die Festigung solcher Mikro-Märkte hieße gegen den Strom der Geschichte und des Fortschritts schwimmen zu wollen. Im Gegenzug zum Gemeinsamen Europäischen Markt der doch sehr entwickelten und konkurrierenden Länder bleibt als einzige Chance das Format eines Gemeinsamen Afrikanischen Marktes.

3. Die Einheit

Der dritte mögliche Weg zum wirtschaftlichen Aufstieg Afrikas ist die afrikanische Einheit. Man fragt sich, wie es möglich ist, daß afrikanische Staaten wie die Elfenbeinküste und Obervolta, Mali und der Senegal, um nur jene anzuführen, die einen ausgedehnten Arbeitskräfte- und Warenaustausch betrieben haben, getrennt autonome Entwicklungspläne haben ausarbeiten können. Nur die Harmonisierung und wenn möglich die Integration werden über einen gemeinsamen

Markt die Wettbewerbsfähigkeit der afrikanischen Produktion erhöhen können. Sie werden dabei die kleineren Unternehmen beseitedrängen und den assoziierten Staaten eine bei den Außenhandelspartnern geschätztere Handelsmacht *(bargaining power)* verschaffen. Sie werden ihnen eine Kreditwürdigkeit, eine sicherere, gegenseitig haftende Bürgschaft vermitteln, um Anleihen auf dem Finanzmarkt auflegen zu können.

Die großen internationalen Trusts sind in der Tat in allen afrikanischen Staaten vertreten und haben, soweit es sie angeht, ihre »afrikanische Einheit« verwirklicht, während die afrikanischen Staaten immer noch einzeln mit ihnen verhandeln. Eine der sechs großen Erdölgesellschaften, die die Welt beherrschen, ist wirtschaftlich stärker als etwa zwanzig vereinte afrikanische Länder. Die große metallverarbeitende Gesellschaft *US Steel,* die an der Manganerzförderung Gabuns beteiligt ist, beschäftigt mehr als 2 000 000 Arbeitskräfte. Sie läßt demnach eine Bevölkerung leben, die vier- oder fünfmal größer ist als die Bevölkerung Gabuns. »Die in Afrika abgebauten Metalle«, schreibt ein Autor, »werden in den Industrieländern umgewandelt und nach Afrika zurückimportiert als Material für die Elektrotechnik, als Transport- oder Baumaterial. Diese Situation scheint sich solange nicht verändern zu können, wie die mit Energiereserven und Bodenschätzen versehenen Länder wirtschaftlich in ihren nationalen Grenzen eingeschlossen bleiben.«

René Servoise schreibt in *Afrique Nouvelle:* »Gewiß, und diese Argumentation sollte unaufhörlich wiederholt werden, bietet der afrikanische Mikro-Staat im allgemeinen nicht die ausreichenden Dimensionen für die Niederlassung von Industrien oder von modernen Verwaltungseinrichtungen (Erziehung, Forschung, Wirtschaft und Diplomatie). Muß man dazu Beispiele anführen?« Nach Prof. A. J. Brown »ist das Einkommen eines Durchschnittslandes in Afrika zur Zeit mit dem einer englischen Stadt von 100 000 Einwohnern vergleichbar«. R. Buron notiert, daß »das Nationalprodukt Dahomes niedriger liegt als das Produkt von Nantes in Frankreich. Das Nationalprodukt Senegals liegt unter dem des französischen Departements Corrèze. Die afrikanischen Länder können nicht auf halbem Wege hinter den europäischen Ländern zurückbleiben. Im ersten Anlauf müssen sie eine Harmonisierung ihrer Planungen inmitten der regionalen Komplexe ersinnen, oder darauf verzichten, gemeinsame Märkte zu schaffen. Mit aller Deutlichkeit, das Nebeneinander klar strukturierter und nicht ausgebauter Wirtschaftssysteme löst ihr Problem nicht, das Problem der Entwicklung.«

Gilbert Mathieu geht in *Le Monde* noch darüber hinaus: »Die Balkanisierung Afrikas führt zu einem Übermaß an Konkurrenzinvestitionen. Wenn es auch zum Stolz der Souveränität der kleinen Staaten gereicht, verkehrt es sich doch ins Gegenteil einer rationellen Entwicklung. Jedes Land möchte seine Häfen, seine Eisenbahnlinien und die größten auch ihr Stahlwerk haben. Die französische Unterstützung und jetzt die Hilfe des FEDOM verzetteln sich in einer Reihe von Konkurrenzprojekten, deren Gesamtkosten sehr oft überhöht sind im Hinblick auf die erbrachten Leistungen.«

Zum Schluß laßt uns träumen. Stellen wir uns vor, Afrika ist aus seiner Lethargie erwacht und ins Industriezeitalter eingetreten. Die Sahara, der Nil und die Saharabahn sind Brennpunkte, sie schaffen eine Verbindung zwischen Nordafrika, Westafrika und Ostafrika. Nigeria bildet den Ruhepol zwischen dem Westen und dem Zentrum. Und der *Copperbelt* von Schaba und Sambia würde der Drehpunkt zwischen Zentral-, Ost- und Südafrika sein.

Man muß gegen die Isolierung Afrikas sein – denn aus historischer Sicht hat die Isolierung Afrika getötet – aber auch gegen die Ausbeutungsunternehmungen.

Deshalb wird der Wiederaufschwung des Kontinents von den Afrikanern und von ihren Partnern eine außergewöhnliche Anstrengung und eine Umstellung erfordern. Die Menschen müssen sich ändern und sich von den Kolonialstrukturen lösen, die nicht selten, verborgen in den Falten der neuen Fahnen, überleben.

Die kümmerlichen und mikro-nationalen Ziele müssen aufgegeben werden. Das Problem ist mehr ein qualitatives denn ein quantitatives. In der Tat, wenn es wahr ist, daß das Nationaleinkommen maximiert werden muß, dann muß man es auch auf gerechte Weise verteilen. Gewiß, es ist zwecklos zu verstaatlichen, wenn man nur das Elend verstaatlichen kann. Aber ist es nicht gefährlicher zu lenken, wenn man nur die Ausbeutung lenken kann?

Das neue Afrika, dieses Afrika, das immer »uferloser« wird, muß seine Wahl treffen, ein Objekt der Geschichte zu bleiben oder ein Subjekt der Geschichte zu werden. Und wenn man mich bäte, die beiden Schlüsselfaktoren für diesen Aufstieg unter den Elementen zu nennen, die ich als vorrangig betrachte, und die von den Afrikanern selbst abhängen, so würde ich die Bildung der Menschen und die Einheit hervorheben. Und wenn man mich drängte, noch einmal zwischen den beiden zu wählen, die entscheidende Triebkraft zu nennen, so würde ich gern das Wort des antiken Philosophen aufnehmen, der die Welt mit einem Hebel aus den Angeln heben wollte und es übertragen: »Gebt uns die Einheit, und wir werden Afrika aufsteigen lassen.«

II. Die afrikanische Kultur gestern und morgen

A. Der Ausgangspunkt oder Das Afrika von gestern

Das Afrika von gestern (ich spreche in besonderem Maße von Schwarzafrika) zeigt eine große Mannigfaltigkeit in Raum und Zeit, die ein Charakteristikum seines Reichtums ist. Es legt Zeugnis ab von einer nicht weniger offenkundigen Familienähnlichkeit. Vergleicht man die Serer oder die Lobi mit den Luba und den Zulu, so bilden sie vielleicht kontrastierende Gruppen. Aber vergleichen wir die Gesamtheit dieser Gruppe mit den Schweden oder den Griechen, so enthüllt sich automatisch ihre Verwandtschaft.

Außerdem ist das Afrika von gestern auch noch eine zeitgenössische Gegebenheit. Es ist weder vergangen noch in mancher Beziehung überholt. Es gibt heute Kurse für traditionelle, afrikanische Häuptlinge, in denen man die gleichen Riten wie vor 100 oder 500 Jahren neu lernt. Es gibt Opferformeln, die vielleicht seit einem Jahrtausend unverändert gemurmelt werden. Vor einigen Jahrhunderten gab der Imam von Timbuktu dem Askia Mohammed, der sich erlaubt hatte, ihn zur Ordnung zu rufen, eine derbe Antwort: »Hast du den Tag vergessen, an

---

2 Vortrag vor Studenten in Dakar (Dezember 1966); siehe auch J. Ki-Zerbo, *Le Monde Africain Noir*, Paris 1964.

dem du kamst, um dich zu meinen Füßen niederzuwerfen? Du batest mich, dich unter meine Obhut zu nehmen?«

Können wir sicher sein, daß in unseren Tagen, in dieser oder jener Gegend Afrikas solche Situationen überholt sind? Auf keinen Fall wenn man diese Frage im Zusammenhang mit der Wirtschaft stellt.

Vor kurzem befanden wir uns mitten unter einer Fulbe-Gruppe, die zehn Kilometer von Wagadugu entfernt wohnte. Wir entdeckten dort einen neolithischen Weiler, umschwirrt von einem Mückenschwarm, zehn Kilometer von Kühlschränken und Klimaanlagen entfernt; wir sahen Menschen gleichsam auf der Erde leben, inmitten von Kuhmist, unter einem Strohdach unter einer leichten Strohmatte, ohne all die alltägliche Technik, die uns so vertraut ist, daß wir sie schließlich ganz natürlich finden. Die Getränke dieser Leute, einschließlich der Milch, die sie uns spontan anboten, werden in Tierhäuten und in Kalebassen aufbewahrt.

Offengestanden gibt es für viele Afrikaner kein Afrika von gestern oder vielmehr ist es jenes, das fortexistiert.

Welche wichtigen Daten gab es in dieser traditionellen Gesellschaft?

Zuerst handelte es sich um eine Gesellschaft mit einem langsamen Entwicklungsrhythmus. Nicht um eine statische oder schwache Gesellschaft, wie manche aufgrund eines groben Wertungsfehlers behaupten. Überall dort, wo es Menschen gibt, gibt es *per definitionem* Fortschritt. Seit der Vorgeschichte hat sich der Mensch aus der Welt der Tiere als *homo faber* und *homo sapiens* herausgearbeitet, um seine Herrschaft über die Natur anzutreten und zu beweisen. An die Höhlenwände projizierte er die Vorstellungen seines tätigen Geistes. Schwarzafrika war zu jener Zeit im Vorsprung, und zweifellos hat es den anderen Kontinenten technischen Beistand zukommen lassen. Unter dem Druck von außen und aufgrund starker innerer Kräfte entwickelten sich die traditionellen afrikanischen Gesellschaften mehr oder weniger stetig. Sie waren Stars und nicht nur Statisten auf der Bühne der Geschichte. Die Mossi, ein Volk von Reitern, das in Banden zusammenlebte, schuf später starke, wohldurchorganisierte Königreiche. Die Völker des westlichen Sudans entwickelten politische Gemeinschaften, die immer riesiger und besser organisiert waren, vom alten Reich Gana über Mali bis zum Songhaireich. Endlich ist es klar, daß Afrika im Verlauf seiner Entwicklung immer und bis heute außergewöhnliche Persönlichkeiten hervorgebracht hat. Sie beschleunigten oder veränderten den Lauf der Ereignisse, indem sie nach einem Ausdruck Napoleons »Granitblöcke« in die Gesellschaft schleuderten.

Trotz alledem muß man erkennen, daß die afrikanischen Gesellschaften einen schwachen Veränderungskoeffizienten besaßen. Der Grund lag in ihrem technischen Rückstand. Zwei Beispiele aus der Welt des *homo faber:* das Fehlen des Rades, abgesehen von den Randgebieten der schwarzen Welt; (das bedeutet nicht, daß die Schwarzen davon keine Kenntnis hatten); folglich das Fehlen von Fahrzeugen, die dem Menschen manche Arbeit erleichtern und ihm zu schnelleren Kontakten verhelfen. Diese technische Lücke geht mit einem äußerst dünnen Wegenetz einher, vor allem im Urwaldgebiet. Anderswo existieren dagegen ausgezeichnete Routen, wie die in Benin, von denen uns die Autoren des 16. Jahrhunderts eine Beschreibung überliefert haben. Nach festgelegten Reiseabschnitten fand man am Wegesrand große Gefäße mit Wasser zum Gebrauch für die Reisenden.

Die afrikanische Kultur gestern und morgen 675

Ein weiterer schwerer Mangel, von seltenen Ausnahmen abgesehen, war das Fehlen einer Schrift. Die Schrift ist ein großartiges und außergewöhnliches Werkzeug zur Verdeutlichung, zur Abstraktion und Verallgemeinerung des Gedankens, zur Ansammlung und Übertragung des intellektuellen Kapitals. Allein die Schrift ermöglicht die Organisierung eines Staatsapparates großen Ausmaßes. Sie allein erlaubt, über die Mathematik der Wissenschaft einen fundamentalen Impuls zu geben. Doch handelt es sich bei diesen Lücken um historische Lücken, es sind keine metaphysischen Mängel, keine substantiellen einer, ich weiß nicht wie gearteten »schwarzen Natur«. Denn manche Schwarze haben Schriftsysteme erfunden, und Millionen andere haben diese Technik beherrscht.

In Wirklichkeit war Afrika wegen ökologischer und sonderlich geographischer Bedingungen ganz besonders verwundbar bei den historischen Unternehmungen des Machtstrebens. Im 16. Jahrhundert z. B., zu der Zeit, als die Menschheit mit einem Bündel technischer Errungenschaften beschenkt wurde, die seine Herrschaft über den Planeten vermehren sollten, wurde der Schwarze urplötzlich von der menschlichen Karawane abgeschnitten. Durch den Sklavenhandel war er zum Lasttier der Karawane geworden. Als im 19. Jahrhundert Europa und Nordamerika die industrielle Revolution erlebten – und das zum Teil auch mit Hilfe des Sklavenhandels, fielen der schwarzen Welt die bitteren Früchte zu: die Kolonialisierung des Kontinents und seine Besetzung zum Zwecke der Ausbeutung.

Doch die Tatsachen sprechen für sich. Die traditionelle schwarze Gesellschaft war, wenn nicht verschlossen, so doch zumindest weitgehend abgekapselt und konservativ.

Diese Gesellschaft war jedoch eine schöpferische Gesellschaft. Ihr Erfindungsgeist ruhte selten. Betrachtet man den technischen und wirtschaftlichen Bereich, so gibt es keine Familie, kein Dorf, keine Volksgruppe die nicht Mittel und Wege entdeckten, sich mit der Natur zu arrangieren. Beweise sind die Vielfalt ausgewählter Samenkörner, die Anbauweisen, die Werkzeuge und die äußerst unterschiedlichen Arbeitsverbände, die vielfältige Entwicklung im Bereich der Heilmittel, auch wenn sie mit ziemlichem Aufwand an magischen Ritualen verabreicht wurden.

Von Bedeutung war auch – und darf deshalb nicht unerwähnt bleiben – das Netz wirtschaftlicher Beziehungen, das in einem großen Maßstab von den Diula und den Haussa, die Händler und manchmal auch Gewerbetreibende waren, im afrikanischen Westen aufgezogen wurde. Diese Geschäftemacher haben Unternehmen mit Zweigniederlassungen ins Leben gerufen, wo die Praktiken des Wechseltauschs, der verzinslichen Darlehen, des Dumpings usw. ausgeübt wurden.

Vom politischen Gesichtspunkt aus sind die negro-afrikanischen Institutionen außerordentlich eigentümlich. Sie bewiesen hervorragende Anpassungsfähigkeiten. Manche erlebten Jahrhunderte ohne einen ernsthaften Bruch erfahren zu haben. So verwandelte sich das Aschantireich im Verlauf der Jahre von 1765 bis 1777 dank Osei Kodscho von einer Feudalmonarchie in eine absolute und zentralisierte Monarchie mit einer stark ausgearbeiteten Zentralverwaltung: Finanzminister, denen Bilanz- und Kassenbeamte zur Seite standen, Zollwesen, das den Gold- und Feuerwaffenhandel streng überwachte und die Monopole über das Gold und die Elfenbeinprodukte schützte, Finanz- und Bevölkerungsstatistiken, die, noch in den Anfängen steckend, durch bestimmte Mengen von

Kaurischnecken dargestellt waren, mohammedanische Schreiber, die zur Begleitung der Diplomaten nötig waren, um Verhandlungen und Abkommen aufzuzeichnen, politische Bevollmächtigte, die zugleich militärische Führer waren, um den politischen Teil der Operationen gemäß der alten lateinischen Devise *Cedant arma togae* zu handhaben. Und die politischen Kommissare wurden ihrerseits von Spionen überwacht ...

Im künstlerischen Bereich hat sich das schöpferische Genie des afrikanischen Menschen so glanzvoll offenbart, daß es unnötig ist, weiter darauf einzugehen. Das Weltfestival der Negerkunst enthüllte in verschwenderischer Darbietung, daß der schwarze Künstler jeden Pulsschlag des Lebens aufgefangen hat.

Man kann Hunderte von Stühlen untersuchen. Die Hände der Holz-Brandmaler schufen nicht zwei identische Stücke. Sprechen wir nicht vom Tanz – jeder, der tanzt, erfindet neue Formen. Und die Schöpfungsgeschichten, die Mythen, die Märchen, die Sprichwörter ...

Insgesamt gesehen war die afrikanische Gesellschaft von gestern eine einige Gesellschaft, eine Gesellschaft der Mitwirkung, die bereits einen gewissen Humanismus erreicht hatte: die Hierarchie nach Altersstufen und die soziopolitischen Stellungen waren streng geregelt. Das Prinzip der Stabilität herrschte, außerdem die Solidarität in der Arbeit dank gemeinsamen Besitzes und aufgrund der Arbeitsverbände, die jedes Parasitentum ausschlossen. »Wenn ein Fremder kommt, ernähre ihn zwei Tage lang; am dritten Tag gib ihm ein Werkzeug.«[3] Eine wesentliche Rolle spielte die Solidarität der Familie, einer Gemeinschaft des Blutes, der Arbeit und der materiellen und geistigen Güter. Sie war der Hauptträger der Kultur innerhalb der Gruppe, denn sie besaß den Erziehungsauftrag. Noch heute können wir Analphabeten begegnen, die das rührende Produkt dieses Lebensgesetzes sind, das von unseren Vorfahren in Ehren gehalten wurde: Achtung vor dem anderen, ihm selbst und seinem Hab und Gut gegenüber, Achtung vor allem vor dem Gast und den Ältesten. Die Höflichkeit war selbstverständlich, sie drückte sich bisweilen bei den Frauen in anmutigen und edlen Gesten aus, ebenso die Achtung vor dem gegebenen Wort. Man hegte eine unbeschreibliche Sympathie, eine sinnliche und naive, für alle diejenigen, die zum Stamm Adams gehörten.

Gab es unterdrückte Klassen? Ohne jeden Zweifel! Aber in einer sehr gemäßigten Form im Vergleich zu anderen Beispielen der Geschichte. Vielleicht deshalb, weil das Eigentumsrecht niemals diesen absoluten und ausschließlichen Charakter des römischen Rechts und der notariellen Urkunden angenommen hat. Wie wir gesehen haben, hat die traditionelle Sklaverei niemals die Veräußerung des »Ebenholzes« gekannt, das wurde erst mit dem Sklavenhandel kommerzialisiert. Außerdem war die afrikanische Frau trotz ihrer rechtlich häufig unmündigen Stellung, trotz eines gelegentlichen Rückfalls, sie als bewegliche Sache zu betrachten, trotz der Polygamie, nicht das Lasttier, als das sie in einer bestimmten Literaturrichtung dargestellt wird. Die afrikanische Frau lebte nicht eingesperrt. Niemals trug sie, soviel ich weiß, Keuschheitsgürtel! Innerhalb der matrilinearen Sozialordnung besaß sie eine Fülle von wichtigen Rechten. Oft war sie Priesterin (noch öfter »Hexe«, es ist wahr) und gelangte zu höchsten politischen Verantwortlichkeiten: die Königin Amina bei den Haussa, Aura Poku bei den Baule,

---

3 Sprichwörtliche Redensart, von J. Nyerere zitiert.

Die afrikanische Kultur gestern und morgen 677

die Königin von Lovedu (Südafrika). Verfassungsmäßig (aber nur verfassungsmäßig!) war sie Junggesellin und erfreute sich absoluter Macht[4].

Ganz sicher war nicht alles rosig im traditionellen Afrika. Es gab auch Fälle von Tyrannei. Denken wir an die Hekatomben am Hof des Königs von Abomey. Aber hüten wir uns davor, die Menschen jener Zeit mit anachronistischer Mentalität zu verurteilen. Die Diener, die sich die Ehre streitig machten, den König von Benin in sein Grab zu begleiten, hatten nicht die gleiche Mentalität wie wir, auch nicht das junge Mädchen, das, verstümmelt durch die Exzision, einen frenetischen Tanz vollführt und seiner Freude über den sozialen Aufstieg laut jubelnd Ausdruck gibt, indem es zuweilen gar auf das Eisen beißt, das ihm gerade so viele Schmerzen zugefügt hat. Im allgemeinen waren diese Gesellschaften nicht totalitär. Auf allen Stufen wurde das Recht der Person oft dadurch geschützt, daß die Macht durch die Bräuche eingeschränkt war. In der Familie, dem Dorf und den staatlichen Organismen praktizierte man die Kollegialität.

Neben dem Gemeinschaftsfeld garantierten individuelle Felder als Gegengewicht die wirtschaftliche Selbständigkeit der Person im Verhältnis zur Gruppe. Außerdem war keine Gemeinschaft hermetisch abgeschlossen, sondern offen gegenüber höheren Gemeinschaften, die sich als Zufluchtsinstanzen gebildet hatten. Die Aufgabenteilung und die Kollegialität sicherten eine wirkliche Demokratie.

Es mag paradox erscheinen, beim Afrika von gestern von Demokratie zu sprechen, dort, wo der Absolutismus regiert haben soll. Doch Wort und Wirklichkeit der Demokratie stimmen nicht immer überein; das lebenswichtige Mark befindet sich leider manchmal außerhalb des Knochens. Lord Hailey schrieb 1951: »Selten findet man in britischen Kolonialgebieten Afrikas ein Beispiel, wo die früher gültige Regierungsform als Autokratie bezeichnet werden kann.« Nach dem Ableben eines Mossikönigs rief das Volk nicht: »Der König ist tot! Es lebe der König!«; denn es gab kein automatisches Erbrecht, was allerdings bisweilen auch die Ursache für mancherlei Unbeständigkeiten war.

Ein Wahlkollegium wählte den Nachfolger aus der Familie des Verstorbenen. Dieser war verpflichtet, dem Wahlkollegium Bürgschaft zu geben. Das Kollegium selbst war in der Weise zusammengesetzt, daß keines seiner Mitglieder einen Staatsstreich verüben konnte. *Tansoba* (der kommandierende General) führte die Truppen, die für die Sicherheit verantwortlich waren. Der *Balum* (großer Haushofmeister) besaß die *tibo* (geweihte Ritualgefäße), die für die feierliche Einsetzung notwendig waren. Der *Widi* führte den Vorsitz bei den politischen Beratungen usw. Jeder von ihnen war unentbehrlich.

Erinnern wir uns an die häufig angewandte Praxis der Autoritätenteilung zwischen dem Dorfhäuptling (*dugutigi* auf Bambara) und dem Erdherrn (*dugu kolo tigi*). Kurz, das Afrika von gestern hatte konkrete Methoden entwickelt, damit, nach einem Ausspruch Montesquieus, »die Macht die Macht bremst«.

---

4 Die Königin von Lovedu war eine Regenmacherin. Ihr Gesundheitszustand, so glaubte man, hätte Einfluß auf den des Landes. Sie nahm »Gemahlinnen« aus allen Gruppen ihres Volkes und erlaubte ihnen, Männer zu haben. Sie sammelte aber alle »ihre« Kinder ein und verteilte sie in allen Schichten der Bevölkerung. Auf diese Weise wurde sie zum Mittelpunkt eines riesigen Familiennetzes, das in alle Länder ausstrahlte. Die Repräsentanten ihrer Autorität verwalteten ihre Gebiete fast auf diplomatische Weise. Man versteht daher, warum von Mugati I. bis zu Mugati III. (1800–1959) jede der drei Königinnen im Durchschnitt mehr als 50 Jahre regierte.

Dieser tiefgründende demokratische Geist wurde außerdem durch den Kult des Worts im Dialog bestätigt. Das Wort ist ein Werkzeug der Teilnahme. Gewiß läßt es Zeit verlieren. Doch die Zeit zählte nicht. Das ist erlebte Zeit, existentielle, und nicht die Zeit als Rohstoff des *time is money*. Ein Autor schrieb: »Das Schweigen ist nicht schwarz. Es scheint, daß der Schwarze gehört werden muß, wenn er leben soll. Für ihn ist das mehr eine Art des Seins als des Sprechens.« Mit anderen Worten heißt das in geringfügiger Abwandlung des berühmten Postulats von Descartes: »Ich spreche, also bin ich.« Was letztlich gar nicht so weit voneinander entfernt ist, wenn man sich die engen Beziehungen zwischen Wort und Gedanken vergegenwärtigt.

Daher bin ich gegen eine arithmetische und formalistische Demokratie, die nur Bücher führt über die »Ja« und »Nein«. Ich bin für Demokratie, die lebendig ist aufgrund endloser Dialoge, bis zur Erschöpfung. Aber zum Schluß verständigt man sich immer darauf, den »allgemeinen Willen« herauszuheben.

Das Wort besitzt auch eine Schöpferkraft. Es beeindruckt die menschlichen Wesen und bewirkt Kraftübertragungen vor allem in dem Bereich, wo es an Riten und religiöse Symbolik gebunden ist.

M. Campagnolo, Generalsekretär der Europäischen Kulturgesellschaft, schrieb 1960: »Der afrikanische Mensch wird nicht versuchen, sich über die Natur zu erheben, sie zu beherrschen, sie seinen eigenen Zielen zu unterwerfen.« Er fügte hinzu: »Wenn sich die Zivilisation Europas die Zivilisation des Menschen nennt, kann sich die afrikanische Zivilisation die der Natur nennen. Für sie ist die Natur das Maß aller Dinge; ebenso könnte man abschließend sagen, daß sogar die Zivilisationsidee selbst keine positive Bedeutung für sie hat ... Eine vollständig afrikanisierte Menschheit würde den totalen Triumph der Natur über den Menschen bedeuten.«

Man fragt sich wirklich, wie der Herr Campagnolo sich zu solchen Hirngespinsten hat versteigen können. Um solche Spinnereien zurückzuweisen, genügt es, an die Bedeutung der zwischenmenschlichen Beziehungen in der traditionellen Gesellschaft zu erinnern, an den Sinn der afrikanischen Mythen und Sprichwörter. Insbesondere der berühmte Mythos der Baluhja ist ein gutes Gegenbeispiel. Er erzählt, daß Gott, nachdem der Kosmos und demnach die Natur erschaffen war, sich die Frage stellte: »Für wen soll die Sonne leuchten?« Zur Beantwortung der Frage entschied er sich, den Menschen zu erschaffen. Außerdem entkräftet die Allgegenwart Gottes in den afrikanischen Vorstellungen, oder zumindest der Götter, die – wenn ich wagen darf, es so zu sagen – die laufenden Geschäfte erledigen, diese These einer absoluten Überlegenheit der Natur noch, die von einem Campagnolo aufgestellt und verteidigt wird. Im übrigen versieht er seinen Artikel mit der entlarvenden Überschrift: »Afrika tritt in die Geschichte ein« ... im Jahr 1960!

B. Die gegenwärtige Krise

Weisen wir nur zur Erinnerung auf die hinreichend bekannte, aktuelle Krise der afrikanischen Gesellschaft hin. Es ist eine in schneller Veränderung begriffene Gesellschaft, zumindest dort in den privilegierten Zonen, wo die *Boeing*, der die Wüsten und Wälder kein Hindernis sind, zu landen geruht. Ein politisches Beispiel für diese im Fluß befindliche Entwicklung ist die Geschwindigkeit, mit der manches Regime aus dem Sattel gehoben wurde. Es ist auch eine Gesellschaft mit einem schwachen schöpferischen Koeffizienten. Gewiß gibt es mehr oder weniger großartige, den Ländern entsprechende Leistungen. Es gibt afrikanische Dichter und Romanciers, Maler und Bildhauer. Es gibt neue Musik aus Zaïre, Kongo und Guinea; es gibt weiterhin Versuche zur wirtschaftlichen Organisation und zur auf Doktrinen bezogenen Synthese, die vom afrikanischen, kulturellen Vermögen beeinflußt sind. Hier sei noch aufgeführt, wie derselbe Campagnolo diese Unternehmungen beurteilt: »Die Repräsentanten aller Zivilisationen, die befugt sind, sprechen von aktuellen Weltproblemen mit identischen Worten; sei es Gerechtigkeit, Freiheit, sozialer Fortschritt, Wohlstand, Entfaltung der Persönlichkeit, Demokratie ... Das überrascht uns nur nicht, weil wir uns daran erinnern, daß diese Sprache aus den gleichen Schulen Amerikas und Europas stammt und daß die Sprachen, in denen diese Ideale und Programme formuliert sind, europäische Sprachen sind.« Diese Bemerkung führt uns in jene historische Periode zurück, die die koloniale Phase unmittelbar erzeugte. Unbestritten zeitigte diese Phase auch positive Ergebnisse, und wäre es nur die Schaffung noch riesigerer Gebilde, die Einführung moderner Hygiene und eines modernen Erziehungswesens, kurz, der Beitritt zur Entwicklung der restlichen Welt (auch wenn er zu einem überhöhten Preis erzwungen wurde). Dieser wirtschaftliche und kulturelle Kolonialpakt verwandelte ganze Gebiete in *no man's land,* Initiative und Schöpfergeist verschwanden. Wenn es der Wahrheit entspricht, was Tibor Mende sagte, daß »die Selbstachtung und die Achtung der anderen mit der Schwerindustrie beginnen«, dann versteht man die Rolle der Kolonisierung bei diesem Verlust des schöpferischen Geistes. »Der Afrikaner hat die Füße im Neolithikum und den Kopf im Atomzeitalter«, sagte man auch. Diese unbequeme Position begünstigt die Schöpfung authentischer Werke nicht gerade. Neben einigen Grubenerzeugnissen, die aus den lokalen Industrien im Embryonalzustand hervorgehen und die nicht selten in fremder Hand sind, müssen wir nur die Augen öffnen, um zu sehen, daß wir von den Industrieprodukten der führenden Länder umgeben sind, die sich auf den höheren Breiten des Globus' befinden. Sie haben uns zu Konsumenten materieller und kultureller Güter gemacht, zu einseitig auf Konsum ausgerichteten Bürgern. M. Ulli Beir notierte im Jahr 1961 bei den Unabhängigkeitsfeiern in Nigeria mit einem Humor, von dem ich nicht weiß, ob er britisch oder afrikanisch ist: »Man wählte eine Nationalhymne, deren Text man einer Engländerin verdankt, während die Musik (sie gleicht einem militärischen Begrüßungsmarsch) von einer anderen Tochter Albions komponiert wurde. Für das Abspielen der Nationalhymne war dringend ein Klavier erforderlich. Die Fahne war von einem Nigerianer entworfen worden, doch war sie auf so konventionelle Weise europäisch (drei vertikale Streifen, grün-weiß-grün), daß man schwerlich behaupten konnte, daß sie zum Ausdruck brächte, worin das Genie der Nation besteht. In einem Wort, das gesamte Festprogramm dieser zauberischen und paradoxen Unabhängigkeit ist unglücklicherweise symptomatisch für die Verwirrung der Werte, unter der Nigeria gegenwärtig leidet. Es offenbart die äußerst wackligen Grundpfeiler, auf denen die emotionalen Strukturen des nigerianischen Nationalismus aufgebaut wurden.«

Offen gesagt befindet sich die afrikanische Zivilsation in der Auflösung, und viele Länder sind auf dem Weg der wirtschaftlichen und kulturellen Unterentwicklung. Die meisten der afrikanischen Sprachen werden sich selbst überlassen

680   *Die heutigen Probleme Afrikas*

und sind dem Verfall geweiht. Das Goldene Kalb des Fortschritts hat die einstigen Götter, die das einigende Band der Gesellschaft waren, entthront.
Das Geld spaltet die Familien und bringt einen Prozeß sozialer Klassifizierung in Gang. Die Dörfer leeren sich, die Dorfbewohner hören auf, Kunstwerke zu schaffen; sie stellen nicht einmal mehr Kunsthandwerk her, das diesen Namen verdiente. Für die Touristen fabriziert man folkloristische »Ersatz- und Schwindelkunst«. Währenddessen konsumieren manche die Waren, oft Luxusartikel, mit denen die reichen Länder Afrika überfluten, im Überfluß. Sie formen damit die Denkart von Reichen mitten in einem unermeßlichen Elend. »Dadurch, daß wir in der Gegenwart leben«, schreibt ein libanesischer Autor, »ernten wir auch die Früchte der Gegenwart anderer, ohne daß wir uns darüber Rechenschaft ablegten, daß die Gegenwart der anderen das Ergebnis einer langen Vergangenheit voller Arbeit und der Beginn einer Zukunft ist. Wir borgen uns Stücke aus der Zeit. Vor einem Bühnenbild, dessen Entwurf nicht von uns selbst stammt, leben wir vom Streben anderer und lassen unsere Intelligenz brachliegen. Komfort ohne Bemühung bedeutet Verlust der Intelligenz.« Das ist der Ausgangspunkt für das Überraschungsgeschenk einer Unabhängigkeit ohne nationalen Inhalt. Dieses Bild läßt sich nicht auf jeden Afrikaner anwenden, aber es zeichnet das Bild einer Situation, die oft eher dramatisch aussieht und abläuft.

C. Die Perspektiven: Die erneuerte Kultur von morgen

Woraus soll unter diesen Umständen das Morgen entstehen? Was kann man tun, damit die Karte der künftigen Zivilisationen unter Afrikas Namen nicht Tumulifelder vorweist, die Erinnerungen an die toten Städte Ninive und Babylon wachrufen?
Die Weltzivilisation? M. Campagnolo weiß, welche das sein wird: »Durch ihren Glauben an den Menschen und durch ihre absolute Rücksicht auf die menschliche Art ist die Universalzivilisation die Zivilisation des westlichen Menschen. Sie ist dazu berufen, praktisch die Zivilisation aller Menschen zu werden.
Afrika trachtet danach, die Anerkennung seiner Würde und seiner Fähigkeit zu erreichen, damit es zum universellen Fortschritt beitragen kann. Indessen entspringt ein solches Streben nicht der Zivilisation der Natur, sondern dem Kontakt Afrikas mit der Zivilisation, die den Menschen in den Mittelpunkt der Welt stellte.«
Das ist eine echte Herausforderung an die afrikanischen Intellektuellen! Sie sind es sich selbst schuldig, ihr zu begegnen: keineswegs mit fruchtloser Aggressivität. Wenn wir aggressiv reagieren wollten, würden wir sagen, daß die »Zivilisation, die den Menschen in den Mittelpunkt der Welt gestellt hat«, auch jene ist, die den Menschen auf dem Altar zweifelhafter Götter des Fortschritts und verkehrter Ideale geopfert hat. Rücken die Erklärungen des M. Campagnolo nicht ganz in die Nähe folgender Bemerkung des Dr. Faust? Er hat gerade seinen Blutspakt (dieser »ganz besondere Saft«) mit dem Teufel unterschrieben, und dieser ruft: »Euch ist kein Maß und Ziel gesetzt.« Faust antwortet: »Du hörest ja: von Freud ist nicht die Rede! Dem Taumel weihe ich mich, dem schmerzlichen Genuß, verliebtem Haß, erquickendem Verdruß. Mein Busen, der vom Wissensdrang geheilt ist, soll keinen Schmerzen künftig sich verschließen . . .«

Die afrikanische Kultur gestern und morgen

Aber überwinden wir die Aggressivität und fragen wir uns als Afrikaner, wie die erneuerte Kultur des zukünftigen Afrikas aussehen soll und wird.

Ohne Wahrsager spielen zu wollen, können wir zunächst behaupten, daß das Tempo der afrikanischen Zivilisationsentwicklung immer schneller werden wird, und das aufgrund einer wachsenden Zufuhr von Techniken und Maschinen aller Art. Gewiß werden die großen Zentren am stärksten von dieser Veränderung betroffen sein. Man begegnet übrigens in diesen afrikanischen Zentren bereits Luxusgegenständen, die man in europäischen Provinzstädten vergeblich suchte. Es gibt nämlich hier in Afrika reiche Minderheiten, die mit den raffiniertesten Kreisen der reichen Länder auf einer Stufe leben. Aber, noch einmal, die letzteren konsumieren, was sie selber geschaffen haben. Dennoch werden die afrikanischen Städte, dazu aufgerufen, in diesem Bereich eine wesentliche Rolle zu spielen, nicht die einzigen sein. Der afrikanische Busch wird sich durch technische Neuheiten, z. B. Transistorradios, verwandeln. Diese Transistorempfänger sind nationale und internationale Integrationsfaktoren. Sie übertragen die neuesten, tollen Hits direkt auf die Erdnußfelder, sie tragen die *Stimme Amerikas* und *Radio Peking* bis in die Strohhütten der Fellachen von Dori und zu den Bauern am Casamancefluß.

Erwähnt werden müssen in diesem Zusammenhang auch die »Maschinen« der Fortbewegung, die ganz Afrika mobilisieren und es in einen lebendigeren Rhythmus versetzen. Bei dieser Gelegenheit sollte das Interesse geweckt werden, den Import von Luxusartikeln zu bremsen, um den der Produktionsgüter zu entwickeln.

An zweiter Stelle können wir feststellen, daß die afrikanische Gesellschaft immer stärker mit dem Leben des gesamten Planeten verbunden sein wird. Diese Öffnung zur Welt ist unbedingt nötig. Der menschliche Fortschritt ist das Kind positiver Kontakte. Es war kein Zufall, daß das afrikanische Ägypten am Kreuzungspunkt der Wege zwischen Europa, Asien und Afrika den ersten Höhepunkt der Zivilisation erlebte. Wir müssen nach den Worten des Dichters Césaire »offen sein für jeden Atemhauch der Welt«.

Beim Hören von Wagners *Walküre* genießen wir die machtvolle und spannungsgeladene Schönheit dieser Musik und diesen Mythos, die unsere Phantasie verzaubern.

Aber es gibt auch, es gibt zuerst die Cora, das Xylophon und das Tamtam, die eines Tages die prunkvollen und ergreifenden Mythen unserer Schöpfungsgeschichte begleiten werden.

Wenn es gut ist, im Weltganzen zu »schwimmen«, dann ist es auch wichtig, dort nicht zu »ertrinken«. Die Kontakte mit den anderen Völkern dürfen weder nur als Quelle zum Trinken angesehen werden, noch Schocks oder Entfremdung verursachen. Deshalb ist es nicht erstrebenswert, unser Heil von den besitzenden Ländern zu erwarten. Die Hilfe von außen hat unbestritten einen positiven Wert, denn viele afrikanische Staaten könnten ohne sie nicht überleben, sie kann aber auch den Komplex entwickeln, ein Baby zu sein, das von seiner Flasche abhängig ist. Sie ist außerdem stets untrennbar mit dem Rückfluß des zugebilligten Kapitals in das Ursprungsland verbunden.

Um tatsächlich wirksam sein zu können, erfordert die Hilfe von außen auf der einen Seite innere Veränderungen in den Spenderländern selbst und auf der anderen Seite eine Umgestaltung der Aufnahmestrukturen in den Nutznießerländern, um den größten Vorteil daraus zu ziehen. *Gaudium et Spes* z. B. tritt für diese internen Revisionen in den reichen Ländern ein. Wir sollten unser Heil aber auch nicht allein in der Solidarität mit den anderen Ländern der Dritten Welt in Lateinamerika und im Mittleren und Fernen Osten suchen. Gewiß hat die Internationale Handelskonferenz in Genf vor Augen geführt, daß der Zusammenhalt zwischen den armen Ländern zu einigen Ergebnissen führen kann, aber alles deutet darauf hin, daß das Wesentliche nicht auf diesem Wege erreichbar sein wird, denn alle diese Länder haben die gleichen Bedürfnisse. Ich denke auch, daß die intellektuelle Elite vermeiden sollte, sich in den internationalen Institutionen zu verzetteln. Wir müssen repräsentiert sein, doch die Repräsentation ist kein Wert an sich.

D. Die Frage nach dem »Wie« der Renaissance

Daher müssen wir also in uns selbst den intellektuellen Rückhalt und die moralische Verfassung für den Wandel finden. Ohne so weit gehen zu wollen, in Abwandlung des revolutionären Wortes aus Italien zu sagen *Africa farà da se,* gilt vor allem: in erster Linie müssen wir uns auf uns selbst verlassen, wollen wir eine neue, autonome afrikanische Zivilisation aufbauen, eine schöpferische und fortschrittliche Kultur. Aber wie?

Zur sicheren Umschiffung einer ganzen Reihe von Klippen zunächst folgender Hinweis: Man vermeide die unfruchtbare Ablenkung durch die Vergangenheit. Es mangelt heute nicht an guten Stellen, die da sagen: »Als erstes müßt ihr die Dokumente eurer Vergangenheit sammeln.« Einverstanden, um so mehr, als für uns Afrikaner die Vorfahren immer ein integraler Bestandteil der Gesellschaft sind.

Doch für uns besteht die Priorität weniger darin, faktisch die Vergangenheit zu sammeln, als vielmehr darin, uns auf die Vergangenheit zu beziehen. Deshalb muß der Komplex, den ich »Museographie« nenne, vermieden werden.

Außerdem muß das wirtschaftliche Ablenkungsmanöver ausgeschaltet werden, das große Unternehmen, das uns manche zusicherten, würde die Hebung des Lebensstandards der Bevölkerung sein. Wir hatten davon bereits zur Zeit des Kampfes um die Unabhängigkeit der Kolonien gehört; später riefen manche Staatsoberhäupter: »Die politische Phase ist beendet! Jetzt folgt der Wirtschaftskampf um den nationalen Aufbau!« Solche Erklärungen sind im besten Fall ein falscher volksnaher Realismus, im schlimmsten Fall ein Verbrechen schlimmster Heuchelei. Denn die strukturellen Bedingungen für eine Verbesserung waren selbst im wirtschaftlichen Bereich nicht besonders günstig. Übrigens braucht man nur das Verharren in der Unterentwicklung zu betrachten, um sich davon zu überzeugen. Das Gesetz wachsender Verarmung scheint eher für die proletarischen Nationen zu gelten als für die unteren Schichten der reichen Länder. Es wäre notwendig, als allererstes die internationalen Handelsbeziehungen zu verbessern, ehe man die Afrikaner ersucht, sich vorrangig der Wirtschaft zu widmen.

Dasselbe gilt für das technokratische Ablenkungsmanöver. Es gab eine Zeit, da sagte man, der Schwarze sei untauglich für die Mathematik. Heute fordert jeder, nach diesem Allheilmittel der modernen Technik zu greifen. Gewiß, ohne Technik und Wissenschaft gibt es für Afrika kein Heil. Unser Kontinent hat zu

Die wirtschaftliche Bedeutung Afrikas 683

viele Gelegenheiten vorübergehen lassen, um sich den Luxus leisten zu können, einmal mehr eine wichtige Gelegenheit zu verpassen. Doch einerseits kann die Technik, die ohne Vorsichtsmaßregeln aufgenommen wird, die originären Kulturen zerstören. Andererseits bedeutet »Wissenschaft ohne Gewissen (einschließlich der politischen Wissenschaften!) immer auch den Ruin der Seele«. Schließlich ist hier wie anderswo der allgemeine Rahmen von größter Bedeutung. Zum Wachsen und Werden eines Genies bedarf es einer günstigen Umgebung. Weder Einstein noch Pascal haben sich zufällig entwickelt.

Welches sind folglich die Haupttriebkräfte, die Afrika und seine neue Zivilisation, seine erneuerte Kultur in Gang bringen können?

Unter Kultur versteht man die Gesamtheit der Werkzeuge, d. h. der Werte, der Ideen, der Techniken, mit denen der Mensch die Natur, die seine Umgebung bildet, verändert.

Auf diesem Gebiet haben die Universitäten und die afrikanischen Intellektuellen ganz allgemein eine privilegierte Rolle zu spielen. Es ist eine Tatsache, daß nur die Kultur, die aus dem Volk erwächst, eine authentische Kultur ist. Die Kultur muß sich stets unermüdlich und von neuem im Volk erneuern, das der größte Erfinder ist. Vorausgesetzt, daß es sich nicht selbst entfremdet wird und daß es sein Selbstvertrauen bewahrt.

Seit der Kolonialzeit und der Zeit danach »kampieren« viele buchstäblich in der Négritude in Erwartung des großen Aufbruchs zum Gelobten Land der Moderne, das sie in Worten des Habens und nicht in Begriffen des Seins erhoffen. Andere, Arbeiter und Bauern, leben tief in der negro-afrikanischen Kultur; doch gerade weil sie sie leben, erklären sie sie nicht in der Theorie, projizieren sie nicht in eine Zukunft, die ihnen entschlüpft. Die Flut ihres Elends steigt so sehr an, daß sie sich kaum an der Oberfläche halten können um nachzudenken. Innerhalb ihres Lebensraumes kennen sie nicht genügend andere kulturelle Ausdrucksformen, um sich durch den Kontrast ihrer eigenen Originalität bewußt zu werden. Widerstandslos erleiden sie ihr Schicksal und die »Erosion« durch äußere Einflüsse. Das Elend und die Unwissenheit sind kein günstiges Milieu für die Schöpfungskraft.

Die nicht erfüllte Rolle der Intellektuellen tritt hier auf himmelschreiende Weise zutage. Ihre Aufgabe wäre es, in diese wartende Masse den Funken des Erwachens zu tragen. Sie sollten die Demiurgen sein, die das Chaos organisieren. Allein das Eintauchen der Intellektuellen in die Menge – wie das Unterrühren der Hefe unter den Teig – würde die Gesamtheit zu einer afrikanischen Neo-Kultur emporheben.

Die Intellektuellen müssen Wegbereiter sein und keine literarischen Diktatoren, die nur ihr Bildungskapital ausschöpfen. Sie sollten auch nicht wie jene Zulieferer für die Faktoreien der Sklavenhändler sein, die ihr sehr begrenztes Wissen dazu verwendeten, am gewinnbringenden Vertrieb ihrer Brüder teilzuhaben. Obwohl Afrika mehr als jemals zuvor an die Welt angeschlossen ist, sind zu viele unserer Landsleute isolierter als je zuvor. Die Leinen sind gekappt, und am Himmel leuchten nicht mehr die Leitsterne von einst. Der bewußte afrikanische Intellektuelle muß sich zum Steuermann des Schiffes in Not machen. Er muß mit klarem Verstand initiativ werden, nicht zum satten Bürger, der im Fett versinkt und in zufriedenen Optimismus verfällt. Die europäischen Bourgeois', zumindest diese, lebten von der Ausbeutung anderer. Nur ihre Enkel gingen bisweilen in Verschwendung, Kretinismus und Unzurechnungsfähigkeit unter.

Werden wir dort den Anfang machen, wo andere endeten?

Wir sind es uns schuldig, uns als ein zum Neubeginn bereites Volk zu fühlen und nicht als ein sterbendes. Wir müssen wie die ersten Christen sein, die unbefangen aber unerschütterlich darangingen, die Welt zu ändern; oder wie jene Schulmeister während der III. Französischen Republik, die mit ihrer Überzeugung, daß die Erleuchtung des Geistes ein Allheilmittel sei, in ihrem Kaff langsam verkümmerten wie ein Dünger, der zunächst in der Erde verrotten muß, ehe eines Tages reiche Ernte reifen kann.

In diesem Stadium ist es ratsam, kein Mißverständnis über die notwendige Verbindung mit der Masse aufkommen zu lassen.

Selbstverständlich handelt es sich nicht darum, ununterbrochen mit den Hilfsarbeitern und den »descamisados« in den Bars der Vorstädte anzustoßen oder sich auf afrikanische Weise zu kleiden. Manche Träger von Bubus ziehen sie an wie Masken mit magischen Kräften, die ihnen unsere Väter beilegten. Wenn wir aber in diesem Zusammenhang an manche aufgezwungenen Kostüme denken, dann ziehen wir doch noch die herkömmlichen Masken den importierten vor. Alles das ist eine Frage der Authentizität, der Gradlinigkeit des Geistes und der Redlichkeit des Herzens und auch des materiellen Komforts. Daher also keinen falschen »volksnahen« Realismus. Nach dem Wort von Frantz Fanon müssen »Kopf und Faust zusammenarbeiten«.

In zweiter Linie setzt die Bindung mit dem Volk voraus, daß man nicht wie Don Quichotte mit Ideologien und trockenen Theorien bewaffnet gegen die Windmühlenflügel der alten Zeit losstürmt, ohne sich intensiv damit befaßt zu haben, ob das Volk sich angesprochen fühlt und folgen kann und will. Manch ein Wort- oder Salonrevolutionär sucht damit lediglich ein Alibi, um konkrete Aktionen zu vermeiden. Das ist das, was ich Flucht nach vorn nenne.

Schließlich bedeutet dieses Eintauchen in die Masse für den Intellektuellen nicht, daß er sich als prädestinierter Führer aufspielt. Es gibt in allen sozialen Schichten gleichwertige Führungskräfte. Eine Vereinigung dieser vorhandenen ausgewählten Kräfte könnte den ganzen gesellschaftlichen Corpus aufrichten.

Kurz, die afrikanische Intelligenz muß im ursprünglichen Sinn des Wortes von der Erziehung die Rolle in diesem gewaltigen Unterfangen übernehmen, d. h. sie muß Führer einer geistigen Wanderung werden, ohne das Volk seiner Wurzeln zu berauben. Die Afrikanisierung des Bildungswesens wird das verhindern. Vieles muß z. B. bei der Gestaltung der Klassenzimmer durch Dessin und Dekoration verändert werden, damit dem Kind der Eintritt in die Schulwelt nicht wie eine interplanetarische Reise erscheint. Außerdem werden die zauberhaften afrikanischen Rhythmen noch nicht genügend für die Schulmusik ausgewertet. Im Sport sollten auch afrikanische Tanz- und Kampfformen integriert werden. Es setzt sich auch immer mehr durch, daß die französische oder englische Sprache als Fremdsprache gelehrt werden, um den afrikanischen Sprachen ihren Platz als Grundlage der neuen Bildung zu geben. Viel bleibt noch zu tun.

Doch in erster Linie heißt es nicht so sehr, neue Disziplinen zu schaffen, als vielmehr einen neuen zur Schöpfung fähigen Geist zu verbreiten. In diesem Zustand wehrt sich der Geist gegen mechanisches Einprägen, das nur intellektuelle Affen produziert.

In dieser großen Erneuerungsphase beginnt die Universität eine Führungsrolle zu spielen. Auch sie vermeidet den nur beschreibenden ethnographischen und musealen Geist. Eine Vision von der Welt ist der Mittelpunkt jeder originalen

Die afrikanische Kultur gestern und morgen

Kultur. Die Idee des Dialogs, der negro-afrikanische Vitalismus will, daß das Universum ein Kräftefeld ist, das sich in ständiger, dialektischer Wechselbeziehung zu neuen Verteilungen befindet. Das erbringt unendliche Vorstellungen, die vom Volk ausgehend über die Lehrstühle nun zum Volk zurückkehren sollen.

Die Universität soll sich auch in erhöhtem Maße den afrikanischen Sprachen zuwenden. Es bedeutet für unsere Staaten ein schweres Handikap, nicht über eine einzige Nationalsprache zu verfügen, die gleichermaßen eine Kultursprache und eine Verkehrssprache ist. Doch müssen wir uns momentan damit abfinden. Wird das Französische nicht von verschiedenen Völkern gesprochen, von denen manche eine ausgeprägte Eigenart im Ausdruck ihrer Kultur offenbaren? Wenn wir es ebenso machen wollen, muß die klassische Ausbildung nachdrücklich an die Volkserziehung gebunden sein.

Der Unterricht im technischen und handwerklichen Bereich muß unsere Dörfer in Kulturzentren verwandeln, denn wenn sich ein junger Afrikaner zum Verlassen seines Dorfes entscheidet, um in die Stadt zu ziehen, so geschieht das oft nur deshalb, weil sein Geist den Exodus bereits vollzogen hat.

Die Volkserziehung muß danach streben, unseren Landsleuten das Vertrauen in die eigene Persönlichkeit und in die Fähigkeit, das Schicksal ändern zu können, wiederzugeben. Man muß das Volk freilassen. Insgesamt sollte die erneuerte Zivilisation eine Zivilisation schöpferischer Arbeit sein, und das aus folgenden Gründen. Die Arbeit war und ist bis in unsere Zeit hinein die Hauptwaffe des Negers in der Geschichte. Sie ist unter den Produktionsfaktoren der humanste, der dem Menschen am wenigsten entfremdete, wenn sie gut organisiert ist. Deswegen muß sich auch eine andere Vorstellung von der Zeit entwickeln, eine, die nicht nur die Rentabilität und die Produktivität in die Kalkulation mit einbezieht. Man hat bei internationalen Begegnungen die Beobachtung machen können, daß die Repräsentanten der Proletarierländer bei ihren Interventionen die längsten Ausführungen machen. Das verrät möglicherweise eine unbewußte Kompensation, sich zumindest reich an Worten zu erweisen. Doch das abschweifende und oft verschlungene Palaver muß in eine prägnante Debatte umgewandelt werden. Es genügt nicht, ein Wort sprechen zu dürfen, es braucht eine Ergänzung, und diese direkte Ergänzung ist die technische Beherrschung eines Handwerks, das sowohl dem Staat als auch der Nation dienlich ist.

Außerdem sollte diese Zivilisation auch eine Zivilisation der Solidarität sein; einer sozial-ökonomischen Solidarität, die tief in der innersten Seele unserer Völker wurzelt. Sie muß sich zwischen dem Abgrund des Individualismus und dem Sumpf der Unverantwortlichkeit eines übersteigerten Staatssozialismus entfalten.

In dieser Hinsicht zeigte sich kürzlich die katholische Kirche sehr verständnisvoll, als sie z. B. in *Gaudium et Spes* erklärte: »Die Beziehungen zwischen Sozialisierung und Autonomie oder Entwicklung der Person können in Anbetracht der verschiedenen Regionen und der unterschiedlichen Evolution der Völker auf mannigfache Weise verstanden werden.«

Auch die politische Solidarität ist unabdingbar. Meiner Meinung nach kann man das nur erreichen durch eine gewisse politische Integration. Unsere Mikro-Nationen in der Welt von morgen aufrechterhalten zu wollen hieße, ein Schoßhündchen unter die Mammuts und die Brontosaurier der Vorgeschichte zu werfen.

Der Inhalt der neuen afrikanischen Zivilisation? Er hängt von jedem von uns ab. Die afrikanische Neo-Kultur wird nicht wie Minerva aus dem Haupt, ich weiß nicht welchen Jupiters, hervorbrechen, noch wird sie den Resolutionen, ich weiß nicht welchen interafrikanischen *brain-trusts,* entspringen. Tag für Tag muß es die Pflicht eines jeden von uns sein, die Neo-Kultur zu schmieden. Es ist folglich viel daran gelegen, auf den Vorbedingungen und den Prinzipien zu bestehen, die ausschlaggebend für ihre Ausarbeitung sind. Es handelt sich darum, unsere Völker in den Stand zu versetzen, eine moderne Fassung der »Afrikanität« kundzutun, indem sie unser kollektives Ich neu interpretieren. »Die Négritude«, schrieb Edgar Morin, »muß sich selbst überholen, ihre Fetische zerbrechen; sie darf nicht vergessen, daß ihre eigene Negativität (der radikale Antikolonialismus) ihre positivste Quelle ist, daß ihre eigene Positivität (die archaische Kultur) negative Keime enthält.«

Es dreht sich nicht mehr so sehr darum, von der Négritude zu singen, sondern sie wirken zu lassen. Es geht auch nicht darum, über ein verlorenes Paradies zu jammern, auch nicht darum, unseren Kummer zu beklagen, noch unsere verlorenen Werte zu rühmen. Unser eigenes Ich muß verändert werden, um darin Gründe zur Hoffnung zu finden.

Ich denke, wir können Optimisten sein. Unsere Vorfahren haben ein gewisses schöpferisches Genie an den Tag gelegt. Sie lebten in Schönheit – umgeben von den Dingen, die sie selbst hergestellt hatten. Sie schufen Gefäße (denn auch die Kochkunst geht aus der Kultur hervor), an denen ihre Nachkommen noch lange Zeit Freude hatten.

Übrigens hat Schwarzafrika im Lauf seiner langen Geschichte von außen Eingebrachtes gut assimiliert, religiöse Einflüsse einbegriffen. Unsere Brüder jenseits des Atlantiks, vom Sklavenhandel dorthin verschleppt, haben dort über Jahrhunderte hinweg in einem feindselig eingestellten Milieu ihren schöpferischen Elan und das ihnen eigene Temperament bewahrt. Sie kommen noch heute über den *Blues* in der ergreifenden Stimme von Ray Charles und den sprühenden Trompetensoli eines Louis Armstrong zum Ausdruck.

Man muß die Négritude zurüsten und sie wirken lassen. Sie soll keine fein ausgedachte Fiktion sein, subtil, aber wertlos, sondern eine einsatzbereite Idee, eine kollektive, treibende Kraft.

Folglich sagen wir »ja« zum modernen, technischen Zeitalter, aber in erster Linie »ja« zur afrikanischen Wesensart. »Ja« auch zur universalen Wissenschaft, doch »ja« auch zum afrikanischen Bewußtsein.

Und wenn ein junger afrikanischer Intellektueller bitten würde, ihm das alles in einem einzigen Satz zusammenzufassen, müßte man ihm mit der Weisung des Philosophen antworten: »Werde, was du bist!«

III. Einigung Afrikas

A. Anfänge der OAE

Der sogenannte »lange Marsch« Afrikas zu seiner Einheit begann, als das 19. Jahrhundert verging und das 20. Jahrhundert dämmerte[5].

---

5 Siehe Colin Legum, *Le Panafricanisme à l'épreuve de l'indépendance,* Paris 1965.

Einigung Afrikas 687

Schon 1881 erklärte Dr. Edward W. Blyden von den Antillen, ein Nachkomme aus Togo stammender Sklaven, bei einer Eröffnungsrede des *Liberian College* in Monrovia: »Der Aufstieg der Afrikaner muß mit Methoden verwirklicht werden, die ihnen eigen sind. Sie sollen eine Leistungsfähigkeit besitzen, die sich von der der Europäer unterscheidet ... Wir müssen zeigen, daß wir fähig sind, allein voranzuschreiten, unseren eigenen Weg zu bahnen ...«

Die Idee von der afrikanischen Einheit breitet sich am Atlantik aus. Wie ein Rassenmythos blühte diese Idee in den Reihen derer, die am entfremdetsten waren, in Afrika selbst und vor allem bei den Nachkommen der schwarzen Sklaven auf den Karibischen Inseln und in den Vereinigten Staaten. Nach einer Zwischenlandung in Europa kehrte sie zum Mutterland zurück, um von dort erneut auf die Vereinigten Staaten, besonders auf die UNO zurückzuwirken. Sie legte den gleichen Weg über drei Kontinente hinweg zurück wie der Sklavenhandel. Diese Vision verwandelte sich Schritt für Schritt vom Rassenmythos zu einer treibenden Kraft, die sich in konkreten Strukturen im kulturellen, sozialen, ökonomischen und politischen Bereich niederschlug.

Hier nun die verschiedenen Etappen:

– Bis 1957 die Vorbereitungsphase, die sich die meiste Zeit innerhalb des amerikanischen und europäischen Rahmens abspielte.

– Von 1957 (Datum der Unabhängigkeit des ersten schwarzen Staates, Ghana) bis 1963 die Aufstiegsphase politischer Kristallisierung und die Offensivphase gegen den Kolonialismus. Sie kulminierte in der Schaffung der *Organisation für die Einheit Afrikas* (OAE = OUA – Organisation de l'Unité Africaine) in Addis Abeba. Trotz der drohenden Gefahr der ersten Kongokrise, die die Meinungsverschiedenheiten zwischen dem »revolutionären« Afrika und dem »gemäßigten« aufdeckte und beklagte, konnte sie ins Leben gerufen werden.

– Seit 1963 skandiert der Gedanke von der Einheit den Schritt und sucht sich seinen Weg mit positiven Realisierungen. Diese äußern sich in der Regelung interner Konflikte zwischen den Protagonisten der Einheit selbst, z. B. bei der Algerien-Marokko-Krise und bei der zweiten Kongokrise.

Nach der Analyse dieser Etappe liegt uns der hinsichtlich der Massenorganisationen zurückgelegte Weg klar vor Augen, und wir werden zum Schluß einen Blick auf die Schwierigkeiten und die Realisierungsaussichten dieser Idee werfen.

Schon 1895 schrieb der britische Geistliche Booth, der in Njassaland tätig war, ein Buch mit dem Titel *Afrika den Afrikanern*. Er erklärt dort insbesondere: »Der Afrikaner ist nur in einem einzigen Punkt unterlegen: er hat keinen Sinn für den Opportunismus.« Die Idee von Booth, von der zunächst der Nationalist John Chilembwe in Kenntnis gesetzt wurde, nahm im Januar 1897 in Blantyre Gestalt an in der *Christlich Afrikanischen Union*. Sie nahm die Parole »Afrika den Afrikanern« auf und wurde begeistert unterstützt von südafrikanischen Schwarzen wie Navuma Tembula und Salomon Kumalo. »Die Afrikaner müssen sich verbinden und für ihr eigenes Wohl arbeiten, sowohl für ihr politisches und wirtschaftliches als auch für ihr geistiges Wohl.« Und das »mit Methoden, die dem Gesetz und dem Glauben genügen«. Sie präzisierten ihre Gedanken und sprachen davon, »die Arbeit von Millionen von Afrikanern in der Art und Weise zu formen und zu führen, daß sie dazu veranlaßt werden, die ihnen von Gott gegebenen Bodenschätze auszuschöpfen. Sie wollen eher den Lebensstandard heben und den Wohlstand des Volkes vermehren, als weiterhin die Bereicherung einer kleinen Anzahl von bereits besitzenden Europäern zu unterstützen.«

Das Zerwürfnis zwischen den schwarzen Nationalisten und Booth ließ nicht lange auf sich warten. Nach einer Debatte der *Christlich Afrikanischen Union*, die sich über 26½ Stunden hinzog, wurde er in seiner Eigenschaft als Weißer verdächtigt.

Auf den Antillen und in den Vereinigten Staaten entwickelte sich die Idee am stärksten. Im Jahr 1900 organisierte H. Sylvester Williams, Rechtsanwalt auf Trinidad, die erste panafrikanische Konferenz, um eine Solidaritätsbekundung zugunsten der kolonisierten Schwarzen anzuregen. Hier war auch der Mann anwesend, der länger als ein halbes Jahrhundert für den Panafrikanismus kämpfen sollte, Dr. W. E. B. Du Bois, ein amerikanischer Schwarzer. Er rief: »Natürlich ist Afrika mein Heimatland.«

Und 1897 erklärte er im Verlauf des Londoner Kongresses:

»Wenn der Schwarze eines Tages in der Weltgeschichte eine Rolle spielen sollte, dann nur dank einer Pan-Neger-Bewegung.«

Du Bois war in erster Linie ein Intellektueller. Derjenige, der die Idee als erster polpulär machte, war Marcus Garvey. Er war ein urwüchsiger Jamaikaner mit tiefschwarzer Haut, dem die Haut des Mischlings Du Bois ziemlich blaß für einen Schwarzen erschien. Er brachte die Parole von der »Rückkehr zu Afrika« in Umlauf. Er entwickelte eine fieberhafte Aktivität und schuf Organismen, die die fixe Idee verwirklichen sollten, der er sich energisch widmete: ein Reich der afrikanischen Rasse, zu dessen erstem, provisorischem Präsidenten er sich ernannte, des weiteren ein Schwarzes Parlament, eine maritime Liga des Schwarzen Sterns. Er stellte sich ein Paradies vor, in welchem die Engel schwarz und die Teufel weiß waren.

Er zögerte nicht einmal, mit den Rassisten der Ku-Klux-Klan-Bewegung zusammenzuarbeiten. Wie er, nur aus völlig anderen Gründen, befürworteten sie die Rückkehr der amerikanischen Schwarzen nach Afrika. Das stürmische Leben des Mr. Garvey war von Gefängnisaufenthalten begleitet und endete auf obskure Weise 1900 in London.

Indessen wurdeW. E. B. Du Bois, der seinerseits die *National Association for the Advancement of Colored People* (NAACP) ins Leben gerufen hatte, die treibende Kraft der panafrikanischen Kongresse. Sie fanden nacheinander 1919 in Paris, 1921 in London und Brüssel, 1923 in London und Lissabon und 1927 in New York statt. Seit dem Treffen von Brüssel stand das *self-government* und die innere Autonomie der afrikanischen Länder zur Debatte.

Vom rassischen Standpunkt aus entwickelte die Pan-Neger-Idee eine ziemlich präzise politische Forderung. Das zeigte sich vor allem nach dem Zweiten Weltkrieg auf dem Panafrikanischen Kongreß von Manchester, dessen Vorsitz Du Bois innehatte. Hier zeigte sich noch ein deutliches Übergewicht der anglophonen Schwarzen. Zum ersten Mal hielten die eigentlichen Afrikaner dem Einfluß der amerikanischen Schwarzen die Waage. Sie verdankten das der Gegenwart von Männern wie Kwame Nkrumah, Wallace Johnson aus Sierra Leone und Jomo Kenyatta.

Die Kampagne gegn den Imperialismus und gegen den Kolonialismus nimmt Gestalt an. Zum ersten Mal wird ausdrücklich die nationale Unabhängigkeit gefordert.

Während dieser Zeit blieb die Pan-Neger-Idee bei den francophonen Afrikanern im wesentlichen auf die literarische Vorstellung von der *Négritude* beschränkt. Sie führte im Jahr 1956 zum Ersten Weltkongreß der Schriftsteller und Künst-

Einigung Afrikas 689

ler. Man traf sich in der Sorbonne in Paris – ein Jahr bevor der erste schwarze Staat seine internationale Souveräntität erreichte: Ghana.

In den Jahren von 1957 bis 1963 vollzogen sich auf äußerst mühevollem, aber ansteigendem Weg die ersten politischen Realisierungen. Mehrere Tendenzen kennzeichneten diese Phase:

a) Die Gründung regionaler Gruppen, die mehr oder weniger kurzlebig und mehr oder weniger strukturiert waren.

b) Die Debatte um Inhalt und Rahmen der Einheit. Während alle Länder damit einverstanden waren, die Befreiung der noch kolonisierten afrikanischen Gebiete zu beschleunigen, bestanden manche Staaten insbesondere sogar auf der Entkolonisierung des Inneren sogar der Länder, die vom Rechtsstandpunkt aus bereits befreit waren. Sie betonten die Notwendigkeit eines organischen, politischen Bandes als einziger Garantie der wirklichen Einheit und die Erfordernis, diese Einheit im kontinentalen Zusammenhang zu begreifen. Diese Ideen mußten auf den Widerstand des »gemäßigten« Afrikas stoßen. Die beiden Tendenzen mußten z. B. über der Kongofrage lebhaft aneinandergeraten. Am Ende dieser Phase entspannte sich die Lage mit dem erfolgreichen Abschluß der Gipfelkonferenz von Addis Abeba.

Im Jahr 1957 kam anläßlich der Festveranstaltungen zur Unabhängigkeit Ghanas ein einzigartiger Kreis afrikanischer Politiker zusammen. Hier wurde die Idee zu einem Treffen aller unabhängigen Staaten Afrikas geboren. Die Südafrikanische Republik lehnte die Einladung ab, es sei denn, die anderen »verantwortlichen Mächte« in Afrika – sprich Kolonialmächte – würden auch eingeladen ... Die Dinge verblieben so, und im April 1958 traf man sich in Accra zu einer Konferenz. Abgeordnete nationalistischer Bewegungen (FLN von Algerien, *Juvento* von Togo, UPC von Kamerun) kamen als Bittsteller zu Wort, und Resolutionen unterstützten ihre Wünsche. Im selben Monat trafen sich in Tanger die Repräsentanten der drei wichtigsten Parteien Marokkos, Algeriens und Tunesiens. Sie wollten über die Bildung einer Föderation diskutieren und riefen die *Assemblée consultative du Maghreb arabe* ins Leben, in der auch die FLN vertreten war. Praktisch arbeitete diese Vereinigung jedoch nicht.

Mittlerweile verwendete die afrikanische Gruppe bei der UNO das Wort »Krieg« im Zusammenhang mit den feindlichen Auseinandersetzungen, die in Algerien so viel Blut fließen ließen. Bis dahin hatte man in Frankreich die Fiktion einer internen Polizeiaktion aufrechterhalten. Derselben afrikanischen Gruppe gelang es 1957, beim Wirtschafts- und Sozialrat der UNO die Gründung einer *Commission Economique pour l'Afrique* (CEA) gegen den Widerstand der Abgeordneten der Kolonialländer durchzusetzen. Die schoben die bereits bestehende *Commission pour la coopération technique en Afrique* (CCTA) als genügend vor.

Erst nach einer erbitterten Debatte beschloß man die Zusammensetzung der CEA – mit Repräsentation der Kolonialländer – und ihre Kompetenzen. Man einigte sich schließlich darauf, daß die Kommission sich auch mit der »sozialen Entwicklung« befassen sollte.

Bis zum Jahr der Unabhängigkeit (1960) unternahm man mehr oder weniger erfolgreiche Versuche in den verschiedensten Bereichen: im bilateralen und multilateralen Bereich, im Regierungs- und parastaatlichen Sektor, um gemeinsam den Weg zur Unabhängigkeit zu gehen. Man bemühte sich auch, die kürzlich befreiten Staaten zu assoziieren. Parallel zu diesen Ereignissen verlief eine poli-

690   *Die heutigen Probleme Afrikas*

tische Grundsatzdebatte über die logische oder chronolgische Priorität, die der einen oder der anderen Idee eingeräumt werden sollte: Unabhängigkeit und Einheit. Folgt die Einheit auf die Unabhängigkeit oder umgekehrt? Jahre vergingen mit hitzigen Reden und glühenden Aktionen.

Im September 1958 schufen politische Führer Kenias, Ugandas, Tanganjikas und Sansibars in Mwanza (Tansania) am Viktoriasee die PAFMECA (Panafrikanische Bewegung für die Freiheit Ost- und Zentralafrikas). Die Ziele der Bewegung: die Koordinierung ihrer Bemühungen, um das Kolonialjoch abzuschütteln, und die Vorbereitung der Wege für eine zukünftige Föderation von Zentralafrika, die sich von Somalia bis nach Rhodesien ausdehnen sollte.

Im November 1958, unmittelbar nachdem Guinea unabhängig geworden war, gründete Ghana mit Guinea eine Union, die in einem gemeinsamen Kommuniqué proklamiert wurde. »Beeinflußt vom Beispiel der dreizehn amerikanischen Kolonien und von der Tendenz in den Ländern Europas, Asiens und des Mittleren Orients« faßten diese beiden Staaten den Entschluß, den Kern für die Union der Staaten des afrikanischen Westens zu bilden.

Nahezu keine institutionelle Struktur konnte diese Erklärung de facto konkretisieren. Es fand lediglich ein Austausch von Geschäftsträgern statt, die an den Ratsversammlungen der Regierungen beider Länder teilnahmen. Außerdem unterstützte Ghana Guinea finanziell, und zwischen beiden Ländern gab es eine diplomatische Solidarität.

So schien zum ersten Mal die Sprachbarriere, die Afrika auf der Grundlage der europäischen Kulturen teilt, zum Nutzen der ideologischen, panafrikanischen Verwandtschaft eingerissen. Doch blieb ein wichtiges Hindernis bestehen: Ghana und Guinea besitzen keine gemeinsame Grenze.

Daraufhin vereinigte die Generalkonferenz der Afrikanischen Völker auch nicht die Staatsoberhäupter der unabhängigen Staaten, sondern Abgeordnete der Parteien, der politischen und gewerkschaftlichen Bewegungen der 28 afrikanischen Länder, die beinahe alle noch kolonisiert waren[6]. Sie fand im Dezember 1958 statt. Der Präsident dieser riesigen Versammlung aktiver Kräfte des politischen Lebens in Afrika erklärte zu Beginn ohne Umschweife: »Das Problem besteht nicht darin, daß wir nicht wissen, ob wir die Unabhängigkeit wollen, sondern darin, wie wir sie erlangen können.« Nach Tagen fieberhafter Diskussion in den Kommissionen wurden keine aufrührerischen, aber eindeutige Resolutionen verabschiedet. Als Endziel faßte man die Gemeinschaft der unabhängigen Staaten Afrikas ins Auge. Die regionalen Föderationen betrachtete man als ersten Schritt zu diesem Ziel, vorausgesetzt, daß sie das Endziel nicht gefährdeten.

An die Provisorische Regierung der Algerischen Republik (GPRA) richtete man einen Antrag auf Unterstützung. Für Kamerun, wo die UPC einen Guerillakampf führte, setzte sich die Konferenz ein und bat um die Amnestie der Oppositionsführer. Sie forderte vor der Unabhängigkeit von der UNO überwachte, freie Wahlen in diesem Lande. Weitere Vorschläge wurden zur Schaffung panafrikanischer Organismen für die Gewerkschaften, die Jugend und die Frauen unterbreitet. Außerdem befürwortete man die Institution eines afrikanischen Büros der Befreiungsbewegungen. In Accra richtete man ein ständiges Sekretariat der Kon-

---

6 Die politischen Bewegungen gegen die Rassentrennung in Südafrika wurden selbst von Weißen repräsentiert.

Einigung Afrikas

ferenz unter der Leitung von Georges Padmore ein. Nach seinem Tode übernahm Abdoulaye Diallo (Guinea) diesen Posten.

Im Verlauf der Sitzungen hatte sich eine leidenschaftliche, doktrinbestimmte Debatte über die Gewalt erhoben. Die Mitglieder der algerischen Delegation, insbesondere Frantz Fanon, machten sich zu leidenschaftlichen Anwälten der Gewaltanwendung – unter Tränen kämpften sie dafür. Schließlich gestand die Konferenz die Rechtmäßigkeit von Gewaltanwendung zu – in einzelnen Fällen jedenfalls wurde sie als einzige Lösung anerkannt.

Die *Konferenz der Afrikanischen Völker* in Accra wurde so zu einer einzigartigen Versammlung politischer Führer, von denen mancher in der Welt noch von sich reden machen sollte: z. B. der Chef der kongolesischen Delegation, Patrice E. Lumumba.

Das Jahr 1959 war von Versuchen bestimmt, regionale Umgruppierungen vorzunehmen. Am 17. Januar leisteten 44 Repräsentanten des Senegals, Dahomes, des Sudans und Obervoltas in Dakar den Eid der Föderalisten; der Eid wurde in der Art eines Blutspakts von den Teilnehmern vor Modibo Keita, dem Präsidenten der Bundesversammlung, wiederholt. Die Verfassung des neuen Gebildes, die einstimmig und durch Zuruf verabschiedet wurde, sah drei höhere staatliche Instanzen vor:

– Eine föderative Exekutivgewalt mit einem Staatsoberhaupt und einem Regierungschef, der seine Minister – zwei pro Mitgliedstaat – wählte.

– Eine Legislativgewalt, die aus einer legislativen, auf fünf Jahre gewählten Versammlung bestand, mit 12 Abgeordneten pro Staat, die von der gesetzgebenden Versammlung eines jeden Mitgliedslandes ernannt wurden.

– Endlich eine judikative Gewalt mit einem föderativen Gerichtshof, der von der Legislativ- und Exekutivgewalt unabhängig war.

Das war die erste Fassung der Föderation von Mali[7]. Sie rief eine Begeisterung hervor, die alle Länder der Savanne ergriff. Es war eine »Erdnuß-Föderation«, die 60 % der Bevölkerung des ehemaligen Französisch-Westafrikas umschloß. Doch der Rückzug Obervoltas (wo die Behörden auf ihre Stimmen verzichteten) und Dahomes (hier ersetzte H. Maga S. M. Apithy) reduzierte die Mali-Föderation zum Tête-à-tête zwischen Sudan und Senegal. Aus wirtschaftlichen, psychologischen und äußeren Gründen brach auch diese Rumpfföderation alsbald auseinander. Mali als Vierstaatenverband wäre zweifellos lebensfähiger gewesen.

Kurze Zeit später bildete sich, wie manche es darstellten, als Anti-Mali-Föderation die Union Sahel-Benin oder »Conseil de l'Entente«. Präsident Houphouet Boigny übernahm das Patronat. Im Prinzip handelte es sich nicht um eine politische Föderation, sondern eher um eine koordinierte Zwischenregierungsorganisation, die durch Protokolle zwischen der Elfenbeinküste und den Nachbarländern – Obervolta, Niger und später Dahome sowie Togo – gewonnen wurde.

Am 30. Mai 1959 wurde der *Conseil de l'Entente* in Abidschan ins Leben gerufen. Man plante im regelmäßigen Turnus Konferenzen der Premierminister, der Präsidenten der Versammlungen und der Minister. Dazu schuf man einen zwischenstaatlichen Solidaritätsfonds und eine »totale« Zollunion mit Verteilung

---

7 In ihrem Manifest vom August 1958 »Laßt uns Afrika befreien« hatte die Nationale Befreiungsbewegung (MLN) die Schaffung einer Westafrikanischen Föderation von Mali befürwortet. Dieselbe Bewegung hatte ihre Zeitschrift *Mali* genannt.

der Zollabgaben und Steuern. Diese letzte Verfügung wurde praktisch nie durchgeführt.

Andererseits formierte sich ab Januar 1959 in Paris die *Union Douanière des Etats de l'Afrique Equatoriale et du Cameroun (*UDEAC). Sie strebte nach einer Harmonisierung der Zollabgaben, von denen ein Prozentsatz von 20 % dazu dienen sollte, einen zwischenstaatlichen Solidaritätsfonds zu speisen. Das Post-, Fernmelde- und Transportwesen sollte zusammengelegt und gemeinsam verwaltet werden. Doch blieb auch hier die Wirklichkeit weit hinter den zum Ausdruck gebrachten Wünschen zurück.

Noch haltloser war der ambitiöse Traum von Boganda (Zentralafrikanische Republik). Sein Ziel war es, und er beharrte dabei auf einem geographischen Irrtum der Kolonisten, Französisch-Äquatorialafrika, Kamerun und Ruanda-Urundi in einem politischen Block zu vereinen, in einem »Latein-Afrika«, das die Balance zwischen dem arabischen Afrika Nassers und dem britischen Afrika herstellen sollte. Zumindest verwirklichte die Union der beiden Kameruns die erste zweisprachige Einheit in Afrika.

Im Juli 1959 trafen Ghana und Guinea mit Liberia in Sanniquelle (Liberia) zusammen. Sie gründeten die Gemeinschaft der unabhängigen afrikanischen Staaten, eine Institution, die ohne praktische Folgen blieb. Die Heirat schien schwierig zu sein für das alte Liberia (einerseits), das sich in einer Unabhängigkeit unter starkem »Schutz« durch *Uncle Sam* eingerichtet hatte. Auf der anderen Seite standen die beiden frisch emanzipierten Staaten, für die die positive Aktion für die afrikanische Persönlichkeitsentwicklung zur Tagesordnung gehörte. Folglich schloß man einen Kompromiß, der das Aktionsfeld der beiden politisch tätigen Staaten einschränkte. Man mußte die Veränderung der politischen Gegebenheiten zu panafrikanischen Strukturen langsam in Angriff nehmen und ganz besonders die Anerkennung der Kampfbewegungen in den unabhängigen Ländern Afrikas mit Vorsicht behandeln. Dagegen sollte der Akzent auf den antikolonialen Kampf gelegt werden. Schon zeichnete sich die Trennung zwischen dem harten und kämpferischen Afrika und dem weichen, kompromißbereiten Afrika ab, dem »realistischen« und dem »machbaren«. Sogar innerhalb des weniger offiziellen Rahmens der Konferenz der Völker im Januar 1960 in Tunis spielten die Abgeordneten der *Action* Group aus Nigeria die gleiche repressive Rolle auf dem Weg des Panafrikanismus.

Würde Afrika zusammenwachsen und gemeinsam aktiv werden für einen Aufstieg zur Unabhängigkeit? Oder würden die verschiedenen Staaten sich absondern und sich im Rahmen einer vor allem schützenden Spielregel der erreichten Souveränitäten begegnen? Diese Frage tauchte mit aller Deutlichkeit seit dem Jahr der Unabhängigkeiten (1960) immer wieder auf. Die neue Phase (1960–1963) war von feindlichen Zusammenstößen geprägt, die sich aus den Beantwortungsversuchen dieser Frage ergaben. Versuche von Umgruppierungen fanden statt, bis man sich im Jahr 1963 in Addis Abeba zur *Conférence de l'Organisation de l'Unité Africaine* (OUA = OAE) versammelte.

Bei der zweiten Konferenz der unabhängigen Staaten 1960 in Addis Abeba wurde die Frage der Unterstützung der UPC wegen der Anwesenheit von Präsident Ahidjo, dem Staatsoberhaupt von Kamerum, am Konferenztisch ausgeklammert. Verbittert erklärte die UPC: »Von nun an wird die afrikanische Solidarität immer mehr zu einem Dienst am Imperialismus, wenn, wie in Addis Abeba, die wirklich unabhängigen Regierungen die Einheit um jeden Preis wol-

Einigung Afrikas 693

len.« Besaßen nicht die meisten Staaten in ihrem Land eine »UPC« in Aktion oder in Machtpositionen?

Die Delegation von Nigeria verwarf die Idee Ghanas von der politischen Einheit zugunsten der Idee Liberias und der Elfenbeinküste von der Kooperation, die in dem Projekt, zwei interafrikanischen Banken für die Entwicklung und den Handel zu schaffen, konkretisiert wurde. Dagegen billigte man mit Entschiedenheit den Abbruch der diplomatischen Beziehungen zur Südafrikanischen Republik und den Boykott der Luftfahrts- und Handelskontakte mit diesem Land. Ebenso wie man eine Aktion startete, um Südafrika wegen der Verletzung des Mandats der Vereinten Nationen vor den Internationalen Gerichtshof zu bringen. Andererseits endete die Auflösung der ehemaligen politischen Kolonialzusammenschlüsse (AOF, AEF, Föderation von Zentralafrika usw.) mit einer Zersplitterung, die das freie politische Kräftespiel und die Sammlungsbemühungen sehr erschwerte.

Das entscheidende Ereignis aber war in diesem Zusammenhang die erste Kongokrise. Sie beschleunigte die Koalition des weißen Südafrikas (Portugal, Rhodesien, Südafrikanische Republik), um dem antikolonialen Befreiungsprozeß einen Riegel vorzuschieben. Zwietracht und Streit begannen die Gruppe der unabhängigen Staaten Afrikas zu durchsetzen. Endlich griffen die Vereinigten Staaten aktiv ins politische Geschehen des afrikanischen Kontinents ein. Das war eine noch nie dagewesene Tatsache von sehr großer Bedeutung.

Bei der Vorbereitungskonferenz der afrikanischen Außenminister, zu der sie sich auf Antrag Lumumbas, der sich mit der UNO überworfen hatte, im August 1960 in Leopoldville zusammenfanden, fehlten die meisten francophonen afrikanischen Länder, die gerade ihre Unabhängigkeit erreicht hatten – und das trotz des Appells von Burgiba. Die anwesenden Abgeordneten votierten für die Einheit des Kongos und für ein afrikanisches Gipfeltreffen vor der UNO-Debatte. Sie stimmten aber – ausgenommen Guinea und die GPRA – gegen eine direkte militärische Hilfe für die Zentralregierung. Schon zeichneten sich deutlich zwei Gruppen ab: die Kampfbereiten und die »Gemäßigten«, die Falken und die Tauben. Unter den Tauben gab es sogar ein paar Enten ...

Bei der UNO zerfiel der afrikanische Block wegen des Kongos in drei Gruppen. Die einen hielten zu Lumumba, dann zu Gizenga, andere stellten sich hinter Kasawubu, und eine dritte Gruppe war sich mit Tschombe einig. Der Kongo war fern – doch jeder Afrikaner, die Schulkinder eingeschlossen, fühlte sich stark betroffen.

Im Oktober 1960 lud Präsident Houphouet Boigny die francophonen Länder zu einer Diskussion über die gemeinsame Haltung vor der UNO in bezug auf die Angelegenheiten des Kongos, Algeriens und Mauretaniens ein. Guinea lehnte ab. Togo stellte als Bedingungen für seine Teilnahme die Anwesenheit der Länder des Maghreb. Mali schickte nur einen Beobachter, während Madagaskar sich weigerte, über das Algerienproblem zu diskutieren, das in seinen Augen eine innere Angelegenheit Frankreichs war.

Die elf teilnehmenden Länder waren die des Conseil de l'Entente und des ehemaligen Französisch-Äquatorialafrika, dazu Kamerun, Senegal und Mauretanien. Die Konferenz faßte folgende Entschlüsse: die Unterstützung M. Kasawubus, die Solidarität mit Mauretanien und eine »elastische« Haltung gegenüber dem Algerienproblem, um nicht mit den französischen Interessen zu kollidieren.

Vom 15.–19. Dezember trafen sich die elf in Abidschan vertretenen Länder in Brazzaville, Madagaskar gesellte sich hinzu. Die Konferenz schuf die *Union Africaine et Malgache* (UAM). Diese nahm sich vor, eine Art *pax africana* zu erreichen. Dieser Friede könnte, wie die Staaten der UAM erklärten, nur begründet sein auf der Nichteinmischung in die inneren Angelegenheiten der Staaten, auf der wirtschaftlichen und kulturellen Zusammenarbeit auf der Basis der Gleichheit und endlich auf einer »konzertierten Diplomatie«.

Es handelte sich folglich sehr wohl um einen politischen Block, der nur die francophonen Länder umschloß. Bald schon denunzierten ihn Guinea und Mali als »Relikt des Kolonialismus«.

Im März 1961 gründete die zweite Gipfelkonferenz der Zwölf in Jaunde die *Organisation Africaine et Malgache de Coopération économique* (OAMCE) mit der Absicht, »die tiefe Solidarität und den Willen zu echter Zusammenarbeit der afrikanischen und madagassischen Länder zu stärken und ihnen die Möglichkeit zur Erhöhung des Lebensstandards ihrer Bevölkerungen zu geben«. Aber erst vom 6.–12. September 1961 wurden die Vorschriften zur Durchführung des Ganzen, des »Commonwealth à la française«[8] erlassen. Man richtete vier Sekretariate ein: ein Generalsekretariat der UAM in Kotonu, ein Generalsekretariat und technisches Komitee der OAMCE in Jaunde, ein Generalsekretariat der gemeinsamen Verteidigung und einen kombinierten Regimentsstab in Wagadugu, schließlich ein Generalsekretariat für die Koordinierung des Fernmeldewesens in Brazzaville.

Die Konferenzen von Bangui (März 1962), von Libreville (September 1962) und von Wagadugu (Februar 1963) fügten dieser Struktur nichts Wesentliches hinzu. Die zwischenstaatlichen Vereinbarungen wurden präzisiert und angenommen, und die UAM gab sich eine Fahne. Ihr sehr aktiver Generalsekretär Albert Tevoedjre sandte Missionen in die früher belgischen Länder. Sehr bald trat Ruanda der Union bei.

In der Zwischenzeit hatte sich angesichts des »gemäßigten« francophonen Blocks auch das »harte« Afrika organisiert. Allerdings gelang es dieser Formation nicht, so beständige Strukturen wie in der gemäßigten Gruppe aufzubauen, vielleicht wegen der sehr ausgeprägten Persönlichkeiten ihrer Führer, vielleicht auch, weil die nationalen (ideologischen und sozio-ökonomischen) Strukturen bereits sehr gefestigt waren.

Auf Veranlassung von S. M. Mohammed V. diskutierten ab Januar 1961 Ghana, Guinea, die VAR, Mali und Marokko die Sachverhalte einer »afrikanischen Charta«, der sogenannten Charta von Casablanca. Zum Ziel setzte man die Konsolidierung der Kooperation unter den Staaten, die Betonung lag jedoch auf den politischen Problemen. Es handelte sich darum, »die Freiheit im gesamten afrikanischen Raum durchzusetzen und seine Einheit zu verwirklichen; das alles im Rahmen der Nicht-Anpassung, der Beseitigung des Kolonialismus in jeder Gestalt«. Außerdem beabsichtigte man, sobald alle Bedingungen erfüllt sein würden, eine afrikanische konsultative Versammlung und einen afrikanischen politischen Ausschuß zu schaffen. Diese Charta sollte in Kairo unterzeichnet werden.

Im April 1961 bildeten Ghana, Guinea und Mali in Accra die Union der Afrikanischen Staaten, Keimzelle, der Vereinigten Staaten von Afrika, die jedem

---

8 Die Formulierung stammt von Präsident L. S. Senghor.

Einigung Afrikas 695

Staat von Afrika und jeder Föderation afrikanischer Staaten gegenüber offen war. Sie berief sich auf die Charta von Casablanca und verurteilte jede Form von Gruppierung, die sich lediglich auf die Sprachen der Kolonialmächte gründete. Zwei Blöcke hatten sich also konstituiert. Der eine sprach von Kooperation und von wirtschaftlichem Fortschritt, das heißt insgesamt vom Bündnis für den Fortschritt unter Achtung eines jeden Partners, und ohne das Wesen der Beziehungen zwischen Afrika und dem Westen radikal in Frage zu stellen. Der andere Block, der sich sehr damit beschäftigte, die afrikanische Wesensart zu betonen, indem er sie dem früher kolonialen Europa und dem oft neokolonialen Westen entgegenstellte, setzte den Akzent auf die politische Revolution. Sie sollte den sozial-ökonomischen Fortschritt gewährleisten. Afrika ändern, hieß das Programm, und zwar durch die radikale Umwandlung seiner Abhängigkeitsbeziehungen mit der Welt.

Doch wie konnte man Afrika in einem Augenblick einen, in welchem die Kongokrise seine tragische Teilung offenlegte?

Die Gruppe von Casablanca unterstützte Lumumba. Die PAFMECA entschied sich im gleichen Sinn. Da sich die afrikanischen Länder der Casablanca-Gruppe bei der UNO in der Minderheit befanden – die UNO förderte Kasawubu entsprechend den Wünschen des »gemäßigten« Afrikas – und da sie noch Truppen im Kongo im Einsatz hatten, gingen sie mit sich selbst zu Rate, welches Interesse sie daran hatten, ihre Männer in diesem Unruheherd zu belassen. Guinea und Mali hatten sich bereits zurückgezogen, Marokko stand vor der Erwägung, es ihnen gleichzutun. Nur Ghana gab zu bedenken, daß der allgemeine Rückzug den Gegnern Lumumbas das Feld überlassen würde. Dieses Argument überzeugte Nasser. Der Mord an Lumumba peitschte die Entschlossenheit der Casablanca-Gruppe an. Doch der neue Präsident der Vereinigten Staaten, J. F. Kennedy, engagierte sein Land entschlossen in den kongolesischen Angelegenheiten. Er engagierte sich für die Annäherung Kasawubus an die Anhänger Lumumbas (Gizenga) auf Kosten Tschombes. Gegen diesen setzte der Sicherheitsrat die UNO-Truppen ein. Premierminister Adoula setzte dem Duell Leopoldville–Stanleyville ein Ende. Die Konferenz der UAM in Tananarive (März 1961) lud Kasawubu und Tschombe gleichzeitig ein. Sie befürwortete eine Kongo-Föderation und besiegelte damit praktisch die Sezession Katangas. Angeregt von den Ländern der Casablanca-Gruppe betonte die Konferenz der Afrikanischen Völker von Kairo das Gedächtnis Lumumbas; er wurde zum afrikanischen Helden. Die Konferenz klassifizierte die Kongolesen in zwei Lager: einerseits die von Kasawubu und Tschombe geführten Imperialisten, andererseits die afrikanischen Nationalisten, d. h. die Lumumbaanhänger unter der Führung von Gizenga. In Kairo hatte sich der fortschrittliche Flügel der Konferenz aus den revolutionären Oppositionsbewegungen der unabhängigen Länder formiert: UPC von Kamerun, Sawaba vom Niger, die Union Nationale des Forces Populaires (UNFP) von Mehdi Ben Barka in Marokko.

Dieses Treffen, das letzte dieser Art[9], hatte Klarheit in die Begriffsbestimmung des Neo-Kolonialismus und der Afrikanischen Einheit gebracht. Der Neo-Kolonialismus wurde als ein »Relikt des Kolonialsystems ungeachtet der formellen, politischen Unabhängigkeit« bezeichnet. Diese Definition stimmte mit der von Präsident Modibo Keita überein: »Neo-Kolonialismus bedeutet: ein unabhän-

---

9 Die im Jahr 1962 in Bamako vorgesehene Konferenz der afrikanischen Völker fand nicht statt.

giges Land wird indirekt von seinem ehemaligen Mutterland verwaltet, über Verräter, denen es zur Macht verholfen hat.«

Die Vorstellung von der Afrikanischen Einheit wurde bei näherer Bestimmung nicht als eine Einheit um jeden Preis und um irgend etwas betrachtet. Sie beinhaltete eine anti-imperialistische Sammlungsbewegung für den Weltfrieden, mit dem Ziel der Befreiung und des politischen und wirtschaftlichen Fortschritts Afrikas unter einer politisch einheitlichen Führung. Dennoch war der genaue strukturelle Rahmen noch nicht dargelegt.

Die Brazzaville-Gruppe handelte, indem sie versuchte, ihren geographischen Umkreis über das französische Sprachgebiet hinaus auszudehnen. Im Mai 1961 vereinte die Konferenz von Monrovia zwanzig afrikanische Länder: die zwölf Länder der UAM, dazu Äthiopien, Liberia, Libyen, Nigeria, Sierra Leone, Togo, Tunesien, Somalia. Sechs Leitprinzipien wurden von den Teilnehmern niedergelegt:

a) die absolute Gleichstellung der Staaten, wie auch immer ihre Struktur, Bevölkerung und ihr Wohlstand beschaffen seien,

b) die gegenseitige Nichteinmischung in die inneren Angelegenheiten der Staaten,

c) die Achtung der Souveränität eines jeden Staates und die Achtung seines unveräußerlichen Rechts auf Sein und Entwicklung seines eigenen Charakters,

d) die Mißbilligung subversiver Zentren, die in manchen Ländern von unabhängigen Staaten unterhalten wurden,

e) die Einführung einer Kooperation, die auf Toleranz, Solidarität und Ablehnung jeder Art von Führungsanspruch von seiten irgendeines Partners,

f) die Einheit, nicht nur als politische Integration begriffen, sondern als eine Einheit im Streben und in der Aktion.

Einen deutlichen Akzent legte man folglich auf den Schutz der neuen Souveränitäten in einer Art Heiliger Allianz.

Einige Monate später gelang es der »revolutionären Gruppe«, Cyrille Adoula von Kongo-Leopoldville dazu zu veranlassen, zur Konferenz der nicht-linientreuen Länder nach Belgrad (September 1961) zu kommen. Er begab sich in Gesellschaft Gizengas dorthin.

Zu Beginn des Jahres 1962 zeichneten sich daher Dialogmöglichkeiten zwischen den beiden Gruppen ab. In Lagos bemühte man sich 1962 eine Gipfelkonferenz zusammenzubekommen. Doch fand sich die Monroviagruppe allein dort ein. Denn da man die Provisorische Regierung der algerischen Republik nicht eingeladen hatte (GPRA), verzichteten die Casablancagruppe und alle Länder Nordafrikas im letzten Moment auf ein Kommen. Auf der Konferenz von Lagos wurden lediglich die Grundsätze von Monrovia noch einmal bekräftigt, hauptsächlich in bezug auf die Unterwanderung von außen. Äthiopien aber legte Wert darauf, gegen die Verfestigung der Blöcke zu wirken, es befürwortete nur eine einzige Richtung: die afrikanische.

Alsbald schloß es sich mit Somalia der PAFMECA und den nationalistischen Bewegungen Südafrikas an. In Addis Abeba formierten sie sich in einer autonomen Puffergruppe, der PAFMECSA (Panafrikanische Befreiungsbewegung von Ost-, Zentral- und Südafrika). Zwischen den beiden Gruppen vermehrten sich die Anzeichen für Entspannung. So machte Präsident Hamani Diori einen offiziellen Besuch in Ghana. Und dieses zog seinen Untersuchungsantrag wegen Lumumbas Tod beim Sicherheitsrat zurück. Immer mehr schien sich die regierungsbezogene Phase der Afrikanischen Einheit durchzusetzen. Eine Debatte über revolutionäre Strategie und Taktik stellte dann aber die Staatsoberhäupter der kämpferischen Länder und die Führer der Oppositionsbewegungen ohne Regierungsverantwortung gegeneinander. Letztere räumten der Beseitigung der reaktionären Regierungsformen den Vorrang ein, während die ersten vorerst danach strebten, das Kolonialsystem in Afrika abzuschaffen. Das war ein Ziel, das eine vereinigte Front aller Staaten verlangte und konsequenterweise manchen Kompromiß.

In diesem Zusammenhang erklärte die UPC in einem Artikel vom 30. Mai 1962 über die Afrikanische Einheit und über den Neokolonialismus: »Der Weg der wirklichen Afrikanischen Einheit besteht nicht in der Vereinigung der Gruppen von Brazzaville, Monrovia und Lagos und der Gruppe von Casablanca. Das würde eine Konfusion schaffen, die nur dem Neokolonialismus und dem Imperialismus nützlich sein würde.«

Im Februar 1963 nahm Djibo Bakary in einem Leitartikel mit der Überschrift »Revolutionäre Einheit« in der *Revolution Africaine* (Algier) das gleiche Thema wieder auf: »Schließlich darf die Afrikanische Einheit keineswegs zu einem Syndikat machthungriger Männer werden, die darauf aus sind, sich gegenseitig zu unterstützen, um dem Volkswillen Widerstand zu leisten.« Doch die Grenzlinie zwischen den beiden Blöcken verwischte sich immer mehr. Die Ermordung von Sylvanus Olympio (Togo) am 13. Januar 1963 in Lome ließ vor allen Staatsoberhäuptern das Gespenst der militärischen *pronunciamentos* auftauchen. Doch stimmten die Reaktionen nicht mit der Teilung Afrikas in einen gemäßigten und einen revolutionären Block überein. Ghana, Senegal und Dahome erkannten alsbald das aus dem Staatsstreich hervorgehende neue Regime an, während die Elfenbeinküste, Nigeria, Tanganjika und an erster Stelle Guinea eine Untersuchung forderten. Es war an der Zeit, sich wieder einmal zur Festsetzung einiger Spielregeln zusammenzufinden.

B. Gründung der OAE

Unter solchen Umständen wurde vom 22. bis zum 26. Mai 1963 in Addis Abeba die *Organistion de l'Unité Africaine* (OUA = OAE – Organisation Afrikanische Einheit) ins Leben gerufen.

31 Staats- und Regierungschefs fanden sich in der äthiopischen Hauptstadt in der *Africa Hall* ein.

Es war die größte Versammlung dieser Art, die jemals in der neueren Geschichte konstatiert wurde. Äthiopien, das erste unabhängige Land Afrikas, war ein würdiger Versammlungsort. Schon in der ersten Sitzung erschien vor den Tausenden Teilnehmern, Journalisten und Beobachtern die zerbrechliche, kleine Gestalt eines alten, hageren Mannes: Kaiser Haile Selassie, eben jener, der sich dreißig Jahre zuvor gegen den italienischen Faschismus erhoben hatte, jener Erbe einer der ältesten Dynastien der Welt.

Mit klarer Stimme beschwor er das Wiedererwachen Afrikas in alter und neuer Würde. Und der alte, in sich zusammengeschrumpfte Kontinent, der im vielhundertjährigen Schlaf der Knechtschaft und Entfremdung versunken war, schien zu erwachen und sich wieder zu finden.

»Wir haben uns versammelt, um unsere Rolle im Weltgeschehen zu übernehmen und zu spielen. Wir wollen unsere Pflicht gegenüber diesem großen Kontinent erfüllen, für den wir mit seinen 250 Millionen Einwohnern Verantwortung tragen. Die Kenntnis unserer Geschichte ist unerläßlich, um unsere Persönlichkeit und unsere Identität als Afrikaner zu begründen. Heute verkünden wir, daß unsere größte Aufgabe die endgültige Befreiung all unserer afrikanischen Brüder bleiben wird, all derer, die sich noch unter dem Joch der Ausbeutung befinden und unter der Fremdherrschaft ... Laßt uns frei sein von Vorwürfen und Verbitterung ... Laßt uns mit der Würde handeln, die wir als Afrikaner beanspruchen, stolz auf unsere eigenen Fähigkeiten, auf unsere Unterschiedlichkeit und auf unsere Leistungsfähigkeit. In erster Linie müssen wir vermeiden, uns in den Schlingen des Tribalismus zu verfangen. Wenn wir untereinander in Stammesverbänden getrennt sind, fordert das die Einmischung von Fremden geradezu heraus, und zwar mit allen unheilvollen Konsequenzen, die sich daraus ergeben.

Obgleich wir anerkennen, daß die Zukunft dieses Kontinents in einer politischen Union gipfelt, müssen wir auch gestehen, daß die Hindernisse auf diesem Weg zahlreich und schwierig sind.

Folglich ist eine Übergangsperiode unvermeidlich ... Regionale Organisationen können Funktionen und Erfordernissen genügen, aber wir betrachten sie als Ersatz, als Organisationen auf Zeit. Wir bedienen uns ihrer bis zu jenem Tag, da die Afrikanische Einheit sie nach unserer Meinung überflüssig machen wird ... Diese Konferenz kann nicht zu Ende gehen, ohne daß wir eine Charta der afrikanischen Einheit verfaßt und angenommen haben. Wir können uns nicht trennen, ohne eine einzige afrikanische Organisation zu schaffen, die die beschriebenen Attribute besitzt ... Die Afrikanische Charta, von der wir sprechen, sollte mit der der Vereinten Nationen übereinstimmen.«

Der Akzent war gesetzt. Doch die Konferenz brauchte viel Zeit, um ihre historische Eingebung zu finden. Afrika blieb – die Tatsache war nicht zu übersehen – in geographischer Hinsicht, in der sozio-ökonomischen Beschaffenheit und in der politischen und kulturellen Haltung seiner Staaten vielschichtig und farbenfreudig.

Das von Äthiopien vorbereitete Charta-Projekt, von dem viele dachten, es würde die Chartas von Casablanca und von Lagos ersetzen, wurde nicht gleich angenommen, trotz der geleisteten Vorarbeit der Außenminister. Die Teilnehmer konnten sich nicht über den Inhalt der Afrikanischen Einheit einigen. Manche hatten die Vorstellung einer politischen und organisch ineinandergreifenden Einheit, während andere eine Union vor Augen hatten, die im wesentlichen auf technischer und funktioneller Zusammenarbeit beruhte. Manche dachten an die sofortige Schaffung, andere sahen nach dem Wort Präsident Houphouet Boignys »notwendige Etappen« vor.

Präsident Kwame Nkrumah, der gerade ein Buch mit dem Titel *L'Afrique doit s'unir* veröffentlicht hatte, gab eine scharfe Analyse der wirtschaftlichen Situation Afrikas: »Unser Kapital fließt wahrhaft in Strömen, um das gesamte Wirtschaftssystem des Westens zu bewässern. Jahrhundertelang war Afrika die Milchkuh der westlichen Welt.« Er schlug vor, ein gemeinsames Verteidigungssystem unter afrikanischem Oberkommando zu schaffen, ein gemeinsames Währungssystem, eine gemeinsam geplante Landreform, einen gemeinsamen afrikanischen Markt. Kurz, für ihn war eine kontinentale Regierung der einzige Weg,

Einigung Afrikas 699

um die Gegensätze zwischen den Staaten zu überwinden und um die Rückeroberungsversuche des Neokolonialismus und des Imperialismus zu vereiteln.
Nur Uganda reagierte entschlossen auf diese kühne Vision. Milton Obote rief:
»Welches Vergnügen wird man empfinden, sich voll und ganz als Herr im Hause
zu fühlen. Ich behaupte, daß der Moment gekommen ist – er ist sogar fast vorüber – wo die unabhängigen afrikanischen Staaten auf einen Teil ihrer Souveränität verzichten sollten. Verzichten zugunsten einer Legislativgewalt und einer
zentralen afrikanischen Exekutivinstanz. Sie soll über spezifische Machtbefug-
nisse verfügen, um Probleme zu behandeln, die man besser nicht dem Gutdünken
individueller Politik überläßt. Bei der Vielzahl dieser Fragen erwähne ich die
Gründung eines Gemeinsamen Afrikanischen Marktes, die Wirtschaftsplanung
im Kontinentalmaßstab, die gemeinsame Verteidigung, eine gemeinsame Entwicklungsbank, einen gemeinsamen Währungsbereich und noch viele weitere
Probleme.«
Doch die Geister und zweifelsohne auch die Realität waren noch nicht reif für
eine solche Sprache. Präsident J. Nyerere erklärte: »Manche werden sagen, daß
diese Charta nicht weit genug geht, daß sie nicht revolutionär genug ist. Vielleicht ist das wahr. Doch was bedeutet ›weit genug gehen‹? Kein guter Maurer
beklagt sich jemals darüber, daß sein erster Mauerstein nicht weit genug reiche!«
Präsident Burgiba fuhr fort: »Wir müssen klug und beherrscht auf dem Vorhandenen aufbauen. Unternehmen wir gemeinsam den ersten Versuch der Einheit! Man muß die Geister behutsam an die Idee von der Einheit und an das,
was sie materiell und geistig bedeutet, gewöhnen. Notwendig ist eine gewissenhafte psychologische Vorbereitung...« Damit schloß er sich der Meinung Präsident L. S. Senghors an, für den »die Bildung eines Bewußtseins der Afrikanität
und der Appell an die geistige Kraft« Vorbedingung und Grundlage für die
afrikanische Einheit sind.
Präsident Tsiranana bestand auf der Wichtigkeit auch regionaler Gruppierungen. Nachdem er erklärt hatte: »Das im Indischen Ozean gelegene Madagaskar
wendet seinen Blick nach Afrika und rechnet mit seinem Wohlwollen«, präzisierte er: »Wir sind im Begriff, das Haus zu errichten. Unsere Völker sind die
Fundamente, das ist das wahre Afrika. Die Mauern sind die regionalen Gruppen. Sie müssen fest mit Mörtel verbunden sein und nicht nur mit Putz beworfen,
der nur die Risse verdeckt; das Dach des Ganzen – und es ist ebenso unentbehrlich wie Fundamente und Mauern – bildet die Afrikanische Einheit, die wir gemeinsam auf die starken Mauern setzen werden.«
Nach Stunden der Spannung, in denen die Schwarzseher bereits eine Bankrott-
bilanz aufstellten, setzte sich die These der Gemäßigten durch. Die meisten
Führer der Casablancagruppe, insbesondere Modibo Keita und Nasser, hatten
aus freiem Antrieb eine nachgiebige Haltung angenommen, um den Erfolg der
Konferenz nicht zu gefährden.
Über gewisse Punkte herrschte totale Einmütigkeit. So z. B. über die Frage der
Befreiung der afrikanischen Völker, die immer noch kolonisiert waren und über
das Problem des rassistischen Regimes in Südafrika. Präsident Sekou Toure hatte
diesen Punkt betont: »Es ist unbedingt erforderlich, daß diese Konferenz auf
kategorische Weise den Termin für die Beendigung der Fremdherrschaft in
Afrika festsetzt. Wird dieser Termin überschritten, so werden unsere Streit-
mächte direkt im Rahmen der rechtmäßigen Verteidigung des afrikanischen
Kontinents gegen seine Aggressoren einschreiten. Außerdem muß sie einen natio-

nalen Befreiungsfonds schaffen, für dessen Versorgung wir ausdrücklich 1 % des Nationalbudgets eines jeden unabhängigen Staates Afrikas vorschlagen. Auf diese Weise soll von Anfang an ein ausreichender Haushalt sichergestellt werden.«

Präsident Ahmed Ben Bella rief aus: »Wir sprachen von einer Entwicklungsbank. Warum haben wir nicht von der Gründung einer Blutbank gesprochen? Eine Blutbank, um denen Hilfe leisten zu können, die in Angola und überall in Afrika kämpfen ... Auf daß die Völker, die immer noch unter Kolonialherrschaft leben, befreit werden, wollen wir uns zumuten, alle ein wenig oder ganz zu sterben, damit die Afrikanische Einheit nicht ein leeres Versprechen bleibt.«[10]

In einer fast mystischen Atmosphäre der Brüderlichkeit unterzeichneten 30 Länder die Charta[11]. Sie rief mit ihrem ersten Artikel die *Organisation de l'Unité Africaine* (OUA = OAE) ins Leben, die die afrikanischen Festlandsstaaten, Madagaskar und die anderen Nachbarinseln Afrikas umfaßte.

Der zweite Artikel offenbarte die Ziele: die Einheit und die Solidarität verstärken, die Zusammenarbeit koordinieren und steigern, die Souveränität der Staaten und ihre Unabhängigkeit verteidigen, den Kolonialismus in Afrika in jeder Gestalt beseitigen, die internationale Kooperation begünstigen, indem man die Charta der Vereinten Nationen und die Allgemeine Erklärung der Menschenrechte berücksichtigt.

Deswegen begannen die Mitgliedstaaten ihre allgemeine Politik in den verschiedenen Bereichen des staatlichen Lebens zu koordinieren und aufeinander abzustimmen: Politik und Diplomatie, Transport und Verkehr, Erziehung und Kultur[12], Gesundheit, Wissenschaft und Technik, Verteidigung und Sicherheit.

Artikel drei verkündete sieben Grundprinzipien: souveräne Gleichheit aller Staaten, Nichteinmischung in die inneren Angelegenheiten, gegenseitige Achtung der Souveränität und der territorialen Unversehrtheit, friedliche Regelung von Differenzen, vorbehaltlose Verurteilung der politischen Gewalttat (Mord) und subversiver Tätigkeiten, vorbehaltlose Hingabe für die totale Emanzipation der noch kolonisierten Territorien, Politik der Blockfreiheit in bezug auf alle Blöcke.

In Artikel sieben wurden vier Organe der OAE verankert: die Konferenz der Staats- und Regierungschefs – oberste Instanz, der Ministerrat, der die Entscheidungen der Konferenz vorbereitet und ausführt, das administrative Generalsekretariat[13], der Vermittlungs-, Versöhnungs- und Schlichtungsausschuß.

Fünf Sonderkommissionen richtete man für die folgenden Bereiche ein: Wirtschafts- und Sozialbereich; Erziehung und Kultur; Gesundheits- und Hygienebereich sowie Ernährung; Verteidigung; Wissenschaft, Technik und Forschung.

Jedes unabhängige Land, begreift es sich dem Inhalt nach wie in Artikel 1 definiert, kann der OAE beitreten und nach festgesetzten Modalitäten wieder austreten.

10 Siehe die Sammlung der Ansprachen der Staatsoberhäupter auf der Konferenz von Addis Abeba, in: *Nations Nouvelles* (UAM), Paris.

11 Marokko, das wegen der Anwesenheit Mauretaniens nur durch einen Beobachter vertreten war, unterzeichnete hier nicht.

12 Kaiser Haile Selassie befürwortete die Gründung einer Afrikanischen Universität unter dem Patronat aller Staaten. Sie sollte »den Akzent auf den übernationalen Aspekt des afrikanischen Lebens legen«.

13 Der erste Sekretär war M. Diallo Telli aus Guinea.

Einigung Afrikas 701

Im großen und ganzen besiegelte die Charta die Zusammenarbeit viel mehr als die These der engen Union (Konföderation) oder der organischen Einheit (Föderation). Mit dieser Charta hatte man einen großen Schritt vorwärts auf dem Weg zur Einheit gemacht, doch ein langer Marsch stand noch bevor.

Ab 1963 stellten eine Reihe von Ereignissen die Lebensfähigkeit dieses in der *Africa Hall* errichteten Gebäudes auf die Probe. Schon im Monat Juli wollte sich die UAM in Dahome versammeln. Das Problem der Gruppen und Blöcke stellte sich erneut. Bildete die UAM eine regionale Gruppe, da sie sich aus Staaten zusammensetzte, die von Dakar bis zum Indischen Ozean verstreut lagen? Oder bildete sie einen politischen Block, der unterschiedliche, ja sogar der OAE entgegengesetzte Zielvorstellungen hatte? Eine kurze Zeit lang tobte die Kontroverse. Die Regierung Nigerias gesellte ihre Stimme der Sekou Toures zu, um der UAM damit ihre Mißbilligung zu zeigen. Präsident Maga entgegnete, daß nicht nur die Konferenz von Addis Abeba die regionalen Gruppen nicht verurteilt hatte, sondern daß diese seiner Meinung nach geradezu eine Garantie für die Charta seien. Die UAM faßte den Entschluß, ihre gemeinsame Vertretung bei der UNO aufzulösen. Gleichzeitig setzte sie aber ihre Aktivitäten fort, vereinnahmte Togo und unterzeichnete mit den Ländern des Gemeinsamen Europäischen Marktes am 20. Juli 1963 in Jaunde ein Abkommen.

Indessen machte sich die Aktionseinheit der OAE bemerkbar. Sie schuf in Daressalam ein afrikanisches Befreiungskomitee und boykottierte in internationalen Konferenzen Portugal und die Südafrikanische Republik energisch. Den Vorschlag Ghanas beim Verteidigungsausschuß der OAE, ein ständiges militärisches Hauptquartier einzurichten, wies man ab. Doch da brach der Grenzstreit zwischen Marokko und Algerien aus. Nachdem die beiden Parteien die Vermittlung des Präsidenten Modibo Keita akzeptiert hatten, waren es schließlich Modibo Keita und Kaiser Haile Selassie, die am 30. Oktober 1963 in Bamako die Gegner versöhnen konnten. Basis der Einigung war der Status quo der Grenzen, wobei man die Schaffung eines ad hoc-Schlichtungsausschusses vorsah. Diese Feuereinstellung beim ersten interafrikanischen Krieg, die man im rein afrikanischen Rahmen, ohne fremde Hilfe erreicht hatte, war eine bemerkenswerte Leistung der Mali-Diplomatie.

C. Probleme

Doch die internen Zusammenstöße und die interafrikanischen Spannungen hielten an: im August und Oktober 1963 stürzte man den Geistlichen Fulbert Youlou (Kongo) und M. H. Maga (Dahome), der Sultan von Sansibar wurde vertrieben (Januar 1964), Tanganjika und Uganda riefen nach militärischen Meutereien in Ostafrika britische Truppen zu Hilfe. Ein nigerianisches Kontingent sollte indessen die britischen Truppen sehr bald ablösen. In Ruanda begann ein Bürgerkrieg, und außerdem gab es Konflikte mit Urundi. Das drückende Flüchtlingsproblem führte zur Gründung einer Sonderkommission der OAE. Einen Grenzstreit zwischen Somalia und seinen Nachbarn (Äthiopien, Kenia) konnte man durch Feuereinstellung auf der Basis des Status quo beilegen. Frankreich griff mit militärischen Maßnahmen in Gabun ein, um erneut Präsident Leon M'Ba zur Macht zu verhelfen usw.

Im März 1964 beschlossen die Staatsoberhäupter der UAM, diese Organisation durch die *Union Africaine et Malgache de Coopération Économique* (UAMCE) zu ersetzen. Die politischen Probleme sollten von nun an, nach dem linken Flügel der UAM (Mauretanien besonders), ausschließlich zu den Belangen der OAE gehören. Die Präsidenten Tsiranana und Grunitzky protestierten heftig gegen diese Einschränkung. Die zweite Kongokrise entzündete die Fackel der afrikanischen Zwietracht von neuem.

Als Präsident Kasawubu am 29. September 1963 das kongolesische Parlament auflöste, gründeten die entrüsteten Nationalisten und Lumumba-Anhänger den *Conseil National de Libération* (CNL). Seine Führer setzten sich nach Brazzaville ab. Schon wütete am Kwilufluß unter dem Befehl des lumumbistischen Führers Pierre Mulele der Guerillakampf. Die UNO unterstützte die kongolesische Nationalarmee weiterhin mit Nachschub. Doch als sich diese am 30. Juni 1964 vom Kongo zurückzog, tauschten die Militär- und zivilen Führer des Kongos, hin- und hergerissen zwischen den Kämpfen der Lumumba-Partisanen und der Tschombe-Söldner, die in Angola zusammengezogen waren und jederzeit die Katangasezession wiederholen konnten, schließlich die Lumumba-Allianz gegen die mit Tschombe ein. Er wurde Kongo-Außenminister. Die Teilnahme des starken Mannes von Katanga bei den Konferenzen der OAE gab von da an Grund für permanente Spannung. Manche afrikanischen Führer, unter ihnen König Hassan II., widersetzten sich energisch einer Teilnahme Tschombes an den Gremien der OAE. Währenddessen verteidigte Präsident Tsiranana die These von der Nichteinmischung in die inneren Angelegenheiten eines Landes, also auch des Kongos. »Wenn Tschombe zur Hölle geht«, erklärte er, »dann werden einige von uns mit ihm gehen.«

Nachdem Tschombe eine erste scharfe, diplomatische Abfuhr erhalten hatte, ohne an die militärischen Niederlagen zu denken, schritt er zu einer umfangreichen Aushebung von Söldnern; viele kamen aus Südafrika. Außerdem genoß er die Unterstützung der Vereinigten Staaten. Im September 1964 gelang es ihm, sich bei der Ministerkonferenz der OAE an die Spitze der kongolesischen Delegation zu setzen. Doch die Konferenz verurteilte die Aufstellung von Söldnertruppen streng und forderte ihr Verbot. Unter dem Vorsitz von Jomo Kenyatta erhielt eine Kommission der OAE den Auftrag, die Beziehungen zwischen den beiden Kongostaaten zu normalisieren und zur nationalen Versöhnung beizutragen. Vergebens bemühte diese sich, wegen der amerikanischen Hilfe ein Treffen mit Präsident Johnson zu erreichen. Bei der Konferenz der blockfreien Länder, die im Oktober 1964 in Kairo stattfand, erschien Kasawubu in Begleitung Tschombes, trotz zahlreicher Aufforderungen an letzteren, fernzubleiben.

Man unterwarf Tschombe der Verpflichtung, sich an einem überwachten Ort aufzuhalten. Er blieb dort, bis die Botschaften der VAR und Algeriens, die von den Behörden Leopoldvilles belagert wurden, von dieser Blockade befreit waren. Inzwischen hatte der CNL die Volksrepublik Kongo proklamiert mit einer provisorischen Regierung in Stanleyville. Von dort aus richtete Gbenye einen Appell an die fortschrittlichen Länder Afrikas und kündigte die Einbehaltung von Amerikanern und Belgiern in Stanleyville als Geiseln an. Daraufhin fanden zwischen dem Verhandlungsbevollmächtigten der provisorischen Regierung von Stanleyville und einem Abgesandten der Vereinigten Staaten Verhandlungen statt. Kurz vor dem Abschluß bemächtigten sich bel-

Einigung Afrikas 703

gische Fallschirmjäger, die von amerikanischen Transportflugzeugen transportiert wurden, der Stadt Stanleyville und übergaben sie den Behörden von Leopoldville.

Vor der UNO bezeichnete Oscar Kambona (Tansania) diesen Akt als »Pearl Harbour von Afrika«.

Die außerordentliche Sitzung des Ministerrates der OAE vom Dezember 1964 verlief sehr stürmisch. Ch. Ganao von Kongo-Brazzaville erklärte, wenn es zur Rettung der Afrikanischen Einheit nötig wäre, die revolutionären Bewegungen Afrikas zu hemmen, sähe er es lieber, »daß die OAE auseinanderbräche«. Das Eingreifen fremder Mächte wurde mit allem Nachdruck verurteilt. Man verlangte dringend eine afrikanische Lösung für das Kongoproblem. Die UNO begnügte sich damit, »die Ereignisse im Kongo zaghaft zu bedauern und die OAE zu ermutigen, eine Lösung zu finden«.

Während das revolutionäre Afrika durch diese Ereignisse aufs äußerste angeheizt war, konstituierte sich die UAM, die auf Anregung einiger Leute zu voreilig aufgelöst worden war, erneut im Februar 1965 in Nuakschott unter dem Namen *Organisation Commune Africaine et Malgache* (OCAM). Abermals wurden Beschuldigungen der Subversion erhoben, insbesondere gegen Ghana. Am 14. März trafen Ghana, Guinea, Mali und Algerien in Bamako zusammen, um »gegenüber den Machenschaften, die, beeinflußt vom Imperialismus und Kolonialismus, in Afrika vermehrt auftreten, eine gemeinsame Haltung einzunehmen«. Nkrumah beruhigte alle. Das mißglückte Attentat gegen Diori Hamani am 13. April aber schob man alsbald ihm in die Schuhe. Die OCAM unternahm bei Nigeria den Versuch, die Gipfelkonferenz der OAE in Accra zu boykottieren. Die Behörden von Lagos gingen davon aus, daß man die OAE möglicherweise nötig haben könnte und beschlossen folglich, an der Konferenz teilzunehmen, um gegen etwaige Subversionsversuche anzugehen. Parallel dazu stellte eine Debatte innerhalb des Blocks der fortschrittlichen Länder die Anhänger einer Splittergruppe der OAE, die als Hemmschuh auf dem Weg nach vorn galt, denen gegenüber, für die die OAE ein auch historisch anerkanntes Werkzeug war, um die konservativsten Länder wenigstens zu Stellungnahmen zu veranlassen.

Ende Mai rief die Elfenbeinküste auf Anregung ihres Präsidenten Ould Daddah die OCAM in Abidschan zusammen. Fünf Mitglieder der Organisation fehlten. Der Kongo-Leopoldville wurde in die OCAM aufgenommen, und Tschombe erhielt bei der Schlußsitzung jubelnden Beifall. Die OCAM faßte den Beschluß, dem Kongo Unterstützung in vielfacher Weise zukommen zu lassen und die Gipfelkonferenz von Accra zu boykottieren. Der ad hoc-Versöhnungsausschuß hatte von Nkrumah das Versprechen erhalten, daß er vor der Konferenz die beschuldigten Politiker ausschloß, und daß er die politischen Verbände, die von den Nachbarstaaten als subversiv angesehen wurden, verbieten würde. Acht Tage vor dem Treffen in Accra traf sich das Staatsoberhaupt von Ghana mit den Führern des Conseil de l'Entente in Bamako. Er akzeptierte den Vorschlag, die politischen Flüchtlinge endgültig zu vertreiben. Dennoch beschloß die Mehrheit der Mitglieder der OCAM einige Tage später, nicht nach Accra zu gehen »wegen der wenig freundschaftlichen Politik der Regierung Ghanas, und gewiß auch aus Gründen der Sicherheit und der Würde«. Inzwischen war, 10 Tage vor der für den 29. Juni 1965 vorgesehenen afroasiatischen Konferenz in Algier, Ben Bella gestürzt worden. Ein Revolutionsrat unter dem Vorsitz Oberst Boumediennes rückte an seinen Platz. Auch im Kongo überstürzten sich die Ereignisse. Kasawubu, der Tschombe benutzt hatte, um die Rebellion niederzuwerfen, empfand ihn nun als hinderlich für das Prestige des Kongos in Afrika. Er entließ ihn und ging ohne ihn nach Accra, nachdem er als Gegenleistung die Zusicherung erhalten hatte, daß die Kongofrage nicht zur Sprache gebracht würde. Nach seiner Rückkehr wurde er im November 1965 von Mobutu gestürzt. Dieser glaubte, seine Politik bedrohe die Armee, weil er die Söldner zum Abzug drängte.

Indessen organisierte sich die OAE nach und nach. Sie gewann für ihre Idee die CCTA, die Kommission der afrikanischen Juristen, die Konferenz der UNESCO mit den afrikanischen Erziehungsministern, die OIT mit den afrikanischen Arbeitsministern. Manchen panafrikanischen Massenorganisationen (Gewerkschaften, Frauen, Jugend usw.) verhalf sie zum Aufstieg. Eine sehr schwere Erschütterung bedeutete die Rhodesien-Affäre für sie. Während gegen die Südafrikanische Republik und die »portugiesischen« Territorien Afrikas der bewaffnete Kampf gebilligt wurde, hatte man bezüglich Rhodesien beschlossen, mit Hilfe der afrikanischen Mitglieder des Commonwealth politisch-diplomatischen Druck auf das Vereinigte Königreich auszuüben. In diesem Bereich war Tansania in führender Position. Am 11. November 1965 verkündete Rhodesien der Welt einseitig seine Unabhängigkeit.

Im Dezember faßten die afrikanischen Außenminister in Addis Abeba den Entschluß, von einem interafrikanischen, militärischen Ausschuß einen Plan zur militärischen Unterstützung des Volkes von *Simbabwe* ausarbeiten zu lassen. Sie entschieden außerdem, daß alle Länder der OAE ihre diplomatischen Beziehungen zu London abbrechen würden, wenn das Vereinigte Königreich nicht bis zum 15. Dezember 1965 den Aufruhr Ian Smith' niedergeworfen hätte. Nun, am 16. Dezember hielten nur 10 der 38 Staaten der OAE ihr Versprechen. Es waren Algerien, Kongo-Brazzaville, Ghana, Guinea, Mali, Mauretanien, Sudan, Tansania und die VAR. Diejenigen, die sich jeglicher Aktion enthielten, kritisierten wiederholt offen die Bedingungen, unter denen die Abstimmung für (oder gegen) den Abbruch der diplomatischen Beziehungen in Addis Abeba zustandegekommen war. Der tief enttäuschte Präsident Nyerere sprach vom »tödlichen Stoß gegen die OAE«; diese setzte jedoch ihren langen Marsch unbeirrt fort.

Im Verlauf des Jahres 1966 brachen erneut interne und auch interafrikanische Unruhen in verschiedenen Staaten aus. Am 24. Februar setzte ein militärischer Staatsstreich in Ghana Präsident Nkrumah in Abwesenheit ab, ihn, den man den »leidenschaftlichsten Propheten der Afrikanischen Einheit« genannt hatte.

Die Jahre 1967 und 1968 waren vor allem gekennzeichnet durch den Versuch der östlichen Region von Nigeria sich unter dem Namen Biafra selbständig zu machen. Die Konferenz der afrikanischen Staatsoberhäupter, die im September 1968 in Algier stattfand, unterstützte entschlossen die These der Bundesregierung von Lagos, die Nigerias Einheit und die Unversehrtheit als dringende Notwendigkeit ansah. Einige Staaten erkannten Biafra allerdings auch an: Tansania, Elfenbeinküste, Sambia und Gabun. In der Tat war es so, wie der neue Präsident Dahomes, E. D. Zinsou, erklärt hatte: »Jeder von uns kann sein Biafra haben.«

Die politische Aufgabe, die die OAE mit größter Entschlossenheit durchführte,

Einigung Afrikas 705

war zweifellos das Unterfangen, den noch von europäischen Ländern (in erster Linie Portugal) und vom weißen Rassismus Südafrikas unterjochten Gebieten die Befreiung zu bringen. Tatsächlich verfügten manche afrikanischen Regierungen innerhalb ihrer Verwaltungsabteilungen für afrikanische Angelegenheiten über ein Büro zur Unterstützung der »Frontkämpfer für die Freiheit« in Afrika. Solch ein Büro besaßen die VAR, Ghana, Tansania, Marokko, Algerien und die beiden Kongo-Staaten. Daraus ergab sich eine große Zersplitterung und eine enorma Kraftvergeudung. Es war unbedingt nötig, alle Bemühungen für einen Endangriff auf die letzten Bastionen des Kolonialismus in Afrika zu koordinieren. Auch hierbei blieben Enttäuschungen nicht aus. In einem Gesuch an die Staatsoberhäupter hatten die Befreiungsbewegungen erklärt: »Kein afrikanisches Land ist wirklich frei, solange nicht ganz Afrika befreit ist!« Deshalb baten sie dringend, an den Debatten der Gipfelkonferenz von Addis Abeba teilnehmen zu dürfen. Es wurde ihnen verwehrt. Sie wurden nur aufgefordert, Fronten zu schaffen, die den Kampf koordinierten. Das *Comité Africain de Libération* (CAL) traf drei Entscheidungen:

a) a priori keine Methode politischer, wirtschaftlicher oder militärischer Art unversucht lassen, um die noch kolonisierten Länder zu befreien.

b) Das CAL ist eine Organisation, die den Mitgliedsländern der OAE, den befreundeten Ländern und den Kampfbewegungen selbst, der Gesamtstrategie des antikolonialistischen Kampfes verantwortlich ist.

c) Diese Amtsgewalt des CAL kann auf die Länder übertragen werden, die an die zu befreienden Gebiete grenzen, um die Aktionen praktisch zu organisieren.

Doch in der Praxis traten zwischen dem CAL, den Nachbarstaaten und den Kampfbewegungen viele Verwirrungen und Mißverständnisse auf. In Portugiesisch Guinea entschied sich das CAL, der PAIGC[14] zu helfen, die von Conakry protegiert wurde. Dakar aber, das die FLING [15] unterstützte, konnte dieser auch einen Teil der Hilfe des CAL zukommen lassen.

In Angola hatte das CAL die MPLA aufgegeben und sich für die GRAE entschieden. Doch nach dem Sturz Fulbert Youlous konnte die MPLA erneut ihre Position in Brazzaville aufbauen und eröffnete in der Enklave Cabinda den Guerillakampf. Obgleich die afrikanischen Staatsoberhäupter die GRAE unterstützten, riefen sie zur Versöhnung mit der MPLA auf. Als der Verteidigungsminister der GRAE, Alexandre Taty, im Juni 1965 einen mißglückten Putschversuch unternahm, verschwand das Vertrauen in diese Bewegung jedoch zusehends, und das CAL ließ der MPLA vermehrt Hilfe zukommen.

In Moçambique unterstützte das CAL die FRELIMO[16] treu, die gleichzeitig auch von Tansania protegiert wurde, trotz der Koalition kleiner gegnerischer Bewegungen, die sich unter dem Namen Revolutionskomitee von Moçambique (COREMO) in Lusaka (Sambia) konstituiert hatte.

Trotz zahlreicher Missionen und Kommissionen, die sich gebildet hatten, um die ZAPU[17] und ZANU[18] in Rhodesien einander näherzubringen, blieben die beiden Parteien unversöhnlich. Die stärkere ZAPU versuchte, sich die

---

14 PAIGC = Parti Africain de l'Indépendance de la Guinée et du Cap Vert.
15 FLING = Front de Lutte pour l'Indépendance de la Guinée.
16 FRELIMO = Frente de Liberaçao de Moçambique.
17 ZAPU = Zimbabwe African Peoples Union.
18 ZANU = Zimbabwe African National Union.

ZANU einzuverleiben. Die ZANU aber ließ sich nur auf eine Fusion der beiden Organisationen ein, und stellte zusätzlich die Bedingung, daß J. Nkomo, Chef der ZAPU, nicht der Führer dieser Vereinigung sein dürfe. Die Gipfelkonferenz von Accra entzog den beiden Bewegungen schließlich die Unterstützung, um sie dazu zu bringen, ihre Positionen zu überdenken. Vergebens!

In Südafrika förderte das DAL nicht nur den ANC[19], sondern auch den PAC[20]. Im afrikanischen Südwesten gelang es dem CAL im Jahr 1963 die beiden Hauptbewegungen zu veranlassen, sich in der Südwestafrikanischen Befreiungsfront zusammenzuschließen (SWANLIF).

Die Position des CAL wurde immer heftiger angegriffen, so daß der PAC Südafrikas bei der Gipfelkonferenz von Accra versuchte, bestimmte Bewegungen für ein gemeinsames Vorgehen zu gewinnen.

Doch sieben große Bewegungen, unter ihnen der ANC und die ZAPU, distanzierten sich von diesem Versuch und erhielten weiterhin den Löwenanteil für ihre Fonds vom CAL, obgleich sie ihm gegenüber sehr kritisch blieben. Manche tadelten, daß das CAL sich von einem praktischen Mittel zur Beschleunigung der Befreiung in einen politisch-bürokratischen Organismus verwandelt habe, der damit beschäftigt sei, Resolutionen zu verabschieden und Urteile auszusprechen. Daher blieb die Lage des CAL eine unbequeme zwischen den Kampfbewegungen und den beteiligten afrikanischen Ländern, d. h. insbesondere den Nachbarländern der zu befreienden Regionen.

Außerdem waren die Hilfsfonds für diesen Zweck nicht ausreichend. Die wirtschaftlichen Sanktionen kamen nur vereinzelt zum Tragen. In den meisten Fällen blieben sie wirkungslos, da die Wirtschaft der afrikanischen Territorien, d. h. der portugiesischen und der Südafrikanischen Republik, viel mehr von den westlichen Ländern Europas und von den USA als von Afrika abhing. Als letzter Stein des anti-afrikanischen Bollwerks konsolidierte Südafrika seine militärische und diplomatische Disposition. Es verfügte über umfangreiche Hilfe seitens mächtiger westlicher Finanz- und Wirtschaftsgruppen.

D. Die Rolle der Massenorganisationen

Auch im Bereich der regulären Regierungen wurde die Afrikanische Einheit durch Gewerkschaften, Jugend- und Frauenorganisationen oft sehr in Frage gestellt.

1. Die Gewerkschaften

Der gewerkschaftliche Panafrikanismus folgte einem langen Entwicklungsweg, ehe er die sehr starken »vertikalen« Bande mit den Zentralen der Kolonialländer lösen konnte. Ebenso langwierig war der Weg zum rein afrikanischen Dialog. In der Tat waren und blieben die Gewerkschaftsbande Afrikas mit dem

---

19 ANC = African National Congress.
20 PAC = Panafrican Congress.

Einigung Afrikas 707

Ausland beinahe stärker als das Band der Parteien und Staaten mit den Regierungen der europäischen Länder.

In Nordafrika traten z. B. die UGTT (Tunesien), die UMT (Marokko) und die UGTA (Algerien) sehr früh aus der CGT (Confédération générale du travail) und der FSM (Fédération syndicale mondiale = Weltgewerkschaftsbund, WGB) aus, und zwar um sich der CISL (Confédération internationale des syndicats libres = Internationaler Verband freier Gewerkschaften) anzuschließen. 1947 vereinigte die FSM in Dakar die CGT-Gewerkschaften Schwarzafrikas unter der Leitung der CGT. Als dann die FSM verboten wurde, übernahm die CGT direkt die Ablösung und machte sich die Lektion der Gewerkschaften Nordafrikas von der Abneigung zunutze. Sie dezentralisierte nämlich (dank dieser Lehre) ihre Kräfteverteilung, indem sie zwei Koordinationsausschüsse für West- und Äquatorialafrika schuf. Die CFTC (Confédération française des travailleurs chrétiens) handelte im Jahr 1953 genauso.

Im Juli 1955 beschloß der Koordinationsausschuß des P.DA, der sich auf Antrag Sekou Toures in Conakry versammelt hatte, die afrikanischen Gewerkschaften der CGT zum Austritt zu veranlassen. Im Jahr 1956 brach eine gewisse Zahl von Abteilungen die Beziehungen mit der CGT und der FSM ab. Unter der Führung von Sekou Toure und Diallo Seydou formierten sie sich zur CGTA. Alsbald riefen die beiden Führer zu einer noch größeren Begegnung auf. Im Juli verwandelte sich die in Wagadugu versammelte CFTC in die CATC und schloß nun auch die mohammedanischen Arbeiter mit ein. In Kotonu rief man im Januar 1957 die UGTAN (Union Générale des Travailleurs d'Afrique Noire) als Einheitsgewerkschaft ins Leben. Sie war nicht an die Auslandszentralen in Afrika angeschlossen. Die FSM verlor folglich ihre Mitglieder, doch die CATC, die aufgefordert wurde, gegenüber der CISL genauso zu handeln, zog es vor, die UGTAN zu verlassen.

In Kamerun und in Französisch-Äquatorialafrika überwog indessen eine andere Tendenz – vielleicht wegen der unzureichenden Anzahl autochthoner Führungskräfte. Die gerade in dem Augenblick gegründete Confédération Générale Aefienne du Travail (CGAT) bekräftigte erneut die Notwendigkeit internationaler gewerkschaftlicher Solidarität, im vorliegenden Fall mit der CGT und der FSM. Ahmed Tlili mit der UGTT und Tom Mboya mit den Arbeitern Kenias entschieden sich für die Aufrechterhaltung der Bande mit der CISL. Im großen und ganzen setzte sich diese Bewegung im anglophonen Afrika durch, hauptsächlich in Nigeria und Ghana, während die FSM vorzugsweise im francophonen Afrika wirkte. Mit Unterstützung des britischen TUC hatte die CISL eine große Offensive angekündigt. Sie endete mit dem Ausschluß der FSM in Nigeria und in Ghana und führte in Ghana sogar zur Aufnahme der CISL.

1957 hatte es den Anschein, als ob die CISL das der FSM verlorengegangene Terrain besetzt hatte, abgesehen vom francophonen Afrika. Hier stieß sie einerseits auf die Neutralität der UGTAN und andererseits auf die Reserve der wenigen französischen FO-Gewerkschaften *(Force ouvrière)*. Das Mutterland paßte scharf auf. Außerdem achtete der Allgemeine Nigerianische Gewerkschaftsbund auf Neutralität, die von der CISL damals als verborgene Feindseligkeit interpretiert wurde. In einem weiteren Vorstoß berief die CISL im Januar 1957 ihre erste afrikanische Konferenz in Accra ein. Den Vorsitz führte John Tettegah, der Generalsekretär des Gewerkschaftsbundes von

Ghana, GCTUC. Doch Nkrumah richtete eine Warnung an die Konferenz. Er machte darauf aufmerksam, daß das afrikanische Gewerkschaftswesen nicht einfach europäischen oder amerikanischen nachgebildet werden dürfe. Tatsächlich war es klar, daß der westliche Standpunkt der Gewerkschaften sich gegen die Arbeitgeber wandte. In Afrika aber war der Staat der Hauptarbeitgeber, oder der Fremde.

Andererseits versetzte der systematische Antikommunismus der CISL den afrikanischen blockfreien Staaten einen Schock. Deshalb funktionierte von den regionalen Ausschüssen (Norden, Westen und südliche Mitte), die die CISL gegründet hatte, nur der letzte mit Tom Mboya an der Spitze richtig, vielleicht aus dem Grunde, weil das östliche Afrika die Rückendeckung der CISL und des britischen TUC für den politischen Kampf im Rahmen der aufblühenden PAFMECA nötig brauchte. Die nordafrikanischen Zentralen und Ghana lehnten das Sigel CISL für die regionalen Strukturen ab und verlangten die Präsenz der UGTAN.

Als die Konferenz der afrikanischen Völker von Accra (Dezember 1958) empfohlen hatte, die Afrikanische Einheit auch über den Gewerkschaftsbereich zu erlangen zu suchen, wählte der erste Kongreß der UGTAN im Januar 1959 in Conakry Sekou Toure zum Präsidenten und machte J. Tettegah zum Vizepräsidenten. Er beteuerte erneut die panafrikanische Aufgabe der UGTAN und beauftragte sein Büro, in diesem Sinn zu arbeiten. Eine in Accra im November 1959 abgehaltene Vorbereitungskonferenz beschloß für den Mai 1960 in Casablanca die Versammlung des konstituierenden Kongresses einer *Union syndicale panafricaine* (USPA). Außerdem verabschiedete die Konferenz eine bedeutungsvolle Grundsatzerklärung. »Der Einfluß der importierten Ideologien entspricht nicht den Bedürfnissen des Befreiungskampfes, ganz im Gegenteil. Die Rivalitäten der internationalen Bündnisse, ihre Einmischung und ihr Druck auf die afrikanischen Gewerkschaften waren die Ursache für die Teilung und die nachteilige Zersplitterung der Einheit der Volkskräfte und ihrer effektiven Aktion.«

Zur gleichen Zeit bekräftigte die Konferenz der afrikanischen CISL-Gewerkschaften erneut ihr Festhalten am Prinzip der internationalen Verbrüderung. Doch dadurch, daß die CISL den nationalistischen Gewerkschaften »unter der Bedingung, daß sie wirklich frei sind« Priorität einräumte, wurde ihre Haltung nachgiebiger. Trotz der Verhärtung der Positionen aufgrund der ersten Kongokrise bewahrten die Gewerkschaften der Länder der PAFMECA eine gemäßigte Haltung. Sie machte sie zu Herren der Situation. Aber nicht für lange! Als J. Tettegah Tom Mboya, dem Generalsekretär des Gewerkschaftsbundes von Kenia (KFL), am 11. November einen offiziellen Besuch abstattete, veröffentlichten die beiden Führer ein gemeinsames Kommuniqué: »Sie sind damit einverstanden daß die USPA keiner internationalen Arbeiterorganisation angeschlossen wird, erkennen aber das Recht jeder nationalen Zentrale an, über ihre internationalen Beziehungen selbst zu entscheiden.« Dieser Begriff »Beziehungen« barg eine Fülle von Interpretationsmöglichkeiten. Jeder der beiden Unterzeichner begriff die starken und schwachen Seiten gemäß seiner persönlichen Überzeugung. Für Tom Mboya implizierte es die Berechtigung zum Beitritt. So entwickelte sich sehr schnell ein kleiner Interpretationsstreit. Der im Mai 1961 in Casablanca einberufene konstituierende Kongreß der USPA bestimmte acht Gründungsmitglieder, die den Auftrag erhielten, die anderen

Einigung Afrikas 709

Teilnehmer auszuwählen. Es handelte sich um die Zentralen folgender Länder: VAR, Ghana, Guinea, Mali, Tunesien, Algerien und Kenia. Dazu trat die regionale Zentrale der UGTAN. Das gesamte gewerkschaftliche Afrika stellte sich in Casablanca vor. Der Bericht Majhoub Ben Siddiks über die Doktrin und die politische Richtung stellte klar, daß »die Zeit der Mutterländer beendet ist«. Die vier Porträts an den Wänden des Kongreßsaales sprachen für sich (Lumumba, Moumié, Ferhat Hached und Aissat Idir). Das Problem des Ausschlusses gab alsbald Anlaß zu Auseinandersetzungen. Marokko und Algerien regten eine Änderung an, um die Position der »Harten« nachgiebiger zu machen. »Gleichwohl verfügen die nationalen Gewerkschaftsorganisationen, die zum Zeitpunkt dieses Kongresses internationalen Gewerkschaftsverbänden angeschlossen sind, als Übergangsphase über eine Frist von 6 Monaten, um ihren Austritt zu vollziehen.«

Tunesien, Kenia und die gemäßigten Gewerkschaften verließen indessen die Konferenz.

Nun hatte sich aber im Januar des Jahres 1959 in Brazzaville die UPTC konstituiert und im Mai 1960 in Kotonu ihren ersten Kongreß abgehalten. In Casablanca verbot M. Ben Seddik G. Pongault in seiner Eigenschaft als Generalsekretär der UPTC das Wort, erteilte es ihm jedoch als Gewerkschaftsführer von Kongo-Brazzaville.

Ein weiteres Prinzip, das von der USPA bejaht wurde, war die Ablehnung der Parteilosigkeit. Das bedeutete jedoch nicht, daß die Gewerkschaft sich der Vormundschaft einer Partei unterwerfen sollte. Die Gegner der USPA erwiderten jedoch, daß die Gewerkschaftszentralen – Mitglieder der USPA – von den Parteien, die die Macht in diesen Ländern hatten, kontrolliert würden. So wurde die Spaltung der afrikanischen Gewerkschaftsbewegung vollzogen. Der Sitz der USPA wurde Casablanca. Ihrem Präsidenten M. Ben Seddik standen sieben Sekretäre aus den Gründerländern zur Seite. Es folgte eine äußerst heftige Reaktion von seiten der CISL. Im Januar 1962 lud die UNTS, die keinem internationalen Verband angeschlossen war, aber von der CISL und von der CISC unterstützt wurde, alle Organisationen nach Dakar ein, die sich der USPA widersetzten.

Der Hauptslogan im Kongreßsaal verkündete: »Für eine unabhängige und glaubwürdige Gewerkschaftsbewegung.« Wohlgemerkt, unabhängig von der FSM und unkontrolliert von den Regierungen. Tatsächlich wurden die afrikanischen Zentralen, die der CISL angeschlossen waren und die UPTC, die in der CISC Aufnahme fand, in Dakar vorgestellt. Daraus ergab sich die Gründung der CSA mit Sitz in Dakar und Ahmed Tlili (Tunesien) als Präsident. Die CSA unterschied sich von der USPA durch die Zulassung internationaler Verbindungen. Außerdem wurde, obgleich man die gewerkschaftliche Einheit als ein Ideal betrachtete, ein »vorübergehender« Pluralismus toleriert. Schließlich näherte sich die CSA deutlich dem politischen Block des »gemäßigten« Afrikas. Zum Beispiel verurteilte sie das Katanga-Regime unmißverständlich und unausgesprochen die lumumbafreundliche Regierung in Stanleyville. Sie stellte einen Antrag an die Monroviagruppe, bei der Konferenz von Lagos dabeisein zu dürfen, das wurde ihr allerdings verwehrt.

Trotz des Ablaufs der Austrittsfrist im März 1962 hatten sich die UMT und die UGTA immer noch nicht von der CISL getrennt. Da sie gerade eine Phase schwerer innerer Kämpfe durchlebten, legten sie keinen Wert darauf, ihre

Schwierigkeiten noch zu vergrößern. Bei ihrem Kongreß im Jahre 1963 ging die UMT sogar so weit, ihren Austritt aus der CISL und ... aus der USPA zu beschließen. Kurze Zeit später schloß sie sich jedoch der USPA wieder an.

Im Juli 1963 richteten 10 Gewerkschaftsführer, die zur CISL tendierten, am Rande der Konferenz der OIT (Organisation international du travail) in Genf einen Appell an die Sekretariate der USPA und der CSA. Sie plädierten für ein Treffen der afrikanischen Gewerkschaftsorganisationen, im guten Glauben, ein positives Aktionskomitee schaffen zu können. Seine Aufgabe sollte die totale Ausrottung der *Apartheid* und der rassischen Diskriminierung auf dem gesamten afrikanischen Kontinent sein.

Im Juli 1963 verlor die CISL drei wichtige afrikanische Mitglieder: die Zentralen von Marokko, Algerien und Tansania. Daraufhin rief das Sekretariat der USPA in Bamako zu einem Treffen mit der CSA auf. Diese nahm an, und im Oktober 1963 veröffentlichte man in Dakar ein gemeinsames Kommuniqué. Es befürwortete eine unabhängige afrikanische Einheitsgewerkschaft. Außerdem empfahl es allen Gewerkschaftsorganisationen, sich auf nationaler Basis ohne jede internationale Bindung zu vereinen und sah die Versammlung eines Vorbereitungskomitees für den Einheitskongreß in Dakar vor.

Nach Tunis zurückgekehrt griff Ahmed Tlili, der Präsident der CSA, die Position der USPA bösartig an. »Die Forderung nach dem Austritt als Vorbedingung für die Vereinigung steht nicht im Einklang mit dem Prinzip der Nichteinmischung in die inneren Angelegenheiten jeder nationalen Zentrale.« Die CSA übertraf diese Stellungnahme in einem Rundschreiben noch, indem sie »die starre und arrogante Haltung der USPA bei der Frage der Verbrüderung anprangerte, die schließlich rein formell sei. Wesentlich sei der Kampf gegen die Unterentwicklung und für die Anhebung des Lebensstandards der Arbeiter.«

G. Pongault führte das im Januar 1964 beim zweiten Kongreß der UPTC noch genauer aus. »Jedes Land kommt dem gewerkschaftlichen Panafrikanismus, wie er in Addis Abeba verkündet wurde, zugute. Die Schwierigkeit des Problems, haben wir doch den Mut, es zu sagen, liegt nicht in der internationalen Trennung, sondern in der Zielsetzung der neuen Gewerkschaftsstruktur, die es erst zu schaffen gilt. Die Wahrheit sieht so aus, daß die Gewerkschaftsführer, die unterschiedliche Bildungswege hinter sich haben, alle die Einheit nach ihren ideologischen Vorstellungen verwirklichen wollen.«

Im März 1964 erhielt die USPA ein Telegramm von der CSA, in welchem sie bat, die Zusammenkunft des gemeinsamen Komitees zum dritten Mal zu verschieben.

Nach einigen weiteren gescheiterten Bemühungen bezeichnete Majhoub Ben Seddik die CSA im Juni 1964 beim Kongreß der USPA in Bamako als »Tschombistische Gewerkschaftsorganisation«. »Es gibt drei Afrikas«, erklärte er auch, »das Afrika des Kampfes für die Unabhängigkeit und gegen den Rassismus; das Afrika, das sich auf der immer solider werdenden Basis des revolutionären und populären Weges einrichtet; das Afrika, das politisch befreit ist, aber noch an die neo-kolonialistische Entwicklung gebunden ist.« Der Kongreß von Bamako bestätigte die Existenz der USPA durch die Verabschiedung einer Charta. Accra wurde der Sitz der Organisation. Ihr Präsident blieb M. Ben Seddik, und J. Tettegah wurde ständiger Sekretär. Die USPA verfügte in 10 Ländern über homogene, nationale Zentralen, die CSA in sechs

Einigung Afrikas 711

Ländern. In den anderen unabhängigen Ländern waren die beiden interafrikanischen Organisationen repräsentiert. Bisweilen besaß eine nationale Zentrale den Status eines Mitglieds und gleichzeitig den Status eines Beobachters. In den abhängigen Ländern setzte sich die ISPA gegen die CSA durch. Am Ende des Jahres 1964 verhärtete die Kongokrise die Positionen.

Im Januar 1965 versammelte sich die Wirtschafts- und Sozialkommission der OAE indessen in Kairo. Der Ministerrat hatte sie beauftragt, an der Verwirklichung eines Wunsches der OAE zu arbeiten: der Gründung einer panafrikanischen Gewerkschaftsorganisation. Der Bericht des Generalsekretärs der OAE hob die Berührungspunkte zwischen der USPA und der CSA hervor. Übereinstimmung fand sich in der Absicht über die Unabhängigkeit der Gewerkschaften hinsichtlich der Regierungen und in dem Ziel, eine sozialistische Gesellschaft zu schaffen, die den Realitäten und Bedürfnissen Afrikas angepaßt ist. Ein wirklicher Streitpunkt war die Frage der internationalen Verbindungen. Die Kommission beauftragte den Generalsekretär der OAE, ein Treffen zwischen den beiden Organisationen herbeizuführen, damit die Meinungsverschiedenheiten aus dem Weg geräumt werden könnten. Die CSA kritisierte die zweideutigen Formulierungen der Kommission und unterbreitete der OCAM, die sich im Februar 1965 in Nuakschott versammelt hatte, ein langes Memorandum. Später legte sie es auch bei der Ministerkonferenz der OAE in Nairobi vor. Nach einer Zeit gewerkschaftlicher Uneinigkeit wandte sich die CSA an die OAE und an die OIT. Sie bat um Hilfe bei der Verwirklichung der Einheit. Die Forderung nach dem Austritt, präzisierte sie, wäre überholt, seitdem die nationalen Gewerkschaftsorganisationen Afrikas bei der gemeinsamen Versammlung der USPA – CSA in Dakar aufgefordert wurden, sich von der Vormundschaft der internationalen Gewerkschaftsorganisationen zu befreien, sobald die neue panafrikanische Einheitsgewerkschaft ins Leben gerufen sei. Diese Gründung war also für die CSA eine Vorbedingung für den Austritt. Für die USPA war es indessen das Gegenteil. Im Oktober 1965 fehlte Präsident Ahmed Tlili beim ersten Kongreß der CSA in Lagos. Die UGTT und die Neo-Destour-Partei hatten ihn in der Zwischenzeit »abgesägt«.

Dennoch, als der Generalsekretär der OAE die USPA und die CSA aufforderte, sich unter seiner Schirmherrschaft in Accra zu treffen, und zwar vor der Gipfelkonferenz der OAE, verwarf die CSA diesen Vorschlag. Sie verlangte nach einem neutraleren Ort als Accra, dem Sitz der USPA. Folglich blieben die Beziehungen schwierig. Die Situation für die vielberedete Einheit schien ausweglos zu sein. Sie blieb unerreichbar. Zusätzlich zur Frage der Verbindung standen sich noch zwei unterschiedliche Auffassungen von der Einheit gegenüber, wie z. B. innerhalb der politischen Instanzen der OAE. Der Generalsekretär der USPA äußerte: »Während wir für die unabhängige Einheit kämpfen, lassen die Neokolonialisten nichts unversucht, um eine künstliche Einheit herzustellen, eine ziellose, substanzlose Einheit, eine Einheit, die bar jeden Willens und jeder Kraft zu dynamischer Organisation ist, kurz eine Einheit, die gegebenenfalls ein Werkzeug in den Händen des Neokolonialismus sein könnte.« Zur gleichen Zeit sprach H. M. Luande aus Uganda, der Präsident der AFRO, offen aus: »Jede panafrikanische Gewerkschaftsbewegung, die auf Umsturz sinnt, zu Unterjochung und Einmischung in die inneren Angelegenheiten und in die äußeren Beziehungen der nationalen Zentren tendiert, kann von der AFRO nicht geduldet werden. Kurz, zunächst müßte zweifel-

712   *Die heutigen Probleme Afrikas*

los eine genaue Antwort auf die Frage ›Einheit zu welchem Ziel?‹ gegeben werden.«

2. Jugend- und Studentenbewegungen

Zusätzlich zu den Gewerkschaften versammelte sich zuerst im Jahr 1959 das
Mouvement panafricain des Jeunes (Keimzelle des Rates der Jugend Afrikas)
beim Festival der Jugend in Bamako. In der Tat fand sich dort nur die Jugend
aus den francophonen Ländern Westafrikas zusammen. Dieses Experiment
überlebte nicht lange. Am Rande des Treffens der WAY (Westafrikanische
Jugend) im August 1960 in Accra rief der Generalsekretär der Konferenz der Völker, Abdoulaye Diallo, Abgeordnete und Beobachter zu sich,
um die Bedingungen für eine Sammlungsbewegung der Jugend in panafrika-
nischem Rahmen zu untersuchen. Sie trat im Oktober 1961 in Accra zusammen.
Das Prinzip der Nicht-Angliederung wurde trotz des Protestes eines senegalesischen Abgeordneten, der sehr aktiv in der FMJD (Sitz: Budapest) tätig war,
beibehalten. Die Organisation war ein Flügel der Konferenz der Völker. Im
April 1962 begann sie in Conakry auf der Basis offizieller Organisationen zu
arbeiten. Die allgemeine Stimmung war gedämpft. Bemerkenswert war der Beitrag der Delegation von der Elfenbeinküste. Doch die Organisation brachte
es nicht sehr weit. Vielleicht, weil die Konferenz der Völker selbst von der
politischen Bühne abtrat. Vielleicht aber auch, weil die Regierungen die Gefahren einer ideologischen Fortpflanzung in dem einen oder anderen Sinne mit
Hilfe dieser kosmopolitischen Treffen fürchteten. Im Jahr 1968 fand jedoch
in Algier eine panafrikanische Konferenz der Jugend statt.
Die panafrikanische Bewegung der Studenten erlebte eine komplexere Geschichte. Bis zum Jahr 1960 befand sich die überwältigende Mehrheit der afrikanischen Studenten in Frankreich und in England. Sie engagierten sich in der
FEANF (Fédération des Etudiants d'Afrique Noire en France), die 1950 entstand und in der im Jahr 1925 gegründeten WASU (Westafrikanische Studentenunion). Die internationale Konferenz der Studenten in Lagos 1957 faßte
den Entschluß, für Juli 1958 einen panafrikanischen Kongreß der Studenten
in Kampala einzuberufen. Die entscheidende Frage, die sich auch hier erhob,
war die nach der »Afrikanität«. Konnte die in Europa aufgebaute FEANF
als Sondermitglied betrachtet werden? In Wirklichkeit lag der Kern des
Problems in der Verbindung der FEANF mit der UIE, die ihren Sitz in Prag
hatte. Im großen ganzen sprachen sich die anglophonen Länder gegen die
Zulassung der FEANF aus. Im August 1959 wurde die gleiche Frage in Tunis
noch einmal aufs Tapet gebracht und auch auf die gleiche Weise entschieden.
Dieses Mal traf die WASU das gleiche Los wie die FEANF. Noch im selben
Jahr brachte die FEANF ein Manifest mit dem Titel »*Die afrikanischen
Studenten und die afrikanische Einheit*« in Umlauf. Hierin kritisierte man u. a.
die Methoden der Konferenz der Völker, »die dem Reformismus kaum ent-
gehen kann«. Die These von der »Einheit für die Einheit« wurde ebenso verworfen wie der Neutralismus an der internationalen Front studentischer
Politik. 1960 gab der zwölfte Kongreß der FEANF folgende Erklärung ab:
»Die afrikanische Einheit erfordert an erster Stelle ihre totale und bedingungslose Unabhängigkeit, d. h.

Einigung Afrikas 713

a) den Abbruch der organischen und institutionellen Bande mit dem ehemaligen Mutterland sowie mit den imperialistischen Ländern,

b) die Beseitigung sämtlicher ausländischer Basen,

c) die Abschaffung der Monopole,

d) die Organisierung demokratischer Institutionen, die die Kontrolle über den nationalen Aufbau durch die Volksmasse sicherstellten, zur Befriedigung ihrer Bestrebungen und ihrer legitimen Interessen.«

Die im September 1962 in Belgrad einberufene Konferenz von Studentenorganisationen beschloß, eine Panafrikanische Studentenunion ins Leben zu rufen. Sie unterstützte die Konferenzbeschlüsse der Staatsoberhäupter der blockfreien Länder in Belgrad und stellte sich hinter die USPA, »den einzigen wirklich unabhängigen Gewerkschaftsverband des Kontinents mit afrikanischer Orientierung«.

Außerdem erklärte man: »Die Afrikanische Einheit ist mehr als der Zusammenschluß der Regierungen.«

London wurde zum Sitz der Panafrikanischen Studentenunion.

Man richtete zwei Koordinationskomitees ein, eines für das westliche Europa in Paris und ein zweites für Osteuropa in Prag. Im März 1964 optierte die Organisation für die Afrikanische Einheit und bezeichnete sich als Vorkämpfer des Befreiungskampfes. Im August desselben Jahres fand in einer durch die Kongokrise gespannten Atmosphäre die Versammlung von Nairobi statt. Die Panafrikanische Studentenbewegung, kaum geboren, griff für ihren Teil erneut die Themen der FEANF auf und verurteilte die OAE wegen ihres Aufrufs zur nationalen Versöhnung mit dem Kongo. Der Aufruf, sagte man, spielte den Imperialisten in die Hände und trachtete danach, die kongolesischen Patrioten ins Abseits zu stellen.

Im Dezember 1964 klangen die Worte der FEANF noch kategorischer: »Objektiv gesehen hat sich die OAE in eine mächtige Barriere auf dem Vormarsch der afrikanischen Befreiungsbewegung verwandelt. Sie befindet sich unter dem beherrschenden Einfluß des internationalen Imperialismus und der reaktionären Staaten Afrikas.«

3. Weitere Massenbewegungen und Organisationen

Die Panafrikanische Konferenz der Frauen, die aus der Union der Frauen Westafrikas hervorgegangen war, wurde im August 1962 in Bamako gegründet. Ihre erste Präsidentin war Jeanne-Martin Cisse.

Man muß eine Reihe weiterer Unternehmungen mit panafrikanischer Bestimmung anführen. So z. B. die Panafrikanische Union der Journalisten (UPJ), die im Mai 1961 im Bamako ins Leben gerufen wurde. Sie engagierte sich für einen Journalismus im Dienste Afrikas und auf revolutionärer Grundlage. Im Jahr 1963 trat diese Denkweise noch stärker hervor. Der Sitz der Union wurde von Bamako nach Accra verlegt, und Kofi Batsa, Herausgeber von *The Spark,* wurde Generalsekretär. Nach einiger Zeit forderte die OAE die UPJ und die Union der nationalen Rundfunk- und Fernsehorganisationen Afrikas sowie die Union der afrikanischen Nachrichtenagenturen auf, sich in einem Koordinationskomitee der Massenmedien zusammenzuschließen.

Außerdem muß die Afrikanische Enzyklopädie erwähnt werden. Sie wurde von Dr. W. E. B. Du Bois gegründet, um die Fülle der wissenschaftlichen, historischen, geographischen und anderen Erkenntnisse über Afrika und seine Vergangenheit aufzuzeichnen. Der im September 1964 gegründete Editionsausschuß stand unter der Protektion der Regierung Ghanas, später übernahm die OAE das Patronat.

E. Hindernisse

Die gewaltigen Hindernisse, die sich der Verwirklichung der Afrikanischen Einheit in den Weg stellen, verbieten einem dennoch nicht zu denken, daß die Forderungen, die sie aufstellt, eines Tages den Sieg davontragen werden.

Zunächst einmal sind die natürlichen Verschiedenheiten zwischen den afrikanischen Staaten beachtlich. Einen wesentlichen Bestandteil der Nationalität macht z. B. die Sprache aus. Die sprachwissenschaftliche Karte Afrikas gleicht nun aber einem Puzzle, in welchem die »ethnischen« oder »national«-afrikanischen Sprachen und die importierten Sprachen der Kolonisatoren schrecklich miteinander verflochten sind. Wäre z. B. eine Föderation zwischen Obervolta, Mali und Niger zustande gekommen, welche nationale oder offizielle Sprache hätte man gewählt? Das Bambara, die Hauptsprache Malis, das More oder das Haussa, die wichtigsten Sprachen in Obervolta resp. Niger? Zweifelsohne hätte sich das Französische als offizielle Sprache erhalten. Doch wenn sich die Föderation auf Ghana ausdehnte, müßte das Englische als zweite offizielle Sprache hinzugefügt werden. Und wenn sich Zaïre, Angola und Rhodesien zusammenschließen würden, gäbe es drei offizielle, europäische Sprachen. Es ist durchaus denkbar, daß es unter den afrikanischen Sprachen einige gibt, deren bevölkerungsmäßiges »Gewicht«, deren kultureller Wert und deren Eignung für die internationale Verständigung sie wie geschaffen machen würden, um als einigende, offizielle Sprachen Afrikas eingeordnet zu werden – auch wenn sie nicht alle Sprachen der UNO-Debatten würden. Solche Sprachen sind z. B., abgesehen vom Arabischen, das Suaheli, das Haussa, das Mande und das Ful. In geringerem Umfang das Wolof, das Joruba, das Ngala ... Doch handelt es sich hier um eine Zukunftsvision. Auf kurze Sicht besteht das heikle Problem im Erwecken eines Nationalbewußtseins. Ein Bewußtsein, das über das Stammesdenken hinausgeht, das den kolonialen Raum überschreitet, der plötzlich kraft einer gemeinsamen oder einseitigen Erklärung in ein »nationales« Territorium verwandelt wird.

Noch aber arbeitet die Zeit für die importierten Sprachen. Sie sind besser gerüstet, sie verfügen über eine Literatur, über bewährte Lehrmethoden, über erfahrenes Lehrpersonal, über ein ausgebautes Verlagswesen, über ein, übrigens verdientes Prestige; kurz über ein kulturelles, wirtschaftliches und psychologisches Übergewicht über die afrikanischen Sprachen. Die importierten Sprachen sind, gemeinsam mit dem Arabischen, das sprachliche Werkzeug der Einheit und werden es noch lange bleiben. Nichts spricht übrigens gegen die Doppelsprachigkeit oder die Vielsprachigkeit eines afrikanischen politischen Gebildes mancher Staaten mit mehr oder weniger föderalistischer Struktur: Belgien, Kanada, Schweiz, ganz zu schweigen von der multinationalen UdSSR. Da es feststeht, daß diese Sprachen importierte Sprachen und keine Muttersprachen

Einigung Afrikas 715

sind, müssen in Hinsicht auf ihre korrekte Verwendung gewisse Vorsichtsmaß-
regeln getroffen werden. Zunächst sollte man auf der Grundlage der Gegen-
seitigkeiten versuchen, diese Sprachen beschleunigt zu verbreiten, und zwar
das Französische in den anglophonen Territorien und vice versa. Nur darf diese
Verbreitungsarbeit nicht zu sehr auf Kosten der Qualität der Sprachen gehen.
Es muß verhindert werden, daß diese Sprachen sich in Mischsprachen, in ein
Kauderwelsch verwandeln, die allzu weit von ihrem Ursprung entfernt sind.
Außerdem bedarf es, abgesehen von der Sprache, noch eines weiteren machtvollen, einigenden Faktors, eines festigenden Bandes: sei es ein historischer
Schock höherer Gewalt (Krieg, diplomatische Krise), eine Ideologie oder eine
techno-ökonomische Infrastruktur. Es ist im wesentlichen nicht der Unterschied
der Sprachen, der in sich selbst den trennenden Faktor birgt, vielmehr alles,
was sie an Formung und Umformung des Geistes implizieren. Die Fremdsprache (importierte Sprache) ist wie eine Pipeline zwischen einem europäischen
Land und einer afrikanischen Region. Eine Pipeline im Sinne einer Einbahn-
straße, in der geistige, soziologische und materielle Einflüsse fließen, die sogar
auf das körperliche Verhalten der Afrikaner einwirken. Der Francophone sieht
sich, ehe er noch den Mund öffnet, als »Frenchman« identifiziert, während der
Anglophone mit seinen riesigen Pfadfinderhosen und seiner Art, sich zu frisieren
und zu geben, augenblicklich das britische Warenzeichen verrät. Das Francophone
beinhaltet auch den Import von Arzneimitteln, von Büchern, Schallplatten
usw. und als Folge davon Ideen, Musik, Tänze, die die Francophonen kennzeichnen. So wie es einen Franc-Bereich in Afrika gibt, könnte man da nicht
auch von einer »Descartes-Zone« sprechen?
Aber man muß diese Divergenz zwischen den Afrikas ohne Rücksicht auf die
präexistierende Wesensart nicht zu weit treiben. Denn, betrachtet man den Austausch zwischen den Völkern, so gab es niemals eine Tabula rasa, was auch
immer gewisse oberflächliche Journalisten meinen, die von »totalem Nichtver-
stehen« zwischen francophonen und anglophonen Schwarzen reden.
Ein weitaus stärkerer Trennfaktor sind die wirtschaftlichen Gegensätzlichkeiten. Bereits in der Konkurrenz als Lieferanten der gleichen Rohstoffe (Kakao,
Kaffee, Erze usw.) geraten die Staaten aneinander. Nicht anders verläuft es
bei der Bewerbung um die Industrialisierung, oder beim Import von Fertigwaren. Der Bau eines Hafens oder eines Staudamms, der von zwei afrikanischen Ländern angestrebt wird, von denen jedes einzeln genommen nicht in
der Lage ist, diese Einrichtung voll auszuschöpfen, wirft bisweilen ernsthafte
Probleme auf, die in manchen Fällen an einen Wirtschaftskrieg grenzen. Im
Schoß der Maliföderation, wo sich die Industrieniederlassungen nach dem Gesetz des geringsten Kostenaufwandes für die Produktionsfaktoren (Energie,
Arbeitskräfte, Infrastruktur) richteten, konzentrierten sie sich auf der Halbinsel Kap Verde. Der sudanesische Partner Senegals zeigte sich darüber stark
verstimmt. Oft aber verschleiern diese inneren Wettbewerbsstreitigkeiten in
Afrika nur eine äußere Konkurrenz viel größeren Ausmaßes. Gewiß muß
man den kosmopolitischen Charakter mancher Kapitalien in Rechnung stellen,
vor allem im Handelsbereich (*Unilever, Shell, Texaco, BP* usw.), die man
überall in Afrika findet. Sie bilden auf ihre Weise eine afrikanische Einheit,
mit dem Unterschied, daß sie in Wirklichkeit planetenweite Reiche organisieren, in denen Afrika nur eine kleine Provinz darstellt.
Doch das Bankwesen und die verschiedenen Industriezweige zeigen »nationale-

716   *Die heutigen Probleme Afrikas*

re« Züge. Sie sind stärker vom ehemaligen Kolonialland geprägt, und das trotz
der Trennung mancher Länder im Währungsbereich und trotz der Zusammenarbeit mit neuen Ländern wie Israel, BRD, USA, Ländern des Ostblocks und
Japan. Im großen ganzen stammen die beherrschenden Wirtschaftsorganismen
eines afrikanischen Landes von denen des früheren Koloniallandes ab. Die
afrikanischen Währungszonen, die Anhängsel der weltweiten Bereiche, grenzen
Afrika mit wahrhaft Chinesischen Mauern ab. Die Staaten der OCAM werden
schwerlich auf die Garantien der Franc-Zone verzichten zugunsten des unsiche-
ren Wechsels zu einer afrikanischen Zahlungsunion.

Dagegen würden die Staaten, die eine nationale Währung schufen mit dem
Ziel, den Rückfluß des Kapitals in die reichen Länder unter Kontrolle halten
zu können, nur einer Union zustimmen, wenn sie im interafrikanischen Bereich
eine identische Struktur wiederfänden, was wiederum eine politische Union
voraussetzt . . .

Der Streit, der zwischen manchen Mitgliedern der Monroviagruppe wegen des
Gemeinsamen Europäischen Marktes aufflammt, ist auch ziemlich aufschlußreich. Er zeigt das Problem der »vertikalen« und wachsenden Solidaritäten mit
Europa, während die interafrikanischen, »horizontalen« Solidaritäten vernachlässigt werden. 1960 erklärte der Sekretär der CEA: »Die Vorzugsabkommen
der Römischen Verträge tendieren dahin, die traditionellen afrikanischen Züge
zu schützen und sogar noch zu verstärken; das führt zur Ausrichtung auf die
äußeren Industriemärkte und zum Ausschluß jeden Handelsverkehr zwischen den diversen Währungszonen des Kontinents.« Im Jahr 1965 machte
der interafrikanische Handel nur 6 % des gesamten afrikanischen Handels
aus[21].

R. Gardiner, der Generalsekretär der CEA, führte das noch genauer aus: »Es
ist schwierig, den ›Gemeinsamen Afrikanischen Markt‹ mit dem bevorzugten
ausländischen System in Übereinstimmung zu bringen.« Doch in welchem Maße
kann die Integration erfolgen? Wenn der kontinentale Rahmen als unmittelbar
wenig rentabel angesehen wird, und der »nationale« Maßstab als Absurdität
gilt, so liegt das optimale Format wohl im Bereich der Region. Doch welcher
Region? Die CEA hat für ihr Teil fünf bestimmt mit Büros in Tanger für
Nordafrika (Maghreb, Libyen, VAR und Sudan), in Niamey für den afrikanischen Westen, in Kinschasa für Zentralafrika, in Lusaka für Ostafrika und
mit einem Büro in Madagaskar.

Die UAM kritisierte diese Verteilung, da ihre Mitgliedstaaten drei verschiedenen Zonen zugeteilt waren. Währenddessen warfen die Nkrumah-Anhän-
ger dieser Teilung vor, daß sie den kontinentalen Rahmen ausschlösse. Auf
diesen Vorwurf entgegnete die CEA, daß die subkontinentale Annäherung
weder die kleinsten Projekte im Rahmen von zwei oder mehr Staaten aus-
schalte, noch die kontinentalen Pläne, da das Endziel ein kontinentales sei.

Doch wäre es einseitig und oberflächlich, das Fremdkapital einzig und allein
als »fremd« zu betrachten. Das Kapital zieht diverse nationale Uniformen an.
Die lokale Bourgeoisie ist aufgefordert, in die Unternehmungen, die vom Ausland kontrolliert werden, einzusteigen. Allmählich beginnt sie, die Afrikanische
Einheit nach sehr partikularistischen Kriterien zu beurteilen. Das mindeste, was
man über diese Kriterien sagen kann, ist, daß sie sich nicht immer auf die In-

---

21 Siehe B. Vinay, *L'Afrique commerce avec l'Afrique*, 1968.

Einigung Afrikas 717

teressen der großen Masse ihrer Landsleute beziehen. Die nationale Bourgeoisie eines reichen Staates wird in einem Nachbarland gerade noch ein Arbeitskräftereservoir, eine Rohstoffquelle und einen Markt für die Artikel der aufblühenden eigenen Industrie sehen. Doch sobald es um die wirkliche Vereinigung mit diesem armen Land ginge, würde es schnell als hinderlicher Klotz am Bein angesehen werden. Man ist bereit eine halb-koloniale Union einzugehen, in der man die herrschende Rolle spielt, doch lehnt man jede echte politische oder wirtschaftliche Union ab, die eine vollständige Verteilung der Lasten impliziert.

Die Schwierigkeiten, die aus politischen, soziologischen und ideologischen Gegensätzlichkeiten entstehen, sind von nicht minderer Bedeutung. G. d'Arboussier schrieb: »Eines der Hilfsmittel auf dem Weg zur Afrikanischen Einheit besteht darin, die Unabhängigkeit der Staaten dauerhaft zu machen ... durch den Kampf gegen gewisse erneut auftauchende Formen des Kolonialsystems und gegen den Tribalismus.« Das ist weitestgehend richtig. Doch bildet das Aufkommen der neuen Nationen einen besseren Weg? Könnte Afrika nicht die Etappe des Nationalismus nach europäischem Vorbild überspringen und sogleich in größeren, multinationalen Gemeinschaften landen, die dem 19. und 20. Jahrhundert besser angepaßt sind?

In jedem Fall stellt der Tribalismus ein Haupthindernis für die nationale und Afrikanische Einheit dar. Das tritt zutage im Kampf der Lulua gegen die Luba, der Hutu gegen die Tussi, der Ibo gegen die Haussa usw. Doch handelt es sich hier in den meisten Fällen weniger um einen wirklichen Nationalismus als um einen Stammeshaß, der die vorkolonialen Gegensätze mit noch mehr Bösartigkeit ans Licht zerrt.

Überdies, wo findet sich in dem Afrika, das in dem von den europäischen Kolonisatoren vorgeschriebenen Rahmen geformt wurde, die Nation? Man kann soziologische, historische und kulturelle Grundsätze aufstellen, um die verschiedensten Teilungen zu rechtfertigen. Eine der tiefgreifendsten Grundlagen der Nationalität ist die Sprache. Doch der Vergleich einer sprachwissenschaftlichen Karte Afrikas mit einer Karte, auf der die Grenzen der aktuellen Staaten verzeichnet sind, würde erschütternde Nicht-Übereinstimmungen enthüllen.

In Wirklichkeit wird der Nationalismus im allgemeinen viel weniger von den Völkern bejaht, die sehr empfindlich für die verhängnisvollen Folgen und Nachteile des Mikro-Nationalismus sind, als vielmehr von den Machthabern; und das aus sehr bestimmten Gründen. Coleman diagnostiziert sie folgendermaßen: »Wenn eine Klasse oder eine Bevölkerungsschicht ein gewisses Prestige oder die politische Macht erworben hat, kann die geringste Kursänderung im Sinne eines umfangreicheren Gebildes von dieser Gruppe als eine Bedrohung ihres privilegierten Status angesehen werden.«

Dieses Problem verschärft sich noch durch das Einparteiensystem. Es entwickelt in dem soziologischen Klima Afrikas fast unweigerlich den Kult gegnerischer Persönlichkeiten[22]. Wenn der Staat und die Nation sich mit der Partei identifizieren, und wenn die Partei Herr X. ist ..., wird dieser Herr X. dazu neigen, sich mit der Nation und dem Staat zu identifizieren. Es wäre eine neue Alge-

---

22 Siehe Ahmed Mahiu, *L'Avènement du parti unique en Afrique Noire*, Paris 1969.

bra nötig, um ein x und ein y dieser Beschaffenheit in der Gleichung der Afrikanischen Einheit nebeneinander bestehen zu lassen.

Außerdem führen die verschiedenen Ideologien, im wesentlichen dann, wenn sie die Massen durchdringen, dazu, die Opposition zu radikalisieren. Wie soll eine Föderaiton mit Staaten aufgebaut werden, von denen die einen eine sozialistische und die anderen eine kapitalistiche Ausrichtung haben?

Die Verhältnisse in der Welt komplizieren das Problem der Afrikanischen Einheit noch. Bisweilen erleichterten die internationalen Blöcke den Weg zur Unabhängigkeit, doch auf dem Gebiet der Einheit spielen sie eine weniger wichtige Rolle. Wie läßt sich der von allen Unterzeichnerstaaten der Charta der OAE proklamierte Neutralismus mit der vorzugsweisen Öffnung nach Osten oder mit der besonderen Freundschaft mit dem Westen in Einklang bringen? Einer der Gründe, warum die afrikanischen Länder bei den Kongokrisen nicht wirklich die Rolle von Brüdern übernehmen konnten, lag darin, daß sie auf der Basis ihrer Kriterien uneins waren, manche waren sogar außer-afrikanisch. Das Ergebnis war, daß sie von den Großmächten abgelöst wurden. Afrika erweist sich als ein Kontinent, der das Zünglein an der Waage für das Gleichgewicht der Macht auf unserem Planeten sein kann. Es ist in vielfacher Hinsicht ein jungfräuliches Land, ein ideologisches *no man's land*. Da und dort haben die Großmächte strategisch wichtige Militärbasen aufgebaut, die die Absichten strategischer Kontrolle über den Kontinent eindeutig verraten. Mit europäischen oder auch anderen Ländern sind offene oder geheime Verteidigungspakte unterzeichnet worden. Von Zeit zu Zeit entsteht zwischen zwei afrikanischen Nachbarländern ein Wettrüsten; jedes von ihnen wird von einem anderen ausländischen Lieferanten versorgt, der zum einen oder anderen Block gehört. Auf der Bühne tanzen die Marionetten, doch hinter den Kulissen wirken die mächtigen Fadenzieher. Gehen wir einer neuen Teilung Afrikas entgegen? Einer Teilung, die, da sie verschleiert ist, noch gefährlicher sein wird als die Teilung Berlins?

Auch die Religionen mischen sich in diese Probleme ein. Der Animismus ist hierbei unbeteiligt. Aber die Weltreligionen wie der Islam und das Christentum – obwohl sie in mancher Hinsicht einigende Faktoren sind – führen doch auch dazu, die Probleme des Kontinents unter einem spezifischen Standpunkt ins Auge zu fassen. Wird eine geplante Föderation den Interessen dieser oder jener Religion dienlich sein? Das ist die Frage, die man sich gelegentlich stellt, ehe man das wirtschaftliche oder politische Problem analysiert.

So haben sich gigantische Mächte gegen die Afrikanische Einheit verbündet. Aber sie werden noch von einer gewissen Presse der entwickelten Länder angestachelt, die Gefallen daran findet oder Interesse daran hat, die Widersprüche zu verstärken. Sie spielt den »Falken« in die Hände, die bei der Teilung Afrikas die Gewinner sind.

F. Grund zur Hoffnung?

Dennoch wachsen starke positive Kräfte im Sinne der Einheit.

Da sind zunächst die Unsinnigkeiten der heutigen Zerstückelung, ein Erbe der Kolonisation. Stämme, Dörfer, ja sogar Familien sind durch Grenzen zerrissen.

Einigung Afrikas 719

Sie folgen den am grünen Tisch im 19. Jahrhundert in London oder Paris willkürlich festgelegten Grenzen.

Von Ghana und von Obervolta besteht eine direkte telefonische Verbindung nach London, Paris und New York. Um aber von Accra nach Wagadugu oder umgekehrt zu telefonieren, braucht man europäische Relaisstationen! Fährt man mit dem Automobil von Wagadugu über Accra nach Lagos, so benutzt man zuerst die rechte, dann die linke, dann wieder die rechte und noch einmal die linke Spur, so wie man die anglophonen und francophonen Länder durchquert (tödliche Unfälle durch diese unsinnigen Wechsel sind nicht selten).

Manche derartige Absurditäten sind in den größeren Gebilden zur Zeit der Kolonisation vermieden worden. So findet sich das Senufo-Volk, das im Schoß der Föderation von Französisch Westafrika vereinigt war, heute in drei Staaten aufgespalten wieder: in Mali, an der Elfenbeinküste und in Obervolta. Die Häufung der Mikro-Staaten in Afrika, die dem Kampf um das Überleben ausgeliefert sind und dabei häufig ihre Völker zu einem Volk von Bettlern machen, ist für die Zukunft des Kontinents unzuträglich und wird nicht dazu dienen, daß Afrika irgendeinen beachtlicheren Einfluß auf die Weltläufte ausübt. Die meisten dieser Staaten haben die Bevölkerung einer europäischen Provinzstadt. Sie verfügen über ein Budget, das über den Umsatz eines großen Kaufhauses oder eines amerikanischen Hotels nicht hinausgeht.

Mit einer Bevölkerung von 300 Millionen Einwohnern, ungefähr sechsmal soviel wie Frankreich, muß Afrika mindestens 1 000 Minister, mehr als 40 nationale Armeen, mehr als je 40 Diplomaten in jeder wichtigen Hauptstadt der Welt usw. unterhalten. Der gesunde Menschenverstand sollte früher oder später einen wirtschaftlicheren Einsatz der Mittel erzwingen.

Auf diesem Sektor vereinigt sich das Interesse der kleinen Staaten ohne wirtschaftliche Zukunft und folglich ohne politischen Bestand mit dem Interesse des erfolgreicheren Nachbarlandes. Ohne einen gegenseitigen Verteidigungspakt fühlen sich manche afrikanischen Staaten der Subversion preisgegeben. Doch würde es nichts nützen, einem interafrikanischen Pakt angeschlossen zu sein, wenn ein Nachbarstaat einem gegnerischen Pakt angehört. Mit anderen Worten, die kollektive Sicherheit im Innern Afrikas ist unteilbar; sie wird umfassend sein müssen oder sie kann nicht existieren.

Die gegenseitige Ergänzung im Wirtschaftsbereich, die zwischen nur unterentwickelten Ländern sehr schwach ist, existiert jedoch für manche Produkte. Berücksichtigen wir auch die unterschiedliche Eignung der verschiedenen Landschaftsgürtel und die Tatsache, daß die Küstenstaaten, die industrialisiert werden, durch ein begrenztes Absatzgebiet sehr schnell an ihre Grenzen stoßen, wenn sie nicht die Staaten des Binnenlandes in ihren Entwicklungs»horizont« mit einbeziehen. Diese werden daher auch allmählich kaufkräftiger werden müssen, um eine solvente Kundschaft abzugeben. Das, was Keynes bekräftigt, nämlich die Notwendigkeit, daß die Kaufkraft der Arbeiterklassen anwachsen muß, sollte von den kurzsichtigen Wirtschaftsexperten beachtet werden, die sich sehr schnell mit dem mikro-nationalen Rahmen abfinden.

Zudem kehren die Machthaber nach mehr oder weniger bitteren Erfahrungen, nach Enttäuschungen, die dem Rausch der Mikro-Nationalität folgten, zu einer nüchterneren Betrachtung ihrer eigenen Situation zurück. Sicher gibt es keinen Raum mehr für eine Einigung Afrikas auf bismarcksche Weise mit Hilfe von Kriegen, die diplomatischen Verhandlungen folgen oder vorangehen. Das wäre zweifellos ein schnellerer Weg, aber auch ein teuer zu bezahlender, ganz zu schweigen von der internationalen Meinung, die das schwerlich dulden würde.

Dagegen würde ein unverfälschtes Referendum in den Staaten fraglos für fast alle Länder eine überwältigende Mehrheit für die Einheit ergeben. In der Tat sind diese Völker selbst seit Jahrhunderten durch ihre Geschichte gemischt. Die vorkolonialen Reiche bildeten Vornationen, die den Stammesrahmen deutlich überschritten. Die Stammeskriege – man hat ihren Umfang stark übertrieben – hinterließen weniger tiefgreifende Spuren als die Fülle von friedlichen Banden, die in Jahrhunderten zwischen den menschlichen Gruppen geknüpft wurden. Schließlich wird das Eigeninteresse der politischen Führungsmannschaften sie dazu bringen, einen Weg zur Einheit zu suchen und zu bahnen. Denn der Zwang zum wirtschaftlichen Überleben und die Tatsache, daß die Einheit ein antreibender »Mythos« für die dynamischsten sozialen Klassen geworden ist, werden sie zur einzig möglichen Lösung, der Einheit, zwingen.

Aber wie soll die Einheit geschaffen werden? Die Methode der langsamen Schritte ist a priori gefährlich. Allerdings können die jungen Länder in manchen Bereichen mit einem wahnsinnigen Tempo vorgehen, um neue Strukturen zu festigen als Bollwerk gegen widerstreitende oder zersetzende Kräfte. Mannigfaltig sind die Vorbilder, die zeigen, wie man junge Seelen verführt und zugrunderichtet. Für die Jungen ab 1960 Geborenen, die als einzige politische Realität die erfahren haben, die durch die Hymne und die Nationalflagge verkörpert wird, arbeitet die Zeit gegen die Einheit. Gewiß, die mangelnde praktische Zusammenarbeit ist im Vergleich zur totalen Zerstückelung ein geringeres Übel. Sie schränkt Schäden ein, aber letztlich ist ihr Vermögen doch sehr begrenzt, wenn sie nicht umgehend zu politischen Solidaritäten führt.

Dagegen ist die beschleunigte und von Anfang an politische Methode ohne ausreichende Vorbereitung auch nicht ohne Gefahr, wie die Erfahrung uns gelehrt hat.

Deshalb ist es wichtig, die Zeit des Reifens gut zu bemessen, um eine minimale gemeinsame Plattform zu entwickeln und gleichzeitig auch umfangreichen Austausch auf der Stufe von Massenorganisationen (Jugend, Gewerkschaft, Frauen) zu pflegen. Diese Organismen spielen eine wichtige Rolle. Sind sie hinlänglich unabhängig von den Regierungen, übernehmen sie die Rolle einer treibenden Kraft. Gleichzeitig müssen sie den Regierungen auch nahe genug stehen, damit sie nicht als unverantwortliche Feinde angesehen werden, denen man von vornherein alle Pläne durchkreuzt.

Da sich der doktrinäre Idealismus über die Realitäten und persönlichen Ambitionen hinwegsetzt, kann er bei einem so vielschichtigen Problem nicht der beste Weg sein. Man muß den Schwierigkeiten ins Gesicht sehen und sie im Notfall zu umgehen wissen.

Bei den politisch-juristischen Methoden sind viele Spekulationen erlaubt. Wie dem auch sei, es gibt keine Zauberformel.

Zwei Grundfragen müssen in diesem Zusammenhang beantwortet werden: das territoriale Ausmaß (kontinental oder regional) und die Beschaffenheit der Bande, die die Mitgliedstaaten vereinen soll (zwischenstaatliche Union oder überstaatliche Union).

Eine sehr breit angelegte Union verspricht den Vorteil, die wechselseitigen Meinungsverschiedenheiten auf einem weiteren Feld zu resorbieren. Gleich-

Einigung Afrikas 721

zeitig birgt sie die Gefahr der Schwerfälligkeit und die Offenlegung weiterer Handikaps, wie z. B. die Häufung der offiziellen Sprachen. Auf jeden Fall müßten sich die Umgruppierungen wie Kamerun von den ehemaligen Kolonialherren unabhängig machen.

Es scheint im gegenwärtigen Zeitpunkt unmöglich zu sein, die Einheit zu verwirklichen. Bedeutend leichter würde es sein, fünf regionale Föderationen im Norden, im Westen, im Osten, im Zentrum und im Süden des Kontinents zu schaffen. Ein kontinentales Bündnis könnte das gesamte Gebilde zusammenhalten, vor allem dann, wenn es sich auf gemeinsame Entwicklungszentren stützen kann: die an Erdöl und Bodenschätzen reiche Sahara zwischen dem Norden und dem Westen, der Nil zwischen dem Norden und dem Osten, die hydro-elektrischen Anlagen am unteren Kongo zwischen dem Westen und dem Zentrum, der *copperbelt* zwischen dem Zentrum und dem Süden. Auf kontinentaler Ebene ist ein Bündnis von regionalen Föderationen wirksamer als ein kontinentales Bündnis von Staaten. Denn im zweiten Fall vervielfacht die lokale Unabhängigkeit die auseinanderstrebenden Pole. Im militärischen Bereich wäre eine panafrikanische Erklärung notwendig, eine Erklärung der Nicht-Einmischung in die Angelegenheiten des Kontinents; eine Art afrikanische »Monroe-Doktrin«.

Im Rechtswesen müßte sich eine afrikanische Menschenrechtskonvention durchsetzen zur Verteidigung der Freiheit und Würde des Menschen. Doch darf auch nicht der Ideologieaspekt vernachlässigt werden. Man kann ohne Ideologie leben; doch gibt es keine beschleunigte geschichtliche Entwicklung ohne eine adäquate Ideologie. Es kann sich bloß nicht um eine negative Doktrin handeln. Es reicht nicht hin, gegen den Kolonialismus und gegen den Neo-Kolonialismus zu sein. Erforderlich ist eine positive Ideologie, die die verschiedenen Aspekte des individuellen und sozialen Lebens in ein globales Schema integriert. Es sollte nicht nur das bloß auswendig gelernte Zitieren einer Lektion vor der Außenwelt sein. Bei diesem Gesichtspunkt muß auch die Sammlung des kulturellen Reichtums des Kontinents beachtet werden – hier finden wir die Basis des afrikanischen Selbstverständnisses und gleichzeitig die Grundlage für den wirtschaftlichen Aufstieg.

Rostow schrieb: »Die grundlegende Lektion der Wirtschaftsgeschichte lehrt, daß die vorrangige Aufgabe eines Wirtschaftswachstums die Bildungsaufgabe ist.«

Allerdings wird es keine wirkliche Afrikanische Einheit geben, ohne daß der individuellen Souveränität Opfer gebracht werden und ohne Vereinigung auf der Basis von Massenorganisationen. Man kann sich nun die Frage stellen, ob das vereinte Afrika ein Afrika der Politiker sein wird, die sich an Slogans berauschen und das Volk mit leeren Mythen überschütten; oder aber das Afrika der afrikanischen und internationalen, technokratischen Manager, die, da sie in Afrika eine Tabula rasa sehen, einen bloßen Gegenstand, den man in die Form moderner Länder preßt, mehr an den Fortschritt Afrikas als an den der Afrikaner denken. Oder aber wird es endlich das Afrika der Völker werden, die lange getrennt waren und endlich vereint sind?

Die Afrikanische Einheit wird überlegt und realistisch, politisch zurückhaltend und gleichzeitig kühn verwirklicht werden müssen. In ihren Initiativen und bei ihren Zielsetzungen muß sie afrikanisch denken. Dabei wird sie eine überzeugende afrikanische Fassung der modernen Gesellschaft ersinnen, die jedoch auf internationale Verständigung und Zusammenarbeit ausgerichtet ist.

Das alles scheint sehr mühselig zu sein. Doch es gibt einen nicht zu unterschätzenden Faktor: das afrikanische Temperament mit seinem plötzlichen Meinungsumschwung, seinen unerwarteten Versöhnungen, seinen raschen Entscheidungen nach endlosen Palavern, mit seiner natürlichen Großzügigkeit.

Vielleicht spielt am Ende dieser Faktor, der in keinem juristischen Werk verzeichnet ist, eine entscheidende Rolle und rechtfertigt einmal mehr, aber diesmal in positivem und heilbringendem Sinne das alte, berühmte geflügelte Wort: »Ex Africa semper aliquid novi!«

Bibliographie

I Die wirtschaftliche Bedeutung Afrikas

AMIN S., *L'Afrique de l'Ouest bloquée*, 1971.
– *Le monde des affaires sénégalais*. Edit. de Minuit.
ANSPRENGER, FR., *Kolonisierung und Entkolonisierung in Afrika*. 1964.
BARBER, R., *Les classes sociales en Afrique Noire*. Paris, SIPE, 1964.
DIA, M., *Nations Africaines et Solidarité Mondiale*. Paris, P.U.F., 1959.
DIOP, M., *Histoire des classes sociales dans l'Afrique de l'Ouest*, I, *Le Mali*. F. Maspero, 1971, II. *Le Sénégal*. F. Maspero, 1972.
DUMONT, R., *L'Afrique Noire est mal partie*. Paris, Le Seuil, 1962.
DUMONT, R. et MAZOYER, M., *Développement et socialismes*. Paris, Le Seuil, 1969.
LY, A., *L'Etat et la production paysanne ou L'Etat et la Révolution au Sénégal 1957–1958*. Paris, Prés. Afric.
LY, A. et FALKOWSKI, M., *Les problèmes de croissance du Tiers Monde*. Paris, Payot.
MEISTER, A., *L'Afrique peut-elle partir?* Paris, Le Seuil, 1966.
MOUSSA, P., *Les nations prolétaires*. Paris, P.U.F., 1959.
NEUMARK, S. D., *Foreign trade and economic development in Africa*. Standford, California, Foodres Inst., 1964.
NKRUMAH, K., *Le néocolonialisme, stade suprême de l'impérialisme*.
– *Le Consciencisme*. Paris, Payot, 1964.
– *Work and Happiness. Discours prononcé en mai 1962*.
OKIGBA, P. N. C., *Africa and the common market*. Lond., Longmans, Green, 1967.
OSENDE, AFANA, *L'économie de l'Ouest-Africain*. Paris, Maspero, 1966.
SALLY NDONGO, *La coopération franco-africaine*. Paris, Maspero, 1972.
PERROUX, F., *L'économie des jeunes nations*. P.U.F., 1962.
TABLE RONDE (LA), *L'Afrique se développe-t-elle?* Paris, Soc. Edit. Public. Artist. litt., 1967.
UNESCO, *Aspects sociaux de l'urbanisation en Afrique au Sud du Sahara*.
WADE, A., *Economie de l'Ouest Africain, Unité et croissance*. Prés. Afric.
ZISCHKA, A., *Afrique, Complément de l'Europe*. Paris, R. Laffont, 1952.

II Die afrikanische Kultur gestern und morgen

ALEXANDRE, P., *Langues et langage en Afrique Noire*. Paris, Payot, 1967.
ASHBY, E., *African Universities and Western tradition*. Lond., O.U.P. édit., 1964.
BALANDIER, G., *Afrique ambiguë*. Paris, Plon, 1957.
BELINGA ENO, M. S., *Littérature et musique populaires en Afrique Noire*. Paris, Edit. Cujas, 1965.

Bibliographie 723

CONGRÈS INTERNATIONAUX DES ÉCRIVAINS ET ARTISTES NOIRS. Ier
Congrès (Paris) *Prés. Afric.*, 1956, 2e Congrès (Rome) *Prés. Afric.* 1959.
GRAVAUD, H., *Visage africain de l'Eglise.* Edit. de l'Orante, 1961.
HUNTER, G., *New societies of tropical Africa.* Lond., O.U.P., édit., 1962.
INCIDI, *Classes moyennes dans les pays tropicaux et sub-tropicaux.*
– *Le rôle de la femme dans le développement des pays tropicaux et subtropicaux.* Bruxelles, 1959.
LITTLE, T., *African Urbanization.* Lond. Cambr. Univ. Press, 1965.
LLOYD, P., *Africa in Social Change.* Penguin Books, 1967.
MOUMOUNI, A., *L'Education en Afrique.* Paris, Maspero, 1964, 2e édit. 1967.

III Einigung Afrikas

ARESTE, FR., *La politique africaine des Etats-Unis.* Neuchâtel, La Baconnière.
ARNAUD, J., *Du Colonialisme au Socialisme. Les essais de la nouvelle critique.* 1966.
BOUTROS-CHALI, B., *Organisation de l'Unité Africaine (O.U.A.).* A. Colin, 1969.
BUCHMANN, J., *L'Afrique Noire Indépendante.* Paris, Libr. Gén. de Droit et de Jurisprudence, 1963.
CHALIAND, G., *Guinée »portugaise« et Cap Vert en lutte pour l'Indépendance.* F. Maspero, 1964.
D'ARBOUSSIER, G., *L'Afrique vers l'Unité.* Paris, Edit. Saint-Paul, 1962.
DE ANDRADE, M., *Liberté pour l'Angola.* Paris, F. Maspero, 1962.
DECRAENE, PH., *Le Panafricanisme.* Paris, P.U.F., »Que sais-je?«, 1959–1964.
EWANDÉ, D., *Vive le Président!* 1968.
HAMA, B., *Enquête sur les fondements et la genèse de l'Unité Africaine.* Paris, Prés. Afric., 1966.
HEBGA, M., »Les étapes des regroupements africains (1945–1965)«. *Afrique.* Documents nos 89–99, 1968.
KABITZER, H., *Le Tiers-Monde et les puissances mondiales.* Europäische Verlagsanstalt, 1961.
LEGUM, C., *Le Panafricanisme à l'épreuve de l'Indépendance.* Paris, Edit. Saint-Paul, 1965.
– *Pan-Africanism. A short political guide.* Lond., Pall Mall Press 1962.
NDIAYE, J. P., *La jeunesse africaine face à l'impérialisme.* F. Maspero, 1971.
NKRUMAH, K., *Africa must unite.* 1963.
PASSIN, H., *Africa. The Dynamics of change.* Ibadan, Univ. Press, 1968.
PRÉSENCE AFRICAINE, *Premiers jalons pour une politique de la culture.* Paris, 1968.
SENGHOR, L. S., *Liberté I, Liberté II, Négritude et Humanisme.* Paris, Le Seuil, 1964.
TOURÉ, S., *La révolution culturelle.* Conakry, Imp. Nlle, »Patrice Lumumba«, 1969.
WARD, W. E. F., *Educating Young Nations.* Allen and Unwin, 1959.
WIDSTRAND, C. G., *Development and adult education in Africa.* Uppsala, The Scandinavian Institute of African Studies, 1965.
LA MUSIQUE AFRICAINE, 1969.
MC KAY, V., *African diplomacy.* New York, F. A. Praeger, 1966.
MAZRUI, A., *Towards a pax africana. A study of ideology and ambition.* Weidenfeld and Nicolson, 1967.
MERTENS, P. et SMETS, P. F., *L'Afrique de Pékin.* Lettres mod., Minard, 1966.
MYRDAL, G., *National Unity and regionalism in eight african States.* Cornell Univ. Press, 1966.
OBAFEMI, A., *Path to Nigerian freedom.* Lond., Faber and Faber, 1966.
OLAWALE ELIAS, T. Q. C., *Government and Politics in Africa.* Lond., Asia publishing house, 1963.

SIGMUND, J. E., *The ideologies of the developing Nations.* F. A. Praeger, 1968.

THIAM, D., *La politique étrangère des Etats Africains,* Paris, P.U.F., 1963.

THOMAS, L. V., *Le socialisme et l'Afrique.* Le Livre africain, 1966, 2 vol.

– *Les idéologies Négro-africaines d'aujourd'hui.* Paris, Libr. Ag. Nizet, 1965.

UWECHUE, R., »L'avenir du Biafra. Une solution nigériane«, *Jeune Afrique,* 1969.

WALLERSTEIN, I., *Africa, the politics of Unity.* New York, Random House, 1967.

WELCH, CL. E., *Dream of Unity, Panafricanism and political unification in West Africa.* Ithaca, 1966.

WIDSTRAND, C. G., *African Bondary Problems.* Uppsala, The scandinavian Institute of Afric. Stud., 1969.

WODDIS, J., *L'Avenir de l'Afrique.* Paris, F. Maspero, 1964.

ZIEGLER, J., *La Contre-Révolution en Afrique.* Paris, Payot, 1963.

– *Sociologie de la Nouvelle Afrique.* Paris, Gallimard, 1964.

Pan-Africanism reconsidered. Los Angeles; Berkeley, American Society of African Culture, 1962.

Prospective, l'Afrique en devenir. Paris, P.U.F., 1966.

»L'unité de l'Afrique, un mythe?«, *Tam-Tam, revue des étudiants catholiques africains,* mars-avril 1963.

Schwarzafrika in Zahlen

(Oberfläche und Bevölkerung)

Land	Oberfläche in km²	Einwohner	Jahr der Erfassung
Äquatorial-Guinea	28 052	305 000	1974
Äthiopien	1 221 900	27 950 000	1975
Angola	1 246 700	5 812 000	1972
Benin	112 622	3 110 000	1975
Botswana	600 372	680 000	1975
Burundi	27 834	3 780 000	1975
Dschibuti	23 000	104 000	1974
Elfenbeinküste	322 463	4 890 000	1975
Gabun	267 667	530 000	1975
Gambia	11 295	520 000	1975
Ghana	238 537	9 870 000	1975
Guinea	245 857	4 420 000	1975
Guinea-Bissau	36 125	517 000	1974
Kamerun	465 000	6 400 000	1975
Kapverdische Inseln	4 033	291 000	1974
Kenia	582 644	13 400 000	1975
Komoren (ohne Mayotte)	1 797	258 000	1974
Kongo	342 000	1 350 000	1975
Lesotho	30 355	1 040 000	1975
Liberia	111 369	1 710 000	1975
Madagaskar	587 041	8 000 000	1974
Malawi	118 484	5 040 000	1975
Mali	1 240 142	5 700 000	1975
Mauretanien	1 030 700	1 320 000	1975
Mauritius	1 865	860 000	1975
Mayotte	374	40 000	1974
Moçambique	783 030	9 240 000	1975
Namibia	824 292	890 000	1975
Niger	1 267 000	4 600 000	1975
Nigeria	923 768	80 000 000	1976
Obervolta	274 200	6 030 000	1975
Réunion	2 510	500 000	1975
Ruanda	26 338	4 200 000	1975
Sambia	746 254	4 900 000	1975
São Tomé und Principe (Insel)	964	79 000	1974
Senegal	196 722	4 140 000	1975
Seychellen	376	58 000	1974
Sierra Leone	71 740	2 700 000	1974
Simbabwe (Rhodesien)	390 622	6 420 000	1975
Somalia	637 657	3 170 000	1975
Sudan	2 505 813	17 760 000	1975
Südafrika	1 221 037	25 470 000	1975
Swasiland	17 363	490 000	1975
Tansania	939 703	15 160 000	1975
Togo	56 000	2 220 000	1975
Tschad	1 284 000	4 030 000	1975
Uganda	236 036	11 550 000	1975
Zaïre	2 345 409	2 490 000	1975
Zentralafrikanische Republik	622 984	2 610 000	1974

Zeittafeln

UNGEFÄHRE DATEN	NORD-, WEST- u. NORDWESTAFRIKA	OST-, ZENTRAL- u. SÜDAFRIKA	REST DER WELT

vor --- Jahren 1 700 000 ?		**ALTPALÄOLITHIKUM**
		Erstes Pluvial: KAGERIEN
		- Pebble-Kultur (Oldowan): Geröllgerät-Industrie
		- Australopithecine (Zinjanthropus v. Olduwai).
		  Homo Habilis. Mensch v. Makapan und Taungs
		  Tschadanthropus	

1 500 000 ?	Atlanthropus v. Ternifine, Palikao,
	Mensch v. Rabat
		ERSTE TROCKENZEIT
		Zweites Pluvial: KAMASIEN
		- Behauener Stein mit scharfer Schneide: Biface-
		  oder Faustkeilkultur
		- Pithecanthropus v. Transvaal
		- Meganthropus v. Eyasi-See
		- Ausbreitung der Biface-Typen in der übrigen
		  Welt
			Chelléen u. Acheuléen Europas
			
			Pithecanthropus

150 000 ?		**ZWEITE TROCKENZEIT** Die Hälfte Afrikas ist wüstenähnlich - Behauener Stein zur Holzbearbeitung	Neandertaler

120 000 ?		**MITTELPALÄOLITHIKUM**
		Drittes Pluvial: GAMBLIEN
		- Feiner bearbeitete Steingeräte als Klingen,
		  Spitzen, Kratzer usw.
		- Erste Tongefäße
		- Africanthropus v. Eyasi-See,
		  Mensch v. Broken Hill (Homo neandertalensis)
			Mousterien
			Levalloisien

8 000	Iberomaurusien
	Mensch v. Assalar, v. Mechta el Arbi
	
	Ende des Iberomaurusien
	- Periode der größten Ausdehnung der
	  feuchten Sahara
		JUNGPALÄOLITHIKUM
		Ende des GAMBLIEN
		- Klingen-Kultur mit geometrischen Formen
		  (Lunate)
		- Auftreten des Homo sapiens:
		  Mensch v. Olduwai, v. Elmenteita (Nakuru-See)
			Aurignacien – Solutréen – Magdalénien.
			Mensch v. Grimaldi, v. Cro-Magnon,
			v. Chancelade
			
			Tardenoisien

5 000		**MAKALIEN**
		- Geglätteter Stein
		- Neolithische Kulturen v. Khartum, Faijum,
		  Sudan usw.
		- Erste Wanderungswellen von Rinderhirten auf
		  dem Zug nach Osten
		- Erste Felsritzungen in der Sahara
			- Ackerbau und Viehzucht

Zeittafeln

ALTERTUM

ZEIT	AFRIKA	ZEIT	REST DER WELT
v. Chr.		**v. Chr.**	
4 000	Landwirtschaft und Viehzucht in Ägypten	4 000	– Kupfer-, Bronze- und Eisenzeit Megalithen (Stonehenge, Carnac)
3 500	– Ägypten: Altes Reich – Erste schriftliche Dokumente (Palette v. Narmer)		
– 2 000	– Landwirtschaftliche Zentren in Äthiopien, am oberen und mittleren Niger		
3 200	– Ägyptische Pyramiden – Vermehrtes Auftreten v. Felsritzungen in der Sahara		
2 778	– Die 2. und 4. Dynastie betreiben Expansionspolitik – Ankunft der Völker der Gruppe C Nach Phiops II. (2242 v. Chr.) wandern die Nehsiu (Menschen des Südens) nach Norden		
2 500 – 500	– Fortschreitende Austrocknung der Sahara – Auswanderung der Völker nach Süden, Südosten und Osten		
– 2 000 1 580 1 970 1 700	– Ägypten: Mittleres Reich – Pharao Amenemhet, Sohn einer nubischen Mutter – Invasion der Hyksos; sie treiben mit Kerma Handel – Lebhafter Widerstand in Oberägypten		
1 580 1 502 1 238 1 080	– Ägypten: Neues Reich – Turmosis I. – Ramses II. – Aufstieg Kuschs (Hauptstadt Napata) dank seines Goldes und seiner Armee		
1. Jtsd.	– Kupferwaffen in Mauretanien – Wanderungen der Semiten von Arabien (Jemen) nach Abessinien – Ägyptische Seefahrer im Land Punt	1 000 950 900	– David befreit Israel v. d. Philistern – Besuch der Königin v. Saba bei König Salomon – Phönikien dehnt seine Herrschaft über das Meer aus
814 716 715	– Gründung Karthagos – Pianchi von Kusch dringt bis Memphis vor – Schabaka v. Kusch gründet in Ägypten die 25. Dynastie, die sogenannte äthiopische, die der 24. folgt (»Saiten«). Er schickt eine Armee, die Israel vor den Assyrern retten soll	776 753 721	– Erste Olympiade – Legendäre Gründung Roms – Ende d. Königreichs Israel
700	– Die Garamanten machen sich das Eisen nutzbar und verwenden Streitwagen		
670	– Taharkas v. Kusch wird von den Assyrern geschlagen, leistet Widerstand und besetzt das Delta im Jahr 669 v. Chr. erneut		
666 664	– Der Assyrer Assurbanipal in Theben – Tanutamun zieht sich nach Napata zurück. Hier finden sich zahlreiche Spuren von Eisenverhüttung	612 600	– Solon in Griechenland – Gründung Marseilles durch die Griechen – Die Babylonier, später die Meder. Nebukadnezar setzt sich gegen Necho II. durch
um 600	– Erfindung des Auslegerbootes – In Pharao Nechos Auftrag umsegeln Phöniker ganz Afrika (?)		
565	– Ägypten nehmen Zypern ein		

ZEIT	AFRIKA	ZEIT	REST DER WELT
553	– Die Anzahl der in Napata begrabenen Königinnen sinkt plötzlich. Die Hauptstadt v. Kush wird von Napata nach Meroe verlegt	550	– Aufstieg d. persischen Macht und bemächtigt sich Babylons. Die Hebräer werden befreit – Kyros setzt den Mederkönig ab. Er annektiert Lydien v. Kroisos
um 500	– Die Perser führen das Kamel in Ägypten ein	490	– Marathon
480	– Die Lage in der Sahara verschlimmert sich	480	– Die Schlacht bei den Thermopylen. Salamis. Xerxes I.
470	– Die Umsegelung des karthagischen Admirals Hanno (?) – Die Karthager an den Küsten Südmarokkos	479	– Plataiä
		471	– Volkstribunen in Rom
450	– Herodot berichtet über den Zug der Nasamonen (am Niger?) – Aufblühen der Nok-Kultur (Eisen, Terrakotta-Figuren)	444	– Perikles
445	– Herodot besucht Ägypten und Nubien		
um 420	– Amannete Yeriki v. Meroe führt Überfälle gegen die Nomaden des Westens durch – Entwicklung der Eisenverhüttung in Meroe		
409	– Die Karthager erobern das griechische Sizilien	399	– Sokrates wird z. Tode verurteilt
um 400	– Die Malaien landen in Madagaskar		
379	– Ernsthafte Bedrohung Karthagos durch den Berberaufstand		
332	– Zweite persische Eroberung in Ägypten	334	– Regierungsantritt Alexander d. Großen
331	– Alexander d. Große besetzt Ägypten	328	– Alexander in Indien
323	– Dynastie der Ptolemäer in Ägypten		
um 300	– Die Bantus erreichen Ostafrika (Tansania)		
um 250	– Kanal Nil–Rotes Meer		
248	– Arkamani errichtet riesige Pyramiden in Meroe	239	– Rom annektiert Korsika und Sardinien
– 220	– Sieg des Hamilkar Barka	212	– Archimedes stirbt während einer Belagerung v. Syrakus
237	– Tod Hannibals	200	– Rom annektiert Spanien
183	– Dynastie der Kandaken (Königinnen) in Meroe	184	– »Ceterum censeo« des Cato
um 160	– Reise des Polybius		
146	– Die Römer zerstören Karthago; sie schaffen die »provincia africa«	120	– Die Römer nehmen Narbonne ein
146			
113	– Jugurtha bemächtigt sich Cirtas	73	– Sklavenkrieg in Italien
105	– Sulla nimmt Jugurtha gefangen	59	– Cäsar wird römischer Konsul
ca. 100	– Die Bantus führen das Eisen in Zentral- und Südafrika ein. Araber aus Oman fahren an der Ostküste Afrikas entlang.		
48	– Cäsar in Ägypten	44	– Ermordung Cäsars
– 47	– Brand der Bibliothek in Alexandria	37	– Judäa unter der Herrschaft v. Herodes wird römisches Protektorat
46	– Cäsar schafft die Provinz Africa Nova und schließt sie Africa Vetus an	31	– Augustus, Kaiser v. Rom
33	– Tod Bochus II.		
31	– Seeschlacht bei Actium		
30	– Augustus macht Ägypten zur Römischen Provinz		
23	– Die Armee der Kandake v. Meroe wird von Petronius geschlagen. Er plündert Napata		
19	Cornelius Balbus im Fessan		

GEBURT CHRISTI

	Datum	Ereignis (links)	Datum	Ereignis (rechts)
	0	GEBURT CHRISTI		
	17	– Aufstand von Tacfarinas		
	ca. 20	– Hippalos entdeckt den direkten Weg nach Indien		
	40	– Rom verleibt sich das Königreich Mauretanien ein		
	1. Jhdt.	– Das Kamel breitet sich in Nordafrika und in der Sahara aus	1. Jhdt.	– Höhepunkt d. Röm. Reiches
		– Aufstieg des Königreichs Axum		– Invasionen der Franken
		– Arabische und griechische Seefahrer an der Ostküste Afrikas		
	46	– Umsegelung des Erythräischen Meeres		
		– Mauretanien wird aufgeteilt: ein Teil für Cäsar und ein Teil für Tingitane (alte Hauptstadt v. Mauretanien)	54 – 68	– Nero
	70 – 86	– Römische Expeditionen im Fessan; Septimus Flaccus gegen die Garamanten		
	86	– Julius Maternus	96 – 117	– Trajan
	141	– Karte des Ptolemäus	134	– Diaspora der Juden
	160	– Geburt des Tertullian in Karthago	161 – 180	– Marc Aurel
	ca. 185	– Geburt des Origenes in Ägypten		
	189	– Alexandrinische Katechetenschule (Didaskalia)		
200	ab 246	– Cäcilius Cyprianus, Bischof v. Karthago	197 – 212	– Septimus Severus
	250	– Geburt d. Hl. Antonius im Faijum	212	– Edikt des Caracalla
	256	– Geburt d. Arius in Libyen	250	– Christenverfolgung durch Decius
	274	– Kaiser Probus drängt die Blemmyer zurück	260	– Toleranzedikt des Gallienus
	ab 289	– Übersetzung der Bibel ins Koptische	283 – 305	– Diokletian, Christenverfolgungen
		– Ständiger Aufruhr der Berber gegen die Römer		
300	311	– Beginn der Donatistenbewegung	312	– Bekehrung Konstantins z. Christentum
	318	– Hl. Pachomius gründet die ersten christlichen Klöster in Ägypten	313	– Mailänder Edikt
			314	– Erste Teilung des Röm. Reiches
	328	– Athanasius, Bischof v. Alexandria	325	– Erstes Konzil v. Nicäa
	ca. 350	– Bekehrung d. Königs v. Axum z. Christentum	338 – 350	– Rom in Auseinandersetzung mit den Persern
		– Verfall d. Königreichs v. Meroe	363	– Schapur II., König der Perser, hält die römische Expansion in Mesopotamien auf
	354	– Geburt d. Hl. Augustinus	379	– Theodosius
400	395	– Hl. Augustinus, Bischof v. Hippo Regius	ca. 400	– Invasion der »Barbaren«: Westgoten, Ostgoten, Vandalen, Franken, Burgunder usw.
	– 430	– Cyrillus, Patriarch v. Ägypten	410	– Alarich nimmt Rom ein
	412	– Vandalen dringen in Nordafrika vor	441	– Attila
	429	– Karthago fällt in die Hände der Vandalen unter Geiserich	476	– Die Heruler nehmen Rom ein, Ende des weströmischen Reiches
	439	– Die Nobaten werden von dem Römer Maximus niedergeworfen	496	– Chlodwig, König der Franken, tritt z. Christentum über
	453			– Einigung Galliens
500	520	– Reise des Kosmas Indikopleustes nach Abessinien		
	527	– Justinian fordert Bündnis Axums gegen die Perser	527	– Justinians Regierungsübernahme
	529	– Caleb v. Axum rettet die Christen v. Arabien vor einem jüdischen Verfolger		
	530	– Seefahrer brechen v. Adulis nach Ceylon auf	552	– Aufstieg des türkischen Reiches

ZEIT	AFRIKA	ZEIT	REST DER WELT
533 540 ca. 550	– Die Byzantiner nehmen Karthago ein – Abessinische Expedition in den Jemen und nach Arabien – Nubien wird z. Christentum bekehrt	568 570 572	– Invasion der Langobarden – Geburt Mohammeds – Ankunft einer persischen Flotte im Jemen, Ende der äthiopischen Vorherrschaft
7. Jhdt.	– Handel zwischen Arabien, Indien und der Ostküste Afrikas; Äthiopien wird v. Islam vom Roten Meer verdrängt und zieht sich auf die Höhen v. Amhara und Schoa zurück		
622 HEDSCHRA – BEGINN DER ISLAMISCHEN ÄRA			
622	– Der König v. Axum empfängt Gefährten des Propheten Mohammed		
ab 630 639 641 652	– Die Byzantiner erobern Ägypten v. d. Persern zurück – Beginn der arabischen Eroberungen in Nordafrika – Die Araber (Abdullah Ibn Saad) in Nubien – Die Araber erlegen Nubien einen Tribut in Form von Sklaven auf	632 634 644 655	– Tod Mohammeds – Abu Bekr, erster Kalif – Omar, Kalif – Osman wird nach der Ermordung Omars Kalif – Ausarbeitung des Korans
666 670 ab 681 691	– Vereinigung der Königreiche Nobatia und Makuria zum Königreich Dongola, das den Arabern Widerstand leistet – Expedition Oqba Ibn Nafis in Kaur – Die Araber gründen die Festung Kairuan (Tunesien) – Die Araber besetzen die Berberei (Algerien) – Die Araber lassen sich bei den Zinj (Schwarze der Inseln und der Ostküste Afrikas) nieder	656 661	– Ali wird nach der Ermordung Osmans Kalif – Ermordung Alis – Beginn der Omaijaden in Damaskus
698 699	– Araber nehmen Karthago ein – Abessinische Piraten plündern Djidda		
8. Jhdt. 710	– Erbauung Simbabwes (zumindest in Teilen) – Araber in Marokko. Eroberung der Berberei trotz Aufständen.	711 719	– Araber beherrschen Spanien – Araber überschreiten die Pyrenäen und dringen in Gallien ein
734 737	– Die Araber richten Faktoreien an der Ostküste Afrikas ein: Pemba (730), Kilwa, Mogadischu (739) – Gescheiterter Zug der Omaijaden gegen Gana	750 755	– Abbassiden-Kalifat in Bagdad ersetzt die Omaijaden-Dynastie – Abfall des Omaijaden-Emirates v. Corduba
757 771 789	– Kreuzzug der Nubier und Abessinier zur Befreiung des Patriarchen v. Alexandria – Gründung Sidjilmasas durch die Midrariden v. Tafilalet – Ibn Rostem zieht sich von Kairuan (nach Tahar) zurück – Mulai Idris gründet das Emirat v. Marokko	ab 763	– Wissenschaftliche Kontakte mit Indien – Hindu-Texte werden ins Arabische übertragen
Ende d. 8. Jhdts.	– Kaya Maghan, Sisse in Gana – Der arabische Geograph Al Fazari erwähnt Gana (Land des Goldes)		

NORD- UND NORDOSTAFRIKA	WESTAFRIKA	ZENTRALAFRIKA	OST- UND SÜDAFRIKA	REST DER WELT
800 800 – Ibrahim ben Aglab wird z. Emir ernannt 809 – Idris II. errichtet seine Hauptstadt in Fes 831 – Vertrag zwischen Arabern und Bedscha (856 erneuert) ca. 850 – Das Mittelmeer: »Arab. See« – Äthiopien beginnt mit der Wiedereroberung der Häfen am Roten Meer	ca. 800 – Die Teda v. Tibesti gründen das Königreich Kanem. Gründung eines Sanhadjareiches im westlichen Sudan (Lemtuna, Massufa, Dschoddala) unter Führung der Berber Tiklan, dann Tiluran 833 – Al Khwarizmi trägt in einer Karte die Städte Gana und Gao ein. Er erwähnt die Zagawa 850 – Die Dia Ogo gründen das Königreich Tekrur 872 – Yakubi spricht v. König v. Gana und Ghast (Audoghast) ca. 890 – Die Könige v. Kukia dehnen ihre Herrschaft über Gao aus		9. Jhdt. – Mohammedanisches Königreich Ifat ca. 850 – Die Proto-Wakaranga verlassen die Ufer des Tanganjikasees und brechen unter Führung der Waroswwi zum Süden auf	800 – Krönung Karls des Großen 9. Jhdt. – Normannen fallen im westlichen Europa ein 843 – Teilung des Karolingischen Reiches 845 – Die Normannen plündern Paris 869 – Sklavenaufstand der Zinj (Schwarze) in Persien
900 910 – Dynastie der Fatimiden in Tunesien – Äthiopien setzt die Rückeroberung der Häfen weiter fort – Als Seemacht erhält es Tribut von den Mohammedanern von Massaua und Dahlak 922 – Die Fatimiden erobern Marokko 940 – El Masudi spricht v. den zwei nubischen Königreichen (Makuria und Aloa); Tributpflichtige v. Dongola 956 – Die Nubier greifen Assuan an und besetzen Oberägypten 969 – Der Kampf zwischen den Mohammedanern Ägyptens und Nubiens endet mit einem Vertrag – Nubien auf dem Höhepunkt; ständiger Beschützer des Patriarchen v. Alexandria	918 – Zerfall der Konföderation Sanhadja. Gana setzt sich durch – Gründung der Stadtstaaten Kano, Katsena, Gobir, später Kebbi und Kororofa 960 – Audoghast unter der Berberherrschaft des Tin Yerutan – Megalithen v. Tondidaru – Nub. Töpferwaren v. Koro-Toro (Tschad)		908 – Neue Woge arabischer Besatzung in Mogadischu – Wellen von Bantus, Tonga-Ronga und Ngunis ca. 930 – Die Araber in Sofala 945 – Zustrom von Malaien in Madagaskar ca. 950 – »Schirasi« vom Persischen Golf lassen sich an der Ostküste nieder. Hussein trennt sich und gründet Kilwa Kisiwani	

Zeittafeln

NORD- UND NORDOSTAFRIKA	WESTAFRIKA	ZENTRALAFRIKA	OST- UND SÜDAFRIKA	REST DER WELT
– Christliche Kirche des Aïn Farah (Darfur) 969 – Fatimiden erobern Ägypten 973 – Kairo wird Fatimiden-hauptstadt des Kalifen – Der Westen des Maghrebs lebt bis zu den Almoraviden in Anarchie 980 – Äthiopien wird v. einer Königin Agao verwüstet – Der Negus bittet Georg v. Nubien um Unterstützung bei dem Versuch, einen Prälaten v. Alexandria zu erhalten 988 – Gründung der Universität El Azhar – Nach Ibn Selim lebt der König v. Aloa (Simeon) in der prachtvollen Hauptstadt Soba 1049 – Die Beni-Hillal und Beni-Solaim werden v. Mustancir nach Ifrikija gesandt	980 – Die Soninke Nyakate (Zweig Manna der Diarra) ersetzen die Dia Ogo v. Tekrur ca. 990 – Der Tunka (König) v. Gana erobert Audoghast – Der Häuptling v. Kaw Kaw (Gao) tritt zum Islam über – Die Sanhadja vereinen sich unter Führung des Lemtuna Tarsina 1010 – Der Dia Kossoi v. Kukia tritt z. Islam über – Gao wird nach Kukia Hauptstadt 1023 – Tarsina stirbt im Kampf gegen animistische Schwarze 1035 – Yahia ben Ibrahim bringt Abdallah Ibn Yasin v. Mekka mit – Die Joruba (v. Ober-ägypten?) lassen sich in Ife nieder 1040 – Die Almoraviden-bewegung setzt ein – Islamisierung der schwarzen Tukulor, Soninke usw. – War Ndyaye, mohammed. König v. Tekrur		1000 – Simbabwe treibt mit der Ostküste Handel, die von den arabischen Seefahrern besucht wird	962 – Otto der Große, Gründer des Heiligen Römischen Reiches Deutscher Nation 987 – Hugo Capet begründet die Dynastie der Kapetinger 11. Jhdt. – Feudalsystem in Europa – Die Normannen in Sizilien und in Süditalien

Zeittafeln

1055 – Die Almoraviden nehmen Sidjilmasa ein; sie erobern Marokko 1062 – Gründung Marrakeschs durch die Almoraviden	1054 – Die Almoraviden bemächtigen sich Audoghasts 1062 – Der Tunka Menin folgt seinem Onkel Baçi – El Bekri beschreibt Westafrika ca. 1076 – Plünderung der Hauptstadt v. Gana durch die Almoraviden 1087 – Tod des Abu Bekr (Almoravide) – Gana wird erneut unabhängig, verliert aber seine Vasallen (Diarra, Sosso). Es wird islamisiert – Ume, König v. Kanem, tritt z. Islam über	1100 – Kilwa entreißt den Arabern von Mogadischu den Goldhandel von Sofala. Es läßt Geld prägen und errichtet viele Bauwerke, darunter eine Moschee 1107 – Die Araber gründen Sansibar 12. Jhdt. – Die Schona-Dynastie des Mwene Mutapa (Herr der Minen) – Die Zinj werden immer weiter islamisiert – Indonesier treiben an der Ostküste Handel	1054 – Schisma zwischen der Kirche von Rom und der von Byzanz 1058 – Geburt des Theologen Ghazali 1066 – Normannen erobern England 1086 – Der Almoravide Yussuf Ibn Tachfin schlägt die christlichen Truppen in Zallaca (Spanien) 1095 – »Schafung« Portugals 1099 – Der erste europäische Kreuzzug erreicht Jerusalem

1100

1106 – Tod Yussuf Ibn Tachins 1122 – Die Almohaden beginnen sich gegen die Almoraviden in Marokko zu erheben 1123 – Äthiopien sendet einen Botschafter nach Rom (Vatikan) 1143 – Die tunesischen Küsten werden v. Roger II. v. Sizilien verwüstet 1147 – Im gesamten Maghreb treten die Almohaden an die Stelle der Almoraviden 1171 – Wesir Saladin in Ägypten. Ende des Fatimiden-Kalifats in Kairo 1177 – Brief Papst Alexanders III. an seinen »geliebten Sohn in Christus, Johannes, König der Inder« (der Negus v. Äthiopien, »Priester Johannes« genannt) 1196 – Sieg El Mansurs in Alarcos	12. Jhdt. – Expansion der Joruba – Beschwerlicher Aufstieg Malis, sein König tritt z. Islam über – Beim Niedergang Ganas geht die Vorherrschaft zuerst an die animistischen Sosso		1147 – 2. Kreuzzug 1187 – Saladin bemächtigt sich Jerusalems. Ende des Christlichen Königreichs Jerusalem 1190 – 3. Kreuzzug mit Philipp August und Richard Löwenherz

	NORD- UND NORDOSTAFRIKA	WESTAFRIKA	ZENTRALAFRIKA	OST- UND SÜDAFRIKA	REST DER WELT
	Lalibela, König der Zagwe-Dynastie Äthiopiens, großer Erbauer v. Felsenklöstern und -kirchen. Der Maghreb spaltet sich in drei Gebiete: – Ifrikija (Tunesien) mit den Almohaden – die Zenata-Berber gründen zwei Dynastien: Abd el Wadiden (Algerien) Beni Merid (Miriniden v. Marokko)	– Sosso mit Sumanguru Kante (1200–1235) beherrscht den westlichen Sudan – Der Islam breitet sich in Dschenne aus			
1200		**1218** – Nare Famaghan, König v. Mali **1220–1259** – Dunana Dibalami, mohammed. König von Kanem, beherrscht Bornu, Fessan, Wadai und Darfur bis zum Nil. Konflikt mit den animistischen Bulala **1224** – Gründung Walatas **1235** – Sundjata (Mali) schlägt Sumaoro (Sosso) in Kirina **1240** – Mali zerstört die Hauptstadt v. Gana	um 1220 – Aufstieg der Küstenkönigreiche am Kongo	– Handel der Chinesen im Indischen Ozean wahrschein-lich bis zur Ostküste Afrikas – Zahlreiche afrikanische Sklaven aus dem Osten werden nach China transportiert	**1212** – Niederlage der Almohaden in Las Navas de Tolosa **1215** – Magna Charta (England) **1227** – Tod Dschingis Khans **1244** – Türken nehmen Jerusalem ein **1248** – 7. Kreuzzug
	1250 – Die Ajuran, ein Hawwija-stamm (Somalia), stürzen die arabisch-somalische Dynastie v. Mogadischu **1269** – Abu Yussuf nimmt Marrakesch ein. Ende der Almohadendynastie **1270** – Ludwig der Heilige stirbt in Tunis. Yekuno Amlak, der die salomonische Restauration nach der Zagwedynastie in Äthiopien durchführt, nimmt den Kampf gegen den Islam wieder auf	**1255** – Tod Sundjata Keitas. Integration der Joruba durch Oduduwa	ab 1250 – Große Bantuwanderungen. Die Proto-Sotho und Tswana verdrängen die Rosswi		**1259** – Abbassiden-Kalifat von Bagdad geht unter **1270** – 8. Kreuzzug **1271–1295** – Marco Polo in Zentralasien

Zeittafeln

1300

Nubien / Äthiopien	Mali / Westafrika	Kongo	Ostafrika / Kilwa	Europa
1276 – Schekender, Neffe David I., macht dessen Sohn, David II., wegen traditioneller Regelungen die Thronfolge streitig. Ägypten unterstützt ihn und beruft ihn (Nubien) 1287–1289 – Mohammedanische Angriffe gegen das christliche Nubien 1291 – Expedition der Brüder Vivaldi	1285–1300 – Sakura setzt sich in Mali durch		1285 – Gründung des Sultanats von Kilwa	1300 – In Europa Aufnahme des aus dem Orient gekommenen Kompasses 1309 – Der Papst in Avignon (Frankreich)
ca. 1300 – Verfassung des Kebre Nagast (*Ruhm der Könige*) 1312 – Tod Tekla Haimanots, äthiop. Mönch 1310–1341 – Mohammed Ibn Kalaun v. Ägypten 1314–1344 – Amda Seyon v. Äthiopien 1315 – Kudanbes, christlicher König v. Nubien (Dongola) nach Kairo deportiert. Nachfolger: Abdallah Ibn Sambu. Kanz el Daula tötet ihn, wird sein Nachfolger und beginnt mit der Islamisierung der kuschitisch-christlichen Kultur – Nach Überwindung der nubischen »Mauer« ergießen sich die islamischen Einflüsse nach Süden und Westen – Die Araber verjagen die Zagwa Mira aus dem nördlichen Darfur	1300 – Manna Nyakate. Diarra wird v. d. animistischen Tondjur, die in Tekrur aufrauchen, zerstört 1312–1355 – Mansa Kankan Mussa 1234 – Wallfahrt des Kankan Mussa 1325 – Mali erobert Songhai 1333 – Überfall der Proto-Mossi auf Timbuktu 1336 – Ali Kolen befreit Gao und nimmt den Titel Sonni an 1341–1360 – Suleiman, Mansa (König) v. Mali 1352 – Reise des Ibn Battuta in den Sudan – Kano und Katsena auf dem Höhepunkt ihrer Macht. Marabut v. Mali islamisieren sie – Ali Yadji in Kano – Aufstieg des Königreichs v. Nupe ca. 1360 – N'Djadia Ndiaye, Tukulor-Marabut, gründet das Reich Djolof	14. Jhdt. – Nimi a Lukeni (alias Ntinu Wene) gründet Mbanza-Kongo, Hauptstadt des Kongoreiches	1300 – Ankunft der Tschuka 14. Jhdt. – Die Chinesen (3. Ming-Dynastie?) treiben Handel an der Ostküste Afrikas 1350 – Patta setzt sich im Goldhandel über Kilwa durch	1320 – Erdkarte von Giovanni de Carignan 1339 – Erdkarte von Dulcert – Beginn des Hundertjährigen Krieges zwischen Frankreich und England

NORD- UND NORDOSTAFRIKA	WESTAFRIKA	ZENTRALAFRIKA	OST- UND SÜDAFRIKA	REST DER WELT
1370 – Der Hafside Fürst Abu Abbas nimmt Bougie, Bona und Tunis erneut ein 1382-1411 – David I. v., Äthiopien versucht die mohammedanische Umklammerung zu lockern 1394 – Ibn Khaldun: *Kitab al Ibar*	1366-1376 – Unter König Daud v. Kanem intensivieren die Bulala ihre Störversuche unter der Führung v. Jil Ibn Sikuma 1373 – Mansa Mussa II. gerät unter den Einfluß des Ministers Mari Djata – Palastintrigen und Usurpationen ca.1380 – Mari Djata führt die Maliarmee bis nach Bornu 1394 – Von den Bulala bedrängt, verläßt Omar Kanem und verlegt seine Residenz nach Kaga (Bornu) – Die Bulala-Kämpfe, die sich schon beruhigt hatten, werden erneut von den arabischen Nomaden angefacht. Abu Amin Osman protestiert beim Mameluckensultan v. Kairo gegen diese Einmischung – Die Tondjur lassen sich in Darfur, Kordofan und Wadai nieder, wo sie die Dadju beherrschen ca.1400 – Überfälle der Proto-Mossi gegen das östliche Massina – Songhai nimmt nach und nach Mali ein – Die Abron erobern die Kulango v. Bonduku – Expansion Benins. Sein Oba (König) Oguola empfängt v. d. Oni (König) v. Ife einen Gießmeister und Fachmann der Bildhauerei		ca.1380 – Simbabwe nimmt einen beachtlichen Aufschwung in Verbindung mit den Küstenstädten des Ostens	

1415 – Besetzung Ceutas (Marokko) durch die Portugiesen	ca. 1415 – Mit Silamakan breitet sich die Vorherrschaft der Diawara über das »Zweistromland« an Senegal und Niger aus 1420 – Mohammed Dao v. Gao in Mali 1425 – Amina, eroberungslustige Haussakönigin 1435 – Die Tuareg bemächtigen sich Timbuktus. Die Kunta von Tuat (Oasen) verschmelzen in Timbuktu mit einem Marabut-Klan der Mauren. So entsteht das große Zentrum der Kadiriya-Bruderschaft in Westafrika 1442 – Die Europäer beginnen den Sklavenhandel mit den Schwarzen		1415 – Gesandter von Malindi in China 1417-1433 – Der Eunuche Tscheng Ho führt einige Entdeckungsreisen zur See bis an die Ostküste Afrikas durch – Beziehung der Ostküste mit den Bahmaniden von Dekkan (Indien) 1440-1450 – Mit Mutora dehnt sich das Königreich Karanga gen Norden aus	1405 – Tod des Tamerlan 1410 – Schlacht bei Tannenberg 1415 – In Portugal ermuntert Heinrich der Seefahrer zu Forschungsreisen nach Afrika
1427 – Äthiopische Gesandtschaft in Spanien 1434-1468 – Zara Jakob, der große Krieger, Organisator und Reformator		ca. 1420 – Die von Maniema gekommenen Basonge gründen das erste Königreich Luba mit Kongolo		1429-1431 – Sieg und Tod Jeanne d'Arcs
1441 – Äthiopien ist beim Konzil v. Florenz vertreten – Die Ajuran bedrängen die Galla – Feuerwaffen im Ostsudan	ca. 1450 – Die Lam Termes (Fulbe) und Lam Taga (Lemruna) gründen am rechten Ufer des Senegals Fürstentümer 1455 – Ca Da Mosto in Senegal 1463-1499 – Mohammed Rimfa, großer König v. Kano – Der Reformator El Meghili in Kano verfaßt eine »Abhandlung über die Pflichten der Fürsten« 1464-1492 – Der Sonni oder Si Ali Ber (der Große) vergrößert und organisiert das Songhaireich. Er erobert Timbuktu (1468) und Dschenne (1473) 1465 – Suleiman Dama erobert Massina, das von Mali losgelöst war		1450 – Kilwa fällt in die Anarchie 1450-1480 – Unter der Regierung der Geschwister Matope und Nyambita wächst das Reich Monomotapa	1453 – Die Türken nehmen Konstantinopel ein – Ende des Oströmischen Reiches – Ende des Hundertjährigen Krieges
1464 – Die Portugiesen lassen sich in Dar-Beida (Casablanca) nieder		1470-1471 – Die Portugiesen in Kamerun und in Gabun		
1468-1478 – Baeda Mariam – Äthiopien verteidigt sich gegen den Islam 1493 – Pedro da Covilha in Äthiopien 1494-1508 – Na'od (Nahu) v. Äthiopien	1476-1503 – Ali Ibn Dunama, Begründer der neuen Dynastie v. Bornu, organisiert das Reich und dehnt die Oberherrschaft über die Haussastaaten aus			

NORD- UND NORDOSTAFRIKA	WESTAFRIKA	ZENTRALAFRIKA	OST- UND SÜDAFRIKA	REST DER WELT
				1479 – Vereinigung Kastiliens und Aragoniens durch Isabel und Ferdinand
	1480 – Nasere, König v. Jatenga (Mossi), überfällt Walata: das beunruhigte Mali nimmt Verbindung mit Portugal auf			
	1482 – Die Portugiesen gründen die befestige Faktorei St. Georges-de-la-Mine (El Mina)			
	1484 – Der portugiesische Botschafter Joao (Afonso) d'Aveiro trifft am Hof v. Benin ein – Ubri gründet das Mossi-Königreich Wagadugu	1484 – Diego Cao am Zaire (Kongo)		
			1487 – Bartholomea Diaz am Kap der Stürme (Kap der Guten Hoffnung)	
			1490 – Schangamire beeigt Nyahuma und setzt sich in Monomotapa durch	
	1493 – In Songhai eignet sich Mohammed Sylla, General Sonni Alis, widerrechtlich die Macht an und begründet die Dynastie der Askia	1491 – Taufe König Nzinga Nkuwus – Erste katholische Missionen Ende des 15. Jhdts. – Blütezeit des Königreichs Kongo (?)		1492 – Christoph Kolumbus entdeckt Amerika – Ende der mohammedanischen Herrschaft in Spanien
	1496 – Wallfahrt des Askia Mohammed nach Mekka		1494 – Chikiys rächt seinen Vater und räumt Schangamire aus dem Weg	1494 – Vertrag von Tordesillas teilt die künftigen Entdeckungen zwischen Spanien und Portugal auf
	1498 – Der Askia Mohammed greift im Heiligen Krieg das Mossi-Land an und plündert es aus		1498 – Vasco da Gama umfährt das Kap der Guten Hoffnung und erreicht Indien	
		ca. 1500 – Mwaku, erster Lunda-König	1500 – Diego Diaz entdeckt Madagaskar	1500 – Cabral entdeckt Brasilien
			1502 – Vasco da Gama erlegt Kilwa Tribut auf	
1505 – Die Spanier in Algerien	1505 – Der Askia v. Gao bemächtigt sich Diarras und Galams, scheitert jedoch an Borgu (Bariba) – Die Haussastädte geraten unter die politische Kontrolle und den kulturellen Einfluß Songhais	1508 – Regierung Affonso I. von Kongo – Unabhängigkeit des Königreichs Loango		
1508 – Regierungsantritt v. Lebna Dengel (Äthiopien), 1504–1534 – Amara Dinkas, animistischer Fung-König v. Sennar – Ende d. christl. Königreiches v. Nubien (Aloa)	1510 – Erster König v. Katsena, der sich mohammedanisch nennt – Dokkenge, ein animistischer Kenga-Fürst, gründet das Königreich Bagirmi und seine Hauptstadt Massenia			

Zeittafeln

1517 – Unter Führung v. Selim I. besetzen die Türken Ägypten	1513 – Der Askia v. Gao fügt dem Targui Sultan v. Agades (Aïr) mit Hilfe des Kanta (König) Kottal v. Kebbi eine Niederlage zu 1517 – Der Kanta, der sich mit Gao überworfen hat, befreit sich siegreich und wird ein Pufferstaat zwischen Bornu und Songhai – Beginn des Sklavenhandels mit Schwarzen nach Amerika	1518 – Dom Henrique, Sohn des Affonso, wird erster kongolesischer Bischof		1517 – Charles Quint unterzeichnet die erste Einfuhrerlaubnis für schwarze Sklaven (Asiento) 1519 – Erste Weltumseglung Magellans – Exkommunizierung Luthers, Begründer des Protestantismus 1520 – Machtübernahme Solimans 1524 – Pizarro geht gegen die Inkas vor 1525 – Baber, Timur-Herrscher Turkestans, unternimmt die Eroberung Indiens 1529 – Die Türken vor Wien
1529 – Türken besetzen Algier. – Mohammed. Invasion Äthiopiens 1535 – Christen nehmen Tunis ein	1528 – Der Askia Mohammed wird abgesetzt 1530 – Koli Tengela in Bambuk – Im Süden übt Benin eine ähnliche Vorherrschaft aus, wie Bornu im Norden	1526 – Ngola von Ndongo verweigert den Mani-Kongo auf Betreiben der Portugiesen den Tribut	1528 – Kampf zwischen den Portugiesen und den Mazrui von Mombasa 1530 – Tod des Chikuyo (Simbabwe). Sein Nachfolger Munembire treibt Schangamire II. zum Süden zurück	1531 – Schisma der Kirche Englands (Heinrich VIII.) – Tod Babers – Anarchie in Indien 1533 – Calvin
1543 – Mit Hilfe der Portugiesen drängt Äthiopien die mohammed. Armeen des Ahmed ben Ibrahim, gen. Granye, zurück 1544 – In Marokko beseitigen die Saadisten die Wattasiden	1544 – Katsena trennt sich von Gao – Heldenhafter Widerstand der Songhai-Kavallerie in Karfata 1545 – Der Kanta von Kebbi wird bei seiner Rückkehr von einem siegreichen Feldzug gegen Ali ibn Idris (Bornu) getötet 1549-1603 – Askia Daud besetzt die Hauptstadt Malis, die im Verfall begriffen ist 1552 – Der Kanta Mohammed von Kebbi unterzeichnet einen Vertrag mit Askia Daud		1545 – Die Kikuju im Gebiet von Fort Hall	1545 – Beginn des Konzils von Trient – Eröffnung der Silberminen von Potosi (Bolivien) 1547 – Iwan der Schreckliche 1550 – Die Mongolen treffen in Peking ein
1551 – Die Türken v. Dragut erobern Tripolis			1550 – Chivere Niasoro, Nachfolger von Munembire, schlägt König Dande Matsuvo und erbt seine Namen	

NORD- UND NORDOSTAFRIKA	WESTAFRIKA	ZENTRALAFRIKA	OST- UND SÜDAFRIKA	REST DER WELT
1557 – Die Jesuiten (Oviedo) dringen in Äthiopien ein, die Türken in Massaua 1559 – Claudius v. Äthiopien wird im Krieg gegen Adal getötet 1563-1597 – Sarsa Dengel v. Äthiopien	– Aufstieg der Königreiche Adansi und Denkyira – Naba Kumdumje herrscht in Wagadugu – Jadega räumt Swida aus dem Weg und gründet Jatenga	1566-1630 – Archaische Periode des Kubareiches 1569 – König Alvaro flieht vor der Invasion der Dschagga. Mit Hilfe der Portugiesen können sie zurückgedrängt werden	1561 – P. Silveira tauft den Mwene Mutapa Nogome Mupunzagutu. Der Missionar wird ermordet 1569 – Muclaro besucht den König von Kilwa. Die Bantu besetzen Südafrika und verdrängen dabei die Hottentotten-Buschmänner	1556 – Philipp II. von Spanien – Iwan der Schreckliche erobert Astrachan. Beginn der Regierungszeit von Akbar dem Großen, Großmogul von Indien 1558 – Elisabeth I. von England 1562-1598 – Religionskriege in Frankreich 1571 – Seeschlacht von Lepanto: Christen gebieten der türkischen Offensive Einhalt – Angriff der Krim-Tartaren auf Moskau
1577 – Die Galla dringen in Äthiopien ein und belagern Harar 1578 – Schlacht v. Ksar el Kebir (Marokko), bei der Sebastian von Portugal ums Leben kommt – Sultan El Mansur (Marokko) gelangt zur Macht	1568-1608 – Der mohammedanische König Abdallah v. Bagirmi ergreift die Macht mit Hilfe animistischer Stämme 1571-1603 – Idris II. Alaoma führt Bornu zum Höhepunkt seiner Macht. Mit Hilfe von Feuerwaffen beherrscht er Air, Kauar, Tibesti, Bagirmi, Wadai; – Der Islam breitet sich von Bornu zum Darfur und Kordofan aus ca. 1580 – Die Guang aus dem Voltabecken, verwandt mit der Akan-Kerngruppe, werden von Mandewanderern überschwemmt. Das Königreich Gondscha entsteht	1585 – Ilunga Mbili tötet Dugolo, den Sohn seiner Halbschwester, und gründet das zweite Luba-Königreich	1587 – Die Simba-Kannibalen kommen aus dem Süden. Sie verwüsten Kilwa, dann Mombasa, ehe sie selbst zersprengt werden	1580 – Zusammenschluß der Königreiche von Spanien und Portugal 1584 – Tod Iwan des Schrecklichen 1588 – Niederlage der »Unbesiegbaren« Armada Philipps II. vor England. England erlangt die Vormachtstellung zur See

Zeittafeln

1590-1595 – Tunesien erneut unabhängig: Massaker der Bulukbachi. Regierungsantritt des Othman Dei 1590 – Der Sultan v. Marokko schickt unter der Führung des spanischen Eunuchen Pascha Djudar eine Armee v. 3 000 Mann gegen das Songhai-Reich aus 1596-1637 – Suleiman Solon v. Darfur räumt die Gegner aus dem Weg; unter ihnen Tunsan. Er flieht nach Kordofan und begründet hier die Macht der Mossabaat (diejenigen, die von Osten aufgebrochen sind)	1591 – Songhai erfährt in der Schlacht v. Tondibi durch die marokkanische Armee eine Niederlage – Trotz des heldenhaften Widerstands des Askia Nuh (1591-99) verliert das Gao-reich seine Unabhängigkeit 1596 – Geburt des Es Sadi, Verfasser des *Tarik es Sudan*	1590-1610 – Die Königin Luedschi, Witwe, Ehefrau und Mutter der drei ersten Luba-Könige 1591 – Rom, Filippo Pigafetta: *Bericht über das Kongo-Königreich*	1598 – Die Portugiesen voll-enden den Bau des Fort Jesus in Mombasa – Die Holländer erobern die Insel, die sie zu Ehren von Moritz von Nassau Mauritius nennen 1599 – Die Augustinerpater taufen 500 Afrikaner, unter ihnen befindet sich der König von Pemba Beginn des 17. Jhdts. – Expan-sion der Massai – Buganda, das sich mit den Bewohnern der Sese-Inseln verbündet hat, wehrt einen großen Angriff Bunjoros ab	1591 – Ende der Religions-kriege. Die Holländer im Indischen Ozean. 1593 – Die Japaner räumen Korea 1594 – Salbung Heinrichs IV. 1598 – Edikt von Nantes 1599 – Boris Godunow über-nimmt die Macht
1603 – Der berühmte Jesuit Paez bekehrt Za Dengel (Äthio-pien), dieser wird alsbald ermordet 1607 – Die Christen nehmen Bona ein 1609-1614 – Aus Spanien aus-gewiesen, lassen sich die Juden in Marokko nieder. – Große Unruhen im Sennar (Fungreich) 1611-1616 – Baadi Sid el Gom oder die Blütezeit der Fung – Jesuit Mendez setzt die von P. Paez in Äthiopien erreich-ten Resultate aufs Spiel	1604 – Der Bai (König) der Temne (Sierra Leone) tritt zum Katholizismus über (Borea der Große, 1630-1664?) ab 1610 – König Uegbadja errichtet auf dem Plateau v. Abomey das Königreich Dahomey 1611 – Kororofa (Dschukun) wird stark und beherrscht Kano. Jedoch wird es bald von Bornu, später von den Fulbe zerstört			1603-1608 – Champlain trifft in Kanada ein – Gründung Quebecs – Die Jesuiten in Paraguay

1600

NORD- UND NORDOSTAFRIKA	WESTAFRIKA	ZENTRALAFRIKA	OST- UND SÜDAFRIKA	REST DER WELT
	– Die Bulala-Invasionen beschleunigen den Zerfall Bornus	1614 – Lukeni Lua Mbemba schließt sich mit Ndongo (Angola) und Matamba gegen die Portugiesen zusammen. Außerdem verbündet er sich mit den Holländern 1618 – Portugiesen erobern die Hauptstadt Ngolas		1618 – Prager Fenstersturz – Beginn des Dreißigjährigen Krieges 1622 – Die Bulle »Incrustabili« begründet die »Congregatio de Propaganda fide« – Die Holländer gründen Neu-Amsterdam (später New York)
	1620–1660 – Jakpa, König von Gondscha	1622–1624 – Der Bezwinger Kwangos, Pedro II. Affonso, kämpft gegen die Portugiesen – Widerstand der Königin Jinga		1632 – Vinzenz von Paul gründet die katholische Missionspriestergenossenschaft der Lazaristen
1632 – Fazilidas verbietet nach der Abdankung v. Sisinius den Katholizismus: Religiöse Bürgerkriege – Fazilidas verfolgt die Missionare und läßt eine neue Hauptstadt errichten: Gondar	1630 – Bambara-Föderation ab 1630 – Die aus Darfur verjagten Tondjur kehren nach Wadai und Bagirmi zurück – Gründung des Agni-Königreichs durch Aschanti-Emigranten 1635–1641 – Burgumenda von Bagirmi zeichnet sich in den Kriegen gegen die Mandara des Tschad und gegen die Araber aus – Die von den Tondjur verdrängten Bulala lassen sich in Kuka (Fitrisée) nieder		1631 – Yussuf von Sansibar, getauft, dann wieder abtrünnig, metzelt die Portugiesen nieder. Die Christen werden zum Märtyrertod verurteilt oder zur Sklaverei	1635 – Franzosen in Guadeloupe 1640 – Holländer auf Ceylon und Malakka – Portugal erlangt seine Unabhängigkeit wieder
	1645 – Der letzte König von Mali (Mama Maghan) stirbt im Kampf gegen die Bambara – Tod des Nacer ed Dine (Mauretanien)	1641–1663 – Garcia II. Affonso Kinibaku unterzeichnet einen Vertrag, der ihn zur Abtretung Luandas an die Portugiesen zwingt 1641 – Einnahme Luandas durch die Holländer 1642 – Die Königin Jinga verbündet sich mit den Holländern gegen die Portugiesen 1648 – Brasilien löst Portugal in Angola ab		1644 – Ende der Ming-Dynastie in China. Mandschu-Dynastie der Tsing – Man beginnt mit dem Anbau von Zuckerrohr auf den Antillen 1648 – Westfälischer Friede

1655 – Ende der Saadi-Dynastie in Marokko 1659 – Beginn der Zeit der Agha in Algier	1659 – Franzosen gründen St. Louis im Senegal	1650 – Die Buschongo übernehmen die Führung der Kuba. Ihr großer Held: Schamba Bolongongo, genannt Mboong a Leeng	1652 – Die Holländer (Jan van Riebeck) treffen am Kap ein	1651 – Navigationsakte (England) 1653 – Die Russen treten den Chinesen in der Schlacht von Kumara entgegen
	ab 1660 – Regierungszeit des Biton Kulibari (Coulibaly), Segu, und der Könige Massa Si v. Kaarta	1660–1675 – Jamwo Numedschi, Sohn der Königin Luedschi, ist der große Eroberer Luandas. Nach ihm folgen Massaker und der Verfall 1662 – Kurzlebige Bekehrung des Königs von Loango	1660 – Die Araber aus Oman vertreiben die Portugiesen aus den Häfen der Ostküste	1658 – Kosakenaufstand – Aurangzeb, Großmogul 1661-1715 – Ludwig XIV.
1664 – Machtübernahme des Mulai Rachid, Gründer der Alauiten-Dynastie v. Marokko 1665 – Johannes wird Nachfolger des Fazilidas (Äthiopien): Friede und aus der Kirchenlehre entstehende Kontroversen		1665 – Der kongolesische Antonio I. Affonso wird in Ambuila von den vereinigten Portugiesen und Angolanern vernichtend geschlagen – Ilunga Kibinda (Luba) gewinnt das Lundaland und wird dessen fünfter König (Mutara Jamwo)		1664 – Colbert gründet die Westindienkompanie 1665 – Franzosen lassen sich in Santo Domingo nieder
1671 – Beginn der Herrschaft des Dei in Algier	1673 – Anfänge der Senegalkompanie – In der Schlacht von Ten Yefdad (Mauretanien) werden die Zuaja vernichtet ca. 1675 – Große Fulbewanderung von Massina und v. Hodh zum Futa Dschalon 1677 – Die Franzosen nehmen den Holländern Goree gewaltsam weg			1670 – Die »Beschreibung Afrikas« von Dapper
1675 – Gali Ginocco, König v. Kaffa, verwirklicht die Vereinigung der Sidama 1680-1704 – Jassu der Große (Äthiopien) 1682-1722 – Ahmed Bokor oder die Blütezeit Darfurs	1680 – Das Königreich Aschanti wird gegründet – Thronbesteigung des Akaba (Dahome)		ca. 1680 – Aufstieg Bugandas	1682 – Peter der Große von Rußland 1685 – »Code Noir« von Colbert – Aufhebung des Edikts von Nantes

NORD- UND NORDOSTAFRIKA	WESTAFRIKA	ZENTRALAFRIKA	OST- UND SÜDAFRIKA	REST DER WELT
1689 – Die Deis v. Algier werden v. d. Miliz gewählt	**1687** – Kathol. Missionsbemühungen an der Elfenbeinküste – Großer Aufschwung der »Staaten« am Nigerdelta (Brass, Bony, Old Calabar) durch den Sklavenhandel		**1688** – Französische Hugenotten treffen in großer Zahl in Südafrika ein	**1688** – Glorreiche Revolution in England. Declaration of Rights **1689** – Wilhelm v. Oranien, König von England. Aufstand in Irland **1690** – Die Engländer gründen Kalkutta
		1693 – Kongo gerät in portugiesische Abhängigkeit	**1695** – Tod Schangamires bei der Plünderung Senas	
1697 – Ende der Regierungszeit des Pascha in Ägypten – Beginn des 18. Jhdts. – Große Unruhen im Sennar – Verfall Äthiopiens. Takla Haymanot, der Verwandtenmörder, wird von den führenden Männern ermordet	**1697** – André Brue am Senegal **1699** – Osei Tutu und das religiöse Oberhaupt O. Anokye zerstören, nachdem sie die Aschanti-Union (der goldene Stuhl) gegründet hatten, die Vorherrschaft Denkyiras in Feyiase		**1698** – Die Omaniten nehmen das Fort Jesus ein	**1698** – Die Kambodschaner räumen Saigon
	ca.1700 – Gründung des Diula-Königreichs von Kong – Bürgerkrieg in Benin – Die Missionare Severino und Carlo Maria aus Genua brechen von Tripolis nach Katsena (via Aïr) auf	**18. Jhdt.** – Stabilisierung des Kuba-Königreichs. Der große »Erhalter« ist Kot a Nee	**18. Jhdt.** – Expansion der Luo **1700** – Die Rosswi dringen in Monomotapa ein	
		1702-1706 – Dona Beatrice, der »Hl. Anton« des Kongos	**1703-1730** – Vergebliche Bemühungen der Portugiesen, die Häfen und Inseln an der Ostküste (ausgen. Kilwa) zurückzuerobern	
1709 – Theophile (Äthiopien) bestraft die Mörder und stirbt – Der Adel ruft Justus, den Ras v. Tigre zum Negus aus **1714** – Tod des Justus. Die Armee beruft David, den Sohn Jassus				

1700

1715 – Ahmed Bei Karamanli v. Tripolis bricht mit der Türkei 1719 – David v. Äthiopien wird vergiftet. Sein Bruder Bakaffa, der »Unerbittliche«, wird Nachfolger	1715 – Unter den Angriffen Gobirs, der Tuareg von Aïr und hauptsächlich Zamfaras gibt der Kanta Tomo Surame auf und errichtet Birnin Kebbi. Er drängt die Fulbe zurück – Zerstreuung der Ewe, Ausgangspunkt ist Nuatja	1696-1718 – Pedro IV. nimmt erneut San Salvador in Besitz	1715 – Die Franzosen lassen sich auf der Insel Mauritius nieder, die zur Ile de France wird – Der Kaffee wird eingeführt	1717 – Verbot des Christentums in China 1718 – Gründung New Orleans – Friede von Passarowitz – Die Türken weichen aus Ungarn zurück
1724-1761 – Baadi Abu Schilluk, großer Fung-König. Er vernichtet eine äthiopische Armee	1725 – Mansa Dansa (Dialonke) genehmigt die Niederlassung der Fulbe im Futa Dschalon; Bündnisopfer (tyobbal) 1727 – Agadja annektiert Allada von Porto Novo 1731-1742 – Opoku Ware (Aschanti) – Königin Poku flüchtet aus Aschanti Richtung Westen – Baule-Häuptlingschaften		1725 – Wiederaufbau von Simbabwe durch die Rosswi in Monomotapa	1726 – Auf den Antillen wird der Kaffee eingeführt
1727 – Tod des Mulai Ismail (Marokko) 1729-1753 – Jassu II. v. Äthiopien, der Dilettant. – Michael Suhul, der mächtige Ras v. Tigre, und die Königin der Galla, Wobit, machen sich die Macht streitig	1738 – Niedergang Abomeys. Es gerät unter den Einfluß Ojos: Kpengla bezahlt Tribut an die Ojo 1743-1761 – Babari v. Gobir plündert die Hauptstadt Kebbis und Zamfaras, wo er Alkalawa gründet 1745-1795 – Mohammed Jawda von Wadai kämpft entschlossen gegen die Animisten des Südens und schüttelt die Oberherrschaft Darfurs ab 1751 – Nach dem Tod von Karamoko Alfa und dem gescheiterten Heiligen Krieg gegen die Malinke stirbt Tierno Suleiman Bal 1751-1785 – Der Mbang (König) von Bagirmi, Mohammed el Amin, wirft die Oberherrschaft Bornus ab und führt Bagirmi zur Blüte	ca. 1735 – Kumwimbu Ngombe dehnt sein Königreich nach Osten und Westen aus. Er organisiert die Luba. Nach ihm Königsmorde ca. 1740 – Die südlichen Lunda kolonisieren auf Anraten des Muata Jamwo unter Führung des Generals Kanyembo die Gegend am Luapula. Sein Sohn Nganda Vilonda wird Kazembe genannt	ca. 1730 – Madagaskar: Aufstieg des Königreichs Betsimisaraka an der Ostküste 1735 – Gouverneur La Bourdonnais auf der Ile de France. Der Sklavenhandel zu dieser Insel nimmt einen Aufschwung 1741 – Der Gouverneur von Mombasa, Mazrui, erklärt sich für unabhängig von Oman ca. 1750 – Madagaskar: Blütezeit der Sakalawen-Königreiche ab 1750 – Bunjoro verfällt nach einem Feldzug durch Ankole gegen Karagwe – Rasche Expansion Bugandas mit dem Kabaka (König) Katerega – Politischer Integrationsprozeß in Ost- und Südafrika	1742 – Dupleix, Gouverneur von Indien 1748 – Montesquieu: L'esprit des lois 1750 – Diderot: Encyclopédie

NORD- UND NORDOSTAFRIKA	WESTAFRIKA	ZENTRALAFRIKA	OST- UND SÜDAFRIKA	REST DER WELT
1752–1782 – Mohammed Tirab v. Darfur. Großer Krieger gegen die Rizegat-Araber und gegen die Mossabaat, außerdem ein bemerkenswert gebildeter Mensch 1756 – Die Algerier erwerben Tunesien 1757 – Ali Bei befreit Ägypten von Konstantinopel 1757–1790 – Regierungszeit des Mulai Mohammed in Marokko	1754 – Der Klan der Massa Si gewinnt Kaarta nach einer Niederlage durch die Fürsten v. Segu – Geburt Osman dan Fodios 1754–1787 – Naba Kango in Wahiguja		1752 – Arabisch-portugiesisches Abkommen bestimmt das Kap Delgado zur Grenze zwischen dem Einflußbereich der Araber im Norden und dem der Portugiesen im Süden	1756 – Montcalm in Kanada 1757 – Schlacht bei Roßbach – Clive in Kalkutta 1762–1796 – Katharina die Große, (II.), von Rußland
	1764 – Gobir annektiert Zamfara und wird wichtigster Haussastaat 1764–1777 – Osei Kodjo (Aschanti) 1766–1790 – Ngolo Diarra von Segu beherrscht den Nigerbogen trotz der Fulbe von Massina		1763–1780 – Der Kabaka Kyabugu verstärkt die Handelsbeziehungen Bugandas mit der Ostküste durch die Njamwezi	1763 – Friede zu Paris – Kanada und Indien fallen England zu 1764 – Louisiana fällt an Spanien 1765 – Joseph II. von Österreich, aufgeklärter Despot 1768 – Angliederung Korsikas an Frankreich 1768–1779 – Die Reisen Cooks 1768 – In London wird das Colonial Office gegründet 1772 – In Rußland werden die Kosaken vernichtet 1775 – Parmentier verbreitet die Kartoffel
1770 – Regentschaft in Algier. – Gründung der Ramaniya	1776 – Ibrahima Sow von Futa Dschalon legt sich den Titel eines Almamy zu – Zwietracht zwischen den Soria- und Alfaya-Familien – Abd el Kader Torodo im Futa Toro	1777 – Katholische Missionsversuche in Gabun	1775 – Erste Zusammenstöße zwischen den Buren und den Xosa – Erster Kaffernkrieg 1776 – Der Sultan gewährt dem Franzosen Morice das Monopol über den Sklavenhandel (1 000 »Stück« pro Jahr)	1776 – 4. Juli, Unabhängigkeitserklärung der Vereinigten Staaten 1778 – Französisch-amerikanisches Bündnis – Buffon: Les Epoques de la Nature
1781 – Gründung der Tidjaniya	1780 – Osman dan Fodio, Wanderprediger in Gobir – Ibrahim Sori in Timbo		1780 – Ankunft der Treck-Buren Südafrikas in Graaff Reinet	

1787-1802 – Unter der Regierung v. Abderhaman er Rachid v. Darfur wird sein Gouverneur in Kordofan von Hachim fortgejagt. Dieser sichert sich so die Selbständigkeit Kordofans 1790 – Unabhängigkeit des Bei v. Tunis 1792 – Geburt v. Es Senussi (Algerien)	1781-1797 – Osei Kwamina, genannt Bonsu (der Walfisch) 1784 – Tod des Ibrahima Sori 1785-1806 – Abderhaman Guarang von Bagirmi heiratet seine Schwester; er dringt ins Wadai ein 1786 – Der Revolutionsweg Osman dan Fodios beginnt 1787 – Timbuktu wechselt von der Bambaraherrschaft zur Tuaregherrschaft über – Die Engländer siedeln Freigelassene in Sierra Leone an	1786 – Mwene Mbatu, Souverän von Loango Ende des 18. Jhdts. – König Nchare gründet das Königreich Bamum (Kamerun)	1784 – Der Sultan von Oman gewinnt wieder an Macht an der Ostküste 1787 – Geburt Tschakas (Zulu) – In Madagaskar besteigt König Andrianampoinimerina den Thron	1783 – Friede zu Versailles – Erfindung der Montgolfieren – Jouffroy D'Abbans erfindet das erste Dampfschiff 1788 – Gründung der *African Association* – *Société des amis des Noirs* 1789 – Franz. Revolution – Washington, erster Präsident der Vereinigten Staaten 1791 – Sklavenaufstand in Haïti 1792 – Valmy rettet die Französ. Revolution 1793 – Hinrichtung Ludwig XVI. 1794 – Dekret zur Abschaffung der Sklaverei
1795 – Yussuf Karamanli in Tripolis 1798/99 – Napoleon Bonaparte in Ägypten	1790-1808 – Monson Diarra verteidigt die Bambaramacht gegen die Dogon, die Mossi, Timbuktu, Kaarta, Beledugu und gegen Fuladugu 1795 – Der Lebu Dial Diop gründet die autonome Gemeinschaft der Lebu von Kap Verde 1796 – Abd el Kader (Futa Toro) kämpft gegen die Mauren Trarzas, den Damel von Cayor, Sega Gaye von Bondu und den animistischen Barak (König) v. Walo 1797 – Geburt des El Hadj Omars in Aloar (Senegal)		1795 – Die Engländer treffen am Kap ein – Proklamation der Unabhängigkeit der Republik Graaff Reinet 1797-1814 – Der Kabaka Semako-Kuo verstärkt den Handelsaustausch mit der Ostküste 1798 – Forschungsreise Lacerdas am Sambesi und im Gebiet der Großen Seen	1799 – Buonaparte Erster Konsul

1800

NORD- UND NORDOSTAFRIKA	WESTAFRIKA	ZENTRALAFRIKA	OST- UND SÜDAFRIKA	REST DER WELT
1801 – Die Engländer in Ägypten. – Evakuierung der französ. Armee	1803-1813 – Sabun, großer Eroberer in Wadai – Abderhaman Guarang wird getötet, und Sabun führt bis ins Darfur hinein Krieg	Beginn des 19. Jhdts. – Langsame Wanderungen der Fang und anderer Völker der Pangwe-Gruppe. Sie kommen von den Plateaus des Nordens herab, vielleicht unter dem Einfluß der Osman-dan-Fodio-Bewegung, und wenden sich der Trichtermündung des Gabun zu	1800 – Horombo im Osten des Kilimandscharo siegt über die Dschagga	1800 – Toussaint Louverture, Präsident von Haiti
	1804 – Osman dan Fodio beendet seine Hedschra (Flucht) in Degel. Er beginnt den Dschihad und trägt den Sieg über den Sarki von Sokoto davon		1804 – Seyyid Said wird Sultan von Oman	1802 – Republik Italien
1805 – Mehmed Ali, Pascha v. Ägypten. – In Äthiopien wird Negus Joas ermordet. – Machtkampf zwischen den Ras v. Tigre, von Amhara und Begamedre. Schoa wird durch das Eindringen der Galla getrennt, Wollo ist autonom. – Ein Jahrhundert der Unruhen (zeitweise sechs rivalisierende Kaiser)	1805 – Nach Kano kann Osman dan Fodio die Eroberungen im Zentralsudan vervielfachen – Abd el Kader Torodo wird aufgrund des Bündnisses der Denianke von Bondu und der Massa Si besiegt und getötet – Heiliger Krieg des Scheichs Hamadu (Seku) von Massina gegen Da Diarra von Segu		1806 – Am Kap setzen sich die Engländer gegen die Holländer durch. Diese begeben sich auf den Großen Treck	1804 – Napoleon I., Kaiser von Frankreich 1805 – Seeschlacht bei Trafalgar (Niederlage der Franzosen)
1807 – Wiederaufnahme der Feindseligkeiten an der algerisch-tunesischen Grenze	1809 – Mohammed Bello, Sohn des Osman dan Fodio, wird Sultan von Sokoto, sein Onkel Abdullu Sultan von Gwandu (Gando). Der Modbo Adama stürzt sich auf die Eroberung der animistischen Länder des Zentralplateaus v. Kamerun (Adamaua)		1808 – Erste Feldzüge Tschakas des Großen 1809 – »Magna Charta« der Hottentotten	
1811 – Yussuf Karamanli bemächtigt sich Fessans	1812 – Der König von Bornu ruft El Kanemi zu Hilfe, den »starken Mann«. Er hält die nach Osten strebende Armee Osman dan Fodios auf		1810 – Machtübernahme Radama I. (Madagaskar) – Die Engländer nehmen die Ile de Bourbon ein 1811 – Die Engländer erstürmen die Ile de France. Sie wird wieder zu Mauritius	1810 – Erhebung der spanischen Kolonien
1814 – In Tunesien Beginn der Regierungszeit v. Mahmud Bei	1814 – Gründung Hamdallayes, Hauptstadt Massinas			1814 – Erste Dampflokomotive (England)

1820 – Die Fung werden in Abu Choka v. d. ägyptischen Türken geschlagen 1820–1824 – Mehmed Ali erobert den Sudan, Nubien und Kordofan 1821 – Nichtangriffspakt zwischen Algerien und Tunesien 1822 – Cailliaud entdeckt die Ruinen v. Meroe 1823 – Clapperton und Denham brechen v. Tripolis auf und erreichen den Tschad	1817 – Engländer in Bathurst – Franzosen nehmen erneut v. Senegal Besitz – Botschaft v. Bowdich an Kumasi. Tod Osman dan Fodios – Malam Ahmi breitet die Fulbe-Macht über Ilorin aus (1817–1823) 1818 – Ghezo, Erneuerer von Abomey und Dahome	1818 – In Sansibar wird die Gewürznelke eingeführt. Daraufhin blüht der Sklavenhandel – 5. Kaffernkrieg 1820 – In Port Elizabeth treffen englische Kolonisten in großer Zahl ein 1820 (1828?) – Tschakas Tod	1815 – Niederlage Napoleons bei Waterloo
	1822 – Landung der ersten Amerikaner – Liberianer in Monrovia 1824 – Sieg des Kwamina (Aschanti) über die Engländer in Nsaman Ku – El Kanemi schlägt Wadai in Ngala. Er wendet sich nach Westen gegen die Fulbe und unterzeichnet einen Vertrag mit ihnen, der die Einflußbereiche abgrenzt 1825–1842 – Naba Sawadogo regiert in Wagadugu 1826 – Aschanti-Niederlage in Dodowa – Wallfahrt des El Hadj Omar 1826 – Die Fulbe von Massina nehmen Timbuktu ein 1827 – Basler Mission an der Goldküste um 1830 – Geburt Samoris – Gründung Abeokutas v. Shodeke. Die Brüder Lander erkunden den Lauf des Niger	1824 – Moschesch, Führer der Basuto	1825–1827 – Griechischer Aufstand wird von Mehmed Ali niedergeschlagen 1829 – Pelletier und Caventou entdecken das Chinin
1830 – Französisch-tunesischer Vertrag. – Franzosen nehmen Algier ein		1830 – Arabische Karawanen dringen über das Niassaland, über Katanga in das Innere des Kontinents ein, bisweilen bis zur atlantischen Küste (Transkontinentale Reisen)	1830 – Ludwig Philippe, »Bürgerkönig« der Franzosen

NORD- UND NORDOSTAFRIKA	WESTAFRIKA	ZENTRALAFRIKA	OST- UND SÜDAFRIKA	REST DER WELT
			1833 – Abschaffung der Sklaverei löst Aufruhr unter den Buren aus 1834 – Die Rosswi (Simbabwe) werden vom Häuptling Zwangendaba am Berg Mambo geschlagen	1834 – Abschaffung der Sklaverei in den englischen Kolonien – Jagd auf illegale Sklavenhandelsschiffe
	1835 – Tod des Scheichs El Kanemi. Sein Sohn, Scheich Omar, schlägt den Mai von Bornu und setzt ihn ab (Ibrahim, Verbündeter Wadais; Ende der Dynastie der Saif im Jahre 1846) 1835 – Der Alafing von Ojo wird von den Truppen Ilorins getötet. Stadtstaaten folgen auf Ojo: Abeokuta (Egba), Ibadan, Ijaye, Ijebu – Aufstieg Odiennes 1837 – Abkommen über die Nachfolge zwischen Alfaya und Soria in Futa Dschalon. Gegenangriff des Darfur gegen Sabun – Tod Mohammed Bellos und Dynastenkonflikte 1838 – El Hadj Omar bei Scheich Hamadu von Massina	1836 – Gouverneur Sa da Bandeira in Angola schafft die Sklaverei ab		1837 – Thronbesteigung Königin Viktorias
1839-1874 – König Hussein führt Darfur, das von Zubeir Pasha bedroht wird 1840 – Türkischer Sieg im Fessan	1841 – Einführung Adamas in Jola am Benue. Brüder Ploermel treffen in Senegal ein 1843 – Ojo schlägt Ilorin in Oschogbo und bricht den Fulbedruck aus dem Norden	ab 1840 – Zivilisierung der Kuba – Eröffnung neuer Handelswege zu den Küsten im Westen und Osten	1838 – In der Schlacht am Blood River vernichtet Pretorius die Zulu von Dingan 1840 – Häuptling Kimaveri wird Führer der Schambala – Said von Maskat läßt sich auf Dauer in Sansibar nieder – Aufstieg der Hindu-Bevölkerung 1842 – Zweiter Treck. Gründung der Republik Oranje 1843 – Die Engländer annektieren die Natal-Provinz	1840 – Anglo-kanadische Unionsakte 1841 – Dardanellenvertrag zwischen der Türkei, Frankreich und England

Zeittafeln

1847 – Übergabe des Abd el Kader

1849/50 – Tod Mehmed Alis. Sein Nachfolger wird Abbas

1854 – Machtübernahme des Mohammed Said in Ägypten
– Gründung d. Suezkanal-gesellschaft

1855 – Einführung des Es Senussi in Djeraboud

1844 – Tod des Scheichs Hamadu und Zerfall Massinas
– Vertrag v. Bond an der Goldküste

1847 – Proklamation der Republik Liberia

1850 – Die Engländer kaufen die dänischen Forts an der Goldküste auf. El Hadj Omar verläßt Dinguiraye
– Die Hauptstadt Wadais wird von Wara nach Abeche verlegt

1850-1854 – Forschungsreisen von Barth

1850 – El Hadj Omar nimmt Kaarra ein

1854 – Faidherbe, Gouverneur des Senegal

1856 – El Hadj Omar verwüstet Bondu, dessen Häuptling pro-französisch eingestellt ist (Bubakar Saada)

1857 – El Hadj Omar wird vor Medine aufgehalten
– Gründung Dakars
– Wadai kämpft gegen Bagirmi, das dem Bornu El Kanemis einverleibt war. Vergeblich! Es dehnt sich daraufhin zum oberen Ubangi aus. Von 1875 an Zerfall, an dem Rabeh und die Mahdisten beteiligt sind, trotz des Bündnisses Wadais mit den Senussiten. Ein bemerkenswerter Souverän Ali Kolak (1858-1874)

1845 – Machtkämpfe im Innern. Die Häuptlinge Machame und Kilema von den Dschagga setzen sich durch, später der einäugige Häuptling von Moschi mit Namen Rindi

1848 – Rebmann, der Friedliche, der erste Weiße, der das Innere erforscht. Kraft folgt ihm

1850 – Rumanika, Häuptling der Karagwe. Der Aderlaß des Kontinents: jährlich werden 40 000 Sklaven an die Küste geliefert

ca. 1850 – Blütezeit der Massai

1856 – Tod des Sultans Seyyid Said
– Seine Besitzungen lösen sich auf
– Sultan Majib von Sansibar nimmt eine Vorrangstellung an der Küste ein

1857 – Ranavalona II. vertreibt die Europäer von Madagaskar
– Große Hungersnot bei den Xosa

1858 – Die Buren wagen es, gegen Moschesch anzutreten; Speke und Burton am Viktoriasee auf der Suche nach den Nilquellen

---

1848 – Februarrevolution und Zweite Republik in Frankreich
– Das Schoelcherdekret schafft die Sklaverei in den französischen Kolonien ab

1851 – Goldrausch in Kalifornien

1856 – Afrikan. Missionen v. Lyon

NORD- UND NORDOSTAFRIKA	WESTAFRIKA	ZENTRALAFRIKA	OST- UND SÜDAFRIKA	REST DER WELT
1859 – Regierungsantritt des Mohammed Sadok in Tunesien 1860 – Theodorus II. erstürmt Schoa und nimmt Menelik gefangen, der sich aber befreien kann 1863–1868 – Theodorus II. leistet den Europäern Widerstand. Als er in Magdala geschlagen wird, begeht er Selbstmord	1859 – Erste Joruba-Zeitung: *Iwe Irohin* 1860 – Kong kontrolliert Bobo 1861 – El Hadj Omar in Segu ab 1862 – Lat Dyor widersetzt sich mit verletzenden Äußerungen den Franzosen 1864 – Tod El Hadj Omars in Bandiagara – Samuel Crowther wird anglikanischer Bischof in Nigeria 1866 – Samori in Bisandugu dehnt seinen Einfluß auf die Provinzen Toron und Wasulu aus 1867 – Der Tukulor Ma Ba und Ali Buri Ndiaye leisten den Franzosen Widerstand – Fanti-Konföderation	1859–1891 – Pedro V., letzter »König« des Kongo	1860 – Die Ngoni spalten sich in Songea in zwei Gruppen. Sie drängen die Hehe zurück 1866 – Auf Sansibar unternimmt Livingstone seine letzte Reise – Integration der Njamwezi durch ihre Häuptlinge Manva Sera und Mirambo – Gründung Daressalams 1867 – Karl Mauch entdeckt das Gold von Tati (Matabeleland) 1868 – Entdeckung der Diamanten in Kimberley	1861–1865 – Sezessionskrieg in den Vereinigten Staaten
1869 – Eröffnung des Suezkanals		1869 – Misiri, König von Garganze (Katanga) – Die Pangwe am Oberlauf des Ogowe	1869 – Bekehrung der Königin von Madagaskar zum Protestantismus	1868 – Ministerium Gladstone – Grant, Präsident der Vereinigten Staaten 1869 – Vollendung der transkontinentalen Eisenbahn in den Vereinigten Staaten
1871 – Aufruhr des *Mograni* (Algerien) 1872 – Der Ras v. Tigre taucht aus dem äthiopischen Chaos auf unter dem Namen Johannes IV. Er stoppt den ägyptischen Vormarsch zum Roten Meer			1870 – Sultan Bargash übernimmt die Macht 1871 – Lobengula (Zulu) gewährt Th. Baines eine Abbaukonzession – Ägypten erweitert seinen Einflußbereich bis zum Oberlauf des Nil 1872 – Verheerender Wirbelsturm auf Sansibar – Mutesa von Buganda wird mit Waffen eingedeckt	1870 – Sedan 1871 – Abschaffung der Feudalherrschaft in Japan

Zeittafeln 755

1876 – Franz.-britische Finanzkontrolle über Ägypten. – Gordon, Gouverneur v. Sudan	1874 – Die Engländer bemächtigen sich Kumasis	1873 – Tod Livingstones. Sein Leichnam wird von seinen schwarzen Dienern 1 600 km weit bis nach Sansibar transportiert	1873 – Eroberung Hanois durch Fr. Garnier
	1876 – Allgemeines Wahlrecht für die vier Gemeinden des Senegals	1877 – Stanley durchquert den Kontinent von Sansibar bis Boma (Kongo)	1874 – Ministerium Disraeli – Brit. Wirtschaftskrise
1879 – Der Khedive Ismail wird abgesetzt	1878–1895 – Rabeh eignet sich mit dem Rest der Truppen des Sklavenhändlers Zubeir Paschas Bornu an. Wadai kann ihm Widerstand leisten; während sich Bagirmi befreien kann, verwüstet Rabeh Dar Kuti und das südliche Wadai	1879 – Prot. und kath. Missionare in Buganda. Erbitterter Konkurrenzkampf	1876 – In Brüssel wird die *Association Internationale Africaine* gegründet – Victoria, Kaiserin von Indien
1880 – In Algerien nimmt der Weinbau einen Aufschwung	1878 – Abkommen der Franzosen und Gleles über Kotonu	– Der zeitweise erfolgreiche Widerstand des Zuluhäuptlings Ceewayo wird von Wolseley gebrochen – Die Hehe werden von ihren Führern Muyugumba und Mkwawa geeint	
1881 – Abkommen v. Bardo. – Mohammed Ahmed wird zum Mahdi ernannt. – Putsch des Arabi Pascha. – Johannes IV. verhandelt mit Menelik, den er in der Folge aber verrät	1880–1884 – Französisch-britischer Handelskampf am unteren Niger zwischen UAC und CFAO	1880 – Gründung der *De Beers Mining Company*	
	1880 – Samori besetigt Morlaye Sisse	1881 – Dr. Emin Pascha leitet die Äquatorialprovinz für Ägypten	
1882 – Arabi Pascha wird in Teil el Kebir geschlagen. – Die Engländer besetzen Ägypten	1881 – Kita wird eingenommen – Erste Begegnung zwischen Franzosen und Samori – Samori bemächtigt sich Kankans und räumt Sere Brema aus dem Weg		1882 – Unruhen in Korea – Chinesisch-japanische Intervention – Leopold II. ruft die *Association Internationale du Congo* ins Leben
1883 – Slatin/Darfur v. d. Mahdisten überwältigt. – Menelik gründet Addis Abeba. – Konvention von La Marsa		1883 – Tippu Tip, der Sklavenhändler, bricht erneut mit 1 000 Gewehren ins Innere auf	
	1884 – Ahmadu verläßt Segu und wendet sich nach Nioro. Er setzt Muntaga ab	1884 – Per Telegramm kündigt Bismarck die Besitzergreifung Südwestafrikas durch das »Reich« an – Tod Mirambos und in der Folge Auflösung der Njamwezi	1884 – Beginn der Berliner Kongo-Konferenz

NORD- UND NORDOSTAFRIKA	WESTAFRIKA	ZENTRALAFRIKA	OST- UND SÜDAFRIKA	REST DER WELT
1885 – Rio de Oro wird spanisches Protektorat. – In Khartum stirbt Gordon. – Tod des Mahdi. – Abdullah wird sein Nachfolger	1885–1887 – Mamadu Lamine geht an der Spitze der Sarakole gegen die Franzosen vor 1886–1888 – Nach dem Vertrag von Bisandugu mit den Franzosen belagert Samori erfolglos Sikasso, das von Tieba verteidigt wird		1886 – Märtyrertode in Buganda – Man entdeckt das Gold vom Witwatersrand – Seyyid Bargash verfügt über 120 Zollstationen an der Küste 1887 – Gründung von – Johannesburg – Lobengula unterzeichnet weitre Konzessionen. – C. Rhodes gründet die *Goldfields of South Africa Ltd.* 1888 – Kardinal Lavigerie erhält von Papst Leo XIII. den Auftrag, eine Kampagne gegen die Sklaverei durchzuführen	1885 – Der Fall Khartums führt zu Gladstones Sturz – Die Vollendung der transkanadischen Eisenbahnlinie 1886 – Birma wird von Indien annektiert
1887 – Die Italiener werden in Dogali vernichtet	1887–1890 – Reise Bingers von Bamako nach Grand Bassam über Sikasso, Wagadugu und Kong			
	1888 – Das Joruraland (ausgenommen Ilorin) wird britisches Protektorat			1888 – Wilhelm II., Deutscher Kaiser – Abschaffung der Sklaverei in Brasilien 1889 – Konferenz von Brüssel – Brasilien Republik
1889 – Bei der Schlacht v. Metemma gegen die Mahdisten kommt Johannes IV. ums Leben. Menelik setzt sich durch und unterzeichnet mit den Italienern den Vertrag v. Uccialli. Sie gewähren ihm ein Darlehen und geben ihm Waffen	1889 – Karamoko Ule von Kong akzeptiert das französische Protektorat. Naba Wobgho übernimmt in Wagadugu die Macht 1891 – Ahmadu zieht sich nach Bandiagara zurück			
1893 – Menelik tilgt sein Darlehen und kündigt den Vertrag v. Uccialli auf. Er schlägt Frankreich die Konzession für die Eisenbahnlinie z. Roten Meer vor	1893–1898 – Babemba, König von Sikasso (Kenedugu) 1894 – Widerstand und Übergabe des Königs Gbehanzin von Abomey 1895 – Samori macht die Stadt Kong dem Erdboden gleich – Gründung des Generalgouvernements Französisch-Westafrika	1893 – Die Pangwe am Unterlauf des Ogowe	1893 – Mwanga von Buganda unterzeichnet einen Vertrag über das britische Protektorat – Dauernder Aufruhr der Matable, Maschona, Zulu und Hottentotten, in dem Land, das 1894 Rhodesien wird	1893 – Die Hawaii-Inseln werden Protektorat der Vereinigten Staaten 1894–1895 – Chinesisch-japanischer Krieg 1895 – Gründung der CGT

Zeittafeln

1900

1896 – Überwältigender Sieg Meneliks bei Adua über die Italiener. Der Vertrag v. Addis Abeba löst den von Ucciaili ab	1896 – Bokar Biro von Futa Dschalon gerät unter das französische Protektorat 1897 – Britische Strafexpedition gegen Benin – Einnahme Wagadugus durch die Franzosen 1896–1932 – Njoya, König der Bamum 1898 – Franzosen erobern Sikasso und nehmen Samori gefangen. Rabeh verwüstet Bagirmi und äschert Massenja ein			1896 – Chinesisch-japanisches Kondominium über Korea
1899 – Anglo-ägyptischer Vertrag über den Sudan, er wird Kondominium			1898 – Lord Delamere entdeckt die »Highlands« von Kenia 1899 – Beginn des Burenkrieges	1898 – Die Vereinigten Staaten entreißen Spanien die Philippinen und Puerto Rico. Unabhängigkeit Kubas
1900 – Regierungsantritt des Mulai Abd el Aziz in Marokko	1900 – Lord Lugard, Hochkommissar in Nigeria – Niederlage und Tod Rabehs in Kusseri – Tod Samoris in Gabun – Affäre um den »Goldenen Stuhl« von Kumasi			1900 – Gründung der *Labour Party* – Boxeraufstand in China
1901 – Französisch-marokkanisches Protokoll	1901 – Aschanti wird britische Kronkolonie		1905–1906 – Maji-Maji-Aufstand in Deutsch-Ostafrika	
		1908 – Leopold II. übergibt den unabhängigen Kongostaat an Belgien	1910 – Südafrikanische Union entsteht	
1913 – Tod Meneliks	1910 – Einführung des Kakaos an der Elfenbeinküste 1912 – Einigung Nigerias – Lugard Generalgouverneur 1913–1914 – Gründung der afrikanischen Kirche von Harris 1914 – Blaise Diagne, Abgeordneter des Senegals	1910 – Französisch-Äquatorialafrika wird geschaffen		1914–1918 – Erster Weltkrieg. Frankreich, England, Belgien und Südafrika bemächtigen sich der deutschen Kolonien in Afrika
1917 – Vollendung der Eisenbahnlinie v. Dschibuti	1917 – Blaise Diagne organisiert die Rekrutierung der »senegalesischen Schützen«			1917 – Große Oktoberrevolution in Rußland – Lenin ruft die Diktatur des Proletariats aus

NORD- UND NORDOSTAFRIKA	WESTAFRIKA	ZENTRALAFRIKA	OST- UND SÜDAFRIKA	REST DER WELT
1930 – Der Regent Tafari wird unter dem Namen Haile Selassie Nachfolger der Kaiserin Zauditu 1935 – Italien marschiert in Äthiopien ein 1936/37 – Die Italiener organisieren *Africa Orientale Italiana* (AOI) 1948 – Wahlsieg der Umma Partei (Sudan)	1920 – Frankreich und England teilen Togo unter sich auf – Obervolta und Niger werden Kolonien 1922 – *Firestone*-Plantage in Liberia 1923 – Die Eisenbahnlinie Dakar–Niger erreicht Bamako 1932 – Obervolta wird auf die Nachbarkolonien aufgeteilt 1934 – Abidschan, Hauptstadt der Elfenbeinküste 1936 – Genehmigung zur Gründung afrikanischer Gewerkschaften in den französischen Kolonien 1940 – Mißglückter Landeversuch englisch-französischer Truppen in Dakar 1946 – Gründung des RDA beim Kongreß von Bamako	1920 – Frankreich und England teilen Kamerun unter sich auf 1922-1934 – Bau der Eisenbahn vom Kongo zum Ozean 1929 – Matswa in Franz.-Kongo 1940 – Eboué (Tschad) spricht sich für den von General de Gaulle verkündeten Widerstand aus 1944 – Die Afrikanisch-Französische Konferenz von Brazzaville 1948 – Gründung der UPC mit Um Nyobe	1922 – Autonomie für Südrhodesien, Angliederung Nordrhodesiens an das *Colonial Office* 1925 – Gründung der *Kikuyu Central Association* mit Jomo Kenyatta 1941 – Der Anschluß der Südafrikanischen Union stärkt die Kraft der Alliierten gegen die Achsenmächte 1947 – Nationalistischer Aufstand in Madagaskar, gefolgt von einer blutigen Unterdrückung 1948 – Südafrikanische Union: Sieg der Nationalpartei von Malan: *Apartheid*	1919-1920 – Vertrag von Versailles. Die deutschen Kolonien werden ihren Eroberern als Völkerbundsmandate anvertraut 1922 – Faschistisches Regime Mussolinis in Italien 1930-1936 – Große Weltwirtschaftskrise 1933 – Faschistisches Regime Hitlers in Deutschland 1936 – Volksfront in Frankreich 1939-1945 – Zweiter Weltkrieg 1941 – England unterstützt den Kampf gegen Hitler 1943 – Schlacht von Stalingrad, Wende des Zweiten Weltkrieges 1945 – Die erste amerikanische Atombombe auf Hiroshima (Japan) – Gründung der UNO (Nachfolgeorganisation des Völkerbundes) 1946 – Vierte Republik Frankreich. »Union Française« 1947 – Die »Présence Africaine« (Paris) fördert die Bewegung der »Négritude« 1947-1949 – Triumph Mao Tse Tungs in China

1950 – Universität v. Addis Abeba	1950-1951 – Wahlen an der Goldküste. Nkrumah Regierungschef	1953 – Man beschließt die Föderation der beiden Rhodesien und Njassalands 1954 – Universität Lovanium (Belgisch-Kongo) 1955-1960 – Bewaffneter Kampf der UPC in Kamerun	1949 – Universität von Makerere 1950 – Die Südafrikanische Union weigert sich, Südwestafrika an die UNO zu übergeben	1955 – Afro-asiatische Konferenz von Bandung 1956 – Erster Kongreß schwarzer Schriftsteller und Künstler in Paris
	1956-1957 – »Rahmengesetz« gewährt den französischen Überseegebieten die Autonomie. L. S. Senghor ruft gegen die »Balkanisierung« Schwarzafrikas auf 1957 – Nkrumah verkündet die Unabhängigkeit Ghanas		1957 – In Ruanda, Manifest der Hutu. Gegenangriff der Tussi. Blutige Unruhen	
1958 – Ein Militärputsch bringt General Abbud an die Macht (Sudan)	1958 – Konferenz der unabhängigen Völker Afrikas in Accra (Ghana). Referendum über die französisch-afrikanische Gemeinschaft. Nur Guinea stimmt mit »Nein« und erreicht seine Unabhängigkeit 1958-1959 – Mali-Föderation	1959 – Tod Bogandas - In Kamerun herrscht die Politik El Hadj A. Ahidjos (Nationale Einheit)		1959 – In Kuba stürzen Fidel Castro und Che Guevara die Batista-Diktatur und errichten ein sozialistisches Regime 1960 – Die europäischen Länder gewähren zahlreichen afrikanischen Ländern die Unabhängigkeit - John F. Kennedy, Präsident der Vereinigten Staaten
	1960 – Ghana wird Republik - Azikiwe, Generalgouverneur von Nigeria	1960 – Im Kongo wird Kasawubu Präsident und Lumumba Regierungschef. M. Tschombe verkündet die Sezession Katangas 1961 – Lumumba wird ermordet	1960 – Massaker in Sharpeville, Südafrika 1961 – Unabhängigkeit Tanganjikas - Proklamation der Republik Südafrika	
1962 – Nach achtjährigem Freiheitskampf erlangt Algerien seine Unabhängigkeit			1962 – In Uganda teilen sich M. Obote (Premierminister) und Mtesa (Präsident) die Macht	1962 – Zweites Vatikanisches Konzil - Unterzeichnung des Abkommens von Evian zur Regelung des Algerienkonflikts

NORD- UND NORDOSTAFRIKA	WESTAFRIKA	ZENTRALAFRIKA	OST- UND SÜDAFRIKA	REST DER WELT
1963 – Gründung der OAE in Addis Abeba und Verabschiedung der Charta	1963 – Ermordung S. Olympios (Togo)		1963 – Unabhängigkeit Kenias	1963 – Enzyklika *Pacem in Terris* von Papst Johannes XXIII. – Ermordung Präsident Kennedys
			1964 – Revolution auf Sansibar. Der Sultan wird verjagt. Durch die Union von Tanganjika und Sansibar wird Tansania geschaffen – Unabhängigkeit von Sambia und Malawi	1964 – Martin Luther King, Friedensnobelpreis – Sturz Chruschtschows
		1965 – Tschombe wird abgesetzt. General Mobutu übernimmt die Macht	1965 – Ian Smith proklamiert einseitig die Unabhängigkeit Rhodesiens 1966 – Unabhängigkeit für Lesotho und Botswana	1965 – In Algerien übernimmt Boumedienne die Macht
	1966 – Ein Militärputsch stürzt Nkrumah in Abwesenheit. – Blutige Unruhen in Nigeria. General Y. Gowon übernimmt die Macht – Obervolta. Bei einer Volkserhebung entreißen die Militärs (General Lamizana) M. Yameogo die Macht 1967 – Ojukwu verkündet die Sezession Biafras		1967 – In Tansania verkündet die Erklärung von Arusha die Prinzipien eines afrikanischen Sozialismus 1968 – Unabhängigkeit für das Swasiland (Ngwane)	1967 – Sechs-Tage-Krieg zwischen Israel und den arabischen Grenzstaaten 1968 (Mai) – In Paris läßt die Polizei die Sorbonne räumen
1969 – Erstes Panafrikanisches Festival in Algier	1970 – Ende des Biafra-Aufstandes	1968 – Nach einer Zeit voller Unruhen wird M. Nguabi Präsident von Kongo-Brazzaville – RCA, »Operation Bokassa«	1971 – Durch einen Militärputsch wird M. Obote (Uganda) gestürzt	1969 – Mondlandung der Amerikaner – Tod Ho Chi Minhs 1970 – Salvador Allende in Chile – Tod Gamal Abd el Nassers 1971 – VR China in der UNO

Zeittafeln

1972 – Konferenz der Staats-chefs der OAE in Rabat. Auf der Tagesordnung: die natio-nalen Befreiungsbewegungen 1972 (März) – Autonomie für den Süd-Sudan	1972 – In Ghana wird K. Busia von den Militärs abgesetzt – Tod F. Kwame Nkrumahs 1972 (März) – Die OMVS (Organisation pour la mise en valeur du Fleuve Sénégal) wird ins Leben gerufen – Präsident Sekou Toure erklärt: »Von jetzt an wird, wer seine Muttersprache weder lesen noch schreiben kann, in Guinea keine Verantwortung tragen« 1972 (April) – Umstellung von Links- auf Rechtsverkehr in Nigeria – Gipfelkonferenz der OCAM in Lome. Gründung der CAMES (Conseil Africain et Malgache pour l'Enseignement Supérieur) 1972 (Juni) – Bamako, Vertrag zur Konstituierung der CEAO (Communauté Economique de l'Afrique Occidentale Francophone = Westafrikanische Wirt-schaftsgemeinschaft) 1972 (Juli) – Konferenz der Allianz der kakaoprodu-zierenden Länder in Lome 1972 (Sept.) – Kerekou, Putsch in Dahome; der 15. in den zwölf Jahren der Unab-hängigkeit 1972 (Nov.) – In Lome plädiert Präsident Eyadema vor Präsident Pompidou für die Angleichung des CFA-Franc an den FF	1972 – Kampagne Präsident Mobutu Sese Sekos für die »Authentizität« in Zaire 1972 (Juli) – Abkommen Zaire-Guinea, Bauxit Guineas soll mit der elek-trischen Energie vom Inga-Wasserkraftwerk verarbeitet werden 1972 (Aug.) – Ermordung des Dr. Outel Bono in Paris	1972 – Als Folge einer Volks-erhebung gibt Tsiranana seine Macht ab (Madagaskar) 1972 (Mai) – Pearce-Rapport über Rhodesien: Die Afrikaner lehnen das Minoritäten-Regime ab – Stammeskämpfe in Urundi 1972 (Aug.) – Idi Amin ver-treibt die Asiaten aus Uganda	1972 – Präsident Nixon in Peking 1972 (Jan.) – Erste Versamm-lung des Sicherheitsrates der UNO in Addis-Abeba: Tagesordnung – Kampf gegen den Rassismus und Kolonialismus 1972 (Nov.) – Nach Ver-trauensfrage wird Willy Brandt wiedergewählt; »Ostpolitik« 1972 (Dez.) – Gründung des arabischen Entwicklungs-fonds (FAD)

NORD- UND NORDOSTAFRIKA	WESTAFRIKA	ZENTRALAFRIKA	OST- UND SÜDAFRIKA	REST DER WELT
	1973 (Jan.) – Einführung des dezimalen Währungssystems und des metrischen Systems in Nigeria – Ermordung des Amilkar Cabral in Conakry		1973 (Jan.) – Rhodesien schließt seine Grenze zu Sambia – Madagaskar tritt aus der Franc-Zone aus	1973 (Jan.) – Ende des Vietnamkrieges
1973 (April) – Geburt der USPA (Union Syndicale Pan-Africaine) in Addis Abeba		1973 (April) – Ange Diawara, ein Gegner des kongolesischen Regimes wird im Busch umgebracht		1973 (Febr.) – Freier Wechselkurs in 6 von 9 EWG-Ländern 1973 (April) – Tod Picassos
1973 (Juni) – Die neue Währung, Uguya, wird in Mauretanien in Umlauf gebracht	1973 (Juni) – Komplott an der Elfenbeinküste; 12 junge Offiziere inhaftiert			1973 (Mai) – Watergate-Affäre belastet Nixon
1973 (Sept.) – Eröffnung der Gipfelkonferenz der blockfreien Länder in Algier. Präsident Boumédienne bringt die Idee einer neuen, internationalen Wirtschaftsordnung in Umlauf	1973 (Sept.) – Wagadugu, Gründung des CILSS (Comité Inter Etats de lutte contre la sécheresse au Sahel) – Unabhängigkeit von Guinea-Bissau 1973 (Nov.) – Gründung der BOAD (Banque Ouest-Africaine de Développement)	1973 (Aug.) – In Sambia Zwang zur Einheitspartei	1973 (Juli) – Militärputsch in Ruanda. C. Kayibanda wird durch Habyarimana ersetzt	1973 (Sept.) – 23. Sitzung der Weltgesundheitsorganisation in Afrika. Thema: Medizin. Versorgung der Massen 1973 (Sept.) – Militärputsch in Chile. Präsident Allende wird ermordet
1973 (Dez.) – Dritter Internationaler Kongreß der Afrikanisten	1973 (Dez.) – In Dakar wird ein Vertrag über eine westafrikanische Währungsunion (francophon) unterzeichnet			1973 (Dez.) – Dritter Weltkongreß von Amnesty International zur Abschaffung der Folter 1973 (Dez.) – Die UNO fordert die Rückgabe enteigneter Kunstwerke 1973 (Dez.) – 1. Phase der Friedensgespräche in Genf

1974 – In Addis Abeba verkündet Dergue den Sozialismus 1975 (Jan.) – Verstaatlichung der Finanzunternehmen in Äthiopien 1975 – Beschluß über die Gleichberechtigung der Frau in Somalia 1975 (Febr.) – Tod der Um Kalsum, einer ägyptischen Sängerin, »Stern des Orients« genannt 1975 (Febr.) – Rebellion Eritreas gegen Äthiopien 1975 (Febr.) – In Addis Abeba stoßen bei einer Sitzung der OAE die Anhänger und Gegner eines Dialogs mit Südafrika aufeinander	1974 (Jan.) – Flugzeugunglück von Sarakawa (Togo). Präsident Eyadema entkommt und nimmt eine härtere Position gegen den Kolonialismus ein 1974 – Verwaltungsreform in Ghana 1975 (Febr.) – Rohstoffkonferenz der Dritten Welt in Dakar 1975 (April) – Verhaftung von Djibo Bakary und von Sani Sido in Niamey 1975 (Mai) – Abidschan: Treffen des südafrikanischen Premierministers mit Präsident Houphouet Boigny in Yamoussoukro 1975 (Juli) – Drei-Mächte-Gipfeltreffen in Conakry; Obervolta, Mali, Guinea. Man will die Grenzstreitigkeiten zwischen Mali und Volta regeln – Präsident Sekou Toure kündigt die Wiederaufnahme diplomatischer Beziehungen mit Frankreich an	1974 – Verfassungsreform in Zaire 1975 (Jan.) – »Zaïrisierung« der Unternehmen – Abkommen von Alvor 1975 (März) – RCA erklärt sich bereit, mit Südafrika zusammenzuarbeiten – Mord an H. Chitepo, Präsident der ZANU in Lusaka 1975 (April) – Militärputsch in N'Djamena. Ngarta Tombalbaye wird getötet und von General F. Mallum ersetzt 1975 (Juni) – Die 44. Konferenz der OPEC in Libreville entscheidet, den Ölpreis zu erhöhen 1975 (Juli) – Unabhängigkeit von São Tome und Principe 1975 (Aug.) – Mobutu: »Die Cabinda-Frage muß von dem Problem Angolas getrennt werden«	1975 (Febr.) – Ermordung des Oberst Ratsimandrava (Madagaskar) 1975 (Juni) – Unabhängigkeit Moçambiques 1975 (Juli) – Verbot für die schwarzen Krankenschwestern, sich in den Kliniken Transvaals um weiße Kranke zu kümmern – Die Komoren erklären sich für unabhängig – Die OAE beschuldigt Frankreich, auf Mayotte Truppen gelandet zu haben	1974 (April) – Ende des Regimes von Salazar und Caetano 1974 (Aug.) – R. Nixon tritt zurück 1975 (März) – Ermordung König Feisals (Saudiarabien) 1975 (März) – Bei der Konferenz der Organisation der Vereinten Nationen für industrielle Entwicklung in Lima Erklärung der Länder der Dritten Welt über die Industrieproduktion 1975 (April) – Fall Saigons. Die Revolutionstruppen ziehen in die Stadt ein 1975 (Juni) – Wiedereröffnung des Suezkanals

NORD- UND NORDOSTAFRIKA	WESTAFRIKA	ZENTRALAFRIKA	OST- UND SÜDAFRIKA	REST DER WELT
	– Militärischer Staatsstreich. Y. Gowon wird abgesetzt (Nigeria)			
1975 (Okt.) – Der Internationale Gerichtshof v. Den Haag bekräftigt erneut das Recht der Bevölkerung der westlichen Sahara auf Selbstbestimmung 1975 (Dez.) – Die UNO empfiehlt die Selbstbestimmung für die Saharabewohner			1975 (Sept.) – Tansania und Moçambique unterzeichnen ein wirtschaftliches und ideologisches Abkommen – Ratsiraka kündigt die Verstaatlichung der Bodenschätze an	1975 (Sept.) – Unabhängigkeit des Papua-Territoriums Neuguinea 1975 (Okt.) – Bürgerkrieg im Libanon
	1975 (Dez.) – Dahome wird Volksrepublik Benin	1975 (Nov.) – Trotz der Ermahnungen der OAE verkündet die MPLA die Unabhängigkeit Angolas	1976 (Jan.) – D. Ratsiraka, Präsident der Demokratischen Madagassischen Republik – Präsident Mizombero (Urundi) wird von Oberst J. B. Bagaza abgesetzt – Das MMM (Mouvement Militant Mauricien) setzt sich bei den Wahlen durch 1976 (Juni) – Unabhängigkeit der Seychellen 1976 (Juli) – Unabhängigkeitserklärung der Komoren	
	1976 (Febr.) – Ermordung des Generals Murtala Mohammed, Staatschef Nigerias			
	1977 (Jan.) – Luftangriff auf Kotonu (Benin)	1976 (Okt.) – Genfer Konferenz über Simbabwe		

Register

A

Abalessa 87
Abdallah 431
Abdallah, A. 581
Abdallah ben Ali 324
Abd el Kader 243, 307
Abdul Malik 206
Abe 465
Abeche 308
Abeokuta 296
Abkal Ould Audar 259
Abla Poku 276
Abomey 236, 293, 295, 462
Abron 277
Abubakaris 136
Abu Issak 137
Abuna 93, 121, 187
Abu Yazid 154
Abu Yussuf 103, 118
Accra 284, 286, 541, 585 f., 608, 644
Adal 120, 198, 210 f.
Adama 391 f.
Adamaua 158, 392 f.
Addis Abeba 434, 509, 643, 652
Adua 433, 508
Adulis 123
AEF (Afrique Equatoriale Française – Frz.-Äquatorialafrika) 471, 477
Afalou Bou Rhummel 44, 74
Afar 580 f., 645
Africanthropus 42
Agades 148
Agadscha 294
Agni 80, 274
Agokoli 291
Ägypten 59 ff., 154, 649
Ahidjo 574 f.
Ahmadu von Segu 459 f.
Ahmed Baba 153

Ahmed Bokor 308
Aho (Wegbadscha) 293
Aicha 303
Ain Farah 121
Aïr 87, 138, 148, 171
Ajayi 157, 545
Akan 159, 274, 276
Akim 286
Akwamu 181
Akwapim 286
Alexander VI. (Papst) 220
Alexandria 92 f., 120
Alfa Ba 250
Alfa Jaja 479
Alfonso 212, 191
Algeciras 117
Algerien 522, 565
Ali Buri Ndiaye 456, 458, 460
Ali Kolen 145
Al Maqqari 143
Almohaden 118
Almoraviden 105, 113 ff.
Aloa 119
Alvarez, Francisco 186, 210
Amadu Bamba 481
Amara Dunkas 201
Amda Seyon 184 f.
Amin, I. 604, 626
Amina 155
Angola 190, 224, 358, 498, 589, 617 f., 620 f., 622, 624, 641
Aniaba 280
Anokye (Okomfo) 284
Ansar 650
Antonio 357
Anzique 357
AOF (Afrique Occidentale Française – Französisch-Westafrika) 470, 472, 477, 555, 567
Apithy 559, 564, 572, 691
Äquatorial-Guinea 652

Araber 102, 119, 126, 145, 198 f.
Arboussier, G. d' 559
Archanthropinen 42
Archinard 415 f., 425, 459 f.
Arguin 222
Aribinda 259
Arma 272
Asiento 221, 357
Askia 148 ff.
Aspelta 68
Asselar 47, 74
Assinie 281
Assyrer 63, 67 f.
Aschanti 179, 260, 274, 283, 286 ff., 289, 446, 486, 531, 541
Aschantihene 290
Aterien 43
Äthiopien 123 ff., 184, 210, 313, 508, 641 f., 648
Atlanthropus 42
Audoghast 107, 171
Aujo 305
Australanthropinen 40
Australopithecus 38
Awlil 104
Awolowo 546
Axum (Aksum) 90, 121 f., 187
Azania 94 f.
Azikiwe, N. 532, 544

B

Babemba 461
Badari-Kultur 75
Bafur 105 f., 179
Baga 139
Bagamajo 339
Bagirmi 307
Bagoda 155
Bahima 193

Bahr el Ghasal 304, 428 f.,
432, 502
Bakaffa 316
Bakary, Djibo 571
Baker, S. 336, 428
Bala Faseke 134
Ba Lobbo 266, 273
Bamako 134, 410, 559,
578
Bamangwato 493
Bambara 106, 131, 144,
180, 253, 255, 401, 475
Bambuk 112, 135
Bamileke 311, 495, 574
Bamum 312
Banda, H. K. 608
Bandiagara 147
Bandiugu Diarra 460
Bandung(-Konferenz)
521, 562
Bantu 95, 188, 330, 362,
365 f.
Bantustan 635 f., 639
Baol 242 f., 454, 456
Bargash 344 f., 448
Bariba 165, 181
Barotse 361, 367, 605,
612
Barth 236, 440
Bassari 231
Bassi 109, 117
Basuto (Sotho) 367, 387,
628
Basutoland 367, 492,
641
Bateke 190, 357
Baule 80, 260, 276, 557
Bautschi 89, 305
BDS 555
Bedscha 89, 92, 121, 123
Begho 179 f.
Beira 492, 617
Belgische (Kolonien, Kolo-
nisierung) 501 ff., 582
Belgisch-Kongo 501 ff.,
582 ff., 692 f., 701 f.
Bemoy 244
Benedetto Dei 178
Benguela 358, 589
Benin 163, 165 ff., 187,
224, 291, 299, 483, 593
Benin (VR) 572
Berber 85, 104, 141, 145,
174

Berliner Konferenz 344,
426, 444 f., 447, 501
Betschuanaland 493, 629,
643
Biafra 547
Bida 176
Bilali 417, 425
Bilma 159, 171
Binger 446
Bisa 181, 267
Bisandugu 412, 414
Bismarck 447
Biton Kulubari 254
Bitu 180
Bled es Sudan 104, 389
Blemmyer 89, 119, 121
Blood River 366
Bobo 134, 181, 279, 413,
570
Bobo-Diulasso 175, 558,
560
Boganda 576
Bokasso 577
Bondu 139
Bonduku 179 f.
Bonnel de Mezières 106,
110 f.
Borgu 165, 177
Bornu 136, 158 f., 303 ff.,
307, 391
Botha 493
Botswana 641, 643
Bou Kalhum 310
Boyd Lennox 592
Bozo 143
Brak (König) 242 f.
Brakna 241
Brasilien 216, 232, 360
Brasilien-Afrikaner 236
Brazza 447
Brazzaville 478, 552 ff.,
556, 563, 585
Britische (Kolonien, Kolo-
nisierung) 366 ff., 484 ff.
Britisch-Ostafrika 591
Britisch-Somlialand 647
Britisch-Westafrika 539
Britisch-Zentralafrika 604
Brue, A. 241
Buganda 330, 332, 337,
340, 490, 591, 600,
602 f.
Buha 335
Bulala 159, 307

Buna 180, 277
Bunjoro 332, 336, 329,
603
Bure 130, 241
Buren 362, 365 ff., 628
Burgiba 522
Burton 441
Busia 542
Bussa 181, 440
Bussuma 262 f.
Buschmänner 188, 362
Bwa 257

C

Cabinda 444
Ca da Mosto 139
Caillié, René 440
Calvin 362
Cameron 318, 344, 447
Cape Coast 287
Capsien 44, 48
Casamance 140, 216, 457
CASL (Gewerkschaft) 525
Cassange 361
CATC (Gewerkschaft) 525
Cayor 99, 242, 454 f.
Cecwayo 368
Césaire, A. 527
CFTC (Gewerkschaft)
524
CGT (Gewerkschaft) 524
CGTA (Gewerkschaft)
525
Cheops 61, 78
Chephren 77
Chilembwe, J. 466
China 521 f., 588, 612,
626, 657
Chipembere 610
CILSS 571
Ciskei 639
CISL 707
Claude 210 f.
Clapperton 309, 439
Colbert 221, 227
Commonwealth 615
Conakry 447, 567, 622
Coulibaly 561, 570
Coussey 541

Register

CPP 525, 540 ff.
Cro-Magnon 47, 74
Crowther 302

D

Da Bandeira, Sa 360
Dacko, D. 576
Dagari 181
Dagomba 257, 281 f.
Dahome 99, 187, 292, 295 f., 298, 564, 569, 572
Dakar 471, 475, 478, 553, 563
Danakil 185
Danquah, J. B. 539
Darb el Arbain 171
Daressalam 342, 591, 612, 629
Darfur 90, 171, 201, 308
Daud, Askia 139, 205, 258
Daura 154
Daurama 154
Debra Damo 184
De Gaulle 565, 568, 585
Deir el Bahari 62, 65, 90
Dendi 145, 147, 150
Denham 158, 309, 439
Denianke 243
Denkyira 283
Deutsche (Kolonien, Kolonisierung) 494 ff.
Deutsch-Südwestafrika 640
Dhlodhlo 195
Dia 105, 145
Dia Aliamen 145
Dia Kossoi 145
Dialonke 139, 247, 250
Dia Mamadou 555, 556
Diarra 105, 139, 272, 401
Dicko Amadu 566
Diego de Suza 326
Diego Gomez 139, 245
Dien Bien Phu 561
Dingan 366
Dingiswayo 383

Dinka 328
Diokletian 89
Diori Hamani 571, 703
Diula 106, 140, 180, 277, 279, 402 f., 424
Diulasso 471
Djolof 135, 139, 176, 242, 482
Djolofing 135
Djudar, Pascha 206
Dodowa 287
Dogon 80, 231, 257, 477
Drawiden 74
Dschagga 339, 356, 359, 361, 464
Dschallo 271
Dschebel Barkal 66
Dschelgodschi 266
Dschenne 139, 147, 150, 176 f., 180, 209, 272
Dschibo 266
Dschibuti 433, 580 f., 645
Dschoddala 104
Duala 495 f.
Du Bois 688
Du Chaillu 349
Dunama I. 158, 306
Dunama II. 158

E

Egba 164, 300
El Bekri 105 f., 107, 109 f., 114, 131, 145
El Edrisi 104, 179
Elfenbeinküste 274, 556, 564, 570
El Hadj Omar (Tall) 307, 382, 397 ff.
El Kanemi 307, 309, 391
El Masudi 125, 196
Elmenteita 46 f.
Elmina 216, 221, 284
El Obeid 429
El Omari 137, 140
Emin Pascha (Schnitzer) 336, 428
Engaruka 193
Entebbe 604
Eritrea 433, 644

Erythräisches Meer 92
Es Sadi 23, 106, 147, 178
Eware der Große 166
Ewe 291 f., 573
Ezanas 92, 121

F

Faidherbe 399 f., 483
Faijum 74, 76
Falascha 91
Famaghan Tieba 279
Famaghan Wattara 279
Fang 219, 344, 531
Fanon, F. 624
Fanti 285 f.
Faschoda 331, 450, 502
Fazilidas 315
F.E.A.N.F. 528
Fernando Poo 301, 652
Fes 113, 138
Fessan (Fezzan) 47, 171, 310
F.L.N.A. 624 f.
Französische (Kolonien, Kolonisierung) 470 ff., 550
Freetown 247, 488, 548
F.R.E.L.I.M.O. 623, 705
Frobenius 169
F.R.O.L.I.N.A.T. 580
Fula-Kunda 250
Fulbe 56, 147, 249 f., 271, 305 f., 309, 390 ff., 446
Ful, Fulfulde, Fulani 253
Fumban 313
Fung 201, 316
Fur 201, 308
Futa Dschalon 119, 139, 243, 249, 253, 423
Futa Toro 105, 139

G

Gabun 344, 473, 476 f., 565, 577 f., 652

Galam 118
Galla 212, 317
Gambia 139, 216, 241,
    489, 550
Gamble's Cave 46
Gamblien 36
Gana 106 ff., 117
Gao 136, 138, 145 ff.,
    152, 259
Garamanten 85 f., 98, 171
Garenganze 361
Garvey 540, 688
Ge'ez 90, 93
Ghana 489, 539 ff., 562,
    564, 573, 607
Ghezo 235, 295, 297
Gizenga 587
Gladstone 369
Glele 297
Gobir 154, 305, 391
Goldküste 224, 281, 486
Gomboro 266
Gondar 315, 337
Gondscha 179 ff., 270,
    281 f.
Gordon 429
Gorée 221, 225, 241
Granville, Sharp. 247
Granye 210, 317
Grimaldi 46
Griqualand 365
Grunitsky, N. 574
Guedit 123
Guerze 176, 249
Gueye, L. 555 f., 563,
    571
Guinea 190, 216, 249, 473,
    543, 564, 566 f., 617
Guinea-Bissau 622
Gunguhana 465
Gurma 145, 150, 261,
    267
Gurunsi 181, 257, 264
Gwandu 394
Gwiriko 279, 413

H

Hafsiden 118, 159
Haile Selassie 434, 508,
    642 ff.

Hamadi Dicko 272
Hamadu Seku 255, 272 f.,
    456
Hamdallaye 272 f.
Hamiten (Khamiten) 25,
    330
Hammarskjöld, D. 587
Hanno 84
Harkhuf 64
Hassan 241
Haussa 83, 119, 140, 145,
    154 ff., 177, 179 ff., 391
Hawkins, John 220
Hedjas 148, 152
Hegel 24
Hehe 339, 464
Heinrich der Seefahrer
    214, 216
Herero 464
Herodot 76, 78, 84, 85 f.,
    98
Hertzog 605
Hima 330
Hindu (in Afrika) 601
Hodh 106, 241
Hoggar 171
Holden, R. 620, 624
Hombori 148, 150, 178
Hottentotten 96, 188,
    362 f., 464
Houphouet Boigny 531,
    557, 559 f., 563, 570
Hutu 331, 333, 589
Hyksos 62, 65, 98

I

Ibadan 300, 545
Ibn Battuta 141, 144, 170,
    179, 198, 200
Ibn Khaldun 103, 107,
    131, 159, 171
Ibn Yasin 113 f.
Ibo 163, 300, 544
Ibn Haukal 106, 112,
    174
Idris Alaoma 303 f., 309
Ife (Ile Ife) 163 f., 300
Igombe Ilede 95, 189
Ijebu 164

Ileo 586
Ilescha 164
Ilorin 154, 300
Ilunga 354
Indien 521
Inyanga 95, 195
Ismael 149
Ishak I. 149
Ishak 205
Italienisch-Somali 647

J

Jadega 262
Jako 266
Jakpa 282
Jaluo 328
Jao 339, 492
Jassu 313, 316, 434
Jatenga 138, 262, 264,
    266, 570
Jaunde 495, 574
Jemen 211, 145
Jendabri 267
Jendi 264, 282
Jennenga 260
Johannes (Priester) 214 f.
Johannes 318
Johannesburg 369, 632
Joruba 163 ff., 177, 299,
    486, 546
Jos 393, 489

K

Kaarta 253, 399
Kabaka 332, 490, 601
Kabre 193, 231
Kadiriya 409
Kafue 42, 612
Kagerien 36, 40
Kahena 103
Kairuan 102
Kakongo 190
Kalondji, A. 586
Kamasien 36

Register

Kamerun 311, 494, 573 ff.
Kandaken 68, 89
Kanem 99, 152, 158 f., 391
Kangaba 134
Kango 265
Kaniaga 130, 138
Kanjerien 36
Kankan 402, 405, 408, 419
Kankan Mussa 137
Kano 140, 152, 154, 176 f.
Kanta 148, 156
Kanuri 83, 158
Kapverdische Inseln 623
Karagwe 332, 340
Karfo 263
Karthago 84, 85, 86
Karume, A. 594
Kasai 96, 349, 582, 587
Kasawubu 531, 577, 585 ff., 588, 624
Kassa 317
Katanga 583, 587, 611
Katsena 140, 154, 177, 205, 305, 391
Kauar 102, 154, 171, 307
Kaunda, K. 607, 610, 642
Kawawa 595
Kebbi 148, 154, 156
Keita, M. 565, 567, 569
Keme Brema 411, 415, 423
Kenedugu 280
Kenia 193, 200, 490, 591, 593, 595, 597
Kenyatta, J. 595 ff., 599
Kerma 64
Khama 367, 493
Khami 95, 195
Khartum 74, 76, 428, 430, 648
Khoisan 188, 362
Kikuju 338, 490, 595, 598, 599 f.
Kilwa 125, 198 ff., 321, 323
Kilwa Kisiwani 125
Kirdi 393
Kirina 134
Kissidugu 133
Kisuaheli 507
Kitchener 432, 449, 648

Koceila 102
Kofi Karikari 288
Koli Tenguella 139, 243
Kolumbus, Chr. 216
Kom 263
Komoren 581
Kong 179 f., 265, 278 f., 413, 426
Kongo 189 ff., 212, 356, 477, 501, 576 f., 582
Konianke 139, 231
Konstantinopel 186
Kordofan 201, 308, 429
Korogho 558
Kororofa 154, 304
Kosmas 92, 95
Kosoko 237
Krüger 368
Kuba 159, 189, 331, 351, 626
Kukia 145, 154
Kulubari Mamari 27, 253 f.
Kumasi 175, 284, 489
Kumbi 110 ff., 130, 145
Kumdumye 262
Kusch 63, 66 f., 330
Kwaku Dwa 287
Kwaku Dwa (Prempeh) 288, 486
Kwango 189, 358
Kwanza 189, 358

L

Lagos 546 f.
Lalibela 124, 184
Lalle 264
Lamu 200
Landuma 139, 244
Lat Dyor Diop 454 ff.
Latrille 557
Lebna Dengel 184, 210
Lebu 474
Lele 348
Lemtuna 104, 113 f., 118
Lesotho 641
Leo XIII. (Papst) 229

Leo Africanus 151, 170, 179
Leopold II. 361, 368, 443, 449, 501
Leopoldville 584
Liberia 244 f., 248, 509, 641
Libreville 478, 578
Libyco-Berber 96
Libyen 580
Lisette 579
Livingstone 360, 442, 517
Loango 190
Lobengula 369, 389
Lobi 140, 180 f., 260, 447
Lovanium 584
Luba 81, 188 f., 354, 452
Ludwig XIV. 363
Luedschi 355, 361
Lugard, F. 449, 463, 484
Lumumba, P. 577, 585 ff., 624
Lunda 189, 354
Luthuli, A. 629, 631
Luo 193, 327, 329, 599 f.
Lyttelton 597

M

Ma Bâ 455
MacLean 287
MacLeod 592
MacMillan 608
Magdala 318
Magellan 216
Maghreb 102 f., 138, 144, 174, 244, 567
Mahdi 382, 427 ff.
Mahi 295
Mahmud Kôti 106, 142
Maji-Maji 464
Makalien 36
Makuria 119
Malan, Dr. 632
Malawi 193, 607, 609 f.
Mali 131 ff., 138, 139 ff., 174, 244, 567
Mali-Föderation 569
Malikiten 115 f.

Malindi 126, 198, 200, 320
Malinke 131, 139 f., 180
Mamadu Lamine Drame 457
Mampursi 257 ff.
Mandara 309, 392
Mande 106, 131, 139, 155, 179 ff., 274, 279, 548
Mandela, N. 629 f., 632, 636
Mangbetu 346
Mani-Kongo 80, 189, 191, 212, 350, 357 f.
Mankesim 486
Mansa Suleiman 138
Mansa Wule 136
Mapungubwe 195
Marchand 450
Margai, M. 549
Marka 106, 180
Marokko 205, 171, 522, 562
Marrakesch 116
Massai 83, 193, 338, 490
Massina 119, 138, 147, 266, 271 ff.
Maschona 331, 370
Maschonaland 195, 491
Matabele (Ndebele) 366, 370, 388
Matabeleland 369, 388, 491
Matope 197
Mau-Mau-Bewegung 538, 595
Mauren 243
Mauretanien 104, 241, 572 f.
Mauritius (Insel) 616
Mazrui 322
M'ba, L. 578
Mbanza Kongo 190
Mbata 189
Mbida, A. M. 574
Mboya, T. 597, 599 f.
Mechta el Arbi 46, 74
Medine 399
Mehemet Ali 201, 427
Mekka 104, 123, 136, 148
Mende 247
Menes 76
Menelik 91
Menelik II. 382, 433 ff.

Menin 109, 117
Meroe 63, 89, 159
Mirambo 335, 340
Mobuto, S. S. 587 f., 589, 624
Moçambique 324, 328, 465, 498 ff., 616, 617, 622 f.
Moffat 369, 607, 611
Mogadischu 125, 198, 200, 341, 646 ff.
Mogho-Naba 81, 182, 268, 479, 558, 560
Mohammed II., Askia 149
Mohammed Bello 394 f.
Mohammed Rimfa 155
Mohammed Sylla 148, 258
Mombasa 125, 320 f., 624
Monomotapa 195, 325 f., 331
Monroe-Doktrin 657
Monrovia 248
Mopti 176, 178
Moroka 631 f.
Moschesch 367, 492
Mossi 81, 148, 255, 257 f., 259, 268, 331, 446, 479
Mossi-Dagomba 268 ff.
M.P.L.A. 578, 589, 624
Muriden 482, 556
Mussa, Askia 149
Mussa Keita 132
Mutapa Mwene 197, 325
Mutesa 335 ff., 532
Mutesa II. 601, 603
Mzilikazi 388

N

Nachtigal 447
Nakurien 36
Nakuru 599, 625
Namibia 626, 640 f.
Nandi 193, 338, 383
Napata 66 f., 89
Nare Famaghan 133
Narmer 62
Nasser 522
N.C.N.C. 544
N.C.R. 543
N'Djadia Ndiaye 118, 242

Neanthropinen 46
Necho 83, 94
Neto, A. 619, 624
Niani 135
Niger 134, 145, 440, 474, 569, 571
Nigeria 485, 543 ff.
Nil 59, 85, 201
Nioro 399, 400, 455
Ngazargamu 306
Ngola 356, 358
Ngolo Diarra 254
Ngoni 339, 340, 388, 492
Nguni 125, 189, 328, 382, 383 ff., 388
Njamwezi 340, 424
Njassaland 492, 605 f., 608 f.
Njoya 313
Nkole 331 f., 603
Nkomo 613 f.
Nkrumah, K. 532, 539 ff., 608, 624
Nkumbula 610 f.
Nobatia 119
Nok 88
Nubien 64, 119 ff.
Nuer 328
Nupe 154, 176
Nsundi 189
Nyako 416
Nyerere, J.-K. 592 f.
Nyikango 329 f.
N.Y.M. 544
Nyonyose 261

O

OAE (OUA) 573, 616, 648, 686 ff.
Oba 164 ff.
Obervolta 471, 474, 477, 560, 564, 569 f.
Obote 594, 602 f.
O.C.A.M. 570 f., 616, 703
Odinga 598 f.
Ojo 163, 295
Old Dongola 119 ff.
Olduwai 36, 40 ff.
Olympio, S. 573

Register 771

Oman 126, 198 f., 322
Omdurman 430, 648
Omo 41
Oni 163
Onitscha 300
Opangault, J. 577
Opoku Ware 284
Oranje 365, 367 f., 629
Osei Bonsu 286
Osei Kodscho 282, 284, 289
Osei Tutu 283
Osman dan Fodio 272, 305, 382, 389 ff.
Ostindienkompanie 362, 364
Ouedraogo, J.+G. 571
Ould Daddah M. 572
Overami 463
Owimbundu 361

P

Padmore 540
Paez 314
P.A.I.G.C. 622
Pan-Ewe(-Bestrebungen) 541
Pangani 95, 323
Pangwe 344
Park, Mungo 439
Patta 200
Pemba 323, 593
Peters, Karl 448, 464
Philipp II v. Spanien 322
Pianchi 66, 98
Polybius 84 f.
Pommegorge, P. de 224, 231, 243
Popo 163, 295
Porto Novo 292, 462
Portugiesische (Kolonien, Kolonisierung) 319 ff., 497, 617
P.P.P. 550
Pretoria 370, 606, 623, 639
Ptolemäus 85, 95, 104
Punt 65, 90
Pygmäen 84

Q

Quilombo 234

R

Rabeh 463
Ramses 65
Rawa 264
RDA 556, 558 f., 531, 564
Rhapta 95
Rhodes, C. 367, 447, 449
Rhodesien 195, 491 ff., 591, 605 f., 607, 612, 613 f.
Riale 260
Richards(-Verfassung) 554 f.
Rift Valley 23, 329
Römer 85
Rosswi 125, 197, 388
Ruanda 333, 335, 508, 585, 589 f.

S

Sagha 263, 560
Sahara 49, 59, 178, 573, 658
Said 341
Saif 322
Sakura 105
Salaga 179, 282
Salazar 617
Salomon 91
Salum 244
Sambesi 189, 197, 328, 362, 442, 492, 612
Sambia 607, 610, 612, 622, 641
Samo 181, 413
Samori (Ture) 277, 382, 401 ff., 406 ff.
Sanhadja 104, 113, 241
Sankaran 408

San Salvador 213
Sansibar 125, 217, 322, 341, 491, 593 f.
Sao 154, 159
São Tomé 213, 221, 288, 619, 626
Sarakole 105, 140
Saransware Mori 403, 407
Sarsa Dengel 313
Savimbi 624
Sawaba 571
Sawadogo 263
Schaba 500, 507, 582 ff., 622
Schangamire 197, 326
Schilluk 200, 329
Schirasi 126, 593
Schona 189, 388
Sebastian v. Portugal 206, 325
Segu 131, 253 f., 265, 272, 401
Sekou Toure 525, 549, 566
Sena 95, 326
Senegal 104, 216, 241 f., 454, 473, f., 555, 564, 568, 659
Senegambien 139, 244
Senghor, L. S. 527, 555, 558, 563, 566, 568, 571
Sennar 174, 201, 316, 649
Senufo 257, 276 f., 413
Senzangakona 383
Sere Brema 405, 409
Sere Burlaye 403
Serer 104, 139
Seychellen (Inseln) 616
Seyyid Said 322
Sharpeville 635
Sidjilmasa 85, 105, 114, 171
Sierra Leone 216, 243, 245, 411, 489, 548, 567
Sigiri 412
Sikasso (Kele) 280, 412 f., 461
Silla 104
Simbabwe 81, 95, 139, 195 ff., 613, 642
Sine 244
Sisse 107, 109, 403, 407 f.
Sisse Adama 397
Sissoko, F. D. 558, 560

Sisulu, W. 631, 637
Sithole 614
Slatin 428
S.L.P.P. 549
Smith, J. 614
Sobukwe 630, 636
Sojo 191
Sokoto 391, 394, 460
Somali 185, 339, 580, 600
Somalia 126, 313, 318, 509, 600, 645 f., 648
Songhai 83, 106, 145, 148 f., 205
Soninke 106, 130, 180, 255
Sonni 146
Sonni Ali 146, 258
Sorko 145
Sosso 105, 130 f.
Sotho 96, 189, 362
Speke 441
Stanley 336, 442 f., 502
Stanleyville 586
Stevens, Siaka 549, 567
Suaheli 126, 324, 441
Suakin 174, 429, 648
Sudan 130, 154, 170 f., 241, 303, 427, 473 f., 477, 531, 564, 645, 648, 651
Südafrikanische Union (Republik) 368, 370, 492, 627
Sumanguru Kante 119, 130, 133
Sundjata 132 ff.
Surame 148
Susneyos 314
Sussu 240 f.
Swasi 362, 367, 492
Swasiland 367
Swasiland 641

T

Tafilalet 87, 143
Tagant 106 f., 241, 253
Taharka 67, 77
Tahat 114
Takedda 138, 157

Tambo 632
Tanganjika 193, 198, 368, 497, 591 ff.
Tansania 193, 591 ff., 594
Tarik el Fettach 106, 110, 138
Tarik es Sudan 23, 139, 440
Tassili der Adjer 49, 54
Tedzkiret an Nisian 260
Tegdaust 107
Teghazza 205, 149, 171
Tekrur 99, 104 f., 136, 139, 143
Temne 244 f., 247, 548
Tenguella 139
Tete 199, 326
Theben 60, 62
Theodor II. 317
Thutmosis 65, 77
Tibesti 74 f., 87, 121, 154, 171, 580
Tieba Wattara 278, 413
Tikar 312
Tilemsi 46, 145
Tilutan 104, 107
Timbo 250
Timbuktu 107, 208, 137, 140, 146, 152, 171, 177, 440
Tippu Tip 343 f., 428, 463, 502
Tlemcen 116, 143
Toffa 293
Togo 573 f.
Tohajiye 260
Tombalbaye 579
Toteballo 267
Traore 480, 569
Trarza 241, 243
Transkei 639
Tripolis 154, 177
Tschad 145, 201, 463, 477, 579, 659
Tschaka 365, 382 ff.
Tschokwe 354
Tschombé 586 f., 588, 611
Tschuana 367, 387
Tschwesi 329
Tuareg 87, 138, 147, 268, 391, 569
Tuat 146
Tubu (Teda) 75, 86, 158, 580

Tukulor 104, 139, 235, 243, 390, 399
Tunesien 522, 562
Tussi (Batutsi) 331, 333, 589
Tutanchamun 62, 80
Twa 334
Tyeddo 455

U

Ubangi 188, 477
Ubangi-Schari 576
Ubri 261
Udjidji 442
UdSSR 519 f., 657
Uganda 193, 489 f., 591, 600, 603 f.
Umgungundlovu 386
Um Nyobe, R. 574
UNESCO 520
U.N.I.T.A. 588, 624
Unjanjembe 343
UNO 494, 520, 574, 614, 639 f., 652
Urundi 303, 335, 508, 585, 589 f.
USA 518, 637, 645, 657

V

Vasco da Gama 214, 320, 324
Verwoerd 614, 635
Volta-Union 560

W

Wadai 171, 307 f., 580
Wagadu 105 f.
Wagadugu 175, 179, 261 ff., 270, 558

Register 773

Walata 105, 139 f., 142, 147, 171
Walo 242
Wangara 112, 140, 179
Wargla 115, 138, 171
Wasulu 410
Wedraogo 261
Welensky, R. 605, 611
Wida 223, 294 f., 462
Wilberforce, W. 247
Wobgho 264
Wolof 104, 139, 242, 458, 460, 481

X

Xosa 362, 365, 387, 628

Y

Yameogo, M. 570
Youlou, F. 531, 577
Yussuf Ibn Tachfin 116 f.

Z

Zagawa 104, 158 f.
Zagwe 124
Zaïre 344, 582 ff., 588, 621
Zamberma 264
Zamfara 154, 259, 305
Zande 347
Zanji 125

Zara Jakob 186, 313
Zaria 154 f., 177, 391
Zeila 174
Zenata 103, 116
Zentralafrika 188 ff., 576 f.
Zinj 198
Zinsou, E. 572
Zubeir Pascha 309, 428, 430
Zulu 362, 364, 366, 384, 628
Zwide 383

Kartenverzeichnis

33	Afrika physisch
37	Stammbaum des Menschen
45	Prähistorische Fundstellen in Afrika
52	Die Sahara im Neolithikum: der geographische Rahmen
61	Ägypten z. Zt. der Pharaonen
63	Kusch, Meroe, Nubische Königreiche
102	Ausbreitung der Araber in Nordafrika
108	Gana
115	Die Almoravidenbewegung
122	Äthiopien von den Anfängen bis zu Menelik II.
132	Mali und Vasallenkönigreiche
146	Songhai und Vasallenkönigreiche gegen 1520
160	Zentral- und Ostsudan vom 12. bis 19. Jahrhdt.
165	Ojo, Ife, Benin
172	»Handels«strecken durch die Sahara im Mittelalter
194	Ostafrika bis zum 15. Jahrhdt.
218	Der Sklavenhandel
252	Die Königreiche im Westsudan im 17. und 18. Jhdt.
256	Königreich Dagomba, Mamprusi und Mossi
275	Völker und Königreiche zwischen Bandama und Niger vom 17. bis 19. Jhdt.
320	Ostafrika vom 15. bis 19. Jhdt.
337	Die Königreiche der Großen Seen (17. bis 19. Jhdt.)
353	Die Königreiche des Kongobeckens
363	Südafrika im 19. Jhdt.
385	Schlachtordnung »Büffelkopf« von Tschaka
396	Mohammed. Fulbe- und Tukulorhegemonien im West- und Zentralsudan im 19. Jhdt.
404	Der afrikanische Widerstand in Westafrika
426	Die Länder Samoris
445	Die Erforschung Afrikas im 19. Jhdt.
487	Afrika zu Beginn des 20. Jhdts.
537	Unabhängigkeit der Staaten

Jochen R. Klicker
Muepu Muamba
Claude Paysan

**Afrika
in eigener Sache**

Unter dem Baobab
gesprochen

Großformat
120 Seiten
DM 42,80

Ein Text-Bild-Band in Farbe über die wichtigsten Aspekte afrikanischer Realität und Lebenskultur. Mit zahlreichen Texten afrikanischer Autoren und Politiker, Selbstaussagen und Griot-Gesängen, mit Einführungen in die Grundprobleme des Schwarzen Kontinents. Ein Buch über Traditionen und Widersprüche, die die Gegenwart Afrikas bestimmen.

Manches von dem, was Fotograf Paysan in fast zwei Jahrzehnten im Bild festgehalten hat, existiert bereits nicht mehr. Einiges von dem, was Autor Muepu niederschrieb, ist für Europa unbekannt. Und viele Texte, die Herausgeber Klicker zusammentrug, stellen wichtige Beispiele der zeitgenössischen afrikanischen Dichtung erstmals in deutscher Sprache vor.

Fordern Sie unser Gesamtverzeichnis an.

Peter Hammer Verlag

Postfach 20 04 15
5600 Wuppertal 2

Fischer Weltgeschichte

1 Vorgeschichte

2 Die Altorientalischen Reiche I
Vom Paläolithikum bis zur Mitte des 2. Jahrtausends

3 Die Altorientalischen Reiche II
Das Ende des 2. Jahrtausends

4 Die Altorientalischen Reiche III
Die erste Hälfte des 1. Jahrtausends

5 Griechen und Perser
Die Mittelmeerwelt im Altertum I

6 Der Hellenismus und der Aufstieg Roms
Die Mittelmeerwelt im Altertum II

7 Der Aufbau des Römischen Reiches
Die Mittelmeerwelt im Altertum III

8 Das Römische Reich und seine Nachbarn
Die Mittelmeerwelt im Altertum IV

9 Die Verwandlung der Mittelmeerwelt

10 Das frühe Mittelalter

11 Das Hochmittelalter

12 Die Grundlegung der modernen Welt
Spätmittelalter, Renaissance, Reformation

13 Byzanz

14 Der Islam I
Vom Ursprung bis zu den Anfängen des Osmanenreiches

15 Der Islam II
Die islamischen Reiche nach dem Fall von Konstantinopel

16 Zentralasien

17 Indien
Geschichte des Subkontinents von der Induskultur
bis zum Beginn der englischen Herrschaft

18 Südostasien
vor der Kolonialzeit

 Fischer Taschenbücher

Fischer Weltgeschichte

19 Das Chinesische Kaiserreich

20 Das Japanische Kaiserreich

21 Altamerikanische Kulturen

22 Süd- und Mittelamerika I
Die Indianerkulturen Altamerikas und die
spanisch-portugiesische Kolonialherrschaft

23 Süd- und Mittelamerika II
Von der Unabhängigkeit bis zur Krise der Gegenwart

24 Entstehung des frühneuzeitlichen Europa 1550-1648
in Vorbereitung

**25 Das Zeitalter der Aufklärung und des Absolutismus
1648-1779**

**26 Das Zeitalter der europäischen Revolution
1780-1848**

27 Das bürgerliche Zeitalter

28 Das Zeitalter des Imperialismus

29 Die Kolonialreiche seit dem 18. Jahrhundert

30 Die Vereinigten Staaten von Amerika

31 Rußland

32 Afrika
Von der Vorgeschichte bis zu den Staaten der Gegenwart

33 Das moderne Asien

34 Das Zwanzigste Jahrhundert I
Europa 1918-1945

35 Das Zwanzigste Jahrhundert II
Europa nach dem Zweiten Weltkrieg 1945-1980
in Vorbereitung

36 Das Zwanzigste Jahrhundert III
Weltprobleme zwischen den Machtblöcken

Die Bände 35 und 36 sind als Abschlußbände
neu hinzugekommen.

Fischer Taschenbücher

Informationen zur Zeit
im Fischer Taschenbuch Verlag

Karl Heinz Balon / Joseph Dehler / Bernhard Schön (Hrsg.)
Arbeitslose: Abgeschoben, diffamiert, verwaltet
Arbeitsbuch für eine alternative Praxis
Originalausgabe. Bd. 4204

Winfried Baßmann / Karin Dehnbostel / Günter Drenkelfort (Hrsg.)
Gesamtschule – Lernen ohne Angst
Originalausgabe. Bd. 4221

Abdol Hossein Behrawan
Iran: Die programmierte Katastrophe
Anatomie eines Konflikts
Originalausgabe. Bd. 4222

Günther Bentele / Robert Ruoff (Hrsg.)
Wie objektiv sind unsere Medien?
Originalausgabe. Bd. 4228
In Vorbereitung

Wolfgang Benz (Hrsg.)
Rechtsradikalismus – Randerscheinung oder Renaissance?
Originalausgabe. Bd. 4218

Manfred Borchert / Karin Derichs-Kunstmann (Hrsg.)
Schulen, die ganz anders sind
Originalausgabe. Bd. 4206

Hendrik Bussiek
Bericht zur Lage der Jugend
Originalausgabe. Bd. 2019

Ingeborg Drewitz / Wolfhart Eilers (Hrsg.)
Mut zur Meinung
Gegen die zensierte Freiheit
Originalausgabe. Bd. 4202

Ossip K. Flechtheim / Wolfgang Rudzio / Fritz Vilmar / Manfred Wilke
Der Marsch der DKP durch die Institutionen
Sowjetmarxistische Einflußstrategien und Ideologien
Originalausgabe. Bd. 4223

Pea Fröhlich / Peter Märthesheimer (Hrsg.)
Ausländerbuch für Inländer
Bausteine zum Begreifen der Ausländerprobleme
Originalausgabe. Bd. 4220

I. Gleiss / R. Seidel / H. Abholz
Soziale Psychiatrie
Zur Ungleichheit in der psychiatrischen Versorgung
Originalausgabe. Bd. 6511

Informationen zur Zeit
im Fischer Taschenbuch Verlag

**Reimer Gronemeyer /
Hans-Eckehard Bahr (Hrsg.)
Niemand ist zu alt**
Selbsthilfe und Alten-Initiativen in
der Bundesrepublik
Originalausgabe. Bd. 4210

**Anton-Andreas Guha
Der Tod in der Grauzone**
Ist Europa noch zu verteidigen?
Originalausgabe. Bd. 4217

**Volker Hauff
Sprachlose Politik**
Von der Schwierigkeit, nachdenklich
zu sein
Originalausgabe. Bd. 4215

**Gert Heidenreich (Hrsg.)
Und es bewegt sich doch**
Texte wider die Resignation
Originalausgabe. Bd. 4232
In Vorbereitung

**Jost Herbig
Im Labyrinth der Geheimdienste**
Der Fall Jennifer
Originalausgabe. Bd. 4226

**Gerd E. Hoffmann
Erfaßt, registriert, entmündigt**
Schutz dem Bürger –
Widerstand den Verwaltern
Originalausgabe. Bd. 4212

**Eberhard Hungerbühler /
Klaus Mellenthin
Warum sagst du nicht
„Nein danke"?**
Informationen für Einsteiger in die
Drogenszene
Originalausgabe. Bd. 4227
In Vorbereitung

**Im Kreuzfeuer:
Der Fernsehfilm Holocaust**
Eine Nation ist betroffen
Hrsg.: Peter Märthesheimer /
Ivo Frenzel
Originalausgabe. Bd. 4213

**Ernst Klee
Gefahrenzone Betrieb**
Verschleiß und Erkrankung am
Arbeitsplatz
Originalausgabe. Bd. 1933
-Behinderten-Report
Originalausgabe. Bd. 1418
-Behinderten-Report II
„Wir lassen uns nicht abschieben"
Originalausgabe. Bd. 1747
-Psychiatrie-Report
Originalausgabe. Bd. 2026
-Pennbrüder und Stadtstreicher
Nichtseßhaften-Report
Originalausgabe. Bd. 4205

Informationen zur Zeit
im Fischer Taschenbuch Verlag

Stefan Klein / Manja Karmon-Klein
Reportagen aus dem Ruhrgebiet
Originalausgabe. Bd. 4230

Peter Kuntze
China-Supermarkt 2000?
Wie eine Weltmacht
die Industrialisierung vorantreibt
Originalausgabe. Bd. 4207

Ingrid Langer-El Sayed
**Familienpolitik: Tendenzen,
Chancen, Notwendigkeiten**
Ein Beitrag zur Entdämonisierung
Originalausgabe. Bd. 4219

Rolf Lamprecht /
Wolfgang Malanowski
Richter machen Politik
Auftrag und Anspruch
des Bundesverfassungsgerichts
Originalausgabe. Bd. 4211

Bernd Leukert (Hrsg.)
Thema: Rock gegen Rechts
Musik als politisches Instrument
Originalausgabe. Bd. 4216

Bodo Manstein (Hrsg.)
Atomares Dilemma
Bd. 1894

Michael Mildenberger
Die religiöse Revolte
Jugend zwischen Flucht und Aufbruch
Originalausgabe. Bd. 4208

Helmut Ortner (Hrsg.)
Freiheit statt Strafe
Plädoyers für die Abschaffung der
Gefängnisse
Originalausgabe. Bd. 4225

Helmut Ostermeyer
Die Revolution der Vernunft
Rettung der Zukunft durch Sanierung
der Vergangenheit
Originalausgabe. Bd. 6368

Luise Rinser
Nordkoreanisches Reisetagebuch
Originalausgabe. Bd. 4233

Gordon Rattray Taylor
Das Selbstmordprogramm
Zukunft oder Untergang der
Menschheit
Bd. 1369

Viet Tran
Vietnam heute
Bericht eines Augenzeugen
Deutsche Erstausgabe. Bd. 4214

Mythen der Völker

Herausgegeben von Pierre Grimal

Band 1
Ägypter, Sumer, Babylonier,
Hethiter, Westsemiten,
Griechen, Römer
Band 6332

Band 2
Perser, Inder, Japaner,
Chinesen
Band 6333

Band 3
Kelten, Germanen, Slawen,
Finno-Ugrier, Nordamerikaner,
Mittelamerikaner, Südamerikaner,
Ozeanier, Afrikaner, Sibirer,
Eskimos
Band 6334

Fischer Länderkunde

Herausgegeben von Dr. Willi Walter Puls †
Originalausgaben

Die „Fischer Länderkunde" vermittelt in neun Bänden ein umfassendes Bild der Erde, nicht allein der Landschaft und der natürlichen Lebensgrundlagen, sondern vor allem der auf ihnen gewachsenen kulturellen, wirtschaftlichen, gesellschaftlichen und politischen Formen.

Ostasien
Hrsg.: P. Schöller / H. Dürr / E. Dege
Band 1/6120

Südasien
Hrsg.: J. Blenck / D. Bronger / H. Uhlig
Band 2/6121

Südostasien – Australien
Hrsg.: Harald Uhlig
Band 3/6122

Nordafrika und Vorderasien
Hrsg.: Horst Mensching / Eugen Wirth
Band 4/6123

Afrika – südlich der Sahara
Hrsg.: Walther Manshard
Band 5/6124

Nordamerika
Hrsg.: Burkhard Hofmeister
Band 6/6125

Lateinamerika
Hrsg.: Gerhard Sandner / Hanns-Albert Steger
Band 7/6126

Europa
Hrsg.: Walter Sperling / Adolf Karger
Band 8/6127

Sowjetunion
Hrsg.: Adolf Karger
Band 9/6128

Fischer Taschenbücher

Kulturgeschichte Völkerkunde

Peter Baumann / Erwin Patzelt
Menschen im Regenwald
Expedition AUKA.
Mit 48 z.T. mehrbarbigen Bildtafeln
und einem Nachwort von Prof. Dr.
Otto Zerries
Band 1832

Arnold Bender
Die Engländer
Band 1905

Johannes Gaitanides
Griechenland ohne Säulen
Band 6407

Manfred Hammes
Hexenwahn und Hexenprozesse
Band 1818

Eric J. Hobsbawm
Die Blütezeit des Kapitals
Eine Kulturgeschichte der Jahre
1848-1875
Band 6404

Sigrid Hunke
Allahs Sonne über dem Abendland
Unser arabisches Erbe
Band 6319

Gottfried Kirchner (Hrsg.)
Reportagen aus der alten Welt
Neue Methoden und Erkenntnisse
der Archäologie
Band 3511/3512

Ernst Klee
Gottesmänner und ihre Frauen
Geschichten aus dem Pfarrhaus
Band 6402

Reinhard Lebe
Als Markus nach Venedig kam
Die Erfolgsgeschichte der Republik
von San Marco
Band 6405

Kurt Mendelssohn
Das Rätsel der Pyramiden
Band 1764

Mythen der Völker
Hrsg.: Pierre Grimal
3 Bände. Neuauflage
Band 1:
**Ägypter, Sumerer, Babylonier,
Hethiter, Westsemiten, Griechen
und Römer**
Band 6332
Band 2:
Perser, Inder, Japaner und Chinesen
Band 6333

Band 3:
**Kelten, Germanen, Slawen, Finno-
Ugrier, Amerikaner, Südamerikaner,
Ozeanier, Afrikaner, Sibirier und
Eskimos**
Band 6334

Francois Nourissier
Die Franzosen
Band 1902

Hermann Schreiber
Bretagne
Keltenland am Atlantik
Band 6406

Heinz Siegert
Auf den Spuren der Thraker
Wo einst Apollo lebte
Band 6403

Heinz Sponsel
Die Ärzte der Großen
Band 2005

Werner Stein
Kulturfahrplan
Die wichtigsten Daten der Kultur-
und Weltgeschichte von Anbeginn
bis heute. 6 Bände.
Band 1:
**Frühgeschichte bis zum Beginn
des Mittelalters**
Band 6381
Band 2:
**Vom Beginn bis zum Späten
Mittelalter**
Band 6382
Band 3:
**Frühneuzeit bis zum Wiener
Kongreß**
Band 6383
Band 4:
**Vom Wiener Kongreß bis zum Ende
des Zweiten Weltkriegs**
Band 6384
Band 5:
Von 1945 bis heute
Band 6385
Band 6:
Register
Band 6386

Gordon Rattray Taylor
Kulturgeschichte der Sexualität
Einleitung von Alexander Mitscherlich
Band 1839

Fischer
Taschenbücher